象山年鉴

XIANGSHAN YEARBOOK

2023

象山县地方志编纂委员会　编

方志出版社
Publishing House of Local Records

图书在版编目(CIP)数据

象山年鉴. 2023 / 象山县地方志编纂委员会编.
北京:方志出版社,2023. 12
ISBN 978-7-5144-6040-7

Ⅰ. ①象… Ⅱ. ①象… Ⅲ. ①象山县-2023-年鉴
Ⅳ. ①Z525. 54

中国国家版本馆 CIP 数据核字(2023)第 253027 号

责任编辑:王娜
责任校对:张玉霞
责任印制:梅中英
出 版 者:方志出版社
地　　址:北京市朝阳区潘家园东里 9 号(国家方志馆 4 层)
邮　　编:100021
网　　址:http://www.zgfzcb.cn
发　　行:方志出版社图书营销中心(010-67110500)
印　　刷:福州印团网印刷有限公司
开　　本:889 毫米×1194 毫米　1/16
印　　张:33. 25
字　　数:1298 千字
版　　次:2023 年 12 月第 1 版
印　　次:2023 年 12 月第 1 次印刷
定　　价:128. 00 元

象山县地方志编纂委员会

名誉主任　包朝阳

主　　任　李晓东

副 主 任　胡颖磊

象山县地方志编纂委员会办公室

主　　任　吴昌文

副 主 任　吴家唯

《象山年鉴(2023)》编辑部

主　　编　吴家唯

执行主编　邵　鹏

编　　辑　厉　攀　白炎根　史复明　朱夕映　张利民

摄　　影　陈洪杰

编 辑 说 明

一、《象山年鉴》以马克思列宁主义、毛泽东思想、邓小平理论、“三个代表”重要思想、科学发展观、习近平新时代中国特色社会主义思想为指导，坚持辩证唯物主义和历史唯物主义的立场、观点和方法，真实、全面、准确地反映象山县年度历史。

二、《象山年鉴(2023)》(以下简称本年鉴)是《象山年鉴》的第19卷，记载时限为2022年1月1日至2022年12月31日。

三、本年鉴由彩图、地图、特载、专记、大事记、正文等组成。正文采用分类编辑法。设置类目、分目、条目三个层次的框架，以条目为独立主题信息的主要载体。编排次序根据年鉴的基本体例、行业归类的特点以及读者的阅读需求和习惯确定。

四、本年鉴使用规范的语体文记述。

五、本年鉴数字用法、标点符号用法、计量单位分别执行国家标准《出版物上数字用法》(GB/T 15835—2011)、《标点符号用法》(GB/T 15834—2011)和国家技术监督局1993年12月发布的《量和单位》系列国家标准。考虑到社会使用习惯，全书中“亩”不统一换算。

六、本年鉴采用统计公报公布的数据。统计公报未作统计的，以有关业务部门所供为据。所载文字资料，由象山县各有关职能部门提供，并经各级领导审核。所用图片，由有关单位和个人提供。

◎ 2022 年 1 月 23 日，象山县第十九届人民代表大会第一次会议开幕

◎ 2022 年 1 月 22 日，中国人民政治协商会议第十一届象山县委员会第一次会议开幕

◎ 2022 年 1 月 25 日，李晓东当选为象山县人民政府县长

◎ 2022 年 7 月 14 日，中国共产主义青年团象山县第二十次代表大会召开

◎ 2022年8月1日，象山被列入省交通与旅游融合发展试点名单

◎ 2022年1月5日，象山上榜全省新时代美丽乡村优胜县

◎ 2022 年 5 月 5 日，全县新增 48 个“浙江省善治（示范）村”。图为泗洲头镇肖胡村一角

◎ 2022 年 12 月 20 日，象山蝉联全省美丽乡村工作优胜县，象山自 2017 年以来连续 6 年光荣上榜

◎ 2022 年 8 月 16 日，黄避岙乡高泥村入选浙江省气候康养乡村

◎ 2022 年 5 月 25 日，象山老年公寓获评省四星级养老机构

◎ 2022 年 1 月 28 日，象山获评省美丽城镇建设优秀县

◎ 2022 年 9 月 23 日，浙江省城镇社区公共服务评估结果出炉，象山以 84.689 分的总分居全省区（县、市）第一位

◎ 2022 年 1 月 11 日，涂茨镇旭拱岙村获评宁波市美丽庭院示范村

◎ 2022 年 1 月 8 日，般夫公园入选省优质综合公园

◎ 2022年5月11日，象山获评全省实施乡村振兴战略实绩考核优秀单位。图为新桥镇东溪村一角

◎ 2022年10月9日，爵溪街道公屿村、西周镇官山村、贤庠镇青莱村被确定为省级低（零）碳示范村。图为爵溪街道公屿村

◎ 2022年2月10日，塔山公园项目获宁波市“茶花杯”优秀园林工程金奖

◎ 2022年11月16日，墙头镇溪里方村上榜“浙江省美丽庭院特色村”

◎ 2022年10月20日，象山获评全省大花园示范县

◎ 2022 年 3 月 28 日，茅洋乡乡村全域旅游示范区创建通过市级复核验收

◎ 2022 年 10 月 18 日，象山入选国家乡村振兴示范县创建名单

◎ 2022 年 12 月 20 日，泗洲头溪入选省级“美丽河湖”名单

◎ 2022 年 1 月 5 日，晓塘乡获评省级农业特色强镇

◎ 2022 年 8 月 15 日，象山县红十字台胞医院石浦分院荣登中国乡镇卫生院百强榜

◎ 2022 年 1 月 18 日，上城公馆获评省级园林式居住区

◎ 2022 年 1 月 12 日，东大河入选 2021 年度省级“美丽河湖”名单

◎ 2022 年 12 月 28 日，亚帆中心获全国水运交通优质工程奖

◎ 2022 年 8 月 28 日，东门岛生态绿道入选“宁波最美”名单

◎ 2022 年 10 月 9 日，象山入选省低碳试点县创建名单

◎ 2022 年 12 月 27 日，大目湾（亚帆）城市新区风貌区获评省级城乡风貌样板区

◎ 2022年8月4日，茅洋乡通过“水美乡镇”市级复核验收

◎ 2022年5月19日，新桥镇推动“海山一色”北纬30°最美风情线工程。图为小白蛇休闲度假村

◎ 2022年7月2日，丹东街道半河村地块格桑花烂漫盛放

◎ 2022 年 9 月 21 日，宁波象山绿城喜来登度假酒店正式开业

◎ 2022 年 5 月 31 日，石浦港首个万吨级码头——中国供销集团象山国际水产物流配套通用码头工程完工投产

◎ 2022 年 8 月 28 日，大目湾乐惠啤酒广场“鲜啤 30 公里”体验区正式投入运营

◎ 2022 年 4 月 24 日，涂茨镇黄沙塘渔光互补光伏发电二期项目建设

◎ 2022 年 7 月 6 日，35 千伏勤邦变电站投运

◎ 2022年6月9日，中广核象山涂茨海上风电场。该工程位于象山县东北部海域，是继国电象山海上风电场（一期）之后，宁波第二个海上风电项目　　（戴文辉　摄）

◎ 2022年3月10日，全县30个重大项目集中开工建设
（周科　摄）

◎ 2022年1月1日，大目湾攸品生活广场的中心菜场正式开门营业

◎ 2022年9月6日，G527石浦至长街段（岳井洋大桥及接线）象山段工程动建

◎ 2022 年 7 月 24 日，大目湾消防站竣工交付

◎ 2022 年 6 月 22 日，象山县丹城第五小学教育集团政实校区新建工程完成竣工验收

◎ 2022 年 2 月 7 日，欢乐家园三期 B 区项目竣工

◎ 2022 年 6 月 8 日，周建里新安置小区项目主体结构结顶

◎ 2022 年 9 月 2 日，浙江新乐造船有限公司首艘 CV950 系列集装箱船开工建造

◎ 2022 年 4 月 23 日，日星铸业入选市级“未来工厂”

◎ 2022 年 5 月 17 日，大徐镇智能小微企业集聚区项目竣工

◎ 2022 年 5 月 30 日，浙江易锻精密机械有限公司、浙江钰烯腐蚀控制股份有限公司、宁波三安制阀有限公司新晋国家级重点“小巨人”企业。图为浙江钰烯腐蚀控制股份有限公司生产车间

◎ 2022 年 8 月 15 日，象山新增 2 家市级院士工作站。图为宁波威霖住宅设施有限公司

◎ 2022 年 12 月 30 日，锦浪科技股份有限公司、宁波日星铸业有限公司、宁波劳伦斯汽车内饰件有限公司上榜 2022 年浙江省高新技术企业创新能力 500 强。图为宁波劳伦斯汽车内饰件有限公司

◎ 2022 年 9 月 22 日，西周镇西瀛生态科创园获评市三星级小微企业园

◎ 2022 年 9 月 22 日，华翔电子入围浙江民企百强

◎ 2022 年 12 月 24 日，中国机械科学研究总院南方中心三期项目开工建设

◎ 2022 年 1 月 5 日，晓塘乡精心打造的鹤岭村民法典主题公园

◎ 定塘镇定山村“美丽蜕变”，乡贤文化园以及半边街商业街区等项目建设打造文旅样板村

◎ 西周建27个口袋公园提升城镇居民“微幸福”

◎ 2022 年 3 月 15 日，涂茨镇钱仓村东门外的油菜花成最佳观赏点

◎ 2022年2月10日，泗洲头综合市场完成改造重新开业

◎ 2022年11月22日，大徐集贸市场获评市级优胜单位

◎ 晓塘乡中岙村以“艺术中岙”打造乡旅新场景

◎ 2022年12月12日，西周镇新建养老院项目完善养老服务体系

◎ 黄避岙乡高泥村构建黄鱼养殖“未来场景”

◎ 墙头镇打造海山屿山海大景区，推动乡村旅游经济发展

◎ 2022 年 1 月 18 日，黄避岙乡高泥村入选首批宁波市“五水共治”示范基地名单

◎ 西周镇探路花海经济助力乡村振兴。图为文岙村油菜花田

◎ 2022年8月3日，“象山橘之香”获评全国巾帼现代农业科技示范基地

◎ 定塘镇光伏发电为村集体经济注入活力。图为宁波振和新型墙体材料有限公司

◎ 2022年6月28日，大徐镇军湖村入围浙江省美丽宜居示范村创建名单

◎ 2022年1月10日，“硕跃”牌大米和“财安”牌大米荣获宁波“好稻米”金奖。图为西周明朗农场种植的“硕跃”牌稻米

◎ 2022年12月23日，市县重点水利工程——西周镇下沈海塘维修加固工程建设，提高海塘防洪防潮能力

◎ 2022年8月3日，东陈乡东湾村获评市优秀农房改建示范村

◎ 贤庠镇青莱村闲置资源“重生”，乡村颜值“变现”

◎ 2022年12月29日，西周镇冬修水利施工忙，图为改建后的下沈港大闸

◎ 2022 年 2 月 15 日，鹤浦镇双湾至大文沙公路工程完工

◎ 2022 年 12 月 22 日，盛宁线茅洋至泗洲头段改建工程完工

◎ 海山路（丹河路至滨海大道）工程开建

◎ 丹山路西段“断头路”施工项目完工通车

◎ 2022 年 7 月 29 日，环城西路全线贯通

◎ 2022 年 12 月 27 日，茅石线拓宽改造工程竣工验收

◎ 2022 年 6 月 8 日，天安路（滨海大道南段）道路提升工程完工

◎ 2022 年 9 月 27 日，象山县兴勤路（宝海路至兴洋路）道路工程完成建设

◎ 2022 年 1 月 2 日，王家兰至东旦线公路入选宁波“十大美丽农村路”名单

◎ 2022 年 9 月 1 日，“行走茅洋——象山非遗之旅”被命名为宁波市非遗主题旅游线路

◎ 2022 年 7 月 30 日，松兰山核心区改造提升工程新增露营区（汽车营地）

◎ 2022 年 8 月 19 日，涂茨镇打造饭桶山网红景区

◎ 2022年1月6日，象山县6家省首批旅游驿站挂牌。图为晓塘乡大塘港旅游驿站

◎ 2022年8月23日，全县9个村上榜市首批民宿产业集聚区。图为东陈乡东旦村民宿

◎ 2022年4月30日，松兰山游客服务中心主体工程通过验收

◎ 2022年4月1日，象山影视城入选大花园“耀眼明珠”高能级景区名单

◎ 2022年8月10日，东陈乡三生石公园荒草地蝶变露营地，“绣”出最美海岸线

◎ 2022 年 2 月 21 日，宁波（大目湾）海洋青创城挂牌仪式举行

◎ 2022 年 9 月 22 日，建设海上“两山”实践地、打造共同富裕样板县。图为石浦镇沙塘湾村

◎ 2022 年 11 月 2 日，象山 3 个村上榜“中国传统村落”。图为晓塘乡黄埠村

◎ 2022 年 7 月 26 日，象山县第一人民医院医疗健康集团丹东分院落成启用

◎ 2022 年 2 月 19 日，“奔赴山海　跑向亚运”环象接力跑鸣枪　（蒋曼儒　摄）

◎ 2022 年 7 月 19 日，象山首个帆船夏令营——大目湾青少年帆船夏令营正式开营

◎ 2022 年 9 月 6 日，大目湾新城学校主体建筑结顶

◎ 2022年8月4日，全省首家基层“共治检察室”在石浦镇挂牌成立

◎ 2022年12月24日，丹东街道上余村全面拆迁

◎ 2022年3月18日，全县农村生活污水治理工作获评全省优秀

◎ 全县民生实事项目建设“口袋公园”大力推进。图为位于天安路与丹阳路交叉口西南角的昆玉“口袋公园”

◎ 2022年7月26日，韭山海域增殖放流90余万尾鱼苗

◎ 2022年6月28日，象山县自然资源和规划局组织10余名志愿者放飞17只猫头鹰

◎ 东陈乡东旦村的一处山林腹地百亩常春油麻藤攀援山谷林木，宛若真实版的“阿凡达”丛林世界

◎ 2022年4月19日，20米长巨型抹香鲸搁浅石浦海滩 （周科　摄）

◎ 2022年9月15日，石浦渔港挂起双彩虹。台风“梅花”过后，两道彩虹横跨石浦渔港，霞云漫天，绚丽多彩 （谢庭伟　摄）

总　目

General catalogue

目　录

特　载

专　记

大事记

县情概览

中国共产党象山县委员会

象山县人民代表大会

象山县人民政府

中国人民政治协商会议象山县委员会

中共象山县纪律检查委员会·象山县监察委员会

民主党派·工商联

群众团体

法　治

军　事

应急管理

经济管理

农业·农村

渔业·水利·水务

工　业

商　贸

金 融

旅　游

城乡建设与管理

生态环境保护

交通·口岸·高速公路·城际铁路

邮电·信息

科学技术

教　育

文化·传媒

体　育

卫生健康

人力资源管理

社会生活

街道·镇乡

特　载

全面学习贯彻党的二十大精神
坚定捍卫“两个确立”　坚决做到“两个维护”
奋力推进中国式现代化县域先行新实践

——包朝阳同志在县委十五届三次全体(扩大)会议暨县委经济工作会议上的报告

(2022年12月30日)

同志们:

这次全会主要任务是,坚持以习近平新时代中国特色社会主义思想为指导,全面学习贯彻党的二十大精神,按照中央经济工作会议和省委、市委全会部署要求,回顾2022年工作,部署2023年任务,审议通过《全面学习贯彻党的二十大精神坚定捍卫“两个确立”坚决做到“两个维护”加快建设社会主义现代化滨海花园城市奋力推进中国式现代化县域先行新实践的决定》,动员全县上下奋力跑出发展加速度,加快建设社会主义现代化滨海花园城市,开启中国式现代化县域先行新实践的新征程。

下面,我受县委常委会委托,向全会报告工作。

一、主动应变求变,县委十五届一次全会以来各项工作取得积极成效

县委十五届一次全会以来,面对风高浪急的国际环境和艰巨繁重的改革发展稳定任务,县委常委会坚决落实中央和省市工作部署,全力打好象山版“稳进提质、除险保安、塑造变革”组合拳,经受住了考验和挑战,交出了一份来之不易的成绩单。一年来,县委常委会在全面推进各项工作的同时,重点抓了三件大事:

一是深入学习宣传贯彻党的二十大精神。今年以来,我们坚决有力打好经济稳进提质攻坚战,圆满完成党的二十大维稳安保任务,深入开展“五问五破争先进、五比五先创一流”作风建设行动,为党的二十大胜利召开营造了平稳健康的经济环境、国泰民安的社会环境和风清气正的政治环境。党的二十大闭幕后,我们先后召开县委常委会(扩大)会议暨全县领导干部会议、县委理论学习中心组专题学习会进行集中学习,组织开展党的二十大精神“六进”活动,持续掀起学习宣传贯彻热潮。对标党的二十大战略决策,结合省市党代会要求,立足象山实际研究贯彻落实意见,推动党的二十大精神在象山落地生根、开花结果。

二是统筹抓好“疫情要防住、经济要稳住、发展要安全”。贯彻中央和省市部署,聚力开展“十大专班稳经济、塑造变革抢先机、基层治理大提升”主题活动,在极为困难的大环境下营造了象山发展的“小气候”。预计全年完成地区生产总值720亿元、增长4%左右,增速居全市第三;财政总收入突破百亿元大关、增长10.3%,其中一般公共预算收入60.8亿元、增长5.1%;城乡居民人均可支配收入分别增长6%和7%;成功打赢多轮疫情遭遇战、台风防御战,较大及以上安全生产事故“零发生”。

三是以“5532”攻坚实绩擦亮三张“金名片”。海洋经济示范区建设持续深化,“才能兼备、余生有幸”八大海洋产业赛道发布推出,“青年与海”人才主题活动品牌打响,首届“万物开源”海洋双创大会成功举办,象山港、石浦港口岸开放审理计划获国家口岸办批复,清洁能源装机容量突破百万千瓦,预计海洋经济生产总值超220亿元、占地区生产总值比重30%。“海上两山”实践地创建初显成效,滨海环岛风景道入选省交通与旅游融合发展试点,获批省低碳试点县创建名单,“神鸟守护”“巨鲸救援”案例在联合国《生物多样性公约》第15次缔约方大会上分享展示。共同富裕样板县纵深推进,市域铁路象山线开工动建,“潮隐海岸·影视风华”等12个标志性共富场景创新打造,西沪滨海风情示范带获评省级共同富裕示范带，渔区共富成为典范案例，城乡居民收入差距持续缩小、优于省市平均。

具体来讲，县委常委会主要抓了六方面工作。

一是“两个维护”在讲政治、顾大局中见诸行动。严格落实县委常委会会议“第一议题”和县委理论学习中心组专题学习会“首要内容”制度，开展专题学习会22次、举办周末知行学堂6期，捍卫“两个确立”、做到“两个维护”的政治自觉、思想自觉和行动自觉不断增强。坚持学思用贯通、知信行统一，耕地“非农化”“非粮化”整治扎实推进，对口帮扶、山海协作相关做法入选全球减贫最佳案例。统筹推进“七张问题清单”整改，第二轮中央生态环保督察反馈问题、省委巡视反馈问题完成整改。

二是经济发展在战逆境、稳大盘中承压前行。落实国家和省市稳经济“一揽子”政策，兑现“稳链纾困助企26条”“稳经济16条”等惠企政策资金11.3亿元，新增市场主体超1.4万户。工业经济加快转型，预计规上工业增加值增长4%，战略性新兴产业、装备制造业增加值增速分别居全市第1位、第2位，新增高新技术企业76家、增量实现翻番。经济开发区等重大平台支撑加强，东海湾“专精特新”产业园开园，新引进亿元以上工业项目39个，预计实际利用外资、市外内资分别增长8.0%、8.2%，带动制造业投资增长28%。进出口总额预计增长14%，完成全市首单俄罗斯帝王蟹进口业务。建筑业克难前行，预计完成总产值550亿元。服务业逆势突围，松兰山滨海旅游度假区重新开园，影视城入选全省大花园“耀眼明珠”高能级景区，“周末嗨象山”都市微旅游新业态迭代升级，全域旅游顶住疫情冲击创变前行，预计带动商品销售总额、社会消费品零售总额分别增长18.0%、5.5%。农渔业提质增效，“两红一白”农业全产业链发展壮大，银鲳、梅童鱼等全人工繁育技术填补国内空白，北欧鲑鱼陆基养殖项目加速推进，预计完成农业总产值158亿元，增长4%。

三是发展动能在塑变革、打硬仗中加速激发。五大改革落地见效，“亩均论英雄”改革整治高耗低效企业85家，亩均税收增长10.1%、增幅居全市第一；“三区三线”科学划定，东部海岸带中心城区列入首批市级全域国土空间综合整治项目，闲置农房盘活等乡村集成改革领跑省市；“海上两山”合作社组建成立，海域GEP总量位居全省前列；户外露营、沉浸体验等一批新业态成为网红热点，滨海都市新消费场景带动共富模式入选省典型案例；数字化改革“六个一”品牌持续打响，智治海安等应用列入省数字化改革一本账S2。五场硬仗攻坚突破，落地转化历年招商项目85个、超额完成年度目标，蟹钳港等6个风貌区列入省级试点、大目湾（亚帆）城市新区获评全省城市风貌样板区，近海岸带污染整治硬仗整治船舶企业29家、相关做法成为省示范榜案例，市域铁路象山线征收工作全面完成，依法削减老旧渔船536艘、省定三年任务一年完成。海洋、美丽、共富三批重点项目扎实推进，完成固定资产投资227亿元，争取政策性开发性金融工具支持额度16.4亿元、居全市第二位。财力统筹、党建强基两大保障行动有力有效，“两增一统”专项行动争取上级资金33亿元，盘活资源资产254.7亿元，融资综合成本再下降0.35个百分点；“三年双争”专项行动扎实推进，镇乡（街道）大部制改革全面完成，342名优秀年轻干部纳入动态储备库。

四是城乡品质在迎亚运、讲文明中持续提升。大力开展“全域美丽迎亚运、全民动员讲文明”专项行动，亚运赛事筹备有序推进，亚帆中心、沙排中心通过全省首批场馆“三验收”，省海洋运动中心实体化运行，省帆船协会落户象山，亚帆中心港成为华东沿海首家开放式游艇港，全国文明城市创建顺利完成省级实地测评。亚运城市行动深入推进，房屋征迁面积超60万平方米、再创历史新高，获评浙江“无违建”创先争优示范县，人民广场“想象力之心”国际设计竞赛成果出炉，大目湾海洋青创城发展定位更加清晰。G527石浦至长街象山段开工动建，沿海南线提升改造等工程加快推进。“精特亮”工程滚动实施，建成一批省市级美丽乡村示范乡镇、示范带，经营性收入30万元以下行政村全面消除，获评省新时代美丽乡村示范县，入选全国首批乡村振兴示范县创建名单。污染防治攻坚战持续打好，省级无废城市创建有序推进，环石浦港EOD项目入选生态环境部项目库，获评全省大花园示范县。

五是社会民生在优供给、促均衡中更具温度。“浙江有礼·象善有你”行动扎实开展，“善行象山”品牌持续打响。海洋文化基因解码工程深入实施，中国开渔节创新举办，渔文化生态保护工作获省政府督查激励。“县中崛起”计划正式启动，“双减”改革、规范民办教育等工作领先全市。综合医疗体制改革持续深化，县人民医院入选国家首批“千县工程”，国家健康促进县成功创建。就业和社会保障不断加强，城镇登记失业率维持在低位，企业职工基本养老保险实现全国统筹，“山海颐养”“智慧妇幼”品牌渐入人心。法治象山建设纵深推进，蝉联法治浙江（法治政府）建设优秀单位。“平安护航二十大、除险保安迎亚运”行动扎实开展，刑事立案数、来信来访、安全生产事故亡人数均明显下降，获评省首批食品安全示范县。“1612”体系加快贯通，“大综合一体化”行政执法改革有序推进，“村民说事”通过国家农村综合改革标准化试点验收，入选省新时代“枫桥经验”样板县。

六是党的建设在强组织、严作风中不断深化。县委总揽全局、协调各方，支持人大、政协依法依章履职，“代表督事”“请你来协商”等品牌持续打响。大统战工作格局不断完善，乡贤参事助力基层治理标准列入市级试点示范项目，工商联、团县委、残联、慈善总会完成换届，双拥共建持续深化。意识形态工作不断加强，“象前行”网络综合治理系统上线运行。“实绩论英雄”导向更加鲜明，评选“四好”干部和团队92个，提拔转重干部92名。老干部工作扎实温馨。“强基固本”三年行动深入推进，评选金银雁名师22名，流动党员管理数字化应用全省推广，全国首个

"耕耘者"振兴计划研学基地成功落户。"四问四治"创新开展,运用"四种形态"处理972人次。"三不"一体推进,立案304起,处分305人。涉纪信访异常重复举报留存机制列入省级试点,获评全省首批清廉村居建设示范县。

新一届县委常委会认真制定并严格落实关于加强自身建设的19条意见,着力打造坚强领导集体。带头学思践悟强党性,坚定捍卫"两个确立",坚决做到"两个维护";带头担当作为敢斗争,以上率下推进一批牵一发动全身的重大改革,打好一批躲不开、绕不过的攻坚硬仗,抓好一批增动能促共富的重点项目;带头服务为民守初心,深入一线开展"六联六促"活动,用心用情办好群众"急难愁盼"的民生实事;带头发扬民主讲团结,完善县委工作规则及县委议事协调机构工作规则,严格执行民主集中制;带头廉洁自律作示范,认真履行全面从严治党主体责任,不断巩固风清气正的政治生态。

同志们,事非经过不知难,成如容易却艰辛。回顾过去这一年,我们跑出了近16年全市最好排位的GDP增速,迈上了百亿元财政收入的新台阶,我们也经历了疫情的考验,经受了"轩岚诺""梅花"台风的洗礼。我们用自己的决心与行动,守护着万千主体的市场活力,守护着万象山海的美丽生态,也守护着万家灯火的平安幸福!借此机会,我代表县委,向一年来奋战在各条战线尤其是疫情防控前线的广大干部群众表示崇高的敬意!向所有关心支持象山经济社会发展的各界人士表示衷心的感谢!

在肯定成绩的同时,我们也清醒地认识到,工作中还存在一些短板和不足:一是新旧动能转换步伐还不够快,重大项目支撑相对不足,经济企稳回升向好的速度还不够快、质量还不够优;二是城市功能品质有待进一步提高,对外交通、供水供气等重大基础设施仍需提升,教育、医疗、文化、体育等优质公共服务供给仍然不足,推进共同富裕任重道远;三是社会治理仍需加强,安全生产、信访、金融风险等工作的敏感性、管控力需进一步提升,防范化解各领域风险隐患的压力仍然较大;四是干部队伍工作理念、专业素养、作风效能还需提升,"四风"问题、腐败现象仍然存在,全面从严治党需进一步加强。对于这些问题,我们将高度重视,采取有力举措,认真加以解决。

二、学懂弄通做实,奋力推进中国式现代化县域先行新实践

学习党的二十大精神是一个常读常新、常学常悟、常用常进的过程,要按照习近平总书记"五个牢牢把握"和"全面学习、全面把握、全面落实"等重大要求,深刻领悟党的二十大关于党和国家事业发展大政方针和战略部署的历史逻辑、理论逻辑、实践逻辑,切实把思想和行动统一到党中央决策部署上来。

一要深刻把握"两个确立"的决定性意义。"两个确立"是引领新时代10年伟大变革的根本所在,是历史和人民的必然选择,是中华民族伟大复兴道路上应对一切风险挑战的根本保证。我们要不断提高政治判断力、政治领悟力、政治执行力,始终在思想上政治上行动上同以习近平同志为核心的党中央保持高度一致。二要深刻把握习近平新时代中国特色社会主义思想的世界观和方法论。党的二十大生动阐释了"三个为什么"的内在逻辑、"两个结合"的重大意义、"六个必须坚持"的立场观点方法,赋予了当代中国共产党人不断谱写马克思主义中国化时代化新篇章的历史责任。我们要进一步学深悟透习近平新时代中国特色社会主义思想,在新时代新征程上推进更大的实践创新、理论创新、制度创新、模式创新,不断开创事业发展新局面。三要深刻把握以中国式现代化全面推进中华民族伟大复兴。中国式现代化是一条通往胜利的光明大道、是一套系统科学的强国纲领、是一份造福人类的中国方案。我们要深刻理解中国式现代化理论和全面建设社会主义现代化国家战略布局的关系,集中精力办好自己的事,在中国式现代化的新征程中谱写更加精彩的象山篇章。四要深刻把握全面建设社会主义现代化国家的战略布局。党的二十大明确了全面建设社会主义现代化强国两步走战略安排,部署了未来五年开局起步关键期的重点任务,这一强国复兴的宏伟蓝图,彰显了战略自信与战略主动的高度统一、系统论与重点论的高度统一、未来所向与人民所盼的高度统一。我们要始终心系"国之大者",创造性贯彻落实党的二十大战略部署,以一域之光为全局添彩。五要深刻把握以自我革命引领社会革命。在新时代全面从严治党的伟大实践中,我们党找到了自我革命这一跳出治乱兴衰历史周期率的第二个答案,这是"十年磨一剑"的宝贵经验、是"永远在路上"的自我警醒、是"体系化推进"的全面部署。我们要永葆"赶考"的清醒和坚定,全面落实新时代党的建设总要求,将制度优势更好地转化为治理效能。六要深刻把握发扬斗争精神、增强斗争本领、坚持团结奋斗。从"三个务必"中提出"敢于斗争、善于斗争",到把"坚持发扬斗争精神"列为前进道路上必须牢牢把握的五个重大原则之一,再到强调"加强干部斗争精神和斗争本领养成",党的二十大报告突出强调斗争精神,充分彰显了以习近平同志为核心的党中央对"两个大局"的深刻洞悉、战略运筹。我们要保持昂扬状态,摒弃"躺平"心态,在打硬仗塑变革中激发团结奋斗的磅礴力量,不断夺取新的胜利。

党的二十大明确了以中国式现代化全面推进中华民族伟大复兴的战略布局,并特别赋予"东部地区加快推进现代化"的重大使命。省委十五届二次全会对标全面建设社会主义现代化国家战略安排,迭代完善省第十五次党代会一系列决策部署,提出要努力成为中国式现代化省域范例。市委十四届三次全会对标省委"两个先行"的决策部署,提出要努力打造中国式现代化市域样板。县委以党的二十大为统领,对标省委市委的决策部署,准确把握中国式现代化的内涵要求,研究制定了《决定》,迭代完善了"聚力一二五,走好共富路"战略安排,以此引领中国式现代化县域先行新实践。具体来说:"一"是目标定位,即加快建设社会主义现代化滨海花园城市；“二”是战略路径，即实施“海洋强县、美丽富民，都市融入、变革驱动”战略；“五”是历史使命，即围绕“五位一体”总体布局，在经济建设上致力于做强海洋经济示范区，在政治建设上致力于探索基层治理新范式，在文化建设上致力于打造海洋文化特色区，在社会建设上致力于争当共同富裕样板县，在生态文明建设上致力于创建“海上两山”实践地。

新蓝图指引新方向，新实践呼唤新担当。全县上下要真正把象山各项工作放到中国式现代化宏大场景中谋划推进，高水平绘就中国式现代化县域先行新实践的“万象山海图”。一要在做强海洋经济示范区上取得先行突破，牢记习近平总书记嘱托，进一步发挥海洋资源优势，基本建成国家级海洋经济发展示范区，争创国家经略海洋实践先行区，“才能兼备、余生有幸”八大海洋产业培育壮大，“青年与海”人才双创品牌全面打响，海洋经济对全县GDP贡献度超过70%；二要在探索基层治理新范式上取得先行突破，坚持和加强党的全面领导，全过程人民民主的基层实践不断完善，“整体智治、唯实惟先”的现代政府基本建成，全社会法治素养取得新提高，本质安全水平得到新提升，“村民说事”制度持续迭代，党建统领“四治融合”基层治理体系走在全国前列；三要在打造海洋文化特色区上取得先行突破，挖掘提炼渔文化、海防文化、塔山文化等海洋文化的独特价值，向海图强的文化基因接续传承，国家级海洋渔文化生态保护区名片持续擦亮，具有鲜明辨识度的海洋文化标识精彩传播，文化事业和文化产业繁荣发展，新时代文明素养蔚然成风，建设更高水平的全国文明城市；四要在争当共同富裕样板县上取得先行突破，“外联内畅”的现代交通体系基本形成，独具韵味的滨海花园城市风情充分彰显，国家乡村振兴示范县全面建成，“三大差距”全面缩小，基本公共服务实现常住人口全覆盖，人的全面发展和社会全面进步取得更为明显的实质性进展，让共同富裕真正惠及百姓、更加真实可感；五要在创建“海上两山”实践地上取得先行突破，海陆生态全域治理体系基本建立，海洋生物多样性保护走在全国前列，“绿水青山就是金山银山”转化通道全面打开，让绿色成为象山高质量发展最基本的底色，争取成为全省模范践行“两山”理念的新样板。

三、奋力争先创优，在中国式现代化县域先行新实践中开好局、起好步

2023年是全面贯彻落实党的二十大精神的开局之年，是“八八战略”实施20周年、“重要窗口”打造5周年，也是我县变革突围、奋勇争先的关键之年，做好2023年工作意义重大。纵观宏观形势，外部环境动荡不安，需求收缩、供给冲击、预期转弱三重压力仍然较大，但我国经济韧性强、潜力大、活力足，长期向好的基本面没有变，特别是随着疫情防控政策转向后，经济运行有望整体好转。放眼象山未来，我们正阔步迈入海洋时代、轨交时代、双碳时代、亚运时代，既有海洋资源的天然禀赋，又有项目积蓄的强劲动能，还有美丽生态的独特优势，更有干部群众的勠力同心，这些都是象山追赶跨越的底气所在、信心所在、优势所在。我们要振奋精神、抢抓机遇，在战略上更加坚定，在战术上更加精准，在战斗上更加勇敢，下好先手棋、打好主动仗，全力打开发展新天地、开创发展新局面。

综上分析，2023年工作总体要求是：以习近平新时代中国特色社会主义思想为指导，全面学习贯彻党的二十大精神，坚持稳中求进工作总基调，完整、准确、全面贯彻新发展理念，更好统筹疫情防控和经济社会发展，更好统筹发展和安全，认真落实中央经济工作会议精神和省市部署要求，深入实施“海洋强县、美丽富民，都市融入、变革驱动”战略，聚焦“863”重点工作计划，攻坚克难、大抓落实，奋力推动经济社会发展实现新突破，加快建设社会主义现代化滨海花园城市，在中国式现代化县域先行新实践的征程中开好局、起好步。主要指标初步安排：地区生产总值增长6%以上，一般公共预算收入增长6%，城镇和农村居民人均可支配收入增长与经济增长同步。围绕上述目标，新的一年重点要抓好六方面工作：

第一，奋力跑出经济发展加速度。把“拼经济”作为重中之重，大力提振市场信心，加快推动经济回归正常轨道，实现质的有效提升和量的合理增长。一要抢抓机遇推动有效投资加速放量。突出项目为王，充分发挥经济开发区、浙台经贸合作区等重点平台作用，攻坚打好内外并举大招商硬仗，大力开展产业链精准招商，打造全域全员全力的“大招商、招大商”格局，确保签约亿元以上项目超过40个。坚持“一切围着项目转”，攻坚打好重大项目大征迁硬仗，突出抓好“海洋经济、海上两山、民生共富”三批项目，尽快形成更多实物工作量，推动固定资产投资增长15%。主动对接省“千项万亿”工程、市7000亿元投资计划，科学精准做好重大项目谋划，争取更多项目纳入国家和省市“大盘子”。二要千方百计激活消费潜力。把恢复和扩大消费摆在优先位置，依托“北纬30°最美海岸带”的独特资源，迭代深化滨海旅游新消费场景改革，持续打响“周末嗨象山”品牌，创新办好渔光艺术节、非遗游象山等系列文旅活动，精准开展圈层营销、新媒体营销，以旅游复苏带动消费振兴。优化中心城区商圈布局，整治提升商贸用地，加快培育一批特色夜市街区和海鲜餐饮特色店，打造一刻钟便民服务生活圈，发展直播电商等消费新业态，进一步优化消费环境。贯彻落实消费新政，做好消费券发放、促销活动策划等工作，支持住房改善、新能源汽车、养老服务等消费，更好满足多样化、高品质消费需求。三要全力以赴推动外贸稳规模优结构。积极组织参加中东欧博览会、广交会、服贸会等重点展会，鼓励和指导企业“走出去”抢订单。加快推进石浦港公共保税仓项目，鼓励发展跨境电商、生鲜进口等新业态，打造外贸新增长点。加大出口信用保险融资支持力度，以共建“一带一路”、RCEP等国家和地区为重点，帮助企业拓宽市场。支持市场主体内外贸一体化经营，引导企业实施内外销产品同线同标同质，拓宽外贸产品出口转内销渠道。

第二，坚持铁了心抓创新。坚持科

技第一生产力、人才第一资源、创新第一动力，加快推动县域发展转入创新驱动模式，让科技创新“关键变量”成为高质量发展“最大增量”。一要用科技力量加快推动传统优势产业转型升级。更加突出企业创新主体地位，发挥中国机械科学研究总院南方中心等科研院所作用，健全产学研协同创新机制，共建一批企业技术创新中心、重点实验室，大力开展核心技术攻关，加快推广先进适用技术，推动针织、汽模配、建筑等传统优势产业加速向高端化、智能化、绿色化转型升级。以“330”企业培育为统领，培育壮大科技型企业队伍，突出抓好高新技术企业攻坚行动，让科技型企业成为创新创造的主力军。持续深化“亩均论英雄”改革，攻坚打好土地效益大提升硬仗，加快闲置低效用地盘活和落后产能出清。二要以“四链融合”创新激发海洋经济新动能。落实“八个一”措施，加快推动“才能兼备、余生有幸”八条目标产业链延链成群。研究制定产业链专项政策，以“政策矩阵”为产业链壮大提供有力支持。组建产业链专班团队，逐一制定产业专项规划、明确承接平台，全力招引一批涉海重大项目和优质企业。坚持精准配对，每条产业链匹配一家科研院所、一个合作基金、一个行业前沿论坛，进一步增强产业链发展的科技支撑、资金支撑、信息支撑。深化“海上两山”合作社改革，推进重要海岛“一岛一功能”开发利用，争创国家级海洋试验站，进一步打开海洋发展空间。三要抓“125”计划为象山高质量发展赢得未来。推进“半岛英才”工程，精准引进一批高层次人才。深化“凤栖山海”“家燕归巢”两大行动，新招引青年大学生人才超万名。丰富拓展“青年与海”内涵，全方位统领人才“五子”生态建设，制定更加开放有效的拴心留人政策，营造更加大气包容的城市人文环境，完善构建差异化、超预期、全链条的人才服务体系，深化省级中长期青年发展规划试点，建设青年发展型城市，吸引更多青年人才奔赴山海、共创未来。

第三，动真碰硬打造一流营商环境。坚持以“相对便宜、绝对便利、全面安全、本质公平”为导向，加快打造市场化、法治化、国际化一流营商环境。一要打造更加便捷与高效的政务环境。深化政务服务“一地、一窗、一次”改革，打造政务服务升级版，最大限度方便企业办事。坚持“有求必应、无事不扰”，当好服务企业、服务发展的“店小二”。旗帜鲜明地对影响、破坏营商环境的人和事“亮剑”“开刀”，建强营商环境投诉监督中心，坚决拔掉“软钉子”、破解“中梗阻”。二要打造更具优势与活力的市场环境。更大力度实施纾困惠企政策，建成城市天然气利用项目，扎实推进水资源平衡“512工程”，谋划南部域外引水，进一步降低企业生产经营成本。三要打造更为公平与包容的法治环境。把优化营商环境全面纳入法治化轨道，积极探索包容审慎监管方式，完善柔性执法制度，做到首违免罚、屡犯重罚，让各类市场主体放心投资、安心经营、专心创业。坚持各类市场主体一律平等，加强公平竞争审查和合法性审核，整治中介机构垄断经营、强制服务等行为，坚决打破各种“卷帘门”“玻璃门”“旋转门”。四要打造更为高级与现代的生态环境。加强市场主体培育，加快构建新型基础设施和现代化物流体系，引导金融机构创新产品、优化供给、简化流程，着力营造产业基础高级化、产业链现代化的生态环境。五要打造更加安心与亲清的人文环境。坚持“两个毫不动摇”，大力弘扬企业家精神，倡导创新、合规、共富导向，突出加强新生代企业家培养传承，持续涵养象山企业家队伍“爱创新、爱主业、爱家乡”的共同特质，广泛营造尊重企业家、爱护企业家、支持企业家的社会氛围。

第四，更好彰显滨海花园城市风情。探索以县城为重要载体的城乡一体发展新格局，攻坚打好亚运文明大联创硬仗，率先创建全国乡村振兴示范县，展现滨海花园城市的独特风情。一要坚持“窄街密路、素城彩市”，高品质建设“山海田园城”。以“山海田园城”为设计导则，加快推进中心城区有机更新。实施中心城区市政路网通达提质三年行动，启动人民广场“三场一馆”项目，推进未来社区建设、老旧小区改造、城中村整治，开展“六园两道一河”工程，进一步提速通勤圈、优化居住圈、改善生活圈。攻坚打好对外交通大突破硬仗，加快推进市域铁路象山线、G527石浦至长街象山段建设，争取动建象山港东通道，全力争取沿海高铁过境象山设站，推动象山港和石浦港口岸正式开放。打好污染防治攻坚战，创成省级“无废城市”，建设省低碳试点县。开展新一轮美丽城镇建设，打造石浦新时代“渔光之城”，统筹推进西周省级小城市、贤庠中心镇和一般镇建设。二要坚持大处小改、小处大改，高质量建设“烟雨桑麻村”。牢固树立大食物观，坚决守住粮食安全红线。深化农业“双强”行动，持续推进“亩均超万美元”工程，推动“两红一白”等特色产业补链强链、效益提升。以推进全市渔业组织化建设试点为契机，大力推动渔业“捕养加”并举、“渔工贸”结合发展。持续深化“千万工程”，以“精特亮”牵引“三大革命”“三清三美”，鼓励种树播绿、种花添彩，一体推进美丽系列创建、未来乡村建设，争当新时代美丽乡村建设示范标兵。深化全国农村宅基地制度改革试点，探索“五票”集成改革，完善“两进两回”政策体系，全面激发人的活力、地的潜力、产的动力。实施村级集体经济“消薄”攻坚行动，全面消除经营性收入40万元以下行政村。三要坚持恰到好处、点到为止，高品位建设北纬30°最美海岸带。持续擦亮“时尚东海岸、潮隐西海岸、风情石浦港、斑斓西沪港”4条标志性海岸线，推进松兰山国家级旅游度假区、象山影视城AAAAA级景区、环蟹钳港共富样板区等创建，加快滨海环岛风景道、渔港古城等重大项目建设，打造长三角滨海旅游目的地。坚持“五精（经）”“五高”标准办好亚运分赛事，以主办姿态扛起协办责任、以最佳状态展现象山风采。借力亚运东风，培育招引一批全国乃至国际性品牌赛事和体旅融合项目，创新办好“海潮运动会”，建设“全国一流、世界领先”海洋运动中心，打造永不落幕的亚运赛事。攻坚打好岸线码头大整治硬仗，全方位提升集约高效利用水平。四要坚持别样精彩、独具韵味，高水平建设海洋文化强县。深化国家级渔文化生态保护区建设，大力传承和保护烟火人间的渔文化、金戈铁马的海防文化、开放包容的海丝文化。守正创新办好中国开渔节、渔光艺术节，通过音乐、美术、影视、设计、光影、数字媒体等各种艺术手段，让海洋文化在传承保护中与时间共积淀、在融合创新中与时代同脉搏，真正奏响新时代城市渔光曲。

第五，稳步推进共同富裕更加真实可感。牢记“江山就是人民，人民就是江山”，扎实实施“七大象有”行动，让群众有更多更直接更实在的获得感、幸福感。一要扎实推进“扩中提低”。坚持就业优先战略，深入实施“乐业象山”计划，打造零工易业省级样板，确保零就业家庭实现动态清零，努力让更多劳动者成为中等收入群体。高度关注“平均数以下”问题，精准落实低收入农户帮扶政策，不断提升低收入群体收入。二要推动公共服务优质共享。深化实施“象有优学”行动，创建全国学前教育普及普惠县、全国义务教育优质均衡发展县。大力实施“县中崛起”计划，推动高中教育提质发展，加快建设象山港技师学院。深入实施“象有健康”行动，推进高水平县级医院建设，加快第一人民医院三级甲等综合医院创建。加强医共体建设，深化“三医联动”“六医统筹”改革，提高基本医疗卫生服务均等化水平。三要健全兜底普惠的社会保障网络。深入实施“象有保障”行动，构建共富型大社保体系，加快社会保险扩面提标。推进“象有温暖”行动，完善分层分类救助帮扶体系。聚焦“一老一小”，深入实施“象有颐养”“象有善育”行动，持续打响“山海颐养”“智慧妇幼”等品牌。深化“象有安居”行动，建立完善多主体供给、多渠道保障、租购并举的住房制度，促进房地产市场平稳健康发展。四要坚持物质与精神双重富裕。决战冲刺全国文明城市创建，以“七周边”“治六乱”“七设施”为重点，一体推进城市环境、城市秩序、城市设施整治，以“绣花功夫”提升城市精细化管理水平，打响“在象山看见文明宁波”品牌。大力践行社会主义核心价值观，持续擦亮“善行象山”品牌。扎实推进“文艺星火赋美”工程，不断提升农村文化礼堂“建管用育”一体化水平，加快构建“15分钟品质文化生活圈”。

第六，坚决守住大安全底线。贯彻总体国家安全观，构建全面、全域、全程、全量大平安机制，奋力夺取“二星平安金鼎”。一要科学应对疫情渡峰转段。始终把人民群众生命安全和身体健康放在第一位，不断完善分级分类诊疗体系，加快提升医疗救治能力，尽最大努力保障群众基本用药需求，做到尽量延峰、有效削峰、平稳渡峰。二要统筹抓好各类安全生产。严格落实安全生产责任制，突出抓好涉海涉渔、道路交通、消防等重点领域安全生产，坚决遏制较大及以上安全事故发生。三要全力维护社会大局和谐稳定。大力推进“象安”系列专项行动，严厉打击突出违法犯罪行为，确保政治安全、社会安定、群众安宁。聚焦项目征迁、企业“两链”、防台防汛等关键变量，全面研判可能存在的风险，坚决防止各类“黑天鹅”“灰犀牛”事件发生。攻坚打好城乡财力大开源硬仗，稳妥推进隐性债务化解。四要持续深化社会治理创新。创新宣传方式，扎实开展“八五”普法。深化县域基层治理体系改革，深化“大综合一体化”行政执法改革，建强镇乡（街道）社会治理中心，推动服务群众“最多跑一次、最多跑一地、最多跑一人”。深化“村民说事”制度，完善乡村善治说系列，构建矛盾纠纷化解“说访调诉裁”一体化体系，打造新时代“枫桥经验”县域典范。

四、纵深推进全面从严治党，为中国式现代化县域先行新实践提供坚强保障

奋进新征程、引领新实践，关键在党。要始终保持全面从严治党永远在路上的坚忍执着，深入开展“争创变革型组织，争做变革型干部”三年行动，以彻底的自我革命精神加强党的建设，引领广大党员干部在中国式现代化县域先行新实践中竞相比拼、加速奔跑。

一要强化党性锤炼，永葆绝对忠诚。紧密结合主题教育，开展多形式、分层次、全覆盖的全员培训，推动党的二十大精神往心里走、往实里走、往深里走。始终把“两个确立”作为最深刻的政治领悟、政治信念，把“两个维护”作为最坚定的政治立场、政治忠诚，完善贯彻习近平总书记重要指示批示精神以及中央和省委、市委重大决策部署量化闭环，坚决做到“总书记有号令、党中央有部署、省市有要求，象山见行动”。

二要强化赛马亮绩，增强实干本领。树立“用数字说话、凭实绩交卷”的工作导向，深化“双对双排”制度，持续开展“大赛马”“四好”评比等活动，构建干部胜任力评价体系，坚决做到“以实绩论英雄、让英雄有舞台”。抓好后继有人这一根本大计，实施“青象”选培专项行动，办好“青春塔山”干部读书会、丹山干部讲坛、“1+6”干部专业能力培训班，健全轮岗交流、一线锻炼等机制，让优秀年轻干部在一线中磨砺摔打、成长成才。健全干部正向激励体系和容错纠错机制，旗帜鲜明为实干者担当、为老实人负责。

三要强化基层基础，厚植党建根基。树牢大抓基层的鲜明导向，深入推进“强基固本”三年行动，健全全领域党组织“书记账本”制度，推动基层组织全面进步全面过硬。建强基层带头人队伍，实施农村党员干部“百千万”工程，形成“头雁领航、雁阵齐飞”的生动局面。推动非公有制企业和社会组织“两个覆盖”提质扩面，持续打响“红社领航”党建标志性品牌。建设城乡现代社区，打造领导有方的“红色单元”、服务有感的“共富单元”、坚强有力的“作战单元”、治理有效的“善治单元”。

四要强化正风肃纪，确保风清气正。完善“大监督”体系，严格落实全面从严治党“五张责任清单”，坚定不移推进党风廉政建设。锲而不舍落实中央八项规定精神，坚决纠治“四风”问题，持续擦亮“四问四治”作风建设品牌。健全政治监督全周期闭环管理机制，迭代升级“你说我巡”2.0版，打造全省有影响力的巡察品牌。精准运用“四种形态”，严肃查处腐败问题，一体推进“三不”建设。统筹推进清廉单元建设，持续打响“象廉相依”品牌，不断提升清廉象山建设水平。

五要强化团结奋斗，汇聚强大合力。充分发挥县委总揽全局、协调各方作用，把方向、谋大局、定政策、促改革，切实把党的全面领导落实到经济社会发展的全过程、全领域。支持县人大及其常委会依法行使职权，擦亮“代表督事”工作品牌。支持县政协充分发挥专门协商机构作用，深化打造“请你来协商”等特色履职品牌。健全“大统战”机制，深化开展“书记点题、统战领题”活动，发挥民主党派、工商联和无党派人士参政议政作用，激发工会、共青团、妇联等群团组织活力，扎实做好党管武装工作，持续营造心齐气顺、实干劲足的浓厚氛围。

同志们，沉舟侧畔千帆过，病树前头万木春。后疫情时代的新征程即将开始，让我们更加紧密地团结在以习近平同志为核心的党中央周围，千帆竞发向大海，万物开源向未来，在奋力推动中国式现代化县域先行新实践中跑出加速度、干出新气象！

名词解释

“五问五破争先进、五比五先创一流”：问争先劲头足不足，坚决破除甘愿躺平“混日子”思想；问担当精神够不够，坚决破除推诿扯皮“怕担责”心态；问为民情怀深不深，坚决破除脱离群众“不走心”现象；问底线思维牢不牢，坚决破除心存侥幸“碰运气”心理；问法纪意识严不严，坚决破除不知敬畏“没规矩”行为。比格局提境界、立先行之志；比实干促担当、扛先行之责；比业务强本领、增先行之能；比干劲看作为、闯先行之路；比实绩展风采、成先行之势。

党的二十大精神“六进”活动：党的二十大精神进企业、进农村、进机关、进校园、进社区、进网站。

“才能兼备、余生有幸”：材，即海洋新材料；能，即海洋新能源；建，即高技术船舶建造和海洋交通运输产业；备，即海洋工程装备。渔，即现代渔业；生，即海洋生物食品加工与制药；游，即海洋旅游；信，即海洋信息。

“三区三线”：“三区”是指城镇空间、农业空间、生态空间三种类型的国土空间，“三线”分别对应在城镇空间、农业空间、生态空间划定的城镇开发边界、永久基本农田、生态保护红线三条控制线。

“六个一”：一条鱼、一只橘、一块地、一件事、一指数、一座城。

“1612”体系：第一个“1”指一体化智能化公共数据平台（“平台+大脑”）；“6”指党建统领整体智治、数字政府、数字经济、数字社会、数字文化、数字法治六大领域；第二个“1”指基层智治系统；“2”指理论体系和制度规范体系。

“四问四治”：问责治怠、问效治慢、问廉治腐、问制治源。

“四种形态”：让咬耳扯袖、红脸出汗成为常态；党纪轻处分和组织处理要成为大多数；对严重违纪的重处分、作出重大职务调整应当是少数；而严重违纪涉嫌违法立案审查的只能是极少数。

“三个为什么”：中国共产党为什么能、马克思主义为什么行、中国特色社会主义为什么好。

“两个结合”：把马克思主义基本原理同中国具体实际相结合、同中华优秀传统文化相结合。

“六个必须坚持”：必须坚持人民至上、必须坚持自信自立、必须坚持守正创新、必须坚持问题导向、必须坚持系统观念、必须坚持胸怀天下。

“863”重点工作计划：“8”即对外交通大突破、重大项目大征迁、土地效益大提升、岸线码头大整治、亚运文明大联创、内外并举大招商、城乡财力大开源、营商环境大优化等八场硬仗；“6”即全域国土空间综合整治、海洋经济“四链融合”、海上“两山合作社”、滨海旅游新消费场景、县域基层治理体系集成、变革型组织和变革型干部建设等六大改革；“3”即海洋经济、海上两山、民生共富等三批项目。

人才“五子”生态：票子、房子、孩子、圈子、面子。

水资源平衡“512工程”：力争通过5年时间，投入20亿元，重点实施降漏损、节水、分质供水、水源地保护、水库群精准调度、水库清淤、新增水源工程、扩建水库工程、小型水厂提升工程、县外引水等10个方面项目工程。

“六园两道一河”：“六园”指凤跃山公园、丹阳公园、兴盛公园、王寺山公园、东谷湖公园二期和大地景观；“两道”指环城绿道和最美风景道；“一河”指西大河。

“五票”：地票、房票、权票、钞票、股票。

“两进两回”：科技进乡村、资金进乡村，青年回农村、乡贤回农村。

“五精（经）”“五高”：精细、精致、精彩、精准、经典，高标准、高安全、高质量、高效率、高效益。

“三医联动”：医疗、医保、医药改革联动。

“六医统筹”：医保、医疗、医院、医药、医生和中医的统筹改革。

“七周边”：社区小区、农贸市场、交通场站、学校、医院、商贸综合体和商场超市、综合写字楼及周边环境。

“治六乱”：整治乱停车、乱占道、乱施工、乱拉线、乱张贴、乱吸烟。

“七设施”：道路设施、交通设施、照明设施、绿化设施、公共设施、排水通信设施、无障碍设施。

“五张责任清单”：县委书记第一责任人责任清单、县委主体责任清单、县委常委会其他成员责任清单、县纪委监委专责监督责任清单、县委组织部职能监督责任清单。

政府工作报告

——2023年2月1日在象山县第十九届人民代表大会第二次会议上

县长　李晓东

各位代表：

现在，我代表县人民政府向大会报告工作，请予审议，并请县政协委员和其他列席人员提出意见。

一、2022年工作回顾

2022年，面对异常复杂严峻的外部环境和超预期因素叠加冲击，我们坚持以习近平新时代中国特色社会主义思想为指导，全面贯彻党的二十大精神，坚决贯彻习近平总书记“疫情要防住、经济要稳住、发展要安全”重要指示，认真落实党中央、国务院和省、市决策部署，在县委的坚强领导下，在县人大、县政协的监督支持下，忠实践行“八八战略”，扎实推进“两个先行”，大力实施“海洋强县、美丽富民，都市融入、变革驱动”战略，高效统筹疫情防控和经济社会发展，全力打好“稳进提质、除险保安、塑造变革”组合拳，迎难而上、奋勇争先，努力以自身工作的确定性应对外部环境的不确定性，实现了现代化滨海花园城市建设良好开局。

——这一年，我们坚持稳中求进，在主动作为、克难前行中跑出“象山速度”。始终把稳增长放在突出位置，强化高频监测调度，常态化开展协调服务，千方百计扩内需、畅循环、稳企业，以超常规举措稳住经济基本盘，主要经济指标增速好于全省全市。完成地区生产总值720亿元，增长5.2%、居全市第二；财政总收入突破100亿元，增长10.3%；一般公共预算收入60.8亿元，增长5.1%；城镇居民人均可支配收入6.9万元，农村居民人均可支配收入4.2万元，分别增长4.6%、6.4%。

——这一年，我们坚持放大优势，在变革攻坚、抢抓机遇中彰显“象山特色”。做强海洋经济示范区探出新路，“青年与海”主题活动创新开展，“才能兼备、余生有幸”八条目标产业链对外发布，清洁能源装机容量超100万千瓦，两项渔业育苗技术填补国内空白，海洋经济生产总值达到220亿元。建好“海上两山”实践地创出新绩，成为省低碳试点县创建单位，获评省级大花园示范县，“护鸟救鲸”案例亮相联合国《生物多样性公约》第十五次缔约方大会。打造共同富裕样板县结出新果，市域铁路象山线动工建设，环蟹钳港共富样板区建设全面铺开，西沪滨海风情示范带获评省级共同富裕示范带，“村民说事”制度成为国标，入选首批国家乡村振兴示范县创建名单。

——这一年，我们坚持民生为本，在大战大考、共建共享中体现“象山温度”。突出人民至上、生命至上，落实落细疫情防控“七大机制”，成功打赢疫情遭遇战。聚焦“保健康、防重症”，因时因势优化调整防控措施，稳妥落实新冠病毒感染“乙类乙管”，加强医疗救治保障、应急物资保供和疫苗接种，实现有序转段、平稳渡峰。注重财力向民生倾斜，集中精力补短板办实事，民生支出占财政预算支出77.7%，省市民生实事项目全部完成。城镇登记失业率维持在1.7%，创作省级以上文艺精品54项，新改扩建学校（幼儿园）8所、新增基础教育学位4050个，累计建成普惠托位2627个、千人托位数全市第一，老年健康服务列入省级试点。

具体工作中，主要抓好以下六个方面：

（一）聚焦稳企惠企，经济运行承压奋进。助企纾困扎实有力。顶格落实稳经济“一揽子”政策，制定稳链纾困助企26条、稳经济16条等措施，为企减负19.5亿元，完成增值税留抵退税13.2亿元，兑付惠企政策资金11.3亿元。发放“纾困贷”9.5亿元，普惠小微企业贷款、制造业贷款分别增长30.6%、9.2%。开展“六联六促”企业服务，办结企业诉求3262件。支持市场主体发展壮大，总量达到8.3万户、增长8%，完成“个转企”190家、“小升规”50家。“330”企业贡献突出、产值占比近50%，华翔电子、锦浪科技、申菱集团列入市“大优强”培育企业。出台建筑业高质量发展政策，新招引企业6家，获得国家级优质工程奖7项。投资结构持续改善。建立重大项目“1244”推进机制，抓牢“三个一批”项目，完成固定资产投资224.1亿元。新建亿元以上工业项目30个，实现制造业投资72亿元、增长32.3%。加强项目谋划争取，新增专项债券项目16个、资金11亿元，获得政策性开发性金融工具16.4亿元、全市第二，争取建设用地指标2442亩、项目用能12.3万吨标准煤。举办城市空间价值发布会，攻坚招商项目落地转化，签约亿元以上项目46个、10亿元以上项目10个，转化历年招商项目87个，实际利用外资1.4亿美元、内资141亿元。内外市场有效拓展。开展促消费活动，发放消费券3050万元，社会消费品零售总额增长5.3%。建成电商直播公共服务中心，新增市级跨境电商试点企业15家。落实外贸企业出入境便利化、商务包机等措施，新建海外仓2400平方米，进出口增长14%。深化宁波舟山港合作，象山港、石浦港口岸开放审理计划获国家口岸办批复。

（二）聚焦产业升级，发展动能加速转换。制造业稳中向好。坚持保畅稳链和转型升级并重，完成规上工业增加值171.9亿元、增长3.9%，战略性新兴产业、装备制造业增加值分别增长34.2%、8.3%。纺织服装行业列入省级中小企业数字化改造试点，日星铸业入选市级“未来工厂”，数字经济核心产业增加值增长33.1%。实施“腾笼换鸟、凤凰涅槃”行动，整治提升船舶修造企业28家，治理高耗低效企业85家，盘活低效工业用地1926亩。深化园区整合提升，经济开发区东海湾专精特新产业园开园，浙台经贸合作区北欧鲑鱼陆基养殖项目部分投入使用，象保合作区双创中心竣工投用、新引进产业项目5个。服务业加快发展。完成服务业增加值347.8亿元，增长9.4%。持续打响北纬30°最美海岸线品牌，创新推出“周末嗨象山”微度假产品，过夜游客占比40%。影视城创成省级特色小镇、入选省大花园“耀眼明珠”高能级景区，渔港古城获评省级夜间文旅消费集聚区，松兰山景区重新开园，新增AAA级景区2个、高品质旅游饭店5家、省等级民宿5家，滨海环岛风景道成为省级交通与旅游融合发展试点。加大商贸流通业扶持力度，商品销售总额增长25.3%。开发保险新产品6个，存贷款余额分别增长17.2%、14.8%。农渔业扩量增效。深化农业“双强”行动，实现农渔业总产值162.3亿元、增长5%。完成“非粮化”整治3.6万亩，新建数字农业示范基地6个、健康养殖示范基地6个，新增市级以上农业龙头企业6家。打好减船转产攻坚硬仗，淘汰老旧渔船536艘，发放补助资金近10亿元。象山小黄鱼获批国家地理标志证明商标，象山白鹅入选全国名特优新农产品名录，创成国家级柑橘公用品牌培育提升标准化示范区。

（三）聚焦改革创新，县域活力充分激发。重大改革走深走实。坚持数字化改革引领，新增省级试点项目18个、全省“一本账”应用6个。推进“亩均论英雄”企业评价，规上企业亩均税收增长17.7%、增幅全市第一。开展全域国土空间综合整治，“三区三线”划定方案获批实施，消化批而未供土地1582亩、闲置土地1290亩，集中连片整治永久基本农田6434亩。完善宅基地改革政策体系，盘活闲置农房1.1万平方米，相关做法得到农业农村部肯定推广。探索“海上两山合作社”改革，完成海域生态系统生产总值核算、总量居全省前列。创新开展滨海都市新消费场景营造改革，举办“大宋奇妙夜”等活动，户外露营、沉浸夜游等成为旅游热点，入选省级促进文化和旅游消费创新案例。健全财力大统筹机制，稳妥推进“乡财县管”“乡债县管”，争取上级补助资金37.4亿元，新增AA+等级国企1家，国企营业收入增长31.9%。科技创新赋能增效。加强创新主体培育，新增高新技术企业76家、市级以上单项冠军企业5家、专精特新企业20家。新建市级以上研发机构17个，中国机械科学研究总院南方中心获批国家重点研发计划，科创中心评为省级双创示范基地。科技大市场连续5年获评市级优秀，完成技术交易额13.5亿元、科技信贷余额1.1亿元。新增有效发明专利163件、浙江制造标准3项，市政府质量创新奖实现“零”的突破。出台“半岛”系列引才政策，新建博士后工作站5个，入选国家级引才计划2人，新增高技能人才5562人，招引大学生8122人、增长11.4%。

（四）聚焦亚运筹办，城乡风貌更具魅力。赛事筹备有序开展。优化调整组织架构，亚帆中心、沙排中心全省首批通过验收，举办特色赛事40余场。借势发展海洋运动产业，获批成为华东沿海首个开放式游艇港。实施“全域美丽迎亚运、全民动员讲文明”行动，改造亚运道路14条65千米，淘汰非标电动自行车25万辆、载客电瓶三轮车914辆，整治空中线缆5320千米，通过全国文明城市省级测评。城市品质持续改善。开展城乡风貌整治提升，6个风貌区列入省级试点、大目湾（亚帆）城市新区风貌区获评省级样板，瑶琳未来社区改造工程基本完工，云湾未来社区启动建设。城市家具有机更新一期完工，夜景灯光工程竣工投用，建成市级“席地而坐”城市客厅2个、绿道30千米。人民广场国际设计竞赛成功举办，完成老城更新六期和上余村等房屋征收60万平方米、创历史新高。改造老旧小区6个、城中村9个，贯通断头路4条，整治城区内涝点3个。加快大目湾海洋青创城建设，科创、数字艺术等产业涌动发展。城乡环境不断优化。创成省市级美丽城镇样板乡镇6个，石浦新时代“渔光之城”启动建设，西周省级小城市培育持续深化，贤庠等城镇功能日趋完善。深化“千万工程”，建成省级未来乡村4个、美丽宜居示范村4个，市级美丽乡村示范乡镇6个、共同富裕示范村5个，乡村振兴工作获省政府督查激励。打好蓝天碧水净土保卫战，推进近海岸带污染整治，大塘港国控断面水质达到Ⅲ类标准，创成省级“污水零直排区”3个，获评省“无违建”创先争优示范县、全省农村生活垃圾分类处理工作优胜县。创建市级绿色工厂18家，鹤浦、高塘岛获评省级零碳示范乡镇。

（五）聚焦民计民生，幸福底色持续擦亮。社会保障提标扩面。全市率先开展“零工易业”改革，新增城镇就业1.3万人。落实企业职工基本养老保险全国统筹、基本医疗保险市级统筹，本地户籍参保率稳定在99%以上。推行“山海颐养”服务，新增养老床位100张。稳步推进“扩中提低”，低收入农户收入增长10%，发放社会救助金1.7亿元、慈善救助金3780万元。改造城乡危旧房1.1万平方米，新增保障性租赁住房2066套。完成国防动员体制改革，退役军人服务保障体系进一步健全。东西部协作、山海协作相关做法入选全球最佳减贫案例。公共服务协调发展。国家级健康促进县成功创建，智慧妇幼全市推广，县人民医院入选国家首批“千县工程”。开展全民健身活动200多场，“体医融合”成为省级试点。建成“15分钟品质文化生活圈”90个，第二十五届中国开渔节成功举办，渔文化生态保护工作获省政府督查激励。巩固教育“双减”成果，义务段学科类培训机构全部压减，规范民办义务教育任务顺利完成，随迁子女义务段公办学校就读率100%。平安建设纵深推进。圆满完成护航党的二十大各项任务，平安指数全市领先。全面迭代县乡两级社会治理中心，建设城乡现代社区，全省首创“村官说法”，被评为全省

“新时代枫桥经验”样本县。常态化开展扫黑除恶,电信网络诈骗案损额下降44.7%,反走私数字化治理全市推广。狠抓交通、消防等领域安全生产整治,打好“减船转产、春雷行动、智慧渔港”组合拳,海上安全生产形势明显好转,各类安全事故数、死亡人数分别下降50%、58.8%。全省率先实施卤肉“一件事”集成改革,创成首批省级食品安全示范县。做好防汛防台工作,有效应对“轩岚诺”“梅花”台风侵袭。

（六）聚焦唯实惟先,政府建设切实加强。政治建设更加有力。始终把政治建设摆在首位,深入学习贯彻党的二十大精神,坚定捍卫“两个确立”、坚决做到“两个维护”。健全党组集体学习制度,立足实际及时研究落实举措、载体抓手,推动重大决策部署在政府系统快落实、早见效。变革能力有效提升。实施“争创变革型组织、争做变革型干部”三年行动,完成乡镇“大部制”和农业、旅游等机构改革,打造主动担当、奋发攻坚的干部队伍。建立重大任务“部门+专班”“线上+线下”等机制,加强和改进督查考核,政府执行力得到增强。深化数字政府建设,承接贯通省级重大应用46个,公共数据平台进入全省第一梯队。法治思维持续增强。依法接受人大监督、自觉接受政协民主监督,办理人大代表建议173件、政协委员提案210件。健全合法性审查标准化体系,率先应用行政决策后评估系统,依法决策水平进一步提升。加强政务公开,推进“大综合一体化”行政执法改革,建立行政复议监督员制度,行政行为更加规范。作风建设不断深化。实施“五问五破争先进、五比五先创一流”机关作风建设专项行动,评选好干部好团队92个,问责干部66人。认真履行全面从严治党主体责任,坚决落实省委巡视反馈意见、“七张问题清单”整改,健全项目变更、应急工程、国企运行等管理制度。支持基层清廉单元建设,获评全省首批清廉村居示范县。

与此同时,民族宗教、外事、对台、统计、慈善、老干部、关心下一代、地方志、档案、公积金、海关、海事、边检、邮政、通信、烟草、盐业等工作取得新成效,工会、共青团、妇联、工商联、侨联、文联、残联、科协、红十字会等群团组织作用有效发挥。

各位代表,事非经过不知难。这一年我们经受了许多前所未有的考验,攻克了一个又一个难关,每个人都不容易。所有成绩的取得,是县委统筹谋划、坚强领导的结果,是县人大、县政协有效监督、鼎力相助的结果,是广大干部群众特别是医医务人员、基层工作者勇毅坚守、无私奉献的结果,是全县上下一道拼出来、干出来、奋斗出来的!在此,我代表县人民政府,向全县人民、广大建设者,向人大代表、政协委员,向各民主党派、工商联和无党派人士、各人民团体,向离退休干部,向驻象山单位、驻象山人民解放军、武警部队官兵、公安干警、消防救援队伍指战员,向所有关心支持象山发展的同志们、朋友们,致以崇高的敬意和衷心的感谢!

在总结工作的同时,我们也清醒地认识到不足和差距:经济稳进提质的基础尚不牢固,创新动能和人才支撑不强,招引链主型产业项目、扩大有效投资的短板仍未得到破解,土地集约利用、产出效益亟待提高,营商环境与企业期盼还有差距。城市能级品质有待提升,中心城区核心带动能力偏弱,教育、医疗、文体、养老等优质公共服务供给仍然不足,对外交通等重大基础设施还需加快突破。社会治理成效还要进一步巩固提升,安全生产、环境保护还存在薄弱环节,防范化解风险隐患的各方责任仍需压实。政府自身建设还需强化,少数干部的理念方法、能力水平与推动中国式现代化建设还有差距,廉洁政府建设任重道远。对此,我们将直面矛盾、正视问题,采取有效措施,努力改进解决。

二、2023年工作重点

2023年是全面贯彻党的二十大精神开局之年,是“八八战略”实施20周年,也是实施“十四五”规划承上启下重要一年,做好各项工作意义重大。我们必须紧盯宏观形势发展变化,加速释放海洋时代、轨交时代、双碳时代、亚运时代“四重利好”,以探路先行者、时代弄潮儿的姿态,全力以赴拼经济、抓未来、促共富、防风险,坚定不移走好经济社会高质量发展现代化之路,奋力谱写中国式现代化的象山新篇章!

根据县委十五届三次全会要求,今年政府工作的总体要求是:以习近平新时代中国特色社会主义思想为指导,全面贯彻落实党的二十大精神,坚持稳中求进工作总基调,完整、准确、全面贯彻新发展理念,把握“六个更好统筹”,认真落实中央经济工作会议精神和省市部署要求,深入实施“海洋强县、美丽富民,都市融入、变革驱动”战略,聚焦“863”重点工作计划,攻坚克难、大抓落实,奋力推动经济实现质的有效提升和量的合理增长,加快建设社会主义现代化滨海花园城市,在中国式现代化县域先行新实践的征程中开好局、起好步。

综合考虑各方面因素,建议今年全县经济社会发展主要预期目标为:地区生产总值增长6%以上,一般公共预算收入增长6%,固定资产投资增长15%以上,研发投入强度达到2.85%,城镇登记失业率控制在3.5%以内,城乡居民人均可支配收入与经济增长基本同步,能源和环境指标完成省市下达任务。围绕上述目标,重点抓好以下八方面工作:

（一）坚持扩大内需,促进经济平稳增长

狠抓项目扩投资。坚持以项目看发展论英雄,围绕省“千项万亿”工程,以拼的意识、抢的劲头、跑的状态,全力实施“三批百亿”工程,打好重大项目大推进硬仗,实现投资增速明显快于GDP增速,海洋经济投资、制造业投资、交通水利投资增速快于面上投资增速,高新技术产业投资增速快于制造业投资增速。完善招商大统筹机制,攻坚内外并举大招商,凝聚各方力量掀起百川入海、万涓汇流招商热潮,争取签约亿元以上项目40个、10亿元以上项目10个、50亿元以上项目取得突破,实际利用外资1.5亿美元、内资146亿元。紧盯六大新型基础设施,滚动生成一批具有前瞻性、带动性、基础性项目,新增省市重点建设项目20个以上。做深做实项目前期,加快项目政策处理,完成房屋征收28万平方米，征用土地6025亩。坚持要素跟着项目走，打好“向上争取、向下挖潜”组合拳，争取地方政府债券6亿元以上、建设用地指标2700亩以上。

培育业态促消费。坚持把激活和扩大消费摆在优先位置，发挥消费券等政策引导作用，办好系列促消费活动，社会消费品零售总额增长6%。加快培育特色街区等消费新场景，扩大新能源汽车等大宗消费，扶持康养家政等服务消费，建设国瑞康养综合体，商品销售总额增长10%。加强城乡消费网络建设，整治提升城区临建商贸设施7个，建成城南市场主体工程、二手车交易市场。优化社区商业功能，建设一刻钟便民生活圈，省级放心农贸市场覆盖率达到72%。强化服务业主体培育，加快省级服务业创新发展区建设，服务业增加值增长6%以上。实施物流业高质量发展行动，动建丰树物联生活创新中心，启动现代物流园区前期。创建省级客货邮融合发展样板县，基本实现快递进村全覆盖。

开放融入稳外贸。完善拓市场抢订单支持政策，鼓励企业参加境内外展会，开拓中东欧、RCEP成员国家市场，确保货物贸易进出口总额保持全国占比份额。积极参与浙江自贸试验区宁波片区建设，发展跨境电商、海外仓等业态，培育服务贸易、数字贸易，新增跨境电商试点企业10家、海外仓3000平方米。开展内外贸一体化试点，多渠道拓展内销市场。以开放格局大拓展硬仗为抓手，主动融入宁波舟山港，完成象山港、石浦港口岸监管区和配套航道建设，争取口岸正式对外开放。深度对接长三角一体化，探索加入异地通办全域联盟体系，开展技术合作项目50个以上，引进亿元以上项目10个以上。

稳步发展建筑业。落实支持建筑业做优做强意见，加快绿色化智能化转型，保持行业平稳健康。深化建筑业招商回归工程，建立行业专业人士资源库，新招引企业6家。扶持建筑企业发展，积极培育省级建筑产业现代化示范企业、专精特新建筑企业。支持企业联合抱团拓市，探索开展混合所有制改革，完善现代企业管理制度，提升抗风险能力和市场竞争力。

（二）做强主导产业，加速振兴海洋经济

加快打造高能级平台。深入贯彻海洋强国战略，主动参与甬舟共建海洋中心城市，以国家级宁波海洋经济发展示范区主体区建设为引领，争创国家经略海洋实践先行区试点县，海洋经济生产总值增长10%以上。完善经济开发区管理机制，加快临港装备产业园建设、东海湾专精特新产业园南区开发，新增建设用地1500亩，新开工项目50个以上，争创省级高新技术产业园。提升浙台经贸合作区，统筹推进环石浦港EOD项目，加快打鼓峙、黄湾塘等区块开发，建设石浦新材料产业园、海洋信息产业园。发挥宁波经济技术开发区辐射带动作用，做强象保合作区，积极打造区县联动、产业合作核心承载地，引进重大产业项目6个以上。动建大目湾青创园、数艺产业园，新引进企业100家，着力打造宁波新兴产业集聚高地。

培育壮大标志性产业。对标省“415X”先进制造业集群建设，加快推动海洋经济“四链融合”，促进“才能兼备、余生有幸”八条目标产业链延链成群，构建千亿级标志性产业集群，规上工业增加值增长7%。抓牢产业链重点项目，建成中广核涂茨海上发电项目，建设国电海上风电场二期、中国海装海上风电装备产业园二期、日星大型风电装备制造项目，动建锦浪储能逆变器项目、勤邦光伏膜产业化基地，制造业投资增长18%以上。加快数字经济与实体经济深度融合，发展科技信息等生产性服务业，新增市级以上数字化车间6个，数字经济核心产业增加值增长20%。深化“腾笼换鸟、凤凰涅槃”行动，整治提升三类企业240家。抢抓宁波建设新能源智能汽车之城机遇，建成汽模配产业创新服务中心，动建华翔新能源汽车零部件扩产项目，力争动建市级智能制造行业示范性区域中心。深化“浙里智造供全球”纺织服装行业试点，加快针织行业全产业链数字化改造，拓展运动服装产品国内市场。

扎实开展精准化助企。紧扣“企业办事无忧、政府无事不扰”要求，开展“三稳三提”企业服务行动，全力以优质服务提振发展信心、加快发展步伐。坚持能早则早、能延则延、能出尽出，全面落实“8+4”政策体系，优化政策直达快享流程，让政策更解渴、企业更有感，兑现惠企政策资金3亿元、为企减负10亿元以上。精准有力提供金融支持，扩大首贷、信用贷、无还本续贷规模，存、贷款余额分别增长11%、13%，普惠小微企业贷款增长18%，制造业中长期贷款增长20%。完善企业梯队培育体系，助推上规上市上榜上云，新增规上企业50家、亿元企业5家、上市企业1家。

创新发展潮创型业态。聚焦海洋味、年轻态、未来感、国际范、社会化五大特征，拓展延伸海洋科创、海洋艺术、海洋运动、海洋生态、海洋生活五条跑道，吸引更多人关注象山、打卡象山。激发“万物开源”海洋双创大会活力，举办全球海洋经济创业创新大赛，提高活动影响力。丰富海洋艺术场景，办好中国开渔节、中国海洋论坛，打造独具魅力的“渔光之城”光影秀。创新举办海潮运动会，承办专业化赛事10场以上，将海岸线变成运动场、旅游地。讲好“护鸟救鲸”故事，建设海上生物多样性保护实践地，倡导市民守护好海洋环境。引领海洋生活新方式，策划举办海鲜美食节，打造“好吃好玩好风景、新鲜新潮新体验”的向往之地。

（三）强化科教支撑，激发创新创造活力

增强科创硬实力。坚持创新第一动力，打好创新活力大激发硬仗，加快建设重点创新平台，建成中国机械科学研究总院南方中心二期、支持创建国家级创新中心，争取动建海洋新材料东海试验场，提升科创中心运营水平，打造区域性滨海科创走廊。强化企业创新主体地位，新增高新技术企业70家、省市级科技型中小企业150家，培育市级以上单项冠军企业5家、专精特新企业15家。支持企业与大院名校共建研发机构，新增市级以上研发机构20家，新实施市级重点研发计划5项。完善科技成果转化服务体系，推动科技供给与产业需求有效对接，实现技术交易额25亿元。加强知识产权保护运用，推进质量强县建设，新增有效发明专利160件、“浙江制造”标准2项、“品字标”认证4家。

增强人才吸引力。抓好人才第一资源，迭代升级“125”人才计划，持续打响“青年与海”品牌，展现最大诚意营造求贤若渴浓厚氛围，集聚更多青年才俊奔赴山海、共创未来。深化半岛英才引进工程，自主培养入选省级以上人才计划5人，引进高层次人才70人、落地人才项目20个。实施半岛青年集聚行动，深化省级中长期青年发展规划试点，建设青年发展型城市，新招引大学生1万名。开展半岛工匠培育行动，建立企业引才奖励机制，强化技能培训、比武练兵，新增高技能人才4500人。紧扣人才关心的重点问题，出台杰出人才奖励、人才安居、人才服务等办法，新改建青年公寓800套，建立人才服务交流第三空间，让更多人才在象山精彩出彩、筑梦圆梦。

增强教育支撑力。落实立德树人根本任务，高质量办好人民满意教育，高水平创建省级教育现代化县。加快发展高等教育和职业教育，建成象山影视学院三期、支持打造国内一流影视院校，完成象山港高级技工学校迁建主体工程、争创技师学院。大力实施“县中崛起”计划，启用象山四中，动建象山杭州育才学校。统筹优化城乡教育资源，新改建学校（幼儿园）8所，新增学位1170个，争创全国学前教育普及普惠县、全国义务教育优质均衡发展县。坚持以优教促优学，落实高层次教育人才引育政策，实施名优教师总量提升行动，力争名优教师占比15%以上，着力打造高素质专业化创新型教师队伍。

（四）突出亚运牵引，提升花园城市能级

精心办好亚运赛事。坚持“简约、安全、精彩”办赛理念，以主办姿态扛起协办责任，努力办好一个会、激活一片海、提升一座城。高标准完善场馆配套设施，迭代升级“一馆一方案”赛时运行计划，认真组织亚运测试赛，扎实推进志愿服务，确保赛事取得圆满成功。积极策划亚运品牌宣传，举办倒计时100天、火炬传递等活动，全方位推介海洋运动城市、亚运承办城市双品牌价值。乘势放大亚运效应，推动出台支持海洋运动产业发展政策，引进培育一批国字号品牌赛事及关联机构企业，让海洋运动成为市民生活新方式、消费新业态。

创建全国文明城市。全面推进亚运文明大联创，加快亚运线路“三化一平”、城乡重要节点环境整治，提升亚运场馆周边村庄形象。推动智慧城管向智慧执法转型，强化“七周边”“六乱”整治，切实改善市容市貌。健全物业管理机制，探索引入综合社区服务商，试行大物业社区运营服务。提升垃圾源头分类质量、收运处置能力，改造生活垃圾中转站等设施，创建省级垃圾分类示范小区15个。弘扬社会主义核心价值观，开展市民文明素养提升行动，整合提升新时代文明实践中心，擦亮“善行象山”品牌，彰显文明有礼城市形象。

推动城市有机更新。实施县城承载能力提升三年行动，加快补短板强弱项，促进转移人口市民化。突出整体大美、海派气质，全域开展城乡风貌整治提升，建成城乡风貌样板区4个。注重体验感、现代化，建成和动建未来社区各3个，创成省级未来社区1个。推进城市片区蝶变焕新，动建人民广场“三馆一场”及安置小区，加快南部新城西片区开发、深化东片区TOD建设方案，改造老旧小区14个、城中村9个。以“山海田园城”理念精修公共空间，建设大地景观、凤跃山公园、丹阳公园，新增绿道20千米，努力实现“出门见绿、处处美景”。实施市政路网通达提质行动，新建宝海路等道路12条，改扩建巨鹰路等道路9条，完成建设路街景改造、环城西路路域环境整治。加快建设石浦新时代“渔光之城”，推动6个方面140项任务落地实施，改造提升渔港路，启动中国渔文化博物馆周边区块有机更新。出台支持西周省级小城市建设意见，实施新一轮美丽城镇建设，统筹提升乡镇承载能力。

完善重大基础设施。狠抓对外交通建设，全力争取沿海高铁过境设站，推动市域铁路象山线全线开工、完成总工程量的28%，G527石浦至长街象山段全面建设、完成总工程量的30%，编制甬金衢上高速瞻岐至梅林段可研报告、力争动建墙头至梅林段。推进县域交通一体化，建设定影公路，动建定皇公路，深化丹城至石浦滨海通道、石鹤海底隧道、乌岩港大桥及连接线、东溪岭隧道等项目前期。提升全域供水能力，加快建设平潭水库扩容改造、丹石引水工程，动建白仙山水库、大目湾再生水厂，编制南部区域域外引水工程可研报告。开展城乡供水价格一体化改革，改造供水管网80千米，漏损率控制在12%以内。实施海塘安澜工程8千米，完成下沈标准海塘维修加固。动建110千伏丹城变接线优化等电网项目，新增5G基站450个。

（五）优化“三农”服务，推进乡村全面振兴

促进乡村产业兴旺。坚持农业农村优先发展，加快国家乡村振兴示范县建设，打造农业农村现代化县域示范。健全种粮农民收益保障机制，开展永久基本农田集中连片整治，确保粮食种植面积稳定在17.7万亩以上、生猪出栏16万头以上。注重一、二、三产业融合发展，推动柑橘、白鹅等特色产业补链条、树品牌，建设花岙岛芸苔农业公园、西沪港渔旅融合示范项目、柑橘大脑展示中心。深化农业“双强”行动，培育国家级水产种质资源场2个，创建省级综合性农业“机器换人”高质量发展先行县。发展绿色渔业、远洋渔业，改造网箱绿色养殖3万平方米，完成南极磷虾捕捞船建造。做好减船转产后续文章，引导建立捕捞渔船实体化公司。实施农业经营主体培育提升计划，新增示范性新型农业经营主体10家以上。

推动乡村全域和美。注重内外兼修、神形兼备，一体推进美丽系列创建、共富基本单元建设，构建一批乡村建设共同体。加快新时代美丽乡村、全域“精特亮”建设，新增省级美丽宜居示范村2个，建成市级“一环十线”滨海休闲线1条、乡村振兴示范带2条。突

出山海特色和运营实效，推动未来乡村增点扩面，新建未来乡村（渔村）5个。加强历史文化村落保护，实施“文艺星火赋美”工程，新增艺术赋能村5个。推进农村基础设施管护一体化，动建滨海环岛风景道石浦港、西沪港示范段，提标改造农村生活污水处理设施18个，创建农村垃圾分类典范村4个。

增强乡村发展活力。树立村庄经营理念，支持组建强村富民公司，推广集体入股、农户众筹、社会投资等共建模式。健全集体经济可持续发展帮扶机制，谋划设立“象富基金”，集体经济经营性收入50万元以上行政村达到70%。稳慎推进全国农村宅基地制度改革试点，完善闲置农房盘活应用，试行资格权“权票”制度，探索开展“空心村”综合开发利用。健全“两进两回”长效机制，增加乡村人才、资金、科技供给，涉农贷款余额增长10%以上。拓宽乡村共富路径，加快建设环蟹钳港共富样板区，启动打造环西沪港共富样板区，新增市级共同富裕示范村2个。持续推进“扩中提低”，实现低收入农户收入增长10%以上。

（六）提升美丽经济，推动绿色低碳发展

做精全域旅游。实施文体和旅游产业深度融合高质量发展三年行动，加快培育港湾休闲、沙滩乐游、海岛养生等新业态，努力打造宁波微度假首选地、长三角海洋旅游目的地、国际滨海运动中心主阵地，旅游综合收入增长10%。开展滨海旅游新消费场景改革，持续擦亮“时尚东海岸、潮隐西海岸、风情石浦港、斑斓西沪港”4条标志性海岸线，做大“周末嗨象山”品牌，引进合作滨海文旅类头部企业2家以上，培育消费新场景20个以上，吸引更多游客玩得好、留得下、还想来。创建松兰山国家级旅游度假区，建设阿那亚象山海岸酒店、“青年与海”露营基地等项目。统筹影视城、蟹钳港区域协同发展，完善影视双创平台、做强数字影视产业，丰富沉浸夜游、乡村游产品，建成茅洋国际乡野俱乐部。加快环石浦港旅游开发，实施渔港古城二期工程、争取入围省大花园“耀眼明珠”，创成半边山省级旅游度假区。开展“百县千宿”省级试点县建设，新增市级民宿集聚村8个。完善“畅游象山”旅游服务体系，精准开展新媒体营销，让“大流量”激活全域旅游“新增量”。

优化生态环境。围绕构建人与自然和谐共生的生态环境体系，协调推进治气、治水、固土、清废、护海，保持生态环境指数位居全市前列。实施大气污染防治攻坚行动，空气质量优良率95%以上。巩固“污水零直排区”建设成效，加强近岸海域污染治理和美丽海湾建设，实施西沪港、蟹钳港海洋生态保护修复工程，深化大塘港水环境整治，创成省级美丽河湖1条。加强建设用地土壤污染风险管控，开展废弃矿山整治，完成矿山治理5个，创成省级“无废城市”。推进森林质量精准提升工程，森林抚育6000亩，创建省级森林城镇2个。

促进“两山”转化。围绕“碧海银滩也是金山银山”，积极探索新模式、挖掘新亮点，力争创成国家级海上“两山”实践创新基地。深化“海上两山合作社”改革，建立资源挖掘至价值实现高效转化机制，盘活利用资产资源200亿元以上。推进省级低碳试点县建设，实施蓝碳行动计划，探索建立海洋碳汇与碳排放权置换机制，着力打造全省蓝碳中心。全面落实碳达峰行动，强化能耗双控管理，推进清洁生产、绿色制造，新增三星级以上绿色工厂30家，创建省级低碳乡镇4个。

（七）加快要素变革，释放内生发展潜能

强化要素统筹配置。落实全省跨乡镇土地综合整治要求，开展全域国土空间综合整治改革，重点突破东部海岸带中心城区段示范片区。注重岸线、海岛等资源统筹保护和合理利用，深化海域空间布局研究，推进南田岛等重要海岛“一岛一功能”开发，争取成为国家级无居民海岛历史遗留问题处置试点县。开展岸线码头大整治，建立布点、规划一张图，完善海域收费和联合管理机制，以石浦港为重点整治提升一批码头。狠抓土地效益大提升，加强工业“五未”用地整治，实施矿地综合利用项目5个，消化批而未供土地1500亩，盘活供而未用土地1000亩、用而未尽土地1500亩。深化“亩均论英雄”改革，全面推进地企对应核查，以壮士断腕的决心倒逼高耗低效企业转型提升，规上企业亩均税收增长10%以上。

推进国资国企改革。加快资源资产化、资产资本化、资本证券化，做强国有集团公司体系，国企资产总额增长15%以上。完善薪酬激励考评机制，有序推进混改合作，增强市场化运营能力，国企营业收入突破100亿元、增长40%以上。探索新型融资渠道，优化融资结构，保持融资综合成本率处于合理水平。攻坚城乡财力大开源，加强重点税源建设，积极向上跑项争资，切实增加县级可用财力。深化财政资金绩效评估，整合专项资金，优化支出结构，集中财力办大事。理顺“乡财县管”机制，完成镇乡（街道）国企“乡债县管”。

争创一流营商环境。实施营商环境优化提升“一号改革工程”，努力让企业创业有信心、投资能放心、发展更安心。打造公平竞争市场环境，坚持各类市场主体一律平等，加强公平竞争审查，依法整治中介机构垄断经营等行为。深化重点生产要素价格改革，推动非居民用气价格市场化，有效降低企业物流成本，全力为企业松绑减负。打造便捷高效政务环境，开展“一地一窗一次”改革，实行工业项目“承诺即领证”“拿地即开工”模式，最大限度方便企业办事。旗帜鲜明向破坏投资环境的人和事“亮剑”，坚决拔掉“软钉子”、破解“中梗阻”。打造公正合理法治环境，完善柔性执法制度，扩大“首违免罚”范围，推广“综合查一次”，用法治为各类主体保驾护航。打造包容普惠人文环境，坚持“两个毫不动摇”，广泛营造尊重企业家、爱护企业家、支持企业家的浓厚氛围。常态化开展政企恳谈活动，建立“你说我为”企业服务平台，让企业声音听得到、意见看得到、诉求办得到。

（八）保障改善民生，提高共同富裕成色

持续加强社会保障。突出就业优先导向，抓好高校毕业生、困难群体就业，新增城镇就业1万人。优化“一老一小”服务，推广颐养小院居家养老模式，谋划建设托育综合服务中心，新增养老床位150张、普惠托位100个。健全社会保障体系，扩面提标企业职工基本养老保险，落实失业保险、工伤保险省级统筹，推动长期护理保险应享尽享。加强住房保障，培育住房租赁市场，筹集保障性租赁住房1000套。深化国防动员、双拥共建，争创省级双拥模范县“九连冠”。健全社会大救助体系，强化残疾人康养服务体系建设，高质量发展慈善、红十字事业，高标准做好东西部协作、山海协作工作。

加快发展社会事业。深化国家级海洋渔文化生态保护区建设，推进东门岛核心区改造、花岙海岛公园建设，争取海洋渔文化入选浙江文化标识建设创新项目。实施文化惠民工程，建设具有辨识度的文化新场景，新增“15分钟品质文化生活圈”40个、文化驿站8个。广泛开展全民健身运动，做好老年体育工作。加快优质医疗资源扩容和均衡布局，支持县人民医院创建三甲综合医院、县中医院创建三乙中医专科医院，完成公共卫生管理中心主体工程，改扩建基层卫生院2家。支持工会、共青团、妇联、工商联、侨联、文联、科协等开展工作，加强民族宗教、外事、对台、传媒、档案等管理，推动老干部、关心下一代、邮政、通信等事业稳步发展。

创新完善社会治理。坚持和发展新时代“枫桥经验”，开展县域基层治理体系集成改革，巩固提升市域社会治理现代化试点成果，打造新时代“枫桥经验”县域典范。深化“大综合一体化”行政执法改革，建强镇乡（街道）社会治理中心，推动群众服务“最多跑一次、最多跑一地、最多跑一人”。实施城乡社区分类治理，提升网格、微网格服务能力，夯实基层治理底座。持续升级“村民说事”“代表督事”等制度，建立乡村善治说系列，构建矛盾纠纷“说访调诉裁”一体化体系。加强法治象山建设，健全城乡公共法律服务体系，开展“八五”普法中期评估，新建省级民主法治村9个。

坚决维护社会安全。贯彻国家总体安全观，健全大安全大应急机制，用新安全格局保障新发展格局，努力夺取“二星平安金鼎”。全力做好疫情防控工作，突出保健康防重症，提升医疗救治能力、医疗物资保障能力，加快重点群体疫苗接种，全力守护群众健康安全。加强社会治安整体防控，开展“象安”专项行动，严厉打击涉黑涉恶、电信网络诈骗等违法行为。抓好涉海涉渔、道路交通等传统领域安全生产，迭代升级智慧渔港，强化食品药品全链条监管，持续遏重大、降较大、减总量。重视网络空间、经济金融等领域新安全问题，加强突发舆情应对引导，稳妥处置企业债务风险，坚决打击非法金融活动。完善预报预警联动机制，切实做好极端天气防御准备，增强防灾减灾救灾能力。

各位代表，民生无小事，枝叶总关情！今年我们继续按照“群众提、大家定、政府办”理念，经过多渠道征集、多方对接和会商讨论等环节，筛选出十方面民生实事候选项目提请投票表决。我们将以更加务实的举措，全力把民生实事办到百姓家门口、群众心坎上，让发展更有温度、幸福更有质感。

三、加强政府自身建设

在新征程上，政府工作要有新作为、新成效，必须推动政府治理理念、方法和手段现代化，努力建设更高标准的现代政府。

（一）坚定政治立场，彰显忠诚干事本色。始终把政治建设放在首要位置，坚定捍卫“两个确立”、坚决做到“两个维护”，笃定践行“三个务必”。学深悟透做实党的二十大精神，组织开展主题教育，加强意识形态工作，不断提高政治判断力、政治领悟力、政治执行力。自觉用新理念新思想引领高质量发展，整体推进宏观政策、中观实施、微观落地全线高效贯通，切实以政府忠实行动展现对党忠诚本色。

（二）增强变革能力，提升高效干事水平。大力弘扬斗争精神、增强斗争本领，加快变革型组织、创新型政府建设，迭代完善政府工作体系、工作方法，提高政府运转效能。注重数字赋能和实战实效，深化数字政府建设，全面推进跨部门流程优化、管理重构，形成一批辨识度高的标志性成果。加强和改进调查研究，强化干部实践锻炼和专业训练，不断增强专业技术能力和专业科学精神，以过硬本领推动改革发展稳定各项任务。

（三）勇于争创一流，弘扬务实干事之风。充分激发敢与赶的劲头、闯与创的精神，聚奋进之力，尽担当之责，勇于在风险挑战中闯新路、在对标先进中争一流。健全重点工作“比晾晒”机制，把寻常工作做出特色、优势工作做成精品，全力争取更多上级政府督查激励事项。牢记政府前面“人民”两字，把群众的“关键小事”当作政府的“心头大事”，深入开展“大走访大调研大服务大解题”活动，将心比心体察群众安危冷暖，脚踏实地为民为企办好实事。

（四）强化依法履职，守牢清廉干事底线。牢固树立法治观念，加强法治政府建设，善于运用法治思维和法治规则想问题、作决策、办事情。自觉接受县人大、县政协监督，高质量办好建议、提案。全面落实从严治党主体责任，支持纪检监察开展工作，强化审计监督和统计监督，大力纠“四风”、树新风、优作风。树牢“大财政、大平衡、大绩效”理念，坚持以制度管权管人管事管钱，有效压减一般性支出和非急需非刚性支出，让有限财力更高效地用在推动高质量发展、增进民生福祉上。

各位代表，新目标承载新梦想，新征程充满新希望。让我们更加紧密地团结在以习近平同志为核心的党中央周围，在中共象山县委的坚强领导下，坚定信心、勇毅前行，真抓实干、善作善成，为加快建设社会主义现代化滨海花园城市、奋力推动中国式现代化县域先行新实践而努力奋斗！

名词解释

“两个先行”：共同富裕先行、省域现代化先行。

“才能兼备、余生有幸”八条产业链：“材”指海洋新材料，“能”指海洋新能源，“建”指高技术船舶建造和海洋交通运输产业,“备”指海洋工程装备,“渔”指现代渔业,“生”指海洋生物食品加工与制药,“游”指海洋旅游,“信”指海洋信息。

“七大机制”:预防和早发现机制、精密智控指挥决策机制、“三责联动”快响激活机制、“三区”最小单元管控机制、“五快”循环落实机制、分阶段清零机制、“三情”联动机制。

“六联六促”:联镇乡(街道)促落实、联企业促发展、联项目促投资、联人才促创新、联农村促振兴、联群众促和谐。

重大项目“1244”推进机制:“1”指“一条链”重大项目全过程管理,“2”指“业务推进+综合协调”双回路闭合机制,第一个“4”指统筹、协调、服务、推进“四大办”统筹协调,第二个“4”指每周例会、半月协调、月度会商、双月专题“四级”协调会商。

“六个更好统筹”:更好统筹疫情防控和经济社会发展,更好统筹经济质的有效提升和量的合理增长,更好统筹供给侧结构性改革和扩大内需,更好统筹经济政策和其他政策,更好统筹国内循环和国际循环,更好统筹当前和长远。

“863”重点工作计划:“8”指创新活力大激发、开放格局大拓展、重大项目大推进、内外并举大招商、土地效益大提升、岸线码头大整治、亚运文明大联创、城乡财力大开源等八场攻坚硬仗;“6”指营商环境优化提升、全域国土空间综合整治、“海上两山合作社”、滨海旅游新消费场景、县域基层治理体系、变革型组织和变革型干部建设等六大重点改革;“3”指海洋经济、海上两山、民生共富三批百亿元项目。

“千项万亿”工程:实施1000个重大项目,完成投资1万亿元。

“415X”先进制造业集群:4个万亿级先进产业群、15个具有全国影响力的千亿级特色产业群、一批高成长性百亿级新星产业群。

“三稳三提”:稳预期、稳经营、稳投入,提质效、提后劲、提信心。

“8+4”政策体系:“8”指扩大有效投资、科技创新、“415X”先进制造业集群培育、现代服务业高质量发展、世界一流强港和交通强省建设、扩大内需和对外开放、乡村振兴和城乡一体化发展、保障和改善民生等八大政策包,“4”指财政金融、自然资源、能源、人才四张要素清单。

“125”人才工程:“1”指实施“半岛英才”高层次人才引进计划,“2”指开展“家燕归巢”和“凤栖山海”两大青年大学生集聚行动,“5”指以“青年与海”为主题品牌,涵盖票子、房子、孩子、圈子、面子“五子”的人才生态建设。

“七周边”:学校周边、农贸市场周边、商业综合体周边、综合写字楼周边、交通场站(码头)周边、医院周边、社区小区周边。

“六乱”:乱停车、乱张贴、乱堆放、乱占道、乱晾晒、乱养犬。

“五未”用地:“批而未供、供而未用、用而未尽、建而未投、投而未达标”土地。

专　记

第二十五届中国(象山)开渔节

第二十五届中国(象山)开渔节于2022年6月至9月在象山各地举行,共举行了祭海仪式、开船仪式等11项活动。该届开渔节以“万象山海迎丰收,渔开天下奔共富”为主题,紧抓“围绕目标人群、创新方式方法、助推产业发展”的任务导向,运用网络直播、抖音短视频、异业合作等方式,加大线上推介力度,做活做好“海”字文章,不断扩大象山对外知名度和影响力。

6月18日,在石浦半边山景区举行BY CAMP·伴野露营节。此次伴野露营节以露营为主打,融合市集、美食、音乐、运动、文化、艺术等元素,打造伴野集市、中国儿童滑步车锦标赛选拔赛、瑜伽派对、飞盘越野挑战赛、桨板SUP体验活动、乐队表演、花艺体验等多项活动,为游客提供集“吃、住、行、游、购、娱”于一体的沉浸式山海旅居体验。

6月24日,东海花火节在“阿拉的海”水上乐园举行。活动当天烟花秀共燃放2万发礼花,同步举行电音派对和造浪节活动。

7月30日,“大宋奇妙夜”活动在象山影视城举行。开展明星演唱会、明星见面会、电音节、泼水夜狂欢、花车大巡游、沉浸式剧本杀、《速度与激情》演艺秀、空中水上飞、水街花船演绎、宋韵游园会、中秋邀月茶会、嫦娥映月演绎秀、玲珑灯会、宋朝美食记、梦华茶宴等20余个项目。活动期间,象山影视城接待游客量突破40万人次,同比增长63%。同步对接MCN机构组织400余名抖音达人实地探店宣传,相关视频播放量达4300万次,4小时售出首轮1万张预售票。

8月5日,“乘风破浪的哥哥姐姐”第二届东旦海滩帆船嘉年华在象山东旦时尚运动海滩举行。以帆船、帆板为主打,全方位开展各类“帆船+旅游”滨海游乐项目。活动旨在倡导人们暂别都市,沿着象山半岛北纬30°最美海岸线,感受帆船与沙滩的激情与魅力,助推新都市消费场景提档升级。

8月6日,“向海而生·我为泥狂”长三角休闲运动季暨海鲜音乐生活节在茅洋滩涂赶海乐园举行。来自象山本地及宁波的19支参赛队伍,近200名选手在“海马速滑接力”“赶海渔家”等具有浓郁海洋特色的比赛项目中进行了角逐。同步举行的海鲜音乐会也让游客进一步领略了茅洋的风土人情和渔乡文化。

8月19日晚,第二十五届中国(象山)开渔节新闻发布会暨“奔赴山海　象往新鲜”——2022“青年与海”主题活动在石浦半边山鹤头沙滩举行。县领导张微燕、钮晶莹、胡颖磊、史建立等参加活动。张微燕发布“青年与海”主题活动与第二十五届中国(象山)开渔节情况。钮晶莹、胡颖磊、史建立等分别作了相关活动推介。中国美院发布象山旅游IP形象,象宝、鱼宝、酷鸥3个形象首次集体亮相。

9月1日,“光圈下的仙子国”最美海岸线全省摄影大展启动。该活动由浙江省摄影家协会、第二十五届中国(象山)开渔节组委会办公室主办,象山县文学艺术界联合会、宁波市摄影家协会、象山县摄影家协会承办。50件作品入选。2023年1月4日至1月11日全网公示,1月14日正式揭晓。

自9月2日起,“幕海开洋　活色生象”活动在《一梦江湖》中正式开启。活动持续至9月23日。象山旅游集团与网易集团联合推出音乐及游戏内容合作,网易集团旗下游戏“一梦江湖”植入石浦渔港、海岛、海洋风光、海钓玩法等内容,将象山渔文化传递给更多年轻人,并在象山落地“一梦江湖”仙草冻主题店。

9月10日,象山旅游集团与网易合作,在渔光音乐会上打造“双月”奇观。以石浦的空间特点和本地特色文化为基础,结合光影、艺术与科技等当代手段,结合真人演艺,成为未来艺术社区的现象级产品。网易云音乐根据象山旅游风光,进行原创音乐征集与创作,并将网易云音乐的“乐评”内容与当地特色文化相结合,共同探索音乐内容与海洋文化的融合。

9月13日,第二十五届中国(象山)开渔节祭海仪式(迎开渔祈福仪式)在东门渔村举行。祭海仪式再现渔区古老而隆重的民俗盛典,也是象山开渔节最具特色的活动之一。央视纪录片《现场》对开渔节进行全过程跟踪采访,央视四套《记住乡愁》、央视十套《发现》开展专题报道,多角度记录象山海洋生态文化建设和海洋保护成就。

9月16日上午,2022中国农民丰收节系列活动暨第二十五届中国(象山)开渔节开船仪式在象山石浦港举行。宁波市人大常委会主任张平,农业农村部渔业渔政管理局二级巡视员董金和,浙江省文化和旅游厅副厅长芮宏,宁波市人民政府副市长杨勇,浙江省农业农村厅副厅长杨大海,浙江省自然资源厅副厅长阮飙,浙江省文联党组成员、书记处书记赵晓刚，宁波市人大常委会秘书长彭朱刚，宁波市文化广电旅游局局长詹荣胜等领导出席活动。浙江经视、象山电视台进行时长50分钟的开船仪式全程直播，在保持往年成功直播的基础上，视频播放量累计超百万次。

9月16日下午，“万象山海，渔开天下”象山特色海鲜溯源直播带货活动上线，阿里巴巴数字乡村、浙江移动、宁波银行等平台同步线上直播，溯源直播全平台直播累计观看量近20万人次。通过阿里巴巴数字乡村超级原产地官方直播间开展“东海第一网”拍卖，直播成交海鲜产品最高溢价达165%。

该届开渔节坚持“传播大于现场”的理念，充分运用各种宣传媒体，立足主流媒体，全力运用新兴媒体，超前策划运作，打好“开渔”品牌，以提高和扩大象山在国内外的知名度、美誉度为根本目标，精细谋划、周密部署、密切协同，社会宣传、新闻宣传、对外宣传、网络宣传等工作均取得了明显成效。

1. 主流媒体聚焦，全方位传播。此次开渔节不仅邀请了往年关注开渔节活动的媒体，更是得到了央视多个频道多个栏目以及 *China Daily*、凤凰网、*insight ningbo* 等外宣平台的主动参与，共有50余家中央、省市级及境内外媒体100余位新闻记者参与报道。据不完全统计，在《人民日报》、中央广播电视总台、新华社、《光明日报》、《经济日报》、中新社等各级媒体发表报道200余篇。央视《正点财经》、《第一时间》、《经济信息联播》、《中国三农报道》、央广中国之声《新闻和报纸摘要》等多个栏目刊播相关新闻9条。央视纪录片《现场》全程跟踪采访开渔节，深度记录象山海洋文化、渔区民俗，多角度展现象山海洋生态文化建设和海洋保护成就。

2. 多频道直播，盛况全程展现。9月16日，浙江经视、象山电视台进行了时长50分钟的开船仪式全程直播，开船仪式领航船队增加“青年与海”“快乐再出发”两艘游艇、为古老的庆典仪式增添了青年元素，新增领航渔政船机位直播和主持人渔船出镜解说，丰富直播镜头和节目形式。在传统媒体直播的基础上，2022年还在西瓜视频、一直播、微博直播、今日头条等手机客户端播出或转播了开渔节直播盛况，开辟视频互动直播新模式，开渔节开船仪式视频播放量累计超百万次。同时在央视客户端、中国蓝新闻、“北高峰”App、浙视频、天目新闻、小时新闻、新浪、百度、甬派、宁聚、甬上、山海万象等新媒体同步转播，形成开渔节全网直播矩阵。

3. 互联网合奏，霸屏首页首屏。人民网、新华网、光明网、中国经济网、央视网、央广网、中国新闻网、浙江新闻、浙江在线等中央和省市主流媒体，网易新闻、今日头条、腾讯新闻、东方资讯、搜狐新闻等国内主要商业自媒体以及全国各地省市政务自媒体和商业自媒体纷纷聚焦“中国（象山）开渔节”各大活动。9月15日至17日，相关新闻报道1800多篇次，微博6500多条次。

4. 本地媒体全力投入，节日氛围浓厚。县级新闻媒体全程全力投入，确保此次活动的宣传报道工作全面、精彩、立体、生动。《今日象山》、县广播电视台、象山港网站、山海万象客户端、象山发布视频号等精心准备，明确节前、节中、节后的宣传报道计划，在重要版面、黄金时段，开辟专题、专版、专栏节目，大篇幅、高密度播出。同时，积极配合央视、省市电视台做好内容的送播、直播和连线工作。《今日象山》共计刊发图文报道50余条，县广播电视台播出30多篇，并对祭海仪式、开船仪式进行直播，制作开渔节专题宣传片、短视频和专题网页。同时积极将短视频、直播的流量聚集地转化为城市宣介的流量高地，仅全县短视频联盟创作的城市宣推主题短视频作品近百部，播放量破千万次。

（县委宣传部　黄思睿）

援救搁浅巨型抹香鲸

2022年4月19日上午8时许，象山县石浦镇铜瓦门大桥外，半边山海域附近，渔民发现因退潮影响，有一头体型庞大的鲸鱼搁浅。象山县海洋与渔业执法大队队员随即赶到现场，经现场工作人员判定和测量，该鲸鱼是一头雄性抹香鲸，体长约19米，体重约70吨（抹香鲸是国家一级保护动物）。该鲸鱼尾部、头部等都有明显擦伤。随即开展救护。象山县水利和渔业局工作人员介绍，由于鲸鱼体型庞大，鲸鱼在阳光下面临脱水危险。现场救援人员泼水为鲸鱼保湿，保持鲸鱼皮肤湿润。救援人员和热心群众在现场挖坑、泼水，防止鲸鱼脱水。直到4月20日，天微亮，潮水涨起，搁浅鲸鱼在经过20个小时的接力救援后，被拖拽到水深28米的区域，恢复自主下潜的能力。5时30分左右，搁浅鲸鱼自主游回深海，实现脱困。浙江海洋大学教授赵盛龙表示：这么大的鲸鱼救援还是第一次见，20米左右长度的抹香鲸已经是“古稀之年”。在救援史上，几乎没有这么巨型的搁浅鲸鱼能通过人类援救手段而活着离开搁浅地的记载。

12月7日至19日，联合国《生物多样性公约》第十五次缔约方大会（简称COP15）第二阶段会议在加拿大蒙特利尔举行。这是联合国首次以生态文明为主题召开的全球性会议，大会以“生态文明：共建地球生命共同体”为主题，有超万人参加。象山报送的两个短视频——《离岛归客——守护中华凤头燕鸥》《生死时速——象山人拯救抹香鲸的故事》在活动中得到展示。其中，《生死时速——象山人拯救抹香鲸的故事》还被作为COP15中国代表团精选的生物多样性保护中国故事之一，向参加此次会议的各国代表重点推荐。

象山县两案例上榜“全球减贫案例”

2022年11月11日，在北京举行的2022年全球减贫伙伴研讨会上，第三届“全球减贫案例征集活动”获奖案例名单对外公布，《以“小支点”撬动乡村发展“大格局”——浙江省象山县支援吉林省龙井市白鹅产业发展案例》和《东苗西育精准助农，技术赋能乡村振兴——浙江省象山县“种苗计划”振兴产业案例》成功入选。

“全球减贫案例征集活动”由中国国际扶贫中心与世界银行、联合国粮农组织、国际农业发展基金IFAD、联合国世界粮食计划署、亚洲开发银行、中国互联网新闻中心共7家机构联合发起，面向全球关心减贫和乡村发展的组织和个人征集原创优秀减贫和乡村发展案例，旨在以案例为载体，推广分享国内外减贫和乡村发展的成功实践。第三届征集活动收到的517个减贫案例涉及中国、阿富汗、尼泊尔、越南、马来西亚、菲律宾、老挝、柬埔寨、缅甸、印度等50多个国家，并从中评选出全球104个获奖案例。

浙东白鹅是象山标志性农业产业，因其生长周期短、营养价值高、经济性状优而闻名。自开展东西部对口协作以来，象山相关部门经过调研发现：在象山夏季白鹅种鹅进入休蛋期，而龙井的温度、湿度适宜白鹅生长和产蛋，加之当地玉米等饲料价格也相对低廉，在吉林开展大白鹅种鹅“反季节”繁殖可谓因地制宜、双赢互补。为此，象山县立足农业产业发展优势，帮扶对口地区打赢脱贫攻坚战，组成十人小组顶层设计白鹅帮扶蓝图，打造“企业+基地+合作社+农户+联盟+保险”六位一体的大白鹅产业链帮扶新模式。同时，由全国道德模范、“白鹅专家”陈淑芳领衔，邀请致富带头人陈文杰等成立专家组，往返两地上百余次，全程技术跟踪，为象山白鹅扎根延边保驾护航。年底，象山大白鹅产业帮扶成效凸显，龙井市16栋鹅舍、存栏3万羽成鹅、年产60万羽鹅苗的标准化白鹅养殖基地建成投产，不仅带动养殖、就业和效益分红，还让1700多名贫困户增收脱贫，走上全面小康路。

“种苗计划”是象山县根据自身农业品种优势与协作地区的自然禀赋进行深度嫁接，找准益农增长切入口；象山提供种苗和技术支持，协作地区负责种植养殖，成熟后由象山企业收购销售或协助销售，以产业链协作带动农业发展、就业增收，形成长效的增收共富机制。

象山县选取的象山白鹅、红美人柑橘和黑鲷、红鱼等海水鱼类三大“种苗”，具有产业规模大、技术成熟度高、地域适宜性强、产品价值高、市场需求旺的特点。近年来，象山县累计向东西部协作和山海协作地区提供红美人橘苗12000棵，投入730万元资金支持红美人种植项目3个；提供象山白鹅苗鹅35000羽，投入资金1600万元，支持白鹅养殖项目3个；累计提供海水鱼苗1.5万多尾。目前，与象山气候和土壤等条件相似的湖南溆浦县和浙江遂昌县，红美人柑橘分别于2019年和2020年投产见效，亩均产量在1000千克以上；2021年10月，在四川凉山州苹果树下生态放养的2000羽白鹅鹅苗，仅白鹅一项除去成本，70多天就为当地农户带来增收近6万元；在象山滨海区域养殖的海鱼，经过淡化和驯化后，2021年11月，黑鲷、红鱼等海水鱼类在河南省兰考县盐碱地养殖试验获得成功，每亩产值可达2.5万元，相较于盐碱水塘淡水养殖，效益得到较大提升。

（县农业农村局）

宁波市域铁路象山线开工

2022年1月14日上午，宁波市域铁路象山线先行节点工程开工仪式在象山大目湾举行。浙江省委常委、宁波市委书记彭佳学宣布开工，市委副书记、市长裘东耀在开工仪式上讲话。徐宇宁、华伟、李谦、沈敏、张文杰及朱金茂出席。开工仪式上，鄞州区、象山县作表态发言，市轨道交通集团和项目施工单位分别汇报项目总体情况、先行节点工程开工准备情况。

市委副书记、市长裘东耀指出，谋划建设宁波市域铁路象山线，是市委、市政府深入贯彻习近平总书记对浙江、对宁波工作的重要指示精神、落实交通强国战略的具体行动，是宁波市完善综合交通体系、建设高水平交通强市的重要抓手。市域铁路象山线飞架象山港南北，意义深远。这是一条百姓出行便捷路，将进一步缩短象山与宁波主城区的时空距离，极大方便沿线百姓的交通出行。这是一条区域协调发展路，将有力促进鄞州南部和象山地区融入宁波主城区，推动宁波南翼加快崛起。这是一条人民群众共富路，将有效推动沿线产业、生态、旅游等资源要素互联互通，促进缩小城乡区域差距，助力当地群众增收致富。各有关部门、属地政府和参建单位要凝心聚力、实干担当，突出“快”“优”“带”，早日实现全线开工，全力打造精品工程，充分带动沿线发展，把宁波市域铁路象山线打造成标志性工程，为宁波加快建设现代化滨海大都市、共同富裕先行市提供更加坚实有力的交通保障。

宁波市域铁路象山线项目于2021年6月被列入国家发改委《长江三角洲地区多层次轨道交通体系规划》批复，同年8月被列入《宁波市重大建设项目“十四五”规划》。2022年1月18日，项目被列入《“十四五”现代综合交通运输体系发展规划》。9月7日、11月1日，项目可研、初步设计分别获宁波发改委批复，11月29日完成施工招标并公示完成。

项目自轨道交通4号、7号线换乘站小洋江站引出，经云龙、横溪、塘溪、咸祥后跨越象山港，后经贤庠、大徐进入象山县城设置人民广场站、南部新城站后至线路终点大目湾站，预留远期延伸至石浦条件。线路全长约61.45千米，共设10座车站，平均站间距6.83千米，其中地下站2座，高架站8座，线路北端设云龙车辆基地1座、南端设南部新城停车场1座。

项目总投资概算约267.56亿元，于2022年1月开工，计划于2026年底通车运营。设计速度160千米/时，运行全程约30分钟。项目建成后将承担宁波主城区至象山的中长距离出行及宁波主城区和象山城镇间内部通勤出行，同时兼顾宁波西综合交通枢纽的集散功能，目标是建设成为全省首条“共同富裕示范线”。

（县铁路建设办公室）

大 事 记

1月

6日上午，县委书记包朝阳主持召开十五届县委常委会第一次会议，传达学习习近平总书记在中央全面深化改革委员会第二十三次会议、中共中央政治局专题民主生活会上的重要讲话精神和习近平总书记在中央政治局常委会会议上关于“三农”工作的重要指示精神，研究部署象山县贯彻落实意见。

11日，《今日象山》载：县府办印发《关于支持企业留工优工促生产的意见》（以下简称《意见》），要求各地各单位统筹抓好疫情防控和经济发展工作，通过稳定生产、留工稳岗、暖心行动、加强服务等系列政策“组合拳”，鼓励企业春节期间留工优工促生产，确保经济高质量“开门红”，加快推进共同富裕样板县建设。

是日，《今日象山》载：象山文化基因解码工程取得丰硕成果，由象山县文化广电旅游和体育局申报的“海洋渔文化”标识成功入列浙江省首批文化标识培育项目，《象山县文化基因解码报告》获评全省“优秀”等次，海山仙子国、象山竹根雕、中国开渔节、象山影视城等4个重点文化元素解码项目获评省级“优秀解码项目”。

12日，县委书记包朝阳在都市微度假场景营造改革头脑风暴座谈会上强调，要深入实施“海洋强县、美丽富民，都市融入、变革驱动”战略，立足长三角都市目标客群消费需求，开展“奔赴山海·象往新鲜”主题活动，做深做细做活“IP、流量、体验”三篇文章，丰富“商旅文”消费业态，进一步打响“象山30°最美海岸线”品牌，全力以赴将象山打造成为宁波微度假首选地、长三角海洋旅游目的地。

12日下午，召开“减船转产”动员暨千名干部进渔家“遏重大、保平安”专项行动推进会议。县委副书记、代县长李晓东在会上强调，要牢固树立人民为中心发展思想，坚持发展与安全两手抓，标本兼治系统施治，稳步推进减船转产，力促全县渔业安全生产形势持续稳定向好，不断夯实海洋经济高质量发展和国家级海洋渔文化生态保护示范区建设基础。

13日，县人大常委会第四十八次会议召开。会议听取和审议县人民政府关于县2021年国民经济和社会发展计划执行情况与2022年计划草案的报告、2022年重点工程项目、2022年政府性投资项目，听取和审议关于2021年县预算执行和2022年县预算草案初步方案的报告。会议听取和审议县人民政府关于县民生实事项目2021年完成情况和2022年民生实事候选项目建议方案的报告，对2021年民生实事项目实施完成情况进行了满意度测评。审议通过了2022年县民生实事项目票决办法（审议稿）。会议审议了县人大常委会工作报告（草案）。听取了县人民代表大会筹备办公室关于县十九届人大一次会议筹备工作情况的报告，审议并决定了县十九届人大一次会议有关文件（草案）。会议书面审议县政府组成部门局长（主任）2021年度履职情况，县人大三个专委会的工作报告，丹东、丹西、爵溪街道人大工委年度履职情况的报告以及市人大代表象山中心组年度履职情况的报告。

14日，《今日象山》载：丹城五小教育集团成立，下辖丹南校区和政实校区。这是象山义务段教育布局优化的又一创新举措，对进一步促进全县教育优质均衡、满足人民群众优质教育需求具有积极的推动作用。

是日上午，宁波市域铁路象山线先行节点工程开工仪式举行。省委常委、市委书记彭佳学宣布工程开工，市委副书记、市长裘东耀在开工仪式讲话，鄞州区委书记沈敏和象山县委书记包朝阳分别作表态发言。市轨道交通集团和项目施工单位分别汇报项目总体情况、先行节点工程开工准备情况。

16日，省旅游民宿产业联合会颁布《关于2021年度浙江省等级民宿和文化主题（非遗）民宿评定结果的公示》，民宿斩获颇丰。玖悦初见获评白金级民宿，全省仅3家、全市唯一；枇杷花开北山里、每墅玖海上榜金宿级民宿，数量占全市一半；后园民宿等9家民宿获评银宿级民宿，占比达全市近一半。

17日，备受市民关注的滨海大道改造工程完工通车，比预定工期提前4个月。该项目是世行贷款宁波可持续城镇化项目之一，由象山城投委托杭州城投建设有限公司进行管理。

18日，市“精特亮”创建考评团、海曙区考评团到象山开展“精品线路”“特色街区”创建互学互评工作。

20日下午，县委副书记、代县长李晓东主持召开县政府第六十二次常务会议，研究部署加强疫情防控六大机制应急能力建设相关工作，审议2021年度县政府质量奖评审和“半岛名医”引进、培育实施办法。

22日，中国人民政治协商会议第十一届象山县委员会第一次会议隆重开幕。

23—25日，象山县第十九届人民代表大会第一次会议开幕。会议听取和审查县人民政府工作报告、县人民检察院工作报告、人民法院工作报告、县人民代表大会常务委员会工作报告。审查2022年县国民经济和社会发展计划执行情况、2023年县国民经济和社会发展计划草案的报告，审查、批准2022年县国民经济和社会发展计划执行情况、2023年县国民经济和社会发展计划。

27日下午，召开疫情防控工作视频连线会，传达贯彻省市疫情防控工作要求，通报杭州疫情最新情况，研究部署春节期间疫情防控工作。县委副书记、县长李晓东强调，以守土有责、守土尽责的使命担当筑牢"外防输入"的坚实屏障，确保人民群众度过安全祥和、平安健康的春节。

29日，《今日象山》载：2021年，全县财政总收入完成90.7亿元，同比增长11.0%。其中，一般公共预算收入57.9亿元，同比增长11.7%。全县财政发展呈现出增长稳健、质量向好、活力增强、民生改善的良好态势，实现了"十四五"良好开端。

30日，政府发文公布2021年度"县人民政府质量奖"名单，宏润建设集团股份有限公司、宁波勤邦新材料科技有限公司、象山影视城开发有限公司等3家单位获此荣誉。至此，全县质量奖企业增加到19家。

2月

2日，市涉海涉渔安全专业委员会办公室到象山开展"新春走基层服务进渔村"活动。市农业农村局局长李斌，县领导吴志辉等参加活动。

8日，《今日象山》载：2021年，象山地区生产总值总量跃上新台阶。全县实现地区生产总值669.8亿元、增长8.3%，高于全市增速0.1个百分点；地区生产总值总量居全省第44位，较2020年前进3位，创十年来最好成绩；地区生产总值增速全省排名提升36位，全市同期上升4位。

9日，市委副书记、市长裘东耀到象山调研。

10日，《今日象山》载：象山锦浪科技公司为山地新闻中心光伏电站提供核心电力转换设备，助力2022北京冬奥会实现"绿色奥运"。

11日，《今日象山》载：2021年象山县低收入农户人均可支配收入18762元，同比增长17.6%，增幅高于全市2.4个百分点，连续2年增速居全市第一。

14日，宁波市域铁路象山线建设誓师大会举行。县委书记包朝阳作誓师动员，县委副书记、县长李晓东介绍宁波市域铁路象山线基本情况。罗来兴、俞骏、应建勇等县四套班子领导参加。宁波市域铁路象山线，是宁波首个动建的市域（郊）铁路项目，是浙江省大都市区建设的重大基础设施项目，也是"轨道上的长三角"重要组成部分。线路开通后，将实行公交化运营，无缝衔接宁波市地铁系统，全面融入宁波半小时经济圈。

15日，象山县第十五届纪律检查委员会第二次全体会议举行。县委书记包朝阳在会上强调，要深入学习贯彻习近平总书记在十九届中央纪委六次全会上的重要讲话精神，以优异成绩迎接中共二十大胜利召开。

16日，象山县十九届人大常委会第一次会议召开。会议依法选举产生人大常委会组成人员。审议通过县人大常委会2022年工作要点、《象山县十九届人大常委会代表资格审查委员会组成人员名单》《象山县十九届人大常委会各工作委员会组成人员名单》。会议指出，各委办要加强与县直有关部门（驻象山单位）的对口联系工作，推进人大工作的制度化、规范化建设，监督和支持"一府一委两院"的工作。

17日，市委常委、市纪委书记、市监委代主任叶怀贯到象山调研全面从严治党工作。

19日，"奔赴山海　跑向亚运"环象接力跑活动在县人民广场鸣枪开跑。县委书记包朝阳宣布活动正式启动，副县长钮晶莹出席活动并致辞。

21日，象山县委人才工作会议召开。会议印发《象山高质量建设新时代人才强县实施意见》，聘任30名2022年"引才大使"，举行宁波（大目湾）海洋青创城揭牌和代表入驻仪式，在象山人才工作中具有里程碑意义。

28日，《今日象山》载：2021年度浙江省白蚁防治先进评选结果揭晓，象山县房管中心获评白蚁防治先进单位。

3月

3日，象山乡村戏剧沙龙暨象山县乡村文艺之家、象山县非物质文化遗产体验基地揭牌仪式在墙头镇溪里方村两棵树民宿举行。通过成立"乡村文艺之家"，带动一批文艺爱好者"点亮"更多乡村的"文艺薪火"，从而有效推动基层治理，助力共同富裕，赋能新时期乡村振兴。

7日，象山县申报的"象山小黄鱼"地理标志证明商标通过国家知识产权局审核。这是继2021年"象山红美人"获批之后，象山的第10件国家地理标志证明商标。

8日，《今日象山》载：浙江省委全面深化改革委员会公布了2021年度全省全面深化改革考评结果，象山获评2021年度全省全面深化改革优秀县（市、区），这是继2019年、2020年后连续3年获得该荣誉称号。

10日，省亚运综合办调研组与省亚运会场馆建设督查专家组一行到象山督查调研亚运会场馆建设、交通保障、城市环境及赛事筹备情况。市领导叶双猛，县领导包朝阳、李晓东、应建勇、周坚栋、江建业、钮晶莹等陪同调研或参加相关活动。

13日，市委首期"赋能争先、蓄力攻坚"周末知行学堂开课，县委书记包朝阳主持召开第一次集中授课研讨活动。湖北省襄阳市保康县委副书记、县长杜云峰到会交流学习。市委组织部、党校有关人员到会指导。

15日，中国残疾人联合会公布中国体育代表团集训名单和方案，象山羽毛球运动员姚姮妮入选，她将参加集训并随队征战2022年5月在巴西举行的第24届夏季听障奥运会。

17日,《今日象山》载:省政府办公厅发布2021年度县乡法治政府建设“最佳实践”项目,由象山县司法局申报的“打造‘一察三评’法治大督察体系”项目上榜。

18日,《今日象山》载:2021年度全省农村生活污水治理工作专项考核结果公布,象山县获评考核优秀县。至此,象山已连续4年获此荣誉,系全市唯一。

24日,县十九届人大常委会第二次会议召开。县委书记包朝阳,县人大常委会主任罗来兴,副主任干维岳、石坚定、应伟刚、陈柳松、莫俶茜、张有为出席会议,副县长吴志辉、史建立列席会议。

25日,县总工会、团县委、县妇联联合举办“象3群联”成立暨系列活动发布仪式。充分发挥群团组织的桥梁纽带作用,以“阵地共建、资源共用、活动共办、成果共展”为目标,加强整体联动。

28日,《今日象山》载:经前期暗访以及相关部门和专家组现场打分,市文化广电旅游局日前公布市级全域旅游示范区建设复核结果,茅洋乡获评优秀单位,新桥镇、黄避岙乡、墙头镇为合格单位,均顺利通过复核验收。

29日,县委书记包朝阳主持召开县委常委会第九次会议,传达学习省委副书记、省长王浩,省委常委、市委书记彭佳学,市委副书记、代市长汤飞帆近期到象山调研指示精神,研究部署下阶段亚运赛事筹办工作。

30日,《今日象山》载:省委全面依法治省委员会发布2021年度法治浙江(法治政府)建设优秀单位名单,象山县榜上有名。象山已连续两年获评该项荣誉。

31日,“亚运象山”中央和省市媒体座谈会举行。县委书记包朝阳致辞。县有关部门和单位介绍了亚运象山筹备情况、新闻宣传工作,以及“亚运+文体旅”海洋运动推广季和中国开渔节等活动筹备情况。来自新华社、中央广播电视总台、《光明日报》、《经济日报》、中国新闻社和省市媒体的各路记者作了互动交流。

4月

1日,《今日象山》载:省第二批大花园“耀眼明珠”遴选评审结果出炉,象山影视城成功入选第二批大花园“耀眼明珠”高能级景区,成为宁波市唯一入选的景区。

4日,省委常委、市委书记彭佳学到象山指挥调度疫情防控工作。

8日,象山县作为“中国针织名城”,活跃亮相云推介俄罗斯活动专场暨纺织服装产业对接活动。

9日,副省长成岳冲到象山检查指导疫情处置和防控工作。

15日,《今日象山》载:全省大花园示范县建设单位2021年度评估结果公布,象山获得良好等次,标志着滨海大花园建设再上新台阶。

18日,市文化广电旅游局公布宁波市“浙江省智慧景区”名单,全市共有9家景区通过评定,象山影视城景区榜上有名,评定等级为A级。

19日,在铜瓦门大桥外,石浦科技园区外围海域附近,渔民发现一头抹香鲸搁浅。县海洋与渔业执法队得知后,当即联动消防、志愿者、海洋专家等各方力量,进行紧急施救。象山此次营救,是国内首例有报道的成功营救搁浅巨鲸的案例,被专家誉为“救助大型搁浅鲸类的范例”。

22日,“护航亚运·碧水先行”2022年象山河湖(湾滩)长再出发启动仪式在亚帆中心举行。县委副书记、县长李晓东出席并讲话。市五水办专职副主任李春平,县领导应伟刚、钮晶莹、史建立、励茂平参加仪式。

24日,农业农村部管理干部学院、阿里研究院联合发布的《“数商兴农”:从阿里平台看农产品电商高质量发展》报告显示,象山“红美人”品牌保护被课题组作为优秀案例着重推介。

26日,《今日象山》载:2021年度“浙江省善治村”“浙江省善治示范村”认定名单出炉,象山县48个村入选,数量居全省前列。

27日,《今日象山》载:浙江省第二批未来乡村创建名单公布,象山县墙头镇方家岙村、泗洲头镇墩岙村、涂茨镇旭拱岙村3个村入选,加上此前首批入选的黄避岙乡高泥村,象山共有4个村进入未来乡村创建名单。

5月

7日,《今日象山》载:县一院医健集团呼吸病中心胸外科副主任王维杰发明的“胸腔镜用机械手臂”获国家知识产权局专利授权,成为象山卫健系统首例登记在册的国家发明专利。

10日,象山县人民政府与浙江省海港集团战略合作框架协议签约仪式举行。根据协议,双方将在战略合作框架下,基于友好、互惠、共赢的原则,围绕岸线资源开发、港口基础设施建设、港航物流等方面加强合作,共同参与宁波舟山港一体化发展。

12日,《今日象山》载:2021年度浙江省实施乡村振兴战略实绩考核结果日前出炉,象山县荣获考核优秀单位。这是象山连续4年蝉联此项殊荣。

13日,遂昌—象山山海协作工作推进会在遂昌县召开。会上,浙江象鲜供应链管理有限公司分别与中谷农产品(遂昌)有限公司、遂昌福味生态农业有限公司签订了价值176万元的大米和茶籽大豆油消费帮扶采供协议,明确了双方在优质农副产品产销合作方面的相关事宜。

18日,2022年国际生物多样性日宁波市主题宣传活动在亚帆中心举行,象山县海上生物多样性保护实践地建设启动。县委书记包朝阳、市生态环境局局长林伟明出席并致辞。副县长史建立参加。

25日,省建设厅、省风貌办联合发文公布浙江省第五批未来社区创建名单,全省共186个社区,其中宁波共有28个社区入围,象山金秋社区和瀛洲社区名列其中。加上此前入围的瑶琳社区、大目湾社区,至此,有4个省级未来社区创建项目。

26日，全县全面深化改革大会暨县委改革委第七次全体（扩大）会议召开。县委书记包朝阳在会上强调，要深入学习贯彻习近平总书记关于全面深化改革的重要论述，对标落实省委“塑造变革”、市委“六大变革”要求，增强改革定力，勇立改革潮头，全面激发变革驱动的强大动力，坚定不移推动全面深化改革工作再上新台阶。

28日，2022宁波文旅惠民消费季·宁波文旅生活节举行，文旅新IP“周末嗨象山”品牌首次亮相。

30日，由中央文明办主办的2022年第一季度“中国好人榜”发布仪式暨全国道德模范与身边好人现场交流活动以“云”发布方式推出，宁波2位“身边好人”上榜，象山县教师陈青松获评“敬业奉献好人”。

31日，由象山县中医医健集团三院院区联合高塘岛乡共同打造的“海岛心理健康共富工程”正式启动。这是象山县高质量推进“象有健康”的一项精神卫生关爱行动。

是日，《今日象山》载：工信部公布建议支持的国家级重点专精特新“小巨人”企业第三批公示名单，象山浙江易锻精密机械有限公司、浙江钰烯腐蚀控制股份有限公司、宁波三安制阀有限公司等3家企业上榜。至此，象山共有国家级重点专精特新“小巨人”企业5家，国家级专精特新“小巨人”企业9家，省级专精特新企业14家，市级专精特新企业8家。另有52家企业入列市级专精特新培育企业名单。

6月

1日，省人大常委会法工委副主任田梦海一行到象山调研《浙江省道路运输条例》和《浙江省海塘建设管理条例（修订草案）》修订工作。

是日，省文明办副主任刘如文带队到象山调研移风易俗工作。县委书记包朝阳，县委常委、宣传部部长张微燕陪同调研或参加相关活动。调研组指出，象山高度重视移风易俗工作，在婚丧礼俗整治、文明城市创建等方面成效显著，创新做法值得向全省推广。

2日，县委书记包朝阳主持召开县委常委会会议，传达学习习近平总书记在5月5日中共中央政治局常务委员会会议、庆祝中国共产主义青年团成立100周年大会上发表的重要讲话精神，以及5月27日中共中央政治局会议精神，研究部署象山县相关工作。

7日，2022年全国高考正式拉开大幕。2022年象山高考报名人数3194人，其中普通高考2465人，高职单独考试729人，全县共设3个考点。

7—8日，省人大常委会办公厅主任张国强一行到象山调研人大相关工作。

8日，县委书记包朝阳在象山县拟上市企业座谈会上强调，要切实凝聚做强做优资本市场“象山板块”的思想共识、行动合力，勇立潮头、顺势而为、政企同心，奋力推动象山企业上市工作取得新突破。

9日，《今日象山》载：省政府办公厅印发通报，对在2021年落实有关重大政策措施中，真抓实干、取得明显成效的10个设区市、71个县（市、区）予以督查激励。其中，象山县实施乡村振兴战略、高水平推进农业农村现代化，传承发展浙江优秀传统文化两项工作上榜督查激励名单。

是日，县委副书记、县长李晓东主持召开县政府第七次常务会议，听取象山经济稳进提质攻坚行动方案汇报，研究部署常态化疫情防控与经济社会发展共赢、强化政策集成落地、稳企业强主体、畅循环稳工业、扩投资优结构、稳外贸稳外资促消费、优化要素保障、稳就业惠民生等八大攻坚行动。

10日，象山县人民政府与宁波市文化旅游投资集团举行项目合作签约仪式。县委副书记、县长李晓东，宁波文旅集团党委书记、董事长陈刚出席仪式并致辞，县委常委、宣传部部长张微燕主持仪式，县领导胡颖磊、陈建瑜参加。双方就象山旅游项目开发和建设运营等问题深入探讨交流，达成共识。

13日，县政府与浙商银行宁波分行签署全面战略合作协议。县委书记包朝阳，县委副书记、县长李晓东，副县长胡颖磊，浙商银行宁波分行党委书记、行长姚伟标等出席签约仪式。

是日，县政协召开十一届五次主席会议，就强化数字赋能促进制造业高质量发展进行专项议政。与会政协委员结合实际，从强化政策保障、加快互联网平台建设、积极推动智能制造新业态新模式、加强技能人才培育等方面提出意见和建议。

16日，韭山列岛国家级自然保护区最新观测显示，当天岛上3只中华凤头燕鸥雏鸟成功孵出，刷新2021年创下的全世界该鸟种一次观测数量最多84只的纪录。

20日，《今日象山》载：县住建局、县自然资源和规划局、县政务办、县金融发展服务中心、县招商发展中心、县住房公积金中心、中国人民银行象山县支行等7个部门联合出台《关于支持我县房地产业平稳健康发展的若干措施》，内容涉及项目开发扶持政策、审批服务扶持政策、加大配套政策支持力度等3个方面的18条措施，切实帮助房地产企业纾困解难，促进房地产市场良性循环和健康发展。

22日，《今日象山》：象山科技大市场近日荣获宁波市2021年度“优秀分市场”称号，为全市唯一获称“优秀”的县市区科技市场。自2017年成立以来，象山县科技大市场连续5年获全市综合考评第一名。

是日，象山县印发《象山县贯彻落实扎实稳住经济一揽子政策措施实施方案》，推出税收减免、金融帮扶、扩投资、促消费、保民生等16条细化措施。这是继稳链纾困助企“26条政策”基础上，按照全面顶格、能出尽出、精准高效的原则推出的又一重磅举措。

23日，县十九届人大常委会第四次会议召开。会议听取和审议关于实施“象有健康”行动情况的报告、关于农贸市场改造管理的报告、关于国有自然资源资产调查与管理情况的专项报告、关于2022年象山县政府债务限额和新增地方政府债券预算调整的报告，审议通过了《关于加快推进“健康象山”建设的决定》《关于批准2022年象山县政府债务限额和新增地方政府债券预算调整方案的决议》。

24日,省生态环境厅二级巡视员李晓伟一行到象山开展省大花园示范县建设现场核验,并召开座谈会。县委副书记、县长李晓东参加会议并讲话。与会人员观看大花园示范县建设宣传片,并听取创建工作情况汇报。李晓伟对大花园示范县建设工作给予充分肯定。

29—30日,全省慈善会系统基层慈善网络建设现场会在象山召开。省慈善联合总会会长陈加元,省慈善联合总会副会长兼秘书长蔡国华,市慈善总会会长陈云金,县领导包朝阳、李晓东、应建勇、吴志辉等出席或参加相关活动。

30日,《今日象山》载:大塘港综合治理专家团队,中国环境科学研究院刘录三专家团队在国际知名期刊《总体环境科学期刊》(*Science of the Total Environment*,中科院二区 Top 期刊)发表SCI论文,通过对大塘港水质数据深度挖掘与成果总结,揭示大塘港水质演变规律与内在影响机理,从极端干旱、内源污染等角度阐释大塘港库区耗氧污染成因、驱动机制与防治方向,并得到该领域专家学者认可与高度评价,为国内外多水闸控制水库的耗氧污染治理提供理论指导与典型范例。

是日下午,县委统战部举办象港两地乡亲共庆香港回归25周年活动,邀请香港象山联谊会10余位在甬乡亲共庆回归、共叙乡情、共谋发展。

7月

1日,以"滨海大花园,都市新空间"为主题的象山城市空间价值发布会在宁波举行。包朝阳出席并致辞,李晓东作城市发展价值推介。县领导周坚栋、高岷、张微燕、吴志辉、胡颖磊,以及有关地产开发、旅游投资及新媒体等代表参加活动。

是日,全国妇联认定2022年度"全国巾帼现代农业科技示范基地"中,浙江省有2家"妇字号"农业企业入选,象山桔之香家庭农场有限公司上榜,系全市唯一。

6日,《今日象山》载:丹东街道侨胞之家获评浙江省"五星级侨胞之家"。这是丹东实施"侨聚丹心"行动、倾力打造侨胞之家升级版的成果之一。

是日,县政府与中国银行宁波市分行签署建设共同富裕样板县战略合作协议。县委副书记、县长李晓东,中国银行宁波市分行党委书记、行长朱军,副县长胡颖磊等出席签约仪式。

是日,市人大常委会副主任许亚南一行到象山开展乡村振兴"一法一条例一决定"执法检查。县人大常委会副主任陈柳松、副县长吴志辉参加。

7日,包朝阳主持召开县委常委会会议,传达学习习近平总书记考察四川和湖北武汉、出席庆祝香港回归祖国25周年大会暨香港特别行政区第六届政府就职典礼时的重要讲话精神,研究部署相关工作。

是日,副市长李关定到象山开展挂联协调服务工作,面对面帮助企业纾困解难。

9日,象山县砚农学社成立大会暨首届社员诗书画作品展在墙头镇墙头村举行。

11—12日,文化和旅游部党组成员、副部长饶权一行到象山考察文化和旅游工作。省文化和旅游厅厅长褚子育,副市长朱欢,县委书记包朝阳,县委副书记、县长李晓东,县委常委、宣传部部长张微燕,副县长胡颖磊参加考察和相关活动。

12日,象山县首条跨省物流专线——象山直达广东货运专线正式开通运营。

是日,2022亚洲海洋旅游发展大会首场活动"滨海宁波"文化和旅游推介会在宁波举行。此次推介会以"顺着运河来看海,闻着书香游宁波"为主题,发布了包括象山"三景三态"在内的宁波海洋旅游"十景十态"。

12—13日,宁波市人大常委会主任张平到象山开展督查调研活动。他强调,要聚集成之力,促落实之效,推进新时代人大工作高质量发展。宁波市人大常委会秘书长彭朱刚,县委书记包朝阳,县人大常委会主任罗来兴,县委常委、常务副县长高岷,县委常委、县纪委书记、县监委主任王道,县人民法院院长金李东,县人民检察院检察长陆玉珍参加。

14日,中国共产主义青年团象山县第二十次代表大会召开。县委书记包朝阳出席开幕式并讲话,县领导罗来兴、俞骏、张微燕、王道、陈善杰参加。团市委副书记马荧波应邀出席。包朝阳寄语广大青年,要在红色根脉中汲取奋进力量,争当志存高远的"象上新青年",树立崇高的理想信念、坚定的政治立场和正确的价值导向,坚定不移拥护党、心向党、跟党走,永葆对党绝对忠诚的政治品格,练就"躬身入局、胸怀天下"的干事担当。

是日,副市长李关定率队到象山开展挂联协调服务,重点对口岸开放和助企纾困工作进行调研,面对面听需求,实打实解难题。

18日,浙江广电集团大型融媒行动"共同富裕在浙江"走进象山,县委书记包朝阳做客直播间,畅谈象山美丽共富新路径。

18—24日,宁波半边山沙滩排球中心将迎来首场全国性赛事——2022年"农行杯"全国沙滩排球大满贯赛(象山站),届时将有来自全国各地的56支队伍参赛。此次大赛由国家体育总局排球运动管理中心、中国排球协会、浙江省体育局主办,宁波市体育局、象山县人民政府承办。

19日,《今日象山》载:象山县出台《关于促进建筑业高质量发展的实施意见》,以新时期"建筑强县"为主线,坚持大集团引领、专业化支撑、信息化驱动、系统化推进、产业化承载的发展战略,着力转变建筑业生产方式,推动象山建筑"二次腾飞"。

是日,省文化和旅游厅与省交通运输厅联合发文公布浙江省交通与旅游融合发展试点名单,象山县凭借"'海上两山'最美风景道"方案,成为全市唯一入列的县(市、区)。

22日,举行东海湾"专精特新"产业园开园暨全县三季度重大项目集中开工仪式。包朝阳讲话并宣布开工。李晓东主持开工仪式。

23日，象山—雷波东西部协作联席会议召开，象山县委副书记、县长李晓东，雷波县委副书记、县长陈嘉明出席会议并讲话。象山县领导陈柳松、钮晶莹、潘多、吴志辉、史建立、励茂平，雷波县领导杨解平、王云龙、何卫林、余明凤参加有关活动。

26日，《今日象山》载：象山县下发《乡村全面振兴"151"行动实施方案（2022—2025年）》，将紧扣共同富裕主题，对标未来乡村建设，深化乡村集成改革，稳步实施"乡村发展、乡村建设、乡村治理"重点任务，在全县范围内开展乡村全面振兴"151"行动，通过一年打基础、两年见成效、四年上台阶，全力打造乡村全面振兴三大标志性成果，力争率先创建"乡村振兴全国百强县"。

28日，县委副书记、县长、县级总河长李晓东签署发布象山县总河长1号令，决定即日起在全县开展河湖圈干流支流联合治理行动，落实各级河长组织协调、督促推动职责，全面开展河道水体突出问题整改，强化源头治理，严防水质反弹，持续改善水环境。

8月

2日，《今日象山》载：象山县经信局最新统计数据显示，2022年1—6月，全县数字经济核心产业（制造业）增加值8.45亿元，同比增长28.5%，增速居全市第一。

3日，浙江省文化和旅游厅、省农业农村厅公布全省首批金AAA级景区村庄培育名单。泗洲头镇墩岙村上榜，为宁波市4个入选村庄之一。

是日，象山县人大常委会组织召开全县教育工作座谈会。县人大常委会主任罗来兴，县委副书记、政法委书记应建勇，县人大常委会副主任莫俶茜，副县长胡颖磊走进县人大代表联络总站与代表面对面交流，就如何促进教育高质量发展进行深入探讨。

5日，中国轻工业联合会公布第八届中国工艺美术大师名单，国家级非遗"象山竹根雕"省级代表性传承人张德和榜上有名。这是象山县民间工艺美术领域的第一位国家级大师，也是宁波市时隔16年在民间工艺美术领域产生的第二位国家级大师。

6日，"向海而生 · 我为泥狂"长三角休闲运动季暨海鲜音乐生活节在茅洋滩涂赶海乐园拉开帷幕。

8日，市域铁路象山线征迁暨老城更新六期推进会召开，县委副书记、县长李晓东出席会议并讲话。她强调，要锚定目标任务，坚定信心、决心，鼓足干劲拼劲，坚决打赢市域铁路象山线和老城更新六期征迁攻坚战。

是日，健康县域传播平台公布中国乡镇卫生院发展首份排行榜，台胞医院医健集团石浦分院荣登《中国乡镇卫生院排行榜100强》，列第30位。

10日，象山县召开经济社会发展情况通报会。县委副书记、县长李晓东向离退休老干部通报全县上半年经济社会发展情况、下半年重点工作安排。县委常委、统战部部长陈善杰主持会议。

10—11日，全省食品小作坊"五化"工作暨卤肉食品安全"一件事"集成改革现场会在象山召开。象山县将以此次会议为新起点，认真学习借鉴各地先进经验做法，加快推进食品安全治理体系和治理能力现代化，打造更多富有象山特色的食品安全工作标志性成果，为"两个先行"提供更多有力支撑。

12日，全县"五问五破争先进、五比五先创一流"作风建设专项行动专题部署会举行。县委书记包朝阳强调，全县党员干部要大力弘扬自我革命精神，履职尽责、真抓实干，以先行姿态跑出改革发展加速度，以一流作风干出争先进位新业绩。

16日，工业和信息化部公布2022年新型信息消费示范项目遴选结果，全国151个项目入选，象山"未来菜场综合管理平台"项目入选。

是日，县人大常委会召开"一府两院"半年度重要情况通报会。县委副书记、县长李晓东通报上半年全县经济社会发展情况、县民生实事项目实施情况和下半年政府主要工作安排。

是日，《今日象山》载：县委办、县府办印发《象山县村级集体经济巩固提升行动计划》（以下简称《计划》），瞄准象山年经营性收入50万元以下的行政村，集中力量实施攻坚行动，以实现村级集体经济"一年更比一年富"：到2022年底，全面消除年经营性收入30万元以下行政村；到2023年底，全面消除年经营性收入40万元以下行政村；到2025年底，实现年经营性收入50万元以上行政村全覆盖。

17日，象山集中组织参加全市服务业高质量发展大会。县委书记包朝阳出席象山分会场并主持召开续会，迅速贯彻落实上级会议精神。

18日，依据《象山县防汛防台抗旱应急预案》有关规定，象山县启动抗旱Ⅳ级应急响应。

19日，县委书记包朝阳主持召开县委常委会会议，传达学习习近平总书记在省部级主要领导干部专题研讨班上发表的重要讲话和7月28日召开的中共中央政治局会议精神，认真落实国务院总理李克强在经济大省政府主要负责人经济形势座谈会上的讲话精神，研究部署相关工作。

是日，"奔赴山海　象往新鲜"——2022"青年与海"主题活动暨第二十五届中国（象山）开渔节发布会在石浦半边山景区举行。县委常委、宣传部部长张微燕发布"青年与海"主题活动与第二十五届中国（象山）开渔节情况。

22日，2022年县规划和储备委员会第二次会议召开。李晓东强调，要以高质量发展理念为引领，强化土地储备出让统筹管理，提升项目谋划精准性，以土地高效利用提升城市品质，服务保障经济稳进提质，为助推高质量发展建设共同富裕示范县提供有力支撑。

23日，象山邮政管理局成立大会暨揭牌仪式举行。省邮政管理局党组成员、副局长吕为民，县委副书记、县长李晓东共同为象山邮政管理局揭牌。县委常委、副县长周坚栋主持仪式。

是日，"凌韬杯"2022年全国蹦床青少年锦标赛在江苏淮安举行，象山籍运动员汤欣怡代表浙江队参赛，获得女子蹦床个人第一名，这是象山籍运动员2022年在全国赛事上获得的第一枚金牌。

24日,市人大常委会副主任戎雪海率执法检查组到象山,检查《浙江省综合行政执法条例》贯彻实施情况。

是日,召开"两增一统"专项行动暨"乡财县管"改革工作推进会。县委副书记、县长李晓东强调,要深入学习贯彻中央经济工作会议、全国财政工作会议和省、市有关会议精神,统一思想、凝心聚力,加速加力推进"两增一统"专项行动和"乡财县管"改革攻坚,为现代化滨海花园城市建设提供更强财力保障。

28日,市域铁路象山线(上余村)改造项目集中签约正式启动。至当晚8时,已签约294户,签约率达92.2%,征收集体所有土地房屋拆迁补偿协议生效。

31日,中国纺织工业联合会副会长、中国服装协会会长陈大鹏,中国纺织建设规划院院长、浙江省服装行业协会会长冯德虎一行,到象山考察调研纺织服装产业和电商平台建设等情况。

9月

1日,G527石浦至长街段(岳井洋大桥及接线)象山段工程初步设计获得批复。

2日,副市长李关定率队到象山开展"两保两促、入企破难"专项活动并召开座谈会。他强调,象山要充分发挥比较优势,继续扩大对外合作;要抢抓政策窗口期,积极谋划包装一批好项目、大项目;要强化政策集成创新,充分发挥象保合作区和浙台经贸合作区等平台优势,着力在海洋产业上下功夫,加快培育区域经济发展增长极和动力源。

4日,市委副书记、政法委书记钟关华率队到象山检查指导台风"轩岚诺"防御工作。

6日,县委副书记、县长李晓东主持召开县政府第十次常务会议,传达学习习近平总书记重要讲话及指示批示精神,听取东西部协作、山海协作有关情况汇报,研究部署下步工作。

7—17日,央视纪录片《现场》摄制组到象山县取景,聚焦第25届中国(象山)开渔节。摄制组以开船仪式7天倒计时的形式,追踪拍摄2022年开渔节的筹备情况以及开船仪式当天的现场活动。摄制组还深入渔村调研,与当地渔民面对面交流,拍摄记录渔区群众生产生活细节。

8日,县委改革委第八次全体(扩大)会议暨数字化改革推进会召开。县委书记包朝阳出席会议并讲话,他强调,要拿出"为象山发展闯关,为浙江改革探路"的勇气和担当,以改革创新应对变局开拓新局,为经济社会发展增动力添活力,以优异成绩迎接中共二十大胜利召开。

12日,象山县召开防御第12号台风"梅花"视频会议。县委书记包朝阳强调,要深入学习贯彻省、市防汛防台工作会议精神,抢抓有效时间,落实有力举措,坚决打赢防御台风"梅花"硬仗。

13日5时,2022年第12号台风"梅花"再次加强为强台风级,一路向西,正面袭击象山的可能性很大。根据《象山县防汛防台抗旱应急预案》,县防指于17时将防台风应急响应提升至Ⅰ级。

15日,《宁波至象山市域(郊)铁路工程环境影响评价信息公告》正式在宁波轨道交通网发布,宁波至象山市域(郊)铁路工程(以下简称"宁象线")线路走向和具体站点设置公布。

16日,2022中国农民丰收节系列活动——第二十五届中国(象山)开渔节开船仪式在石浦港盛大上演。

是日,《今日象山》载:省经信厅日前公布首批中小企业数字化改造试点县(市、区)创建名单和全省第二批中小企业数字化改造试点县(市、区)创建培育名单。象山入选第二批创建培育名单,试点产业为纺织服装、服饰业。

19日,《今日象山》载:省优质公共服务投资行动计划、宁波市重点工程项目——象山港高级技工学校迁建工程开工建设,这是象山推进职业教育发展重大战略之举。

20日,全县抓项目扩投资"百日攻坚"行动暨招商引资工作推进会召开。县委副书记、县长李晓东在会上强调,要全力以赴抓项目,千方百计扩投资,为全县经济稳进提质提供强有力的支撑。

21日,农技推广中心与吉林省雁鸣湖种业有限责任公司合作育成的"象薯1号",成为宁波市首个通过国家农作物品种登记的马铃薯新品种,这也是象山与敦化市3年东西部协作结成的科技新成果。

22日,宁波市住房和城乡建设局公布2022年度农房"安居示范村"名单,象山县80个村名列其中。加上2021年已经建成的85个村,两年间象山县已建成165个"安居示范村",农村房屋安全管理机制得以进一步健全。

是日,象山县隆重举行"喜迎二十大 同心跟党走"主题活动。县委书记包朝阳出席活动并致辞。

24日,第十六届中国海洋论坛暨首届"万物开源"海洋双创大会隆重举行。象山向全球青年发出诚挚邀约,共同奔赴北纬30°最美海岸线。大会发布2022年长三角海洋经济企业图谱,举行中国太平洋学会海洋生态产业发展研究分会成立授牌仪式、"才能兼备、余生有幸"八条海洋经济产业赛道项目签约仪式、2022中国宁波(象山)全球海洋经济高层次青年人才创业大赛颁奖仪式以及首批"青年与海"城市合伙人聘任仪式。

27日,全县护航党的二十大维稳安保誓师大会召开。县委书记包朝阳在会上强调,要认真贯彻落实党中央决策部署和省委、市委工作要求,统一思想、压实责任、强化措施,坚持顶格标准,保持满格状态,坚决打赢维稳安保攻坚战,以实际成效迎接中共二十大胜利召开。

28日,省发展改革委党组成员、副主任吴红梅带队到象山开展助企服务活动。

29日,村社党组织书记擂台赛暨"耕耘者振兴计划研学基地"揭牌仪式举行,围绕党建统领网格智治、联盟共建赋能乡村振兴,晒经验、亮成绩、比发展,进一步激发改革创新、干事创业新动能。

是日，《今日象山》载：省住房和城乡建设厅公布2021年度美丽宜居示范村创建验收结果，鹤浦镇小百丈村、涂茨镇旭拱岙村、黄避岙乡鲁家岙村通过创建考核验收。其中，小百丈村被评为优秀村庄。

是日，县残疾人联合会第七次代表大会召开。县委书记包朝阳、市残联副理事长干瑶琼出席并分别讲话。县政协主席俞骏出席并受聘为县残联第七届主席团名誉主席。

30日，宁波优科投资有限公司慈善捐赠暨优科教育基金成立仪式举行。宁波优科投资有限公司董事长郑文涌与县慈善总会负责人签订捐赠协议、赠送支票。郑文涌这次返乡向象山县慈善总会捐赠3000万元，并成立优科教育基金，专门用于奖教助学，彰显象山企业家的宽广胸怀、仁爱之心。据了解，这是县慈善总会成立21年来，单次接受额度最大的一笔捐款。

10月

7日，"想象力之心"象山人民广场片区实施性城市设计和概念性建筑与景观设计国际竞赛终审会举行。

10日，《今日象山》载：省发改委公示四大类、共12家第二批低碳试点县创建单位，象山成功上榜能源低碳发展类名单，系宁波市唯一一家。

是日，县委书记包朝阳在"青年与海"人才主题活动复盘会上强调，要聚焦"海洋味、年轻态、未来感、国际范、社会化"五大特征，迭代升级"海洋科创、海洋艺术、海洋运动、海洋生态、海洋生活"五条跑道，系统复盘、全面总结、拓展延伸，全力打造宁波海洋中心城市标志性青年双创活动。

10—11日，县委副书记、县长李晓东率象山党政代表团赴丽水遂昌县考察学习，对接山海协作工作，看望象山在遂挂职干部，共商打造山海协作工程升级版。

11日，市人民检察院检察长何小华到象山开展进人大代表联络站主题活动。

12日，《今日象山》载：省风貌办召开全省城镇社区公共服务设施调查工作视频会，会上公布全省城镇社区公共服务评估结果，象山县以84.689分的总分位居全省区（县、市）第一，并作为工作样板在会议上进行经验交流。

13日，市人大常委会副主任戎雪海到象山指导基层单元建设工作。

是日，《今日象山》载：2023年度浙江省城乡风貌样板区试点建设名单公布，象山4个样板区入围，包括2个城市风貌样板区和2个县域风貌样板区。

是日，县领导包朝阳、李晓东、罗来兴、俞骏、应建勇等，集中参观"镜·鉴"——宁波市党员干部违纪违法典型案例警示教育展，接受廉政思想洗礼。

14日，农业农村部、国家乡村振兴局联合公布2022年国家乡村振兴示范县创建名单，全国共100个单位入选，其中浙江有4个，象山县作为宁波市唯一入选单位名列其中。

19日，象山县"平安护航二十大"除险保安工作视频调度会召开。县委书记包朝阳强调，要深入学习贯彻习近平总书记关于"疫情要防住、经济要稳住、发展要安全"重要指示要求，以"时时放心不下"的责任感，发扬连续作战优良作风，全力以赴抓好工作落实，做到守土有责、守土负责、守土尽责，坚决打赢"平安护航二十大"这场硬仗。

21日，《今日象山》载：省发改委公布全省第二批大花园示范县名单，全省12个县（市）榜上有名，象山成功入选，系宁波市唯一。

26日，县委常委会（扩大）会议暨全县领导干部会议召开，传达学习中共二十大精神，研究部署学习宣传贯彻工作。县委书记包朝阳主持会议并讲话。

是日，省"三改一拆"行动领导小组办公室公布2021年度省无违建创先争优示范县名单，象山县成功入选，并将获得相关工业用地指标的奖励。

是日，住房和城乡建设部官网日前发布消息，对拟列入第六批中国传统村落名录的1352个村落进行公示。宁波4个村上榜，其中象山有3个村上榜，分别是新桥镇东溪村、晓塘乡黄埠村、西周镇儒雅洋村。

31日，《今日象山》载：2022年第一批次备案设立国家级博士后科研工作站名单发布，中国机械总院集团宁波智能机床研究院有限公司（简称宁波机床院）成功入选，成为象山目前在建唯一一家国家级博士后科研工作站。

是日，发布"红美人"国家级团体标准。

11月

4日，县委书记包朝阳主持召开第三季度经济社会形势分析会暨"晒清单、比业绩"书记赛马会，回顾总结前阶段工作情况，全面分析下阶段面临形势，全力奋战第四季度、冲刺"全年红"，完成年初确定的目标任务，在新的赶考路上交出优异答卷。

是日，《今日象山》载：宁波市首批示范微改造精提升项目公布，松兰山智慧旅游项目、"经海逐浪"精品线三生石驿站、马岙知青公社民宿等8个项目入选。

5日，由国家体育总局航空无线电模型运动管理中心、中国航海模型运动协会主办，浙江省社会体育指导中心指导，县文化和广电旅游体育局、大徐镇政府承办的2022年全国航海模型公开赛（浙江大徐站）暨"奔赴山海　向往新鲜"——2022年"军民塘杯"航海模型邀请赛在军民塘举行。

7日，全县第三批重大项目集中开工仪式举行。县委书记包朝阳讲话并宣布开工，县委副书记、县长李晓东主持开工仪式。此次集中开工的22个项目总投资109.47亿元、年度计划投资13.32亿元，涵盖了高端制造、新能源产业、健康医疗等多个领域。

8日，象山县传媒中心全媒体平台将隆重推出系列纪录片《万象山海·飞越海岸线》。

9日，象山"村民说事"国家农村综合改革标准化试点迎来评估验收。经验收组现场考察、资料审查、会议反馈等,最终验收通过并获得优秀等次。

9—10日,县委副书记、县长李晓东率象山党政代表团赴四川省凉山州雷波县考察交流,看望慰问象山在该县的挂职干部人才,推进东西部协作有关事宜。雷波县领导陈嘉明、王军杰、何卫林、马格胚等参加相关活动。

10日,由文化和旅游部全国公共文化发展中心、浙江省文化和旅游厅、上海市文化和旅游局、江苏省文化和旅游厅、安徽省文化和旅游厅主办,浙江省文化馆、象山县文化和广电旅游体育局承办,象山海洋渔文化生态保护区管理中心承办的2022长三角民间艺术文创大展,在象山青草巷特色街区盛大开展。

是日,“奔赴山海　先行有我”全县窗口干部亮绩比拼赛马会活动举行。来自县行政服务中心常驻部门窗口、分中心的25名干部依次上台晒业绩、比业务、展风采,全面展示政务服务窗口以民为本、担当作为的服务形象。

11日,在北京举行的2022年全球减贫伙伴研讨会上,第三届“全球减贫案例征集活动”获奖案例名单对外公布,《以“小支点”撬动乡村发展“大格局”——浙江省象山县支援吉林省龙井市白鹅产业发展案例》和《东苗西育精准助农,技术赋能乡村振兴——浙江省象山县“种苗计划”振兴产业案例》成功入选。

14日,象山县政府与太平洋产险宁波分公司举行战略合作协议签约仪式。县委副书记、县长李晓东,太平洋产险宁波分公司总经理毛俊嵘,副县长胡颖磊等出席签约仪式。

是日,《今日象山》载:《湿地公约》第十四届缔约方大会全球迁飞区水鸟栖息地保护论坛发布《中国水鸟保护十佳案例》,“神话之鸟”中华凤头燕鸥入选。在这一濒危物种的保护方面,象山做出了重要贡献。

14—16日,大队首次代表宁波支队参加省消防救援总队举办的全省消防救援队伍执勤岗位练兵比武竞赛,获得团体总分第二名的好成绩。

15日,象山县营商环境投诉监督中心在县人民检察院正式挂牌成立。市人民检察院党组书记、检察长何小华,县委书记包朝阳共同揭牌并讲话。县领导王道、陈柳松、卢小兵、陈爱武参加活动,县人民检察院检察长陆玉珍主持仪式。

16日,以“万象山海,橘香人间”为主题的2022象山北纬30度柑橘文化节暨“红美人”开摘仪式举行。

16—18日,浙江省首届返乡入乡合作创业大赛暨项目对接会在景宁畲族自治县举行,象山县“红美人柑橘数字化种植解决方案”项目成功实现“双”签约。

18日,市人大常委会副主任胡军到象山调研人大数字化改革推进情况。

是日,《光明日报》公布了由中国中小城市高质量发展指数研究课题组、国信中小城市指数研究院联合发布的《2022年中国中小城市高质量发展指数研究成果》,象山县名列2022年度全国综合实力百强县市第54位,比2021年上升1位。从分项指数看,象山名列全国科技创新县市第49位、全国新型城镇化质量百强县市第22位、全国绿色发展百强县市第88位。同时,锦浪科技股份有限公司获评2022年推动中小城市高质量发展特别贡献企业。

18—28日,浙江省第十七届运动会上,象山竞技体育获得历史性突破。96名运动员参加田径、游泳、射击等21个项目的比赛,获得39.25枚金牌、19.25枚银牌、19枚铜牌,团体总分761分,列宁波各县(市、区)第四名。

23日,县委书记包朝阳主持召开县委常委会会议,传达学习10月25日二十届中共中央政治局会议精神与11月10日中共中央政治局常务委员会会议精神,以及习近平总书记在中共中央政治局第一次集体学习和在瞻仰延安革命纪念地时发表的重要讲话精神,研究贯彻落实意见。

24日,全县统一战线“同心共助·帮富兴村”活动暨“新乡贤助力共同富裕示范带”发布仪式在贤庠镇最北营露营基地举行。

25日,象山召开海洋经济发展座谈会。省政协原副主席张蔚文出席会议,市委常委、常务副市长华伟出席会议并讲话,县委书记包朝阳主持会议。

29日,副市长李关定赴贤庠镇青莱村代表联络站开展主题接待活动,听取人大代表的意见建议,实地考察人大践行全过程人民民主基层单元建设情况,听取“浙里甬人大”“人大代表联络站”等人大数字化改革应用场景介绍。

12月

3日,宁波(象山)首届大地艺术节在茅洋乡青创共富农场盛大开幕。同时,象山县与浙江万里学院共建“青年与海·乡村文旅共富学院”,并在现场举行了揭牌仪式。校地双方将合力打造“青年与海”双创品牌,为象山乃至宁波乡村文旅产业发展提供人才支撑。

5日,县委书记包朝阳主持召开专题会议,听取2022年经济发展情况汇报,分析当前形势,研究谋划2023年经济工作思路。他强调,要全面学习贯彻中共二十大精神,完整、准确、全面贯彻新发展理念,把握大势谋方向,迭代升级优打法,为2023年经济工作起好势、开好局争取更多主动。

7日,市政协副主席叶剑鸣走进象山“半岛·农技”省政协委员会客厅,向市县两级政协委员宣讲中共二十大精神,交流学习体会和感悟。

7—19日,在联合国《生物多样性公约》第十五次缔约方大会第二阶段会议中,象山守护“神话之鸟”、拯救抹香鲸故事以视频的形式正式亮相大会“中国角边会”。

8日上午,县人大常委会与县政府召开2023年重点工作对接面商会。县委副书记、县长李晓东出席会议并讲话,县人大常委会主任罗来兴主持会议并讲话。

9日,《今日象山》载:浙江省首批20个文化基因解码成果转化利用示范项目公布,象山《渔光之城》滨海场景演艺秀入选。

14日,市委常委、秘书长张文杰赴石浦镇人大代表联络站开展主题接待活动。

15日,2022年全国航海模型公开

赛（浙江站）在宁波象山亚帆中心开赛。

20日，《今日象山》载：浙江省“千村示范、万村整治”工作协调小组办公室公布了2022年度全省深化“千万工程”建设新时代美丽乡村（农村人居环境提升）工作优胜县名单，象山名列其中。这也是象山自2017年以来，连续6年光荣上榜。同时，西周镇获评2022年度浙江省美丽乡村示范乡镇，定塘镇中站村、茅洋乡白岩下村、泗洲头镇上马岙村、晓塘乡青山头村、新桥镇板岭村获评2022年度浙江省美丽乡村特色精品村。

是日，《今日象山》载：象山县环石浦港生态环境导向的开发（EOD）项目通过生态环境部评审，并纳入中央生态环保金融支持项目储备库。该项目是宁波市首个EOD模式入库项目，主要包括“大塘港流域水生态综合修复”“高塘岛—南田岛水生态联合修复”“石浦渔港海岸线生态修复与环境提升”“石浦绿色产业群开发”“东门岛海洋渔文化非遗保护与传承”五大依托项目。

是日，随着首根管桩定点起吊，浙江省重点项目国电象山1号海上风电场（二期）工程正式启动施工建设。

21日，县委读书会召开。会议深入学习贯彻中共二十大精神，全面落实中央经济工作会议精神，按照省市部署要求，研究谋划2023年工作思路，确保起好步开好局。

23日，《今日象山》载：省城乡环境整治工作领导小组公布2022年度全省美丽城镇建设工作考核结果，确定143个城镇为美丽城镇建设省级样板，石浦镇、墙头镇名列其中。至此，象山已有4个乡镇获评美丽城镇建设省级样板。

是日下午，县政协召开十一届四次常委会会议。会议深入学习中国共产党第二十次全国代表大会精神；审议通过了有关人事任免事项、《关于召开政协第十一届象山县委员会第二次会议的决定》、县政协有关制度；6名常委作年度工作述职。

28日，中国水运建设行业协会发布2022—2023年度第一批“水运交通优质工程奖”获选工程名单，在17个获奖工程中，由宏润集团承建的中国·浙江海洋运动中心（亚帆中心）工程榜上有名。

（县志办　厉攀）

县情概览

县域基本地情

【地理】 象山县位于长三角地区南缘，浙江省东部沿海中段，宁波市东南部，象山港与三门湾之间，今为宁波市属县。象山为半岛县，濒海，多山，平原散布于沿海。东西宽127.75千米，南北长118.40千米。总面积8000平方千米，其中陆域面积1382平方千米，海域面积6618平方千米。海岸线总长925千米。沿海岛礁656个，其中，有居民岛16个，无居民岛屿436个，礁(500平方米以下)204个。

【建置沿革】 距今6000年前，即有先民繁衍生息。立县前，长期为鄞县、宁海县属地。唐神龙二年(706)立县，为中县，分五乡。历南宋、元，建置多有变迁。明初至清光绪元年，县南南田诸岛一直为封禁地区。民国元年，立南田县，后划归三门县。1949年7月8日，象山解放。1951年，全县设5个区、77个乡镇。1952年，南田划归象山。1958年，兴起人民公社化运动，撤销区、镇、乡、村建制，实行"政社合一"。9月，全县分建9个人民公社，原37个乡、镇析建为64个大队，行使乡镇权力。1958年10月，宁海县并入象山。1961年10月，复置宁海县，象山回治原境，辖2个镇、34个公社。1983年9月，实行"政社分设"，各公社相继改建为乡政府。截至1991年末，全县计5个区、10个镇、27个乡。1992年5月，撤区、扩镇、并乡，至2008年，全县辖3个街道、10个镇、5个乡，490个行政村。2020年9月，全县辖3个街道、10个镇、5个乡，行政村数量则从原来的490个减至358个，调整共涉及17个镇乡(街道)的211个行政村，其中实行撤村并村180个、撤村并居26个、撤村建居5个。

【人口】 2022年年末，总户数18.37万户，比上年增长0.2%，总人口53.88万人，比上年增长-0.5%。

经济和社会发展

【概况】 2022年，全县上下坚决贯彻"疫情要防住、经济要稳住、发展要安全"目标要求，深入实施"海洋强县、美丽富民、都市融入、变革驱动"战略，聚力抓经济稳进提质、社会安定有序，全县经济社会总体运行平稳，"十四五"规划执行稳步推进。全年实现地区生产总值720.04亿元，增长5.2%；一般公共预算收入60.82亿元，增长5.1%。

【海洋经济】 成立县海洋经济发展研究中心，国家经略海洋实践先行区试点县建设获省市支持。海洋科技创新取得新进展，全国首次实现梅童鱼人工繁育、实现百万级大规模人工繁养新突破；鲑鱼陆基养殖项目首批35万颗鱼卵投放孵化成功，黑鲷国家级水产种质资源场建设项目获批，海洋新材料综合试验场完成方案设计和选址。海洋经济生产总值达220亿元，同比增长10%，占全县生产总值比重达到30.6%。

【美丽经济】 实施旅游业"微改造、精提升"行动，打造"周末嗨象山"微度假品牌，入列2022全国县域旅游综合实力百强县第4位，浙江目的地TPI指数排名从2020年的第14名跃升至第7名。推进滨海都市新消费场景营造改革，打造"橘生山海""斑斓海岸"精品线，14处精致露营地建成运营，大沙特色渔村、海鲜美食体验店建设等多点开花，"象山30°最美海岸线"点亮滨海消费新场景入选省"促进文化和旅游消费创新案例"。

【农渔生产】 开展农业"双强"行动、高标准农田建设及粮食功能区"非粮化"整治优化工作，全年农林牧渔业总产值实现162.3亿元。抓好品牌推介，编制《红美人柑橘等级规格及包装贮运》等6项团体标准，象山小黄鱼获批国家地理标志证明商标，象山白鹅入选全国名特优新农产品名录。坚持数字赋能，创建数字农业示范基地6个，数字渔箱入选省服务业新业态、新技术、新模式典型案例，耕海牧渔携手京东物流打通象山海鲜直销"最后一公里"。

【科技创新】 实施科技型企业"阶梯式"培育机制，新增高技术企业76家，2家入选国家级专精特新"小巨人"企业。加快智造转型，打造市级以上数字化车间6家，日星铸业入选市级"未来工厂"。迭代升级模具、针织行业工业互联网，动建纺织品检验检测中心，科创中心成功获批省级双创示范基地和市级科技企业孵化器。全县规上工业研发费用、新产品产值增速明显高于规上工业总产值增速，战略性新兴产业、高端装备制造业、规上数字经济核心产业增加值增速均居全市前列。

【产业项目精准招引】 举办城市空间价值发布会、"青年与海"等主题活动，突出海洋科创、海洋艺术、海洋运动、海洋环保四大板块，打造推介城市新IP。强化链式招引模式，创新规划“才能兼备，余生有幸”八条海洋经济新赛道，29个海洋产业链项目完成签约、共计投资额123.52亿元。通盘规划县域土地，形成企业背景调查、部门联合评审、领导专题会商的“一条龙”招商项目准入评审流程，65个高质量项目通过联合评审。

【有效投资攻坚】 建立重大项目“1244”（“1”指按照“储备谋划、识别识类、决策决定、项目审批、招标建设”推进流程，构建“一条链”重大项目全过程管理；“2”指形成“业务推进+综合协调”的“双回路”工作推进体系；第一个“4”指组建大项目统筹办、大财政金融办、大监管服务办和大建设调度办“四大办”；第二个“4”指建立每周例会、半月协调、月度会商、双月专题“四级”协调会商运行机制。）推进机制，抓牢“三个一批”项目，完成固定资产投资224.1亿元。新建亿元以上工业项目30个，实现制造业投资72亿元，增长32.3%。加强资源要素保障，新增专项债券项目16个、资金11亿元，获得政策性开发性金融工具16.4亿元、全市第二，争取建设用地指标2442亩、项目用能12.3万吨标准煤。攻坚招商项目落地转化，签约亿元以上项目46个、10亿元以上项目10个，转化历年招商项目87个，实际利用外资1.4亿美元、内资141亿元。

【打造亚运名片】 高效推进亚运赛事筹办，亚帆中心、沙排中心通过场馆竣工、赛事功能、技术代表确认“三验收”，人民广场、风情街、大目湾绿地亚运主题公园等一批城市观赛空间建成投用。实施迎亚运城市品质提升行动，四大提升工程（第一轮）全面完工，四大提质工程和四大精品工程有序推进，9个城中村和6个老旧小区改造完成，沿海南线、松兰大道等14个路面改造项目全部竣工。

【乡村振兴】 持续开展“两路两侧‘三化一平’”“三清三美”专项行动，打造“儒雅山水境”等4条精品线，获评全省首批新时代美丽乡村示范县。推进未来乡村和乡村振兴示范带建设，建成高泥等4个省级未来乡村，乡村振兴工作获省政府督查激励，全市唯一入选国家乡村振兴示范县创建百强县。深化全国宅改试点，系统构建农村宅基地所有权、资格权、使用权、规范管理四大路径政策体系，盘活闲置农房1.1万平方米，新引进乡村产业项目16个，相关做法得到农业农村部肯定推广。

【生态环境】 持续推进碳达峰碳中和，制订碳达峰行动计划，中广核、国电二期海上风电场稳步建设，清洁能源装机容量超100万千瓦，入选省低碳试点县创建名单。深入打好污染防治攻坚战，定塘镇、高塘岛乡获评省级零碳示范乡镇，丹东街道、丹西街道、石浦镇创成省级“污水零直排区”，获评省级大花园示范县。扎实开展生态保护，巨鲸救援全球关注，海上生物多样性保护实践地建设列入省生态环境厅推进生物多样性保护重点举措清单为全国首家。

【重点改革】 数字化改革迭代升级，打造渔船精密智控、吉象智达、智慧妇幼等一批特色优势场景，“线上村民说事”系统入选首批全省“金翼奖”十佳多跨应用场景。深化“亩均论英雄”改革评价应用，实施差别化水电价和土地使用税，初步测算2022年规上企业亩均税收增长25.4%。率先启动全域国土空间综合整治暨乡村集成改革，形成国土空间综合整治潜力调查底图。持续优化营商环境，探索工业项目承诺制快速审批模式，基本实现公用事业服务一窗办、全域办，甬易办上线政策116条，惠及企业1695家、个人19000人。

【对外开放】 主动融入长三角一体化，引进长三角地区产业项目73个，企业与高校院所开展产学研项目合作60余项，36家医疗机构纳入异地就医直接结算，全县医疗机构异地就医开通率50%，市域铁路象山线动工建设。有序推动企业“走出去”，编制重点展会支持目录，探索“代参展”等模式，落实外贸企业出入境便利化，支持参加境外展会拓市场抢订单，新增海外仓2400平方米，跨境电商业务实现新突破，实现自营货物进出口总额231.47亿元、增长18.1%。深化与宁波舟山港合作，石浦港、象山港口岸对外开放上报至国务院。

【人才招引环境优化】 实施“凤栖山海·家燕归巢”半岛青年集聚行动，集成“1+X”（半岛人才计划+多个专项政策）人才政策矩阵，新增高技能人才5562人，招引大学生8122人，增长11.4%。全面升级人才服务体系，推行“清单化+个性化+闭环化”服务模式，升级“一基地二中心三院所”高能级创业创新平台载体，完善科研人才任务揭榜挂帅机制，新建博士后工作站5个，入选国家级引才计划2人。

【推进共富机制】 实施共富“310”工程，谋划开发数智帮共体、15分钟公共服务圈等重大应用，“红社领航”做法在省共富简报上刊发。开展稳就业惠民生攻坚，率先推进“零工易业”改革，城镇登记失业率控制在3.5%以内，“安薪指数”全市第一。健全“一老一小”照护服务保障网，政府购买居家养老服务惠及老人1.3万人，老年健康服务专项行动列入省级试点，设立儿童疾病诊治中心，每千人拥有3岁以下婴幼儿托位数4.58个。

【公共服务】 扎实推进省体育现代化县创建，新建“15分钟品质文化生活圈”90个，成功举办渔光音乐节等重大文化活动33场、重大赛事活动20余场，“海洋渔文化”入选省十大文化标识建设成果展。统筹优化教育布局，打造“优.智”教育全链治理平台，大目湾新城学校等4所建成投用，教共体实现义务学校全覆盖。持续深化医共体、健共体改革，成立浙大医院甬南肿瘤中心，成功打赢新冠疫情防控战，因时因势优化调整防控措施，稳妥落实新冠病毒感染“乙类乙管”，加强医疗救治保障、应急物资保供和疫苗接种，实现有序转段、平稳渡峰。

【社会治理能力迭代提升】 迭代“141”体系，建强县级社会治理中心，领先全省开展基层治理大联村(社)行动，加快“基层治理四平台”迭代升级推动基层管理体制改革得到在象山调研的省委书记袁家军的充分肯定。深化矛盾纠纷“最多跑一地”改革，创新“访调诉裁”一体化机制，“万人成讼率”下降至 10.38‰。狠抓交通、消防等领域安全生产整治，深入开展“春雷行动”“除险保安”等专项行动，海上安全生产形势明显好转，各类安全事故数、死亡人数分别下降 50.0%、58.8%。深入推进基层治理标准化、规范化建设，“村民说事”标准化通过国家级验收，基层组织规范化建设被全省点题先行探索。

（发改局　李祷瑜）

2022 年象山县各项事业基本数据一览表

表 1　　单位：%

人口—经济—财政

类　　目	数　　量	比 2021 年增长
年末总户数	18.37 万户	0.2
总人口	53.88 万人	-0.5
城镇人口	21.30 万人	0.5
乡村人口	32.59 万人	-1.1
出生人口	2170 人	-15.1
死亡人口	3942 人	3.6
生产总值	7200357 万元	5.2(可比价)
第一产业增加值	984458 万元	4.6(可比价)
第二产业增加值	2737481 万元	0.1(可比价)
工业增加值	2057083 万元	3.3(可比价)
第三产业增加值	3478418 万元	9.4(可比价)
财政总收入	1000009 万元	10.3
中央财政收入	391843 万元	19.4
一般公共预算收入	608166 万元	5.1
一般公共预算支出	1016696 万元	14.1

人民生活—社会保障

类　　目	数　　量	比 2021 年增长
居民人均可支配收入	59160 元	5.1
城镇居民人均可支配收入	69478 元	4.6

续表1

类　　目	数　　量	比 2021 年增长
农村居民人均可支配收入	41578 元	6.4
城镇居民人均消费性支出	40378 元	6.7
食品烟酒类支出	11139 元	11.2
衣着类支出	3078 元	8.3
医疗保健类支出	2659 元	-8.8
交通通信类支出	4857 元	5.0
教育文化娱乐类支出	4527 元	8.9
居住类支出	10855 元	9.1
农村居民人均生活消费类支出	27524 元	6.8
食品烟酒类支出	9070 元	25.8
衣着类支出	1595 元	4.1
医疗保健类支出	2227 元	-21.5
交通通信类支出	3445 元	2.2
教育文化娱乐类支出	1913 元	6.0
居住类支出	7786 元	3.4
生活用品及服务类支出	1117 元	1.4
其他用品和服务消费支出	371 元	-4.1
养老保险参保人数	42.52 万人	—
医疗保险参保人数	51.72 万人	—
工伤保险参保人数	16.06 万人	—
全县低保户数	6551 户	—
低保人员	9422 人	—
发放低保金	10353 万元	—
居家养老服务中心	19 个	—
床位	10774 张	-0.2

续表1

类　　目	数　　量	比 2021 年增长
每千人老人床位	72 张	—

农业

类　　目	数　　量	比 2021 年增长
农林牧渔业产值	162. 31 亿元	5. 0(可比价)
农业产值	26. 15 亿元	2. 9(可比价)
林业产值	1. 80 亿元	6. 7(可比价)
牧业产值	8. 40 亿元	-0. 0(可比价)
渔业产值	120. 47 亿元	5. 7(可比价)
农林牧渔专业及辅助性活动	5. 49 亿元	6. 9(可比价)
粮食播种面积	11227 公顷	0. 8
粮食总产量	7. 36 万吨	5. 3
蔬菜播种面积	8302 公顷	-0. 3
蔬菜总产量	19. 75 万吨	-1. 1
水果总面积	11084 公顷	-7. 1
水果总产量	20. 78 万吨	-0. 7
柑橘总产量	12. 54 万吨	3. 0
杨梅总产量	1. 67 万吨	-7. 4
枇杷总产量	0. 90 万吨	156. 6
茶叶总产量	414 吨	-4. 4
肉类总产量	1. 78 万吨	6. 2
生猪年末存栏	11. 41 万头	-14. 0
生猪年内出栏	16. 35 万头	2. 8
家禽年末存栏	125. 61 万羽	-0. 8
家禽年内出栏	165. 78 万羽	-5. 3
水产品总产量	65. 01 万吨	4. 8

续表1

类　　目	数　　量	比2021年增长
海洋捕捞产量	36.76万吨	1.6
海水养殖产量	17.68万吨	11.6
淡水养殖产量	1.61万吨	9.5
远洋渔业产量	8.74万吨	5.0
海水养殖面积	1.12万公顷	0

工业—建筑业

类　　目	数　　量	比2021年增长
规上工业企业家数(家)	676家	—
规上工业产值	837.85亿元	8.4
其中:新产品	326.58亿元	15.1
其中:轻工业	193.73亿元	-4.6
重工业	644.12亿元	13.1
其中:有限责任公司	151.16亿元	11.4
股份有限公司	31.79亿元	13.5
私营企业	512.71亿元	8.6
外商投资企业	79.52亿元	7.7
港澳台商投资企业	42.81亿元	-11.2
其中:农副食品加工业	33.13亿元	7.6
纺织服装服饰业	86.43亿元	-12.5
通用设备制造业	98.99亿元	-2.0
专用设备制造业	42.07亿元	-1.1
汽车制造业	134.19亿元	7.7
电气机械及器材制造业	96.68亿元	38.4
橡胶和塑料制品业	20.76亿元	7.4
非金属矿物制品业	36.50亿元	-3.0

续表1

类　　目	数　　量	比 2021 年增长
船舶和其他运输设备制造业	50.41 亿元	26.6
电力热力生产和供应业	85.09 亿元	24.3
规上工业销售产值	781.82 亿元	6.3
其中:出口交货值	153.26 亿元	12.5
工业产销率	93.31%	-1.9
规上工业营业收入	775.60 亿元	5.7
规上工业利税总额	68.45 亿元	12.4
其中:利润总额	50.85 亿元	14.2
规上工业平均从业人数	71798 人	0.6
建筑业总产值	557.62 亿元	-21.7
其中:在外省完成的产值	190.94 亿元	-25.7
建筑企业全年新签合同额	442.19 亿元	-10.6
房屋施工面积	6242.82 万平方米	-9.7
竣工面积	886.28 万平方米	-16.7
有资质建筑企业	222 家	—
国家特级资质企业	5 家	—
一级资质企业	25 家	—
二级资质企业	111 家	—
三级及以下资质企业	81 家	—
从事建筑业活动的平均人数	13.24 万人	—
建筑业企业期末人数	13.33 万人	—

国内贸易—对外经济

类　　目	数　　量	比 2021 年增长
社会消费品零售总额	244.90 亿元	5.3
进出口总额	231.47 亿元	18.1

续表1

类　　目	数　　量	比 2021 年增长
进口	26.97 亿元	46.3
出口	204.50 亿元	15.1
其中:针纺织类	59.60 亿元	-9.0
农产品类	14.87 亿元	19.9
机电类	104.54 亿元	33.6
其中:美国	50.26 亿元	-1.5
英国	12.06 亿元	40.5
日本	11.69 亿元	7.9
德国	7.55 亿元	26.5
新批外商投资项目	25 个	—
合同利用外资	37108 万美元	44.8
实际利用外资	14252 万美元	8.1

交通—通信—旅游

类　　目	数　　量	比 2021 年增长
货物周转量	601.44 亿吨千米	10.9
旅客运输量	285 万人	-27.8
旅客周转量	1.7 亿人千米	-31.6
机动车保有量	19.67 万辆	10.3
9 座以下私人汽车	15.64 万辆	7.0
海洋运输船舶	76 艘	-20.0
总运力	161.55 万吨	-7.9
固定电话用户	12 万户	—
宽带用户	29.7 万户	—
移动电话	78 万户	—
5G 移动电话用户	29.9 万户	—

续表1

类　　目	数　　量	比 2021 年增长
旅游经济总收入	103.26 亿元	0.4
接待游客	664.91 万人次	8.3

科技—教育—文化

类　　目	数　　量	比 2021 年增长
实现规上工业高新技术产业增加值	100.90 亿元	7.8
专利授权量	1888 项	7.1
发明专利授权量	236 项	29.0
实现技术市场交易额	13.5 亿元	—
普通高中	5 所	—
在校生	7699 人	5.0
中等职业学校	3 所	—
在校生	4154 人	-1.7
初中	24 所	—
在校生	16857 人	2.4
小学	24 所	—
在校生	34482 人	-2.7
幼儿园	59 所	—
在园幼儿数	15894 人	-6.2
义务教育学龄人口入学率	100	—
初升高比例	99.9%	—
财政预算内教育支出	15.75 亿元	3.3
县图书馆总藏书量	71.08 万册	4.4
数字电视入户率	100%	—
卫生事业机构(含村卫生室)	316 个	1.0
床位	2402 张	1.5

续表1

类　　目	数　　量	比 2021 年增长
卫生技术人员	4602 人	2.1
执业医生(含助理)	1995 人	-1.7
每千人口执业(助理)医生(按户籍人口计算)	3.70 人	—

（统计局　周娴）

2022 年气候

【气候特点】 2022 年气温偏高，降水量和降水日数偏少，日照时数与常年基本持平。年降水时空分布不均，总体呈西北多东南少分布。年内主要气象灾害有台风、高温、寒潮等。2022 年气候入冬时间与常年持平，入春比常年早 10 天，入夏和入秋分别比常年偏迟 9 天和 1 天。

2022 年，象山年平均气温 18.3℃，比常年同期偏高 0.7℃。年累计降水量 1378.6 毫米，较常年偏少约一成。汛期降水量 1018.2 毫米，较常年偏少 12.6%。全年暴雨日数 3 天，较常年偏少 1.9 天。

梅雨：2022 年 6 月 10 日入梅雨期，较常年偏早 2 天（常年 6 月 12 日）；6 月 26 日出梅雨期，较常年偏早 9 天（常年 7 月 5 日）；梅雨期 16 天，较常年偏少 7 天。梅雨期平均降水量 104.7 毫米，其中象山国家气象站 92.9 毫米，比常年（268 毫米）偏少 65%，城区 102.7 毫米，最大降水量为贤庠程家屿站 157 毫米。2022 年梅雨形势不典型，以过程性降水为主。

【主要天气】 大雾：4 月 6 日夜里到 7 日上午、4 月 8 日早晨、4 月 10—13 日、4 月 22 日夜里到 26 日，象山县沿海海面和部分地区出现能见度小于 500 米的浓雾；5 月 6—7 日，象山县沿海海面和部分沿海地区出现能见度小于 200 米的强浓雾。受暖湿气流影响，11 月 9 日夜里到 10 日上午、10 日夜里到 11 日上午、11 日夜里到 12 日上午及 12 日夜里，象山县部分地区及沿海海面出现能见度 500 米以下的浓雾。

高温：2022 年 6 月 26 日出梅雨期以后，象山县出现三轮大范围、持续性的罕见高温天气（7 月 5—17 日、7 月 20—28 日、7 月 31 日至 8 月 26 日），高温酷热极端性显著。其间，象山县极端高温达 40℃以上，其中 8 月 20 日城区塔山站 42.7℃，破有气象记录以来最高纪录。6 月 26 日至 8 月 26 日，象山县平均气温 30.9℃，比常年同期偏高 2.7℃，破有气象记录以来同期最高纪录；城区 35℃以上高温日数 46 天、38℃以上高温日数 16 天、40℃以上高温日数 8 天，均破有气象记录以来同期最多纪录。2022 年高温综合强度为象山有气象记录以来最强，城区全年高温日数 48 天，破有气象记录以来最多纪录。

强降水：2022 年 3 月 24 日夜里到 26 日，受低压和冷空气先后影响，象山县出现大到暴雨，全县平均降水量 62.2 毫米，最大泗洲头上峙后村 93.2 毫米。

台风：2022 年台汛期主要有 2 个台风影响象山县，分别是第 11 号台风“轩岚诺”、第 12 号台风“梅花”。受第 11 号台风“轩岚诺”影响，9 月 1 日 20 时至 5 日 20 时象山全县平均雨量 90.5 毫米，雨量前三贤庠西泽码头站 159.5 毫米、西周寒山站 154.3 毫米、西周岙岭下站 150.8 毫米；象山县沿海海面出现 10~11 级大风、沿海地区 8~10 级、内陆 7~9 级，最大南韭山站 11 级（29.0 米/秒）。沿海海面 10 级以上大风累计 23 小时，陆地 8 级以上大风累计 32 小时。

受 12 号台风“梅花”影响，9 月 11 日 20 时至 15 日 8 时象山全县平均雨量 281.1 毫米，雨量前三为新桥山头王站 420.4 毫米，茅洋小白岩站 378.4 毫米，茅洋银洋站 378.1 毫米。最大滑动小时雨强丹西九顷站 53 毫米。沿海海面风力 12~14 级、沿海地区 10~13 级、内陆 8~10 级，最大北渔山站 45.8 米/秒（14 级）。沿海海面 12 级以上大风累计 10 小时，沿海地区 12 级以上大风累计 9 小时，内陆 8 级以上大风 14 小时。

干旱：出梅后象山县降水异常偏少，6 月 26 日至 8 月 31 日象山县累计降水量仅 101 毫米，较常年同期偏少 72.6%，为有气象记录以来同期最少。降水偏少导致气象干旱持续发展，象山县部分地区出现严重气象干旱。

寒潮：2022 年象山县主要出现两次寒潮天气过程。受寒潮影响，自 11 月 29 日起象山县出现强降温、大风和降水过程，日平均气温的过程降温幅度达 12~14℃，29 日到 30 日象山县沿海地区及海面出现 7~9 级，内陆 6~8 级偏北大风，最大北渔山站 23.7 米/秒（9 级）。11 月 30 日象山县入冬，较常年略偏早（常年 12 月 4 日）。其中 11 月 28 日下午及后半夜，受强对流云团影响，象山县大部分地区出现雷阵雨天气，并伴有短时强降水及局地 6~8 级雷雨大风，最大鹤浦杨柳坑站 18.2 米/秒（8 级）。

受寒潮影响，12 月 16—19 日象山县出现强降温、大风和弱降水过程，过程降温幅度达 9~11℃，19 日早晨最低气温降至-3~5℃，山区-6~-8℃，最低西周黄泥桥站-7.7℃；16~18 日象山县沿海海面出现 8~10 级西北大风，沿海地区 7~9 级，内陆 6~8 级，最大南韭山站 10 级(25.6 米/秒)。

【气象灾害】 9 月 1—5 日,受台风"轩岚诺"影响,象山县水产养殖受灾面积 2075 亩,其中工厂化大棚 32500 平方米,浅海滩涂 1750 亩,产量损失 11 吨,经济损失 165 万元。

9 月 11—16 日,受台风"梅花"影响,象山县直接受灾损失总计 17336 万元,其中农作物受灾 3891.46 公顷 2729 万元,水产养殖 4168 公顷 8555 万元,畜牧养殖损失 238 万元,水利设施受损 77 处计 3079 米 1148 万元,渔山码头受损 1000 万元,传媒中心设备损失 2273 万元,建筑工地受损 240 万元,54 所学校受损 208 万元,道路损失 939 万元,房屋受损 32 户损失 6.4 万元,房屋进水 1400 户。

说明:

1. 常年指象山国家基本气象站 1991—2020 年。

2. 有气象记录指象山国家基本气象站 1979 年建站以来。

(气象局 徐彬)

气象服务

【概况】 2022 年是中共二十大召开之年和实施"十四五"规划的关键之年,象山县气象局弘扬伟大建党精神,干在实处走在前列,落实"质量提升年"行动,以"九抓九促"高质量推进象山气象现代化和防灾减灾救灾"第一道防线"建设,为象山"聚力一二五、走好共富路",加快建设社会主义现代化滨海花园城市贡献气象力量。

【公众气象服务】 2022 年象山县气象局在寒潮、高温、大雾、台风等灾害性天气服务中做到主动预警、及时预报、服务效果显著。其间,共发布预警信号 200 次,发送微信 484 条、微博 1500 余条、气象服务短信 601 条次。

【专题气象服务】 特色化常态化开展为农气象服务。象山县气象局定期开展农用天气预报及春耕春播、秋收冬种专题气象服务,继续深化"红美人"柑橘专题气象服务,编制"红美人"柑橘种植气候区划及气象灾害风险区划。强化局镇(乡)合作,围绕"农业+气象""海水养殖+气象"等,现场考察黄避岙乡高泥村海水观测站建设选点,新建 1 套农气观测站(海水养殖),与西周、黄避岙签订合作协议,建立有特色的地方为农气象服务机制。深入分析现有气象为农服务现状,挖掘农业与气象大数据的应用潜能,撰写《气象大数据赋能数字农业研究》调研报告。共发布春耕春播气象服务专报 7 期,秋收冬种专题气象服务 8 期,"红美人"柑橘专题气象服务 15 期,海水养殖专题气象服务 9 期。

专业化长期化推进渔业气象服务。象山县气象局围绕需求开展海水养殖专题气象服务,提供中短期气候及水温趋势预测。完善南美白对虾(海水养殖)气象指标阈值和气象服务手册。自制小视频开展面向"浙里办"的"天气罗盘"应用推广,优化海岛、渔港、渔场、渔区等公共气象服务供给。

【灾害性天气气象服务】 2022 年,象山县出现了高温、干旱、大雾、台风、大风和寒潮等灾害性天气,象山县气象局在服务中坚持做到主动预警、及时预报,服务效果显著。

2022 年 7 月 5—18 日,象山县连续 13 天出现大范围 35℃以上的高温天气,象山县气象局共发布气象信息内参 3 期;高温橙色预警信号 7 次,大风橙色预警信号 3 次,雷电黄色预警信号 3 次;决策短信 17 条 6.5 万人次。

2022 年 7 月 22—29 日,象山县共有 6 天出现大范围 35℃以上的高温天气,象山县气象局共发布气象信息内参 2 期;发布高温橙色预警信号 1 次,升级高温红色预警信号 1 次,大风橙色预警信号 1 次,大风黄色预警信号 1 次,雷电黄色预警信号 4 次,暴雨橙色信号 1 次;决策短信 17 条 6.5 万人次。

2022 年 8 月 31 日至 9 月 6 日,"轩岚诺"台风影响期间,象山县气象局共发布大风黄色预警信号 2 次,台风蓝色预警信号 2 次,台风黄色预警信号 2 次,台风橙色预警信号 2 次,发布重要天气报告 4 期,气象信息内参 21 期,台风消息 2 次,海上台风警报 1 次,台风警报 4 次,台风紧急警报 14 次,避风港锚地风力专报 4 期,"红美人"专题气象服务 2 期,开渔节气象服务专报 5 期,海水养殖气象服务专报 1 期,发送短信 36 条达 14 万人次。

2022 年 9 月 8—15 日,"梅花"台风影响期间,象山县气象局共发布台风蓝色预警信号 2 次,台风黄色预警信号 2 次,台风橙色预警信号 1 次,台风红色预警信号 1 次,暴雨橙色预警信号 2 次,暴雨红色预警信号 1 次。发布气象信息快报 13 期,重要天气报告 4 期,气象信息内参 14 期,台风消息 4 次,台风警报 6 次,台风紧急警报 14 次,避风港锚地风力专报 2 期,"红美人"专题气象服务 1 期,开渔节气象服务专报 8 期,海水养殖气象服务专报 1 期,发送短信 30 条达 11 万人次。

2022 年 11 月 28 日至 12 月 2 日,受寒潮影响,象山县出现强降温、大风和降雨过程,象山县气象局共发布更新雷电黄色预警信号 1 次,雷电橙色预警信号 1 次,冰雹橙色预警信号 1 次,寒潮蓝色预警信号 1 次,大风黄色预警信号 4 次,制作发布气象信息内参 3 期,发送决策短信 11 条近 4 万人次。

2022 年 12 月 15—19 日,受寒潮影响,象山县出现强降温、大风和弱降水过程,象山县气象局共发布更新寒潮蓝色预警信号 1 次,大风黄色预警信号 2 次,制作发布气象信息内参 5 期,发送决策短信 9 条达 3 万人次。

【重大活动气象服务保障】 2022 年象山县气象局做好以重要活动和节庆为重点的气象预报服务保障。在两会、春运、中高考、2022"青年与海"人才主题活动暨第二十五届中国(象山)开渔节和重大项目开工仪式等期间都开展了一系列的气象服务保障。

9 月 16 日,第 25 届中国(象山)开渔节在象山顺利举行。作为开渔节组委会成员单位,象山县气象局高度重视,精心组织,全力护航本届开渔节。针对开渔节期间活动多、时间跨度大的特点，象山县气象局量身定做气象保障服务方案。一是8月起每周两次制作气象服务专报，通过传真、微信等渠道发送给开渔节执委会；9月起每天一次制作专报，增加短信渠道，增进沟通。二是针对开船仪式开展精细化滚动预报，开船仪式前一天起提供精细化预报，逐小时发送活动区域监测实况、滚动预报及温馨提示等，保障开船仪式顺利举行。三是经过仔细研判、严密分析，认为2022年第12号台风“梅花”将对原定于9月14日举行的祭海仪式及音乐剧《渔老大》首演有严重影响，经与县委办、县府办及开渔节执委会办公室研究商讨决定，将祭海仪式提前至9月13日8:02举行，将音乐剧推迟演出。活动期间，象山县气象局共发布《2022“青年与海”人才主题活动暨第二十五届中国（象山）开渔节气象服务专报》23期，决策短信75条，预警信号74条，其中红色预警信号7条。

【气象服务能力提升】 稳步推进“十四五”气象规划落地。有序推进“气象监测能力提升工程”等项目建设，安装完成石浦、象山国家站等6套北斗通信设施，新建6套全天空仪设备，1套微波辐射计，1套毫米波云雷达。

不断完善城市安全韧性运行机制。不断织密全县气象灾害监测网，优化气象监测要素和站点布局，配合宁波市气象局完成智能泛在感知项目建设，实地考察X波段雷达建站备选地点近10处，完成28个区域站采集器及供电系统升级。推进跨部门协同观测共享，深化与县水利和渔业局、县大数据局等部门合作，实现监控数据共享。

优化亚运气象保障监测系统规划建设。完成半边山、象山国家站两套沙温传感器、3套灯塔自动站建设。

有序推进亚运气象服务能力提升。配合编制《杭州亚运会宁波赛区气候风险分析报告》及《第19届亚运会宁波赛区气象预报服务保障工作方案》。开展沙温预报研究分析，编写沙排测试赛气象服务方案，配合开展帆船及沙排气象服务手册编写。5月起，为浙江省帆船帆板队集训提供直通式气象服务保障。

丰富“生态旅游+气象”产品。持续推进生态气候品牌创建，组织推荐象山县东旦时尚运动海滩申报浙江省避暑气候胜地，助推黄避岙乡高泥村入选全省第二批“浙江省气候康养乡村”。开展二十四节气天气、气候及农耕文化调查挖掘，助推气象、农业、旅游融合发展。

实施“绿色发展+气象”行动。配合建设完成石浦站温室气体监测系统建设，提升“碳达峰”“碳中和”气象科技支撑。

（气象局　徐彬）

中国共产党象山县委员会

综　述

2022年,县委坚决贯彻落实中央决策和省委、市委部署,开展“十大专班稳经济、塑造变革抢先机、基层治理大提升”主题活动,连续两年获得市对县综合考核优秀等次。全年完成地区生产总值720亿元,增长5.2%,增速居全市第二;财政总收入突破百亿元大关,增长10.3%,其中一般公共预算收入60.8亿元,增长5.1%;城乡居民人均可支配收入分别增长4.6%和6.4%。

2022年新引进亿元以上项目46个,实际利用外资、市外内资分别增长8.0%、8.2%,带动制造业投资增长32.3%、居全市第三。落实国家和省市稳经济“一揽子”政策,兑现惠企政策资金11.3亿元。新增市场主体超1.4万户。东海湾“专精特新”产业园开园。规上工业增加值增长4%,战略性新兴产业、装备制造业增加值增速分别居全市第一、第二,新增高新技术企业76家、增量实现翻番。进出口总额增长14%,完成全市首单俄罗斯帝王蟹进口业务。建筑业克难前行,完成总产值550亿元。服务业逆势突围,松兰山滨海旅游度假区重新开园,影视城入选全省大花园“耀眼明珠”高能级景区,“周末嗨象山”都市微旅游新业态迭代升级,全域旅游顶住疫情冲击创变前行,带动商品销售总额、社会消费品零售总额分别增长18.0%、5.5%。农渔业提质增效,“两红一白”(象山柑橘、梭子蟹、白鹅)农业全产业链发展壮大,银鲳、梅童鱼等全人工繁育技术填补国内空白,北欧鲑鱼陆基养殖项目加速推进,完成农业总产值158亿元,增长4%。

五大改革落地见效。“亩均论英雄”改革整治高耗低效企业85家,亩均税收增长10.1%、增幅居全市第一;“三区三线”(国家海洋文化与生态保护区、浙江省海洋经济示范区、宁波南部滨海特色新区)科学划定,东部海岸带中心城区列入首批市级全域国土空间综合整治项目,闲置农房盘活等乡村集成改革领跑省市;“海上两山”合作社组建成立,海域GEP总量位居全省前列;户外露营、沉浸体验等一批新业态成为网红热点,滨海都市新消费场景带动共富模式入选省典型案例;数字化改革“六个一”品牌持续打响,智治海安等应用列入省数字化改革一本账S2;“才能兼备、余生有幸”八大海洋产业赛道发布推出,“青年与海”品牌打响,首届“万物开源”海洋双创大会成功举办,象山港、石浦港口岸开放审理计划获国家口岸办批复,清洁能源装机容量突破百万千瓦,海洋经济生产总值超220亿元,占地区生产总值比重的30%。五场硬仗攻坚突破,落地转化历年招商项目85个、超额完成年度目标,蟹钳港等6个风貌区列入省级试点、大目湾(亚帆)城市新区获评全省城市风貌样板区,近海岸带污染整治硬仗整治船舶企业29家、相关做法成为省示范榜案例,市域铁路象山线征收工作全面完成,依法削减老旧渔船536艘、省定三年任务一年完成。海洋、美丽、共富三批重点项目扎实推进,完成固定资产投资227亿元,争取政策性开发性金融工具支持额度16.4亿元、居全市第二。财力统筹、党建基础两大保障行动有力有效,“两增一统”专项行动争取上级资金33亿元,盘活资源资产254.7亿元,融资综合成本再下降0.35个百分点;“双争”三年专项行动扎实推进,镇乡(街道)大部制改革全面完成,342名优秀年轻干部纳入动态储备库。

大力开展“全域美丽迎亚运、全民动员讲文明”专项行动,省海洋运动中心实体化运行,亚帆中心港成为华东沿海首家开放式游艇港,全国文明城市创建通过省级测评。亚运城市行动深入推进,房屋征迁面积超60万平方米,再创历史新高,获评浙江“无违建”创先争优示范县,人民广场“想象力之心”国际设计竞赛成果出炉,大目湾海洋青创城发展定位更加清晰。G527石浦至长街象山段开工动建,沿海南线提升改造等工程加快推进。“精特亮”工程滚动实施,建成一批省市级美丽乡村示范乡镇、示范带,经营性收入30万元以下行政村全面消除,获评省新时代美丽乡村示范县,入选全国首批乡村振兴示范县创建名单。污染防治攻坚战持续打好,省级无废城市创建有序推进,环石浦港EOD项目入选生态环境部项目库,获评全省大花园示范县。滨海环岛风景道入选省交通与旅游融合发展试点,获批省低碳试点县创建名单,“神鸟守护”“巨鲸救援”案例在联合国《生物多样性公约》第15次缔约方大会上分享展示。

共同富裕样板县纵深推进,市域铁路象山线开工动建,“潮隐海岸·影视风华”等12个标志性共富场景创新打造,西沪滨海风情示范带获评省级共同富裕示范带,渔区共富成为典范案例,城乡居民收入差距持续缩小、优于省市平均。“浙江有礼·象善有你”行动扎实开展，“善行象山”品牌持续打响。海洋文化基因解码工程深入实施，中国开渔节创新举办，渔文化生态保护工作获省政府督查激励。“县中崛起”计划正式启动，“双减”改革、规范民办教育等工作领先全市。综合医疗体制改革持续深化，县人民医院入选国家首批“千县工程”，国家健康促进县成功创建。就业和社会保障不断加强，城镇登记失业率维持在低位，企业职工基本养老保险实现全国统筹，“山海颐养”“智慧妇幼”品牌渐入人心。法治象山建设纵深推进，蝉联法治浙江（法治政府）建设优秀单位。“大综合一体化”行政执法改革有序推进，“村民说事”通过国家农村综合改革标准化试点验收，入选省新时代“枫桥经验”样板县。成功打赢多轮疫情遭遇战、超强台风防御战、党的二十大维稳攻坚战，历史性实现较大及以上涉海涉渔事故“零发生”，省平安县考核排名上升36位，蝉联平安创建“十七连冠”。

重要会议和重要活动

【减船转产会议】 2022年1月12日，全县“减船转产”动员暨千名干部进渔家“遏重大、保平安”专项行动推进会议召开。县委副书记、代县长李晓东主持会议并作重要讲话。县领导应建勇、江建业、吴志辉参加会议。

【市域铁路开工仪式】 1月14日，宁波市域铁路象山线先行节点工程开工现场会在象山大目湾举行。浙江省委常委、宁波市委书记彭佳学宣布开工。宁波市委副书记、市长裘东耀作重要讲话。县委书记包朝阳代表象山县作表态发言。

【全县领导干部会议】 2月8日，全县领导干部会议召开，会议回顾盘点2021年工作成绩，研究部署全年重点工作。包朝阳作重要讲话。县委副书记、县长李晓东主持会议。罗来兴、俞骏、应建勇等县四套班子领导出席会议。

【市域铁路象山线建设誓师大会】 2月14日，宁波市域铁路象山线建设誓师大会举行。包朝阳作誓师动员，李晓东介绍宁波市域铁路象山线基本情况。罗来兴、俞骏、应建勇等县四套班子领导参加。

【中共象山县第十五届纪律检查委员会第二次全体会议】 2月15日，中国共产党象山县第十五届纪律检查委员会第二次全体会议召开。县委书记包朝阳出席全会并作重要讲话。县委常委和有关县领导出席会议。有关方面负责人参加了会议。全会由县纪委常委会主持。

【县委人才工作会议】 2月21日，县委人才工作会议召开。县委书记包朝阳在会上作重要讲话。李晓东、罗来兴、俞骏、应建勇等县四套班子领导出席会议。

【全县领导干部会议】 2月28日，全县领导干部会议召开。包朝阳主持会议并就贯彻落实市党代会精神进行部署。李晓东传达市党代会有关精神。罗来兴、俞骏、应建勇等县四套班子领导参加会议。

【全县基层党建和人才工作述职评议会】 3月2日，2021年度全县基层党建和人才工作述职评议会召开。包朝阳作重要讲话，李晓东出席会议，市委组织部部务会议成员、派驻纪检监察组组长戴文辉到会指导，县委副书记、政法委书记应建勇通报全县“七张问题清单”落实情况，各镇乡党委（街道党工委）书记分别述职。

【全县重大项目集中开工仪式】 3月10日，全县重大项目集中开工仪式在城东工业园举行，30个重大项目集中开工建设。包朝阳宣布开工并讲话，李晓东主持开工仪式，罗来兴、俞骏、应建勇等县四套班子领导出席。

【全县领导干部会议】 3月14日，全县领导干部大会召开。县委书记包朝阳主持会议传达习近平总书记在全国两会期间发表的一系列重要讲话精神，并就象山贯彻落实相关意见进行部署。李晓东传达学习全国两会精神。罗来兴、俞骏、应建勇等县四套班子领导参加会议。

【全域美丽迎亚运部署会】 3月23日上午，全县“全域美丽迎亚运、全民动员讲文明”专项行动部署会在象山县委党校召开。副市长朱欢，县委书记包朝阳出席并讲话，市政府副秘书长薛晓伟，罗来兴、俞骏、应建勇等县四套班子领导出席会议。

【全县巡察工作会议暨十五届县委第一轮巡察动员部署会】 3月24日，全县巡察工作会议暨十五届县委第一轮巡察动员部署会召开。包朝阳在会上作重要讲话。县领导范焕平、王道出席会议。

【全县领导干部会议】 4月13日，全县领导干部会议召开。包朝阳主持会议并讲话，李晓东、罗来兴、俞骏、应建勇等县四套班子领导出席会议。

【第一季度经济社会形势分析会暨“晒清单、比业绩”书记赛马会】 4月20日，一季度经济社会形势分析会暨“晒清单、比业绩”书记赛马会召开。包朝阳主持会议，全面盘点一季度工作，研究部署下阶段任务。李晓东对第二季度工作作具体部署。俞骏、应建勇等县四套班子领导参加会议。

【县委农村工作会议暨乡村振兴大会】 4月21日，县委农村工作会议暨乡村振兴大会召开。包朝阳在会上作重要讲话。李晓东主持会议。湖北襄阳保康县委副书记、县长杜云峰应邀参加。县领导罗来兴、俞骏、应建勇、江建业、吴志辉参加会议。

【国际生物多样性日宁波市主题宣传活动】 5月18日，“绿色亚运、蓝色守望，为所有生命构建共同的未来”2022年国际生物多样性日宁波市主题宣传活动暨象山海上生物多样性实践地建设启动仪式在亚帆中心举行。县委书记包朝阳、市生态环境局局长林伟明出席并致辞,副县长史建立参加。

【建设共同富裕样板县工作会议】 2022年5月19日,全县高质量发展建设共同富裕样板县领导小组会议暨社会建设工作会议召开。包朝阳作重要讲话,李晓东主持会议,县委副书记、政法委书记应建勇,县委常委、常务副县长高岷出席会议。

【深化改革大会暨县委改革委第七次全体(扩大)会议】 5月26日,全县全面深化改革大会暨县委改革委第七次全体(扩大)会议召开。县委书记包朝阳在会上作重要讲话。李晓东、罗来兴、俞骏、应建勇等县四套班子领导出席会议。

【十五届县委全面依法治县委员会第一次全体(扩大)会议】 6月13日,第十五届县委全面依法治县委员会第一次全体(扩大)会议召开。县委书记包朝阳主持会议。县领导李晓东、罗来兴、应建勇、张微燕、陈柳松、潘多、卢小兵、杨盛昂及县人民检察院检察长陆玉珍出席会议。

【传达学习省第十五次党代会精神和市委十四届二次全会精神会议】 6月26日,县委常委会(扩大)会议召开。县委书记包朝阳主持会议,传达学习省第十五次党代会精神、市委十四届二次全会精神,研究部署象山贯彻落实意见。县委副书记、县长李晓东传达学习了市委十四届二次全会精神,安排部署下步工作。

【县工商业联合会(总商会)第十一次会员代表大会】 7月7日,县工商业联合会(总商会)第十一次会员代表大会举行。县领导包朝阳、李晓东、罗来兴、俞骏出席,市委统战部副部长、市工商联党组书记王建云到会祝贺。陈善杰主持会议,励茂平参加。

【东海湾产业园开园暨三季度重大项目集中开工仪式】 7月22日,象山县举行东海湾"专精特新"产业园开园暨全县三季度重大项目集中开工仪式。包朝阳讲话并宣布开工。李晓东主持开工仪式。县领导罗来兴、俞骏、高岷、史建立、卢小兵出席。

【县委十五届二次全体(扩大)会议】 8月5日,县委十五届二次全体(扩大)会议举行。县委常委会主持会议。包朝阳代表县委常委会作工作报告,并在全会结束时讲话。李晓东、应建勇等县四套班子领导出席会议。

【第一次县级总林长会议】 8月10日下午,全县第一次县级总林长会议召开。县总林长包朝阳主持会议,县副总林长兼林区总警长卢小兵副县长、县副总林长高岷、县林长制成员单位以及各镇乡(街道)主要负责人参加会议。

【县全国文明城市创建工作调度会】 8月11日,县创建全国文明城市工作部署推进会召开。应建勇出席并讲话,县委常委、宣传部部长张微燕主持会议。

【全县"五问五破争先进、五比五先创一流"机关作风建设专项行动专题部署会】 8月12日,全县"五问五破争先进、五比五先创一流"("五问五破":问争先劲头足不足,坚决破除甘于下游得过且过思想。问担当精神强不强,坚决破除少做少出错"怕担责"心态。问为民情怀深不深,坚决破除脱离一线教职工和家长"不贴心"现象。问底线思维牢不牢,坚决破除习以为常"碰运气"心理。问师德法纪严不严,坚决破除自以为是"没规矩"行为。"五比五先":比格局提境界,立先行之目标;比实干促担当,扛先行之职责;比业务强本领,增先行之能力;比干劲看作为,闯先行之路径;比实绩展风采,成先行之品牌)机关作风建设专项行动专题部署会举行。县委书记包朝阳作重要讲话,县委副书记、县长李晓东主持会议。罗来兴、俞骏、应建勇等县四套班子领导出席。

【基层治理大提升与管理体制改革动员会】 8月25日,全县基层治理大提升推进会暨基层管理体制改革动员会召开。县委书记包朝阳作重要讲话。县委副书记、县长李晓东主持会议。俞骏、应建勇等县四套班子领导出席。

【县委改革委第八次全体(扩大)会议暨数字化改革推进会】 9月8日上午,县委改革委第八次全体(扩大)会议暨数字化改革推进会召开。县委书记包朝阳出席会议并讲话。县委副书记、县长李晓东主持会议,县委改革委其他成员和重大改革牵头县领导参加会议。

【第二十五届中国(象山)开渔节开船仪式】 9月16日,2022中国农民丰收节系列活动——第25届中国(象山)开渔节开船仪式在石浦港隆重举行。宁波市人大常委会主任张平出席,农业农村部渔业渔政管理局二级巡视员董金和、副市长杨勇讲话。省文化和旅游厅副厅长芮宏,省农业农村厅副厅长杨大海,省自然资源厅副厅长兼省海洋局副局长阮飙,省文联党组成员、书记处书记赵晓刚,市人大常委会秘书长彭朱刚参加。包朝阳、李晓东、罗来兴、俞骏等县四套班子领导出席仪式。

【中国海洋论坛暨首届"万物开源"海洋双创大会】 9月24日,第十六届中国海洋论坛暨首届"万物开源"海洋双创大会隆重举行。中国太平洋学会副会长、自然资源部东海局原局长吴强宣布大会开幕。中国太平洋学会副会长兼秘书长李正楼主持开幕式。中国太平洋学会副会长杨剑、夏前宝,中国自然资源报社纪委书记刘法宪,市委组织部副部长、市委人才办常务副主任张瑞丽,市政府副秘书长励志纲,包朝阳、李晓东、罗来兴、俞骏等县四套班子主要领导出席大会。

【全县平安护航中共二十大维稳安保誓师大会】 9月27日,全县平安护航中共二十大维稳安保誓师大会召开。县委书记包朝阳作重要讲话。李晓东、罗来兴、俞骏等县四套班子主要领导出席大会。

【县村社党组织书记擂台赛暨"耕耘者振兴计划研学基地"揭牌仪式】 9月29日,全县村社党组织书记擂台赛暨"耕耘者振兴计划研学基地"揭牌仪式举行。县委书记包朝阳出席并讲话,市委组织部副部长、"两新"工委书记何慧刚出席。县领导张微燕、江建业、陈善杰、莫俶茜、陈建瑜参加。

【县委改革委第八次全体(扩大)会议暨数字化改革推进会】 10月26日,县委常委会(扩大)会议暨全县领导干部会议召开,传达学习中共二十大精神,研究部署学习宣传贯彻工作。县委书记包朝阳主持会议并讲话。县委副书记、县长李晓东传达中共二十大精神,县人大常委会主任罗来兴、县政协主席俞骏、县委副书记应建勇等出席会议。

【三季度经济社会形势分析会暨"晒清单、比业绩"书记赛马会】 11月4日,三季度经济社会形势分析会暨"晒清单、比业绩"书记赛马会召开。县委书记包朝阳主持会议,回顾总结前阶段工作情况,全面分析下阶段面临形势。县委副书记、县长李晓东分析三季度经济社会运行情况,部署四季度工作。罗来兴、俞骏、应建勇等县四套班子领导参加会议。

【全县第三批重大项目集中开工仪式】 11月7日,全县第三批重大项目集中开工仪式举行。县委书记包朝阳讲话并宣布开工,县委副书记、县长李晓东主持开工仪式,俞骏、应建勇等县四套班子领导出席。

【县委读书会】 12月21日,县委读书会召开。县委书记包朝阳主持会议并讲话。李晓东、罗来兴、俞骏、应建勇等县四套班子领导参加会议。

【县委十五届三次全体(扩大)会议暨县委经济工作会议】 12月30日,县委十五届三次全体(扩大)会议暨县委经济工作会议召开。县委常委会主持会议。县委书记包朝阳代表县委常委会作报告。县委常委、常务副县长吴志辉代表县人民政府部署2023年经济工作。县委副书记应建勇出席。县委委员、候补委员;县纪委委员;县人大常委会副主任,不是县委委员的县政府副县长,县政协副主席,其他任现职副县级领导;县政协秘书长,县人大常委会、县政协各委办主任;不是县委委员、候补委员的镇乡党委(街道党工委)书记,县级各部门党政主要负责人;镇乡长(街道办事处主任);县委巡察组组长;部分县第十五次党代会代表等参加会议。

2022年象山县委重要文件一览表

表2

发文号	发文日期	文件标题
县委发〔2022〕1号	4月2日	县委县政府关于高质量推进乡村全面振兴促进农民农村共同富裕的实施意见
县委发〔2022〕2号	1月17日	县委关于印发《象山县共青团基层组织改革试点实施方案》的通知
县委发〔2022〕4号	1月30日	县委县政府关于表彰2021年度全县"好班子、好班长、好团队、好干部"的通报
县委发〔2022〕5号	2月17日	县委县政府关于高质量建设新时代人才强县的实施意见
县委发〔2022〕6号	3月8日	县委关于调整县委常委分工的通知
县委发〔2022〕7号	4月2日	县委县政府关于表扬在美丽象山建设工作中成绩突出集体和个人的通报
县委发〔2022〕8号	5月10日	县委印发《中共象山县委常委会关于加强自身建设的意见》的通知
县委发〔2022〕9号	6月9日	县委批转共青团象山县委《关于召开中国共产主义青年团象山县第二十次代表大会的请示》的通知
县委发〔2022〕10号	6月10日	县委县政府关于2022年度全县绩效考评工作的实施意见
县委发〔2022〕11号	6月10日	县委县政府关于2021年度全县绩效考评先进单位的通报
县委发〔2022〕12号	6月21日	县委印发《关于开展基层治理大联村(社)行动的实施方案(试行)》的通知
县委发〔2022〕13号	7月15日	县委关于印发《中国共产党象山县委员会工作规则》的通知

续表2

发 文 号	发文日期	文　件　标　题
县委发〔2022〕14号	7月15日	县委关于认真学习宣传贯彻省第十五次党代会精神的通知
县委发〔2022〕15号	8月22日	县委关于推进新时代人民法院工作高质量发展的意见
县委发〔2022〕16号	9月27日	县委批转县残疾人联合会《关于召开象山县残疾人联合会第七次代表大会的报告》的通知
县委发〔2022〕17号	11月14日	县委县政府关于加快推进石浦镇变革重塑打造新时代“渔光之城”的实施意见
县委发〔2022〕18号	11月16日	县委关于认真学习宣传贯彻党的二十大精神的通知
县委发〔2022〕19号	12月26日	县委县政府关于印发《象山县深化国防动员体制改革实施方案》的通知

（县委办）

组织工作

【概况】 2022年，组织系统坚持以习近平新时代中国特色社会主义思想和中共二十大精神为指引，忠实践行“八八战略”、服务推进“两个先行”，坚决贯彻落实习近平总书记关于组织工作的重要讲话精神和对浙江、宁波及象山工作的重要指示批示精神，为加快建设社会主义现代化滨海花园城市、扎实推进中国式现代化与共同富裕县域先行新实践提供更加坚实的组织保证。

【领导班子和领导干部队伍】 县委设10个常委，44个委员，8个候补委员。全县现职县管领导干部873名，其中女性领导干部158名，女性正局级23名；非中共党员领导干部35名；18个镇乡（街道）领导干部300名，县级部门领导干部573名。基层组织建设：下设8个派出党工委，98个基层党委，59个党组，134个党总支，1705个党支部；全县355个行政村在县委统一领导下，建立党组织383个。全县共有党员36489名，其中女党员9365名，占25.7%；35岁以下党员6675名，占18.3%；61岁以上党员12068名，占33.1%；大专以上学历党员16343名，占44.8%；2022年发展新党员478名，其中大专以上文化占72.4%，女党员占41.2%，35岁以下占53.6%。

【人才队伍建设】 人才总量达到17.3万余人，高技能人才5.1万余人，其中工业工程类高级技师42人、技师610人；各类专业技术人才5.29万余人，其中高级4103人，中级16026人。引育市级以上各类人才计划25人，其中国家级引才工程3人、人才培养工程3人，省级引才工程6人、人才培养工程4人，市甬江人才工程创业团队4个（其中资本引才1个）、创新团队3个、创业个人9个，创新人才2个。创建国家级专家服务基地1个，市级院士工作站4个，国家级博士后工作站2家，省级博士后工作站16个，累计招收博士后38人，市级专家工作站4家。

【突出政治统领】 全面实施“培根铸魂”计划，推动旗帜鲜明讲政治贯穿组织工作全过程。将学习贯彻党的二十大精神及习近平总书记在浙江、宁波考察时的重要讲话精神作为党员干部教育培训“第一课程”，安排主体培训班次45个，各类受训人员1.37万人次，深入开展机关作风建设专项行动，印发制定18项70个具体工作任务清单。开展履职比拼374次、岗位建功活动335次、连心服务13340次、办理实事16893件，形成攻坚克难成果328个，形成典型经验案例数61个，市级以上媒体集中报道数49次。谋划实施“百千万”亚运护航计划，保障县委县政府“5532”（五大重点改革、五场攻坚硬仗、三批重大项目、两大保障行动。）专项行动、全国文明城市创建、亚运赛事筹备等重点工作任务。

【提质赋能推动队伍重塑】 着力推动干部工作体系化建设、全链条管理，全年调整干部294人次，提拔92人次、降免职5人，高标准实施“1+6”专业能力提升计划，累计培训各类干部2400余人次。抓实年轻干部全链条培养机制，比选产生8名县管正职、15名县管副职储备人选，342人纳入动态储备库，评选季度、年度“四好”对象209个，强化干部日常监督，完成十四届省委巡视选人用人问题整改落实全覆盖对账检查，做好第十五届县委三轮巡察选人用人专项检查，完成3个乡镇11个部门进点检查，发现问题50余条，有效规范选人用人。

【“强基固本”行动】 全面开展“强基固本”三年行动，打造60个“共富工坊”，完成18个后进村整转，一体推进机关“红芯管家”、国企“全企一体、双融互促”等系列党建工程。全年新发展党员478人，其中35岁以下占比57%，大专以上占比72%。深化基层治理，启动实施基层治理大联村（社）工作，选派第一书记、政法干警等十路大军2100余人、组建388个包联团队，社会组织体系改革列入省现代社区建设试点，流动党员管理数字化应用列入“浙里红色根脉强基系统”子场景并在全省推广，“红社领航”党建品牌得到省委常委、组织部部长王成调研肯定，“村民说事”以优秀等次通过国标试点验收并入选第四批全国乡村治理典型案例，农业农村部在象山县设立全国首个“耕耘者”振兴计划研学基地。

【专项整治化解矛盾】 农村违规发展党员问题专项整治，处理党员107人（含除名4人），梳理问题、需求、任务“三张清单”2268个，化解矛盾纠纷611起。聚力推进城乡现代社区建设，制定出台实施方案和“一分工三清单”，细化制定“八大改革”“十二大行动”专项工作方案，全年涉及的165项任务、指标顺利完成，新获评市级以上相关荣誉30余项。

【招才引智】 实施人才“三倍增”计划，实施“半岛”系列人才集聚行动，谋划打造“青年与海”城市品牌，创新举办“万物开源”海洋双创大会和中国·宁波（象山）全球海洋经济高层次青年人才创业大赛，全年申报国家级引才计划26人、省级引才计划17个，增幅名列全市首位，新引进青年大学生8122人，入选国家级、省级引才工程各2人。出台人才子女入学工作实施办法，构建“支部+社团+红娘”暖心服务体系，灵活开展人才金融产品创新，新成立“人才保”“人才创业险”，建立人才专项风险池，新增企业贷款700万元，营造更具有知音感的人才生态。宏润集团获省科技进步一等奖，合力科技获得二等奖。

【为人才打造优质硬件环境】 加快中国机械科学研究总院南方中心建设，一期中试厂房已投入使用，二期单体建筑已完成主体结构建设，新引进领军人才2人，集聚形成180人的研发团队。投资246万元启动建设象山现代针织研究院CNAS象山针织品检测中心。围绕关键小事，优化人才票子、房子、孩子、圈子、面子“五子”生态，积极为企业纾困解难，协调城投集团、工投集团在中心城区定向改造提供170余套大学生青年公寓。

【自身建设成果丰硕】 坚持在自身建设强化提升中树立组工新形象，深化“争做新时代浙江组工人”主题实践活动，推进组织部门数字化改革专项行动，全面实施“组工护航”计划，持续举办“组工讲堂”，常态化开展大学习、大讨论、大培训，自觉践行“八要八绝不”要求，努力打造全面过硬组工干部队伍。统筹做好调查研究、信息宣传、组织人事、机关党建、信访督查、干部人事档案管理等工作，全年在中央和省、市组织部门相关会议上作典型发言8次，被省级以上信息刊物推介15篇，省级以上权威媒体聚焦点赞220余次。数字组工建设取得丰硕成果，流动党员管理应用场景被省委组织部评为“好场景”，浙里干部之家全市落地试用路演中获评五星级、全市第一。

（县委组织部）

政法工作

【概况】 2022年，全县刑事立案1631起，同比下降14.4%，其中盗窃立案793起，同比下降0.4%；全县四级走访总量639人次，同比下降31.2%，集体上访117批1279人次，同比分别下降41.2%、56.1%；办理审查批捕案件209件278人，办理移送审查起诉案件852件1275人。受理各类审判执行案件11329件，办结案件11367件，一线法官人均结案189.9件；各级人民调解组织化解各类矛盾纠纷6308起，调解成功6298起，调解成功率达99.8%。持续落实政法系统依法保障和服务企业健康发展系列措施，不断加大涉企违法犯罪打击力度，常态化开展政法机关联企帮企活动。自2022年以来，全县政法机关累计服务企业2000余家次，审结涉企纠纷类案件1608件，办理侵犯企业知识产权案件23起、追赃挽损1400余万元，全县涉企经济案件同比下降32.7%，破案率同比上升17.2%。

【确保重大项目推进】 围绕重大能源项目前期、市域铁路征迁、老城更新六期等中心工作，全面排查化解源头性风险，确保项目顺利推进。特别是围绕重大能源项目的重大邻避效应，多层次、全方位开展不同阶段的社情民意调查、风险排查化解、指挥体系建设、应急力量储备等工作，梳理7个大类44项风险。扎实有效开展社会风险评估工作，累计完成老城六区块征迁、五小学区划分、平潭水库改造提升等重大项目和重大决策备案53项，切实做到应评尽评、风险把控、源头防范。净化社会秩序。持续推动常态化扫黑除恶斗争，深化重点行业整治、严打涉网黑恶犯罪、营造全民扫黑氛围等“十件实事”，共打处“小黑小恶”人员116人。对套路贷诈骗、敲诈勒索、寻衅滋事等涉黑涉恶团伙开展集中收网6次，采取刑事强制措施30人。强势开展夏季治安打击整治“百日行动”，加大“盗抢拐”“黄赌毒”等多发性违法犯罪打击力度，整治社会治安乱象。大力加强养老诈骗专项治理，依法加大打击惩处力度，共破获涉老假药、非法经营销售种子、民族资产解冻诈骗、工艺品加工诈骗、冒充亲戚诈骗、假净水器诈骗等刑事案件8起，采取刑事强制措施102人，涉案资金2005万元，追赃挽损309万元。

【搭建“四纵四横”除险保安系统架构】 全市最早组建除险保安专班为前期工作指挥中枢，搭建“四纵四横”系统架构，设立党建统领、平安法治、经济生态、公共服务4个工作组，由县委书记牵头抓总、县级分管领导领衔作战、县级部门和镇乡街道分兵把守，全域全量起底排查风险隐患，为“平安护航二十大”攻坚战提前练兵、积能蓄势。9月等级响应启动后，高规格组建维稳安保专班，抽调精干力量实体化运作。县委副书记、政法委书记常驻专班、坐镇指挥，多次召开推进会、视频会和协调会，凝聚最大作战合力。

【源头防控】 风险隐患跟踪销号、动态清零，以“除险保安一体系”为抓手，大力开展风险隐患大排查、大化解、大整治专项行动，通过4条“主跑道”和62个“子跑道”全量汇集风险隐患，运用“除险保安”晾晒综合应用和“141”

平台专题晾晒、流转处置,坚持“党委书记每月巡听”,科学制定体检表、任务书和作战图,确保风险隐患全时全程闭环解决。全县共开展6轮滚动式风险隐患排查,累计排查各类风险隐患511条、化解340条。涉稳问题挂牌督办、包案化解,启动重大涉稳问题挂牌督办,前三批9件市级挂牌督办件全部化解,对第四批3件市级挂牌督办件强化对接协调、落实包案化解,确保尽快化解。对突出问题进行提示督办,梳理制定“三张清单”55份,加快销号进度。

【除险保安百日攻坚专项行动】 推进“除险保安百日攻坚”20个专项行动。开展反邪教“四战”和严打暴恐专项行动,开展流动人口服务管理攻坚突破工业企业和沿街商铺消防隐患,持续加强道路交通安全整治,深入排查网络舆情隐患等,全力维护政治、社会、生产和舆论四大领域安全。力量下沉,一线解决问题,全面开展基层治理大联村(社)行动,2100余名干部深入基层一线,已化解村社矛盾纠纷580起,保障重点项目127个。持续推进“千名干部下渔村、平安护航二十大”专项行动,就地化解涉海、涉渔风险隐患。组织开展平安大巡防活动,累计出动警力6500余人次,发动机关干部、平安志愿者16000余人次,发现并处置各类隐患820余处,大大提高街面见警率和群众安全感。全域联动,夯实平安底座,高标准推进基层系列平安创建活动,以平安家庭、平安宗教场所、平安小区、平安医院、平安校园等三大类23项子任务为抓手,积小安为大安,创建经验在全市推进会上作了经验交流。全市最早出台《“141”体系“平安护航二十大”平战转换工作通知》,采用“大数据感知+各领域排查+微网格巡察”方式,形成全民参与、全城创安良好氛围。

【全覆盖的平安暗访检查】 2022年,县委平安办每月开展滚动式、全覆盖的平安暗访检查,发放部门督办单101份、镇乡街道督办单123份。督促其他行业主管部门开展各类安全巡查、突击检查、暗访抽查120余次,整改化解风险隐患330项。县除险保安专班开展实地督导38次,县维稳专班每日调度,实时掌握各地情况,形成“一日一专报”。县里又专门成立6个专项督查组,以座谈走访、明察暗访、汇报交流等方式开展“平安护航二十大”两轮专项督导,并形成晾晒通报。同时,充分利用大数据强化动态跟踪,5月研发“除险保安”晾晒综合应用,将风险隐患细化成13个领域、56类风险点进行专题晾晒,并纳入党政“综合一张表”飞单事项,在全省率先实现立体式综合晾晒。定期借助“E”宁波系统下发平安暗访任务清单,督促各地各部门主动排查并通过移动端上报,现场自查和整改数据持续全市领先。研发“平安小象”App,确保平安预警信息和“三率”宣传情况一“键”可查、一“屏”可览。

【基层治理“系统化”】 对照市域社会治理现代化试点工作指引,出台《关于开展基层治理“区域化、个性化、集成化”改革创新的实施方案》,制定四大区域布局特点、区域治理需求、平安创建短板、群众所期所盼等“四张清单”,梳理27项工作亮点和42条问题账单,对标对表抓落实。深化“三层级两示范”“四治融合”示范创建,形成以丹东、丹西街道为带动的城乡社区现代化治理中心区、以石浦镇为辐射的“海上枫桥经验”“数字渔港”联动治理试验区、以影视城为中心的“智治影城”景地联动治理示范区、以平安校园为重点的“掌上校安”数字化治理园区五大标志性治理板块,成效明显。

【基层治理“精准化”】 围绕共同富裕、城乡社区现代化、基层智治系统、疫情防控等工作,制定出台《关于深化“夯实基层基础护航乡村振兴”四大举措的实施意见》等文件机制。探索镇域平安指数,健全形成地区行业平安建设可量化可落地评判机制。明确“一村一镇一品”示范创建目标,启动第三批18个村和3个社区示范村社区示范创建,筛选18个后进村带动提升。开展“十大治理品牌”评审活动,持续增强村民说事、大徐经验治理效能,总结提炼樊岙经验、共治驿站、灵山妯娌等治理成果,编发《象山县基层社会治理经验汇编》,推出一批具有象山特色的治理品牌,相关经验多次被《浙江法制报》《浙江政法》《宁波政法》刊发推广。

【基层治理数字赋能的智能化】 高度衔接省市数字法治体系迭代要求,系统梳理13项重要任务,落实周报告、月会商、季督查制度,加快推进11项应用谋划,贯通落地7项省市统建应用,完成1项理论成果、8项制度创新。其中“反走私”综合治理应用、社会治理“信用通”等5个应用入选《全省一本账S2》;“建筑企业诚信码”入选省院数字监督办案指引名单。数字法治系统最新排名位居全市第二、全省第28名。

【落实“八个多跨”制度】 高标准落实“八个多跨”制度。聚焦干警依法履职保护、诉讼行为规范、执法司法信息共享难题、“判实未执、应收未收”等八大领域,统筹公检法司,梳理35项任务清单,出台多项制度规范,先后推动开展打击虚假诉讼、数字检察、“空壳”公司净化专项监督和“减假暂”案件排查整治等专项行动,共查处虚假诉讼案件33件,罚款27.5万元,查处“职业放贷人”79名,收押监外执行人员9名,通报并纠正长期未结涉企案件11件,清理长期停业企业612家、合作社52家,工作成效明显。

【接收涉法涉诉信访积案22件】 强化部门协同,健全落实“一个重点案件、一位领导包抓、一个部门落实、一套方案解决、一定期限办结”机制,形成包案领导亲自抓负总责、责任领导直接抓具体抓工作格局,对涉诉信访积案清零情况进行动态监控、台账管理。共接收涉法涉诉信访积案22件,已全部清零。

【建立执法司法制约监督机制】 积极贯彻落实《中共中央关于加强新时代检察机关法律监督工作的意见》,优化监督机制,强化考核导向,进一步推动落实惩治虚假诉讼、涉海涉渔公益诉讼等现有协作机制，督促有关部门加强主动移送线索意识，推动解决检察建议落实难问题，建立执法司法制约监督机制，畅通工作衔接配合。

【坚持锻造政法铁军】 提升政治定力、确保政法队伍绝对忠诚。强化政治建设，全面贯彻落实《中国共产党政法工作条例》和省市配套规定，严格执行重大事项请示报告、政法委员述职、列席民主生活会、执法监督和纪律作风督查巡查等重要制度，确保中央决策和省市县委部署不折不扣得到落实。强化理论武装，深入开展习近平新时代中国特色社会主义思想教育培训，通过持续深入学、全面系统学、联系实际学，确保上级精神落深落细落实。同时，结合理论学习中心组学习、“周二夜学”、周末学堂、主题党日等活动，深入推进党史学习常态化、政法队伍教育整顿活动，引导政法干警忠诚拥护“两个确立”、坚决做到“两个维护”。强化党建引领，全面推进“红色根脉强基工程”，深入开展“模范机关、清廉机关、文明机关”创建，推动落实片区“微党课”、机关作风民主评议、机关党建述职评议等工作，全面组织政法干警参与小区垃圾清理、路口交通执勤、路段巡查、治安夜巡逻等志愿活动，打造坚强战斗堡垒。牢固服务理念，提升政法队伍保障水平。组织开展政法系统基层治理大联村行动，在“政法干警下基层、我为群众办实事”实践活动基础上，进一步配齐配强联村干警，选派578名政法干警结对联系388个村（社区），强化矛盾纠纷化解、风险隐患整治、平安法治宣传等各项工作。强化纪律作风，提升政法队伍整体素养。全面推进“五问五破、五比五先”机关作风建设，积极开展主题宣讲、思想讨论、问题检视、履职比拼、攻坚破难等各项活动，进一步提升业务水平和工作质效。强化党风廉政建设，制定出台从政法队伍严管党治警、政法干警履职保护等各项制度，严格执行防止干预司法“三个规定”、新时代政法干警“十个严禁”，严格规范“八小时之外”言行，开展正反面典型事例宣传，强化警示教育。

（县委宣传部）

统一战线工作

【概况】 2022年，象山县统一战线工作以习近平新时代中国特色社会主义思想为指导，全面贯彻中共十九大和十九届历次全会精神，深入学习贯彻习近平总书记关于做好新时代党的统一战线工作的重要思想，深刻把握党的百年奋斗历史经验，以迎接宣传贯彻中共二十大为主线，以贯彻落实《中国共产党统一战线工作条例》及省实施细则、市委若干措施为重点，紧紧围绕县第十五次党代会目标要求，坚决扛起做强海洋经济示范区、建好“海上两山”实践地、打造共同富裕样板县的新历史使命，融入中心大局，同频同向发力，争当表率、争做示范、走在前列，“聚力一二五统一战线工作，五共同心行”，为加快建设社会主义现代化滨海花园城市汇聚智慧力量。新乡贤工作、宗教工作获市委常委、统战部部长卞吉安批示。新乡贤工作在市委统战工作会议上作交流发言。

【民主党派和无党派人士工作】 强化政治引领凝聚思想共识，组织民主党派、统战社团组织观看中共二十大直播，召开中共二十大精神、统一战线工作条例等专题学习会。组织民主党派、统战社团开展“喜迎二十大　一起·象未来”主题活动，参观统战百年展、市爱国主义教育基地山海楼；联合县政协开展“同心跟党走　喜迎二十大”主题活动。做好民主党派人士、无党派人士、网络人士代表热议中共二十大工作报告、中央统战工作会议、省党代会等精神及“学条例·谈统战”主题等系列活动的开展。调整县级党员领导干部与党外代表人士联谊交友名单，88名党外代表人士被安排为联系对象。开展“双走访”活动，走访150多人次。2月22日，民盟省委会专职副主委徐燕峰带队赴定塘镇走访调研“民盟助力乡村振兴实践基地”建设工作。3月2日，民盟象山县基层委员会召开二届二次盟员大会。县委常委、统战部部长陈善杰，民盟市委会专职副主委郭强，县人大副县级领导胡建萍，民盟象山县基层委员会主委史丹丹等参加会议。3月3日，民进象山县支部2022年工作会议举行。民进浙江省委会副主委、民进宁波市委会主委刘毅，民进宁波市委会副主委、市人大常委会副秘书长王安静，县委常委、统战部部长陈善杰，民进象山县支部主委、县政协副主席杨盛昂、民进宁波市委会秘书长兼组宣处处长梅旭东等出席。6月10日，全国政协副秘书长、农工党中央专职副主席曲凤宏率队到象山考察调研社会服务工作，看望象山支部农工党党员。6月30日，象山县人民政府副县长、农工党象山县支部主委钮晶莹受邀参加了农工党浙江省委会在绍兴嵊州召开的“喜迎二十大　助理共富路”建设高质量社会服务基地推进会。主委钮晶莹在会议上分享了象山县“象健康”社会服务基地建设成果，受到省委高度肯定和各地党委好评，农工党象山县支部的“象健康”社会服务基地被授予“中国农工民主党浙江省委员会社会服务基地”称号。7月10日下午，民盟象山县基层委员会举办“矢志不渝跟党走，携手奋进新时代”政治交接主题教育学习会暨青年委员会成立仪式。民盟宁波市委会专职副主委郭强、民盟宁波市委会宣传部部长张冬青、县人大有关领导胡建萍、县委统战部常务副部长俞湛、民盟象山县基层委员会主委史丹丹和50余名象山民盟盟员参加活动。8月21日，民进象山县支部召开会议专题学习中央统战工作会议精神。民进宁波市委会副主委、市人大常委会副秘书长王安静主讲，民进象山县支部主委、县政协副主席杨盛昂主持会议，民进象山县支部会员等近20人参加。9月21—23日，2022年全县党外人士素质提升班在县社会主义学院举行。县委常委、统战部部长陈善杰出席并作开班动员讲话，县委统战部常务副部长俞湛主持。民主党派基层组织和统战社团成员近50人参加。9月22日晚，象山县举行“喜迎二十大　同心跟党走”

主题活动。县委书记包朝阳出席活动并致辞。县委副书记、县长李晓东,县人大常委会主任罗来兴,县政协主席俞骏,县委副书记、政法委书记应建勇,县领导陈善杰、莫俶茜、钮晶莹、胡建萍出席活动。10月26日,象山县召开中共二十大精神学习交流会暨党外干部座谈会,传达学习中共二十大精神,团结一心、锐意进取,助力建设“滨海大花园”。县委常委、组织部部长张微燕,县委常委、统战部部长陈善杰出席会议并讲话。县委组织部、统战部分管领导、相关科室负责人和党外干部等20余人参加会议。11月8日下午,象山县召开“奋进新征程　一起象未来”全县统一战线学习中共二十大精神专题培训会。县委常委、统战部部长陈善杰主持会议并讲话。各民主党派、统战社团,各镇乡(街道)统战委员,县委统战部、县工商联全体机关干部等200余人参加培训。12月9日,象山县召开法检“两院”工作情况通报会。县政协主席俞骏主持会议并讲话,县委常委、统战部部长,县政协党组副书记陈善杰、县政协副主席陈爱武、励茂平、杨盛昂、徐小平,县人民法院院长金李东,县人民检察院检察长陆玉珍,部分县政协委员,县各民主党派、县工商联主要负责人和无党派人士代表等40余人参加会议。

【党外知识分子工作】　2022年6月17日下午,县知联会召开三届六次会长(扩大)会议。县知联会会长、县人大常委会副主任莫俶茜,副会长、县政协副主席徐小平等10余人参加会议。

7月8日下午,象山县知联会和宁波大学知联会在茅洋乡开展校地合作共建活动,象山县知联会会长、县人大常委会副主任莫俶茜,象山县知联会副会长、县政协副主席徐小平,宁波大学知联会会长、潘天寿建筑与艺术设计学院常务副院长陆海等出席活动,象山县知联会、宁波大学知联会和茅洋乡、蚰港兴村代表等近20人参加活动。7月22日上午,县委召开党风廉政建设和反腐败工作情况通报会,听取县各民主党派、工商联和无党派人士的意见建议。县委常委、县纪委书记、县监委主任王道通报情况并讲话,县委常委、统战部部长陈善杰主持会议。8月4日,县网联会赴茅洋乡文洋村进行结对兴村工作,开展座谈共谋村庄发展,并传达学习了中央统战工作会议精神。县网联会会长、县人大城建环保工委主任朱建新,茅洋乡党委政府相关领导、文洋村主要负责人、县网联会部分理事近20人参加活动。8月11日上午,象山县召开纪念党的统一战线政策提出100周年座谈会。县委常委、统战部部长陈善杰出席并讲话,县领导莫俶茜、励茂平、杨盛昂、徐小平等参加座谈会。各民主党派、工商联、统战社团主要负责人,县委统战部领导班子成员以及老领导代表等40余人参加。9月2日,县知联会开展“庆中秋佳节　喜迎二十大”活动。县人大常委会副主任、县知联会会长莫淑茜,县政协副主席、县知联会副会长徐小平和县知联会班子成员及部分理事等近20人参加此次活动。10月14日下午,民进象山县支部、县知联会、新联会、网联会开展“喜迎二十大　一起·象未来”主题活动,参观全县统一战线工作主题展。县人大常委会副主任、县知联会会长莫俶茜,县政协副主席、民进象山县支部主委杨盛昂,县委统战部分管领导、相关科室负责人,民进象山县支部和县知联会、新联会、网联会部分成员等40余人参加。11月8日上午,象山县召开党外人士通报会暨学习贯彻中共二十大精神座谈会。县委常委、统战部部长陈善杰出席会议并讲话。县委统战部分管领导、相关科室负责人和党外干部等20余人参加会议。11月18日,县知联会在同心驿站召开“同心学堂”暨爱国奋斗报告会,深入学习贯彻党的二十大精神和市委统战工作会议精神,讲述爱国奋斗故事。县人大常委会副主任、县知联会会长莫俶茜主持会议,县委统战部常务副部长俞湛、县知联会班子成员和理事代表等40余人参加活动。12月9日,“学思践悟二十大　踔厉奋发新时代”县党外知识分子和新的社会阶层人士共话“四个自信”系列活动,走进了中国·浙江海洋运动中心(亚帆中心)以及杭州亚运会沙滩排球比赛场地。县人大常委会副主任、县知联会会长莫俶茜出席活动,县知联会、新联会、网联会40余名成员参加活动。12月14日,县委统战部召开民主党派、县知联会年度工作思路交流会。县委常委、统战部部长陈善杰主持会议并讲话。县人大常委会副主任、县知联会会长莫俶茜,副县长、农工党象山县支部主委钮晶莹,县政协副主席、民进象山县支部主委杨盛昂,县教育局局长、民盟象山县基层委员会主委史丹丹以及各民主党派副主委代表等10余人参加会议。

【新的社会阶层人士统战工作】　2022年5月7日,象山县新联会召开会长(扩大)会议,传达学习省委书记袁家军到象山调研指示精神和宁波市两会精神,讨论年度重点工作,县新联会会长张西平主持会议,县新联会班子成员、部分常务理事等参加会议。5月22日,县新联会会长张西平带领理事赴七林湾村开展“象新力·爱心助销”定向爱心助农公益活动,组织理事参与线上直播义卖和线下枇杷分拣包装活动,售出枇杷上万斤,直接产生经济效益10万余元,该活动被中央统战部、人民政协网等报道。7月29日,象山县新联会会长张西平一行,走进象山海训某集团军驻地,开展“共建鱼水情　一起·象未来”“八一”慰问活动,县退役军人事务局分管领导,县新联会部分理事等10余人参加活动。8月4日,浙江大学“黄土地计划”象山实践团开展帮富兴村主题调研活动,深入考察象山县新联会结对帮扶儒雅洋村、助力共同富裕工作情况。县新联会会长张西平,浙江大学“黄土地计划”象山实践团成员等20余人参加活动。2022年8月9日,象山县影视城新联会为在象山拍摄剧组的演职人员、导演制片编剧等影视行业自由职业人员,举行“影视象新力·来象迎星会”迎接仪式。宁波影视文化产业区管委会影视集团副总经理、影视城新联会会长吴琪,剧组代表等10多人参加。10月16日,在象山影视城拍摄片场和“影视象新力”基地内,组织明星演员、导演制片编剧等多个在象山拍摄剧组的影视行业自由职业人员，通过集体收看中共二十大电视直播等多种方式关注大会盛况。11月11日，象山县新联会寻美活动走进县水务集团，深入了解县水务集团在服务城市保供、生态治理和民生保障中的职责，县新联会会长张西平参加活动。11月17日，象山县新联会在科创中心同心驿站召开“同心学堂”二十大精神学习会暨爱国奋斗报告会，5名新的社会阶层人士代表作了宣讲，县新联会会长张西平主持会议，县新联会班子成员、理事等40余人参加活动。

【民族事务管理】 打造晓塘乡民族共富“晓”家园和高塘五彩同心家园，通过省级民族团结进步创建重点培育单位验收。打造象山县启力学校润泽驿站，通过市级民族团结进步创建重点培育单位验收。春节前夕走访、慰问少数民族困难家庭62户，共发放补助金3万元。争取宁波市少数民族发展专项资金15万元，补助5个少数民族创业项目。9月1日，宁波市政协社法和民宗委办公室主任蒋海萍、市政协少数民族界别小组成员、市民宗局民族处处长江宁烽一行赴晓塘乡开展“同心共富微协商”活动，就晓塘乡民族同胞共同富裕有关内容开展专题调研。11月16日，2022象山北纬30°柑橘文化节“中国第一棵红美人”开摘仪式暨第十六届民族和睦邻里节在象山县晓塘乡举行。宁波市民宗局党组成员、二级巡视员李伟波，县人大常委会副主任陈柳松、县委统战部副部长罗军雷参加活动。12月9日，县民族团结进步促进会召开第三次代表会议，选举产生新一届领导班子，曾德权（土家族）当选会长。宁波市民宗局党组成员、二级巡视员李伟波，县委统战部副部长罗军雷出席会议。

【宗教工作】 坚持宗教中国化方向，开展“三教同行　砥砺奋进”系列活动，举办宗教中国化具体实践交流会、“三教同行向党心”主题教育，宗教界撰写宗教中国化研讨体会文稿9篇，规范备案佛教教职人员11人，遴选变更寺院负责人6名，等慈禅寺被评为全省首批宗教中国化场所。推进宗教事务治理现代化水平，承办全市宗教活动场所应急（消防）联动演练活动，开创全市宗教领域全要素实战演练先河。强化综合治理，召开“除险保安”工作会议5次，开展联合检查3次，全面排查240处未登记场所基本情况，相关数据录入省宗教信息管理系统。创建省平安宗教活动场所1处，省宗教活动场所消防安全标准化管理“百优争创”优秀单位2处。做好“大综合一体化”行政执法改革，制定《民宗领域综合行政执法协作配合工作细则》，将27项行政处罚事项划转给县综合行政执法局，开展联合执法行动。深化“十百千万”普法工程，将宗教理论政策纳入全县新录用公务员、党政储备人才等培训范围，培训1次120余人。联合县婚丧礼俗办、县民政局开展涉殡葬方面联合检查2次，创建省级宗教法治宣传教育基地1处。

【非公有制经济领域统一战线工作】 开展中共二十大精神学习贯彻活动。组织会员企业认真收看中共二十大开幕盛况，聆听习近平总书记代表十九届中央委员会向大会所作的报告。助力非公有制经济健康发展。联合县检察院共同举办“亲清直通车·检企恳谈会”暨检察开放日活动，联合县金融发展服务中心、中国人民银行象山支行、石浦镇镇政府举办“三码聚力·数字金融”促共富银企对接会，成立县工商联（商会）成都联络处、象山县民营企业司法服务联络点和象山县人民法院共享法庭（安徽商会服务站）。纵深推进新生代企业家培育。组织县新创会会员赴重庆考察学习，主办“新创会杯”第七届“创客中国”象山县中小企业创新创业大赛县级推荐赛。积极开展走访调研活动。组织开展“走企连心”活动，深入了解企业当前基本情况，赴上海、深圳两地深入走访调研异地商会及会员企业。7月7日下午，县工商联（总商会）第十一次会员代表大会举行，县工商联（总商会）会员代表250余人出席大会。会议听取和审议了第十届执委会工作报告，选举产生了第十一届执行委员会。11月11日，县工商联（商会）成都联络处在成都正式挂牌成立。12月12日，象山县民营企业司法服务联络点和象山县人民法院共享法庭（安徽商会服务站）揭牌。

【海外统一战线工作】 强化思想政治引领，开展以喜迎中共二十大，学习贯彻中共二十大精神为主线的“甬同心·侨心永向党”系列活动。加强联络联谊，构建常态化联系侨界人士“六必访”机制，分时节向海（境）外寄送家书、特产，举办线上联谊、“同心海联·海燕家乡行”等活动，承办第四期“亲情中华·为你讲故事”网上夏令营活动，走访慰问侨界代表人士、困难群众160余人。深化为侨服务，开展“侨爱永行·帮企一把”活动，走访调研锦浪科技、润德机械、强盛模具等企业52家次，协同相关部门帮助企业解决税务管理、燃气供应、劳务纠纷、人才引进、落户选址等需求与问题6件，撰写“关于部分企业存在的困难及帮扶建议”《观察与建议》1篇，会同县海创会、南方中心海外留学归国人员建言献策工作室完成《关于加大南方中心科技成果转化力度的建议——以象山县模具产业为例》课题调研报告1篇，举办“侨爱义诊”“我为侨界办实事　法助联盟在行动”等惠侨系列服务活动3次，服务侨界群众80余人。打造“同心共富·侨见你我”助力共富活动品牌，牵引联谊会等侨团及李志刚、朱文荣等侨界代表人士结对扶助高泥、亭岙村等乡村4个，开展结对活动3次，捐赠资金30万元，挖掘侨助共富典型案例4起，朱文荣里海荷塘海上田园综合体项目获市级“十佳共富典型”。助推引资引智，新建新加坡、加拿大、泰国海外人才联络站3家，引进内外资项目2个、累计投资达2.4亿，对接线索项目5个，协助引荐人才1名获评甬江引才个人创新奖。加强侨团建设，充实海创人员队伍，完成海创会注册、换届工作，指导丹东街道完成“精品侨联”和“精品侨胞之家”打造，指导丹东街道、丹西街道、石浦镇、贤庠镇、东陈乡等5个基层侨联完成换届工作，指导陈汉章故居成功创建省华侨国际文化交流基地，塔山社区侨胞之家、石浦镇侨胞之家、丹西街道侨胞之家获评省五星级“侨胞之家”，定塘镇侨胞之家、墙头镇侨胞之家获评省四星级“侨胞之家”。8月23日，县海外归国留学人员创业发展促进会召开第三次会员大会，第二届理事会会长蒋志龙作题为《凝聚海归力量，扬起创业风帆，为象山高质量发展建设共同富裕样板县作出海创贡献》的工作报告，审议通过《象山县海外归国留学人员创业发展促进会章程》《会费标准和管理办法》等，选举产生新一届理事。大会聘任王一鸣为名誉会长。王一鸣代表广大海外留学归国创业青年作“海创筑梦竞风帆　奔赴山海向未来”倡议书。包朝阳书记代表中共象山县委发来贺信，希望新一届海创会持续发挥优势作用，当好桥梁和纽带，引领带动更多有识之士共建象山这座“滨海花园”。县委常委、统战部部长陈善杰出席会议并讲话，县委统战部副部长、县侨办主任、县侨联主席洪阮球，海归企业家应邀出席，各统战社团代表、民政局相关负责人及全体海创会会员等50余人参加大会。

【新乡贤工作】　开展“乡贤回农村”系列创建星级评定活动，完成示范镇3个、示范村10个、示范基地（项目）9个。乡贤工作先进集体和个人列入县委表彰序列，表彰先进集体、个人各4名。在四川成都、安徽成立“乡贤乡情驿站·象山籍人才联络站”。将“乡贤参事”融入“村民说事”，开展定塘镇定山村试点村创建，探索“乡贤参事”标准化新模式。“中国乡贤治理”调查特稿《浙江象山：他们解决了梗阻20余年的征迁难题》在《法制与新闻》杂志刊登。3月10日，《关于建立新乡贤参事标准化体系助力高质量发展建设共同富裕样板县的实施意见》印发，明确以“共商、共建、共治、共享”为目标，建立完善新乡贤参事标准化体系，组织和引导新乡贤在助推高质量发展建设共同富裕样板县中发挥建言献策、创业创新、服务社会、促进和谐等积极作用。6月15日，宁波市全面实施标准化战略领导小组将象山县委统战部的《乡贤参事助力基层治理标准》被列入2022年度市级标准化试点示范项目。7月20日，省委统战部、浙江广播电视集团联合在浙江电视台新闻频道创办的周播《同心共富——浙江统一战线风采》（简称《同心共富》）第十三期节目已经播出，讲述共富人物，象山新乡贤朱文荣的故事。10月24日，中共象山县委统战部致唁电，深切悼念新乡贤、著名大地天文学和天文地球动力学家韩天岂先生。12月1日，韩锡勤（韩天芑先生之子）把韩天芑的国家自然科学二等奖奖章、使用过的手摇计算器和测量仪器反光镜这三件实物捐赠于象山档案馆。

【象山统一战线“百年颂辉煌　一起象未来”主题展启幕】　2022年9月30日，“百年颂辉煌　一起象未来”——象山县庆祝中国共产党统一战线政策提出100周年暨全县统一战线工作主题展开幕仪式在象山影视城同心苑举行。县委常委、统战部部长陈善杰，县知联会副会长、县政协副主席徐小平，县人大有关领导胡建萍出席活动。此次主题展是根据省委统战部“之江同心”和市委统战部“甬同心·跟党走”的总体部署和要求，县委统战部牵头组织县党史研究室、县档案馆及各镇乡（街道）等单位，对照党的百年统战史，充分挖掘梳理象山统一战线史料资源和工作实绩，以图文结合的方式精心策划了“百年颂辉煌　一起象未来”——象山县庆祝中国共产党统一战线政策提出100周年暨全县统一战线工作主题展。展览分为固定展区和巡回展板，系统回顾了100年来中国共产党创造性提出的统一战线理论、方针、政策和象山统战取得的成绩。固定展区设在国家级实践创新基地—象山影视城同心苑，共分序厅、第一展区、第二展区和尾厅四部分，展期3个月。巡回展板先后到18个镇乡（街道）、县委统一战线成员单位及相关统战平台阵地进行巡回展出。通过3个月的集中和巡回展出，使广大统一战线成员及社会各界人士深入了解了统战历史和新时代统战思想及象山统战工作取得的实效，得到市、县领导的高度肯定，相继在宁波统战家、甬派、澎湃新闻、央广网、人民网等相关公众号和媒体刊登。

【象山县举行统一战线“同心共助　帮富兴村”启动暨“新乡贤助力共同富裕示范带”发布仪式】　11月24日，象山县举行统一战线“同心共助　帮富兴村”启动暨“新乡贤助力共同富裕示范带”发布仪式。市委常委、统战部部长卞吉安，县委书记包朝阳出席活动并致辞。市委统战部副部长、市侨办主任傅岳炳，县委常委、统战部部长陈善杰，县人大常委会副主任、县知联会会长莫俶茜，县人民政府副县长、农工党象山县支部主委钮晶莹，县政协副主席励茂平，县政协副主席、民进象山县支部主委杨盛昂，县政协副主席、县知联会副会长徐小平，县级有关单位、各镇乡（街道）负责人和统一战线代表人士等参加活动。现场聘请张爱琴、朱至珍、张松才为首批“同心共富”乡贤顾问和“帮富兴村”指导员，同时举行民主党派、统战社团和10个村的“帮富兴村”签约仪式和“农信帮富兴村·光彩基金”揭牌仪式，由新乡贤代表解说新乡贤助力产业发展、助力美丽富民、助推基层善治示范线，并发布“同心助共富·一起象未来”倡议书。统一战线“同心共助　帮富兴村”启动暨新乡贤助力共同富裕示范带发布仪式集中展现了全县统战成员助力共同富裕的丰富实践和先进案例，以此为起点进一步厚植爱乡念乡的桑梓情怀，畅通新乡贤等统战成员智力回乡、资金回流、技术回援等渠道，激励他们在产业赋能、资源牵引、聚贤解难等方面投身共富新实践。相关内容在宁波统战家、浙江统战公众号、甬派新闻、澎湃新闻等平台报道，其中新乡贤回归先进案例在央视三农频道播出，统战社团结对帮富故事在《宁波日报》2023年1月12日头版刊登。

（县委统战部）

改革工作

【概况】 2022年是落实市第十四次党代会精神的首战之年，中共象山县委全面深化改革委员会高举习近平新时代中国特色社会主义思想伟大旗帜，深入贯彻中央和省委、市委关于全面深化改革尤其是数字化改革决策部署，牢固树立“加速改革驱动变革”工作导向，对照省市“1612+N”体系架构，按照“规定动作做精准、自选动作做精彩”的要求，一体化推进全面深化改革、数字化改革、共同富裕重大改革，加快推进高质量发展建设共同富裕样板县，引领撬动各领域各方面改革取得新进展，涌现出一批彰显象山辨识度、体现示范性和影响力的标志性成果。2022年，省、市对县改革工作考核双优秀。

【对标对表抓各项改革决策部署】 习近平总书记每一次对全面深化改革作出重要讲话、重要论述、重要指示，省委和市委每一次对全面深化改革作出重要部署，均在县委改革委会议进行学习传达、贯彻落实。发挥全面深化改革在构建新发展格局中的关键作用，完整、准确、全面贯彻新发展理念，扭住构建新发展格局目标任务，推动改革向更深层次挺进，印发《中共象山县委全面深化改革委员会工作规则(修订稿)》《象山县“1+6”系统平台2022年数字化改革工作要点》《关于打造象山县环蟹钳港共富样板区的实施意见》等纲领性改革文件，将贯彻落实中央和省委、市委明确的改革项目作为首要任务，力争取得更多实质性、突破性、系统性成果。

【创新完善改革推进落实机制】 紧盯年度改革任务清单，特别是22个重点改革项目和25个数字化改革重大应用，建立健全动态评估、专题汇报、督考联动、奖惩保障等机制。深入实施部门改革争先项目和“一镇乡(街道)一特色”改革创新项目培育行动，评出包括十佳案例在内的一类案例20个、二类案例33个，各地各部门改革创新、比学赶超氛围更加浓厚。按照数字赋能改革工作要求，迭代升级“E改通”平台，抓好改革项目谋划生成、绩效对账、督促推进、目标考核等全流程“一件事”管理，优化完善改革胜任力评价体系，考准考实领导班子改革实绩，督促和激励各地各部门切实扛起改革担当、激发改革内生动力。

【高质量推进上级改革试点示范】 把试点争取、示范引领摆在更加突出的位置，加大先行先试力度，滚动打造一批象山改革的特色品牌，带动各方面改革持续深化、走在前列。2022年，新增市级以上改革试点24个(其中闲置农房盘活、社会组织发展体系改革省级试点等19个，基层便民服务标准化试点、数字影视等市级试点5个)；45个改革事项在市级以上领跑领先，闲置农房盘活利用集成改革做法在中央农办简报刊发，并获部省市领导肯定批示，“村民说事”国家农村综合改革标准化试点评估验收通过，象山县乡村振兴示范县创建入围2022年国家乡村振兴示范县创建名单，未来菜场入选国家新型信息消费示范项目，未来渔村创建获省委袁家军书记调研肯定，数字孪生渔港相关经验在《数字化改革(工作动态)》《浙江信息》刊发并获省市领导批示肯定，全省卤肉食品安全“一件事”集成改革现场会在象山召开，生物多样性保护制度改革相关经验在全省建设新时代美丽浙江推进大会上作交流发言，流动党员管理应用场景获评全省数字组工“好场景”，“零工易业”改革、反走私综合治理、“村官说法”在全省乃至全国具有一定影响力。

【聚焦完善数字化改革组织架构】 制定《深入推进数字化改革实施方案》，强化“1+6+1”数字化改革专班，用好总集和数改顾问团力量，以月计划、周例会(已召开30次)的形式切实推动数字化改革，形成改革问题清单，由县委改革办进行实时动态跟踪、核实对账，目前共推动改革成果落实及解决数改堵点难点106个。完善“1+6+1”大系统工作体系，要求各系统牵头单位实行重点改革项目“周询问、月跟踪、季盘点、年对账”常态化督察机制，自实施以来6个大系统牵头组织了60余场培训会，开展系统建设部署会、任务交办会、项目座谈会50余次。

【对标盯牢数字化改革核心指标】 持续迭代升级县一体化智能化公共智能平台，扎实建设“一图、一库、一屏、一台、一舱、一线、一中心、一试点”“八个一”基础项目，已打通145个县级应用平台，完成海洋经济、重点人群等12个专题库建设，累计在省一体化数字资源系统(IRS)上完成县级应用建档117个，向省平台提供优秀组件3个，数据共享总量15亿条，数据共享接口调用量达2299万条，本地共梳理数据资源目录数4531类，数据归集总量2.2亿条，数据开放总量80万条，数据共享总量5.5亿条，其中“两人一事件”(实有人口、实有法人、AI事件)专题库建设在疫情防控中发挥重要作用。推动省级重大应用贯通落地，有效承接省级重大应用，截至目前，省级重大应用已贯通87个，承接贯通率为100%，其中“浙农帮扶”应用、浙里康养应用、浙里就业创业应用等应用贯通情况较好。

【深化强化优势应用场景重点突破】 聚焦基层治理、依山傍海、旅游影视三大优势，瞄准省数改跑道，结合象山特色，以“一本账”推动应用落地显实战实效，推动全县重点应用闭环管理，争取反走私治理一件事等15个全省试点，“供好粮食一件事”等6个应用列入全省数改一本账。闲置农房盘活应用全国领跑，打造“闲置感知、资源发布、资源盘活、资源推介、审批服务、全程监管”六大子场景，构建全过程在线服务监管闭环，实现抵押活权、增收保权等制度性突破，得到中央省市三级领导批示肯定，列入“一地创新、全省共享”S0，省委书记袁家军在数改双月例会、到象山调研时均给予肯定。数字孪生渔港全省领先，全国首创适航适任三色精控指数算法模型、商渔船及海底障碍物防碰撞模型、应急联动救援模型等,实现渔业安全生产零死亡,助力提升渔业安全生产水平。数字影城不断升级迭代,集成剧组管理、企业服务、园区管理、旅游管理、道具服务等场景应用,打造影视一条龙服务;打造"大宋奇妙夜"数字化演艺场景,影视产业持续迭代延链,"烟火气"持续提升,"象山影视城数字影视产业改革创新"入选2021年浙江省文化产业优秀创新案例。未来菜场创新示范,集成农贸市场商超化智能化运营管理、线上交易线下配送、维权管理三大场景,打造集数字化交易结算、数字化信息展示、数字化经营管理于一体,真正公平高效的现代化农贸市场,入选工信部新型信息消费示范项目、省数字经济"新业态"优秀案例。

【强化提炼基层创新经验总结】 《浙江省象山县:探索数字化盘活闲置宅基地的有效途径》在农业农村部《宅基地改革与管理》得到农业农村部副部长吴宏耀、副省长徐文光等领导批示肯定,《象山"村民说事"国家农村综合改革标准化》制度建设成果上升为省标国标,《浙江省象山县打造"一站式"婚丧礼俗政治工作平台》《象山县探索"一业联管"改革构建大综合一体化综合执法体系》等理论成果在国家级核心期刊发表;《象山县上线"反走私综合治理"场景应用严密海岸智治防线》等6篇文章在省数字化改革(工作动态)等省级刊物发表;《象山上线"智慧妇幼"应用提升妇女儿童健康管理服务水平》等5篇文章在《改革先锋》等市级刊物发表。

【优化完善数字化改革统筹机制】 强化改革学习,提高数字变革能力,统筹开展县级层面、各系统层面、各单位内部数字化改革集中培训,广泛组织学习《数字化改革概论》,形成以学促改浓厚氛围。完善清单化推进制,按照"一盘棋"部署、"一体化"推进要求,滚动推进迭代提升、开发建设、谋划推进等三个一批重大应用建设,成熟一个实施一个,切实发挥实战实效。完善典型示范引领制,开展数字改革微故事,18个项目进入决赛,通过这些项目集中展示、集中宣传,促进典型引路、示范带动。完善督察督促推动制,县"一二五"专班牵头设立专项督察小组,赴"1+6+1"大系统牵头部门和14家重点部门开展数字化改革项目督查行动,共发现问题36个,廉政风险点1个,下发问题反馈单19份。探索建立数字化改革绩效评估体系,以县审计局和县财政局的项目评估机制为基础,建立数字化改革绩效评价机制。

【推进干部绩效管理改革】 按照"人岗相适"原则,分领域分层级划定干部岗位模块,已初步形成胜任力考核指标库,启用"象山县机关工作人员考核系统"3.0版,县级部门和乡镇街道干部绩效管理新体系覆盖率达100%,周计划、月对账、季评估、年考评完成率达92.17%以上,同单位同层级公务员绩效考核奖金最大差距超3000元。

【推进"一体三化"正风赋能改革】 2022年,首创县管干部、机关中层(基层站所负责人)、村社干部"一体智能监督",实施纪检年轻干部"磨刀石"工程,开展"四风"问题监督检查、案件审查调查"回头看",正风赋能专业化队伍专项监督参与率80%以上,问题发现能力有效提升,政治监督任务单完成率100%。

【深化县域共青团基层组织改革试点】 团的力量明显增强,社会领域团组织密度从71.09%提升到96.64%,形成"智治象漂""青年成长"等特色品牌项目3个,学校共青团改革取得实质性进展,党建带团建、队建纳入县级党委巡察监督,完成全国县域共青团基层组织改革试点验收。

【深化流动党员双向协同管理机制】 形成流动党员《象山县流动党员管理办法》和《象山县流动党员考评细则(试行)》,全县镇乡(街道)全面建立流动党员管理服务站及下属基层服务点,流动党员管理系统纳为浙里红色根脉强基系统子场景,"红色根脉强基工程应用"推广率100%,获评全省数字组工"好场景"。

【深化"亩均论英雄"改革】 完成全口径企业评价,出台差别化水电价实施细则,整治高耗低效企业87家,腾出用地1925.5亩,腾出用能超3.5万吨标准煤,2021年实现规上工业亩均税收23.4万元,同比增长10.1%,增速居全市第一。

【推进全域国土空间综合整治改革】 实施"单元—片区—全域"整治模式,制定建设用地提质增效三年行动方案和城乡建设用地增减挂钩、耕地有偿使用等配套政策,消化批而未供土地1006.82亩,盘活存量建设用地644.15亩,闲置土地处置16宗767亩;东部海岸带中心城区被列入首批市级整治项目,总投资约131.33亿元。

【推进海上"两山合作社"改革】 编制完成全县生态资源资产"一张图",成立象山县海上两山生态资源开发有限公司,建收储公司+运营公司+基金公司"三位一体"运作模式,完成土地、湿地、水资源、林地、矿产、海洋六大板块的经济价值估算,2022年全县共盘活利用资产资源210亿元。

【推进滨海都市新消费场景营造改革】 "周末嗨象山"、大宋奇妙夜、滨海露营地、乡村微旅游等新业态新场景精彩纷呈,已落地29个项目,形成"海鲜+""运动+""乡村+""影视+""文化+"等一批微度假场景促共富模式,彰显滨海都市特色的消费品质有效提升,2022年全年旅游接待人次增长8.26%。

【推进开发园区整合提升改革】 制定开发区管理体制改革清单,建立健全园区管理体制、机构设置、干部人员配备、财政体制,形成《关于优化完善重点平台管理体制的若干意见》,2022年象山经济开发区全年盘活土地1000亩,工业投资增长47.2%,浙台经贸合作区完成项目投资 2.3 亿元。

【深化国家海洋经济发展示范区建设】 落实"1+8"海洋产业规划,制订印发海洋强县行动计划,建立海洋经济高质量发展指标体系,安排 50 个海洋经济实施类重大项目,策划举办万物开源海洋双创峰会,海洋资源价值转化空间全面打开,2022 年完成投资 96 亿元,海洋经济相关经验已被列入 2021 年度市政府督查激励范畴。

【推进"两杆经济"制度创新】 开展海洋休闲运动产业以及休闲渔业发展规划研究,围绕"松兰山—大目湾"游艇基地建设,推进"桅杆"经济发展改革试点,蓝湾游艇俱乐部入驻运营,目前亚帆中心获得 100 个合法游艇专用码头,爵溪至东海半边山沿岸 5 海里,总共 180 平方千米划定为游艇巡航区,市第一家经营通航水域的游艇俱乐部备案完成。

【推进国有企业实体化市场化改革】 出台国有企业经营性项目投资管理暂行办法,建立国企职工薪酬激励机制,基本完成交通监理、交通检测公司等国企混改,全县国有企业资产总额 2142.51 亿元,净资产增长 728.86 亿元,营业收入 74.57 亿元,非生产性一般支出降低 5.38%;融资结构持续优化,融资综合成本持续下降 0.41 个百分点。

【打造建筑产业互联网平台】 2022 年,成立建筑产业互联网平台运营公司,搭建建筑产业互联网平台,提供中小建筑企业集采供应链、线上金融、人才培育和智慧工地等一链式服务,推动实施市级数据共享和平台合作,创建市级以上优质工程奖 31 项。

【深化全国宅基地制度改革试点】 构建"1+4+25""确权赋权活权保权"政策体系,加快颁发首张资格权权票,为全国宅改再探新路;创设登记颁证、定价议价等制度,得到农业农村部副部长吴宏耀批示肯定;加快推进"宅改+数改",相关改革经验在《浙江政研》专报刊发,得到市领导关注肯定。

【推进转移人口市民化改革】 出台半岛青年集聚、工匠队伍培育等意见,率先推进"零工易业"改革,相关做法获评全省就业服务案例优胜奖,实施"省市共性+县级个性"的新积分指标体系,启用"浙里新市民"应用系统,户籍制度、农村土地、收入分配、公共服务、民主权利等体制机制集成改革全面推进。

【推进部省共建乡村振兴示范县建设】 持续开展"亩均超万美元"改革,探索"农业标准地"改革,象山县获评省首批新时代美丽乡村示范县,启动未来乡村建设 4 个并完成省级试点验收,高泥村省级未来乡村(渔村)创建获袁家军书记调研肯定。

【推进水电气数"多窗合一"一件事改革】 形成全县公用事业服务"一张清单",统一设置公用事业服务综合受理窗口,进驻县行政服务中心和镇乡(街道)便民服务中心,累计服务群众 7 万人次,办理业务近 3.5 万件次,办事效率提升 30%以上,办事成本下降 60%以上,基本实现公用事业服务一窗办、全域办,相关做法在"浙里改-竞跑者"刊发。

【推进健共体改革】 充分整合疾病预防、妇幼保健、健康管理等公共卫生职能,建立集预防、治疗、康复等于一体的健康服务模式,大力发展普惠托育,建立"智慧妇幼"平台,持续推动"一老一小"服务建设,2022 年县域就诊率达 92.81%、基层就诊率达 67.09%。

【推进新乡贤机制改革】 建立"参、谋、协、评"全闭环机制,形成一套可复制、可推广的"乡贤参事"助力基层治理标准化体系,被列为 2022 年度市级标准化试点示范项目;通过"乡贤回农村"拉动乡贤助力乡村发展,引进新兴业态,壮大集体经济,累计通过新乡贤直接投资或牵头促成乡村产业项目 80 余个,投资额超 10 亿元。

【推进柑橘大脑建设】 建设"1116N"(一舱、一库、一图、六场景、N 个应用),完成柑橘专题库、种苗溯源、产品溯源软件上线,农业企业、家庭农场等 3500 家基础数据整理,增量其他品类农产品果品溯源模块,推出"一果一码"溯源系统,进一步完善柑橘共同富裕营销体系,亩均增收近 2 万元。

【深化婚丧礼俗整治改革】 打造集申报、宣传、服务、监管、管理五大场景,实现婚丧嫁娶智能化的"礼俗通"社会服务平台,提高婚丧事操办管理效率,相关改革经验获省宣传思想文化创新奖。

【推进省文旅产业融合试验区】 深入开展"青年与海"主题活动,持续打响"北纬 30°最美海岸线"文旅品牌,户外露营、海洋运动、沉浸体验等新业态成为旅游新热点,孵化一批具有微度假、深体验、慢生活等特性的深度游定制化产品,文旅融合试验区高质量完成省级验收。

【深化未来景区改革试点】 制订《象山影视城体制机制改革方案》,编制以企业绩效为核心的薪酬体系;成立宁波市影视文化产业区网络影视剧审查中心,审核网络影视剧规划备案共 244 部,审查上线备案共 19 部,推出特色剧本杀小镇项目,接待"万历十五年"12 批次 326 人次游客。

【建立海洋渔文化生态保护(核心区)账本】 在全国团体标准信息平台发布《海洋渔文化主题民宿基本要求》,已经被列为宁波市重点标准;整合海洋渔文化生态保护区核心区建设项目,搭建体验平台开展核心区民俗活动,石浦渔港古城"非遗进景区"先进做法作为省非遗进景区优秀案例,在全国"非遗有机融入景区"专题调研会作典型工作交流。

【打造"艺象心"数字化平台】 制定文艺维权、就业创业、职称评审、艺术考级、会员培训等会员文艺援助服务体系标准，大大提升了吸收、发展会员和服务会员能力，对外宣传、推送传作品1600余件，举办各类文艺活动80余场，服务群众5万余人，已被列为市委宣传部数字化改革试点项目。

【推进广播体制改革】 利用全新的可视化广播系统，打造富有海洋特色的融媒体电台频率，推出全新广播节目“青年与海”，形成县级融媒体中心深化改革相关经验。

【推进“大综合一体化”行政执法改革】 在全市率先完成“一支队伍管执法”全域赋权，成立县级综合行政执法指挥中心，镇乡（街道）综合执法事项、执法人员下沉比例分别达到32.09%、86.70%，动态完成清单梳理，共确定全县赋权执法事项230项，认领监管“一件事”66项。

【构建“除险保安”晾晒机制】 绘制“除险保安”一张图，建立与之相配套的数改话语体系，构筑具有象山标识的“四纵四横”架构体系，相关做法在全省领先。

【推进反走私综合治理】 制定反走私综合治理场景应用改革方案，建成覆盖核心子场景的反走私智治平台，开发社会服务端、政府治理端、公安智控端分模块，打造高效率的指挥作战体系，通过五大业务模型分析后产生有效预警1300余次，相关改革经验在《浙江政务信息》《数字化改革（除险保安）》等简报刊登。

【实施“村官说法”制度】 全省率先出台《“村官说法”操作规程》、农村守法指数测评体系等重点标准，健全乡村法治建设机制；通过村干部依法决策、依法实施，将乡村事务全面纳入法治化轨道，培育农村“法律明白人”1959名，“学法用法示范户”创建比例95%，群众法治乡村建设满意度达97%，相关做法获市主要领导肯定。

【深化农村综合改革标准化试点】 形成“村民说事”制度为主体的象山县农村基层治理标准体系，围绕村民说事“说、议、评、办”环节的主要内容，制定出台《乡贤参事管理规范》等内控标准，最终高分通过验收，获评优秀等级；村民说事应用在全国乡村治理体系建设试点示范工作交流会上作经验介绍，入选省首届金翼奖十佳应用场景（全市唯一）。

【推进基层治理“三化”创新改革】 市域治理现代化象山试点工作完成验收，增强村民说事、大徐经验治理效能，推广共治驿站、灵山妯娌等经验做法，全市推广宗教场所全流程管理“一件事”应用，全面提升社会治理能级，打造市级民主法治示范村113个，“四治结合”善治村达到50%，基层各类矛盾纠纷就地化解率达到95.2%。

【推进“五社联动”改革】 重点推进“红社领航+N”党建品牌创建、社区发展基金会和社区社会组织培育八大计划，构建多元主体广泛参与、服务有效可及、共建共治共享的城乡现代社区共同体，推动“1+18”县镇两级社会组织服务中心全覆盖，打响“红社领航·象益山海”社会组织发展品牌，相关做法在省市推广。

【召开全县全面深化改革大会暨县委改革委第七次全体（扩大）会议】 2022年5月26日上午，全县全面深化改革大会暨县委改革委第七次全体（扩大）会议召开。象山县委书记、县委全面深化改革委员会主任包朝阳强调，要深入学习贯彻习近平总书记关于全面深化改革的重要论述，对标落实省委“塑造变革”、市委“六大变革”要求，增强改革定力，勇立改革潮头，全面激发变革驱动的强大动力，坚定不移推动全面深化改革工作再上新台阶。李晓东、应建勇和县委改革委其他成员参加会议，有关县领导和各镇乡党委（街道党工委）书记、县级部门主要负责人列席会议。会议传达学习近期中央和省委、市委改革委会议主要精神，听取全县2021年全面深化改革推进情况汇报及2022年工作计划，审议有关重点改革文件，6家重点改革牵头单位进行交流发言。

【召开改革委第八次全体（扩大）会议暨数字化改革推进会】 2022年9月8日上午，中共象山县委改革委第八次全体（扩大）会议暨数字化改革推进会召开。象山县委书记、县委全面深化改革委员会主任包朝阳强调，要以改革为先导、向改革要动力，拿出“为象山发展闯关，为浙江改革探路”的改革担当，挑重担、扛重责，推动改革提质扩面、行稳致远，以数字化改革引领驱动实现“两个先行”，努力交出全面深化改革的象山答卷、优异成绩，以改革高分报表迎接中共二十大胜利召开。李晓东、应建勇和县委改革委其他成员参加会议，有关县领导和各镇乡党委（街道党工委）书记、县级部门主要负责人列席会议。会议听取2022年以来全面深化改革和数字化改革推进情况，县委改革办、五大改革牵头部门、“1+6+1”系统牵头单位共14家单位分别汇报。应建勇、高岷、沙罕洪、史建立等县领导补充发言。

【通报2021年度全面深化改革（数字化改革）十佳集体】 2021年，全县各地各部门高举习近平新时代中国特色社会主义思想伟大旗帜，深入贯彻中共十九大和十九届二中、三中、四中、五中、六中全会精神，认真落实省委、市委和县委部署要求，全面贯彻新发展理念，纵深推进各领域改革，取得了明显成效，涌现出一批勇于改革、敢于创新、担当作为、成效显著的集体和个人，并评选出一批优秀改革实践案例。为鼓励先进、激励进取，对县委组织部等集体、李文宏等个人和国家宅基地制度改革试点等改革案例予以通报表扬。

（县委改革办）

机构编制管理

【概况】 2022年，县委编办坚持以习近平新时代中国特色社会主义思想为指导，紧紧围绕"聚力一二五，走好共富路"目标和"5532"专项行动，优化执政资源配置，推进变革型组织建设，为加快建设社会主义现代化滨海花园城市提供有力的体制机制保障。

【机构改革"后半篇"文章不断深化】 聚焦"海洋强县"，新设副科（局）级事业单位县海洋经济发展中心，促进海洋经济加快发展。进一步理顺水利、渔业等职责体系，将原水利和渔业局一分为二，单设县渔业局、县水利局。同时优化机构设置，将县农业机械化管理站由单设的副科（局）级事业单位调整为县农业农村局下属正科（股）级事业单位，将县直机关工委由单设调整为在县委组织部挂牌。围绕发展"美丽经济"，促进文旅融合发展，将原来分设的文化和旅游部门整合成新的文化和广电旅游体育局，县旅游发展中心由单设的正科（局）级事业单位调整为下属正科（股）级事业单位。同时，紧抓亚运时代海洋运动发展契机，谋划设立县海洋运动中心，将海洋运动纳入文旅产业。通盘考虑县近期和中远期重大交通项目推进及口岸开放需要，多次到相关部门开展调研，听取意见建议，并结合实际、借鉴其他地区有关做法，初步形成铁路、高速公路、港航、口岸等机构整合优化思路。

【稳步推进基层"大部制"改革】 整合镇乡（街道）内设机构、事业单位以及部门派驻机构，将原先镇乡（街道）"6+X"的机构设置按照"1+4+X"进行重构。完成18个镇乡（街道）"三定"规定的制定、内设机构和岗位的人员安排方案、职务任免以及浙政钉、形象栏和去向牌的调整等工作。

【构建扁平化管理体制】 组建县社会治理中心，承担社会治理工作中的指挥调度、综合协调、应用贯通、运行保障、督办考评等职能。镇乡（街道）各内设机构主要负责人由党政领导兼任，中层正职任副主任，管理层级由三级减为两级。按照定事定责定岗定人要求，明确岗位名称和具体职责，推动身份管理向岗位管理转变。

【有效破解体制机制束缚】 打通人员编制边界，实现镇乡（街道）行政人员与事业人员、镇乡（街道）之间行政事业编制、镇乡（街道）与部门派驻机构人员编制统筹使用。打造多元化周转池，建立5名行政编制、50名事业编制周转池和40名镇乡（街道）中层职数周转池，有效盘活存量资源。打破行政执法框架，根据"大综合一体化"行政执法改革要求，印发《关于推动执法力量下沉基层并纳入属地管理的实施细则》，"1+8+1"行政执法部门下沉力量388人纳入"基层治理四平台"管理，有力形成条块合力。

【积极推进城乡现代社区改革】 牵头制订《社区"五定"管理体制改革专项工作方案》，明确相应的责任单位，按照统一领导、分工协作、分类管理、分步实施的要求，统筹推进相关工作。完成社区、城镇化村"五定"工作，梳理制定城市社区4个大类87项、农村社区5个大类100项工作事项清单，建立健全上级事项准入联席会审制度，核定城市社区专职工作者员额437名、周转员额48名，平均每个社区增加7.7个达到13.2个，补充社工260个，推动由按条线工作需要设置岗位向按基层治理需要和群众需求设置岗位转变，推动各方力量大联动。

【突出民生领域抓保障】 按师生比高中1：12.5、初中1：13.5、小学1：19的标准统筹划编增编，核增中小学编制147名，确保全县编制达标；推进民办学校"民转公"，设立象山县大目湾实验学校，2022年共保障教育系统用编150名。保障疫情防控、县看守所医疗工作力量，分别核增丹东街道、丹西街道社区卫生服务中心副主任各1名，核增县第三人民医院副院长1名，2022年共保障卫生系统用编200名。保障就业和职业能力建设工作力量，增设就业和职业能力建设科，核增正科（股）级职数1名。二、围绕中心工作促优化。适应督查考评工作新形势，加强督查考评统筹管理，增加县机关事业单位考核中心事业编制4名、副主任1名。加强口岸工作力量，增设口岸前期协调科、口岸规划研究科，核增事业编制4名、副主任1名、副科（股）级职数2名。深入推进"12345"政务服务热线整合，新增工作力量11名，有效增强基层治理源头化解能力。促进邮政快递业规范管理和高质量发展，增设邮政快递业发展服务科，核增副科（股）级职数1名。进一步加强县城乡景观风貌规划设计与管理，增设建筑与风貌管理科，核增正科（股）级职数1名。进一步提升县干部人事档案工作科学化、制度化、规范化水平，县委组织部下属事业单位增挂县干部人事档案管理中心牌子，并对事业编制、中层职数给予适当保障。三、着力制度体系强完善。持续抓好《中国共产党机构编制工作条例》贯彻落实，修订完善《中共象山县委机构编制委员会办公室工作细则》，制定《象山县机构编制监督检查工作办法》《象山县机构编制评估实施细则》《象山县机关事业单位编外用工管理暂行办法》《象山县县级党政机构职责管理办法》等办法。强化机构编制监督检查，协同完成对10个部门党政领导干部经济责任审计、3个镇乡巡察。制定机构编制评估实施方案，对县教育局等5家单位进行机构编制评估，将评估结果作为调整机构编制的参考依据。

【调整优化机构职能体系】 根据有关法律和文件要求，将团县委承担的未成年人保护、县残联承担的困难残疾人生活补贴和重度残疾人护理补贴发放等职责调整至县民政局。理顺上下职责关系，保障工作有序开展，将县经信局承担的城市大脑和智慧城市建设推进、象山县宁波市市民卡推广建设等3项职责划转至县大数据发展中心。做好权责清单动态调整，分批次划转26个领域1676个综合执法事项，将自然资源、生态环境、林业等领域68个执法事项划转至县渔业局，完成应急、民政、人社等部门153个政务服务事项优化配置和认领工作。

【探索编制动态管理机制】 大力探索镇乡(街道)和经济开发区人员编制动态调整机制,根据常住人口数等6个指标进行科学测算,并有效运用测算结果,分别核减爵溪街道等12个单位14名事业编制、核增丹东街道等3个单位14名事业编制,有力提高编制总量和工作任务适配度。按照行政事业编制数重新核定编外用工指标6246名,其中技术类占29.2%、管理类占36.1%、工勤服务类占15.5%、辅警占19.2%,总体核减10.8%,制定编外用工3年核减11%的目标,年初以来减少3%以上,实现"经费支出、人员数量"双控目标。

【强化事业单位登记管理】 完成全县195家事业单位年度报告公示工作,对100家净资产变动较大的进行变更,做好400家单位中文域名和网站挂标工作。继续推进事业单位章程制定(修订)工作,2022年共完成75家,逐步实现"一单位一章程"。推进事业单位法人公示信息"双随机"抽查提质扩面,按5%的比例在事业单位法人登记名录库中抽取县招商发展中心等10家,通过自查自评、实地核查等方式,促进事业单位依法规范高效运行管理。

【县公路与运输管理中心增设科室】 为促进县邮政快递业规范管理和高质量发展,经县委编委会会议研究,2022年2月14日,县委编委印发《关于县公路与运输管理中心增设科室的通知》,在县公路与运输管理中心增设邮政快递业发展服务科,核增该中心副科(股)级职数1名。主要职责是:负责县邮政业安全监管信息系统的建设、管理、维护和行业安全的监测、预警、实时监控、应急处置;负责邮政业安全教育、培训、宣传等工作;协助做好重点时期、重点地区、重点部位通信安全的特殊保障和安全生产监督检查的实施工作;做好禁毒、反恐、扫黄打非等专项检查工作的技术支持及相关部门联合监管有关服务保障工作;承担邮政业消费者投诉、建议的办理工作;承办象山邮政管理局交办的其他事项。

【县民政局机构编制事项调整】 根据《象山县民政局关于要求调整机构编制有关事项的请示》,经县委编委会会议研究,2022年4月14日,县委编委印发《关于调整县民政局机构编制事项的批复》,将团县委承担的未成年人保护职责、县残联承担的困难残疾人生活补贴和重度残疾人护理补贴发放职责调整至县民政局。县民政局社会救助和社会福利科增加以下工作职责:1. 统筹推进、指导、监督未成年人保护工作,拟订未成年人保护规划、政策、标准,承担县未成年人保护工作委员会办公室的日常工作;2. 负责组织、监督、评估困难残疾人生活补贴和重度残疾人护理补贴发放工作,推进相关制度建设。为保障工作有序开展,同意县民政局下属事业单位县救助管理站使用周转事业编制1名,退一收一,用于补充专业人才,优化年龄结构。

【城市大脑和智慧城市建设推进等职责调整】 为理顺上下职责关系,保障工作有序开展,参照市委编委做法,经县委编委会会议研究,2022年4月14日,县委编委印发《关于调整县民政局机构编制事项的批复》,将县经济和信息化局承担的城市大脑和智慧城市建设推进职责以及象山县宁波市市民卡推广建设职责划转至县大数据发展中心。

【司法所中层职数增加】 为加强社区矫正工作,推进社区矫正监管模式改革,根据《象山县司法局关于要求增加中层职数的请示》,经县委编委会会议研究,2022年4月14日,县委编委印发《关于增加司法所中层职数的批复》,增设丹东司法所、石浦司法所副所长各1名,副科(股)级。丹东司法所副所长统筹管理丹东、丹西、爵溪、西周、贤庠、墙头、泗洲头、涂茨、大徐、新桥、东陈、黄避岙、茅洋13个镇乡(街道)的社区矫正工作,石浦司法所副所长统筹管理石浦、鹤浦、定塘、晓塘、高塘岛5个镇乡的社区矫正工作。

【县机关事业单位考核中心编制增加等】 为适应督查考评工作新形势,整合全县相关力量,加强对督查考评工作的统筹管理,形成工作合力,经县委编委会会议研究,2022年4月14日,县委编委印发《关于县机关事业单位考核中心增加编制等事项的通知》,增加县机关事业单位考核中心事业编制4名、副主任1名[正科(股)级]。核增后,县机关事业单位考核中心共核定事业编制13名,设主任1名、副主任2名[正科(股)级];内设机构领导职数2名[副科(股)级]。

【县政府发展研究中心科室增设等】 为加强口岸工作力量,积极向上争取县口岸开放,经县委编委会会议研究,2022年4月14日,县委编委印发《关于县政府发展研究中心增设科室等事项的通知》,增设县政府发展研究中心口岸前期协调科、口岸规划研究科,核增该中心事业编制4名、副主任1名[正科(股)级]、副科(股)级职数2名。核增后,县政府发展研究中心共核定事业编制18名,设主任1名、副主任3名[正科(股)级];内设机构领导职数5名[副科(股)级]。口岸前期协调科职责:负责谋划全县口岸开放战略、口岸产业发展方向;负责口岸开放事项的审查、报批工作;协调推进口岸通关、口岸设施建设等工作。口岸规划研究科职责:负责全县口岸发展与改革的调查研究;负责口岸经济综合研究和分析;负责研究港区、岸线、区块等开发利用;负责口岸开放规划编报。

【部分镇乡(街道)和象山经济开发区事业编制调整】 为更加科学地配置编制资源,加强编制动态调整,提高编制总量和工作任务适配度,同时落实县开发区(园区)整合提升工作有关要求,根据"七普"常住人口数、2020年度一般公共预算收入、2020年度区域内经营户数、区域面积、规上工业企业数、村(社区)数量等6个指标,分别占比30%、10%、10%、20%、10%和20%测算后，经县委编委会会议研究，2022 年 4 月 14 日，县委编委印发《关于调整部分镇乡（街道）和象山经济开发区事业编制的通知》，核减爵溪街道公共事务综合服务中心等 12 个单位事业编制 14 名，从全县待分配事业编制中核增丹东街道公共事务综合服务中心等 3 个单位事业编制 14 名。

事业编制核减（增）情况表

表 3 单位：名

序 号	单 位 名 称	现有编制数	调 整 数	调整后编制数
一、核减事业编制				
1	爵溪街道公共事务综合服务中心	30	-1	29
2	贤庠镇公共事务综合服务中心	32	-2	30
3	鹤浦镇公共事务综合服务中心	29	-1	28
4	定塘镇公共事务综合服务中心	35	-2	33
5	墙头镇公共事务综合服务中心	27	-1	26
6	泗洲头镇公共事务综合服务中心	22	-1	21
7	涂茨镇公共事务综合服务中心	25	-1	24
8	大徐镇公共事务综合服务中心	27	-1	26
9	东陈乡公共事务综合服务中心	28	-1	27
10	晓塘乡公共事务综合服务中心	23	-1	22
11	黄避岙乡公共事务综合服务中心	21	-1	20
12	茅洋乡公共事务综合服务中心	20	-1	19
二、核增事业编制				
1	丹东街道公共事务综合服务中心	37	+4	41
2	丹西街道公共事务综合服务中心	38	+5	43
3	象山经济开发区投资服务中心	23	+5	28

【县发展和改革局有关机构编制事项调整】 为加快推进宁波海洋经济发展示范区主体区建设，根据县委编委会会议决定，2022 年 4 月 14 日，县委编委印发《关于调整县发展和改革局有关机构编制事项的通知》，调整县发展和改革局有关机构编制事项。机构调整。撤销县发展改革研究院（县价格认证中心），设立县海洋经济发展中心，挂县发展改革研究院牌子，为该局下属副科（局）级事业单位。县建设工程造价管理中心增挂县价格认证中心牌子。县建设工程造价管理中心（县价格认证中心）的主要职责：1. 承担政府性投资项目概算审核接收、登记、审核复查等行政辅助工作。2. 承担国有投资项目招标控制价、中标价、结算价备案接收、登记、公开等行政辅助工作。3. 参与政府投资项目可行性研究、初步设计评审、工程变更管理及其他日常造价管理工作。4. 承担造价咨询企业年检、考核等行政辅助工作，负责地方建筑材料测算、上报工作。5. 承担涉及刑事案件财物价格认定、纪检监察案件财物价格认定、行政案件财物价格认定等工作。6. 配合或参与价格争议调解工作。7. 完成县发展和改革局交办的其他任务。编制调整。原县发展改革研究院（县价格认证中心）17 名编制中的 15 名划入县海洋经济发展中心（县发展改革研究院），同时新增县海洋经济发展中心（县发展改革研究院）事业编制 6 名，共核定该中心事业编制 21 名；原县发展改革研究院（县价格认证中心）2 名事业编制划入县建设工程造价管理中心（县价格认证中心），共核定该中心事业编制 12 名。职数调整。核增县建设工程造价管理中心（县价格认证中心）副主任 1 名［副科

(股)级],核增后,该中心设主任1名,副主任2名。

【政务服务便民热线整合工作的有关机构编制事项】 为进一步做好全县政务服务便民热线整合工作,加强人员保障,提高"12345"政务热线服务水平,经县委编委会会议研究,2022年4月14日,县委编委印发《关于政务服务便民热线整合工作有关机构编制事项的通知》(象编〔2022〕11号):核增县"12345"政务热线服务中心事业编制1名,核增后,该中心共核定事业编制4名。《中共象山县委机构编制委员会关于印发〈象山县智慧城管中心主要职责、内设机构和人员编制规定〉的通知》第三条县智慧城管中心主要职责中的第(二)点"做好座席员、热线员、信息采集员培训工作",调整为"做好对座席员培训和信息采集员监督指导工作";第(六)点"承担城管投诉热线电话、网络受理平台等相关投诉和举报的受理、移交、跟踪、处置、反馈等工作",调整为"承担城管投诉电话、网络受理平台等相关投诉和举报的受理、移交、跟踪、处置、反馈等工作"。县智慧城管中心内设机构热线受理科更名为投诉受理科,其主要职责调整为:负责县"12345"政务热线服务中心和县"双联中心"转办、网络受理平台等投诉举报案件的协调处置工作。县委、县政府信访局要积极探索向社会力量购买服务等有效方式,推动形成"12345"政务热线社会化服务新格局。

【县社会治理中心组建】 为贯彻落实省委、市委关于深化基层管理体制改革,加强基层治理体系和治理能力现代化建设的决策部署,根据《中共宁波市委办公厅印发〈关于深化基层管理体制改革促进"152"体系与"141"体系全面贯通试点实施方案〉的通知》(厅发〔2022〕2号)文件精神以及市委编办工作部署,经研究,2022年5月25日,县委编委印发《关于组建象山县社会治理中心的通知》,组建象山县社会治理中心。以象山县社会矛盾纠纷调处化解中心(象山县社会治理综合指挥中心)为依托,更名组建象山县社会治理中心,保留象山县社会矛盾纠纷调处化解中心牌子,主要承担社会治理工作中的指挥调度、综合协调、应用贯通、运行保障、督办考评等职能。象山县社会治理中心为县委县政府直属公益一类事业单位,机构规格为正科(局)级。设主任1名,由县委副书记、政法委书记兼任;副主任4名,其中主持日常工作的副主任为正科(局)级。

【县干部人事档案管理中心增挂牌子】 为落实《干部人事档案工作条例》有关规定,提升全县干部人事档案工作科学化、制度化、规范化水平,更好发挥干部人事档案在建设高素质专业化干部队伍中的重要作用,根据《关于县党员干部教育中心增挂干部人事档案管理中心的请示》,经研究,2022年7月4日,县委编委印发《关于同意县党员干部教育中心增挂县干部人事档案管理中心牌子的批复》,在县党员干部教育中心增挂县干部人事档案管理中心牌子,并增加以下职责:负责管理范围内干部人事档案的建立、接收、保管、转递,档案材料的收集、鉴别、整理、归档,档案信息化等日常管理工作。负责所管理干部人事档案的查(借)阅、档案信息研究等利用工作,组织开展干部人事档案审核工作。配合有关方面调查涉及所管理干部人事档案的违规违纪违法行为。办理其他有关事项。为保障工作力量,对县党员干部教育中心(县干部人事档案管理中心)事业编制、中层职数作适当调整,调整后,该中心共核定事业编制8名,设主任1名、副主任2名。

【象山县大目湾实验学校成立】 根据县民办学校"民转公"工作总体要求和《象山县教育局关于要求批复创办象山县大目湾实验学校的请示》,经研究,2022年7月25日,县委编委印发《关于同意成立象山县大目湾实验学校的批复》,成立象山县大目湾实验学校,为县教育局下属从事公益服务的财政全额补助事业单位(公益一类)。

【县部分学校编制调整】 根据全市统一部署和市委编办关于足额保障"公参民"学校转公后编制需求的要求,统筹编制资源配置,加强动态调整,促进教育事业均衡发展,经研究,2022年8月24日,县委编委印发《关于调整我县部分学校编制的通知》(象编〔2022〕25号):根据市委编办《关于同意象山县使用公立医院报备员额置换编制的函》,使用127名公立医院报备员额编制,置换的事业编制用于保障两所原"公参民"学校转公后的县大目湾实验学校、县启力学校,核增教育系统事业编制127名。核减宁波建设工程学校事业编制10名,核减宁波海洋职业技术学校事业编制10名。调整后,宁波建设工程学校核定事业编制236名,宁波海洋职业技术学校核定事业编制80名。为实现编制达标的要求,根据市委编办确定的全市统一按师生比高中1:12.5、初中1:13.5、小学1:19的标准核定中小学编制数,对全县中小学按照2021年度教育年报中确定的各学校学生数进行重新核编,共核定编制3427名。县大目湾新城学校、县政实小学因未有学生数,各确定编制1名。全县中小学共核定编制数3429名,净增147名。

【县市场监管综合行政执法队等单位更名】 为贯彻落实省市对"大综合一体化"行政执法改革的有关工作要求,根据市委编办《关于大综合一体化行政执法体制改革有关政策口径》,经县委编委会会议研究,2022年8月22日,县委编委印发《关于县市场监管综合行政执法队等单位更名的通知》(象编〔2022〕26号),县市场监管综合行政执法队更名为县市场监管行政执法队,县文化市场综合行政执法队更名为县文化市场行政执法队,县农业综合行政执法队更名为县农业行政执法队,县交通运输综合行政执法队更名为县交通运输行政执法队。

【县自然资源和规划局建筑与风貌管理科增设】 根据《关于设立建筑与风貌管理科的请示》(象自然资规〔2022〕

39号），经县委编委会会议研究，2022年8月22日，县委编委印发《关于县自然资源和规划局增设建筑与风貌管理科的批复》（象编〔2022〕30号），增设建筑与风貌管理科，核增正科（股）级职数1名。建筑与风貌管理科的主要职责为：负责全县建筑与风貌的规划管理工作，研究制定有关建筑与风貌管理的制度、政策；负责重要地段城市设计、组织编制景观风貌专项规划并监督实施；负责或协调交通（市政）、能源、水利等专项规划的技术审查，落实空间管制要求；负责出具规划设计条件，参与土地储备、年度用地计划；负责建设工程项目（含临时建设项目）规划管理和建筑规划设计方案审查，负责重点地段、重要建筑的建筑风貌审查；负责市政交通规划管理相关制度和政策文件制定，负责市政交通等建设项目的技术方案审查等。

【县人力资源和社会保障局就业和职业能力建设科增设】 根据《关于要求增设就业和职业能力建设科的请示》（象人社〔2022〕55号），经县委编委会会议研究，2022年8月22日，县委编委印发《关于县人力资源和社会保障局增设就业和职业能力建设科的批复》（象编〔2022〕31号），增设就业和职业能力建设科，核增正科（股）级职数1名。就业和职业能力建设科的主要职责为：综合管理全县职业技能竞赛；拟订职业培训机构和职业技能鉴定机构发展及管理规则；统筹管理全县技工院校的技能教育；统筹建立面向城乡劳动者的职业技能培训制度，完善技能人员职业资格制度；拟订全县就业创业发展规划和政策，完善公共就业创业服务体系和就业援助制度；牵头拟订大中专毕业生就业创业政策，建立健全就业失业预测预警和监测分析制度等。

【县水利和渔业机构设置调整】 为统筹优化党政机构设置，促进机构职能配置更加科学合理，根据县委常委会会议有关精神和市委编办《关于同意调整象山县有关党政机构和事业单位设置的函》（甬编办函〔2022〕176号），2022年10月8日，县委编委印发《关于调整县水利和渔业机构设置的通知》（象编〔2022〕33号），调整县水利和渔业机构如下：撤销象山县水利和渔业局，分别设立象山县水利局、象山县渔业局（挂象山县海洋与渔业执法队牌子），为县政府工作部门，机构规格为正科（局）级。县水利和渔业局下属事业单位县水利和渔业工程质量管理站更名为县水利工程质量管理站；县水利和渔业规划中心更名为县水利规划中心；县水文站更名为县水旱灾害防御保障中心（挂县水文站牌子）；县水利和渔业工程管理中心更名为县河湖管理中心；县仓岙水库管理处（挂县溪口水库管理处牌子）、县上张水库管理处（挂县隔溪张水库管理处、县平潭水库管理处牌子）、县大塘港管理处整合为县水库管理中心，根据工作需要，可在仓岙水库、溪口水库、上张水库、隔溪张水库、平潭水库、大塘港挂相应管理站牌子；撤销县水产品质量检测中心，县水产技术推广站（挂县水生动物防疫检疫站牌子）增挂县水产品质量检测中心牌子。县水利局下设下列事业单位：（1）县水利工程质量管理站，财政全额补助公益一类事业单位，机构规格为正科（股）级，核定事业编制6名，设站长1名，副站长1名；（2）县农村水利服务中心，财政全额补助公益一类事业单位，机构规格为正科（股）级，核定事业编制6名，设主任1名，副主任1名；（3）县水利规划中心，财政全额补助公益一类事业单位，机构规格为正科（股）级，核定事业编制10名，设主任1名，副主任2名；（4）县水旱灾害防御保障中心（挂县水文站牌子），财政全额补助公益一类事业单位，机构规格为正科（股）级，核定事业编制6名，设主任1名，副主任1名；（5）县河湖管理中心，财政全额补助公益一类事业单位，机构规格为正科（股）级，核定事业编制13名，设主任1名，副主任2名；（6）县水库管理中心，经费自理公益二类事业单位，机构规格为正科（股）级，核定事业编制40名，设主任1名，副主任4名。县水政监察大队暂时保留为县水利局下属事业单位，待县综合行政执法队机构参公获批后，县水政监察大队与县综合行政执法大队整合设立县综合行政执法队，与县综合行政执法局实行"局队合一"体制。县水政监察大队现有6名编制和6名人员，4名编制和3名人员划入县综合行政执法队，2名编制和3名人员纳入县水利局机关管理。县海洋与渔业执法队和县渔业局实行"局队合一"体制，下设5个中队，核定参公事业编制60名（其中30名锁定），队长由县渔业局局长兼任；副队长由一名县渔业局副局长兼任；中层职数10名，其中正科（股）级5名、副科（股）级5名。县渔业局下设下列事业单位：（1）县渔政渔港监督管理站，财政全额补助公益一类事业单位，机构规格为正科（股）级，核定参公事业编制35名，设站长1名，副站长2名；（2）县水产技术推广站（挂县水生动物防疫检疫站、县水产品质量检测中心牌子），财政全额补助公益一类事业单位，机构规格为正科（股）级，核定事业编制22名，设主任1名，副主任2名；（3）县渔港建设管理中心，财政全额补助公益一类事业单位，机构规格为正科（股）级，核定事业编制6名，设主任1名，副主任1名；（4）县渔港渔船安全救助信息中心，财政全额补助公益一类事业单位，机构规格为正科（股）级，核定事业编制6名，设主任1名，副主任1名。

【县文旅体制有关机构编制事项调整】 为优化机构设置和职能配置，加快县文旅产业融合发展，根据县委常委会会议有关精神和市委编办《关于同意明确象山县旅游发展中心不再为象山县局级事业机构的批复》（甬编办字〔2022〕6号），2022年10月8日，县委编委印发《关于调整县文旅体制有关机构编制事项的通知》（象编〔2022〕34号），调整县文旅体制有关机构编制事项如下：县旅游发展中心由正科（局）级事业单位调整为县文化和广电旅游体育局（以下简称"县文广旅体局"）下属正科（股）级事业单位，县旅游服务中心、县旅游景区服务中心相应调整为县文广旅体局下属事业单位，机构规格不变。县文化市场行政执法队承担旅游领域执法工作，县旅游发展中心4名参公事业编制、2名参公事业人员划入县文化市场行政执法队，用于增强执法力量。同时，核减县旅游发展中心参公事业编制6名。调整后，县旅游发展中心共核定参公事业编制7名，设主任1名，副主任1名。县文广旅体局内设机构从5个增设至8个。核定领导职数一正四副；中层职数8名，正科（股）级。核增县文广旅体局行政编制4名，调整后，该局共核定行政编制14名。县文化市场行政执法队增设一个执法中队，增加中层正职1名。调整后，该执法队下设4个中队，核定中层职数5名，其中正科（股）级4名、副科（股）级1名。

【县农业机械化管理站机构设置调整】 为优化机构和职能配置，根据县委常委会会议有关精神和市委编办《关于同意调整象山县有关党政机构和事业单位设置的函》（甬编办函〔2022〕176号），2022年10月8日，县委编委印发《关于调整县农业机械化管理站机构设置的通知》（象编〔2022〕35号），县农业机械化管理站调整为县农业农村局下属正科（股）级事业单位。该站参公事业编制从20名调整为13名；中层职数3名，其中正科（股）级1名、副科（股）级2名。

【县委直属机关工作委员会机构设置等事项调整】 为统筹优化县党政机构设置，促进机构职能配置更加科学合理，根据县委常委会会议有关精神和市委编办《关于同意调整象山县有关党政机构和事业单位设置的函》（甬编办函〔2022〕176号），2022年10月8日，县委编委印发《关于调整县委直属机关工作委员会机构设置等事项的通知》（象编〔2022〕36号），调整县委直属机关工作委员会（以下简称"县直机关工委"）机构设置等事项如下：县直机关工委由单设调整为在县委组织部挂牌，县委组织部统一领导县直机关各部门党的工作。调整后，县委组织部设部长1名（由县领导兼任，兼县直机关工委书记）；副部长4名，其中常务副部长1名、正科（局）级，副部长、县委人才办常务副主任1名、正科（局）级，副部长、县委"两新"工委书记1名、正科（局）级，副部长、县直机关工委常务副书记1名、正科（局）级；其中1名副部长兼任县公务员局局长；县委人才办专职副主任1名；县委"两新"工委专职副书记1名；县直机关工委专职副书记1名。县直机关工委现有4名行政编制划入县委组织部，划入后，县委组织部共核定行政编制25名；县直机关工委的现有人员，除县管干部由县委统一安排外，其他人员均划归县委组织部管理。县委组织部增设机关党建科，核增中层正职1名，核增后，县委组织部共核定中层职数14名，其中正科（股）级11名、副科（股）级3名。机关党建科的职责是：牵头组织协调抓好机关党建工作。负责机关党建工作的政策拟定和综合指导。指导县直机关各级党组织加强基层组织建设，做好党员发展、教育和管理工作。指导督促县直机关各部门党组织按期换届，审批县直机关各部门机关党组织领导班子组成。组织县直机关党务工作者、基层党组织负责人的业务培训。指导县直机关党的宣传思想工作。负责机关党建综合考评工作。承担县直机关党费的收缴、使用管理工作。负责县直机关党内信息库建设和党内统计。负责民主评议机关工作。

【县委直属机关纪检监察工作委员会机构设置等事项调整】 根据县党政机构调整的总体部署，为科学合理配置机构职能，优化机构设置，经县委常委会会议研究，2022年10月8日，县委编委印发《关于调整县委直属机关纪检监察工作委员会机构设置等事项的通知》（象编〔2022〕37号），调整有关机构如下：县委直属机关纪检监察工作委员会由单设调整为在县纪委县监委派驻第三纪检监察组挂牌，该委员会班子成员由派驻第三纪检监察组人员兼任，3名行政编制划转至县纪委县监委机关，调整后，县纪委县监委机关共核定行政编制49名。县纪委县监委机关增设第五纪检监察室，增加县纪委县监委机关中层正职1名、中层副职1名，调整后，县纪委县监委机关共核定中层职数28名，其中正职12名、副职16名。

【县公安局部分机构调整】 根据《象山县公安局关于要求增设直属机构相关事项的请示》（象公请〔2022〕5号），经研究，2022年10月14日，县委编委印发《关于同意县公安局部分机构调整的批复》（象编〔2022〕38号）：同意增设县公安局直属机构重大项目保障大队，设大队长1名，教导员1名，副大队长1名。重大项目保障大队的主要职责为：负责重大项目推进过程中维稳工作，保障项目有序推进。负责和协调全县公安机关开展重大项目领域违法犯罪查处等工作。同意增设县公安局直属机构社会安全保卫大队，设大队长1名，教导员1名。社会安全保卫大队的主要职责为：负责全县公安机关网上涉警信访、群众来电来信来访的受理处置工作。负责信访事项的流转、办理以及审核内部单位提交的办结报告。负责全县信访活动中违法犯罪行为的查处工作。承担全县公安机关依法维护信访秩序的组织、指导、协调工作。负责涉及违法信访的其他事项。同意县公安局辅警管理科更名为辅警管理大队，作为县公安局直属机构，设大队长1名，教导员1名。辅警管理大队的主要职责为：负责全县公安机关辅警队伍建设。承担全县公安机关的辅警日常管理工作。负责全县公安机关辅警统一招聘、教育培训、考核奖惩、党团建设等工作。

【县公共法律服务中心增挂牌子】 为落实《中华人民共和国法律援助法》第十二条"县级以上人民政府司法行政部门应当设立法律援助机构"的规定精神，经研究，2022年2月23日，县委编办印发《关于同意县公共法律服务中心增挂牌子的函》（象编办〔2022〕3号），同意在县公共法律服务中心增挂"象山县法律援助中心"牌子。

【象山县高速公路建设指挥部更名】 根据市委编办批复以及全县事业单位

改革工作总体安排，2022年3月14日，县委编办印发《关于象山县高速公路建设指挥部更名的通知》（象编办〔2022〕6号），将象山县高速公路建设指挥部更名为象山县高速公路工程建设中心。

【调整丹城第六小学编制等事项】 根据上级关于中小学编制达标的工作要求和《象山县教育局关于要求划转幼儿园部分编制的请示》（象教〔2022〕22号），经研究，2022年7月18日，县委编办印发《关于同意调整丹城第六小学编制等事项的批复》（象编办〔2022〕11号），同意核减县级机关幼儿园事业编制36名，相应核增丹城第六小学事业编制36名。调整后，县级机关幼儿园核定事业编制27名，丹城第六小学核定事业编制60名。

【7所学校更名】 根据《象山县教育局关于部分学校更名的请示》（象教〔2022〕23号），经研究，2022年7月27日，县委编办印发《关于同意部分学校更名的批复》（象编办〔2022〕13号），同意对县教育局所属7所学校予以更名。

2022年象山县更名学校一览表

表4

原校名	更名校名
浙江省象山县第三中学	象山县第三中学
象山文峰学校	象山县文峰学校
象山荔港学校	象山县荔港学校
浙江省象山县丹城中学	象山县丹城中学
浙江省象山县定塘中学	象山县定塘中学
象山县丹城镇林海学校	象山县林海学校
象山县丹城实验初级中	象山县实验中学

【县劳动保障监察大队更名】 为贯彻落实省市关于大综合一体化执法改革的工作部署，根据《中共宁波市委办公厅宁波市人民政府办公厅关于印发〈宁波市加快推进“大综合一体化”行政执法改革试点工作的实施意见〉的通知》（甬党办〔2022〕20号）和《县委办公室县政府办公室关于印发〈象山县加快推进“大综合一体化”行政执法改革工作的实施意见〉的通知》（县委办〔2022〕37号）有关要求，经研究，2022年8月2日，县委编办印发《关于县劳动保障监察大队更名的通知》（象编办〔2022〕15号），县人力社保局下属参公事业单位象山县劳动保障监察大队更名为象山县劳动保障监察执法服务中心。

【县殡葬管理所挂牌名称更改】 为贯彻落实省市关于大综合一体化执法改革的工作部署，根据《中共宁波市委办公厅宁波市人民政府办公厅关于印发〈宁波市加快推进“大综合一体化”行政执法改革试点工作的实施意见〉的通知》（甬党办〔2022〕20号）和《县委办公室县政府办公室关于印发〈象山县加快推进“大综合一体化”行政执法改革工作的实施意见〉的通知》（县委办〔2022〕37号）有关要求，经研究，2022年8月2日，县委编办印发《关于更改县殡葬管理所挂牌名称的通知》（象编办〔2022〕16号），县民政局下属参公事业单位象山县殡葬管理所（挂象山县民政执法大队牌子）更名为象山县殡葬管理所（挂象山县民政执法保障服务中心牌子）。

【宁波广播电视大学象山学院更名】 根据《宁波市人民政府关于区（县、市）电大统一更名的批复》（甬政发〔2022〕33号）中“将宁波开放大学下设学院、分校统一更名为‘宁波开放大学xx（区〔县、市〕名）学院’”的要求，以及《象山县教育局关于宁波广播电视大学象山学院更名的请示》（象教〔2022〕28号），经研究，2022年8月18日，县委编办印发《关于同意宁波广播电视大学象山学院更名的批复》（象编办〔2022〕17号），同意宁波广播电视大学象山学院更名为宁波开放大学象山学院。

【县民政局婚姻登记处更名并增挂牌子】 根据《中共象山县民政局委员会关于要求象山县民政局婚姻登记处更名并增挂牌子的函》（象民党〔2022〕14号），经研究，2022年11月9日，县委编办印发《关于同意县民政局婚姻登记处更名并增挂牌子的批复》（象编办〔2022〕25号）：同意象山县民政局婚姻登记处更名为象山县婚姻登记中心，并增挂象山县婚姻家庭服务指导中心牌子。调整后，象山县婚姻登记中心（象山县婚姻家庭服务指导中心）的主要职责为：1. 宣传婚姻家庭法律法规知识，倡导婚俗文化改革，推进婚姻家庭文化展示，开展移风易俗活动。2. 协助开展婚姻登记工作。3. 开展婚姻家庭矛盾调解，组织开展婚姻家庭教育辅导队伍培训。4. 完成象山县民政局交办的其他任务。

【县人力资源和社会保障局信访科增挂牌子】 根据《关于要求增挂劳动监察科牌子的请示》(象人社〔2022〕76号)，经研究，2022年12月28日，县委编办印发《关于同意县人力资源和社会保障局信访科增挂牌子的批复》(象编办〔2022〕27号)，同意县人力资源和社会保障局信访科增挂劳动监察科牌子。劳动监察科主要职责：拟订全县劳动保障监察制度、监察规范和标准；综合指导和监督全县劳动保障监察工作等。

（县委编办　徐卫民）

县直机关党建

【概况】 2022年，县直机关工委始终坚持以习近平新时代中国特色社会主义思想为指导，以“模范机关、清廉机关、文明机关”创建活动为总牵引，以推进机关作风建设专项行动为主抓手，紧密围绕县委中心工作，组织引导基层党组织和机关党员干部为高质量建设社会主义现代化滨海花园城市扛起新使命、展现新担当。

【强化政治机关建设】 坚持以政治建设为统领，深化“周二夜学”制度，创新打造“象心力”学习品牌，挖掘整合优质学习资源，每月发布“象心力”周二夜学课堂视频，推动全县机关云端联讲联学；举办“象心力·公益课堂”培训班，满足干部多样化学习需求；开展“象心力”青年干部论坛，与党政“一把手”对话研讨社会热点，促进青年干部理论素养提升。

【压实主体责任】 坚持“书记抓、抓书记”，持续深化落实“书记账本”，通过“年初定账、年中对账、年终评账”，明确项目清单，全覆盖机关党组织书记抓党建述职评议，确保党建工作在各级党组织中规范执行、有效落地。严格落实“三会一课”、主题党日等党内政治生活制度，定期开展党员思想动态分析研判和谈心谈话，引导党员干部从政治上把握大局、审视问题、推动工作。

【开展志愿活动】 打造机关党员志愿服务“红芯管家”品牌，打通基层治理“最后一公里”。围绕文明城市创建、护航亚运、疫情防控等重点工作和中心工作累计开展志愿活动2353场，总时长超6352小时。在疫情防控工作中，第一时间组织建立象山县疫情防控集中隔离医学观察点临时党支部，抽调选派2000余名县级机关企事业单位干部下沉防控一线，以过硬政治素质经受住严峻考验。围绕着护航亚运来开展“创文攻坚强担当·锋领护航勇争先”服务保障亚运会活动，举办机关单位篮球邀请赛和沙滩气排球比赛，示范打造“活力机关”。

【“模范机关、清廉机关、文明机关”创建活动】 开展以“两强两优”为重点的“模范党支部”创建活动，制定出台《县直机关党支部标准化规范化建设标准》，统筹运用基层党组织星级评定、“月对账、季督查、年考评”督查考核等，着力提高机关党支部建设质量。发挥片区联动优势，以片区为单位组织交流创建工作，互学互查互评互比，不断助推机关党支部从“标准化规范化”向“模范党支部”提档升级。迭代深化清廉机关建设，开展清廉机关创建十佳案例评选，召开清廉机关创建推荐会，全域全面打造新时代清廉建设高地。

【提升数字化平台实效性】 “机关E党建”智慧党建平台于2021年10月上线应用，建成党建督查考核、志愿服务、机关作风民主评议、政治理论学习测试等全链式“数字+”运行机制，实现信息“一键即查”、程序“一图覆盖”、数据“一库集成”，进一步放大数字化改革对机关党建工作的加成赋能效应，平台应用实效显著，单月访问量超5万人次，2022年5月、6月访问量位列宁波市高频应用第二名、第三名。

【抓实党建品牌建设】 持续构建“一部门一品牌、一支部一特色”培育体系，2022年3月开展了机关党建品牌展评活动，评选认定10个机关党建优秀品牌和10个机关党建培育品牌。巩固深化“1+N”区域联动党建联盟，探索打造星光影视党建联盟、环石浦港区党建联盟、检察农信党建联盟等，围绕共同富裕目标，致力发挥党建联盟的组织统筹和资源互补优势，持续深化党建联建促共富。在全省机关党组织系统联动“破百难、助共富”活动中，星光影视小镇党建联盟签约省委宣传部和省文化和旅游厅，聚力破难助力共富。

【强化机关党建督查考核】 常态开展机关片组全覆盖交叉检查，全面提升机关党建工作精细化、规范化水平。6家单位党组织被评为2022年度机关党建工作示范点，17家党组织被评为“五星级”机关党组织、31家党组织被评为“四星级”机关党组织、29家党组织被评为“三星级”机关党组织。

【完善结对共建机制】 进一步完善城乡党组织结对共建机制，组织88家县级部门党组织与53家农村党组织、510名农村困难对象开展结对共建活动，广泛发动机关党员干部深入基层一线“访民情、听民声、解民忧”，进一步建立健全城乡基层党组织相融互促的工作机制。持续推进“微心愿”公益项目，2022年以来共组织认领微心愿887个，上门送达慰问物品达26.94万元。

【持续深化作风建设】 深化完善机关作风民主评议，实施机关作风民主评议整改落实闭环机制，实行重点问题专项督办制度，对机关作风民主评议中反映的意见建议，选取部分群众关注的热点重点问题进行专项督办，限期整改。用好反馈效应，将上年度民主评议收集到的意见建议向相关单位逐一反馈，县委副书记集体约谈评议结果列末位和退位严重的11家单位，要求查问题、表态度。总结推广评议结果居前位的6家单位经验做法，推动机关部门在改进作风中不断提升服务质量。保持正风肃纪高压态势，始终紧盯基层一线，针对41家涉及营商环境工作的县级部门及驻象垂直管理部门，结合“手机二维码评议”、营商环境满意度定向回访等方式开展优化营商环境专项评议，强化落实“十项规定”“四条禁令”、首问负责即问即办等制度规定，实行机关作风明察暗访和执行力常态化检查，2022年开展专项检查4次，发布通报4次，发现问题15个，以常态化检查助推机关效能持续提升。

【建强党务干部队伍】 加强理论学习，把专职党务干部培训纳入全县干部教育培训计划中，成功举办机关党组织书记、专职副书记、基层党支部书记理论和业务培训班。每季度开展理论知识测试，巩固提升党员政治理论水平。出台《象山县直部门党务工作者资质认证管理办法》，创新激励奖励机制，全面提高党务干部工作水平和从事党务工作的积极性。举办窗口干部风采集中展示活动，搭建展示平台，引导机关干部在推进党建高质量发展中赛拼争先。

【不断加强党员教育管理】 规范党员发展流程，严格执行发展前集中教育、发展中预审、公示、政审，发展后教育、宣誓等程序，确保党员发展质量，2022年共计发展党员32名。6月23日，组织开展2022年县级机关入党积极分子培训工作，近300名入党积极分子受训并顺利结业。

【开展机关党建调研工作】 深入开展机关党建工作理论和实践研究，不断探索拓展机关党建工作的新办法新载体新途径，针对调研结果形成的《思想引领力提升视域下强化机关党的思政工作探究》获机关党建优秀课题研究成果省三等奖、市二等奖。

（县直机关工委）

信访工作

【概况】 2022年，象山县信访系统在县委县政府有力领导下，深入学习贯彻习近平总书记关于加强和改进人民信访工作的重要思想、《信访工作条例》，全面贯彻落实省委、市委、县委统一部署，完成信访积案动态清零等任务，信访工作“一图一指数”（信访工作五色图和重大信访问题清单指数）排名居全省前列。全年初次来访、来信、网信化解率全面上升，初次来访化解率96.10%，初次来信化解率100.00%，初次网信化解率98.64%。“12345”热线接听97433件，“65786578”热线接听35108件，按期受理率100%，按期办结率100%。化解信访积案271件，其中国家级151件，省级120件；信访问题清单9个销号8个，销号率89%。

【健全积案销号机制】 上级交办信访积案按照“五个一批”逐案研判梳理后，根据属地、事权原则明确县级包案领导、责任单位、化解时限，形成清单交办责任单位限期化解并建立“一案一档”台账，符合化解标准的案件，及时上报省信访局核定后予以销号，再访件及时督办责任单位再次化解，保持信访积案动态清零。

【强化督导检查机制】 建立由纪检、组织、政法、巡察、信访等单位组成党委信访联合督导组，以专项督查、突击抽查形式到各地各部门开展信访事项化解、领导接访、主官办信等工作督导，已开展2次联合督导，压实信访工作责任，移交纪委监委问责6家单位、9名干部。

【激活双向规范机制】 一方面规范事权办理，立足“事要解决”，健全完善初信初访“一件事”闭环管理和限时办结制度，落实事权单位“三定一记录”（定领导责任、经办责任、跟踪责任，做好信访化解全流程记录），推动初信初访“日清、周结、月审”。

【规范县信访工作联席会议例会制度】 每两周召开例会，重要时期随时召集，汇总分析县域信访形势，研判疑难复杂积案，已召开9次例会，会商54次，形成信访事项会议纪要15期。

【完善县级领导接访约访及接听来电工作】 为县级领导提供随到随接、听取联系镇乡（街道）信访工作（重点突出初信初访及时有效化解）、研究包案化解措施等点单式服务。

【强化首问负责即问即办】 根据市、县统一部署，制定出台《象山县实行首问负责即问即办的若干规定（试行）》《首问负责即问即办承办单位职责争议认定办法、“吹哨报到”联合执法办法和首问热线电话接听处置办法》《首问负责即问即办效能指数测评办法（试行）》等指导性文件，召开全县首问负责即问即办工作动员部署会、培训会36次，有效提升镇乡（街道）、事权部门来电事项办理效能。

（县信访局　金冶倩）

老干部工作

【概况】 2022年，全县由县委老干部局负责服务管理的离退休干部66人，其中离休干部33人，退休（副县级以上）干部33人。离休干部中，享受地专级待遇1人，地专级二项待遇1人，享受县处级待遇12人，享受科级待遇19人。按参加革命时期划分，抗日战争时期入伍的2人，解放战争时期入伍的31人；按人员性质划分，属行政编制的有10人，事业编制的有6人，企业编制的有17人。在离退休干部中，党员有53人，其中，离休干部党员22人，县级退休干部党员有28人。离休干部平均年龄93.30岁，最大的100岁（虚岁101岁），最小的89岁（虚岁90岁）。

【离退休干部政治思想建设】 坚持分层分类、线上线下相结合，完善并落实情况通报、重大事项征求老干部意见、重要会议请老干部参加等行之有效的制度，引导广大老干部坚定拥护“两个确立”、坚决做到“两个维护”。2022年向离退休干部通报县情1次，开展“走看促”活动2次，举办党支部书记培训班1期，开展送学上门4次，为全县老干部发放各类学习资料500余份。同时，通过开展“学习微感言”、“老年大学开学第一课”、“六讲六做，银辉争先”大宣讲、收看中共二十大开幕会直播等活动。

【离退休支部规范化建设】 以积分制和片组制为抓手，制定印发《银辉党支部规范化管理指导手册》，进一步规范“银辉”党支部成立及换届、“银辉”党员加入及退出、“银辉”党员谈心谈话和慰问等系列制度，组织开展红色留声、银青赓续、荣誉退休等一系列活动，切实增强党组织的政治功能和组织力。

【“银辉”党建体系】 建成“银辉”支部22个，实现银辉支部在城区社区全覆盖，培树“银辉”之家2个、“银辉”品牌工作室9家、“银辉”正能量示范基地3个，宁波“银辉”志愿者联合会象山分会目前已发展“银辉”志愿服务队25支、“银辉”志愿者1000余人，其中，在“WE”志愿平台注册的“银辉”志愿者785人；离退休干部党建融入城市基层党建，有700余名离退休干部党员向社区报到，助力社区治理。

【老干部服务管理】 对全县所有离休干部实行“绿、黄、红”三色服务管理，抓细服务精度，建立《离休干部“一人一策”精准服务档案》，进行动态更新管理。精准落实有关老干部待遇的各项新政策，加密走访慰问，推行“七必访”机制，2022年开展春节、元旦、五一国际劳动节等集体走访10次，累计慰问老干部800余人次，帮助老干部协调解决“急难愁”问题30余件。积极争取财政、人社、医保等部门的惠老资源，积极推动建立家庭、原单位、老干部局、社区、志愿者等多方联动服务机制，形成合力，为老干部提供多领域、多层次的服务。2022年年初与医疗机构对接，继续畅通离休干部绿色就医通道；5月与县慈善总会联合，组织义工医生为老干部上门测量血压、血糖等。

【发挥老干部优势】 着力把银色人才资源转化为共富资源，组建“银辉助力共富团”，深入实施“共创”“共建”“共治”“共享”四大助力共富行动，开展“银助共富”路径实践探索，引导老同志在乡村振兴、精神富有、幸福养老、基层治理、文明创城、疫情防控等工作中发挥作用，为共同富裕赋能助力。2022年，应师傅农技工作室、老洪康复理疗工作室、陈阿姨义务理发工作室等助力作用发挥获得县有关领导表扬与认可。

【“喜迎二十大　银辉助共富”活动】 活动启动仪式在象山县东陈乡樟岙村才华剪纸艺术馆举行。各区（县、市）委老干部局代表，宁波市银辉志愿者联合会骨干，各区（县、市）银辉志愿者代表等150余人参加了活动。启动仪式上，举行首批宁波市“银辉之家”规范化建设示范点、最新一批宁波银辉志愿服务基地授牌仪式；成立银辉共富助力团，并举行了授旗仪式；举行书画赠送仪式，宁波老干部书画、摄影、诗词协会志愿者代表向象山赠送作品。并开展义诊、理发、摄影等志愿服务活动，服务群众2000余人次，后续带动20批次400余人次前来参观，进一步推动“银耀半岛”品牌形象和内涵升级。

【“银辉”志愿服务事业】 宁波银辉志愿者联合会象山分会作为全县“银辉”志愿服务队的领导机构，近年来，引导各“银辉”志愿服务团队从助力共富的实际需求出发，积极开展形式多样的“银助共富”志愿活动。2022年，“银辉”志愿者累计开展志愿服务930多场、参加志愿服务2200余人次，服务群众1.96万人。

【老干部学习活动阵地建设】 根据离退休干部新的需求，活动中心制定服务章程，制定《象山县老干部服务保障规程（试行）》，健全完善走访慰问、学习活动、突发情况应急处理等工作制度，丰富活动内容形式，健全和完善老干部活动场所，加密上门活动次数，不断提高老干部满意度；老年大学坚持多元办学，突出政治建校，强化党建引领，着力构建“润德铸魂”思政课程体系建设，2022年开设政治大课5场次，受教育超过1200人次；同时，加强规范化建设，联合多部门推动基层延伸办学，进一步深化“家门口老年大学”教学点建设。

【老干部党校实体化运作】 通过打造“红色+N”特色课程体系，运用红色加油站、党史微馆、留声屋等功能室，提供党史现场教育、直播宣讲、主题座谈、自助学习等特色选项，推动老干部党校党性教育扎实开展。开校以来，举行传统文化和政治时事讲座7次，成功举办退休干部第一课活动，各功能板块共接待参观、学习100余场，2000余人次，实体化运作初见成效。

【“退休第一课”活动】 在宁波市象山县离退休干部党员学习服务中心举行，全县24名近两年退休的老同志代表参加活动。县委组织部、县人社局、县委老干部局相关领导为退休老同志颁发“光荣退休”证书，赠送《退休干部必读》，并邀请相关专家作题为《喜迎二十大胜利召开》《退休干部生活变化与心理调适》《退休生活漫谈》《退休领导干部兼职有关政策规定解读》等讲座辅导，引导退休干部牢记初心使命，完成角色转换、乐享退休生活、传递社会正能。在现场的“社区治理我参与，共同富裕我助力”签名墙前，每位老干部都郑重签名承诺，表达决心。

【“银辉”党建阵地建设】 推动新华社区“校社共建基地”常态化运行，深化银辉志愿服务活动内容和形式，打造“以老助老、文化养老”银辉党建品牌，自成立以来，校社共建基地共开展各类志愿服务活动800余次，收获了社区老年群体的一致好评。推动银领先锋馆红色主题教育常态化开展，加大宣传力度，吸引社会各界人士参观指导，传扬老干部的先进事迹、歌颂老同志的精神风骨，全年累计参观1.2万人次。

【自身队伍建设】 加强思想建设，创新丰富学习形式，引导全体干部学深悟懂弄透中共二十大精神，切实做到武装头脑、指导实践、推动工作。加强能力建设，继续深化机关作风建设专项活动，坚持常态长效，树立比学赶超新导向，通过锤炼过硬作风，重塑干部素质能力。加强纪律建设，认真履行党风廉政建设主体责任，树立底线思维，加强执纪监督，推进正风肃纪，净化意识形态，建设风清气正的机关政治生态。

（县委老干部局 胡桢平）

党校教育

【概况】 2022年，象山县委党校紧紧围绕县委中心工作，立足党校性质和职能，坚定党校办学政治方向和科研强校发展导向，以培养高素质专业化干部队伍为目标，聚焦主业主课，准确把握"用学术讲政治"的实践要求，推动教研资一体化发展，推进党的干部教育培训和思想理论建设，充分发挥党校主渠道和主阵地作用。

【干部培训】 按照《2022年象山县党员干部培训班次计划》总体安排，全年共举办周末知行学堂、"共同富裕"主题培训班、"青春塔山"干部读书会、新录用干部初任培训班、选调生履职能力提升培训班、党员发展对象培训班等主体班次42期，累计培训学员9416人次，理论教育和党性教育课时占比为79.85%，其中，党性教育课时占比为24.71%。持续深化现场教学，深耕本地红色资源，新开发《村民说事》《殷夫精神》2堂现场教学基地配套课程。深入推进数字赋能，用好"干部培训码"，将数字化应用融入干部教育中，突出"数智党校"建设成效，在办班管理、数据整理、资源共享上取得新突破。

【共同富裕主题培训】 按照《新时代基层干部推动共同富裕主题培训计划实施方案》要求，结合"青春塔山"干部读书会、"周末知行学堂"等重点培训班次，系统安排共同富裕主题培训课程，4—6月，通过线上直播的授课形式，共开展新时代基层干部推动共同富裕主题培训班6期，每期培训基层干部1000人次。6月12日、6月18日，组织县管干部参加全市周末知行学堂"共同富裕"主题学习培训2期，分别培训县管干部351人次和365人次。

【丹山干部讲坛】 为打造高素质专业化干部队伍，密切配合县委组织部不断优化方案，推出"丹山干部讲坛"，围绕中共二十大精神、海洋经济等主题，邀请各部门各单位党政"一把手"为相关业务战线年轻领导干部开展专题授课。11月8日晚，举行"丹山干部讲坛"启动仪式暨首期培训，县委组织部部长张微燕作动员讲话，并邀请市委党校副校长孙琼欢作中共二十大精神解读，共培训学员128人次。12月6日晚，举行第二期"丹山干部讲坛"，邀请县发改局局长朱约余授课，为学员讲授海洋经济发展的相关思考，县委主要领导莅临现场听课指导，共培训学员201人次。

【乡村治理学院】 2022年，乡村治理学院依托特色现场教学资源，结合干部培训主体班次安排，围绕乡村振兴、共同富裕等主题，共举办北仑对口支援干部综合能力提升班、未来乡村建设工作培训班、高精专业人才政治素质培训班等对外培训班次16期，培训学员739人次。

【干部心理素质提升中心】 聚焦干部心理健康需求，创新形成"心理评估、心理咨询、心理团辅、心理讲座"四位一体的服务模式，切实为干部暖心聚力。中心依据党政干部不同的心理特点和实际需求创新心理课程，将心理健康课程纳入主体班次的培训课程，并结合"周二夜学"，采用"送课上门"的形式，邀请宁波市康宁医院副主任医师徐静波、宁波市康宁医院心理咨询中心李琼等知名专家，为县委老干部局、黄避岙乡人民政府等单位举办7场专题讲座，开展6场团体心理团辅导活动。为2名有需求的干部提供6次"一对一、面对面"个体心理咨询服务。3月，疫情防控期间，开通心理援助热线，借助微信公众号不定期推送心理科普文章。11月，与北京师范大学心理学部达成合作，为西周镇、贤庠镇、东陈乡3个乡镇500余名干部开展线上专业测评，从心理健康状况自评、职业倦怠、抑郁症筛查、焦虑症筛查等多维度全面了解干部心理状况。同时，依据个人测评结果及日常表现，建立干部心理档案，针对干部群体中筛选出的心理亚健康及异常个体，依托团辅、个辅及组织干预等手段，为其提供个性化、定制化的心理服务。

【科研咨政】 积极发挥党校资政"智库"作用，重点围绕县委"聚力一二五，走好共富路"战略，围绕产业发展、城镇化建设、文化旅游、乡村振兴等县委、县政府中心工作，以存在的问题为主切入点，组织教师深入一线调研，提出一批有针对性的建议见解，为地方经济高质量发展建言献策。组织教师积极参加省市党校系统理论研讨会，共提交论文10篇，3篇获全省党校系统理论研讨会三等奖、2篇获全市党校系统理论研讨会三等奖。围绕中央、省市县重大决策部署以及社会热点难点问题，开展课题申报与结题，全市党校系统规划课题共结题5项，1项获评优秀课题，2022年度市委党校规划课题共立项6项。发挥自身课题研究的理论分析优势，与县级部门进行联合课题研究，共完成各类调研课题8个，其中，与县直机关工委合作的调研课题获宁波市机关党建优秀调研成果二等奖、浙江省机关党建优秀论文三等奖，与组织部合作的课题获宁波市党建研究会综合类优秀调研成果二等奖。围绕中心工作撰写资政报告，《象山在宁波建设世界一流强港中的地位和作用》一文被评为宁波党校系统优秀决策咨询成果，《关于妥善处置电梯井道内使用违规材料问题的建议》获县委常委、副县长周坚栋肯定性批示。为更好围绕县委、县政府中心工作提供决策咨询，共参加2021年象山县改革优秀案例讨论与评选、县社科联2022年课题讨论会、县委书记专题课题座谈会、茅洋花墙共同富裕建设路径研讨座谈、村民说事"基层老年协会规范化建设"等会议15场。

【对外宣讲】 坚持把学习宣传贯彻中共二十大精神作为首要政治任务，第一时间成立由7名教师组成的"党的二十大精神理论宣讲团"，推出宣讲课程菜单，并及时安排到主体班次教学中。围绕共同富裕、中共二十大精神、中共十九届六中全会精神、乡村振兴、象山县情、党史党章等主题，新开发专题党课9堂。2022年，深入基层开展理论宣讲，积极到机关、企事业单位、农村、社区开展"送教上门"，赴北京、广东、广西、嘉兴等地进行宣讲，推动党的创新理论融入讲稿、进入课堂、嵌入头脑中，全年共宣讲136场次，受众5万余人次。

（县委党校　董靓）

史志工作

【概况】 2022年，象山县委党史研究室认真深入学习习近平新时代中国特色社会主义思想和中共二十大精神，在县委、县政府领导下，在市委党史研究室指导下，扎实做好史料征集、年鉴编撰、党史宣教以及地方志工作等主业，史志工作稳步推进。

【省、市、县三级党委召开党史工作视频会议】 7月1日，省、市、县三级党委分别召开了党史工作视频会议。县委书记包朝阳在全县党史工作会议上要求党史研究室进行了逐条梳理，并且制定了具体工作方案，确保各级党史工作会议精神得到贯彻和落实。为贯彻各级党史工作会议精神，党史研究室组织全体干部专题学习研讨。

【史复明被评为全省先进工作者】 在省党史工作会议上，党史科科长史复明被评为全省党史先进工作者。

【两部旧县志整理】 2022年，康熙《象山县志》和乾隆《象山县志》分别开展了点校和注解工作。乾隆《象山县志》统稿完成。康熙《象山县志》完成一校。

【《象山简史》编纂启动】 全面梳理象山历史发展脉络，精心组织力量着手编写《象山简史》。已经完成宋代以前的内容撰写工作，后续工作正在有序推进，计划于2023年底出版。

【编辑《象山年鉴（2022）》和《象山史志》】 《象山年鉴》是反映全县年度工作的一部大型综合性书籍，一年一鉴，《象山年鉴（2022）》字数120多万字，12月完成印刷出版。《象山史志》期刊共分"党史专题""史志论坛"等八大栏目，收录文章30余篇，10月印刷发放。

【《万象山海——象山改革开放口述史》出版】 为铭记象山人民在改革开放过程中艰苦创业的奋斗精神，向社会各界征集三亲史料29篇，每篇文章都以第一人称"我"为叙述角度，回忆他们的亲历亲见亲闻，再现当时的历史画面。10月完成印刷出版工作。

【革命遗址保护利用和场馆建设】 2022年，叶刚故居修缮完成，市财政专项资金下拨15万元，开展故居内布展工作。因布展的需要，7月联系南京晓庄师范学院，得到一些宝贵资料，为布展做素材准备。吴烨故居的12万元补助资金下拨，由于房子产权纠纷，布展工作滞缓。陈良义纪念馆的26万元专项资金到位，开始布展，该馆面积360平方米。

【基层志书和基层工作年鉴推广】 推动基层志书的编纂工作。2022年，对《高塘岛乡志》《丹东街道志稿》《西周镇村落通志稿》《象山县广播电视志》《象山县图书馆志》《象山县卫生志》等6部志书进行审稿，提出修改意见。同时对《定塘镇志》《泗洲头镇志》《新桥镇志》《象山县检察志》《象山县法院志》等5部志书进行指导。10月初，县府办发文，召开全县年鉴工作会议，全县10家重点部门和全县18个镇乡（街道）分管领导参加会议，会议要求上述28家单位在年底完成并印刷。各单位的年鉴纲目由县志办负责编写，该项工作将在2023年全县推广。

【落实省委"八八战略"课题】 2023年是"八八战略"实施20周年，为反映象山在"八八战略"指引下，取得的历史性成就、变革，开展《一张蓝图绘到底——忠实践行"八八战略"全纪录》课题研究。在上级史志部门的指导下，以《发挥山海资源优势，高质量打造现代化滨海花园城市》为题，10月初，召集农业农村局等10个部门开展会议协调，部署20年来主要工作和成就的撰写工作。在此基础上再进行概括提炼，完成课题撰写任务。

【部署《宁波市扶贫志》（象山部分）编写】 根据市里召开的《宁波市扶贫志》工作会议精神，9月，县政府召集组织部、发改局、农业农村局等8个部门单位和4个乡镇分管领导，落实编写任务。该项工作由县志办负责牵头，各单位按要求提交资料，县志办组织人员进行通稿完善，在11月底完成该项任务。

【开展《百年风华辉煌十年》浙YOUNG说短视频拍摄】 根据省委党史研究室文件精神，办公室与团县委联合拍摄2集短视频：其一，以王家谟烈士事迹为切入口展示青草巷10年发展变化。其二，以山海楼为切入口的周边影视文化产业10年发展变化。11月底完成报送。

【开辟《象山党史云课堂》电视视频】 2022年，与县传媒中心合作，陆续推出7集《象山党史云课堂》视频，每集15分钟。该工作由县委党史研究室负责策划、文稿撰写、讲解员培训，传媒中心负责拍摄和后期制作，县直机关工委组织视频发放和组织学习。

【郑光祖烈士事迹在八一南昌起义纪念馆上墙】 郑光祖烈士是参加过"八一南昌起义"的象山籍革命烈士。县委党史研究室得知关于他的革命材料没有被纳入八一南昌起义纪念馆后，立即与纪念馆负责人取得联系并进行沟通，及时完成相关证明和资料，赶在7月底纪念馆开馆之前将郑光祖烈士资料上墙展出。郑光祖烈士是2022年全省唯一一个在八一南昌起义纪念馆增补上墙的烈士。

【召开纪念抗战胜利77周年座谈会】 9月2日，县委党史研究室与县委宣传部联合举行了纪念抗战胜利77周年座谈会，邀请部分老干部、社会各界人士参加，畅谈抗战重大意义，畅想象山改革开放伟大宏图。

（县志办　厉攀）

档案工作

【概况】 2022年，象山县档案馆忠实履行"为党管档、为国守史、为民服务"的职责使命，推进"十四五"档案事业发展规划落实，高质推进档案工作服务农村基层社会治理，18个镇乡（街道）均顺利通过省、市级试点验收。加快拓展数字档案利用服务，深化"远程查档、近端出证"基层档案利用平台，推动"机关查档直通车"扩面宣传，提高查档服务高效性和优质化。加大档案解密和开放审核力度，充分应用档案目录管理系统和档案数字化成果，做好馆藏档案开放鉴定工作。严格开展"双随机"执法、专项执法和掌上执法检查工作，提高执法检查质效。认真落实档案安全备份长效机制，深化档案保密专项检查，筑牢网络安全防护体系。大力宣传档案文化，档案宣教功能发挥有力有效。积极弘扬"兰台工匠"精神，开展档案管理专题培训，提升干部职工专业能力。

【组织"6·9"国际档案日系列宣传活动】 以"6·9"国际档案日为契机，结合馆藏档案资源，举办"赓续红色血脉·传承红色基因"——象山县"红色档案"主题巡回展，联合县教育局在象山丹城第三小学、第五小学、第六小学等校区内先后展出，吸引3000余名师生观展。组织档案开放日活动，邀请林海学校35名师生走进档案馆，现场体验查档服务，参观爱国主义教育基地、档案馆库房等，在沉浸式体验中，引导学生认识档案价值、增强档案意识，档案馆的社会教育功能得到有效发挥。开展《喜迎二十大　档案颂辉煌》档案征集工作，征集到全县86家单位提供的反映自中共十八大以来各单位所取得的成绩的文字和图片资料。主动对接县委组织部，将档案管理培训首次纳入县主体班次培训内容，举办档案管理专题培训班，全县档案分管领导和办公室主任共200余人参加。

【档案工作服务农村基层社会治理】 聚焦基层社会治理体系和治理能力现代化，在爵溪、大徐通过省级试点验收基础上，及时总结经验，将档案工作服务农村基层社会治理工作推广到其他16个镇乡（街道），成功通过市级试点验收。9月16日，县档案局、档案馆在档案馆四楼兰台技能培训中心联合举办档案工作服务农村基层社会治理工作培训会，来自全县18个镇乡（街道）及下属行政村（社区）档案员50余人参加。

【整理各类档案近60万件】 县档案局通过"实地走访、实操培训、远程指导"相结合方式，督促各乡镇开展村级档案室建设、档案收集整理和数字化加工，各镇乡（街道）基本形成了文书档案、基建档案、户籍档案等多种载体形式的档案，截至12月底，累计整理纸质档案26669卷、照片档案2669张、实物档案2659件，著录电子目录39.8万余条，数字化加工16.67万余件。

【档案研究结集多种著作】 加强与宁波大学浙东文化研究院交流合作，深化"馆校合作、联合编研"模式，以《浙东海洋盐业档案整理和研究》项目，开发研究馆藏"玉泉盐场档案"，着力推进重点档案保护与利用。在《中国档案报》开设"浙东海洋盐业档案专栏"，2022年连续刊发研究性文章24篇。创新思维开拓思路，与《宁波晚报》合作开展"档案见证共富路"栏目（象山篇）制作工作，完成《宁波象山老盐场开出新"盐花"》文字编写和视频拍摄，并在《人民日报》、"学习强国"学习平台等新闻媒体上发表，浏览量超7.9万次。独立编纂出版《象山足迹——县委副书记、县长包朝阳履职印记》《红色记忆——象山革命历史档案精选》，其中《红色记忆——象山革命历史档案精选》在全县各镇（乡）街道、县级部门和中、小学校发放共3500本。

【档案人才队伍建设】 树立正确选人用人导向，选拔忠诚干净担当的高素质专业化干部，招考公务员1名。结合周二夜学，开展青年建功争先锋暨巾帼文明岗岗位技能大比武活动，全馆11名青年干部踊跃参加。坚持新形势新要求，深化"菜单式"培训模式，结合各单位工作职能，为县工投集团、水务集团、县工程研究院和县卫生系统档案员开展档案"三合一"制度业务培训4场次，有效提升档案工作人员业务能力和工作技能。宣传贯彻新档案法，提高档案法治意识，为全县各执法单位开展行政执法档案专题培训，受训人员20余人。针对林海学校开展校本课堂《林海档案馆》情况，举办走近档案专题培训，培训人员30余人，进一步增强对档案工作重要性的认识。

【推动数字档案室建设】 推动数字档案室建设，对县农业农村局、县金融发展中心等4家创建各等级数字档案室的单位进行业务指导，新增象山卫校婚姻登记处、亚运办和亚帆中心等基层数字档案室4个。主动对接省档案馆数字化改革"1+6跑道"，加快推进档案接收、管理、保护、开放、利用、宣传工作现代化，在全省首期档案工作指数评价综合考核中象山县排名第17位，处于优秀等次。延伸长三角地区查档"一网通办"，深化"远程查档、近端出证"基层档案利用平台，打造群众"家门口的档案馆"。聚焦基层减负，推动"机关查档直通车"扩面宣传，提高查档服务高效性和优质化。截至年底，共接待档案资料查阅1841人次，其中“异地查档、跨馆服务”493起，干部、群众查档用档满意率达100%。

【档案法治建设】 持续推进省“大综合一体化”执法监管数字应用工作，推动实现档案执法全程网办、自动留痕。严格开展“双随机”执法、专项执法和掌上执法检查工作，制订年度检查计划和任务表，提高执法检查质效。截至年底，共开展执法检查39次，抽查事项覆盖率达100%。根据省档案局新出台的档案室业务评价办法，针对创建市档案业务建设星级档案室单位开展“一对一”指导，鼓励引导机关单位积极参与业务评价建设。县档案馆、县城市建设投资集团有限公司获评2022年度“省级优秀档案室”，徐镇人民政府、西周镇官山村村民委员会等3家单位获评2022年度“省级良好档案室”。强化监督检查，推进档案工作依法治理，切实做好一体化政务服务平台相关工作和地方机构改革中的档案工作，对调整优化、撤并后的档案处置进行业务指导，进一步明确档案工作任务。

【档案安全】 加强档案馆库等基础设施建设，为档案收、管、存、用提供良好条件，确保档案实体绝对安全。强化档案机房巡查和整体管控，定期开展风险隐患排查，筑牢网络安全防护体系。截至2022年底，开展机房设备安全检查40余次、软硬件巡查巡检8次、漏洞扫描4次、灾备演练1次。进一步做好档案数据备份，科学制定备份策略和恢复策略，积极开展馆际合作，落实档案安全备份长效机制，共异地备份档案3.27TB，累计档案数据备份达38TB。切实做好档案数字化过程中的安全保密工作，深化档案保密专项检查，通过“线上自查+实地核查”，逐一排查档案管理风险点，检查县级部门14家、镇乡（街道）3个。

【收集档案近8万卷（件）】 围绕中心、服务大局，不断充实馆藏档案资源总量，主动加强与县外事办、疫情防控办等单位对接，有效做好档案指导接收工作。截至年底，共接收新冠疫情指挥部档案2098件、土地确权档案76372卷、扶贫档案526件、出生证明档案224卷、文书档案817件、照片档案18卷1007张。拓宽档案征集渠道，促使更多更优民间资源向档案馆汇集，征集到韩天芭捐赠的国家自然科学二等奖奖章、老式手摇计算器、测量仪上的反光镜等实物3件、宋琴堂捐赠的24K镀金十二生肖纪念月份牌、毛泽东诗词精选彩金邮票等实物2件、周成启等象籍名人档案73件、家谱10册、图书资料57册，馆藏资源结构不断优化。

【完成档案开放7万多件】 严格贯彻落实《中华人民共和国档案法》，加大档案解密和开放审核力度，充分应用档案目录管理系统和档案数字化成果，做好馆藏档案开放鉴定工作。截至年底，共完成131个全宗档案（1990—1994年）文件级鉴定，经鉴定开放2.34万件、限制4.75万件。

【常态化开展党史学习教育】 以集体学习研讨为主要方式，进一步优化理论学习中心组学习机制，完善周二夜学制度，将党史学习教育、习近平总书记对档案工作重要批示纳入学习内容、“三会一课”、主题党日等组织活动中，推动党员干部读原著、学原文、悟原理，不断提升理论武装水平。截至年底，组织集中学习60余次，中心组学习12次，学习各类重点篇目20余篇，针对性开展主题党日活动20余次。树牢大局意识，充分发挥支部战斗堡垒和党员先锋模范作用，认真落实结对帮扶制度，认领“微心愿”6户，慰问困难党员和群众20余人次。以档案为媒，打造党史学习教育阵地，将档案展览与党史学习教育紧密结合，丰富爱国主义教育基地党史学习教育内容，开展基地参观及社会实践活动，引导干部、群众、学生等感受档案文化独特魅力，进一步知史学史听党话。

（县档案馆　包丽鑫）

涉台事务

【概况】 2022年以来，象山县按照上级台办的工作部署，紧紧围绕县委的工作大局，始终贯彻“塑大势、化风险、强震慑、促融合”的对台工作方针，主动发挥对台工作的灵活性和全面性，把推进“海峡两岸交流基地”建设作为对台工作的重要载体，统筹各方力量，以青年交流合作为主线，扎实推动海峡两岸融合发展，支持引导海峡两岸青年共同参与到共同富裕示范区的建设大潮中。

【加强对台工作集中统一领导】 6月15日，召开全县对台工作领导小组会议暨全县对台工作会议，通过《中共象山县委对台工作领导小组及办公室工作规则》和《2022年全县对台工作要点》，县委常委、统战部部长陈善杰做重要讲话，进一步明确了2022年全县对台工作的总体要求和目标任务。2022年把海峡两岸交流基地建设纳入对所有乡镇和浙台经贸合作区、象山影视城的全县目标管理差异化考核，全县各乡镇各部门统一联动，营造象台交流合作良好的社会氛围。

【加强对台项目服务和招商引资】 精心策划主题对台招商推介，2022年共计引进四家台资企业。新引进台商朱宏文成立象山申蓝供应链管理有限公司，投资建设渔业中转贸易基地，2022年申蓝贸易实现帝王蟹进口13航次，货值727.5万美元；新引入浙江强丰进出口有限公司，已落实第一批台湾硅晶圆进口。新引进首个台湾人才项目环霆科技（宁波）有限公司，已帮助落实厂房，正在装修中。另外，台企宁波威霖住宅设施有限公司投资3000万元，建设淋浴房数字化车间项目。

【开展妈祖如意信俗交流活动】 有效整合民间协会和基层的力量，多方调研，制作最新的《象山石浦—台湾富冈如意信俗》视频和主题曲，为海峡两岸如意信俗文化交流赋予新的内涵。开渔节期间邀请台湾富冈新村代表参加开渔活动，9月16日，如意文化研究会组织台胞柯受雄和澳门妈祖文化协会代表一起，开展妈祖如意文化研讨会。

【举办海峡两岸青年守护“神话之鸟”凤头燕鸥志愿活动】 8月4日，象山县在石浦举办海峡两岸青年守护“神话之鸟”志愿行动，在启动仪式上发布了海峡两岸青年守护“神话之鸟”志愿行动计划，现场举行了海峡两岸青年志愿服务队授旗仪式。活动旨在号召海峡两岸青年共同投入守护“神话之鸟”的志愿行动中来，推动海峡两岸青年共同参与到巡航护鸟、净滩护岛、生态环保宣传中来，引导海峡两岸青年了解参与海上生物多样性保护实践，共同爱护海洋环境。

【举办象山·宁海·南投云雾茶叙会】 8月10日，由象山县、宁海县与台湾南投县共同举办的云雾茶叙会以线上线下相结合的方式在三地同时举办，海峡两岸茶文化爱好者和专家“云”聚一堂，以茶为媒，共叙发展。此次茶叙会以“茶”为主线，品茶香、话桑梓，双方围绕茶叶历史追溯、茶叶种植技术探讨、茶叶品种分类、茶叶制作以及甬台两地茶叶市场规模等展开交流。下一步还将继续深化交流活动，探索甬台两地茶文化的融合创新方式，拓展两地茶叶经贸往来。

【举办第五届海峡两岸乡村振兴论坛专场活动】 10月11日，以“深化两岸融合，共促乡村振兴”为主题的第五届海峡两岸乡村振兴论坛——“柑橘产业助推乡村共富”专场活动在浙江省宁波市象山县举行。海峡两岸柑橘种植户、柑橘产业从业人员齐聚一堂，走访调研，共话地方文化和柑橘产业的融合和发展。参访团一行先后走访了石浦镇沙塘湾村、中国海洋渔文化馆、“中国第一棵红美人”果树基地、晓塘乡柑橘产业服务中心等地，真实了解象山民宿发展状况，感受当地渔文化的魅力，知悉柑橘产业发展历程。

【做好涉台联络联谊服务工作】 举办两项台胞联谊活动，海峡两岸婚姻家庭“七月踏歌行”活动中，50余名台湾青少年体验象山非遗文化，唱响爱国统一之歌；联合网易云音乐举办中秋海上乐评活动，邀请创业台青和其他各界青年代表一起，与县委主要领导一起赏月祈福。做好重点台胞台属的日常联络服务工作，开展了春节、中秋两次节日慰问走访，春节前走访慰问重点台属台胞36人次，台资企业15家，发放慰问金40900元。9月，对4名台属台胞子女发放奖助学金6000元。平时经常性走访重点台属台胞台资企业，妥善帮助解决台商台胞求助事项六项。动态掌握象山台情，对到象山台湾人才和台商重点跟踪服务。及时了解掌握9名大陆学生受疫情影响的情况，支持其向台湾就读院校表达合理诉求，维护自身权益，稳定学生思想动态，指导其涉台注意事项。

（县台办 郑杰）

象山县人民代表大会

综　述

2022年是县十九届人大常委会依法履职的开局之年，在县委的正确领导下，县人大常委会坚持以习近平新时代中国特色社会主义思想为指导，深入学习贯彻中共二十大精神，紧扣县委"海洋强县、美丽富民，都市融入、变革驱动"战略，聚力一二五，走好共富路，紧紧团结依靠全体代表和全县人民，依法履职，担当有为，深入践行全过程人民民主，完成县十九届人大一次会议确定的目标任务，为推进社会主义现代化滨海花园城市建设发挥了积极作用。全年依法举行常委会会议9次，听取和审议专项工作报告27个，作出决议决定9个，交办审议意见10个，组织执法检查和代表视察18次。任免地方国家机关工作人员97人次，各项工作都取得了新的进展和成效。

重要会议

象山县人民代表大会及常委会会议

【县十九届人大第一次会议】 1月22日至25日，县十九届人民代表大会第一次会议在丹城召开。应到代表267人，出席会议代表256人，列席96人，举行全体会议4次，主席团会议5次。大会表决通过了关于政府工作报告的决议，县2021年国民经济和社会发展计划执行情况与2022年国民经济和社会发展计划的决议，县2021年预算执行情况和2022年预算的决议，县人民代表大会常务委员会工作报告的决议，关于县人民法院工作报告的决议，县人民检察院工作报告的决议和2022年县民生实事项目，选举罗来兴为县十九届人民代表大会常务委员会主任，干维岳、石坚定、应伟刚、陈柳松、莫俶茜、张有为为副主任，王宁星、王家枫、朱文荣、朱建新、朱海东、杨志国、杨雪娟、吴双峰、张义、张尔一、张西平、张爱萍、陈洪、陈成定、陈海波、范兴国、周增培、胡祖岳、施文娟、施良才、袁明全、钱永建、钱愉璐、徐杰、蒋杰峰、蒋凌云、谢光辉、蔡东波为委员。选举李晓东为县人民政府县长，高岷、周坚栋、钮晶莹、潘多、吴志辉、胡颖磊、史建立、卢小兵为副县长。选举王道为县监察委员会主任。选举金李东为县人民法院院长。选举陆玉珍为县人民检察院检察长。选举朱海东为县十九届人大监察和司法委员会主任委员，谢文潮为副主任委员，叶能章、朱文荣、朱国艇、周增培、胡祖岳、俞立民为委员。选举蔡东波为县十九届人大财政经济委员会主任委员，石磊、李健、李红宗、吴兴定、应芝、张增明、顾学锋、徐杰、谢光辉为委员。选举袁明全为县十九届人大社会建设委员会主任委员，杨雪娟、张西平、陈烨、陈海波、蒋杰峰、赖海军为委员。

【县十八届人大常委会第四十八次会议】 1月13日，县第十八届人民代表大会常务委员会第四十八次会议举行。会议听取和审议县人民政府办公室副主任张帮寸所作的关于政府工作报告草案形成过程和主要内容的说明，书面审议县人民法院、县人民检察院工作报告，提出了修改意见和建议。会议要求，"一府两院"要根据审议意见，进一步修改完善工作报告，为即将召开的县十九届人大一次会议做好充分准备。会议分别听取了县财政局局长张茂豪受县人民政府委托所作的关于县2021年预算执行情况和2022年预算草案的报告，县发改局局长史建立受县人民政府委托所作的关于县2021年国民经济和社会发展计划执行情况与2022年计划草案的报告，2022年重点工程项目、2022年政府性投资项目的报告，并对上述报告进行认真审议，提出了修改意见和建议。会议原则同意上述报告，要求县政府及有关部门根据审议意见，作进一步修改完善，为即将召开的县十九届人大一次会议做好充分准备。会议听取县发改局局长史建立受县人民政府委托所作的关于2021年县民生实事项目实施完成情况的报告和2022年县民生实事候选项目建议方案的汇报，并对上述报告进行认真审议，提出了修改意见和建议。会议要求县政府及有关部门根据审议意见，继续修改完善，为即将召开的县十九届人大一次会议做好充分准备。会议对2021年县民生实事项目实施完成情况进行满意度测评。测评结果为：交通出行便利项目、公共安全保障项目、健康素养提升项目、全民健身发展项目、校园设施提升项目、美丽乡村建设项目、公共文化服务项目、创业就业保障项目、保险助残保障项目等9项为满意等次，居家养老服务项目、人才队伍培养项目、城市防洪排涝项目等3项为基本满意等次。会议听取县人大常委会办公室主任钱永建所作的关于县人大常委会工作报告草案起草过程和主要内容的说明。会议经过审议，原则通过县人大常委会工作报告，要求县人大常委会办公室根据会议意见，对报告作进一步修改完善后，提请县十九届人大一次会议审查。会议听取县人大常委会副主任、县十九届人大一次会议筹备办公室主任黄敏求所作的关于县十九届人大一次会议筹备工作情况的报告。审议通过提请县十九届人大一次会议预备会议以及主席团会议通过的有关文件和名单（审议稿），通过大会其他程序性文件，决定大会列席人员名单。会议审议县人民政府有关人事任职议案，决定任命潘多为县人民政府副县长，并举行宪法宣誓仪式。会议审议部分市人大代表补选事项，以无记名投票的方式，补选张文杰、李晓东为象山县出席宁波市第十五届人民代表大会代表。会议书面审议了县政府组成部门局长（主任）2021年度履职情况、县人大常委会三个专委会报告、县人大常委会丹东丹西爵溪街道工作委员会2021年度工作情况的报告、市人大代表象山中心组2021年度履职情况的报告。

【县十九届人大常委会第一次会议】 2月16日，县第十九届人民代表大会常务委员会第一次会议举行。会议审议通过了《象山县人大常委会2022年工作要点》。会议审议通过了《象山县十九届人大常委会代表资格审查委员会组成人员名单》《象山县十九届人大常委会各工作委员会组成人员名单》。会议组织学习了《中华人民共和国各级人民代表大会常务委员会监督法》、介绍了县人大数字化改革应用成果，还向新当选的县人大常委会委员颁发了当选证书，并进行了宪法宣誓。

【县十九届人大常委会第二次会议暨减船转产专题审议会议】 3月24日、25日，县第九届人民代表大会常务委员会第二次会议暨减船转产专题审议会议举行。县委书记包朝阳参加减船转产专题审议会议，并发表讲话。包朝阳代表县委、县政府对县人大常委会及各级人大代表所做的工作表示充分肯定并指出，海上安全问题一直是平安象山建设的一道重大课题，特别是随着渔船状况越来越陈旧、渔民结构越来越复杂、航道通行越来越繁忙等不安全因素与日俱增，风险隐患日益突出。减船转产是象山县2022年五场绕不过必须打的攻坚硬仗之一，各地各部门要进一步优化调整减船转产工作目标，围绕"安全、民生、生态、发展、公平"等五大维度，以依法治渔、改革创新，综合施策、标本兼治为方针，集中力量、加大投入力度，提高涉海涉渔领域安全水平，确保海上渔业生产安全有序，全面促进海洋渔业可持续发展。包朝阳强调，要进一步推进削减老旧高危渔船，按照"一船一档"的要求，专人负责、跟踪销号，尽快实现减船目标。要进一步重视做好退捕渔民转产转业工作，分类施策引导本地渔民、青年渔民等就业创业，抓深抓实大龄渔民兜底保障，扎实写好渔民上岸"后半篇文章"。要进一步高压严控"异地挂靠"渔船新增，加强港口执法管理，切实展开精准布控，不给违规作业渔船以可乘之机。要进一步鼓励推广示范渔船建设，围绕"人本化、数字化、生态化、规范化、标准化、智能化"等场景示范，推动软硬件水平提升，促进渔民安全素质提高。要进一步优化配置马力指标资源，提前谋划、加强研究，最大限度发掘减船能耗红利。要进一步规范发展休闲海钓产业，制定海钓行为安全规范，健全休闲渔钓服务体系，促进休闲渔业健康快速发展。包朝阳要求，县人大及其常委会要紧紧围绕县委决策部署，依法履职、守正创新，多了解关注"国之大者""县之部署""民之关切"，始终做到与县委同频共振，不断将人民代表大会制度优势转化为治理效能。要当好政策的宣传员，把大政方针、决策部署及时传达给广大人民群众，发挥好"传声筒""放大器"作用，达成广泛共识，凝聚强大合力。要当好民情的联络员，加强代表联系群众工作，发挥好代表听取民意、反映民愿的"千里眼""顺风耳"作用，深入基层、联系群众，把群众反响突出、意见较大、带有共性的问题反映上来。要当好工作的监督员，主动发挥身份优势开展监督工作，查漏补缺、加打补丁，推动各项工作尽快尽好地落实。会议听取和审议了县水利和渔业局局长张洪成受县人民政府委托所作的减船转产专项行动工作情况的报告。副县长吴志辉代表县人民政府作了表态发言。会议认为，在全县范围内开展减船转产专项行动，是保障象山县渔业生产安全、推动海洋渔业绿色可持续发展的应时之举。自"减船转产"专项行动被列入2022年"5532"攻坚硬仗之列并实施以来，县政府及有关部门紧密配合、推进有序，减船转产取得阶段性成果，已完成减船转产公示六期，涉及渔船400艘，占目标任务总数的一半。会议要求，县人大常委会农业农村工委对常委会组成人员、代表的意见和建议进行汇总，结合前期调研情况，整理形成审议意见稿，经主任会议讨论后交县政府研究处理。会议听取和审议了县经信局局长徐大栋受县人民政府委托所作的关于创新驱动推进制造业高质量发展决定的研究处理报告、县人民政府办公室副主任胡路所作的关于对象山县人口流动情况报告审议意见的研究处理报告、县人民政府办公室副主任蔡振年所作的关于城市品质提升工作决定的研究处理情况的报告、县水利和渔业局局长张洪成受县人民政府委托所作的关于水资源平衡工作情况审议意见研究处理情况的报告、县财政局局长张茂豪受县人民政府委托所作的关于象山县2020年度国有金融资本管理情况专项报告审议意见落实情况的报告、县亚筹办所作的关于象山县亚运赛事筹办情况审议意见研究处理情况的报告。常委会组成人员认为县政府及有关部门严格按照审议意见要求，扎实有力推动整改，取得了一定的成效。会议对上述审议意见研究处理情况进行了满意度测评，测评结果均为满意。会议要求，县政府及有关部门要进一步统一思想、提高认识，正视存在的问题，切实明确任务，继续抓好常委会审议意见的整改工作，以实实在在的整改成效，为加快建设社会主义现代化滨海花园城市做出贡献。会议审议了有关人事任免议案，决定任命张帮寸等25人为新一届县人民政府组成部门主任、局长，并举行了宪法宣誓仪式。会议还通过了法院人事免职事项。会议还传达学习了《浙江省公共数据管理条例》，书面传达了全国两会精神。

【县十九届人大常委会第三次会议】 2022年4月28日，县第十九届人民代表大会常务委员会第三次会议举行。会议听取和审议了市生态环境局象山分局局长朱海成受县人民政府委托所作的关于2021年度象山县环境状况和环境保护目标完成情况的报告。会议认为，2021年，县人民政府深入贯彻习近平生态文明思想，认真落实中央环保督察问题整改，坚决打好水、气、土三大污染防治攻坚战，年度环境保护目标和工作任务完成较好。会议指出，要坚持综合治理，补齐环境治理短板。以数字化改革为抓手进一步加强基础设施建设，切实提高环境治理现代化水平。要优化监管体系，严格执法监督。牢固树立“一盘棋”思想，群策群力、齐抓共管，形成众志成城的强大合力。要积极宣传发动，培育绿色生活方式。切实提升公众和全社会的环保意识，激发广大群众参与监督的积极性。会议要求，县人大常委会城建环保工委对常委会组成人员的意见和建议进行汇总，结合前期调研情况，整理形成审议意见稿，经主任会议讨论后交县政府研究处理。会议分别听取县公安局政委林江、县人社局局长陈水明、县卫健局副局长史美德、县综合行政执法局局长孙华军所作的县公安局、县人社局、县卫健局、县综合行政执法局等四家工作评议意见整改落实情况的报告。会议认为，四家单位自收到评议意见以来，虚心接受评议调查组和代表中心组的批评、意见和建议，以“有则改之无则加勉”的积极态度抓好各项整改工作，取得了一定成效。会议要求，县政府及有关部门要进一步对标对表问题清单，继续抓好评议意见的办理落实工作。会议审议并通过了《关于加快推进减船转产工作的决定》《关于助力“5532”行动，加快建设社会主义现代化滨海花园城市的决定》《关于聚焦“四个机关”建设目标，打造人大“四高”履职队伍的决定》。会议审议通过有关人事任职事项，书面通报《象山县人民政府关于2021年度法治政府建设情况的报告》。

【县十九届人大常委会第四次会议】 6月23日，县第十九届人民代表大会常务委员会第四十次会议举行。会议听取和审议县卫生健康局局长林法星受县人民政府委托所作的关于实施“象有健康”行动情况的报告，审议通过了《关于加快推进健康象山建设的决定》。会议认为，“象有健康”是县委县政府确定的七大“象有”行动中最重要的一环，是关乎全体象山人民的“民生大事”。象山县始终贯彻以健康为中心理念，坚持预防为主，建立健全健康促进工作体系，大力推进健康场所和健康环境建设，取得一定成效。会议要求，全县各级政府和各部门进一步统一思想、深化认识，聚焦决定内容全力以赴抓推进。各级人大代表强化履职担当，主动倾听民意，汇集民智，切实当好桥梁纽带。全县广大人民群众强化主人翁意识，团结一致、群策群力，充分理解、支持和参与“象有健康”行动，奋力开启健康象山建设的新征程。会议听取和审议县市场监管局局长曾伟标受县人民政府委托所作的关于象山县农贸市场建设管理工作情况的报告。会议认为，自县政府及有关部门出台实施农贸市场改造提升三年攻坚行动方案以来，县域范围内农贸市场环境有明显好转，管理水平有比较大的改善。会议强调，要提升软硬件水平，坚持高标准提升改造，借鉴其他地区“农改超”改造模式的先进经验，以数字化改革为契机，通过“一云多端”智慧系统，实现农贸市场管理、服务和监管的信息网络化、工作规范化、管理现代化。要加强市场及周边环境整治，规范市场内外经营秩序，持续做好市场人车分流管理，加强车辆停放管理，保持市场及市场周边环境卫生、干净整洁、文明有序。要加大市场监管力度，对照文明城市创建标准，进一步加强精细化常态化管理，要建管并重，对于不文明现象要严格执法教育，推动长期保持规范管理状态，实现由集中整治向常态化治理转变。会议要求，县人大常委会社会建设工委对常委会组成人员的意见和建议进行汇总，结合前期调研情况，整理形成审议意见稿，经主任会议讨论后交县政府研究处理。会议听取和审议县自然资源和规划局局长周峰受县人民政府委托所作的关于国有自然资源资产调查与管理情况的报告，书面审议了《关于2021年度象山县国有资产管理情况的综合报告》。会议认为，县政府及有关部门认真贯彻落实习近平生态文明思想，严格执行土地管理法、森林法等法律法规，进一步深化国有自然资源、国有资产管理体制改革，国有自然资源、国有资产管理和保护利用工作成效明显，有效发挥国有资源资产在经济社会发展中的要素保障作用。会议强调，要提高政治站位，加强国有资产管理，贯彻落实上级关于加强国有资产管理决策部署，依照土地管理法、企业国有资产法、森林法、水法等法律法规，依法加强国有资产管理。要摸清资产家底，夯实自然资源资产管理基础，组织开展国有自然资源资产调查，加强监测，准确掌握资产实物量，建立资产管理台账，探索实施国有自然资源资产价值核算。要坚持规划引领，强化高质量发展支撑，结合“十四五”规划纲要和远景目标，强化与各专项规划有效衔接，优化国土空间布局，加快完善国土空间规划。厘清管理职责，形成国有资产管理合力，按照法律法规规定，进一步厘清国有资产管理职责，建立分工明确、协调配合的管理机制，做到“法定职责必须为”，管好用好国有资产。会议要求，县人大常委会财经工委对常委会组成人员的意见和建议进行汇总，结合前期调研情况，整理形成审议意见稿，经主任会议讨论后交县政府研究处理。会议听取和审议县财政局局长张茂豪受县人民政府委托所作的关于2022年象山县政府债务限额和新增地方政府债券预算调整方案的报告，审议通过了《关于批准2022年象山县政府债务限额和新增地方政府债券预算调整方案的决议》。会议同意县人民政府提出的新增地方政府债券11亿元分配方案，决定批准2022年新增地方政府债券预算调整方案。会议还审议通过了有关人事任免事项，举行了宪法宣誓仪式。

【县十九届人大常委会第五次会议】 8月26日，县第十九届人民代表大会常务委员会第五次会议举行。会议分别听取和审议县财政局局长张茂豪受县人民政府委托所作的关于2021年象山县财政决算草案的报告、县审计局局长吴宇建受县人民政府委托所作的关于2021年度象山县本级预算执行和其他财政收支的审计工作报告，审查批准了2021年县本级决算。会议认为，2021年，县政府及有关部门坚决贯彻"疫情要防住、经济要稳住、发展要安全"重要要求，努力克服各种不利因素带来的影响，推动了全县经济社会各项事业稳步发展。县审计局主动履职，依法开展审计监督，为规范预算管理和财政资金运行、促进全县经济健康有序发展发挥了重要作用。会议强调，要加强财源建设，进一步落实招商引资政策，继续深化"亩均论英雄"改革，增强发展后劲。要加强绩效管理，不断完善实施预算一体化改革，进一步提高预算编制的科学性和精准性。要加强债务管理，建立健全常态化监督机制，有效防范和化解财政风险。会议要求，县人大常委会财经工委对常委会组成人员的意见和建议进行汇总，结合前期调研情况，整理形成审议意见稿，经主任会议讨论后交县政府研究处理。会议听取和审议县发改局局长朱约余受县人民政府委托所作的关于2022年上半年县国民经济和社会发展计划执行情况的报告、县财政局局长张茂豪受县人民政府委托所作的关于2022年上半年县预算执行情况的报告。会议认为，县政府及其相关部门围绕年初人民代表大会确定的目标，坚持稳中求进工作总基调，在推进疫情常态化防控工作的同时，统筹做好稳增长、促改革、调结构、惠民生、防风险等各项工作，全县经济运行平稳，民生事业不断进步，社会大局和谐稳定。会议指出，要切实提高思想认识，坚定发展信心，毫不动摇坚持"聚力一二五，走好共富路"，以"5532"专项行动为重要抓手，牢牢抓住"稳"和"保"两大关键，聚精会神抓发展，切实做实做大经济基本盘。要想方设法谋划重大项目，充分发挥重大项目建设促消费、惠民生、调结构、增后劲的重要作用。要脚踏实地坚持城乡融合发展，以文明城市创建为契机，加快完善城市功能，切实提升城市能级。会议要求，县人大常委会财经工委对常委会组成人员的意见和建议进行汇总，结合前期调研情况，整理形成审议意见稿，经主任会议讨论后交县政府研究处理。会议听取和审议县经济开发区管委会主任忙尧峰受县人民政府委托所作的关于经济开发区经济社会发展工作情况、决算和预算执行情况、国有资产管理情况的报告。会议认为，近年来，开发区紧抓长三角一体化发展契机，在招商引资、产业转型、企业培育方面做了许多工作，平台能级提升显著。会议指出，要科学谋划重点项目。紧抓象山轨交时代、海洋时代、双碳时代、亚运时代机遇，立足产业规划布局，深耕海洋经济，充分发挥象山资源优势，主动谋划，提前布局一批优质重点项目，培育经济增长新动力。要大力招引优质企业。不断完善"三图一库""七评一看"，严格建立企业准入机制。深化"亩均论英雄"改革，大力扶持优质、发展潜力大的企业。盘活利用闲置土地和低效用地，进一步提高工业用地利用效率。要持续优化营商环境。深入构建项目全生命周期一站式服务，实现从"项目找人"到"人找项目"的转变，主动作为、靠前服务，全方位解决企业各类"急愁难盼"的实际问题。会议要求，县人大常委会财经工委对常委会组成人员的意见和建议进行汇总，结合前期调研情况，整理形成审议意见稿，经主任会议讨论后交县政府研究处理。会议听取和审议了县发改局局长朱约余受县人民政府委托所作的关于"都市融入"推进情况的报告。会议认为，自县第十五次党代会提出实施"海洋强县、美丽富民、都市融入、变革驱动"战略以来，县政府及有关部门围绕"滨海大花园、都市新空间"战略定位，切实加快县域交通、城市能级、产业平台等工作的推进对接，成效比较明显。会议强调，要进一步加大宣传力度、提升社会认可度，切实凝聚起各方合力，深入实施"海洋强县、美丽富民、都市融入、变革驱动"发展战略，打造高能级产业平台，做深做实海洋经济。要落实责任细化考核，进一步明确责任单位和完成时限，营造部门协同推进的良好氛围。会议要求，县人大常委会城建环保工委对常委会组成人员的意见和建议进行汇总，结合前期调研情况，整理形成审议意见稿，经主任会议讨论后交县政府研究处理。会议审议通过了有关人事任免事项，举行了宪法宣誓仪式。会议还学习了《浙江省综合行政执法条例》，书面通报了县人大常委会上半年主要工作情况及下半年工作安排。

【县十九届人大常委会第六次会议暨工作评议专题会议】 9月29日，县第十九届人民代表大会常务委员会第六次会议举行。会议分别听取了各工作评议调查组关于县发改局、住建局、科技局、退役军人事务局工作情况的调查报告，县审计局关于4家单位财政审计情况的报告。会上，8个县人大代表中心组和部分代表进行了评议发言，参会的代表对被评议单位进行满意度测评，测评结果为全部满意。被评议单位主要负责人作了评议整改表态发言，潘多副县长代表县政府对被评议单位提出了整改要求。会议认为，此次评议组织领导有力、调研细致深入，自7月启动4家单位工作评议以来，工作评议调查组、案卷评查组、评议指导组以及财政检查和审计组开展了积极有效的工作，全面调查了解被评单位整体工作、作风建设、财政资金使用等情况，相当于一次综合性的"体检"。评议结果客观公正，肯定成绩实事求是，指出问题全面客观，提出建议有较强的针对性。会议要求，被评议单位要提高思想认识，把这次活动作为听取群众呼声、查找差距不足、展现单位形象的难得机遇，要从讲大局、敢担当、谋发展、尽职责的高度，正确认识和对待评议意见，既要看到工作成绩，增强信心、鼓舞士气，也要着眼于高标准、严要求，多从主观上查不足、找原因，要以这次工作评议为契机，以统一的认识、端正的态度正视不足，以有力的措施、积极的行动改进不足，推动工作，促进发展。会议强调，要强化跟踪督办抓整改，各评议调查组和代表中心组要加强督促检查，持续跟踪问效。县政府要加强领导和协调，帮助解决实际困难和问题。县人大常委会采取适当方式，做好整改工作“回头看”，更好地推进各单位依法行政，扎实完成2022年各项任务，在“聚力一二五，走好共富路”，加快建设社会主义现代化滨海花园城市中争先创优。会议还审议了2022年象山县国有政府投资项目年中计划调整情况。

【县十九届人大常委会第七次会议】10月31日，县第十九届人民代表大会常务委员会第七次会议举行。会议听取和审议了县人民检察院检察长陆玉珍所作的县人民检察院法律监督情况的报告。会议认为，县人民检察院依法履行四大检察职能，着力强化队伍建设和法律监督能力建设，为全县经济社会平稳发展提供了坚实的检察保障。会议强调，要突出重点、深化认识，切实增强法律监督的针对性；要狠抓队伍建设，打造捍卫司法公平的检察铁军；要以案释法，加大宣传力度，全面提升社会公众的知法守法水平；要聚焦数字赋能，扎实提升检察效率和精准度。会议要求，县人大常委会监察司法工委对常委会组成人员的意见和建议进行汇总，结合前期调研情况，整理形成审议意见稿，经主任会议讨论后交县政府研究处理。会议听取和审议了县人民政府办公室副主任胡路受县人民政府委托所作的关于县十九届人大一次会议代表建议办理情况的报告，代表工委主任陈洪所作的关于代表建议督办情况的报告。县十九届人大一次会议期间共收到代表建议173件，均为办理并答复代表，对办理工作满意的158件，占91.33%；对办理结果满意的136件，占78.62%。会议听取和审议了县人民政府办公室副主任胡路受县人民政府委托所作的关于人才工作情况的报告。会议认为，县政府始终把人才工作放在经济社会发展的优先位置，认真履行“一把手”抓“第一资源”责任，聚焦“引、育、用、留”各环节，系统谋划、精准发力，人才工作取得了一定的成效。会议指出，要进一步深化认识，制定科学合理的人才政策，持续加大人才引进力度；要进一步注重保障，从医疗、子女就学、住房等各方面出发维护人才权益，确保引进的人才“留得住”；要进一步形成共识，加大人才政策的宣传力度，营造全社会爱才尊才的良好氛围。会议要求，县人大常委会社会建设工委对常委会组成人员的意见和建议进行汇总，结合前期调研情况，整理形成审议意见稿，经主任会议讨论后交县政府研究处理。会议听取和审议了县财政局局长张茂豪受县人民政府委托所作的关于2022年1—9月全县预算执行情况和预算调整方案的报告，审议通过了《关于批准2022年县本级预算调整方案的决议》。会议同意县人民政府提出的县本级预算调整报告，决定批准2021年县本级预算调整方案。会议听取和审议县招商发展中心主任郑港峰受县人民政府委托所作的关于招商项目落地转化攻坚情况的报告。会议认为，自2022年以来，县政府及有关部门根据县委“招商项目落地转化攻坚硬仗”的决策部署，开展了落地攻坚专项行动，切实推动了一批未落地转化的项目开工动建，取得了阶段性的成效。会议强调，要健全多元招商机制，拓宽招商渠道，大力营造全员招商、精准招商、专业招商氛围；要协同推进项目落地，始终坚持把项目开工建设作为衡量招商引资工作的第一标准，强力推进产业招商项目落地；要优化项目投资环境，推行“一事一议”和“一企一策”制度，为企业提供“保姆式”服务。会议要求，县人大常委会财经工委对常委会组成人员的意见和建议进行汇总，结合前期调研情况，整理形成审议意见稿，经主任会议讨论后交县政府研究处理。会议听取和审议了市生态环境局象山分局局长朱海成受县人民政府委托所作的关于象山县2021年度环境状况和环境保护目标完成情况审议意见落实情况的报告，并进行满意度测评，测评结果为满意。会议要求，县政府及有关部门要对标对表审议意见中的问题清单，进一步做好未整改问题的落实工作，县人大常委会相关工委要继续开展跟踪督查，确保问题切实得到解决。会议审议通过了县人大常委会代表资格审查委员会关于个别代表资格变动情况的审查报告，决定接受史欣荣、周峰辞去县人大代表职务的请求，范焕平因调离象山县，代表资格自行终止。2022年，县十九届人民代表大会现有代表264名，缺额5名。会议听取和审议了县委常委、纪委书记、县监委主任王道所作的关于开展扫黑除恶“打伞破网”专项工作情况的报告。会议认为，自2018年以来，县监委在市监委和县委的坚强领导下，在县人大及其常委会的监督支持下，政治站位高、职责定位准、统筹谋划好，强化与政法机关协同配合，敢于动真碰硬、善于担当作为，查处了一批扫黑除恶“打伞破网”案件，有效维护了社会公平正义，为全县政治生态的修复和净化做出了积极贡献。会议要求，县人大常委会监察司法工委对常委会组成人员的意见和建议进行汇总，结合前期调研情况，整理形成审议意见稿，经主任会议讨论后交县监委研究处理。会议还传达学习了中共二十大精神，审议通过了有关人事任免议案。

【县十九届人大常委会第八次会议】12月24日，县第十九届人民代表大会常务委员会第八次会议举行。会议听取和审议了县财政局副局长陈忠祥受县人民政府委托所作的关于县人民政府关于2022年象山县地方政府专项债券资金用途调整方案的报告，审议通过《关于批准2022年象山县地方政府专项债券资金用途调整方案的决议》。会议同意县人民政府提出的调整方案报告，决定批准此次地方政府专项债券资金用途调整。会议审议县人民政府关于2021年县本级预算执行和其他财政收支审计工作情况审议意见研究处理的报告，审议关于2022年上半年县国民经济和社会发展计划及预算执行情况审议意见研究处理的报告。会议对县政府及有关部门积极落实常委会审议意见给予充分肯定，同时就继续抓好审议意见办理落实工作提出意见和建议。会议强调，县政府及有关部门要推进进度抓整改，落实责任抓整改，逐项跟踪抓整改，县发改局、县审计局要适时组织“回头看”，财经工委要加大跟踪监督力度，确保审议意见的研究处理取得实效。会议听取县人大常委会党组副书记、副主任干维岳受主任会议委托提请的《关于召开象山县第十九届人民代表大会第二次会议的决定（草案）》议案的说明。会议经过审议，表决通过了这个决定。象山县第十九届人民代表大会第二次会议将于2023年1月下旬至2月上旬召开（召开时间如有调整，授权主任会议确定）。会议审议通过《象山县人民代表大会代表资格审查委员会关于部分代表变动情况的审查报告》，会议决定接受王宁星、王祖、孔侠、杨志国、范兴国、蔡东波等6人辞去县十九届人大代表职务，其代表资格终止。县十九届人大代表徐杰因调离象山县，其代表资格自行终止。2022年，象山县第十九届人民代表大会实有代表264名，出缺5名。会议审议通过了县人民政府和县监委有关人事任免议案，决定任命石赟甲为县人民政府副县长，并举行宪法宣誓仪式。会议听取了部分在象市人大代表述职报告，书面审议了县人大常委会3个专委会报告。

2022年10月11日，宁波市人民检察院检察长何小华（中）到县人大代表联络总站调研相关工作（励石开　摄）

监督与视察

【深入推进依法治县】　联动开展《中华人民共和国乡村振兴促进法》《中华人民共和国就业促进法》《中华人民共和国治安管理处罚法》《中华人民共和国台湾同胞投资保护法》等执法检查，确保相关法律法规在象山县贯彻实施。落实地方监委向本级人大常委会报告专项工作的部署要求，首次听取和审议县监委关于扫黑除恶专项工作报告。专题审议县检察院关于开展法律监督情况的报告，增强工作针对性，提升检察效率。推行法、检两院定期联系代表机制，组织代表150余人次，参加环境日司法实践、电信诈骗案庭审观摩、检察开放日等活动，实现监督与被监督良性互动。开展《浙江省道路运输条例》《浙江省海塘建设管理条例（修订草案）》《宁波市供水与节约用水条例（草案）》等法规的立法调研和视察活动，为省市人大立法工作提供最基层的意见建议。

【促进经济提质增效】　动员代表开展助力经济稳进提质专项行动，及时收集意见建议，编发专报3期，推动解决问题63件。依法开展国民经济和社会发展计划、预算、决算审查监督。强化审计发现问题的整改落实，重点解决共性问题9项。扎实开展“都市融入”专题调研，进一步明确“滨海大花园、都市新空间”战略定位，协同部门合力推进，有效促进县域交通、城市能级、产业平台等领域融合发展。持续开展国有资产管理监督，重点听取国有自然资源资产调查与管理情况报告，进一步厘清家底、明晰职责。聚焦共同富裕样板县建设，听取农村集体经济发展情况报告，助推产业融合，拓展增收渠道，增强“造血”功能。听取和审议关于人才工作情况的报告，提出意见与建议6条，促使爱才、尊才措施落到实处，进一步营造良好人才环境，增强经济发展的软实力。

【关注民生热点问题】　组织道路交通安全隐患整治专项视察，全面了解道路交通设施和交通组织管理等情况，持续监督促整改，不断提升交通安全水平。听取和审议农贸市场改造管理的报告，对部分环境杂乱、经营混乱的农贸市场，提出整改问题清单5条，推动乡村农贸市场管理状况整体改善。开展人口流动、城市品质提升、水资源平衡等审议议题“回头看”，进行满意度测评，实现民生事项监督闭环管理。专题调研亚运赛事筹备、中心城区教育质量、危化品安全管理等民生热点，提出意见建议31条，推进相关问题解决。依法受理群众信访82件，进一步畅通群众诉求反映渠道。加强执法监督和整改监督，修造船厂环境污染、医疗废弃物应急处置能力不足等突出问题得到解决。开展溪口水库周边环境污染问题专项督查，督促改进污水管网漏损问题。专题调研海岸线综合治理情况，为推动港口和岸线污染防治奠定了工作基础。专项视察大塘港区域水环境治理情况，促进水体质量有效提升。作出加快推进“健康象山”建设的决定，完善群众健康公共服务，实现基本医疗卫生保障制度全覆盖，持续提高居民健康水平。

代表工作与人事任免

【提升代表履职效能】　围绕全省万名

代表八大行动、迎亚运、助企纾困等主题，组织各类代表活动512次，及时了解情况反映问题，代表履职更具针对性和实效性。发挥专委会作用，开展工业经济、乡村振兴、社会建设等专业调研活动56次，精准提供意见建议，进一步提高人大监督工作质效。加强代表服务保障，切实增强代表履职的积极性和主动性。制订代表培训计划，认真组织市县人大代表初任培训、常委会组成人员专题培训，代表参加线下课堂培训达500余人次，"代表通"网上学堂培训全员参加，不断提升新一届代表的履职能力和水平。广大代表不负信任和重托，以实际行动践行了"人民选我当代表，我当代表为人民"的光荣使命。

【做精代表督事品牌】 迭代升级应用场景，实现手机端和基层单元大屏同时上线。采取多渠道民意收集办法，多种扫码方式方便联系，群众找代表"一次也不用跑"。认真落实"一事一小组、一月一活动、一季一跟踪、一年一评议"工作机制，全年开展督事活动161次，采取"三张清单"督办方式，解决了一批民生焦点问题，群众满意率达93.5%。代表督事相关做法受到全国人大关注，并写入省人大基层单元建设指导性文件，成为全省基层单元实现"督"功能的一个重要载体。大徐镇"四级三色代表督事"应用场景，获评全省基层单元建设最佳实践案例。

【做细意见建议督办】 县十九届人大一次会议共收到代表建议173件，针对社会关心与代表关注的教育布局、医疗水平、减船转产、水上公交等民生事项，确定9件重点督办件由县政府领导领办，5件重点关注件由县政府职能部门主要负责人承办，切实推进重点意见建议的落实。首次实行代表建议登记、交办、办理、评估全流程网上处理，实时更新办理进程和办理结果。全年176件建议全部办结，办理结果满意率94.7%。认真落实代表在各类会议上提出的意见建议572条，逐条分解目标任务，督促相关部门及时办理，做到事事有回应、件件有答复。

【推进基层单元建设】 为高质量建设人大践行全过程人民民主基层单元，打造县总站、乡镇街道站、村企社区站、网络站"四站一体"组织架构，构建多层次多功能全覆盖的基层单元体系，开展接待活动892次，收集意见建议2553条。推进基层单元活动主体多元化，各级领导干部定期走进联络站，县级领导干部进站实现全覆盖，国家机关工作人员399人次深入基层站点接待选民群众。人大业务下沉基层单元18项，实现联络站与基层立法联系点、乡村振兴助力站等功能融合，全年收集民生诉求5798件，办结5429件，办结率93.6%，满意率100%。基层单元象山实践在全省人大会议作经验介绍。

【人事任免97人次】 2022年，县人大常委会依法做好人事任免工作，全年共决定任免或任免国家工作人员97人次，依法补选县人大代表11名。其中，决定任命政府组成人员36人，决定免去政府组成人员6人；任命县人大常委会各工作委员会负责人5人，免去县人大常委会各工作委员会负责人5人；免去监察委员会委员1人；任命县人民法院副院长、庭长、副庭长、审判委员会委员、审判员19人，免去县人民法院副院长、庭长、副庭长、审判委员会委员、审判员职务19人；任命县人民检察院副检察长、检察委员会委员、检察员5人，免去县人民检察院副检察长、检察委员会委员、检察员1人。

自身建设

【学习中共二十大精神】 常委会党组第一时间学习讨论中共二十大报告，机关党组开展专题研讨，乡镇街道人大工作例会集中学习。常委会领导和组成人员深入代表联络站宣讲25次，组织研讨18次。牢牢把握"发展全过程人民民主，保障人民当家做主""坚持全面依法治国，推进法治中国建设"等重大战略部署。

【加强思想理论武装】 深入学习中央人大工作会议精神，学深悟透习近平总书记关于坚持和完善人民代表大会制度的重要思想，以理论清醒保证政治坚定，以思想自觉引领行动自觉。常委会党组专题组织学习习近平总书记系列重要讲话精神15次，以强大的思想理论为指导，谋划和推进人大各项工作，在行权履职中实现学思用贯通、知信行统一。

（县人大办　蒋恒）

象山县人民政府

综　述

2022年，面对异常复杂严峻的外部环境和超预期因素叠加冲击，坚持以习近平新时代中国特色社会主义思想为指导，全面贯彻中共二十大精神，坚决贯彻习近平总书记“疫情要防住、经济要稳住、发展要安全”重要指示，认真落实党中央、国务院和省、市决策部署，在县委的坚强领导下，在县人大、县政协的监督支持下，忠实践行“八八战略”，扎实推进“两个先行”，大力实施“海洋强县、美丽富民，都市融入、变革驱动”战略，高效统筹疫情防控和经济社会发展，全力打好“稳进提质、除险保安、塑造变革”组合拳，迎难而上、奋勇争先，努力以自身工作的确定性应对外部环境的不确定性，实现了现代化滨海花园城市建设良好开局。2022年，完成地区生产总值720亿元，增长5.2%，居全市第二；财政总收入突破100亿元，增长10.3%；一般公共预算收入60.8亿元，增长5.1%；城镇居民人均可支配收入6.9万元，农村居民人均可支配收入4.2万元，分别增长4.6%、6.4%。

（王翔）

重要会议

【县政府第六十二次常务会议】　2022年1月20日下午，李晓东主持召开县政府第六十二次常务会议。会议讨论研究的有关事项主要有：学习贯彻习近平总书记重要讲话精神；传达学习推动长江经济带发展领导小组会议、省委常委会、市委常委会会议精神；学习贯彻县委常委会关于县政府党组工作的要求；听取关于粮食工作和涉粮问题专项巡察反馈问题整改工作；听取关于象山县第三次全国国土调查情况的汇报；听取关于象山县2022年度国有建设用地供应计划和土地储备计划的汇报；听取关于半边山旅游度假区项目补充协议的汇报；听取关于龙元有关项目事项的汇报；听取关于丰树（象山）物联生活创新中心投资协议的汇报；听取关于锦浪科技智慧能源综合体项目有关事宜的情况汇报；听取关于卸船机斗轮机重型装备制造项目投资协议的情况汇报；听取关于宁波群惠自保温砌块扩建和蒸压加气混凝土板材生产项目投资协议情况的汇报；听取关于2021年度象山县人民政府质量奖评审情况的汇报；听取关于进一步加快疫情防控六大机制应急能力建设的汇报；审议《象山县“半岛名医”引进和培育实施办法》。

【县政府第一次常务会议】　1月29日上午，李晓东主持召开县政府第一次常务会议。会议讨论研究的有关事项有：学习贯彻习近平总书记重要讲话精神；传达学习省市有关会议精神；传达学习市政府常务会议关于亚运会、亚残运会筹备工作要求；听取政府工作报告责任分解有关情况汇报。

【县政府第二次常务会议】　2月10日上午，李晓东主持召开县政府第二次常务会议。会议讨论研究的有关事项有：传达学习贯彻省重要会议和文件精神；听取关于县政府领导工作分工调整方案的汇报；听取关于进一步规范县政府常务会议制度的汇报；会议还听取了县府办关于县政府全体（扩大）会议方案的汇报。

【县政府第三次常务会议】　3月1日下午，李晓东主持召开县政府第三次常务会议。会议讨论研究的有关事项有：传达学习习近平总书记重要讲话精神；传达学习省市有关会议精神；听取各条线2022年数字化改革项目储备情况的汇报；听取县应急管理局关于防汛防台抗旱工作情况的汇报；听取县应急管理局关于消防安全整治工作情况的汇报；审议县经信局提交的《象山县新一轮制造业“腾笼换鸟、凤凰涅槃”攻坚行动方案（送审稿）》；听取县国有资产管理中心关于参与中核汇能有限公司增资引战情况的汇报；听取县文明办关于全国文明城市创建工作情况的汇报；听取县府办关于省督查激励事项的汇报。

【县政府第四次常务会议】　3月30日下午，李晓东主持召开县政府第四次常务会议。会议讨论研究的有关事项有：传达学习习近平总书记重要讲话及中央有关文件精神；传达学习省市有关精神；审议县自然资源规划局提交的《关于调整工业用地出让指导价格的意见（送审稿）》；审议县自然资源规划局提交的《关于加强工程项目领域矿产资源管理工作的通知（送审稿）》；审议县旅游发展中心提交的《关于文旅融合助力环蟹钳港共富样板区高质量发展的实施方案（送审稿）》；审议县市场监管局提交的《关于鼓励非标电动自行车提前淘汰置换的工作方案（送审稿)》;审议县交通集团提交的《关于县交通监理检测公司混改的实施方案(送审稿)》;听取县委人才办关于2022年第一批“半岛英才”计划项目评审结果的汇报;听取县科技局关于浙江理工大学象山针织研究院二期建设协议的汇报;听取县发改局、县农业农村局关于山海协作、东西部协作年度重点任务有关情况的汇报;十听取县教育局关于教育系统除险保安有关情况的汇报。

【县政府第五次常务会议】 2022年4月20日上午,李晓东主持召开县政府第五次常务会议。现将会议讨论研究的有关事项摘要如下:传达学习习近平总书记重要讲话精神;传达学习省市有关精神;听取县发改局关于一季度主要经济指标“开门红”和二季度“半年红”情况的汇报;听取县水利和渔业局、县应急管理局关于伏季休渔和防汛防台等工作的汇报;审议县人力社保局提交的《关于高水平培育新时代半岛工匠队伍的实施意见(送审稿)》;审议县人力社保局提交的《关于开展“凤栖山海·家燕归巢”半岛青年集聚行动的实施意见(送审稿)》;审议市生态环境局象山分局提交的《象山县“绿水青山就是金山银山”实践创新基地建设实施方案(送审稿)》;审议市生态环境局象山分局提交的《象山县海上生物多样性保护实践地建设实施方案(送审稿)》;审议县文广旅游体育局提交的《象山县体育产业(海洋运动)发展(精准招商)规划(送审稿)》《关于加快发展海洋运动产业实施意见(送审稿)》;审议县文广旅游体育局提交的《关于进一步加强全县文物安全工作的实施意见(送审稿)》;审议县文广旅游体育局提交的《象山县全民健身实施计划(2021—2025年)(送审稿)》;审议县教育局提交的《象山县规范民办义务教育发展专项工作实施方案(送审稿)》;听取县自然资源规划局关于启动人民广场片区TOD城市设计及建筑与景观设计国际征集工作的汇报;听取县口岸办关于口岸正式对外开放相关工作的汇报;听取县矛调中心关于村社视联网全覆盖建设方案的汇报。

【县政府第六次常务会议】 5月13日上午,李晓东主持召开县政府第六次常务会议。会议讨论研究的有关事项摘要如下:审议县商务局提交的《关于促进电子商务创新发展的若干意见(送审稿)》;审议县人力社保局提交的《象山县企业职工基本养老保险扩面提标工作方案(送审稿)》;审议县公安局提交的《关于实施流动人口量化积分管理的通知(送审稿)》;听取县房屋征收中心关于市域铁路象山线(上余村)、老城更新六期、大徐镇牛岙村改造等项目补偿实施方案的汇报;听取县亚运办关于县亚运筹办工作调整的汇报;听取县交通运输局关于亚运线路路面再改造和路域环境再提升项目有关事项的汇报;听取县城投集团关于县生态文化园建设工程(殷夫公园二期)遗留项目有关事项的汇报。

【县政府第七次常务会议】 6月9日上午,李晓东主持召开县政府第七次常务会议。现将会议讨论研究的有关事项摘要如下:传达学习习近平总书记重要讲话精神;传达学习国家和省市有关会议文件精神;听取关于全县经济稳进提质攻坚行动方案的汇报;审议县财政局提交的《关于进一步规范单一来源采购管理的通知(送审稿)》;审议县司法局提交的《象山县行政机关合同管理办法(送审稿)》;审议县政务办提交的《象山县政府投资应急工程项目建设管理办法(送审稿)》;审议县农业农村局提交的《象山县村级集体经济巩固提升行动计划(送审稿)》;审议县农业农村局提交的《关于切实做好2022年粮油生产保供工作的通知(送审稿)》;听取县考核中心关于市对县考核工作情况的汇报;听取县委县政府督查室关于“七张问题清单”整改落实情况的汇报;听取县信访局关于省对县信访“一图一指数”考核工作的汇报。

【县政府第八次常务会议】 6月29日下午,李晓东主持召开县政府第八次常务会议。会议讨论研究的有关事项有:传达学习习近平总书记重要讲话及指示批示精神;传达学习中央、省市有关会议和文件精神;听取县交通运输局关于丰树(象山)物联生活创新中心(暂名)项目有关情况的汇报;审议县交通运输局提交的《关于开展城区载客电瓶三轮车专项整治的实施方案(送审稿)》;审议县发改局提交的《建强海洋经济发展示范区打造全球海洋中心城市重要功能区行动计划(送审稿)》;审议县应急管理局提交的《象山县防汛防台抗旱应急预案(送审稿)》和《象山县政府领导干部防汛防台工作职责清单(送审稿)》;审议县自然资源规划局提交的《象山县全面推行“田长制”实施意见(送审稿)》;审议县经信局提交的《象山县“亩均论英雄”评价主体差别化水电价实施细则(送审稿)》;审议县金融发展服务中心提交的《象山县助企纾困融资财政贴息实施细则(送审稿)》;听取县工投集团关于宏利集团针织城有关情况的汇报;听取县铁办关于宁波市域铁路象山线项目有关情况的汇报;听取县公安局关于建议对五人见义勇为行为进行表彰和奖励的汇报;听取丹东街道关于宁波绿野特种动物养殖有限公司刘家岙地块有关情况的汇报;听取石浦镇关于东门岛生态旅游景观修复生态绿道及滨海栈道工程有关情况的汇报;审议县综合行政执法局提交的《象山县加快推进“大综合一体化”行政执法改革工作实施意见(送审稿)》和《关于将部分县级部门行政处罚权交由各镇乡人民政府、街道办事处行使的公告(送审稿)》;会议还听取了县自然资源规划局关于南部新城西片区政实路与天安路交叉口西南角地块出让有关情况的汇报、县教育局关于规范民办义务教育发展专项工作推进情况的汇报以及各条线7月工作安排的汇报。

【县政府第九次常务会议】 7月29日上午,李晓东主持召开县政府第九次常务会议。会议讨论研究的有关事项有:传达学习习近平总书记重要讲话及指示批示精神;传达学习中央、省市有关会议和文件精神;听取县“一二五”专班和县发改局关于经济稳进提质攻坚行动有关情况的汇报；听取石浦渔港古城二期开发建设指挥部关于“渔光之城”项目合作框架协议的汇报；听取县住建局关于象山房地产项目有关情况的汇报；听取县住建局关于松兰山区域风貌整治提升有关情况的汇报；听取县城投集团关于房地产开发模式及相关条件的汇报；听取象山经济开发区管委会关于新能源高端金属汽车配件生产项目有关情况的汇报；听取县自然资源规划局关于全域国土空间综合整治有关情况的汇报；审议县自然资源规划局提交的《关于落实象山县耕地占补指标及城乡建设用地增减挂钩节余指标调剂使用统筹管理的暂行意见（送审稿）》；审议县自然资源规划局提交的《象山县垦造耕地项目管理办法（送审稿）》；审议县财政局提交的《关于建立国企市场化转型结算机制的通知（送审稿）》；审议县农机站提交的《象山县创建浙江省农业“机器换人”高质量发展先行县实施方案（送审稿）》；审议县公安局提交的《象山县户口迁移实施细则（送审稿）》；听取县教育局关于规范民办义务教育发展有关情况的汇报；听取县发改局关于长江经济带拍摄检查组检查整改的汇报；会议还听取了各条线8月工作安排的汇报。

【县政府第十次常务会议】 2022年9月6日上午，李晓东主持召开县政府第十次常务会议。会议讨论研究的有关事项有：传达学习习近平总书记重要讲话及指示批示精神；传达学习中央、省市有关会议和文件精神；听取县委人才办关于丹桂花园人才公寓（二期）销售有关情况的汇报；审议县自然资源规划局提交的《象山县村发展留用地历史遗留问题处置意见（送审稿）》；审议县自然资源规划局提交的《象山县土地储备出让统筹管理若干规定（送审稿）》；审议县自然资源规划局提交的《象山县存量建设用地“因地施策、提质增效”三年行动方案（送审稿）》；审议县自然资源规划局提交的《象山县“十四五”矿产资源规划（送审稿）》；审议县旅游发展中心提交的《象山县“十四五”旅游业发展规划（送审稿）》；听取县大目湾开发建设管理中心关于大目湾新城有关楼盘情况的汇报；听取县国资管理中心关于参股投资中广核象山涂茨海上风电项目的汇报；听取县疫情防控办关于方舱医院建设工作有关情况的汇报；听取县发改局关于2022年度县国有（政府）投资项目年中计划调整情况的汇报；听取县发改局、县农业农村局关于东西部协作、山海协作工作有关情况的汇报；听取县司法局关于行政争议案件败诉率情况分析的汇报；听取县府办关于上半年政府系统廉政建设履职情况的汇报；会议听取了各条线9月工作安排的汇报，要求各条线根据工作计划扎实推进；传达学习省委办《关于当前我省意识形态领域形势的通报》、市委办《关于当前我市意识形态领域形势的通报》；审议县司法局提交的《象山县法治政府建设行动计划（2022—2025年）》。

【县政府第十一次常务会议】 2022年9月28日下午，李晓东主持召开县政府第十一次常务会议。会议讨论研究的有关事项有：传达学习楼堂馆所相关文件精神；听取县铁办关于宁波至象山象域铁路南部新城地块TOD开发有关情况的汇报；听取浙台经贸合作区管委会关于环石浦港生态环境导向开发模式项目有关情况的汇报；听取县委政法委关于象山平安护航“二十大”有关情况的汇报；会议听取了各条线10月工作安排的汇报；会议还听取了2022年未成年人思想道德建设工作情况的汇报。

【县政府第十二次常务会议】 2022年10月26日上午，李晓东主持召开县政府第十二次常务会议。会议讨论研究的有关事项有：传达学习习近平总书记重要指示批示精神；传达学习省、市有关会议和文件精神；听取县财政局关于2022年1—9月全县预算执行情况和预算调整（草案）的汇报；审议县发改局提交的《象山县人民政府宁波海洋研究院共建宁波海洋经济绿色发展创新中心协议（送审稿）》；听取县发改局关于三季度经济运行和四季度工作计划的汇报；审议县发改局提交的《象山县政府投资项目管理办法》《象山县政府投资项目工程变更管理办法（送审稿）》；审议县政务办提交的《象山县工业项目承诺制快速审批操作办法（送审稿）》；听取县工作专班关于县“2+5”项目有关情况的汇报；听取县工投集团关于有关基金规模调整情况的汇报；会议还听取了各条线月度工作安排的汇报。

【县政府第十三次常务会议】 2022年11月28日下午，李晓东主持召开县政府第十三次常务会议。会议讨论研究的有关事项有：传达学习习近平总书记重要讲话及指示批示精神；传达学习省、市有关会议和文件精神；审议县商务局提交的《关于促进开放型经济稳定发展的若干意见（送审稿）》；听取县发改局关于迎峰度冬电力保供有关情况的汇报；听取县防疫专班关于贯彻国家“二十条”省“二十三条”及全省新冠疫情防控工作会议落实情况汇报；听取县发改局关于共同富裕样板县有关情况的汇报；听取县农业农村局关于宅基地资格权权票有关情况的汇报；听取县国有资产管理中心关于参与投资开发国电象山1号海上风电场（二期）项目有关情况的汇报；听取县府办、县委改革办和县发改局关于2023年攻坚硬仗、重大改革、重点项目谋划有关情况的汇报；听取县府办关于2022年度省政府督查激励事项的汇报；会议听取了县亚运办关于第19届亚运会宁波象山赛区筹办工作有关情况的汇报；会议听取了县市场监管局关于推进食品安全“两个责任”落实有关情况的汇报；会议还听取了各条线月度工作安排的汇报。

【县政府第十五次常务会议】 2022年12月15日上午，李晓东主持召开县政府第十五次常务会议。会议讨论研究的有关事项有：传达学习习近平总书记重要讲话及指示批示精神；听取县发改局关于2022年主要指标预计完成情况和2023年初步安排的汇报；审议县发改局提交的《关于象山县2022年国民经济和社会发展计划执行情况与2023年国民经济和社会发展计划草案的报告（送审稿）》；听取县发改局关于2023年重点工程、国有（政府）投资项目、民生实事候选项目安排情况的汇报；审议县财政局提交的《象山县2023年财政预算收支安排方案（送审稿）》；审议县府办提交的2023年《政府工作报告（送审稿）》。

重要文件目录

【象政发重要文件】 2022年，象山县人民政府印发重要文件如下。

象政发重要文件一览表

表5

序号	文　号	文　件　名
1	象政发〔2022〕1号	象山县人民政府关于印发关于促进开放型经济稳定发展的若干意见的通知
2	象政发〔2022〕2号	象山县人民政府关于印发象山县重大项目建设“十四五”规划的通知
3	象政发〔2022〕3号	象山县人民政府关于公布2021年度象山建筑业发展工作中作出贡献的集体和个人名单的通知
4	象政发〔2022〕4号	象山县人民政府关于公布2022年度重大火灾隐患整改单位的通知
5	象政发〔2022〕5号	象山县人民政府关于公布2021年度象山县人民政府质量奖获奖单位结果的通知
6	象政发〔2022〕6号	象山县人民政府关于印发象山县农村公路管理养护实施办法的通知
7	象政发〔2022〕7号	象山县人民政府关于调整县政府领导工作分工的通知
8	象政发〔2022〕8号	象山县人民政府关于印发象山县妇女发展“十四五”规划和象山县儿童发展“十四五”规划的通知
9	象政发〔2022〕9号	象山县人民政府关于下达2022年象山县国民经济和社会发展计划指标的通知
10	象政发〔2022〕10号	象山县人民政府关于印发象山县新一轮制造业“腾笼换鸟、凤凰涅槃”攻坚行动方案（2021—2025年）的通知
11	象政发〔2022〕11号	象山县人民政府关于印发加强工程项目领域矿产资源管理工作的通知
12	象政发〔2022〕12号	象山县人民政府关于印发象山县“绿水青山就是金山银山”实践创新基地建设实施方案的通知
13	象政发〔2022〕13号	象山县人民政府关于象山县海洋休渔禁渔的通告
14	象政发〔2022〕14号	象山县人民政府关于印发关于加快发展海洋运动产业实施意见的通知
15	象政发〔2022〕15号	象山县人民政府关于印发象山县全民健身实施计划（2021—2025年）的通知
16	象政发〔2022〕16号	象山县人民政府关于印发象山县海上生物多样性保护实践地建设实施方案（2022—2025）的通知
17	象政发〔2022〕17号	象山县人民政府关于象山县西门水库东南侧区块改造项目房屋征收决定的公告
18	象政发〔2022〕18号	象山县人民政府关于象山县老西门车站区块改造项目房屋征收决定的公告
19	象政发〔2022〕19号	象山县人民政府关于象山县外国语区块改造项目房屋征收决定的公告

续表5

序号	文　号	文　件　名
20	象政发〔2022〕20号	象山县人民政府关于象山县西后巷区块改造项目房屋征收决定的公告
21	象政发〔2022〕21号	象山县人民政府关于象山县桃园区块改造项目房屋征收决定的公告
22	象政发〔2022〕22号	象山县人民政府关于调整工业用地出让指导价格的意见
23	象政发〔2022〕23号	象山县人民政府关于印发象山县体育产业（海洋运动）发展（精准招商）规划的通知
24	象政发〔2022〕24号	象山县人民政府关于切实做好2022年粮油生产保供工作的通知
25	象政发〔2022〕25号	象山县人民政府关于印发象山县政府投资应急工程项目建设管理办法的通知
26	象政发〔2022〕26号	象山县人民政府关于印发象山县行政机关合同管理办法的通知
27	象政发〔2022〕27号	象山县人民政府关于将部分县级部门行政处罚权交由各镇乡人民政府、街道办事处行使的公告
28	象政发〔2022〕28号	象山县人民政府关于表彰何先卫等五名见义勇为先进个人的决定
29	象政发〔2022〕29号	象山县人民政府关于公布第五届“象山慈善奖”获奖者的通报
30	象政发〔2022〕30号	象山县人民政府关于印发象山县法治政府建设行动计划（2022—2025年）的通知
31	象政发〔2022〕31号	象山县人民政府关于印发象山县耕地占补指标及城乡建设用地增减挂钩节余指标调剂使用统筹管理办法（试行）的通知
32	象政发〔2022〕32号	象山县人民政府关于印发象山县丹桂花园人才公寓（二期）销售管理办法的通知
33	象政发〔2022〕33号	象山县人民政府关于印发象山县土地储备出让统筹管理若干规定的通知
34	象政发〔2022〕34号	象山县人民政府关于印发象山县垦造耕地项目管理办法的通知
35	象政发〔2022〕35号	象山县人民政府关于印发象山县“十四五”旅游业发展规划的通知
36	象政发〔2022〕36号	象山县人民政府关于印发象山县创建浙江省农业“机器换人”高质量发展先行县实施方案的通知
37	象政发〔2022〕37号	象山县人民政府关于印发象山县政府投资项目管理办法的通知
38	象政发〔2022〕38号	象山县人民政府关于印发象山县政府投资项目工程变更管理办法的通知
39	象政发〔2022〕39号	象山县人民政府关于印发村发展留用地政策补充规定的通知
40	象政发〔2022〕40号	象山县人民政府关于印发象山经济开发区化工集中区“一园一策”整治提升工作方案的通知
41	象政发〔2022〕41号	象山县人民政府关于县政协十一届四次主席会议加快推进国家森林城市和国家园林城市创建建议案的答复
42	象政发〔2022〕42号	42号象山县人民政府关于调整部分县政府领导分工的通知

【象政办发重要文件】 2022年，象山　　县人民政府办公室印发重要文件如下：

象政办发重要文件一览表

表 6

序号	文　号	文　件　名
1	象政办发〔2022〕1 号	象山县人民政府办公室关于印发象山县打击治理冻品走私专项行动方案的通知
2	象政办发〔2022〕2 号	象山县人民政府办公室关于公布象山县新增综合行政执法事项的通知
3	象政办发〔2022〕3 号	象山县人民政府办公室关于印发象山县“半岛名医”引进和培育实施办法的通知
4	象政办发〔2022〕4 号	象山县人民政府办公室关于进一步规范县政府常务会议制度的通知
5	象政办发〔2022〕5 号	象山县人民政府办公室关于认真做好 2022 年人大代表建议和政协提案办理工作的通知
6	象政办发〔2022〕6 号	象山县人民政府办公室关于印发象山县成品油市场突出问题专项整治方案的通知
7	象政办发〔2022〕7 号	象山县人民政府办公室关于印发象山县公共视频监控建设一体化改革实施方案的通知
8	象政办发〔2022〕8 号	象山县人民政府办公室关于加强电动自行车综合治理的实施意见
9	象政办发〔2022〕9 号	象山县人民政府办公室关于印发象山县人民政府 2022 年度重大行政决策事项目录的通知
10	象政办发〔2022〕10 号	象山县人民政府办公室关于印发象山县关于鼓励备案非标电动自行车提前淘汰置换工作方案的通知
11	象政办发〔2022〕11 号	象山县人民政府办公室关于加强社会工作发展的实施意见
12	象政办发〔2022〕12 号	象山县人民政府办公室关于印发象山县 2022 年度重点工程建设项目和重大前期项目目标任务责任分解的通知
13	象政办发〔2022〕13 号	象山县人民政府办公室关于印发关于文旅融合助力环蟹钳港共富样板区高质量发展的实施方案的通知
14	象政办发〔2022〕14 号	象山县人民政府办公室关于印发 2022 年省、县民生实事项目目标任务责任分解的通知
15	象政办发〔2022〕15 号	象山县人民政府办公室关于印发象山县 2022 年度东西部协作任务分解表的通知
16	象政办发〔2022〕16 号	象山县人民政府办公室关于印发关于开展“凤栖山海 · 家燕归巢”半岛青年集聚行动的实施意见的通知
17	象政办发〔2022〕17 号	象山县人民政府办公室关于印发关于高水平培育新时代半岛工匠队伍的实施意见的通知
18	象政办发〔2022〕18 号	象山县人民政府办公室关于印发 2022 年象山县招商引资争先创优绩效评价办法的通知
19	象政办发〔2022〕19 号	象山县人民政府办公室关于印发关于进一步加强全县文物安全工作的实施意见的通知
20	象政办发〔2022〕20 号	象山县人民政府办公室关于印发象山县违法建设和违法违规审批专项清查行动工作方案的通知
21	象政办发〔2022〕21 号	象山县人民政府办公室关于印发象山县房屋建筑和市政基础设施工程生产安全事故应急预案的通知
22	象政办发〔2022〕22 号	象山县人民政府办公室关于实施流动人口量化积分管理的通知
23	象政办发〔2022〕23 号	象山县人民政府办公室关于印发象山县稳链纾困助企若干措施的通知
24	象政办发〔2022〕24 号	象山县人民政府办公室关于促进电子商务创新发展的若干意见
25	象政办发〔2022〕25 号	象山县人民政府办公室关于印发象山县规范民办义务教育发展专项工作实施方案的通知
26	象政办发〔2022〕26 号	象山县人民政府办公室关于印发 2022 年象山县承担市政府民生实事项目目标任务责任分解的通知

续表6

序号	文　　号	文　　件　　名
27	象政办发〔2022〕27号	象山县人民政府办公室关于印发象山县贯彻落实扎实稳住经济一揽子政策措施实施方案的通知
28	象政办发〔2022〕28号	象山县人民政府办公室关于促进我县建筑业高质量发展的实施意见
29	象政办发〔2022〕29号	象山县人民政府办公室关于印发宁波市域铁路象山线工程建设征迁工作实施方案的通知
30	象政办发〔2022〕30号	象山县人民政府办公室关于进一步规范单一来源采购管理的通知
31	象政办发〔2022〕31号	象山县人民政府办公室关于印发象山县纾困助企融资财政贴息实施细则的通知
32	象政办发〔2022〕32号	象山县人民政府办公室关于印发对接宁波国家保险创新综合试验区建设象山县2022年推进工作要点的通知
33	象政办发〔2022〕33号	象山县人民政府办公室关于印发“2022象往金六月·你买单我助力”消费券发放活动方案的通知
34	象政办发〔2022〕34号	象山县人民政府办公室关于印发做强海洋经济发展示范区打造全球海洋中心城市重要功能区行动计划(2021—2025)的通知
35	象政办发〔2022〕35号	象山县人民政府办公室关于进一步明确县政府领导干部防汛防台工作职责清单的通知
36	象政办发〔2022〕36号	象山县人民政府办公室关于印发象山县森林火灾应急预案的通知
37	象政办发〔2022〕37号	象山县人民政府办公室关于印发象山县防汛防台抗旱应急预案和指挥部组成人员名单的通知
38	象政办发〔2022〕38号	38号象山县人民政府办公室关于调整县政府办公室班子成员及有关负责同志工作分工的通知
39	象政办发〔2022〕39号	39号象山县人民政府办公室关于印发《象山县户口迁移实施细则》的通知
40	象政办发〔2022〕40号	象山县人民政府办公室关于印发象山县“亩均论英雄”评价主体差别化水电价实施细则的通知
41	象政办发〔2022〕41号	象山县人民政府办公室关于印发象山县无动力船舶防台管理规定的通知
42	象政办发〔2022〕42号	象山县人民政府办公室关于印发象山县农村生活污水治理“强基增效双提标”实施方案(2022—2025年)的通知
43	象政办发〔2022〕43号	象山县人民政府办公室关于印发2022“奔赴山海·乐‘象’全城”消费券发放活动方案的通知
44	象政办发〔2022〕44号	象山县人民政府办公室关于印发象山县海洋灾害应急预案的通知
45	象政办发〔2022〕45号	象山县人民政府办公室关于印发象山县存量建设用地“因地施策、提质增效”三年攻坚行动方案的通知
46	象政办发〔2022〕46号	象山县人民政府办公室关于印发象山县交通工程建设征迁工作实施办法的通知
47	象政办发〔2022〕47号	象山县人民政府办公室关于印发象山县金融服务业考评暂行办法的通知
48	象政办发〔2022〕48号	象山县人民政府办公室关于印发象山县突发地质灾害应急预案的通知
49	象政办发〔2022〕49号	象山县人民政府办公室关于印发象山县城镇燃气突发事故应急预案的通知
50	象政办发〔2022〕50号	象山县人民政府办公室关于印发2022“惠享金秋·嗨购象山”消费券发放活动方案的通知
51	象政办发〔2022〕51号	象山县人民政府办公室关于印发象山县反走私网格化综合治理实施细则的通知

续表6

序号	文　号	文　件　名
52	象政办发〔2022〕52 号	象山县人民政府办公室关于印发象山县工业项目承诺制快速审批操作办法的通知
53	象政办发〔2022〕53 号	象山县人民政府办公关于印发 2022“潮购金秋·‘象’约半岛”消费券发放活动方案的通知
54	象政办发〔2022〕54 号	象山县人民政府办公室关于印发象山县农贸市场提质升级三年行动实施方案(2022—2024年)的通知
55	象政办发〔2022〕55 号	象山县人民政府办公室关于做好住户调查大样本轮换工作的通知
56	象政办发〔2022〕56 号	象山县人民政府办公室关于印发象山县突发重大动物疫情应急预案的通知

(王翔)

办公室工作

【概况】 象山县政府办公室是协助县政府领导处理日常工作的综合性办事机构。2022 年,内设科室为秘书科、综合一科、综合二科、政务信息科、工业科技科、社会事业科、建设交通科、农业农村科、商贸金融科、口岸海防打私科,县政府发展研究中心为办公室下属副科(局)级公益一类事业单位。县委外事工作委员会办公室设在县府办(县外办),设置县委外办协调科,负责处理县委外办的日常事务,指导涉党际、民间组织和社会组织对外交往。

【服务中心大局】 突出稳进提质,推动稳中向好。迅速贯彻省市行动要求,牵头研究攻坚行动方案,开展“十大专班稳经济、塑造变革抢先机”活动,主要经济指标增速好于全省全市,地区生产总值增长 5.2%,增速居全省第 14、全市第 2,财政总收入突破 100 亿元大关。塑造变革,擦亮“三张名片”。结合实际找方向、定目标、出亮点,抓紧抓牢“5532”专项行动,以实绩实效做强海洋经济示范区、建好“海上两山”实践地、打造共同富裕样板县三张“金名片”,实现海洋经济生产总值超 220 亿元,成为省大花园示范县、省低碳试点县创建单位,入选首批国家乡村振兴示范县创建单位。深化除险保安,助力大局稳定。突出人民至上、生命至上,认真履行应急值守、信息汇总、综合协调等职能,助力打赢“4·3”“4·6”“11·19”等疫情遭遇战,协助开展减船转产攻坚硬仗、海上安全形势明显好转,有效应对“轩岚诺”“梅花”台风侵袭。

【提升履职效能】 参政辅政精准发力。始终站稳政治立场、站在领导角度思考问题,文稿起草上精推细敲、精益求精,调研组织上牵头抓总、协调落实,完成综合材料 260 余篇、调研报告 20 余篇。坚持多路并举抓数量、多管齐下抓质量,创新信息报送、督查和奖惩机制,实行信息员带问题下基层、陪领导搞调研等方式,上报政务信息 1876 条次、获省市领导批示 24 条次,省级考核排名上升 17 位,居第 31 位。综合协调周密高效。聚焦大抓落实,推行重点工作“项目化实施+专班化推进+销号式管理”,探索建立“互联网+督查考核”机制,打造大督考应用平台,每季度晒清单、比业绩、评优秀,清单化闭环落实领导批示交办事项,分别获省市政府督查激励 2 项、10 项。规范高效办文办会办事,建立参会不定期抽查通报机制,修订完善县政府常务会议程序和制度,有效处置各类政务事项近千项。政务公开透明有感。推动政务公开标准化规范化,举办政务公开培训,构建“1+9”政务新媒体矩阵,新增共同富裕、营商环境等专题专栏,公开政府信息 2.7 万条。推动基层政务公开专区建设向村级延伸,有效整合各级便民(服务)中心信息资源,建立村(社区)政务公开专区 215 个,社会公众获取政府信息的便捷度进一步提升。

【抓实内部管理】 加强政治建设。常态化开展政治理论学习,第一时间跟进学习习近平总书记系列重要讲话和指示批示精神,高标准抓好中共二十大精神学习研讨、宣讲辅导。强化干部作风建设,深入开展“五问五破、五比五先”机关作风建设专项行动,选派干部到疫情防控等一线压担历练。强化数字赋能。牵头抓好数字政府建设,建立“周学习+专班例会”制度,增强干部数字化能力,组织参加省政府数字化改革双周学习、召集专班人员学习培训。注重数字赋能和实战实效,主动加强与省级系统对接,承接贯通省级重大应用 46 个,6 个应用场景被列入全省数字政府“一本账”,14 个项目被列为省级数字化改革试点。示范跟踪问效。定期召开班子月度例会总结部署重点工作,带头落实“双随机一通报”、“双对双排”、跟班学习等干部管理制度,激励干部晒清单、比担当、促落实。发挥好政府办示范带头作用,厉行节约长效机制,持续规范公共资源配置、重大项目建设等重点领域监管,有效压减一般性支出 5.3%。

涉外工作

【概况】 2022 年,面对错综复杂的外部环境,外事工作在县委县政府的正确领导下，在市外办的关心指导下，坚持以习近平新时代中国特色社会主义思想为指导，认真学习贯彻习近平外交思想，积极应对外事工作面对的新形势和新变化，主动服务全县中心工作，统筹做好境外疫情防控和服务企业复工复产工作，助力象山经济社会平稳健康发展。

【助力复工复产】 坚持聚焦重点、主动服务，按照上级规定开辟绿色通道，申请来华邀请函4批次，协助办理签证并落实管控，获得企业好评。持续保持与这些境外投资企业的密切关注和联系，及时提醒企业根据形势的变化，随时调整防范举措，并要求企业非必要不再派遣新的员工出境。特别是部分企业在特殊国家（地区）有大量合作投资项目，办会同县商务局对这些境外投资项目进行了重点关注，及时走访企业，着重了解其在境外项目的即时状况，特别是外派员工的人身安全情况和公司财产安全情况，并与当地的负责人进行了连线沟通，提醒其做好各种防范工作，及时与当地使领馆保持紧密联系。积极利用外国驻华使领馆资源，接待埃塞俄比亚驻华大使一行到乐惠国际调研。

（王翔）

行政审批服务 公共交易

【概况】 2022年，全县共办理各类政务服务事项249.4万件次，全渠道“一网通办”办件率为99.08%，满意度99.99%；共完成公共资源交易项目532宗，总交易额达86.89亿元，其中，工程建设项目276宗，成交额35.57亿元，节约率9.48%；政府采购项目79宗，成交额3.11亿元，节约率11.9%；土地招拍挂70宗，成交额38.62亿元，增值0.04亿元；产权交易107宗，成交额9.59亿元，增值0.10亿元。

【施工许可阶段“N合一”办理】 1月18日，中车城市交通智能装备产业基地项目负责人在1天内拿到了项目工程规划许可证和施工许可证，此次办证“提速”体验得益于象山县在投资项目审批代办服务领域的创新利企举措——施工许可阶段“N合一”办理，通过简化办理流程，“一对一”指导，为企业项目动工、扩大生产抢出宝贵时间。为加快投资项目办理进度，住建窗口制定包含施工图事后审查、人防工程易地建设手续承诺等内容的施工许可阶段“N合一”办理流程，较常规审批流程提前约15天。同时，通过线上服务，将施工许可阶段审批相关材料清单、注意事项悉数告知企业，并指导工程涉及各方主体单位、项目负责人员做好省级、市级备案并密切关注项目建设工程规划许可审批结果，即时跟进施工许可审批。

【召开重点工程“四张清单”一季度对接会】 2月10日，县政务办、县重点办联合组织召开2022年度全县重点工程“四张清单”填报暨助推一季度项目“开门红”对接会，以争一流的劲头、往前赶的节奏，干出高效率，跑出加速度，坚持项目为王，助推一季度经济社会发展“开门红”。2022年，县重点工程实施类建设项目127个，总投资752.7亿元，年度投资130.5亿元；重大前期项目52个，总投资586.3亿元。会议全方位分析各个项目最新进展，精准定制了50个新开工项目和52个重大前期项目的政策处理、基础配套、审批节点、中介服务“四张清单”，通过敲定压实事项节点，逐个明确责任单位、配合单位、服务保障单位以及具体责任人，做深做实项目全流程闭环管理，助力解决项目推进过程中存在的堵点、难点、痛点。

【婚登处为爱护航婚姻登记需求】 为满足广大群众在2022年2月22日（壬寅虎年正月二十二，星期二）当天的婚姻登记服务需求，县行政服务中心婚姻登记分中心提前部署安排，确保婚姻登记工作安全、有序、规范开展。婚登处做好疫情防控管理，要求办理群众全程佩戴口罩，仔细查验健康码、行程码，并进行体温检测，维持好现场秩序，引导群众保持安全距离，实施分流疏导等措施，保证办理期间不扎堆，不聚集。在办理结婚登记过程中，登记员向新人们分发“婚事新办喜事俭办”倡议书，新人们表示要响应象山县婚俗改革，愿意以实际行动践行社会文明新风尚。统计显示，该日象山县共有150对新人领取结婚证。

【推进海岛政务服务改革成效明显】 实行陆岛一体化改革。加快推进海岛乡镇便民服务中心政务服务2.0、海岛政银E家等建设，配置“宁波办事”自助终端，实现县级业务延伸受理及就近办理。石浦镇可办理高频事项573项，鹤浦镇、高塘岛乡可办理高频事项216项，累计办件总量逾10万件次，受益群众8.5万人次。确保渔村渔民“办事无忧”。改造提升东门渔村综合服务中心，设置4个办事窗口，进驻社会保障、民政残联、渔业保障等50个村级事项，累计办理渔村渔民事项1800余件次。推动涉渔事务多点办理。组建基层渔业管理组织19个，部署“渔小二”自助终端机7台，线下线上代办涉船业务，实现渔民办事“不上岸”。在当地银行业金融机构开通“渔小二”办证PC端，就近完成渔船抵押贷款登记，累计办理抵押贷款1586件次，贷款总额14.36亿元。

【不动产登记收费电子票据正式上线】 3月起，县行政服务中心不动产登记服务中心推出线上开具不动产登记费电子票据服务，将“群众跑”人工取票模式切换成“数据跑”自动推送电子票据的全新服务模式，现已全面推开至受理环节收取。该服务开通之前，群众在缴纳不动产登记费后，需要到登记服务窗口打印纸质发票。现在，申请人只要通过支付宝支付登记费后，即可登录宁波市财政电子票据服务平台进行票据、缴款码查验，在录入票据相关信息后即可显示电子票据。与传统的纸质票据相比，电子发票不仅具有同等法律效力，“覆盖”了传统纸质化票据的所有功能，而且不易丢失、损坏、流通范围广，安全性和实用性显著提升，有助于统一的票据市场的形成。该项服务打通了群众在线缴费到发票获取的“最后一公里”，为实现不动产登记“不见面”打下坚实基础，切实提升了企业群众的满意度和获得感。

【完成全县首个罚没物资网络竞价项目】 2022年3月，县政务办受县机关事务管理局委托，对一批扣押罚没物资进行公开拍卖，标的物包含女式箱包、书画、皮带、玉器等物品，此为象山县首次对罚没物品进行公开竞价交易。县政务办通过挂网公告、报名、竞价的方式开展网络公开拍卖，全程在网络端进行。项目共有4个竞买人参与竞价，起拍价8764元，经过7小时70轮竞拍，最终以21064元成交，溢价率140.35%。

【石浦分中心获评浙江省巾帼文明岗】 4月21日，经过“逐级推荐、测评考核、现场验收”等环节，象山县行政服务中心石浦分中心高分通过验收，并喜获“浙江省巾帼文明岗”荣誉称号。

【受理第一笔带抵押的二手房转移、按揭申请事项】 为进一步推进“互联网+不动产抵押登记”服务，提升企业群众办事便利度，提高不动产抵押登记办事效率，县行政服务中心不动产登记服务中心探索“二手房交易登记+金融服务”事项便民服务新模式，深入推进不动产登记向银行业金融机构延伸。新模式即整合优化二手房转移登记与抵押登记等相关联登记事项的办理流程，让二手房买卖双方在银行办理金融业务的同时，提交不动产登记申请材料，做到还清原贷款、申请新贷款、解除原抵押（抵押权注销登记）、二手房过户（二手房买卖转移登记）、设立新抵押（抵押权首次登记）组合可办。4月26日，象山县农村信用合作联社在网点受理完成了第一笔带抵押的二手房转移、按揭申请事项。

【建筑工程施工许可证实现全程网办】 4月29日，宁波容升科技有限公司通过浙江政务服务网进入投资项目在线审批监管平台发起“建筑工程施工许可（多合一）”申请，由窗口工作人员提供线上、线下指导服务和帮办代办服务，以在线填表上传相关申请材料代替提交纸质材料，资料审核通过后生成电子证照，通过系统自行下载和打印，半小时内成功领取象山县首本通过全程网办核发的建筑工程施工许可证。

【进入不动产权“电子证书”时代】 5月起，象山县在预售商品房首次登记领域全面应用不动产登记电子证书，不再发放纸质证书。电子证书启用后，通过宁波市不动产登记“一窗平台”办理的预售商品房房地首次登记业务，登记人员依法进行审核登簿后，不动产登记系统平台将全量生成对应的不动产登记电子证照，证书上加盖电子签章，与纸质证明具有同等法律效力。申请人可通过浙江政务服务网、“浙里办”App等查看、打印、下载保存不动产登记电子证照。

【首个公路工程“不见面开标”】 5月10日，象山县首个公路工程“不见面开标”项目——象山县东陈乡东旦线至旋潭公路提升工程，在县公共资源交易中心圆满完成招投标，此次招投标是“不见面开标”方式在工程招投标领域的新应用。

【首办“歇业备案”业务】 5月11日，石浦十七鲜水产品经营部负责人林女士在县行政服务中心石浦分中心市场监管窗口，成功办理了个体工商户“歇业备案”登记，这是自《市场主体登记管理条例》实施以来象山办理的首例“歇业备案”业务。3月1日起，《中华人民共和国市场主体登记管理条例》（以下简称《条例》）正式实施，《条例》首设的“歇业制度”明确提出，因自然灾害、事故灾难、公共卫生事件、社会安全事件等原因造成经营困难的市场主体，可自主决定在一定时期内歇业，歇业期最长可达3年。

【出入境窗口启用面见谈话室】 5月15日，为进一步规范象山县出入境窗口服务工作，出入境窗口正式使用标准办证谈话室。面见谈话室为询问申请办证人员情况的专用办公室，安装了声像监控设备，配置专门工作用具和连接公安内网的计算机，证件识别仪等设备。

【石浦分中心公共服务综合窗口受理全县首例“N窗合一”业务】 5月16日，县行政服务中心石浦分中心公共服务综合窗口成功办理首例“N窗合一”业务，市民短短半小时就“一窗式”办结了其新购住房的水、电、气、网，以及数字电视的开通业务。此举为象山县以石浦镇作为改革试点，先行打破公共服务条线分割，整合水务、电力、燃气、数字电视和宽带网络（联通）五项公共服务资源，在全县乡镇（街道）中率先开通公共服务综合窗口，“一门式”集成办理水、电、气、数、网，最大限度方便企业群众办事。

【首家“准入准营一件事”餐馆落地】 6月14日，丹东街道的庄先生通过浙江政务服务网，在县行政服务中心商事登记窗口工作人员的帮助下，完成网上信息填报，一次性签署了材料，同时办理了营业执照和食品经营许可证。这是象山县“准入准营一件事”实施后，首家通过“准入准营一件事”办理的餐馆。“准入准营一件事”是指将经营者申请营业执照办理、食品经营许可证核发等事项整合为一件事，按照“一次采集、一网申报、并联审批”模式办理证照。“准入准营一件事”通过流程再造、系统重塑，经营者只需在申办营业执照时提交一次资料，实现了证照“一键集成办理”“准入即准营”，设立登记过程中已采集的名称、主体类型、经营场所、法定代表人（负责人）等共性信息，将全部信息共享至后续审批系统，不再多次重复采集。对主体业态、经营项目、设施设备情况等特定信息，在设立登记时一并采集、同步推送。同时，还整合了证照系统电子印章、电子签名服务，实现了“一次签署、同步赋权”。

【政府采购惠企措施升级】 7月1日起，象山县为做好政府采购支持中小企业工作助力扎实稳住经济，对政府采购项目加大惠企力度。一是价格评审优惠幅度再提高。针对非专门面向中小企业采购的项目，对符合规定的小微企业报价从原先的10%提高到20%给予扣除，用扣除后的价格参加评审；对于联合协议或者分包意向协议约定小微企业的合同份额占到合同金额30%以上的，对联合体或者大中型企业的报价从原先的3%提高到6%给予扣除，用扣除后的价格参加评审。二是政府采购交易成本再降低。鼓励免收履约保证金，确需收取履约保证金的，最高比例由不超过合同金额的2.5%调整为不超过合同金额的1%。

【举办入渔韩国专属经济区生产渔船人员业务培训班】 7月22日，2022年入渔韩国专属经济区生产渔船人员业务培训班在象山石浦举办，象山县56艘入韩渔船船长和捕捞协会相关工作人员参加培训班。该培训内容主要针对入渔韩国船舶捕捞生产需要注意的事项及相关程序流程，旨在提高涉外渔业从业人员知法守法水平，预防和减少涉外渔船违规事件的发生，为渔民合法合规生产提供专业支持。

【推进公共资源交易智慧化】 县政务办从投标、评标、开标三方面着手，围绕标准化、规范化、智能化要求推进“互联网+公共资源交易”信息化融合，不断推动象山营商环境再上新台阶。一是投标“便利化”。对暂时缺少规划许可证、用地审批手续等材料，但建设单位在作出书面承诺、能在规定时间补齐的情况下实行建设工程项目招标“容缺受理”，推动由审查式备案向“告知+承诺制”备案转变。截至7月底，已为18个建设工程项目提供“容缺受理”服务，平均缩短招标时间5日以上，总体提速20%。二是评标“电子化”。推广专家评标电子化，实现评标全程网上可操作，开发评标专家智能云签系统，并与公共资源交易电子评标系统互认，评审专家可使用云签章代替原先打印纸质评审报告手写签名。减少资源浪费万余份，缩短评审时间80%以上。三是开标“云端化”。推广“不见面开标”系统，对全县镇乡（街道）及有关部门31个平台“不见面”开标大厅进行标准化建设，启用县级平台第2个“不见面”直播间，推动开标从线下“面对面”到线上“键对键”。截至7月底，完成工程建设类项目“不见面”开标132宗，工程项目“不见面”开标率达100%。

【开展村级工程项目日常监管实务培训】 8月19日，开展全县村级工程项目监督管理实务培训，解读县村级工程项目前期管理、施工过程管理、竣工验收管理等方面内容，进一步加强村级建设工程项目监督管理，规范村级工程建设及集体资金开支，确保工程建设质量和投资绩效。

【公安窗口助力军人退役一件事联办】 9月1日起，县行政服务中心公安窗口安排专人派驻至县退役军人服务中心为退役复员军人现场办理恢复户口登记工作，助力退役军人事务局开展军人退役一件事联办工作。

【完成首笔居民换购住房个人所得税退税业务】 10月27日，县行政服务中心石浦分中心迎来首笔居民换购住房个人所得税退税业务。根据《财政部 税务总局关于支持居民换购住房有关个人所得税政策的公告》（财政部 税务总局公告2022年第30号）要求，自2022年10月1日至2023年12月31日，对出售自有住房并在现住房出售后1年内在市场重新购买住房的纳税人，对其出售现住房已缴纳的个人所得税予以退税优惠。

【“拿地即开工”首个试点项目动建】 10月中下旬，2022年县级重大产业项目宁波光华新能源电池外壳生产项目开工动建，这也是象山“工业项目承诺制快速审批”（简称“拿地即开工”）首批试点项目。6月15日，光华新能源成功拿地；7月1日，企业领取建设用地规划许可证和不动产权证（首次登记）；10月11日，企业取得建设工程规划许可证和建筑工程施工许可证；一周后，项目顺利动建。2022年以来，象山重大项目实施“拿地即开工”，针对全县范围内的“标准地”新出让土地工业项目，县政务办创新实施个性化定制项目审批线路图和前移审批服务，为项目精准定制“合同签订前确定规划设计方案、土地挂牌前完成施工图设计、项目拿地前确定施工单位”关键环节，推行能评、环评、安评、稳评、水保、人防模拟审查、承诺审批，指导企业提前委托开展中介服务，为项目报批抢得宝贵时间，力促项目早开工、早投产、早达产。

【《促进个体工商户发展条例》施行】 11月1日起，《促进个体工商户发展条例》（以下简称《条例》）正式施行，原《个体工商户条例》同时废止。该《条例》与原《个体工商户条例》相比，立法目的、主要内容、条文结构均发生根本性变化，由一部登记管理的专门性法规转变为促进发展的综合性法规。《条例》在认真总结新冠疫情以来有关部门出台扶持个体工商户发展政策措施的基础上，对个体工商户立法进行重新定位，坚持问题导向，将已出台的各项政策措施进行汇总集成，从财税、金融、社保、就业、转型升级、信息服务、表彰奖励、困难救助、监测分析等各个方面，对促进个体工商户发展作出制度安排。特别对个体工商户实施分型分类、加强公共服务平台建设、取消变更经营者仅限于家庭成员之间的限制、改革年报制度等作出安排，有利于解决个体工商户“急难愁盼”的突出问题，从整体上提升发展质量。

【完成跨市政府采购远程异地评标】 11月22日，象山县政府采购中心联合永康市财政局、永康市公共资源交易中心顺利完成跨市政府采购远程异地评标项目，实现新冠疫情环境下政府采购数字化改革再升级。此次跨市远程异地评标项目，象山县政府采购中心作为评审副会场，联动永康市公共资源交易中心作为评审主会场，两地基于“政采云”平台统一组成在线评标会场，评审专家通过平台进行视频会议系统、在线电子签名、远程询标，供应商在线进行远程讲标，监管部门在线实时远程监管等数字化手段，着力打造“各地专家云上参与、跨市异地远程评标”新格局。

【税务窗口推出涉公证不动产登记“一件事”办理】 为深入推进不动产登记“最多跑一次”改革，简化办事流程，税务窗口加强与不动产登记中心、公证部门协作交流，推出“税务+不动产登记+公证”线上办理新模式。办事人员在公证部门办理公证继承，离婚财产分割等高频公证事项时，可一并申请不动产转移登记及税费缴纳，申报资料通过宁波市不动产登记一窗平台线上推送给后台审核人员审核，由系统自动生成契税完税情况联系单。

【住建窗口持续优化施工许可“告知承诺制”】 2022年以来，住建窗口持续优化实施施工许可“告知承诺制”审批，建设单位可通过浙江政务服务网进入投资项目在线审批监管平台发起“建筑工程施工许可(多合一)”申请，在线填写项目相关信息、提交相关申请材料，并通过审批系统提交宁波市申请建筑工程施工许可“多合一”告知承诺书、建筑工程施工许可(多合一)承诺审批告知书；同时，继续优化施工图审查办理，建设单位在取得“施工图审查受理通知书”、“审查合格书”或“豁免审查意见书”后，可凭相关证明文件优先办理工程施工许可证。经过窗口后台工作人员审核无误后，建设单位可在当日成功领取建筑工程施工许可证，最大限度助力建设项目早开工、早投产。截至11月底，已办理“告知承诺制”审批施工许可证112本。

(县政务办　蒋亦翔)

机关事务管理

【概况】 2022年象山县机关事务管理局事业编制11人，现有4人；机关服务中心编制17人，现有13人(与局机关合署办公)；机关会议服务中心前身是象山宾馆，现有在编事业人员14人。全局共有县管领导干部5名，科级干部11名，正科级职数6名，副科5名。在县机关事务管理局县委、县政府的正确带领下，全局干部职工深入学习贯彻习近平新时代中国特色社会主义思想，紧紧围绕县委、县政府决策部署，牢固树立“过紧日子”思想，不断规范管理、强化保障、提升服务，为保障党政机关高效运行、深化节约型机关建设发挥积极作用，为象山高质量发展建设共同富裕示范区，加快建设社会主义现代化滨海花园城市，奋力推进中国式现代化县域新实践提供了坚强机关事务保障。

2022年1月20日，县府大院机关新食堂正式启用。1月26日，象事务党〔2022〕1号机关事务局党组发布关于2021年度机构编制重要事项的报告。1月29日，召开疫情防控专题部署会议。2月9日，召开全体干部职工会议2月21日，召开共同富裕培训会3月2日，象事务〔2022〕4号印发关于开展“五化”专题活动的通知。3月3日，印发关于《度机关事务局党建领域工作全周期责任清单》、象山县机关事务局主要工作责任清单》的通知。3月24日，发布2022年度党风廉政建设和反腐败工作要点。3月31日召开2022年度党风廉政建设暨意识形态工作会议。4月21日象事务〔2022〕5号发布关于印发《象山县公共机构节约能源资源工作要点》的通知。5月11日，召开文明城市创建部署会。5月13日，发布关于开展单位自建房安全隐患排查整治工作的通知。5月31日，召开二季度党风廉政例会。6月10日，发布关于象山县公共机构节能宣传月和全国低碳日活动安排的通知。7月27日，发布关于上报2023年行政事业单位车辆购置更新计划的通知。8月18日，发布全县党政机关办公用房信息化数据采集录入工作培训会的通知。8月19日，象事务党〔2022〕2号发布关于开展“五问五破争先进　五比五先创一流”机关作风建设专项行动的实施方案。8月22日，发布关于进一步做好党政机关迎峰度夏节约用电的通知。8月17日，湖北保康县机关事务管理局到局调研。9月，沈云峰获得全省机关事务工作先进个人称号。9月2日，象事务〔2022〕9号发布关于明确象山党政机关办公用房有关事项的通知。9月9日，象事务〔2022〕12号发布关于重申公务用车使用纪律的通知。9月16日象事务〔2022〕13号发布文明出行倡议书。10月14日、10月21日，开展机关事务工作大讨论活动。12月6日，发布象山县公务用车管理中心驾驶员伙食补助等经费发放办法(试行)。

【规范房产管理】 县政府大院视频监控改造工作、县府大院机关文化场地建设建设完工，并对机关大院基础设施改造工作及人大、组织部解危工程进行立项，机关食堂投入使用，大院房屋确权有序开展。

【打造覆盖党政机关的办公用房数字化管理平台】 破解党政机关单位办公用房紧缺难题，调剂4处，面积约9000平方米。按照办公用房“全省一张网”的要求，建立数字化“一房一档”，打造覆盖党政机关的办公用房数字化管理平台，进一步提升办公用房精细化规范化智能化管理水平。截至目前，开展全县党政机关数据填报培训1次，办公用房数字化管理平台数据采集项目完成招标，完成党政机关基础信息填报95家，完成党政机关测绘工作94家。

【车辆管理集约统筹】 按照“统一编制计划　统一采购配备”原则，完成2022年度公务车辆更新17辆。严格落实重大活动用车保障，周密部署，精心组织，完成了中国开渔节、海洋论坛会、精特亮工程等重大任务用车保障任务5次。依托信息化管理平台实现智能化派车，进行新一轮公务租车定点供应商征集工作，确定2022年度公务租车定点供应商12家。严格落实公务用车管理规定，紧盯使用登记、用车管理、维修加油等全链条，进行日抽查、月检查、不定期实地检查常态监管机制，累计进行出车记录检查25次，开展车辆规范使用检查12次，联合纪检监察机关开展加油专项监督检查1次。完善维修管理办法，设立维修鉴定三人小组，所有上报维修项目需先经鉴定小组审核鉴定，规范公车维修行为，堵上维修管理漏洞。照"统一编制计划　统一采购配备"原则，完成2022年度公务车辆更新17辆。

【深入推进节约型机关建设】　进一步加强领导，召开关于节能工作部署、垃圾分类等会议3次，指导全县公共机构有序开展节能和生活垃圾分类工作。进一步优化监督考核机制，借助第三方、部门联合等方式多管齐下实行督查考核，2022年全县公共机构单位建筑面积能耗下降1%，公共机构单位建筑面积碳排放下降1.4%，人均综合能耗下降1.2%，人均用水量下降1.4%。积极开展示范创建，退役军人事务局、政务办等18家单位列入创建市级节约型机关，县委党校列入省绿色学校创建。优化能耗数据统计，加强全县251家公共机构能耗统计数据的审核力度，提升优化统计数据质量。抓好制止餐饮浪费，鼓励充分利用边角料，设置半份菜、小份菜，提高食材利用率，源头减少厨余垃圾产生量。强化监管督查，先后52次对全县党政机关进行节能、垃圾分类工作指导和督查，发布通报4期，发现问题96个，落实整改96个，整改率100%。发布文明出行、迎峰度夏的倡议书2份，倡导机关干部养成绿色出行习惯和环保生活方式。依托"全国低碳日""节能宣传月"等活动，围绕"绿色低碳，节能先行"宣传主题，广泛开展节水节电、低碳出行、无纸化办公宣传，积极开展节能知识答题活动，制作印发节能、垃圾分类图片等400余份，循环滚动播放节能和垃圾分类宣传片、宣传标语2100余次。

【大力提升精准服务】　开展交流比学，搭建两大院交流研讨、技能训练、菜品研发平台，积极推进技术创新、菜品研发，开展县内机关单位食堂学习交流4次。优化服务供给，早餐以丰富菜品种类为重点、晚餐以口味提升为重点，开展"一院一品牌菜"建设，食堂菜品整体提升明显，2022年累计服务230174人次。创新服务模式，商务楼菜谱融入"县十六碗"元素，深入推行机关食堂外卖服务，累计出售点心外卖约2500份，推出净菜外卖约500份，获得机关干部好评。以文明城市创建为契机，开展环境整治专项行动，进行大院环境整体提升。改善干部工作环境，进行健身房、篮球场、瑜伽室等文化活动场所建设，丰富干部文化生活。深入细致做好会务保障，商务楼承接会议453次，服务2.8万人次，会议服务中心承接会议503次，服务2.3万人次。加强绿化保洁建设，加强绿化景观养护，提升绿化品位。强化人车道闸通行管理，完善通行制度，优化管理方法，提升停车秩序。提高物业队伍业务技能，组织礼仪、消防等专题培训12次，提升服务水平。守好机关小门，严格执行场所码扫码验码工作，"4·3""4·6"疫情期间发挥连续作战精神，全面保障疫情防控指挥部的正常运转。筑牢安全底线，强化安全防线，累计开展安全检查245次，及时处置水管爆裂、外墙玻璃抢修等重大维修工作22次。

（县机关事务局）

中国人民政治协商会议象山县委员会

综　述

2022年，是政协十一届象山县委员会第一年。该届政协共有委员258人，设中共、无党派、共青团、总工会、妇联、工商联等17个界别组。县政协机关内设“一办六委”，即办公室，提案委员会、经济科技和城建资源环境委员会、教文卫体和文史资料委员会、社会法制和港澳台侨委员会、委员工作委员会、农业与农村委员会。在乡镇街道设丹东、丹西、爵溪和石浦、西周等18个联络工作委员会。有省政协委员1人，市政协委员11人。坚持团结和民主两大主题，发挥协商民主重要渠道和专门协商机构作用。

重要会议

【县政协十一届一次会议】 中国人民政治协商会议第十一届象山县委员会第一次会议，于2022年1月21—24日在县文化活动中心召开。出席委员258人，列席40人。第一次全体会议分别听取十届县政协主席俞骏和副主席欧亚群所作的常委会工作报告和提案工作情况的报告。第二次全体会议进行大会参政议政发言。第三次会议进行选举，通过《选举办法》和总监票人名单。选举俞骏为政协第十一届象山县委员会主席，陈爱武、励茂平、杨盛昂、陈建瑜、徐小平为政协第十一届象山县委员会副主席，胡金文为政协第十一届象山县委员会秘书长，王忠凯、王森栋、石剑、史丹丹、吕彤、吕伟宏、朱夕映、刘长军、刘勤学、许见红、江峰、孙炼、孙丽姹、苏峰、吴永建、何嘉航、张光辉、张建国、陆洁、陆新学、陈云峰、范旭东、林营、罗欣、周礼胜、周剑敏、郑辉、郑桑、郑赛敏、赵勇、俞湛、洪阮球、洪佩平、聂文华、钱豪、徐亚青、徐贤国、黄碧映、韩高茂、赖伟杰、赖磅茫、蔡海江、管博为政协第十一届象山县委员会常务委员。第四次全体会议听取县委书记包朝阳代表中共象山县委所作的讲话，通报大会期间提案收集和初审情况，通过县政协十一届一次会议决议。在此次大会期间，委员们分组审议政协常委会工作报告和提案工作情况的报告，列席了县十九届人大一次会议，听取和协商讨论政府工作报告、县人民法院工作报告、县人民检察院工作报告及其他有关报告。

【县政协十一届第一次常委会会议】 2022年1月24日召开，县政协主席俞骏主持会议。审议通过十一届县政协机构设置的议案、十一届县政协镇乡（街道）联络工作委员会设置的议案；审议决定关于县政协副秘书长任命议案，关于县政协各委办主任、副主任任命议案，关于县政协各界别组组长、副组长任命议案，关于县政协各镇乡（街道）联络工作委员会主任任命议案；审议县政协专委会对口联系界别及联委会的安排决定；审议决定县政协专委会、联委会组成人员名单。

【县政协十一届第二次常委会会议】 2022年8月19日召开，俞骏主持会议。县委副书记、县长李晓东通报上半年全县经济社会发展情况和下半年主要工作安排。审议通过有关人事任免

2022年1月21日，中国人民政治协商会议第十一届象山县委员会第一次会议召开

事项；听取县政协上半年工作情况通报及下半年主要工作安排。

【县政协十一届第三次常委会会议】 2022年10月14日，召开"加快推动人才集聚，激发人才创新创业活力"专题议政性常委会会议，县政协主席俞骏主持会议。县委办、县政府办、县委人才办、县委宣传部、县委统战部、县经信局、县教育局、县科技局、县财政局、县人力社保局、县住建局、县农业农村局、县文广旅游体育局、县卫生健康局、象山经济开发区管委会、县总工会、团县委、县妇联、县科协、县大目湾开发建设管理中心、县城投集团、县工投集团等主要负责人列席会议。县委书记包朝阳应邀出席会议并讲话，县委常委、组织部部长张微燕应邀出席会议。

【县政协十一届第四次常委会会议】 2022年12月23日召开，县政协主席俞骏主持会议。学习中国共产党第二十次全国代表大会精神；审议通过有关人事任免事项、《关于召开政协第十一届象山县委员会第二次会议的决定》、象山县政协有关工作制度。6名常委作年度工作述职。

【县十一届政协主席会议】 2022年，十一届县政协共举行主席会议13次。汇总如下：

2022年度十一届县政协主席会议情况一览表

表7

时　间	会　　次	会　议　主　要　情　况
1月14日	第一次主席会议	县政协主席俞骏主持会议。审议通过县政协十一届一次会议期间主席台就座情况，县领导出席县政协十一届一次会议讨论活动的安排，县政协十一届一次会议决议（草案），十一届县政协机构设置的议案，十一届县政协镇乡（街道）联络工作委员会设置的议案，县政协专委会对口联系界别及联委会的安排，县政协专委会、联委会组成人员名单及人事任免事项
2月10日	第二次主席会议	县政协主席俞骏主持会议。审议县政协2022年重点工作责任清单、县政协主席会议成员带队一线"走亲连心"活动方案
3月4日	第三次主席会议	县政协主席俞骏主持会议。审议县政协2022年度协商工作计划。审议县政协十一届一次会议提案相关情况，确定12件提案为重点提案，明确重点提案督办分工。审议通过《关于推进"请你来协商·民生议事堂"平台建设的实施意见》《关于习近平新时代中国特色社会主义思想学习座谈会办法》《关于深入开展委员读书工作的实施方案》
4月20日	第四次主席会议	就加快推进国家森林城市和国家园林城市创建进行专项议政。县政协主席俞骏主持会议并讲话。县自然资源和规划局、县住建局主要负责人汇报县国家森林城市和国家园林城市创建情况，县政协农业和农村委课题组作专项建言。徐小平，赖磅茫、刘子超、郑玲玲、王富强、仲立东等与会政协委员围绕县国家森林城市和国家园林城市创建，提出强化资金保障、建立绿化管护长效机制、加强创建工作宣传、推动生态优势转化经济资源等建议。县委常委、常务副县长高岷应邀出席会议并讲话
6月12日	第五次主席会议	就强化数字赋能促进制造业高质量发展进行专项议政。县政协主席俞骏主持会议并讲话。县经信局主要负责人汇报象山制造业数字化转型发展情况，县政协经建委课题组作专项建言。励茂平、刘勤学、张勇、俞能伟、李逸楠、施定威等与会政协委员及企业代表围绕强化数字赋能促进制造业高质量发展，提出强化政策保障、加快互联网平台建设、积极推动智能制造新业态新模式、加强技能人才培育等建议。副县长史建立应邀出席会议并讲话
7月4日	第六次主席会议	就象山捕捞渔船减船转产进行专项议政。县政协主席俞骏主持会议并讲话。县水利和渔业局相关负责人汇报"减船转产"情况，县政协农业和农村委课题组作专项建言。励茂平、杨盛昂、徐小平、许卫江、黄挺、沈泳波、郑元杰、蔡晓峰、钱月明、吕彤等与会政协委员围绕象山捕捞渔船减船转产工作，提出从严从实加强渔船管理、优化近海渔业传统捕捞模式、精准帮扶渔民转产转业、完善"失海"渔民社会保障制度等建议。副县长吴志辉应邀出席会议并讲话

续表7

时间	会次	会议主要情况
7月19日	第七次主席会议	审议“全面提升生活垃圾分类处理质量、推进无废城市建设”“数字化改革(数字社会)推进情况”专项集体民主监督建议书。县政协主席俞骏主持会议。听取2个专项集体民主监督组的汇报。会议通过专项民主监督建议书。审议“请你来协商·民生议事堂”平台建设相关补充意见
8月17日	第八次主席会议	县政协主席俞骏主持会议,审议通过有关人事任免事项
9月9日	第九次主席会议	对都市消费新场景工作开展专项视察。县政协主席俞骏,副主席励茂平、杨盛昂、陈建瑜、徐小平,秘书长胡金文,县政协各委办主任、委员工作委副主任和部分委员参加活动。实地视察象山绿城喜来登度假酒店、黄金海岸雷迪森酒店、大目湾内湾游艇基地、大目湾乐惠啤酒广场、东旦时尚运动沙滩、象山影视城大宋奇妙夜场景等,听取项目有关情况介绍
10月10日	第十次主席会议	就县政协十一届一次会议提案办理工作和重点提案办理落实情况进行专项议政。县政协主席俞骏主持会议并讲话,县政府办公室负责人汇报关于县政协十一届一次会议提案办理和重点提案落实情况。县政协副主席陈爱武、励茂平、杨盛昂,秘书长胡金文参加会议。闻才兴、倪双双、应旭、周黎彦、蒋良欢、费琳等与会政协委员提出了加强新生代企业家培育、完善住宅小区业主委员会建设、降低农村电商物流费用等建议,促进提案建议落实。县委常委、副县长周坚栋应邀出席会议并讲话
11月24日	第十一次主席会议	审议关于对县文化和广电旅游体育局提案办理民主评议的意见、关于对县经信局提案办理民主评议的意见及县政协有关制度
12月14日	第十二次主席会议	对重点实事工程开展专项视察。县政协主席俞骏,副主席陈爱武、励茂平、徐小平,秘书长胡金文,县政协委办主任、委员工作委副主任和部分委员参加活动。实地视察宁波勤邦高端光学膜生产项目、宁波昌晖新能源汽车零部件项目、中广核象山涂茨海上风电项目、宁波日星大型海上风电及船运装备关键零部件新建项目等,听取项目有关情况介绍
12月23日	第十三次主席会议	县政协主席俞骏主持会议,讨论县政协常委会工作报告和提案工作情况的报告,审议有关人事任免事项、关于召开县政协十一届二次会议的决定(草案)
12月9日	县人民法院、县人民检察院工作情况通报会	县政协主席俞骏主持会议并讲话,县委常委、统战部部长陈善杰,县政协副主席陈爱武、励茂平、杨盛昂、徐小平,县人民法院院长金李东,县人民检察院检察长陆玉珍,县政协秘书长胡金文参加会议。县人民法院、县人民检察院分别作2022年县人民法院、县人民检察院工作情况的介绍,县政协社法委作议政建言,陈雷光、汪海月、许见红、陈跃辉、李芝巧、陆海滨、徐亚青等与会委员结合实际,从拓展共享法庭建设的参与面、加快破解执行难问题、建立公益诉讼大数据平台、加强未成年人权益司法保护等方面提出意见建议
12月13日	县政府与县政协2023年度重点工作协商对接会	县政府与县政协就2023年重点工作进行面对面协商对接。县委副书记、县长李晓东出席会议并讲话,县政协主席俞骏主持会议。县政府领导吴志辉、周坚栋、潘多、史建立、石赟甲,县政协领导陈爱武、励茂平、杨盛昂、徐小平及秘书长胡金文参加。会议通报了2023年县政府、县政协重点工作安排。与会领导就2023年重点工作进行了协商交流

“请你来协商”活动

【县委书记与委员面对面协商会】 2022年10月14日,召开以“加快推动人才集聚,激发人才创新创业活力”为主题的“请你来协商·书记与委员面对面”协商会,县委书记包朝阳出席会议并讲话,县政协主席俞骏主持会议,县委常委、组织部部长张微燕应邀出席会议。吕伟宏、刘勤学、郑颖、许颇、聂文华等五位政协委员分别作“做好‘票子’文章　增强引才留才吸引力”“‘筑巢引凤’让人才安居安心”“关于加强我县人才子女就学保障的建议”“关于建好‘四圈’优化人才服务的建议”“提升‘面子’　增强人才尊荣感”等方面专项建言。会议首次采取“线上+线下”方式,共有156名委员发言,征集意见500余条。

【县长与委员面对面协商会】 2022年6月1日，举行以“统筹推进蟹钳港区域保护与开发，加快打造共同富裕样板区”为主题的“请你来协商·县长与委员面对面”协商会，县委副书记、县长李晓东应邀出席会议并讲话，县政协主席俞骏主持会议。县旅游发展中心汇报重点提案办理情况。县政协社法委课题组作专题建言，杨盛昂、陈建瑜、洪佩平、孙炼、闻才兴、朱夕映、黄维辉、聂文华等委员，围绕打造区域公用品牌、完善管理体制机制、发挥影视城平台辐射带动作用、数字技术赋能标准生产、推进海洋湿地公园建设等方面作交流发言。

【请你来协商·第一次协商恳谈会】 2022年4月28日召开，专题就完善托管服务保障高质量推进“双减”工作开展协商恳谈。县政协副主席励茂平主持会议，县政协教科文卫学习委组织协商。史丹丹、倪永捍、孙丽姹、韩文瑶、解爱静、盛红娣、朱红曙、侯珊红、林丽丽、徐亚青等委员，县教育局、县科技局、县财政局、县文化和广电旅游体育局、县市场监管局、县综合行政执法局、县妇联等单位负责人参加会议。就建立部门协同共治机制、强化托管考评、充实课后托管师资团队、丰富课后托管课程、完善经费筹集和报酬分配机制等方面达成协商意见。

【请你来协商·第二次协商恳谈会】 2022年5月17日召开，专题就保障“非粮化”整治后的耕地种粮属性开展协商恳谈。县政协副主席徐小平主持会议，县政协农业和农村委组织协商。王忠凯、周刚为、郑明土、谢贤华、屠野田、鲍科、应旭等委员，县农业农村局、县自然资源和规划局、县水利和渔业局、县财政局等单位负责人参加会议，就完善水利设施、加强整治地块种植指导、培育社会化服务组织、加强对整治后耕地跟踪监督等方面达成协商意见。

【请你来协商·第三次协商恳谈会】 2022年8月29日召开，专题就完善中心城区居住小区生活垃圾分类收运体系开展协商恳谈。县政协副主席励茂平主持会议，县政协经建委组织协商。赖伟杰、陆振明、汪海月、郑玲玲、汪剑军等委员，县垃圾分类办、县综合行政执法局、县发改局、县财政局、县住建局、丹东街道、丹西街道等单位负责人参加会议，就明确收运模式和分批实施计划任务、规范作业标准、落实撤桶并点和“两点一房”改造工作、探索社会资金筹措渠道、建立垃圾分类督导执法工作机制等方面达成协商意见。

【请你来协商·第四次协商恳谈会】 2022年8月31日召开，专题就加强困境儿童救助帮扶开展协商恳谈。县政协副主席杨盛昂主持会议，县政协社法委组织协商。陆新学、黄刚、何嘉航、倪双双、赵康康、韩勇、袁晓、林婕、刘秋琳、盛红娣、王雪等委员，县民政局、县教育局、县财政局、团县委、县妇联、县残联、县关工委等单位负责人参加会议，就精准识别救助帮扶对象、完善救助帮扶联动机制、全面促进更好健康发展、系统重塑救助帮扶体系等方面达成协商意见。

【请你来协商·第五次协商恳谈会】 2022年9月8日召开，专题就再生水“破圈”成为城市第二水源开展协商恳谈。县政协主席俞骏主持会议，县委常委、副县长周坚栋应邀出席会议，县政协办公室组织协商。徐小平、郑赛敏、赵菊香、林营、汪海月、郑江、俞海江、蔡晓峰、励成、陈耀等委员，县住建局、县水利和渔业局、县综合行政执法局、县财政局、县水务集团、县城投集团、爵溪街道等单位负责人参加会议，就加强整体规划、完善基础设施、推进市场化利用、强化政策激励、加大宣传力度等方面达成协商意见。

【请你来协商·第六次协商恳谈会】 2022年9月28日召开，专题就农村快递网点建设开展协商恳谈。县政协副主席陈爱武主持会议，县政协委员工作委组织协商。赵勇、史久浩、韩东道、陈雷光、倪双双、郑桑、刘秋琳、周斌杰等委员，县交通运输局（县邮政管理局）、县发改局、县财政局、县农业农村局、县商务局等单位负责人参加会议，就加强农村快递行业监督管理、完善农村快递网点规划、健全末端共同配送体系、加强快递网点硬件保障等方面达成协商意见。

【请你来协商·第七次协商恳谈会】 2022年10月13日召开，专题就优化“斑斓海岸”“橘生山海”精品线路打造开展协商恳谈。县政协副主席徐小平主持会议，县政协农业和农村委组织协商，王忠凯、周刚为、刘子超、谢贤华、陈兆季、赖奇鲲、杨溢等委员，县抓落实

专题协商会会场

办、县旅游发展中心、县发改局、县财政局、县交通局、县农业农村局等单位负责人参加会议，就讲好品牌故事、做好融合文章、注重建设品质、开展绩效评估等方面达成协商意见。

【请你来协商·第八次协商恳谈会】 2022年10月20日召开，专题就加快推进三周岁以下婴幼儿照护服务体系建设开展协商。县政协副主席陈爱武主持会议，县政协委员工作委组织协商，赵勇、史久浩、郑桑、陈春静、汪海月、张志意、方敏红、林佳等委员，县卫健局、县教育局、县自然资源和规划局、县财政局、县妇联等单位负责人参加会议，就一体谋划统筹推进、优化幼托服务机制、提高供给服务能力、丰富托育服务形式等方面达成协商意见。

【请你来协商·第九次协商恳谈会】 10月21日召开，专题就提升产业工人技能培训实效开展协商。县政协副主席陈爱武主持会议，县政协办公室组织协商，郑赛敏、周威、徐贤国、刘长军、林婕、杨雪峰、肖鹿、闻才兴、方明杰等委员，县人力社保局、县教育局、县经信局、县科技局、县财政局、县总工会、象山港高级技工学校、宁波建设工程学校、象山精信职业技能培训学校等单位负责人参加会议，就整体谋划产业技能人才培训短期及中远期规划、共建公共实训基地、开展精准有效培训、强化多方协作、完善市场化培训机制等方面达成协商意见。

【请你来协商·第十次协商恳谈会】 10月27日召开，就既有多层住宅加装电梯开展协商。县政协副主席陈爱武主持会议，县政协提案委组织协商，张奂、汪海月、郑玲玲、张建国、俞海江、陈春静、陆海滨等委员，县住建局、县自然资源和规划局、县市场监管局、国网象山县供电公司、县消防救援大队等单位负责人参加会议。就全面排摸底数、加大政策宣传力度、充分遵循民意、科学合理安装、重视后期维保等方面达成协商意见。

【请你来协商·第十一次协商恳谈会】 10月27日召开，就规范健身路径器材开展协商。县政协副主席励茂平主持会议，县政协教科文卫学习委组织协商，韦金红、倪永捍、朱夕映、陈春静、陈荣、陆海滨、郑玲玲等委员，县文化和广电旅游体育局、县自然资源和规划局、县住建局、丹西街道、大徐镇等单位负责人参加会议，就坚持规划引领、加强设施供给、提升运营水平、坚持精准宣传等方面达成协商意见。

【请你来协商·第十二次协商恳谈会】 10月28日召开，就老有所学开展协商。县政协副主席杨盛昂主持会议，县政协社法委组织协商，陆新学、史久浩、黄刚、罗军雷、张建国、王伟宏、冯乾君、释式清、陈跃辉、潘益民等委员，县委老干部局、县教育局、县民政局、县财政局、县卫生健康局等单位负责人参加会议，就做强县级老年大学龙头品牌、健全普惠型老年教育体系、供给高质量特色化暖心服务等方面达成协商意见。

【请你来协商·第十三次协商恳谈会】 10月31日召开，就规范露营旅游开展协商。县政协副主席励茂平主持会议，县政协经建委组织协商，赖伟杰、陆振明、方鹏、王森栋、聂文华、仲立东、胡可、赖章刚、谢红强等委员，县文化和广电旅游体育局、县自然资源和规划局、县市场监督管理局、石浦镇、涂茨镇等单位负责人及行业代表参加会议，就规范露营营地设置、强化营地管理、加强数字赋能、提升露营营地品质等方面达成协商意见。

【请你来协商·第十四次协商恳谈会】 11月2日召开，就新能源汽车充电桩建设开展协商。县政协副主席陈爱武主持会议，县政协提案委组织协商，张奂、郑玲玲、杨法增、俞晓圆、汪海月、夏行、仲立东等委员，县发改局、县住建局、国网象山县供电公司、县交通集团等单位负责人参加会议，就完善县域充电桩整体规划布局、提高财政及政策扶持力度、统筹推进公用充电设施建设、规范充电设施管理办法、常态化开展专项治理等方面达成协商意见。

“象山政协·崇学讲堂”

【第一期崇学讲堂】 1月7日举行，县政协主席俞骏出席会议并讲话，县委常委、统战部部长陈善杰主持会议，县政协副主席欧亚群参加会议。培训会上，欧亚群围绕人民政协的历史沿革，性质、地位和作用，人民政协的主要职能和履行职能的方式，政协委员的权利与义务等方面，作人民政协基本理论辅导报告。县政协提案委作提案撰写专题辅导，演示提案操作系统使用。

【第二期崇学讲堂】 8月4日举行，县政协主席俞骏，副主席陈爱武、励茂平、杨盛昂、徐小平，秘书长胡金文参加会议。浙江大学教授杨遴杰以《宏观经济形势分析》为题，围绕中国宏观经济的发展状况，对当前国际经济环境、国家经济发展中面临的困难挑战进行了全面客观的剖析，内容既有理论高度、思想深度，又有很强的针对性、实效性。在象山市政协委员、县政协委员、县政协机关全体干部等参加会议。

【第三期崇学讲堂】 8月5日举行，县政协主席俞骏，副主席陈爱武、励茂平、杨盛昂、徐小平，秘书长胡金文参加会议。浙江省委党校政治学教研部副主任董明以《新时代我国新型政党制度与人民政协履职》为题，引导和帮助广大政协委员深刻认识当前经济形势及人民政协的性质定位，准确把握政协工作的方向、方法和路径，增强履职的责任感和使命感，真正做到珍惜荣誉有担当、履职尽责有作为。在象山市政协委员、县政协委员、县政协机关全体干部等参加会议。

协商议政
民主监督提案工作

【协商议政】 十一届一次会议期间，

委员们围绕“海洋强县、美丽富民，都市融入、变革驱动”战略实施，聚焦经济社会发展的重大问题，积极协商议政，提出培育现代海洋产业、加快数字化工厂建设、持续完善人才政策等意见建议，形成全会协商纪要报送县委、县政府，促进协商成果转化落实。各界别组、联委会深入调研，形成加大减船转产力度推进渔业转型升级、进一步提升象山公共文化服务保障水平、推进环石浦港零碳产业园建设等19个大会参政议政材料，提出建设性意见建议。县委县政府领导到会听取委员发言，认真采纳落实。

【数字社会系统建设专项集体民主监督】 4月以来，县政协按照省、市政协关于开展“数字化改革”推进情况三级政协联动专项集体民主监督的要求，结合象山实际，由县政协教科文卫学习委牵头，组建专项民主监督组，重点聚焦数字社会系统建设，围绕打造“城市大脑+现代城市+未来社区+活力乡镇+未来乡村”核心场景、扩大“浙”“邻”“享”三大服务品牌应用覆盖面、推动实现省级重大应用“应贯通尽贯通”等重点，通过市县联动监督、实地查看特色应用建设、听取部门情况介绍、走访受众群体等方式，深入开展监督活动，分别形成专项民主监督建议书报送市政协和县委县政府。

【垃圾分类处理专项集体民主监督】 根据宁波市政协《“全面提升生活垃圾分类处理质量、推进废城市建设”专项民主监督工作方案》文件精神，县政协结合象山实际，由县政协经建委牵头，组建专项民主监督组，围绕提升生活垃圾分类处理质量和无废城市建设，重点聚焦源头减量、前端分类、中端收运和后端处置等，开展监督调研。监督组听取县垃圾分类办、市生态环境局象山分局等工作情况介绍，实地查看企业、小区、垃圾中转站分类处理和转运情况，分别形成监督报告报送市政协和县委县政府，后期还针对中心城区厨余垃圾和其他垃圾统一收运体系进行了专题协商。

【全域国土空间综合整治体制机制建设专项集体民主监督】 根据市政协《关于推进落实市政协十六届一次会议全体会议提案民主监督实施方案》部署和要求，结合象山现有实施项目实际反映情况，助推全域国土空间治理能力有新提升。7月8日，副主席励茂平召集召开全域国土空间体制机制建设座谈会，委员们听取部门介绍，全面了解象山在整治目标、路径方法、配套保障情况，并提出推动落实建议。8月15日，市政协刘毅副主席率领监督组到象山开展两级政协联动监督调研，委员们参观了解市域铁路象山建设（上余村）征地拆迁情况和“千亩方”永久基本农田集中连片试点情况，听取相关部门和村社代表意见建议，并进行深入交流。

【提案工作】 县政协十一届一次会议以来，共收到以提案形式提出的意见建议224件，经审查立案210件，立案率93.75%，并案为195件。“关于统筹推进蟹钳港区域保护与开发，加快打造共同富裕样板区的建议”“关于健全大龄青年婚恋社会支持体系的建议”等12件重点提案，由县委、县政府领导领衔办理，县政协主席、副主席分工督办，组织主席会议专项议政，推动有关问题逐步解决。筛选6件民生类提案，由县政协领导牵头组织召开协商恳谈会，再生水如何“破圈”成为城市第二水源等一批群众关注的民生问题得到有效解决。组织评议组对县经信局、县文化和广电旅游体育局2020年以来提案办理工作开展民主评议，加强跟踪和“回头看”工作，提高提案落实成效。一年来，所提问题已经解决或基本解决的74件，占35.2%；部分解决或列入计划解决的128件，占61.0%；因条件能力所限尚不能解决的8件，占3.8%。

专项工作

【“喜迎二十大　同心跟党走”主题】 9月22日，县政协、县委统战部联合举办“喜迎二十大　同心跟党走”主题活动。县委书记包朝阳出席并致辞。县四套班子领导出席活动。部分县政协委员，在象山市政协委员；在象山各民主党派、无党派人士代表，社会各界人士代表；县级有关部门主要负责人；县政协机关、统战部副局级以上干部参加。活动分成“时代风帆”“万象山海”“同心同行”“共富未来”“时代华章”五个部分，政协委员及社会各界人士以唱歌、朗诵、舞蹈等文艺形式，表达喜迎二十大、迈向新征程的豪迈之情，讴歌党的百年光辉历程，进一步激发广大政协委员和统战人士奋进新征程、建功新时代。

【“半岛·农技”省政协委员会客厅】 9月28日，成立全县首家“半岛·农技”省政协委员会客厅，市政协副主席叶剑鸣、象山县政协主席俞骏共同为委员会客厅揭牌。聚焦“聚焦农技创新，助力群众共富”“帮扶弱小散橘农，共筑田园致富路”等主题，开展特色鲜明、灵活多样、富有实效的履职活动，在帮扶农户销售“红美人”柑橘、帮助水产养殖企业解决生产问题、推广“稻—虾”轮作模式等方面发挥积极作用，助力农业发展。

【委员工作室】 立足“让政协走近群众、让群众走进政协”，发挥政协人才荟萃、智力密集优势，建成市县政协委员工作室15个，阳明心坊、青年双创等5个委员工作室“线上”运行，开展各类活动50余场，切实发挥学习交流、联系群众、协商民主、团结联谊功能作用。18个镇乡（街道）联委会委员工作室积极发挥自身专业特长优势，组织开展传统文化教育、法律咨询、文化惠民、助残帮困等服务活动80余次，切实发挥“政策法规宣传员、社情民意收集员、联系群众服务员、团结联谊联络员”作用。

【政协委员“走基层、办实事”服务活动】 7月，启动政协委员“走基层、办实事”服务活动。累计开展送健康、送文化、送安全法规等活动23次，服务群众2000余人次，发放各类宣传资料1400余份。无党派界别组走进县启力学校开展"一堂法治课、一次送温暖、一场座谈会、一个微访谈"活动,送去价值7000余元的学习用品。共青团界别组在鹤浦、高塘开展"青心守护海岛少年"慰问活动,为40余名困境儿童送上节日礼物。科协、科技界别组赴新桥镇里高湾村开展科普宣传志愿服务,参与各项技术交流活动,服务企业发展。社会科学和社会福利与社会保障界别组开展"扶老颐养　助残奔富"活动,组织全体委员赴晓塘乡、石浦镇开展阳光爱残扶残助弱行动,帮助扩建兵营村居家养老服务中心,协助推行慈善扶持低收入群体产业发展专项贷款,得到了社会的广泛好评。医药卫生界组织县人民医院、定塘分院的心外科、神经外科、肝胆外科、中西医结合科、内分泌科、全科等专家团队到定塘镇沙地村开展义诊活动,积极宣传健康知识、疾病预防知识。其他界别组、镇乡(街道)联委会相继举办法律咨询服务、法治宣传、农技专题讲座、采风创作交流等活动。

界别与联委会工作

【界别组工作会议】 4月1日召开,县政协主席俞骏主持会议并讲话。县政协无党派界别组、科学技术界别组、社会科学和社会福利与社会保障界别组、经济界别组、农业界别组作交流发言,会议总结交流近年来县政协界别工作成效,专题部署推进下阶段工作。

【联委会工作会议】 7月28日召开,县政协副主席陈爱武主持会议并讲话。18个镇乡(街道)联委会着重就年初以来的重点工作、特色工作和下步工作打算,特别就"请你来协商·民生议事堂"创建情况开展座谈交流。全面总结联委会工作成效,进一步明确联委会工作重点,注重发挥联委会作用。

【界别活动】 界别组立足自身优势,创新活动形式,充分发挥界别特色作用。围绕儿童友好型城市建设、产业园区配套公寓建设、家禽定点屠宰场建设等主题开展专题调研和视察活动100余次,反映社情民意信息58篇。

【联委会活动】 联委会聚焦当地经济社会发展,以"请你来协商·民生议事堂"、联委会委员工作室为载体,组织开展文明城市创建、老旧小区改造、公交线路优化调整等视察调研120余次,撰写提案83件,反映社情民意信息60余篇。

期刊·文史·宣传

【《参政议政》《社情民意》《民主监督专刊》】 《参政议政》期刊编发7期,《关于加快推动环蟹钳港共富样板区建设的建议》《做好"票子"文章,增强引才留才吸引力》《关于加强我县人才工作的建议》等得到县委、县政府领导批示5期次。《社情民意》期刊编发13期,《关于进一步完善疫情防控相关工作的建议》《关于大力开发利用中水的建议》《关于旱情下保障农业生产的建议》《关于发展"跑步经济"的建议》《关于开放和贯通松兰山旅游度假区观光大道的建议》《关于明确大塘港流域执法主体的建议》《关于妥善处置电梯井道内使用违规材料问题的建议》《关于加强石浦港古城保护工作的建议》等得到县委、县政府领导批示11期次。《民主监督专刊》专刊编发2期。

【"委员视角""政协视线"】 全年刊发《委员视角》12期,播放《政协视线》11期,反映的不少问题及建议得到政府相关部门重视。

【信息宣传】 编印《象山政协》6期,采编"委员风采"19篇,编发微信公众号信息329篇,在《人民政协报》、《联谊报》、"同心苑"省政协微信公众号等上级媒体报道37篇。

【文史工作】 按照"统战"和"三亲"两大特点,贯彻"存史、资政、团结、育人"方针,积极开展传统婚嫁习俗文史资料挖研究、征集、整理工作,编撰《象山婚俗》,呈现浓郁海味的婚俗礼仪,丰富象山文化内容。完善文史资料委员会组织,稳定文史工作队伍,多次召开文史工作座谈会,听取专家意见,发挥文史资料专委会成员在征集和编撰工作的作用。

(县政协办)

中共象山县纪律检查委员会·象山县监察委员会

综　述

中国共产党象山县第十五届纪律检查委员于2021年12月29日由中国共产党象山县第十五次代表大会第三次全体会议选举产生，共有纪委委员21人，其中常委7人（书记1人、副书记2人）。象山县监察委员会于2017年2月组建成立，与县纪委合署办公，设有监委主任1人，副主任2人，委员4人。县纪委县监委机关共有编制55名（行政编制49名，事业编制6名），现有干部人数47人，共设置12个内设职能室。下设10个派驻机构（综合派驻7个，单独派驻3个），现有干部人数43名（含巡察组）。18个镇乡（街道）配有纪（工）委书记、专职副书记（监察办主任、副主任）共36名，6个镇乡（街道）配备专职纪检干事，镇乡（街道）除纪委书记、副书记外另有纪委委员61名。2022年，县纪委县监委在县委和市纪委市监委的坚强领导下，忠诚履职、敢于斗争，守正革新、争创一流，党风廉政建设和反腐败工作呈现高质量发展的良好态势，全面从严治党取得新的成效、新的进展。

重要会议和活动

【概况】 2022年，县纪委县监委深入贯彻习近平新时代中国特色社会主义思想和中共二十大精神，在县委和上级纪委监委的正确领导下，围绕中心、服务大局，忠诚履职、敢于斗争，守正革新、争创一流，各项工作保持了高质量发展良好态势，形成一批具有象山辨识度的特色亮点工作。

【县纪委县监委开展任前集体廉政谈话】 1月18日下午，县纪委县监委对9位新提任或交流担任的街道党工委书记、县级部门主要负责人开展任前集体廉政谈话，县委常委、县纪委书记、县监委代主任王道出席会议并讲话。开展“三交底”谈话，通过责任清单、问题清单和岗位廉政风险清单，把责任、问题和风险进行逐一交底，帮助新任“一把手”尽快全面、真实地掌握情况，更好地开展工作、履行职责。牢固树立抓好党建是最大政绩的工作理念，切实把全面从严治党工作放在心中、抓在手里、扛在肩上。加强对普遍性、倾向性问题的研究处理，防止同个问题在同个单位一而再、再而三地发生。发挥“头雁效应”，让下属党员干部对照看齐。

【全程跟进监督两会会风会纪】 1月22日至25日，象山县十九届人大一次会议和县政协十一届一次会议相继召开。为营造风清气正的县两会环境，县纪委县监委紧盯会议纪律、疫情防控等关键点，明确监督着力点，排出计划表，针对性制定12项监督清单，专门成立会风会纪监督组，下设综合监督小组、会场监督小组、驻点监督小组，并在人大代表团安排9名会风会纪驻团监督员，在政协讨论组安排10名监督员，通过点面结合，统筹兼顾，全程跟进监督会风会纪和疫情防控工作。

【王道当选为象山县监察委员会主任】 1月25日，象山县第十九届人民代表大会第一次会议依法选举王道为县监察委员会主任。王道在会议主会场进行了宪法宣誓，全体代表监誓。

【县第十五届纪律检查委员会召开第二次全体会议】 2月15日，中国共产党象山县第十五届纪律检查委员会召开第二次全体会议。全会任务是以习近平新时代中国特色社会主义思想为指导，全面贯彻中共十九大和十九届历次全会精神，按照十九届中央纪委六次全会、省纪委十四届七次全会、市纪委十三届七次全会和县第十五次党代会的部署，回顾2021年纪检监察工作，研究部署2022年任务。会议审议通过王道代表县纪委常委会所作的《发扬自我革命精神　深化全面从严治党　奋力谱写象山纪检监察工作高质量发展新篇章》工作报告。县委书记包朝阳出席全会并作重要讲话，县委常委和有关县领导出席会议。

【叶怀贯到象山调研全面从严治党工作】 2月17日上午，市委常委、市纪委书记、市监委代主任叶怀贯到象山调研全面从严治党工作。县委书记包朝阳，县委常委、县纪委书记、县监委主任王道参加调研。叶怀贯一行实地走访亚帆中心，听取帆船（帆板）赛制和泊位、港池等设施介绍，询问测试运行情况；随后看望慰问了县纪委县监委机关干部。座谈会上，叶怀贯听取象山县经济社会发展和县委落实全面从严治党主体责任情况，以及象山县纪检监察工作情况,并强调要认真学习贯彻习近平总书记在十九届中央纪委六次全会上的重要讲话精神,坚定不移推进从严治党,持续推进正风肃纪反腐,扎实推进清廉象山建设,为宁波加快建设现代化滨海大都市多做象山贡献。

【县纪委县监委开展疫情防控督查】 2022年3月13日,自全市纪检系统疫情防控专项监督提升至二级响应后,县纪委县监委迅速开展大规模督导,7个监督检查小组分赴全县各地各单位,开展"点穴式"监督检查。3月14日,根据《关于开展疫情防控专项监督检查的通知》要求,进一步做好专班运行情况、区域协查管控情况、进口物品闭环管理情况等6个方面的监督检查,并对上一轮检查发现的问题进行"回头看",督促做好整改工作,进一步压实责任、强化措施,找准风险点,堵住漏洞短板,提升防控能力。

【县纪委县监委开展青年干部座谈会】 3月22日上午,县纪委县监委召开青年干部座谈会,4名青年干部代表进行交流发言,县委常委、县纪委书记、县监委主任王道分别向6个学习小组赠书并作讲话。王道强调,要进一步增强"想干事"的思想自觉,不断强化十个方面意识、坚决破除十种不良状态,以"永远吹冲锋号"的精神状态全力以赴做好各项工作。要进一步增强"干成事"的过硬本领,多思考、多钻研、多总结,在实践练兵中找差距、补不足,全面提高青年干部必须具备的七种能力,增强责任使命担当。要进一步增强"善共事"的优良品格,牢固树立团队意识、集体意识、补台意识,始终把团结协作、合作共事作为一种修养、一种胸怀、一种做人的格局。要进一步增强"干好事"的价值追求,铆足"争先"劲头、增强"创优"主动、强化"进位"追求,还要有挑战不可能的勇气,敢于打破常规,跳出惯性思维。要进一步增强"不出事"的风险意识,加强对自身的教育监督,提高拒腐防变免疫力,牢固树立刚正不阿、秉公执纪、谨慎用权的忠诚卫士形象。

【象山县巡察工作会议暨十五届县委第一轮巡察动员部署会召开】 3月24日上午,象山县巡察工作会议暨十五届县委第一轮巡察动员部署会在县委党校召开,县委书记包朝阳出席会议并作重要讲话。包朝阳强调,要以永不懈怠的精神状态和一往无前的奋斗姿态,与时俱进推进巡察工作,坚定不移推动全面从严治党走深走实,为加快建设社会主义现代化滨海花园城市做出新的更大贡献。会上,包朝阳还对疫情防控、一季度"开门红"、除险保安、亚运保障、粮食安全等重点工作进行强调部署。

【县纪委县监委召开亚运督查工作会议】 4月27日,县纪委县监委召开亚运督查工作例会,盘点总结前阶段工作成效,研究部署下阶段监督检查工作。王道主持会议并讲话。会议强调,要提高站位抓监督,亚运工作是"国之大者""省之要责",也是县委县政府中心工作,县纪委县监委要担起这个历史使命。要突出重点抓监督,把牢重大项目、重点问题、重要时间节点和上级点单问题,保质保量完成各项监督保障任务。要紧盯廉洁抓监督,围绕"廉洁办亚运"目标要求,做好各项亚运工作费用支出监督,推动建立健全场馆运行各项规章制度。要整合力量抓监督,整合县委督查室、县纪委和社会力量,协力做好各项监督工作。要统筹协调抓监督,强化监督组织体系建设,表格化、清单式拆解细分任务包,以最小颗粒度方式监督推进各项任务落实。要注重成效抓监督,注重总结提炼,努力形成亚运监督的实践成果、制度成果、宣传成果。

【县纪委县监委举办全县纪检监察系统综合业务培训班】 4月28日至29日,县纪委县监委举办全县纪检监察系统综合业务培训班,为来自驻象山垂直管理单位、镇乡(街道)纪(工)委、派驻机构、县属企业纪委和委机关的80余名纪检监察干部进行集中业务培训。此次培训着眼于纪检监察工作面临的新形势新任务、新要求,坚持政治理论学习和业务技能辅导两手抓,围绕党风政风监督、信访处置、监督检查、审查调查等专题,精心设置了"规范案件审理工作中需要注意的问题""'四风'问题查处实务辅导""信访举报办理全流程解读""如何做好检举控告办理工作""如何做好日常监督检查工作"等课程,还邀请了相关领域的专家介绍了共同富裕实践、新媒体运用、职务犯罪案件审判等内容,切实提高了参训干部的业务水平和履职能力。

【县纪委县监委召开常委会传达学习省第十五次党代会精神和市县有关会议精神】 6月27日上午,象山县纪委召开常委(扩大)会议,传达学习省第十五次党代会精神和市县有关会议精神。县委常委、县纪委书记、县监委主任王道主持会议并讲话。会议指出,省第十五次党代会是浙江迈入高水平全面建设社会主义现代化、高质量发展建设共同富裕示范区新征程召开的第一次党代会,具有重大的政治意义和战略意义。会议要求,一要悟透精神,坚持深学深悟,认认真真学,原原本本学,准确领会精神实质,迅速掀起学习贯彻高潮;二要谋深举措,按照省市县部署要求,聚焦"5532"专项行动、经济稳进提质等中心工作,深入实施"五提五创"争先创优大行动,打造标志性的纪检监察工作成果;三要干实工作,围绕年度重点工作、重点项目计划,对照任务要求,紧扣时间节点,细化优化工作举措,抓紧抓实抓出成效,推动省党代会确定的各项决策部署在象山落地生根。

【县纪委县监委举办"象廉相依"廉洁书画作品征集评选活动】 为深入推进清廉机关建设,传播廉洁理念,弘扬良好风尚,推动形成清正、廉洁、担当、有为的干事创业氛围,7月7日,县纪委县监委联合县直机关工委、县总工会、县文联举办"象廉相依"廉洁书画作品征集活动。此次活动共收到书法作品91幅、美术作品59幅。活动邀请县书法家和美术家协会专家对所有作品进行评审,经过多轮分析和讨论,最终确定56幅作品入选书画展，并评选出优秀奖20幅。

【召开党风廉政建设和反腐败工作情况通报会】 2022年7月22日上午，县委召开党风廉政建设和反腐败工作情况通报会，听取县各民主党派、工商联和无党派人士的意见建议。王道出席会议并讲话，县委常委、统战部部长陈善杰主持会议。会议听取民盟象山县基层委员会主委史丹丹、民进象山县支部主委杨盛昂、农工党象山县支部主委钮晶莹，县工商联党组书记、常务副主席苏峰，无党派人士代表励茂平、徐小平对进一步加强和改进党风廉政建设和反腐败工作的意见和建议。

【县纪委县监委召开半年度工作推进会】 8月4日，县纪委县监委召开全县纪检监察半年度工作会议。会议深入贯彻省第十五次党代会、市委十四届二次全会及县十五次党代会精神，认真落实省市纪检监察半年度工作会议要求，梳理总结上半年工作，交流经验做法，并对下半年工作作出部署。

【召开2022年漠视侵害群众利益问题专项治理工作推进会】 8月17日，县纪委监委召开2022年漠视侵害群众利益问题专项治理工作推进会，县委常委、县纪委书记、县监委主任王道主持会议并讲话，9家漠视侵害群众利益问题专项治理牵头单位相关负责人作了交流发言。会议指出，专项治理开展以来，已初步解决了教育、医疗、社保、民政、住房、食品安全等领域的一批民生问题，取得了阶段性成效，但仍需进一步纵深推动专项治理，做到思想认识再提升、工作措施再强化、工作成效再深化。

【"村民说事"荣获创新奖】 8月21日，第三届"基层清廉建设（浙江）十大创新经验"发布活动在浙江日报报业集团举行。象山县纪委监委总结提炼推荐的《"村民说事"说出清廉发展》荣获"清廉单元建设（浙江）十大创新经验"创新奖。

【象山才华剪纸艺术馆获评浙江省廉洁文化教育基地】 9月9日，全省清廉浙江建设推进会在杭州召开，省委常委、省纪委书记、省监委主任许罗德宣读命名浙江省廉洁文化教育基地的文件，象山才华剪纸艺术馆列入其中。

【省纪委督导组到象山督导检查防汛防台工作】 9月13日至14日，省纪委督导组到象山督导检查防汛防台工作。督察组一行走访丹东街道、墙头镇、大目湾新城等地，重点检查联村干部值班到岗、旧危房人员转移、避灾安置点准备等方面情况。

【郭卫东到象山调研督导除险保安工作】 10月13日，省纪委常委、省监委委员郭卫东带队到象山调研督导除险保安工作。郭卫东常委一行专题听取象山县纪委监委开展除险保安工作情况汇报，充分肯定前阶段除险保安工作成效，并对下阶段工作提出了具体要求。

【县纪委县监委专题传达学习中共二十大精神】 10月26日，县纪委县监委专题传达学习中共二十大精神。王道主持会议并讲话。会议强调，中共二十大是在全党全国各族人民迈上全面建设社会主义现代化国家新征程、向第二个百年奋斗目标进军的关键时刻召开的一次十分重要的大会，全县各级纪检监察组织要把学习宣传贯彻中共二十大精神作为当前和今后一个时期的首要政治任务，快速掀起学习贯彻中共二十大精神的热潮，并结合纪检监察工作实际，谋划好2023年工作思路，真正把学习成果转化为推动纪检监察工作高质量发展的实际成效。

【县纪委县监委机关举行作风建设专项行动推进会暨信访专题实训活动】 11月10日，县纪委县监委机关举行作风建设专项行动推进会暨信访专题实训活动，王道出席并讲话，强调打造高素质专业化的纪检监察队伍。后续专题实训活动围绕纪检监察信访举报处置工作设置案例还原、分组讨论、情景模拟、知识竞答等环节，并邀请县委宣传部、县信访局相关专家进行点评，助力纪检监察干部的舆情处置意识和接访办信能力进一步提升。

【两家单位获评宁波市廉洁文化教育基地】 12月14日，经宁波市纪委监委、市委宣传部及相关部门实地走访、检查评估、联合评审，县纪委监委推荐的才华剪纸艺术馆和涂茨镇旭拱岙廉德园被评为宁波市廉洁文化教育基地。

【象山县被评为全省首批清廉村居示范县】 12月18日，中共浙江省委农村工作领导小组办公室、浙江省农业农村厅公布浙江省清廉村居建设示范单位名单，认定10家单位为示范县（市、区），象山县名列其中。

党风廉政

【概况】 全县纪检监察组织全面履行党章和法律赋予的职责，落实全面从严治党各项要求。压紧压实党委主体责任，层层传导压力；深入推进基层治理，夯实廉洁基础；不断培育清廉样本，扩大清廉文化覆盖面。

【压紧压实主体责任】 协助县委制定全面从严治党"五张责任清单"，明确各方职责和方法路径，建立实施日常履职函告提醒机制，有效构建"一层抓一层、层层抓落实"的监督格局。加强"一把手"和领导班子等"关键少数"监督，严格执行"三书三查两报告"制度，共对34家单位主体责任落实情况进行体检，与69名新任领导干部开展任前"三交底"谈话。加强对村社主职干部的监督，细化任前廉政提醒交底、个人廉情事项报告等措施，规范村社干部处分执行管理，以薪酬调整强化对违纪行为的惩戒、震慑。

【持续巩固作风建设成果】 深入实施"一体三化"正风赋能专项行动，累计查处违反中央八项规定精神问题25起43人，党纪政务处分39人，下发作风建设通报8期。紧盯易发多发老问题和隐形变异新动向,组织开展违规接受宴请、违规出入娱乐场所等专项监督,深入整治酒驾醉驾及其背后"四风"问题,以"零容忍"的态度处理党员干部、公职人员酒驾醉驾问题168人。组织实施优化营商环境"三立三破一加强"专项行动,开设作风建设"码上督"平台,扩大廉情监测站覆盖面,着力释放监督乘数效应。

【深入推进巡察工作】 全面贯彻巡视巡察工作方针,科学编制巡察工作五年规划,完成对15个机关单位和71个村社党组织的常规巡察,发现问题920个、重点问题线索23件。创新实施农村信访、房地产开发领域专项巡察,对信访、住建等职能部门履责情况进行巡察监督,推动解决一批群众反映强烈的突出问题。主动将巡察监督与"村民说事"有机结合,探索开展"巡镇带村""你说我巡",相关经验做法入选省委巡视制度汇编予以推介。

【强化基层治理】 深化运用基层公权力大数据监督平台,收集村级工程、劳务用工等数据25.7万条,产生红色预警信息120条,督促整改问题16个,实现与"浙农经管"的协同贯通。组织开展小微权力专项"问制",推动完善村级工程监管、资产资源管理等制度,着力从源头解决诉求症结。

【开展信访"两项"行动】 扎实开展农村涉纪信访整治和重复检举控告"清零"行动,持续打好"双重"包案、提级办理、"双巡"督导等"组合拳",贯通运用警纪联动协作、大信访配合响应等工作机制,有效破解一批疑难复杂的信访。全年共受理信访举报168件,其中检举控告87件,同比分别下降33.9%、55.2%。

【持续推进清廉建设】 制定监督推动清廉建设高质量发展工作的实施方案,建立"1+7+N"统筹落实机制,推动建立清廉学校、清廉国企等清廉示范点36个,全域共建、全面推进态势进一步形成。持续实施"三清践廉"工程,以评促建培育清廉示范村居25个,象山县入选全省首批清廉村居示范县。

【加强廉洁文化建设】 扎实推进新时代廉洁文化建设,精心策划廉洁书画展和清廉微视频、摄影作品征集赛等活动,持续丰富廉洁文化产品供给。创新实施清廉阵地"精特亮"工程,推出勤廉扬帆路、勤廉渔港路等精品路线,新建廉镜漫笔艺术园、旭拱岙廉德园等清廉基地15个。

【做好资格审查工作】 规范审慎党风廉政意见回复73批1452人次,提出不宜使用、不宜推荐等否定性意见11人次,全面把牢选人用人、评先评优政治关与廉洁关。

监督执纪

【概况】 立足监督执纪问责和监督调查处置主责主业,围绕保障中心工作、服务发展大局深化政治监督,加大对党委决策落实执行情况的监督检查;做实做细日常监督,综合运用信访举报核实办理、提出纪检监察建议等载体,加强对各级党组织和党员干部执行纪律情况的监督检查。

【突出政治监督】 聚焦习近平总书记重要讲话和指示批示精神贯彻落实,紧盯中央和省市县重大决策部署,开展"5532"专项行动、海洋经济和意识形态工作责任制落实等专项监督,督促整改问题360余个,推动决策部署不折不扣落到实处。在疫情防控、防汛防台等大战大考中,快响激活"1+6+5"监督机制,因时因势开展监督检查100余次,编发督导通报40期,督促整改问题750余个,确保经济社会形势平稳有序。

【做实日常监督】 坚持把纪律和监督挺在前面,共运用"四种形态"处置972人次,其中第一种、第二种形态共占比94.7%,"管住大多数"成为监督执纪常态。大力推进漠视侵害群众利益问题专项治理,聚焦教育医疗、征收安置、网络直播营销等重点领域,查处群众身边腐败和作风问题97个,党纪政务处分6人。

【强化派驻监督】 推进派驻机构改革,整合机关纪工委职能,探索部门巡驻模式,开展"141"基层治理体系、文明城市创建等个性化监督,有效发挥派驻监督的"探头"作用。全年派驻机构共处置问题线索128件,立案查处38件,其中自办案件15件、位列全市第一。

【推进"四项监督"统筹衔接】 完善"四项监督"统筹衔接机制,出台监察与检察协作配合实施细则,健全巡察监督与纪检监察监督、审计监督、财政监督、信访监督贯通协同机制,推动监督力量整合、成果共享。

审查调查

【概况】 坚持以零容忍的态度反腐惩恶,强化纪律监督、监察监督、派驻监督和巡察监督"四个全覆盖",形成坚强有力的监督闭环;深化运用"全周期管理"方式靶向施策、综合施治、标本兼治,不断提高"三不腐"一体推进的综合效能。

【惩治腐败更加深入】 坚持查办案件首位战略,坚决清除存量、遏制增量,共处置问题线索829件,立案304件,采取监察留置措施4人、移送司法机关5人,党纪政务处分305人,其中县管干部16人,党员干部总立案数和县管干部立案数、留置数均居全市前三名,实现反腐败工作关键指标全面上扬。重点查处县委统战部原部务会议成员王光旭、影视城文化产业集团有限公司原党委委员、副总经理俞丹洋等一批严重违纪违法案件。坚持受贿、行贿一起查,6名行贿人员依法受到惩戒。

【探索工程建设领域预警惩治联动机制】 积极探索工程建设领域预警惩

治联动机制，重点聚焦项目论证、招投标、施工、决算、资金拨付等五方面7个关键环节，梳理确定22个廉政风险预警内容，督促完善政府性投资项目建设、变更、资金管理等办法，并联合县政务办、县财政局、县发改局完成政府性投资项目监督预警平台的开发设计。组织开展政府性投资项目专项治理，督促县财政局牵头对全县18个乡镇（街道）近三年已竣工结算的政府性投资项目进行检查，全面排查其中是否存在违法转包、审批不严等行为。

【做好查办案件“后半篇文章”】 深化以案促改、以案促治工作，针对工程建设、政府采购等领域存在的廉政短板，制发纪检监察建议书47份，推动专项整改、流程再造、制度规范等100余项。运用反面典型“活教材”，摄制警示教育专题片，编印《违纪违法案例选编》，举办预防职务犯罪专题讲座，2万余人次党员干部和公职人员接受纪法教育和警示教育，实现重点风险岗位全覆盖。坚持严管厚爱、激励约束并重，对133名受处分人员开展回访教育，为13名受到失实检举控告的党员干部进行澄清正名。在高压震慑和政策感召下，有5人主动投案，32人上缴违纪违法所得350余万元。

队伍建设

【概况】 高度重视纪检监察干部队伍建设，主动适应新征程、新要求，切实在全面从严治党革命性锻造中接受考验、经受磨炼，打造忠诚干净担当、敢于善于斗争的高素质专业化干部队伍。

【专题学习教育】 县纪委常委会始终以政治建设为统领，健全完善“第一议题”制度，深入学习贯彻习近平新时代中国特色社会主义思想和中共二十大精神，不断提高政治判断力、政治领悟力、政治执行力。精心组织纪检监察系统专题教育，高标准推进“五问五破塑变革、五争五强创一流”作风建设专项行动，不断推动纪检干部自我革新、自我进步。

【提升干部能力素质】 组织实施年轻干部“磨刀石”工程，制定干部“六个一”成长清单，注重导师帮带、双向挂职精准培养，干部整体素养进一步提升。坚持推动干部到一线锤炼，持续开展清廉督导员下基层“三联三促”活动，选派14名业务骨干参与疫情防控、维稳安保等全县中心工作，打通服务基层“最后一公里”。创新推行干部积分制管理，组织开展“亮绩赛马”、信访专题实训等活动，着力营造争先创优工作氛围，10名干部受到上级的嘉奖表彰。

【加强自我监督约束】 加大严管严治、自我净化力度，持续抓好省纪委关于违规吃喝“九条严禁”、《宁波市纪检监察干部政治行为禁令》和《象山县纪检监察干部违规吃喝“十条禁令”》的贯彻落实。常态化开展机关作风建设专项“内部巡查”工作，坚决查处“灯下黑”。主动接受人大监督，县监委首次向县人大常委会专项报告扫黑除恶“打伞破网”工作总体情况。

【强化机关党建】 坚持把党的政治建设摆在首位，深化落实“周二夜学”制度，有效运用“领导领学+集体学习+个人自学+交流研讨”模式，学深悟透习近平新时代中国特色社会主义思想和中共二十大精神。严格落实“三会一课”、主题党日等党内政治生活制度，定期开展党员思想动态分析研判和谈心谈话。全年举办“象廉讲堂”12期，开展象纪青年干部读书会6期，举办青年“读写训练赛”系列活动36次。选派一名干部挂职贤庠镇常乐村“第一书记”，选派52名中层及以上干部做好“一户一策一干部”工作。全年走访慰问结对村、社区困难党员群众700余人次，认领微心愿10个。2022年，县纪委县监委机关获评模范机关、文明机关，“象廉卫士”获评全县县直机关优秀党建品牌。

（县纪委县监委机关 沈昱雯）

巡察工作

【概况】 2022年，开展3轮常规巡察和2次专项巡察，共对12个县级部门、3个乡镇和71个村级党组织进行了巡察，累计发现并督促整改问题920个，建立完善制度98项，移送问题线索23个，党纪政务立案15人，问责16人次，发挥巡察震慑和治本作用。象山村级巡察“你说我巡”编入全省市县特色亮点巡察工作制度汇编。

【政治巡察定位】 县委巡察机构坚持以习近平新时代中国特色社会主义思想为指导，认真贯彻中共二十大精神，深入贯彻中央和省市县委关于巡视巡察工作的部署要求，立足政治巡察定位，融入县委发展大局，紧紧围绕“三个聚焦”监督重点，全面启动十五届县委巡察工作。县委书记专题会、县委常委会专题研究谋划《中共象山县委巡察工作规划（2022—2026年）》，统筹安排新一届县委对94家县管党组织和386个村社党组织巡察全覆盖任务。县委巡察工作领导小组认真履行组织实施责任，组织协调全年3轮常规巡察，紧紧围绕平安护航中共二十大的总任务，组织开展信访领域、房地产领域专项巡察，发现各类问题106个，移送问题线索13件，督促立行立改10件，息诉息访信访件7件，挽回经济损失23.81万元。创新实施“你说我巡”，将巡察监督与“村民说事”有机结合，发现推动解决民生领域突出问题39个，优化规范工作制度17项，有效提升群众对巡察工作的满意度，相关做法在中央纪检监察网站、中新网等媒体进行了专题报道。

【巡察协作】 完善协作配合机制，建立健全县委巡察机构与纪委监委、组织、信访、财政、审计等部门的协作配合制度。针对县教育局等重点单位开展“巡审联动”，延伸审计项目22个，发现问题39个，移送问题线索3件，党纪政务处分10人。实行巡察整改评估

“四方会审”工作机制。从2021年至2022年底，已对24家被巡察单位完成整改评估，集中整改完成率达92%，挽回经济损失301.98万元。强化问题线索办理，建立健全县委巡察发现问题线索交办督办工作机制，进一步规范问题线索审核、移送、反馈程序，移送问题精准度和办结率逐步提升，到期办结率达93.4%，成案率近30.0%。全力抓好重大巡视问题清单整改工作，中国渔村项目等3个省委巡视反馈遗留问题完成整改，《守护“红色根脉”推动基层党建提质跃迁》评为“七张问题清单”省级整改典型示范案例。协调落实市委涉粮专项巡察反馈问题整改工作，48项整改举措已基本完成。

【巡察队伍建设】 紧密结合“五问五破争先进、五争五强创一流”（“五问五破争先进、五比五先创一流”：问争先劲头足不足，坚决破除甘愿躺平“混日子”思想；问担当精神够不够，坚决破除推诿扯皮“怕担责”心态；问为民情怀深不深，坚决破除脱离群众“不走心”现象；问底线思维牢不牢，坚决破除心存侥幸“碰运气”心理；问法纪意识严不严，坚决破除不知敬畏“没规矩”行为。比格局提境界、立先行之志；比实干促担当、扛先行之责；比业务强本领、增先行之能；比干劲看作为、闯先行之路；比实绩展风采、成先行之势。）作风建设专项行动和常态化党史学习教育，坚持领导班子成员带头上党课，落实谈心谈话等党内政治生活要求，有效推动理想信念教育，提高巡察干部党性修养。出台《巡察专家库管理办法》，聘请各个领域12名专家为县委巡察工作提供业务指导和政策咨询。持续落实优秀年轻干部到巡察机构挂职锻炼制度，有效发挥巡察熔炉淬炼干部作用。健全巡察干部上派下挂、以干代训等机制，选派6名巡察干部参与市委对鄞州、北仑和江北区纪委监委机关、组织部的提级巡察，1名干部到省委巡视办跟班锻炼，有力推进巡察干部专业化建设。

【十五届县委第一轮巡察进点动员会】 根据县委统一部署，5月12—13日，县委第一、第二、第三巡察组分别在晓塘乡、西周镇、高塘岛乡召开巡察进点动员会，县委巡察工作领导小组成员到会传达县委巡察工作要求，各巡察组长部署安排巡察任务，被巡察单位党组织主要负责人主持会议并作表态发言。

【县委巡察工作领导小组会议】 根据县委统一部署，8月9日，巡察领导小组分别听取县委第一、第二、第三巡察组关于晓塘乡、西周镇、高塘岛乡党委巡察情况汇报，听取县委第四巡察组关于农村信访领域专项巡察汇报。

【十五届县委第二轮巡察进点动员会】 根据县委统一部署，8月16—19日，县委第 、第二、第四巡察组分别召开巡察县委党校、县教育局党委、县科技局党组、县农业农村局党组、县应急管理局党委、县传媒中心党组工作动员会，县委巡察工作领导小组成员到会传达县委巡察工作要求，各巡察组长部署安排巡察任务，被巡察单位党组织主要负责人主持会议并作表态发言。

【十五届县委第一轮巡察情况反馈会】 根据县委统一安排，8月29日至9月2日，县委第一、第二、第三巡察组分别对晓塘乡、西周镇、高塘岛乡等3个乡镇及其所属村级党组织巡察情况进行反馈。县委巡察工作领导小组成员出席反馈会议，并提出具体整改要求。

【十五届县委第三轮巡察进点动员会】 根据县委统一部署，11月7—16日，县委第一、第三、第四巡察组分别召开巡察县商务局党委、县医疗保障局党组、县总工会党组、团县委、县妇联党组、县台联会党组工作动员会，县委巡察工作领导小组成员到会传达县委巡察工作要求，各巡察组长部署安排巡察任务，被巡察单位党组织主要负责人主持会议并作表态发言。

【县委巡察工作领导小组会议】 根据县委统一安排，11月17日，巡察领导小组分别听取县委第一、第三、第四巡察组关于县应急管理局党委、县传媒中心党组、县科技局党组、县农业农村局党组、县委党校、县教育局党委巡察情况汇报，听取县委第二察组关于房地产领域专项巡察汇报。

（县委巡察办　潘倩敏）

民主党派·工商联

中国民主同盟象山县基层委员会

【概况】 民进象山县支部成立于2013年4月11日。2022年新发展会员5人，转入1人，共有会员28人，其中市、县政协委员和人大代表共11人。支部成立以来连续9年获评宁波市优秀基层组织荣誉。获评民进浙江省委会2017—2021年度先进基层组织。现任主委杨盛昂，副主委宋厘国、吴永建、洪佩平，委员陈再宏、陈红飞、虞亚凤、潘琼。

【喜迎二十大，坚决跟党走】 9月22日，杨盛昂等在国际大酒店参加喜迎二十大庆祝活动。10月14日，全体会员赴象山影视城同心苑参观“百年颂辉煌　一起象未来”——庆祝中国共产党统一战线提出100周年暨全县统战工作主题展。10月16日，全体会员在各自单位收看中国共产党第二十次全国代表大会开幕会电视直播。11月27日晚上，举行“矢志不渝跟党走，携手奋进新时代”政治主题教育学习会。

【召开2022年工作会议】 3月3日，民进象山县支部2022年工作会议在会员企业戴维钻石酒店召开，回顾2021年度工作，部署2022年工作任务，表彰年度各项先进。民进浙江省委会副主委、民进宁波市委会主委刘毅，市委会副主委、市人大常委会副秘书长王安静，中共象山县委常委、统战部部长陈善杰，市委会秘书长梅旭东，象山县支部主委、县政协副主席杨盛昂等出席会议。县财政局、农业农村局、文化和广电旅游体育局等支部对口联系单位负责人参加会议。

【两会积极履职】 1月21—24日，县十九届人大一次会议、县政协十一届一次会议召开。宋厘国代表县政协教育界别组作题为《关于高质有效推进“双减”工作的建议》的大会发言。《今日象山》“代表委员风采”栏目专题刊发了县政协常委、民进象山县支部副主委洪佩平的履职风采。朱文荣作为县人大代表就“高质量发展”“共同富裕”接受象山电视台采访。两会期间，提交建议案和提案共11件。

【组织建设取得大发展】 在中共宁波市委统战部、民进宁波市委会、中共象山县委和县委统战部的大力支持下，发展江峰、倪丹丹、史伟、任秋琪、伊黄莹等5名新会员，齐亚军转入，支部会员达到28人。5月23日，象山县支部获评民进浙江省委会2017—2021年度先进基层组织。

【阵地建设取得新突破】 3月3日，刘毅主委一行为民进浙江省会史教育基地“开明学苑”（“德人堂”励乃骥史料陈列室）揭牌，该基地的落成将有力推进会史教育工作的开展。3月3日，刘毅主委一行为宁波民进议政调研学习基地——象山影视城揭牌。该基地的落成，将成为民进中央、省委会和兄弟省市民进组织来甬开展调研学习工作的重要窗口、首选之地，宁波民进基层组织履职调研的参观学习之地，宁波民进专家、企业家履职担当、热心会务工作的重要平台和宁波民进领导班子走进基层开展“三服务”的重要阵地。9月28日，宁波市政协副主席、民进宁波市委会主委刘毅赴象山开展“界别服务周”专题调研活动，为宁波民进市委会乡村“共富”社会服务实践基地黄避岙乡高泥村揭牌。

【开启“父亲联盟行动”第九季】 9月11日，“父亲联盟行动”联合象山影视城开启第九季活动。该季主题“宋韵”，通过一场“宋代考学”，一次“唱名东华门”，让父亲带着孩子览千年宋韵，探古今时光，感受宋韵魅力。5月25日，象山县支部社会服务案例“父亲联盟行动”入编《开明之善》《浙江民进社会服务优秀案例（2017—2022）》。11月4日，《浙江民进》“基层采风”栏目全文刊载张银雪撰文《象山民进：让父爱陪伴孩子成长》。

【袁家军调研会员企业】 5月7日，省委书记袁家军，省委常委、宁波市委书记彭佳学考察朱文荣企业象山旭文海藻开发有限公司。

【省外兄弟支部到象山调研交流】 5月20日，蚌埠市委常委、统战部部长张晓静率蚌埠市委统战部，民进蚌埠市委会主委宋静、专职副主委潘吉红率蚌埠民进，重点考察宁波戴维医疗器械有限公司，参观调研宁波民进议政调研学习基地、象山统战联谊服务平台“同心苑”等。12月1日，杨盛昂率队赴宁海参观民进中央会史教育基地民进先贤张明养纪念馆。

中国民主促进会象山县支部委员会

【概况】 民盟象山县基层组织成立于1999年。2022年新发展盟员2人,盟员总数增至84人,其中博士1人,硕士14人,具有中高级专业技术职称67人,中高级专业人才占比80%。各级人大代表、政协委员20人。基层委员会荣获2020—2021年度盟务先进集体。教育支部在启立学校新建“助学·同心基地”。徐阳获浙江省担当作为好干部、宁波市青年科技奖、宁波市最美科技追梦人;刘永跃以成果第一完成人获得浙江省科技进步二等奖,浙江省有突出贡献中青年专家;史丹丹获评2021年度民盟浙江省委会思想政治建设先进个人;周奕获“聚力一二五”好干部;朱夕映获优秀公务员;翁立东获2022年浙江省职业教育与成人教育优秀教科研成果三等奖;樊亚芬获2021宁波市终身教育技能大赛三等奖。

【陈淑芳当选民盟中央委员会委员】 12月23日,盟员陈淑芳在中国民主同盟第十三次全国代表大会上当选第十三届中央委员会委员。

【民盟基层活动】 1月19日,民盟象山县基层委员会组织盟员书法家和政协书画院书法家,在民盟浙江省委会助力乡村振兴实践基地——定塘镇叶口山村开展“迎新春、送春联”活动。民盟象山县基层委员会主委史丹丹、委员陈荣、文卫支部主委张光辉等人参加活动。3月2日,民盟象山县基层委员会在西周镇华翔山庄召开二届二次盟员大会。县委常委、统战部部长陈善杰,民盟市委会专职副主委郭强,县人大副县级领导胡建萍,民盟象山县基层委员会主委史丹丹等参加会议。会议总结民盟象山县基层委员会2021年工作,部署2022年工作,通报表彰2021年度盟务各类先进。7月10日,民盟象山县基层委员会组织召开“矢志不渝跟党走,携手奋进新时代”政治交接主题教育学习会。民盟宁波市委会专职副主委郭强、民盟宁波市委会宣传部部长张冬青、县人大副县级领导胡建萍、民盟象山县基层委员会主委史丹丹和50余名象山民盟盟员参加会议。7月10日,民盟象山县基层委青年委员会成立。县司法局副局长、青年盟员徐晶晶担任首届主任委员。7月15日,民盟象山县基层委员会在县城市书房·丹山馆组织开展“美丽共富路　一起象未来”主题摄影沙龙活动。民盟盟员、浙江省摄影家协会会员樊亚芬作“用手机拍出精彩”专题培训。8月9日,民盟象山县基层委员会开展2022年度“书记点题、统战领题”课题“关于未来乡村建设的思考与建议”专题调研活动。县教育局局长、民盟象山县基层委员会主委史丹丹及课题调研组成员和县农业农村局、黄避岙乡政府有关负责人等10余人参加调研。9月7日,在启力学校成立“助学·同心基地”,县人大副县级领导胡建萍,民盟象山县基层委员会主委、县教育局局长史丹丹,教育支部主委朱红曙等23名盟员参加成立仪式。9月24日,民盟象山县基层委员会联合民盟宁波市委会,组织宁波市李惠利医院、宁波市第一医院、宁波华美医院、宁波大学医学院附属医院、宁波市眼科医院、宁波市妇儿医院、宁波市中医院等医院的15位医学专家,到象山县定塘镇叶口山村开展民盟助力乡村振兴实践基地健康义诊活动。10月29日,民盟象山县基层委员会组织盟员到影视城参观学习象山统一战线“百年颂辉煌　一起象未来”主题展览,基层委主委史丹丹、部分班子成员参加活动。10月31日,民盟象山县基层委员会组织集体学习中共二十大精神,全体基层委员会委员、二级支部委员、担任人大代表、政协委员的盟员参加学习。

【上级到象山指导考察】 2月22日,民盟省委会专职副主委徐燕峰到象山县定塘镇走访调研“民盟助力乡村振兴实践基地”建设工作。3月29日,民盟宁波财经学院支委委员、宁波财经学院地方合作与培训管理中心主任葛云峰一行赴民盟助力乡村振兴实践基地——定塘镇叶口山村调研未来乡村建设,民盟象山县基层委员会主委史丹丹、定塘镇党委副书记张智毅、党委委员陈静等参加。5月9—11日,民盟宁波市委会专职副主任郭强,民盟浙江省委会一级调研员郑霞意,民盟宁波市委会秘书长华汉芬及省内盟员专家在民盟助力乡村振兴实践基地——定塘镇叶口山村开展社会服务活动。象山县委统战部常务副部长俞湛,民盟象山县基层委员会主委史丹丹,定塘镇党委书记王祖,党委副书记、镇长史毛毛等参加。

(周奕)

中国农工民主党象山县支部委员会

【概况】 2022年,农工党象山县支部共有党员26名,主体界别医药卫生界占46.2%,本科以上学历25人。担任市政协委员1人、县政协委员8人。支部被农工党省委会评为2022年度农工党浙江省社会服务工作先进基层组织。

【组织建设】 加强理论学习。组织开展学习中共二十大精神、主委上党课、邀请农工党党史专家上专题党课以及赴影视城参观同心苑等活动,增强全体党员践行初心使命的责任感和使命感。选派党员参加市委会和县委统战部组织的中共二十大精神学习交流以及前进讲堂,进一步厚植爱党爱国情怀。突出信息宣传。践行以学促写和市委会信息能手“青苗”培育工作,2022年,提交农工党市委会信息15篇,录用13篇;提交县委统战部9篇,录用8篇;撰写人物通讯4篇,被象山政协公众号“书香政协”栏目转载。注重队伍建设。严把入党质量关,吸引优秀人才加入组织,新吸收党员3人。支部主委钮晶莹当选省委会委员、农工党全国代表,支部副主委孙丽姹被省委会评为省社会服务工作先进个人,党员励成被市委会评为积极通讯员,薛金玉荣获中国疾病预防控制中心慢病中心"2016—2020年儿童伤害预防项目"先进个人称号,孙丽姹获评省规范民办义务教育工作先进个人,朱爱春获评象山县好干部,史敏双被评为杭州医学"2021—2022学年优秀见习带教老师",陈云峰主持并举办省级继续医学教育项目"县域医共体模块化培训探索"。

【参政议政】 围绕医疗、养老、乡村振兴、数字经济、共同富裕等方面开展调研,2022年,共向县人大提交议案2个,向市政协提交提案1个,向县政协提交提案7个,其中薛金玉《关于农村文化礼堂有效利用的建议》被列为重点提案。共撰写提交社情民意7篇,其中《渔港古城改造区房屋失修环境堪忧》得到包朝阳书记和张微燕部长批示。励成调研主笔《关于建筑领域使用太阳能的建议》,傅延功、薛金玉主笔《建议强化我市养犬管理彰显城市文明典范》,孙丽姹参与调研形成《关于重视并完善家庭教育的建议》《预防儿童卡牌游戏沉迷应多维度发力》,上报市委会均被录用。累计组织相关人员参加政情交流会10余次,并就教育"双减"推进、健康象山发展等交流发言,提出针对性见解,助推经济社会高质量发展。

【服务社会】 持续做深"象·健康"服务品牌。6月,全国政协副秘书长、农工党中央专职副主席曲凤宏主席专程到象山调研指导。7月,支部主委钮晶莹在全省基层社会服务工作会议上作经验交流。开展定点帮扶、精准扶贫活动,与涂茨镇旭拱岙村结对并签订帮扶协议,连续开设农工党专家门诊,定期定点提供健康服务。2022年,组织健康讲座4场次,邀请医疗卫生界党员专家134人次,组织和提供群众义诊、诊治、健康咨询2000余人次,发放药品价值3万元、健康宣传资料2000余份。

(农工党象山县支部)

象山县工商业联合会

【概况】 象山县工商业联合会是中华全国工商业联合会的地方组织,简称象山县工商联,又称象山县商会,成立于1953年。2022年,拥有2573家(个)会员,辖18个镇乡街道商会、7个行业商会、4个异地商会、2个县内异地商会、新创会。

【商会党建互促】 继续探索"机关+商会"党建模式,党组成员每季度开展一次结对支部联系走访活动。以"学习强国"学习平台为载体,每月开展1次"学习之星"评选活动,以赛促学。发动商会党员积极参与志愿服务,先后开展了卫生整治、政策宣传、文明劝导、扶贫帮困等活动。县商会党委获评2021年度五星党组织。

【意识形态加强】 通过走访调研、开展座谈等形式,及时做好思想引导、解疑释惑等工作。利用公众号、微信群等平台及时传达党委政府关于民营经济发展的方针政策,联合县税务局自8月起将税收优惠政策红利账单向新一届执委企业纳税人直接发送告知,2022年惠企政策汇编电子书通过公众号发布后,也受到会员企业欢迎。认真组织会员企业收看中共二十大开幕盛况,习近平总书记代表十九届中央委员会向大会所作的报告在全县民营企业中引起广泛热议。

【基层商会管理】 修订基层商会目标管理考核办法,完成2021年度商会考核工作。做好社会团体分支机构、"乱收费"等专项整治工作及社会服务机构非营利性监管专项行动。指导协助西周商会完成新阵地建设,成功获评2021—2022年度全国"四好"商会。

2022年象山县基层商会基本情况一览表

表8　　　　单位:人

序号	名　称	成立时间	会员数	会　长	秘书长
1	丹东商会	2009年7月	88	洪松茂	周婉如
2	丹西商会	2009年7月	77	胡全福	白少艳
3	爵溪商会	1999年9月	120	陈　照	林将伟
4	石浦商会	1989年12月	74	卢国平	金国林
5	西周商会	1997年12月	110	周晓峰	翁张楠
6	南田商会	2007年12月	61	李红蓥	戴昌伟
7	贤庠商会	2007年9月	67	沈永平	张　扬
8	墙头商会	1998年6月	45	朱旌铭	陈海军

续表8

序号	名　　称	成立时间	会员数	会　长	秘书长
9	泗洲头商会	2008 年 7 月	43	励小伟	金立岱
10	定塘商会	2009 年 7 月	60	吴永叶	林忠敏
11	涂茨商会	2007 年 11 月	50	孙全福	陈兴东
12	大徐商会	1997 年 12 月	72	黄金荣	张　晔
13	新桥商会	2008 年 11 月	40	欧曙辉	魏成国
14	东陈商会	2005 年 12 月	107	杨昌茂	严善良
15	晓塘商会	2008 年 8 月	38	冯　艇	朱　晓
16	黄避岙商会	2009 年 7 月	38	王　达	柴永健
17	茅洋商会	2008 年 12 月	39	石维坚	—
18	高塘岛商会	2009 年 7 月	25	戴福青	鲍建祥
19	日杂百货商会	2004 年 12 月	228	余云兴	张　烈
20	医药行业商会	2008 年 9 月	52	盛旭表	黄昭勇
21	家居商会	2009 年 6 月	97	陆学兴	沈　前
22	广告商会	2010 年 7 月	46	励和军	王　岩
23	广东商会	2010 年 10 月	100	胡英锡	郑　琴
24	数码商会	2011 年 11 月	57	董　腾	—
25	新创会	2013 年 10 月	71	卢　锋	王　雪
26	输配电行业商会	2015 年 6 月	39	蒋善文	濮国峰
27	江苏象山商会	2016 年 6 月	112	郑　敏	江耀存
28	京津冀象山商会	2018 年 5 月	54	郎旺凯	吴志生
29	象山安徽商会	2019 年 1 月	121	周可刚	徐永宽
30	建材装饰商会	2019 年 6 月	75	郭继旭	叶凯敏
31	象山江西商会	2020 年 6 月	88	沈华虎	黄国胜
32	上海象山商会	2020 年 12 月	167	周晓峰	胡明宝

【政企沟通渠道搭建】 打造“亲清直通车·政企恳谈会”“丹山夜话”“民企沙龙”等政企沟通平台，建立县领导和民营企业家定期见面座谈机制。采取“主题+问题”“报名+点名”“见面+书面”等方式，聚焦企业存在的痛点难点，形成问题建议梳理、交办、反馈、督查评价工作闭环，提升办结满意度。会同金融办、法院、税务、人行等相关职能部门分主题、分行业、分区域联合举办“亲清直通车·政企恳谈会”活动4场。分别就企业的财产保险投保和赔付额落差问题、执法工作力度、融资问题等加以面对面沟通，进一步畅通企业问题反映渠道，零距离为企纾困解难。联合县8718平台举行讲诊联办活动2场，针对产业投资和科技创新政策为企业送去精准辅导，并通过“企服一点

通”平台流转各类问题140个、涉及企业136家，大部分得到解决和反馈。2022年，共举办政企交流活动15场，收集意见建议60余条，现场解决率达50%以上。

【新生代企业家培育】 联合县委统战部起草《象山县新生代企业家培育三年计划》。组织工商联界别组开展“一起·向未来”——我为“新生代企业家培育工作”出点子活动。为提升新生代企业家创业创新意识和能力，推动企业联谊合作，2021年7月，党组书记率队组织新创会会员一行30余人赴重庆考察学习。

【企业走访与专题调研】 以执常委队伍和基层商会为服务主体，结合开展“上规模民营企业专题调研”“问千家 进百企”调研走访等活动，主动靠前服务，认真了解企业的经营现状，全面找准企业和基层商会中的痛点、难点、堵点问题，提出落实管用的实招、硬招、新招，并及时将意见建议反映到政府制定政策和决策过程中，充分发挥工商联“联”的作用与优势。积极实施“走企连心·稳进提质”行动，开展新一轮执委走访活动，制定活动方案，由驻会班子成员分地域分行业走访调研。全年共走访企业、商会256家次，收集需反馈职能部门解决问题18个。搭建数字调研平台，建好用好网上、掌上调研系统，推进民营企业调查点建设，稳步实现执常委企业全覆盖，探索开展有关调研数据的应用分析，2022年共组织100家企业参与季度经济状况调研，10家企业开展上规模民营企业调研，15家企业参加民营企业社会责任专题调研，40家企业参与“万家民企评营商环境”活动。

【参政议政】 在十届六次政协会议上，工商联界别组共提交提案18件，其中1件被县政协评为优秀提案，1件被列入县重点督办提案，为县委县政府和有关职能部门工作决策提供了参考，促进了营商环境不断优化。就《关于加快建设我县产业配套公寓的建议》提案的答复情况开展了“回头看”活动，并在象山台《政协视线》栏目中进行宣传播放。组织界别委员参与“稳链纾困助企”保险专场协商座谈会、“亲清直通车”等活动，积极参政建言。

工商联界别委员在县政协十一届一次会议上的提案一览表

表9

序号	标　题（案　由）	提　案　者	性　质
1	关于促进我县中小企业科技创新的建议	吕伟宏等	联名
2	关于发展我县汽车电子产业的建议	洪健等	联名
3	关于加快檀头山岛旅游开发的建议	徐贤国	个人
4	关于加快推进打造石浦渔港休闲旅游服务中心的建议	张巧敏、袁永君	联名
5	关于加快象山海钓产业发展的建议	杭海燕等	联名
6	关于加强对珍珠棉制造企业监管力度的建议	冯　艇	个人
7	关于加强河道非法捕鱼整治保护水域生态环境的建议	董腾等	联名
8	关于加强我县民防设备使用宣传及维护保养建议	张巧敏	个人
9	关于加强外卖行业交通安全管理问题的建议	陆海滨	个人
10	关于加强我县本地人才培养和提升的建议	周剑敏等	联名
11	关于进一步优化我县职业健康体检工作的建议	周黎彦、苏峰等	联名
12	关于石浦港清淤相关问题及建议	张巧敏等	联名
13	关于推进我县招商引资工作的建议	界别组	团体
14	关于现有企业土地规划用途变更的建议	沈启苗	个人
15	关于优化村标等标志性节点建设助力滨海花园城市迭代升级的建议	仲立东等	联名

续表9

序号	标 题（案 由）	提 案 者	性 质
16	关于增加普及技能培训的建议	叶志远等	联名
17	关于增设新能源充电桩的建议	徐贤国、郑敏等	联名

【优质金融服务提供】 继续引导基层商会互助资金会的规范化运作，2022年度累计周转金额3.24亿元，周转次数175次，帮扶企业92家。年初，对2021年度5家商会给予财政专项奖励115万元的发放。与人民银行象山县支行联合组织开展的“强主体助纾困 · 千名干部进万企”金融服务活动，深化“商会+企业+银行”的合作模式，建立金融联络员制度，常态化开展银企对接活动，有效解决企业“融资难”“融资贵”的问题。

【法治护航行动开展】 联合县人民法院在首家县域内异地商会（象山安徽商会）中筹备设立商事“共享法庭”。纵深推进与司法机关的战略合作机制，建立基层商会司法服务联络点18家，通过线上线下相结合，远程办理各类企业纠纷、法律咨询等相关辅助诉讼业务，持续提升商会人民调解效能。继续推进创建县级示范清廉民企6家、清廉企业实现各镇乡街道全覆盖，亲清家园进基层布点1家（西周商会），完善县级亲清会客室等功能区，深化构建亲清政商关系。

【精准扶贫助推】 面临新冠疫情冲击，县工商联会员企业迎难而上，以企业家的责任担当，全面完成“村企结对 助力振兴”专项行动、山海协作、东西部扶贫对口帮扶工作，并通过开展合作、项目引进、技术培训、政策支持等助力乡村产业发展，推动农民农村共同富裕。深化“百企结百村”专项行动，落实宁波新华泰模塑公司等21家会员企业结对象山10个薄弱村。坚持产业为基，推动“输血式”帮扶向“造血式”脱贫转变，2022年已完成各项扶贫帮困工作，帮扶资金共计82万元。

【第十三届家居博览会】 3月9日至18日，第十三届家博会在人民广场举行。为期10天的展会，签下订单550余笔，总成交额突破1200万元。本届家博会由县工商联、县商务局主办，县家居商会承办。展会围绕“名品、专业、科技、环保、文化”的主题，设房展区、精品区、时尚区、折扣优惠区4个展区，共66个展位，吸引了家具、家纺、家电、地板、建材、橱柜、卫浴、装饰、五金等九大类70多家商户参展，涉及品牌60个。

【县工商联换届工作会议】 换届工作于2021年11月中旬全面启动，成立换届工作领导机构和工作班子，统一协调、统筹推进，就换届工作职责、任务进行安排部署，建立了上下贯通、密切合作的工作机制。坚持正确选人用人导向，把政治表现放在首位，严格审核把关，积极做好有关人选的提名推荐和选举工作，确保换届工作的有力有序推进。7月7日，县工商联（商会）召开会员代表大会，邀请了市工商联领导和县四套班子主要领导到会指导，完成了换届工作任务，吸收执委160名，其中新生代企业家力量占比33%，顺利实现领导班子新老交替和政治交接，这也是民营企业家首次担任工商联（商会）主席（会长）。

（县工商联　夏喜燕）

群众团体

象山县总工会

【概况】 2022 年，全县工会在县委和市总正确领导下，坚持以习近平新时代中国特色社会主义思想为指导，深入贯彻落实上级决策部署，紧跟时代发展、紧扣中心任务、紧贴职工需求，积极应对疫情防控、产业转型升级、职工队伍结构变化等对工会工作的挑战考验，大力推进产业工人队伍建设改革、助力共同富裕提升职工生活品质、主动参与疫情防控与复工复产，高质量发展作出了积极贡献。2022 年，获评“浙江工匠”5 人、“宁波工匠”7 人、“半岛大工匠”2 人、“半岛杰出工匠”3 人、“半岛工匠”12 人、“半岛青年工匠”26 人、宁波市工人先锋号 6 家，创建市级劳模创新工作室 2 家（李永军、韩东道）。

【职工思想教育】 坚持思想铸魂。自觉把学懂、弄通、做实习近平新时代中国特色社会主义思想和习近平总书记关于群团工作、工会工作的重要论述作为理论学习的首要主题，先后召开党组理论学习中心组学习会议 12 次。第一时间学习宣传贯彻中共二十大精神，以“守好红色根脉 · 班前十分钟活动”为载体，推动中共二十大精神进企业、进车间，各级工会组织开展 500 余场次，覆盖职工 1.2 万人次。弘扬劳模精神、工匠精神、劳动精神。

【推进基层工会建设】 开展象山工会“精特亮”创建工作，创建“象山特色农旅融合共同富裕”精品线路 1 条，“渔船上的工会”等特色区域 3 个，“兄弟服饰假日学校”等亮点品牌 10 个。聚焦八大员集中抓组建。推动新业态新就业群体建会入会，建立县总工会联系指导新业态头部（重点）企业工会制度，依托劳动者驿站、职工服务中心，运用“5 · 1”工作法、“先服务后入会”来吸引八大员入会，新建工会 114 家，发展会员 9295 人。加强规范化建设激发基层活力。推进“活力基层工会”星级创建整体提质扩面，积极探索“模范职工之家”链式帮带。三星级以上活力基层工会达 872 家，创建率达 95.5%，象山县老年公寓开发经营管理有限公司工会荣获“浙江省模范职工之家”称号，宁波兄弟服饰有限公司工会主席赖文波荣获“浙江省优秀工会工作者”称号。推进企业民主管理，全力机械、华翔东方等 4 家单位被确认为宁波市厂务公开民主管理工作优秀单位。全县四、五星级活力基层工会 100% 建立“职工说事”工作制度，标准化设立“新爵溪人”、餐饮行业、物流行业、演员工会等“职工说事室”160 家，解决职工难题 1800 件。做好基层工会“推优入党”工作，各级工会向党组织“推优”人选 399 人，吸收入党 222 人，其中一线产业工占比 71%。

【深化产业工人队伍建设改革】 召开 2022 年度产业工人队伍建设改革工作联席会议，探索产业发展与产业工人培育深度融合新模式。积极培育东陈、丹东等 2 家产业工人队伍建设改革示范乡镇，指导创建百易汽车部件、兄弟服饰等 2 家示范企业。组织动员全县广大职工围绕“5532”专项行动，广泛深入持久开展各种形式的劳动和技能竞赛，着力把竞赛向中小微企业、非公有制企业延伸，向车间班组扩展。与县人力社保局等部门组织实施 30 场职工职业技能竞赛，一批优秀技能人才脱颖而出。提升广大职工创新创造活力。常态化开展劳模创新工作室创建活动，精准指导全县 10 家劳模创新工作室规范化运行，名师带徒蔚然成风。实施职工技能提升计划，组织育婴师、针织、安全等技能培训，累计培训职工 2000 余人次。扎实做好劳模工匠推荐评选工作，推荐 2022 年全国五一劳动奖章 1 名，浙江工匠 7 名，新时代宁波工匠 9 名。

【构建和谐劳动关系】 积极构建和谐劳动关系。推进和谐（平安）企业创建，建立企业社会责任评价标准体系，在维护职工合法权益、增强社会责任意识等方面取得了积极成效。宁波赛德森减振系统有限公司等 4 家企业被评选为第七批“市和谐企业创建先进单位”。集体协商制度精细化创建“迭代升级”取得明显突破，锦浪科技股份有限公司和宁波戴维医疗器械股份有限公司评为“宁波市集体协商精细化示范企业”，象山县泗洲头镇旅游服务行业被评为“宁波市集体协商精细化示范行业”。

【安全生产】 加强工会劳动保护工作。各级工会积极维护职工安全健康权益，广泛开展安全生产月、安全隐患随手拍、夏季职工劳动保护和防暑降温等工作，职工安全意识、安全技能明显提升。象山县总工会和黄避岙乡总工会被评为宁波市安康杯竞赛成绩突出组织单位。

【工会法律服务】 加强工会劳动关系

调处工作室建设,7家调处室共排查出各类矛盾纠纷398起,涉及金额1412万元。老周工作室和老鲍工作室荣获全市首届工会劳动调处工作室技能精英赛团体第二名和第三名。精心做实工会法律服务。积极开展平安宣传,组织劳模工匠开展“平安象山”我代言宣传活动;有效落实“平安三率”活动,为社区及周边的居民、环卫工人等发放宣传资料5000余份,“尊法守法·携手筑梦”公益法律宣讲10场次。开展“企业劳动规章制度法律体检”专项活动2场,组织律师志愿者深入贤庠、涂茨等10个乡镇,提出法律意见书10份。通过“你点我送”的模式,开展“心理健康进企业”活动42场,扩大工会心理关爱服务品牌效应。

【民生实事项目】 春节期间推出“留工优工”暖心举措,引导务工人员留象山过年,各级工会投入经费200余万元用于留象山人员送温暖保障服务。黄避岙等乡镇总工会主席带队赴云南、四川招工,助力企业复工复产。发动全县工会做好“4·3”“4·6”疫情服务保障工作,各级工会组织志愿者服务142场,投入工会经费70余万元。慰问方舱和援助北仑工作人员100余人次。协助做好文明城市创建工作,工会志愿者队伍发布活动521场次,有效服务时长达4.3万小时。精准帮扶成效明显。全县困难职工动态化管理机制进一步优化,定期摸排、及时更新困难职工家庭实际情况,努力实现应帮尽帮。开展春节困难职工走访慰问,慰问困难企业1家、困难职工322户,共计发放慰问金32.65万元。职工医疗互助保障实现全流程上网结算,参保人次达8.75万余人次,理赔给付金额102万余元。不断推进服务创新。依托“象山工会”微信公众号积极助农促销,开展线上活动18场次,赠送火龙果、枇杷等农特产品2000余份,普惠工作的吸引力、影响力、知名度进一步扩大。推进户外劳动者服务站点和“五好职工宿舍、职工食堂”建设,县总工会职工服务中心户外劳动者驿站获评2022年浙江省“最美工会户外劳动者服务站点”,锦浪科技股份有限公司获评浙江省“提升职工生活品质塑造幸福生活环境企业试点”。做优传统实事项目。开展一线职工健康休养体检活动,组织1300余名,优秀一线职工休养、体检活动,投入资金105.9万元。持续推进“妈咪暖心小屋”建设,全县已建成41家,深受女职工欢迎。开展转岗再就业职工技能培训,组织母婴护理、文创创业技能、象山特色小吃技能培训3期,帮助职工转岗不下岗、转岗不失业。关爱贫困职工子女,与县妇联合作,对10名困难职工子女读书环境进行结对改造。扎实做好就业服务,就业服务窗口提供岗位5965个,达成意向800人。扎实推进东西部扶贫和山海协作工作,工会经费购买雷波产品1000余万元;与遂昌县总工会共建24家职工之家,赠送物资5万元。

【职工文体赛事活动】 充分发挥新型媒体等宣传阵地作用,在“象山工会”微信视频号推出“匠心向党·只争朝夕”工匠先进事迹微视频展播20期。建设先进职工文化。举办“扬帆亚运,匠心护航”全县职工庆“五一”线上歌唱比赛、乒乓球联赛、桥牌精英赛;组织“亚运你好”群团摄影比赛,收到参赛作品700余幅。开展“工惠有约”公益课堂,组织咖啡制作、插花、烘焙等课程,吸引共计1000余名职工参与;开展“全民阅读月”活动,9家职工书屋被评为宁波市“职工悦读漂流基地”,发布职工好书推荐9期。

【象山县总工会第十五届八次全委会】 5月11日,县总工会十五届委员会第八次全体(扩大)会议召开。会议指出,全县各级工会在县委的坚强领导下,持续推进自身组织建设,全面加强职工思想政治引领,充分发挥工会组织职工、引导职工、服务职工和维护职工合法权益等方面的作用,团结动员全县广大职工积极建功新时代,为象山经济社会发展做出了积极贡献。县委副书记、政法委书记应建勇出席会议并讲话;县总工会主席伊珍林主持会议;县总工会党组书记、常务副主席陈海波作工作报告。

(县总工会　王静)

共青团象山县委员会

【概况】 2022年,共青团象山县委认真学习贯彻习近平总书记在党的二十大和在庆祝中国共产主义青年团成立100周年大会上的重要讲话精神,紧紧围绕县委决策部署和团市委工作要求,大力做好深化思想引领、建功党政中心、服务青年成长、全面改革攻坚等工作,切实组织动员全县广大团员青年为象山加快建设社会主义现代化滨海花园城市贡献青春力量。

【先进典型】 3位青年获评省级荣誉、1位少先队员获评省级荣誉、1个集体获评省级荣誉,5位少先队员获市级荣誉。

【思想引领工作】 重点抓住中共二十大、中国共青团建团100周年的重大契机,组织团员青年深入学习习近平总书记在中共二十大和在庆祝中国共产主义青年团成立100周年大会上的重要讲话,围绕“五四”青年节、“六一”国际儿童节、“七一”建党节等重要时间节点,开展“喜迎二十大、永远跟党走、奋进新征程”“争做好队员”等主题实践教育近210场次,覆盖青少年超1万人次。深化“青年大学习”专项行动,组织动员全县团员青年线上参加青年大学习活动达3万余人次,综合排位名列全市第一,推动团员青年政治学习制度化和日常化。

【助力乡村振兴】 打响“共富联盟”青创品牌,推动青年成长与共同富裕的双向赋能,推进青年创业融资、导师帮扶、项目培训等工作,成功推荐胡祖广获评“全国乡村振兴青年先锋”。升级“青宿联盟”,整合优秀青年民宿主力量,实现民宿集群联盟化发展。举办象山县青年农创客培训班,通过推出政策解读、短视频直播等系列培训课程,搭建青农创客与共青团共同成长的平台。

深化对口支援和山海协作行动，开展“青年与海·‘象’往的开学礼物”“青春夜市集·爱心助雷波”捐赠义卖等活动5场，增进与遂昌、雷波两地共青团联系，相关工作做法被浙江省青联宣传报道。

【擦亮青年与海品牌】 坚持全域动员，提升品牌影响力。充分发动全县各级基层团组织策划开展，通过青年座谈、体育运动、文旅融合等多种形式打响品牌知名度。2022年开展“青年微聚会”“青年换书大会”等活动50余场次，用青春力量为重点工作出谋划策。启动海峡两岸青年守护“中华神鸟”志愿行动，引导海峡两岸青年共同参与净海护鸟志愿活动。坚持上下联动，增大品牌覆盖面。邀请中国青年报共同开展“青年与海”蓝碳经济可持续发展暨蓝碳护海活动，组织青年科学家为象山海洋的可持续发展献计献策，相关内容持续多日被《中国青年报》头版重点报道。

【助力人才回归】 优化青年服务体系，以中长期青年发展规划为指导，召开县青年工作联席第三次全体会议，健全青年发展监测数据库，不断凝聚青年发展工作合力。成立“象3群联”，发布“强国有我”系列活动，打造具有象山特色的群团协同共建新格局。助力“双减”，开设暑托89班次，覆盖青少年2100余人次。推进“家燕归巢”象山籍返家乡大学生实践实习工作，建立2022年大学生联盟，发布大学生实习岗位94类249个，不断加深象山籍学子对家乡的归属感和认同感。

【参与社会治理】 在青春防疫中，动员1520名青年志愿者奋勇投身疫情防控服务时长超万余小时。关心关爱防疫人员，开展“一星一益”暖心送咖啡活动，让坚守一线的防疫工作者倍感暖心。在防台防汛中，及时号召青年参与抗击“轩岚诺”台风防御工作，组织青年队伍参与隐患排查、人员转移、应急救援等危急时刻帮扶千余次。积极利用新媒体矩阵发布权威信息，深入挖掘优秀青年典型事迹，相关案例被团省委新媒体平台报道。在助力文明城市创建中，开展“青春志愿行”主题活动，营造“善行象山　人人志愿”的良好社会风气。

【延伸服务青年手臂】 强化了共青团对青年的联系、服务和引导，针对青年婚恋交友需求，充分利用“亲青恋”平台开展青春派对、素拓交友等多元化交友项目12场，参加单身青年达800余人次。举办“爱在七夕”大型交友主题活动，引导青年弘扬优秀传统婚恋文化。针对青年社交需求，打造象上露营社团、滑板社团等青年社团15个，覆盖青年达2800余人，成为凝聚青年的品牌组织。针对青年维权需求，充分利用“亲青筹”“亲青帮”等平台，持续推进重点青少年群体服务管理和预防犯罪工作，持续开展青少年“三禁三防三自”主题教育，2022年已开展“开学法治第一课”进校园活动62场。积极开展关爱帮扶困境留守儿童等活动，深化“青心守护海岛少年”“青少年万人圆梦行动”等项目，为困境青少年提供权益保障。

【共青团组织建设】 推进团干部作风转变，对标“五问五破争先进、五比五先创一流”机关作风建设专项行动方案要求，通过抓宣讲讨论、抓成绩晾晒、抓项目落实，常态化提升干部能力作风，全面树立新时代团干部工作形象。规范团组织管理，落实团组织“三会两制一课”，加强团员思想政治教育。用好“智慧团建”系统，摸清各领域团员底数，厘清团员团组织关系转接，实现组织底数清、情况明。构建多形态基层组织体系，成立快递物流行业团工委，开展“千名团干结对小哥”专项调研实践活动，积极推进行业系统团的建设，有效引领行业系统团员青年建功立业。

（团县委）

象山县妇女联合会

【概况】 象山县妇女联合会是党领导下的社会群众团体，是党和政府联系妇女群众的桥梁和纽带。2022年，县妇联坚持以习近平新时代中国特色社会主义思想为指导，全面贯彻落实中共二十大精神及各级党代会要求，在县委、县政府的正确领导和市妇联的指导支持下，用心用情做好引领服务联系工作，推动妇女儿童工作迈上新台阶。象山桔之香家庭农场有限公司获评“全国巾帼现代农业科技示范基地”，徐欧建家庭获评全国五好家庭，钟亚春获评全国级巾帼建功标兵，晓橘嫂志愿服务项目获评浙江省志愿服务项目大赛铜奖，墙头溪里方村获评省级美丽庭院特色村，“晓橘嫂”领头人顾莹被推选为第十四届省人大代表。

【思想引领】 县妇联召开“三八”国际妇女节纪念大会、开展迎亚运系列活动、组建巾帼宣讲团、举办主题宣讲活动，建强用好各类宣教阵地，宣传好政治理论知识，讲好妇女勤劳致富、先富帮后富和优秀家庭故事，20篇次相关报道在国家级媒体和杂志上发表，9篇次在省级媒体上发布，宣传工作得到进一步提升。疫情防控彰显她力量，发布“巾帼志愿者召集令”，慰问“疫”线医护人员、高速卡口执勤人员，发放防疫“爱心包”3000余份。围绕共同富裕、文明创建、家庭教育、中共二十大和亚运等主题，组建巾帼宣讲团并征集宣讲课题21个，以志愿服务、巾帼宣讲、运动传播等形式开展各类群众性主题宣教活动100余次。

【象3群联】 工青妇联合成立象3群联，发布“3+X”项目清单，以项目领办、资源共享模式推进群团工作。县妇联领办“花开象山·五美共建”“1+4”系列项目，制订三年行动计划，寻找“园丁小象人”30个、举办培训班6期，打造女性社会组织实践基地“花开谷”，全面开展“五美”创建工作，认定“最美乡镇”3个、“最美乡村”10个、“最美小区”3个、“最美庭院”100个、“最美露(阳)台”50个，有效助推现代化滨海花园城市建设。完成9个美丽庭院精品村、3 个美丽庭院示范村的终期验收，发放补助金额约 95 万元。

【困难群体帮扶】 实施"小象书屋"困境儿童学习环境改造项目，对 28 户家庭进行改造、提供帮扶。开展圆梦助学项目，申请 6 万余元助学金帮助 31 个困境儿童实现梦想。对涉案未成年人家庭建立结对帮扶联系渠道，开展心理干预、困难帮扶、社会融入、就业指导等形式的日常帮扶，对家长进行专业家庭教育指导，目前接受帮扶服务的涉案未成年人家庭转变明显，5 个未成年人均免予起诉。开展"康乃馨"捐款及救助行动，组织发动"我为贫困妇女捐 10 元"活动，共募得善款近 27 万元，争取市级以上"两癌"救助金 13 万元。开展任职 30 周年以上的老妇女主任慰问活动，关心关爱低保女性，投保公益安康保险 367 份。

【青年婚恋交友】 围绕建军节、七夕等时间节点，开展 4 场大型单身联谊交友系列活动，参加人数 350 余名，拓宽男女青年的交友范围，引导树立正确的人生观、择偶观、婚恋观。推荐省级公益红娘 2 人，组织 3 名公益红娘参加市级培训。

【基层基础夯实】 圆满完成镇乡（街道）妇联换届，产生执委 285 名，选优配强基层队伍。推动"四必访"走深走实，通过成立专班、业务培训、考评激励等举措，推动走访联络日常化，项目领办主动化，深入推进"浙里家 · 连心桥"四必访、四必应场景应用。省级数字化应用平台执委年走访率达 100%，年办结率达 100%。提升业务求发展。

【服务妇女创业创新】 激发妇女新时代创业干事的热情和潜能，开展数字化改革等赋能活动 20 场次。联合女企业家协会开展"相约东旦　悦动山海"主题活动。承办省最美民宿女主人培训班，举办厨娘、直播电商、"好阿姨"育婴师（月嫂）等培训，共培训妇女 500 人，助力妇女增收致富能力提升。进一步深化妇女创业助力行动，发放小额贷款贴息 20 万元。继续推动来料加工业发展，服务妇女实现家门口就业，发放奖励资金 71.6 万元，培育来料加工业"共同富裕"巾帼基地 16 个，其中示范基地 2 个，创建巾帼创业创新示范基地 10 个，并且涌现出一批优秀创业女性，顾莹获评省级巾帼建功标兵，"泥鳅部落"刘秋琳等 11 名各行业优秀女性获评市级巾帼建功标兵。

【家庭文明建设】 深入贯彻落实加强家庭家教家风建设要求，成功推选全国五好家庭 1 户，省最美家庭 3 户，省绿色家庭 1 户，市文明家庭、最美家庭各 9 户，认定县级各类家庭 302 户，营造了共建共享文明的良好氛围。引领"德者有得"的价值导向，推行"好家庭"礼遇机制，13 户省级以上优秀家庭成立吉象"最美家"联盟，8 家爱心单位提供礼遇，开展留守儿童家庭帮扶等活动 18 场次。结合"三八"维权周等节点，强化推进平安家庭建设，组织开展多种形式的普法宣传活动，着力增强妇女儿童法治意识和依法维权能力，提升妇女儿童的获得感、幸福感、安全感。

【省级家庭教育指导服务体系标准化建设试点县】 大力推进省级社区（村）家庭教育指导服务体系标准化建设，县委高度重视，高规格组建县委副书记为组长的领导小组，高标准设计实施方案，高强度推进阵地建设，建立起全覆盖的"1+9+8+419"家庭教育主阵地，高要求建立三级考核督查机制，形成全员、全程、全方位的育人合力。实施"青苗护航团""新蓓蕾成长""海娃娃起步""祖孙共成长"等四大工程。开设"巾帼班"培训家庭教育指导师 472 名，增聘讲师团成员至 50 人，解决"教什么""怎么教"问题。通过试行家庭教育积分、家长培训认证制、婚育龄人员培训认证制，有效提升家庭教育质量。该项工作在省推进会上作交流发言。依托海洋特色资源，启动儿童友好建设，以"儿童与海洋运动"为主题，组建儿童议事会，打造实践基地 2 个，发布研学线路 5 条。

（县妇联　李静波）

象山县科学技术协会

【概况】 象山县科学技术协会（以下简称象山县科协）是县委领导下的人民团体和科技工作者的群众组织，是党和政府联系科技工作者的桥梁和纽带，是推动象山县科技事业发展的重要力量和科技工作者之家。2022 年，象山县科协在县委县政府的正确领导和上级科协的统一部署下，坚持以习近平新时代中国特色社会主义思想为指导，全面贯彻中共二十大、中共十九大精神，深入贯彻新发展理念，围绕县委县政府"聚力一二五，走好共富路"总体要求，认真履行科协组织宗旨使命，强化"四服务"职责意识，广泛开展人才服务和科学普及等各项工作，较好地完成各项任务。

【加强政治引领力】 认真学习贯彻中共二十大精神，全面贯彻习近平新时代中国特色社会主义思想，弘扬伟大建党精神，组织全体干部收看中共二十大开幕会，结合周二夜学、党组中心组理论学习等，深化对中共二十大精神的学习。组织开展"五问五破、五比五先"作风建设专项行动，通过开展大宣讲、大讨论、连心服务等，提升全体干部职工的党性意识、精神状态、能力素质、作风形象，以紧起来、快起来、跑起来的赶考状态、奋斗姿态，不断开拓科协工作新局面。

【关心关爱科技人才】 加强与象山籍院士的联络交流，通过线上联络，向在杭州、上海两地的 3 位象山籍院士送去党委政府的祝福和问候。关心关爱科技工作者，对 30 余名高精尖人才及优秀科技人才进行慰问。举办"全国科技工作者日"活动，推荐科技工作者参加省市"最美科技追梦人"、宁波市青年科技奖、农民高级技术职称评定等评选活动，刘长军被评为浙江省"科技追梦人"，徐阳被评为宁波市"最美科技追梦人"、获评"2021 年度宁波市青年科技奖"。宁波莫宁森家庭农场有限公司胡祖广获得“2022年度全省农民技术高级职称”。营造尊才、爱才良好氛围。县科协人才关爱工作得到县委人才工作领导小组的肯定,在全县人才工作目标管理考核中获评二等奖。

【开展院士工作站建设】 指导企业做好绩效考核工作,在2022年宁波市院士工作站、院士科技创新中心过程性绩效考评中,锦浪院士工作站考核优秀,港湾院士科创中心考核合格。指导锦浪院士工作站参加重点支持的省级院士工作站认定工作,锦浪被认定为省级重点院士工作站。坚持需求导向,指导浙江易锻精密机械有限公司、宁波威霖住宅设施有限公司、宁波工程学院象山研究院等企业和单位开展建站工作,3家单位分别与俄罗斯籍院士阮殿波,乌克兰院士马合诺·斯塔尼斯拉夫、赛门索夫·尤里签订合作协议,新建3家市级院士工作站,为企业搭建了科技创新之桥,助力企业借智攀高。

【开展博士创新站建设】 走访德曼机械、易锻精密等企业,指导企业开展博士创新站工作。建成县级博士创新站13家、市级创新站4家。

【启动科技助企工程】 发挥县博士联谊会、县科技人才联合会等科技人才作用,通过开展农林牧渔技术培训10场次、“五个一批”(对接引进一批科技专家50人次以上,实地服务一批科技企业20家次以上,梳理解决一批技术难题20件次以上,帮助申报一批科技项目5件次以上,推动提升一批企业能级5家次以上)活动,精准开展科技服务,重点助推全县制造业高质量发展。目前开展农林牧渔技术培训11场次,对接引进科技专家80人次,实地服务科技企业48家次,梳理解决技术难题43件次,帮助申报科技项目14件次,推动提升企业能级16家次。

【加强对学会的管理】 指导县级学(协)会开展2021年度年检、等级评估等工作,象山县盆景协会被评为AAA级社会组织,象山县建筑学会被评为AA级社会组织。

【举办高质量学术交流活动】 2022年9月21日,由中国流行色协会指导,宁波市委人才办、宁波市科协主办,象山县委人才办、象山县科协、象山县纺织服装产业联盟等单位承办的“中国流行色助力宁波针织服装产业发展论坛”在象山县爵溪街道中国针织名城国际交易中心举行。活动邀请中国流行色协会和东华大学、北京服装学院等高校专家深入象山针织产业集群开展调研指导、技术交流活动。会上,象山县人大常委会副主任石坚定,宁波市科协党组成员、副主席汤丹剑,中国流行色协会秘书长王淼等嘉宾在论坛中致辞。活动以色彩提升企业的自主设计研发能力与核心竞争力,加强国内纺织服装同行对象山针织名城产业集群的认知,推动象山针织业提档升级。

【推进“三长带三会”试点工作】 2022年初召开“三长带三会”专题工作会议,研究部署试点工作实施方案,2022年3月在晓塘乡开展试点工作,不断完善相关工作机制、制度,并积极提炼总结,在全县推广做法。2022年6月底开始在全县范围内开展“三长”和“三会”工作,指导各镇乡(街道)吸纳“三长”人员26人,建立“三会”组织25家,指导“三会”组织开展各类科普服务活动72次,吸纳“三长”25人进入镇乡(街道)科协领导机构。

【探索虾蟹科技小院运行模式】 采用“科协领导、高校实施、老师指导、学生常驻、多方支持”模式开展技术培训和指导,探索全县对虾产业相关企业、大户和国内科研院校(所)以及象山县对虾产业协会等组织合作联动机制,并及时在全县范围内推广应用与辐射,促进全县对虾养殖产业可持续发展。全年共开展现场培训指导10次,服务虾蟹养殖户400人次。

【开展老年人智能手机技能普及工程】 会同县民政局、县公安局、县移动公司、民生银行、建设银行走进老年大学、社区、村及有关单位,开展老年人智能手机技能普及工程,共开展培训163场次,受训13186人次。同时,加大对农村的送教服务,在122个村开展培训送教工作,切实帮助老年人跨越“数字鸿沟”,享受科技发展带来的便利。

【开展民生政策宣讲“进基层”活动】 结合宁波市科普“五个一百”科普宣传活动,开展民生政策宣讲“进基层”活动。组织以“节约能源资源、保护生态环境、保障安全健康、促进创新创造”为主题的科普“五进”为民惠民行动,在全县各地举办形式多样的科普报告(讲座)、义诊、科普宣传等多形式活动41场次,受惠达18000人次。

【开展防电信诈骗科普宣传活动】 联合公安、移动公司开展“全民反诈,你我共防”——防范电信诈骗专题线上直播讲座,共吸引万余人观看,收获点赞超1.5万次,帮助市民群众提升识骗防骗能力。

【提升科技志愿服务能力】 依托象山县防溺水实践基地,走进全县各学校、社区,举办青少年防溺水讲座,年底开展培训31场次,受益4700多人。创新培训方式,通过岸上防溺水互动教育、水中沉浸式体验的模式,提升宣传效果。参与浙江安全水域防溺水直播活动,超2000万人观看,营造社会关注、人人共防的防溺水安全氛围。开展“光明行动”,指导科技志愿服务队走进学校、农村文化礼堂开展“光明行动”,其中进学校举办线上线下近视防控科普讲座50场,有近1万名学生和家长参与,在文峰学校、鹤浦小学建立“爱眼护眼科普小屋”。

【开展健康系列科普活动】 结合“健康中国2030”规划纲要、防治慢性病中长期规划。自2022年4月起,县科协联合县中医药学会等单位,组织开展健康系列科普活动,活动对象重点面向中老年人,通过现场培训、现场互动咨询解答相结合形式,走进机关、社区、农村、企业等,全年开展10场次活动,参与活动500人次。

【组织开展全国科普日活动】 指导各基层科协、县级学会围绕2022年全国科普日活动主题——“喜迎二十大,科普向未来”,做好《全民科学素质行动规划纲要(2021—2035年)》的宣传解读。坚持以网络活动为主,共开展各类全国科普日活动11项,组织晓塘乡、石浦镇、涂茨镇等科协开展科普日活动,组织开展科普日进文峰社区、金秋社区等活动。

【健全完善科普阵地建设】 对各级各类科普教育基地进行业务指导,健全和完善基地科普设施;对全县70座科普画廊的日常维护,定期进行更换展板内容。

【开展清洁能源宣传】 2022年8月8日,象山清洁能源微科普馆开馆,该馆的布展思路以宣传多元化的清洁能源知识为主题,采用图文、视频和互动体验相结合的方式,内容包括能源的历史、清洁能源简要以及清洁能源产业历史。

【组织开展科协“群团助力‘双减’”工作】 落实省科协提出打造数字化科协平台建设,引导学生走进基地开展活动,组织专家走进校园,扩充资源、拓展阵地、充实力量,有效落实国家“双减”政策。全年组织影视城、石浦渔港古城等科普教育基地以及各学校累计参加各类活动人数24万人次。

【举办航天科普讲座】 2022年4月24日是中国第七个航天日,大目湾实验学校等开展了中国航天日青少年科普展览活动,向学生们展示了基本的航天知识以及中国最新的航天技术发展情况。6月17日,深圳航天工业技术研究院宁波分院走进林海学校举办航天科创之星公益科普讲座;6月20日下午,走进象山实验小学举办航天科创之星公益科普讲座。10月19日,科普讲师郭皓给实验小学等学校同学们举办航天知识专题讲座。

【ASTSpace暑期活动进基层】 2022年8月30日下午,宁波市科协联合象山县科协走进象山县泗洲头镇泗洲头村文化礼堂开展暑期科学实践活动。宁波科学探索中心的科技志愿者向学生们演示了各种小实验,讲解、演示科学原理。当地50余名小学生通过“身临其境”“动手实践”等活动场景,体验科学的无穷魅力。

【组织参省第二届中小学生科技创新作文大赛】 组织学生参浙江省首届中小学生科技创新作文大赛。获得省级奖项51项,其中省特等奖1项。

【组织参青少年科技创新大赛】 组织全县中小学生积极参加象山县、宁波市、浙江省青少年科技创新大赛,获省级奖项2项,宁波市级奖项43项,其中市一等奖7项。

(县科协)

象山县文学艺术界联合会

【概况】 2022年,象山县文联深入宣传贯彻中共十九届六中全会精神、中共二十大精神、习近平新时代中国特色社会主义思想和习近平总书记系列重要讲话精神和中国文联十一大、中国作协十大会议精神,围绕“做强海洋经济示范区、基层治理新范式、海洋文化特色区、共同富裕样板县、‘海上两山’实践地”等五大历史使命,坚持“出作品出人才,出影响出形象”,团结带领各文艺家协会、镇乡文联、部门文联、企业文联和广大文艺工作者,围绕中心,服务大局,创新工作思路和工作举措,使文联工作上了新台阶,文艺事业取得了新成果。“献礼二十大——百年荣光·红心向党”全国农民画作品展在创业创新大厦一楼文艺展览中心开展,共展出优秀农民画作品150幅。结合节假日,联合象山影视城推出的送福进万家、2022“虎年提虎闹新春”、百鼓千福贺国庆等活动3次登上央视《新闻联播》《中国电影报道》《新闻直播间》《午夜新闻》。原创少儿剧目《小小云朵》荣获第十一届全国少儿舞蹈展演“小荷之星”金奖和宁波市舞蹈奖。县文联刊出文艺杂志——《象山港》杂志2期,文艺之家还举办各类展览赛事30余场次。

【各项文艺活动】 瞄准方向,打好基础,继续开展“深入生活、扎根人民”主题实践活动,推动文艺工作者坚守社会责任、恪守职业道德,争做引领时代风气的先觉者、先行者、先倡者。组织举办主题性的宣传活动。围绕中共二十大、杭州亚运会、改革开放44周年、新中国成立73周年、省委“八八战略”实施20周年等重要时间节点,结合“五问五破争先进、五比五先创一流”机关作风建设专项行动,通过文学创作、书画摄影展览、文艺演出等多种形式的主题活动,营造浓厚的宣传氛围,共举行50余场。

【文艺服务于乡村振兴】 结合全县推进“精特亮”创建工作,深入挖掘沿途、周边及内在的历史、人文、景色等优质资源,深化墙头镇方家岙“省书法”村和下沙“渔文化摄影”村、涂茨镇汤岙村“音乐基地”、潮隐西海岸线等“五点一线”艺术乡建项目,深入打造黄避岙乡大斜桥村“童话艺术”特色项目,使之成为弘扬象山文化的“实景课堂”和网红打卡点。与宁波前洋直播中心签订合作协议,联合涂茨镇在汤岙村建立象山直播中心,联合推出“象山味道”品牌,努力打造“网红直播”“网红产品”“网红作品”。在历史文化名镇——石浦镇东门渔村设立民间文艺交流展示基地,选派民协专家和党员干部开展座谈培训,开发研学线路,面向县内外青少年传播渔家故事,带动本地渔姑渔嫂参与渔文化衍生品的开发,实现家门口增收致富。深化与中国美院校地合作,积极实施“神笔马良计划”,面向全国优秀设计师(神笔马良),征集网红打卡地设计方案,着力将北纬30°最美海岸线上的海洋元素、渔文化元素、海防元素等充分融合,打造网红美拍体系。通过文艺赋能乡村文化振兴,以文艺因子激活乡村文化资源,以高品质的文艺供给点亮美丽乡村,打造了一批"网红艺术村",促进人民实现物质富裕、精神富有。建立2处乡村文艺之家,举办培训交流、展览展示、作品排练、鉴赏讲座等丰富多彩的文艺活动,不仅为文艺爱好者提供沟通协作的平台,也进一步助推当地特色乡村旅游业的发展。大力培养乡村文艺人才。深化艺术村文艺人才培训机制,发挥资源优势,邀请县内外知名学者和艺术家进村讲座,推进文艺家协会与基层乡镇文联结对帮扶,不定期推出书法、美术、音乐、舞蹈、戏剧等线上线下各种文艺人才培训辅导20余期,累计参培文艺工作者5000余人次。配合全县2022年"聚力一二五,走好共富路"、"三结对"活动、"创建全国文明城市"、"法治宣传"、"垃圾分类"等文艺宣传活动。组织各协会文艺骨干创作、排练、表演,创作音乐快板《法律为咱保平安》、走书《一张假币》、说唱《大家都学民法典》等节目20余个,共开展活动10余场。配合县文明办举行"创建全国文明城市"迎亚运全民健身广场舞创作推广活动,创作《善行象山人人向善》《文明出行在象山》《做文明有礼象山人》3个。在"象山文联"微信公众号推出"法治""亚运""垃圾分类"等主题的书法、竹根雕、摄影、朗诵等作品100余件。开展各种主题的宣传活动。开展"春暖象山　福送万家"百名书法家送福写春联系列活动、"送欢乐下基层"文艺志愿服务活动、文艺进农村文化礼堂等活动60余场。

【借智借力加强特色精品创作】 加强与中国美院、浙江音乐学院、浙江省音乐家协会的联系合作,围绕"渔文化"系列、"万象山海"系列主题,深化合作协议,持续打造全省舞台艺术创作重点题材扶持项目音乐剧《渔老大》、歌曲《扬帆》等富有象山地域特色的文艺精品力作,音乐剧《鱼老大》已举行线上首演和在杭公演。加快推进新《渔光曲》作品的全球征集。加大重点文艺精品项目的创作力度。长篇小说《温泉疗养馆》、歌曲《点燃生命之光》、专题摄影《追寻"神话之鸟"》入选宁波市文联2022年度文艺创作重点项目。

【文学创作】 完成长篇小说《风烈》、法治小说《重整》、报告文学《站在大地上的人》、散文集《乌塘记》和《陌生的孔子》等书籍的出版。一批文艺作品在各级各类比赛中获奖和入选。县作家协会:赖赛飞的散文集《乌塘记》和余志刚的散文集《陌生的孔子》荣获宁波市文学奖;杨晟、杨卓娅、顾宝凯等10余名作家创作的多部作品在《中国作家》《人民日报》《人民文学》《诗刊》等重点期刊上发表。

【曲艺创作】 县曲艺家协会唱新闻《那片红》荣获浙江省第十届曲艺新作大赛金奖和全国群星奖提名。县戏剧家协会:苏醒获得宁波市戏剧奖;《春燕住店》荣获"喜迎二十大,艺筑共富路"一人一艺杯创作表演双银奖;《闯海》荣获"文艺与新时代同行"宁波市剧协原创小戏剧三等奖。

【书法美术创作】 史雅娟、朱宝入选第二届"卫夫人杯"全国书法篆刻大展;周瑞怀入展浙江省书协临书大展。县美术家协会:顾明辉作品《山青等客来》入选"乡村振兴、浙里昌硕"浙江省美术作品展;张丹阳《村边》、马震《石浦岸边》作品入选宁波市第四届油画大展;杨海鸿、顾明辉、刘家鲁、杨杰明等8人作品参加"宁波市美术家协会中国画艺委会优秀作品展"。县摄影家协会:在第19届浙江省摄影艺术展中,象山有8名摄影家的作品入选,其中三人获得金奖;沈颖俊的作品《全球第一大港——宁波舟山港》在北京由中共中央宣传部、中国文联主办的"筑梦——我们的新时代美术摄影展"中展出;4件作品获得宁波市摄影奖;近40期摄影作品上"学习强国"学习平台。县舞蹈家协会:原创少儿剧目《小小云朵》荣获第十一届全国少儿舞蹈展演"小荷之星"金奖和宁波市舞蹈奖。县民间文艺家协会:11件农民画作品入选"百年荣光·红心向党"全国农民画展览,其中3幅作品被评为优秀作品,是象山农民画有史以来取得的最好成绩;2件农民画作品入展"大美民间——2022中国(南京)农民画优秀作品双年展";11件农民画亮相北京"醒春展";8件农民画入展浙江省现代民间绘画(农民画)作品展。县工艺美术家协会:张德和荣获中国工艺美术大师称号;2人获得中国(浙江)第十届工艺美术博览会一银、一铜。县影视家协会:作品《橘子红了》荣获2022"文艺与新时代同行"系列活动之"银翼杯"2022"我们走在大路上"剧情短片大赛金奖;电视纪录片《画栋》荣获宁波市电视艺术奖。

【文艺人才队伍建设】 搭建交流平台,加强文艺人才培养。全面推进市、县文艺家工作室建设和做好县优秀民间文艺人才的扶持工作,设立市文艺家工作室5个,县文艺家工作室4个,认定象山县优秀民间文艺人才78名。2022年的县文艺家工作室和县优秀民间文艺人才正在评审中。充分发挥文联桥梁与纽带作用,积极拓展"上引下联"职能,通过"请进来""送出去"等方式,加大文艺人才培养力度。中国文联人事部主任郑希友一行到象山调研"文艺两新"业态发展、文艺界职业道德建设和行风建设等;省文联党组成员、书记处书记王先中一行到象山开展文艺调研。联合直机关工委、县总工会举办"象心力·公益课堂"手机摄影培训班和戏剧培训班,向干部职工们送上文化大餐,高质量推进全民艺术普及。开展中共十九届六中全会精神故事宣讲培训会,提高宣讲员的宣讲能力,更好地让中共十九届六中全会精神"飞入寻常百姓家"。举办宁波市舞蹈家协会岗前教育培训两期,协会会员熟练掌握舞蹈编创基本功。组建"企业联合文联"。联合经信局、团县委在全县企业中开展走访、座谈、调查问卷,为组建企业联合文联打下坚实的基础。打造"艺企飞"项目,加大艺术培训、体验、文创等旅游文化建设,深化文旅融合,擦出产业发展"新火花"。做好"互联网+"的宣传文章。积极探索以互联网传播促进创作繁荣的新思路,重视网络文艺建设，加大文艺作品网上传播力度，推进“网上文联”建设，进一步打造网上文艺阵地。文联微信公众号推送信息200余期，600余篇，浏览量10万人次，多篇信息报道被省、市文联公众号选中并推送。注重与“学习强国”学习平台、中国蓝客户端、浙江新闻、浙江文艺、今日头条客户端、甬派、宁波文艺等新媒体之间的互动，做到线上线下同研究、同部署、同推进，努力开创线上线下相互统一、相互促进、有机融合的文联工作新格局。2022年，122篇作品被“学习强国”学习平台录用推广。

【《小小云朵》荣获“小荷风采”全国少儿舞蹈展演最高奖项】 2022年1月6日，中国文联主办、中国舞蹈家协会承办的“童心向党”第十一届“小荷风采”全国少儿舞蹈展演获奖名单出炉，由县文联选送、象山县博锐特艺术培训学校演出的《小小云朵》荣获该届展演最高奖项“小荷之星”金奖称号。

【CCTV-6电影频道报道“送福进万家　浙里过大年”　走进象山影视城书写“福”字活动】 1月24日，CCTV-6电影频道《中国电影报道》报道了“送福进万家　浙里过大年”县文联联合浙报集团宁波分社走进象山影视城书写“福”字活动。

【虎年新春活动再上央视《新闻联播》】 2月3日，县文联与象山影视城联合举办的虎年新春活动再上央视《新闻联播》。“学习强国”学习平台、浙江卫视、人民日报客户端、新华社客户端、浙江日报客户端、凤凰网、《钱江晚报》、甬派、甬上、《宁波晚报》等30余家媒体也争相报道了此次春节活动。

【召开各协会主席、秘书长工作会议】 2月23日下午，县文联在二楼会议室召开协会主席、秘书长会议。县文联领导班子、各文艺家协会主席和秘书长、县文联中层以上干部等20余人参加会议，县文联党组书记、主席郑辉主持会议。

【首个县乡村文艺之家揭牌】 3月3日，象山县首个乡村艺术之家在墙头镇溪里方村两棵树民宿揭牌。县文联主席、党组书记郑辉，县文广旅游体育局副局长郑华华，墙头镇党委副书记方鹂共同探讨艺术乡建助力未来乡村，共同为“象山县乡村文艺之家”“象山县非物质文化遗产体验基地”现场揭牌。

【王先中一行到象山调研】 5月11—12日，省文联党组成员、书记处书记王先中、省音协驻会副主席、秘书长黄于群及省内著名音乐词曲专家一行，赴象山石浦港、新桥镇、亚帆中心等地采风考察，并对新桥黄公岙村、西海岸开展“艺术乡建”进行实地调研。

【“喜迎二十大·奋进新时代”第二届文艺党课举行】 6月26日晚上，由中共涂茨镇委员会、涂茨镇人民政府、象山县文联、象山县经济开发区管委会、象山县审计局指导，涂茨镇前山姚村主办，县曲艺家协会协办的“喜迎二十大·奋进新时代”第二届文艺党课在银杏文化广场隆重举行，让村民在家门口享受了一次文化“盛宴”精神“大餐”。

【“送欢乐下基层”文艺演出走进石浦镇平阳厂村文化礼堂】 7月12日晚，宁波市文联、象山县文联文艺志愿者“送欢乐下基层”文艺演出走进石浦镇平阳厂村文化礼堂活动，为村民送上视听盛宴。市文联党组成员、二级巡视员、市文艺志愿者协会主席黄旭航，市文联协会工作部主任章惠宁，县文联党组书记、主席郑辉，县文联党组成员包艺峰等出席活动。

【《站在大地上的人》出版】 华翔集团董事局主席周辞美传记《站在大地上的人》由浙江文艺出版社出版。

【张德和入选第八届中国工艺美术大师】 8月5日，据中国轻工业联合会公告，第八届中国工艺美术大师最终评选出108名中国工艺美术大师，其中象山县竹根雕大师张德和，凭借精湛技艺成功入选第八届中国工艺美术大师，是象山首位、宁波第二位获此殊荣的工艺美术工作者。

【中国文联人事部郑希友主任一行到象山调研】 中国文联人事部主任郑希友一行到象山调研“文艺两新”业态发展、文艺界职业道德建设和行风建设等。省文联党组成员、书记处书记王先中、党组成员、人事处处长张赛飞，市文联党组成员、二级巡视员黄旭航、协会部主任章惠宁，县委常委、宣传部部长张微燕、县政协副主席陈建瑜等陪同调研。

【首部原创音乐剧《渔老大》线上首演】 9月16日10时，象山首部原创音乐剧《渔老大》将在山海万象新闻客户端、宁聚新闻客户端、宁聚视频号、宁聚抖音号、宁聚快手号、浙广直播、浙音直播、浙音官微视频号等平台线上首演。

【“象廉相依”象山县干部职工书画作品展】 9月10日至10月10日，“象廉相依”象山县干部职工书画作品展在象山县工人文化宫一楼北展厅举行，共展出入选作品56幅。

【百鼓千福贺国庆活动亮相央视】 10月1日上午，象山影视城和县文联联合组织县音乐家协会会员、“象漂”演员、艺术培训机构百余名师生等新文艺组织、新文艺群体在象山影视城共同上演百鼓千福贺国庆活动。此活动登上央视《新闻直播间》《午夜新闻》。之后央视《中国电影报道》、浙江卫视《新闻深一度》等栏目也分别进行报道。

【东西协作，象山与雷波两地文联共促文艺发展】 5—10月，象山县文联和雷波县文联积极构建有效合作机制，挖掘西部地区特色文化禀赋，深化线上线下联络、合作与宣传推广等形式，促进两地文艺的交融与发展，推动东西部协作协调发展升级。

【长篇非虚构小说《风烈》出版】 11月8日，象山籍作家邱闳所著长篇非虚构小说《风烈》由海洋出版社与浙江人民出版社联合出版。

【"百年荣光·红心向党"全国农民画展开展】 11月期间，"献礼二十大——百年荣光·红心向党"全国农民画作品展在创业创新大厦一楼文艺展览中心开展，共展出优秀农民画作品150幅。

（县文联）

象山县残疾人联合会

【概况】 2022年是中共二十大召开之年，也是象山"聚力一二五，走好共富路"，加快建设社会主义现代化滨海花园城市开局之年。象山县残联坚持以习近平新时代中国特色社会主义思想为指导，全面贯彻落实中共十九大及历次全会精神，深入学习贯彻习近平总书记关于残疾人事业重要论述精神、重要指示，认真落实省市残联工作部署和县委"聚力一二五，走好共富路"会议精神，围绕"忠实践行'八八战略'、奋力当好'重要窗口'"，高质量发展建设共同富裕示范县，争创社会主义现代化先行县主题主线，全面实施残疾人事业发展"十四五"规划和促进残疾人共同富裕专项行动计划，整体提升残疾人基本保障与公共服务水平，奋力打造"重要窗口"特殊风景线。

【残联组织职能充分发挥】 完成县、镇（乡）两级残联换届选举工作。持续抓好以残疾人基层组织、基本队伍、基础设施建设为主要内容的"强基提质"工程，逐步形成以县残联为主导、镇乡（街道）残联为骨干、残疾人专门协会为补充、村（社区）残协为基础的残疾人组织网络。建立县残联班子成员联系残疾人专门协会制度，成立首届县级孤独症人士及亲友协会，完善协会运行管理，充分发挥县六大专门协会联系残疾人的桥梁纽带作用。深入开展"五问五破、五比五先"机关作风建设专项行动，组织开展"对标找差距、先行必有我"主题大讨论，制订困难残疾人家庭入户访视工作方案，排摸入户访视对象4405户，班子成员带头深入困难残疾人家庭，推动作风建设专项行动向解决困难残疾人实际问题延伸，努力成为残疾人的"第一知情者、第一代言者、第一维护者"。持续深化"清廉残联"建设，运用监督执纪"四种形态"，加强党性党纪和廉政文化教育。大力推广残疾人证"跨省通办""省内通办"，广泛采用浙里办、窗口预约模式，实行"集中评+上门评+住院评+异地评"四评联动方式，优化残疾评定秩序，群众满意度大为提升。

【民生保障持续加强】 配合县民政部门推进残疾人"两项补贴"管理服务转型升级。精准实施困难残疾人生活补贴、重度残疾人护理补贴、残疾人社保补贴、康复补贴等四项补贴政策和重度残疾人单独施保，切实加强"两项补贴"人员残疾状况信息精准审核和动态管理，全县有4492名残疾人享受困难残疾人生活补贴、9117名残疾人享受重度残疾人护理补贴，确保"应保尽保、应补尽补"。全面实施残疾人"安居""净居亮居"工程，投入25万元，改善了24户贫困残疾人家庭的住房条件。全面推动落实残疾人参加城乡居民基本养老保险、基本医疗保险个人缴费部分补贴政策，投入47万元，为全县1.7万余名残疾人购买综合意外伤害险，残疾人参加居民养老和医疗保险参保补贴覆盖全体残疾人。

【精准康复服务不断优化】 深入开展精准康复服务行动，细化服务项目并坚持"按需服务"，完成残疾人基本康复服务9800人次，基本康复服务率达99%；为117人次残疾儿童少年发放康复服务补贴234万余元；为残疾人配发各类辅助器具520余件，适配率达99%。落实精神残疾人门诊免费服药补贴制度，为1326名次精神残疾人发放门诊服药卡，为49人次住院精神病人发放住院补贴。认真做好残疾人家庭医生签约服务工作，家庭医生签约残疾人15109人，签约率82%。继续深化以县康复医院为阵地的康复服务体系建设，组建宣讲团常态化深入村（社区）、学校开展康复知识宣传和康复护理指导，持续推动三级康复服务体系建设和残疾预防体系建设。完善职业康复、教育康复、文体康复、医疗康复、家企社联动康复"五位一体"的工疗车间康复机制。康复服务能力不断提升，为推进"健康象山"建设做出了积极贡献。

【教育就业工作稳步推进】 全面落实残疾人教育专项助学政策，为41名残疾学生和困难残疾人家庭子女发放学费补助36万元，残疾学生义务教育在学率达到100%。充分依托人社局、农业农村局等部门资源，举办各类职业技能培训班21期，培训残疾人405名。举办"线上+线下"残疾人专场招聘会2场，提供就业岗位100余个，60余名残疾人达成就业意向，实现疫情期间"就业招聘不间断，线上服务不停歇"。新增残疾人就业464名，应届毕业残疾人大学生就业率达100%。对3499个就业年龄段未就业残疾人开展入户调查。规范扶贫基地建设，针对需求残疾人辐射户进行排摸。聚焦"强基赋能"，建成规范化"残疾人之家"2家，创五星级残疾人之家1家，建立三星级残疾人之家3家。截至目前，全县共有"残疾人之家"21家，帮助460余名残疾人实现庇护性就业，实现残疾人之家全覆盖。

【扶残助残氛围日益浓厚】 利用各级残联网站、新闻媒体广泛宣传涉残政策法规、残疾人自强自信自立模范和扶残助残典型事迹，动员全社会各方面力量关心和支持残疾人事业发展。围绕重要节点开展形式多样的专题宣教活动，实施社区助残"五个有我"暖心行动，举办第三届残疾人趣味运动会、"特奥日"、健身周活动，成功创建省级盲人柔道训练基地，丰富残疾人精神文化生活，营造浓厚的爱残扶残助残社会氛围。依托残疾人服务机构，广泛开展社会助残志愿服务，持续推进"千个支部万名党员志愿助残服务行动"，21个机关、企事业单位党支部与残疾人之家进行结对，建设残健共融开放式志愿服务基地，引导广大党员、党组织、社会志愿者等进残疾人机构开展互动。依托县“向日葵”助残志愿服务队和残疾人专项帮扶基金，开展送教上门、文化熏陶、党建结对等助残服务，丰富残疾人精神文化生活。

【权益保障持续加强】 积极支持残疾人代表和委员开展残疾人权益保障执法检查、调研、政治协商活动，充分利用人大代表建议、政协委员提案、社情民意反映等方式，帮助解决残疾人在生产、生活、教育、就业上的困难和问题，精准落实各项惠残政策。全面开展首问责任即问即办工作，畅通信访接待、省统一政务咨询平台、民生回应、12385服务热线等渠道，充分发挥残疾人法律救助站作用，全力维护残疾人合法权益。积极参与全国文明城市创建与亚运城市提升行动，开展无障碍环境建设知识宣传4期，着力推进无障碍环境建设，创建省级无障碍社区1个，实施重要公共服务场所无障碍改造12个，完成残疾人家庭无障碍改造103户，残疾人居住环境得到了切实改善，残疾人生活品质不断提升。完善优化残疾人证申请、评定、审核、送证环节，持续深化违规持有残疾人证清理工作，常态化开展异常数据核实清理。

（县残联　章瑞燕）

1月20日下午，县残联举办象山港驾校共享轮椅捐赠活动

象山县红十字会

【概况】 象山县红十字会自2009年根据县编委文件《关于调整象山县红十字会管理体制的通知》精神机构单设以来，认真履行《中华人民共和国红十字会法》赋予的职责。2022年红十字在做好疫情防控的同时，共完成救护员培训2383人，普及培训23482人次，购置了36台自动体外除颤器（AED）（其中18台由大旸公益慈善基金会捐赠）。自2019年至今在全县布点安装63台AED。新登记器官、遗体（角膜）捐献志愿者305人次，累计捐献成功35例。

【疫情防控】 精心组织“下沉一线、包联组团”和“三结对”志愿服务活动，选派骨干力量20人次参与晓塘乡月楼村、方舱隔离点、核酸检测点等疫情防控，21人次参与西周镇渔业安全巡查工作和文明创建活动。红十字公交志愿服务队和水上救援队深入疫情防控“三区”，长期坚守在8个重要卡口。

【应急救援救护】 持续深化应急救护培训“五进”活动，将应急救援培训与健康教育、安全教育相结合，开展“安全生产月”“防溺水进校园”“红十字青少年活动月”等活动。制定出台了师资队伍管理办法，推行师资激励机制，创新性地推出救护培训班主任全程负责制。全年共完成救护员培训2383人，普及培训23482人次。购置了36台自动体外除颤器（AED）（其中18台由大旸公益慈善基金会捐赠）。自2019年至2022年在全县布点安装63台AED。

【生命工程扎实推进】 全年完成造血干细胞采集血样74人，累计入库1097人。晓塘乡卫生院潘巧钟成功实现捐献，累计成功捐献7人次。全年新增人体器官（遗体、组织）捐献登记305人次，累计捐献成功35例。积极实施“小桔灯”助学项目，持续关爱人体器官（遗体、组织）捐献者困难家庭。年初，慰问6位器官捐献家属共计9000元。清明前夕，组织捐献者家属赴镇海九龙湖公墓开展缅怀活动。

12月20日上午，潘巧钟在宁波市第一医院造血干细胞采集室里完成了104毫升的造干混悬液采集捐献

5月7日，县红十字会在蓬莱菜场沿街设立摊位庆祝第75个“5·8”世界红十字日

【扶贫济困效果明显】 广泛汇聚爱心资源，积极参与大救助体系建设。全年接受捐赠款物43.41万元，救助支出36.61万元。红十字信成博爱基金、高危孕产妇救助基金、艾滋病救助基金、精神疾病康复基金等公益项目持续发挥着救贫扶困的功效。“红十字博爱送万家”筹集9.58万元活动，为600余名困难群众送去温暖。探索实施网络筹资，积极参与“5·8”人道公益日、“9·9”公益日网上筹资活动，推出了“为生命救援赋能”“为器官捐献者子女助学”“象山雷波一起捐”等公益项目，筹集资金共计6万元，1014人次参与筹资活动。

【完善组织体系】 深入推进红十字强基工程，全力提升红十字基层组织发展质量。2022年，象山县红十字会有454个基层组织、4595名成人会员、10支志愿者队伍、2477个志愿者。创建了爵溪街道公屿村、涂茨镇旭公岙村、黄避岙乡高泥村和贤庠镇岑晁村等4个红十字博爱家园，全县已创建红十字博爱家园12个，覆盖9个镇乡（街道），将红十字活动、精神传播与社区服务、文化建设相融合，打造联系群众、服务群众的重要平台。

【讲好红十字好故事】 全力推进宣传工作。结合各类纪念日开展宣传活动，发放各类宣传册2000余份，便民服务2000余人次。以各种媒体为平台，讲好红十字好故事。志愿者潘巧钟成功捐献104毫升造干混悬液救治一名陌生男孩的消息被人民日报官网、《人民日报》（海外版）、“学习强国”学习平台、《宁波日报》、《宁波晚报》、象山发布等10余家媒体网站录用，反响巨大。在本单位微信公众号推送信息41则，市红会录用22篇次。

【选树先进典型】 县红十字会推选一批先进典型，县大旸公益慈善基金会理事长胡耀之荣获“浙江省红十字会新冠肺炎疫情防控特别贡献奖”、“浙江省红十字事业突出贡献先进个人”称号，潘琼被评为“浙江省工作成绩突出红十字会员”，陈晗被评为“浙江省工作成绩突出红十字志愿者”，还有最美救护员、最美志愿者等先进典型的评选和表彰等。

（县红十字会　洪秀芳）

象山县关心下一代工作委员会

【概况】 2022年，象山县关工委各项工作扎实推进，富有成效。全县各级关工委报送新闻稿件179篇，其中5篇工作信息在中国关工委主办的中国火炬杂志网站公众号宣传报道。县关工委承办宁波市“假日学校”调研工作现场会、市“五县（市、区）关协第四次联席会议”等2次活动。鹤浦镇、东陈乡关工委被评为市级“五好”镇乡（街道）关工委。陈汉章故居被命名为第八批“宁波市关心下一代校外教育阵地”。“汉章国学讲堂”被命名为第一批宁波市关心下一代工作优秀品牌。参加市“童心向党　喜迎二十大”中国汉字棋联谊赛，荣获团体二等奖。县关协育苗宣讲团钱联国被授予宁波市“最美五老”荣誉称号。

【宣传工作】 10月19日，组织收听收看习近平总书记在中国共产党第二十次全国代表大会报告。10月21日，召开主任会议，传达学习中共二十大精神。10月28日，印发《关于认真学习宣传贯彻党的二十大精神通知》。11月10日，组织镇乡（街道）关工委参加全市学习贯彻中共二十大精神专题培训会。11月2日、30日，县关工委常务副主任陈明吉在县关协理事会议和丹西街道民个协宣讲中共二十大精神。

【德树育人】 共开展线下各类主题活动168场次，参加活动青少年16200多人次；线上宣讲课件40件，点击观看达9万余人次。推送线上课程“弘扬红船精神，争做时代新人”收看达2.83万人次。6月29日，发出《关于开展“青少年党史学习月”活动的通知》。7月1日，组织泗洲头镇留守儿童在汉章故居举行启动仪式；7月16日，丹西街道关工委组织青少年开展党徽篆刻活动；7月15日，石浦关工委组织青少年参观茅洋爱国主义教育基地；7月15日，东陈乡关工委开展党史知识大抢答活动。共开展“青少年党史学习月”主题活动达50余场次。印发《全年重要纪念节日教育活动内容》。清明期间组织各地开展“2022·网上祭英烈”主题纪念活动。4月23日,参与第十六届陈汉章读书节开幕式暨“青年与海”迎亚运诗歌朗诵会等读书节活动。组织参与拍摄“老少迎亚运”专题片,在浙江少儿卫视播出。

【关爱帮扶】 “六一”国际儿童节,县关工委赴茅洋学校、汉章小学、泗洲头小学、培智学校等开展慰问活动。组织新桥镇留守儿童前往东陈汉章故居开展“书香汉章　情暖六一”研学活动。新桥镇留守儿童工作站组织半边山“长征行”,向留守儿童发放1.8万元资助款。泗洲头镇留守儿童工作站邀请舞狮志愿者开展非遗传承活动。鹤浦镇关工委开展“我们在一起暨关爱留守儿童”活动。爱心帮扶团捐赠爵溪留守儿童2万余元。各级关工委开展爱心活动达70余场次。参与县青少年近视防控指导站挂牌仪式。与县文明办联合发文评比“象山好少年”活动。与县检察院联合发文《关于办理涉未成年人案件中开展家庭教育指导工作的意见》。

【“假日学校”】 4月29日,全市“假日学校”调研工作现场会在象山召开,象山作典型发言。6月15日,在新时代宁波市“假日学校”建设工作推进会上,县关工委领导作《早谋划　重落实　推动象山县“假日学校”更好发展》经验发言。6月23日,联合县文明办、县教育局下发《关于开办2022年暑期“假日学校”的通知》。全县线下“假日学校”办学71班。学生人数达到2000余人,其中有小候鸟和留守儿童340余人。参与线下“假日学校”工作志愿者总人数达到450名,办学共筹集经费近65万元。线上开班“假日学校”课程达50余门课,7月12日第一课直播点赞观看达2.71万人次。

【基层建设】 县关工委制定《象山县关工委2022年工作要点》。成立二家基层关工委:6月1日,中国农行象山县支行关心下一代工作委员成立;6月19日,象山“筑梦e站”关心下一代工作委员会成立。县关工委对新桥“儿童之家”、茅洋爱国主义教育基地进行整体修缮。命名二家象山县关心下一代教育基地(东陈汉章故居、中共象山工委旧址)。82个村(社区)、企业等关工委组织获评市“五好”基层关工委称号。至此,已授予“五好”基层关工委称号411个,达标率60%,比2020年提升19%。

【关爱活动】 县关协有8个工作团队,90余名会员。18个镇乡(街道)分会组建近100个工作团队,660余名会员。9月22日,召开重阳慰问“五老”座谈会。完成市关工委“暑期组织‘五老’关爱服务青少年”项目;县民政局“爵溪街道玉泉社区‘阳光心情’社区困境儿童心理关爱服务项目”等。企业关爱团筹集慰问金6万多元,慰问贫困儿童50名;爱心帮扶团结对贫困儿童10人,发放慰问金12000元;育苗宣讲团发动筹资近5万元,赞助学生180余人;家教指导团结对16名困难学生,给培智学校儿童送上慰问金2500元。网吧监督团对全县网吧进行监督检查。

【构建宣传格局】 录制《传承优良家风　至要莫若教子》等视频40个;制作茅洋爱国主义教育基地展板30余个;布置新桥镇“儿童之家”宣传围墙。“甬上”App《象山“假日学校”让孩子玩得开心、家长放心》一文一天内点击量达1.6万人次。联合县传媒中心刊登《弘扬“红船精神”钱联国获省级荣誉》《沈银娥:爱在笔端流淌》《顾国芳的慈善路》《范树旺:做好事是人生最大的爱好》《黄灵芬:每一件小事都能润泽人心》等文章。

(县关工委)

象山县慈善总会

【概况】 2022年是第四届县慈善总会的成果展示年,第五届县慈善总会的开局之年。认真贯彻落实市委《关于加快推进慈善事业高质量发展助力共同富裕先行市建设的实施意见》和县两办《关于加快推进慈善事业高质量发展助力共同富裕样板县建设的实施意见》的要求,各项慈善工作取得突破性的进展。截至12月底,全县累计募集慈善资金7728万元,同比增长72%;各项救助支出3785万元,受助36744人次。

象山县慈善总会被评为浙江省品牌社会组织,象山县基层慈善“四大工程”建设获评宁波慈善项目奖,总会被象山县政府授予象山慈善突出贡献奖;新桥镇新桥村慈善工作站获评第三批浙江省示范慈善工作站;黄菊英获评宁波慈善楷模奖,王庆祥、陈云勤、楼仙虎获评宁波慈善捐赠个人奖,龙元集团获评宁波慈善捐赠企业奖,象山县慈善总会无忧花义工大队获评宁波慈善志愿服务奖。总会在继续做好“慈善救助重特大病患”等救助项目的同时,更加科学地统筹整合推出“慈善关爱特困家庭”“慈善关爱困难党员”“关爱慈善冠名基金企业特困员工”“慈善阳光扶幼助学”等共形成十大救助项目。

【县慈善大会暨县慈善总会第五次会员代表大会召开】 2022年是县慈善总会换届之年,为了保证第五届会员代表大会的胜利召开,县委、县政府高度重视,书记、县长亲自过问,分管领导多次召集县委办、县府办、组织部、民政局等相关部门,专题商议大会筹备工作,审核理事企业等人选,出台《关于加快推进慈善事业高质量发展助力共同富裕样板县建设的实施意见》(以下简称《实施意见》),破例发文公布第五次象山慈善奖获奖名单,为大会的胜利召开打通了绿色通道。

7月26日,象山县慈善大会暨县慈善总会第五次会员代表大会在象山文化活动中心召开。县委副书记、县长李晓东,市慈善总会会长陈云金出席会议并作讲话。会议通过县慈善总会第四届理事会工作报告和财务报告,通过新修改的《象山县慈善总会章程》,选举产生新一届理事会理事140人,监事会监事5人,以及会长、副会长、秘书长共25人。会上17家爱心企业认捐慈善资金8000万元。大会表彰象山县农村信用联社等92名“象山慈善奖”先进单位和个人。会后，总会及时贯彻落实会议精神，出台《关于认真学习贯彻〈实施意见〉精神的通知》和《争创“人人慈善标杆县”实施细则》等文件，向乡、村两级慈善组织传达会议精神，要求各分会从及时性、指导性、针对性三个方面充分认识《实施意见》的重要性，进一步巩固提升基层慈善“四大工程”建设成果，优化慈善发展环境，认真扎实做好救助工作，突出抓好慈善主体工作。

【承办全省慈善会系统基层慈善网络建设现场会】 2022年6月29日至30日，县慈善总会承办全省慈善会系统基层慈善网络建设现场会。来自杭州、宁波、舟山、台州地区慈善总会代表90余人参加会议。县总会、石浦分会在会上分别就基层慈善“四大工程”建设推进情况及典型经验进行交流发言。与会人员分别到石浦慈善分会、涂茨镇黄沙村慈善工作站现场考察观摩。省慈善联合总会会长陈加元县基层慈善网络建设工作给予高度评价，尤其是对慈善分会和慈善工作站实现全覆盖，同时开辟慈善文化传播的新路径、拓展基层慈善救助的新功能、活跃道德建设的新阵地、丰富社会治理的新实践、担负共同富裕的新使命方面都起到了很好的示范引领作用，给予了充分肯定。在参观黄沙村慈善工作站时，陈加元会长评价黄沙村是“象山慈善第一村”，并现场书写牌匾予以鼓励。

【探索多元募捐渠道】 各镇乡（街道）慈善分会积极探索多元募捐渠道，广募善款，按照“辖区工作站募集面达到100%，村（居）民参与捐款率达60%以上”的目标要求积极动员，开展线上线下募捐，全县386个村（社区）慈善工作站累计募集善款880万元，救助支出536万元。

【企业劝募扩建慈善基金】 利用换届契机，总会在换届大会前排摸重点企业，县委书记包朝阳亲自与重点企业联系，分管建筑和工业的副县长周坚栋、史建立等多位县领导积极配合总会做好企业劝募工作，全力促成爱心企业捐赠善款，华翔、龙元、锦浪等17家企业采取认捐的形式共捐赠善款达8000万元，当年实际到账1527万元。会后，县总会及时组织力量，由各副会长带队，分四组走访理事企业，开展与企业家的联系沟通、动员劝募工作，达到了宣传慈善、增进感情、爱心拨动的效果。同时，注重做好在外乡贤、商会参与家乡慈善的联络劝募工作。全年共续建、新建冠名基金26家，到账金额达1595万元。锦浪科技捐款500万元设立冠名基金，每年捐赠100万元；能塑汽配一次性捐赠200万元；华翔集团续建冠名基金五年，增资300万元。

【乡贤郑文涌大额捐款回报家乡】 9月，离乡在江苏苏州创业的宁波优科投资有限公司董事长郑文涌意向捐赠3000万元回报家乡，承担社会责任。县慈善总会积极主动投入对接，通过电话联系、面见协商等形式，与郑文涌先生商定善款用途，拟定捐赠协议。在县委书记包朝阳主导下，于9月30日在国际大酒店举行了捐赠签约仪式。包朝阳出席仪式并讲话，县委副书记、县长李晓东向郑文涌先生授匾牌，县人大常委会主任罗来兴、县政协主席俞骏出席仪式，县委副书记、县委政法委书记应建勇主持仪式，副县长吴志辉向捐赠方颁发捐赠证书，总会吴安定会长与郑文涌先生签订捐赠协议并接收捐赠支票，设立“优科教育基金”，专门用于奖教助学，助力象山教育事业高质量发展。乡贤善举，通过大量媒体报道，引发强烈的社会反响，助推了一波捐赠热潮。

【首笔大额境外捐赠】 兄弟服饰公司携手美国拉曼巴公司向象山县慈善总会捐赠4.2万件拉毛圆领休闲绒衫和裤子，物资折价计319.4万元，这是县慈善总会接收的首笔大额境外捐赠，这批物资大部分发往对口帮扶的四川省雷波县。彰显象山籍企业家反哺故里、造福桑梓的爱乡情怀。

【第21次“慈善一日捐”】 6月初，县慈善总会召开“慈善一日捐”动员工作会议，第21次“慈善一日捐”活动正式启动。6月15日，包朝阳、李晓东等县四套班子主要领导带头捐款，以实际行动，号召全社会共同参与慈善事业，现场共筹集善款86450元。各级各部门积极响应，主动参与捐款，203家行政企事业单位及19878名干部职工共捐献善款584.53万元，同比增长5.05%，单位捐款形成常态。全县各分会和工作站全年累计募款1704万元，有15个分会超额完成募捐目标，其中：黄避岙分会完成率266.48%、石浦分会完成率168.86%、晓塘分会完成率160.75%、茅洋分会完成率136.96%、贤庠分会完成率117.74%、泗洲头分会完成率115.52%、爵溪分会完成率106.83%、高塘分会完成率104.89%、西周分会完成率102.11%。石浦分会争取党委重视、政府发文，分片区召开动员会议，明确工作目标，采用上门劝募、电话联系、网络募捐等多种形式，村干部带头，村民踊跃参与，全镇募集一日捐善款274万元，其中工作站募集善款168万元；晓塘分会提前安排部署，利用春节乡贤回乡过年时机，采用上门劝募、微信群接龙捐款的形式，在4月就完成全年工作站募集目标，16个工作站全年募集善款52.6万元；黄避岙分会紧抓落实，利用红马甲义工队开展义工服务，营造人人参与慈善的浓厚氛围，动员村民开展募捐活动，全乡13个村工作站募集善款52.4万元；茅洋分会发挥慈善文化驿站的作用，以慈善文化下乡村公益巡演的形式送戏进蓬溪、南充等村，宣传发动“慈善一日捐”活动，村民们纷纷参与捐款，取得良好的成效，募集工作站基金30万元。

【网络募捐有效发挥】 全年通过网络平台募集善款376.6万元，5.2万人参与线上捐赠，开出电子捐赠票据1925张；发布医疗众筹个案一例，募集善款5.4万元。

【慈善救助覆盖各类弱势群体】 全年救助支出3785万元，受助36744人次。其中镇乡（街道）分会救助支出791万元，村（社区）工作站救助支出536

万元。

【慈善助医】 全年发放救助金157万元,受助577人次。县总会针对医保政策改革和因病返贫的实际情况,重新修订了“慈善救助重特大病患”项目的实施办法,进一步扩大救助对象范围、降低申请救助条件、增加救助病种、提高救助金额,全年救助支出60万元,受助88人次。临时救急性助医支出35万元,受助109人次;白内障患者手术支出55万元,治疗376人次;医疗众筹项目支出4.7万元,救助3人次;与宁波协爱中医医院合作,为全县76名精神病患者进行康复治疗。

【慈善助困、助残、助孤】 全年发放救助金1335万元,受助20906人次。其中,调整“慈善关爱特困家庭”项目,针对孤寡老人、失独家庭、单亲家庭、事实无人抚养儿童、重点优抚对象家庭、公职人员等特困家庭,及因病致贫、返贫(包括白血病、尿毒症患者)的特困家庭,因灾、因祸、遭遇重大意外事故导致生活特别困难的家庭,与其他由慈善分会、工作站共同认定的特困家庭实施精准帮助,发放救助金29.2万元,受助292人次。开展“情暖千家”项目活动,县、乡、村三级慈善组织,在元旦春节期间上门入户慰问,将善款和慰问物资送入低保户、残疾人等困难群众家里,发放慰问金710万元,受惠18005人次。此外,临时应急性助困支出494万元,受助1790人次;拥军优抚支出5.68万元,受助34人次;扶幼助困支出14.5万元,受助473人次;扶助残障人士支出54万元,受助180人次;扶助孤儿、困境儿童支出21万元,受助155人次。2022年春节前夕,受省慈善联合总会委托向象山100户重点困难家庭发放20万元春节慰问金和生活物资。5月,在全国助残日来临之际,会同市慈善总会走访慰问爵溪街道新梦想阳光家园、大徐镇“快乐e家”阳光家园、定塘爱心阳光家园,市总会援助三家单位助残资金各5万元,用于提升硬件配套,改善在园残疾人伙食等。

【慈善助学】 全年累计发放助学金121万元,受助学生645人次。继续与5家单位联合开展贫困家庭大学生助学活动,发放助学金94万元,受助大学生249名,其中通过县慈善总会开展的政府性助学支出62万元。开展“慈善阳光扶优助学”项目,改善特别困难家庭品学兼优中小学生的学习生活条件,总会和分会向全县555名困难家庭中小学生发放助学金89万元。争取到宁波市慈善总会助学金10万元,受助学生20人次;争取到鲁冠球“三农”扶志基金“四个一万工程”助学金11.74万元,受助学生41人次。

【慈善助老】 全年发放善款460万元,慰问老人13707人次。重阳节期间,县慈善总会开展“九九重阳,慈孝老人”送温暖活动,走进丹西街道、黄避岙乡、大徐镇、新桥镇等镇乡(街道)的村庄和敬老院,带去慈善慰问演出,为老人送去慰问金。与市总会合作为60岁以上老人配发老花眼镜356副,合计金额3.56万元。实施“慈孝百岁高寿老人”项目,发放慰问金10.4万元,慰问老人104人次,向全县100岁以上老人送去长寿祝福。各分会和工作站把敬老、助老摆在首位,逢年过节都开展慈孝老人活动。仅村、社区工作站助老支出就达380万元。

【新设“慈善关爱困难党员”项目】 设立“慈善关爱困难党员”项目,对党组织关系在象山县内的党员,党龄在40年以上或曾连任两届以上基层党组织书记的,或无依无靠、孤独的,或因灾、因祸、遭遇重大意外事故导致生活困难的,或对慈善事业做出过突出贡献的,总会在“七一”建党节前后,向全县116名困难党员发放了救助金9.28万元。

【晓塘乡慈善分会村募村助工作】 发挥和调动工作站主观能动性,以助老为主,帮困为重点,助奖结合,通过募集资金的有效使用,让村民认知参与慈善的获得感,促进村民自愿参与慈善。晓塘乡慈善分会鼓励村工作站广泛开展助老、助困、助医等慈善活动,对工作站审批范围内的救助申请及时给予报批、拨付资金,为申请人提供最大限度的便利,让救助程序更简化,让慈善救助更便捷。晓塘乡16个慈善工作站全年救助支出27.6万元,惠及590人次,村民反映,申请慈善救助真的方便,参与捐款既助人又为己,乐善好施成为村民的自觉。2022年,该乡16个慈善工作站均开展募捐活动,募集善款52.6万元,超额完成年度募捐目标的164%。

【涧溪张村慈善村募村助工作】 西周镇涧溪张村慈善工作站结合本村实际,建立完善村慈善工作站规章制度,配备管理和监督人员,同时充分运用好镇、村、网格三级联动,做好困难村民救助工作,使每一笔善款的使用做到公正、透明和规范,让群众放心、村民满意。该村全年发放救助金12100元,受助村民26人;募集善款21260元,捐款参与率82.4%。通过村募村助,让全体村民参与到关心、支持慈善事业中来,营造了“人人心中有慈善,慈善爱心为人人”的氛围。

【慈善产业帮扶项目】 通过扶持有能力的残疾人采取“基地+项目+农户”的模式开展创业增收工作,吸纳残疾人、低保边缘户参加劳动,整合资源给予技术指导、帮助销售产品。有两家慈善产业帮扶基地分别在丹东街道和高塘岛乡,共吸纳38名残疾人、低保边缘户就业,年经营收益121万元。其中高塘岛乡助强果蔬慈善帮扶基地为市级基地,2022年经营面积从100亩扩展到180亩,在基地就业的弱势群众人数从10名增加到30名,人均收入普遍有所增加。

【总会创新设立专项贷款项目】 面向低收入农户提供不用担保、不计利息的扶持性贷款,深受低收入农户欢迎。首批11户无息贷款产业扶助项目,发放首期贷款105万元,涉及种养殖业、农副产品加工业等。经过近一年的生产经营,10户实现创业增收,综合收益达750万元,另一户为嫁接红美人的第一年,后续创收可期。获得贷款的农户一致反映，该贷款项目缓解了农户首投资金的困难，减轻了融资成本，为低收入农户提供创业致富门路。

【专项救助跨界合作】 与统战部联合设立光彩事业基金，扶助支出334.5万元；与县残联联合设立“向日葵助残基金”，救助支出23万元；与传统文化促进会联合设立“传统文化慈善基金”，助教支出35.6万元；与县公安局联合设立“爱警基金”，救助支出7.75万元；与县检察院联合新建“司法援助基金”，援助支出9万元；与县城管局联合建立“环卫基金”，救助支出10.2万元；与抗癌协会联合设立“爱康慈善救助基金”，救助支出31万元；等等。针对特定人群和特定困难对象，联合相关部门，整合相关资源，实行精准救助，提高救助实效，扩大了社会影响。

【慈善信托实现“零”的突破】 县慈善总会委托昆仑信托有限责任公司，成立象山首个慈善信托项目——“善行象山东西部帮扶乡村振兴慈善信托”项目，总规模210万元，援助对口帮扶四川省雷波县，信托财产用于该县济困、扶老、救孤、恤病、助残和帮扶乡村振兴等。

【助力对口帮扶】 按照县委、县政府的部署要求，2022年，县慈善总会筹募慈善资源，助力与雷波县对口帮扶工作。全年向雷波县援助慈善款物共计564万元，其中总会出资100万元，援助雷波县设立“象慈助困帮扶基金”“象慈奖教助学基金”，援建雷波县莫红民族小学校舍改造、中田小学运动场改造、锦屏初中图书室改造以及“童心港湾”“儿童之家”等项目，帮扶雷波县开展公益项目；援助物资4万件，折价约300万元，用于救济雷波县弱势人群；9月，因雷波县疫情防控需要，县慈善总会及时采购了口罩、隔离面罩、医用防护服等共计5万元防疫物资援助雷波县。出资11.8万元购买防疫物资，援助西藏那曲市疫情防控；援助新疆阿克苏地区公益项目20万元；援助遂昌40万元；援助泰顺10万元。

【创建慈善驿站】 2022年，县慈善总会出资25万元，在黄避岙乡兵营村建成县首个集安居、康乐、餐饮于一体的慈善夕阳驿站。在原兵营村居家养老服务中心的基础上，改造提升了食堂、宿舍和活动场所的环境，增聘工作人员，给予伙食补助，为村内外居家养老的困难老人提供中晚餐送餐服务，较好地解决了贫困孤独老人的晚年生活困境，受到了广大村民的欢迎。茅洋慈善文化驿站建站一年来，平时集聚周边老人自娱自乐，开展节庆等活动时，配合总会、乡慈善分会开展义演、组织志愿活动18场次，不仅让老人们参与其中、共享其乐，而且起到了宣传慈善文化、演绎慈善故事的作用。

【义工公益服务遍及城乡】 全年共开展义工服务活动1200余场次，服务时长8万余小时，通过爱心义卖、义拍、“慈善一日捐”等活动共募集善款22.6万余元。积极配合县疫情防控办，总会组织8支直属义工大队参与核酸检测秩序维护等活动242场次，积极参与社区执勤，缓解疫情防控压力。组织开展“中华慈善日”系列活动，在涌金广场举行“无忧花开　童心象善”暨95中华慈善日系列活动，通过义卖、义拍、义诊、推拿、义演等形式，筹集善款5.5万元；在县慈善总会公益服务活动中心举办“携手做慈善　传播真善美”活动，通过理发、磨刀、义诊等便民服务，宣传慈善文化，营造人人慈善氛围。总会与县传统文化促进会合作开设“传承国学慈善公益课堂”，将传统文化与爱国主义教育、日常生活学习、亲子陪伴互动等相融合，通过学习礼、义、仁、智、信等传统国学文化，让孩子们传承中华文明、培养人文精神、重塑道德品格，这也是总会“天使儿童之家”项目的系列活动之一。

2022年象山县各义工队慈善活动一览表

表10

队　名	活　动　内　容
仁爱义工大队	开展助老、助学、防疫等活动152次，参与义工2728人次，服务时长1万余小时。临终关怀项目得到民政福彩公益创投3万元的立项支持；承办“伸出爱的双手共创生命的奇迹”众筹义卖活动，为定塘一户重症家庭举办现场募捐活动，通过线上线下共同进行，共募得善款70082元
手拉手义工大队	全年开展助学、义卖、垃圾分类等活动290场次，参与义工达2057人次，服务时长共计9266小时。“一张纸献爱心”“健康E家孝善同行”等项目持续开展
学雷锋义工大队	针对空巢老人、特殊儿童共开展义工活动89场次，参与义工568人次，服务时长2896小时，受益对象已超1万人次
邱大妈服务热线	“邱大妈来帮你”项目已经持续开展5年，成立邱大妈服务热线，每月不仅入户对接社区老人，还将服务对象扩大到敬老院，得到了社会各界的认同

续表10

队　　名	活　动　内　容
爱盟义工大队	主要针对抗战老兵开展义工服务，同时还结对13家敬老院和1所培智学校，全年共开展活动40场次，服务总时长2000余小时
联合鸿雁义工大队	从年初开始，联合鸿雁义工大队在总会公益服务中心外设置爱心公益茶站，免费为来往行人、环卫工人提供姜茶、红枣茶等季节茶饮
无忧花义工大队	全年开展义工活动100余场次，参与义工3000余人次，“慈善一日捐”、义卖等募捐收入165704元。大队围绕敬老扶幼、助弱助残、扶贫帮困、推进环保等主题，组织开展了“追风少年时扬帆东海岸”“留守儿童假日课堂”“爱心助残共享健康”等项目和活动，成效显著
鸿雁义工大队	全年共开展活动42场次，570余人次参与，服务总时长1600小时，参与“慈善一日捐”活动共募集善款15410元。开展“衣循环”项目，共收集整理衣物10040件，送往敬老院等地
晨阳义工大队	全年共开展义工活动100余场次，参与义工300人次，服务时间累计达900多小时。除了常规的助教、送温暖活动外，还开展了特殊儿童自闭症宣传，与残疾人工疗车间联合开展了参观消防大队了解消防安全知识、敬老等活动，让残障家庭自主自立、融入社会
石浦镇慈善义工大队	全年开展理发、磨刀等便民服务活动25场次，下属村、社区慈善义工队伍定期打扫卫生、开展环境整治等义工服务248场次
黄避岙乡红马甲慈善义工大队	全年共开展敬老爱老活动38次，环境整治、清扫、拔草、垃圾分类等守护美丽村庄活动96次
鹤浦镇慈善义工大队	全年共开展便民服务、为敬老院老人送温暖、参与疫情防控以及清洁沙滩、村道、环山公路等义工活动103场次
丹西街道慈善义工大队	全年开展暑期假日课堂、对出行不便的老人家庭医生上门义诊、重阳节社区开展敬老等活动50余场，服务时长达2200小时
晓塘乡慈善义工大队	全年共组织开展走访慰问、环境美化、帮困扶贫、助力疫情防控等各类义工服务活动20余次，服务时长达2000小时
涂茨镇慈善义工大队	全年组织开展慈善义演、垃圾分类、疫情防控等义工活动53场次，服务时长达2000小时。尤其2022年6月在象山召开全省慈善会系统基层慈善网络建设现场会期间，发动义工打扫清洁道路、维护秩序等，全力配合完成县总会布置的各项工作任务
西周镇慈善义工大队	发动企业青年开展各项慈善活动，每月组织环境卫生整治、核酸检测、守小门等活动，组织小义工开展各项慈善活动，培养孩子的慈善意识

【注重慈善宣传报道】 以传播慈善理念、弘扬慈善文化、倡导人人行善为目标，过去一年，总会进一步加强与市、县各级媒体及自媒体平台的合作与联系，基本做到了慈善新闻周周见报、周周上电视、周周上网络。总会在《今日象山》报、《象山新闻》电视节目、山海万象、中国象山港网站、象山发布等县级媒体上宣传报道慈善信息152篇；在《大爱》杂志、《宁波晚报》、“甬派”App、“甬上”App等市级媒体发布慈善信息48篇；被人民日报新媒体、新华社新媒体、“学习强国”学习平台、钱江电视台等省级以上媒体录用慈善信息20篇；先后在换届大会和2022年中华慈善日当天于《今日象山》整版刊登《汇聚“象”善力量　助推共同富裕》《赶考共富路上的慈善温度》两篇报道；印发“象山慈善”5期。相关报道中，《3万公斤“蔬菜包”滞销，慈善义工“爱心订购”》在“甬派”App上浏览量达9.1万人次，新华社App浏览量达29.8万人次，引来宁波商超联系基地采购，起到良好的宣传效应；《扬帆吧少年》在“新

华社”App浏览量达51.8万人次;《慈善帮扶基地:慈善赋能,算好幸福账!》一文不仅被“新华社”App、“人民日报”App、“甬上”App报道转载,还上了中国蓝新闻客户端(浙江卫视)和钱江电视台。由于加大了慈善宣传力度,慈善在社会上影响力不断扩大。

坚持依法行善、阳光运作,及时在《今日象山》、《象山慈善》、“象山慈善”官网等平台公示善款募救明细。每年印发《慈善年册》,各慈善分会、慈善工作站接收的善款的来源以及各项救助支出都在公共场所张榜公布,接受社会监督,确保慈善资金在阳光下运作,取信于民。

(县慈善总会)

法　治

政法委与综治

【概况】 2023年,在县委、县政府的高度重视和有力支持下,紧扣平安护航中共二十大这条主线,谋定一套打法,以除险保安和基层治理大联村为抓手,找准定位、敢做善为,忠实履行维护国家安全、社会安定、人民安宁的重大责任,各项工作取得较好成效,全县政治社会大局持续平安稳定。全县刑事立案1631起,同比下降14.4%,其中盗窃立案793起,同比下降0.4%;全县四级走访总量639人次,同比下降31.2%,集体访117批1279人次,同比分别下降41.2%、56.1%;办理审查批捕案件209件278人,办理移送审查起诉案件852件1275人。受理各类审判执行案件11329件,办结案件11367件,一线法官人均结案189.9件;各级人民调解组织化解各类矛盾纠纷6308起,调解成功6298起,调解成功率达99.8%。

【坚持维护社会稳定】 优化营商环境。持续落实政法系统依法保障和服务企业健康发展系列措施,不断加大涉企违法犯罪打击力度,常态化开展政法机关联企帮企活动。自2022年以来,全县政法机关累计服务企业2000余家次,审结涉企纠纷类案件1608件,办理侵犯企业知识产权案件23起、追赃挽损1400余万元,全县涉企经济案件同比下降32.7%,破案率同比上升17.2%。护航重大项目。围绕重大能源项目前期、市域铁路征迁、老城更新六期等中心工作,全面排查化解源头性风险,确保项目顺利推进。特别是围绕重大能源项目的重大邻避效应,多层次、全方位开展不同阶段的社情民意调查、风险排查化解、指挥体系建设、应急力量储备等工作,累计排摸3000人次,梳理7个大类44项风险,并组建“731+78”信息员和舆情处置队伍。扎实有效开展社会风险评估工作,累计完成老城六区块征迁、五小学区划分、平潭水库改造提升等重大项目和重大决策备案53项,切实做到应评尽评、风险把控、源头防范。净化社会秩序。持续推动常态化扫黑除恶斗争,深化重点行业整治、严打涉网黑恶犯罪、营造全民扫黑氛围等“十件实事”,2022年,象山共打处“小黑小恶”人员116人。对套路贷诈骗、敲诈勒索、寻衅滋事等涉黑涉恶团伙开展集中收网6次,采取刑事强制措施30人。强势开展夏季治安打击整治“百日行动”,加大“盗抢拐”“黄赌毒”等多发性违法犯罪打击力度,铁腕整治社会治安乱象。加强养老诈骗专项治理,依法加大打击惩处力度,共破获涉老假药、非法经营销售种子、民族资产解冻诈骗、工艺品加工诈骗、冒充亲戚诈骗、假净水器诈骗等刑事案件8起,采取刑事强制措施102人,涉案资金2005万元,追赃挽损309万元。

【全力保障除险保安】 整合资源、高效指挥。全市最早组建除险保安专班为前期工作指挥中枢,搭建“四纵四横”系统架构,设立党建统领、平安法治、经济生态、公共服务4个工作组,由县委书记牵头抓总、县级分管领导领衔作战、县级部门和镇乡街道分兵把守,全域全量起底排查风险隐患,为“平安护航二十大”攻坚战提前练兵、积能蓄势。9月,高规格组建维稳安保专班,抽调精干力量实体化运作。县委副书记、政法委书记常驻专班,坐镇指挥,多次召开推进会、视频会和协调会。突出重点、源头防控。风险隐患跟踪销号、动态清零,以“除险保安一体系”为抓手,大力开展风险隐患大排查、大化解、大整治专项行动,通过4条“主跑道”和62个“子跑道”全量汇集风险隐患,运用“除险保安”晾晒综合应用和“141”平台专题晾晒、流转处置,坚持“党委书记每月巡听”,科学制定体检表、任务书和作战图,确保风险隐患全时全程闭环解决。全县共开展6轮滚动式风险隐患排查,累计排查各类风险隐患511条、化解340条。涉稳问题挂牌督办、包案化解,启动重大涉稳问题挂牌督办,前3批9件市级挂牌督办件已全部化解,对第四批3件市级挂牌督办件强化对接协调、落实包案化解,确保尽快化解。集中排查近两年未化解的群体性涉稳事件39件,对突出问题进行提示督办,梳理制定“三张清单”55份,加快销号进度。条块结合、协同作战。集中攻坚,狠抓整治提升,强势推进“除险保安百日攻坚”20个专项行动。深入开展严打暴恐专项行动,加大信访积案动态清零力度,创新开展流动人口服务管理“心心象融”十大举措,全面开展安全生产大检查,攻坚突破工业企业和沿街商铺消防隐患,持续加强道路交通安全整治。力量下沉,一线解决问题,全面开展基层治理大联村(社)行动,2100余名干部深入基层一线,已化解村社矛盾纠纷580起,保障重点项目127个。持续推进“千名干部下渔村、平安护航二十大”专项行动,就地化解涉海涉渔风险隐患。组织开展平安大巡防活动,累计出动警力

6500余人次，发动机关干部、平安志愿者16000余人次，发现并处置各类隐患820余处，大大提高街面见警率和群众安全感。全域联动，夯实平安底座，高标准推进基层系列平安创建活动，以平安家庭、平安宗教场所、平安小区、平安医院、平安校园等三大类23项子任务为抓手，积小安为大安，象山创建经验在全市推进会上被推介。县委平安办每月开展滚动式、全覆盖的平安暗访检查，发放部门督办单101份、镇乡街道督办单123份。督促其他行业主管部门开展各类安全巡查、突击检查、暗访抽查120余次，整改化解风险隐患330项。县除险保安专班开展实地督导38次，县维稳专班每日调度，实时掌握各地情况，形成"一日一专报"。县里又专门成立6个专项督查组，以座谈走访、明察暗访、汇报交流等方式开展"平安护航二十大"两轮专项督导。同时，充分利用大数据强化动态跟踪，5月研发"除险保安"晾晒综合应用，将风险隐患细化成13个领域、56类风险点进行专题晾晒，并纳入党政"综合一张表"飞单事项，在全省率先实现立体式综合晾晒。定期借助"E"宁波系统下发平安暗访任务清单，督促各地各部门主动排查并通过移动端上报，象山现场自查和整改数据持续全市领先。研发"平安小象"App，确保平安预警信息和"三率"宣传情况一"键"可查、一"屏"可览。

【深化创新社会治理】 坚持综合施策，实现基层治理向"系统化"转变。对照市域社会治理现代化试点工作指引，出台《关于开展基层治理"区域化、个性化、集成化"改革创新的实施方案》，制定四大区域布局特点、区域治理需求、平安创建短板、群众所期所盼等"四张清单"，梳理27项工作亮点和42条问题账单，对标对表抓落实。深化"三层级两示范""四治融合"示范创建，形成以丹东、丹西街道为带动的城乡社区现代化治理中心区、以石浦镇为辐射的"海上枫桥经验""数字渔港"联动治理试验区、以影视城为中心的"智治影城"景地联动治理示范区、以平安校园为重点的"掌上校安"数字化治理园区五大标志性治理板块，成效明显。坚持集成创新，实现基层治理向"精准化"转变。围绕共同富裕、城乡社区现代化、基层智治系统等工作，制定出台《关于深化"夯实基层基础护航乡村振兴"四大举措的实施意见》等文件机制。探索镇域平安指数，健全形成地区行业平安建设可量化可落地评判机制。明确"一村一镇一品"示范创建目标，启动第三批18个村和3个社区示范村社区示范创建，筛选18个后进村带动提升。开展"十大治理品牌"评审活动，持续增强村民说事、大徐经验治理效能，总结提炼樊岙经验、共治驿站、灵山妯娌等治理成果，编发《象山县基层社会治理经验汇编》，推出一批具有象山特色的治理品牌，相关经验多次被《浙江法制报》《浙江政法》《宁波政法》刊发推广。坚持数字赋能，实现基层治理"智能化"转变。高度衔接省市数字法治体系迭代要求，系统梳理13项重要任务，落实周报告、月会商、季督查制度，加快推进11项应用谋划，贯通落地7项省市统建应用，完成1项理论成果、8项制度创新。其中"反走私"综合治理应用、社会治理"信用通"等5个应用入选全省一本账S2；"建筑企业诚信码"入选省院数字监督办案指引名单。象山数字法治系统最新排名居全市第二名、全省第28名。

【有力保障公平正义】 高标准落实"八个多跨"制度。聚焦干警依法履职保护、诉讼行为规范、执法司法信息共享难题、"判实未执、应收未收"等八大领域，统筹公检法司，梳理35项任务清单，出台多项制度规范，先后推动开展打击虚假诉讼、数字检察、"空壳"公司净化专项监督和"减假暂"案件排查整治等专项行动，共查处虚假诉讼案件33件、罚款27.5万元，查处"职业放贷人"79名，收押监外执行人员9名，通报并纠正长期未结涉企案件11件，清理长期停业企业612家、合作社52家，工作成效明显。高效率化解涉法涉诉信访积案。强化部门协同，健全落实"一个重点案件、一位领导包抓、一个部门落实、一套方案解决、一定期限办结"机制，形成包案领导亲自抓负总责、责任领导直接抓具体抓工作格局，对涉诉信访积案清零情况进行动态监控、台账管理。2022年共接收涉法涉诉信访积案22件，已全部清零。高质量优化新时代法律监督工作。积极贯彻落实《中共中央关于加强新时代检察机关法律监督工作的意见》，优化监督机制，强化考核导向，进一步推动落实惩治虚假诉讼、涉海涉渔公益诉讼等现有协作机制，督促有关部门加强主动移送线索意识，推动解决检察建议落实难问题，建立执法司法制约监督机制，畅通工作衔接配合。

【坚持锻造政法铁军】 提升政治定力、确保政法队伍绝对忠诚。强化政治建设，全面贯彻落实《中国共产党政法工作条例》和省市配套规定，严格执行重大事项请示报告、政法委员述职、列席民主生活会、执法监督和纪律作风督查巡查等重要制度，确保中央决策和省市县委部署不折不扣得到落实。强化理论武装，深入开展习近平新时代中国特色社会主义思想教育培训，通过持续深入学、全面系统学、联系实际学，确保上级精神落深落细落实。同时，结合理论学习中心组学习、"周二夜学"、周末学堂、主题党日等活动，深入推进党史学习常态化、政法队伍教育整顿活动，引导政法干警忠诚拥护"两个确立"、坚决做到"两个维护"。强化党建引领，全面推进"红色根脉强基工程"，深入开展"模范机关、清廉机关、文明机关"创建，推动落实片区"微党课"、机关作风民主评议、机关党建述职评议等工作，全面组织政法干警参与小区垃圾清理、路口交通执勤、路段巡查、治安夜巡逻等志愿活动，打造坚强的战斗堡垒。牢固服务理念，提升政法队伍保障水平。组织开展政法系统基层治理大联村行动，在"政法干警下基层、我为群众办实事"实践活动基础上，进一步配齐配强联村干警，选派578名政法干警结对联系388个村（社区），强化矛盾纠纷化解、风险隐患整治、平安法治宣传等各项工作。强化纪律作风，提升政法队伍整体素养。全面推进“五问五破、五比五先”机关作风建设，积极开展主题宣讲、思想讨论、问题检视、履职比拼、攻坚克难等各项活动，进一步提升业务水平和工作质效。强化党风廉政建设，制定出台从政法队伍严管党治警、政法干警履职保护等各项制度，严格执行防止干预司法“三个规定”、新时代政法干警“十个严禁”，严格规范“八小时之外”言行，开展正反面典型事例宣传，强化警示教育。

（政法委）

公　安

【概况】 2022年，全县共接报有效警情数10万余起，同比下降3.64%。其中刑事、治安、交通类警情同比分别下降19.20%、3.27%、11.38%；刑事案件立案数、行政案件受理数分别同比下降3.3%、13.1%。年内，该局作为全市唯一区（县、市）公安局获评“全省模范公安局”，综合实绩排行榜位居全市第二，连续7年获评“全市优秀公安局”。2022年，禁毒大队获评全国爱民模范集体，1人获评全国公安政治安全工作先进个人，1人获评全国政治工作先进个人，1个集体、1名个人立二等功，3个集体、23名个人立三等功，9个集体、47名个人获嘉奖。该局还获评“2020—2021年度全省平安建设先进集体”及“全省模范公安局”。

【机构设置】 2022年，象山县公安局设有办公室、行政审批科、信息通讯科、警务保障室、审计室、组织人事科、宣传教育科、协辅警管理科等8个内设机构，政治安全保卫大队、反恐怖大队（与政治安全保卫大队合署办公）、网络安全保卫大队、禁毒大队、行动侦察大队、法制大队、警务督察大队、治安大队（挂旅游警察大队牌子）、食品药品环境犯罪侦查大队（与治安大队合署办公）、刑事侦查大队（挂县公安局刑事科学技术室、县公安物证鉴定室）、象山县公安司法鉴定中心（与刑事侦查大队合署办公）、经济犯罪侦查大队、巡特警大队、交通警察大队、森林警察大队、侦查实战中心、海防大队、执法办案管理中心、出入境管理科、情报指挥中心、重大项目保障大队、社会安全保卫大队等22个执法勤务机构，看守所、拘留所、丹东、丹西、石浦、西周、墙头、大徐、泗洲头、定山、新桥、鹤浦、东陈、爵溪、石浦港区、西泽、高塘岛、大目湾等18个监管、派出机构。全局共有民警634人、职工24人、干部1人、警务辅助人员1485人。民警数占全县常住人口数的1.15‰。

【防范涉政风险】 2022年，象山县公安局始终把维护国家安全和政权安全置于首位，坚持主动进攻、先发制敌。坚决维护意识形态领域安全，高效运作“415”机制，全力推动反恐重点目标、行业场所防范标准化、系统化建设，累计督导检查涉恐重点部位785家次，发现整改问题隐患129处。

【优化法治营商环境】 2022年，象山县公安局出台《象山县公安局安商护企十一条措施》，刚性落实“项目警官制”“驻企警官制”，累计破获各类经济犯罪案件46起，涉企发案率同比下降27.6%，为企业和群众追赃挽损1.39亿余元，其中破获的侵犯甬优稻种知识产权案获省委常委、市委书记彭佳学批示肯定，“11·24”非法经营专案被公安部部长王小洪亲自部署为全国“歼击22十大战役”之一；高质量办理侵犯龙元、华锦等建筑领域重点企业利益案件，高效处置悦澜庭、宝龙等房地产领域涉稳因素，维护经济金融市场秩序工作居全市第一位。

【优化政务服务环境】 2022年，象山县公安局深化“最多跑一次”改革，优化修订《象山县户口迁移实施细则》，进一步放宽该县户籍迁移政策。推动公安政务服务数字化转型提速，依申请政务服务事项“一网通办”率达100%，全部服务事项、民生事项实现“一次办结”“一证通办”。成立网办中心，加速推进政务服务2.0版“一窗通办”改革，全年办事群众满意率达99%以上。持续优化车辆检测“一件事”集成改革，该县2家车检站通过省级评估验收，全流程检测平均时间缩短2/3，每年惠及7万余名车主。

【交通安全治理工作位居全市第一】 2022年，象山县公安局聚焦事故预防“减量控大”总目标，全力减少事故数、压降伤亡率，累计现场查处道路交通违法22.6万余起，同比上升57.1%；关闭隐患道口57处，完成2处市级事故多发挂牌点段治理及1条“隔、封、亮、建、透”样板路建设任务，该县发生道路交通亡人事故46起，死亡47人，死亡人数同比下降4.1%，较前三年平均数66.7人下降29.5%，交通安全治理工作位居全市第一。

【打击电信网络诈骗】 一体推进打击、治理、反制、宣防专业化建设，共侦破电信网络诈骗案件226起，采取刑事强制措施332人；牵头多部门联合开展“全民反诈、你我共防”系列直播12场，观看人数达18万人次以上，全警动员安装“国家反诈中心”App 28.49万人次，占实有人口的50.19%，该县电诈发案数、案损金额数分别同比下降7.75%、44.51%，打击电信网络诈骗综合绩效居全市第一位。

【常态化扫黑除恶斗争】 锚定“象山无黑”目标不放松，继续落实“一把手”挂帅、局党委定期研究和定点督导等制度，聚焦重点领域、重点行业、重点地区、重点人群，全力推进该县扫黑除恶斗争常态化、机制化，共查处黑恶团伙6个，采取刑事强制措施156人，扫黑除恶绩效位居全市第三。以扫黑除恶为牵引，严打拐卖妇女儿童和养老诈骗犯罪，共打掉本地涉嫌拐卖妇女犯罪团伙1个，采取强制措施6人，解救被拐卖妇女8人，共破获养老诈骗犯罪案件15起，打掉团伙8个，采取刑事强制措施99人，打击整治养老诈骗专项行动绩效位居全市第一。

【纵深开展黄赌毒整治】 坚持打早打

小，共查处黄赌案件414起，捣毁赌场41处、卖淫窝点20处，刑事打处226人、行政处罚1160人，黄赌警情较前三年平均数下降8.4%，有效肃清社会风气。对该县毒品违法犯罪保持高压严打态势，将主攻主打方向转至新型、涉网领域，共刑事打处72人，行政处罚37人，禁毒工作绩效位居全市第二，禁毒大队获评“全国公安机关爱民模范集体”，系全省禁毒战线唯一获此“国字号”荣誉部门，禁毒工作在全省禁毒工作电视电话会议上作经验交流。

【全面推广“枫桥式警务”】 大力推进“枫桥式公安派出所、交警中队”创建，石浦港区派出所被授予全省首批“枫桥式公安派出所”称号，丹西、新桥2家派出所被授予全市“枫桥式公安派出所”。深入开展“基层治理大联村（社）”和“全警大走访”活动，组织全局410名民警联系全县371个村（社）；健全矛盾纠纷多元化解机制，该县派出所配备专兼职调解员58人，对辖区内的矛盾纠纷进行全面排查化解，并落实一事一策、所长签字背书、日清理等制度，累计排查发现各类矛盾纠纷2467起，化解率达91.7%。建成辅警工作站209个，培育平安类社会组织10个2300余人。

【推进“数字化改革”】 以“公安大脑”建设为抓手，揭榜挂帅5个项目，其中“反走私综合治理场景”被纳入全省数字化改革重大应用“一本账”，推动召开全市反走私综合治理工作会议，“公安大脑”建设考核居全市前列。迭代升级执法办案管理和侦查实战一体化“双中心”，副省长、公安厅厅长王成国到象山调研期间高度肯定，该局作为宁波唯一一家执法办案管理中心参评全国“标杆式”执法办案管理中心。

【贯穿坚持“信息化建设”】 象山县公安局加快建设立体化、信息化社会治安防控体系，结合公共视频监控建设一体化改革，建设并整合联网视频监控，实现该县重点公共区域、重点行业领域和行政村视频监控全覆盖。扎实推进“智安小区”建设，其中90%以上“智安小区”实现刑事案件“零发生”。

【坚持政治建警】 全面掀起学习贯彻中共二十大精神高潮，严格“第一议题”制度，依托党委理论学习中心组领学促学，以及“周二夜学”“象山警学堂”“学习强国”等平台，集中开展学习200余次；坚持党建带队建，实行“一所队一特色、一支部一品牌”，共晾晒特色党支部20家，以时时忠诚、处处看齐、事事紧跟的高度自觉，更加坚定捍卫“两个确立”、更加坚决做到“两个维护”。

【坚持从严治警】 巩固深化党史学习教育和队伍教育整顿成果，纵深开展“零容忍”正风肃纪行动，运用监督执纪“第一种形态”处理民警22人。强化涉酒问题专项整治，累计通过“浙政钉”饮酒报备民警（职工）、辅警3000余人次，开展饮酒检查539批1.1万余人次，查处违规宴请饮酒问题4起，问责4人、追究领导责任3人。常态化运行检察监督与侦查协作办公室，检察纠违数同比下降31.6%。

【坚持从优待警】 加大执法维权保障，共查处侵害民警正当执法权益案件24起，刑事拘留6人、行政处罚23人。投入资金7100万元，新增营房、维修等项目16个，持续提升基层所队营房建设水平。坚持用身边先进典型激励身边人，共有1个集体、1名个人荣立二等功；3个集体、20名个人荣立三等功；2名个人荣获“全省优秀人民警察”称号。

（县公安局　陈懿）

检　察

【概况】 县人民检察院坚持以习近平新时代中国特色社会主义思想为指导，认真落实中共二十大精神，忠实履行宪法法律赋予的法律监督职责，讲政治、顾大局、谋发展、重自强。2022年，县人民检察院共有在编干警72人，其中政法编制67人、事业编制5人，另有司法雇员10人，员额检察官29名。内有本科学历57人，占79.17%，硕士研究生学历13人，占18.06%。共办理审查批捕案件209件278人，办理移送审查起诉案件852件1275人，发出检察建议96件，采纳率为100%，入选最高检和省、市级精品典型案例16个。全年共荣获集体二等功、全国检察宣传先进单位等单位和个人荣誉31项。

【刑事检察监督】 落实认罪认罚从宽和少捕慎诉慎押刑事司法政策，认罪认罚适用率达86%，诉前羁押率从28%下降至16%，不起诉率从36%上升至40%。加强侦查活动监督，在县公安局设立侦查监督与协作配合办公室，落实人员轮岗值班，监督立案侦查75人、撤案10人，追诉4人，发送纠正违法通知书11件，均被采纳。加强刑事审判监督，对发现新证据影响原审判决案件提出抗诉2件。加强刑事执行监督，参与全市社区矫正交叉巡回检察，清理纠正“判实未执、应收未收”对象21人，提出财产刑执行监督意见18人。社区矫正对象陈某因错误行政处罚被撤销缓刑监督案入选最高检典型案例。

【民事检察监督】 加强生效裁判监督，重点监督民间借贷、劳动争议、企业破产纠纷等虚假诉讼多发领域，对仲裁、审判、执行、破产等各环节开展全流程监督，向县法院提出抗诉和再审检察建议8件，向县仲裁委提出书面建议2件，象山某食品公司虚假劳动仲裁监督系列案入选最高检典型案例。加强审判、执行活动监督，落实司法确认、车辆查扣等领域专项监督6个，对虚假司法确认、被执行人新购置车辆未被执行、司法网拍程序违法等问题制发检察建议29件。

【行政检察监督】 稳妥开展行政违法行为监督，向行政机关制发检察建议5件，督促整治建设工程领域违法承包、废品回收违规经营、注册“空壳”公司等问题，并通过召开座谈会、会签协同治理意见等方式，进一步推动行业系统治理，建设工程领域违法监督案入选最高检典型案例。联合县法院制定专门方案，推进行政非诉执行监督专项行动。护航"大综合一体化"行政执法改革，联合县综合行政执法指挥中心出台加强依法行政与检察监督协作配合的意见，推动形成行政执法与司法联动服务保障法治政府建设的合力。

【公益诉讼监督】 发出行政公益诉讼诉前检察建议28件，办理民事公益诉讼案件19件。当好国有财产"看护人"，督促追回违规领取的渔业生产成本补贴35万元、违规抵扣的非成品油增值税247万元，联合审计、医保等7部门建立协作机制4个。当好公民信息"守护人"，对抖音、朋友圈、快递公司等未隐匿公民个人信息问题，推动整改信息2000余条，促进12家快递公司规范经营。当好安全生产"监护人"，督促行政机关消除交通、电力、消防等设施安全隐患206处，如对群众反映强烈的沿海南线新桥路段未安装照明设施严重影响交通安全的问题，通过制发检察建议，县政府召开协调会等方式，促成路灯建设方案落地。在人大、政协大力支持下，出台代表建议、委员提案与公益诉讼检察建议衔接转化机制，共同提升公益保护质效。

【未成年人检察监督】 坚持教育感化挽救方针，审慎办理未成年人犯罪案件44件62人，及时干预涉罪未成年人辍学、文身等不良行为，督促教育部门劝返辍学未成年人19人。用心关护未成年被害人，针对性侵害未成年人案件暴露出来的保护机制缺位问题，对1009名校外培训机构职工开展入职前性侵违法犯罪信息查询，签订侵害未成年人案件强制报告承诺书1万余份。优化未成年人成长环境，推动整改公共场所母婴设施配备应建未建、电竞酒店违规接纳未成年人上网等问题。贯彻落实《中华人民共和国家庭教育促进法》，建立服刑人员子女监护补位机制，倾力帮扶监护缺失儿童；创新"六位一体"家庭教育指导机制，通过法治教学补课和家庭教育考试，督促和引导家长正确履行监护职责。

【优化法治化营商环境】 落实常态化司法保护，打击涉企合同诈骗、侵犯知识产权、职务侵占等犯罪23件35人，推动清理涉企刑事"挂案"2件。推进涉案企业刑事合规改革，印发《涉案企业合规第三方机制案件办理规程》，对符合条件的涉案企业适用合规考察程序。畅通营商环境投诉监督渠道，于2022年11月成立象山县营商环境投诉监督中心并实质化运作。联合县工商联举办"护航民营企业发展"亲清直通车检企恳谈会暨检察开放日活动，更好地为民营经济发展提供优质的检察产品。

【深化港航检察工作】 结合象山实际出台实施意见并部署落实十大专项行动。提升海洋文旅品质，开展多项监督，成功推动全县AAAA级景区全部落实儿童门票"年龄+身高"双优惠政策、84家海鲜餐馆整改套餐价格虚假折扣等问题。保护海洋生态资源，督促53个海水养殖项目落实环评，对11名非法捕捞者索赔渔业资源修复金63.8万元，涉渔犯罪人数同比下降47%。聚焦渔业作业安全，建立健全涉海涉渔涉港安全生产刑行衔接机制，督促查处违规渔船49艘；办理渔业领域首例危险作业公诉案，通过在石浦码头"公开听证+现场普法"，有效震慑普遍存在的私改渔船结构、关闭水位报警器等违法行为。增强渔民法治意识，开展"村民说事·检察释法"专项行动，进船厂、下渔村、入渔户释法说理112次。

【走好数字检察新路径】 践行"数字赋能监督、监督促进治理"的工作理念，以浙江检察大数据应用平台为载体，创建数字监督模型44个，通过数据归集、算子运算筛查出监督线索113条，2个模型被市检察院评为"十佳应用"。以省检察院17个数字监督专项为抓手，办理涵盖"四大检察"领域的数字监督案件42件，韩某某强奸案入选最高检典型案例。着力突破新领域数字监督工作，首办的3件数字监督案件被上级院推广，1件入选省检察院第四批数字监督办案指引。

【筑牢食药环安全防线】 保障群众舌尖安全，开展"种植—加工—销售"全环节食品安全监督，提前介入春种种源安全的非法经营案，有效保障春耕如期进行；督促行政机关整治加工制作不卫生、销售过期食品等店铺28家。维护公众用药安全，惩治销售含有毒有害成分的减肥药、痛风药、性药等犯罪11件38人，推动34家药房下架违规标注治疗功效的抗菌抑菌产品。重视环境资源保护，坚持"刑事—公益—修复"多管齐下，打击非法采矿、非法狩猎等破坏资源犯罪36件46人，办理涉1.04万吨固体废物违规堆放、28.5亩水域污染堵塞等破坏环境案件6件，同步开展公益损害调查，索赔资源损害赔偿金、生态修复金2400余万元。

【办好为民司法事实】 加强刑事矛盾多元化解，联合法院、公安、海警建立工作协作机制，充分运用社会调查、公开听证、联动调解等手段，促成故意伤害、交通肇事等轻刑案件达成和解21件，有效修复社会关系。畅通民事纠纷帮扶渠道，对老弱病残幼等群体提供法律帮助，支持起诉10人，其中4人获得赔偿款、抚养费30余万元，着力实现定分止争。完善司法救助体系，联合县慈善总会设立专项帮扶基金，对33名因案致困的当事人发放救助金40.6万元。

【强化党风廉政建设】 把政治建设放在首位，认真贯彻落实《中国共产党政法工作条例》，严格执行重大事项请示报告制度，切实提高政治判断力、政治领悟力、政治执行力。深入开展"五问五破、五比五先"机关作风建设专项行动，积极推进县直机关"三创"工作，获评县清廉机关、文明机关。严守廉洁办案底线，执行司法办案廉政风险防控工作指引，落实防止干预司法"三个规定"，公布检察业务数据861条，对554件案件开展质量评查。加强机关党组织建设，开展周二夜学、党支部学习等72次，积极推动“模范党支部”创建，连续6年获评市县级“五星级基层党组织”，“砺剑检行”党建项目获评全县首届培育机关党建品牌。

【召开公检联席会议】 为创新案件侦办模式，提高检警协作效能，2月22日，象山县人民检察院和象山县公安局举行“侦查监督与协作配合办公室”签约揭牌仪式暨公检联席会议。象山县副县长、公安局党委书记、局长卢小兵，象山县人民检察院党组书记、检察长陆玉珍出席活动，县人民检察院、公安局有关领导班子成员、检委会专职委员及主要业务部门负责人参加揭牌仪式和联席会议。会上，会签《象山县人民检察院、象山县公安局侦查监督与协作配合机制实施细则》。

【召开检律联席会议】 2月25日，象山县检律联席会议在县人民检察院召开。县人民检察院党组书记、检察长陆玉珍，县司法局党组书记、局长李文宏出席会议并讲话。县人民检察院、县司法局相关领导、部门负责人以及部分律师事务所负责人、代表律师参加。会上，陆玉珍检察长和李文宏局长会签《关于加强检律协作构筑新型检律关系的意见》。

【召开检法联席会议】 为进一步深化法检协作、密切监督配合，共同推进更高水平法治象山建设，8月12日，象山县法检联席会议召开。县人民法院党组书记、院长金李东，县人民检察院党组书记、检察长陆玉珍，以及法检领导班子成员和各部门负责人参加会议。会上，通报了法院、检察院工作情况，与会人员就认罪认罚、虚假诉讼、行政非诉执行、信息共享等问题作了深入交流探讨，会签了《关于贯彻落实〈中共中央关于加强新时代检察机关法律监督工作的意见〉的协作协议》。

【召开府检联席会议】 为规范文身行业及未成年人文身行为，进一步强化府检联动，形成整体合力，11月14日，象山县召开首次府检联席会议暨未成年人文身治理工作推进会，县委常委、常务副县长吴志辉，副县长潘多，县人民检察院党组书记、检察长陆玉珍等出席会议。县府办、县司法局、县商务局、县卫生健康局、县市场监管局、县妇联等单位相关负责人参加。会上，通报了近三年全县行政公益诉讼、行政检察工作的基本情况，专题介绍了全县未成年人文身现状、治理难点及工作建议，与会人员共同观看了《未成年人文身不再失管》宣传片，并结合部门职责座谈交流文身行业规范管理工作。

11月15日，宁波市人民检察院党组书记、检察长何小华（左）和县委书记包朝阳（右）共同为象山县营商环境投诉监督中心揭牌（方芳　摄）

【挂牌成立县营商环境投诉监督中心】 11月15日，象山县营商环境投诉监督中心在县人民检察院正式挂牌成立。市人民检察院党组书记、检察长何小华，县委书记包朝阳共同揭牌并讲话。县领导王道、陈柳松、卢小兵、陈爱武参加活动，县人民检察院党组书记、检察长陆玉珍主持仪式。

【举行政协委员走进检察院专题开放日活动】 为进一步拓宽政协委员对检察业务的知情权、监督权，增进对检察工作的了解和支持，7月7日，象山县人民检察院联合县政协共同举行政协委员走进检察院专题开放日活动，倾听委员意见建议，增进司法认同。县政协副主席杨盛昂，县人民检察院党组书记、检察长陆玉珍出席活动，30余名政协委员和县人民检察院班子成员、检委会专委及业务部门负责人等参加。会上，与会人员观看了检察职能宣传片，聆听了7名检察人员现场案例演说。活动当天，政协委员参观了检察服务大厅和检察文化陈列室等场所。

【召开公开听证会】 10月26日，象山县人民检察院就丁某某涉嫌危险作业罪公诉案召开公开听证会，党组书记、检察长陆玉珍，县水利和渔业局党组书记、局长盛叶荣，县人大代表、人民监督员、听证员，县水利和渔业局工作人员、县公安局承办民警、乡镇代表、行业协会代表及渔村渔民代表等到场参加。丁某某涉嫌危险作业罪一案是2021年《中华人民共和国刑法含刑法修正案（十一）》增设“危险作业罪”以来，象山县渔业领域首例该罪名案件，此次公开听证既是为了解决案件定罪量刑的争议问题，也是一次现场普法宣传，教育引导渔民们提高安全意识，筑牢渔业安全生产防线。

（县人民检察院　江薇蕾）

法　院

【概况】　2022年,象山县人民法院在编人员148名,员额法官62名,临聘人员119名,内设机构12个和5家派出人民法庭。2022年,县人民法院高举习近平新时代中国特色社会主义思想伟大旗帜,深入学习宣传贯彻党的二十大精神,坚持服务大局、司法为民、公正司法,奋力推进新时代人民法院工作高质量发展。全年共受理各类案件12294件,同比下降10.62%;办结12310件,同比下降12.47%;正常审限内结案率99.87%,同比上升0.35个百分点。

【打击刑事犯罪】　审结各类刑事案件544件704人,同比分别上升11.48%和下降8.09%。常态化开展扫黑除恶斗争,审结涉黑恶案件2件9人。严厉惩处暴力侵权侵财犯罪,审结故意伤害、盗窃、诈骗等案件194件250人。助力营造清净社会环境,审结开设赌场、帮助信息网络犯罪活动等扰乱公共秩序犯罪案件65件111人,审结危险驾驶、交通肇事等危害公共安全犯罪案件142件145人。维护食品、财产安全,审结生产销售有毒有害食品、养老诈骗、电信网络诈骗、跨境网络赌博等犯罪案件38件62人。筑牢未成年人安全屏障,审结猥亵儿童犯罪案件10件10人。保持严惩腐败高压态势,审结贪污受贿等职务犯罪案件4件7人。坚持宽严相济、罚当其罪,对317名具有法定从轻或减轻情节的被告人适用缓刑。

【化解民商纠纷】　审结民商事案件7543件,同比下降3.06%。注重保护民生权益,审结涉劳动、教育、就业、医疗等案件289件。致力构建和谐家庭,审结婚姻、继承等家事纠纷案件567件。保障稳定有序融资环境,审结金融借款、信用卡纠纷等案件820件,标的额4.65亿元。维护诚实守信的市场交易规则,审结买卖、租赁、承揽等合同纠纷案件1095件。推动民间借贷纠纷诉源治理,动态更新"职业放贷人"名录15期80人次,民间借贷收案量连续四年持续下降。聚焦"保交楼、保民生、保稳定"工作目标,成立房地产领域风险防控工作专班,审结商品房预售、房屋买卖、建设工程等案件624件,促成200余件房地产纠纷案件在执前自动履行完毕,从源头上防范化解重大风险。

【促进依法行政】　受理行政诉讼案件74件,审结76件,同比分别下降16.85%和12.64%,行政机关败诉率6.76%,同比下降1.29个百分点。着力构建协调型行政诉讼模式,发挥调解专家库"智囊团"作用,推进行政争议调解中心实质化运作,经协调促成撤诉36件,调撤率48.65%,同比上升7.27个百分点。促进法治政府建设,审查行政非诉案件213件,裁定准予执行率100%,行政机关负责人出庭应诉率100%。通过发布行政审判大数据分析报告、法律风险提示,构建败诉预警机制,助推行政机关防疏堵漏。探索开展涉重大工程项目补偿安置协议司法确认工作,牵头相关部门出台促进征迁领域行政争议预防和化解工作方案,打造"确认+服务"象山模式,将老城更新六期项目中22件存在诉讼风险的协议引入司法确认程序,确认有效后零信访、零诉讼。

【推进执行攻坚】　执结各类案件3556件,同比下降21.79%,执行到位金额11.3亿元,同比上升34.68%。深度拓展联动执行大格局,深化执行领域"车辆查控处一件事"综合集成改革,推动县委政法委牵头有关部门成立改革工作专班,联合出台实施方案,实现从车辆信息查询、在线查解封、多场景协同控制到仓储配送、变价过户的全流程衔接、可视化监管,成功扣押车辆168辆,启动处置110辆,平均溢价率36.89%,相关经验在最高人民法院简报刊发。开展专项执行行动9次,对涉民生、涉中小微企业、涉刑事财产刑等重点案件执行攻坚,累计查封房产1220处、车辆1864辆,纳入失信被执行人名单1327人次,限制出境、限制高消费6410人次,作出司法拘留决定874人次,罚款2841件720.56万元,判处拒不执行判决、裁定罪4件6人。

【保障中心工作】　对标社会主义现代化滨海花园城市建设需求,出台司法保障意见18条,实行环境资源刑事、民事和行政案件"三合一"审理,牵头有关部门建立环境资源行政执法与司法联动机制,审结非法捕捞水产品、非法采矿等破坏生态环境资源犯罪案件12件14人,牵头三门法院、宁海法院建立环三门湾生态保护司法协作机制。全面开展涉诉信访积案清零、院领导下基层大接访大走访等活动,妥善化解信访积案5件。积极参与市域铁路象山线、下半河征地拆迁等中心工作,制定《关于司法服务保障疫情防控和经济稳进提质实施意见》,下沉干警助力村社联防联控。

【优化营商环境】　深入推进"法助共富、法护平安"专项行动,联合县工商联召开"优化营商环境"新闻发布会暨"亲清直通车　法企恳谈会",开展司法服务民营企业"十大行动",审结涉企纠纷案件3727件,灵活采取执行和解、活封活扣等善意执行措施,执结涉企纠纷案件1814件,促成执行和解80件,修复被执行企业信用151件。健全完善"执转破"、破产案件简易审、预重整等机制,审结破产案件38件,化解涉执行案件金额5.78亿元,促成36家僵尸企业有序退出市场,其中楠方置业破产重整案、金宏水产食品公司破产清算案获评宁波法院优化营商环境典型案例,破产审判工作得到省高院相关领导批示肯定。稳妥有序推进个人债务集中清理,被省高院列入"2+20"重点突破法院,审结个人债务集中清理案件10件。

【融入基层治理】　推进"浙江解纷码"进乡村、进社区、进网格,诉前化解矛盾纠纷3687件,一审民商事案件收案数同比下降2.19%,万人成讼率

103.8%，同比减少24个百分点。谋划推进“共享法庭”，全市率先实现镇乡（街道）和村社全覆盖，“大综合一体化”“人大代表联络站”“渔港”等“共享法庭+”品牌集群进一步构建，“星光影视”共享法庭获评浙江省示范“共享法庭”。深化打击虚假诉讼，开展惩治虚假陈述专项行动，查处虚假诉讼案件78件82人，其中司法拘留5人，移送公安6件10人，罚款23人次50.1万元。牵头有关部门联合出台《关于建立滥诉联合甄别机制的实施细则》，严格规制恶意诉讼和无理缠诉等滥诉行为。深化“数助决策”，发送司法建议、大数据分析报告等16份。

【司法体制综合配套改革】 实行“四类案件”重点监管和流程节点常规监管相结合，完善专业法官会议和审判委员会会议工作规则。建立审执质效月例会制度及“晾晒比拼、三色管理”机制，科学开展“专项评查+常规抽查”，加强全流程、全链条案件质效管控，共评查案件1188件，一审服判息诉率94.2%，排名全市第二，一审判决案件改判发回瑕疵率0.02%，同比下降0.09个百分点。大力打造审判精品工程，1篇裁判文书和1个庭审分别获评全市法院优秀裁判文书和优秀庭审。

【诉讼制度改革】 深化以审判为中心的刑事诉讼制度改革，贯彻落实认罪认罚从宽制度，认罪认罚案件适用率92.92%，“四类人员”出庭率同比增加40.23个百分点。扎实开展四级法院审级职能定位改革试点工作，找准基层法院“准确查明事实、实质化解纠纷”的审级职能定位，确保更加精准高效化解矛盾纠纷，共审结下沉的“四类”行政案件和民事案件2件，成功提级管辖全市法院首例行政案件。推进审判执行辅助事务集约化改革，剥离非审判核心事务，全面推行集约送达、排期和档案管理工作，公告送达率同比下降3.18个百分点。

【智慧法院建设】 持续深化数字化改革，完善“人民法院在线服务”平台中自主研发的嵌入式模块功能，其中破产案件办理模块获评市中院数字化改革“最佳应用”，财产保全模块经市中院评估后在全市法院推广。充分发挥诚信诉讼系统2.0版“一码通行、一码通查、一码通办、一码通评”的功能集成优势，对当事人分类评估、量化评价、精准管理，积极推动诚信诉讼体系建设，共赋异常码28人（含企业）。深入推进平台智能化建设，积极推广浙里政法一体化办案应用系统，审判反馈协同率和法院法律援助协同率均达100%，实现刑事办案提质增效。

【队伍建设】 推进党史学习教育常态化长效化，通过开展“我最喜爱的红色文艺作品”分享会、参观红色教育基地、撰写心得体会等活动，真正把学习成果转化为忠诚核心、拥戴核心、维护核心、捍卫核心的政治自觉。扎实推进“红色根脉强基工程”，持续打造“一支部一品牌”，“尚法若水”获评全县十佳机关党建优秀品牌，院机关党委连续四年荣获市级“五星级基层党组织”。组织开展审判理论与实践交流会、“象法者说”调研沙龙等活动，不断提高干警理论素养和专业能力。持续优化办案团队资源配置，在全市法院率先探索构建审判辅助人员招录新机制，已完成首批10名聘用制法官助理招录工作，相关工作经验得到市中院主要领导批示肯定。加强法官履职保障，制定出台《加强干警依法履职保护工作实施细则》，依法严厉打击扰乱诉讼秩序行为，对1名来院威胁法官人身安全的当事人作出司法拘留5天的决定，坚决维护司法权威。

（县人民法院　叶涵阳）

司法行政

【概况】 2022年，象山县司法局以“法助共富、法护平安”专项行动为工作主线，突出争先导向、勇于变革重塑，凝心聚力奋力推动司法行政工作高质量发展，为聚力一二五、走好共富路，加快建设社会主义现代化滨海花园城市提供坚实的法治保障。全县各级人民调解组织共调解成功各类矛盾纠纷6979起，成功率达99.85%，涉及金额19936.85万元。公共法律服务中心接待群众来电来访咨询13584人次，其中接待涉法涉诉信访6133件，办理法律援助案件876件，涉及金额585.26万元。全年无社区矫正对象严重刑事犯罪案件及影响社会稳定事件发生，有效维护了社会和谐稳定。象山县连续两年荣获法治浙江（法治政府）建设优秀单位，象山县司法局被评为2016—2020年全省普法与依法治理工作先进集体、2022年度全省司法行政系统法治建设工作成绩突出集体。

【党史学习教育总结会议】 1月27日，象山县司法局召开党史学习教育总结会议，党组书记、局长李文宏讲话。会议由党组成员、副局长张健主持。李文宏指出，自党史学习教育开展以来，象山县司法局紧紧围绕“学史明理、学史增信、学史崇德、学史力行”总要求，把“学党史、悟思想、办实事、开新局”贯穿始终，各项举措务实有效。

【方腾高到象山调研合法性审查立法】 3月10—11日，浙江省司法厅党委委员、副厅长方腾高率调研组到象山县开展《浙江省行政合法性审查工作规定》立法调研。其间，调研组与象山县政府办公室、司法局、人力社保局、自然资源和规划局、农业农村局、市场监管局以及部分乡镇（街道）负责人开展座谈交流，听取与会代表合法性审查工作的意见、建议。同时，调研组还前往象山县亚帆中心、墙头镇方家岙村开展实地走访调研。省政府法律顾问、浙江大学光华法学院章剑生教授带领课题组参加调研。

【宁波—丽水律师行业发展座谈会】 6月2日下午，宁波—丽水“山海协作，同心共富”律师行业发展座谈会在宁波象山举行，两地就律师行业深化合作，推动律师行业更高质量发展等相关内容进行交流。宁波市司法局党委委员、副局长忻思忠，丽水市司法局党组成员、副局长夏逸敏带队的律师代表团、象山县司法局党组书记、局长李文宏等出席座谈会。

【第十五届县委全面依法治县委员会第一次全体(扩大)会议】 6月13日上午,第十五届县委全面依法治县委员会第一次全体(扩大)会议召开,深入学习习近平法治思想,贯彻落实中央、省委和市委有关会议精神,总结2021年法治象山建设工作,研究部署2022年法治象山建设重点任务。县委书记、县委全面依法治县委员会主任包朝阳主持会议并讲话。县领导李晓东、罗来兴、应建勇、张微燕、陈柳松、潘多、卢小兵、杨盛昂及县检察院检察长陆玉珍出席会议。会议听取了县委副书记、县委依法治县办主任应建勇《县委全面依法治县委员会2021年工作》报告。会议审议《2022年法治象山建设重点工作》,听取县自然资源和规划局、墙头镇、泗洲头镇等3家单位党政主要负责人专题述法工作报告。

【全县法治象山(法治政府)建设专题培训班】 8月9—12日,全县法治象山(法治政府)建设专题培训班在北仑区委党校成功举办。县直各部门及各镇乡(街道)分管法治建设工作的领导和业务骨干共80余人参加培训。县司法局党组书记、局长李文宏出席开班仪式并作动员讲话。此次培训班为期4天,共设置了加快共同富裕、打造示范先行,贯彻落实省第十五次党代会精神宣讲,民法典担保制度的理解和适用,国际形势分析,浙江发展数字经济的探索和实践,行政诉讼败诉案例分析等6个专题,邀请市委党校、宁波大学、市中院等多名知名专家学者授课。

【行政复议监督员聘任仪式】 9月2日,象山县司法局举办第一届行政复议监督员聘任仪式。副县长潘多出席会议并讲话,县司法局党组书记、局长李文宏主持会议。县司法局、县资规局和县住建局等10家行政单位分管领导以及新聘行政复议监督员出席仪式。在聘任仪式上,副县长潘多依次为第一届12名象山县行政复议监督员颁发聘书并合影留念,行政复议监督员代表及行政机关代表依次作了表态发言。

象山县第一届行政复议监督员聘任仪式合影(王静波摄影)

【象山县人民调解员培训班】 9月26—28日,象山县司法局主办、宁波调解学院承办了象山县人民调解员培训班。乡镇(街道)、村(社区)以及行业性、专业性调委会近50名骨干调解员参加了此次培训。在开班仪式上,县司法局党组成员沈志旺作动员讲话。培训安排了邻里纠纷难点与破解之道、人身损害赔偿疑难解决、调解工作实务、民间借贷和财产继承法律风险防范等方面课程。

【岗位大练兵活动】 2022年9月26—28日,“护航二十大　凝聚司法魂”岗位大练兵活动在宁波工人疗养院开班,全县司法行政系统干部职工参加培训,县司法局党组书记、局长李文宏出席此次大练兵活动。此次岗位大练兵活动主要分为司法行政业务培训以及社区矫正技能比武。大练兵活动期间开展主题沙龙活动,在党组书记、局长李文宏主持下,广大干部紧密结合岗位职责,就“如何做好新时代司法行政工作”进行发言。

【行政决策后评估系统培训会】 10月26日,象山县司法局举办后评估系统专题培训会,全县各镇乡(街道)、县级部门、管委会、国有企业等71家单位参加培训。会上,象山县司法局副局长徐晶晶向与会人员介绍后评估系统在全县应用和推广的重大意义,相关业务科室负责人对行政决策及行政决策后评估、系统建设背景、评估范围、评估流程、职能分工等作详细解读,技术人员演示后评估系统的各项功能模块及操作流程。

【“村官说法”】 象山县司法局全省率先创新实施“村官说法”制度,构建“尊、学、守、用、评”流程体系,以乡村法治化改革全力护航强村富民乡村集成改革。已打造“村官说法”精品村20家,相关经验做法得到市长汤飞帆及副市长王顺大的批示肯定。11月3日,宁波市司法局党委书记、局长蒋文丰带队赴象山县调研“村官说法”工作。调研组实地走访了涂茨镇旭拱岙村,并召开座谈会进行深入交流。12月6—7日,象山县司法局举办全县“村官说法”业务培训班,来自“村官说法”试点村及部分省、市级民主法治村的40余名党支部书记参加。

【社区矫正区域化监管改革】 象山县

司法局建设县智慧矫正中心并通过省级验收。首创“1+2”监管队伍模式改革，在县矫正局的垂直管理下，设立丹城、石浦两个矫正分中心，设置1名执法中队长和若干名工作人员专职从事社区矫正工作，进一步健全运行机制，提升数字化应用水平，形成上下联动、高效运行的执法管理机制。

【第十五届象山县委依法治县办召开第一次全体(扩大)会议】 12月20日上午，第十五届象山县委依法治县办召开第一次全体(扩大)会议，深入学习贯彻习近平法治思想，专题研究2022年度省市对县法治建设考核工作，部署法治象山建设集中宣传活动。县委副书记、政法委书记、县委依法治县办主任应建勇主持会议并讲话。会议听取县委依法治县办关于2022年度省市对县法治建设考核扣分隐患点排摸情况以及2022年度法治浙江社会满意度预调查情况通报，县人民法院、县自然资源和规划局、丹东街道、石浦镇关于省市对县法治建设考核扣分隐患点的情况说明，县人大办、县政协办关于提升“两代表一委员”法治建设满意度工作的表态发言。应建勇在充分肯定2022年以来法治象山建设各项工作取得的成绩后指出，依法治县工作事关全县改革发展稳定大局，要不断取得全面依法治县工作新成效，为象山加快建设社会主义现代化滨海花园城市贡献法治力量。

（县司法局　俞赛君）

军　事

人民武装

【概况】　2022年，象山县人民武装部（以下简称县人武部）党委在军分区党委和县党委、政府的坚强领导下，深入学习贯彻习近平新时代中国特色社会主义思想和习近平强军思想，坚决贯彻落实各级党委决策部署，牢牢把握政治之年、大事之年的特殊要求，坚持举旗铸魂抓思想、聚焦中心抓备战、军地协作抓动员、综合防治抓安全、全面从严抓党建，各项任务圆满完成，单位全面建设稳步提升。

【政治教育】　2022年，县人武部突出中共十九届六中全会和中共二十大精神学习贯彻，围绕学深悟透习近平新时代中国特色社会主义思想和习近平强军思想，认真组织学习《习近平谈治国理政》和《习近平论强军兴军学习问答》，参加各级党委中心组学习，收听收看相关报道，浓厚营区政治文化氛围，推动理论武装不断走深走实，人员捍卫“两个确立”更加自觉。聚焦“忠诚维护核心，矢志奋斗强军”深化主题教育，紧跟形势任务变化，紧贴人员现实思想，适时开展针对性教育，利用“周二夜学”和党日等时机，广泛开展演讲比赛、讨论交流和参观见学等配合活动，及时搞好思想教育引导。积极参加分区“铁心跟党走、矢志强军梦”军史知识竞赛和“甬动杯”篮球赛等系列文化活动，不断凝聚人员意志力量，激发干劲活力。

【保障驻训部队】　2022年，县人武部共保障万余名官兵到象山驻训，积极协调地方有关部门和单位解决场地保障、生活保障、疫情防控等影响部队驻训问题，发挥军地桥梁作用，全力配合部队演习演训，先后9次协调动员渔政执法船、民兵渔船开展扫海警戒，得到各驻训、演训部队充分肯定。

【潜力调查】　2022年，县人武部组织县国动委下属9个专业办公室及成员单位开展国防动员潜力调查工作，先后组织任务部署会、业务培训会、协调对接会、工作推进会和潜力会审会，对八大类千余条潜力数据进行更新和增补。开展国防工程普查，全面查清县域内地下指挥、屯兵、通信坑道等地下防护工程和设防工事，以及各类附属设施设备现状底数。

【征兵入伍】　2022年，县人武部积极适应兵役改革，有序推进“两征两退”工作，落实全县应征青年的体格检查和体检合格青年的政治考核工作。优化完善择优定兵机制，从文化程度、政治优待、入伍意愿、综合表现、体能素质等方面对“双合格”青年进行全面量化考核，为定兵提供了重要的参考依据，全年向部队输送男兵和直招士官，完成兵员征集任务。

【召开县委党管武装工作暨县国防动员委员会全体会议】　落实党管武装制度，认真贯彻宁波军分区党委（扩大）会议精神，总结回顾2021年以来全县党管武装和国防动员工作，部署2022年任务，扎实推进后备力量建设。5月11日上午，在国防培训中心五楼会议室召开象山县委党管武装工作暨国防动员委员会全体会议，县级有关领导、县国动委成员单位、各镇乡党委（街道党工委）书记、武装部领导等相关部门领导参加会议。会议由县委副书记、县长、县国动委主任李晓东主持。会前，包朝阳主持召开第一书记现场办公会，听取象山海防建设等相关情况，着眼新形势下党管武装发展要求，研究破解工作短板弱项，推动全县党管武装工作全面落实。

【军装管理】　2022年，县人武部按上级有关要求，联合县公安局、县市场监督管理局等有关单位，开展“守护戎装”专项行动联合执法，共查处象山县域内违规销售军装劳保用品店10余家，没收违规销售军装251件，并做好问题整改。

（县人武部）

人民防空

【概况】　2022年，象山县人民防空工作在市办的精心指导和鼎力支持下，以习近平总书记关于人民防空的指示精神为导向，围绕“战时防空、平时服务、应急救援”主要工作任务，以“长期准备、重点建设、平战结合”的路线方针为指引，拉高标杆推进“改革创新、提质增效”，立足象山县实际情况，理清思路，精心谋划，较好地完成各项工作任务。

【推进人防工程产权制度改革】　2022年，象山县人民防空办公室（以下简称县人防办）对照《浙江省人民防空工程管理办法》规定，确定新建项目在土地出让拍卖条件设置时明确产权归属按程序移交给县政府确定的国资单位，新拍卖地块项目在规划设置条件确认予以明确。

【人防数字化建设】 2022年，县人防办根据省人防办《关于开展全省人防数据归集工作的通知》要求，在全省人防数字化平台系统上按时完成象山县历年人防工程的基本数据归集录入工作。克服平台系统不稳定、数据采集量大、采集上报时间紧迫、任务和人员配置不匹配的矛盾困难，组织人员加班加点开展数据的采集、统计、整理和填报工作，通过一个多月的连续奋战，共完成全县多项数据的采集上报工作，为人防数字化改革提供了翔实、准确的数据支撑。

【人防宣传教育】 2022年，县人防办采用线上线下相结合、新旧媒体相融合的方式，结合"3·1"国际民防日、"5·12"全国防灾减灾日和"9·18"纪念日等重要时间节点，深入乡镇、社区和小区，发放各类人防知识手册和宣传用品2000余份；依托象山电视台等公共媒体发布防空试鸣公告，提升人们居安思危、未雨绸缪的防范意识；借助移动服务网络，向全县移动手机用户发送人防宣传短信22余万条。

【组织防空防灾警报试鸣】 2022年，县人防办打造人防"预警平台"，将防空防灾警报试鸣制度化、模式化，把警报试鸣作为普及人防知识、培植人防意识、检验人防设施的重要抓手。在营造渲染浓烈防空防灾氛围的基础上，组织"5·12"防空防灾、"9·18"防灾和"12·6"哀悼警报试鸣活动。警报试鸣前，对散落在全县各区域的警报设施进行逐一巡查检修，对警报运行状况进行跟踪式、长时段的调试测试，以确保警报的试鸣率。在三次试鸣任务中，警报试鸣率均为100%。

【打通警报鸣放"最后一公里"】 2022年，县人防办为认真落实上级关于人防警报覆盖率的指示要求，消除警报覆盖的盲区和死角，保障北斗警报系统运行可靠性，确保中心城区和重点镇实现警报设施全覆盖，积极打通警报传递"最后一公里"。

【加强人防指挥部工作与建设】 2022年，县人防办不断提高人防指挥机构的指挥决策水平，用以应对瞬息万变的信息化战争的指挥任务。牵头组织召开指挥所会议，进行实战化室内推演，通过模拟真实战场环境、提出应对方案、开展指挥所指挥作业等流程，对人民防空的重难点课题进行探讨和演练，淬炼了指挥部成员应急处置能力和指挥协调能力。

【人防工程安全隐患排查】 2022年，县人防办为严防生产安全事故发生，提升人防工程安全风险防控能力，确保人防工程处于良好使用状态，根据上级要求，分别开展了在用自建人防工程、警报设施及疏散基地场所等"除险保安"排查整治行动、亚运保障项目周边人防工程安全隐患排查、人防工程消防安全检查、防御台风安全检查和"庆国庆、喜迎二十大"人防工程安全专项检查等，重点针对人防工程结构状况、设施设备性能、消防安全、维护管理等方面进行专项检查。

【人防工程标识标牌标准化建设】 落实《浙江省人民防空工程标识技术管理规定》要求，统一规范人防工程标识标牌的安装，开展已建人防工程的标识标牌更换工作。

（县发改局）

双拥优抚

【概况】 2022年，象山县坚持以习近平新时代中国特色社会主义思想为指导，全面贯彻落实习近平总书记关于双拥工作的重要论述精神，牢牢把握新时代双拥优抚工作发展大局，高质量开展新一轮全国双拥模范县和全省双拥模范县创建工作。努力适应新形势，探索新思路，出台新举措，落实优抚优待政策，提升双拥优抚工作整体水平。

【方金土到象山调研退役军人工作】 9月20日下午，省退役军人事务厅副厅长方金土一行赴象山县调研退役军人工作。方金土一行实地查看西周镇、丹西街道退役军人服务站，在象山县退役军人事务局（以下简称县退役军人事务局）召开座谈会，听取退役军人有关工作情况汇报。

【常态化双拥合署办公机制】 2022年，县退役军人事务局在延续2020年单设双拥科，增设双拥服务中心，特设军地合署办公的基础上，继续发扬象山县双拥传统，强化军地双向协商支持，网格化常态化开展双拥合署办公机制，建立周碰头、月例会和季会商机制，快速、高效解决驻地部队需地方协调的各类问题，协调解决驻象（训）部队反映问题32件。

【浓厚双拥氛围】 2022年，县退役军人事务局完成中堡村爱国拥军示范点和92815部队拥政爱民示范点建设，完成墙头镇政府到西沪港一线双拥迎检氛围布置，与万达广场合作完成崇军商圈建设。

【驻象山部队拥政爱民】 2022年，驻象部队坚持把驻地当故乡，视群众为亲人，在抢险救援、维稳处突、安全保障等方面做出突出贡献。积极组织参加"我为群众办实事"活动，主动参与"慈善一日捐"、无偿献血等社会公益活动。积极助力乡村振兴，全程参与涂茨镇中堡村乡村旅游谋划建设，帮助整合国防坑道、烽火台等红色资源，打造"重走长征路"、青少年国防教育基地等项目，有力壮大村集体经济。

【壮大"崇军联盟"队伍】 2022年，象山县崇军联盟共发展商家50家，组织暗访3次，满意率达到100%。为现役、退役军人提供优质商品、优先待遇、优惠价格的"三优"服务。县退役军人事务局继续规范崇军联盟运行机制，实行上门挂牌制、定期走访制、定期交流制、奖励制和退出制，确保联盟成员优质高效。为扩大崇军联盟的影响力，县退役军人事务局在7月30日举行优待证首发暨崇军公交发布仪式，开辟3条公交线路涉及5辆完成崇军氛围装饰的公交车。县退役军人关爱协会志愿者大队以关心关爱退役军人为己任，全年开展疫情防控、文明创建等志愿活动38次，走访慰问困难退役军人。同时，积极引导各地退役军人志愿团队参加，象山县共有退役军人志愿队23个，合计开展活动500余次。

【走访慰问】 2022年，县退役军人事务局在元旦、春节、清明等节日，对全县退役军人、“三属”（烈士遗属、因公牺牲军人遗属、病故军人遗属）、军休干部进行县镇村三级走访慰问全覆盖。

【开展全县农村现役义务兵父母免费体检】 2022年，县退役军人事务局继续组织开展全县农村现役义务兵父母等优抚对象免费健康体检，采取多方联动、开辟体检“绿色通道”、全程接送、“一站式”服务等方式，使参检对象享受优质便捷的健康体检服务，共为全县18个镇乡（街道）体检对象进行免费体检，并完成全县优抚对象短期疗休养工作。

【优抚对象建档立卡和优待证申领】 4月25日，象山县正式启动退役军人、其他优抚对象建档立卡和优待证申领制发工作。该证以银行借记卡为载体，由全国统一制发、统一编号，持证人可凭借证件享受养老、住房、医疗、文旅、交通等优待事项。

退役军人事务

【概况】 2022年，象山县紧紧围绕省市县关于退役军人就业创业工作的有关部署，贯彻妥善安置、合理使用、人尽其才、各得其所的原则，以实现退役军人高质量、可成长就业为目标，做细做准做实退役军人安置工作，努力开创新时代退役军人就业、创业新局面。

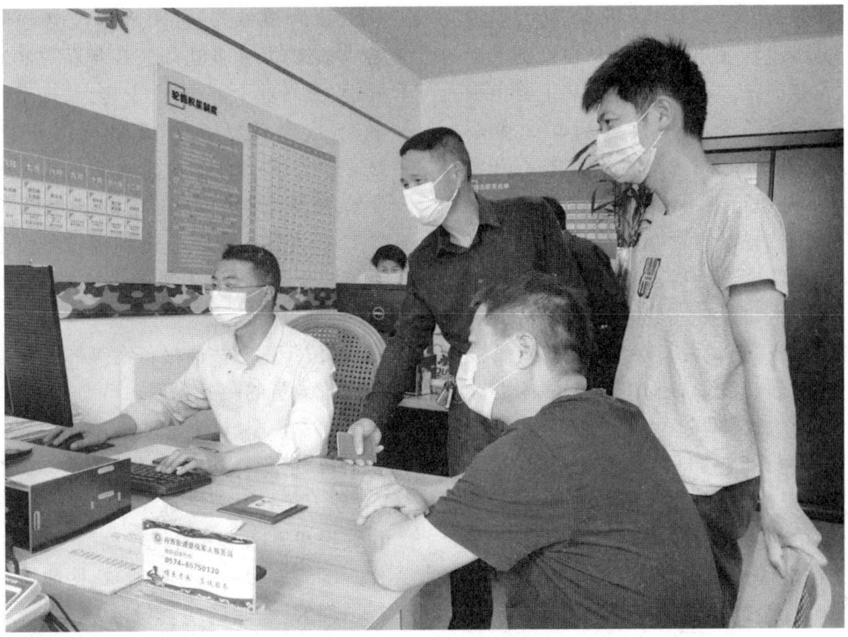

2022年4月25日，丹西街道服务站工作人员为退役军人办理优待证

【发展军人退役“一件事”】 2022年，象山县接收当年度退役士兵报到，延续和推行“军人退役一件事”经验做法、“123三式”体系法，深化“专业+公益、权威推荐+自主选择、教培先行+岗位跟进”退役军人就业方式，汇聚专业和服务站力量，为退役军人提供学历提升、适应性培训、技能培训和求职、择业、就业全方位服务，助推象山退役军人高质量就业发展。

【常态化开展退役军人就业创业工作】 2022年，象山县退役军人服务中心常态化运行就业创业SOHO大厅，发送推荐就业信息112条，实现就业23人。举办退役军人专场招聘会3场，提供就业岗位，共有多名退役军人通过专场招聘会实现就业。同时，助推退役军人创业工作，全年走访个体工商户125家，宣传退役军人税费减免政策，有多名退役军人享受税费减免政策。

【退役士兵教育培训】 2022年，县退役军人事务局常态化开展退役军人适应性培训和订单式培训，有多名退役军人参与适应性培训，实现当年度退役人员参训率100%；完成“环保监测”项目订单式培训若干人，全部实现就业。

【军转干部和转业士官安置】 2022年，象山县严格按照《象山县军队转业干部、退役士兵安置操作规程》开展安置工作，进一步构建发展科学化、阳光型、陪伴式安置理念，延续集中报到、安置回访等工作环节，让安置人员感受到“回家”的感觉。全年，接收安置营级以下（含技术）转业军官、安排工作退役士兵、军休干部和随军家属，实现退役军人、部队和用人单位“三满意”。双向洽谈，精准做到人岗相适，在选岗环节之前，县退役军人事务局安排安置人员和各用人单位在县退役军人服务中心进行双向洽谈，用人单位分管负责人向安置人员介绍单位概况、工作性质和待遇情况，同时通过面谈了解安置人员的特点、专长，通过双向互动，不仅加深了用人单位对安置人员的了解，也让安置人员明晰安置岗位工作情况，为下一步精准选岗奠定基础。定岗定位，精准做到按序选岗，转业干部和退役士兵分别在县退役军人服务中心进行选岗，选岗次序根据“双考”成绩排名确定。安置人员在选岗前介绍自己，并在“两代表一委员”和纪检组的见证下依次进行选岗，一经选定，即时签字确认。在安置工作中，县退役军人事务局人员始终怀着感情和责任，以退役军人和接收单位的需求为牵引，做好“妈妈式”

服务，开展“陪伴式”安置，助力安置人员迅速转变角色，实现从退役到上岗的无缝衔接。在报到之初，局主要负责人对每名安置人员档案进行审阅，并逐一进行面谈。在选岗前夕，专门召开座谈会，并邀请上一年度安置人员现场解答岗位选择时的疑惑、到岗后的角色转换和工作中的心得体会。选岗后，局主要负责人对安置人员进行集体廉政谈话。同时，移交安置科通过电话、微信群和面对面交流形式对安置人员各类疑问进行快速解答。为了让安置人员去真正需要他们的单位，有更好的发展空间，象山县探索由用人单位上报需求计划给县委退役军人领导小组办公室的模式，经过县委编办、县国资管理中心审核，最终确定推出的单位和岗位。为了让安置人员享有更充分的选择权，象山县规定推出的岗位数应至少多于安置人数的20%，并且用人单位必须明确具体岗位，企业还须公布年薪。2022年，安置转业干部、转业士官，共推出行政岗位（含参公）7个、事业岗位6个、国企岗位12个，让安置人员在选岗时更有选择余地。局领导班子带队将2022年安置人员一一送到接收单位报到，体现了对安置人员的关心和重视。同时，通过对安置人员一年一度定期回访、单位年度考核通报备案等形式加强对安置人员的服务管理。

【提升服务保障体系建设水平】 2022年，象山对标对表完成全省“新时代枫桥式退役军人服务中心（站）”创建工作。围绕省厅重点任务清单，按照市局统一部署，全面落实县镇9项、村7项服务保障内容，全方位提升三级服务保障体系质量和水平。全年，共有29个服务站成功争创“全省新时代枫桥式退役军人服务站”。

【退役军人“轮值站长”工作】 2022年，为解决基层服务站人员不足问题，象山县结合实际，摸索出“选任制”和“普任制”相结合的“轮值站长”运作模式。“选任制”通过选举产生“轮值站长”，选拔基层优秀退役军人发挥其带动作用；“普任制”通过个人报名将更多有意愿、有情怀的人凝聚起来为退役军人服务。年内，轮值站长参与基层服务，通过区域共建、片区轮值、志愿服务三种形式上岗履职，为退役军人提供全天候、零距离、高质量的服务。

（县退役军人事务局　王子怡）

应急管理

综合应急管理

【概况】 2022年,象山县认真落实中央、省、市关于加强基层应急管理体系和管理能力建设的要求,基本构建完成覆盖全县城乡的应急体系网络。象山县连续16年自然灾害伤亡人事件"零发生",受到省市领导的高度肯定。象山县应急管理局获评2022年度全市安全生产和消防工作目标管理责任制考核优秀单位。

【全覆盖责任体系建设】 为建立"属地领导、行业监管、企业主体"责任清单、履职清单和履职情况"一本账",实现市—县—乡—村—企责任体系全贯通,象山县安委办试点形成框架与模板,向乡镇、专委会参考,及时完成了县安委会和8个专委会、18个乡镇街道的应急管理全覆盖责任体系梳理与省系统的录入,9月象山县全责任系建设工作得分全省排名第44位,全市排名A档。

【基层应急管理体系改革】 2022年完成爵溪、西周、鹤浦、贤庠、定塘、茅洋、高塘岛等乡镇的达标创建,其中西周、鹤浦、定塘等3个乡镇确定为标杆试点。进一步整合应急、消防力量,在镇乡(街道)成立应急管理委员会,应急管理所更名为应急消防管理所。确定西周滨港社区、淡港村,定塘镇叶口山村、礁横村,鹤浦镇黄金坦村、五利村等6个城乡社区为改革试点,组建应急管理领导小组,配备应急管理员,将社区网格员融入应急管理工作中,构建社区"网格员—应急管理员—应急领导小组"三级工作网络,进一步明确各领域的相关责任人和工作职责。在社区防汛防台队伍的基础上,进一步融合社区党员干部、社区工作者、网格员、志愿者、社会救援队伍等各方力量。截至2022年年底,已有95个村(社)成立应急领导小组,103个村(社)配备了应急管理员、85个村(社)成立应急救援突击队伍,65个村(社)完成"多案合一"应急手册编制。继续推行包含全县防汛防台、防火救援、社会救援力量在内的应急抢险救灾人员安全保险全覆盖和慈善关爱基金保障,基层应急管理体系建设阶段性成果得到了省市主管部门的充分肯定。

【应急救援队伍建设】 全县组建西周、定塘2支市级森林火灾综合应急救援队伍,营房等硬件设施建设完成。队伍编制得到落实,待遇问题正协商解决,将开展招录工作。将森林消防队伍、社会应急队伍、防汛防台应急队伍、乡镇专职消防队等队伍基本情况录入浙江省减灾救灾信息系统,协助9支社会应急救援队伍在应急管理部社会应急力量救援协调系统上填报队伍数据。组织社会应急救援队伍开展红十字救护证考证工作,已完成200余名队员的证件更新维护。组织雄鹰、石浦港、海心、孙茂芳等4支社会应急救援队伍骨干队员36人赴宁海参加海上救援地面航空救援队伍训练。

【象山县应急管理行政执法工作】 开展事前行政处罚,2022年共办理行政处罚案件38起,罚款101.7万元。牵头组织各类生产安全事故的调查处理,共牵头组织2起,完结2起。严格落实相关事故责任单位和个人的行政处罚,办理4起,作出行政处罚158.42197万元。针对被处罚单位及个人收缴难的问题,象山县应急管理局与县法院和检察院建立专门联系制度。坚持重大行政处罚案件案审制度,案审15件案件。积极做好行政听证、复议工作,行政诉讼案件1起。强化法治审核,审核88份行政处罚案卷、30份事故类案卷。规范行政许可工作,进一步梳理行政许可事项和服务事项,并明确"容缺受理"有关事项,完善事项清单,优化审批流程,探索实施"零上门"办理、预约办理、上门服务,提升审批效能。全年办结行政许可158份。

【雨雪天气和海上大风防御工作】 2月21日上午,县雨雪冰冻灾害应急指挥部组织交通、气象、应急、住建、水利渔业、农林等部门进行雨雪冰冻和大风天气防御会商研判,并根据会商意见发出防御通知,并通过微信、短信、公众号等方式向广大群众发布预警提示信息,累计发布提示信息5万余条。公安交警、交通部门增加力量对事故易发地段的管理、巡查,全力保障交通安全畅通;水利和渔业、港航、海事等部门通知船舶到安全水域避风,停止水上作业,加固港口设施,防止船舶走锚、搁浅和碰撞;住建、电力、水务、通信等部门组织力量对易受损的供水、供电、供气、通信等基础设施进行检查,落实防范措施,并停止高空等户外危险作业;农业农村、水利和渔业部门做好农业、林特业、种养殖业防范和应对;应急管理、自然资源规划部门加强对地质灾害点的监控,做好山体滑坡、泥石流等灾害应对。

全县处在大风影响范围内的320艘渔船转移到安全水域，55艘回港避风。全县配备应急抢险队伍人员107人，配备滑移装载机5台，撒盐机3台、推雪板5块，储备盐6.5吨、应急照明灯和标志牌129个、铁锹和扫把425把、编织袋和麻袋5万余只，折叠床、毛毯、防潮垫各2000张等。

【学习安全生产"十五条"】 2022年4月11日，象山县安委办要求各地各部门全面贯彻安全生产"十五条"硬措施。4月26日，县安委会印发《象山县安全生产大检查工作方案》，结合象山实际，制定29条具体措施。6月9日上午，县政府第七次常务会议上传达学习国务院安委会十五条、省二十五条和市二十九条安全生产硬措施文件精神。会议要求，各条线要结合各自分管领域特点，对标对表找差距、聚焦不足抓整改，扎扎实实推动责任落实、措施落地。要聚焦潜在风险隐患，特别是道路交通、消防安全、涉海涉渔等重点领域，开展一次隐患排查整改，以如履薄冰的心态和精准务实的举措抓牢安全生产工作，确保全县安全生产形势稳定。

【全国防灾减灾日宣传教育】 5月5日，象山县减灾委员会办公室下发文件，发动乡镇和应急管理局、教育局、卫生健康局、红十字会、消防大队等部门，完成全国第十四个全国防灾减灾日、第33个国际减灾日的宣传教育活动。围绕"减轻灾害风险　守护美好家园"主题，充分利用官方微信、微博、电视广播等媒体宣传防灾减灾知识，切实提升公众防灾意识，形成全民防灾的良好氛围。象山县应急管理局利用600多块气象显示屏滚动播放防灾减灾口号、拉横幅、摆展板、发放防灾知识小册子等形式进行宣传。

【应急预案修编】 5月26日，象山县人民政府办公室下发《关于做好2022年突发事件应急预案修订计划和应急演练计划有关工作的通知》，根据省市要求对全县突发事件的应急预案修订和应急演练进行再次要求，梳理出16项需修订的专项预案和15项需演练的专项预案，象山县完成修订并印发房屋建筑、海洋灾害、地质灾害、森林火灾、网络和信息安全等预案，下发极端天气"五停"（停止户外集体活动、停课、停工、停业、停运）、"五断"（断水、断电、断网、断路、断气）指导意见。全年累计组织开展9个专项预案应急演练。

【"迎亚运、保安全"和防汛综合演练】 5月31日下午，浙江省防指举行2022年度浙江省暨杭州市"迎亚运、保安全"和防汛综合演练，主会场设在省防指挥中心，设现场演练点。象山设分会场象山县防指常务副指挥长、副指挥长，县防指各成员单位分管领导参加观摩。正式演练前，象山县应急管理局积极主动对接省厅和赛事竞赛组，完成象山县亚帆中心帆船赛事应急处置方案和演练脚本的编制。演练设会商部署、山洪地质灾害防御、东苕溪流域性大洪水应对、"五停"工作和城市内涝应急处置、重点区域保护和重要设施保障、灾后恢复等6幕，包括指挥决策、会商研判、人员转移、应急联动、灾后恢复等12个具体场景。在海上帆船项目队员紧急救助的场景中，3艘帆船突遇海上狂风巨浪，意外受损，5名运动员落水；亚帆中心立即出动快艇进行救援；紧急医疗救助后，2名运动员急需转运至医院进行救治；医疗直升机转运。地面相关应急救援队伍和装备保障。象山县应急管理局汇报了帆船赛事突发事故应急处置方案，象山亚帆中心补充汇报了事故应对联动情况。

【成功搜救檀头山岛失联老人】 7月3日，金华永康一位老人在檀头山岛意外走失。宁波市公安局、象山县公安局、象山县应急管理局、县旅游集团、象山县海岛休闲旅游开发公司、象山海心应急救援队、石浦港应急救援队、浙江孙茂芳公益救援中心、象山雄鹰应急救援队、象山野狼公益服务中心，永康蓝天救援队、永康千禧救援队、宁海飞狼公益救援队、檀头山景区工作人员、经营户、当地村民等500多人次接力救援。搜救中，市、县公安局投入了直升机、热成像仪等先进装备，各救援队还运用了水下探测仪、无人机等对全岛陆地及水下进行全方位搜索排查，每天有100余人次对全岛进行地毯式搜寻。檀头山景区则为搜救人员做好后勤保障工作。檀头山当地村民不但一起帮着寻找，还为搜救队员们提供食物、水等用品。老人于7月6日14时许在檀头山大王宫村山顶平安找到。9月2日一早，失联老人在家人的陪伴下，从金华永康驱车到象山，向参与救援的象山9支救援队、象山县应急管理局、象

2022年9月2日，金华老太太一家向象山9支救援队捐赠9辆警用巡逻电动变速自行车。（周学超摄）

山县公安局石浦港区派出所和象山海岛休闲旅游开发有限公司表示诚挚的谢意,并向象山9支救援队捐赠了9辆价值13万元的警用巡逻电动变速自行车。

(象山县应急管理局　叶冰倩)

安全生产监督

【安全生产事故情况】 2022年1至12月,象山县共发生各类生产安全事故7起、死亡6人,同比分别下降56.3%、64.7%,与前三年平均数相比分别下降58.8%、62.5%,未发生较大及以上事故。

【烟花爆竹安全监管情况】 1月初,象山县烟花爆竹安全管理协调小组成员单位和乡镇街道通过各类显示屏、公众媒介、宣传海报、微信公众号、小区横幅、入户宣传、学校宣传等一系列方式进行烟花爆竹安全宣传教育,共投入经费20余万元,电视台宣传1次,报刊宣传8次,微信宣传463条,LED电子显示屏滚动宣传700余块,营造了少放不放烟花爆竹的氛围。对全县48家烟花经营单位布点进行排查,对烟花爆竹经营许可证将到期进行实地核查,对禁限区内1家零售单位按规定予以迁址换证。县应急管理局、县综合行政执法局、乡镇街道应急所对全县烟花经营单位进行了多轮检查巡查,共出动检查组50余组180人次,检查经营单位200家次,发现隐患62条,打击非法经营15起、劝阻违规燃放5起,均落实了整改。全年对烟花爆竹经营单位立案2起,处罚2.5万元。

【安全生产责任落实情况】 象山县起草制定了《象山县党政机关安全生产和消防工作职责规定(征求意见稿)》,明确各级党委、党委主要负责人及党委班子其他成员安全生产和消防工作主要职责;明确各级政府、政府主要负责人及政府其他领导干部安全生产和消防工作主要职责;明确县政府由担任党委常委的政府领导干部分管安全生产和消防工作,镇乡(街道)明确一名副书记分管安全生产和消防工作,县级有关部门应由本部门党委(党组)副书记或排名靠前的副职领导分管安全生产和消防工作。对属地安全监管和专委会行业安全监管主要职责进行明确,对县级有关的49个部门安全生产和消防工作职责进行了明确。根据"党政同责、一岗双责、齐抓共管、失职追责"和"三管三必须"的总要求,明确了县政府领导干部安全生产责任清单、履职清单和防汛防台工作职责清单。根据履职清单,截至9月底,象山县委县政府已11次听取安全生产工作并进行研究部署。

【"三年行动"工作开展情况】 2022年是第二轮安全生产综合治理三年行动收官年,象山抽调精干力量成立工作专班,明确专班工作职责,实施"会商研判、挂图作战"工作机制,切实加强安全生产专项整治三年行动工作组织领导。加强对涉及多部门、跨区域、跨行业领域非法违法生产经营行为和事故隐患的综合治理,实现执法联动、管理联抓、问题联治、信息联通。象山县安委办加强对各牵头部门和责任单位督查指导力度,每月听取一次工作进度汇报。对工作开展不力、责任不落实、进度缓慢的单位,通报批评。对通报仍未见效和因工作不到位发生事故,将严肃问责。象山县政府将三年行动列入2022年度重点工作,实行清单化管理,明确季度工作任务,紧盯重点领域安全监管工作。县安委办按要求上报月度、季度工作完成情况,县委督查室不定期对三年行动工作推进情况实施督查。2022年度县级层面明确的工作任务数是392项,已完成392项,完成率100%。同时,完成对2020年、2021年、2022年3年共700项任务完成情况进行自查,将各项完成情况输入系统,报送市级三年行动"五个一"典型事例1项。

【安全生产"除险保安"专项行动】 2022年,象山县积极开展第一轮和第二轮安全生产"除险保安"专项行动,第一轮"除险保安"工作累计监督检查5931家次、检查覆盖率102%,发现隐患11919条、整改率100%,3月象山县"除险保安"工作指数在全省90个县(市、区)排名第29位、全市排名第4位,重大安全生产问题清单工作指数在全省排名第18位、全市排名第2位。第二轮"除险保安"工作实现了企业自查、监督检查、隐患整改"三个100%",5—11月指数在全省排名分别为第40位、第87位、第25位、第51位、第69位、第76位、第71位。党的二十大期间,组织机关以及专家力量分8组对全县乡镇、园区管委会、专业安委办以及县级有关部门开展安全生产专项督查,下发《党的二十大期间安全生产督查情况通报》4期,督查发现的143项问题隐患全部在7天内落实整改闭环。

【重点专项领域整治】 象山县安委办对工业企业自建燃气设施、重点行业火灾隐患、工贸25项重点任务清零、电镀行业、粉尘涉爆企业和有限空间企业、工业企业双重预防机制建设、危险化学品生产使用、烟花爆竹等重点专项领域开展专项整治,共排查发现工业企业隐患72888条,整改隐患72619条,整改率99.63%,移送行政执法队立案查处企业39家,转交乡镇立案查处3家。

【暗访检查、挂牌督办隐患整改落实情况】 2022年,省安委办对象山县开展9轮"除险保安"暗访检查,每轮督查发现的问题隐患都100%完成了整改,并对1家企业进行立案调查。市安委办对象山县9家工矿企业进行挂牌督办,已有6家完成整改验收。2022年前三季度,象山县安委办结合象山县"除险保安"安全生产专项行动,排查检查发现38家单位存在重大隐患,予以挂牌督办,有28家完成整改并现场验收通过。象山县安委办每月暗访检查企业20家左右,共发现问题隐患1033条,通报各镇乡(街道)督促隐患单位完成隐患整改,并全部在宁波市问题发现处置机制中予以闭环销号。

【节前安全生产大检查】 2022年1月21日上午,县委副书记、代县长李晓东率队开展节前安全生产大检查。首先来到县交警大队，随后实地检查国际风情街区消防设施配备、24小时专人值班制度落实、餐饮饭店气改电整治提升等情况。在县水利和渔业局，检查数字渔港运行及涉海涉渔领域安全生产情况。到象山影视城景区，详细了解节日期间旅游接待计划和安全防范措施落实情况。

【化工园区提升整治】 3月，浙江省应科院专家组对象山经济开发区化工园区按照新标准重新核查、检查评估，对照《浙江省化工园区安全风险评估》34项内容，其中完全得分项16项、部分得分项8项、未得分项10项，针对化工园区18项扣分项进行仔细梳理，以安全监管、危险源监控、人流物流管控、应急救援、社会化服务等“五个一体化”为重点进行安全整治提升。象山经济开发区化工园区已消除了高风险园区，为一般风险。

【守牢安全生产底线】 3月31日上午，全国安全生产电视电话会议召开。县委副书记、县长李晓东在象山分会场参会，并在会后立即贯彻会议精神，对安全生产工作再安排再部署。她强调，要深入学习贯彻习近平总书记关于安全生产的重要指示批示精神，认真落实中央、省、市决策部署，始终绷紧安全生产之弦，守好守牢安全生产底线，从严从细抓好安全生产工作，切实维护人民群众生命财产安全。李晓东要求，各地各部门要坚持守土有责、守土负责，明确党政领导、部门监管、镇乡属地、企业主体和岗位行为责任，层层拧紧责任螺丝，夯实安全生产基础，确保安全稳定工作全面紧起来、严起来、实起来、好起来，以实际行动迎接党的二十大胜利召开。县领导周坚栋、钮晶莹、潘多、胡颖磊、史建立、卢小兵参加会议。

【安全生产大检查部署开展情况】 4月24日，象山县安全生产委员会办公室在全县“除险保安”工作推进会议上，对省、市安委会安全生产大检查工作进行了部署；4月26日，象山县安全生产（消防安全）委员会制定印发《象山县安全生产大检查工作方案》，要求各地各部门结合“除险保安”和火灾隐患大排查大检查工作，全覆盖落实安全责任、守牢安全底线，全领域管控安全风险，遏制安全事故。围绕“遏重大、降较大、控总量、保安全”总体目标，在防范化解重大安全风险上下功夫，着重抓好涉海涉渔、消防、道路交通、危化品、建设施工、工矿、旅游、城市运行等8个重点领域安全监管和风险管控，全面建立隐患排查和风险辨识管控双预防机制。加大安全生产大检查工作督查巡查，县安委办每月抽调人员、聘请专家对各地各行业领域进行督查，发现问题隐患及时反馈，指导督促做好闭环销号。

【有限空间清零行动】 4月29日，象山县安全生产委员会办公室印发了《全面深化开展“七张问题清单”有限空间作业安全整治攻坚行动方案》，结合双重预防机制建设，对所有有限空间企业负责人、安全管理人员进行有限空间知识培训，解读工作方案，部署工作任务，推动专项整治落到实处。全县273家企业的有限空间警示标志、作业制度、培训教育视频、应急演练视频、安全承诺视频五项内容全部上传到“工业企业安全在线”系统，完成率100%，已完成专项检查企业272家，立案6家，处罚4起，罚款23万元。10月，象山配合宁波市应急管理局专家组对112家有限空间企业开展了专项整治抽查检查。

【危险化学品企业双重预防机制数字化建设】 5月12日，象山县应急管理局组织第三方机构宁波文钥科技有限公司对象山县开展企业双重预防机制与数字化建设培训，并进行了企业需求性调查。完成中石化石浦油库重大危险源双重预防数字化建设并投入使用，十家企业的视频监控已接入，四家企业的视频监控、人员定位、“二道门”、检测报警装置等已接入系统，实现在线监测预警。

【工业企业双重预防机制建设全覆盖工作】 5—6月，象山县应急管理局组织专家对各镇乡街道、经济开发区和象保合作区的企业主要负责人、安全管理人员进行工贸企业双重预防体系建设和有限空间专项整治培训。根据象山县企业规模小、安全管理人员业务素质不高的现状，象山县应急管理局安全生产基础科组织专家编制了《象山县工贸企业双重预防体系建设指导手册》，制作包括公共部分、机械、服装加工、涉氨制冷、涉爆粉尘等不同类型的安全风险分级管控清单、隐患排查表和安全风险岗位告知卡。一共组织培训会26场，企业参加人数1696人。

【涉爆粉尘“百日清零”专项行动】 2022年6月上旬，象山县应急管理局组织企业开展粉尘涉爆企业重点整治事项（简称“粉六条”）自查工作，并将自查表上传至“工业企业安全在线”系统。7月底前，全县各镇乡街道、园区管委会聘请第三方机构对照“粉六条”检查表逐家检查，共发现涉及“粉六条”安全隐患38条，全部整改完毕。县应急管理局聘请第三方机构对新增的16家企业开展全面检查、指导整改和验收工作。8月，县应急管理局执法人员对部分企业（粉尘作业10人以上企业全覆盖）整改情况进行抽查检查，共抽查企业13家，发现隐患74条（包括“粉六条”在内），下发限期整改指令书12份，现场处理措施决定书7份（责令暂时停止使用产尘设备），发现的隐患已全部完成整改，对存在“粉六条”隐患的4家企业立案查处，已作出处罚4家，罚款21.5万元。

【象山县安委会全体会议暨半年度安全生产工作会议】 7月21日下午，象山县组织召开县安委会全体会议暨半年度安全生产工作会议，传达学习全国和省市安全生产电视电话会议精神，分析研判象山当前安全生产形势，安排部署下阶段安全生产工作。会上县消防专委会、城市运行专委会、涉海涉渔专委会、教育卫生专委会、旅游（影视）专委会等5个专委会汇报有关工作，县领导李晓东讲话，县委常委、常务副县长高岷主持会议，县领导周坚栋、钮晶莹、胡颖磊、卢小兵参加。

【涉危企业专项检查】 2022年9月20日，象山县开展危险化学品全覆盖专项检查。象山县应急管理局28名正式干部分为五组，由领导带队，县乡结合，对象山县412余家涉危企业和医药化工企业实施全覆盖安全生产检查，发现隐患1532条，完成整改1289条。对危险化学品生产企业、使用取证企业和经营带储存构成重大危险源企业实施包保责任制度，由象山县应急管理局和经济开发区部分干部每人联系1～2家企业，10月8—25日，实施每日提醒和现场巡查。对企业提出了七条管控措施（开展一次风险辨识、组织一次全面隐患排查治理和每日检查、落实“四类人员”清单并确保每日到岗到位、建立领导带班24小时值守、特殊作业提级管理和专家场指导、实施每日风险研判和承诺公告、制定应急处置预案）。

【中共二十大期间安全防范工作】 9月23日上午，象山县组织县安委会全体成员单位、各乡镇（街道）主要负责人、各园区管委会负责人参加全国安全生产电视电话会议。会后，象山县续会，县委副书记、县长李晓东在续会中重点部署了中共二十大期间安全防范工作。李晓东强调，要深入贯彻习近平总书记关于安全生产的重要论述，全面落实上级会议精神，按照中央和省、市决策部署，坚持人民至上、生命至上，以更高的思想认识、更强的责任意识，全面抓实抓细安全生产各项工作，坚决筑牢防风险保平安护稳定的铜墙铁壁，确保人民群众生命财产安全，为中共二十大胜利召开营造安全稳定的社会环境。象山县领导周坚栋、卢小兵参加。

森林防火

【概况】 2022年，象山县发生森林火情13起，主要是村民在山脚下烧荒、煤灰堆，未造成森林生态性损失。

【森林防灭火宣传】 为做好森林防灭火宣传工作，象山县森防指组织资规等部门开展广场宣传教育活动20余次，出动宣传车39辆、张贴禁火令1万份、“禁止在山林燃放烟花爆竹”等宣传画贴纸3000张、发放文明祭扫倡导书等宣传资料2000余份、播放森林防火公益广告、警示宣传片230余次、手机公益短信25200条、悬挂横幅标语400余幅、防火小红旗15000枚、增设防火宣传牌17块、与教育部门联合开展森林防火“五个一”宣传，发放《森林防火倡议书》8万余份，努力营造“森林防火、人人有责”的浓厚氛围。

【森林防火大检查大督查】 2022年，象山县森防指在全县组织开展了森林防火大检查大督查，联合资规、旅游、民政等部门累计出动检查组50个，检查人员760人次，开展森林巡查400余次，重点山林巡查覆盖率达95%以上，阻止野外违规用火行为300余次，野营野炊等野外用火10余次。持续开展林区输配电设施火灾隐患专项排查治理，已排查整改隐患点27处，涉及输电线路26.54千米，完成15处“引水灭火”基础设施安全检查。214名专职护林巡查员实行“全覆盖、无缝隙”责任区域监管外，各重点高危火险乡镇增派以镇乡（街道）、村干部为主的临时人员，设卡检查，抓好重点人员的防范工作，对重点林区、进山路口等重要部位进行了重点监控，严禁林内各类用火行为，切实从源头上防范化解了火灾隐患。市、县、乡各级森林消防队伍24支队伍，靠前布防，24小时待命，确保一有火情，随时拉得出、用得上、打得赢，把森林火灾消灭在萌芽状态，实现“打早、打小、打了”目标。

【象山县森林防灭火知识培训】 2022年10月14日，为做好象山县秋冬季森林灭火应急准备工作，进一步完善防范、扑救等措施，提高各级森林消防队伍骨干业务水平，全面提升森林火灾消控能力，象山县人民政府森林防灭火指挥部办公室召集县应急管理局、县自然资源和规划局、县消防救援大队人员与乡镇林技员、应急管理所工作人员、市、县、乡级三级森林消防队伍骨干，开展森林防灭火培训视频会议，着重强调森林防灭火安全扑救避险知识、扑火机具使用保养维护等方面知识。

【涉危企业专项检查】 2022年9月20日，象山县开展危险化学品全覆盖专项检查。象山县应急管理局28名正式干部分为五组，由领导带队，县乡结合，对象山县412余家涉危企业和医药化工企业实施全覆盖安全生产检查，发现隐患1532条，完成整改1289条。对危险化学品生产企业、使用取证企业和经营带储存构成重大危险源企业实施包保责任制度，由象山县应急管理局和经济开发区部分干部每人联系1～2家企业，10月8—25日，实施每日提醒和现场巡查。对企业提出了七条管控措施（开展一次风险辨识、组织一次全面隐患排查治理和每日检查、落实“四类人员”清单并确保每日到岗到位、建立领导带班24小时值守、特殊作业提级管理和专家场指导、实施每日风险研判和承诺公告、制定应急处置预案）。

【中共二十大期间安全防范工作】 9月23日上午，象山县组织县安委会全体成员单位、各乡镇（街道）主要负责人、各园区管委会负责人参加全国安全生产电视电话会议。会后，象山县续会，县委副书记、县长李晓东在续会中重点部署了中共二十大期间安全防范工作。李晓东强调，要深入贯彻习近平总书记关于安全生产的重要论述，全面落实上级会议精神，按照中央和省、市决策部署，坚持人民至上、生命至上，以更高的思想认识、更强的责任意识，全面抓实抓细安全生产各项工作，坚决筑牢防风险保平安护稳定的铜墙铁壁，确保人民群众生命财产安全，为中共二十大胜利召开营造安全稳定的社会环境。象山县领导周坚栋、卢小兵参加。

（象山县应急管理局　叶冰倩）

消防救援

【概况】 象山县消防救援大队下辖丹

西、石浦、开元路三个消防救援站，共有工作人员109名，执勤消防车13辆。2022年，1人荣获个人三等功，9人获个人嘉奖，2人获评宁波市消防救援支队优秀共产党员，2人获评“迎二十大”消防安全集中攻坚行动“安保之星”，石浦消防救援站党支部获评浙江省消防救援总队先进基层党组织、丹西消防救援站团支部获评宁波市“五四红旗团支部”。

【灭火救援情况】 2022年，全县消防队伍共接警出动989起，出动消防车2271辆次、消防人员13834人次，抢救被困人员67人，疏散人员3人，抢救财产价值794.6万元。同比2021年，接警出动数上升42%，出动车辆数上升78%、出动消防人员数上升84%，抢救被困人员数上升305%，疏散人员数上升25%，抢救财产价值上升77%。

【消防督导巡查】 强化县消安委办督导问效作用，开展消防安全专项巡查，推动各镇乡街道、部门落实消防安全管理工作责任，健全火灾事故延伸调查机制，加大问责力度。制定各行业领域系统消防安全工作制度，深化各行业消防安全标准化管理，有效解决各领域内消防难点重点问题。开展消防安全大检查、消防安全除险保安、“防风险、保安全、迎二十大”、“百日攻坚”等行动，持续推进出租房、高层建筑等系列专项整治工作。

【消防安全执法】 完善消防安全联合执法长效机制，应急管理、消防、经信、住建、民政、卫生健康、文广旅游体育等部门对工业企业、高层住宅、养老机构、医疗机构、涉旅场所等场所进行常态化消防检查，形成各部门各领域联合执法、齐抓共管良好局面。把居住出租房不符合消防安全要求等6项消防行政处罚权限赋权给镇乡街道，强化基层消防工作监管执法实效。2022年，消防部门共检查单位1607家，督促整改火灾隐患或违法行为1456处，下发责令整改通知书947份，下发行政处罚决定书169份，下发临时查封决定书20份，责令“三停”单位26家，罚款119万元。

【消防产品刑事案件】 2021年8月以来，消防、公安联合侦办涉及浙江、广东两省的特大生产、销售假冒伪消防产品案，涉及金额2000余万元。2022年11月4日、25日公开开庭审理，2名涉案人员分别被判处有期徒刑两年、两年十个月。这是消防改制以来全国首例因销售伪劣消防产品被判刑的案件，给制售假冒伪劣消防产品的生产单位、销售单位敲响了警钟，更是在全县形成打击消防安全违法行为的高压态势。

【救援抹香鲸】 2022年4月19日上午8时许，象山县石浦港铜瓦门大桥外半边山海域附近，一头体长19米雄性巨型抹香鲸搁浅滩涂，消防、渔政、海洋等部门组成救援队伍对抹香鲸开展营救。历经21小时，搁浅抹香鲸在救援人员牵引和护航下，抵达目的海域，成功放归大海。救援中，消防部门实时开展“浙江消防救援搁浅鲸鱼”直播活动，发动网友在线“云护送”，11小时内吸引2300余万名网友在线观看，全网总观看超亿人次，救援话题先后登上抖音、微博、快手等平台热搜榜，新华社、《人民日报》、央视新闻等100余家媒体转播此次救援行动，得到应急管理部消防救援局、农业农村部渔业渔政管理局集体表彰。

【消防救援实战训练】 着重对高层建筑、大型城市综合体和大跨度大空间厂房等火灾高风险单位进行“六熟悉”和消防设施测试，彻底掌握各单位情况。深入开展初战控火、合成训练等实战训练，扎实开展隧道、船舶、涉氨事故、防台抗洪等灾情演练。2022年，消防部门共制作更新预案213份，三维建模242份，排摸消火栓1034个，开展实战化演练77次，重点单位熟悉演练165次，固定消防设施测试6次，通信测试282次，极大提高灭火救援的实战能力。联合市县两级民宗部门，在象山等慈禅寺举行全市宗教活动场所消防应急演练。大队代表宁波消防救援支队参加全省第三届“火焰蓝”执勤岗位练兵比武竞赛，最终荣获团体总分第二名，其中大队实战化组织指挥、预案编制和桌面推演分别获得全省第一的佳绩。

【消防队伍建设】 2022年，全县建有乡镇专职消防队12支，企业专职队1支，共有17辆消防车，137名专职消防队员，微型消防站75支，有效填补城乡特别是农村地区的消防力量空白。组织政府（企业）专职消防队比武竞赛2次，开展轮训班8批，拉动检查82次，并积极探索专职消防队升级改编试点工作，先行对爵溪专职消防队等6支队伍进行提档升级，构建全县“15分钟消防救援圈”，推动队伍向“全灾种大应急”转型升级。

【消防安全宣教】 深化消防安全宣传“五进”，提升公众消防安全知晓率，常态化招募消防志愿者，加大“敲门入户”宣传力度，积极推广运用“消防隐患随手拍”和“全民消防安全学习平台”，2022年，共打造30个消防安全宣传“五进”示范点，推动学习云平台注册3.3万余人，招募消防志愿者1.4万余人，开展宣传培训80余次，消防站开放60余次，发放宣传资料6万余份，发送短信10万余条，滚动播放安全提示8万余条。

（县消防救援大队）

经济管理

发展与改革

【概况】 2022年,象山县实现地区生产总值720.04亿元,增长5.2%,增速排位由2021年全省第43位提升至第13位。服务业增加值实现347.84亿元,同比增长9.4%,分别高于市平均、市下达目标5.6个和0.9个百分点,完成市下达年度任务,增速居全市第一。全县4个省重点建设项目完成投资37.26亿元,完成年度计划的138.51%,30个市重点建设项目完成投资89.35亿元,完成年度计划129.23%,省市县长项目落地率达75%。

【确立"才能兼备、余生有幸"海洋经济新产业赛道主攻方向】 9月24日,在第十六届中国海洋论坛暨首届"万物开源"海洋双创大会上象山县首次发布"才能兼备、余生有幸"八条海洋经济新产业赛道,"才(材)"海洋新材料(规上企业43家、产值52亿元)、"能"海洋新能源(规上企业54家、产值152.9亿元)、"兼(建)"高技术船舶建造和海洋交通运输产业(规上企业36家、产值54.1亿元)、"备"海洋工程装备(规上企业136家、产值182.7亿元)、"余(渔)"现代渔业(渔船2541艘、水产养殖18.9万亩、产值185亿元)、"生"海洋生物食品加工与制药(规上企业30家、产值33.9亿元)、"有(游)"海洋旅游(主要景区11个、产值102.9亿元)、"幸(信)"海洋信息(规上企业10家、产值5.5亿元)。八大产业新赛道的提出进一步明确了象山县海洋产业发展的主攻方向,找准比较优势,着重在科技含量高、市场前景好、具有良好经济效益和持续增长能力、产业关联度高等领域找准发力点,为海洋强县建设提供有力支撑。

【象山县海洋社团联盟】 2002年4月13日,象山县海洋社团联盟正式揭牌成立。象山县海洋社团联盟是非营利性社会组织,首批成员包括中国太平洋学会海洋生态产业发展研究分会、宁波海洋绿色发展创新中心、渔文化研究会、象山县船舶协会、象山县水上运输协会、象山县渔业捕捞协会、象山县水产行业协会、象山雄鹰救援队、象山县野鸟保护志愿大队、象山青年志愿者协会、象山县摄影家协会等11家组织。联盟成立标志着象山海洋经济有了新的协同创新发展平台,通过推动联盟成员在学习交流、业务培训、平台建设、市场开拓、产业转型、技术创新等方面深化合作,加快形成政府、企业、社会组织多元化协同推进海洋经济高质量发展的良好局面。成立一支海洋社团联盟后备军,对于推动象山海洋经济一体化高质量发展,促进海洋经济发展国内大循环形成有重要意义。

【总投资147亿元重点工程举行集中开工仪式】 3月10日,2022年象山县第一批重大项目集中开工仪式在象山经济开发区城东工业园金水湾路与知新路交界处地块举办。此次集中开工仪式项目30个,总投资147.02亿元,年度计划投资48.50亿元,其中参加省市集中开工项目7个,总投资105.8亿元,年度计划投资35.3亿元;参加县集中开工项目23个,总投资41.22亿元,年度计划投资13.2亿元。10月28日,象山县第三批重大项目集中开工仪式在象保合作区天枢路与云望路交界处地块举办。此次集中开工仪式项目22个,总投资110.89亿元,年度计划投资13.32亿元。其中国有政府投资项目5个,总投资27.27亿元,年度计划投资3.27亿元;社会投资项目17个,总投资83.62亿元,年度计划投资10.05亿元。

【入选全省第二批低碳试点县创建单位名单】 9月30日,省发改委公示4大类、共12家第二批低碳试点县创建单位,象山成功上榜能源低碳发展类名单,系宁波市唯一。象山抢抓碳达峰碳中和机遇,大力发展绿色能源,建成风电、光伏、生物质发电等非水可再生能源超过100万千瓦,同时积极打造绿色能源产业体系,涌现出锦浪科技、日星铸业等一批龙头企业。

【通过省级大花园示范县命名验收】 10月10日,省推进"四大建设"工作联席会议办公室公布全省第二批大花园示范县名单,象山县成功获评,系宁波市唯一入选区县(市)。在打造"滨海大花园样板"过程中,象山深入践行"绿水青山就是金山银山"发展理念,从生态环境综合治理、全域旅游推进、基础设施提升、绿色产业高质量发展等方面集中发力,大力发展海洋经济、美丽经济,积极推进北纬30°最美海岸线打造、海岛大公园建设、"海上两山"转化路探索等各项工作,精心描绘万象山海美丽新图景。《展现渔乡风情　点亮美丽经济——象山全力打造滨海大花园样板》《探索海域立体开发　拓宽海上“两山”转化通道》先后入选全省大花园示范县建设优秀典型案例，象山影视城成功创建全省大花园耀眼明珠。

【象山影视城成功创建省级大花园“耀眼明珠”】 2022年4月18日，省推进“四大建设”工作联席会议办公室公布全省第二批大花园耀眼明珠名单，象山影视城获评大花园耀眼明珠“高能级景区”，系宁波市唯一入选区县（市）。象山影视城是国家AAAA级旅游景区及中国十大影视拍摄基地，品牌价值达102.6亿元，为宁波文旅第一品牌。在打造“耀眼明珠”过程中，象山星光影视小镇融合影旅业态，设计产品亮点，按照“月月有活动，季季有节庆”的旅游发展思路，推出影视大庙会、国学踏青节、影视嘉年华、泼水节等各类节庆活动。同时，积极探索“影视+景点+游乐+演艺+互动”文旅新模式，开发动力手环和视频VLOG打卡、打造大型影视主题特效演艺秀《速度与激情》、设计《长安十二诀》《捕蝉行动》等11款沉浸式实景剧本杀，打造消费新场景，为游客提供全新交互式游览新体验。

【召开共富样板县工作会议】 5月19日，象山县召开高质量发展建设共同富裕样板县领导小组会议暨社会建设工作会议，县委书记包朝阳、县长李晓东、县委副书记应建勇等县领导出席会议。会议听取县共富办、县农业农村局、县旅游发展中心、县人力社保局、县卫生健康局、县民政局关于全阶段工作及下步工作的汇报，审议通过社建委工作规则、工作要点、共富样板县工作要点、标志性成果清单、重点工作清单、重大改革清单、系统架构图、指标目标等系列文件。

【出台《象山县政府投资项目管理办法》】 10月31日，《象山县政府投资项目管理办法》正式印发。办法共分总则、项目储备和年度计划、项目前期管理、项目建设管理、监督管理五大章，明确了政府投资项目定义、政府投资范围和方向、政府投资部门职责、规范政府投资项目储备和年度计划管理、政府投资项目前期管理的原则和要求、政府投资项目建设管理的实施原则和建设要求、政府投资项目监督管理等项目管理要求，从制度上确保政府投资项目管理规范性、有效性、可操作性。

【发布长三角海洋经济重点产业企业图谱】 印发2022年度对接融入长三角一体化工作要点，加强产业合作，引进长三角地区产业项目47个，其中亿元以上产业项目27个。推进长三角海洋产业联动，9月24日在象山县海洋经济论坛暨双创大会上，自然资源部第二海洋研究所、象山县政府、微链联合发布2022年长三角海洋经济重点产业企业图谱。

【长三角强科技合作项目达到17个】 加强科技合作，推动县内企业与浙江大学、上海海洋大学、浙江理工大学、浙大宁波理工等高校开展产学研合作项目达到17个，与长三角地区其他高校院所、企业开展技术合作项目70个以上。

【长三角旅游与医疗合作】 加强旅游合作与医疗合作，象山线路入选2022上海市总工会江浙疗休养十大线路，引进长三角地区专家237人次。长三角一体化工作被列入市2021年度督查激励名单。

【省级“粮食五优联动”示范县】 自2018年以来，象山县在全省率先开展“粮食五优联动”试点工作，并于2019年被认定为省首批“粮食五优联动”示范县，是宁波市唯一入选的县市区。2022年，象山县继续推进“粮食五优联动”提质扩面工作，推广面积由2018年的2000亩提高到2022年的12000亩，收购优质稻谷4000吨，加工销售优质大米2500余吨，盈利300多万元，达到财政减负、企业增效、农民增收的目的。8月，象山县顺利通过省“粮食五优联动”示范县复评，继续被认定为省“粮食五优联动”示范县。

（县发改局）

自然资源管理

【概况】 2022年，象山县自然资源和规划局紧紧围绕“聚力一二五，走好共富路”目标要求，坚定不移实施“海洋强县、美丽富民，都市融入、变革驱动”战略，扎实推进自然资源高水平保护、高质量保障、高效率利用、高效能治理。

【资源要素统筹保障】 全年取得新增建设用地指标2490亩、空间规划指标2775亩，完成农转用土地报批单独4个、城市建设用地项目17批次157个；保障农村住宅建设用地27亩，实现农民建房应保尽保，获评浙江省农村宅基地工作突出集体。制定《象山县土地储备出让统筹管理若干规定》，全年供应国有建设用地总面积6434亩，计划执行率150%，土地出让收入48.93亿元。全年完成占用林地审批46起51.08公顷，一般林木采伐审批120件2071立方米。全县纳入县级公共资源交易平台处置多余石料9宗，处置量400万吨，为财政增收1.08亿元。

【资源利用集约节约】 推动土地资源向产业集聚，“一地一策”推进土地盘活利用，超额完成批而未供土地消化处置任务。印发实施《象山县存量建设用地“因地施策、提质增效”三年攻坚行动方案》，全年消化批而未供土地3488亩，存量面积下降30.04%，市下达任务完成率105.61%；消化供而未用土地1290亩、盘活存量建设用地2280亩、完成城镇低效用地再开发949亩，分别占任务数的222%、124.59%、105.44%。出台《关于调整工业用地出让指导价格的意见》，合理调整象山工业用地出让指导价格。

【生态修复扎实推进】 构建三级“田长制”责任体系，落实各级田长515名、巡查员637名，县域范围内安装高位铁塔探头207个并全部接入“耕地智保”场景。创设全省首个《象山县耕地占补指标及城乡建设用地增减挂钩节余指标调剂使用统筹管理办法》,全年垦造耕地570亩、"百千万"永久基本农田集中连片整治7536亩,象山县自然资源和规划局获评浙江省高标准农田建设和农村宅基地工作突出集体。

【除险保安全面落实】 核查年度卫片图斑1983个,森林督查涉及49个违法图斑全部查处到位。全力防范地质灾害,汛期对全县46处地质灾害风险防范区、13处治理边坡开展隐患排查整治。开展森林防火大检查大督查,全年无重大森林火情;松材线虫病疫木除治4.52万亩、完成率147%。办理行政诉讼27件、行政复议15件;办理信访件779件次,化解上级交办信访积案41件。

【民生保障稳步优化】 清理规范林权确权登记历史遗留问题,完成贤庠青莱村、芦岙村林权确权登记办证113户。推广新建房转移登记和抵押登记全程网办改革,创新推出"二手房交易登记+金融服务""五合一"便民模式。初步建立国有自然资源储备库及生态资源资产"一张图",核查土地、矿产、森林、水、海洋、湿地、草地等七大自然资源图斑19.8万余个。完成城市地下市政基础设施普查,推进全县城市地下市政基础设施"一张图"绘制。象山县自然资源和规划局蔡乃文获浙江省第三次全国国土调查成绩突出个人。

【不动产登记收费电子票据上线】 1月4日,县不动产登记服务中心推出线上开具不动产登记费电子票据服务,申请人只要通过支付宝支付登记费,便可登录宁波市财政电子票据服务平台进行票据、缴款码查验,在录入票据相关信息后即可显示电子票据。该项服务打通了群众在线缴费到发票获取的"最后一公里",为实现不动产登记"不见面"打下坚实的基础,切实提升了群众的满意度和获得感。

【象山海域立体分层确权入选改革创新优秀案例】 1月11日,浙江省自然资源厅公布了2021年度全省自然资源系统改革创新优秀案例名单,象山县"首创海域分层确权使用制度　全面提升海洋资源利用水平"成功入选。2019年4月,中共中央办公厅、国务院办公厅印发《关于统筹推进自然资源资产产权制度改革的指导意见》,首次从中央层面提出"探索海域使用权立体分层设权"。为破解县域发展空间困境,象山县在全国率先实施海域立体分层确权管理。制度层面,出台了《象山县海域分层确权管理办法(试行)》《象山县海域分层确权登记操作规范》等;技术层面,编制全国首个海域立体分层确权宗海界址图,在不动产登记系统新增海域分层登记板块,探索引入"空间码"建设"数字海洋空间";产业层面,"海塘建设+电缆管道""养殖用海+光伏发电"等产业实现海域分层使用。

【召开主题教育动员大会】 2月8日,县自然资源和规划局组织召开"效能提升我献策、资规出彩我担当"主题教育动员大会。县自然资源和规划局党组书记、局长周峰作动员讲话,要求坚持党建引领,系统干部职工集思广益,共谋发展,进一步转变工作作风,提高办事效率,激励干部担当作为,提升资规系统形象,跑出新年建设高素质资规队伍的加速度。

【出台要素保障10项措施】 2月9日,经县人民政府同意,县自然资源和规划局出台《关于做好自然资源要素保障工作的意见》,重点围绕加强要素统筹保障、确保资源高效利用、拓展项目用地空间、优化审批服务效能、深化数字化改革等五个方面,提出十项针对性措施,以全力扩大有效投资,确保经济平稳、健康、高质量发展,助推实现"开门稳""开门红"。

【象山县第三次全国国土调查主要数据公报发布】 2月17日,县第三次全国国土调查领导小组办公室、县自然资源和规划局、县统计局联合发布《第三次全国国土调查主要数据公报》(以下简称"三调"),公布象山县以2019年12月31日为标准时点汇总的第三次全国国土调查数据。"三调"全面采用优于1米分辨率的卫星遥感影像制作调查底图,广泛应用移动互联网、云计算、无人机等新技术,创新运用"互联网+调查"机制,全流程严格实行质量管控。该次调查历经3年,共投入400余名调查人员,完成9.48万个图斑调查任务,全面查清了象山县国土利用状况。

【召开违法用地整改工作推进会】 2月22日,象山县2021年度国土变更调查涉及违法用地整改工作推进会在象山县自然资源和规划局召开。会议由县自然资源和规划局局长周峰主持,副县长胡颖磊出席会议并讲话。县自然资源和规划局、县农业农村局及各镇乡(街道)相关负责人参会。会议利用2021年度国土变更调查成果,部署了下阶段违法用地整改工作。

【测绘地理信息应急演练】 3月9日,县自然资源和规划局、县卫生健康局、县大数据发展中心联合开展了测绘地理信息应急演练,以象山县某地突发新冠阳性病例为演练场景,重点围绕应急出图及无人机监控处置来开展。演练过程中,全体人员始终保持昂扬的战斗精神,合理分工、有序作业,上演了应急"加速度"。此次演练进一步提升了地理信息应急管理工作规范化、制度化水平,完善了地理信息应急保障体系,为象山县疫情防控工作筑牢安全堤。

【盛乐山一行到象山督察】 3月22日,省自然资源厅副厅长盛乐山一行到象山开展废弃矿山生态修复专项督察。督察组现场检查了石浦镇鸡鸣村前山、大目涂二期围垦工程老虎洞等2个被列为第二轮中央生态环境保护督察问题整改清单的重点废弃矿山修复项目,并座谈听取了项目实施单位对整改落实进度的情况汇报,就项目实施中存在问题和下步打算进行交流指导。

【办理首笔“二手房交易登记+金融服务”组合登记】 为进一步推进“互联网+不动产抵押登记”服务，县不动产登记服务中心探索推出“二手房交易登记+金融服务”便民新模式。4月26日，县农村信用合作联社通过前期签署贷款审批表、三方签订多方资金监管协议等准备工作，在网点受理完成了全市首笔带抵押的二手房转移、按揭申请事项，并将所有登记资料提交至县不动产登记窗口办理组合登记。县不动产登记窗口自材料受理完成后，在60分钟办结制内办结了所有组合业务，并同步发放新的不动产权证书及不动产登记证明。该便民模式将“转贷”二手房过户中五个主要环节高度融合，实现登记与金融充分协同，有效打通银行、税务、登记的办理壁垒，解决了“转贷”中卖方提前还贷的资金压力，缩短单个业务出现的空当期，降低二手房交易风险。

【象山举办城市价值推介会】 5月9日，由中共象山县委、象山县人民政府主办，象山县自然资源和规划局承办的“滨海大花园　都市新空间——象山县滨海城市推介会”在海洋酒店举行。会议由县政府办公室副主任胡路主持，县委常委、常务副县长高岷致辞，县委常委、副县长周坚栋作城市价值推介，县自然资源和规划局党组书记、局长周峰作城市空间及近期重点发展地块推介。50余家地产开发代表及媒体代表齐聚一堂，共话象山投资发展新机遇。

【杜云峰一行到象山考察】 5月23日，湖北省保康县委副书记、县长杜云峰，湖北省乡村振兴投资集团有限公司党委副书记、总经理吕克宪一行到象山考察。考察组先后实地考察了爵溪下沙及大岙沙滩修复、松兰山海岸带修复整治项目以及丹西街道西港村土地开发项目，并座谈听取了象山县全域国土空间综合整治的情况介绍。

【国家版图知识进校园活动】 7月20日，市自然资源和规划局、县自然资源和规划局在象山县贤庠镇假日学校组织开展了国家版图知识进校园活动。此次讲座由宁波市测绘和遥感技术研究院地理信息所副所长刘彬主讲，向中小学生讲解了国家版图构成、领土主权以及领土范围的基本知识，介绍了中国疆域、边界四至、周边邻国等内容，并对国家版图关键区域作了重点说明，提高了中小学生“知我国家版图，爱我美丽中国”意识，进一步促进国家版图知识的普及。

【许小忠一行到象山督导】 8月25日，省自然资源厅党组成员、省自然资源专职副总督察许小忠一行到象山督导自然资源督察等重点问题。一行人先后督导新桥镇黄公岙村农用物资仓库点位、东陈乡旦门村石材加工场点位后，在县自然资源和规划局召开汇报会议。

【沈德法获省“人民满意的公务员”称号】 9月23日，县自然资源和规划局一级主任科员沈德法获浙江省“人民满意的公务员”称号，并于9月26日上午受到省委书记袁家军，省委副书记、省长王浩等省领导接见，于9月27日上午受到省委常委、市委书记彭佳学，市委副书记、市长汤飞帆接见。

【“码上有地”应用场景获“赛马比武”活动一等奖】 9月28日，县自然资源和规划局“码上有地”多跨应用场景荣获宁波市资规系统数字化应用场景“赛马比武”活动一等奖，省自然资源厅党组成员、副厅长顾浩为获奖单位颁奖。“码上有地”应用场景以问题为导向，旨在重塑建设用地审批流程，以“空间码”赋能优化业务协同模式，变“项目列表式审批”为“空间式审批”，以数据集成高效推进多科室、多部门协同审批，以智能规则推进智能审查提速，提高多跨协同效率，实现要素精准配置、审批公正便捷、资源高效利用，加速土地要素循环畅通。

【全市自然资源规划系统办公室业务培训会在象山召开】 11月10—11日，全市自然资源规划系统办公室业务培训会在象山县召开。市自然资源和规划局党组成员、副局长汪乐军参加座谈并讲话。会上，各区（县、市）分局（局）办公室主任围绕系统运行机制、宣传信息等工作中存在的困难和问题进行汇报交流，并就办公室综合业务工作进行认真探讨。会议同时强调部署疫情防控、信息公开等工作。

【上海局督查组赴象山外业核查】 11月30日，国家自然资源督察上海局督查组一行到象山开展外业核查。督查组现场检查石浦镇半边山伴野星辰山地露营、晓塘乡海之湾户外大本营2个点位，就项目实施中存在问题和下步打算进行交流指导。

【开展国家宪法日宣传活动】 12月11日，县自然资源和规划局相关科室赴万达广场参加“法治集市”大型宣传活动。结合朗诵、快板、有奖知识问答等方式，对群众开展了寓教于乐的法治宣传，并积极为群众提供法律咨询服务、发放宣传册和纪念品。活动现场气氛热烈，群众参与热情高涨，共计发放《中华人民共和国民法典》《中华人民共和国森林法》《浙江省土地管理条例》等各类普法宣传册1000余份、纪念品500余份，切实提高了群众的法治意识。

【宁波市（象山）海洋生态保护修复工程项目成功入围】 12月13日，财政部、自然资源部发布纳入中央财政支持的2023年海洋生态保护修复工程项目，宁波市（象山）海洋生态保护修复工程项目成功入围。自2019年以来，县自然资源和规划局坚持以习近平生态文明思想为指导，积极开展实施方案编制、自筹经费落实、本底调查和数模分析、互花米草治理技术攻坚等前期准备工作，为此次申报打下了坚实的基础。该项目位于象山港的西沪港和三门湾的蟹钳港，总投资6.06亿元，其中中央财政资金支持4亿元、地方财政配套资金2.06亿元。拟完成生态修复总面积1740公顷、岸线修复长度76千米、互花米草治理面积1573.7公顷，从而使滨海湿地生态功能明显改善，生态系统质量和生物多样性显著提高。

（县自然资源规划局）

国有资产管理

【概况】 截至2022年12月底，全县共有国有企业（含集体企业）及国有成分企业432家，其中，县属集团公司、县级部门及管委会所属企业共278家（其中，国有独资183家，国有控股参股81家，集体企业14家）；镇乡（街道）所属企业154家（其中，国有独资116家，国有控股参股17家，集体企业21家）。全县国有企业资产总额2214.94亿元，增长32.22%，净资产增长95.44亿元。全县国企实现营业收入74.63亿元，同比增长15.97%。县属国有企业用工人数4155人。

【国企架构重塑】 加快推进部门代管企业资产重组（清理整合）改革，围绕"行业相近、产业相关"原则，采取"稳妥有序、分步推进"策略，完成户外设施公司、奥通科技公司、精诚建设公司、卫家白蚁公司、房屋征迁公司、军粮供应公司等11家部门代管企业股权划转、企业合并，完成棚改公司与农投公司管理权分别划入城投集团与水务集团，推进国资统一监管。加强石浦镇所属国企整合重组，通过企业合并改组、管理资产划转、增量资本注入、股权并购置换等途径，盘活利用镇域土地、矿产、码头、停车收益权等各项资产资源160亿元，完成宁波东海渔都投资集团有限公司组建。

【项目投资攻坚】 出台《象山县国有企业经营性项目投资管理暂行办法》，全年共累计完成固定资产投资56.76亿元，同比增长40.97%，其中9个市重点工程项目累计完成固定资产投资10.64亿元。加强央地合作，加快推进中广核涂茨海上风电、国电象山海上风电（二期）等项目，国电海上风电场（二期）和石浦港区物流基地及配套集疏运道路建设项目获政策性开放性金融工具贷款投放共10.56亿元。

【资产资源盘活利用】 全面清查国有自然资源资产，推动外部资产注入，建立集团公司经营性资产库，注册成立海上"两山银行"公司，努力打通生态资源变资产变资本通道，全年共盘活利用资产资源254.7亿元，补办闲置资产权证46处741件。加强企业存量资产盘活，开展盘活存量资产扩大有效投资专项行动，全面摸清各集团和管委会国企所属不动产、项目资产、股权资产，制订实施"一资产一策"盘活计划，按照属性分类明确资产处置、资产交易、整合打包等盘活方案，形成待盘活存量资产清单，共可盘活资产7宗，账面值20.61亿元。创新资产"代建代销"盘活模式，重塑1处"土地使用权"资产定位，借力绿城房产、大象建筑等社会资本赋能，由"自产自销"走向"代建代销"，扩大有效投资。全年共处置资产3项，收回资金5981万元。出台《象山县国有企业资产租赁管理办法》，进一步规范国有企业资产租赁行为，处置低效无效资产，共收回资金320万元。

【经营收入拓展】 聚焦主责主业，深入包装矿山经营、停车位、充电桩、户外广告等政府特许经营项目，做大学生配餐、保安服务、机关物业、环卫收费、工会疗养、智能化项目等政府付费板块，开展大宗贸易业务等工作。加快推动混改合作，指导制定实施交通工程咨询监理和交通工程试验检测公司混改方案，吸收融入同行业高资质民企，完成股权架构调整，开展市场化运营，通过股权激励方式，提高职工的积极性。交通集团与宁波东方人力资源公司合资组建东方蔚蓝人力资源公司，开展机关事业单位编外用工劳务派遣业务。截至12月底，全县国企营业总收入74.63亿元，同比增长15.97%，其中主营业务收入同比增长9.07%。

【助企纾困】 严格按照省市县有关助企纾困政策要求，出台《关于落实稳链纾困助企政策做好国有房屋租金减免工作的通知》，制定国有房屋租金减免操作细则，按照"应减尽减、不漏一户"原则，全面排摸县域房产420余处，建立房产承租方和实际经营承租方两张清单。全年，共完成国有企业存量房屋租金减免3688万元，惠及小微企业和个体工商户共3035户，实现应减尽减，帮助小微企业与个体工商户渡过难关，彰显国资国企硬核担当。

【风险防控强化】 持续开展"融资降本增效"专项行动，定期召开国有企业投融资工作例会，制定全县国有企业融资降本年度工作方案，建立国资国企政研智囊团工作机制，引导国企积极谋划项目贷款，探索谋划多种新型融资产品。加强经营预算管理，完善国企市场化结算机制，开展财务真实性问题整治，定期编制资金落实预测表、债券发行计划表，强化债务数据监控。推进数字化改革，建设国资在线综合监管系统，加快推动"银企直联"。稳步推进镇乡（街道）所属国企高成本存量债务置换，加强资产尽调、营收谋划，完成7家集体企业转制，设立富甬集团所属4家全资子公司，明确17个乡镇对接合作银行，通过股权并购方式，完成12个乡镇债务接管，加速推进剩余5个乡镇并购贷款审批等工作。截至12月底，全县国企融资综合成本率较年初下降0.41个百分点，项目贷款规模占比提高3.95个百分点，净增融资规模194亿元，累计发行专项债资金11亿元、境外债5000万美元和7200万欧元。

【东海渔都集团获AA+主体信用评级】 11月29日，联合资信评估股份有限公司发布信用评级报告，评定宁波东海渔都投资集团有限公司（以下简称"东海渔都集团"）主体信用评级为AA+，评级展望为稳定。这是继象港集团、海投集团之后的第三家AA+信用等级国有企业，成功实现每年评定一家AA+信用等级国企的投融资改革目标。东海渔都集团主要从事象山南部区域的基础设施建设、海洋开发、污水处理和贸易等业务。此次取得AA+主体信用评级，对公司进一步提升融资能力、助力南部区域经济社会发展等方面具有重要意义与积极影响。

【考核激励机制】 完善薪酬激励机制，出台《象山县国有企业职工薪酬激励办法》，对全县纳入薪酬总额管理的国企按公益类、功能类、竞争类标准进行分类，推动建立竞争类企业超额利润分享机制和功能类公益类企业的绩效管理奖励机制。健全差异化考评体系，完善县政府直属企业和管委会下属国企年度经营业绩考核方案，首次实施“共性+个性+创新”“清单+飞单”考核模式，开展经济指标日常动态监测，强化计划执行刚性，确保重点工作任务全面按时完成。开展中小企业担保公司等5家公司“单考单奖”，完成县旅游集团下属4家试点竞争类企业KPI绩效考核，有效激发国企职工的积极性。

【党建赋能发展】 根据省委“全企一体，双融共促”推动国企党建整体建强要求，理顺国企党建归口至国资党委。开展“五问五破、五比五先”专项行动，通过“奋勇担当守初心，青春献礼二十大”宣讲比赛等15项行动在“比学赶超”中扎实开展作风建设。编制《国企基层党组织工作手册》，完善国企党建考核标准，以查促学，以督促改，推动党建工作成效转化，国资中心本级升级为五星级党组织，获清廉机关、机关党建培育品牌等荣誉。深化主体责任报告、评议和检查，着力打造清廉国企建设高地，开展工投集团清廉国企示范点创建，定期分析研判清廉国企建设形势。首次制定人才工作考核标准，建立国企人才储备库，制定紧缺人才目录，共引育高层次、紧缺型人才11名。加强专业化年轻化干部人才队伍建设，结合共同富裕主题培训，开展财务管理、风险管控、人力资源管理等专项培训1510人次，进一步提升国企干部职工专业素养和履职能力。

（县国有资产管理中心　罗欢）

财　政

【概况】 2022年，面对异常复杂严峻的外部形势和超预期疫情叠加冲击，全面落实习近平总书记关于“疫情要防住、经济要稳住、发展要安全”的总体要求，深入实施“两增一统”专项行动，全力以赴开源增收，主动服务发展大局，持续施策防御风险，规范管理提升绩效，为高质量发展建设共同富裕样板县提供有力支撑。

【实现财政总收入100.0亿元】 2022年，全县实现财政总收入100.0亿元，增长10.3%，完成调整预算的100.0%，其中，一般公共预算收入60.8亿元，增长5.1%，完成调整预算的100.1%；中央财政收入39.2亿元，增长19.4%，完成调整预算的99.8%。地方税收收入43.4亿元，占一般公共预算收入的71.3%。全县一般公共预算支出完成101.7亿元，增长14.1%。民生支出79.0亿元，占一般公共预算支出的77.7%，增长14.3%。

【政府性基金收入完成48.3亿元】 全县政府性基金收入完成48.3亿元，支出65.3亿元，年末累计结余6.8亿元；社会保险基金预算收入19.6亿元，支出20.7亿元，年末累计结余0.9亿元；国有资本经营预算收入763万元，上级转移支付收入11万元，支出52万元，年末结余35万元。收支达到基本平衡。

【完成一般公共预算收入中的税收收入43.4亿元】 建立健全市县纵向贯通、县级各部门横向联动的收入组织长效机制，在坚决落实新的组合式税费支持政策的基础上，深挖税源增长点，规范非税征收管理，切实提高收入质量。2022年完成一般公共预算收入中的税收收入43.4亿元，增长1.1%。强化与非税收入执收部门对接沟通，积极加强非税收入收缴管理，做到依法征收、规范执收、应收尽收。

【收缴各项政府非税收入17.5亿元】 全县收缴各项政府非税收入17.5亿元，增长16.5%。严格落实政府过紧日子要求，出台《象山县财政局　象山县机关事务管理局关于进一步贯彻党政机关厉行节约有关要求的通知》，大力压减一般性支出，全年一般性支出同比下降5.3%。

【推动经济稳进提质】 不折不扣落实县委、县政府决策部署，全面顶格落实省市县稳经济“一揽子”政策、稳链助企纾困配套措施，切实扛起稳住经济大盘的财政责任，全县新增退税减税降费及缓缴税费32.3亿元，其中增值税留抵退税13.2亿元。加快产业扶持政策资金兑现进度，兑付产业扶持专项资金6.4亿元，惠及企业3451户次。落实好纾困助企融资财政贴息政策，支持小微企业降本增效，共下达财政贴息284万元，惠及企业531户次，新增贷款约8亿元。下沉一线开展“三服务促共富”大走访活动，实地走访困难群众288户次、调研企业186户次，送政策、问需求、优服务，2022年累计为群众办实事778件，为企业解难题81件。

【加强教育文化建设】 2022年投入15.8亿元用于教育事业，全方位助力教育高质量发展。优化义务教育经费保障机制，加大补助力度，支持提高义务教育学校公用经费保障水平。2022年，共下达城乡义务教育公用经费7182万元。全面落实家庭经济困难学生资助政策，做到应助尽助、精准资助，下达2022年义务教育段学校免杂费经费1166万元，惠及学生5.2万人次；困难学生补助经费690万元，惠及学生8568人次。大力改善学校设施环境，推动城乡学校硬件升级，共下达相关经费8661万元。支持教育扩容和提升工程，积极向上争取债券资金用于象山港高级技工学校迁建工程、象山县学前教育提升工程。加强名优教师队伍建设，优化教育人才梯队结构，整体提升教师队伍素质，发放“奖教惠师”等相关资金784万元。

【支持医疗事业发展】 深入推进健康象山建设，2022 年卫生健康支出 9.4 亿元，提升公共卫生服务保障水平。城乡居民基本医疗保险财政补助支出 4.2 亿元，用于提高人均财政县级补助标准，确保提标后全县参保居民享受医保待遇。推动基层医疗卫生机构基础设施扩改建，补齐医疗机构设备短板，共拨付相关资金 3000 万元。安排 1177 万元用于推进“三免”健康行动，开展参保城乡居民免费健康体检、惠及群众 14.8 万人，重点人群免费接种流感疫苗、重点人群免费重点疾病筛查，惠及群众 7.5 万人。按照“疫情要防住”要求，全年落实各类防疫资金 3.9 亿元，用于全县疫情防控设备采购、重点人群核酸检测、应急物资保障等各项防疫工作开展。

【健全社会保障体系】 健全多层次社会保障体系，2022 年县级财政统筹安排 14.5 亿元用于保障基本养老基金、医疗保险基金正常运行。扩大缓缴三项社会保险费政策实施范围，落实阶段性缓缴职工基本医保单位缴费政策，调整职工基本养老保险参保用人单位缴费比例，共缓缴社保相关费用 3467 万元、减免企业职工基本养老保险费 5000 万元。落实企业职工基本养老保险省级统筹制度，深入推进社保扩面工作，新增参保 3368 人次，新增保费收入达 3967 万元。加强社会救助兜底保障，落实好社会救助和保障标准与物价上涨挂钩联动机制，稳步提升城乡居民基本养老保险基础养老金最低标准，调整最低生活保障等社会救助标准，2022 年落实社会救助资金 1.8 亿元，惠及困难群众 1.3 万人，拨付残疾人“两项补贴”4717 万元，扎实做好社会托底保障。

【支持乡村振兴战略】 统筹安排 2000 万元精准扶持“消薄”攻坚行动，扶持相对薄弱村参与美丽乡村建设、技改贴息等项目，推动村级集体经济健康高效发展。拨付“减船转产”补助资金 8.6 亿元，进一步促进渔业生产安全和可持续发展。建立健全“非粮化”“非农化”长效监管激励机制，加强高标准农田建设，开展永久基本农田集中连片整治项目，推进粮功区“非粮化”整治，提高农田配套水平，2022 年共筹措资金 8.7 亿元，完成“非粮化”整治 1829 公顷，验收通过 8 个高标准农田项目，面积达 670 公顷。深化农村综合改革，重点打造新农村集成改革亮点，普遍提升农村人居环境，2022 年确定农村公益事业建设项目 28 个，安排资金 1400 万元。深化美丽乡村建设，安排财政补助资金 600 万元，落实 3 个建设项目，进一步美化乡村环境。确定未来乡村建设三年 25 个行政村储备名单，以数字化改革融入未来乡村建设，有效加强数字支撑。

【深化投融资改革】 开展国有资产清查，分批推进矿山、塘坝、水库等资源资产盘活利用，提升资源资产利用效益。持续开展“降本增效”行动，全县融资结构进一步优化，融资综合利率下降 0.4 个百分点。加强债务风险源头管控，开展政府投资项目立项前财政承受能力和债务风险评估，清理核实隐性债务，坚决遏制新增债务，多渠道筹措化债资金，稳妥化解存量隐债，完成年度化债任务。深入实施“乡财县管”，出台《象山县财政局关于印发〈象山县“乡财县管”工作奖励办法(试行)〉的通知》，安排奖励资金 2 亿元，常态化审核镇乡(街道)各项经费开支，开展“乡财县管”执行情况检查，新增相关经费 6.9 亿元，保障了镇乡(街道)正常开门运转。稳步推进“乡债县管”，12 个镇乡(街道)债务基本完成接管工作。

【提升财政智治水平】 完善“智慧财政”系统建设，顺利上线运行“资产云”“财务云”模块，推进数字财政建设。2022 年通过“智慧财政”系统办理预算执行业务 14.1 万笔，涉及金额 122.5 亿元。打通“甬易办”平台与“智慧财政”预算执行系统，简化资金拨付流程，提高资金兑付效率，兑现时间提速 2~3 个工作日。深入推进社会团体组织财政电子票据改革，共有 103 家社会团体组织上线使用财政电子票据系统，惠及群众 3042 人次。全面推广政采云平台，打造“网上超市”平台，实施政府采购全流程电子化招投标，依托招投标巡检模块进行实时监控和异常数据筛查，全年累计实现交易额达 11.5 亿元。

【提升资金监管绩效】 出台《象山县财政局关于印发〈象山县预算绩效运行监控管理办法(试行)〉的通知》和《关于印发象山县财政局专项内部控制办法的通知》，建立事前绩效评估联席会议制度，组织 106 个部门开展绩效自评，涉及资金 48.4 亿元、同比增长 140.6%。对 8 个项目开展重点绩效评价，涉及资金 3.3 亿元，完善事前、事中、事后有机衔接的全过程绩效管理链条。扎实推进公款竞争性存放数字化转型，加快搭建公款竞争性存放网上招投标平台，进一步规范资金竞争性存放和账户管理。强化政府采购监管，出台《象山县财政局关于印发〈象山县政府采购人责任清单〉的通知》《象山县财政局关于印发〈象山县政府采购招标文件编制负面清单〉的通知》等，进一步规范单一来源采购行为，全年节约财政资金 2.3 亿元，节约率达 12.8%。从严从紧加强基建财务管理，共审查工程 145 个，核减造价 1.6 亿元，核减率 10.3%。落实全市财政系统三年“规范管理、效能提升”行动计划要求，开展会计评估、涉企违规收费、“三公”经费等方面监督检查，持续推动内控建设，进一步健全财政管理制度、完善财政政策体系、规范财经管理秩序。

【推进全面从严治党】 深入贯彻落实中共二十大精神，高标准抓好学习研讨、宣传辅导等工作，高质量开展专题学习 81 次、学习人员达 6567 人次。健全党组书记第一责任、班子成员“一岗双责”、科室负责人直接责任、干部职工落实责任的“四责协同”工作机制，层层签订党风廉政建设责任状，进一步加强党风廉政建设。严格执行领导班子、干部重要事项每月定期报告制度，重点落实领导干部及中层干部个人重大事项报告、干部因私出国(境)和婚丧事宜操办“双报告、一公示”等制度，进一步加强纪律意识、规矩意识。2022年共上报重大事项报告8人次、婚丧事宜3人次，完善中层廉政档案43人次。强化日常监督检查，把党内监督融入日常，对全局干部职工执行工作纪律、作风效能等情况进行抽查6次，批评教育2人次。常态化落实廉政谈话制度，开展各类廉政谈心谈话83人次，教育引导党员干部守牢廉洁自律防线。

（象山县财政局　江瑜）

税　务

【概况】　2022年，县税务局各项工作取得显著成绩：县税务局获评税务系统节约型机关建成单位、浙江省五一劳动奖状、同获县级“模范机关、清廉机关、文明机关”3项荣誉，第一税务所、丹东税务所被命名为一星级全国青年文明号，定塘税务所获评浙江省巾帼文明岗，第二税务所、丹西税务所、石浦税务所获评市级青年文明号，“12366”纳税缴费咨询平台获评市五一巾帼标兵岗，第一税务所、定塘税务所2022年复评通过市级青年文明号。县税务局机关党委被评为“五星级”机关党组织，选送案例获市主题党日“红色案例”。5个基层党支部获评五星级基层党组织，丹东税务所党支部入选县级模范党支部。

【组织税费收入】　全局共组织各项收入173.74亿元，同比增收60.08亿元，增长52.86%。共完成税收收入84.21亿元，同比增收7.2亿元，增长9.35%，年度税收首度超80亿元，其中中央级税收入库40.76亿元，同比增收6.17亿元，增长17.84%；地方级税收入库43.46亿元，同比增1.03亿元，增长2.42%。办理出口退税19亿元，同比增加1.28亿元；办理免抵调库3亿元，同比减少0.8亿元，剔除免抵调库后，入库直接收入81.21亿元，同比增收8亿元。完成社保费收入38.9亿元，同比增加6.97亿元；完成各项非税收入50.62亿元，同比增收47.59亿元。

【全面从严治党】　2022年，全年召开党委会31次，开展中心组理论学习12次，举行“周二夜学”47期，对习近平总书记重要讲话和重要指示批示精神及时跟进、系统学习、全面落实。将学习贯彻中共二十大精神作为首要政治任务，高度重视、精心组织，充分发挥党委领学促学作用，建立“党委领、专家引、典型带、青年说”学习机制，构建“红领菁”青年理论学习小组、“青税党校”“税务青年说”联学联动模式，融合推进“喜迎党的二十大　兴税强国铸忠魂”主题实践活动和对党忠诚教育活动，持续提高“政治三力”，把拥护“两个确立”、做到“两个维护”不折不扣落实到行动上。深化“下抓两级、抓深一层”工作机制，制定“一把手”监督重点事项清单，严格落实约谈提醒、责任落实情况检查考核等制度，推动责任压力层层传导、层层落实。

【深化税收征管改革】　精准识别未办税户、登记信息逻辑校验错误、税收遵从风险预警等涉税市场主体户管信息疑点数据，持续开展税源信息日常监控和质量管理，不断提高基础数据质量；以征管质量5C监控数据为抓手，建立税收征管质量5C监控评价协作工作机制，实行指标模型扎口管理；联合资规部门实施不动产登记和完善信息双向核验及业务闭环监管，贯彻不动产登记“先税后证”的办理要求，强化不动产登记办税全链条管理；构建外来建筑企业跨区域经营信息数据库，紧盯前端报验登记和末端预缴申报环节实施动态监管；以基础数据为依托，以匹配推送为导向，以分类归集为抓手，确保纳税人快捷享受退税服务，有效释放税收红利；实亩均税收低效企业属地责任，厘清低效成因及企业现状，实施靶向施策、精准帮扶；深化“以数治税”理念，发挥税费数据服务社会经济发展优势，加强与政府各部门间数据共享共用。

【落实退税减税】　全面贯彻落实党中央、国务院关于退税减税决策部署和总局、市局工作要求，坚决扛牢退税减税政治责任，聚焦党建引领、组织先导、建章立制、防范风险，推进退税减税缓税等优惠政策落实。全年新增减税降费及退税缓税缓费32.34亿元，其中办理增值税留抵退税13.17亿元，“六税两费”减征1.89亿元，制造业中小微企业缓缴7.42亿元，有效助力市场主体减负担、增信心、添活力。

【推进依法治税】　健全行政执法工作体系，坚持严格规范公正文明执法。深化开展三项制度，进一步贯彻落实税务行政处罚“首违不罚”事项清单。健全社会矛盾纠纷行政预防调处化解体系，完善权利救济和纠纷化解机制。推进公职律师涉税争议咨询调解的试点项目，由公职律师牵头，集结注册会计师、税务师等专业骨干力量，同时引入法律顾问、涉税中介等社会力量作为特约调解人参与调解，直面矛盾、倾听诉求、厘清症结。健全法治政府建设科技保障体系，推进智慧税务创新落实。强化互联网+监管平台运用。推行“双随机、一公开”机制，随机抽取执法事项、执法人员开展“掌上执法”，一线执法人员在手机端查询企业信息、接收检查任务、录入检查结果，实现执法监管信息“掌上可查”、部门执法监管事务“掌上可办”、各类监管事项“掌上可管”，助力税务执法监管工作更便捷、更人性化，工作效率大大提升。

【优化办税服务】　全力落实“非接触式”办税服务举措，充分运用电子税务局、自助办税终端等平台，实现233项涉税业务全程网上办理，网办率从2022年初的98.68%稳步提升至99.23%。持续开展精准推送，2022年，通过消息提醒、发送短信等方式分23批次为适用政策的纳税人开展税惠政策精准推送9.2万户次。持续深化“银税互动”，进一步拓展受惠企业范围，累计通过“银税互动”为1792户小微企业“以信换贷”5.76亿元。推出“甬税助”远程协办服务，通过“视频协办”打破办税时间空间限制，解决纳税服务问办分离难题，实现“全程互助、问办结合”服务目标，截至2022年底，共远程共办理业务644笔，解决纳税人异地涉税需求 133 个。实现办税窗口“好差评”管理全覆盖，共收到 106 余万个“非常满意”和 47 个“满意”，全力保持办税服务零差评。

【加强出口退税管理】 全年累计办理出口退(免)税 24.72 亿元，同比增长 10.8%，其中退税额 18.96 亿，同比增长 7%。其中免抵额 5.76 亿元，同比增长 17.55%。办理出口退(免)税备案 68 户，备案变更 70 户次，备案撤回 20 户。做好生产企业进料加工年度核销，共计受理审核进料加工企业 14 户，40 本手册。做好分类评定工作，本年共计完成分类评定 1267 户，其中一类企业 10 户、二类企业 531 户、三类企业 334 户、四类企业 392 户。

【强化队伍建设】 深入贯彻落实《规划纲要》、国税总局党委相关实施意见及市局党委具体工作部署，持续加强领导班子建设，选优配强中层领导干部，深入推进干部交流锻炼，平稳开展职级晋升工作，圆满完成专业技术类公务员分类管理改革和事业单位岗位设置管理实施工作，为税收事业发展提供可持续的人才保障。深入推进税务青年工作高质量发展三年行动计划，大力实施“青锋”人才培育工程，打造“红领菁”青年理论学习品牌，积极开展青年干部综合能力提升培训班等特色活动，青年干部获“宁波市级青年岗位能手”“宁波市技术能手”、宁波市税务系统“专业骨干”“岗位能手”等荣誉 30 人次。

(县税务局)

融 资

【概况】 2022 年，宁波象港开发控股集团有限公司(以下简称象港集团)整体运行平稳有序，各项任务完成。截至 12 月底，集团总资产 606.91 亿元，较上年增加 67.39 亿元，增长 12.49%；净资产 274.69 亿元，较上年增加 4.25 亿元，增长 1.57%；营业收入 20.56 亿元，利润总额 1.87 亿元；资产负债率 54.74%。控股公司 4 家，分别为象山县水务集团有限公司(股权比例 100%)、宁波象锦贸易有限公司(股权比例 100%)、象山县滨海投资有限公司(股权比例 90%)、象山县棚户区投资开发有限公司(股权比例 61.4742%)；参股公司 2 家，分别为国电象山海上风电有限公司(股权比例 49%)，宁波象岛资本投资集团有限公司(股权比例 45%)。

【维持 AA+信用评级】 8 月 29 日，象港集团获得中证鹏元资信评估股份有限公司评定的 2022 年度主体和债项 AA+信用等级。

【降本增效持续推进】 全年累计募集资金 28 亿元，置换高成本债务 21.17 亿元，综合成本利率降至 4.68%，较年初下降 0.58 个百分点。其中，9 月 17 日，落地国电象山海上风电(二期)项目国家政策性开发性金融工具(基金)5.9 亿元，期限 20 年，综合成本利率 2.95%。

【履行担保职责】 全年为县属国有企业提供对外担保 23 笔，金额 69.46 亿元。协同县国资管理中心制定《象山县国有企业间融资担保规则(试行)》，助力构建担保体系。

【国电象山 1 号海上风电项目(二期)开工建设】 11 月 30 日，象港集团投资入股(占比 49%)的国电象山 1 号海上风电项目(二期)项目正式开工建设。该项目计划总投资 49 亿元，场址位于象山县鹤浦镇南田岛东南侧油菜花屿附近，规划总装机容量 504 兆瓦，包括安装 56 台单机容量为 9 兆瓦的风电机组，配套建设一座 220 千伏海上升压站，新建二期 SVG 楼及安装海缆、架空线路等。项目建成后，年上网电量约 16.43 亿千瓦时，每年可节约标煤 45.4 万吨，减少二氧化硫排放 1690 吨，减少二氧化氮排放 3381 吨，减少二氧化碳排放 93 万吨，对于改善环境、保护生态具有重要的意义。

【集团党建】 制定《“五问五破争先进、五比五先创一流”作风建设专项行动实施方案》，并根据方案开展“五问五破”专项行动；组织开展周二夜学、主题党日活动 35 次，深入学习习近平新时代中国特色社会主义思想和中共二十大精神等内容；积极参与“象山改革之我见”、“青年干部谈作风”、“奋勇担当守初心，青春献礼二十大”宣讲、“闪光‘资’愿者”“两进两捡”“三结对”等活动 123 人次；发展正式党员及预备党员各 1 名。

(象港集团 冯潜)

审 计

【概况】 象山县审计局 2022 年完成审计项目 23 个，查出主要问题金额 88641 万元，审计处理处罚金额 12176 万元；移送司法机关、纪检监察机关和有关部门处理事项 3 件，移送处理人员 8 人，移送处理金额 206 万元；审计促进整改落实有关问题金额 12062 万元；审计后挽回(避免)损失 1710 万元。出具审计报告和专项审计调查报告 23 篇，被批示、采用 11 篇；审计提出建议 42 条，被采纳 42 条；推动被审计单位制定整改措施 18 项；促进被审计单位制定、完善规章制度 29 项；提交审计信息 15 篇，被批示、采用 15 篇。向社会公告审计结果 11 篇。

【高岷调研指导审计工作】 1 月 21 日，象山县委常委、常务副县长高岷一行 3 人到象山县审计局调研工作，县审计局班子成员参加调研座谈会。会上，县审计局党组书记吴宇建重点汇报近三年象山审计亮点工作和取得的成绩，分析工作中存在的困难和问题，并对 2022 年审计工作进行安排部署。高岷充分肯定了近年来审计工作在县域经济社会发展中发挥的积极作用，同时提出了工作要求：一要深刻理解和把握“加强党对审计工作的领导”这一政治原则。把坚持党对审计工作的集中统一领导，贯穿到审计工作的全过程和各环节中。二要深刻理解和把握“依法全面履行审计监督职责”这一使命责任。要准确把握新时代审计事业的发展规律和内在要求，服务和保障县域经济社会发展大局。三要深刻理解和把握“加强审计机关自身建设”这一内涵要求。要坚持以立身立业立信为标尺，强化政治上的清醒与坚定，强化能力上的提升与拓展，强化作风上的扎实与担当，强化廉洁上的严管与自律。

【召开党史学习教育专题民主生活会】 1月26日，象山县审计局召开党史学习教育专题民主生活会。宁波市审计局党组副书记、副局长张列群，市审计局机关党委专职副书记崔剑，县派驻第二纪检监察组组长张旦海，县党史学习教育第二巡回指导组联络员陈一晨等到会指导，县审计局党组书记吴宇建主持会议，全体班子成员参加会议。会上，吴宇建通报了学习研讨、谈心谈话、征求意见、对照检查等会前准备工作和上年度民主生活会整改工作落实情况，并代表局党组作对照检查发言，带头作自我批评，主动接受批评。随后，班子成员逐一发言，开展自我批评和相互批评。

【召开经济责任审计工作联席会议】 3月17日，象山县召开2022年度经责审计联席会议，县纪委县监委、县委组织部、县委编办、县发改局、县审计局、县财政局、县人社局、县国资中心、县金融中心等联席会议成员参加会议，县审计局党组书记吴宇建主持会议并讲话。会议听取了2021年度经济责任审计工作开展情况报告，传达了《2022年全省经济责任审计工作指导意见》，审议了2022年经责审计项目计划、上年度“负面清单”和两个规则。并对下步经济责任审计工作提出了三点要求：一是提高政治站位，全面加强党对审计工作的领导，有序推进经济责任审计全覆盖。二是强化协作配合，发挥联席会议成员单位合力优势，不断完善协作配合机制。三是加强结果运用，做深做实经责审计“后半篇文章”，推进经济责任审计成果运用落地落实。

【召开十五届县委审计委员会第一次会议】 4月2日，县委书记、县委审计委员会主任包朝阳主持召开十五届县委审计委员会第一次会议，强调要深入学习贯彻习近平总书记关于审计工作的重要论述，认真落实中央和省市决策部署，密织审计网，扩大覆盖面，全力推动审计工作继续走在前列，为加快建设社会主义现代化滨海花园城市提供坚强的审计保障。县委审计委员会委员、审计局领导班子成员和相关科室负责人参加会议。包朝阳在充分肯定2021年审计工作取得的成绩后指出，审计机关是政治机关，审计工作是党和国家监督体系的重要组成部分，事关全局、作用关键。要强化政治意识，牢记审计之中有政治，善于从政治角度分析审计发现的问题；要强化大局意识，认真落实中央和省市的部署要求，紧扣县委聚力一二五、走好共富路的战略部署，统筹谋划审计工作；要强化责任意识，要真刀真枪、从严从实开展审计工作，持续推进常态化“经济体检”，当好国家财产的“看门人”、经济安全的“守护者”。

【励永惠到象山调研工作】 7月13日，宁波市审计局党组书记、局长励永惠一行到象山县审计局调研指导工作，召开调研座谈会，县审计局领导班子集体参加会议。会上，县审计局党组书记、局长吴宇建重点汇报象山审计2022年上半年工作情况和下半年工作思路，并结合实际情况，分析当前存在的困难。班子其他成员就分管的工作依次进行汇报。励永惠充分肯定象山县审计局上半年的亮点工作和取得的成绩。

【举行临时党小组授旗仪式】 2022年10月18日，象山县审计局城投集团经责审计组在象山县城投集团会议室举行县城投集团临时党小组授牌仪式。会上，县审计局机关党总支副书记薛姣君宣布成立审计组临时党小组，并举行授旗仪式，要求临时党小组成员按照相关规定落实好组织生活制度，在审计工作中坚持党的统一领导。局机关党总支纪检委员章婷红要求大家遵守廉政纪律，做到依法审计、文明审计、廉洁审计等。局机关党总支书记朱海敏向大家提出严格抓好组织生活、抓好作风建设、抓好党性修养等三个要求，并带领大家共同学习中共二十大报告，讨论如何结合审计工作，贯彻落实中共二十大精神。

象山县委书记、县委审计委员会主任包朝阳（中）主持召开十五届县委审计委员会第一次会议

【开展“学习党的二十大　永远跟党走　奋进新征程”主题党日活动】　11月29日，象山县审计局开展“学习党的二十大　永远跟党走 奋进新征程”主题党日活动，推动中共二十大精神落地生根。县审计局机关党总支书记高昂为全体党员干部上《以党的二十大精神为引领　助推审计监督现代化》党课。县审计局党组书记、局长吴宇建和局机关党总支书记高昂将记载着党员入党日期、入党誓词及勉励祝福语的“政治生日纪念卡”和两本中共二十大学习读物交到过政治生日的党员手中。

（县审计局　汪晨艳）

统　计

【概况】　2022年，县统计局贯彻县委县政府和上级统计部门决策部署，以实为先服务经济，地区生产总值增速跑出10多年来全市最好排位，统计基层基础形成的“象山经验”在全市推广，推进全市系统唯一自主数改项目“工业数智在线”实施，统计基层基础等多项统计业务考核列全市优秀，政务信息考核超额完成118%，多篇专报获县主要领导批示，多名干部获得国家、县委表彰。

【机关作风建设专项行动】　推进“五问五破争先进、五比五先创一流”机关作风建设专项行动。在完成动员部署、集中宣讲、主题讨论、履职比拼、“双随机”汇报等规定动作的基础上，开展党建案例评选、青年征文、统计开放日活动、撰写《十八大以来象山经济社会发展成就综述》等“喜迎二十大”主题活动。通过自己找、相互提、上级点三轮作风自查形成领导班子问题5个、科室问题40个、个人问题152个。明确整改时限和整改责任人，针对共性问题立行立改，个性问题对账销号，确保整改到位。

【统计服务】　在防风险挑战上展现统计担当，局领导亲自挂帅，增援到“4·3”“4·6”“11·19”抗击疫情攻坚战、平安护航二十大等专班中来。在常态化为民服务上贡献统计力量，深入工厂、农村、工地、农户、田间等一线掌握实情，为调查对象送上点对点服务，共实地走访企业458家，进村入户425户，线上指导1200余次，帮助解决问题450余个。在推进岗位建功上呈现统计风采，抽调优秀干部前往县亚运办、市统计局等地挂职锻炼。依托E党建、WE志愿平台开展志愿服务，组织全局干部职工轮换下沉一线助力“创城”攻坚；纾困送暖点亮丹瀛社区微心愿4个。

【统计网格化试点与推广】　制定统计网格化管理工作试点方案，确定1街1镇1园区开展试点工作。健全完善月度分析会、网格走访等工作协调机制，先后制定《象山县镇乡（街道）统计工作制度》，建立11项基层统计网格责任清单、13类工作运行制度、13项业务工作制度。在全县顺利推广，细化网格划分、业务活动开展、月度经济分析、走访调研学习、统计之家建设等重点工作，全县建立县域一级网格1个，镇乡（街道）、开发园区和有关部门的二级网格21个，村居（社区）三级网格35个，“四上”企业四级网格88个，涉及1533家（个）“四上”企业和投资项目和405个村居（社区）。7月由县委常委、常务副县长召集，在全市率先召开一级统计网格工作例会。

【统计e家】　作为全市网格智治试点地区，深入推广应用“统计e家”。平台活跃度实行周盯月督季考年评机制，治理类、服务类用户“两率”连续居全市前列。配合市统计局做好“统计e家”试用调研，以图表、文档等形式报送平台运行问题清单，整理并补充完善指标解释和常见问题等“小灵统”数据库，得到上级市统计局处室的高度肯定。

【统计数字化改革】　统计数字化改革创新应用取得重大突破。大力推广“统计大脑”十大应用，引入第三方技术机构，联合县大数据中心，多次开展专班头脑风暴，坚持需求导向、问题导向、目标导向，以小切口、模块化创新应用为突破点，确定“工业数智在线”为自创项目，项目方案已通过评审，项目经费也已列入预算保障。

【统计与调研】　深化地区生产总值月度预测机制，高频对接发改、经信、商务等部门滚动式开展重点指标监测预警，地区生产总值增速跑出10多年来全市最好排位。组织开展稳链纾困助企、节

7月5日，县委常委、常务副县长高岷组织召开全县一级统计网格工作会议（叶李超摄）

后复工等快速调查，实施新能源、汽模配、针织等重点产业专题调研，共报送政务信息42篇，动态信息102篇，编发《统计与调研》33期，政务信息考核超额完成118%。按照“领导点题、统计答题”，针对苗头性趋势性问题撰写了一批有价值的统计分析，其中《新冠三年象山户籍人口变动及影响因素分析》等9篇专报获县主要领导批示。

【统计服务产品】 编辑《2022年象山统计概览》，编撰《2021年象山统计年鉴》，制作《象山县经济社会发展主要指标图解（2016—2021年）》，完善统计官网、统计大脑、数据浙江、宁波综合平台、县公共数据共享平台等“数字政府”平台月度主要经济指标数据，推动数据跨专业、跨层级、跨部门多元供给、高效利用。

【统计普法宣传】 多途径推进统计普法宣传教育工作。积极推动“统计进党校”3场次，邀请市统计局主要领导进县委理论学习中心组进行授课，指导领导干部抓统计、学统计、懂统计，有效提升统计影响力，推荐局业务骨干对新录用公务员、党政储备人才、高层次紧缺人才开展统计违法案例教育；借助“统计开放日”“宪法宣传周”等活动和每一场培训，累计向企业、群众发放统计法宣传手册和宣传物品5000余份，宣传受众2万余人。

【统计数据核查】 通过执法查、专项检、协同核等方式把牢数据质量关。全年日常核查2000余家次；执法检查60家；对389家入库和97家退库单位（项目）进行了退入库专项检查。通过常态化核查和上级“双随机”检查、退入库抽查，全县统计数据质量持续稳中向好。

【统计培训】 分类分层次实施新上规企业、统计年报与定期报表等统计业务培训，制作《平台操作手册》《易错指标集》《农事知识大全》等培训资料，依托直播带“货”、演讲实录等方式全年开展各类辅导培训64场。

【第五次全国经济普查】 成立第五次全国经济普查筹备工作领导小组，完成经费预算编制，完成调查企业信息库的投入产出核对。做好前期综合协调宣传工作，全年上报动态信息36篇，业务文章4篇，普查风采2篇，信息总分居全市第二。

【全面从严治党】 持续强化“四责协同”机制，落实党风廉政建设和意识形态工作，贯彻落实民主集中制，规范备案“三重一大”事项7件，通过民主推荐、局班子审查评定、公示等程序完成2名干部职级晋升。利用周二夜学组织全局深入学习贯彻中共二十大精神、习近平总书记关于统计工作的重要讲话指示批示精神和省、市、县主要领导对统计工作的指示批示精神，做好必读书目、必学文件、必看课程等学习资源真学真用，实行学习强国“周通报”。

【统计队伍建设】 强化实干实绩的用人导向，统计队伍专业素养、实干能力持续提升，1名干部荣获全市唯一的全国统计先进个人称号，1名中层干部提拔至领导岗位，2名干部三次荣登县委县政府“好干部”榜单。

（县统计局）

物价管理

【概况】 2022年，象山县价格监管工作按照浙江省、宁波市市场监管局及象山县委、县政府工作要求，围绕涉企收费、转供电、商品混凝土、疫情防控、重大节日和活动服务保障、民生热点、市场公平竞争等重点领域，积极开展各项工作，有效维护市场价格秩序稳定和公平竞争，促进经济持续健康发展与社会和谐稳定。2022年，共立案查处价格违法案件11件，实施经济制裁总额1965.2157万元，其中责令退还158.5667万元，没收非法所得358.4250万元，罚款1448.2240万元。同时，立案查处教育收费违法案件4件，责令退还72.3636万元，罚款7万元；开展涉企价费检查，督查企业落实价费政策，开展自查自纠，共责成清退不合理收费114.2728万元，其中水费33.5582万元，企业城镇供水接入工程费用44.7991万元，工商业项目计量装置35.9155万元。

【公平竞争审查清理工作】 通过自查、交叉检查、督查、会审及第三方评估等方式，全面清理妨碍统一市场和公平竞争文件，及时向两部门下发建议纠正函3件，共审查增量文件269份，存量文件192份，围绕教育、医疗卫生、工程建筑、公用事业、交通运输、保险、政府采购、招投标等重点行业和领域开展破除地方保护和市场分割专项行动，其中无排除限制竞争问题179份、修改9份、废止6份。开展滥用行政权力实施地方保护和市场分割行为交叉检查。6—8月，浙江省市场监管局组织开展滥用行政权力实施地方保护和市场分割行为交叉检查，发现象山县2个涉嫌违反公平竞争审查的问题文件，象山县2个问题涉及的2个单位均按浙江省市场监管局的要求进行整改落实，及时提交《整改落实报告》。开展公平竞争审查第三方评估。重点针对建筑、医药、交通、水利等领域，以及与保障和改善民生、优化营商环境密切相关，滥用行政权力排除、限制竞争行为较为典型和多发的其他领域，组织开展公平竞争审查第三方评估。开展破除地方保护和市场分割专项行动。4—10月，聚焦教育、医疗卫生、工程建筑、公用事业、交通运输、保险、政府采购、招投标等行业和领域，重点整治滥用行政权力妨碍商品服务和要素自由流通、滥用行政权力排斥或限制外地经营者、滥用行政权力限定或者变相限定交易、滥用行政权力制定含有排除、限制竞争内容规定等四类滥用行政权力实施地方保护和市场分割行为。全县自查自纠共审查增量文件76份，存量清理126份，其中修改7份、废止3份。提高公平竞争审查工作水平。通过浙政钉和微信的“象山县公平竞争审查工作群”及时推送《公平竞争审查制度实施细则》、《公平竞争审查制度资料汇编》和《滥用行政权力排除限制竞争典型案例汇编》等资料及国家、省市县的政策文件，强化政策指导。通过部门间的政策对接会，加强业务培训，及时进行答疑解惑，全面提升审查工作人员的业务能力和专业化水平。通过象山报、微信公众号等新闻媒体扩大宣传，营造良好舆论氛围和工作环境。

【开展市场价格监管】 为确保疫情防控期间防疫物资和台风及节日等市场的粮油、蔬菜、肉、蛋等民生商品价格平稳，象山县市场监管局速度出击、集中力量落实价格监测、提醒告诫和舆情处置等工作举措，保障市场价格秩序平稳。1月、4月、9月先后组织检查人员加强元旦、春节和“五一”国际劳动节、端午、国庆等节日市场的粮食、食用油、肉禽蛋菜奶、液化气等价格检查。5月，开展景区门票价格执行情况的督查。对中国渔村、象山影视城等4家AAAA旅游景区的门票价格、优惠减免政策落实及明码标价等价格执行情况进行重点督查。完善明码标价工作。3月、5月、10月分别对全县餐饮行业、家居及农家乐行业存在的明码标价不规范情况开展督查，规范各经营业主的价格行为。2022年共出动检查598人次，检查摊店831次，价格监测15次，共告诫商家225户，发放价格提醒函等各类资料231份。在做好节日市场价格巡查的同时，加大对各超市、商场等重点领域虚构原价等价格欺诈行为的检查力度，下发《责令改正通知书》18份，当场责令整改轻微价格行为25起，立案查处11件。加强电商价格监管工作。通过政策宣讲提醒、舆情监测、检查规范等手段，加强事前事中监管，遏制价格欺诈行为。强化监测预警。对全县各农贸市及超市、商场经营的主副食品、生产资料、商超产品等商品价格信息实现全面监测，实时发布价格信息预警，维护重要节日、冰冻雨雪等关键时期价格平稳。全年发布各类价格监测信息12起。

【开展防疫医疗药品及用品价格检查】 为进一步规范市场价格行为，严厉打击囤积居奇、哄抬物价等违法行为，维护消费者合法权益和良好价格秩序，2022年12月，组织开展防疫医疗药品及用品价格检查。强化价格巡查。下发《关于开展防疫医疗药品及用品价格行为检查的通知》，对全县药店等医疗服务机构进行巡查走访，重点对各经营者销售的防疫医疗药品及用品明码标价执行情况，以及是否存在借疫情捏造散布涨价信息、哄抬价格、谋取暴利以及囤货居奇，推动商品、原材料价格过高上涨等不正当价格行为进行了检查。及时处理价格投诉举报。对群众反映的连花清瘟胶囊等消费者购买的热门商品等价格问题，做到快速受理、准确处理、实事求是，保障消费者的合法利益，维护市场价格秩序。价格投诉举报办结率为100%。同时，为保证防疫物资价格的相对稳定，约谈经营者，要求其合法合理运用自主定价权限，遵循公平、合法和诚信经营的原则确定商品价格。加大价格监测力度。设立连花清瘟胶囊等消费者购买的热门商品价格监测点，对连花清瘟、板蓝根、感冒灵等药品售价进行密切监测。根据价格监测数据进行分析比对，及时掌握防疫医疗药品及用品价格情况，对价格异常情况及时预警，确保防疫医疗药品及用品等相关商品供需平稳、价格稳定。落实价格承诺告诫提醒。通过下发价格提醒告诫书，引导经营者严格遵守《中华人民共和国价格法》《价格违法行为行政处罚规定》《明码标价和禁止价格欺诈规定》等法律法规，遵循公平、合法和诚实信用的原则，用好自主定价权，依法合规经营，开展公平有序的市场竞争，自觉维护药品市场价格秩序。积极履行社会责任，采取多种措施组织货源，保障市场供应。共检查店家222家次，出动执法人员295人次，提醒告诫函9次，下发价格提醒告诫书186份，行政指导整改问题5个，约谈1家次，处理投诉举报5件，立案调查1件，未发现散布涨价信息及囤积居奇等价格违法行为。

【开展价费专项检查】 开展涉企违规收费专项整治。重点对供水供气领域工程安装、维护维修价格、转供电等违法违规行为开展检查。共出动检查108人次，共检查单位数41家。下发告知书91份，服务指导转供电主体174家次。共排查清理79家转供电主体，涉及终端用户3386家，累计清退电费575万余元；督查企业落实价费政策，开展自查自纠，共责成清退不合理收费114.2728万元，其中水费33.5582万元，企业城镇供水接入工程费用44.7991万元，工商业项目计量装置35.9155万元；减免国有房租、水土保持补偿费、人防工程易地建设费、企业用能负担共计3777.0723万元。稳步有序推进教育收费专项检查。共出动检查人数178人次，已检查校外培训学校27家，义务教育7家，职业教育1家，开放教育1家，高中教育2家，幼儿教育2家，民办教育2家，发现问题线索7条。立案查处教育收费违法案件4件，责令退还72.3636万元，罚款7万元。开展公立医院服务价格执法检查。根据2022年医疗服务价格检查工作确定的检查对象、检查内容及检查情况，对象山县县级公立医院2019年1月以来的医疗服务价格政策执行情况进行检查。主要对医疗服机构存在的违反规定自立项目、自定标准收费、提高收费标准、分解项目收费，未按政策规定对一次性医用卫生材料进行收费等价格行为进行证据收集、数据统计汇总，并督促指导医疗服务机构落实后续整改工作。立案查处3件，查处重大价格违法案件2件，没收违法所得金额103.615万元，并处罚款31.084万元。开展电动自行车领域价格违法行为专项执法检查。按照《全省电动自行车领域价格违法行为专项执法检查方案》的统一部署，组成8个基层所专项整治行动检查组，开展价格违法行为现场执法检查。8—10月，共检查电动自行车销售单位169家次，约谈经营者85家，发现违法线索1条。紧盯民生和舆情热点，开展商品混凝土价格、停车收费、行业协会收费、校外培训、房地产等价格执法检查，维护市场良好价格秩序。对此，象山县市场监管局对美亚、大目湾、宏鑫等5家商混企业涉嫌价格欺诈行为立案调查，查处3件，实施经济制裁总额1827.3767万元，其中责令退还158.5668万元，没收非法所得254.8099万元，罚款1414万元。

【处理价格投诉举报】 密切关注网络舆情动态信息，对“12345”“12315”投诉举报平台等渠道反映的价格投诉举报案件在规定时限内完成调查、组织调解、出具答复意见及回访当事人，妥善解决群众诉求。针对餐饮业、停车收费和资源价格等价格纠纷热点问题，健全价格纠纷信息采集，通过挖掘历史数据，提高分析研判和预警预测能力，找出各类多发、影响面广的价格纠纷发生原因、特点和规律，有针对性地做好价格纠纷预警。防止经营者一些“无意识”的价格违法行为。2022年，共处理各类价格投诉举报202件，其中投诉102件，举报100件，办结率、满意率为100%。实施责令整改、告诫承诺和查处价格违法行为相结合的监管模式，妥善处理价格投诉举报案件，共出动检查人员106人次，责令整改轻微价格行为16件。

（县市场监管局　黄伟康）

市场监督管理

【概况】 象山县市场监督管理局经历机构改革后，执行原有工商、食药、质监3个部门的机构职能，并行使知识产权、价格监管等职能，同时挂象山县知识产权局、象山县市场监管行政执法队牌子。2022年，县市场监督管理局在县委县政府的领导和省市局的指导下，紧紧围绕中心积极履职、主动作为，获评全省优化营商环境工作、食品安全工作、餐饮食品安全保障工作、药品稽查执法工作成绩突出集体和建设“平安象山”、法治象山建设成绩突出集体，连续两年获评全省市场监管系统改革创新优秀实践、象山县全面深化改革（数字化改革）十佳集体等荣誉，圆满承办全省卤肉食品安全监管“一件事”集成改革现场会。

【全县市场主体登记】 2022年度，全县累计实有市场主体82715户，同比增长14.43%。其中，累计实有内资企业27878户，注册资本（金）2540亿元，与2021年同期相比分别增长25.05%和67.55%；外商投资企业291户，注册资本249301万美元，同比增长2.11%和减少0.18%；个体工商户53852户，资金数额1143054万元，同比分别增长9.93%和15.43%；农民专业合作694户，成员出资总额115456万元，同比分别减少4.14%和4.75%。因行政区划调整原因，原归属于宁波市保税区出口加工分局下的象保合作区并入象山县，象保合作区内5183家市场主体于2022年8月17日调整至象山县管辖，其中内资企业5087家，外商投资企业9家，个体工商户87家。2022年度，全县新登记各类市场主体14573户，同比减少11.39%。其中新登记内资企业（含私营，下同）4571户（含分支机构，下同），同比减少20.88%，注册资本（金）4408306万元，同比增长93.91%；外商投资企业（含分支机构，下同）25户，同比增长56.25%，新增注册资本10286万美元，同比减少51.74%；个体工商户9958户，同比下降6.31%，资金数额242489万元，同比增长9.73%；农民专业合作社19户，新增成员出资额2491万元，同比分别减少20.83%和44.47%。2022年度，全县注销各类市场主体8545户，同比增长17.31%。其中，注销内资企业3278户，外商投资企业16户，农民专业合作社34户，个体工商户5217户，同比分别增长122.69%、45.45%、减少10.53%和9.47%。

2022年象山县主要市场一览表

表11

市场名称	所属街道	辖区	负责人	地　　址	举　办　方
象山县岑晁集贸市场	贤庠镇	大徐	蔡亨川	浙江省象山县贤庠镇岑晁	象山县贤庠镇人民政府
象山县大徐集贸市场	大徐镇	大徐	吴旭峰	象山县大徐镇东昭路12号	象山县市场开发经营有限公司
象山县涂茨集贸市场	涂茨镇	大徐	吴旭峰	浙江省象山县涂茨镇涂茨村	象山县市场开发经营有限公司
象山县城东市场	丹东街道	丹东	陈　旭	象山丹城丹峰路468号	象山县城东市场经营管理有限公司
象山县大目湾中心菜场	丹东街道	丹东	王桉沐	浙江省宁波市象山县丹东街道大目湾新城天安路1888号	象山攸品邻里商业管理有限公司
象山县大碶头菜市场	丹东街道	丹东	吴旭峰	浙江省宁波市象山县丹东街道大碶头后洋路433号	象山县市场开发经营有限公司
象山县汪家河菜场	丹东街道	丹东	夏东林	象山县丹东街道菜场路9号	象山县市场开发经营有限公司

续表11

市场名称	所属街道	辖区	负责人	地　址	举　办　方
象山县白石综合菜场	丹西街道	丹西	蒋永飞	象山丹西街道白石村	象山县丹西街道白石村经济合作社
象山县丹城蓬莱菜场	丹西街道	丹西	王明东	丹城莱薰路与丹峰路交界处	象山县市场开发经营有限公司
象山县南庄综合市场	丹西街道	丹西	张幼飞	浙江省象山县丹西街道六升村	象山县丹西六升村经济合作社
象山县墙头综合市场	墙头镇	丹西	欧世苗	象山县墙头镇墙头村	象山县墙头镇人民政府
象山县沙岗综合市场	东陈乡	丹西	李兆明	浙江省象山县东陈乡沙岗村	象山丹南城市建设投资有限公司
象山县溪口农贸市场	茅洋乡	丹西	蔡忠成	象山县茅洋乡溪口村	象山县茅洋乡人民政府
象山中心菜市场	丹西街道	丹西	欧　阳	象山丹西街道丹阳路与创业路交叉口西北角	象山县市场开发经营有限公司
象山县定山菜场	定塘镇	定塘	李成和	浙江省宁波市象山县定塘镇华塘路东元亨路西	象山定塘综合市场定山菜场
象山县新桥农贸市场	新桥镇	定塘	史济代	象山县新桥镇新桥村	关头村、新桥村经济合作社
象山高塘综合市场	高塘岛乡	鹤浦	朱阿原	象山县高塘岛乡江北村	象山县高塘岛乡江北村经济合作社
象山县鹤浦综合市场	鹤浦镇	鹤浦	周海平	浙江省宁波市象山县鹤浦镇鹤西西路33号	象山县海岛经济发展有限公司
象山县爵溪综合市场	爵溪街道	爵溪	吴旭峰	浙江省象山县爵溪街道	象山县市场开发经营有限公司
象山石浦金星综合集贸市场	石浦镇	石浦	闻　敏	石浦金星	象山县市场开发经营有限公司
象山石浦新港菜场	石浦镇	石浦	蒋善彩	石浦海宁路	象山石浦新港菜场有限公司
象山县石浦菜场	石浦镇	石浦	闻　敏	象山县石浦镇荔港路85号	象山县市场开发经营有限公司
象山县石浦镇延昌市场	石浦镇	石浦	潘林女	石浦镇大华路	象山县石浦镇延昌股份经济合作社
象山县泗洲头综合市场	泗洲头镇	西周	吴旭峰	浙江省象山县泗洲头	象山县市场开发经营有限公司
象山县西周镇集贸市场	西周镇	西周	吴旭峰	浙江省象山县西周镇西瀛大街	象山县市场开发经营有限公司

【专利工作】 2022年全县授权发明专利236件，完成县政府年度目标任务的147.5%，同比增长28.9%；累计拥有有效发明专利1212件，同比增长20.7%，增速居全市第五；每万人发明专利拥有量达到20.9件。中国机械总院集团宁波智能机床研究院有限公司获得第二十三届中国专利优秀奖；宁波斯洛曼智能科技有限公司的“一种自动晾衣架的驱动装置”、宁波天安智能电网科技股份有限公司的“一种具有在线监测和应急功能的高压开关设备及工作方法”和浙江易锻精密机械有限公司的“一种具有双飞轮动力机构的高速精密重载冲床”等专利，获得2022年宁波市专利创新大赛发明优秀奖。锦浪科技股份有限公司的“逆变器(230K)”、宁波斯洛曼智能科技有限公司的“晾衣架(2)”和浙江易锻精密机械有限公司的“快速压力机”等专利，获得2022年宁波市专利创新大赛设计优秀奖。2022年，象山累计拥有国家知识产权优势企业17家，省级知识产权示范企业6家，市级专利示范企业达到12家，

通过知识产权贯标认证企业达到26家,形成了梯队形专利示范企业队伍网络。

【全县备案非标电动自行车提前淘汰置换工作部署会】 5月7日下午,全县备案非标电动自行车提前淘汰置换工作部署会在象山县委党校召开,副县长钮晶莹,副县长、县公安局局长卢小兵,市市场监管局副局长车宏斌出席会议并作讲话,县市场监管局党委书记、局长曾伟标主持会议。象山县作为全省11个备案非标电动自行车提前淘汰置换试点地区之一,结合本地情况,开发"甬e换"平台,实现旧车从"源头注销、中间置换、后端回收、末端销毁利用"的全闭环数字化管理,严防废弃二手车流入市场,为全省旧车淘汰回收闭环管理提供先行样板,切实推动试点工作高效有序施行。截至2022年12月,累计淘汰、注销备案非标电动自行车22万辆,淘汰注销占比居全市第一,带动消费近2亿元。

【亚运保障工作】 4月27日上午,市市场监管局党委书记李国宏一行到象山调研指导亚运保障工作。先到半边山海景皇冠假日酒店、工人疗养院等亚运会定点酒店检查食品、特种设备安全保障工作,深入了解酒店接待能力、软硬件设施和管理体系等。随后召开调研座谈会,对该局工作予以充分肯定,并进一步指出亚运会赛事保障要求高、时间紧,食品和特种设备安全保障工作务必要做深、做实、做细、做前,有效排除风险隐患,牢牢守住安全底线,切实保障亚运赛事安全顺利举办。

【全省食品小作坊"五化"工作暨卤肉食品安全"一件事"集成改革现场会在象山召开】 8月10—11日,全省食品小作坊"五化"工作暨卤肉食品安全"一件事"集成改革现场会在象山县召开,由象山县市场监管局率先打造的卤肉食品安全精准智控样板,正式向全省推广。省市场监管局党委委员、副局长卢永福,市市场监管局党委书记、局长李国宏及全省市场监管系统相关负责人参会,市政府副秘书长宣柏林、县长李晓东与会并致辞。会议期间,与会人员实地参观了象山县卤肉食品样板小作坊、农贸市场内卤肉销售店及食品安全快检实验室,现场观看"阳光电子屏"一屏显示的加工环节,体验手机扫"溯源二维码"一码追溯产销流程,观摩"五化""5S"食品小作坊管理模式。

【顺利交接象保合作区市场监管工作】 9月2日下午,县市场监管局党委书记、局长曾伟标一行到宁波象保合作区参加市场监管工作交接会。会上,县市场监管局与北仑区市场监管局友好协商,双方就宁波象保合作区市场监管工作达成一致,并签订了市场监管工作交接协议,协议明确自2022年9月5日起,县市场监管局正式全面接管宁波象保合作区市场监管工作,市市场监督管理局下达的有关象保合作区市场主体服务管理相关工作考核考评指标均纳入县市场监督管理局。

【食品安全"两个责任"包保督导工作】 11月30日下午,宁波市副市长金珊到象山对其包保的4家A级食品经营主体进行督导,听取各学校(幼儿园)落实食品安全主体责任有关情况的介绍,对完善校园食品安全管理体系、强化应急处置演练和食品安全宣传等内容提出督导建议意见。12月8日,宁波市委常委、常务副市长华伟一行到象山督导4家其包保的A级食品生产经营单位,通过现场检查、交流,查看台账等方式,重点督查包保主体的食安管理体系建立情况,详细了解企业"两员"设置及日常食品安全管理制度落实情况。12月14日下午,县委书记包朝阳到石浦镇对宁波飞润海洋生物科技股份有限公司开展现场督导,听取企业关于安全管理体系、常态化疫情防控、事故应急处置及宣传培训等四个方面的工作落实情况,了解该生产企业质量把控和产品"浙食链"赋码溯源工作,随后就进一步完善管理制度、提高产品质量提出建议要求。

【数字化改革落地】 加快推进市场监管领域数字化改革,摘得省市场监管局基层建设"揭榜挂帅"项目4个,数量全省第一。入选全国市场监管数字化试验区建设试点单位,承接"市场监管执法办案"试点任务,全县卤肉生产经营实现全覆盖监管,获评全省市场监管系统改革创新优秀实践,被市政府列入省政府食品药品安全评议考核"创新性工作"申报项目,已完成全县网络订餐行业"阳光厨房"基本建设,大力推广"放心消费在浙江智慧平台"。"药管家"公众服务应用被列为全省药品流通监管创新试点项目,并在"浙里办"上线应用。

【营商环境最优县打造】 深化企业开办"一件事"改革,实现企业开办全流程零成本1天办结,实行"自主申报+信用承诺+智能确认"登记模式。实施准入准营"一件事"改革,对高频行业实现证照集成办理,企业开办"一件事"网办率达95%以上。试行歇业备案制度,出台《象山县关于进一步支持个体工商户转型升级为企业的实施意见》,从审批服务、税费优惠、财政奖励、金融扶持等四个方面细化个转企扶持,全县累计个转企2004家,累计在册小微企业达24357户。全县有效商标注册量达1.2万件,新增"象山米馒头""象山麻糍"集体商标2个,"象山小黄鱼"成功获评国家地理标志证明商标,地理标志证明商标总量达到10件、居全市第一;"象山柑橘"列入全国第一批地理标志运用促进重点联系指导名录。跟踪服务企业主持(参与)国际、国家、"浙江制造"标准制(修)订和"品字标"认证,新增"品字标"品牌企业5家。锦浪科技股份有限公司荣获市政府质量奖创新奖。县针织产业质量基础设施"一站式"服务平台被评为首批省级示范平台。

【维护市场秩序】 全年共立案查处各类经济违法案件1167件,大要案261件,移送公安机关10起,罚没款总额达2539万元,个案罚没款50万元以上案件10起,居全省前列。8起案件入选省局、市局典型案例。象山某农资有限公司等12家单位串通拍卖“三无”船只系列案累计罚没款400万元，被省局《综合执法典型案例和实务》收录，该案专案组荣立市局集体三等功。在商砼领域专项执法中，打破潜规则，全链条全覆盖查处不正当价格违法行为系列案件5起(全县商砼企业5家)，罚没款累计1800余万元。强化刑行衔接，与公安联动查处的宁波象山“1·25”涉嫌生产、销售假药案，涉案金额300余万元，被省检察院、省公安厅、省药监局联合挂牌督办。

(县市场监管局　陈琪元)

农业·农村

综 述

2022年，象山县以创建国家乡村振兴示范县为目标，聚焦农民农村共同富裕，深入实施乡村全面振兴“151”行动，全力推动“三农”工作提速竞跑，农业农村领域实现新发展新提升，“三农”压舱石和战略后院的作用得到充分发挥。全年完成农林牧渔业总产值162.3亿元，增长5%；农民人均可支配收入41578元，增长6.4%。低收入农户人均可支配收入增长13.4%，城乡居民收入倍差缩小至1.67∶1，优于省市平均水平，荣获全省首批新时代美丽乡村示范县、全省清廉村居建设示范县、全省特色产业农业“机器换人”高质量发展先行县、全省大花园示范县、全省乡村建设评价样本县等荣誉，列入首批国家乡村振兴示范县、省级交通与旅游融合发展试点县等试点创建单位。

【农林牧渔业总产值居全省第二】 全县农林牧渔业总产值162.3亿元，稳居全省第二。深化农业“双强”行动，农业科技进步贡献率、农业劳动生产率分别提高到75%和13万元/人，象山柑橘、象山梭子蟹两大省级示范性农业全产业链产值分别达28亿元和23亿元，新增市级以上龙头企业6家，“象薯1号”通过国家农作物新品种登记，获评全省特色产业农业“机器换人”高质量发展先行县，农业“五新”科技模式获省领导批示肯定。实施品牌强企富农战略，创建象山柑橘、象山梭子蟹、象山半岛味道等区域公用品牌6个，拥有国家地理标志证明商标10个，省市名牌农产品81个，象山小黄鱼获批国家地理标志证明商标，象山白鹅入选全国名特优新农产品名录，创成国家级柑橘公用品牌培育提升标准化示范区。

【美丽乡村迭代升级】 健全“十四五”未来乡村项目库，建成省级未来乡村4个、美丽宜居示范村4个，蟹钳港等6个风貌区列入省级试点，高泥村未来乡村建设中产业共富、人才引进、农村养老等模式获省委主要领导充分肯定。深化美丽乡村分类创建，建成省级共同富裕示范带1条，市级美丽乡村示范乡镇6个、小集镇式中心村2个、乡村振兴示范带2条，县级美丽乡村精品村5个、县级特色村10个。依托“精特亮”工程，发挥“两线两村”建设串点联片作用，建成市级“精特亮”线路4条，创建共同富裕示范村10个、启动25个，集成打造海上“两山”转化样板。开展“三大四小”整治提升，统筹推进农村垃圾、污水、厕所“三大革命”，建成省级垃圾分类高标准示范村8个、市级垃圾分类示范乡镇1个、示范村3个，市级垃圾分类典范村7个，省星级公厕21座、新改建农村公厕39座。同时，深化“数字+”工程，推动厨余处理终端云平台迭代升级。农村垃圾覆盖率达到100%，农村生活污水治理行政村覆盖率97.55%，处理设施出水水质达标率99.54%，连续六年获全省美丽乡村建设和农村垃圾分类考核优胜县。

【农民人均可支配收入超4万元】 农民收入不断增长，人均可支配收入41578元、增长6.4%，城乡收入比缩小至1.67∶1，村集体经济总收入50万元、经营性收入30万元以下行政村全面消除，低收入农户收入增长13.4%，“大白鹅产业扶贫”“东苗西育精准助农”入选全球最佳减贫案例。城乡基础服务不断均衡，农村文化礼堂实现全覆盖，农村义务教育标准化达标率及等级幼儿园覆盖率100%，农村一、二级幼儿园在园幼儿占比达79.8%，城乡社会人员学历提升1450人。村级医疗卫生机构规范化建设率81%，每万常住人口全科医生数4.62名，户籍人口医保参保率99%，城乡居民养老保险保障水平达14.5%，社会救助水平城乡统筹一致率100%。乡村集成改革扎实推进，闲置农房盘活利用改革领跑省市，数字化盘活闲置宅基地入选全国宅基地改革和管理优秀案例，“村民说事”成为“国标”、入选全国乡村治理典型案例。数字渔港迭代升级，“减船转产”硬仗成功打赢。

种 植 业

【概况】 2022年，象山县围绕“稳粮、优经、强特”发展要求，以科技强农、机械强农为抓手，进一步优化调整种植结构，全力保障粮食、蔬菜稳产保供。全县农作物播种面积2.07万公顷，产量32.56万吨，实现产值10.57亿元。

【粮食生产增产增收】 象山县连续遭受高温干旱、台风等自然灾害，种植业仍保持了平稳的发展态势。全县粮食种植面积1.28万公顷。其中小麦0.16万公顷，产量0.67万吨，同比分别增长61.0%、42.9%。全县水稻播种面积0.907万公顷，同比增长7.9%，其中早稻面积0.11万公顷，总产0.73万吨，同比分别增长37.5%、增长42.8%；晚稻面积0.797万公顷，产量6.23万吨，同比增长4.9%、1.0%。

【经济作物增产增收】 2022年，全县经济作物种植面积0.79万公顷，产量24.18万吨，产值7.99亿元。其中，蔬菜播种面积0.58万公顷，产量18.82万吨，产值6.82亿元。瓜果播种面积1053公顷，产量5.13万吨，产值1.17亿元，其中草莓播种面积46.67公顷、产量1145吨、产值2977万元；西瓜播种面积900公顷、产量4.73万吨、产值5835万元；甜瓜播种面积106.33公顷、产量2848吨、产值1481万元。

【发放粮食补贴2646.9万元】 2022年，象山县继续实施扶粮惠农政策，进一步强化服务保障，累计发放2022年种粮大户补贴和收购环节补贴资金918.77万元，种粮农民一性补贴399.51万元，惠及1.98万户农户；耕地地力保护补贴1324.93万元。培育规模种粮(3.3公顷以上)大户366户、种粮面积0.78万公顷，分别比上年增加44户、0.22万公顷。

【政策性农业保险扩面】 2022年，象山县为更好地满足"三农"领域日益增长的风险保障需求，全面推广水稻"完全成本+收益"保险、生猪成本补充保险及生猪价格指数保险，新开设牡蛎养殖气象指数保险，创新推进杨梅采摘期气象指数保险示范性条款险种开放经营。累计开设险种45个，全年总投保农户数2.06万户，总保额27.79亿元，实现保费6456.14万元，分别比2021年同期增长6.9%、4.8%、23.0%。协调做好农业受灾的查勘、定损和理赔工作，全年理赔户次6248户，赔付金额7113.85万元，简单赔付率达110.2%。

【强化粮食生产用种保障】 2022年，象山县加强粮油种子经营主渠道建设，做好种子调运、储备、供应工作，全年储备粮食作物种子77.5吨，累计供应粮油种子256.4吨，其中早稻种子55吨，超级稻种子53吨，常规晚稻种子6.2吨，土豆种子25吨，大小麦及油菜、绿肥种子117.2吨，基本满足全县用种需求。

【高产高效创建】 2022年，象山县实施粮食绿色高产高效创建活动，建立市级示范方9个、县级示范方19个，示范面积303.2公顷，其中油菜方最高亩产188.5千克、小麦方最高亩产436.8千克、大麦方最高亩产352.1千克、晚稻方最高亩产821.5千克，产量水平均达到近五年来的最高水平。

【种子种苗提升工程】 2022年，象山县继续做好农作物新品种引进、示范与推广，开展杂交水稻、彩色油菜、脱毒马铃薯等制繁种工作，落实甬优系列杂交水稻制种基地280公顷、繁育种子210吨，繁育脱毒马铃薯种子13.5吨，"象薯1号"通过国家品种登记；加快新品种引进、示范、推广，建立市级优质水稻新品种展示基地1个，引进兰芯西瓜、甜玉米等优质新品种57个，在2022年宁波市"微萌杯"地产精品西甜瓜比赛中荣获金奖3个、银奖4个。

【推进统防统治和绿色防控】 2022年，象山县融合推进统防统治和绿色防控，设立病虫监测点9个、农药监测点24个，实行日报、周报制度，累计上报病虫报表400多期，发布农作物病虫情报15期2100余份；引进佳多虫情图像自动信息采集系统1套，新增昆虫性诱电子智能测报系统14套，实现病虫自动监测全县粮食主产乡镇全覆盖；新培育市级示范性统防统治服务组织3家，落实省级水稻绿色防控示范区1个，开展水稻田翻耕灭茬(灌水杀蛹)0.41万公顷、绿色防控0.74万公顷、统防统治面积0.81万公顷。

【环境友好型肥料推广】 2022年，象山县继续开展商品有机肥、配方肥(含缓控释肥)等环境友好型肥料推广应用，制定《2022年度象山县环境友好型肥料补贴工作实施方案》，确定了商品有机肥、作物配方肥的补贴标准和补贴程序，明确对符合购肥资质的主体购买备案供肥企业的35种配方肥给予400元/吨的补贴，对购买具有相应资质的3家企业提供的商品有机肥给予200元/吨的补贴。结合农户施肥调查、测土配方施肥数据与肥效试验情况，对7类农作物发布了24个主推配方。引导种植户按方施肥和肥料企业按方供肥，推广补贴商品有机肥2734吨，配方肥5798.77吨，按方施肥503.33吨，主要农作物测土配方施肥技术覆盖率达92.1%。

【农业面源污染防治】 实施肥药减量工程，在鹤浦镇牧童岙村建成1个化肥定额制示范方、在定塘镇周岙村建设1个农产品产地环境监测点——保护地(柑橘)，全年实现不合理化肥减量130吨，农药减量20吨。在晓塘乡西边塘村建成生态拦截沟渠1条。继续对涂茨镇钱仓村受污染耕地开展安全利用工作，建设1个受污染耕地安全利用示范点1.33公顷，将严格管控类耕地7.4公顷调整为一般耕地，受污染耕地安全利用率100%。

【高标准农田建设】 2022年，全县共有9个高标准农田续建项目，涉及7个乡镇，面积1299.67公顷，项目总概算投资4408.99万元。其中2021年度新建项目2个、面积333.47公顷，2020年度补建项目7个、面积966.2公顷。截至12月底，2020年(第二批)及2021年项目全部完工验收，所有项目将于2023年4月前完成县级验收工作。

【市种植业"六园"示范基地】 2022年宁波盛腾农业科技发展有限公司(精品果园)、象山龙之梦生态农业有限公司(精品果园)、宁波天作农业发展有限公司(精品果园)、象山英姿果蔬专业合作社(精品果园)、象山高塘陈回春农场(精品果园)、象山西周缘果家庭农场(精品果园)、象山森森农业发展有限公司(精品果园)、宁波东势农业发展有限公司(精品果园)、象山智门寺茶场(生态茶园)、浙江香成农业科技发展有限公司(放心菜园)等10家基地被认定为市种植业"六园"示范基地。截至2022底,全县累计市种植业“六园”示范基地达到24家。

【粮功区“非粮化”整治】 2022年,象山县结合2021年以来开展的耕地“非农化”“非粮化”整治工作,从全县稳定耕地中选取2820公顷无“非粮化”或有零星“非粮化”但易清理腾退的地块作为粮食生产功能区调整补划面积。截至12月底,在“浙农田”系统上传61个粮食生产功能区、认定面积6753.33公顷,全面完成整治优化2413.33公顷,其中清理腾退800公顷,调整优化1613.33公顷。

【开展科技创新与示范推广】 2022年,象山县成功申报省级产业团队项目1个、县级科技项目3个,实施市级科技项目1个、县级科技项目2个,完成验收县级重点科技项目1个、农业“五新”项目6个,开展西甜瓜嫁接砧木等试验10余个,发表论文2篇,获省农业丰收奖三等奖1项。打造集成示范推广高效技术与模式,新建稻渔综合种养数字化规模示范基地6个、52.67公顷,实现亩均增效1500~3000元。新增高架草莓示范基地2个、面积2公顷,大棚马铃薯示范基地1个、面积6.67公顷。新建水稻暗叠盘催芽育秧中心1个,开展社会服务面积333.33公顷。

【农作物疫情疫病监测防控】 2022年,象山县强化植物疫情疫病监测,开展草地贪夜蛾、柑橘黄龙病等重大疫情田间调查和防控指导,设立柑橘黄龙病等疫情监测点12个,调查各类作物面积1.03万公顷;完成水稻制种田产地检疫280公顷,检疫柑橘种苗598.2万株、接穗500千克,签发产地检疫合格证70份;确定普查清单物种91个,设立踏查点72个,完成样地调查56个,踏查面积300平方千米。

林特业

【概况】 2022年,象山县围绕“聚力一二五,走好共富路”目标要求,深入实施乡村全面振兴“151”行动,增强产业效能,林特经济稳步发展。全年林特产业实现总产值16.3亿元,其中水果产值13.3亿元,茶叶产值0.5亿元,花卉苗木产值2.0亿元,竹笋产值0.5亿元。

【水果面积缩减产值稳定】 2022年,受“非粮化”及旱改水整治影响,象山县水果产业种植面积有所缩减,总面积1.2万公顷,同比减少19.0%;总产量13.7万吨,同比减少14.3%;实现产值13.3亿元,同比增长1.4%。

【柑橘产业结构持续优化】 2022年,象山县柑橘产业结构持续优化,剔除衰败、产能低下橘园,柑橘栽培面积缩减至6880.2公顷,中晚熟温州蜜柑种植面积缩减至2001.1公顷,“红美人”“春香”等精品杂柑种植优势更加突出,面积提升至2863.1公顷。全年柑橘产量10.1万吨,同比减少16.4%;实现柑橘总产值8.8亿元,同比减少5.8%。其中“红美人”柑橘栽培面积2410.2公顷,产量1.8万吨,实现产值5.5亿元,同比分别减少6.9%、1.2%、12.7%。

【枇杷产值创新高】 2022年,象山县枇杷种植面积1302.4公顷,比2021年减少6.5%,受2021年暖冬有利天气影响,枇杷产量激增,总产量0.9万吨,同比增长155.2%,实现总产值1.7亿元,同比增长73.0%,产值创历史新高。

【杨梅产值再破亿元】 2022年,象山县杨梅种植面积3110.6公顷,与上年度持平,受不利天气和大小年影响,产量1.4万吨,同比减少23.9%,但销售形势利好,产值再破亿元,达到1.15亿元,同比减少12.8%。

【竹笋产业持续增收】 2022年,象山县竹笋种植面积9201.5公顷,与上年度持平,由于气候温暖雨水充沛,主产地西周芭蕉片区为竹笋生长“大年”,全县竹笋产量1.3万吨,与上年持平,实现产值4717.7万元,同比增长5.6%。

【花卉苗木略有缩减】 2022年,受“非粮化”土地政策影响,象山县花卉苗木种植规模略有缩减,面积1033.3公顷,同比减少7.7%,其中杜鹃类112.6公顷,同比减少10.6%,珊瑚树65.3公顷,同比减少11.4%,桂花、茶梅等其他多年生苗木860公顷,同比减少5.2%,实现产值2.0亿元,同比减少0.8%。

【茶叶量产双减】 2022年,象山县茶园总面积稳定在1000公顷,投产面积维持在533.3公顷,茶叶总产量130吨,同比减少37%,总产值5300万元,同比减少25.6%。其中名优绿茶产量55吨,实现产值3500万元,名优红茶产量5吨,实现产值500万元。红碎茶出口量大幅减少,仅75吨,同比减少51%,产值1800万元,同比减少50%。

【加快柑橘现代种业提升】 2022年,象山县持续扩充柑橘品种资源圃,新收集保存柑橘优新种质资源100个,柑橘种质保存量从300个扩增到400个,成为全省第二大柑橘种质资源保存点。新试验柑橘杂交组合5个,无核化辐射试验品种4个、单芽1000个,建成象山县美礁柑橘杂交育种研发圃和象山县农丰果园杂交育种研发圃等杂交育种研发圃2个、0.8公顷,年繁育杂交后代单株1000个。新建成象山臻乐红美人柑橘脱毒种苗扩繁基地和象山青果红美人脱毒种苗扩繁基地等脱毒种苗扩繁基地2个、0.67公顷,建设无病毒种苗种植样板基地3个,完成种苗销售数字化全程追溯体系建设,试验主栽品种珠心胚脱毒20个、优新良种茎尖脱毒5个,加快实现象山县柑橘种源无病毒化。

【加快产业核心领域攻关】 2022年,象山县打造一流的农业技术创新团队,大力攻关重难点生产技术问题,实现科技强农。探索品种资源研发,继续实施省“十四五”农业新品种选育重大科技专项、省农业重大技术协同推广专项“温州蜜柑品种筛选与栽培技术提升的研究”。探索技术难题攻关,立项实施省果品产业技术团队项目“‘红美人’等杂柑优质高效基砧筛选及配套设施栽培技术研究与示范”、市科技项目“浙东地区海涂地红美人橘园适栽砧木筛选及脱毒苗产业化示范”。探索农药减量研究，实施市农业技术茶产业专项“有机茶园病虫草害综合防控技术应用研究与示范”。

【加快科研成果转化】 2022年，象山县自主研发的“红美人柑橘设施栽培技术”首批入选浙江创新馆。“‘红美人’等特色杂柑精致高效栽培技术研究与集成示范”项目、“茶园‘趋性’主导绿色防控技术研究和示范”项目分别获宁波市农业实用技术推广奖二等奖和三等奖。

【加强区域品牌保护管理】 2022年，象山县加强品牌保护管理，依托优势资源推动区域公共品牌建设，授权“象山柑橘”“象山红美人”商标使用主体390家、“象山半岛仙茗”商标使用主体37家，授权开设天猫、京东等电商平台象山红美人官方旗舰店（专卖店），投保“象山红美人”“象山柑橘”商标侵权损失补偿保险。督促授权主体规范使用“象山柑橘”“象山红美人”“象山半岛仙茗”品牌专用包装。

【创建国家级“象山柑橘”公用品牌培育提升标准化示范区】 2022年，国家级“象山柑橘”公用品牌培育提升标准化示范区项目高分通过国家市场监管总局、农业农村部组织的验收。该项目通过建立品牌传播推广标准体系、柑橘优质栽培标准体系、社会化服务标准体系、产品溯源监管标准体系等，持续提升柑橘全产业链标准化水平，是省内首个国家级农业品牌培育提升类标准化示范区。

【红美人国家级团体标准发布】 2022年10月31日，由象山县农业经济特产技术推广中心、浙江省柑橘研究所、象山县柑橘产业联盟负责起草的《红美人橘橙等级与包装储运》团体标准经中国果品流通协会发布，于2021年12月1日起实施。该标准是全国首个关于“红美人”柑橘分级上市的国家级团体标准。

【推出“山海之间一碗茶”红茶主题包装】 2022年，象山县推出以“山海之间一碗茶”为主题的“望潮红”红茶包装。该县于2018年始开发创制“望潮红”红茶，于2019年成功注册“望潮红”商标，并将该品牌作为红茶公用品牌在全县推出。“望潮红”以迎霜、鸠坑茶树品种的一芽一叶、一芽二叶鲜嫩芽叶为原料，于每年3月底至5月底采制，通过萎凋、揉捻、发酵、干燥等工艺加工制成，具有“嫩、鲜、甜、香”的品质特征，外形细嫩卷曲多金毫，条索紧结油润，汤色黄红明亮，滋味甜醇鲜爽、具甜香、花香。

【第六届“半岛仙茗杯”名优茶质量推选活动】 2022年5月9日，象山县举办了象山县第六届“半岛仙茗杯”名优茶产品质量推选活动，大赛邀请浙江大学龚淑英教授等5位国内知名茶叶审评专家对各茶叶生产单位选送的71只茶样进行审评，共评出金奖4个、银奖12只、优秀奖22只。其中，象山半岛仙茗茶业发展有限公司、象山大岙茶场获绿茶金奖，象山隐逸家庭农场获白茶金奖，象山茅洋南充茶场获红茶金奖。

【第三届“5·21”国际茶日活动】 2022年5月21日，象山县第三届“5·21”国际茶日活动——海山品茗会在墙头镇海山举办。活动由象山县农业农村局、象山县文联、墙头镇和象山茶文化促进会共同举办，副县吴志辉长作了“让茶香飘进千家万户”的讲话，茶会以“茶和世界、共品共享”为主题，诵茶经，调茶饮，吟茶歌，品象山名茶“半岛仙茗”。

【浙江农业之最枇杷擂台赛名列前茅】 2022年5月20日，在2022年浙江农业之最枇杷擂台赛上，象山县选送的鹤浦镇张海平家庭农场红沙枇杷和白沙枇杷分别斩获红沙枇杷综合品质一等奖、最高糖度二等奖、白沙枇杷综合品质二等奖。

【第十一届“中绿杯”名优绿茶揽奖颇丰】 在2022年7月5—7日举办的第十一届“中绿杯”名优绿茶质量推选活动中，象山县选送的茶叶获得2个特别金奖、2个金奖和5个银奖的优异成绩。其中，象山泗洲头东岙白林茶场、象山墙头沈记家庭农场选送的半岛仙茗绿茶获得特别金奖，象山半岛仙茗茶业发展有限公司选送的象山白茶、象山智门寺茶场选送的半岛仙茗绿茶获得金奖，象山茅洋宏财茶场、象山茅洋家水茶场、象山半岛仙茗公司和象山嫩槚茶场选送的半岛仙茗绿茶及象山天茗茶叶专业合作社选送的象山天茗绿茶获得银奖。

【象山县、宁海县、台湾南投县举行云端茶叙会】 2022年8月10日，象山县、宁海县、台湾南投县举行云端茶叙会，象山会场的“云端茶叙会”在象山县非遗馆举行，海峡两岸茶叶专家和茶文化爱友者“云”聚一堂，通过网上视频连线，以茶为媒，共话发展。重点对象山的茶叶区域公用品牌“象山半岛仙茗”进行推介，播放“象山半岛仙茗”视频录像，介绍了象山半岛仙茗公用品牌运营情况的一些做法及茶艺培训方面的经验，并由茶叶技术专家就茶叶种植技术、茶叶品种分类、茶叶制作与台方展开交流。

【象山县、日本爱媛县两地开展云端会议】 2022年9月28日，象山县与日本爱媛县南农协开展第一次中日柑橘技术云端交流，探讨柑橘核心技术领域。国内柑橘栽培技术日新月异，同时产生诸多技术难点，与日本爱媛县南农协的柑橘指导员进行深度交流，可以加快解决问题，对标世界农业一流水平，找到差距，弥补不足。

畜牧业

【概况】 2022年，象山县坚决守牢畜产品安全生产底线，以象山白鹅特色产业体系建设为突破性抓手，聚焦强制免疫"先打后补"全县域全病种试点、兽医实验室能力提升、象山白鹅新品系培育等工作，创新象山白鹅品牌打造模式，为该县高质量推进农业农村现代化和农民农村共同富裕持续走在全省全国前列提供助力。全县畜牧产业总体继续平稳发展，肉类总产量2.25万吨，同比增长2.3%；禽蛋总产量1.16万吨，同比减少8.6%；实现畜牧业生产总值10.5亿元，同比增长3.5%。

【生猪产能稳中有降】 2022年象山县生猪饲养量27.85万头，同比减少5.5%，其中存栏11.41万头，同比减少14.7%，出栏16.44万头，同比增长2.2%；能繁母猪存栏1.13万头，同比减少10%。生猪价格自2022年4月以来逐渐回升，最高为30.6元/千克，最低为14元/千克，均价23.3元/千克，同比上涨15.4%。按照17元/千克的生产成本，当年每头生猪可实现净利润945元。

【家禽市场总体企稳】 2022年，象山县家禽饲养总量323.64万羽，同比减少0.84%，其中存栏131.23万羽，出栏192.4万羽。全年象山白鹅饲养量131.08万羽，同比增长3.4%，其中存栏51.43万羽，同比减少2.9%；出栏79.65万羽，同比增长8.0%。生产销售苗鹅1000万羽，与2021年同期持平。蛋禽全年存栏58.82万羽，同比减少3.29%，其中蛋鸡存栏38.73万羽，同比减少1.0%；蛋鸭存栏20.1万羽，同比减少7.3%。2022年家禽及禽蛋价格继续上涨，鸡蛋均价为10.8元/千克，同比上涨22.73%；鸭蛋均价14.4元/千克，同比上涨5.9%；苗鹅均价25元/只，同比上涨56.3%；肉鹅均价34元/千克，同比上涨36%。肉鸡和肉鸭价格与2021年同期持平。

【食草动物和蜜蜂产量稳定】 2022年，象山县牛饲养量1723头，同比增长3.5%；山羊饲养量3.3万头，同比增长8.3%。全县蜜蜂产业继续以养殖意大利蜂为主，年底存栏为1.2万箱，与2021年持平。

【生猪保供全力企稳】 2022年，象山县制定出台《象山县生猪产能调控实施方案（暂行）》，围绕"保重点、保优势产能、保种猪"目标，以能繁母猪存栏量变化率为核心调控指标指导养猪企业合理调控生猪产能，建成3家国家级生猪产能调控基地，确保全县规模猪场保有量稳定在34家以上，能繁母猪保有量稳定在1.13万头。

【启动培育象山白鹅新品系】 2022年，象山县全力支持并参与宁波市农科院在该县东陈鹅场开展的浙东白鹅育种重大科技攻关项目，开展象山白鹅品系培育工作，2022年度完成核心种群1200羽种鹅选定及遗传性能测定，并完成首批新培育的后代种群基因检测，开展遗传性能跟踪试验。

【拓新象山白鹅养殖方式】 2022年，象山县在充分考量环境治理设施配套投入和周边环境容量的前提下，引导养殖户进一步拓展季节性规模化肉鹅养殖空间，完善并发布稻鹅轮作技术规程。探索"橘树+"立体种养生态循环模式，组织开展红美人柑橘林下养鹅技术试验推广现场会及白鹅肉质品鉴会，对接10家红美人种植大户和象山白鹅规模养殖户，全年增加林下肉鹅养殖规模20万羽。

【象山白鹅加工销售产业起步】 2022年，象山县建设象山白鹅加工作坊1家、开设象山白鹅直销门店2家。对接白条鹅分割企业和盒马鲜生等大型生鲜超市，组织白鹅加工企业在东陈乡开展白鹅产品展示展销活动，现场销售额达16万元。

【举办第十届象山白鹅节】 6月18日，象山县举办以"源远流长，风起象鹅"为主题的第十届象山白鹅节，该届白鹅节开幕式通过新华社现场云、宁波晚报"甬上"App、宁波晚报抖音号三大平台同步直播，直播收看达55万人次，直播活动浏览量排入新华社现场云平台一周浏览量全国前十。系列活动还包括白鹅征文征画、共跳白鹅舞、白鹅传统文化展示等，其中象山白鹅孵化慢直播活动通过"甬上"App、宁波晚报视频号和宁波晚报抖音号3个平台播出，总播放量达到30.82万次。

【象山白鹅文化馆落成】 12月22日，象山县白鹅文化馆在中心城区青草巷铁巷弄9号正式落成，该馆通过"鹅·共富""鹅·文史""鹅·生活"3个展厅，集中展示了在历代象山人接续努力下象山白鹅产业不断壮大、助力共同富裕的历程，以及象山白鹅相关民俗、文物、史料等珍贵资料等。

【象山白鹅品牌建设】 2022年，象山县邀请《快乐回来了》节目组拍摄鹅场互动真人秀节目，节目播出当日各平台播放量达5000多万次，随后借助节目热度开展明星签名鹅蛋孵化慢直播，总播放量达100万次，并开展微电影宣传片《寻鹅记》摄制、发布，并启动短视频模仿秀比赛。

【畜禽养殖污染防治长效监管】 2022年，象山县农业农村部门出台《关于开展全县畜牧业生产检查的通知》，明确落实养殖污染防治主体责任，执行县、乡、村三级网格化防控巡查机制，开展全县隐患专项排查，共排查养殖场140家，发现并整改污染及安全隐患10处。进一步完善畜禽粪污资源化利用监管体系，在养殖场直联直报系统报送2021年度及54个规模养殖场的粪污资源化利用数据，完成省级21个规模养殖场综合减臭和粪污资源化利用情况调查表，建立规模养殖场的畜禽粪污资源化利用和无害化处理台账、制订年度的畜禽粪污资源化利用计划。

【畜禽粪污资源化利用指导】 2022年，象山县坚持以农牧对接为导向，建立健全养殖废弃物资源化利用体系，落实农牧对接生态消纳地2333.33公顷，畜禽粪污综合利用率达稳定在98.5%。积极开展沼液综合利用示范项目,完成象山县高塘岛乡义平家庭农场和宁波台洞纳湖生态农业发展有限公司两家沼液综合利用示范项目建设工作。

【建立沼液异地配送智能化监管系统】 2022年,象山县完成5辆沼液运输车液位监测传感器和车载摄像头布设,通过使用GPRS数据网关模块,采用物联网卡上网形式将液位和视频信号、车辆轨迹传送至控制室电脑,实现对车辆轨迹和视频数据的实时监管。

【实施省数字畜牧系统“先行先试”试点】 2022年,象山县全面抓好省数字畜牧系统“先行先试”工作,做好各类基础数据的采集、录入、更新、维护,加大系统应用推广范围,特别是浙里办App浙牧通应用推广工作,全年共开展线上集中培训5次,入场培训指导2轮,共培训260人次,并进行各个账户操作及数据推送试用,为新平台的平稳过渡提供保障。

【重大动物疫病防控】 2022年,象山县完成产地检疫猪16.54万头、家禽322.4万羽、牛94头、动物产品检疫出证11877.03吨,生猪产地检疫率达到100%。全年共使用禽流感疫苗200.63万毫升,免疫家禽237.64万羽次,其中鸡94.02万羽次,鸭41.53万羽次,鹅95.31万羽次,其他禽类6.78万羽次;使用生猪口蹄疫疫苗62.28万毫升,免疫生猪45.06万头次;使用牛羊口蹄疫O-A型二价灭活疫苗5.38万毫升,免疫牛羊3.24万头次;使用猪瘟疫苗63.17万头份,免疫生猪45.1万头次,使用猪高致病性蓝耳病疫苗39.65万头份,免疫生猪31.88万头次;使用小反刍兽疫疫苗3.29万头份,免疫羊2.2万头。

【动物疫病监测】 2022年,象山县常态化实施重大动物疫病监测工作,对249家畜禽养殖场(户)开展监测采样,采集样品3421份,检测重大动物疫病8340份;其中检测高致病性禽流感2786份,禽流感H5亚型抗体合格率为97.91%,H7亚型抗体合格率为98.21%;检测新城疫452份,抗体合格率为98.01%;检测猪瘟864份,抗体合格率95.14%;猪O型口蹄疫检测790份,抗体合格率为94.43%;检测高致病性蓝耳病714份,抗体合格率为96.64%;检测羊O型口蹄疫440份,抗体合格率为94.09%;检测羊A型口蹄疫120份,抗体合格率为88.33%,检测羊小反刍兽疫440份,抗体合格率为96.59%;检测布鲁氏菌病原440份,未检出阳性;非洲猪瘟病毒核酸检测1294份,未检出阳性;禽咽肛拭子及环境样本高致病性禽流感病毒核酸检测1045份数,未检出阳性。

【强制免疫“先打后补”全县域全病种试点】 2022年,象山县根据省动物疫病强制免疫政策改革精神,制定印发《象山县动物疫病强制免疫“先打后补”实施方案(试行)》。通过培训、政策入户等方式,组织人员进行强制免疫“先打后补”政策解读及宣传;通过数字畜牧应用系统“先打后补”模块功能,实现养殖场户“自主申报、在线审核、直补到户”,提高工作效率和服务质量,场户自主申报率达24%。全年下拨畜禽强制免疫“先打后补”补助经费140.86万元,其中场户33.67万元,第三方107.19万元。

【通过兽医实验室省级考核】 2022年,象山县按照《兽医系统实验室考核管理办法》要求,对实验室质量管理体系、生物安全管理制度、工作流程及实验室程序文件建设进行完善,委托宁波市计量测试研究院完成对实验室主要仪器设备的检定工作,对实验室近两年运行情况开展自查并形成自查报告。于4月25日申请兽医实验室(BSL-2级)省级考核,并提交申请报告书,经专家组综合评定,顺利通过考核,于8月31日取得省农业农村厅颁发《兽医实验室考核合格证》。

【完成省级无非洲猪瘟小区创建】 2022年,象山县根据《无规定动物疫病小区管理技术规范》和《无规定动物疫病小区评估管理办法》等相关要求,按照“逐项对账”的方式,对创建主体的基本条件、生物安全管理体系建立、生物安全计划制订等内容开展技术指导,累计开展现场指导与业务对接30余次。针对官方兽医机构监管要求,制定《象山县无规定动物疫病小区监管制度》,对无疫小区、缓冲区组织开展专项监管和监测,累计开展专项检查10余次,检测猪只样品120份(包括全血、拭子样品)、环境样品50份、水样30份、车辆20份、人员20份、饲料10份,合计检测250份样品,所有样品未检出非洲猪瘟病毒。2022年9月20日,通过省级验收,成功创建省级无非洲猪瘟小区。

【“三沼”安全生产管理】 2022年,象山县继续落实农村沼气安全生产主体责任,组织签订沼气安全生产告知书、责任承诺书、消防安全告知书等90份,举办沼气安全生产技术培训班1次,培训沼气使用业主45人,发放各类宣传资料360份;组织参加消防演练1次,培训52人。组织对全县45家170座沼气池进行安全大检查5次,组织各乡镇畜牧兽医站对全县沼气工程进行巡查1次,出动人员621人次,整改安全隐患55处;对沼液配送车辆的GPS轨迹与配送单据中的信息数据情况进行抽检,共巡查20次,未发现隐患问题,全年共完成异地配送消纳沼液5.1万吨。

农业产业化

【概况】 2022年,象山县深入实施乡村振兴战略,紧紧围绕一、二、三产业融合发展,深入实施“3435”乡村产业振兴行动,大力培育特色优势产业,推动农业高质量发展,全面提升现代农业发展水平。

【深入实施“双强”行动】 2022年,象山县持续推进农业“双强”行动,实施“双强”重点项目9个,发展稻渔共生综合种养基地6个,建设农业“五新”

项目20个，创建数字农业示范基地5个。

【打造市级未来示范农业园区】 2022年，象山县按照“规划布局美、业态融合深、产业链条长、功能拓展广”的要求，立项实施大塘港未来示范农业园区项目10个，其中动建甬象农业、硕穗农业、中实农业、鑫果农业等项目9个，完成投资超3000万元。

【龙头企业提质增量】 2022年，象山县持续引导和鼓励农业企业做大做强、提质增量，新认定省级农业龙头企业2家，市级农业龙头企业4家，发展县级龙头企业12家，全县县级以上农业龙头企业达到66家。宁波天韵食品有限公司被认定为宁波市引领乡村振兴“十强”农业龙头企业。

【大力扶持农业经营主体】 2022年，象山县争取市财政资金1058万元，分别给予38家市级以上经营主体贷款贴息补助，以及4家农业龙头企业创品牌、专利发明奖励。引导经营主体提升设备、改进工艺、提高效能，实施技改项目13个，农产品仓储保鲜设施项目1个。

【建强创业创新队伍】 2022年，象山县大力培育农创人才，新增农创客66人，累计达到366人。加强农创典型挖掘，推荐象山港湾水产苗种有限公司总经理徐万土为全国农村创业创新优秀带头人，象山青柯三莓园家庭农场负责人鲍科为带领致富全省农创客创业模式。

【扩大农业投资】 2022年，象山县加强项目招商推介，开展农业产业开发项目资源调查摸底，筛选推荐5个重点资源纳入省级平台进行招商，组织参加宁波乡村空间发布活动。积极争取发展用地。排摸农业产业建设用地需求项目17个，主动对接资规部门尽可能纳入“三区三线”划定范围。开展“红美人”扩面增量土地资源调查，为优化柑橘产业布局提供指导。

【擦亮区域公用品牌】 2022年，象山县完善品牌门店建设，授权象山大旸农业发展有限公司在电商平台开设象山红美人官方旗舰店，天猫店、京东店上线运营。注册“象山柑橘服务平台”公众号，并设立象山柑橘商城。开展销售象山红美人的水果店门面统一改造，规范“象山半岛味道”门店形象设计。

【农产品展示展销】 2022年，象山县举办第六届象山柑橘文化节、省农博会红美人推介活动，提升象山红美人品牌的市场影响力。组织象山农产品企业参加上海新春农产品线上大联展、浙江（长春）绿茶博览会、中国义乌国际森林产品博览会、中国国际农产品交易会、农民丰收节宁波庆丰收主场活动，全面展示象山优质农产品的良好形象。

【第六届象山柑橘文化节】 2022年11月16日上午，以“万象山海，橘香人间”为主题的2022象山北纬30度柑橘文化节暨“红美人”开摘仪式举行。浙江省农业农村厅二级巡视员王建伟，宁波市政协副主席叶剑鸣，中国柑橘学会理事长、湖南农业大学教授邓子牛，象山县政协主席俞骏，象山县委副书记、政法委书记应建勇，象山县委常委、常务副县长吴志辉，象山县人大常委会副主任干维岳出席仪式。农业农村部总畜牧师张天佐通过视频云祝柑橘文化节成功举办。开摘仪式上，中国果品流通协会颁布了“红美人”橘橙等级及包装储运标准，按照果形、果面、色泽、总酸含量等指标对“红美人”橘橙进行了“特级、一等、二等”的分类。这一标准的制定，对做强“象山柑橘”“象山红美人”区域公用品牌，推进象山柑橘产业高质高效发展，打造柑橘共富象山样板具有重要意义。当天的仪式上发布了“万象款”“福象款”“吉象款”新品包装，象山农业科研人员引种选育、自主杂交的“红美人”家族四位新成员“赤美人”“缃美人”“霓美人”“橙美人”“登台”亮相。

【农业产业电子地图项目验收】 2022年11月21日，象山县招投标中心组织相关专家对《象山县农业产业电子地图项目》进行验收。项目完成种植业、林特业、畜牧业、农业园区、特色产业、公共设施、水产养殖、规划用地等8个大类型33个地图图层部分信息录入；完成移动端包括地图浏览、数据核查模块、数据检索模块、数据量算与统计模块、权限管理模块、导航模块等六个模块功能的开发。全面摸清永久基本农田、高标准农田、粮食功能区等空间管控性规划在县域地图中的呈现，可明确展示各产业下一步发展空间落位、农旅招商项目点的分布。

【建成数字农业示范园项目5个】 2022年，完成象山金来家庭农场、象山美佳家庭农场有限公司、宁波大壮天成农业发展有限公司、宁波甬象生态农业科技发展有限公司、象山金果家庭农场等5个数字农业示范园建设。通过数字农业示范园的建设应用，提高了农业生产效率和产品质量，促进农业的绿色发展可持续性和长效性，创新农业生产和管理模式，提高农业科技水平，推动农业现代化，并推动相关技术产业的发展。

【柑橘产业大脑建成启用】 2022年，象山县柑橘产业大脑建成启用。该系统保护“一舱、一库、一图、六场景、N个系统”，“一舱”即一个柑橘产业驾驶舱，“一库”即1套柑橘全产业链数据专题库，“一图”即1套柑橘产业空间分布图，“六场景”即“橘种植、橘加工、橘流通、橘品牌、橘文化、橘服务”，N个系统即种苗溯源、农产品溯源、长效种植模型、病虫害防治、农业环境监测、移动端小程序、提货卡等7个子系统。2022年，所涉及的数据成果52项，发布字段数1568项，已有数据499.6万条。

【巩固国家农产品质量安全县创建成果】 2022年，象山县继续巩固国家农产品质量安全县创建成果，积极开展国家农安县自我核查，完成国家农安县创建工作自查报告等总结材料，并于11月30日高标准通过国家农安县动态监测组核查。加强国家农安县“亮牌”工作，在象山县汽车东站广场等地设置国家农安县宣传屏，进一步提升国家农安县影响力，同时接受社会监督。2022年，全县绿色优质农产品供给率保持在65%以上，主要农产品检测合格率稳定在98%以上，未发生重大农产品质量安全事件。象山县农业农村局荣获“宁波市社会管理与金融服务工作（食品安全）成绩突出集体”表彰。

【“三品一标”农产品】 2022年，象山县围绕高质量保供，统筹推进两个新“三品一标”，即品种培优、品质提升、品牌打造和标准化生产，绿色食品、有机农产品、地理标志农产品和食用农产品承诺达标合格证，全年共接受各类主体新申报绿色食品共9家，规模116.5公顷，新认证主体3家，续展主体6家。截至2022年底，全县有“三品一标”农产品185个，面积1.93万公顷，其中绿色食品36个、有机产品2个、无公害农产品145个、农产品地理标志2个，绿色优质农产品比率达65.46%。西周镇航头塘大米、晓塘乡柑橘两个市级精品绿色基地于11月15日通过市级验收。

【深化农产品质量安全专项整治】 2022年，象山县开展食用农产品“治违禁 控药残 促提升”三年行动、“除隐患、守底线，护航二十大”等各类专项整治。组织开展芹菜、豇豆、韭菜、柑橘、草莓、竹笋、茶叶、桑葚、枇杷、杨梅及疫情保供速生蔬菜等各类专项督查检查52次，派出检查人员220余人次，检查生产经营主体230余家。

【农产品质量监测】 2022年，象山县以农产品生产基地为主要监测对象，采取例行监测、风险监测、监督抽检和快速检测相结合的方式开展农产品质量监测工作。全年配合上级抽检农产品454批次，其中部级12批次，省级135批次，市级307批次，合格率100%；县本级定量抽检农产品1100批次，合格率99.7%。接受土壤及灌溉水环境监测委托送样62批次。全县各乡镇街道定性检测农产品9939批次，合格率100%。象山县农业农村绿色发展中心实验人员郑欧阳、陆王佳在市第六届农产品质量安全检测技能竞赛中再创佳绩，分别摘得种植业产品一等奖和畜禽产品二等奖，象山县获得团体优胜奖。

【完成农民培训9325人次】 2022年，象山县紧紧围绕农民“急难愁盼”问题及农村电商应用技能为重心，创新培训模式，采取集中办班，现场示范、分散指导等形式提升培训效果。全年完成农民培训9325人次，其中高素质农民培训475人次，农村实用人才培训3441人次，实用技术培训5409人次。

【遴选推荐“新农匠”】 2022年，为推动“浙江绿领培育行动计划”实施，加快全县农业农村领域技能人才队伍建设，挖掘培养推出一批扎根农村、技艺精湛的“新农匠”，经筛选和评审，评出卢圣贵等44人为首届象山县“新农匠”，王财安等16名为市级“新农匠”，盛安常、郑亚丽、朱利勇、韩东道等4人被评为省级“新农匠”，建立浙江省新农匠郑亚丽工作室等新农匠工作室6个。

【创建低碳生态农场】 2022年，象山县为促进农业绿色低碳转型，推广生态高效技术模式，完善绿色发展制度机制，实现投入减量化、生产标准化、产品优质化、产地生态化，推进低碳生态农场创建。2022年创建完成象山红达莲藕专业合作社、象山县石浦财发家庭农场和宁波甬港水产种苗科技有限公司3家省级低碳生态农场，其中象山红达莲藕专业合作社同时被评为2022年度国家级生态农场。

【创新培训品牌服务产业发展】 “红美人”已成为象山县橘农增收致富、奔向共富生活的“黄金果”，为对接“红美人”全产业链发展衍生出一个一站式服务培训模式，即常态化面向橘农提供柑橘文化宣传、种苗选择、农资供应、种植技能、检验检测、品牌塑造、产品销售等一系列帮扶指导和服务培训。《“红美人”长红，“全链式”有功》培训品牌入选2022年度省级农民培训促富品牌。

【全面推广“浙农优品”应用】 2022年，象山县深化“肥药两制”改革成效，全域推进“浙农优品”场景应用，累计培育示范农资店75家、规模主体400家，新建省级肥药定额制示范区2个，培育县级以上示范性统防统治服务组织7家，主要农作物病虫害统防统治面积0.81万公顷。完成测土服务400个，制定发布主要农作物肥料主推配方16个，特色主导产业肥药定额施用标准5个，主要农作物测土配方施肥技术覆盖率达92.1%。

【建设大塘港生态拦截沟渠系统】 2022年，为提升大塘港流域水质，全力推进大塘港生态拦截沟渠系统试点工程，其中定塘镇建成生态渠道3622米，拦水堰坝2座，生态湿地面积30165平方米，生态沟270米，集水井93座，河道清淤4732立方米，曝气装置26套；晓塘乡建成生态渠道长779米，生态湿地面积666平方米，生态沟长232.5米；新桥镇建成狮子山中心河反硝化脱磷装置22套、沉泥装置22套、新建闸门1座、生态浮床300平方米、生态浮岛96平方米、河道专用曝气及其配套设施2套。

【完成中央生态环境保护督察43号反馈问题整改验收销号工作】 2022年，象山县扎实推进第二轮中央生态环境保护督察43号反馈问题的“涉及减肥减药不严不实”问题整改：一是推广配方肥和按方施肥。出台《象山县2022年取土测土工作实施方案》，全县完成取土测土800个，实现规模种植主体全覆盖，2022年度全县主要农作物已推广配方肥6302.3吨，主要农作物测土配方施肥技术覆盖率达到92.1%。二是强化农药减量要素保障，出台《2022象山县农作物病虫害绿色防控示范与推广实施方案》《2022象山县农作物病虫害专业化统防统治实施方案》，累计开展水稻、小麦、油菜等主要农作物病虫害统防统治面积8133.33公顷，完成中央环保整改要求的主要农作物覆盖率43%以上的标准。三是落实“肥药两制”改革，推行农药实名制购买、肥药定额制施用。完成培育示范农资店75家、规模主体400家，创建兽用抗菌药减量化试点场19家，饲料环保化试点场6家，新建肥药定额制施用示范区2个。四是强化农产品产地环境监测。按照《2021年浙江省农产品产地环境监测体系建设工作实施方案》要求，完成建设农产品产地环境监测点1个，已开始正常运行。

农经管理

【概况】 2022年，象山县农经工作根据省市工作思路及县委县政府工作部署，积极创新思路方法，不断提升村集体经济和新型农业经营主体发展水平，推进农村改革、促进乡村治理，有效完善农经管理工作体系建设，进一步夯实农业农村发展基础。

【发展壮大村集体经济】 2022年，象山县积极谋划发展壮大村级集体经济，制定出台《象山县村级集体经济巩固提升行动计划》《象山县消除村级集体经济相对薄弱村攻坚行动方案》等政策文件，成立由县委书记任组长的集体经济发展领导小组、“五个一”“消薄”攻坚小组，统筹协调推进村级集体经济发展工作。制订经营性收入50万元以下村（202个）“一村一策”提升行动计划，做好中长期发展规划。完成2021年村级运转保障经费补助，下拨资金968.03万元，涉及行政村117个。谋划推进全域海上“两山合作社”项目建设，确定集体经济发展项目12个，涉及行政村26个。2022年，象山县村集体经济总收入、经营性收入分别为9.02亿元、3.48亿元，分别同比增长12.5%、10.1%，355个行政村总收入均超50万元，经营性收入均超30万元，146个相对薄弱村全面消除，村级集体经济进一步发展壮大。

【规范“三资”管理】 2022年，象山县开展农村集体资产管理工作调研，起草制定《象山县农村集体资产管理办法》，完成2022年度审计工作任务，审计村数138个，其中财务收支审计数119个，审计资金总额数36.76亿元，落实审计整改措施数126条，开展第三方中介审计质量会商工作；做好财务公开检查工作，会同县委组织部、县民政局等部门开展实地检查，抽查村财务公开率达100%；做好行政村规模优化调整“三资”融合验收工作，验收村数61个，下拨补助资金1330万元；完成清产核资工作，全县村集体资产总额72.49亿元，集体土地总面积122.98万亩。

【深化“浙农经管”数字运行】 2022年，象山县深化“浙农经管”数字推广应用，制定印发《关于进一步加强农村集体经济数字管理系统应用的通知》，完善村级集体基础信息数据，分别在资产资源卡片、合同录入、村级制度完善等方面进行查漏补缺，开展系统模块规范运行，财务记账模块运行率、出纳线上无纸化记账率均达100%，及时指导做好系统应用预警处理，做到即查即改。会同县纪委，开展基层公权力全程在线审批应用与农村集体经济数字化管理系统互通运行。

【开展集体资产监管专项治理】 2022年，象山县开展村经济合作社运行问题专项治理工作，出台相关治理方案，对村经济合作社运行中机构设置、民主决策、章程制定、收益分配、资产处置等5个方面进行自查自纠，共排查问题66个，已全部整改完成；结合乡村清廉指数检查、小微基层权力专项“问制”资产管理检查情况，下发整改通知书25份，整改完成不规范问题175个。选派人员赴县委巡察组做好村级资产管理信访巡察工作，巡察13个乡镇，有关集体资产管理信访事项15件。

【清廉村居建设】 2022年，象山县开展2022年度乡村清廉指数考评工作及开展清廉示范村创建工作，指导各地积极开展清廉示范村创建，结合清廉指数考评工作，评定县级清廉示范村25个，泗洲头镇墩岙村为省级清廉村居建设示范村，象山县被评为省级清廉村居建设示范单位。

【承包土地经营流转颁证修改】 2022年，象山县推进土地流转保障土地适度规模经营，新增流转土地面积34.87公顷，累计流转总面积达1.28公顷，流转率为77.63%。做好农村承包土地确权颁证修改工作，对86户因承包土地确权的登记信息错误、纰漏等权证进行集中修订。

【城乡现代化社区建设】 2022年，象山县开展城乡现代化社区建设工作，制定《“强村富民”乡村集成改革专项行动方案》，完成自查报告，推选泗洲头镇墩岙村为市级城乡现代社区建设观察点，完成农村社区定编定额相关工作做好市对县城乡现代化社区建设考评工作，开展农村社区工作者员额调研工作。

【农民负担动态监测】 2022年完成“21216”农民负担动态监测，抽查了丹西街道、贤庠镇、鹤浦镇、东陈乡、晓塘乡等5个镇乡（街道）的10个村、100户家庭样本，据样本统计，100户的家庭纯收入670.86万元（同比减少7.3%），其中家庭经营纯收入141.37万元，人均收入达18082元。

【农业综合行政执法提档升级】 2022年，象山县继续加强普法宣传、加大执法力度、规范执法行为、提升执法水平，严厉打击农业领域各类违法违规行为，农业综合行政执法工作扎实有效推进，为确保全县农业农村高质量发展、推动共同富裕样板县建设提供有力保障。实现检查发现违法行为查处率、抽检不合格产品查处率、投诉举报案件查处率“三个100%”。全年共办结农药、种子、肥料、农产品、兽药、动物卫生监督等违法案件及相关线索44件，罚没款合计25.36万元。

【完成农资废弃包装物回收处置年度工作任务】 2022年，象山县以深化打造绿色安全和谐的清洁田野和环境整洁优美的美丽乡村为目标,建立完善农资废弃包装物回收处置长效监管机制,加强执法检查,开展普法宣传,农资废弃包装物回收处置工作有序推进,全年回收处置农资废弃包装物65.75吨,无害化处置67.9吨,处置率100%。

【农业投入品和农产品质量监督执法】 2022年,象山县围绕农资打假治劣主线,打响"绿剑"执法护农品牌,全年开展以打击制售假劣农业投入品和保障农产品质量安全为重点的"绿剑"系列专项集中执法行动7次,出动执法人员560人次,检查农业投入品经营单位、农业投入品生产企业、农产品生产企业240家次。完成农业投入品监督抽样88批次,农畜产品监督抽检58批次。

【深化农资智慧监管建设】 2022年,象山县深化推进"肥药两制"改革融合"乡村大脑",在2021年创建25家示范农资经营店的基础上,推广"肥药"两制示范农资店增点扩面50家,并全面开展日常跟踪监管,对全部示范和创建单位开展2轮以上走访指导,对农资进货单位管理、销售对象管理、农资进货和销售登记等信息数据录入要求进行现场操作培训。同时,继续加强农药实名制购买监管,农药商品通过系统备案率达90%以上,农资生产经营单位信息系统录入率达100%。全县101家农药经营门店,3家批发企业,基本实现农药实名制购买。

【农业法治宣传教育】 2022年,象山县农业农村部门结合"三联三送三落实"、农业科技下乡、备春耕等活动,充分利用"象山发布""心心象农"等微信公众号平台,普及动物防疫、土地承包经营、农产品质量安全等相关法律法规。全年开展各类农业法律法规宣传活动5次,培训11次,发放各类法治宣传资料2万余份。通过党组中心组学习、局务会议、"周二夜学"等开展宪法、民法典、新修订农业法律法规和习近平法治思想的学习。

【依法推进法治政府建设】 2022年共审查政府行政合同96件,审查规范性文件2件,开展重大行政执法决策法制审核4件,开展重大案件集体讨论4件。收到行政诉讼3件,1件当庭撤销,2件裁定驳回。2022年通过掌上执法开展各类检查266家次,其中"双随机"检查16项132家次,即时检查111家次,专项检查23家次,执法人员账号开通率掌上激活率和掌上执法率均为100%。"双随机"跨部门4项,跨部门联合检查率25%。认领监管事项266项,检查覆盖184项,零申报82项,事项认领和覆盖率均为100%。认领监管一件事3项,上报监管一件事典型案例1个,入选市综合执法局监管一件事案例汇编。

【农业行政审批服务群众满意率100%】 2022年,象山县农业农村局共受理各类行政许可事项3043件,其中即办件3015件、承诺件28件,办结3043件,政务服务2.0收件率达到96.7%,按期办结率和准确率均为100%,群众测评满意度100%,"好差评"好评率100%。

【农业生产事故调处30起】 2022年,象山县坚持以事实为依据,以稳定和谐为目的,以维护农民利益为根本,妥善调处农业生产事故,2022年受理农业生产事故投诉30起,调处10起,涉及农户11户,帮助农民获得补(赔)偿30余万元。

农业机械

【概况】 2022年,象山县围绕加快农业机械化向全程全面高质高效转型升级的总要求,推进结构调整,绿色发展和创新驱动,加快"三个融合",破瓶颈、补短板,加快象山农业机械化提档升级,农机化工作取得明显成效,创成全省特色产业农业"机器换人"高质量发展先行县(水稻)。截至2022年底,象山县农机总动力达到73.3万千瓦,拥有各类农业机械4万余台(套、件),其中大中型拖拉机345台、水稻插秧机411台、联合收割机499台、谷物烘干机238台,拖拉机与农机具的配套比提高到1∶1.84。

【农业"机器换人"】 2022年,象山县以省农业"机器换人"高质量发展先行县创建为工作重点,制定《象山县创建浙江省农业"机器换人"高质量发展先行县实施方案》,成立由分管农业的副县长为组长的创建工作领导小组,形成"政府负责、农机主抓、农机农艺密切配合、社会组织广泛参与"的工作机制,确定2022年创建水稻产业先行县,2023年创建果蔬(红美人柑橘)产业先行县,2024年创建畜牧产业先行县。2022年,建成省级农机服务中心3家、全程机械化应用基地3家、农机创新试验基地1家,成功创建全省特色产业农业"机器换人"高质量发展先行县(水稻)。

【农机装备结构优化】 2022年,象山县按照省市农机化主管部门工作要求,着眼象山农机产业发展要求,印发《象山县2021—2023年中央农机购置补贴产品补贴额一览表(2022年修订)》,将水田埋草器纳入2022年新型农机具补贴目录,保留适合象山农机产业发展的多功能旋耕机、多功能施肥机和烘干机粮食输送装置,全年发放购置补贴资金737万元、补贴新型农机具892台(套)。筹划开展首台(套)先进农业机械和设施装备适应性试验应用试点工作,实施首台套专项补贴15.15万元。

【农机安全监管】 2022年,象山县适应安全生产形势,全面抓好农机安全领域监管,与各乡镇农机站签订农机安全生产责任书18份,各乡镇农机站与各农机合作社、农机维修点签订农机安全生产责任书98份,农机驾驶操作人员签订农机安全责任承诺书500余份;检验纯农田拖拉机278台,联合收割机142台。全年检查农机合作社62家次,农机维修网点38家次,发现并整改隐患1起;组织广场咨询日活动1次,累计放置知识展板13面,发放宣传资料500余份(册),农机培训2期,人数

160余人。全年辖区内未发生道路交通事故，道路外农机作业未发生农机亡人事故，持续保持农机事故低发态势。

【数字农机建设】 2022年，象山县贯彻绿色发展理念，推广增产增效、资源节约、环境友好型农业机械化技术，节水灌溉、高效植保、机械化秸秆还田和综合利用等机械化绿色增产技术应用范围进一步扩大。在红美人柑橘领域积极推广设施大棚热风炉加热设备、山地轨道运输车等，为农户省工节本的同时，提高了产业的机械化水平，促进了产业的发展。在上级部门的支持下，积极开展物联网、移动互联等现代信息技术的智慧农业机械研究和示范推广工作，引进农业自动化生产加工流水线、农业物联网与自动控制技术、无人植保飞机等智能化装备，实现农业生产过程的智能化。截至2022年度，全县拥有轨道车4条、总长1815米，植保无人机82台，大棚加热设备684台。

【推进农机作业跨区经营】 2022年，象山县继续在宁海县、鄞州区、余姚市等地开展跨县域农机作业服务，机耕服务面积133.33公顷、机插服务面积533.33公顷、机收服务面积2666.67公顷。农机跨区作业的发展促进象山县农机社会化服务组织迅速发展，带动了农机技术培训、信息服务、维修及零配件供应以及农机物流等相关产业的发展，逐步形成了一条农机社会化服务产业链，推动了农业机械化服务业的发展。

为农服务

【象山县农合联完成换届】 2022年6月28日，象山县农合联召开第二次会员代表大会，来自全县17个镇乡（街道）农合联的134位会员代表参加，县委副书记、政法委书记应建勇出席并讲话。大会审议通过了第一届理事会、监事会工作报告和章程修正案，选举产生新一届理事会、监事会成员和出席宁波市农合联会员代表；召开第二届理事会、监事会第一次会议，选举县政府副县长吴志辉为理事长、县供销联社理事会主任石雷霆为常务副理事长兼法人代表、县农业农村局局长章志鸿为监事长，并聘任执委会班子成员。

【数字化农合联应用】 2022年9月23日，邀请浙江农合数字科技股份有限公司的技术人员，组织乡镇农合联、产业农合联、供销专干等50余人进行数字农合联（“浙农服”App）推广应用培训，并就平台的会员注册率、点击率等提出明确要求，布置考核任务；象山县农合联与象山县供销电子商务公司签订数字农合联服务协议，从会员资料上传的监管审核、实时数据的采集更新、产销信息及时发布、平台开展线上活动等方面明确对运维企业进行绩效综合考评。

【供销专干招聘上岗】 为有效培育基层为农服务新生力量，推动基层供销社和乡镇（街道）农合联持续融合发展，根据市供销社（市农合联执委会）的工作要求，2022年招聘5名供销专干，经过业务培训和调研实践，10月底到定塘镇、西周镇、贤庠镇、晓塘乡、石浦镇5个乡镇上岗，任职基层农合联执委会副主任。

【枇杷产业农合联和大黄鱼产业联盟组建】 按照“一业一联”要求，2022年象山县新组建枇杷产业农合联和大黄鱼产业联盟，通过强化合作、相互扶持、资源共享等，为果农、渔民提供产前、产中、产后全产业链服务，促推象山县枇杷和大黄鱼两大主导产业实现高质量发展。

【农村普惠金融】 县供销联社继续与县信用联社深化合作，加大对农业的金融贷款扶持力度，合作社会员信用评定率达100%，授信率达90%以上，通过网络途径，审核和放款更加便利。2022年，共为合作社会员提供100万元以下免担保信贷资金总额达7000多万元。同时继续加强与中行象山支行、富登村镇银行等金融机构加强信贷合作，为粮农、橘农等提供个性化金融产品。

【举办农（渔）产品网络营销活动】 2022年全年共举办农（渔）产品网络营销活动5场。5月中下旬，联合新桥镇政府举办第十六届象山（新桥）枇杷文化节暨第二届村游节；6月中旬，联合泗洲头镇政府举办“乡聚蟹钳港，梅好泗洲头”第六届象山（泗洲头）杨梅节暨旅游产品推介会；9月16日承办“万象山海·渔开天下”第二十五届中国（象山）开渔节网络整合营销活动；11月16日承办“万象山海，橘香人间”第六届柑橘文化节网络营销活动。

【农资保供】 发挥农资保供主渠道作用，有序组织化肥、农药等生产资料采购、调运和储备，年初筹资1500万元，购入化肥3000吨、农药100吨、农膜10吨，及早备好备足水稻配方肥，及时做好后续货源补充，维持价格稳定。2022年共为全县农户提供化肥、农药等农资5500多吨，为象山县农业生产及粮食安全提供了有力保障。

【农作物统防统治】 坚持“预防为主、综合防治”的植保方针，以农药减量控害为抓手，以绿色防控和统防统治为重点，切实抓好统防统治的服务工作，2022年落实专业化统防统治服务农作物种植面积超过25000亩。

【肥药两制】 按照省政府深化“肥药两制”改革决策部署，进一步推进实施农药购买实名制、化肥使用定额制，创建50家“肥药两制”示范店，占总数的67%。

【配方肥推广】 推广绿色农资和高效低毒的农药产品，减少不当施肥和农业面源污染，促进生态循环农业发展。2022年，粮食和经济作物使用配方肥分别为1900吨和1300吨，分别占比100%和60%以上。

【农技服务】 开展绿色农资下乡活动，组织参与或举办水稻提质增产应用技术、名茶系列制作技术、红美人柑橘种植技术等培训。短信微信网络等途径适时发布农资使用技术等信息，提高农户用肥用药水平和效益，帮助水稻稳产增收。

【大地托管服务】 按照农户“加入自愿、退出自由、服务自选”原则，继续为泗洲头镇马铃薯种植销售提供农机农资、耕地播种、配方施肥、病虫害等防治等全程托管服务。引进国内马铃薯专家团队，引入脱毒种试种，试点总面积200亩，涉及农户56户。为农民提供订单种植，帮助改良土壤环境、节约种地成本，马铃薯产量较托管前大幅提升。同时，实现大地托管服务向梨子和粮食种植领域延伸。

和美乡村建设

【概况】 2022年，象山县聚焦宜居宜业和美乡村，对接滨海花园城市建设和亚运城市行动，深入实施“三清三美”行动，深化“三大革命”提质，推进“六度空间”整治，建成省级共同富裕示范带1条、未来乡村4个，市级美丽乡村示范乡镇6个、乡村振兴示范带2条、小集镇式中心村2个，获评全省深化“千万工程”建设新时代美丽乡村工作优胜县和全省农村生活垃圾分类处理工作优胜县。

【象山实施乡村全面振兴“151”行动】 4月7日，象山县委办公室、象山县人民政府办公室联合印发《象山县乡村全面振兴“151”行动实施方案（2022—2025年）》，在全县范围内开展乡村全面振兴“151”行动，“1”是围绕“共同富裕样板县、乡村振兴示范地”主要目标；“5”是推动“美丽经济升级、美丽乡村建设、乡风文明提升、乡村治理示范、强村富民提质”五大工程；“1”是实施一批新时代乡村集成改革。通过一年打基础、两年见成效、四年上台阶，到2025年象山县将形成乡村全面振兴三大标志性成果。

【县委农村工作会议暨乡村振兴大会】 4月21日下午，象山县委农村工作会议暨乡村振兴大会召开。象山县委书记包朝阳强调，要深刻领悟习近平总书记关于“三农”工作的重要论述，贯彻落实中央和省市部署要求，因地制宜、精准施策，扎实有序推进乡村发展、乡村建设、乡村治理，激活乡村振兴新动能，绘好全域美丽新图景，高标准高水平建设省新时代美丽乡村示范县，为加快建设社会主义现代化滨海花园城市夯实“三农”底盘。象山县委副书记、县长李晓东主持会议。湖北襄阳保康县委副书记、县长杜云峰应邀参加。县领导罗来兴、俞骏、应建勇、江建业、吴志辉参加会议。会前，与会代表考察了贤庠镇青莱村、硖头陈村建设发展成果。会议通报表彰了2021年度乡村振兴先进集体和个人。各镇乡（街道）提交了《粮食生产任务责任书》和《耕地保护目标管理责任书》。

【象山连续4年获评全省实施乡村振兴战略实绩考核优秀单位】 5月5日，省委办公厅、省政府办公厅联合发布《关于2021年度实施乡村振兴战略实绩考核优秀单位的通报》，象山县第四年获评考核优秀单位。近年来，象山县围绕共同富裕样板县和农业农村现代化先行县建设目标，坚持农业农村优先发展，乡村经济蓬勃发展，农村改革不断深化，入选全省首批农业农村领域高质量发展推进共同富裕实践试点单位和全市唯一省级新时代美丽乡村示范县。尤其是农业农村领域实现新发展新提升，2021年全县完成农林牧渔业总产值152.59亿元，实现农村居民人均可支配收入39077元，城乡居民收入比缩小至1.7∶1。

【象山县乡村振兴工作获省政府督查激励】 6月6日，省政府办公厅下发《关于对2021年落实有关重大政策措施真抓实干成效明显地方予以督查激励的通报》，全省实施乡村振兴战略、高水平推进农业农村现代化成效明显的县（市、区）共5个，象山名列其中，为宁波唯一。自2021年以来，象山县紧紧围绕建设共同富裕样板县和农业农村现代化先行县目标，突出改革引领，放大特色优势，全力争先创优，成功列入全国农民合作社质量提升整县推进试点，获评全省首批省新时代美丽乡村示范县、创成全省“肥药两制”改革综合试点县，连续4年获全省美丽乡村、农村人居环境和乡村振兴战略考核优胜。2021年实现农林牧渔业总产值152.59亿元，稳居全省第二，农村居民人均可支配收入增长9.9%，城乡收入比缩小至1.7∶1。

【象山入选国家乡村振兴示范县百强创建名单】 10月14日，农业农村部、国家乡村振兴局联合公布首批国家乡村振兴示范县创建百强名单，全省共有象山县、德清县、余杭区、柯桥区4个县（区）入选，象山系全市唯一入选单位。近年来，象山县成立以县委、县政府主要领导双组长制的乡村振兴工作领导小组，构建县抓统筹、镇乡推进、部门协同、村级实施的工作机制，先后制定出台农业农村现代化先行县、高质量推进共同富裕样板县、宅基地制度改革等重点政策及配套制度100余项，形成了“点线面集成、产城文融合、人财技保障”的政策制度体系。同时，聚焦乡村发展、乡村建设、乡村治理等重点领域，相继探索形成党建引领五位一体、宅基地“三权”分置、古村落活化利用、艺术改造乡村等乡村振兴改革创新“十大优秀案例”，以及农业效益倍增“三品工程”、美丽乡村“联创联建”、强村富民“众筹共富”等乡村振兴“十大模式”，相继获评国家级荣誉8项，列入国家级试点示范8项，以及省级荣誉和试点工作18项，顺利承办全国加强乡村治理体系建设工作会议，“村民说事”制度入选首批全国乡村治理典型案例。

【象山线上“村民说事”入选全国乡村治理典型案例】 12月14日，农业农村部、国家乡村振兴局联合发文推介第四批全国乡村治理典型案例，全省共有4个案例入选，象山《搭建线上“村民说事”畅通群众议事协商渠道》系宁波市唯一入选案例。“村民说事”制度发源于2009年，现已成为基层治理现代化改革的典范。近年来，象山县探索“村民说事”制度迭代升级，将解决群众议事协商过程中的在外村民参与难、议事事项收集难、决策过程公开难、程序烦琐报备难、决策事项办理难、办理结果监督难等“六难”问题作为突破口，坚持问题导向与数字思维，实行“线上+线下”结合模式，自主开发“象山村民说事”线上应用系统，对村级事务治理进行流程再造、制度重塑、业务协同，实现村级事务“说—议—办—评”线上线下融会贯通与整体闭环处置，不断提高各类主体参与乡村治理的积极性、主动性和可能性，推动民主协商、民主决策、民主管理、民主监督走向纵深，为提升基层治理水平、推动乡村振兴、实现共同富裕提供坚实的保障。据统计，线上“村民说事”自 2021 年 6 月正式运行以来，已在全县 18 个镇乡（街道）36 个行政村落地推广，累计注册村民 2.3 万人，累计召开线上线下说事会 38627 场次，收集各类议题 6.2 万余项，解决率达 96.4%，全县民生诉求办理群众满意率提高至 97.8%，农村信访量减少 32.2%。

【新时代美丽乡村优胜县创建】 2022 年，象山县以北纬 30°最美海岸线建设为主线，持续深化“千万工程”，以未来乡村建设为引领，以滨海风情特色为导向，实施新时代乡村建设行动和新一轮农村人居环境提升行动，集成打造一批展现“山海风貌、田园风光、半岛风情”的美丽乡村示范窗口，推动象山美丽乡村建设从局部美向全域美转变，全年建成省级未来乡村 4 个，省级美丽乡村共同富裕示范带 1 条、示范乡镇 1 个、特色精品村 5 个、精品村 34 个，市级美丽乡村示范乡镇 6 个、小集镇式中心村 2 个、艺术赋能村 7 个，连续 6 年获评全省深化“千万工程”建设新时代美丽乡村（农村人居环境提升）工作优胜县。

【农村生活垃圾分类工作】 2022 年，象山县出台《2022 年象山县农村生活垃圾分类工作考核办法》等 10 余项政策，强化党建引领，动员“两委员一代表”、老年协会等社会力量组建讲师团、志愿者队伍，开展理论宣讲、入户讲解、趣味游戏等多样宣传活动，营造浓厚分类氛围。委托第三方公司从宣传效果、工作机制、源头分类、垃圾清运、终端减量化处理五方面，开展农村生活垃圾分类和农村人居环境工作检查评估，完成 5 轮 345 个行政村检查评估，下发问题清单 1215 个。新增省级高标准农村生活垃圾分类示范村 8 个，市级示范乡镇 1 个、示范村 3 个，农村生活垃圾分类覆盖率和无害化处理率均 100%，连续 6 年获评全省农村生活垃圾分类处理工作优胜县。

【低收入农户增收】 2022 年，象山县继续完善低收入农户持续增收机制，全力帮扶低收入农户促增收。深化“一户一策一干部”结对帮扶，落实全县 2821 名机关干部结对 7553 户低收入农户，实现低收入农户结对全覆盖，每月农户结对覆盖率、帮扶走访率均实现 100%。加大产业和金融帮扶力度，通过提供就业岗位、发展乡村产业、开展来料加工等方式多措并举帮扶，发放扶贫小额贷款 26 笔 1322 万元，下拨贴息补助资金 38.41 万元，落实综合性保险保费 537.95 万元。截至 2022 年底，象山县拥有低收入农户 7553 户 11178 人，低收入农户人均可支配收入 20848 元，增长 13.4%。

【东西部帮扶协作】 2022 年，象山县认真贯彻中央和省市有关东西部协作工作指示精神，全力以赴抓好与雷波县对口协作工作。产业合作、基层治理、消费帮扶等做法得到国家和省市主管部门推广、媒体宣传，其中“东苗西育”“白鹅帮扶”获评联合国全球减贫案例，以“村民说事”为载体合作打造乡村治理样板做法入选全国东西部协作现场培训会交流材料。密切两地交流，完成县政府主要领导交流互访 2 次，召开党政联席会议 2 次、部门专题会议 13 次。深化基层结对，18 个镇乡（街道）、2 个村、9 家企业、3 所学校、2 家医院、2 个社会组织参与村村结对、村企结对、学校医院结对。加大资金支持，统筹财政资金 6200 万元援助 20 个项目。加大劳务协作，培训四川省农村劳动力 1079 人，帮助四川省农村劳动力在象山就业 3515 人，引导雷波学生来职业院校就读 30 人。引导 12 家企业投资四川、实际到位资金 9.54 亿元，共建农业产业园 2 个，新（续）建扶贫车间 6 个，吸纳农村劳动力就业 1169 人。深化消费帮扶，帮助销售雷波农特产品 8600 万元。落实组团式帮扶，选派 4 名教师 5 名医生长期挂职交流。加大雷波县青杠村、汶水村乡村振兴示范村建设，投入 1580 万元打造基础设施、产业设施，复制推广象山县乡村治理典型经验做法。

【雷波县党政代表团到象山考察】 7 月 22—25 日，四川省凉山州雷波县委副书记、县长陈嘉明率党政代表团到象山考察交流，奏响东西部协作新序曲。考察团在象山期间先后考察了锦浪科技股份有限公司、大目湾开发建设管理中心、亚帆中心、墙头镇溪里方村、方家岙村、象山影视城、石浦渔港古城、中国海洋渔文化展示馆等地，并召开象山—雷波东西部协作党政联席会议，共商东西部协作有关事宜。象山县委副书记、县长李晓东，象山县领导应建勇、吴志辉、胡颖磊、潘多、陈柳松，雷波县领导杨解平、王云龙、何卫林、余明凤参加相关活动。

【象山党政代表团赴四川雷波考察交流】 11 月 9—11 日，象山县委副书记、县长李晓东率象山党政代表团赴四川省凉山州雷波县考察交流，看望慰问象山在该县的挂职干部、人才，推进东西部协作有关事宜。考察团先后考察了雷波县汶水镇汶水村、黄琅镇马湖景区、千万贯乡青杠村等地，走访调研雷波县集镇改造、商贸综合体建设、旅游产业开发、乡村振兴发展等情况，并在雷波-象山东西部协作党政联席会议上交流合作事宜。

（县农业农村局　杨瑞瑞）

渔业·水利·水务

渔 业

【概况】 象山渔业经济总体运行呈现平稳上升态势。全县拥有捕捞渔船2520艘,占全省的18.77%、全市63.05%,渔船数量为全省前三;全县水产品总产量65.01万吨、渔业总产值116.8亿元,同比分别增长4.8%和5.1%。其中国内海洋捕捞产量30.44万吨,同比增长5.2%;海淡水养殖产量9.6万吨,同比增长9%;远洋渔业产量1.01万吨,与2021年基本持平。水产品总产量居全市第1,增长率排名第4。全县水产养殖面积1.24万公顷,海淡水养殖产量19.51万吨,其中海水养殖产量17.68万吨,同比增长12%;淡水产品产量1.83万吨,同比增长12.5%。海水池塘养殖3800公顷,淡水池塘养殖1153公顷,浅海养殖4747公顷,滩涂养殖2667公顷;远洋渔业渔船16艘、产量8.74万吨,同比增长5%。

【"减船转产"发放补助资金近10亿元】 千方百计加快淘汰老旧渔船,累计发放补助资金近10亿元,公示减船536艘,拆解476艘。创新减船方式,试点"拆解抵押无本减船"涉及渔船168艘3.6亿元,国有公司收购53艘,改造示范渔船86艘,减船转产攻坚行动获得汤市长批示肯定。

【落实码头长等制度】 完善"乡镇+基层管理组织""乡镇+点验中心"等"乡镇+"综合管理模式,落实码头长制度,做到"管码头必须管安全",累计查获4人无证电焊,罚款12万元。

【船员素质培训】 累计完成普通船员培训3441人,职务船员培训2407人,渔业安全培训网测试完成4713人,船东船长面对面安全教育轮训2660人。成功举办象山县第三届渔民运动会。

【渔船安全生产执法检查】 坚持问题导向,重点攻坚整治渔船安全生产"致命"和"救命"突出问题。登船入户底数清,组建9个县派工作组入驻渔业重点乡镇开展常态化指导服务,县领导带队巡查督导,累计登检渔船1570艘,排查外省籍挂靠渔船442艘,排查渔船3245艘次,排查安全隐患3881处,完成隐患整改3829处,排查适任船员12679人。

【安全隐患专项整治】 建立"春雷行动""除险保安""平安护航月"等专项行动指挥部,推动"陆查""港清""海巡"齐头并进。累计查扣违法违规渔船405艘,查处"三无"排筏36艘,立案423起,移送公安机关20起21人。伏休期间查获违禁渔获物3.51万千克,清理取缔地笼网等违禁网具1.3万顶。

【"智慧渔港"示范引领】 构建港船岸人"四位一体"安全管理体系,系统提升渔船监管、预警研判、应急救援等精密智控能力。累计安装精密智控设备渔船1589艘,点验渔船2980艘次,提醒渔船121.5万艘次,监控进出港渔船7.6万余艘次,编组报告8300余航次,渔船编组率达90%以上。

【精密智控提升工程】 实施渔船渔港精密智控工程"三端一链"建设,构建"一平台六场景"数字渔港,完善渔业安全组织架构和运作机制、优化海洋资源市场化配置、健全现代渔港管理服务体系,获省农业农村厅多跨应用场景第一批"先行先试"单位。完成66艘渔船80厘米Ku波段海上卫星宽带终端(迪泰)及船载视频监控安装。

【水产养殖绿色发展】 推进水产养殖绿色健康发展"五大行动",组织遴选渔业主导品种13个、主推技术8项,海淡水生态健康养殖基地11家,市健康养殖五大行动示范基地4家。推进网箱绿色改造和海水养殖尾水综合治理,共完成网箱绿色改造1.5万平方米,尾水综合治理2公顷以上规模化主体达到全覆盖(3300余公顷)。加强初级水产品质量安全监管,共完成各类质量抽检968批次,合格率达98%以上,开具和使用食用水产品承诺达标合格证4268张,附带上市水产品4848吨,水产品合格证使用量和使用率位居全市第一。

【渔业产业强链补链】 出台《象山县渔获物分类分级分拣指导性意见》,实施"公司+渔船+洋地运销+销售"产销模式,参与运营的97艘渔船销售水产品2.2万吨,水产值提升25%左右,渔民增加收入55万/艘。加快培育渔业品牌,"象山小黄鱼"获批国家地理标志证明商标;成功注册网络标识国家通用网址域名"中国梭子蟹之乡",象山梭子蟹创建省级特色农产品优势区。大力扶持发展远洋渔业,南极磷虾捕捞加工船完成67%的建造进度。

【数字赋能推进转型】 推动渔获物

（水产品）溯源管理，构建数字化渔获物（水产品）管理平台，首批生产数字化鱼箱10万只，与象山20余艘渔业船舶开展合作，数字渔箱入选省服务业新业态新技术新模式典型案例。开发上线“耕海牧渔”App，携手京东物流共建立智慧供应链产业园，打通象山海鲜源头直销“最后一公里”，完成线上海鲜交易3650吨、4280余万元，成交均价提增25%。

【李晓东参加“减船转产”动员会】 1月12日下午，象山召开“减船转产”动员暨千名干部进渔家“遏重大、保平安”专项行动推进会议，县领导李晓东、应建勇、江建业、吴志辉，参加会议，县水利和渔业局、石浦镇、鹤浦镇、高塘岛乡分别作表态发言。

【“象山小黄鱼”获评国家地理标志证明商标】 3月7日，县水利和渔业局向国家市场监督管理总局申报的“象山小黄鱼”国家地理标志证明商标通过审核，获批国家地理标志证明商标，成为继象山大黄鱼、象山梭子蟹、象山紫菜、南田泥螺后的第5个国家地理标志证明商标的水产品。

【成功援救搁浅抹香鲸】 4月19日上午，一头身长近20米，体重约70吨的抹香鲸在石浦科技园区外围海域搁浅，经过21个小时持续合力营救，成功放归大海。救援行动直播在线观看超1亿人次，微博关注超4亿人次，抖音全平台观看量超12亿人次，刷新象山县域新闻传播纪录，宁波市农业农村部专门行文通报表扬。

【东海全面进入伏季休渔】 5月1日12时起，东海全面进入伏季休渔，至9月16日解禁，前后历时四个半月。5月1日12时，象山2402艘国内海洋捕捞渔船全部进港伏休。

【象山大黄鱼产业联盟成立】 7月5日上午，象山大黄鱼产业联盟正式成立，31家水产企业及27家个体养殖户成为联盟首批会员。联盟发起人为宁波腾越水产生态养殖有限公司、宁波市象山港水产引种育种有限公司、象山港湾水产苗种有限公司3家单位发起，象山渔业局协助实施。

【第二十五届中国（象山）开渔节开船仪式隆重举行】 9月16日上午，历经四个半月伏季休渔，中国农民丰收节系列活动暨第二十四届中国（象山）开渔节开船仪式在全国六大中心渔港之一的象山石浦港隆重举行。宁波市人大常委会主任张平出席，农业农村部渔业渔政管理局二级巡视员董金和、副市长杨勇讲话。省文化和旅游厅副厅长芮宏，省农业农村厅副厅长杨大海，省自然资源厅副厅长兼省海洋局副局长阮飙，省文联党组成员、书记处书记赵晓刚，市人大常委会秘书长彭朱刚参加。县四套班子领导包朝阳、李晓东、罗来兴、俞骏等出席仪式。

（县渔业局）

水　利

【概况】 2022年是中共二十大召开之年，是实施“十四五”规划的关键之年，以习近平新时代中国特色社会主义思想为指导，围绕县委、县政府“聚力一二五、走好共富路”，在市水利局指导下，聚焦海塘安澜工程、水源工程建设、美丽河湖建设、水旱灾害防御等，加快建设步伐，为加快建设社会主义现代化滨海花园城市、高质量发展建设共同富裕样板县提供水利支撑。

【完成总投资4.6亿元】 2022年象山水利主动作为，努力克服疫情的持续冲击，始终做到项目建设与疫情防控“两手抓、两手硬”。全年水利完成投资4.6亿元，完成率100%。

【重点工程建设】 海塘安澜工程完成年度投资1.7亿元，下沈海塘、西泽闸等3条海塘、3座水闸全部完工；水库维修加固工程完成年度投资3500万元，隔溪张水库维修加固工程完工，岩头陈水库预制块浇筑；小流域治理工程完成年度投资3529万元，岑晁流域治理工程（一期）、黄埠塘江综合治理工程完工。省市县民生实事项目全部完工，维修加固山塘水库22座、中小河流综合治理2.1千米、河湖库塘清淤7万方。重大项目前期取得突破，平潭水库提升改造工程开展量水堰和临时道路施工，白仙山水库完成初设初稿、大塘港防洪排涝库岸整治及水质提升工程开工建设。

【水利安全生产】 坚持把安全风险防控挺在前面，开展全县在建水利工程安全生产专项检查，通过自查抽查、委托第三方等形式开展复工复产、防疫指导、隐患排查及安全生产三年专项行动等检查，排查隐患1200余个，下达质量与安全整改通知书12份，全部落实闭环整改。开展水利工程安全鉴定清零工作，全县76座中小型水库、422座注册山塘安全鉴定和评定工作基本“清零”，34条20年一遇标准海塘及18座中型水闸安全鉴定全面完成。

【水资源管理】 严格水资源管理，规范取用水管理，颁发有效取水许可证41家，征收水资源费1100万元。严格水政执法，开展河湖“四乱”问题排查、河道采砂检查等专项执法检查，协调处理涉水案件5起，下发《责令改正通知书》1份，拆除涉河违建25平方米，销号清“四乱”问题1个。

【美丽河湖建设】 探索“美丽河湖”升级版，打造横塘港片区、珠溪片区美丽河湖片区97.8千米。丹东街道、丹西街道和石浦镇顺利通过省级“污水零直排区”创建验收，黄避岙乡高泥村成功入选市“五水共治”示范基地。

【河长制工作】 确定县委书记、县长为总河湖长，压实河湖长责任链条，推进河湖长制提档升级，共设县级河湖长11名，乡级河湖长64名，村级河湖长375名，完成162条河道“一河一策”编制工作。全面开展“护航亚运·碧水先行”2022年象山河湖（湾滩）长再出发活动，推广应用“绿水币”公众护水平台。截至年底,护水平台累计注册用户2.28万人、有效活跃人数1.739万人次,收集公众监督涉河湖问题652个,已办结627个,办结率96.2%。

【严格隐患排查】 持续开展水旱灾害防御风险隐患排查整治,严格落实76座水库"三人三方案",各类应急工作预案方案38个,以"乡镇(街道)自查+局级复查"方式开展汛前大检查,28处隐患全部整改销号,25条海塘、25座水库、63座山塘等纳入风险管控"一点一策"清单管理。

【防台情况】 "轩岚诺""梅花"台风影响期间,累计派出230人次、检查水利工程270处次;大塘港、军民塘、东谷湖、洪家坑等水库河网累计排水5235万立方米;鹤浦海塘、盘基海塘,金石海塘等23条海塘195个道口完成封堵;山洪灾害重点防范村和涉及风险区域人数233人,台风影响期间应转尽转,实现了"零伤亡、少损失"防台工作目标。

(县水利局 张芳芳)

防汛抗旱

【概况】 2022年象山县开展了防汛责任人培训工作,着力抓好基层防汛体系能力完善提升,聚焦防汛责任体系完善、隐患再排查再整改、各类预案修编演练、抢险救灾物资储备等重点,落实防大汛、抢大险、救大灾的思想准备和人员物资准备,做好了抗旱工作,成功防御了11号台风轩岚诺、12号台风梅花。2022年6月10日象山县入梅,比常年(6月12日)偏早2天;6月26日出梅,比常年(7月5日)偏早9天;梅期16天,比常年(23天)少7天。入梅以来(6月9日20时至25日18时)象山县降水量92.9毫米,比常年(268毫米)偏少65%。

【防汛物资储备】 2022年象山县级储备了防汛麻袋6万余只、防汛沙包1万只、膨胀堵漏袋5000只、"防汛四小件"300余套、雨衣300套、应急生活包100个、移动照明车1辆,分别存储在县应急管理局和大塘港、仓岙等6个中型水库和发改局下属的粮食收储公司,便于就近快速调运;全县共有13艘冲锋舟及配套发动机、橡皮艇15艘(配套发动机13台),分布在9个民间救援队、人武部、消防及西周、石浦等重点乡镇;对交通、住建、电力等部门抢险救援机械进行充实与登记,以便发生灾情时统一调运进行抢险;各乡镇与防汛任务较重村都确定了防汛仓库;全县乡镇、村对必要的防汛物资进行补充。象山县防指办根据浙江省防指的物资储备规定要求,再次发文要求规范防汛物资储备,并将相关防汛救灾物资数据录入系统。

【基层防灾减灾体系建设】 2022年,建立完善18个乡镇级防汛防台指挥机构和386个村社级防汛防台工作组,自然灾害指挥协调机构完成全覆盖;2022年新建设完成规范化避灾安置场所33处,全县避灾安置场所规范化率达到83%,国家级、省级、市级防灾减灾示范社区66个,其中丹峰社区、后洋村等16个村社获批国家级防灾减灾示范社区,上余村、溪里方村等10个村获批省级防灾减灾示范社区,40个为市级示范社区。

【防汛防台抗旱工作视频会议】 4月15日下午,象山县防汛防台抗旱工作视频会议召开,传达学习全国防汛抗旱工作电视电话会议精神和省、市工作要求,对下一步防汛防台抗旱工作进行安排和部署。会上,象山县防指传达学习《河南郑州"7·20"特大暴雨灾害调查报告》有关内容及省政府常务会议精神;县气象管理局、县水利和渔业局、县防指办还分别围绕"气象灾害及预防知识""水利防汛基础知识和当前防汛工作重点""基层防汛体系建设与管理标准"作了业务培训。

【防汛防台实战推演】 6月23日上午,象山县开展防汛防台实战推演。县委副书记、县长、县防指指挥长李晓东在县指挥部参加推演并讲话,县委常委、常务副县长高岷和副县长吴志辉参加。实战推演设县级主会场和各镇乡(街道)分会场。结合象山县防汛防台工作实际,此次推演模拟台风影响导致丹东街道塔山路等区块出现内涝,80余户民房及沿街店铺受淹的场景,设置了响应启动、到岗打卡、人员转移、应急处置、抢险救援等实战推演环节。在象山县防指统一指挥下,县应急管理局、水利和渔业局、大数据管理中心等部门会同有关镇乡(街道),协同作战、密切配合,完成各项实战演练任务。

【抗旱工作】 2022年,由于梅雨不典型,台汛期高温少雨,象山县已产生明显旱情,农业旱情尤甚。象山于2022年8月18日启动抗旱Ⅳ级应急响应。为缓解旱情,象山县防汛防台抗旱指挥部召开旱情分析会商会议3次,8月18日启动抗旱Ⅳ级应急响应,科学调度多方引水调水,8月12日起,启动宁波白溪水库引水,引水量5万立方米/天。研究县内调水方案,平衡县内用水,7月底启动从新桥岩头陈水库向石浦水厂补充供水,供水量约0.8万立方米/天,8月1日启动西周大口井向西周水厂补充供水,供水量约0.2万立方米/天。加大节水措施落实。提升用水效率,开展打击偷盗水专项行动,控制用水大户用水量,限制不能正常缴费的用户用水。强化节水宣传。水利、水务、经信、农业农村、综合行政执法、住建等各行业主管部门会同县委宣传部、县传媒中心等部门利用报纸、微信、短视频等形式进行节约用水宣传,营造了良好的抗旱节水氛围。由于12号台风梅花给象山县带来了约300毫米的降雨,象山县于2022年9月15日解除抗旱四级应急响应。

【防御台风"轩岚诺"】 9月3日晚上,县委书记包朝阳在镇乡(街道)防台部署视频会议上强调,要认真贯彻习近平总书记关于防汛救灾工作的重要指示精神,按照省市决策部署,围绕"一个目标、三个不怕、四个宁可"要求,聚焦问题狠抓销号,严阵以待主动应对，全力以赴确保人民群众生命财产安全。县领导周坚栋、高岷、吴志辉参加会议。会上，县气象局介绍了台风“轩岚诺”走向和水雨情，象山县相关部门和单位汇报了“八张风险清单”排摸整改情况，6个督查组反馈了台风防御过程中存在的问题及建议，各镇乡（街道）针对问题进行了回应，并明确整改意见。

【防汛防台“七个一”应用平台】 2022年，象山县认真总结复盘2021年防御台风“烟花”的经验教训，依托一体智能公共数据平台，聚焦数据归集、业务协同、应用提质，建成以“风险一张图”“预警一张网”“研判一帮人”“联线一张屏”“预案一件事”“抢险一盘棋”“应用一览表为核心框架的防汛防台“七个一”应用，以实战实效赋能全县防汛防台工作。已助力开展全县防汛防台演练3次、实战1次。在应对强台风“轩岚诺”影响期间共发送预警信息逾2万余条，帮助转移群众1.78万人，监测督促2418艘渔船回港避风，相关经验做法得到省委防台工作指导组和市委副书记钟关华充分肯定。

【检查台风“梅花”防御工作】 9月12日下午，县委副书记、县长李晓东到中心城区金鹰路和塔山路交叉口内涝点，仔细询问内涝防范措施、积水排涝处置等情况。随后到大徐镇陈山村军民塘水库实地察看水库水位、运行调度、防洪排涝等有关情况。李晓东还到大徐镇铁拾村康达电子公司地质灾害点，详细了解安全警示设置、相关地质灾害整治方案等情况。李晓东在检查时强调，台风“梅花”路径不确定性大，又恰逢天文大潮，防御难度大。各地各部门要强化政治意识、大局意识、核心意识和责任意识，坚持人民至上、生命至上，立足防大汛、抗大洪、抢大险、救大灾，以临战状态抓好防汛防台各项工作。要严格按照省“八张风险管控清单”要求，全面梳理排摸各类风险隐患，列出隐患清单、落实责任主体、闭环销号管理，真正做到防汛防台无死角。要强化责任担当，坚持底线思维，加强统筹协调，高效精准落实各项举措，切实守护群众生命财产安全。

（县应急管理局　叶冰倩）

城乡水务

【概况】 2022年，象山县水务集团紧紧围绕象山县委县政府“聚力一二五、走好共富路”工作部署和“5532”重点工作计划，按照“全省一流、全国优秀”水务企业目标，推进各项工作提质增效。获得主要荣誉如下：象山县水务集团有限公司获2022年度宁波市无偿献血爱心单位称号，象山县污水处理有限公司获2022年度宁波市排水行业竞赛排水设施运维工作优胜奖，象山县西周自来水厂、茅洋自来水厂同时获评2022年度浙江省农村供水规范化水厂、宁波市供水服务优秀企业。

【城乡水务建设总投入】 2022年县水务集团完成实施类项目41个，累计投资4.57亿元，为年度投资计划的103.39%。

【重点水务工程实施类项目】 平潭水库提升改造工程完成截渗墙土石方开挖70%，完成投资1381万元；大塘港防洪排涝库岸整治及水质提升工程完成库岸桩10%，完成投资1095万元；丹石引水（东陈泵站至石浦水厂）工程完成Ⅰ标段管网铺设6.85千米，Ⅲ标段已发布招标公告，共完成投资4152万元；仓岙水库清淤扩容工程受台汛期蓄水影响，累计完成清淤90万吨；隔溪张水库维修加固工程完工，完成投资1542万元。

【重点水务工程前期类项目】 白仙山水库新建工程已完成设计地勘招标；贤庠水厂及出厂管新建工程完成初步设计内部评审；鹤浦水厂及出厂管新建工程完成初步设计内部评审。以上工程均属于“512”水资源平衡工程（“512”指的是在“十四五”期间，象山县计划用5年时间投资近20亿元建设10个水资源保障项目，为象山高质量发展提供坚实保障。）

【控漏降损成效明显】 完成新建改造管网64千米；结合第三方控漏损合同节水服务，安装渗漏预警仪576套、分区计量设备300套，GIS定制巡检管网11328千米，查出修复漏点1391个；整治故障消火栓326只，山塘水混接859户；严厉打击偷盗水，配合公安机关查处偷盗水行为60起，补收水费56万元；坚决处理拒交拖欠水费行为，签订供用水合同14970份，追缴历史拖欠水费138.9万元，将拒交水费的用户及企业纳入诚信体系，作为贷款信用评估的参考依据。1—12月，水务集团控漏形势基本呈逐月稳定下降趋势，全县年度基本漏损率降至15.21%，中心城区年度基本漏损率降至11.28%；集团11月单月基本漏损率达10.49%，首次低于15%的年度目标值，中心城区8月单月基本漏损更是出现了2.33%的历史低值。

【推进智慧水务建设】 数字赋能初见成效，全年累计投入218.2万元，加快推进“智慧水务”体系完善：完成集团信息化建设顶层设计和中心机房建设，更换升级集团“一卡通”系统；完成以GIS一期、分区计量、城乡污水运营为重点的智控调度平台全面运行，共集成供水管网1358千米、中心城区污水管网179千米、制水（污水）厂站16座，供水（污水）泵站15个、流量计、压力计、考核大表等智能设备2986套，初步实现了从水厂到管网终端的全过程管理；开发完成省内首个农村污水运维管理平台，得到省住建厅的高度评价和推广使用。

【营商环境优化提升】 以“智慧水务”为依托，深化“最多跑一次”改革，完成网上营业厅系统部署，实现了供水业务“零跑腿”。优化服务流程，将“四窗合一”便民服务推广至全县所有乡镇，推进公用事业服务“多窗合一”打造“多跨联动、降本提效”新样板，提升群众的获得感和满意度。

（县水务集团）

污水处理

【概况】 2022年，县水务集团下属5个污水厂全年污水处理量为3451.45万吨，并生产中水用于河道生态补水128.92万吨。

【深化污水专业化运营】 2022年完成中心城区污水管线巡查共723千米，污水设施零星修复项目182处，污水管道清淤、疏通及CCTV检测项目住建局下达的46千米考核任务。

【实施污水提升项目】 完成中水回用实施方案编制，完成中心城区的4个中水取水点工程，启动中心城区再生水利用设施改造项目（一期）的招投标工作；完成贤庠、鹤浦、城东污水处理厂、定塘污水站、30座农村污水终端提标改造；加强示范创建引领，完成农污精品路线验收提升，创建西周示范污水厂。

【加强大塘港水环境治理】 推进大塘港水环境治理，实施大塘港水环境综合整治及水生态修复工程，做好蚌—草生态复合床维养和3.08万千克鱼类生态放养工作，完成大塘港农业生态拦截沟渠系统建设工程，并启动净化设施设备采购，相关水环境研究成果被国际环境科学与生态学SCI期刊刊登。

水务产业化

【概况】 截至2022年12月31日，县水务集团共有7个部门9家子公司1家合资公司，下辖6座水库，拥有在编员工497人，其中国企编制462人，事业编制35人。负责除爵溪街道以外的所有乡镇供水11个自来水厂和13个水站的运营，制水能力达40.9万吨/日；除爵溪、石浦、象保区外的5家污水处理厂（日处理能力为12万吨）、7个乡镇污水处理站和563个农村污水处理终端的运营。

【经济运行保持平稳】 至2022年底，集团账面总资产112.20亿元（包含水库资产49亿元和海域使用权7.77亿元），总负债40.03亿元，净资产72.17亿元。融资规模42.56亿元，对外借款11.16亿元，对外担保3.73亿元。2022年实现营业收入2.56亿元，营业亏损3.21亿元。在融资置换上，完成流动资金存量转贷6.83亿元，归还融资租赁1.91亿元，节省成本820万元左右。

【资产质量不断优化】 完成所有乡镇水厂清产核资工作以及茅洋乡、晓塘乡、泗洲头镇、新桥镇、墙头镇的资产接收工作。加快闲置清产核资工作，完成大塘港约1250亩农地资产土地确权。利用现有2000公顷海域使用权，谋划东北部区域联网供水工程项目资产，以及与其他国企互租盘活资产，增加现金流收入约4亿元。做好农投公司企业经营财务接管工作并完成农投公司管理移交备忘录的签订。

【企业经营改革稳步推进】 集团与省环保集团组建的浙江省环保集团宁波禹成有限公司经过五年的深化合作，“厂+站+终端”的区域化管理模式在全省树立样板，打造了污水处理专业化运维“象山模式”，连续四年荣获省、市农村生活污水治理设施运维管理考核优秀称号，已累计创利税破1600万元，获得分红780万元，成功签订第一个县外污水运维项目。制定实施绩效与争先创优专项考核制度方案，提高考核精准性，向专业技能岗位出台相应奖励措施，在薪酬总额不变的情况下，通过专项考核，向为企业创造经济效益的控漏办、营业所等重点部门，在专项绩效工资上予以倾斜；对水利设计院、水质检测公司两家市场化经营的子公司，出台相应奖励措施，进一步激发职工工作的积极性和创造性。

（县水务集团）

工　业

综　述

2022年，县经信局认真贯彻习近平总书记关于“疫情要防住、经济要稳住、发展要安全”的重要指示精神和市第十四次党代会精神，全面落实省市县决策部署，围绕“聚力一二五，走好共富路”要求，全力做好稳增长、育动能、强改革、优服务、保畅通等工作，努力推动工业经济稳进提质增效。

象山县全年实现规上工业总产值837.8亿元，同比增长8.4%，增速居全市第三位；规上工业增加值171.9亿元，同比增长3.9%，增速居全市第四；工业投资112.4亿元、同比增长13.3%，其中制造业投资72亿元、同比增长32.3%，增速居全市第三位；数字经济核心产业（制造业）增加值23.2亿元，同比增长33.1%，增速居全市第一位。

重点项目实施有力。围绕“谋划招引一批、前期开工一批、加快建设一批、竣工投产一批”，持续做好61个亿元以上项目跟踪服务，做到责任到人、倒排工期、到点验收，促进项目早日投产达效。2022年以来，中广核海上风电、日星铸业等30个项目开工动建，德诚生物、腾华机械等37个项目加快续建，勤邦新材料、易锻精机等项目竣工投产。

重点企业拉动有劲。开展“330”企业培育增补、提档升级，构建形成“小升规”—专精特新“小巨人”—单项冠军—“大优强”培育路径，引导企业深耕细分市场。2022年以来，“330”企业新增9家、提档2家，月度进规企业19家，新增市级以上单项冠军5家、专精特新“小巨人”20家，其中2家入选国家级专精特新“小巨人”企业、3家入选重点“小巨人”企业。125家2021年新增规模企业实现产值67.1亿元，同比增长37.5%，拉动产值增长2.4个百分点，产值贡献率28.1%。

重点改革推进有序。深化“亩均论英雄”改革，采用“宗地法”和“企业法”相结合的方式完成评价，评选亩均效益优秀企业20家，出台差别化水电价实施细则，继续执行差别化土地使用税政策，象山县作为全市唯一实施该政策的地区，获市亩均办肯定。2021年，全县实现规上工业亩均税收23.4万元/亩，增长10.1%，亩均增加值110.6万元/亩，增长17.7%。深化数字化改革，谋划布局针织行业产业大脑，打造数字经济综合门户，鼓励企业实施两化融合、5G+工业互联网等项目，完成威霖住宅等4家市级数字化车间、劳伦斯内饰件等2家省级数字化车间验收，日星铸业入选市级“未来工厂”，以纺织服装、服饰业为行业试点入选省中小企业数字化改造试点县（市、区）创建培育名单。

重点纾困精准有效。全面开展企业降本减负，通过提前组织验收、实施预兑现等方式，推动政策直达快享、及早发力。2022年以来，落实减负降本政策42条，涉及金额19.5亿元，惠及企业32.9万家次；兑付奖补资金2.5亿元。持续开展“六联六促”“百名干部助企纾困”服务行动，完善企服责任人制度，加快稳链畅链、权证办理、账款清欠等工作，指导企业落实疫情防控。2022年以来，收集受理项目申报等涉企难题3349件，已办结3262件，办结率97.4%、答复率100%。

【3家企业上榜市“大优强”】 华翔电子、锦浪科技、宁波申菱3家企业入列宁波市制造业“大优强”培育企业名单。“大优强”培育企业是一批处于产业链关键环节、规模大、实力强、带动性大的大企业（大集团）。此次宁波市遴选10家千亿级培育企业，10家五百亿级培育企业，35家百亿级培育企业以及49家50亿级培育企业，旨在深入推进制造业高质量发展。象山县将继续支持县域制造业企业做强做优做大，进一步提升龙头企业的引领力、支撑力和带动力。

【出台惠企“大礼包”支持企业留工优工促生产】 1月，《关于支持企业留工优工促生产的意见》（以下简称《意见》）出台，要求统筹抓好疫情防控和经济发展工作，通过稳定生产、留工稳岗、暖心行动、加强服务等系列政策“组合拳”，鼓励企业春节期间留工优工促生产，确保经济高质量“开门红”，加快推进共同富裕样板县建设。为支持留象员工暖心过年，象山县举办畅游象山、消费优惠、第二届新春“城市合伙人”抽奖、新春送祝福送慰问等系列活动。

【工业企业上规培育显成效】 2021年，象山县规上工业企业增量扩面，全年新增规上工业企业125家，净增73家，总数达656家，均创历年新高。象山县加大扶持政策兑现力度，以惠企政策提振企业上规信心，县财政每年安排2500万元规模培育专项资金，开展小微企业政策宣传、交流学习、运行监测等行动，对首次上规模、上台阶的工业企业进行奖励。

【“勤邦新材料”荣获2021年度县政府质量奖】 2022年2月，县政府发文公布2021年度县人民政府质量奖名单，宁波勤邦新材料科技有限公司等3家单位获此荣誉。县政府给予质量奖获奖企业（组织）一次性奖励30万元。宁波勤邦新材料科技有限公司是国内规模较大的功能膜新材料高新技术企业，其通过单机进口、自主设计、组装调试方式满产运行一条光学基膜产线及一条太阳能背板基膜产线，产线购建成本和生产单吨能耗与同行业相比分别低33.33%、45.45%。

【节后规上企业订单总体饱满】 春节后，象山县临港装备、汽模配、纺织服装等行业企业订单总体饱满，21.6%的规上工业企业一季度订单量高于2021年第四季度，百余家重点检测企业复工复产，开足马力奋战首季“开门红”。由于订单总体饱满，象山县工业企业正月初八前开复工工业企业达到31%，85.8%的工业企业于正月十五前开工。

【织密工业企业进口物品“防疫网”】 截至3月21日，象山县排摸现有进口物品工业企业54家，完成进口物品核酸检测153批次，环境消杀403场次，重点人员核酸检测4066人次。在原防疫基础上，制定进口物品企业疫情防控物品管理、人员管理、台账管理、阳性物品应急处置等工作流程，印发《象山县工业企业进口物品疫情防控宣传手册》，细化从运输进口物品车辆进入企业到仓库7条管控措施，着力抓好进口物品全链条管控。

【3家企业新晋国家级重点“小巨人”】 5月16日，工信部公布建议支持的国家级重点专精特新“小巨人”企业第三批公示名单，象山县易锻精密、钰烯腐蚀、三安制阀3家企业上榜。中央财政在2021—2025年将安排100亿元以上奖补资金，分3批（每批不超过3年）重点支持1000余家国家级专精特新“小巨人”企业高质量发展。

【2家企业新晋国家级“小巨人”】 8月，第四批国家级专精特新“小巨人”名单出炉，象山县的宁波金汇精密铸造有限公司、宁波新华泰模塑电器有限公司光荣上榜。宁波金汇精密铸造有限公司深耕铁路机车车辆配件制造细分领域，主导产品缓冲器在国内占有25%的市场份额，国际市场占有率达到33%，位列全球第二、全国第二。宁波新华泰模塑电器有限公司是一家专业从事汽车零部件生产的高新技术企业，目前公司主导产品全线为中国新能源电池排名第一的“宁德时代”做配套，在行业内保持领先地位。

【西瀛生态科创园获评市三星级小微企业园】 9月5日，2022年度宁波市三星级小微企业园名单公布，位于象山县西周镇的宁波西瀛生态科创园榜上有名。西瀛生态科创园总用地面积246.7亩，建筑面积19万平方米，总投资5亿元，可容纳50余家小微企业入驻孵化。

纺织服装

【概况】 纺织服装业是象山县重要的传统优势产业，始创于20世纪70年代末，发展于八九十年代，转型于21世纪初，是象山县第一个突破百亿产值的产业，近年来象山县先后荣获“中国针织名城”“国家外贸转型升级专业型示范基地”“国家纺织人才培训基地”等称号。2022年，197家规上纺织服装企业累计实现工业总产值102.19亿元，同比下降13.12%，其中累计实现新产品产值17.28亿元，同比下降23.45%；实现工业销售产值98.53亿元，同比下降14.30%，外贸出口交货值50.26亿元，同比下降14.54%。

【海润制衣打造针织行业数字化转型样本】 实施数字化智能工厂项目，是海润制衣对未来整体发展战略的部署。该项目将供应链体系和管理过程变得透明，人员、设备、物流、物料高效受控。通过设备数据采集、效率评估、数据分析、物料跟踪、质量跟踪与分析、设备管理、计划分解等业务子系统或功能组件，对整个供应链及过程任务分配、业绩进行监视、统计、跟踪和分析等手段，实现对流程的持续改进。作为第一波数字化浪潮的受益者，海润制衣完成了从传统针织服装车间向智能车间的转变。海润制衣一直来以创新为动力提升企业核心竞争力，早在2009年该公司率先试行5S管理，并在全县针织行业进行推广。公司还是全县最早实施“机器换人”的企业之一，先后投入500多万元采购自动裁床、全自动电脑吊挂流水线等设备。2021年，公司投资1000多万元建成数字化智能工厂，公司又迎来了新一轮忙生产、赶订单热潮，成为哈雷、斐乐、CK等国际一线品牌的核心供应商，并推出首个自主品牌“VANCIVIL”，加速服装传统产业高端化、市场营销品牌化转型。

【举行“浙里智造供全球”系列服务首场活动】 5月18日，“浙里智造供全球”系列服务首场活动在象山举行。当天，在象山纺织服装产业带专场中，分别举办了服装企业智能化改造和跨境营销赋能专场推介会。该系列活动的举办，旨在帮助企业在跨境出海与国内销售双循环发展中抢抓机遇，由线下消费转向线上消费方式，迎合全球电商零售行业互联网业态快速发展趋势，以中国制造赢得市场，进一步推动浙江省消费品行业高质量发展。此次“浙里智造供全球”系列推介会，由县经信局与省经信厅消费品工业处对接，在省企业技术创新协会跨境服务专委会调研后，确定将象山作为该系列活动的首个试点。接下来，跨境服务专委会将联合理工大学针织服装研究院，结合象山纺织服装产业特色，推广M+M（生产+市场）模式，在智能制造和跨境营销两个维度，运用大数据、物联网、人工智能、5G等新兴技术，提供智能化改造、金融服务、流量平台营销渠道等专项服务，打造具有示范性的“象山样本”，并辐射带动全省纺织服装产业甚至其他产业，打造出一种可复制推广的“浙江模式”。会上，企业代表深入了解服装企业智能化改造、跨境电子商务业态以及跨境业务各环节；飞榴科技与宁波兄弟服饰有限公司达成合作并签约。

【时尚走台热秀“象山服装”】 2022年5月21日，“寻美遐尚·邂逅香际”服装走秀活动在爵溪中国针织名城国际交易中心举行。230名来自宁波各地的女企业家、高端消费者、生活艺术美学家汇聚一堂，共享运动时尚与高定服装秀场碰撞的视觉盛宴。此次服装走秀活动，是象山纺织服装产业联盟在疫情下的一次创新与突破，试图通过集中展示象山针织行业的优势，扩大本地品牌知名度和影响力，进一步夯实象山服装产业链，为有效实现产业转型升级打下基础。象山纺织服装产业联盟自成立以来，积极为象山服装企业寻求新的发展路子，组织企业参观样板工厂及自动化设备，开展紧缺技术人才培训，多维度对接企业订单，助力推动“浙里智造供全球”——象山纺织服装产业带试点建设。下步，该联盟将与交易中心高效对接，打造线上线下经营模式，创建“好针织、在象山”供应链品牌，引领象山服装产业链全新升级。

【陈大鹏一行到象山考察】 8月31日，中国纺织工业联合会副会长、中国服装协会会长陈大鹏，中国纺织建设规划院院长、浙江省服装行业协会会长冯德虎一行，到象山县考察调研纺织服装产业和电商平台建设等情况。考察组一行先后来到宁波统富纺织服装科技有限公司、中国针织名城国际交易中心、浙江甬南控股集团有限公司考察调研，听取相关企业负责人介绍。考察座谈会上，象山县纺织服装产业联盟介绍了行业基本情况，恒宁集团、甬南集团、兄弟服饰、创裕制衣、巨鹰集团、浙尚运营等企业代表分别作交流发言。陈大鹏对象山纺织服装产业发展给予充分肯定，并与企业家代表进行了深入交流探讨。他表示，纺织服装产业作为象山传统支柱产业和外向型经济主导产业，具备良好的产业基础和优势。要冲破思维束缚、突破观念桎梏，通过技术、模式创新谋求发展，围绕“服装设计、产品质量、生产效率、智能制造”等环节加快转型升级步伐，充满信心、增强思辨，奋力推动产业高质量发展。中国服装协会将充分发挥行业优势，全方位支持象山针织产业打造具有更强竞争力的纺织服装产业集群，携手地方党委政府和企业主体，共同推动象山针织行业健康平稳发展。

【象山入选全省中小企业数字化改造试点】 9月，省经信厅公布首批中小企业数字化改造试点县（市、区）创建名单和全省第二批中小企业数字化改造试点县（市、区）创建培育名单。象山入选第二批创建培育名单，试点产业为纺织服装、服饰业。近三年来，象山县加快企业数字化智能化改造，累计有500余家规上工业企业实施580个技改项目，实施技改企业占全部规上企业的90%，共竣工投产近210个以自动化、智能化为主要内容的技术改造项目，完成投资约20亿元。据了解，此次试点的创建主体为各县（市、区）人民政府，各县（市、区）经信部门负责创建工作。创建期一般为两年，按照“第一年试点先行、第二年推广应用并实现本地区基本覆盖”的目标实施。

【中国流行色助力宁波针织服装产业发展论坛在象山举办】 9月21日，由中国流行色协会指导，市委人才办、市科学技术协会主办的“中国流行色助力宁波针织服装产业发展论坛”在象山县举行。邀请中国流行色协会和高校行业专家深入象山针织产业集群，以色彩提升企业的自主设计研发能力与核心竞争力，加强国内纺织服装同行对象山针织名城产业集群的认知，助推象山县纺织服装产业高质量发展。此次举办的“中国流行色助力宁波针织服装产业发展”的主题论坛，主要通过前沿学术讲座、针对性面料研发及色彩提升培训、行业供应链和渠道交流等方式，培育象山县纺织行业研发设计和协同创新能力，进一步加大金融、政策等支持力度，全面助推象山乃至全市服装全产业链模式升级。活动当天，中国流行色协会色彩教育专业委员会宁波服装产业服务站与县纺织服装产业联盟签署战略合作框架协议，县纺织服装产业联盟、县农村信用合作联社、县中小企业融资担保有限公司三方签署合作协议，县农村信用合作联社现场授予县纺织服装产业联盟会员单位5亿元授信金额。

汽模配

【概况】 汽模配行业是象山县重要的传统优势产业，该县素有“中国铸造模具之乡”称号，拥有华翔集团等100余家专业生产企业。2022年象山县拥有汽模配规上企业100家，全年完成工业总产值171.85亿元，同比增长12.98%，其中累计实现新产品产值71.94亿元，同比增长9.7%；实现工业销售产值160.62亿元，同比增长10.28%，外贸出口交货值10.54亿元，同比增长13.63%。

【华启轴承实现满负荷生产】 宁波华启轴承有限公司节前鼓励员工留象山过年，并给予一定的奖励和补贴；对回家过年的员工采取网格化管理，做好疫情防控工作，保障节后能第一时间返岗。从大年初三起，公司就组织员工返岗复工投入生产，努力实现满负荷生产，全力冲刺一季度“开门红”。该公司主营空调、洗衣机等家电的轴承，客户主要有格力、美的、奥克斯等知名企业，2021年企业总产值近1亿元，增长约25%。近年来，华启轴承投入近3000万元引进全自动数控机床生产线，全面实现“机器换人”，从而使劳动生产率提高3倍，员工减少约87%。2022年企业还将投入3000万元，引进30条全自动数控机床生产线，进一步扩大产能，以满足市场需求。

【百易东和年销售额达1.3亿元】 宁波百易东和汽车部件有限公司是一家专业生产各类汽车密封件、装饰件及自动化设备的企业，长期与长城汽车、吉利汽车、东风小康等主机厂和上海耀皮（康桥）汽车玻璃有限公司、宁波华翔集团保持着良好的合作关系。企业凭借自身过硬的产品质量、可靠的发货效率，预计第一季度销售额同比增长约30%，全年销售额达1.3亿元。2022年过年期间，宁波百易东和汽车部件有限公司采取新春奖金礼包等暖心稳岗举措，鼓励员工留象山过年，年后开足马力忙订单。

【构建汽模配产业协同创新链】 象山县共有汽模配企业400余家，其中规上企业80余家。象山县将汽车零部件与模具两个相关联的产业并称为汽模配产业，统一谋划，互为牵引，抢抓汽车升级换代的发展机遇，全面实施以创新为驱动的产品转型升级。全县已形成以华翔集团为龙头的汽配产业，以合力集团国家强基项目为引领的铸造模具产业集群，并实现"模具-汽车零部件加工"的基础链条以及上下游产业的无缝对接。"中国铸造模具之乡""宁波市汽车轻量化特色产业园"等荣誉相继花落象山。此外，象山县正创新打造"模具云"工业互联网平台，引导汽模配企业主动参与云化改造和云端迁移，通过新增购置精密数控机床、工业机器人、增材制造等智能化成套装备，实现实时数据交互与协同生产，有效提升汽模配产品自动化与柔性化制造水平。

【象山申达轿车建劳模工匠创新工作室】 象山申达轿车配件有限公司成立于1985年3月，主营汽车零部件，公司生产的铝拨叉、变速器等产品受到上汽、吉利、比亚迪等多个知名汽车品牌的青睐。公司有高级工程师1名、高级技师1名、高级工11名、省五一劳动奖章获得者1名、市五一劳动奖章获得者1名、市劳动模范1名、市首席工人1名，连续9年复评为高新技术企业。为充分发挥公司技术能手、劳模工匠、市首席工人、省五一劳动奖章获得者等优秀人才在公司创新发展中的示范引领作用，申达机械劳模工匠创新工作室在原申达机械创新工作室基础上，结合劳模工匠开展带徒授艺、技能比武、技术创新等内容而设立。创新工作室总领企业汽车零部件研发设计制造、技术交流、产业工人培养等多项工作任务，不断改革创新，推动公司全面发展、产业工人技能提升。公司近年参加和举办各类技能竞赛10余场次，申请实用新型专利14个。

【美久汽配提升生产线自动化率】 宁波美久汽配科技有限公司成立于2008年，主要生产天然木皮产品，为县内外大型汽车内饰件企业配套，在汽配行业里属于小精尖冷门产业。在疫情冲击和产业链物流链重构的背景下，企业克服困难、创造条件，将"实地选材"转移至"线上云端"，原材料进口仓储实现全流程闭环管理。随着国内新能源汽车产业的迅猛发展，特别是高端纯电动汽车"窗口期"初现，美久汽配涉及的新能源产品占比持续攀升，生产线自动化率提升到80%以上，配套供应网络和商务合作"朋友圈"也不断扩大。2022年1—4月，公司产值已超3000万元，同比增长30%左右。

【弗浪科技】 宁波弗浪科技有限公司成立于2018年，是一家专注于汽车电子研发、生产与销售的国家高新技术企业，致力于为客户提供智能座舱域与智能驾驶域的产品及服务，包括液晶仪表、座舱域控制器、车联网服务、行车记录仪、驾驶辅助系统等。公司研发团队达到100余人，配备实验室、检测室及SMT、波峰焊、组装线等9条专业生产线，具备软硬件自主设计研发实力。凭借雄厚的技术力量、完善的制造系统和可靠的品质管控系统，弗浪科技成为合众汽车、东风柳汽、五菱工业、武汉神龙汽车、吉麦汽车、福田汽车、T3出行、长安汽车等众多知名品牌的合作伙伴，先后通过ISO 14001、ISO 45001和TS 16949:2009国际质量管理体系认证，先后获得企业工程技术中心认证及国家科技型中小企业认定。2022年前三季度，弗浪科技实现产值7000万元。

功能材料

【概况】 依托宁波市新材料科技城象山延伸区优势，围绕"海洋+"产业结构体系，积极拓展新型光学膜、水处理膜、海洋防护材料等领域，努力建成国家级海洋新材料东海试验场，象山县功能材料产业主要有激智新材料、勤邦新材料、浙江钰稀等一批企业。2022年累计完成规上工业总产值69.31亿元，同比增长15.69%，其中新产品产值36.05亿元，同比增长21.1%；实现工业销售产值65.25亿元，同比增长11.37%，外贸出口交货值5.32亿元，同比增长60.75%。

【勤邦新材料】 2022年1月，宁波勤邦新材料科技有限公司新搭建的第三条生产线正在进行投产前的调试准备，该新增生产线近期将试生产，预计产能达到4万吨/年。宁波勤邦新材料科技有限公司位于县经济开发区城南高新创业园，是象山县引进的一家专注于功能膜新材料的高新技术企业，主要从事太阳能背板基膜、光学基膜和高附加值特种功能膜产品的研发、生产和销售。自2014年成立以来，勤邦新材料团队八年磨一剑，已经突破了日本东丽、东洋纺等巨头在部分中高端产品的技术垄断并得到全球龙头客户的认可。目前，公司已建成投产两条双向拉伸聚酯薄膜生产线，总产能达5万吨/年，其中太阳能背板基膜3万吨/年，市场占有率25%，居行业内第一。

【浙江钰烯产品畅销50多个国家】 浙江钰烯腐蚀控制股份有限公司位于新桥镇东溪工业园，在宁波、西安、宁夏成立4个生产基地，占地80余亩、建筑面积超过5万平方米，拥有员工200余人。形成了阴极保护、防腐防水新材料、电解槽与电极三大业务板块，产品与服务在国际市场上遍布北美、欧洲、非洲等50余个国家，在国内市场上是石油天然气、海工、供水、电力等行业的主要供应商之一。2021年，采用该公司铝合金牺牲阳极产品的舟山海上风电项目腐蚀控制系统，获得了国家优质工程金奖，这是该批次国家能源集团唯一获得金奖的项目。钰烯腐蚀已发展成为国家高新技术企业，参与制订国家标准发布，被认定为"浙江制造精品"、省级技术中心、宁波市工程技术中心。

【35千伏勤邦变电站投运】 2022年7月,历经三个月施工改造的35千伏勤邦变电站通过冲击试验,正式投入运行。该变电站最大供电负荷可达1.8万千瓦,为宁波勤邦新材料科技有限公司发展提供强有力的电力支撑。近年来,该公司通过自主研发创新聚酯薄膜双向拉伸、摆动剥离等技术,极大提高了产品竞争力,全国1/5的质基膜均由勤邦生产,年产值5亿元以上。由于扩大生产经营规模,企业用电负荷逐渐增加,原有的用电容量难以满足企业快速发展的需求,亟须增容扩建和改造,经过前期的摸底、分析、调研,县供电公司下属电力实业公司结合企业主要用电设备,并参考周边电网的接入条件以及用户负荷水平,编制35千伏勤邦变接入系统方案。同时,对冷却塔、高压水泵以及干燥系统进行更新改造,使企业每年可以节约6%的年度消耗,节省10余万元电费。

【浙江钰烯两项科技成果通过鉴定】 8月,浙江钰烯腐蚀控制股份有限公司科研项目"储水式热水器新型电子镁棒开发"和"混凝土钢筋阴极保护嵌入式阳极研发",顺利通过科技成果鉴定,两项技术均达国内领先水平。浙江钰烯是一家专业从事工业腐蚀控制、电解防污、重防腐涂料等产品和设备生产及技术服务的国家级专精特新重点"小巨人"企业,在工业腐蚀防护阴极保护细分行业,该公司市场规模占有率和产品技术均处于国内领先地位,多次参编国家和行业标准技术规范。2021年,浙江钰烯独立完成的"海洋设施防腐关键技术研发及产业化"项目,获得浙江省科学技术进步奖三等奖。2022年,公司新增超疏水防污材料、海洋防腐用硅聚合物材料两条生产线,扩产贵金属氧化物阳极产品,预计投入研发费用1500万元。

【宁波生物基可降解材料产业基地项目有序推进】 截至12月22日,宁波生物基可降解材料产业基地项目已完成年度建设计划的90%;聚乳酸厂房、技术中心正进行主体施工,两套核心进口设备已到场,后续将抓紧施工进度,计划于2023年8月完成主体工程和设备安装,于2023年12月进行调试生产。宁波生物基可降解材料产业基地项目属省市县重点工程,计划总投资51亿元,分三期建设,全部建成后,将在西周形成以第三代秸秆乳酸技术为核心的年产30万吨乳酸、20万吨聚乳酸、10万吨聚乳酸纤维的生产基地,预计可实现年产值108亿元,利润22亿元,税收14亿元。

海洋生物

【概况】 象山海洋生物产业由20世纪80年代起形成的水产品加工行业逐步转型升级演变而来,今成为县三大重点突破的战略性新兴产业。目前,该县海洋生物产业主要存在三种发展模式,以超星生物、飞润生物为代表的传统水产品加工企业,以希诺亚、浮田生物为代表的高科技生物工程企业,以戴维医疗为代表的生命健康企业。2022年累计完成规上工业总产值33.91亿元,同比增长8.26%;实现工业销售产值31.64亿元,同比增长9.6%,外贸出口交货值7.31亿元,同比增长12.62%。

【助力北欧鲑鱼RAS陆基养殖项目落地】 1月,诺帝克水产(宁波)有限公司进口的一批价值858万元的循环水养殖系统幼鲑单元设备顺利抵达宁波口岸。诺帝克公司是一家丹麦公司投资的外商独资企业,其北欧(中国)鲑鱼RAS陆基养殖项目位于象山县高塘岛乡,包括繁殖厂房、养殖场房、海水淡化等多个工程,建成后将成为亚洲最大的大西洋鲑养殖基地。据悉,该批设备将与之前进口的孵化单元、喂食单元、稚鲑单元等设备一起,在北欧(中国)鲑鱼RAS陆基养殖基地投入安装。公司计划于2022年2月从冰岛进口首批鲑鱼鱼卵,利用先进的循环水养殖技术,投入孵化养殖,一般进口冰鲜、冷冻三文鱼从产地到国内市场至少需要5~7天,而项目一期投产后,预计年产量可达4000吨,24小时内就可空运销往全国各地。

【百万尾北欧鲑鱼在象孵化成长】 自2022年3月起,诺帝克水产(宁波)有限公司分三批从北欧引进105万颗鲑鱼鱼卵,投放于高塘岛乡黄湾塘国际高端渔业养殖园内的北欧(中国)鲑鱼RAS陆基养殖场内进行孵化,孵化率在99%以上。北欧(中国)鲑鱼RAS陆基养殖项目是象山县引进的重大海洋生物产业外资项目,占地面积约300亩,分三期建设。一期年产能4000多吨,三期建好后年产能将达2万吨。公司聘请海外专业团队进行运营,采用世界先进的循环水养殖模式,对养殖用水的重复利用率达99%以上。高塘黄湾塘是浙台经贸合作区着力开发建设的重点区块,主要依托北欧鲑鱼项目的集聚效应,发展现代养殖、精深加工、饲料研发等海洋生物产业,着力打造国际高端渔业养殖园。自2021年以来,项目已完成繁殖厂房建设。2022年,确保完成养殖场房建设,同步推进配电房、水泵房、污水生物处理池、海水淡化、室外附属工程及绿化工程等建设。

【象山首次进口俄罗斯鲜活帝王蟹】 7月29日,一批重16吨、货值60.8万美元的俄罗斯活体帝王蟹,搭乘"SUNRISE"轮,经过近一周的运输,顺利抵达石浦新港码头。这是宁波市首单帝王蟹进口业务,实现了象山口岸鲜活水产品进口贸易"零"的突破。此次由位于象山的外资企业——宁波申蓝国际贸易有限公司进口的俄罗斯帝王蟹,个体重量为1.5千克至6千克不等,经暂养分拣后将销往上海等地。企业希望利用石浦口岸正式开放、海关一站式查验、海港进境食用水生动物指定口岸等独特优势,寻求长期合作,做大做强远洋生鲜的入境贸易。为完成这单业务,象山县对船舶靠泊、活品装卸作业、检验检疫、人员管控、疫情防控等环节制定了详尽的工作方案,针对进口鲜活类货物安全风险高、准入要求多等特点,象山海关优化通关方案,设立绿色通道，引导企业通过线上平台提前办理进境食用水生动物收货人备案、检疫审批申请，实现“随到随备”“即报即批”。今后，象山县将以石浦港口岸贸易创业园为平台，充分发挥口岸开放优势，发展国际贸易、对台贸易、跨境电商等进出口贸易，助力打造国内领先的现代化综合型渔港经济区。

【戴维医疗以科技创新引领“逆势增长”】 2022年11月，宁波戴维医疗器械股份有限公司的“婴儿培养箱YP-2500B”荣获2022年度宁波市高端装备制造业重点领域省内首台（套）产品称号。宁波戴维医疗器械股份有限公司是一家集自主研发、生产和销售于一体的国家高新技术企业，经过近30年的深耕发展，目前已经成为国内婴儿保育设备领域的龙头企业。近年来，戴维医疗先后与浙江大学、宁波大学等国内知名院校，以及省医疗器械检验研究院、上海市医疗器械检测研究院等科研院所，建立了长期产学研合作关系，积极培养科研人才，加快形成科技创新主导优势。企业大力实施“机器换人”，陆续引进光纤激光切管机、SMT流水线、数控冲床自动线和静电粉末喷涂系统等，产品生产周期缩短了1倍，企业生产效率提高了100%以上，产品不合格率降低了50%左右。

绿色能源

【概况】 象山县绿色能源行业主要由风电、输变电、光伏等行业组成，以锦浪科技、日星铸业、天安智能等一批研发型企业为依托，加大太阳能、风能、海洋能、生物质能等能源的开发利用，加快节能环保型绿色能源产业发展，着力推进压力容器、控制棒驱动机构等设备研发生产。2022年完成规上工业总产值152.93亿元，同比增长37.80%，其中新产品产值124.96亿元，同比增长38.25%；实现工业销售产值140.20亿元，同比增长30.10%，外贸出口交货值46.81亿元，同比增长64.67%。

【锦浪科技助力2022北京冬奥会实现“绿色奥运”】 北京冬奥会期间，三大赛区26个场馆全部使用“绿电”。其中，为山地新闻中心光伏电站提供核心电力转换设备，从而为服务全球媒体、讲好冬奥故事保驾护航的企业正是位于象山的锦浪科技公司。锦浪科技此次为山地新闻中心“绿色”屋顶上方128千瓦的光伏薄膜组件提供的是防腐水平高、能够适应恶劣环境的GCI-（40-70）K型号逆变器，即便在光照不太好的情况下，也能够做到低温启动。通过逆变器，可以大幅提高光伏发电转换效率，确保电站稳定、高效和智能化运行，进一步保障冬奥会用电的可靠性。

【耐森电气助力2022北京冬奥会】 北京冬奥会期间，参赛人员入住河北崇礼太子城冰雪小镇。110千伏变电站是该区域的电力心脏，变电站的核心设备正是由象山企业——宁波耐森电气科技有限公司提供。宁波耐森电气科技有限公司是一家技术力量雄厚、工艺装备先进的输变电制造企业，拥有多项发明和实用性专利，曾获评国家高新技术企业、国家知识产权优势企业、浙江省高成长科技型中小企业、宁波市级专利示范企业等。目前，公司与中国大唐集团、中国中广核集团、中国风电集团、华润集团、华能、国家电投等建立良好合作关系。此次由耐森电气提供的XGNS2-12/3150气体绝缘金属封闭开关设备是太子城冰雪小镇110千伏变电站的核心组成部分。该型号气体绝缘金属封闭开关设备具有绿色、节能、环保、安全、经济等优势特点，广泛应用于变电站、配电站、轨道交通等基础设施。

【王一鸣获“浙江青年创业奖”】 2月，2021年度“浙江青年创业奖”揭晓，来自全省各地的20名优秀青年获表彰，象山县的锦浪科技股份有限公司董事长王一鸣榜上有名。2021年度“浙江青年创业奖”由共青团浙江省委、省人力资源和社会保障厅、省青年联合会等单位首次共同开展评选，表彰创业事迹突出、为经济社会发展做出重要贡献的青年创业者。王一鸣致力于可再生能源领域的研发，拥有授权专利68项，其中发明专利6项，主持参与了8项国际、国家、行业和团体标准。近年来，他先后获得优秀中国特色社会主义事业建设者、宁波市劳动模范、宁波市十大风云甬商、宁波市十大杰出青年等荣誉称号。在王一鸣的带领下，锦浪科技于2019年在深交所成功上市，企业先后被评为国家企业技术中心、国家高新技术企业、国家绿色工厂、国家光伏制造行业规范企业、国家技术创新示范企业，建有全国示范院士专家工作站。锦浪科技被世界著名光伏权威调研机构EuPD连续6年被授予“全球逆变器顶尖品牌”称号。

【黄沙塘渔光互补光伏发电二期项目开工】 涂茨镇黄沙塘12兆瓦渔光互补光伏发电项目进入桩基工程，3574支桩柱将于5月中旬全部安装到位，预计2022年8月底可实现并网发电。该项目为黄沙塘渔光互补光伏发电二期项目，由国家电投集团宁波公司投资4800万元建设，占地216亩，总装机容量12兆瓦，项目建成后预计年发电量1239万千瓦时，全年较同等发电量的燃煤电厂可节约标煤3780吨，减少二氧化碳排放10345吨、二氧化硫排放79吨。此前，总容量25兆瓦的黄沙塘渔光互补光伏发电一期项目于2018年建成投用，项目综合利用土地资源，将水产养殖同光伏发电进行立体结合，形成了“上可光伏发电，下可蓄水养鱼”的渔光一体模式，已实现良好的经济效益和社会效益。

【中广核象山涂茨海上风电场工程完成地质勘察】 6月9日，中广核象山涂茨海上风电场工程顺利完成地质勘察（详勘）。勘察结果显示地层结构正常，意味着涂茨海上风电地质符合风机桩基施工条件。中广核象山涂茨海上风电场工程位于象山县东北部海域，是继国电象山海上风电场（一期）之后，宁波第二个海上风电项目。工程计划布置38台单机容量8兆瓦风电机组，总投资33亿元。该项目建成后，年上网电量可达8.4亿千瓦时，可减少各类有害气体及烟尘排放约57万吨，有助于地方产业结构调整，具有良好的社会效益和综合经济效益。此次勘探作业历时50余天，共计完成38个静探孔和16个钻探取土孔，主要获取预布设38台风机机位的地层结构、地质摩擦力等数据，保障后续桩基施工安全。

【锦浪科技检测中心获CNAS实验室认可证书】 2022年6月，锦浪科技股份有限公司综合实验检测中心成功通过中国合格评定国家认可委员会（CNAS）国家实验室认可标志和国际实验室认可合作组织（ILAC）国际互认联合标志，获得由中国合格评定国家认可委员会颁发的实验室认可证书。这标志着锦浪科技实验检测技术能力达到了国际化先进水平，逆变器研发和质量控制水平持续领跑整个行业。锦浪科技一直重视研发投入和开放式创新，近三年研发投入年均增长率超过80%，为产品迭代和技术革新不断注入"活水"。

【锦浪科技市值突破1000亿元】 8月，创业板上市的锦浪科技股价开盘便大幅上涨，总市值首次超过1000亿元。由此，宁波制造业A股最大市值企业在象山诞生。这也是国内首家突破千亿市值大关的、以组串式逆变器为核心的制造业厂商。锦浪科技历经十余年发展，于2019年3月19日在深交所成功上市，成为首家以组串式逆变器为最大主营业务的A股上市企业，也是全球第一家获得第三方权威机构PVEL的可靠性测试报告的逆变器企业。

【海螺水泥发力绿色发展新赛道】 8月，象山海螺水泥有限责任公司1.37兆瓦分布式光伏发电项目正式举行验收并网仪式，标志着企业在绿色低碳发展上再上新台阶。象山海螺水泥有限责任公司位于西周镇工业园区，近年致力研发新技术、上马新工艺、应用新材料，持续推进节能减排，发展循环经济，打造"无废工厂"，获评"浙江省绿色企业"。1.37兆瓦分布式光伏项目于2022年5月启动，历时3个月正式竣工，并网发电后将为企业提供清洁、优质、可靠的电力能源，具有显著的经济效益和环保效益。该项目采用"自发自用、余电上网"模式，装机容量为1.37兆瓦，年平均发电量达130万千瓦时，年平均减排二氧化碳约1104.73吨。

【锦浪科技入选省重点院士工作站】 10月，省院士专家工作站建设协调小组办公室公布2022年度重点支持的院士工作站认定名单，象山县锦浪科技股份有限公司榜上有名。作为国家企业技术中心、国家技术创新示范企业和国家第二批智能光伏试点示范企业，锦浪科技研发团队多人在逆变器领域拥有超过10年以上的技术研发与工程设计经验，被评为浙江省重点创新团队。早在2012年，锦浪科技就与上海交通大学合作建立院士工作站，陆续在杭州、苏州、宁波等地设立研发技术中心，与多所高等院校及光伏企业建立产学研合作关系，聚焦产业关键核心技术突破，加快产品迭代升级。

【屋顶光伏"消薄"项目通过验收】 12月8日，西周镇西瀛生态科创园厂房屋顶光伏"消薄"项目通过验收，并实现部分并网发电。该光伏"消薄"项目由象山县强村光伏能源有限公司投建，借助西瀛生态科创园的12幢企业厂房屋顶，投资1319.88万元，建设2.69兆瓦分布式光伏发电项目。

【国电象山1号二期工程启动施工建设】 12月20日，随着首根管桩定点起吊，浙江省重点项目国电象山1#海上风电场（二期）工程正式启动施工建设。第一阶段先行实施6台风电机组基础试沉桩施工，每台风电基组需要8根高桩，每根桩长101米，重180吨，以环形分布的形式"种入"海床。该工程位于象山县鹤浦海域，总投资金额60亿元，设计安装56台9兆瓦海上风力风电机组，总装机容量为504兆瓦，规模刷新浙江省最大海上风电场纪录。项目建成后，预计年发电量可达16亿千瓦时，与传统燃煤火电机组相比，每年可节约标煤53.25万吨，节约淡水426.5万立方米，减少二氧化碳排放102.17万吨，减少灰渣25.1万吨，并相应减少工业废水和温排水排放，对推动浙江省能源结构调整、产业结构升级、促进地方经济高质量发展具有重要意义。

临港装备

【概况】 象山县以海洋装备、船舶制造为重点的高端装备产业初具规模，下步将以临港装备工业园为主平台，象保合作区为补充。处于象山港口区域的临港装备工业园，吸引了中石化宁波天翼、铭汇制造等一批重大项目落户投产，初步形成了以日星铸业、易锻机械、乐惠国际、杭钢富春、新乐造船等企业为代表的新能源、智能化、食品机械、先进加工、高端船舶、炼化设备等各类装备制造基地。2022年，全县153家规模企业实现产值224.29亿元，同比增长5.74%，其中新产品产值130.76亿元，同比增长14.25%；实现工业销售产值200.58亿元，同比增长4.9%，外贸出口交货值25.10亿元，同比增长22.81%。

【船舶制造业强劲复苏】 象山县造船企业新造船舶订单持有量继续增加，截至2月15日订单已达125艘次，预估订单总金额超40亿元，同比增长30%以上。船舶制造业是象山传统优势产业，目前全县共有船舶修造场所29处、规上企业14家，产品涉及LNG特种船、集装箱船、散货船、远洋渔船等，企业主要集中在环石浦港区域。船舶修造企业使用岸线约7.2千米，船台数约345个，舾装码头约12个。2021年，全县新造商船吨位达130万总吨、已建（在建）船舶119艘次，其中34艘新造船舶已交付离港，另外85艘正在紧锣密鼓建设中，订单总额超30亿元。而在2022年的125艘次新建船舶订单中，集装箱和散货船占比进一步提升，大型化发展趋势明显——最长的新造船舶将达到199.98米，其吨位则超过

5 万吨，船舶大型化需要在焊接技术、组装工艺等方面进行革新与提升，表明象山县造船业逐步走向更高水平。

【华臣输送设备把控质量促转型升级】 宁波华臣输送设备制造有限公司是国内专业生产带式输送机的重要厂家之一，现为中国重机协会带式输送机分会会员、中国重型机械工业协会物料搬运工程设备成套与服务分会会员单位。公司拥有国内先进的托辊数控生产线、滚筒生产线及相关专用设备，产品广泛应用于电力、港口、建材、冶金、矿山、煤炭和化工等行业。近两年，企业投资近千万元建设新厂房，引进高端新型激光切割机和抛丸机，通过设备和技术革新提高生产能力。与传统的等离子切割机相比，新引进的激光切割机在产品质量上做到了平滑、精准、快捷，效益较传统制造提升了 30%，在产品打磨方面，新引进的抛丸机比人工效率提高了约 50%。公司将质量贯彻于公司产品的设计、制造、售后服务的全过程，还参与编制了《带式输送机技术条件》《DTⅡ(A)型带式输送机设计手册》等产品选型技术标准。

【贡承机械：出口转内销　“转”出新天地】 2022 年 2 月 24 日，以色列 YOS 公司与宁波贡承机械有限公司通过互联网视频，对贡承公司为其定制的价值 22 万元的杀菌机进行验收，一周后该设备将远渡重洋实现交付。宁波贡承机械有限公司为一家研发制造各种食品机械单机以及整线设备的公司，拥有实用新型专利达 15 个，制造的果酱、果蔬汁、茶饮料、奶粉等整线设备及各种果蔬清洗机、捡果机、去皮去核机、打浆机等单机设备，深受中亚、非洲、澳大利亚等国家和地区的企业青睐。为顺利进军国内市场，公司依托在海外的合作经验，立足自身产能，引进海外前沿的食品设备设计理念和工艺技术，研发的新产品柱塞泵具有自吸力强、扬程高、低噪声、易维护、输送液无气泡等特点远超同类产品，多项生产技术填补国内空白。

【日星铸业入选市级“未来工厂”】 4 月，市经信局公布 2021 年度宁波市“未来工厂”名单，宁波日星铸业有限公司榜上有名，系目前象山县唯一入选企业。宁波日星铸业有限公司是一家致力于可再生清洁能源、风能原动设备研发与制造的高新技术企业，为国家级专精特新“小巨人”企业、浙江省“隐形冠军”培育企业。近年来，该公司对标“未来工厂”，通过实施海上风电关键部件智能化建设项目，全面推进产品研发、生产控制等方面的智能化管控，全工厂实现了设备和数据的互联互通。

【浙江东红建造巨轮下水】 5 月 19 日上午，在位于鹤浦镇的浙江东红船业有限公司码头上，由该公司制造的 2070 标箱集装箱船“弘泰 639”缓缓向前，顺利入水。该船总长 182.30 米，型宽 30.00 米，型深 14.20 米，总吨 22718 吨，净吨 12722 吨。2022 年是东红船业建厂以来接单量最多、在建船舶吨位最大的一年，在手订单 16 艘，载重吨约 50 万吨，排产到了 2023 年底。连日来，东红船业顺利完成 58000 吨集装箱船、8700 吨散货船等多艘船舶的关键生产节点。

【石浦港首个万吨级码头进入平台建设阶段】 5 月 31 日，随着打桩船将最后一根钢筋混凝土大管桩打入海底，石浦港首个万吨级码头——中国供销集团象山国际水产物流配套通用码头工程的 195 根管桩全部完成打桩作业，标志着该工程进入码头平台建设阶段。该工程位于鹤浦镇北面岸段，于 2020 年 11 月开工建设，工程包括 1 万吨级通用码头一座和 500 吨级 3 联浮码头一座。其中，码头平台建设阶段主要包括 1 号通用码头平台及 1 座固定接岸引桥、2 号通用浮码头平台及 2 座接岸引桥、配套变电所及水电等工程。该码头投产后，将与象山国际水产物流园基地有机结合，主要供象山县近海捕捞渔船及远洋生产渔船停泊、卸货、补给等作业，设计年吞吐量约 80 万吨，进一步扩大对台小额贸易、发展综合贸易和海洋经济项目平台，为打造国内一流水产冷链物流基地提供强力支撑。

【日星铸业：风电铸件龙头逆势抬升】 位居象山港畔的宁波日星铸业有限公司，是一家致力于可再生清洁能源、风能原动设备研发与制造的高新技术企业。近年来，日星铸业在逆势中抢抓机遇、苦练内功，完善精加工产业链，利用临港优势，深耕海内外市场，先后获评国家级专精特新“小巨人”企业、国家级绿色工厂、浙江制造精品、浙江省“隐形冠军”培育企业等。2021 年，以宁波日星铸业有限公司为主体的整个日月股份，风电铸件产品销售量 40 万吨以上，市场占有率在全国、全球均位列第一。

【市船舶检验员技能精英赛在象山举行】 8 月，2022 年宁波市船舶检验员技能精英赛在象山县举行，来自全市船舶修造厂质检员、船舶设计人员及全市交通(港航)船舶、渔船检验部门验船人员共 49 人参加比赛。此次竞赛分为理论考试和实船测量两部分，不同于往年船检技能比武的分组协同方式，此次竞赛由每位参赛队员独立完成全部比赛项目，竞赛内容从船舶吨位丈量转为船舶载重线测量，参赛人员工种从往届的船舶检验员扩大为整个船舶建造与从业人员。

【大目湾乐惠啤酒广场“鲜啤 30 公里”体验区运营】 8 月 28 日，大目湾乐惠啤酒广场“鲜啤 30 公里”体验区正式投入运营，为象山县滨海都市消费再添时尚新场景。大目湾乐惠啤酒广场是全市首个以啤酒文化为主题的体验式商业综合广场，集工业旅游、啤酒文化、演艺娱乐、酒吧餐饮、商务洽谈等功能于一体，涵盖了精酿体验区、酒品品鉴吧、公寓式酒店等建设内容。其中精酿体验区设有完整的酿酒技术工艺和生产包装流水线，可年产 1 万吨精酿啤酒。在这里，传统商业、制造业与现代服务业深度关联融合，鲜啤爱好者可以一边品鉴美味啤酒，一边近距离观看啤酒生产全过程，还可以根据个人喜好个性化定制鲜啤，享受精酿啤酒文化的全方位沉浸式体验。此次乐惠国际全新打造并推出的“鲜啤30公里”，采用高端精酿小罐发酵工艺，小罐模组化生产，全程只用水、麦芽、啤酒花、酵母酿造，坚持“用最纯的原料，酿最鲜的啤酒”。首批“鲜啤30公里”共推出美式IPA、中式IPA、皮尔森、德式小麦等口味，目前已成功销往江浙沪等地。

【新乐造船首制双燃料集装箱船开建】 2022年9月2日，浙江新乐造船有限公司首艘CV950系列集装箱船开工建造，这是该公司首制甲醇双燃料系统集装箱船。CV950系列双燃料集装箱船是全球最新一代绿色环保、高效节能箱船。船长148米，型宽27.2米，设单桨、双壳、敞口集装箱货舱，同时采用可以使用普通燃料或甲醇的双燃料发动机。该船可装载1170个20尺标柜，适合在全球范围内短途支线运输。自2013年开始，新乐造船有限公司持续实施“技术升级、产品升级”发展战略，在不锈钢化学品船系列、天然气运输船、中小型杂货船、海工辅助船等高技术含量船舶细分市场领域取得了较好的业绩。先后入级中国CCS、日本NK、法国BV等船级社，并与瑞士罗密欧集团、荷兰DEPOLI公司、西班牙ELCANO公司、土耳其AKSAY、中化国际、荷兰安东尼维达集团、鼎衡集团等知名企业形成合作关系。

【绿缘机械抢占净菜加工设备市场高地】 10月，宁波绿缘轻工机械有限公司的净菜加工流水线完成出厂测试，将运往西南地区西式快餐店做食材配套，投产后整线产能达到日产30吨。宁波绿缘轻工机械有限公司创立于2003年，是国内较早一批具备独立研发，生产、销售高端鲜切蔬菜加工设备的制造商。近年来，该企业与鲜切蔬菜生产加工的头部企业、科研院校、设备供应商紧密合作，积极引进国际鲜切蔬菜加工理念并研发、生产具有自主知识产权的成套鲜切蔬菜加工流水线设备，为肯德基、麦当劳、华莱士、汉堡王等知名快餐品牌的配菜供应商提供了不同品种蔬菜的鲜切加工流水线设备。

【象山县新增6个高端装备首台（套）产品】 11月，2022年度宁波市高端装备制造业重点领域首台（套）产品认定名单公布，象山6家企业的6个产品上榜。其中，浙江易锻精密机械有限公司的“APH-400智能数控重载高速精密压力机”、锦浪科技股份有限公司的“光伏储能逆变器S6-EH1P（7.6-11.4）K-H”被认定为国内首台（套）产品，宁波戴维医疗器械股份有限公司的“婴儿培养箱YP-2500B”、宁波天安智能电网科技股份有限公司的“VTZ1-40.5新能源用智能组合式断路器”、宁波盛洋电子科技有限公司的“SR1710大型船舶用高性能导航雷达成套装备”、宁波世纪海洋信息科技有限公司的“TSEA-2020-A/B船载多元海洋信息采集终端”被认定为省内首台（套）产品。

电子信息制造业

【概况】 2022年，象山县推进信息网络基础建设，移动、电信、联通共部署5G基站约380个，覆盖城区主要商业广场、医院、部分景区人流密集处。聚焦数字产业化和产业数字化，强化企业培育和项目推进，通过推动物联网、大数据、云计算在制造业的深度应用，推进象山经济变革、效率变革和动力变革，以信息化培育新动能。全县计算机、通信和其他电子设备制造业企业25家，2022年实现规上工业总产值29.96亿元，同比增速39.17%；工业销售产值27.37亿元，同比增速33.23%；出口交货值3.39亿元，同比增速19.09%；新产品产值17.19亿元，同比增速32.61%。

【2家企业入列省智能工厂名单】 1月，省经信厅公布2021年浙江省智能工厂（数字化车间）名单，宁波劳伦斯新能源汽车内饰总成数字化车间、宁波日星铸业海上风电关键部件智能工厂“榜上有名”。此次入选省智能工厂（数字化车间）名单的两家企业是数字化改革的典范。宁波劳伦斯汽车内饰件有限公司打造的年产60万件新能源汽车内饰件总成的数字化车间项目将车间数字化联网，覆盖人员管理、MRO工装夹具管理、质量管控、精益改善等工厂运营各方面模块，达到内部互联、内外互联、虚实互联的全局状态实时监控。数字化项目实施以来，企业生产效率提高23%，产品研制周期缩短30%，运营成本降低21%，单位产值能耗降低5%。宁波日星铸业有限公司投资约1.5亿元打造的宁波日星铸业海上风电关键部件智能工厂，打通设计层、设备层、管理层之间的信息通道，通过透明化、标准化、集成化、数字化表述及传递，建立数字化生产过程体系，公司的智能制造模式大大提高生产效率，稳定提高产品一次性合格率。近年来，象山县搭乘数字化改革东风，大力推动智能制造，引导企业开展技术大改造，实施“5G+工业互联网”建设，持续推进传统制造业数字化、智能化转型，聚焦智能制造及两化融合，大力培育智能工厂、数字化车间项目。对列入市级、县级的数字化车间、智能工厂、未来工厂等智能制造建设项目，按实际投入总额的15%给予补助，最高不超过1000万元，对列入国家级、省级的数字化车间、智能工厂建设项目，按其实际投入总额的15%给予补助，最高不超过2000万元。此外，企业当年被认定为象山县“330”培育企业的，另外享受3%～5%补助。

【5G网络建设】 经过两年5G建设，全县成功开通超过500个5G基站建设，基本实现18个乡镇的街道主城区、工业园区、景区及主要道路的覆盖。同时，新增超200个5G700M基站。由于5G700M基站频段低，覆盖范围更广、传输速率更快，弥补5G基站只能覆盖主城区、主街道的缺陷，覆盖率延伸至乡村、海岛、山区。站点部署完成后，通话、语音等同步使用信号更好、数据更快、通话更清晰的5G网络，不再自动切换至4G或2G。

【“未来菜场”项目获省数字经济新业态优秀案例】 2月，省数字经济发展领导小组办公室公布2021年省数字经济“五新”(新技术、新制造、新基建、新业态和新治理)优秀案例名单,象山县“未来菜场”项目成功入选“新业态”优秀案例。该项目由县商贸集团联合县大数据发展中心共同开发,采取“政府主导、银行投资、多方参与”的新型建设模式,充分运用5G无线交互、大数据分析、AI算法、智能秤数据采集、视频监控等软硬件技术,推动实现农贸商品交易向网络化、智能化、社区化发展,并探索农贸商品交易数据在政府职能履行、民生利益保障、经济发展助力等方面的应用。自“未来菜场”项目落地以来,日均活跃用户数超过500户,累计交易入库数据共计240余万条,为政府相关决策提供数据支撑,增强市场监管能力和调控保障能力。下步,县商贸集团将在数字化改造提升基础上,探索多重场景应用,实现数字赋能效益最大化,力争打造“未来菜场”的象山样板。

【移动通信智建“未来菜场”】 2022年8月3日,中国移动宁波象山分公司与县商贸集团签署未来菜场战略合作协议,双方将融合跨行业资源,共同打造“互联网+未来菜场”,助力传统菜场“数智化”升级。象山县“未来菜场”项目充分运用了5G无线交互、大数据分析、AI算法、智能秤数据采集、视频监控等软硬件技术,推动实现农贸商品交易向网络化、智能化、社区化发展,并探索农贸商品交易数据在政府职能履行、民生利益保障、经济发展助力等方面的应用。根据合作协议,双方将坚持合作共赢的发展策略和资源共享的原则,依托基于移动5G网络、千兆宽带、双千兆基座的网络底座,赋能城东菜场、中心菜场打造智能化、云端化的“未来菜场”。中国移动宁波分公司将发挥行业优势,通过融合5G、大数据、云计算等技术,不断完善智慧菜场信息化大屏、5G+AI智能监控,同时拓展“未来菜场”网络直播、数据采集、未来支付、文化培育提升等应用场景化改造,逐步推动“数字菜场”向“未来菜场”的迭代升级,届时菜场商户和消费者通过手机App就可以轻松完成买卖交易。

【象山“未来菜场”入选国家新型信息消费示范项目】 7月29日,工业和信息化部公布2022年新型信息消费示范项目遴选结果,全国151个项目入选,象山县“未来菜场综合管理平台”项目入选。2022年新型信息消费示范项目聚焦“信息消费+乡村振兴”“信息消费体验中心”“新型信息消费产品与服务”3个方向9个领域,旨在通过示范引领,进一步释放信息消费潜力,推动信息消费扩大和升级。作为浙江省数字经济“新业态”优秀案例,象山“未来菜场”项目以中心菜市场为试点,通过5G无线交互、大数据分析、AI算法、智能秤数据采集、视频监控等技术,推动实现农贸商品交易向网络化、智能化、社区化发展,并探索农贸商品交易数据在政府职能履行、民生利益保障、经济发展助力等方面的应用。

(县经信局)

电　力

【概况】 2022年,象山电网全社会最高负荷为68.74万千瓦(出现在7月23日),同比上升14.93%。全社会用电量累计34.25亿千瓦时,同比上升9.13%,其中工业用电量累计19.54亿千瓦时,占比57.04%,同比上升4.45%;城乡居民生活用电量7.58亿千瓦时,占比22.13%,同比上升23.5%。第一产业用电量0.45亿千瓦时,占比1.31%,同比上升15.01%;第二产业用电量20亿千瓦时,占比58.4%,同比上升4.01%;第三产业用电量6.22亿千瓦时,占比18.16%,同比上升10.56%。国网浙江省电力有限公司象山县供电公司完成固定资产投资1.73亿元。售电量31.95亿千瓦时,同比增长8.43%。营业收入22.15亿元,实现利润713.55万元。全员劳动生产率153.78万元/(人·年)。公司先后荣获全国“安康杯”竞赛安全文化宣传活动先进单位、配网施工转型升级国网达标单位、宁波市五星级和谐企业等一系列荣誉。丹城供电所入选国网百强供电所,获评宁波市工人先锋号。1个项目获省公司管理创新三等奖,1个项目获省公司科技进步三等奖。完成2项科技成果转化,取得8项专利授权。公司员工在中电联、省市公司11项竞赛中接连斩获佳绩,8名青工分别获评电力行业技术能手、“宁波市五一巾帼标兵”等荣誉称号,12人获得宁波市高级人才认定。

【电网建设加快推进】 开展海上风电等新能源接入消纳研究,推动500千伏新能源送出线路廊道、新能源共享汇集站纳入国土空间规划。联合政府发布新能源消纳能力分析报告。有序推进滨瑶扩开工前期准备,完成宁海至衣亭线路工程等3个项目核准。提前10个月投运涂茨海上风电送出工程。建成智能化亚运场馆保电综合示范区,完成8个台区低压光伏直采直控示范点建设。上线运行微气象新能源发电功率分层分级预测系统。完成配网投资1.64亿元,新增及改造线路490千米,新增配变容量3.7万千伏安。加装智能开关98台,新投全自动FA线路14条。象保合作区航天大道10千伏供电工程获评省公司配网二十佳优质工程。电网规模不断扩大,十年累计完成电网投资27.1亿元,新增及改造110千伏及以上变电站8座,变电容量提升1.66倍。10千伏线路联络率由45%提升至100%,N-1通过率由34%提升至95.71%。配电自动化实现从无到有,自动化有效覆盖率达到87.4%。供电可靠性显著提升,较2012年末提升4.68个百分点。全社会最高用电负荷由34.39万千瓦突破至68.74万千瓦,增长近一倍。助力象山1号海上风电、长大涂光伏等一批新能源项目如期投运,新能源装机容量由3万千瓦提升至100.21万千瓦,增长超32倍。电网发展正从传统电网向数字化牵引新型电力系统建设阔步前行。10年累计完成电网投资27.1亿元,新增及改造110千伏及以上变电站8座,象山1号海上风电、长大涂光伏等一批新能源项目如期投运,

【供电服务显著提升】 促成政府成立

电力负荷管理中心、出台宁波首个地方需求响应补贴机制等政策文件。完成3000千瓦空调负荷、6.72万千瓦分路负控改造。推进现代营销服务体系建设，深化供指分中心运营。建成新时代乡村电气化示范村15个。配合完成1个国家级、2个省级、4个市县级绿色工厂建设，达成亚运场馆首笔绿电交易，实现综合能源营收1100万元。开展充电难问题攻坚行动，完成29个小区充电桩业扩配套工程建设。累计开展不停电作业867场次，用户平均停电时间同比下降29.56%。深入推进电力体制改革、国资国企改革和内部改革，公司体制机制更加完善健全，可持续发展能力不断增强。营业收入从2012年末的10.28亿元增长到22.15亿元；资产总额从6.63亿元增长到18.25亿元；售电量从15.82亿千瓦时增加到31.95亿千瓦时，年均增长7.3%。供电服务品质大幅提升，"三零三省""阳光业扩"等服务品牌深入人心，电力供应链金融、转供电费码等惠民助企举措得到各界的充分肯定。

【保障市域铁路象山线先行节点开工仪式保供电】 1月14日，宁波市域铁路象山线先行节点工程正式开工建设，国网象山县供电公司圆满完成宁波市域铁路象山线先行节点开工仪式保供电任务，助力象山向"轨交时代"迈出关键一步。

【象山电网冬季负荷创新高】 1月31日，象山电网春节期间全社会最高负荷34.22万千瓦，比上年同期增长18.92%；全社会最低负荷15.15万千瓦（2022年2月1日），比上年同期增长41.32%；平均全社会日电量550.18万千瓦时，比上年（428.57万千瓦时）增加28.38%。

【省内首个5G移动式电力驿站正式"营业"】 3月16日，浙江省内首个5G移动式电力驿站在象山投运，国网象山县供电公司将24小时电力业务搬到百姓家门口，打通民生服务"最后一公里"，打造"共同富裕·甬电先行"的城乡同质同感新服务。

【2家亚运场馆完成绿电交易】 4月1日，松兰山亚帆中心、半边山沙滩排球中心两家场馆与国网（宁波）综合能源有限公司正式完成绿电交易。由宁波地区15个分布式光伏电站提供，涵盖工业厂房屋顶光伏、乡村居民屋顶光伏等类型，将为象山两家亚运场馆赛事期间提供"全绿色"支持，实现用电零碳排放的目标。

【全体职工核酸"应检尽检、愿检尽检"】 4月14日，国网象山县供电公司组织全体职工开展核酸检测，采样397人次，核酸检测有序、高效推进。全面筑牢疫情防控安全屏障，全力守护职工身体健康和生命安全，严格按照常态化疫情防控要求。

【20万管核酸检测基地顺利通电】 4月28日，象山县20万管核酸检测基地顺利通电，检测基地最大日检测量可达20万管，满足了日200万人次检测需求。

【组织收听收看"时代楷模"钱海军发布仪式】 5月6日21时，中央广播电视总台《时代楷模发布厅》刊播《灯暖千万家、奋进共富路的新时代劳模代表——钱海军》，向全社会宣传发布钱海军的先进事迹。发布仪式现场宣读《中共中央宣传部关于授予钱海军同志"时代楷模"称号的决定》，中央宣传部负责同志为钱海军同志颁发"时代楷模"奖章和证书。国网象山县供电公司同步组织各部门、各单位广大员工以不同形式收听收看发布仪式直播。

【电力赋能打造"海上两山"实践地】 5月19日，国网象山县供电公司联合宁波市生态环境局、东海海洋工程勘察设计研究院等单位工作人员到象山韭山列岛国家级自然保护区开展生物多样性调查，为南韭山10千伏陆岛联网工程做好前期工作。

【"政企联动"协调综合管线治理】 6月22日，国网象山县供电公司联合象山县发改局、县人民检察院，共同排查石浦镇东门渔村电力设施违规搭架、缠绕、悬挂等现象，落实隐患整改及综合管线治理工作，保证广大人民群众生命安全及供电线路正常运行。

【35千伏勤邦用户变电站投运】 6月29日，历经3个月安装调试，35千伏勤邦变电站通过冲击试验正式投入运行。

【迎峰度夏暨防汛防台无脚本应急演练】 7月22日，国网象山县供电公司组织开展2022年迎峰度夏暨防汛防台无脚本应急演练，提高象山电网应急处置能力，提高应对夏季高峰负荷、恶劣天气设备隐患、故障。公司副总经理、总工程师钱建苗参加演练。湖州公司、嘉兴公司帮扶人员观摩演练。

【电网负荷创年内68.74万千瓦新高】 7月23日13时5分，象山全社会最高负荷达到68.74万千瓦，比上年最高值（59.81万千瓦）增加8.93万千瓦，增长14.93%，刷新了历史纪录。象山电网整体运行平稳，电力供应正常有序。

【保障开渔节保供电工作】 9月16日，中国农民丰收节系列暨第二十五届中国（象山）开渔节仪式在石浦港举行，国网象山县供电公司在石浦海峡广场和中国渔村皇城沙滩等活动现场，圆满完成海洋庆典节日及百家媒体聚焦中国（象山）开渔节提供安全可靠用电保障。

【防御台风"梅花"】 9月13日，国网象山县供电公司提升防台风应急响应至Ⅰ级，启动防汛防台风二级指挥部9个，集结输变配抢修队伍10支共378人，开展线路通道树竹清障、设备隐患排查及电杆防风临时拉线补强，落实变电站、输电通道周边环境隐患、配网树竹隐患、易内涝变配电站隐患整治，做好防倒灌等各项防御和应急措施。

【干部任免】 9月22日下午，国网象山县供电公司召开干部任免宣布大会，宁波公司总经理、党委副书记李颖毅出席并作讲话。会议宣读宁波公司党委关于国网象山县供电公司领导人员任免的文件，经宁波公司党委研究并征得中共象山县委同意，决定林仁斌同志为国网象山县供电公司总经理、党委副书记，梁帅伟不再担任国网象山县供电公司总经理、党委副书记职务。公司党委书记、副总经理李永腾主持会议，公司领导班子成员参加会议。

【组织收听收看中共二十大开幕会】 10月16日上午10时，中国共产党第二十次全国代表大会在北京人民大会堂开幕。国网象山县供电公司领导班子成员及各部门负责人在公司本部集中收听收看中国共产党第二十次全国代表大会开幕会直播盛况，共同感受这振奋人心的伟大时刻。公司同步组织各部门、各单位广大员工利用电视、网络、广播等媒体收听收看开幕会直播。

【获联合国《生物多样性公约》缔约方大会短视频大赛优秀奖】 11月1日，在联合国《生物多样性公约》缔约方大会第十五次会议(COP15)创意短视频大赛中，国网象山县供电公司短视频作品《请叫我“神话之鸟”》获得优秀奖。国家电网公司仅2部作品获奖。

【宁波日星铸业有限公司赠送锦旗】 11月11日，宁波日星铸业有限公司赠送“情系企业发展 践行服务初心”锦旗，对国网象山县供电公司高效服务企业，助力企业发展表示感谢。

【象山涂茨海上风电220千伏送出工程成功投运】 12月19日，220千伏衣涂23M9线启动运行，象山涂茨海上风电220千伏送出成功投运。该工程线路按照同塔双回建设，起于待建陆上升压站，止于衣亭220千伏变电站，沿线途经象山大徐、涂茨两个镇，线路总长13.65千米，新建铁塔39基，新架导线13.53千米、敷设电缆0.12千米。象山涂茨海上风电场位于象山县东北部海域，风电场装机容量304兆瓦，是目前宁波地区在建的最大规模的海上风电，也是象山县实施的第二个海上风电项目，投运后，可实现年上网电量约8.2亿千瓦时，与常规燃煤火电机组相比，每年可节约标煤约27.3万吨，相应可减少二氧化碳排放61.5万吨。

（国网象山县供电公司　周铮峥）

工业投资

【概况】 2022年，集团围绕5532专项行动和重点工作责任清单，以市场化转型为重点，全力打好疫情防控和高质量发展主动仗，各项工作稳步推进。截至2022年12月底，集团资产总额62亿元，实现营业收入2.37亿元，息税前利润6096万元，上缴税金751万元。

【融资降本】 积极拓展融资渠道，通过增加贸易流量、银票贴现、中企云链等融资方式，保障集团资金需求。2022年新增融资5亿元，完成存量到期转贷15.1亿元，归还到期债务3.05亿元。持续优化债务结构，以低成本流贷置换高成本私募债，综合融资成本控制在5.5%，比年初下降了0.32%。积极争取增值税留抵退税税收优惠政策，收回退税386.8万元。

【股权投资】 天使基金二期规模扩大至6000万元，完成浮田生物、态晟通新材料等两个项目投资1000万元。弘成基金认缴出资总额扩大至5亿元，增资参股宁波锋梅新能源。发挥政府性资金引导和杠杆作用，加大市场化运作力度，完成象商基金、象投基金认缴出资6620万元，其中象商基金投资的勤邦新材料、微睿光电、惠康国际等三个项目正陆续启动IPO申报。开展直投业务，出资2461.6万元完成收购信银理财所持勤邦新材料1.3829%股权，开展钰烯腐蚀控制PRE-IPO轮投资尽调，拟联合县经济开发区共同投资。定增业务稳步提升，总计减持乐惠国际107.78万股，成交金额4432.67万元，浮盈率近60%。投资项目退出顺利，共计收回继望新材料、国星农机等股权回购款8150万元。

【资产运营】 推进项目建设，原海硕迁建项目续建工程、原宝鑫地块扩建工程、原汇龙地块扩建工程、科创大厦人才公寓装修工程完成竣工验收。开展海洋新材料东海(象山)试验场项目谋划研究，完成进场道路方案设计。大徐镇智能小微企业集聚区项目全面建成，累计完成投资超3亿元，并成功招引创一(宁波)智能装备有限公司落户。加强资产出租管理，累计收取年度租金2014.35万元。利用资产管理系统精准掌握资产即时信息，对所有资产进行动态跟踪管理。完善项目管理制度，修订《象山县工业投资集团有限公司采购管理办法》《象山县工业投资集团有限公司小额工程管理办法》等制度。

【担保转贷】 对接县域银行业金融机构，推进银担合作体系建设，合计授信额度15.22亿元。成立担审委员会，简化审批流程，实行担保金额分类审批制度，提高业务审批效率。创新业务模式，推进担保业务增量扩面，走访330企业，开展“政银保”“汇率避险”、批量担保等业务，截至12月底，在保户数408户482笔，在保余额达到9亿元，较市场化改革前增长114%。发挥应急转贷协调服务职能，缩短办理时限，下调转贷费率，2022年共向89家企业发放应急转贷123笔，转贷金额7.97亿元，合计降低企业转贷财务成本19.98万元。

（县工投集团　欧芮嘉）

象山经济开发区

【概况】 2022年，象山经济开发区坚持“稳进提质”的总基调，深入贯彻县第十五次党代会和县两会精神，围绕县委“聚力一二五，走好共富路”目标，聚焦“5532”专项行动，各项工作稳步推进，园区发展形势稳中向好。全年新签约项目59个，其中购地项目40个，亿元以上项目32个，引进“半岛英才”计划项目11个。全年实现规上工业总产值268亿元，同比增长23.5%；规上工业增加值54亿元，同比增长13%；完成工业投资36亿元，同比增长37%。

【重大项目集中开工仪式】 2022年3月10日，全县重大项目集中开工仪式在象山经济开发区金沐阳光伏边框及支架制造项目现场举行。集中开工的30个重大项目，涵盖战略性新兴产业发展、基础建设改造升级、社会民生保障等多领域项目，分别是金沐阳光伏边框及支架制造项目、东塘山路和东澄河路交叉口东南角地块项目、浙台经贸合作区海岛农文旅发展配套项目、象山涂茨海上发电项目、象山县丹南路南、西谷路西地块、象山县丹石（东陈泵站至石浦水厂）引水工程、浙东海上桃源·M湾渔村项目（石浦镇沙塘湾村）、宁波容升智能LED及配件项目、浙江巨虹多轴复合娄控机床项目、宁波致上升降系统设备及仓储智能设备项目、宁波铠士高端润滑介质及环保集成智能装备项目、浙江易东大件高精冲压配件加工中心项目、年产750台注塑机及300台智能设备项目、宁波亲宝年产100万套金属制日用品项目、宁波优诺姆特种注塑机项目、大型风电装备制造及配套项目、象山110千伏滨瑶变扩建工程、象山涂茨海上风电220千伏送出工程、象山“海上两山”最美风景道工程、浙江海纳液压配件生产项目、城南市场、二手车交易市场、移动生产调度用房建设项目、科伦分布式太阳能电站设备和储能设备项目、宁波雪波特特种紧固件项目、宁波能元高精密伺服电机项目、建航新能源光伏逆变器背架壳体项目、宁波高灵特高压电力继电器生产项目、宁波恒曜新能源汽车配件总成项目、宁波云达消防器材及配件产品项目。7月22日，全县重大项目集中开工仪式在象山经济开发区仁义涂现场举行。集中开工的29个重大项目，其中产业项目14个，基础配套项目12个，旅游项目3个。分别是宁波雪波特特种紧固件项目、宁波与同智能注塑机生产项目、象山渔人码头珍鲜广场工程、胡礁湾渔村村落项目、象山瑶琳芯邻里中心、象山港高级技工学校迁建工程、中医集团三院院区改扩建工程（公共卫生管理中心）、宁波日星大型风电装备制造及配套项目、宁波光华新能源电池外壳生产项目、宁波文墨年产200万件服装项目、浙江京阪智能注塑装备项目、建设路（城西路至东谷路）沿线综合整治工程、城东工业园金海湾人才公寓、城东工业园文创综合广场、宁波海润一业注塑机整机制造项目、宁波永恒新型模刚生产项目、宁波博艾蓝生物降解改性材料及制品项目、大塘港防洪排涝库岸整治及水质提升工程、平谭水库改造提升工程、沿海南线象山港路至滨海大道段改建工程、花岙岛旅游集散中心、石浦科技园区配套设施建设工程、石浦国庆塘提升改造工程、大塘乌沙山电厂“火电+储能”联合AGG调频项目、西周昌明路（昌平路至纬五路）延伸工程、新光钢构结构性金属制品制造一期项目、伊特赛食品机械设备项目、宁波弘博智能家居零部件制造项目、鹤浦海塘提升改造工程。

【重点工程项目】 全年35个实施类重点工程项目累计完成投资25.13亿元。其中，宁波宁塑注塑机生产项目行政楼主体结顶，厂房主体施工中；宁波昌晖新能源汽车零部件项目二期厂房主体、检验车间完工，附属工程中；象山经济开发区海洋科技创业园厂房主体完工；博宇汽车配件生产二期项目完工；中车交通新能源智能装备科创园项目一号、二号厂房钢结构完工，内部装修中；宁波勤邦高端光学膜生产项目厂房主体及设备安装完工；宁波海纳机械生产项目完工；宁波天安智能设备生产项目厂房主体施工中；象山置信智造谷项目二期厂房主体工程完工，三期主体施工中；宁波日星大型海上风电及船运装备关键零部件新建项目厂房钢结构主体竣工，设备安装中；宁波爱庭智能家居项目厂房主体完工，附属工程中；象山同家汽车发动机气缸模具生产项目厂房主体施工中；宁波锦浪分布式组串并网逆变器和研发中心项目一号厂房完工，2号厂房主体施工中；浙江新篁竹叶标准提取物生物工程厂房主体完工，装修施工、附属工程中；浙江申越高档绣花珠片生产项目厂房主体完工，室内装修中；浙江日风逆变器生产项目一号、二号厂房主体施工中；宁波中甬电动工具生产项目厂房主体完工，室内装修中；宁波腾华高精密节能型注塑机项目一号、二号厂房钢结构施工中；滨海工业园山海情公寓4-8号楼建设工程4号楼主体结顶，室内粉刷中，5-8号楼主体施工中；宁波市浙东表面处理工业城标准厂房及配套设施项目二期11号楼、主体施工中；宁波海润一业注塑机生产项目综合楼结顶，厂房钢结构完工；浙江易东大件高精冲压配件加工中心项目桩基工程中；宁波金沐阳光伏边框及支架制造项目厂房桩基施工中；城东工业园文创综合广场桩基施工中；宁波日星大型风电装备制造及配套项目桩基施工中；城东工业园金海湾人才公寓桩基施工中；宁波冠权儿童玩具项目厂房主体施工中；宁波高灵特高压电力继电器生产项目厂房桩基施工中；宁波恒曜新能源汽车配件总成项目厂房桩基施工中；宁波光华新能源电池外壳生产项目厂房桩基施工中；宁波荣宝雨新能源汽车配件系列新产品生产项目地勘完成，施工图设计中；宁波永恒新型模钢生产项目厂房桩基施工中；宁波艾蓝生物降解改性材料及制品项目厂房桩基施工中；宁波文墨时尚服饰项目厂房桩基施工中；宁波力华港机生产项目取消。

【象山县公安局首家警企服务分中心在象山经济开发区管委会挂牌成立】 1月10日，象山县公安局首家警企服务分中心在象山经济开发区管委会挂牌成立。该中心设立在象山经济开发区企业服务中心，深度融合各部门优势，整合服务事项、采用公安专员驻守办公、“线上”服务窗口答疑的方式、做到“一站受理、内部流转、统一反馈”，护航企业健康发展。

【年产10万套液压装备及配件项目签约】 1月29日，由宁波雷阳工业科技有限公司投资建设年产10万套液压装备及配件项目签约。该项目位于东海湾“专精特新”产业园，用地面积30733平方米，约3.07公顷。项目总投资2.4亿元，主要从事挖掘机属具、破碎锤系列产品和液压装备配件的研发生产。项目达产后可实现年销售3亿元，实缴税收 1400 万元。

【凸轮转子泵生产项目签约】 2 月 1 日，由浙江华佑机械科技有限公司投资建设的凸轮转子泵生产项目签约。该项目位于城东工业园区块，用地面积 18467 平方米，约 1.85 公顷。项目总投资 1.2 亿元，主要从事光伏组件用铝边框、支架以及光伏铝型材等新能源配套产品的生产。项目达产后可实现年销售 1.5 亿元，实缴税收 1000 万元。

【年产 10 万套工程机械及配套项目签约】 8 月 1 日，由宁波乾豪新材料科技有限公司投资的年产 10 万套工程机械及配套项目签约。该项目位于东海湾“专精特新”产业园区块，用地面积 4 万平方米，约 4 公顷。项目总投资 2.5 亿元，主要从事新能源叉车车身、汽车底盘配件、叉车零部件的研发生产。项目达产后可实现年销售 5 亿元，实缴税收 3000 万元。

【年产 20 万件汽车零部件项目签约】 8 月 23 日，由宁波首承新能源科技有限公司投资建设年产 20 万件汽车零部件项目签约。该项目位于东海湾“专精特新”产业园，用地面积 28266.7 平方米，约 2.83 公顷。项目总投资 1.8 亿元，主要从事汽车伺服辊压机专用设备、汽车通用零部件的研发生产。项目达产后可实现年销售 2.5 亿元，实缴税收 2000 万元。

【城东工业园文创综合广场开工建设】 8 月 18 日，象山经济开发区城东工业园文创广场开工建设，该项目位于城东工业园珠海路与映玉路交叉口西南角，总投资约 2.8 亿元，总用地面积 30.22 亩，总建筑面积 45197.47 平方米，其中地上建筑面积 32747.69 平方米，地下建筑面积 12449.78 平方米。该项目主要建设 2 幢商业用房、3 幢租赁性住房、地下车库、门卫以及附属配套。商业用房集中设置在场地西南侧，设置社区医院、电影院、餐饮服务等功能；租赁性住房共设置 336 套住房，其中 60 平方米户型 288 套、80 平方米户型 48 套。该项目建成后利于提升投资营商环境，完善商业配套设施，为园区企业职工提供全新的生活方式，满足更高生活品质的追求。

【宁波日星大型风电装备制造及配套项目开工建设】 9 月 22 日，宁波日星大型风电装备制造及配套项目开工建设，该项目位于临港装备工业园，总投资 20 亿元，用地面积约 30 万平方米，总建筑面积 33 万平方米，主要从事风机精加工和组总装，首期建设厂房和配套设施，全部达产后预计可实现年销售 20 亿元，税收 1 亿元。

【城东工业园金海湾(暂名)人才公寓开工建设】 11 月 22 日，象山经济开发区城东工业园金海湾(暂名)人才公寓开工建设，该项目位于城东工业园岭池路与珠海路交叉口，总投资 2.5 亿元，总用地面积 14060 平方米，总建筑面积 37094.85 平方米，主要建设新建公寓、商业用房、配套用房、地下车库以及景观绿化、道路广场等工程，其中租赁性住房共 406 套。该项目建成后，有利于完善园区后勤生活服务功能，缓解园区职工群体住宿问题，推进县域住房租赁市场发展。

【党史学习教育】 按照中央和省市县委统一安排，开发区牢牢把握习近平新时代中国特色社会主义思想，深入学习习近平总书记关于党史学习教育重要指示精神，立足开发区发展实际，紧扣全面实施“红色根脉强基工程”，聚焦党组织实质性作用发挥，探索创建党建特色亮点，深化“一支部一品牌”，围绕中心大局，激活园区发展内生动力，发挥党建政治引领和服务保障功能，为全力推进开发区高质量持续发展提供坚强政治保障。通过理论学习中心组学习、周二夜学、支部自学领读、专题党日活动、青年读书会等载体，围绕必读书目和党的政治理论组织开展常态化学习共 63 次。创新开设青年论坛、专家讲座、点题交流会等专题，讲授“浅谈世界政治新形势”“日常生活的法律适用”“压力管理和心理疏导课”“学习领会党的二十大新党章”等主题特色党课；落实机关党员干部结对帮扶困难群众制度，春节期间和“七一”建党节走访慰问乌屿山村、瀛海社区等 5 个村(社区)42 户困难户，赠送慰问金共计 32000 元。同时积极发挥党员志愿专家顾问团作用，开展慰问活动、认领微心愿、青年职工联谊会等一系列活动，帮助企业、群众解决问题 100 余项。

【各级领导到象山经济开发区调研】 1 月 8 日，新任县领导包朝阳、高岷、江建业、王道、陈善杰、潘多、胡颖磊、卢小兵、金李东、陆玉珍到象山经济开发区调研。1 月 21 日，宁波高新区管委会主任黄利琴到象山经济开发区调研，先后赴宁波日星铸业、昌晖汽车零部件及仁义涂进行实地考察。7 月 21 日，宁波市副市长李关定带队到象山经济开发区开展挂联协调服务，并组织召开座谈会。9 月 28 日，浙江省发展改革委党组成员、副主任吴红梅带队到象山经济开发区开展助企服务活动。10 月 21 日，县委书记包朝阳率一行人到象山经济开发区调研经济运行和重点项目。11 月 15 日，省经信厅副厅长叶健松携一行人到象山经济开发区调研工业经济发展情况及 2023 年工作思路，开发区园区转型升级、重点企业、重点投资项目等相关情况。

(象山经济开发区管委会 魏雨婷)

宁波象保合作区

【概况】 2022 年，宁波象保合作区实现财政收入 27.7 亿元，同比增长 92.5%，占全县的 27.7%，其中税收收入 27.29 亿元，增值税占比达到 59%。全年引进市场主体 1659 家，累计达到 6000 家，其中纳税 1000 万元以上企业达到 47 家。全年完成固定资产投资 8 亿元，累计达到 72 亿元。规上(限上)批发零售业、重点服务业企业达到了 145 家、49 家，分别占全县的 43%、31.6%；全年实现批发零售销售额 395.33 亿元，其他营利性服业综合营收 24.6 亿元。

【区县合作平稳过渡】 全省园区整合提升启动后，宁波保税区并入宁波经济技术开发区，象保合作区作为保税区与象山县共建园区，整体纳入宁波经开区管理。2022年6月9日，宁波经开区和象山县召开专题会议，正式签署《共同推进象保合作区高质量发展合作备忘录》，合作区管理体制大体保持稳定，区县合作能级进一步提升，原属保税区的行政审批职能移交至象山进行属地化管理，目前市场监管职能已顺利移交给象山县，环保职能已完成对接，其他各审批职能也全面对接理顺。

【实体项目招商】 2022年共引进工业项目6家，其中拿地企业2家，总投资额达3.5亿元，共计出让土地82.5亩；生产力中心新入驻项目3家，租用标准厂房1.31万平方米；空天产业项目1家，北京四象爱数科技有限公司项目，计划于旦门建设布局遥感卫星测控数传地面站和数据处理中心。可司曼机械、双马生物等2家项目已达成合作意见，准备完成签约。另有三一光伏、恩井汽车等10家工业项目、3家空天产业项目在谈。

【税源项目招商】 2022年共引进企业1659家，税收收入27.29亿元；年纳税1000万元以上的企业达到47家，同比增收8.3亿元；园区增值税达到16.2亿元，占比59%，税收结构也进一步优化。

【双创项目招商】 2022年双创项目招商正式启动。11月底，颐高双创项目签署补充协议，人员与硬件落实到位，正式开始双创项目招商。此外，还有影视城剧组落户双创中心，赛创未来、航天科创等双创项目拟签约。

【项目建设】 2022年全区固定资产投资8亿元，其中工业项目投资3.2亿元，政府及国有企业城建投资3.1亿元，旦门盐场平基工程1.7亿元，历年累计完成固定资产投资达72亿元。全年开工工业项目10个，总投资30亿元；用地工业项目中，方德汽车项目、海伦钢琴项目一期、致上3家企业已经上规，欣昱豪机械项目已投产，卓鑫汽配项目基本完成建设。幼儿园项目完成竣工验收，公交场站完成招标，双创中心亮化工程完成招投标。双创中心一期装修项目基本完工，智汇佳苑装修项目近期整体完工，生产力中心中式餐厅装修完成。此外，旦门盐场区块平基工程进展良好，共完成山体开采570万立方米。

【企业服务】 企业建设生产石料供应保持稳定，水电气配套均已完成。12月，生产力中心中式餐厅试营业；南湾新天地商业地块租赁合作项目基本完成实施方案，逐步推进商业出租；双创中心人员进一步聚集，已有3家企业开业，10余家企业处于装修阶段。疫情防控期间，面向园区企业全面开展送政策、送服务、送温暖活动，全年及时兑付各项政策补助款达6.6亿元，助力企业共克时艰、健康发展。

【安全生产管理】 2022年，象保合作区结合实际拟定了安全生产和消防1+X监管组织责任体系，建立1个安委会+多个安全监管组织机构的责任体系，明确责任人和责任范围清单。全年对园区内17家企业开展安全培训会议2次，进行检查47轮次，共计查出书面待整改问题296项，整改率达100%。

（宁波象保合作区）

商　贸

综　述

消费市场平稳恢复。2022 年全年社会消费品零售总额 244.9 亿元，比上年增长 5.3%，增幅与全市持平，居各县市区第 4 位。限额以上单位完成社会消费品零售总额 51.97 亿元，增长 12.5%，其中汽车类、石油制品类、粮油食品类、家电类、通信器材类零售额分别增长 9%、38.1%、27.5%、-0.7%、50.8%。全县餐饮业营业额增长 9.2%，住宿业营业额增长 9.6%。货物进出口增速回升。全年货物进出口总额 231.5 亿元，同比增长 18.1%，比全市高 11.8 个百分点，跃居各县市区首位。其中，出口 204.5 亿元，同比增长 15.1%，比全市高 7.1 个百分点，居各县市区第 3 位，进口 27.0 亿元，同比增长 46.3%。

（县商务局）

对外贸易

【概况】 对外贸易稳步恢复，2022 年货物进出口总额 231.5 亿元，同比增长 18.1%，分别高于全国、全市增速 10.4 个、11.8 个百分点。其中，出口 204.5 亿元，同比增长 15.1%，分别高于全国、全市增速 4.6 个、7.1 个百分点；进口 27.0 亿元，同比增长 46.3%，分别高于全国、全市增速 42、42.9 个百分点。实现“机电+高新技术”出口 105.3 亿元，同比增长 32.6%。

【组织企业参加第 131 届广交会】 4 月 15—24 日，象山组织 58 家企业参加第 131 届广交会线上展。在 4 月 8 日广交会“贸易之桥”全球供采对接系列活动——俄罗斯活动专场暨纺织服装产业对接活动上，象山纺织服装基地成功连线俄罗斯纺织与轻工业企业家联盟等组织。对接活动中，得通进出口公司、志汇服饰公司、华中建业国际贸易公司、甬南针织公司、一元国际贸易公司等 5 家企业在线上与俄罗斯莱息集团、Olita（Олита）公司、Orby（Орбита）公司、Ruxara 公司等贸易商和零售商代表进行了深入的沟通交流，并达成初步合作意向。

【口岸鲜活水产品进口贸易实现“零”的突破】 7 月 29 日，一批重 16 吨、货值 60.8 万美元的活体帝王蟹，搭乘“SUNRISE”轮，经过近一周的运输，顺利抵达石浦新港码头。这是宁波市首单帝王蟹进口业务，也实现了象山口岸鲜活水产品进口贸易“零”的突破。

【组织企业参加宁波市第二轮欧洲包机活动】 8 月 30 日至 9 月 21 日，组织 3 家企业报名参加宁波市第二轮欧洲包机活动，企业反映收获颇丰。活动期间，宁波福茂威讯进出口有限公司乘坐包机参加德国柏林消费电子展，展会上来访意向客户 94 家，其中有强烈合作意向的有 20 余家。

【组织企业参加第十九届中国—东盟博览会】 9 月 16 日至 19 日，组织县内 9 家企业参加第十九届中国—东盟博览会。会上，宁波盛昕能源有限公司与国内的 2 家企业初步达成年采购额 500 万~600 万元的意向。

【组织企业参加第 132 届广交会】 10 月 15 日至 24 日，组织 40 家企业参加第 132 届广交会线上展。10 月 19 日至 20 日，组织 5 家企业参加“贸易之桥”全球贸易推广纺织服装巴西专场，其中宁波志汇服饰有限公司成功对接进入下步合作意向洽谈。

【组织企业参加宁波市“百团千企万人”拓市场首发团】 12 月 6 日，组织宁波康达电子有限公司负责人参加宁波市“百团千企万人”拓市场首发团。12 月 23 日，《人民日报》第 19 版刊发相关访谈内容。

对外经济合作

【概况】 2022 年，完成对外承包工程营业额 3.325 亿美元，同比增长 4.7%；备案中方投资额为 1.748 亿美元，同比下降 48.5%，实际中方投资额 6532.46 万美元，同比增长 381.8%；与中东欧国家的进口额为 329 万元，同比下降 66.8%。

【首次开展定制式培训服务】 11 月 24 日，为更好地抓住企业的痛点和需求，在了解了企业“走出去”的实际培训需求后，县商务局为宁波乐惠国际工程装备股份有限公司“量身定制”地开展了一次“走出去”专题培训课。邀请的中石化宁波工程有限公司和阳光律所的两位专家完全根据企业的需求开展了“点单式”的专题培训，同时根据企业的实际情况，通过线上、线下相结合的方式为乐惠公司本部及海外公司的 50 多名管理人员开展了有针对性的授课，课后中石化、阳光律所、中信保、盈科律所等专家还在现场解答了企业提出的“走出去”过程中的多个实际问题。

国内贸易

【概况】 2022年，全年社会消费品零售总额244.9亿元，比上年增长5.3%，增幅与全市持平，居各县市区第4位。其中商品销售总额同比增长25.3%，高于全市增长13.4个百分点，增速居全市第二；批发业销售额同比增长28.3%，高于全市增长16.2个百分点，增速居全市第三；零售业销售额同比增长12.4%，高于全市增速，3个百分点，增速居全市第二；餐饮业营业额同比增长9.2%，高于全市增1.2个百分点，增速居全市第三。

【发放消费券】 2022年全县共发放消费券3050万元，共核销2814.06万元，直接拉动消费4.5亿元，拉动比1∶17。

【开展滨海都市新消费场景营造改革】 2022年以来，围绕滨海都市新消费五大场景35项重点项目和3项运行推广重点工作，制定营造改革实施方案，明确各项目改革内容、工作进度和完成时间节点。成立滨海都市新消费场景营造改革专班，建立协调沟通机制，积极与各单位协同推进改革工作，进行月度、季度、半年度总结，联合县委县政府督查室进行实地督查，对项目进度落后的单位分析制约原因、研究对策措施，确保项目建设成效。同时，对各项目加强统筹梳理，根据项目改革内容和进度讨论商定调整项目和新增项目可行性，及时调整滞后项目6个，新增项目5个，通过项目调整优化，把每个项目做细做实，真正挖掘、打造一批具有象山特色的新消费场景项目。截至2022年底，已成功打造一批滨海露营营地，亲子游、精致露营成为宁波及市外游客到象山热门选择，引爆2022年“五一”国际劳动节、国庆档，精准获客和有效导流能力不断提升。策划发布“周末嗨象山”品牌及相关产品12个，探索实现吃、住、游等新消费场景的互动互联，充分展示万象山海魅力风情，得到省级主流媒体的宣传报道，《“象山30°最美海岸线”点亮滨海消费新场景》入选省文化和旅游厅“促进文化和旅游消费创新案例”。夜间经济、海洋活动等新业态精彩纷呈，形成一批网红打卡点，其中“大宋奇妙夜”荣获宁波市十大夜市经济品牌活动。

【2021年度夜间经济活动评选结果出炉】 4月27日，象山县商务局发文公布了2021年度夜间经济活动评选结果。浙江广电象山影视（基地）有限公司（2021海影夜派对）、波象山万达广场商业管理有限公司（东海夜赏万味）、浪太平洋商业管理（象山）有限公司（食光夜市美食节）、波梓尤商业管理有限公司（流萤于巷汉风游园集市）、波石浦半岛酒店有限公司（“半岛申菱广场巅峰之夜”第三届电竞大赛）、波华翔奔腾置业有限公司（2021年象山涌金广场·夜光创业市集）入选2021年度夜间经济品牌活动。象山石浦渔港古城旅游发展有限公司（石浦渔港古城景区）、宁波象山万达广场商业管理有限公司（宁波象山万达广场）、博浪太平洋商业管理（象山）有限公司（象山恒太城）入选2021年度县级夜间消费集聚区。

【大目湾乐惠啤酒广场“鲜啤30公里”体验区正式投入运营】 8月28日，大目湾乐惠啤酒广场“鲜啤30公里”体验区正式投入运营，为象山滨海都市消费再添时尚新场景。大目湾乐惠啤酒广场是全市首个以啤酒文化为主的体验式商业综合广场，集工业旅游、啤酒文化、演艺娱乐、酒吧餐饮、商务洽谈等功能于一体，涵盖了精酿体验区、酒品品鉴吧、公寓式酒店等建设内容。其中精酿体验区设有玻璃瓶、易拉罐、马口铁、PET桶等完整的酿酒技术工艺和生产包装流水线，可年产1万吨精酿啤酒。

【举办第二十届海鲜美食节】 9月20日上午，第二十届宁波象山海鲜美食节在黄金海岸雷迪森酒店启幕。本届海鲜美食节以“奔赴山海　象往新鲜”为主题，开幕式上为象山首批6家海鲜面示范店（聚鲜记面馆、第二碗面南门夜市店、光头黄鱼面馆、鹤浦海鲜面馆、延昌浇头面馆、鹤浦老虎面馆）授牌。开幕式后还举办了“寻鲜象山　享味头渔”品鉴会，并通过品鉴会发布了2022年象山海鲜创新菜。

【开展“我和象山海鲜面”短视频大赛】 10月15日至11月11日，开展“我和象山海鲜面”短视频大赛，数百位视频爱好者积极参与征集活动。经专业初审、部门和专业人员联合复审等环节，最终评选出一等奖1名，二等奖2名，三等奖3名，最佳创意奖1名，最佳人气奖1名，优秀参与奖2名[一等奖：《象山记忆》童佳宏；二等奖：《象山海鲜面》周莹；《人间至味海鲜面》张梦倩、吴洲一；三等奖：《一碗海鲜面》尹捷；《乡愁有时只是一碗面》励佳男；《寻味》张伟浩；最佳创意奖：《狭义的海鲜面》郑丹龙；最佳人气奖：《我和象山海鲜面》uppop（洪梦浦）；优秀参与奖：《我和象山海鲜面》周叶熹；《我和象山海鲜面》陈春雷]。

【象山海鲜面亮相宁波美食节】 12月16日，6家象山海鲜面示范店（聚鲜记面馆、第二碗面馆、鹤浦海鲜面馆、石浦延昌浇头面馆、老虎面馆、光头黄鱼面馆）亮相2022宁波美食节暨凉山烧烤集市，引来宁波市民争相品尝。

电子商务

【概况】 2022年，全县实现网络零售额16.5亿元，同比下降20.4%，完成跨境电商出口额42.7亿元，同比增长26%。新增跨境电商试点企业15家，实现跨境电商海关特殊监管模式（9610/9710/9810）出口0.18亿元，同比增长125%。

【举办青年与海·象山系列特色产品推广季|直播大赛】 2022年4月至7月期间，为迎接亚运，助力象山本土商

品推广，带动优势产品走向全国，拓宽产品线上销售新渠道，象山县商务局组织举办了青年与海·象山系列特色产品推广季直播大赛（第一季）。通过大赛深入挖掘和培育本地直播达人，助推传统商家数字化转型，大力宣传推广风土人情、特色产品和文旅产品，不断提升象山本地产品市场竞争力和品牌影响力，培育象山经济新业态、新模式和新亮点。

【开展“我为亚运献道菜”象山美食烹饪短视频·直播季（春）活动】 为助力象山美食与亚运村菜谱相融合，营造滨海都市新消费场景，持续推进百县千碗工程，继续深度挖掘象山美食背后的文化内涵，讲好象山美食故事，打造象山的网红菜品，打响象山美食品牌，县商务局于4月正式启动“我为亚运献道菜”象山美食烹饪短视频·直播季（春），向全国人民展示象山独特的饮食文化。此次活动将遍寻全县地道美食、珍馔佳馐，打造真正健康、美味、有故事的独具海洋特点饮食文化，通过开展形式多样、精彩纷呈的短视频录制和直播活动，同时上传到“印象象山”抖音短视频平台，在互联网进行传播推广，让每一位“向往象山，象往新鲜”的朋友们，体验象山30°最美海岸线的独特魅力。

【象山县电子商务创业园入选2022—2024年度省级跨境电子商务产业园】 9月13日，省商务厅组织认定了39个2022—2024年度省级跨境电子商务产业园，其中象山县电子商务创业园成功入选。

市场保供

【概况】 2022年度申报市商务局淡季青菜市级保障面积660亩，县级生猪活体储备6000头，经营性耐储藏蔬菜150吨。基本落实120吨冷冻猪肉的储备任务，储备期为1年，并根据需要投放市场。全年蔬菜、猪肉、水产、禽蛋等菜篮子商品货源品种丰富、数量充足，可随时根据需求投放市场，大部分生活必需品价格运行平稳，市场秩序良好。

2022年度市、县两级菜篮子商品供应基地一览表

表12

序号	基地名称	类别	备注
1	象山红达莲藕专业合作社	蔬菜	*
2	象山恒富贸易有限公司		
3	浙江香成农业科技发展有限公司		*○
4	宁波斑斓农业发展有限公司		*○
5	象山彪欣农业发展有限公司		○
6	象山佘氏家庭农场		○
7	象山佳鑫家庭农场		○
8	象山定塘金燕果蔬专业合作社		○
9	象山朦朦家庭农场		○
10	象山定塘久英果蔬专业合作社		○
11	象山高塘立松家庭农场		○
12	象山悦月家庭农场		○
13	象山县黄避岙治豪家庭农场		○
14	宁波兰铮农业科技有限公司		○
15	象山郑雪家庭农场		○
16	象山县石浦白璐清家庭农场		○
17	象山扒皮家庭农场		○
18	象山县大徐镇燕国食用菌养殖场		○
19	宁波发照农业发展有限公司		○
20	象山永九家庭农场		○
21	象山县英姿果蔬专业合作社		○

续表12

序号	基地名称	类别	备注
22	象山索兰家庭农场	蔬菜	○
23	象山喜农果蔬专业合作社		*
24	象山仁根马铃薯专业合作社		*
25	象山奋发果蔬专业合作社		
26	象山高塘义平家庭农场		
27	象山亿禾农业科技有限公司		
28	象山西周友爱家庭农场		
29	象山县小渔岛畜禽养殖专业合作社	牛	—
30	象山于榜家庭农场	水产	○
31	象山宁港水产养殖有限公司		○
32	象山立虎家庭农场		○
33	象山蒙恩家庭农场		○
34	象山赢利家庭农场		
35	象山晨起家庭农场		
36	象山富兴家庭农场有限公司		
37	象山县大徐富宏水产养殖场		
38	象山石浦亿亨活鲜水产有限公司		*
39	象山群兴生猪养殖专业合作社	生猪	*
40	象山县高塘岛乡同心畜牧养殖专业合作社		*
41	象山江丰农牧科技发展有限公司		
42	象山鹤浦吉三山鸡养殖场	家禽、禽蛋	*
43	象山新桥海荣畜禽养殖专业合作社		○
44	象山茅洋晓红家庭农场		○
45	象山源宝家庭农场		○
46	象山友顺家庭农场		
47	象山利群特色海味制品厂		
48	象山西周阿伦鹅场		
49	宁波怡涵畜牧养殖有限公司		
50	象山石浦兴旺豆制品有限公司	豆制品	—

说明：备注栏中“*”的为市级菜篮子商品供应基地；“○”的为2022年新增县级菜篮子基地；其余为县级菜篮子商品供应老基地

【保障台风登陆期间生活物资供应】 “轩岚诺”和“梅花”期间，通过积极加强货源组织调运和储备，强化市场运行监测，确保成品粮总库存为1000吨以上，可供天数70天，食用油为200吨以上（超市），可供天数15天。可收获蔬菜面积4710亩以上，收获产量4313吨以上，当日可收获量84吨以上，当日供应量64吨以上。确保市场经营性蔬菜日均最大供应400吨以上，日均消耗量200吨。耐储藏蔬菜储备140吨，可供天数2.73天以上。活体生猪存栏11.6万头以上，储备冻猪肉120吨，生猪活体储备6000头，同泰畜禽屠宰中心日屠宰量为2000头，日均消耗量400头，可供天数11天以上。全面保障市民的日常生活需求。

供销服务

【供销专干招聘上岗】 为有效培育基层为农服务新生力量，推动基层供销社和乡镇（街道）农合联持续融合发展，根据市供销社（市农合联执委会）的工作要求，2022年招聘5名供销专干，经过业务培训和调研实践，10月底到定塘镇、西周镇、贤庠镇、晓塘乡、石浦镇5个乡镇上岗，任职基层农合联执委会副主任。

2022年象山县供销社一览表

表13

序号	层　级	名　　称
1	县级供销社	象山县供销合作社联合社
2	基层供销社	象山县城南供销合作社
3	基层供销社	象山县丹东锦绣供销合作社
4	基层供销社	象山县门前涂供销合作社
5	基层供销社	象山县荔港供销合作社
6	基层供销社	象山县西周儒芭供销合作社
7	基层供销社	象山县鹤浦供销合作社
8	基层供销社	象山县贤庠桔博供销合作社
9	基层供销社	象山县定塘供销合作社
10	基层供销社	象山县新宏供销合作社
11	基层供销社	象山县丹南供销合作社
12	基层供销社	象山县东陈供销合作社
13	基层供销社	象山晓塘甬合供销合作社
14	基层供销社	象山茅洋供销合作社
15	基层供销社	象山县高塘岛供销合作社

【枇杷产业农合联和大黄鱼产业联盟组建】 按照“一业一联”要求，2022年象山县新组建枇杷产业农合联和大黄鱼产业联盟，通过强化合作、相互扶持、资源共享等，为果农、渔民提供产前、产中、产后全产业链服务，促推象山县枇杷和大黄鱼两大主导产业实现高质量发展。

【农村普惠金融】 县供销联社继续与县信用联社深化合作，加大对农业的金融贷款扶持力度，合作社会员信用评定率达100%，授信率达90%以上，通过网络途径，审核和放款更加便利。2022年，共为合作社会员提供100万元以下免担保信贷资金总额达7000多万元。同时继续加强与中行象山支行、富登村镇银行等金融机构加强信贷合作，为粮农、橘农等提供个性化金融产品。

【举办农（渔）产品网络营销活动】 2022年全年共举办农（渔）产品网络营销活动5场。5月中下旬，联合新桥镇政府举办第十六届象山（新桥）枇杷文化节暨第二届村游节；6月中旬，联合泗洲头镇政府举办“乡聚蟹钳港，梅好泗洲头”第六届象山（泗洲头）杨梅节暨旅游产品推介会；9月16日，承办“万象山海·渔开天下”第二十五届中国（象山）开渔节网络整合营销活动；11月16日，承办“万象山海，橘香人间”第六届柑橘文化节网络营销活动。

【名优茶参评获奖】 推选象山名优茶参加省市茶叶质量评比，其中墙头镇沈记家庭农场选送的红茶获“浙茶杯”银奖、绿茶获“甬茶杯”银奖，象山茅洋南充茶场选送的红茶分别获“甬茶杯”金奖、“浙茶杯”优胜奖，宁波半岛仙茗选送的绿茶获“甬茶杯”金奖，象山墙头镇舫前林场、黄避岙乡精制茶厂选送的红茶获“甬茶杯”银奖。

【山海协作消费帮扶】 利用营销渠道和互联网平台等做好产销对接，邀请遂昌县供销社到象山考察交流，探讨研究两地消费帮扶合作，签订山海协作战略协议，促进消费协作；加大“象山半岛味道”“象山馆”线上线下推广力度，在象山名特优产品展销体验中心设置遂昌产品专柜，举办线下品鉴会，推广“丽水山耕”“遂昌味道”等区域公用品牌，完成遂昌产品年度840万元的销售任务。

【农资保供】 发挥农资保供主渠道作用，有序组织化肥、农药等生产资料采购、调运和储备，年初筹资1500万元，购入化肥3000吨、农药100吨、农膜10吨，及早备好备足水稻配方肥，及时做好后续货源补充，维持价格稳定。2022年共为全县农户提供化肥、农药等农资5500多吨，为象山县农业生产及粮食安全提供了有力保障。

【农作物统防统治】 坚持“预防为主、综合防治”的植保方针，以农药减量控害为抓手，以绿色防控和统防统治为重点，切实抓好统防统治的服务工作，2022年落实专业化统防统治服务农作物种植面积超过25000亩。

【肥药两制】 按照省政府深化“肥药两制”改革决策部署，进一步推进实施农药购买实名制、化肥使用定额制，创建50家“肥药两制”示范店，占总数的67%。

【配方肥推广】 推广绿色农资和高效低毒的农药产品，减少不当施肥和农业面源污染，促进生态循环农业发展。2022年，粮食和经济作物使用配方肥分别为1900吨和1300吨，分别占比100%和60%以上。

【农技服务】 开展绿色农资下乡活动，组织参与或举办水稻提质增产应用技术、名茶系列制作技术、红美人柑橘种植技术等培训。短信微信网络等途径适时发布农资使用技术等信息，提高农户用肥用药水平和效益，帮助水稻稳产增收。

【废弃农药包装物回收处置】 认真落实农药包装废弃物归集、处置工作，2022年出车60余次，从18个乡镇种植农户、乡镇集中回收点、全县各农资网点回收并处置农药包装废弃物61.56吨。

【大地托管服务】 按照农户“加入自愿、退出自由、服务自选”原则，继续为泗洲头镇马铃薯种植销售提供农机农资、耕地播种、配方施肥、病虫害等防治等全程托管服务。引进国内马铃薯专家团队，引入脱毒种试种，试点总面积200亩，涉及农户56户。为农民提供订单种植，帮助改良土壤环境、节约种地成本，马铃薯产量交托管前大幅提升。同时，实现大地托管服务向梨子和粮食种植领域延伸。

【工业固废收运处置】 2022年累计签约企业800余家，签约率超90%，回收处置一般工业固废14101.42吨，完成石浦、西周两个中转站建设，每年可增加处置工业固废4100吨以上；生产RDF燃料棒12000吨，销售10185吨。

【生活垃圾分类回收】 优化网点布局、落实体系建设，改装完成原联运公司智能回收箱35个，全县总布置数达186台，分布于10个镇乡（街道）；到20多所学校、100多个小区开展智能回收箱现场使用教学，加大推广宣传，取得明显效果，2022年智能回收箱共回收可回收物410吨，较上年同期增加10%左右。

【非标电动自行车回收淘汰】 2022年，依托象山供销再生资源科技有限公司（也称“搭把手”公司），累计回收非标电动自行车28800辆，占全县总量的67%。

【冯冠胜到象山调研】 7月11日下午，浙江省供销社副主任冯冠胜一行到象山调研。冯冠胜一行实地察看鹤岛梨园大地托管生产服务和晓塘乡农合联现代农业服务中心规范化运行情况后，专题听取了象山县供销社基层组织建设工作汇报。

【特色海鲜线上直播拍卖】 在第二十五届中国（象山）开渔节活动中，采用新型海鲜交易场景和商业模式，联合阿里巴巴数字乡村、宁波移动、宁波银行等平台线上同步开展“天猫抓鱼”事件营销和“东海第一网”溯源直播带货，面向全国网民和观众对象山特色海鲜产品进行直播拍卖，海鲜产品溢价高达165%。

【象山数字渔港系统应用】 协同应用象山数字渔港系统与阿里智慧渔港系统，逐步转变传统线下海鲜批发交易模式，缩短供应链流程，将海鲜交易的数据留在存线上，形成更加规范化、数字化、可视化的海鲜交易市场体系，为象山渔民拓宽海鲜销售渠道，实现增收致富。

【社属企业安全监管】 开展元旦、春节、“五一”、国庆等重大节日期间系统安全生产专项大检查，共组织检查5次，及时发现和整改存在的安全隐患，并与社属企业及经营户签订《安全生产目标管理责任书》。5月18日，在南堡仓库组织开展消防安全应急演练，聘请专业人员现场讲解消防安全知识、灭火器和消防栓及水枪的使用方法，演练初始火灾补灭、危险情况下逃生等内容，进一步提高安全生产和消防工作水平，象山县供销联社机关及企业干部职工共计50余人参加。

【烟花爆竹销毁】 10月27日，象山县供销联社联合公安、应急管理等部门，对烟花爆竹联合执法中缴获的非法、破损、过期的烟花爆竹（共计207箱，价值5.17万元），在贤庠大石村空海边空旷地段实施集中销毁，确保烟花爆竹行业安全规范合法，保障人民群众生命安全。

（县供销联社）

烟草专卖

【概况】 2022年是全省系统“135”战略“生态培基年”，象山烟草积极融入省、市数字化转型、高质量发展大局，实现党的建设全面提升、市场状态稳中向好、市场监管提质增效、双基建设加速推进、综合治理持续深化、队伍生态不断优化。

【党的建设】 抓好政治理论学习，召开中心组理论学习会8次，开展专题读书班6次，“周二”夜学30期，下基层集中宣讲2次，领导班子、中基层负责人学习交流35人次，党员“三会一课”、主题党日学习交流180人次。用好红色根脉强基系统、党务公开模块、党建重要事项报告审批引擎等数字化载体，参与全市党建标准化事项管理流程，打造换届选举、中心组学习等数字化应用场景。与海警、海防、银行等单位开展党建联建，落实“沿海反走私协作机制”“提升营销应知应会测试达标率”2个书记项目，全面推行“书记账本”落地。强化全面从严治党责任机制落实，有效应用数字监督系统。

【终端建设】 累计建成加盟终端75家，占比1.6%，现代终端1115家，占比23.5%，形成“直营终端、合作终端、加盟终端、现代终端、普通终端”五层八类终端体系架构。积极响应象山文明典范城市创建活动需求，加强同政府相关部门沟通协调，开展文明吸烟环境建设，全年建成吸烟亭6个、吸烟点606个。在电子签收、服务评价、订单追溯、生态协同等方面开展数字化应用，物流保障不断加强。用好“香溢坊”送货服务评价功能，不断提高服务满意度。运用5G车载监控、驾驶行为分析和电子定位签收，构建终端配送智能监管新模式。

【市场监管】 查获各类违法案件205起，其中案值5万元以上案件25起；查获违法卷烟38507条，同比增长158%，其中国产真烟38089条，同比增长165%。破获“1·30”国标网络案1起，查获涉案假私卷烟2500余条，查明涉案金额500余万元，4名主犯被判刑。元春期间查获案件39起，其中案值10万元以上案件9起，查获违法卷烟14000余条，取得历史性战果。重拳出击打大户，共查获违法违规大户案件40起，其中停业整顿3户、取缔4户。参与县政府主导、公安部门牵头的反走私平台，落实联合巡查巡防机制，参与反走私巡查活动8次，联合开展执法行动2次，查获走私冻品2车，查获码头无证运输案1起，无证运输卷烟2850条。以微信视频、普法入户等多种形式为载体，定期通报走私烟案例，加大对卷烟走私、非法经营曝光力度，提升零售客户守法经营意识与群众的反走私意识。按照区域市场特性与零售客户经营差异划分四大片区网格，广泛收集反馈卷烟走私、异流动态。及时研判潮汐、渔港、码头信息，网格化落实监管责任。有序做好电子烟准入工作，做好11户电子烟零售主体的常态化监管。

【综合治理】 积极为甬烟发展贡献象烟力量。“定点供应商询比平台”“一县一品”项目在全市推广应用；申报的全市虚拟集采中心项目被采纳应用。探索“构建资产精益管理可视化指导系统”项目，获得全市宣讲二十大“青年创”数据大赛二等奖、全市创新项目二等奖；QC项目“资产处置与购置指导新模式的创建”获得全市三等奖，目前房产、车辆、设备等资产数据看板在资产管理实践中进行了广泛有效应用。严格落实省市资产处置指导意见，处置电子设备34台、辅助设备10台、中期房产出租调整4处。严格落实推进新一轮个体工商户、小微企业房租减免，减免租户9户，减免金额16.8万元，持续盘活闲置资产，进一步优化资产存量，提高国有资产效益。

【队伍建设】 完成中基层干部调整交流6人次，选拔想干事、会干事干部2人次。通过开展“看场老电影”谈职场体会、“有目标的人生闪闪发光”读书分享会、“宣贯二十大、齐分享共成长”青年茶话会等活动，激励青年员工干事创业的热情和活力。微视频“海鸭蛋的自述”荣获全省一等奖，被省局推荐选用到行业的金叶大屏；“让时代记住我的模样”荣获全市“喜迎二十大、奋进新征程”演讲比赛一等奖。一线员工主动探索“便携式标价签打印机在终端维护中的应用”项目获得2022年度宁波优秀微创新成果二等奖。两名客户经理协助编写全省指导手册。

（象山烟草　张旦颖）

招商引资

【概况】 2022年全县招商整体形势稳中有进，各项指标跻身全市中游，项目攻坚有序有效推进，一批较大较强及专精特新项目相继落地。全年完成实际利用外资1.425亿美元（全年目标任务1.4亿美元）的101.8%，同比增长8.1，总量居全省第29位，增长率居全市第2位；市外内资完成128.2亿元，完成全年目标任务（113亿元）的113.5%；

浙商回归资金完成93.4亿元，完成全年目标（75亿元）的124.5%。获2022年度宁波市招商引资外资工作第三等次（第四名）、内资工作第三等次（第五名）、支持浙商创业创新工作第二等次（第四名）。

【项目招引量质双提】 紧紧围绕“招大引强”，抢抓亚运机遇、紧盯前沿产业、创新招商体系、强化服务保障，一盘棋谋划、大团队作战，清单化推进、闭环式管理，招引重点项目，推动招商引资“做大做强”。2022年全县共签约项目93个（制造业项目77个），总投资250.86亿元。其中亿元以上重大项目46个，10亿元以上项目10个；新动建项目78个，其中亿元以上项目41个，当年签约当年动建项目21个。

【招商项目落地转化攻坚硬仗】 2022年，象山县针对2017—2021年招引未动建、动建未投产的“滞后”项目开展集中攻坚，加速存量项目落地转化。全年目标转化项目78个以上，实际实现转化项目87个，其中动建52个、投产29个、变更投资主体或模式6个。

【“七评一看”】 坚持科学精准招商，严格执行《象山县招商引资项目准入预评审管理办法》，从项目产业联动性、工艺技术先进性、空间规划相符性、相关诉求合理性、要素保障可能性等维度严格把关项目准入，秉持“好中选优”原则，结合会议评审与现场踏看对在谈项目“好中选优”，依次落实项目选址，促进优质项目尽快签约落地。2022全年结合现场踏看与联合会商累计评审招商项目76个，通过评审项目65个，45个项目同意安排选址。

【全县重大项目集中开工仪式举行】 2022年3月10日上午，象山县举行重大项目集中开工仪式，象山县委书记包朝阳讲话并宣布项目开工，县委副书记、县长李晓东主持开工仪式，罗来兴、俞骏、应建勇等县四套班子领导出席。此次开工项目共30个，总投资147.02亿元，年度计划投资48.5亿元。

【“才能兼备、余生有幸”8条海洋经济目标产业链发布】 2022年9月24日，第十六届中国海洋论坛暨首届“万物开源”海洋双创大会召开，象山县发布今后海洋经济发展的主要方向：“才能兼备、余生有幸”八条目标产业链。“材”就是海洋新材料，“能”就是海洋新能源，“建”就是高技术船舶建造和海洋交通运输产业，“备”就是海洋工程装备；“渔”就是现代渔业，“生”就是海洋生物食品加工与制药，“游”就是海洋旅游，“信”就是海洋信息。8个相对应海洋产业项目在会上签约，投资总额95.6亿元。

【丰树（象山）物联生活创新中心项目签约】 2022年2月8日，丰树（象山）物联生活创新中心项目签约落户象山。该项目由丰树集团建设，总投资1亿美元，落户于象山县物流园区，计划用地200亩，主要打造约10万平方米的冷链物流园，集仓储、半成品食品加工、中央厨房、冷链物流配送、第三方物流产业配套及仓储于一体的物联生活创新中心。项目计划于2023年初开工，2024年10月投产，建成后预计可实现年销售2亿元，年税收1600万元。

【宁波象山港红狮海工水泥生产项目签约】 2022年2月，宁波象山港红狮海工水泥生产项目签约落户象山。该项目由红狮控股集团有限公司建设，总投资12亿元，落户于黄避岙乡，计划用地80亩，主要从事海工水泥生产。项目计划于2022年8月开工，2023年底投产，建成后预计可实现年销售15亿元，年税收7500万元。

【易锻智能装备产业园项目签约】 2022年2月，易锻智能装备产业园项目签约落户象山。该项目计划总投资10亿元，用地面积约220亩，项目落户于黄避岙乡，主要从事智能数控压力机研发和制造、电力电子元器生产、冲床床身设计、焊接和制造，计划于2023年3月开工建设，2024年底投产。项目达产后预计可实现年销售12亿元，年税收6000万元。

【沃衍太阳能背板膜项目签约】 2022年5月，沃衍太阳能背板膜项目签约落户象山。该项目由宁波沃衍股权投资合伙企业、苏州三行智祺创业投资合伙企业、湖北小米长江产业基金合伙企业投资建设，总投资10亿元。项目落户于城南高新创业园，用地面积约100亩，项目新建12万平方米厂房，6条高端光学聚酯薄膜生产线，年产能18万吨高端MLCC离型膜、偏光片保护膜基膜、光学复合基膜、阻隔膜等高端功能性薄膜，主要应用于光学、光伏、电子、5G、医用材料等领域，计划于2023年6月开工建设，2025年底投产运营，预计可实现年销售30亿元，年税收4亿元。

【峰梅高端金属汽车配件生产项目签约】 2022年8月29日，峰梅高端金属汽车配件生产项目签约落户象山。该项目由宁波峰梅新能源汽车科技有限公司投资建设，总投资5亿元，落户于城东工业园，计划用地71亩，主要从事新能源高端金属汽车配件生产。项目计划于2023年5月开工，2025年5月投产，建成后预计年产值可达10亿元，年税收2800万元。

【锦浪组串式并网及储能逆变器新建项目签约】 2022年9月9日，锦浪组串式并网及储能逆变器新建项目签约落户象山。该项目由锦浪科技股份有限公司投资建设，总投资11.55亿元，落户于大目湾，计划用地276亩，主要从事组串式并网及储能逆变器的生产。项目计划于2023年底开工，2025年底投产，建成后预计年产值可达13.82亿元，年税收9115万元。

【太一复合新材料产业园项目签约】 2022年9月28日，太一复合新材料产业园项目签约落户象山。该项目由镇海石化工业贸易有限责任公司投资建设，总投资10.5亿元，落户于贤庠镇，计划用地100亩，主要从事重包装膜、冷拉伸膜套和改性塑料生产。项目计划于2023年9月开工，2025年9月投产，建成后预计年产值可达10亿元，年税收3500万元。

【华翔新能源汽车零部件扩产项目签约】 2022年12月25日，由宁波华翔电子股份有限公司投资建设的华翔新能源汽车零部件扩产项目签约落户西周镇。该项目总投资12亿元，主要从事汽车零配件生产，用地面积约300亩，项目计划于2023年4月开工，2025年底投产，达产后预计可实现年销售13亿元，年税收8500万元。

【事倍达电动叉车生产项目签约】 2022年12月，事倍达电动叉车生产项目签约落户象山。该项目由宁波事倍达物流设备有限公司投资建设，总投资5亿元，落户于仁义涂区块，计划用地100亩，主要从事电动叉车生产。项目计划于2023年5月开工，2024年底投产，建成后预计年产值可达8亿元，年税收4000万元。

【金沐阳光伏边框及支架项目动建】 2022年3月10日，金沐阳光伏边框及支架项目正式开工，该项目位于城东工业园，用地面积120亩，主要从事光伏组件用铝边框、支架以及光伏铝型材等新能源配套产品的生产。项目达产后预计年销售12亿元，年税收6000万元。

【中广核象山涂茨海上发电项目动建】 2022年3月24日，位于涂茨镇的中广核象山涂茨海上发电项目开工动建，该项目由中广核风电有限公司、华美控股集团有限公司投资66667万美元建设，用地23亩，租赁海域面积180公顷，拟建设总装机容量达300兆瓦的海上风力发电项目，建成后预计可实现年销售30亿元，年税收1亿元。

【腾华高精密节能型注塑机项目动建】 2022年5月26日，由宁波华美达机械制造有限公司投资15亿元建设的腾华高精密节能型注塑机项目开工动建，项目落户于城东工业园，用地约300亩，主要从事高精密节能注塑机生产，建成达产后预计可实现年销售16亿元，年税收5000万元。

【国电象山1号海上风电场(二期)项目签约并动建】 2022年8月2日，国电象山1号海上风电场(二期)项目正式签约落户象山，该项目由国电电力发展股份有限公司(辽宁)、宁波象港开发控股集团有限公司投资建设，总投资54亿元，项目落户于鹤浦镇，计划租赁海域约5236亩，主要从事84台单机容量为6兆瓦的风电机组安装，一座220千伏海上升压站配套建设，二期SVG楼建造等，达产后预计年销售5亿元。该项目于2022年11月开工动建，预计2024年底建成投产。

【日星大型风电装备制造及配套项目动建】 2022年8月18日，位于临港装备工业园的日星大型风电装备制造及配套项目开工动建，该项目由日月重工股份有限公司投资24亿元建设，用地585亩，主要从事风电机组智能化机加工与涂装生产，项目建成后预计可实现年销售30亿元，年税收1.7亿元。

【澳立新能源锂电池钢壳及碱锰电池钢壳生产项目动建】 2022年9月，由宁波光华电池有限公司投资5亿元建设的澳立新能源锂电池钢壳及碱锰电池钢壳生产项目正式开工动建。该项目落户于城东工业园，用地60亩，主要从事新能源锂电池钢壳及碱锰电池钢壳研发生产。项目达产后预计可实现年销售5亿元，年税收2500万元。

【中国海装象山大型海上风电智能化装备产业园一期项目投产】 2022年12月，由中国船舶重工集团海装风电股份有限公司投资19亿元建设的中国海装象山大型海上风电智能化装备产业园一期项目建成投产。该项目落户于鹤浦镇，用地256亩，主要从事具备生产风电机组的总装车间建设。

(县招商发展中心)

商业贸易

【概况】 2022年，象山县商贸集团通过财权上移、场站直管等方式，最终形成7部室：综合办公室、党务办公室、计划财务部、资产运营部、工程管理部、招标信息部、规划发展部。5公司：象鲜供应链管理有限公司、象山县金溢贸易有限公司、象山县黄金海岸大酒店有限公司、象山县象港市场有限公司、城东物业公司。6场站：中心菜场、蓬莱菜场、石浦菜场、汪家河菜场、城东菜场、城郊管理站。实行"小总部大产业"管控模式。总资产从组建之初27.22亿元增长至37.6亿元，增长38.1%；主营业务收入达2.36亿元，同比增长50.3%；融资规模总额14.8亿元，综合融资成本年化4.87%。成为象山县唯一一家融资成本低于5%国企。

【泗洲头综合市场正式对外营业】 1月20日，泗洲头综合市场经改造升级后正式对外营业。市场位于泗洲头镇镇区核心地带，市场总面积共1800平方米，内设有40个摊位，3间营业房，设有水产、白肉、蔬菜、酱杂、粮制品、豆制品、熟食等行业，一应俱全，能充分满足周边居民的生活所需。同时，该市场完全按照三星级市场标准配有检测室及检测设备，设立服务台、公平秤、休息区等便民设施，为泗州头镇创建美丽集镇奠定良好基础。

【象生配送公司签订海鲜供应协议】 1月21日，象山县商贸集团下属象生配送公司(后更名为象鲜供应链管理有限公司)与宁波唯陆水产有限公司、浙象渔供(宁波)食品有限公司在象生配送公司总经理办公室顺利签订海鲜供应协议。通过实地调研、考察、参观仓库且经过前期合作方案论证与优化管理实施细则，本着互利互惠、共同发展的原则，象生配送公司与宁波唯陆水产有限公司签订海鲜预购合同208万元；与浙象渔供(宁波)食品有限公司签订海鲜买卖合同200万元。双方将携手打造象山县冷链生鲜供应链及智慧农副产品连锁项目，创新发展模式，打造象山海鲜品牌化效应，创建全国冷链海鲜行业的"象生模式"。

【中心菜场场景化改造工程完工】 1月24日，象山中心菜场场景化改造正式完工，该项目总投资800万元，改造总面积1.2万平方米，历时163天改造完工。主要改造摊位76仓、营业房25间及其他配套附属工程。此项工程立足滨海消费城市、渔港古镇、海鲜旅游市场等资源优势，对中心菜场进行外立面、导视系统、灯光等场景化改造，构建了沉浸式消费场景，打造"大东海海洋博物馆""一半是烟火，一半是海洋"主体农贸市场，展示出象山最有特色的场景。

【县商贸集团下属4家市场入选省星级文明规范市场】 1月29日，浙江省市场监督管理局发布《关于认定杭州三桥农贸市场等696家市场为省星级文明规范市场的通知》。象山县商贸集团下辖的象山城东市场、大碶头菜市场、爵溪综合市场和象山县石浦市场入选浙江省星级文明规范市场，有效期三年（2022年—2024年）。省星级文明规范市场是根据《浙江省星级文明规范市场认定办法》和《浙江省星级文明规范市场标准》的规定，经市场申报，省、市两级市场监管部门考核验收，是对市场建设与管理综合水平等软硬件方面的全方位综合评判。象山县商贸集团将在巩固省星级文明规范市场创建成果的基础上，推广创建经验，促进下属其余农贸市场改造升级，进一步展现国有农贸市场品牌效应。

【中心菜场数字化改造进入攻坚新阶段】 2月上旬，中心菜场对298户蔬菜场商户、408户水产场商户、69户外围商户进行证照信息排摸工作，主要对商户名称、营业执照、一寸人像等信息进行比对，做到一户一证一照相统一，并在各个摊位相应的电子屏上展示商户信息。

【县商贸集团"保供卫士"物资配送】 4月3日，象山县新冠疫情"三区"划分后，县商贸集团组织下属子公司象鲜供应链管理有限公司成立保供应急物资分队，配备2辆厢式货车及4名专业配送人员，在保障自身安全的情况下，对防范区内的南庄综合市场进行物资配送。4日晚上23时在接到南庄综合市场所需蔬菜、肉禽等29种物资清单后，保供应急物资分队第一时间进行价格采集和报价，并在5日凌晨3时在县中心菜场采购重达1243.2斤物资送往三区。

【"文明攻坚红五月"菜场及周边环境整治行动】 5月20日上午，象山县商贸集团会同象山县文明办、象山县公安局、象山县市场监管局、象山县综合行政执法局、象山县城投集团等部门，共同开展"文明攻坚红五月"菜场及菜场周边环境整治行动。重点整治城区菜场及菜场周边杂物乱堆放、占道经营、私搭乱建、乱停车现象以及环境卫生等问题。截至5月20日，对汪家河菜场、城东菜场、蓬莱菜场、水果木材市场进行巡查整治，共出动人员45余人，其中执法人员18余人，开出37张违章停车罚单，规范各类违规行为近20处。

【省计量科学研究院专家考察调研"未来菜场"项目】 5月21日下午，浙江省计量科学研究院考察团到象山商贸集团下辖的中心菜场考察调研，双方就"未来菜场"项目进行深入交流。考察团对"未来菜场"的项目特别是数字秤计量方面工作表示高度肯定，认为象山县商贸集团现阶段基本在根源上部分解决了计量方面引发的消费纠纷，走在全省农贸市场的前列，并表示准备下步深入专题调研，有意向在全省推广。作为象山县商贸集团数字化改革重点项目，"未来菜场"项目在中心菜场成功落地以来，中心菜场消费纠纷和投诉数量降低至原来的四分之一，投诉调解成功率提升至99.7%，在规范市场秩序、营造公平诚信的市场消费环境起到了积极作用。

【大徐集贸市场"五化"市场创建验收考核】 6月14日，大徐集贸市场迎接"五化"市场创建验收考核。是继2021年中心菜市场、汪家河菜场、蓬莱菜场成功打造为符合"五化"（便利化、智慧化、人性化、特色化、规范化）行动标准下的样板标杆市场。

【象山县"未来菜场"项目荣获2022"移动杯"宁波市数据开放创新应用大赛二等奖】 7月11日，象山县"未来菜场"项目荣获2022"移动杯"宁波市数据开放创新应用大赛二等奖、"扩中提低"赛道第二名。

【《人民日报》点赞象山县中心菜场保洁员】 7月21日上午，中心菜场保洁队长林贤和保洁员李庆元顶着高温1个多小时翻遍6吨垃圾帮失主找回14700元现金。7月23日，《宁波晚报》微信公众号头条刊发这个暖心事迹，迅速引来了8万多读者阅读，1300多人点赞。当天20时许，《人民日报》微信公众号头条也转载了此篇报道，紧接着，浙江省人民政府新闻办官方抖音号"美丽浙江"也转发了《宁波晚报》抖音号的短视频报道。两位保洁员的责任心和热心助人的精神实在令人折服，县商贸集团也为两位保洁员热心助人的精神所感动，为此派出专人前往一线进行慰问，并授予两位保洁员爱岗敬业奖和奖金。

【象山首个农贸市场"公共直播间"启用】 7月29日，象山中心菜场开始象山首个农贸市场直播首秀。直播间由象山县商贸集团象鲜供应链管理有限公司的线上生鲜平台——抖音"象鲜严选"打造。"公共直播间"上线后，不仅推荐象山本土的特色海鲜以及时令蔬菜，还重点推荐四川雷波、丽水遂昌等农特产品，拉动消费协作地区农产品销售。直播间对象山农贸市场内的近1000家经营户免费开放，象鲜公司将提供相关的业务培训等服务，鼓励经营户参与直播带货，不仅能拓宽销售渠道、提升网络销售份额，也给极具烟火气的传统菜市场带来了一丝时尚气息。

【"未来菜场"项目入围2022年国家新型信息消费示范项目公示名单】 7月29日，国家工业和信息化部信息技术发展司公示“2022 年新型信息消费示范项目”名单，象山县“未来菜场综合管理平台”项目名列其中。

【省级“卤肉食品安全一件事”集成改革现场会在汪家河菜场顺利进行】 8 月 10 日，省级“卤肉食品安全一件事”集成改革现场会在象山县商贸集团下辖汪家河菜场顺利进行。汪家河菜场作为象山“卤肉食品安全一件事”示范亮点工作的场点，通过引进国内外多种先进仪器设备，有效改善卤制品经营卫生条件和环境。同时为进一步监督管理食品安全，利用销售端管理小程序与菜场内综合管理平台，实现数据互通，消费者通过食品溯源二维码查询所购的卤肉食品的检测信息、产品成分、溯源信息以及消费投诉。

【县商贸集团用好“三端”拓宽遂昌消费协作新路子】 8 月 30 日县商贸集团下属象鲜供应链管理有限公司与中谷遂昌有限公司签订价值 100 万元的大米订单。县商贸集团先后前往丽水遂昌 10 余次，走访当地粮油、养殖种植等企业 10 余家，深入了解协作地区农特产品品质。县商贸集团抓紧市场前端、营销后端、消费终端等三段，引丽水遂昌的农特产品“进餐企、进商超、进政府、进社区、进平台”。县商贸集团建立 3000 立方米容量恒温销地库 1 处，360 平方米干货仓储 1 处，搭建线上订购平台 1 个，实现农特产品线上+线下同步销售。

【“未来菜场”项目亮相 2022 世界数字经济大会】 9 月 2 日至 4 日，象山商贸集团大数据赋能团队携“未来菜场”项目亮相 2022 世界数字经济大会暨第十二届智慧城市与智能经济博览会。

【城南市场新建工程项目正式动工】 9 月上旬，城南市场新建工程项目正式动工，预计于 2024 年 5 月竣工。城南市场新建工程项目是象山县重点民生项目工程之一，此项目用地面积 1.73 公顷，总建筑面积达 38000 平方米，总投资 3.2 亿元，其中建安投资 1.78 亿元。

【6 个市场食品检测室升级改造完成】 10 月上旬，象山县商贸集团下辖的象山蓬莱菜场、大碶头菜市场、爵溪综合市场、大徐集贸市场、西周镇集贸市场、象山石浦金星综合集贸市场的食品检测室升级改造完工。

【首批四川雷波东西部消费协作产品顺利抵达象山】 10 月 4 日上午，3 辆满载四川省凉山州雷波县农特产品的大型货物运输车驶下象山高速，通过一系列防疫检查来到象山县商贸集团下属浙江象鲜供应链管理有限公司的“东西部消费协作象山销地仓”。截止 10 月 8 日上午，共到货茶叶、面、腊肉腊肠、蜂蜜等 10 余个品种，价值约 500 万元。

【石浦临时安置菜场搬迁开业】 11 月 10 日起，石浦菜场将进行提升改造，县商贸集团租赁原石浦太平广场约 3000 多平方的场地作为石浦临时安置菜场，为期半年，临时安置菜场于 11 月 9 日完成搬迁并正式开业。

【“未来菜场”喜获省数据开放创新应用大赛优胜奖】 11 月 10 日，浙江省数据开放创新应用大赛颁奖典礼在乌镇举行。经过近三个月的三轮比拼，象山县“未来菜场”项目从 1082 项作品中脱颖而出，获优胜奖

【大徐集贸市场获得全市“优胜单位”称号】 11 月 17 日，2021 年度全市农贸市场长效管理测评考核结果“出炉”，象山县商贸集团下辖的象山县大徐集贸市场在场容场貌、食品安全、计量价格、垃圾分类、疫情防控等方面成绩优异，是象山唯一获评市级“优胜单位”称号的单位。

【西周镇集贸市场改造提升工程顺利通过验收】 12 月 8 日，象山县商贸集团下属西周镇集贸市场改造提升工程顺利通过验收。本次改造总投资约 120 万元，总面积约 2200 平方米，涉及改造摊位 156 个，店铺 11 家，其中包括 4 间熟食店，4 间豆制品店以及 3 间副食品店。

【蓬莱菜场完成外围改造提升】 12 月 15 日，象山蓬莱菜场完成外围改造提升。菜场外围划有大量的非机动车停车线，车位充足、管理专业、秩序井然，有效缓解原先菜场“停车难”困境。

（县商贸集团　朱佳怡）

老字号品牌创建

【概况】 近年来，象山县通过品牌孵化、品牌传承、品牌创新等促进老字号品牌保护和发展，至 2022 年，象山芳记食品有限公司、宁波长江酿造有限公司、象山鲍记食品小作坊 3 家企业成功认定为“宁波老字号”。

【西周芳记】 2021 年，象山县级非遗——“西周芳记”被评为“宁波老字号”，2022 年宁波市商务局授予牌匾，成为象山登上“宁波老字号”的第一家商号（企业）。是年，“西周芳记”在中国国际进口博览会亮相。象山芳记食品有限公司，前身是创办于清光绪二十六年（1900）西周宏兴南货店，前店后坊，生产各种糖果糕点。民国时期店主陈吉顺将女儿嫁给学徒伊宗权，南货店由女婿伊宗权接手，夫妻联手经营南北货、糖果糕点。1953 年，伊宗权离开象山到上海学习技艺。1955 年，伊宗权女儿伊梅芳出生，伊宗权欢欣之余，专为女儿制作苔菜月饼，并在饼上印上“芳记”二字，以示庆贺，分发邻里亲戚和路人，受到好评，“西周芳记”商号名声渐起。1979 年 7 月伊宗权退休后，和女儿伊梅芳开办“西周芳记糕饼店”，继承传统工艺，经营传统产品。将第一代阿清师傅的“人不欺糕饼，糕饼不欺人”的话奉为经营理念，货真价实，声誉日隆。1980 年后，伊梅芳继承父业，不断拓宽产品品种。2009 年，伊梅芳儿子陈家礼作为第四代传人，将门店开到丹城。2013 年，成立芳记食品有限公司，2019 年在西周建造面积约

3000平方米新厂房。芳记食品多次定为中国开渔节指定产品，参加中国（宁波）食品博览会、宁波象山海鲜节等活动，获得群众青睐。

【老谢琼醋】 老谢琼醋，生产企业为宁波长江酿造有限公司，该企业前身为岑晁酿造厂，当地老百姓称之为岑晁酱油厂，生产酱油、米醋。该地生产醋的历史可以追溯到宋代。岑晁酿造厂成立于20世纪80年代初，至今有40多年历史，1998年重组岑晁酿造厂所有资产，成立宁波长江酿造有限公司，品牌注册为老谢。产品有老谢琼醋、宁波老醋、海鲜醋、大红米醋、象山玫瑰醋等产品，企业传承了百年酿造生产工艺，产品成熟，质量稳定。随着品牌多年的发展传承，长江酿造有限公司老谢琼醋在2000年被钓鱼台国宾馆指定为国宴用醋，2015年6月被评为宁波市非物质文化遗产传承基地。作为岑晁醋非物质文化遗产传承基地，公司不断努力保护和传承好这门制醋技艺。目前，本公司产品销售业绩佳，在杭州、宁波、台州、温州等地均有较好的口碑。

【福昌鲍记】 传承自创办于清光绪年间的象山县茅洋乡溪口街福昌糕饼店，经过五代传承，具有鲜明的象山特色。有月饼、橘红糕、冷饮糕、核桃五层糕、豆酥糖、苔生片、软桃片、油枣、香米糕、桃酥、白印糕、渔乐糕、茯苓糕、芝麻糖、花生糖，米胖糖等各种传统糕点，多达150多种。1987年，福昌鲍记生产的糕点苔生片、软桃片、豆酥糖等被评为浙江省个体名特优新产品。1997年，福昌鲍记生产的系列糕点产品被评为宁波名特优新产品。2019年，福昌鲍记糕点入选宁波市首届伴手礼（象山食品类唯一入选），2021年，福昌鲍记糕点被推选为2021年宁波特色产品伴手礼。福昌鲍记制作技艺被列为象山县非物质文化遗产。

浙台经贸合作

【概况】 2022年，浙台经贸合作区地区生产总值150.08亿元，增长11.7%，进出口贸易总额38241.64万美元，其中进口贸易额19038.64万美元，增长123.12%，出口贸易额19203.00万美元，增速16.10%，规上企业124家，较上年增长20家，总产值136.31亿元，实现税收收入31.01亿元。

【合作区（园区）整合提升】 2022年，浙台经贸合作区继续推进整合提升工作。7月，因人事变动和工作需要，经合作区党工委研究决定，对领导班子成员进行分工调整。党工委书记由县委常委、石浦镇党委书记兼任，主持合作区全面工作，管委会党工委副书记、主任主持合作区管委会日常工作，6名分管领导分别负责分管中国水产城发展管理中心（中国水产城实业有限公司）、新港码头板块（象山台翔贸易有限公司）、党建和综合科及综合服务中心（综合事务部、计划财务部、资产运营部）、规划建设科（规划建设部、宁波海峡两岸渔业投资有限公司）、发展服务科（企业发展部、应急管理部、象山海峡经济技术合作有限公司）。9月1日，完成管委会机关支部换届选举工作，新一届委员会设委员5名，其中设书记1名，副书记1名。

【宁波环石浦港开发有限公司架构组建及中层竞聘】 宁波环石浦港开发有限公司系县国有独资公司，2022年6月，由宁波石浦新港对台贸易区投资开发有限公司更名为“宁波环石浦港投资开发有限公司”，注册资本2亿元，作为母公司，下辖宁波象保航天投资开发有限公司、宁波海峡两岸渔业合作投资有限公司，象山海峡经济技术合作有限公司、象山台翔贸易有限公司、浙江象山水产城实业有限公司、象山水产渔业经营发展有限公司。8月25日，根据《浙台（象山石浦）经贸合作区管委会下属企业中层竞聘实施方案》（浙台管发〔2022〕17号），通过民主测评、组织考察、任职公示等相关程序，完成对22名合作区下属国企中层干部的选拔聘任。

【石浦港口岸贸易提升】 2022年新港码头入驻企业3家，口岸贸易各项数据稳步提升。7月29日，新港码头完成全市首单俄罗斯帝王蟹进口业务，实现象山口岸鲜活水产品进口贸易“零”的突破。10月，进口新增集成电路基本原料台湾硅晶圆，为长三角地区高新企业提供原料支撑。2022年累计完成进出口138个航次，吞吐量30894.83吨，全年进出口贸易额6998.23万美元。

【项目招引】 2022年，合作区坚持走特色化、差异化平台发展之路，围绕海洋经济8条产业链，与经济开发区实现产业互补、错位发展。通过网络招商、以商招商，乡贤招商等方式全方位开展招商，招商工作取得初步成效。2022年共接待、洽谈客商80余批次，视频会议20余次，编制项目图库2张，共入库在项目26个，重点项目6个，2022年已投产项目2个（帝王蟹、数字渔轮箱），已动建项目1个［北欧（中国）鲑鱼RAS陆基养殖项目］，已签约项目2个（帝王蟹、数字渔轮箱），全年累计完成内资1.41亿元，浙商回归0.95亿元。

【规划编制】 2022年，合作区抢抓全省开发区整合提升和新一轮国土空间规划调整的有利契机，编制完成《浙台（象山石浦）经贸合作区产业发展规划》和《浙台（象山石浦）经贸合作区总体规划》，明确功能定位、划定开发边界，确立了“三区一高地”（“三区”：国家级海洋经济示范区、国家级渔港经济区、国家级海洋文化保护区，“一高地”：国家级海峡两岸交流基地）的发展目标，明确了“经”“贸”双驱动的发展模式和“一带引领、五片协同、多园支撑”（“一带”：环石浦港海洋经济带，“五片”：高端智造产业片、临港装备产业片、涉渔经贸双创片、海洋生物产业片、滨海文旅融合片，“多园”：石浦科技园、水产城区块、打鼓峙、雷公山、新港码头区块、石浦门前塘、黄湾塘、万寿塘、盘基塘、石浦半边山、石浦中国渔村、渔港古城、东门渔村）的发展格局，为合作区新时期高质量发展指明方向。

【北欧(中国)鲑鱼RAS陆基养殖项目(一期)】 2022年,北欧(中国)鲑鱼RAS陆基养殖项目(一期)工程持续推进。厂房工程繁殖厂房已经完成竣工验收工作并交付挪威方使用,养殖场房已完成5号、6号、7号水池的浇筑工作,附属取水工程已经完成竣工验收并交付使用方进行调试。2022年完成投资金额4.0838亿元(含外商设备),超额完成3.5亿的投资计划,项目一期计划于2023年10月竣工。2022年3月首批大西洋鲑鱼鱼卵即将投放高塘基地,全年累计进口4批约140万颗鱼卵。5月18日,诺帝克水产(宁波)有限公司的第一批35万颗大西洋鲑鱼鱼卵孵化成功,从孵化室搬进一号鱼池(RAS 01),正式开始投食喂养。该批鱼苗7月25日从1号鱼池(RAS 01)转入2号鱼池(RAS 02),11月7日从2号鱼池(RAS 02)转入3号鱼池(RAS 03)。2022年年底,首批成鱼平均体重为123克(103~136克),孵化率和成活率达95%,均超出挪威本土水平。北欧鲑鱼项目位于国际水产养殖园(高塘乡黄湾塘区块),是亚洲首个采用世界先进的循环水(RAS)养殖模式的陆基鲑鱼养殖项目。该项目占地面积280.7亩,分3期建设,建成后产能将达2万吨,中国市场占有率达15%以上。

【象山现代渔业养殖基地场地平基工程(一期)】 项目位于高塘乡黄湾塘区块,工程内容包括约9.87公顷土地上山体开挖、45.5公顷土地场平整。建设单位为象山海峡经济技术合作有限公司,施工单位为浙江凯磊爆破工程有限公司,中标价位4420.9166万元。项目于2021年6月1日正式开工,截至2022年12月底,累计完成土石方开采745168立方米,占总开采量的33%,2022年完成产值1825.9万元,累计完成总产值2472.96万元,占比56%。

【象山县环石浦港生态环境导向的开发(EOD)项目】 以生态环境为导向的开发(EOD)模式从项目融资角度引导金融投资投环境治理项目以生态保护和环境治理为基础,特色产业运营为支撑,区域综合开发为载体,采取产业链延伸、联合经营的一种创新性项目组织实施方式,可推动收益较差的生态环境治理项目与收益较好的关联产业有效融合,是“两山理论”对生态价值转化路径的积极探索。象山县环石浦港生态环境导向的开发(EOD)项目由浙台统筹推进,项目总投资为29.93亿元,是以石浦港区域生态修复为核心,包含五大依托项目,分别为“大塘港流域水生态综合修复项目”、“高塘岛-南田岛水生态联合修复项目”、“石浦渔港海岸线生态修复与环境提升项目”、“石浦绿色产业群开发项目”和“东门岛海洋渔文化非遗保护和传承项目”,具体细分为17个独立子项目。为有序推进环石浦港生态环境导向的开发(EOD)项目的申报、承接等工作。2022年9月6日,象山县人民政府正式成立关于环石浦港生态环境导向的开发(EOD)项目工作领导小组,由县委副书记、县长李晓东担任组长,县委常委、石浦镇党委书记、浙台经贸合作区党工委书记江建业,县委常委、常务副县长吴志辉,副县长史建立担任副组长。领导小组下设办公室,县发改局局长朱约余任办公室主任,市生态环境局象山分局局长朱海成,浙台经贸合作区党工委副书记、主任叶敏刚任办公室副主任。领导小组统筹协调推进工作机制,明确职责分工。9月的EOD项目实施方案及可研编制单位的确定,10月县政府通过了《关于象山县环石浦港生态环境导向的开发(EOD)项目实施方案的批复》,根据县政府统一安排,由石浦镇下属国企出资设立全资子公司——宁波象南生态科技发展有限公司为象山环石浦港生态环境导向的开发(EOD)项目实施主体,具体由浙台经贸合作区管委会负责运营。项目由象南生态统一融资,将17个项目按乡镇归属地分配到各乡镇,遵循“统一融资,分镇实施,各司其职”的原则来共同完成项目开发,各乡镇指定一家下属国企公司作为代建单位,以委托代建的方式,将项目开发过程中建设单位对应的权利、义务移交给代建单位,全面开展EOD项目的开发过程。12月4日,生态环境部组织专家组对《象山县环石浦港生态环境导向的开发(EOD)项目实施方案》进行评审。为加快推进EOD项目建设,明确项目各实施主体责任。12月13日,浙台经贸合作区党工委副书记、主任叶敏刚组织召开了各项目属地单位分管领导和联络员会议,并细化项目建设进度,规范项目管理,把牢项目资金使用等工作部署。

(浙台经贸合作区　吴芳琳)

金 融

综 述

中国人民银行象山县支行是中央银行的派出机构，主要职责为：贯彻执行货币政策、支付结算、国库管理、人民币反假、外汇管理、防范和化解县域金融风险、对县域经济金融发展进行调查研究等。2022 年，该行认真学习贯彻落实中共二十大精神，围绕“强党建、重担当、求实效、争一流”工作思路，落实稳健货币政策，全力做好助企纾困，强化民生服务保障，坚决守牢风险底线，支持地方经济社会高质量发展。

中国人民银行象山县支行

【融资对接精准便利】 认真贯彻稳健的货币政策灵活精准、合理适度的要求，推动建立金融服务小微企业敢贷愿贷能贷会贷长效机制，加大项目储备力度和逆周期投放，全力稳定总量供给。通过“贷款码”等方式，有效提升融资可得性和便利度。

【用好创新政策工具】 开展两项直达工具现场核查 3 次，支农再贷款现场核查 3 次，对辖内法人机构开展专题培训。依托“激活力　促共富”金融服务提升专项行动，针对民营小微、制造业、乡村振兴、绿色、科创五大领域，开展融资对接，梳理下发各类企业（项目）名单近 6 批次。推动交通物流再贷款、基础设施建设政策性金融工具、“首贷户”工作落地。

【合理减费让利助企纾困】 深化落实利率 LPR 改革，全年新发放企业贷款加权平均利率 4.59%，较年初下降 0.12 个百分点。引导金融机构推出减费让利大礼包，全年累计为小微企业及受困群体减免各项费用 7000 余万元。推动印发县纾困助企融资财政贴息实施细则、县银行机构助企纾困措施汇编，联合多部门召开“三码聚力　数字金融”“文旅企业融资对接月”“助企纾困政策”解读直播等活动。

【深化移动支付建设】 印发县移动支付应用示范县创建工作实施方案、县“迎亚运”支付服务环境建设“3+7”行动方案等文件，自年初以来，象山移动支付活跃账户数，云闪付移动支付交易笔数，受理端云闪付手机 PAY、二维码交易笔数均实现同比大幅增长，均列宁波各区（县、市）支行第一位。亚运管控领域特约商户和 ATM 外卡受理已达 100%。

【加强数字人民币试点】 印发县数字人民币试点工作实施方案、石浦镇数字人民币示范区建设方案，组织召开 3 次全县工作会议，围绕“海洋经济”和“美丽经济”，突出“智慧亚运”，构建“3+2+N”试点应用场景。着力打造石浦镇檀头山岛、东门岛、沙塘湾村“两岛一湾”数币示范村。

【严控支付领域风险防范电信网络诈骗】 深化警银协作，与公安机关及时共享、管控黑灰名单和涉案账户信息，深化风险信息共享核验。组织对全辖 15 个邮政代理服务点开展现场走访，提升打击治理电信网络诈骗水平，涉案账户数量在宁波各县（市、区）支行中保持最少。

【促进跨境资金均衡流动】 促进贸易投资便利化。推动优质企业便利化政策扩面增效提质。开展银行便利化政策培训会，督导银行编制动态任务清单，力求优质企业便利政策应享尽享，全县办理优质企业便利化业务、区块链平台出口融资业务实现大幅增长。推动汇率避险工作稳中有进。加强汇率风险中性宣传，推进各项汇率避险举措精准滴灌。全年拓展汇率避险企业 189 家，签约金额 5.8 亿美元，其中首办户企业 50 家。防范跨境资金流动风险。深化公安、海关、外汇、税务等跨部门联合办案工作机制，已基本完成一起个人私自买卖外汇案件，涉案金额 5 万美元，处罚款 1.76 万元人民币。以真实合法交易为基本原则，构建更加精准、靶向的监测体系。开展货物贸易、服务贸易现场核查，积极提高违规处置率，加强资本项目非现场核查。

【努力化解地方金融风险】 健全完善监测体系，强化房地产金融审慎管理。开展金融风险“排雷”专项行动，做好天安系等出险企业监测处置，梳理“亚健康”金融机构名单，按周上报工作动态。加大“保交楼”金融支持力度，开展房地产风险项目日常统计监测，召开房地产维稳座谈会，指导金融机构依法依规加大对重点风险项目的金融支持力度。指导金融机构做好存款保险宣传工作，目前已设立存款保险宣传站 3 个。夯实基础金融服务，强化金融行为监管。加大反假货币监管工作力度。按月做好假币实物收缴，举办反假知识技能培训。对储蓄国债承销机构开展巡查20次，全年国债下乡率73.81%。联合发文建立"象山县打击治理洗钱犯罪合作机制"，分别对5家次法人银行机构开展反洗钱非现场风险评估、监管走访，督促银行机构有效履行反洗钱义务。探索多样化金融宣教模式，强化社会综合治理。深入开展"走基层　送服务　促共富"主题实践活动。年初以来，组织辖内金融系统共受理法院委派调解133起，共调解成功27起，金额1431.5万元，完成象山金调委首笔"共享法庭"线上调解成功案例。全心全意谋民生之利、解民生之忧，增强人民群众生活幸福感。

（中国人民银行象山县支行）

银行机构

【概况】　至2022年末，象山县共有银行业金融机构26家，网点157个，银行从业者2308名。全县本外币各项存款余额960.32亿元，比年初增加141.19亿元，同比增长17.24%；本外币各项贷款余额1324.69亿元，比年初增加170.34亿元，同比增长14.76%，存贷款总体增势良好。全县民营企业贷款余额287.30亿元，同比增长12.92%；普惠小微贷款余额210.55亿元，同比增长30.64%；制造业贷款余额169.71亿元，其中中长期贷款余额60.27亿元，比年初增加14.90亿元；全年拓展首贷户1440户。

2022年象山县金融机构一览表

表14

机构名称	单位地址	值班电话	传真	服务热线
中国农业发展银行象山县支行	丹西街道象山港路306号	65710205	65724917	—
中国工商银行股份有限公司象山支行	丹东街道靖南大街318号	65725364	65728845	95588
中国农业银行股份有限公司象山县支行	丹西街道靖南大街218号	65725721	65722544	95599
中国银行股份有限公司象山支行	丹西街道天安路258号	65753099	—	95566
中国建设银行股份有限公司象山支行	丹东街道靖南大街320号	65651082	65725492	95533
交通银行股份有限公司宁波象山支行	丹西街道象山港路451-463号	65655996	65655981	95559
上海浦东发展银行宁波象山支行	丹西街道丹阳路462-488号	59121998	59120215	95528
平安银行股份有限公司宁波象山支行	丹东街道丹阳路558号1-101室-1	65002281	—	95511
中国光大银行股份有限公司宁波象山支行	丹西街道丹峰西路128号	25705000	25700614	95595
招商银行股份有限公司宁波象山支行	丹东街道丹阳路558号财富广场1-101	65925555	—	95555
中信银行股份有限公司宁波象山支行	丹东街道新华路298号	89506704	89506729	95558
中国民生银行股份有限公司宁波象山支行	丹东街道天安路197-207号	65089015	—	95568
中国邮政储蓄银行象山县支行	丹西街道天安路548-558号	86506087	65008919	95580
宁波银行股份有限公司象山支行	丹东街道象山港路503号	65768320	—	95574
宁波东海银行股份有限公司象山支行	丹东街道天安路153-161号	65656184	65656113	4008866345
上海银行股份有限公司宁波象山支行	丹东街道丹南路820-828号	65086029	65086005	95594

续表14

机构名称	单位地址	值班电话	传真	服务热线
浙江民泰商业银行股份有限公司宁波象山支行	丹东街道象山港路788号	25751009	25751006	95343
浙江泰隆商业银行股份有限公司宁波象山支行	丹西街道象山港路418号	55866650	—	95347
象山县农村信用合作联社	丹东街道靖南大街342号	65725173	65724101	96596
象山国民村镇银行股份有限公司	丹东街道新华路328号	65006553	65981238	956058
象山中银富登村镇银行有限公司	丹东街道丹河东路1110号	25750002	25750005	25750002
台州银行股份有限公司宁波象山支行	丹西街道天安路536-544号	55007200	65720056	65007200
浙商银行股份有限公司宁波象山支行	丹东街道靖南大街306号	65776981	68776968	65776981
恒丰银行股份有限公司宁波象山支行	丹东街道天安路149-151号	55680179	—	55681999
广发银行股份有限公司宁波象山支行	丹西街道丹阳路438-448号	89130663	—	89130663
浙江稠州商业银行股份有限公司宁波象山支行	丹东街道象山港路677号	81850133	81850119	81850125

【中国农业发展银行象山县支行】 中国农业发展银行象山县支行下辖1个营业部，共18名员工。该行深入贯彻习近平新时代中国特色社会主义思想，全面贯彻落实中共二十大和中央经济工作会议精神，牢牢把握“疫情要防住、经济要稳住、发展要安全”总要求，扎实推动“六稳”“六保”重点工作，政策性金融支持象山实体经济力度不断增强。至2022年末，各项贷款余额471347万元，较上年增加142824万元，增长43.47%，其中政策性贷款450806万元，较上年增加249271万元，日均贷款459752万元，较上年增加189693万元，增长70.24%；各项存款65538万元；FTP净利润4354万元；实现存贷双增，不良贷款保持零余额。

该行作为辖内唯一一家政策性银行，充分发挥政策性银行“当先导、补短板、逆周期”作用，切实履行农业政策性支农职责。一是稳定粮食市场，维护县域粮食安全，确保粮食收购工作“不打白条”，做到“钱等粮”。全年累放收购贷款1.87亿元，支持收购粮食3870万千克。配合政府加强对粮食市场的宏观调控力度，支持投放象山北粮食储备库建设1000万元，累计投放2000万元。二是推进“非粮化”整治工作，对县内3.72万亩待整治土地开展耕地功能恢复，项目金额10亿元的耕地功能恢复及道人山围区整治工程，实现6.7亿元投放，累计投放8.2亿元，使有限的耕地资源优先用于粮食生产。三是积极贯彻国家关于扎实稳住经济大盘、运用政策性金融工具支持重大项目建设的部署，实现首次与国家电网开展深度合作，投放5.9亿元专项基金用于海上风力发电项目建设。四是全面推进乡村振兴，助力象山共同富裕建设。积极沟通对接象山县交运、水务、旅投、城投集团等国企以及县政府和县财政等政府部门，深入调研项目规划、资金需求，全年累计开展政策宣传120余次，营销项目13个。全年累计投放各类贷款24.29亿元，大力支持安置房、保障性租赁住房，保障民生“菜篮子”工程，改善人居环境，扩大养殖产业规模，拓宽农户增收渠道等项目的建设，支持小微企业贷款2960万元。

【中国工商银行股份有限公司象山支行】 中国工商银行象山支行下辖1个营业部，7家网点，集中分布在中心城区、石浦镇、西周镇三地，共有员工190人。2022年末，本外币各项存款余额95.42亿元，比年初增加7.27亿元；贷款余额160.08亿元，比年初增加16.40亿元。面对复杂多变的经营环境和日趋激烈的竞争形势，该行认真贯彻县委县政府各项决策部署，聚焦实体经济，深化改革创新，着力提升金融服务质效，努力助推地方经济发展。

2022年，该行奋力争做重要窗口的模范生、改革创新的先行者、区域特色的样板行，贷款规模为四行第一。一是强化与县内平台及国企合作，投放南湾并购贷款、人民广场—瑶琳未来社区城市更新、悦洋实业、石浦污水处理、大目湾新城、城南、产业区等重点项目。二是强化普惠金融质效，银监口径普惠贷款余额19.94亿元，较年初增加4.73亿元，位列四行第一。三是持续提升金融服务水平，始终秉持以“客户为中心”的服务宗旨，统筹推进客户服务价值提升与渠道完善优化，设立5家普惠金融服务点，为乡镇客户提供咨询、引导和帮助。四是持续开展金融知识宣传，通过金融知识进企业、进校园、进社区开展反假币、反洗钱、非法集资、电信诈骗等金融知识普及，提升市民风险防范意识和能力。

2022 年中国工商银行象山支行营业机构一览表

表 15

机构名称	地址	电话	自动取款机
营业部	丹东街道靖南大街 318 号	0574-65724578	有
石浦支行	石浦镇金山路 104 号	0574-65982984	有
丹峰路支行	丹东街道丹峰路 626 号	0574-65727018	有
蓬莱支行	丹西街道新丰路 345 号	0574-65770715	有
国际风情街支行	丹东街道丹河东路 963 号	0574-65713460	有
大象支行	建设路 118 号	0574-65724192	有
丹阳路支行	丹阳路 555 号	0574-89506071	有
西周支行	西周镇昌明路 67 号	0574-65610757	有

【中国农业银行股份有限公司象山县支行】 中国农业银行象山县支行是农行宁波市分行下辖一级支行、正处级支行，是象山县改革开放后首家恢复设立的国有银行，是县域内金融系统中网络覆盖最广、服务领域最宽、机构人员最多的国有控股商业银行。该行下辖6个本级部门、9家经营网点（城区5家、乡镇4家）、4家离行式自助银行，共有员工 222 人。2022 年末，本外币各项存款 89.82 亿元，比年初增加 9.72 亿元，四大行占比 29.86%，总量四大行第二，增量四大行第一；本外币各项贷款 147.98 亿元，比年初增加 15.24 亿元，四大行占比 27.30%，总量四大行第三，增量四大行第二。存贷款总规模处于县域 26 家银行业金融机构前三。2022 年，荣获中国农业银行 2020—2021 年度“三农”业务先进集体、象山县金融服务实体经济先进单位、象山县银行业金融机构综合评价 A 类行、“象山县金融服务业年度综合考评三等奖”等荣誉称号。

强主业、增动能，服务实体经济质效提升。推进县域重大项目落地，投放基础设施基金项目、城市更新项目、保障房项目等项目贷款 11.48 亿元；加大实体经济信贷支持力度，制造业贷款余额 33.76 亿元、绿色信贷余额 31.92 亿元、战略性新兴产业贷款余额 25.16 亿元，三项余额均位列县域银行业首位；专精特新“小巨人”企业合作覆盖率达 70%；落实助企纾困政策，累计减费让利 1478.66 万元。

优服务、育特色，乡村振兴金融服务见实效。以助力乡村振兴为重点，持续加强信贷供给、服务创新、数字赋能，做强特色涉渔业务，2022 年“渔船贷”“渔民贷”累计发放 7.95 亿元；落地 5 年期农户中长期贷款、农户无还本续贷新业务试点办理，解决渔民资金难题。

强基础、提效能，经营转型进程加快。持续打造“数智新桥”项目、象山数字文旅“一码游”项目，积极对接景区门票、民宿、酒店、餐饮、商场、停车等全场景支付；借力亚运载体，积极搭建旅游度假区数币场景；累计打造万达、申菱等智慧商圈场景 77 个，带动信用卡掌银交易 25000 人次。扎实推进“服务升温工程”，网点文明服务水平大大提升；加快电信网络诈骗治理，加强新开账户尽职调查、存量账户风险排查，实现对公账户全年零涉案，个人账户涉案数较 2021 年大幅下降。

强堡垒、促发展，党建引领成效显现。把政治建设摆在首位，不断强化理论武装，通过“周二”夜学、支部联学、举办专题辅导班等，持续兴起学习宣传贯彻中共二十大精神热潮。抓好中央巡视整改工作，组建巡视整改专项工作组 4 个，分解认领具体问题 23 个，提出整改措施 89 项。全面落实从严治党主体责任，加强部门间线索联合排查、畅通完善群众举报通道、深入开展清廉农行“六个一”宣传活动，营造风清气正良好氛围。持续深化“一岗一区三队”创建，发挥党员先锋队、突击队、服务队在攻坚克难中的示范引领作用。

惠民生、增福祉，整体形象持续提升。积极做好职工之家建设，组织开展篮球赛、网络健步走、登山等活动，开办心理减压、茶文化、音乐鉴赏培训课程，团队凝聚力不断增强；围绕主体业务，进一步传播农行声音、讲好农行故事，在农民日报、新华社客户端、央广网、中国城乡金融报等发表宣传报道34篇。

2022年中国农业银行象山县支行营业机构一览表

表16

机构名称	地址	电话	自动取款机
支行营业部	丹城靖南路218号	0574-83079634	有
新丰支行	丹西街道丹南路269号	0574-83079284	有
靖南支行	靖南路433号	0574-83079834	有
金曙支行	丹东街道丹河东路927-931号	0574-83079706	有
东升支行	丹东街道丹峰路667-677号	0574-83079771	有
爵溪支行	爵溪街道腾蛟东路1号	0574-83079680	有
西周支行	西周镇昌明路36号	0574-83079921	有
石浦支行	石浦镇南屏路193号	0574-83079020	有
南田支行	鹤浦镇鹤西西路50号	0574-83079371	有

【中国银行股份有限公司象山支行】 中国银行象山支行本级设立7个部门，下辖5个经营性支行，共有员工139人。2022年，该行面对复杂多变的国内外形势和错综复杂的风险挑战，深入贯彻落实党中央“疫情要防住、经济要稳住、发展要安全”的要求和稳进提质的决策部署，坚持稳中求进的总基调，持续提升服务实体经济的质效，助推地方经济发展。实现本外币时点存款余额52.23亿元，本外币贷款余额82.05亿元、同比增加4.20亿元。其中人民币各项存款余额49.31亿元，人民币各项贷款余额80.26亿元，同比增加4.68亿元。

该行立足服务实体经济，进一步加大金融保障力度。依托宁波市分行与象山县人民政府签订的共富战略合作协议的“东风”契机，率先试水“城乡共富金融”新模式，牵头筹组了“乡财县管”银团贷款5.16亿元；紧抓亚运契机，助力基础设施建设，为亚帆中心提供授信支持；推动绿色发展，助力实现“双碳”目标，为锦浪科技叙做“碳减排”项目贷款，实现绿色信贷领域重点突破，增速高达971%。推动普惠金融增量扩面，与象山县人保公司推出“银保联动”普惠授信新模式，助力市场主体纾困解难，截至2022年末，叙做新模式授信累计金额6331万元。加强业务创新，叙做中行系统内首笔“民宿贷”“烟商贷”“黄鱼贷”“宅基地抵押贷”等乡村振兴特色产品，助力实现共同富裕，荣获2022年度象山县金融服务业“金融创新先进”奖。助企纾困，扛起大行金融抗疫责任，为企业减费让利、发放应急贷，助力企业平稳度过“后疫情时代”。充分发挥外汇专业优势，举办汇率避险及外汇便利化政策宣讲会，促进稳外贸的各项政策落地见效。截至2022年末，叙做结售汇业务总量4.70亿美元，市场份额37.60%、较上年提升2.63%，积极谋求业务发展与风险管理之间的有效平衡，荣获国家外汇管理局象山县支局“2022年度银行外汇业务合规与审慎经营A级行”的称号。

该行践行金融为民理念，进一步提升金融服务水平。做优消保宣教，积极开展“五进”活动，走进工疗车间开展“3·15”金融消费者权益日活动、走进象山县敬老院开展打击整治养老诈骗普法宣传活动等，常态化长效化推进金融知识宣传，积极承担“金融宣传尖兵”责任。扎根公益志愿，开展“三结对”志愿服务活动超过500人次、助力当地文明创建，协助结对乡镇做好抗台工作，安排志愿者赴宁波火车站开展防疫支援等；组织员工“慈善一日捐”募集捐款1.9万元，累计消费扶贫13.13万元，扩大“心象党”品牌影响力。

2022 年中国银行象山支行营业机构一览表

表 17

机 构 名 称	地 址	电 话	自动取款机
象山支行营业部	丹西街道天安路 258 号	对私:65753231 对公:65753282	有
象山石浦支行	石浦镇金山路 115~117 号	65974443	有
象山天安路支行	象山县天安路 17 号	65714536	有
象山西周支行	西周镇昌明路 69、71 号	65724564	有
象山丹南支行	象山县新华路 289、291、293、295 号	65714536	有
象山丹东支行	象山县丹峰东路 549-563 号(单号)	65715354	有

【中国建设银行股份有限公司象山支行】 中国建设银行象山支行下辖 6 个营业网点，8 个离行式自助银行，共有员工 144 人，主要集中分布在丹城、石浦和爵溪。2022 年，该行以习近平新时代中国特色社会主义思想为指导，坚决贯彻总分行党委各项决策部署，坚持疫情防控和支持经济社会发展两手抓、两不误，全面贯彻新金融发展理念，构建新发展格局，推动高质量发展，持续增强“三个能力”，纵深推进“三大战略”，深入挖掘“零售业务、县域金融”两大潜力，持续深化“六大行动”，突出重点、全面发力，各项业务得到高质量发展。2022 年年末，实现本外币一般性存款余额 60.70 亿元，比年初新增 6.18 亿元，各项贷款余额 144.57 亿元，比年初新增 26.85 亿元。

2022 年，该行积极争取市分行信贷资源优先配置，服务建设县域重大项目，重点支持城乡区域交通、水利等重大工程建设，以及市政工程、农业农村、生态环保等领域项目，积极支持城市更新、城镇老旧小区改造等，支持基础设施领域贷款余额 81.53 亿元，新增 15.44 亿元，增速 23.36%。2022 年，支行贷款全年新增四行第二，新增四行占比 36.35%，对公贷款全年新增四行第一，新增四行占比 41%。践行普惠金融战略，减费让利服务 1391 家小微企业，普惠授信客户数四行第一，普惠贷款新增 4.76 亿元，对受到新冠疫情影响的贷款客户灵活调整还款安排，可无本续贷、延后还款、延长还款期限等。助力县域农村数字化改革，搭建“三资”监管服务场景，为农村村务、政务、民生管理提供标准化流程创建的智慧村务信息化平台，累计服务 231 个行政村。在“裕农通+示范点”的理念引导下，打造新桥镇东溪村的橄榄绿退役军人服务站和泗州头镇墩岙村两个示范村，裕农通点覆盖 326 个乡村。

2022 年，该行凭借良好的经营状况，荣获象山县金融服务实体经济先进单位，金融服务业银行机构综合考评三等奖。

2022 年中国建设银行象山支行营业机构一览表

表 18

机 构 名 称	地 址	电 话	自动取款机
象山支行营业部	丹东街道靖南大街 320 号	65725492	有
石浦支行	石浦镇金山路 99 号	65983673	有
涌金支行	丹东街道丹南路 582-588 号	89507632	有
丹西支行	丹西街道创业路 6 号	65715382	有
丹峰路支行	丹西街道丹峰西路 33-35 号	65726094	有
爵溪支行	爵溪街道新瀛路 26-1、26-2、26-3、26-4 号	65602788	有

【交通银行股份有限公司宁波象山支行】 交通银行宁波象山支行位于丹西街道象山港路451～463号，下设行长室、办公室、公司部、个金部、营运部，外设1家离行式自助银行，有正式员工31人。2022年，该行全面贯彻新发展理念，抓好关键重点指标提升，做好调结构、补短板、防风险，推动支行业务高质量发展。截至12月末，各项存款余额17.45亿元，各项贷款余额31.73亿元。

认真贯彻中央宏观经济金融政策及地方政府、人行等金融工作要求，实行常态化走访机制，深入了解企业融资需求，适配信贷产品，为民营经济发展持续注入金融活水；强化银银、银政合作，有序有效推动区域重点项目配套资金跟进，为助力区域经济高质量发展提供优质高效的金融服务。截至12月末，新增贷款投放约9.39亿元，分行增幅排名第一。其中普惠“两增”贷款余额5.28亿元，净增1.61亿元。

将企业持续发展与履行社会责任、热心慈善公益深度融合。一是组织开展各类金融知识进社区、进企业普及宣传活动30余场，为提升社会公众金融素质和安全意识承担应有的社会责任。二是在环境保护、扶贫助困等方面全力打造爱心品牌。组织青年员工参加“3·12”植树活动，提倡保护环境；深入开展“慈善一日捐”活动，帮扶困难群众；主动对接有关地区农特产品采购，助推消费扶贫。

2022年，荣获宁波市金融系统青年文明号称号；荣获象山县金融服务业考核金融风险防控先进、象山县金融系统信息工作先进单位；荣获象山县银行业金融机构综合考评B等次、外汇管理考核评定B+类银行；荣获宁波分行零售业务开门红最佳组织奖。该行员工郑芦益荣获象山县金融业协会2021—2022年度金融优秀员工、傅建栋荣获金融系统“喜迎二十大　奋进新时代”微型党课比赛三等奖；许英波荣获宁波分行先进工作者、余巧荣获宁波分行优秀综合管理经理、章吟爽荣获宁波分行服务明星、史敏毓荣获宁波分行优秀新员工。

2022年交通银行宁波象山支行营业机构一览表

表19

机构名称	地址	电话	自动取款机
象山支行营业部	丹西街道象山港路451～463号	65655970	有

【中国邮政储蓄银行股份有限公司象山县支行】 中国邮政储蓄银行象山县支行成立于2008年4月2日，内设综合管理部、风险合规部、零售金融部、公司金融部4个部门，下辖1个营业部，3个二级支行，17家邮政代理网点；员工有85名。2022年末，邮政金融存款余额30.14亿元，其中支行储蓄余额8.92亿元；各项贷款余额51亿元；实现自营收入12123万元，同比增长1660.39万元，增长16.73%。

该行定位服务于“三农”、城乡居民和中小企业，依托“自营+代理”的独特模式和资源禀赋，致力于为县域经济转型中最具活力的客户群体提供服务。把渔船类贷款作为重点业务，根据渔民的融资需求和经营特点，大力创新开发海洋捕捞产业链上下游新产品，使渔船类贷款更加贴近市场。准对受疫情影响较大的批发零售、住宿餐饮、水产养殖、文化旅游等行业该行大力扶持，相继推出权限上申请支用的“极速贷”、“优享贷”、小微易贷等产品，为客户提供优质、便捷、高效的综合化金融服务。

该行秉承“进步与您同步”的服务宗旨，践行“普之城乡　惠之于民”服务理念，贯彻政银合作战略，破解三农小微融资难题。坚持服务实体经济，参与县域经济建设，用实际行动助推“聚力一二五，走好共富路”战略发展。以平台类客户为抓手，通过投债、流贷等形式加大对地方经济的支持力度，夯实公司业务发展基础，为县域内大型企业提供优质金融服务，坚定履行国有大行责任，持续提升服务实体经济质效。

2022年中国邮政储蓄银行象山县支行营业机构一览表

表20

机构名称	地址	电话	自动取款机
象山县支行营业部	丹西街道天安路548-558号	0574-89506081	有
象山县石浦支行	石浦镇金山路218号	0574-65973434	有
象山县经济开发区支行	丹西街道丹河路416-420号	0574-65770955	有

续表20

机　构　名　称	地　　址	电　　话	自动取款机
象山县靖南路支行	丹西街道靖南路216号	0574-65723160	有

【上海浦东发展银行宁波象山支行】 上海浦东发展银行宁波象山支行有营业网点两个：象山支行和石浦小微支行，员工35名。2022年，该行认真贯彻落实总分行年度工作会议精神，聚焦分行"23479X"发展路径，在各主管部门和上级行的正确指导下，积极应对复杂的经济局面，坚持稳健的经营发展思路，创新发展模式，多渠道加大信贷投放，全力为地方经济增长提供金融支持。截至2022年末，本外币各项存款余额195658万元，比年初下降39789万元，主要是公司存款减少，日均存款仍同比增加1877万元。其中，个人存款余额46087万元，公司存款余额149571万元。本外币贷款余额为388587万元，较年初基本持平。其中公司贷款余额242317万元，比年初增加11850万元；个人贷款余额139356万元，比年初减少11751万元，主要是个人住房按揭贷款提前归还原因下降1.3亿元。全行不良贷款总额4503万元，不良率1.18%。

公司业务方面，全面落实总分行各项政策，融合象山县海洋经济，进一步让利实体企业，扩大民营企业覆盖面，强化银政融合，深化银企合作，发挥支行结算价值，夯实业务基础，优化资产结构。结算资金流入多元，积极参与专项债、招投标等；产品运用多样，落地专项再贷款、产城融合、出口代付等支行首单；资产结构合理，银政业务有增量，民营企业占比大幅提升。打造国际业务（自贸区）、中小企业业务（普惠）、投行业务（绿色金融）品牌。借力总行上海自贸特色服务重点产品，以通（跨境双向人民币资金池）、融（跨境投融资）、兑（FT自由结售汇）的产品优势，服务有跨境需求的客户；通过特色产品放抵快贷、设备通、账款贷变固定资产为流动资金，通过信用贷款产品银税贷、银信贷、浦惠e贴、诺诺银税贷提升数字普惠金融综合服务能力，2022年新增普惠金融客户10户，增量近2000万元。联动招商局、经信局、发改局、乡镇街道等相关渠道，了解制造业融资需求，加大中长期制造业贷款投放、扩大普惠金融业务覆盖面，提升制造业投放，为实体经济做出金融贡献。2022年新增制造业企业14家，增量5000万元。

零售业务方面，继续充分利用浦发优势产品，为象山县个人客户提供有力的金融支持。个人存款，利用"安享盈""结构性存款""大额存单"等存款产品，提高客户的存款收益，因下半年国内外债券市场波动剧烈理财产品时有亏损情况发生，年末理财转存款现象较普遍，个人存款增长较多，一般性存款日均余额在2021年大幅增长前提下又比上年增长6900万元。个人贷款，消费贷款比年初减少7200万元，个人生产经营性贷款增加9200万元，网络贷款产品进一步优化。"浦银点贷"解决城乡居民消费需求，其中"公积金点贷"投放量位于浦发银行宁波分行前列；"浦银快贷"解决小微企业主的短期小额经营性需求；个贷多样性还款方式使借款人在疫情防控期间减轻还款压力，无还本续贷更是打消客户的到期归还顾虑。信用卡业务，"玩转商圈"和"礼券银行"成为知名品牌，信用卡汽车分期为客户购车提供支持。提供长短期理财产品和三方代理产品，满足城乡居民的理财需求。

2022年上海浦东发展银行宁波象山支行营业网点一览表

表21

机　构　名　称	地　　址	电　　话	自动取款机
象山支行	丹西街道丹阳路462~488号	59120219	有
石浦小微支行	石浦镇玉泉路87号、89号	59120699	有

【平安银行股份有限公司宁波象山支行】 平安银行宁波象山支行是平安银行宁波分行驻象山的一级支行机构，前身为深圳发展银行股份有限公司宁波象山支行，2009年9月开始筹备，2009年12月17日正式挂牌成立，于2012年8月27日正式更名为平安银行股份有限公司宁波象山支行，2022年5月20日搬迁至丹东街道丹阳路558号1-101室-1。有员工16人，营业网点1个，24小时自助设备银行1个。支行设行长室、零售部、运营部、公司部、小微部和综合室。

2022年全年AUM余额9.88亿元、存款余额2.83亿元、财客454户、LUM4.03亿元。该行完成银保中收全年指标的41%，位列宁波分行第5；公私募、重点产品销售达成率均处于分行中上水平，总体规模增长速度在同业中表现较好。

5月行长调动到任后，团队重整旗鼓，完成率多次位列前三。

2022 年平安银行宁波象山支行营业机构一览表

表 22

机构名称	地址	电话	自动取款机
支行营业部	丹东街道丹阳路 558 号 1-101 室-1	65002282	有

【中国光大银行股份有限公司宁波象山支行】 光大银行象山支行成立于 2010 年 10 月，位于丹西街道丹峰西路 128 号，内设公司业务部、零售业务部、办公室综合管理、营业室 4 个部门，共有 25 名员工。截至 2022 年末，各项存款余额 22.51 亿元，其中对公存款余额 18.08 亿元，对私存款余额 4.43 亿元。表内外投放总计 54.3 亿元，较 2021 年末的 52.1 亿元增加 2.2 亿元，增长 4.22%，其中表内投放（公司）30.39 亿元，表外投放（公司）15.3 亿元，个人贷款 8.6 亿元，个人贷款较 2021 年末新增了 7600 万元。表内投放总计 38.99 亿元，表内投放规模在全县 20 家股份制商业银行和城商行中位列第四（位列宁波银行、中信、浙商之后）。

2022 年，在宁波分行党委的领导和指导下，紧紧围绕分行党委提出的三年奋斗目标和重点工作部署，以资产负债业务为核心，以客群建设为抓手，牵头分行对公板块各管理部门，推动支行公司金融业务较快地发展。在县政府各部门的具体帮助和支持下，支行抓住机遇，实现了较好的发展，坚持“稳中求进、变中求机、进中求新”的指导思想，全力以赴践行新发展理念，推动高质量发展，提升价值创造能力，妥善应对风险挑战，各项业务持续稳定推进，市场占比稳步提升。加强对一批县内重大基础设施项目和重点工程信贷支持，通过项目贷款、投债、隐性债务置换、流动资金贷款等方式拓宽了对国有企业的融资，为国有企业降成本、扩融资贡献光大力量。积极联动光大集团内兄弟企业，集团联动为县内客户提供优质综合金融服务，充分发挥光大集团优势支持象山县社会经济发展。

2022 年，该行积极做好授信项目储备，加大信贷投放，做大业务基本盘，提高当地市场份额。发动全体员工，围绕县属国有企业融资需求，抓住稳经济、抓投放的政策机遇，对各体系国有企业开展系统营销，储备、上报、投放一批授信项目，与县属主要国有企业全部建立合作关系，获得县政府主管部门的肯定。零售信贷方面，克服房贷需求下跌带来的影响，抓住普惠信贷需求增加的有利时机，大力发展普惠贷款和房抵经营贷产品，截至 12 月末，普惠贷款余额达 3.74 亿元，新增 1.24 亿元，规模列分行第二，新增排名列分行第四。

2022 年度，荣获光大银行宁波分行“先进集体”奖。

2022 年中国光大银行宁波象山支行营业机构一览表

表 23

机构名称	地址	电话	自动取款机
中国光大银行宁波象山支行	丹西街道丹峰西路 128 号	25700622	有

【招商银行股份有限公司宁波象山支行】 招商银行宁波象山支行成立于 2010 年 5 月，自 2015 年起实行事业部制管理，下设公司金融客户部、零售银行部、零售信贷部和运营部，共有 1 家网点、1 家在行式自助银行和 19 名员工。该行始终坚持“以客户为中心、为客户创造价值”为核心理念，依靠“因您而变”的服务信念，招行金融服务口碑得到众多用户的认可。紧紧抓住客户的需求，全力打造专业化服务，建立银行零售客户的分层服务体系，将“因您而变”的理论注入血液，在服务理念、服务创新、服务方式、服务管理等方面打造全流程的客户服务体验，促进整体服务的螺旋式修复和发展。

2022 年，该行零售金融业务持续发展，资产负债结构进一步优化，深入贯彻“轻型银行”的战略方向和“一体两翼”的战略定位，打造增量、增收、增效、增值四增价创造链。坚持效益、质量规模动态均衡发展，有力推进 3.0 服务模式转型，贷款重点支持特色产业、绿色产业、重点项目等战略性新兴产业，以促进象山经济结构调整和产业转型升级。截至 2022 年 12 月末，信贷余额为 20.9 亿元。

该行坚持服务地方经济、助力企业发展的信贷政策导向，深化银企合作，重点在小微企业贷款、农林牧渔业贷款、县投资重点项目贷款投放。发挥网上企业/个人银行、银关通、商票贴现、融资授信、贸易融资、离岸业务、个人资产业务和双卡（一卡通、信用卡）系列等业务特色和优势，推出摩羯智投、多级现金池、区间远期等特色业务和创新产品，降低企业融资业务操作成本、提高融资放款效率、提升客户服务体验，促进和助推地方产业经济发展。

【中信银行股份有限公司宁波象山支行】 中信银行宁波象山支行位于宁波市象山县新华路 298 号，有 1 家营业网点，下设行长室、公司业务部、零售业务部、营业部、运营管理部、综合管理部 6 个部门，共有正编员工 24 名。2022 年，该行坚持履行“为客户谋价值、为员工谋幸福、为社会尽责任”的初衷使命，从战略、治理、执行各个层面推动可持续发展，走在前列、干在实处，聚焦实体经济，为县域经济发展保驾护航。

截至2022年12月末，该行各项存款余额23.3亿元，较年初增加3亿元，其中对公存款19.2亿元，个人储蓄存款4.1亿元；各项贷款余额52.6亿元，较年初增加5.2亿元，其中对公贷款45.5亿元，个人贷款7.1亿元；不良贷款余额448万元，不良率0.09%，较年初持平。业务的良性发展，确保了2022年全年收入利润目标的实现，全年实现营业净收入8739万元，较年初增加1000万元，其中，存贷款营收较上年同期增长10%。

2022年，是疫情发生的第三年，面对严峻的经济金融形势和“严监管”的金融市场常态，该行努力实现自身稳健经营和良性发展的同时，重点落实中共中央、国务院关于聚焦服务实体经济、防控金融风险、深化金融改革，加大对实体经济金融支持力度，持续强化对小微企业、制造业、普惠和民营企业的信贷支持，加大对战略性新兴产业、科技创新型企业等重点领域的资源投入，强化社会责任执行督办。截至2022年末，该行对40余个县级重点工程建设信贷投放达42.46亿元，投放领域涉及旧城改造、园区建设、全域旅游、交通物流、美丽集镇等，对县国企项目的融资已覆盖象港集团、城投集团、交运集团、水务集团、工投集团等；经济开发区、石浦科技园区、临港装备园区等产业园区；大目湾新城区以及松兰山、影视城、渔港古城等旅游文化产业；并成功获批象港集团的股权收益权融资、城西区块的城市更新等项目。截至12月末，该行普惠金融法人贷款余额14908万元，绿色信贷余额23800万元，战略性新兴产业贷款余额15810万元，民企融资余额34213万元，对公制造业中长期贷款余额6300万元，个人普惠贷款余额20184万元。

2022年，面对金融经济持续受疫情影响、疫情防控常态化的形势，该行高度重视、深入研究，全面贯彻稳企业保就业政策，明确责任分工；主动走访调研，支持政府发展战略，了解企业金融需求，积极履行社会责任，为重点企业、重点项目、重点领域提供全方位、全流程金融服务。共走访108家企业，其中16家企业实现贷款投放，全年贷款投放共计1.74亿元。

2022年，该行以总分行工作要求为指导，紧紧围绕县人行各项工作部署，以人为本、凝心聚力，以打造品牌队伍、提升工作水平、获取亮点成效为目的，严格遵循货币信贷政策、外汇政策、金融统计、重大事项上报、金融消费权益保护等各类金融制度，紧抓执行效率、维护金融稳定。该行着力打造“有温度”的品牌银行，将推广普惠金融贯穿于各项工作之中，以文明优质服务为重点，为广大客户送去更为全面的金融业务知识和更为有效的防诈骗、反洗钱、保护征信等金融风险提示。全积极开展“普及金融知识，守住‘钱袋子’”、“3·15”金融消费者权益保护、“6·14”信用记录关爱日、“金融知识普及月”、“存款保险宣传”等一系列普惠金融活动，走进社区、学校、企事业单位等多个重要社会公众场所，从思想根源上提高各类社会群众对金融风险的认知与防范，全力营造安全稳定的金融环境，2022年共开展普惠金融活动共计16场次。

2022年，荣评县人行综合考评B等次、县金融机构2022年综合考评B等次、宁波市三星治安安全单位，荣获市分行内控合规优秀支行、运营管理优秀支行、消保服务先进支行、安全保卫优秀支行等众多荣誉。

2022年中信银行象山支行营业机构一览表

表24

机　构　名　称	地　　址	电　　话	自动取款机
象山支行	丹东街道新华路298号	0574-89506721	有

【中国民生银行股份有限公司宁波象山支行】 中国民生银行象山支行下辖1个营业部，1个社区支行，1个小微支行，有32名员工。2022年该行在县委县政府及上级行的领导下，在相关部门的大力支持下，始终牢记金融服务地方发展的使命，坚持“以客为尊——诚信、创新、高效、共赢、稳健”的价值观，坚持“民营企业的银行、敏捷开放的银行，用心服务的银行”的战略定位，努力践行“服务大众、情系民生”的使命，发展的目标是成为一家特色鲜明、持续创新、价值成长、稳健经营的一流商业银行。截至2022年末，各项存款余额16.1亿元；各项贷款余额24.2亿元，依然保持稳健良好的发展态势。

象山石浦小微支行于2020年11月迁址至石浦镇玉泉路177号，以海洋渔业为特色，立足地方，积极开展各项金融服务。

宏润花园社区支行以努力打造成周边社区“家门口的银行”为宗旨，开展客户精细化服务，取得良好成效。

2022 年中国民生银行象山支行营业网点一览表

表 25

机　构　名　称	地　　址	电　　话	有无自动取款机
象山支行营业部	丹东街道天安路 197~207 号	65089013	有
象山宏润社区支行	丹东街道丹峰东路 617~619 号	65612377	有
石浦小微支行	石浦镇玉泉路 177 号	89526600	有

【宁波银行股份有限公司象山支行】 宁波银行象山支行下辖营业部 1 个，二级网点 8 个，区域辐射丹城、石浦、西周、东陈、贤庠，共有 186 名员工。营业部内设 16 个部门：行长室、办公室、风险管理部、监察保卫部、公司业务一部、公司业务二部、公司业务三部、交易银行部、机构业务部、零售公司业务部、零售公司管理部、个人银行部、财富管理部、个人信贷和信用卡部、私人银行部、运营部。截至 2022 年 12 月，存款余额达到 87.83 亿元，较年初增加 19.78 亿元；贷款余额达到 62.24 亿元，较年初增加 10.2 亿元。

2022 年，该行坚持“专注主业，回归本源”，在细分市场的基础上形成公司银行、零售公司、财富业务、消费信贷、信用卡、投资银行、托管业务、票据业务、金融市场等九大利润中心，逐步形成差异化的比较优势。坚持“控制风险就是减少成本”的经营理念，在资产负债各项业务长足发展的同时，利用大数据布局，培养本地数据分析师，创建本土化的监测模型，充分利用自主监测，提高风险管理的精度和广度。加强案防管理体系的优化，提高管理的针对性和有效性。坚守“诚信敬业、合规高效、融合创新”的理念，为客户提供最优质服务，蝉联象山县外汇管理评级 A 类行、象山县银行业金融机构综合评价 A 类行，荣获象山县金融服务实体经济先进单位、象山县金融服务业银行机构综合考评二等奖。

2022 年宁波银行象山支行营业网点一览表

表 26

机构名称	地　　址	公开电话	有无自动存取款机
宁波银行象山支行	丹东街道象山港路 503 号	0574-65768313	有
宁波银行石浦支行	石浦镇南屏路 193 号 8-11	0574-65988127	有
宁波银行丹东支行	丹东街道靖南大街 637~651 号	0574-65782972	有
宁波银行西周支行	西周镇朝晖路 18 号	0574-65002609	无
宁波银行东陈支行	东陈乡沙岗村龙山路 40 号	0574-65736150	有
宁波银行贤庠支行	贤庠镇泰和路 109~119 号	0574-89526809	有
宁波银行丹西支行	丹西街道丹南路 163、165、167 号	0574-65752862	无
宁波银行渔港支行	石浦镇渔港北路 58-1 号、58-2 号、58-3 号、58-4 号、58-5 号一层、58-5 号 2-1	0574-65038793	无
宁波银行丹南支行	丹东街道丹山路 759 号 1-1	0574-65763755	无

【宁波东海银行股份有限公司象山支行】 宁波东海银行象山支行下辖 1 个营业部、5 家支行，有 82 名员工。2022 年，该行在各级部门及总行的支持指导下，全面落实“做小、做散、做新”战略，以“三户三额”为抓手，迎难而上，积极调整业务结构，大力开拓小微、零售业务，服务小微、制造业企业，深化银政合作，努力营销财政、国资存款，坚守合规经营底线，积极清收压降风险资产，努力实现经营目标，各项业务均有显著进步。全行上下始终做到

思想统一、行动统一，逐步化解历史包袱，全力以赴共谋发展，不断开启发展的新征程、新篇章。

截至2022年末，该行各项存款余额21.86亿元，各项贷款余额19.65亿元。以“做小、做散、做新”战略作为业务开拓的方向，紧抓业务发展，调整业务结构，坚守合规经营底线，大力开拓小微、零售业务，服务小微、制造业企业，并深化银政合作，努力营销财政、国资存款，同时积极清收压降风险资产，努力实现经营目标。2022年，该行小微企业贷款余额达13.47亿元，有力地支持当地小微企业的发展。加大投放二手房按揭贷款，累计投放二手房按揭贷款163户，共发放金额2.08亿元。该行班子带领业务团队尽调走访受疫情影响的企业，保稳纾困、助企惠民，共向109家中小微企业提供“薪资保”专项授信5.14亿元，其中102户企业已用信，累计提款3.69亿元。

2022年，该行严格执行年初制定的各项方针政策，克服内外压力，群策群力促转型，一心一意谋发展，优化客户结构，拓展零售业务的有序发展。截至2022年12月末，该行理财余额9.52亿元，储蓄存款余额10.21亿元，零售业务增长平稳。组织各类营销活动共计200场，其中大型特色活动5场。活动足迹覆盖整个象山各大城区，与北路社区、瑶琳社区、塘头港社区、延昌社区、老年大学、石浦成人教育学院、上城公馆小区、保集蓝郡小区、丹峰小区等建立长久、良好的合作关系。社区活动丰富多彩，深入人心。

2022年宁波东海银行象山支行营业网点一览表

表27

机　构　名　称	地　　址	电　　话	有无自动取款机
象山支行营业部	丹东街道天安路153~161号	65656179	有
城西支行	丹西街道靖南大街194号	65713524	无
石浦支行	石浦镇金山路127号	65975765	有
港北支行	石浦镇渔港中路307号	65950492	无
爵溪支行	爵溪街道新瀛路36号	65605968	有
西周支行	西周镇西瀛大街48号	65836455	有

【上海银行股份有限公司宁波象山支行】 上海银行宁波象山支行下设行长室、综合部、公司业务一部、公司业务二部、零售业务部和营业部，共有员工26名。截至2022年12月，人民币存款余额173320万元，比年初净增51961万元，增长34.87%，存款规模在辖区内排名第15位，较上年上升2位；人民币贷款余额382056万元，比年初净增14944万元，增长3.89%，贷款规模在辖区内排名第13位，较上年下跌3位。

该行以支持地方经济发展为己任，以服务实体经济为根本，通过建设队伍、更新观念，控制风险，推动业务转型，倡导经营差异化、服务特色化、管理精细化，努力做一家“专精特新”的银行。截至2022年末，共有国资国企授信客户59户，授信余额275145万元，债券余额40000万元，民营企业授信客户47户，授信余额15269万元，个人住房按揭贷款客户2165户，授信余额107287万元。年末，不良贷款率为0.03%，低于辖区内同业平均不良率。被评为象山县汇率避险工作劳动竞赛“先进集体”三等奖。

【浙江民泰商业银行股份有限公司宁波象山支行】 浙江民泰商业银行宁波象山支行地处丹东街道象山港路788号1~3层，设有行长室、综合部、营业部和3个业务部，在册员工共计28人。截至2022年末，各项存款余额37720万元，各项贷款余额47082万元，实现财政总收入2543万元，账面利润1231万元。

自象山支行列入民泰银行的标杆支行，一直坚持以创新求发展的经营思路，积极履行模范支行带头作用，踏实走出一条具有民泰特色、与村民融合的发展之路。以乡村振兴为抓手，继续深化“五个一”工程，推进根据地模式，结合网格化营销的指引，开拓业务新增长点，大力拓展渔业及其上下游产业链，把象山的属地优势转化为客群优势，积极开拓工业小微企业客户群和村居客群等。

该行秉持“服务中小企业、服务个体户、服务城乡居民”的经营理念，坚持小额、分散的市场定位，潜心扎根村镇业务开拓。

2022年浙江民泰商业银行宁波象山支行营业机构一览表

表28

机构名称	地址	电话	有无自动取款机
浙江民泰商业银行宁波象山支行	丹东街道象山港路788号1-3层	25751001	有

【象山县农村信用合作联社】 各项存款余额246.24亿元，比年初增加38.91亿元，县域增量占比27.84%；市场份额25.64%，比年初提升0.33个百分点。各项贷款余额181.31亿元，比年初增加25.81亿元，县域增量占比15.18%；市场份额13.69%，比年初提升0.22个百分点。存贷款总量、增量均稳居全县金融机构首位。五级不良贷款余额1.78亿元，较年初减少0.31亿元；不良贷款率0.99%，较年初下降0.35个百分点，不良额、率达到“双降”。拨备覆盖率731.05%，资本充足率13.07%，风险抵御能力进一步增强。实现营业净收入8.3亿元，同比增加0.62亿元；实现拨备前利润4.85亿元，同比增加0.58亿元，盈利能力保持稳定。实现地方纳税1.32亿元。被中共象山县委、象山县人民政府授予“2022年度金融服务实体经济先进单位；荣获银行机构综合考评一等奖；被市慈善总会授予第七届宁波市“最具爱心捐助企业”称号。2022年6月17日，浙江省副省长徐文光在由浙江农商联合银行报送的《浙江信息》第104期《象山县推出“无本减船转产”金融服务》上作出重要批示，充分肯定了我社金融助力减船转产工作成效：创新金融服务模式加大扶持力度，助推渔船减船转产攻坚行动。请省农业农村厅、涉海涉渔专委会阅，应在下步工作中加大这方面的政策研究支持力度。

业务创新方面。全面贯彻落实县政府减船转产攻坚战部署，第一时间制定减船转产工作方案，开展“百名员工进渔家”活动，创新推出无本减船转产政策。截至2022年末，签订减船补助款三方监管协议168份，贷款金额1.6亿元，涉及补助金额3.6亿元，极大缓解渔民融资压力，相关做法得到常务副省长徐文光及县四套班子的批示肯定。

业务发展方面。一是全面助力经济稳进提质。根据国家省市县关于稳住经济的一揽子政策主基调，推出“稳经济、惠民生”金融服务四个方面10条举措，包括单列10亿重点帮扶信贷资金户，推出3亿普惠领域专项免息3个月资金，支持普惠小微企业无还本续贷等。相继开展金融扶持个体工商户“活主体、促共富”活动、金融支持百万市场主体专项活动，实现走访100%全覆盖。二是精准发力乡村产业振兴。借助县争创国家特色农产品优势区的机会，引导信用社以产业为范围，跳出辖区营销概念，积极对接产业管理中心、产业联盟、行业协会、民个协等组织，打造全产业链的金融服务新模式。协办中国流行色助力宁波针织服装产业发展论坛，与县纺织服装产业联盟、县中小企业融资担保有限公司签订三方协议，为县纺织服装产业联盟授信5亿元。三是拓宽“总对总”合作广度。与县委组织部签订人才企业战略合作协议，推出“人才保”贷款产品；与县经信局签订县域层面战略合作协议，不断激发中小企业活力和创造力，扩大“产业政策+金融支持”的杠杆效应；与县商贸集团达成战略合作，联合打造智慧菜场，深层次嵌入消费场景；作为宁波“薪资保”贷款业务第二批合作金融机构，积极排摸“薪资保”企业白名单，以代发工资形式保障员工工资足额发放，并由宁波市财政全额贴息。

风险管理方面。一是抓好合规内控建设。持续开展规章梳理，完成“四库建设”，实现员工对法规、制度、案例、试题的实时查询，按季开展线上合规测试。共梳理规章制度615个、“废改立”规章135个。建立二级信贷辅导网常态化培训机制，通过讲课、轮值、座谈、检查等方式查找基础管理工作薄弱环节，全面提升信贷工作管理水平。常态化开展信贷管理、不良资产处置、第三方合作业务等排查，突出飞行检查。紧跟省行智能风险开发进程，开展试点应用；加快监管EAST5.0标准化数据治理和整改。开展“除险保安”大排查大整治专项行动，切实做好党的二十大维稳安保工作，从严从实从细识别和闭环管控风险。二是提升审计整改成效。发挥内部审计第三道防线作用，拓宽审计查证渠道，加大非现场审计力度，优化审计模型及思路，共开展审计项目35个，发现审计问题346个，提出审计建议65条。强化审计问题的整改，建立问题台账，落实责任单位，实施审计整改“挂销号”制，促进问题整改和后续跟踪评价系统化、流程化。

内部管理方面。一是强化质效提升总部管理。总部以“质效提升巩固年”活动为载体，制定质效提升五大攻坚项目实施方案，加大落实23项部室重点工作、五大重点攻坚项目的督查督办力度。年初，调整总部组织架构，新的组织架构从原14个部门精简为11个部门，突出前端活、中台强、后台稳，明晰了总部部门职责和定编定岗定责。开展企业年金政策宣讲，制定企业年金方案于2023年实施。首次开展员工家访活动，对全联社20%的员工分级分层开展家访工作。二是强化资产负债导向管理。推进全面预算管理，根据战略经营目标、近年业务规模特点及收益率状况制订年度资产负债计划表，定时监测、按需调整。规范贷款对客利率定价和审批流程管理，及时测算成本价格变化并推动调整利率定价。做好流动性风险、利率风险和汇率风险监测，建立大额资金进出预报机制。三是强化信贷业务数字化管理。深化不动产抵押登记数字化改革，实现省内不动产权证抵押登记异地“通办”；推出抵押物抵押登记延期业务，并与“无还本续贷”操作对接，助企业实现流程和成本“双降”；联合县不动产中心推出“二手房交易登记+金融服务”五合一便民服务模式，成功办理全市首笔二手房按揭直转。

队伍建设方面。一是扎实开展党建工作。开展“喜迎二十大，奋进新征程”、主题党日系列活动，走进红色基地开展特色主题活动。深化“党建+金融”，探索共建新模式，挖掘与党建联盟单位的合作深度，积极打造“红色金融服务点”，成立全县首家“红色丰收驿站”。二是持续优化队伍建设。分层级开展公开竞聘，在选拔中更加注重基层实践经验与工作实绩，通过“交流轮岗”激发干部队伍活力，促进复合型管理人才的培养。完善后备人才培养机制，按层级制定培养方案，为人才梯队建设打下坚实的第一桩。三是优化绩效考核机制。启动新绩效管理系统项目开发，总部部室从重点工作开展、关键绩效指标完成等维度试点绩效合约模式，明确能上能下的具体标准。对客户经理考核加入绩效合约内容，将综合经营目标考核与绩效考核相挂钩，推动岗位淘汰机制落地，调整客户经理轮岗期限，从源头上推动客户经理真正“走出去”。

企业文化方面。开展企业文化项目研究，确定企业文化整体框架。着力打造“合规文化”，以案为鉴，将合规作为管理的重要基石，抓住风险背后人的因素，重视员工行为管理，打造队伍铁军形象。持续对全社规章制度进行梳理评估和废改立，完成“四库建设”，实现员工对法规、制度、案例、试题的实时查询，按季开展线上合规测试。着力打造“幸福文化”，以“喜迎二十大，奋进新征程”为主题开展系列活动，以“红色+党建”为主旋律，获得更多正能量和“好声音”。建立企业文化整体框架，与县级媒体签约冠名合作项目，宣导“社兴民富”的幸福共富理念。与县委统战部合作，成立“农信帮富兴村 · 光彩基金”助力共同富裕；组建志愿服务队，由党员带头开展垃圾分类督导、净化海滩等志愿活动，助力象山县全国文明城市创建。着力打造“清廉文化”，在重大节假日开展正风肃纪工作，进行明察暗访；开展员工酒驾醉驾问题专项治理，组织全体员工参加“向酒驾醉驾说不”线上考试。开展反腐倡廉全覆盖无盲区“零容忍”专项行动，持续释放不敢腐、不能腐、不想腐一体推进综合效应。

2022 年象山县农村信用合作联社营业机构一览表

表 29

机构名称	地址	电话	自动取款机
营业部	丹城靖南路 342 号	65725073	有
起春分社	丹城天安路 926 号	65714372	有
丹城信用社	丹城天安路 117 号	65730382	有
文峰分社	丹东街道靖南路 483 号	65730986	有
上进分社	丹东街道靖南路 750 号	65715941	有
南河分社	丹东街道汪家河菜场	65724809	有
城东分社	丹东街道丹峰东路 468 号	65778231	有
墙头信用社	墙头镇墙头村观海南路 5 号	65810028	有
亭溪分社	墙头镇大溪蒋村	65751289	有
东陈信用社	东陈乡新建路与沙岗东路交叉口	65800051	有
旦门分社	东陈乡旦门村双桥街	65804159	有
贤庠信用社	贤庠镇泰和路 17 号	65643548	有
珠溪分社	贤庠镇珠溪村	65660116	有

续表29

机构名称	地址	电话	自动取款机
岑晁分社	贤庠镇岑晁街6号	65642880	有
西周信用社	西周镇西瀛大街北端	65836490	有
莲花分社	西周镇渡头街	65860023	有
南瀛分社	西周镇西瀛大街277号	65836244	有
下沈分社	西周镇下沈村振兴路172号	65870920	有
儒雅洋分社	西周镇儒雅洋村	65836490	无
爵溪信用社	爵溪街道镇前街1号	65601676	有
新瀛分社	爵溪街道新瀛路26号	65602599	有
石浦信用社	石浦镇金山路122路	65982267	有
人民路分社	石浦镇渔港中路海峡广场	65982931	有
东门分社	石浦镇东门渔村东丰路2号	65090031	有
番头分社	石浦镇金山路308号	65983352	有
南屏分社	石浦镇南屏路384号、386号、388号、390号	65983082	有
水产城分社	石浦镇兴港西路水产城4~6号	65979755	无
金星分社	石浦镇金星路15号	65935008	有
五爱分社	石浦镇新塘岸路73号	65950434	有
昌国分社	石浦镇昌国南门	65990023	有
高塘信用社	高塘岛乡龙泉路172号	65044368	有
新桥信用社	新桥镇南坪路10号	65880026	有
东溪分社	新桥镇东溪村朝阳路2号	65888010	无
定塘信用社	定塘镇元享路101号	65910030	有
鹤浦信用社	鹤浦镇沿河路1号	65010024	有
四都分社	鹤浦镇大南田村297号	65039044	有
新大街分社	鹤浦镇鹤西西路39~41号	65010188	有
大徐信用社	大徐镇东昭路102号	65620655	有
新城信用社	丹西街道新丰路372~378号	65001013	有
靖丰分社	丹西街道新丰路2号	65727274	有

续表29

机　构　名　称	地　　址	电　　话	自动取款机
西门分社	丹西街道建设路55~57号	65712952	有
兴市分社	丹西街道丹峰路与蓬莱路交叉口	65735963	有
峰莱分社	丹西街道丹峰西路97号	65714799	有
中心菜场分社	丹西街道丹阳路与创业路交叉口西北角	89507698	有
工业园区分社	丹西街道丹河路商业街1幢25~35号	65755902	有
南庄分社	丹城樟树下村	65790008	有
丹东信用社	丹东街道丹阳路1150~1168号	65728363	有
梅溪分社	丹城梅溪后山村	65789828	有
林海分社	丹东街道大碶头村522号	65700074	有
泗洲头信用社	泗洲头镇泗洲头村	65890025	有
涂茨信用社	涂茨镇金鸡路219号	65680025	有
晓塘信用社	晓塘乡晓城故事家园1号楼8-11	65925003	有
钱仓分社	涂茨镇钱仓村	65690165	有
茅洋信用社	茅洋乡溪口村和谐路36-1号	65900037	有
黄避岙信用社	黄避岙乡龙屿村	65670019	有

【象山国民村镇银行股份有限公司】 2022年,象山国民村镇银行各项存款余额31.97亿元,比年初增加3.53亿元,增长12.43%。各项贷款余额27.40亿元,比年初增加2.77亿元,增长11.24%。全行个人贷款余额19.65亿元,比年初增加1.17亿元,增长6.35%;企业贷款余额7.75亿元,比年初增加1.60亿元,增长25.91%。涉农贷款余额24.36亿元,占比88.91%。

支持实体经济　积极响应县委、县政府支持实体经济政策号召,推出1.5亿元制造业专项贷款资金,开通贷款绿色通道,全年投放制造业专项贷款8110万元,惠及企业65家;贯彻落实《纾困助企融资财政贴息实施细则》,发放贴息贷款106笔,金额8228万元。响应人行中小微企业贷款延期还本付息和普惠小微信用贷款支持政策,全年获得政策奖励资金662.56万元。围绕宁波银保监局“坚守定位、服务乡村振兴”11项指标,扎实推进乡村振兴领域金融支持,较好完成了其中的10项指标。坚持走村入企宣传营销传统,全年开展走访8531次,新增首贷户355户,金额12050.9万元,走访总次数和新增首贷户实现双增。妥善应对台风等自然灾害影响,及时成立排摸小队重点走访农村农业受灾客户,其间,发放台风救灾贷款53笔,金额1042万元。

持续推进普惠金融工程　一是“国民银行普惠金融”品牌打造取得新进展。根据《中华人民共和国民法典》相关法规条文的变化,制定完善《象山国民村镇银行“快速贷”管理办法》等7个产品制度。持续推进人行“双百双千”工程,落实鹤浦、高塘、贤庠、定塘区域内宣传工作。加大“内培外宣”力度,根据宁波银保监局“甬助老　百千万”培训宣传工作要求,策划传统节日专题宣传营销活动,结合乡村民俗文化节日,开展“金语助老年,守护夕阳红”厅堂专题讲课和现金服务大篷车活动,全方位宣传反诈骗、反洗钱、反假币等各种金融知识。邀请外部讲师持续开展反诈培训会,从专业角度解析诈骗类型和形式,提升员工对反诈工作关键点和要点的认知。二是普惠协同效应得到充分发挥。为大力支持共同富裕政策的落地实施,与县慈善总会签订协议,承办由县慈善总会设立的扶持低收入群体产业发展的免息无手续费专项委托贷款,给全县低收入群体取得创业贷款资金提供新途径,宁波电视台等多家媒体对此进行报道。

2022 年象山国民村镇银行营业机构一览表

表 30

分支机构	地　址	联系电话	有无自动取款机
营业部	石浦镇金山路 110 号	65987163　65987152	有
丹城支行	丹东街道丹峰东路 609～615 号	65006527　65006529	有
渔港支行	石浦镇海滨路 1 号	65961291　65987168	有
西周支行	西周镇昌明路 35 号	65839061　65839768	有
贤庠支行	贤庠镇泰和路 261 号	65006568　65006566	有
城区支行	丹东街道新华路 328 号	65006570　65006537	有
鹤浦支行	鹤浦镇鹤西西路 52 号	65006803　65006810	有
定塘支行	定塘镇兴定路 68 号	65006816　65006815	有
高塘支行	高塘岛乡龙泉路 122～126 号	65006871　65006891	有
新桥分理处	新桥镇宁丰路 33 号	89528607　89528612	有
南庄分理处	丹西街道丹河东路 417 号	89528604	无
泗洲头分理处	泗洲头镇泗洲头村盛洲路 51 号	89528622　89528617	有
墙头分理处	墙头镇墙头村杏花西路 7 号	89528635　89528628	有
茅洋分理处	茅洋乡溪口村和谐路 26 号	65732975	有
涂茨分理处	涂茨镇涂茨村金鸡路 106 号	65751529	有
金海分理处	石浦镇金山路浦港茗都街面 15 号	65987580	无

【象山中银富登村镇银行有限公司】 象山中银富登村镇银行于 2013 年 9 月 18 日开业，于 2015 年 2 月 1 日、2015 年 12 月 31 日各在丹东街道、石浦镇开设支行，在编员工 53 人。截至 2022 年末，存款余额 25579 万元，较年初新增 120 万元；贷款余额 46826 万元，较年初新增-10,529 万元，不良率 1.39%，较上年末上升 0.47%。

2022 年，该行认真贯彻监管部门和总部党委的战略部署，坚持推动村镇银行高质量发展。一是深入学习贯彻习近平新时代中国特色社会主义思想和中共二十大精神、全面贯彻新时代党的建设总要求；二是筑牢三条防线，营造风清气正的良好环境；三是认真牵头组织开展各项政策宣传，做好客户信访工作；四是党建引领，认真落实好党中央关于金融支持实体经济、发展普惠金融、助力乡村振兴等的批示精神和决策部署；五是真实反映资产质量，加快处置存量风险。

该行聚焦主责主业，始终坚持“扎根县域、支农支小”战略定位，致力于打通金融服务“最后一公里”，提供零距离服务。发展普惠金融，全面助力乡村振兴，接续全面推进乡村振兴的新阶段，抓住金融供给侧结构性改革俞乡村振兴等政策机遇，加快产品创新与服务升级，下沉金融服务重心，不断提升普惠金融服务的适配性与满意度。发掘本地特色涉农产业，结合当地政府规划，创新开发乐家贷、宜居贷、欣农贷等涉农贷款产品，用专项产品支持乡村振兴，切实肩负起应尽的社会责任，最大热情服务“三农”“小微”，最大限度让利于社会大众。

2022 年象山中银富登村镇银行营业网点一览表

表 31

机　构　名　称	地　　址	电　　话	有无自动取款机
法人行	丹东街道丹河东路 1110 号	25750002	有
爵溪支行	爵溪街道新瀛路 19 号	25750002	有
石浦支行	石浦镇大庆路 53 号	25750002	有

【浙江泰隆商业银行股份有限公司宁波象山支行】 泰隆银行象山支行于 2015 年 2 月开业。2019 年 1 月，在石浦镇开设小微企业专营支行。2022 年共有员工数 56 人。

2022 年，该行积极响应县委县政府和监管部门支持实体经济、支农支小、服务农村金融的倡议，以制度创新、产品创新、服务创新为着力点，通过社区化经营，专注服务小微企业客户的发展。截至 2022 年底，全部存款余额为 111768 万元，较年初新增 61878 万元，全部贷款余额为 114378 万元，较年初新增 23350 万元。在产品的创新上，先行先试线上化纯信用产品“泰 e 贷”；在社区化模式基础上，通过流程简化（最快 30 分钟放款），担保简化（纯信用），用款灵活（随借随还、线上化操作），以小额实质预授信形式实现信贷审查流程前置，做到让客户“一次都不用跑”，实现“秒批秒贷”。

该行始终秉持诚信合规的经营理念，实行全面风控管理。一是结合案件警示教育活动，常态化开展案例宣讲工作，通报行内外重大金融案件，加强安全警示。二是制订分层分类的合规学习计划，加强新入职员工合规制度学习要求及监管制度和最新合规规定的专题学习。三是开展合规测试。通过制定内规、外规学习清单，组织全员参与合规测试，通过测试，增强员工合规意识，多年来未发生案件和重大责任事故。

2022 年浙江泰隆商业银行宁波象山支行营业网点一览表

表 32

机　构　名　称	地　　址	电　　话	有无自动取款机
象山支行营业部	丹西街道象山港路 418 号	55865888	有
石浦小微支行	石浦镇海宁路 198 号	55019666	无

【浙商银行股份有限公司宁波象山支行】 浙商银行宁波象山支行成立于 2017 年 6 月 26 日，经营网点 1 家，自助银行 1 家。支行设行长室、综合管理部、业务发展一部、二部、三部、零售业务部、零售信贷业务部、营业部及派驻风险经理，有员工 24 名。截至 2022 年 12 月末，表内各项本外币存款余额 23.65 亿元，较年初增长 9.61 亿元，增长率 68.45%；其中对公存款 20.39 亿元，个人存款 3.26 亿元。表内各项本外币贷款余额 45.71 亿元，较年初增长 19.82 亿元，增长率 76.55%，其中对公贷款 35.13 亿元，个人贷款 10.58 亿元。该行在实现较快发展的同时，重视内部管理和风险控制，信贷资产质量保持良好。

该行是唯一一家总部位于浙江的全国性股份制商业银行，紧紧围绕总行“成为最具竞争力全国性股份制商业银行和浙江省最重要金融平台”的“两最”总目标和平台化服务战略，结合当地金融特点，全面支持企业稳生产、扩产能，提升金融服务质效。深耕浙江大本营，回归本源，服务制造业龙头企业、专精特新“小巨人”企业、单项冠军企业、高新技术企业，服务“重点领域新兴产业”，创新民营企业融资渠道和水平，大力支持实体经济。针对小微企业推出便利贷、出口退税贷、余值贷、房抵点易贷，国担担保贷等丰富的小微特色产品业务，特别推出纾困贷，大力度助企纾困。

2022 年度，该行获象山银行业金融机构综合评价 A 类行，汇率避险工作劳动竞赛“先进集体”三等奖、象山县银行机构综合考评三等奖、象山县金融服务实体经济先进单位、宁波市金融系统青年文明号等荣誉称号。

【台州银行股份有限公司宁波象山支行】 台州银行宁波象山支行位于象山县天安路 536~544 号，于 2017 年 2 月 10 日正式开业。支行下设前台业务部、业务拓展一部、业务拓展二部 3 个部门，员工 23 人，配置自动取款机和服务电话（号码为 0574-55007200）。截至 2022 年 12 月 31 日，各项存款余额 20213 万元，较年初增长 8602 万元；各项贷款余额 66271 万元，较年初增长 17499 万元。

2022 年，该行始终坚持“小微企业伙伴银行”的市场定位不动摇，秉持“社区银行”商业模式，“深扎基层、下沉服务”，积极主动“入村居、进厂区”。紧密围绕“小微企业金融服务高质量发展”“金融支持宁波建设‘中国制造

2025'试点示范城市”“乡村振兴”等主题，运用新技术、新平台，不断加大信贷投放力度，增量扩面、提质增效，助力象山地区实体经济发展。

该行倡导“积极、主动、合作、快乐”的企业文化，关心员工日常生活，定期开展与创新员工生日关怀，开展团建活动，以适应年轻化的员工文化氛围。热心践行普惠金融，积极投身公益宣传及金融知识普及等活动，全年共开展“小小银行家”“打击洗钱，远离犯罪”“粽情台行，普惠百姓”“3·15”金融消费者维权日“普及金融知识万里行”等丰富的公益营销宣传活动25余场，受众1200多人，发放各类宣传单页800多张，通过LED屏等行内宣传渠道播放信息28万多条次，有效提升周边百姓金融常识普及率，实现经济效益与社会效益双丰收。

【恒丰银行股份有限公司宁波象山支行】 2022年，恒丰银行宁波象山支行营业网点1个，位于天安路149-151号，内设行长室、营业部、综合管理部、公司业务部、零售财富部、零售信贷部6个部门。共有正式员工18人。配行长1名（34周岁），副行长1名（40周岁），中共党员4人。

截至2022年12月，该行贷款余额29.13亿元，年初数28.61亿元；存款余额15.96亿元，年初数7.25亿元。

该行以金融手段支持各行业发展，注重将党建与中心工作融合，探索实施“党建+效益”联结模式。2022年，组织党员团队参加当地慈善捐助、慰问退役军人老党员活动，组织“双百双千”“走基层”等金融知识宣传，组织开展探访陈汉章故居、革命传统教育等各类主题活动，强化党员队伍建设，充分发挥党组织战斗堡垒作用和党员先锋模范作用。该行获续评2022年度宁波市金融系统青年文明称号。

【广发银行股份有限公司宁波象山支行】 广发银行象山县支行于2019年9月20日正式开业，内设行长室，公司部、零售部、运营部，共有17名员工，营业网点1个，24小时自助设备银行1个。支行牢牢紧扣宁波先进制造业集群高质量发展机遇，围绕“246”万千亿产业集群、上市公司、制造业单项冠军、隐形冠军等营销重点白名单，依托长三角区域集团性企业共享联动机制，推进项目贷款、跨境金融、投资银行等业务合作，提升市场渗透率。截至2022年底，贷款余额31.12亿元，其中对公贷款25.11亿元，存款余额19.01亿元。荣获象山县人民政府金融服务业金融风险防控先进奖，赢得政府、市场等多重认可，在象山当地树立广发市场口碑。

该行制定分头突破、先粗后精的项目营销思路：兵分三路，由行长室负责牵头重大项目和县局级机关营销，公司部负责乡村和中小企业对接工作，零售部负责优质楼盘和优质阳光中介的对接，分工明确。公司部将象山18个乡镇（街道）根据各区域经济特色、经济总量进行划分，分别落实到4名客户经理，由分管行长牵头对丹东街道、丹西街道、石浦镇、东陈乡等重点乡镇（街道）进行逐个走访对接，成功营销宁波戴维医疗器械股份有限公司、宁波乐惠国际装备有限公司、宁波浩创伟景置业有限公司等一批优质企业。零售部在楼盘项目营销上，充分利用分行的优惠政策，抓住新楼盘开盘的机遇，先后和象山万达广场、丹越府、金凤迎春、海玥和鸣等楼盘签署了合作协议。

【浙江稠州商业银行股份有限公司宁波象山支行】 稠州银行宁波象山支行成立于2019年11月，位于县象山港路677~687号，内设行长室、办公室、小微部、营业部4个部门，共有23名员工。截至2022年12月末，各项存款余额达3.98亿元，其中个人存款达2.61亿元，对公存款达1.37亿元；贷款余额合计6.09亿元，其中企业贷款0.42亿元，个人贷款5.67亿元。

业务发展方面。该行立足民营、小微企业，坚持市场导向，把握总行政策、利用现代科技，强化产品创新驱动，开发、推动多元化、有特色的小微金融产品，提高小微企业融资的可获得性，缓解小微企业融资难、融资贵、融资满等难题。聚焦第一还款来源，推广“政银”、银保合作产品，提高小微企业融资便利性和可获得性。

风险管理方面。一是授信客户结构持续优化，做好存量风险隐患客户的调整退出工作，部分风险隐患客户授信风险得到了有效控制。加强重点行业、重点企业风险防控。做好新增授信准入，鼓励小微业务进一步向小额化发展，对小微贷款标准化流程进行了梳理，简化小额贷款申报审批流程。二是加大贷后管理力度，成立专业后督队伍，负责全行授信业务贷后督查工作，组建飞行检查团队，承担小额授权项下审批业务抽查、大额授信业务风险排查，以及行内新产品、新业务评估等工作。三是丰富处置手段，全力压降不良，在全力推动现金清收、诉讼、重组、核销等处置方式的基础上，尝试以物抵债的方式盘活不良资产，利用淘宝司法拍卖、押品交易信息网等平台，促进押品流转，提升清收成效。

规范经营方面。一是建设完善“预防在前、全程规范、惩戒在后、以人为本”的内控管理体系，树立“合规创造价值，违规代价惨痛”的案防意识，形成“尊重制度、学习制度、执行制度”的合规文化。二是继续开展合规管理提升工作，全面整合内控措施，形成由机制流程、教育培训、全面检查、随机督查、警示问责五大体系组成的内控管理框架，细化合规综合检查、随机客户走访等26项工作内容，就日常工作中发现的问题做好违规行为的问责处理。三是强化案件防控及反洗钱管理工作。加强员工行为禁令、风险案例的宣导和解析，落实重要岗位轮休、“八小时以外”动态管理等规定。四是开展消费者权益保护工作，切实维护群众利益。

保险公司

【概况】 至2021年末，象山县辖内共有保险公司25家，保险机构网点38个，从业人员为2537人。

2022年象山县保险机构一览表

表33　　　　单位：个

序号	机构名称	单位地址	值班电话	传真	服务热线	网点数
1	中国人民财产保险股份有限公司象山支公司	丹东街道靖南大街285号	65606060	65652861	95518	6
2	中国太平洋财产保险股份有限公司象山支公司	丹东街道象山港路501号宁波银行12楼	65739222	65658921	95500	3
3	中国平安财产保险股份有限公司象山支公司	丹西街道滨海大道929号商会大厦东15楼	65760221	65766173	95511	2
4	中华联合财产保险股份有限公司象山支公司	丹东街道汇兴路30~32号	65782830	—	95585	1
5	中国大地财产保险股份有限公司象山支公司	象山港路1199号10楼	25710009	—	95590	1
6	中国人寿财产保险股份有限公司象山县支公司	丹东街道丹峰东路751号4楼	65005000	—	95519	1
7	阳光财产保险股份有限公司象山支公司	丹东街道南河路283号	—	—	95510	1
8	长安责任保险股份有限公司象山支公司	丹西街道新丰路380号新峰大厦	—	—	95592	1
9	安诚财产保险股份有限公司象山支公司	丹东街道天力大厦13楼1308	65002588	—	95544	1
10	永安财产保险股份有限公司象山支公司	丹东街道丹河社区象山河路487号	65777322	—	95502	1
11	华安财产保险股份有限公司象山支公司	丹西街道丹阳路502~504号	65795556	65795556	95556	1
12	太平财产保险有限公司宁波市象山支公司	丹西街道新丰路380号五楼	—	25751177	95589	1
13	天安财产保险股份有限公司宁波分公司象山营销服务部	丹东街道天力大厦506号	89521388	65720919	95505	1
14	中国人寿保险股份有限公司象山县支公司	丹东街道象山港路862~886号象山港文化广场2号楼7~8楼	65718047	—	95519	4
15	中国太平洋人寿保险股份有限公司象山支公司	丹东街道天力大厦三楼	65739199	—	95500	2
16	泰康人寿保险有限责任公司宁波分公司象山支公司	丹东街道天安路501号宁波银行大楼九楼	65760166	—	95522	1

续表33

序号	机构名称	单位地址	值班电话	传真	服务热线	网点数
17	新华人寿保险股份有限公司宁波市象山支公司	丹东街道象山港路501号宁波银行大厦	65763017	—	95567	2
18	中国人民人寿保险股份有限公司象山县支公司	丹东街道象山港路1199号交运大厦9楼	65777606	—	95518转寿险	1
19	阳光人寿股份有限公司象山支公司	丹西街道新丰路380号新峰大厦702	65089266	—	95510	1
20	中国平安人寿保险股份有限公司宁波分公司象山服务部	丹东街道象山港路501号宁波银行11楼	—	—	95511	1
21	太平人寿保险有限公司象山支公司	丹东街道象山港路501号宁波银行8楼	65760978	—	95589	1
22	富德生命人寿保险股份有限公司宁波分公司石浦营销服务部	石浦镇兴港路178-3、178-4	25701683	—	95535	1
23	合众人寿保险股份有限公司象山营销服务部	丹西街道天安路308号奥大厦1303-3室	—	—	95515	1
24	华夏人寿保险股份有限公司象山支公司	丹西街道新丰路355号百福大厦21楼	25715231	—	95300	1
25	东海航运保险股份有限公司象山支公司	石浦镇海宁路180号	59080015	59180017	4000009797	1
合计						38

【中国人寿保险股份有限公司象山县支公司】 2022年，中国人寿保险象山县支公司实现股份总保费收入1.91亿元，占象山县总保费市场份额的15.11%，继续保持行业主导地位。

坚持党建引领。积极完善支部建设，严肃党内政治生活，严格执行中央八项规定精神持之以恒纠治“四风”，加强党员教育、管理和服务工作情况。认真做好入党积极分子的培养教育工作，2022年，象山支部共培养预备党员1名，入党积极分子3名。

深化巡视整改。公司涉及整改44个问题、85项整改措施，由责任部门协同主办部门、协办部门进行一一剖析，完成率100%。对已经整改的问题及时组织回顾，巩固整改成果，建立长效机制。

立足服务国家战略。持续做好象山县医保服务经办业务和承办大病保险业务，2022年共承保全县大病保险50.97万人，实现保费2676.95万元。2022年10月，中标市医保局招标（2023—2025年）长期护理保险业务，持续推进健康保障委托管理业务，全面落实普惠健康保险延伸医疗保障。继续服务象山县计生家庭综合保险项目，2022年计生家庭累计赔付270.36万元，受益1168人次。推动城市惠民保险。积极推动“天一甬宁保”的业务发展工作，制定推广策略，2022年承保“天一甬宁保”19847人，同比增长18.8%。深入服务乡村振兴。提前完成总公司消费帮扶任务20949元，涉农长险完成8306万元，涉农短险完成525万元。2022年象山县“慈善一日捐”活动募集善款4330元，落实完成象山县金融机构消费扶贫工作11500元。强化社会风险管理职能。常态化开展疫情防控工作；定期组织开展电信网络诈骗案件集中宣传专项工作，通过公司LED大屏幕进行滚动播放反诈宣传标语，提高全员防骗意识，提升高发类案宣传精准性、覆盖面、时效性。

持续推进后援服务。客服中心通过寿险App、微信、国寿e店、公司官网等多个服务通道提高服务质效、时效，进一步优化销售支持方式和销售支持工具；通过微信、e宝、e店、理赔支付等渠道继续提升e化服务率。举办总经理接待日等活动，全面提高客户服务覆盖率；统筹增值服务，办好线上线下客户节活动；充分利用“3·15”消费者权益保护教育宣传周和保险公众宣传日等特定时日，加强保险知识普宣传教育工作，针对临柜客户开展丰富多彩的活动等，主动积极向社会公众宣传保险知识;积极推行1日赔款到账服务,解决患病家庭的燃眉之急,持续为老、病、残等特殊客户提供上门服务,共上门服务15件。坚持以“客户为中心”的服务理念,处理“95519”会办单453件,结率达100%。

防范风险,排查189笔可疑交易。通过部门早会、员工大会等方式开展案例警示教育和法律合规知识宣导,提升全员风险防范意识。加强声誉风险防控和舆情管理工作,提升声誉风险管理水平。持续开展舆情风险排查整改和声誉风险专项排查整治工作,及时上报排查发现的问题,做好与客户的沟通及后期的追踪工作。强化反洗钱组织领导,提高反洗钱履职能力。共召开2次反洗钱工作会议、举办2次反洗钱集中宣传活动,共分析排查189笔可疑交易,线下评级、定期审核尽职调查33笔。开展防范非法集资等风险排查工作,注重诚信文化建设,提升销售人员诚信合规品质。5个职场每周均按规定开展职场风控平台操作,定期组织开展诚信合规日常教育、制式培训、专题教育;每月利用职场早会、夕会等组织开展不少于30分钟的日常诚信教育工作,由经理室成员、职场风控联络员轮流深入职场开展诚信宣传,进一步强化销售人员合规经营意识。

2022年中国人寿保险象山县支公司营业网点一览表

表34

名　　称	地　　　址	联系电话
支公司营业柜面(客服中心)	丹东街道象山港路862~886号象山港文化广场2号楼7-8楼(客服中心位于8楼)	65718047
第一营销服务部	爵溪街道新瀛路27-2号一楼	—
石浦镇营销服务部	石浦镇金山路276号	65960141
西周镇营销服务部	西周镇西瀛大街9号	65839388
鹤浦镇营销服务部	鹤浦镇鹤西西路12号四楼	—

【中国人民人寿保险股份有限公司象山县支公司】　象山县支公司成立于2009年11月,根据总公司2022年机构分类结果和四级机构弱体测定结果,象山支公司评定为X6类机构,设支公司经理1人,高级主管1人,综合内勤岗1人,柜面内勤岗1人,组训岗1人,在职劳动合同制内勤人员4人,劳动合同制外勤2人,代理制外勤人员20人。2022年度完成规模保费收入4651.64万元,新单期缴完成793.2万元,十年期及以上保费完成20.29万元,短期险完成19.15万元。

【中国人寿财产保险股份有限公司象山县支公司】　中国人寿财产保险象山县支公司成立于2009年,公司经营范围包括:经营财产损失保险、责任保险、保证保险和信用保险、短期健康保险和意外伤害保险、上述业务的再保险业务,经中国保监会批准的其他业务等。公司经营场所为象山县丹东街道丹峰东路751号4层。内设车商业务一部、银保业务一部、互动业务部、综合业务部、客服服务部。2022年,在集团和上级党委的正确领导下,以习近平新时代中国特色社会主义思想为指导,全面贯彻中共十九大精神,认真组织学习领会中共二十大精神,全面贯彻新时代党的建设总要求和新时代党的组织路线,增强“四个意识”、坚定“四个自信”、做到“两个维护”,坚持把党的领导落实到各方面各环节,把党的建设优势更好转化为竞争优势、发展优势。2022年公司员工19人,全年完成保费4978万元,同比增速6.93%,其中车险保费4167万元,同比增速7.75%;非车险保费811万元。农村网络建设,农村业务发展取得初步成效;农小意、甬宁保、安责险、绿色保险得到了发展,进一步为服务乡村振兴、服务实体经济作出了贡献;市场地位保持第四位。公司获得保监局授予的宁波保险业“文明服务窗口”称号;总公司授予“创先争优先进基层党组织”称号。

【中国太平洋人寿保险股份有限公司象山支公司】　主要经营业务包括各种人寿保险、健康保险及意外伤害保险等,覆盖领域包括银行贷款保险业务、学生平安保险、农村小额意外保险、乘车人员意外伤害保险、剧组意外保险、建筑工程意外保险等项目,全县超过5万名客户在我司承保。营业场所规模自有面积1800平方米。下设石浦营销服务部(租赁,150平方米)、西周营销服务部(租赁,160平方米)。在册员工20人,其中正式17人,返聘人员1人,内退人员2人。领导班子2人,中层3人。截至2022年12月底,公司保费总收入21768.11万元,其中个人代理新保2140.57万元,短期意外险18.85万元,短期健康险57.5万元。全渠道短险赔付金额18.56万元,

【新华人寿保险股份有限公司象山支公司】　2022年新华保险象山支公司下辖营业部1家,外勤营业部5个,营业组22个,拥有内勤员工7人,外勤人

力232人，实现新单保费1527.2万元。2022年，面对新冠疫情反复波动、国际政治局势动荡、经济下行压力加大以及行业深化转型等多重因素叠加影响，新华保险象山支公司始终以总公司“1+2+1”发展战略为指引，坚持高质量党建引领高质量发展，贯彻落实分公司“3456”经营规划，准确把握新发展阶段，深入贯彻新发展理念，积极融入新发展格局，全力服务国家发展大局，加快探索形成独具新华特色的高质量发展道路。

【中国人民财产保险股份有限公司象山支公司】 2022年，中国人民财产保险股份有限公司象山支公司累计实现账面保费收入31537万元，保费增速10.94%。

“微创保”科技贷款启动 3月3日，该司与县科技局、宁波银行象山支行签订三方协议，落实专门针对科技型小微企业、创新型初创企业的“微创保”科技贷款相关细则。“微创贷”的正式启动，有利于“金融活水”更多流向小微企业。（相比于2016年象山开始实施的“科银保”科技贷款，“微创保”申请“门槛”更低，其贷款对象为在象山县注册纳税的县科技型小微企业、市级创新型初创企业，同一企业累计科技贷款额度最高为100万元。）

成功承保野生动物肇事保险 为维护保障人民群众生命和财产利益，建立有效的补偿机制，2月10日，该司成功承保象山县野生动物肇事保险。该险种承保生效后，为县管辖区内无直接管理方或无相关责任方的野猪等大型野生动物伤害造成的第三方人身伤亡或财产损失进行承保，发挥保险在保障民生方面的积极作用，缓解野生动物保护与当地群众生产活动中的矛盾，降低野生动物对农户造成的损失。

签出全市首单古树名木综合保险 4月21日，该司签订全市首单古树名木保险单，为全县造册挂牌的335棵古树名木提供1675万元的风险保障。该方案主要承保由于暴雨、风灾、台风、龙卷风、雷击、雪灾；火灾、爆炸、空中飞行物体坠落；病虫害等原因造成保险古树名木的倾倒、倾斜、枯萎、蛀干以及主干分枝折损，或蛀枝造成单株标的受损20%或以上的事故，对发生的必要而合理的施救费用（包括查勘鉴定费用），按照合同约定负责赔偿。

古树名木保险创新模式的推出，可以有效转移全县古树名木因自然灾害或意外事故造成损失的风险，充分发挥保险的社会管理职能、保障功能，为象山保护绿水青山注入保险力量。

首单“黄鱼贷”成功落地 9月6日，该司为象山某渔业有限公司发放首笔200万元“黄鱼贷”。针对象山58家大黄鱼养殖专业合作社和养殖户普遍存在的担保弱、融资难问题，为切实了解农企需求与痛点，该司深入调研养殖企业的发展情况和融资需求，推出“黄鱼贷”产品。

【中国太平洋财产保险股份有限公司象山支公司】 象山支公司成立于2003年6月，经营范围：经营企业财产损失保险；家庭财产损失保险；建筑工程保险；货物运输保险；机动车辆保险；船舶保险；能源保险；一般责任保险；保证保险；信用保险；短期健康保险和意外伤害保险；经中国保监会批准的其他财产保险业务。营业场所位于象山县丹东街道象山港路501号12-01室，员工42人，其中派遣9人，外包5人，另有宁波分公司驻象山标准服务中心8人。纳税信用评定等级为A。2022年完成保费16873万元，同比增长6.16%，市场份额21.04%，同比提升0.44%。2022年获得象山县金融发展服务中心评定的金融创新先进奖。

证券营业部

【概况】 截至2022年末，象山县辖内证券公司营业部3家，分别是光大证券股份有限公司象山丹河东路证券营业部、浙商证券股份有限公司象山靖南大街证券营业部、财通证券股份有限公司象山丹河东路证券营业部，从业人员55人。

【光大证券股份有限公司象山丹河东路证券营业部】 光大证券股份有限公司象山丹河东路证券营业部是光大证券股份有限公司下属的1个营业部，有24名员工。截至2022年12月31日，象山营业部本年度新开户471户、客户资产188.50亿、证券交易额786.43亿元、利润1661.08万元（考核后利润2678.57万元），其中客户资产同比增长221.19%。在最近一期考核中（截至2022年第三季度末），营业部在公司AAA级营业部中排名第5位。截至2022年12月31日，营业部实现公募基金销售6293.78万元、金创部产品销售3567万元、私募5470.35万元。根据公司的全年规划，大力发展投顾、现金宝等签约，全年累计签约证券投顾1850户、基金投顾160户、现金宝300户。

【浙商证券股份有限公司象山靖南大街证券营业部】 浙商证券股份有限公司（ZHESHANG SECURITIES CO., LTD.）是经中国证监会批准成立的综合性证券公司，原名金信证券，成立于2002年5月9日，2006年8月更名为浙商证券。总部位于浙江省杭州市，注册资本38.78亿元人民币。于2017年6月26日在上海证券交易所挂牌上市，股票代码：601878，是浙江省首家国有控股的上市券商。象山靖南大街证券营业部成立于2010年2月，员工22人，其中经纪人2人。自成立以来在开展传统经纪业务的基础上，紧跟公司总部的步伐，积极开展财富管理业务、融资融券业务、新三板业务、债券承揽业务、IB业务、期权业务等，均取得了一定的成绩。始终致力于服务象山实体经济建设、满足中小企业投融资需求以及广大投资者日益增长的财富管理需求，联合公司总部的投行力量辅导象山有潜力的企业挂牌上市。截至2022年12月，象山营业部经纪业务等资产规模达约51.57亿元（不包括限售股市值）。

【财通证券股份有限公司象山丹河东路证券营业部】 财通证券股份有限

公司象山丹河东路证券营业部是隶属财通证券股份有限公司宁波分公司的一级营业部。于2021年11月22日正式营业，组织架构设有总经理、财富业务部、综合管理部。截至2022年底，有管理人员3名，员工5名，共计8人。

2022年度，作为新成立的营业部在业务发展方面取得了一定的进展，2022年末，资产总额1.4亿元，股基交易量25亿元，金融产品销售量1.1亿元，荣获总部"产品销售先锋"称号，多名员工获得总部及分公司荣誉表彰。

2022年，该部贯彻省委"融资畅通工程"和公司稳进提质攻坚行动，执行"千人进千企融千亿"攻坚行动方案，多次拜访县旅游集团、大目湾管委会、象山交投，象山城投、浙台经贸等国资平台，协同债券融资总部业务团队，对接投融资需求、提供发债后续服务、提供国有资产盘活方案等。牢固树立服务实体经济的理念，结合"三服务、三走进、三助力"，牵头成立浙商总会金融服务委员会象山县金融顾问工作室，与银行、保险、律所等成员单位形成合力，助力企业发展，争当地方政府的"金融子弟兵"，中小企业的"金融家庭医生"，居民的"金融理财师"。

（周秀珍）

地方金融组织

【概况】 2022年，象山辖内共有地方金融组织11家，包括：融资担保公司、小额贷款公司、典当行。

【融资担保公司】 全县共有4家，分别是象山县中小企业融资担保有限公司、象山县农业融资担保有限公司、宁波华翔融资担保有限公司、宁波五联融资担保有限公司，其中中小担保和农业担保为政府性融资担保公司。截至2022年底，全县5家担保公司共计注册资本为4.6亿元；在保余额为17.11亿元，同比增长24.9%，其中政策性融资担保余额9.02亿元，同比增长50.1%；融资性担保业务放大倍数为2.36，其中政策性融资性担保业务放大倍数为3.29。

【小额贷款公司】 全县共有5家，分别是象山汇鑫小额贷款有限公司、象山华翔小额贷款有限公司、象山县天勤小额贷款有限公司、象山茂源小额贷款有限公司、象山佳利小额贷款有限公司。截至2022年底，全县5家小贷公司共计注册资本为3.44亿元；全年累放贷款102404万元，同比增长1.7%；贷款余额为32512万元，同比减少2.5%。

【典当行】 全县共有2家，分别是象山县正大典当有限责任公司、宁波祥瑞典当有限责任公司。截至2022年底，全县两家典当行共计注册资本为2000万元；典当总额为19017万元，同比增长16.5%；典当余额为1746万元，同比增长5%。

（人民银行　钱健）

旅　游

综　述

2022年度，象山县旅游集团全面抢抓项目引建、景区提质、企业转型、内部管理等工作内容，对标标杆，全力奋进，取得新的成效。集团“点亮渔光·奔赴山海”工作团队获2022年第三季度“聚力一二五”好团队，古城景区入选省级夜间文化和旅游消费集聚区，“渔光之城”演艺秀入选省首批文化基因解码成果转化利用示范项目，海洋渔文化馆获宁波市社会科学普及基地、“甬上”App“十年晒幸福·最美复刻照”评选人气第一名。全年累计完成项目总投资约3.54亿元；接待游客106万人次，门船票、租金、疗休养等经营性收入约2.9亿元，同比增长5.2%。

（象山县旅游集团）

项目投资招商

【象山石浦渔人码头项目（暂定）】 项目位于象山县石浦镇文旦港水产城内，由象山县文化旅游发展有限公司（占股30%）和宁波安茉文旅发展有限公司（占股70%）合资成立只游（象山）商业运营管理有限公司承担改建和招商运营。一期规划包含土地约46.55亩及该土地上的建筑物12699.14平方米，总投资额6500万元，2022年完成投资额5000万元。项目于2022年8月开工，由宁波华一建设股份有限公司承建，布局特色餐饮、文化娱乐、海洋休闲等业态，打造具有象山辨识度的海鲜餐饮消费场景地。截至12月底，项目完成大排档外立面、广场、入口道路及浴场改造工程。

【大渔心宿度假酒店项目】 项目位于黄避岙乡外高泥村，原名为北黄金海岸度假村，由宁波华医旅游开发有限公司投资建设，规划用地约64.5亩，总投资额2亿元。一期用地面积为24.5亩，于2020年6月开工，2021年9月基本完工。8月26日，与宁波高远文旅有限公司签订全权托管管理合作协议，委托其负责酒店业务经营管理，管理期限为10年，并以酒店GOP利润分成为托管运营模式。酒店推出黄鱼主题宴、黄鱼海鲜面等特色美食，以“避世海港渔村的疗愈之旅”的经营理念打造具有独特体验的文旅酒店。

重点项目建设

【茅洋国际乡野俱乐部项目】 项目位于茅洋乡五狮山麓，由象山县旅游集团有限公司（占股30%）与河北杰明投资（占股70%）合资成立象山县耕耘桂谷置业有限公司投资建设，总占地面积约116亩，总投资额2.5亿元。项目于2020年3月开工，由河北宁卓建筑安装工程有限公司承建，项目规划有矿洞探险、冷泉康养、民俗展览、素质教育、五峰书吧、特色餐饮、分时度假产权式酒店等内容，拟打造集高端康养、休闲度假、饮食窖藏等为核心的长三角微旅游度假目的地。2022年，完成投资4900万元，西侧区块12号楼完成主体结构验收、钢结构施工80%、幕墙施工60%及水渠施工；5~9号楼完成装修；4号、10号、11号三幢古建基本完成修缮工程；室外景观施工完成35%。东侧区块完成样板间装修，基本完成景观区施工和房屋主体工程。

【大沙爱琴丽旎海岸艺术酒店】 项目位于鹤浦镇大沙村，由象山县旅游集团有限公司（占股30%）与河北杰明投资（占股70%）合资成立象山县爱琴丽旎旅游开发有限公司投资建设，用地面积约15亩，总投资额约1亿元。项目于2020年11月开工，由河北宁卓建筑安装工程有限公司承建，项目依托大沙天然滨海资源，以圣托里尼、爱琴海、希腊神话为灵感，结合本土原生态物质文化遗产的自然资源，打造一个集文化养生、乡村旅游、特色餐饮、儿童研学、商务会议、休闲度假等于一体的高端生态休闲度假酒店。2022年，完成投资3000万元。截至12月底，项目工程主体结构完成地下两层及地上一层。

【浙东海上·M湾渔村项目】 项目位于石浦镇沙塘湾村，总投资约5亿元，由象山县旅游集团有限公司（占股30%）与杭州市园林绿化股份有限公司（占股70%）合资成立宁波锦融旅游发展有限公司，对项目进行市场化运作，负责项目整体的规划、建设、招商、运营等全过程管理。项目一期投资约2亿元，建设时限2年，建设包括公共建设、基础设施等配套项目、民宿集群及文化、亲子、休闲业态等内容；二期投资约3亿元，建设包括海洋娱乐、海岛体验、山林度假等内容。2022年，完成投资7200万元。政府配套项目前期已完成环村道路的地质灾害评估及备案、环山道路沿线政策处理坟墓迁移、EPC初步设计方案、概算审核等工作，12月底完成 EPC 招标工作，临时停车场工程等，入口景观绿化改造工程、隧道改造工程、山体林相改造施工、广场改造、山体游步道等工程施工。核心区业态部分于 8 月进场施工，12 月底前完成基础开挖，护坡、临时道路等施工。

景区旅游

【春节系列活动】 2022 年 2 月 5—15 日，县旅游集团成功举办春节系列精彩活动。渔港古城以“萌虎闹新春 · 古城寻年味”为主题，推出剧本杀《渔光之城》、小渔民大舞台、皮影戏、投壶、新年音乐会、糖糖抠图、抢水瓶、新春盲盒、街头 Show Time、元宵糊粒等系列活动。海洋渔文化馆推出“如虎添翼，渔乐新春”主题活动，包含公益讲解、“如虎添翼”、互动体验、“福”从天降等。新与旧等融合，为游客打造了沉浸式旅游场景，带来全新的旅游体验。

【《渔光迷城》特别行动活动】 5 月，县旅游集团重磅打造《渔光谜城》特别行动，俘获玩家的极致体验，开启沉浸式之旅，以别样的形式聚焦石浦渔港古城里的诡谲云涌。

【象山非遗购物节】 6 月 10—12 日，根据省文旅厅“非遗购物节 · 浙江消费季”部署安排，首届象山非遗购物节于青草巷举办，并在省级非遗经典景区石浦渔港古城设购物节分会场。期间，景区展陈了渔灯制作、鱼骨画制作、走书、跑马灯等系列非遗作品，向市民、游客推荐了象山非遗好物和非遗景区。

【青年与海 · 畅享渔光之城开渔节系列活动｜半熟朋友后备箱市集】 8 月 19 日，县旅游集团成功举办“半熟朋友”后备箱市集活动，游走在海洋渔文化馆美食与艺术交织的场地，开启夏末限定的市集派对。

【青年与海 · 畅享渔光之城开渔节系列活动｜听涛 · 烛光音乐会活动】 8 月 27 日，县旅游集团于中国海洋渔文化馆成功举办“听涛 · 烛光”音乐会活动。活动现场，由优秀演奏家组成的宁波青年室内乐团的弦乐四重奏组演奏了《花好月圆》《相思河畔》《卡农》《D 大调咏叹调》等曲目，为观众带来了一场精彩的演出。音乐与烛光，为这个夏夜作序，开启浪漫回忆的旅程。

【檀头山岛首届沙滩露营节暨“快乐再出发”明星同款体验线路首发仪式】 9 月 10 日，县旅游集团旗下海岛休闲旅游开发有限公司联合沐兰方舟（浙江）营地可冀有限公司成功举办檀头山岛首届沙滩露营节暨“快乐再出发”明星同款体验线路首发仪式。此次露营节以户外露营、音乐派对、婚恋交友为主题，通过沙滩飞盘、水枪大战、创意沙雕、圆月音乐会等活动内容，营造海岛沙滩露营节“慢下来，浪起来”的心灵体验，吸引了许多年轻人的兴趣。

【青年与海 · 畅享渔光之城开渔节系列活动｜一梦江湖中秋夜主题活动】 9 月 11 日，县旅游集团成功举办“一梦江湖”中秋夜主题活动：网易云音乐 · 象山云音号 · 超级大月亮、一梦江湖夜、渔光乐队、古韵古风情景秀、汉服游园会、cosplay 街头演绎秀、一梦江湖茶快闪店等。中秋节期间，网易云音乐把乐评写在象山北纬 30 度海边的超级大月亮上，同时全程网络慢直播，让满月祝福循环在月亮之上，打造象山旅游打卡新标地。网易云音乐站内曝光超 1.5 亿人次。活动 H5 浏览量超过 125 万余次，分享 2.6 万余次，累计评论 3.6 万余次。直播人气直达 5057 万人次，直播量近 100 万人次，最高同时在线人数 1 万余人，弹幕数 3 万余条。站外曝光超 1000 万次，“中秋象山把‘海上生明月’给玩明白了”登上微博同城榜第 2 位，“中秋夜象山石浦渔港惊艳了”登微博同城榜第 18 位，微博+抖音上超 140 家媒体进行新闻报道，包括大象新闻、《浙江日报》、《宁波日报》、《钱江晚报》、央广网、凤凰网等。景区现场，身着汉服的小姐姐提着裙裾和灯笼结伴而行；各色二次元、武侠、COS 人物在鲍城演绎古风情景秀；巷子里的渔光乐队、萨克斯表演引人驻足；街边不时走过一两个背着背篓叫卖米馒头的小贩童等。游客漫步于古风十足的古城街头，DIY 团扇、猜灯谜、朗诵古诗、中秋品茗，恍如穿越。

【首届中国（象山）渔光艺术节暨原创音乐剧《渔老大》线上首演启动仪式活动】 9 月 16 日上午，首届中国（象山）渔光艺术节暨原创音乐剧《渔老大》线上首演启动仪式活动在国家海洋生态渔文化保护区中国海洋渔文化馆举行，标志着渔光艺术节正式启动。在开船仪式之前，市人大常委会主任张平等领导嘉宾一行到中国海洋渔文化馆共同执笔点睛鱼拓，启动“点亮渔光　奔赴山海”主题活动，开启原创音乐剧《渔老大》线上首演。

【青年与海 · 畅享渔光之城开渔节系列活动｜半熟朋友 · 屋顶咖啡活动】 10 月 3 日，县旅游集团成功举办“半熟朋友 · 屋顶咖啡”活动。3 日晚于鲍城城楼之上，临设一家“屋顶咖啡吧”，现场布有各式网红打卡点，并伴有乐队演唱，吸引了许多游客登城品咖啡，聚坐看城墙下的老石浦生活。

【寻梦江湖 · 嗨翻国庆系列活动】 10 月 1—7 日，县旅游集团成功举办“寻梦江湖 · 嗨翻国庆”系列活动。逛古城、品咖啡、游市集、嗨露营、趣环港……县旅游集团旗下景区活动精彩纷呈，现场人气爆棚，备受游客们的热捧。其间，渔港古城开展了一系列特色实景演绎秀、一梦江湖 Cosplay 走街秀、红色音乐会、萨克斯点唱、卖货郎走巷、杂技等体验互动项目，带领游客感受“活着的古渔镇”的生机，打卡象山传统美食，参观旧时商铺，徜徉于历史之间，感受雕塑艺术的内涵。海洋渔文化馆设置了打卡留影区，二楼进口国庆叠叠乐欢乐不间断，三楼渔光曲展区设置了“壶箭投投投”小游戏，四楼“渔海畅想”区，手工 DIY 体验、“半熟朋友”后备箱集市第二期等活动，游馆、手作、市集、音乐、电影……馆内是珍藏千百年的历史故事，馆外是现代生活的小调。时空交错之间，过去与现在，海洋与陆地，不由让人生出穿越千年的奇妙感。檀头山岛的露营基地“木兰方舟”，背靠青山，面向大海，位置极佳，在帐篷和天幕的庇护下，游客们在海岛日咖夜酒，过了一段属于自由和浪漫的理想生活。

投融资改革

【企业投融资保障能力稳步提升】 紧紧围绕“专业化、市场化、实体化”总目标，以AA评级包装为突破，以健全制度体系为基石，完善全年财务预算管理，确保资金精准高效使用。持续抓好存量资产盘活，排摸登记经营性资产226处，推动渔人码头、海峡广场、宁波临港高新区办公楼及单身公寓续租或招租，落实第三方代销售石浦城区安置房产，确保国有资产处置效益最大化。全力做好助企纾困工作，按政策要求落实减免47户承租对象租金85.6万元。2022年，融资规模约32.69亿元，综合融资成本约5.56%，较上年下降0.30%；集团总资产77.19亿元，资产负债率为64.05%，较上年下降10.25%。

（象山县旅游集团）

影视文化产业

【概况】 2022年以来，宁波市影视文化产业区面对影视行业规范提升和疫情影响等多重冲击调整，坚持“围绕影视、回归影视”发展思路，认真落实县委县政府“聚力一二五、走好共富路”目标任务，立足打造具有国际影响力的影视文化创新中心，抓重点、破难点、出亮点，在影视文化产业发展中展示新作为，助力象山打造共同富裕样板县、社会主义现代化滨海花园城市。产业区全年实现营业收入44.16亿元；实现税收4.11亿元，同比增长15.45%；接待《无忧渡》《敦煌英雄》《与凤行》等拍摄剧组215个，其中投资过亿的影视剧10部，拍摄天数达2750天，带动影视配套产业创收4.12亿元。

【象山影视城数字影视产业改革创新入选2021年浙江省文化产业优秀创新案】 1月28日，浙江省文化改革发展工作领导小组办公室会同浙江省文化产业促进会公布了2021年浙江省文化产业优秀创新案例和浙江省第六批成长型文化企业（含培育企业），其中象山影视城数字影视产业改革创新入选2021年浙江省文化产业优秀创新案。

【举办“法助共富　法护平安　法治进影城欢度元宵”普法宣传活动】 2月14日，由象山县司法局、宁波市影视文化产业区管委会联合举办的“法助共富　法护平安　法治进影城欢度元宵”普法宣传元宵特别活动在象山影视城襄阳城举行，该活动通过法治文艺表演、法治灯谜、法律咨询、法律服务等方式，借助元宵节日效应，以群众喜闻乐见的形式开展相关普法宣传，提升广大群众法治意识。晚间CCTV-6《中国电影报道》报道了此次活动，浙江新闻客户端、新华社客户端、法治浙江、甬派新闻客户端、今日象山头版等20余家媒体也争相报道。

【“滨海宁波，文艺唱响——市第十四次党代会精神文艺宣讲活动”在象山影视城举行】 3月3日晚，由宁波市委宣传部主办、宁波市演艺集团承办的“滨海宁波，文艺唱响——市第十四次党代会精神文艺宣讲活动”在象山影视城举行，演出从追忆革命历史，到展望新时代、歌颂祖国发展，向群众宣传党的历史和党的政策，助力基层宣传思想文化工作和精神文明建设出新出彩，打通宣传服务“最后一公里”。

【象山影视城入选高能级景区】 3月底，根据《省发展改革委关于组织开展第二批大花园耀眼明珠申报遴选工作的通知》要求，浙江省发展改革委牵头组织开展了第二批大花园耀眼明珠遴选评审工作。经地方申报、部门遴选、公众投票、专家评审，将第二批8大类26个耀眼明珠名单予以公示，象山影视城入选高能级景区。

【象山影视城获评省级智慧景区】 4月下旬，根据《浙江省文化和旅游厅关于开展浙江省智慧景区认定工作的通知》《宁波市文化广电旅游局关于开展宁波市智慧景区评定工作的通知》，经景区自评、区（县、市）文旅部门初评，市级专家评审，宁波市文化广电旅游局党组会审议，宁波市共有9家景区获评省级智慧景区，象山影视城光荣上榜。

【象山影视城第九届泼水节暨环蟹钳港共富样板区玩水季正式启动】 7月2日，象山影视城第九届泼水节暨环蟹钳港共富样板区玩水季在象山影视城大理皇宫盛大开启。中共象山县委常委、宣传部部长张微燕；象山县人民政府副县长胡颖磊；象山县政协副主席、宁波市影视文化产业区管委会主任陈建瑜；定塘镇党委书记王祖；新桥镇党委书记宋松；泗洲头镇党委书记吴丹；象山县旅发中心副书记、副主任邵震洋；茅洋乡党委副书记、乡长韩天山；晓塘乡党委副书记、乡长徐海荣；象山县旅游集团副总经理何建军等领导出席此次活动开幕式。

【象山影视城“大宋奇妙夜”夜游活动】 7月30日晚，2022年象山影视城“大宋奇妙夜”活动（7月30日至10月7日）开启，该活动是包含明星演唱会、千年之音电音节、泼水夜狂欢、《速度与激情》演艺秀、水街花船演绎、夜探剧组、岸潮灯光秀等10余项演艺秀的大型暑期夜游活动，当晚邀请到《老鼠爱大米》的原唱杨臣刚和歌手海来阿木，吸引了近万名游客到来。

【省级特色小镇完成验收】 9月1日，象山星光影视小镇作为全浙江省唯一影视类特色小镇产出水平居全省旅游类特色小镇前列，通过3年申报5年创建，迎来命名验收，验收专家组反馈总体情况良好，已通过会议讨论，等待公示。

【宁波市人大常委会党组书记、主任张平调研象山影视文化产业】 9月16日，宁波市人大常委会党组书记、主任张平一行人到象山影视城调研影视文化产业，象山县政协副主席、宁波市影视文化产业区管委会党组书记陈建瑜陪同考察。

【爱奇艺创始人龚宇调研考察象山影视文化产业】 9月20日，爱奇艺创始人、CEO、首席执行官、清华大学自动控制理论及应用工学博士龚宇，来到象山影视城调研影视产业，先后考察了象山影视城、中桥摄影棚、双创园区，就影视产业现状、发展和前景等方面，双方进行了深入探讨，高度评价了影视产业合作的多元性和灵活性。象山县委常委、宣传部部长沙罕洪，象山县政协副主席、宁波市影视文化产业区管委会党组书记陈建瑜，宁波市影视文化产业区管委会党组副书记、主任邵震洋陪同考察。

【象山影视城大宋奇妙夜活动完美收官】 10月8日，历时2个月的象山影视城大宋奇妙夜活动完美收官。自7月30日夜游开始以来接待游客量突破40万人次，同比增长63%，活动期间推出明星演唱会、明星见面会、电音节、泼水夜狂欢、花车大巡游、沉浸式剧本杀、《速度与激情》演艺秀、空中水上飞、水街花船演绎、宋韵游园会、中秋邀月茶会、嫦娥映月演绎秀、玲珑灯会、宋朝美食记、梦华茶宴等20余个活动。此次活动被中央电视台、“学习强国”学习平台、浙江卫视、宁波市文化广电旅游局、中国蓝新闻、新华社等50余个国家省市县媒体平台报道350余篇次。

【象山影视城入选第二批浙江省示范级文化和旅游IP】 10月21日，浙江省文化和旅游厅公布第二批浙江省示范级文化和旅游IP名单，象山影视城等15个IP入选。

【在象山影视城拍摄的电视剧《和平之舟》《在一起》荣获第33届电视剧飞天奖】 11月1日晚，第33届电视剧“飞天奖”、第27届电视文艺“星光奖”颁奖典礼在北京举行。在象山影视城拍摄的电视剧《和平之舟》《在一起》荣获优秀电视剧奖，其中《和平之舟》又获省“五个一工程”奖。获得本届“飞天奖”的《和平之舟》，由产业区落户企业海天蛟龙传媒公司立项出品，是第一部象山产的电视剧。该剧改编自海军“和平方舟”号医院船十余年来执行人道主义医疗救援和服务任务的真实事迹，讴歌了人民海军积极履行国际义务、努力维护世界和平的使命担当，生动展示了中国作为负责任大国的国家气度与国家力量，90%的戏份都拍摄于象山影视城。由国家广电总局全程组织指导，上海广播电视台和耀客传媒、尚世影业共同出品的抗疫题材时代报告剧《在一起》以抗疫期间各行各业真实的人物、故事为基础，从普通人的视角、以单元故事的形式讲述了抗击新冠疫情中一个又一个平实而感人的故事。其中，《救护者》和《口罩》在象山取景拍摄，象山影视城版方舱医院、口罩厂、高速口、城市风光等都在剧中一一呈现。

【金彦到象山调研影视文化产业发展工作】 11月30日，宁波市委常委、宣传部部长金彦一行，到象山星光影视小镇调研象山影视文化产业发展情况。象山县委书记包朝阳，象山县委常委、宣传部部长沙罕洪，宁波市影视文化产业区管委会副书记、主任邵震洋陪同参与相关活动。

【媒体高频报道象山影视文化产业】 2022年，中央电视台报道象山影视文化产业56次，其中新闻联播1次，春节活动24小时内被央视CCTV-1、CCTV-2、CCTV-4、CCTV-6、CCTV-13频道中的《新闻联播》《中国新闻》《东方时空》《新闻直播间》《共同关注》《今日环球》等9个栏目报道21次。大宋奇妙夜、百鼓千福迎国庆、梦华夜宴宋韵茶会、金虎闹春、嫦娥映月等活动受到媒体热点关注，被中央电视台、中国日报海外版、中国旅游报、人民日报客户端、央广网、新华社客户端、“学习强国”学习平台、浙江卫视、湖南经视、浙江新闻客户端、中国文艺网、法治网、凤凰网、今日头条、《浙江日报》、钱江频道、《钱江晚报》、浙江旅游公众号、《宁波日报》、宁波电视台、《宁波晚报》、甬派、甬上、宁波市文化广电旅游局官网、象山电视台、象山发布、影视独舌、红星新闻等300余家中央省市级媒体及行业媒体密集报道5823篇次。

【数字化改革成效显著】 2022年，围绕拍摄剧组实用性要求，象山影视城完善“象影智管”App、“线上堪景”平台等数字化应用功能，升级影视基地服务功能、重塑影视产业流程，“象影智管”App剧组使用率达到100%，“线上堪景”平台使用剧组超150个，大幅提高剧组拍摄管理效率。象山影视城获评宁波市数字文化产业集聚区并入选浙江省文化产业优秀创新案例名单。

【影视审查中心投入使用】 2022年初，宁波市影视文化产业区网络影视剧审查中心正式投入使用。该中心主要承担浙江省广播电视局下放的网络电影、网络剧和网络动画片规划备案立项以及成片审查工作。2022年以来，宁波市影视文化产业区落户企业上报网络影视剧规划备案共290部，同比增长37%；通过规划备案102部，上报上线备案共21部，同比增长28%。宁波市影视文化产业区网络影视剧审查中心的投入使用有效提高审查效率，降低剧组创作风险和时间成本。

【706双创中心有序推进】 2022年，宁波市影视文化产业区成立706影视双创中心。作为象山影视城企业落户集聚地，该中心自成立以来，始终秉持“企业有所需，团队即在线”理念，制定工作方案，谋定招商对象，为落户企业全身心提供24小时管家式服务，8小时全流程代办等“暖心”举措。双创中心首期规划5幢49间办公用房，引进后期制作、美术置景、制片发行、会计服务等影视全产业链入驻，年底已有飞扬天下传媒等35家企业报名有序入驻中，不断增强辐射带动能力。

【影旅融合新模式】 2022年，象山影视城引进剧本杀运营团队，开发《万历十五年》《民国风云》等“线上+线下、游戏任务+剧本体验”等沉浸式实景体验项目，不断完善剧本杀剧情、道具、游戏机制和流程，凸显悬疑感、娱乐性、社交性等多重特征，将主要客户群体定位为企业团建，并做好精准营销，推动传统观光式旅游向体验式旅游转变。利用数字摄影棚、水下特效摄影棚等资源，象山影视城推出数字虚拟拍摄体验、潜水体验、军事国防教育等研学夏令营课程，共接待学生6000余人；联合中国海影城先后推出《我就是演员》《一条新闻的诞生》等研学课程，2022年两地共接待研学中小学生超1.5万人，成为宁波地区研学旅游热门目的地。

（宁波市影视文化产业区管委会）

城乡建设与管理

城乡规划

【概况】 2022年,县城乡规划工作贯彻落实长三角一体化发展战略,积极融入宁波大都市,坚持规划引领,强化陆海统筹,推进城乡一体化发展,围绕提升产业层次、城乡品质、生态价值、开放格局、治理效能等五大重点方向,加快建设"社会主义现代化滨海花园城市"。深化多规融合,聚焦县级国土空间总体规划编制,划定"三区三线",突出全域全要素空间统筹和公共政策属性,统筹国土空间规划保护、开发、利用和修复的总体安排和综合部署,基本确立"多规合一"的空间规划体系。推进控制性详细规划、村庄规划和各类专项规划编制,加强城乡风貌管控,有序开展城市设计,提升规划审批服务效能,核发建设工程规划许可证157件,建筑面积3507681.61平方米。

【县级国土空间总体规划取得阶段性成果】 在前期双评估双评价、基数转换、生态红线评估调整、专题研究深化、过渡期城镇开发边界划定、工业及村庄用地整治规划、永农核实整改补足和城镇开发边界划定等一系列工作的基础上,落实国家、省、市工作要求和规划编制技术要点,深入开展国家和省级三轮"三区三线"划定工作,形成了县级国土空间总体规划阶段性成果。规划围绕"建设社会主义现代化滨海花园城市"的总体目标,实施"海洋强县、美丽富民、都市融入、变革驱动"的发展战略,明确县域"一核两翼四极点,两带两区多岛群"的国土空间结构,一核为中心城区,两翼为象山港经济区和环石浦港渔港经济区,四极点分别为西周汽配智造发展极、星光影视发展极、象保智慧发展极和南田零碳发展极,两带为东部滨海蓝色城镇发展带和西部绿色生态综合保护带,两区为海域保护区和海域利用区,多岛群为海岛群的保护与利用。县级国土空间总体规划内容总体概括为"三四四一",即落实"三类刚性内容",打造"四大空间",完善"四大支撑体系",建设"现代化滨海花园城区"。

落实"三类刚性内容"指划定"三区三线"并落实管控要求,本轮规划划定永久基本农田18.41万亩、生态保护红线2761.23平方千米、城镇开发边界面积106.69平方千米。同时划定粮食安全控制线、生态环境控制线、基础设施控制线、灾害防治控制线、风景文化控制线、重点风貌管控区及城市重要控制线等其他七类控制线,并细化落实相应管控要求。

打造"四大空间",一是打造绿色高效的农业空间,构建"二带二心二园四区"的县域农业格局,"二带"为东部沿海农产品加工产业带和西部山区乡村休闲旅居产业带,"二心"为中国水产城海鲜大型综合交易中心和中国优质杂柑鲜果种苗信息交易中心,"二园"为西沪港省级现代农业园区和国家特色农产品优势园区(柑橘),"四区"为东部城乡果蔬生产区、南部现代渔业生产区、西部乡村旅居康养区和北部绿色粮油生产区。二是打造和谐共生的生态空间,以象山县自然生态为底色,积极构建"一主一次、一带多区"的生态保护格局,"一主"为县域纵向生态主廊道,"一次"为县域中部横生态次廊道,"一带"为县域东部滨海生态景观带,"多区"为自然保护区、旅游度假区、生态旅游区等。三是打造节约集约的城镇空间,推进以县城为重要载体的新型城镇化空间,形成1个县域中心城市、5个重点镇、9个一般镇构成的"159"城镇职能等级体系。四是打造陆海统筹的海洋空间,完善海域规划分区与管制,明确交通运输、渔业渔港、工矿通信、海洋生态旅游、特殊用海、海洋空间保护等六类用海空间布局。提出岸线保护与统筹利用方向,细化海岛分类保护与管控区域,提出重点海岛开发指引。

完善"四大支撑体系",一是完善复合高效的综合交通体系,加快实施宁象山县域(郊)铁路,打造"两纵一横"的高速公路骨架网,打造"两环四纵四横"的干线公路骨架网。二是完善优质共享的公共服务体系,落实教育、文化、体育、卫生及社会福利等五类城乡公共服务设施配套标准。三是完善安全韧性的市政防灾体系,完善给排水、电力、通信、燃气、环卫、殡葬等绿色市政基础设施建设,保障城市安全。四是完善历史文化体系,以保护历史文化名镇名村、传统村落、文物保护单位、文保点、历史建筑等文物古迹及非遗文化为目标,构建系统完整的历史文化体系。

建设"现代化滨海花园城区",聚焦中心城区首位度提升,突出"山海田园城"空间特色,以"东游、西优、南拓、北联"为总体发展方向,构建"一轴三片两组团"的公园城市格局。"一轴"为"山海田城"城市发展主轴,"三片"分别为北部主城片、中部郊野公园及南部商务区片,南部目湾城区片,"两组团"为东翼爵溪组团和西翼东陈组团。

【“三区三线”获批复并正式启用】 “三区三线”指城镇空间、农业空间、生态空间三类空间及城镇开发边界、永久基本农田保护控制线、生态保护红线三条控制线。9月30日，浙江省国土空间规划“三区三线”划定成果通过自然资源部审查和批复并正式启用。划定生态保护红线2761.23平方千米，其中陆域生态保护红线186.01平方千米，海洋生态保护红线2575.22平方千米，生态保护红线一经划定，未经批准，严禁擅自调整。划定永久基本农田18.40万亩，落实最严格的耕地保护制度，耕地和永久基本农田一经划定，未经批准不得擅自调整。划定城镇开发边界106.69平方千米，城镇开发边界内共计保障新增空间约15.96平方千米，城镇开发边界以外区域，不允许集中连片开展城镇建设。

【人民广场片区实施性城市设计和概念性建筑与景观设计国际竞赛活动圆满完成】 人民广场片区实施性城市设计和概念性建筑与景观设计以提升城市地理人文环境，打造城市公共服务核心，塑造全新城市形象地标为目标，将人民广场片区打造成为集商业、金融、文化、体育、休闲功能于一体的城市会客厅、城市公共文化中心和城市形象体验中心。竞赛活动由县人民政府主办，县自然资源和规划局、县城投集团协办，竞赛策划咨询服务工作由上海拾分之壹文化艺术有限公司承担。3月，包朝阳书记和李晓东县长分别专题听取了人民广场片区总体策划方案，4月20日，县政府常务会议通过了该策划方案。国际竞赛活动于5月10日正式发布公告，公告期间共计收到了来自全球139个公司注册报名，最终报名名单由90家公司组成。7月11日，方案征集预审会在象山海洋酒店举办，由7位预审评委遴选出4家入围团队，与定向邀请的3家单位，入围竞赛的终审方案阶段。10月7日，象山县人民广场片区实施性城市设计和概念性建筑与景观设计国际竞赛终审会议在宁波松兰山喜来登酒店召开，会议评委组由5位国内外知名专家和2位市县专家组成，县四套班子领导和14个县级部门主要负责人现场观摩。

7组入围团队经逐轮淘汰，最终评选出第一、第二、第三名和入围奖。一等奖方案“山海之城”由隈研吾（Kengo Kuma）建筑都市设计事务所牵头，与同济大学建筑设计研究院（集团）有限公司、上海同济城市规划设计研究院有限公司联合完成。二等奖方案“青山卧象，山海共襄”由UNStudio联网建筑设计咨询（上海）有限公司牵头，与浙江省建筑设计研究院、泛亚景观设计（上海）有限公司联合完成。三等奖方案“经略山海　万象归心”由上海天华建筑设计有限公司牵头，与博埃里（BOERI）建筑设计咨询（上海）有限公司、广州山水比德设计股份有限公司联合完成。入围奖方案“田、海、山、石，星河万象”由德国gmp国际建筑设计有限公司完成。入围奖方案“万象山海居　和合共家园”由上海天华建筑设计有限公司牵头，与博埃里（BOERI）建筑设计咨询（上海）有限公司、广州山水比德设计股份有限公司联合完成。入围奖方案“万象山海居　和合共家园”由浙江大学建筑设计研究院有限公司（UAD）牵头，与TEN DESIGN GROUP LIMITED、Weston Williamson 、Partners LLP联合完成。入围奖方案“想象力之心”由艾奕康（AECOM）设计与咨询（深圳）有限公司牵头，与杭州中联筑境建筑设计有限公司、易兰（北京）规划设计股份有限公司联合完成。入围奖方案“蓬莱山海”由凯达环球建筑设计咨询（北京）有限公司牵头，与杭州市规划设计研究院、杭州国美建筑设计研究院有限公司联合完成。

【有序推进控制性详细规划动态维护】 以县级国土空间总体规划“三区三线”划定成果为依据，结合2022年度用地出让计划和乡镇、产业平台需求，推进控制性详细规划动态维护。完成象山经济开发区（滨海工业园）、象山现代物流园区综合物流中心九顷区块、仁义涂区块等产业平台控规修编及局调，优化用地空间和用地结构，加快推动工业经济发展。中心城区片结合近期建设规划，研判规划用地布局并纳入控制性详细规划，完成老城区、西谷湖地段、横塘欧地段等9个控规修编及局调批复，推进了棚改区块改造，完善城市基础设施建设和公共服务配套，加快推进城市更新，全面提升城市功能品质。

【村庄规划编制工作稳步推进】 积极开展村庄规划评估工作，结合县级国土空间总体规划编制，对象山县县域范围内355个行政村开展村庄规划评估，梳理村庄现状情况，明确了各行政村发展定位，分析存在问题并做出经验总结与下一步工作计划。科学划定村庄规划建设边界，全县初步划定46.17平方千米村庄建设边界，其中划定村庄集中建设区45.18平方千米，满足村庄生产生活需要，并预留0.99平方千米的村庄弹性留白区，为村庄未来发展预留空间。全力推进象山县第一批“多规合一”实用性村庄规划试点工作，15个试点村庄中，西周镇官山村、鹤浦镇大沙村、墙头镇舫前村、涂茨镇钱仓村、茅洋乡银洋村、黄避岙乡兵营村5个村庄已完成村庄规划编制，其他9个村庄也同步开展编制工作，并完成部分村阶段性成果。

（县自然资源规划局）

城乡建设投资

【概况】 2022年，象山县城投集团共承建实施类项目59项，项目总投资72.67亿元，年度计划投资21.71亿元，完成年度投资额19.46亿元，完成率90%，完成了欢乐家园三期B区、塔山路区块棚户区改造工程、巨鹰路（滨海大道至迎海路）拓宽改造工程等18个项目建设，打通了环城西路、殷夫路（新丰路以东）、象山河路、丹山路（新丰路至来薰路）、兴盛路（象山河路至丹霞路）等5条断头路；新建了公共停车场10个，新增公共停车位1000余个；打造了“最美上学路”5条；建成姚家山村口公园等口袋公园2个；完成塔山路、丹峰东路排涝工程，有效解决城区内涝问题。

【欢乐家园三期B区项目提前竣工验收】 欢乐家园三期B区项目位于象山县中心城区海山路与宝海路交叉口西北角，总建筑面积4.42万平方米，用地面积2.54万平方米，共272套安置房，项目总投资3.08亿元。1月5日，欢乐家园三期B区项目竣工，比预定工期提前4个月，2022年度计划投资1.38亿元，实际完成投资1.38亿元，完成率100%。该项目的竣工，在一定程度上缓解了象山县安置用房需求。

【丹河路大修工程提前竣工】 丹河路（东大河至南大河）大修工程全长1150米，总投资1023万元，于2021年10月开工，采用南北半幅分段施工，建设内容包括修复路面2.99万平方米，新建花岗岩侧平石3834米，加高雨水口78座、雨水井38座，优化交通标线及绿化种植等相关配套设施。1月18日，丹河路大修工程竣工通车，较原计划提前2个月。2022年度计划投资223万元，实际完成投资223万元，完成率100%。

【海山路动建】 4月18日，海山路（丹山路至滨海大道）道路工程破土动工，道路全长2711米，宽24米，涵桥3座，总投资1.23亿元，2022年度计划投资4000万元，为县2022年重点工程。截至12月，该路段完成路基建设77%，实际完成投资4000万元，完成率100%。

【天安路道路提升工程完工】 天安路（滨海大道南段）道路提升工程为象山县亚运线路“深度提升”工程之一，总投资1500万元，建设内容为约9万平方米沥青路面改造。5月27日，天安路（滨海大道南段）道路提升工程顺利完工并通车。该道路提升工程首次以直接采购沥青作为甲供材料的方式，特邀杭州路桥集团专家，从沥青混凝土的材料配比、材料质量、搅拌监管等方面进行全程把控，在源头上提高沥青路面质量。

【周建里新安置小区主体工程结顶】 周建里新安置小区为2022年省、市重点工程，位于象山县兴勤路以南，宝海路以北，总建筑面积14.58万平方米，建设用地5.72万平方米，共建住宅808户，总投资10.87亿元，2022年度投资计划3.1亿元。6月8日，项目主体工程全部结顶。截至12月，实际完成投资3.67亿元，完成率118%。该小区的建成使用将对推动旧城改造建设、保障城区居民住房、改善居民居住条件、完善城市功能、提升城市品质，促进社会经济增长具有重要意义。

【环城西路全线贯通】 环城西路呈南北走向，起于彭姆岭隧道口，终于滨海大道，全长约7千米，双向四车道，联通周边村庄，为象山县“二环四纵四横”交通布局中的重要环线。环城西路三期B标（丹南路至滨海大道）道路工程全长约5400米，宽36米，总投资5.64亿元，7月29日，环城西路三期B标通车，实现了环城西路全线贯通，成为象山县中心城区西片区又一条重要主干道，进一步完善了中心城区交通路网，有效提高了城市道路通行效率。

【巨鹰路顺利通车】 巨鹰路（塔山路至迎海路）总投资3.2亿元，道路长7950米，宽60米，建设内容主要包括道路改造提升、绿道及绿化等。其中滨海大道至迎海路段长2175米，双向六车道，纵贯中心城区南北主干道，于8月2日顺利通车。该道路工程不仅为县2022年重点工程，更是亚运通行的主要道路，是全新标志性道路。

【成功发行境外债券】 县城投集团分别于4月14日与7月21日在资本市场首次成功发行5000万美元及7200万欧元境外债券，这是象山县强化境外融资、扩大外资利用的又一成果。为做好境外债券发行工作，县城投集团积极对接各券商，审慎验证境外债券发行环节，严把券商甄选关；在债券申报环节，安排审计、律师团队和承接债券发行的券商团队开展各项筹备工作，完成国家发改委、宁波市商务局债券相关备案工作；全力对接各投债银行的投债报批和相关账户开立工作，合理设计发行结构，准确研判利率走向，确保此次境外债券的顺利发行和资金回流。

【省发展改革委到象山调研】 7月14日，省发展改革委城镇处处长季文锋一行人赴象山县周建里新安置小区项目开展以县城为重要载体的城镇化建设为主题的调研。一同参与调研人员有省发改委王林祥、周洲、程振波，市发改委城镇处处长陈创，县发改局局长朱约余，副局长李红玲等，县城投置业公司

2022年6月8日，周建里新安置小区项目主体工程喜结金顶（郑豪泽提供）

总经理董浩辉陪同调研。

【何国强到象山调研】 9月25日，市发改委主任何国强一行赴象山调研重大项目，县城投集团党委书记、董事长、总经理叶国栋陪同调研。何国强一行调研了下半河村拆迁地块、人民广场瑶琳社区地块，对项目概况、未来规划、融资规划、项目收益等情况进行了详细了解，何国强表示上述地块的开发建成将为城市高质量发展增添强劲动力。

（县城投集团　张蒙娜）

中心城区建设

【概况】 2022年，大力实施城市品质提升行动，城市家具有机更新、道路有机更新和路域环境整治、灯光照明改造提升、户外广告专项整治等四大提升工程（第一轮）全面完工，中心城区绿道网络建设、社区15分钟文体圈建设、公共空间微改造精提升、城市公共绿地及公园建设等四大提质工程完工37处；凤跃山公园、大地景观、夜景灯光、建设路沿线综合整治等四大精品工程有序推进，公共雕塑"踏浪""和谐"建成投用。推进城市公共绿地建设及公园提质，昆玉公园等4个口袋公园建成投用，成功打造市级"席地而坐"城市客厅2个，建成城区绿道30千米。城乡风貌整治提升攻坚硬仗成效明显，大目湾（亚帆）城市新区风貌区完成创建并获评省级样板，瑶琳未来社区、大目湾云湾未来社区改造工程顺利推进，金秋、瀛洲、城东、南街、半河5个未来社区成功入选全省第五、六批创建名单。

【老城更新6期征迁红线图发布】 1月25日，象山老城更新6期征迁红线图正式发布，共涉及西后巷区块、桃园区块、外国语学校区块、老西门车站区块、西门水库东南角区块等5个区块的征迁，土地面积135570平方米，测算建筑面积144737平方米。

【4座桥梁完成"桥头跳车"整治】 4月24日，象山县胡家碶河桥路段完成"桥头跳车"整治工作。至此，全县胡家碶河桥、中央河桥、马岗鞍河箱涵和梅溪河桥等4座桥梁"桥头跳车"整治行动顺利完成，提前完成年度目标任务。下阶段，县住建局将进一步建立完善长效管理机制，加强日常巡查整改，持续关注有"桥头跳车"病害趋势的桥梁，不断提高道路精细化管养水平，有力提升城市道路设施品质。

【2个社区入选省级未来社区创建名单】 5月25日，省建设厅、省风貌办联合发文公布浙江省第五批未来社区创建名单，全省共186个社区，其中宁波共有28个社区入围，象山金秋社区和瀛洲社区名列其中。

【南大河滨水公园苗木疏朗工程开工】 6月6日，县住建局联合县城路市政运维建设有限公司，对南大河滨水公园绿地空间进行改造提升，主要对南大河滨水公园（丹南路—滨海大道）约20万平方米的两侧绿地苗木进行一次集中修剪和苗木疏朗工程，并对公园内长势不良、有病虫害及中下层亚乔木受光照不足而影响整体生长的苗木进行清理。该改造提升工程严格遵循苗木修剪相关规范，预计7月底完工。

【县住建局联合多部门紧急排涝消除城区积水】 9月14日，受台风"梅花"影响，城区金鹰路区块、宾阳路区块、城西路区块以及丹峰路、育才路、建设路、新华路均出现大面积积水，积水最深达50厘米。当日下午，县住建局联合县水务集团、县城路市政运维建设有限公司，累计出动人员150余人次，出动车辆60余辆次，利用移动汽油泵、固定式地埋泵、排水抢险车等设备紧急进行了排水抢险，确保积水路段水位不上涨。截至9月15日6时，所有地块积水基本消除。

【城镇社区公共服务评估结果获全省第一】 9月23日，省风貌办公布全省城镇社区公共服务评估结果，象山县以84.689分的评估总分居全省第一，并作为工作样板在全省城镇社区公共服务设施调查工作视频会上作经验交流。此次调查范围为社区内"5～10分钟"社区生活圈公共服务设施，包括行政管理服务设施、教育服务设施、养老服务设施等20类，覆盖全县23个社区。县住建局紧抓城镇社区公共服务集成落地改革，联动行业主管部门、属地政府、社区等多方力量，采用"形成具体化设施清单—进行网格化查勘调研—开展多维度查漏补缺—实行多层次核实确认"四步工作法，确保446个点位的公共服务设施"底数清、情况明、数据准"。

【象山县中心城区新增30个雨水液位监测点】 10月16日，象山县中心城区30个雨水液位监测仪完成安装，内涝监测范围进一步扩大。自2022年以来，县住建局着力提升防汛防台精准预判、预报、预警水平，在雨量较集中点位安装雨水液位监测仪，并依托GPRS、窄带物联网等通信平台，实现液位信息实时跟踪、运行状况一键查看、液位上下限报警等功能，为城区防汛防台工作提供大数据和技术支撑，极大提高了城区防汛排涝监测水平及应急处置能力。

【宁波市住房管理工作协调委员会督察组到象山开展农村房屋安全隐患排查整治工作督查】 6月22日上午，宁波市住房管理工作协调委员会第三督察组陈世本副局长一行到象山开展了农村房屋安全隐患排查整治工作督查。县府办副主任盛叶荣、县住建局局长徐颖峰、各相关单位负责人及乡镇主要领导陪同督查。督查组一行实地察看了贤庠镇下庄村、大徐镇汤家店村房屋安全隐患整治进度，并在大徐镇召开座谈会。县住建局局长徐颖峰就农村房屋安全隐患排查整治工作的开展情况、存在问题和下阶段重点工作进行了汇报。

【12月26日丹城公园闭园改造】 为进一步完善旧城区块公园服务功能，丹城公园于2022年10月26日闭园实施提升改造。丹城公园是象山县旧城区块的一座综合性文化娱乐公园，由于公园环境老旧、景观特色缺乏、游乐设施

落后，难以满足市民日益丰富的休闲、游览、文化娱乐等需求。为最大限度保留城市时空记忆，同时赋予公园新的生命和价值，象山县计划投入约600万元，对其内部道路、管线、绿化以及配套设施进行提升改造。改造后，公园的功能分区主要分为时间秘境-儿童乐园、密林寻趣-艺术休闲、轻氧时光-红心剧场，使公园格局骨架更加清晰、空间价值更具特色、公共环境更加开放。

【大目湾（亚帆）城市新区风貌区迎来省级验收】 11月13日，省风貌办组织专家团队对大目湾（亚帆）城市新区风貌区开展省级验收，市风貌办相关负责人，县委常委、副县长、县风貌办主任周坚栋，县风貌办常务副主任徐颖峰，县大目湾开发建设管理中心主任汪成宏，县亚筹办专职副主任吴雅敏等陪同。验收评价组一行通过观看成果宣传片、听取建设工作汇报、开展现场检查等方式，全面了解城乡风貌样板区试点的建设思路、成效价值、特色亮点及经验做法，并对大目湾（亚帆）城市新区风貌区建设工作给予了充分肯定，表示象山县整治工作开展扎实、成效显著，能根据自身资源禀赋，写好风貌文章。

【3个社区入选全省第六批普惠型未来社区创建名单】 11月16日，省建设厅、省风貌办公布了浙江省第六批未来社区创建名单，宁波共计55个社区列入创建名单，包括引领型21个，普惠型34个。其中，象山县半河社区、城东社区、南街社区入选全省第六批普惠型未来社区创建名单。

【全县建设施工和城市运行安全专委会工作例会】 12月14日上午，县住建局组织召开全县建设施工和城市运行安全专委会工作例会。会议由县住建局党组书记、局长徐颖峰主持，县公安局、县交通运输局、县发改局、县应急管理局等17家成员单位分管负责人参加会议。会议上，建设施工、城市运行安全专委会负责人分别就年度工作开展情况作汇报，各成员单位依次交流发言，回顾全年安全生产工作，提出意见建议。最后，徐颖峰对岁末年初和2023年度安全生产工作进行部署，要求各成员单位安全生产认识要再提高、重点隐患防范要再聚力、安全生产责任要再压实，确保安全生产形势稳定向好。

【象山大目湾（亚帆）城市新区风貌区获评省级城乡风貌样板区】 12月20日，浙江省城乡风貌整治提升工作专班公布全省2022年度第三批城乡风貌样板区名单，象山县大目湾（亚帆）城市新区风貌区获评全县首个省级城市风貌样板区。风貌区建设以“动感活力湾·低碳生态城”为形象定位，围绕“亚运”“海洋”“新城”三大主题，累计推进专项行动部署11项，实施重点项目25个，整体形成“一廊两带，四点七区”的滨海新区风貌格局，全面呈现亚帆盛景、滨海风貌、共富人居三大图景。

房地产业

【概况】 坚定贯彻“房住不炒”定位，制定出台18条支持房地产业平稳健康发展举措，全面落实房地产市场平稳健康发展长效机制，全力帮扶企业纾困解难，举办房地产展示展销会，在市场行情遇冷、供求规模下降的情况下保持了全年商品住宅均价稳定。2022年完成商品房销售37.07万平方米，同比下降52.42%，成交均价11851元/平方米，同比增长4.03%；其中商品住宅销售2630套31.19万平方米，同比分别下降54.66%和54.37%，成交均价11979元/平方米，同比增长0.63%。危旧房改造更加有力，2022年累计排查房屋146784幢（户）3560万平方米，完成15幢农村自建房治理和8幢经营性自建房拆违。住房保障体系更加完善，建设筹集保障性租赁住房2060套，竣工保障性租赁住房1157套，通过坚持实物保障与租赁补贴并举，累计审核通过公租房申请430户，分配公租房145套，发放租赁补贴2292户592.8万元。物业管理提档提质，完成老旧小区改造6个、加装电梯13台。

【丹静苑小区加装电梯竣工交付】 1月19日上午，丹静苑小区148幢108梯、109梯加装电梯工程竣工交付。县住建局、县传媒中心、县水务集团、国网象山县供电公司、华润燃气公司、各通信部门、加装电梯企业、丹东街道及丹东街道所辖社区相关工作负责人和部分居民代表共同参加了交付仪式。此次加装电梯工程由宁波宏升电梯有限公司总承包，核定载重量为550千克，最多承载人数为7人，每台电梯费用约44万元，其中每台给予20万元补助，其余资金由居民共同承担。

【2023—2025年老旧小区改造工程实地勘察】 为扎实推进全县城镇老旧小区改造工作，3月21—22日，县住建局组织相关人员，先后来到石浦镇锦河小区、凤凰新城小区、建业小区，丹东街道方秧新村、城东公寓小区等5个小区进行实地勘察，听取属地镇乡（街道）、社区、业委会及居民代表对改造工作的意见，与设计单位共同商定改造内容，并就做好下一步改造设计工作提出具体要求，为顺利推进老旧小区改造工作打下扎实的基础。

【6个老旧小区改造项目开工】 4月15—20日，象山县2022年度6个老旧小区改造项目陆续开工，分别为丹东街道金秋小区、丹静苑小区，丹西街道瀛洲小区，爵溪街道老巨鹰小区，石浦镇凤栖花苑小区、教师楼小区，总建筑面积26.52万平方米、居民楼207栋，惠及居民2192户，计划总投资4135万元，预计本年底完成改造。

【城乡房屋安全隐患排查整治调研】 5月4日上午，县住建局党组成员、副局长柯先宏带领相关人员，联合石浦镇相关负责人调研该镇城乡房屋安全隐患排查整治工作。柯先宏一行先后到金屏、延昌、塘头港社区等地，通过实地查看、座谈交流等方式，详细了解石浦镇房屋安全隐患排查整治工作开展、日常巡查等情况，要求重点做好城乡自建房，尤其是3层及以上、用作经营、人员密集和擅自改扩建的自建房排查，严防事故发生。

【全县物管小区及商业写字楼工作推进会议】 5月17日下午，县住建局组织全县物业企业召开物管住宅小区及商业写字楼“文明攻坚红五月”工作推进会议，共涉及物管住宅小区136个、物管商业写字楼9个、物业企业52家。会议传达学习了整治活动方案，明确工作要求并听取物业企业意见建议，要求物业企业进一步提高思想认识，周密计划安排，全面压实责任，以积极行动确保整治工作实效。

【象山县出台“18条措施”促进房地产业平稳健康发展】 5月31日，县住建局、县自然资源和规划局、县政务办、县金融发展服务中心、县招商发展中心、县住房公积金中心、中国人民银行象山县支行等7个部门联合出台《关于支持我县房地产业平稳健康发展的若干措施》，内容涉及项目开发扶持政策、审批服务扶持政策、加大配套政策支持力度等三个方面的18条措施，切实帮助房地产企业纾困解难，促进房地产市场良性循环和健康发展。

【组织自建房排查系统操作培训会】 为高标准高效率高质量完成自建房安全隐患排查工作，6月28日，县住建局组织召开自建房排查系统操作培训会，以全国房屋建筑和市政设施调查系统为基础，解读房屋安全隐患排查工作，详细讲解排查系统录入方法。各镇乡（街道）约100名业务负责人员、网格员参加培训。

【象山房地产展示展销会启幕】 7月27日，2022年象山房地产展示展销会在县人民广场启幕。该届展销会由县房地产业协会主办，以夜市的方式向广大市民朋友开放，为期5天。展馆分为城市形象展示区、房产项目展示展销区、房产上下游产业展示区、互动区等四大区块，为房地产企业和消费者架起互惠互利的桥梁，力争让广大消费者实现“一站式选房购房”。

（县住建局）

房屋征收

【概况】 2022年，象山县共实施征迁项目12个，涉及总拆迁户数2437户，总拆迁面积约60万平方米，征收土地面积约480万平方米（7200亩），涉及资金80亿元，创象山县征迁单年度总量历史记录。

【市域铁路象山线项目】 该项目为“5532”市域铁路征地拆迁攻坚硬仗，县长点题项目，涉及贤庠镇、大徐镇、丹东街道、丹西街道等4个镇乡（街道）23个村700余户，征收土地约1900亩，总建筑面积约20万平方米。丹东街道房屋拆迁涉及上余、东塘、桥头胡3个村373户。2022年6月8日，象山县人民政府发布关于市域铁路象山线（上余村）改造项目征收集体所有土地房屋拆迁公告，拆迁范围为上余村村庄建成区，涉及被征迁户数321户，房屋拆迁面积约14万平方米，征收土地面积约16万平方米。签约期限为20日（8月28日至9月16日），搬迁期限为40日（10月8日至11月16日）。累计完成签约320户，剩余1户通过拆违强制拆除，其中首日完成签约304户、签约率95.3%，实现签约首日征收协议正式生效的既定目标，首日签约率、签约生效时限均创全市征迁工作最快速度。2022年6月8日，象山县人民政府发布关于市域铁路象山线（东塘村）改造项目征收集体所有土地房屋拆迁公告（象征拆〔2022〕第3号），拆迁范围为东塘村整村，涉及房屋征收户数约17户，房屋拆迁面积约0.6万平方米，征收土地面积约1.3万平方米。签约期限为7日（11月4—10日），搬迁期限为20日（12月1—20日），首日签约率100%。2022年9月7日，象山县人民政府发布关于市域铁路象山线（桥头胡村）改造项目征收集体所有土地房屋拆迁公告（象征拆〔2022〕第4号），拆迁范围为桥头胡部分村域，涉及房屋拆迁户数约35户，房屋拆迁面积约1.2万平方米，征收土地面积约1.6万平方米，签约期限为7日（12月7—13日），签约率100%。贤庠镇房屋拆迁涉及小蔚庄、东风、贤南三个村37户，签约期限为10日（11月17—26日），搬迁期限为20日（12月10—30日），首日签约率100%。大徐镇房屋拆迁涉及汤家店、外考坑2个村34户，签约期限为10日（11月17—26日），搬迁期限为20日（12月10—30日），首日签约率100%。丹西街道不涉及房屋拆迁。

【老城更新六期项目】 该项目为县长点题项目，涉及丹西街道北门村、方井头村、北路社区被征收户数约815户，房屋拆迁面积约14.4万平方米，征收土地面积约13.7万平方米（205亩）。2022年5月13日，象山县人民政府发布关于象山县西后巷区块改造项目（象政房征决〔2022〕第1号）、桃园区块改造项目（象政房征决〔2022〕第2号）、外国语区块改造项目（象政房征决〔2022〕第3号）、老西门车站区块改造项目（象政房征决〔2022〕第4号）、西门水库东南侧区块改造项目（象政房征决〔2022〕第5号）房屋征收决定的公告，签约期限为15日（8月9—23日），搬迁期限为30日（8月24日至9月22日），签约率100%，创造了全市大规模征迁区块12天内全部清零的纪录。西后巷区块改造项目，涉及征迁总户数约383户，房屋拆迁面积约6.8万平方米。征收范围为东至西澄河路，南至后堂街，西至北山路，北至山体。签约率为100%，货币化率为90.9%。桃园区块改造项目，涉及征迁总户数约196户，房屋拆迁面积约2.8万平方米。征收范围为东至北山路，南至西街，西至外国语学校东侧围墙，北至西瀛民食、北山路23号、桃园路4号、桃园路10号、桃园路12号、桃园路33号、桃园35号、桃园路39弄1号。签约率为100%，货币化率为88.7%。外国语区块改造项目，涉及征迁总户数102户，房屋拆迁面积约1.44万平方米。征收范围为东至外国语学校围墙接拱极路21弄,南至西街,西至西街7号接外国语学校围墙接城西路,北至拱极路21弄19号西侧围墙接上坎。签约率为100%,货币化率为81.4%。老西门车站区块改造项目,涉及征迁总户数121户,房屋拆迁面积约2.4万平方米。征收范围为东至城西路,南至狮山路,西至城西路79号西侧围墙接彭姥路,北至象山县废旧车辆回收有限公司北侧围墙接西丹路。签约率为100%,货币化率为67.8%。西门水库东南侧区块改造项目,涉及征迁总户数13户,房屋拆迁面积约0.21万平方米。征收范围为东至永安路2弄,南至蓬莱路,西至西谷路,北至永安路1号、永安路5号。签约率为100%,货币化率为92.3%。

【大徐镇牛岙村整村拆迁项目】 2022年8月26日,象山县人民政府发布关于大徐镇牛岙村整村改造项目征收集体所有土地房屋拆迁公告(象征拆〔2022〕第2号),拆迁范围为牛岙村村庄建成区,涉及被征收户约57户,房屋总建筑面积约1.3万平方米,征收土地面积约2.67万平方米(40亩)。签约期限为10日(12月7—13日),搬迁期限为30日(11月21日至12月20日)。三日签约率100%,创造象山三天清零的征迁新速度的纪录,圆满破解十六年历遗留问题。

【"两岛五滩"项目】 涉及鹤浦镇水湖涂村和涂茨镇长沙村约295户,建筑面积约4.2万平方米,土地面积210亩。2022年9月15日,象山县人民政府发布补充公告重启该项目。鹤浦镇水湖涂村,涉及被拆迁户数约212户,建筑总面积约2.6万平方米,土地总面积约144亩,签约期限为30日(11月9日至12月8日),首次实现房屋拆迁和土地征用同时签约,三日签约率100%。涂茨镇长沙村,涉及被拆迁户数约83户,建筑总面积约1.6万平方米,土地总面积约66亩,签约期限为30日(11月12日至12月11日),累计完成签约82户,签约率98.8%,剩余1户已通过拆违强制拆除。

【定影公路项目】 涉及定塘镇中垷村、下灶村、后洋塘村被征收户数20户,房屋拆迁面积约0.32万平方米,签约率100%。

【缝纫机厂项目】 涉及征收企业35户,房屋建筑面积2.9万平方米,土地面积约58亩,签约率100%。

【河东工业园项目】 涉及征收企业12户,房屋拆收面积约5.49万平方米,征收土地面积约88亩,签约率100%。

【中心城区断头路项目】 基本完成丹西街道断头路征迁清零,包括丹河路(环城西路至白鹤路)11户,丹山路(新丰路至天安路)7户,环城西路三期B标(丹南路至滨海大道)12户,宝海路(来薰路至新一路)里新村5户。

【盛宁线项目】 涉及茅洋乡花墙村被征迁户数5户,完成签约并拆除。

【行政诉讼】 2022年,共有行政诉讼19起,其中涉及国有4起,集体15起,未结案3起,撤诉3起,已结案13起,均胜诉。共有行政复议5起,已作出决定2起,均维持原有决定,撤回申请2起,复议中1起。

(县房屋征收中心　黄优优)

住房公积金管理

【概况】 象山县住房公积金管理机构,由象山县住房委员会办公室与宁波市住房公积金管理中心象山分中心实行两块牌子、一套班子,合署办公。截至2022年12月底,全县已累计办理住房补贴16682人,住房补贴资金48408.13万元,手续办结率100%。其中,县属单位16023人,46517.63万元。垂直单位659人,1890.50万元。垂直单位住房补贴资金由单位自行解决。全县共有住房公积金缴存单位2575家(其中,正常缴存1736家,封存839家),实际缴存56832人,累计归集总额969426.85万元,累计提取711248.82万元,归集余额258178.03万元。累计贷款638703.33万元(包括住房公积金转商业贷款贴息贷款,以下简称"公转商"贷款148908万元),贷款余额299535.45万元(包括"公转商"贷款64868.95万元),累计增值收益(包括风险准备金、管理费用、廉租房补充资金)33315.3万元。

【住房补贴工作】 1. 兑现住房补贴应发资金。2022年应兑现住房补贴对象6699人次(包括2022年度新增人员),1600.06万元。其中,行政525人次,142.38万元,全额事业4404人次,1215.13万元,差额事业1770人次,242.55万元。截至2022年12月底,尚有7732.39万元,待2023年及以后年度按现行政策规定兑现,其中,行政601.34万元;全额事业4893.40万元;差额事业2237.65万元。2. 办理新增人员住房补贴。计488人,住房补贴资金1319.06万元。其中,县属单位395人,1067.96万元(包括行政65人,175.26万元;全额事业215人,584.16万元;差额事业115人,308.54万元)。垂直单位93人,251.10万元。3. 配合主管部门做好自收自支事业单位退休和在职人员住房补贴对象资格条件审查,计2个部门(单位),3人,涉及住房补贴资金10.14万元。4. 妥善处理历史遗留问题。主要如下:①历时多年的异地上访件1件,涉及中华人民共和国成立前参加工作的房改前("文化大革命"时)去世的老干部,非房改对象,要求享受房改待遇,通过听证会结案。②3人以上集体上访2起。即涉及房改前集资房要求做不动产证,转制企业要求享受住房补贴的事宜。③认真做好是否享受房改购房、住房补贴等优惠政策的解释说服工作,截至12月底出具书面证明402件,审核人才公寓申购条件214户。

【住房公积金工作】 1. 缴存。2022年月均缴存人数60456人,完成年计划57257人(按省、市业务主管部门口径,年度计划为上年月均缴存人数54530人的基础上增长5%)的105.59%;归集129225.74万元,完成年计划130000万元的99.40%。2. 提取。提取101668.99万元,完成年计划98000万元的104%。3. 贷款。放贷63501.12万元,完成年计划53300万元的119.14%。其中,①住房公积金贷款50620.12万元,完成年计划40300万元的125.61%;②"公转商"贷款12881万元,完成年计划13000万元的99.08%。4. 增值收益。增值收益3200.73万元,完成年计划2000万元的160.04%。

【积极实施风险防范】 2022年,中心成立象山县住房公积金贷款风险防控专家组。风控组成员由宁波市住房公积金管理中心象山分中心分管信贷副主任、相关科室负责人和十家合作银行分管个贷业务副行长组成。风控组负责对每个拟合作的楼盘进行风险评估,并形成报告经住房公积金贷款审查小组(简称贷审组)审查,决定合作意向。大额资金存储规范操作,专题发文要求进一步维护住房公积金缴存职工购房贷款合法权益。尝试业务合作银行助力缴存扩面,规范行政执法督缴住房公积金。对涉及骗提骗贷案件,采取向公安部门报案、移交纪委监察委等处理方式震慑涉案人员。新增放贷楼盘5个,受理撤销备案合同65笔,贷款逾期率为0,在可控范围内。

【调整完善相关政策】 1. 调整最高贷款额度。经两次调整,现行政策是:职工按规定连续缴存住房公积金满2年,首次申请住房公积金贷款购买家庭首套自住住房的,最高贷款额度为80万元/户;职工按规定连续缴存住房公积金满6个月,其家庭已拥有一套住房并已结清购房贷款,为改善居住条件第二次申请住房公积金贷款的,最高贷款额度为60万元/户;按照国家生育政策生育二孩或三孩的家庭,职工按规定连续缴存住房公积金满2年,首次申请住房公积金贷款购买家庭首套自住住房的在上述基础上再上浮20%。职工个人住房公积金可贷额度由借款人及其共同借款人在申请贷款日缴存账户余额的12倍调整为15倍。2. 放宽受疫情影响的住房公积金缓缴期限。受新冠疫情影响的企业,经职工代表大会或工会讨论通过并提供相关决议,可申请缓缴2022年12月31日前的住房公积金;受新冠疫情影响的个体工商户和自由职业者等灵活就业缴存人员,无法按时足额缴存住房公积金的,可申请缓缴2022年12月31日前的住房公积金。缓缴期间,缴存时间连续计算,不影响职工正常提取和申请住房公积金贷款;缓缴期满后进行补缴。3. 无房户租房提取住房公积金月限额提高到1500元。4. 通过本年度住房公积金缴存基数的调整,进一步规范个人月缴存额度,依法合规,体现社会公平。

【平台强力支撑】 2022年1—12月,受理全国住房公积金异地转移业务802笔(其中:转入456笔,486.56万元;转出346笔,381.71万元)。2022年1—12月,除网上办件率、零跑次率维持上年水平外,其他7个指标均为100%,4项主项29项子项的群众和单位办理事项为100%,全部达到"最多跑一次"目标。

【提升服务水平】 完成《展现社会公平 提升公积金管理治理效能》调研报告,适时公布年度住房公积金管理和财务运作情况,接受群众监督。2022年1—12月,实地走访32家企业,分发宣传册100多份,正确引导建立住房公积金制度,为房企排忧解难。受理网上民声回应、网民政策回复信访件28件。中心举办服务礼仪培训班,邀请资深讲师以演讲与实务演练相结合的方式,对中心全体员工进行窗口服务礼仪培训。结合"每日点评、月度通报、年度考核"运行机制,进一步增强了工作人员的服务意识和团队精神,激发了爱岗敬业、服务群众、奉献社会的责任感和使命感。群众对服务窗口的服务满意度达100%(测评对象为业务办理对象)。

2022年,中心获得2021年度全市住房公积金目标管理考核优秀,县文明机关创建先进单位、三星级党支部荣誉称号。继续保持浙江省文明单位、宁波市文明单位等荣誉称号。

(县住房公积金中心)

城市管理

【概况】 2022年,象山县创新非机动车违停"拖离+处罚"模式,全年对非机动车违停立案处罚3840起;开展"一跨六乱"市容市貌专项整治行动,全力创建全国文明城市,查处各类案件7815起。

【获省"无违建县"和"无违建"创先争优示范县】 县综合执法局推进"三改一拆"行动,累计拆违29.25万平方米,完成"三改"80.70万平方米。象山县获省"无违建县"和"无违建"创先争优示范县,得60亩土地指标。

【第一次赴北仑支援疫情防控】 1月5日,县综合执法局组织一支由6名普通执法队员、9名党员组成的"红蓝战疫"支援队赴北仑支援疫情防控工作。

【全面启动"一跨六乱"整治工作】 3月14日,县综合执法局召开"全域美丽迎亚运,全民动员讲文明"市容市貌专项整治工作会议,全面启动"一跨六乱"整治工作,在"象山发布""文明象山""象山综合执法"等10余个微信公众号大范围宣传《关于在全县范围内开展市容市貌专项整治的通告》。

【支援小厅村疫情防控工作】 4月3日凌晨,县综合执法局组织55名党员干部职工下沉一线,支援村社疫情防控工作,并在4月7日成立临时党支部。

【开展非机动车违停"拖离+处罚"新模式】 4月19日,县综合执法局围绕中心城区非机动车违停乱象,创新管理模式,开展非机动车违停"拖离+处罚"新模式,对违停非机动车进行拖离,对首次违法行为进行教育警告。

【组建驻县综合执法指挥中心检察官办公室】 5月31日，全省首个驻县综合执法指挥中心检察官办公室在象山正式组建，该办公室通过定期会商、协同作战化解基层矛盾，实现整体政府、整体智治，完善综合性执法与司法的衔接联动，为象山县加快推进“大综合一体化”行政执法改革提供有力的司法保障。

【举行文明城市创建座谈会】 6月10日，县综合执法局举行文明城市创建常态化工作参事员座谈会，聘请党代表、人大代表、政协委员等作为“文明参事员”，聚焦流浪犬收养管理、非机动车乱停、临街商户管理等全国文明城市创建的重点问题集思广益、凝聚共识、献计献策。

【省“三改一拆”办公室开展违法建筑数据质量现场核查】 7月27日，省“三改一拆”办公室对象山开展违法建筑数据质量现场核查，省“三改一拆”办由省“三改一拆”办综合组组长茅建平带队，市陪检人员由市“三改一拆”办常务副主任郑传统带队。7月8日，象山召开迎检工作部署会议，县委常委、副县长周坚栋作强调讲话。7月21日，县府办副主任蔡振年对迎检工作再部署。

【环保督察整改】 8月19日，生态环境部华东督察局副局长王曙光一行到象山检查水桶岙垃圾填埋场渗滤液处置能力不足整改情况。

【开展“‘循’觅山海间，‘象’往新生活”循环集市活动】 9月12日，县生活垃圾分类工作领导小组办公室、县综合执法局、县文广旅体局、市生态环境局象山分局在万达广场联合举办“‘循’觅山海间，‘象’往新生活”循环集市活动。

【防御“梅花”台风】 9月14日，县环卫部门派出60余名应急小分队成员，在大风大雨中及时清理下水沟，确保排水畅通。台风过后，组织1000余名一线作业人员凌晨4时全员到岗，巡查路面、清理路障，扫除台风过后的垃圾，在最短时间内恢复城市环境秩序。环卫部门通过“人车结合”的保洁模式，首先清理机动车上的大树枝、大件垃圾，再对散落树枝、落叶及生活垃圾进行人力清扫，共出动机扫、洒水、冲洗等作业车辆46辆，安排小型清运车及垃圾中转车134辆，加快垃圾清运、转运，做到日产日清，并对淹没的道路进行泥沙冲洗等。台风期间，环卫部门清理大件垃圾约4吨，疏通堵塞的雨水口150余个，集中收集、清运中心城区生活垃圾日均320吨，其中树枝、落叶约6吨。

【启动“百日执法大比武”】 为切实提升象山县执法人员执法能力，解决群众“急难愁盼”问题，完成文明城市实地测评，县综合执法局围绕“犬类管理、人行道违停、生活垃圾分类、建筑垃圾乱倾倒、城镇燃气、水行政”六大民生领域，在9月17日启动“百日执法大比武”，大比武中办理案件13460件，其中不含贴单数案件3946件。

【第二次赴北仑支援疫情防控】 10月15日，县综合执法局组织15名党员干部职工赴北仑支援疫情防控工作。

【支援新桥镇疫情防控工作】 11月20日，县综合执法局组织30名党员干部职工赴新桥支援疫情防控工作。

【全县综合行政执法干部素质能力提升班开班】 12月12日，由县综合执法局主办的象山县综合行政执法干部素质能力提升班在浙江广播电视大学工商学院正式开班。象山县“1+8”执法队伍和18个镇乡（街道）的执法干部参与培训。

（县综合行政执法局）

地名管理

【概况】 2022年，围绕地名规范优化工作，推进地名文化建设。主要体现在五个方面：开展城市道路名称统一试点工作；开展标准地名核实认定工作；开展地名规范优化工作；开展行政区域界线界桩勘查工作；开展《象山县地名志》编纂工作。

【城市道路名称统一试点工作】 制定下发《关于开展城市道路名称统一试点工作的通知》，经排摸研究，确定丹西街道的北山路—新丰路作为先行试点，“北山路拟更名为新丰路”，制定了

5月31日，全省首个驻县综合执法指挥中心检察官办公室在象山正式组建（沈益丰摄）

切实可行、操作性强的工作方案。会同街道和社区对需更名的道路，通过入户走访，座谈商讨的方式，在广泛征求更名所涉街道、村（社区）、村（居）民、商铺经营者的意见建议基础上，经评估、论证、公示后，于9月30日县人民政府批准完成北山路更名为新丰路先行试点工作。

【标准地名核实认定工作】 根据市局的部署要求，指导各镇乡（街道）地名工作人员配合第三方机构完成标准地名地址“一址通”各镇乡（街道）行政村、居住小区（含商住）、自然村约39594个门牌的核实认定工作。完成标准地名地址“一址通”各镇乡（街道）及农村门牌点位图、门牌编制表20594个核实认定工作。

【地名规范优化工作】 根据“最多跑一次”改革要求，对小区、道路、门牌名等纳入窗口一次性受理，按照规范程序，及时审批，输入宁波地名网，提高工作效率。新安装的652条标准路门牌录入宁波地名网。完成中国·国家地名信息库中涉及象山县行政区划、自然地理实体、街路巷、居民点、群众自治组织名称等共十大类8101条重要地名数据质量核查及入库工作。完成国家标准地名志词条目236条（象山县自然地名、经济文化地名、交通地名部分）的校对补充工作。

【行政区域界线界桩勘查工作】 制定出台《象山县2022年创建平安边界活动实施方案》，指导西周镇、泗洲头镇界桩界线管理人员对5个界桩开展矛盾隐患集中排查和自查工作，对存在的问题进行梳理、汇总、分析。在边界显要位置张贴宣传标语5幅，在边界附近村发放平安边界宣传资料1000余份，督促民政助理员和网格员入户宣传2次，走访了1000余户，并利用村务公开栏大力宣传创建平安边界活动对促进边界地区和谐稳定的重要意义，营造平安边界创建活动和界线领域风险防范的良好舆论氛围。联合宁海县完成5个界线界桩的勘查联检工作，确保边界地区和谐稳定。

【《象山县地名志》编纂工作】 各镇乡（街道）确定联络员做好地名资料收集、整理、上报工作，配合编撰工作人员下村对地名信息采集。7月6日，邀请省地名编纂专家浙江古籍出版社徐晓玲编辑对第三方机构已经编纂的《象山县地名志》部分内容进行审核，同时对后期如何高质量完成编纂工作进行系统性培训指导；会上，市局地名处王健敏副处长要求，督促第三方机构要严格按照市地名志编纂“五统一”和徐晓玲编辑培训要求开展工作，确保高质高效完成《象山县地名志》编纂工作。人文地理实体部分在原编撰基础上作进一步修改完善，自然地理实体部分已经完成70%编撰工作。

大目湾新城

【概况】 2022年，大目湾全面进入“创业创新、人才集聚、产城融合”的蝶变时期。借着“海洋时代”“亚运时代”“轨交时代”的战略机遇，大目湾—松兰山突出发展海洋、文创、科创等青年友好型业态，全力打造一个宜居宜业的海洋科技青创城。大目湾按照象山县委县政府“聚力一二五，走好共富路”总要求，紧扣“5532”战略部署，兴产业、提品质、增效能、快速度、高质量推进大目湾海洋青创城建设和松兰山国家级旅游度假区创建工作。全年列入县重点项目9个，年度计划投资13.4亿元，截至12月底共完成投资14.11亿元，其中政府投资完成10.63亿元，社会投资完成3.48亿元，完成年度指标105%。累计完成内资考核3.28亿元；浙商回归1.26亿元。未来社区等9个项目开工动建，新城学校等9个城市配套设施投入使用。这一年，重点工作有序推进，取得阶段性成果。宁波市域铁路象山线先行节点工程大目湾站正式开工建设，大目湾荣获省级市级城市风貌样板区称号，宁波（大目湾）海洋青创城正式挂牌成立，松兰山旅游度假区恢复开园，并获评2022年度“浙江省智慧景区”A档。

【项目建设稳步推进】 松兰山游客服务中心及周边环境提升工程、大目湾新城学校、大目湾消防站等大型工程完成10个，6个人行道铺装工程、14座公共厕所标准化厕所等小型工程完成10个。部分重点工程进度如下：机械研究院总院南方中心工程二期3个研究所、综试楼、科创中心装修完成，住宅、公寓楼装修完成80%，三期开工；松兰山滨海旅游度假区核心区改造提升一期

1月14日上午，宁波市域铁路象山线先行节点工程正式开工建设

1~5 区绿化市政及装修工程基本完成,6 区综合服务中心完成主体结构;松兰山旅游度假区智慧旅游工程设备安装及调试完成、软件开发第一阶段完成;对接松兰山滨海旅游度假区核心区改造提升二期、青创园及基础设施工程、春和路、景明路路基工程等项目的方案讨论评审等相关工作。

【招商项目投入运营】 围绕全县招商引资总体工作部署,立足大目湾海洋青创城产业布局,以"科创""文创""数创"三创产业为引领,按照高质量、高速度发展要求,扩大招商视野,拓展招商渠道,有的放矢精准发力,招商工作取得突破性进展。2022 年客商接洽势头向好,新签约落户企业 97 家,注册资本 1000 万元及以上的 18 家,入驻企业主要涉及科创、新能源、数字艺术、产教融合、海洋运动等领域。清华长三院落户企业浙江潜研科学技术研究有限公司成功获批"半岛英才"项目;目前 1527 亩高端智能制造园区正在启动产业策划,已完成控规调整和可研评审;已建立 MIX 学城、京东数字经济基地、河姆渡、攸沃双创园 4 个平台,累计落户企业 162 家,2022 年度达成产值 4.6 亿元,以攸品生活广场为中心的 16.5 万平方米土地发展数字经济产业。

【大力策划海洋运动】 大目湾围绕象山县委县政府重要战略部署,扎实践行海洋强县战略,积极抢抓亚运机遇,依托亚帆中心培育宁波专属的城市赛事品牌,发挥大目湾亲水湾、松兰山度假区、亚帆项目资源优势,大力发展亚运时代和后亚运时代的海洋运动产业链,聚力建设滨海特色景区,打造北纬 30°海岸线上又一个新坐标,为象山做强海洋经济发展示范区、打造全球海洋中心城市重要功能区提供力量。目前,专业性水上运动基地已成功获批港口经营许可证及海事报告点办理,亚帆中心港成为华东沿海首家获得合法手续的开放式游艇港;完成 VTS 船舶交通指挥系统建设并通过验收;论证"爵溪大平岗—石浦铜头咀"沿岸 5 海里约 270 平方千米小型船舶巡航海域可行性方案。

1 月 26 日凌晨 1 时许,"隔离点"项目工地仍旧灯火通明。172 亩的土地上,300 余名建筑工人日夜奋战,百余台大型机械轰鸣不休。项目现场战果已具雏形,基础浇筑施工全线完工。1240 套隔离用房全部抵达现场,910 间完成吊装。热水器、空调、被褥等生活用品均已完成采购,陆续进场安装(图:供稿　林敏)

已成功落户"天海风"帆船俱乐部项目、"宁波工程学院"游艇驾驶实操培训项目、"路亚海钓"路亚俱乐部项目、宁波兰湾游艇俱乐部项目、大目湾房车俱乐部项目、铁锚潜水俱乐部项目;已入驻浙江澳鑫游艇、法国欧尼儿游艇、德国巴伐利亚游艇三家游艇展示艇 15 条,总价值约 3000 万元,已有游艇或钓鱼艇意向订单共 6 单,总价值约 1400 万;累计开展游艇驾驶实操培训 10 余批次,共计学员 200 余人。

【创建工作稳步推进】 亚帆中心、游客中心、通景公路、品牌酒店、智慧系统等均已完成建设并投入使用。松兰山度假区自 6 月 30 日开园至今,聚焦打造"最美海岸线"IP、构建多元度假产品、创新管理运营服务,承接游客 55 余万人,在度假环境、产品业态、智慧管理等方面实现了全新的跨越。目前,喜来登度假酒店已开业,黄金海岸雷迪森大酒店试运营中;通景公路主入口位于巨鹰路延伸段,概算总投资 11600 万元,次入口位于象山港路段,概算总投资 3000 万元,两条路段均已完成建设;游客服务中心已竣工投入使用,核心区(一期)土建、市政、绿化已完成,外立面工程、装修装饰工程稳步推进。大目湾建管中心加大力度推进松兰山国家级旅游度假区创建工作,成功列入国家级旅游度假区创建意向名单,正在开展国创提升规划编制。

【重大改革有序推进】 投融资改革继续深化,尽力置换高成本历史融资,逐步降低大目湾整体融资综合成本,融资年综合成本从 2021 年末的 6.22%降至目前的 6.03%,降本工作已初见成效。做好机构编制岗位设置方案重新拟订工作,完成《象山县国有企业职工薪酬激励办法(试行)》,制定绩效管理激励方案。

【城市品质持续提升】 继续提升新城"洁化、绿化、亮化、序化"管理水平,推进环境提升治理、道路景观内的安全保洁工作。开展道路设施和水利设施常规安全大排查,消除道路、绿地、广场、水系等安全隐患。落实春季绿化养护和汛前检查、检测、检修"三检"工作,以及绿化枯枝修剪、拔草、施肥等养护工作以及设备更新。开展社区基层管理,全面推进社区党支部活动、文娱活动以及垃圾分类、核酸检测,并组织开展垃圾分类校地短视频创作大赛。2022年，兰湾社区在第一季度和第二季度宁波市四色榜均列街道类蓝榜，邦泰城御园小区完成宁波市2022年度典范小区创建验收。同时，大目湾打造一站式生活“邻里芯”，已先后入驻超市、中心菜场、特色餐饮、酒店、文体培训、健身中心等城市业态，引领新城进入ShoppingMall时代。

【区域生活安全稳定】 开展安全生产大排查，共计排查隐患150余条并实现全部整改。与各在建工程项目、落户企业及各职能科室下属企业签订年度安全生产管理责任书29份。妥善解决矛盾调处及信访投诉，加强区域综合治理，将绝大多数矛盾纠纷化解在基层、消灭在萌芽。共处理县民生回应平台45件，省平台194件，落实“110”双联警情处置65件，受理调处欠薪、社区邻里等纠纷80起。重点加强房地产领域等突出矛盾治理，参与中传铁工烂尾项目问题、协调处理世茂房产40户业主被法院查封及办税停票事件引发的群体性矛盾。其中，中传项目取得突破性进展，宁波铁工置业由君凯房地产开发有限公司接盘实现全面复工，其中三期项目悦景湾小区已完成交房；铂华庭项目已完成全部50户业主的退房工作。按照反走私综合治理工作有关要求，加强3个码头（风险点）反走私“七到位”管理，协调派出所健全各码头（风险点）日常巡查工作，全年无走私案件发生。

（大目湾新城　俞妙莎）

建筑业

【概况】 2022年，象山县建筑业完成总产值557.61亿元，完成省内产值366.68亿元，实现地方入库税收8.83亿元，同比增长5.37%。是年，象山县建筑企业创出各级优质工程55项，获得市级以上重要荣誉32项。

【加强行业发展引领】 出台《关于促进我县建筑业高质量发展的实施意见》和配套文件《关于我县建筑业高质量发展专项资金管理办法》，设立财政专项资金，引导企业进一步发展壮大，实现高质量发展。引导企业开展创优夺杯，对龙元、宏润等13家企业的优质工程项目给予327万元的补助。推进建筑业招商回归工作，对12家建筑企业兑付奖励共计1497.7万元，完成新招引企业6家。

【深化行业人才培养提升工程】 组织开展企业领军人才专题培训、行政和人力资源管理提升培训、金融风险防控培训、“三类人员”和现场专业人员教育培训约2110人次，完成电大建筑专业班招生77人，推动打造高素质产业队伍。

【2家建筑企业资质升级】 2022年象山县2家建筑企业资质升级，宁波宇丰建设有限公司建筑工程施工总承包资质由二级晋升为一级资质（甲级），自然空间（浙江）规划建筑设计有限公司城乡规划编制行业资质由乙级晋升为甲级，象山县人民政府分别给予这两家企业100万元和80万元奖励。

2022年2家建筑企业资质晋升情况一览表

表35

序号	类　别	企　业　名　称	资质晋升内容	批准单位	批准时间
1	产业优化	宁波宇丰建设有限公司	建筑工程施工总承包二级资质晋升为一级资质（甲级）	住房和城乡建设部	2022.12.6
2		自然空间（浙江）规划建筑设计有限公司	城乡规划编制行业乙级资质晋升为甲级资质	自然资源部	2022.9.7

【加强企业纾困帮扶工作】 推动企业复工复产惠企政策落地落实，1家企业完成公积金缓缴办理工作，4家建筑企业完成缓缴税款3245.89万元，5家企业完成所得税延期申报工作。

【提升行业党建活力】 依托“象建红领”党建联盟，集中组织建筑企业党员开展政治理论学习、党务培训、主题党日和志愿服务活动12批次，充分发挥党建联盟引领作用，进一步加强企业党员教育管理。深化“六有一好”红色工地、清廉建筑企业、“双强六星”党组织创建等品牌建设活动，新增红色工地创建项目14个，清廉建筑企业6家，做深“党建+”文章，深化企业党建品牌建设。扎实推进2家后进支部整顿、7家到期党组织换届、360名流动党员排摸管理等工作，推动企业党建工作提质扩面。

【优质工程】 2022年，象山县建筑企业创出各级优质工程55项，其中国家级2项，国家级专业3项，省级17项，市级18项，县级15项。

2022年度象山县建筑业优质工程项目情况一览表

表36

序号	获奖名称	工 程 名 称	工 程 地 址	承建单位	备 注
1	詹天佑奖	黄浦江上游水源地工程	上海市	宏润建设集团股份有限公司	—
2		宁波市轨道交通3号线一期工程	浙江省宁波市	宏润建设集团股份有限公司	—
3	中国安装之星	老西门中华新城(北地块)安装工程	上海市黄浦区盐城路1号	龙元建设集团股份有限公司	—
4		上海市轨道交通15号线工程土建5标景洪路站、朱梅路站、罗秀路站及相邻区间风水电安装和装饰工程	上海市	宏润建设集团股份有限公司	—
5		上海轨道交通15号陈太路停车场24标	上海市	宏润建设集团股份有限公司	—
6	上海市“白玉兰”	上海轨道交通18号线一期工程南段(航头站—御桥站)	上海市	宏润建设集团股份有限公司	—
7		临港国际会议中心(一期)新建项目(酒店部分NHC1500303-1、4-1、07-1地块)	上海市	宏润建设集团股份有限公司	—
8	上海市市政工程金奖	大芦线航道整治二期工程(大团惠南段)7标—兴隆桥	上海市	宏润建设集团股份有限公司	—
9	浙江省“钱江杯”	宁波市轨道交通4号线工程(潘火路站-东钱湖站)	浙江省宁波市钱湖大道与谷子路交叉口南侧	龙元建设集团股份有限公司	—
10		苍南县马站旅游集散中心项目	浙江省温州市	华锦建设集团股份有限公司	—
11		新昌县人民医院提升工程一期综合大楼	浙江省绍兴市	华锦建设集团股份有限公司	—
12		浙能镇海电厂燃煤机组搬迁改造工程	浙江省宁波市镇海区	中和华丰建设集团有限公司	参建
13		协丰220千伏变电站工程	浙江省宁波市北仑区大榭乎竹村北端	宁波庆丰建设有限公司	参建
14	福建省“闽江杯”	晋江市国际会展中心	福建省泉州市西园街道博览大道旁	龙元建设集团股份有限公司	—

续表36

序号	获奖名称	工程名称	工程地址	承建单位	备注
15	河南省“中州杯”	舞钢碧桂园翡翠郡项目	河南省	宁波融鑫建设有限公司	—
16	浙江省钢结构金奖	宁波舟山港石浦港区沈海高速连接线新桥至石浦段TJ2标	浙江省宁波市	浙江良和交通建设有限公司	—
17	杭州市“西湖杯”	望江单位凯旋路四期（东宝路-婺江路）道路工程	浙江省杭州市	龙元建设集团股份有限公司	—
18		杭州地铁9号线一期工程昌达路车辆段施工Ⅰ标段	浙江省杭州市	宏润建设集团股份有限公司	—
19		杭州地铁6号线一期工程土建施工SG6-12标段奥体站	浙江省杭州市	宏润建设集团股份有限公司	—
20	宁波市“甬江杯”	宁波杭州湾新区新建污水厂工程	浙江省宁波市前湾新区慈溪市新慈五路与玉海东路交叉口	龙元建设集团股份有限公司	—
21		宁波市轨道交通4号线TJ4017标段	浙江省宁波市钱湖大道与谷子路交叉口南侧	龙元建设集团股份有限公司	—
22		宁波大学潘天寿艺术设计学院	浙江省宁波市	华锦建设集团股份有限公司	—
23		庆元大道（天通南路-鄞州大道）工程	浙江省宁波市	华锦建设集团股份有限公司	—
24		71省道盛宁线东陈至茅洋段改建工程	浙江省宁波市	浙江良和交通建设有限公司	—
25		潘桥220千伏变电站工程	浙江省宁波市鄞州区中河街道（东至创新路、南、西至地块界限、北至堇山东路）	宁波庆丰建设有限公司	参建
26		宁波北仑黄山110千伏变电站工程	浙江省宁波市北仑区	宁波景业建设有限公司	参建
27	嘉兴市水利“南湖杯”	嘉兴市城外配水工程（杭州方向）盾构一标	浙江省嘉兴市	宏润建设集团股份有限公司	—

续表36

序号	获奖名称	工　程　名　称	工　程　地　址	承建单位	备　注
28	泉州市 “刺桐杯”	晋江市拔萃双语学校一期(1#~2#楼地下室及上部、2#地下室、5#楼、7#楼工程)	福建省晋江市西园街道会展路1号	龙元建设集团股份有限公司	—
29	亳州市 “芍花杯”	桐华郡项目(1标段)工程18#、21#、26#楼	安徽省亳州市南部新区希夷大道东侧、亳芍路南侧、嵇康路西侧、银杏路北侧	龙元建设集团股份有限公司	—
30	温州市 “瓯江杯”	温州高新区铁道南路(金域传奇-新三路)建设工程	浙江省温州市龙湾区	龙元建设集团股份有限公司	—
31	广东省 建设工程 优质结构奖	观岭商住小区一期(21-25栋、游泳池更衣室、保安室、地下车库)工程	广东省中山市	宁波宇丰建设有限公司	—
32		厂区二期(D3栋智能仓库、D4栋衣柜车间)(顶固)	广东省中山市	宁波宇丰建设有限公司	—
33		尚东新天地花园(二期)16-23幢及车库工程	广东省中山市	宁波宇丰建设有限公司	—
34	华东地区 优质工程	老西门中华新城(北地块)3#楼	上海市黄浦区盐城路1号	龙元建设集团股份有限公司	—
35		老西门中华新城(北地块)4#楼	上海市黄浦区盐城路1号	龙元建设集团股份有限公司	—
36		老西门中华新城(北地块)5#楼	上海市黄浦区盐城路1号	龙元建设集团股份有限公司	—
37	杭州市 工程结构奖	机场轨道快线工程仓前车辆基地施工Ⅰ标段	浙江省杭州市	宏润建设集团股份有限公司	—
38		杭州地铁9号线一期工程渔人码头站土建施工标段	浙江省杭州市	宏润建设集团股份有限公司	—
39	宁波市 建设工程 结构奖	西洪大桥及接线工程(环镇北路—北环快速路)施工Ⅲ标段	浙江省宁波市江北区	浙江良和交通建设有限公司	—
40	宁波市建筑施工 安全生产标准化 管理优良工地	象山县生活垃圾生态化循环改造工程	浙江省宁波市象山县	宁波华一建设有限公司	—

续表36

序号	获奖名称	工程名称	工程地址	承建单位	备注
41	象山县“金象奖”	年产500万张缸垫生产线项目(一期)工程	浙江省宁波市象山县	浙江金能建设有限公司	—
42		象山县石浦一冷·文化创意园工程	浙江省宁波市象山县	浙江金能建设有限公司	—
43		象山县石浦陆岛客运中心工程	浙江省宁波市象山县	宁波和丰生态建设有限公司	—
44		象山县塔山教育培训中心(象山县塔山中学)新建工程	浙江省宁波市象山县	宁波和丰生态建设有限公司	—
45		石浦军民路与凤栖路交叉口西南角地块项目(一期)地下室2号楼	浙江省宁波市象山县	中和华丰建设集团有限公司	—
46		象山县政实小学	浙江省宁波市象山县	象山宝盛建设有限公司	—
47		象山县大目湾城市综合广场工程	浙江省宁波市象山县	宁波庆丰建设有限公司	—
48		食品机械制造项目	浙江省宁波市象山县	宁波大成建设有限公司	—
49		宁波华翔电子股份有限公司年产60万套饰条生产项目	浙江省宁波市象山县	宁波景业建设有限公司	—
50		宁波日星铸业有限公司大中庄区块扩建项目(新日星年产18万吨海上装备关键部件项目铸造车间二、准备车间)	浙江省宁波市象山县	宁波景业建设有限公司	—
51		工程机械零部件项目	浙江省宁波市象山县	宁波景业建设有限公司	—
52		浙江子夏精密机械有限公司新建厂房项目	浙江省宁波市象山县	宁波开闰建设有限公司	—
53		浙江万昌包装有限公司年产1万吨珍珠棉研发生产智能无人化工厂项目1#厂房、配电房、工具间	浙江省宁波市象山县	浙江泉昇建设有限公司	—
54		医药生产体系研制项目(厂房)	浙江省宁波市象山县	宁波淖升建设有限公司	—
55		象山县沿海南线(海宁路至白云路)拓宽改建工程	浙江省宁波市象山县	中能建华东润业工程建设有限公司	—

【科技创新】 2022年，象山县建筑企业获科技进步奖4项，其中获中国交通运输协会科技进步二等奖1项，获浙江省科学技术进步一等奖2项、二等奖1项；获发明专利6项，实用新型专利59项；参编行业标准2项，获省级工法6项。

【承接超亿元工程73项】 2022年，象山县建筑企业拓展市场取得新进展，共承接超亿元工程73项，4家特级企业承接55项，6家一级企业承接16项，2家二级企业承接2项。

2022年象山县建筑企业承接超亿元工程情况一览表

表37　　单位：亿元

序号	施工单位	工程名称	工程地点	工程规模	工程造价
1	龙元	宁波至慈溪市域(郊)铁路工程SGCX03标段施工	宁波市	9.1千米	10.52
2	龙元	宁波梅山综保区多层公共保税仓项目	宁波市	1.70万平方米	7.71
3	龙元	宁波市轨道交通7号线土建工程TJ7008标段施工	宁波市	150米	5.75
4	龙元	宁波创新工业综合体FH10-02-09e地块	宁波市	14.09万平方米	4.82
5	龙元	威海综合保税区国际智造创新园项目(EPC+O)	山东省威海市	12.38万平方米	4
6	龙元	宁波至象山市域(郊)铁路工程SGXS01标段施工	宁波市	1.70千米	3.61
7	龙元	瑞安市建筑业总部大楼及交通枢纽工程	温州市	9.94万平方米	3.4
8	龙元	邵家渡大桥及接线工程(新园路-北环快速路)和姚江新区综合管廊一期工程(邵渡路)(Ⅰ标段)土建施工	宁波市	约14千米	3.11
9	龙元	世纪大道快速路(永乐路—沙河互通)工程施工IV标段	宁波市	1.06千米	2.36
10	龙元	中德产业园邻里中心(暂名)工程	杭州市	8.53万平方米	2.29
11	龙元	嘉兴市文贤路学校(同济大学附属嘉兴实验学校)西校区工程	嘉兴市	5.80万平方米	2.23
12	龙元	玉环市中等职业技术学校迁建工程后续建设施工	台州市	23.60万平方米	2.15
13	龙元	南京2022G05地块项目一标段土建及水电安装工程	江苏省南京市	9.64万平方米	1.78
14	龙元	南京利之星汽车销售服务有限公司海子口奔驰4S店项目	江苏省南京市	1.58万平方米	1.24
15	龙元	上海雨润肉食品有限公司厂房改扩建项目冷库改造工程	上海市	—	1.16
16	龙元	商丘国际会展中心幕墙与金属屋面工程	河南省商丘市	—	2.41
17	龙元	三亚合联中央商务区项目钢结构工程	海南省三亚市	—	2.46
18	龙元	宁波七二三区块安置房建设项目	宁波市	9.25万平方米	3.12
19	龙元	宁波前湾新区高新混合社区A地块建设项目南区工程	宁波市	7.74万平方米	2.86
20	宏润	南汇支线(两港市域铁路)工程NHSG-10标	上海市	3.734千米	4.3
21	宏润	上海轨道交通市域线嘉闵线工程市政配套工程施工JM-SZ-7标	上海市	1.838千米	1.76

续表37

序号	施工单位	工　程　名　称	工程地点	工程规模	工程造价
22	宏润	世纪大道快速路(永乐路—沙河互通)工程施工Ⅲ标段	宁波市	4.217 千米	3.23
23	宏润	宁波市轨道交通 7 号线土建工程 TJ7015 标段	宁波市	0.307 千米	3.51
24	宏润	世纪大道(兴宁路-东明路)综合管廊工程土建施工Ⅱ标段	宁波市	2.4 千米	2.93
25	宏润	宁波市轨道交通 8 号线一期土建工程 TJ8112 标段施工	宁波市	3.397 千米	2.38
26	宏润	邵家渡大桥及接线工程(新园路-北环快速路)和姚江新区综合管廊一期工程(邵渡路)(Ⅱ标段)土建施工	宁波市	7.1 千米	2.75
27	宏润	东部新城明湖南区工程(二期)隧建段施工Ⅱ标段	宁波市	3.385 千米	3.5
28	宏润	六横高速梅山出口盐田大道互通工程	宁波市	4.2 千米	1.95
29	宏润	宁波至象山市域(郊)铁路工程 SGXS09 标段	宁波市	7.122 千米	7.12
30	宏润	宁波市轨道交通 6 号线一期工程 SG6108 标段施工	宁波市	2.917 千米	10.69
31	华锦	沉香文艺青年部落一期项目工程总承包	嘉善县	1.18 万平方米	1.35
32	华锦	缙云县第二人民医院迁建工程(土建部分)	丽水市缙云县	4.99 万平方米	1.21
33	华锦	年产 70 万吨光伏高透基板材料及配套深加工生产线项目原料、公用工程区域土建工程	宁海县	4.72 万平方米	1.02
34	华锦	广州市增城区朱村项目四期	广州市增城区	6.45 万平方米	1.37
35	华锦	绍兴市东安项目二标段总承包工程	绍兴市越城区	15.56 万平方米	3.26
36	华锦	宁海县跃龙街道原客运总站周边地块项目工程设计、施工总承包(EPC)	宁海县	9.10 万平方米	2.32
37	华锦	宁波市轨道交通 8 号线一期土建工程 TJ8107 标段施工	宁波市	包括南苑站和段塘站附属及配套工程	3.81
38	华锦	镇海区 ZH10-03-03 地块保障性租赁住房项目	宁波市镇海区	2.43 万平方米	1.82
39	华锦	宁波市应急物资储备库及宁波市粮食储备和应急保障项目(施工)	宁波市江北区	9.29 万平方米	5.92
40	华锦	文创港核心区启动地块(三期)工程Ⅲ标段	宁波市江北区	7.58 万平方米	3.45
41	华锦	灵山未来学校新建工程	丽水市	5.41 万平方米	2.21
42	华锦	乐清市海塘安澜工程(翁垟等海塘)	温州市乐清市	(水利项目)	4.63
43	华锦	乐清市海塘安澜工程(港区海塘)	温州市乐清市	(水利项目)	3.6

续表37

序号	施工单位	工　程　名　称	工程地点	工程规模	工程造价
44	华锦	晶科能源(上饶)有限公司年产 8GW 高自动化组件生产线建设 7 号车间 5 号仓库项目	江西省上饶市	11.95 万平方米	1.67
45	华锦	晶科能源(上饶)有限公司年产 8GW 高自动化组件生产线建设 8 号 11 号 12 号 14 号 15 号仓库项目	江西省上饶市	7.46 万平方米	1.02
46	华锦	年产 10 吉瓦单晶切片、2 吉瓦组件建设项目	甘肃省金昌市	7.80 万平方米	2.06
47	华锦	鄱阳工业园区定制标准化厂房工程总承包(EPC)	江西省上饶市	15.55 万平方米	5.58
48	华锦	宁波至象山市域(郊)铁路工程 SGXS03 标段	宁波市	10.67 千米	7.54
49	中和华丰	分布式组串并网逆变器新建项目 2 号生产厂房、3 号门卫及其附属工程	象山县	4.28 万平方米	1.5
50	中和华丰	宁波旗滨年产 70 万吨光伏高透基板材料及配套深加工生产线项目联合车间土建工程	宁海县	16.79 万平方米	1.78
51	中和华丰	瑞安市莘塍街道周田湾居民区 A 团块	瑞安市	4.20 万平方米	2.6
52	中和华丰	塘下镇前进村(新农村建设)安置工程	瑞安市	—	2.6
53	中和华丰	江苏省苏州昆山市老旧小区改造修缮项目	江苏省昆山市	—	10
54	中和华丰	乡悦华亭 13~21 号地块项目建安总承包工程	上海市嘉定区	2.17 万平方米	1.9
55	中和华丰	象山县巨鹰路(塔山路至滨海大道)改造提升 工程Ⅱ标(桩号 K1+200~K5+774.512)项目	象山县	5.77 千米	1.12
56	良和	宁波-舟山港穿山港区华峙物流中心配套道路工程	宁波市北仑区	2.478 千米	1.73
57	良和	G527 石浦至长街段(岳井洋大桥及接线)象山段第 1 标段	象山县	4.865 千米	3.33
58	良和	宁波至象山市域(郊)铁路工程 SGXS08 标段施工	象山县	8.401 千米	6.93
59	良和	宁波至象山市域(郊)铁路工程 SGXS06 标段施工	象山县	8.276 千米	7.91
60	宝盛	象山港高级技工学校迁建工程	象山县	9.43 万平方米	4.29
61	宝盛	机械科学研究总院南方中心(三期)	象山县	11.17 万平方米	3.9
62	宝盛	宁波市轨道交通 6 号线一期工程 SG6104 标段施工	宁波市	—	1.85
63	景业	象山县大目湾新城 23-06(B)地块住宅项目(藏珑苑)工程	象山县	8.51 万平方米	1.5
64	景业	象山县天安路和丹霞路交叉口西北侧地块(璟云府)工程	象山县	4.96 万平方米	1.53
65	泉昇	象山县滨海工业园山海情公寓 5-8#楼建设工程	象山县	4.05 万平方米	1.54

续表37

序号	施工单位	工程名称	工程地点	工程规模	工程造价
66	泉昇	年产100万台伺服电机项目	象山县	占地43亩	1.01
67	泉昇	象山经济开发区文创综合广场建设工程	象山县	4.51万平方米	1.7
68	金能	象山县金海湾(暂名)人才公寓建设工程	象山县	3.74万平方米	1.47
69	华一	象山县瑶琳芯邻里中心工程	象山县	2.37万平方米	1.13
70	宇丰	盛禧花园(一期)	广东省中山市	8.42万平方米	1.93
71	宇丰	江樾湾花园	广东省中山市	12.33万平方米	1.48
72	宏远	溪口银凤山庄南侧1~5号地块(溪口两岸文化交流中心改建项目,住宅,3号、4号地块)	宁波市奉化区溪口镇	11.33万平方米	6.5
73	庆丰	象山县城南市场综合体工程	象山县	4.82万平方米	1.8

【龙元、宏润、华锦、良和中标市域铁路工程】 龙元建设中标宁波至象山市域(郊)铁路工程SGXS01标段,造价约3.61亿元。宏润建设中标小洋江站,造价7.8亿元;中标SGXS09标段,造价7.01亿元。华锦建设中标SGXS03标段,造价7.5亿元。良和建设中标SGXS08标段,造价6.9亿元;中标SGXS06标段7.54亿元。宁波至象山市域(郊)铁路,作为宁波市轨道交通12号线,为宁波市轨道交通网中的南翼骨架线,连接宁波主城与象山,覆盖鄞州区云龙、横溪、塘溪、咸祥及象山县贤庠、大徐、大目湾。宁象线线路全长约61.7千米,全线设站10座,其中地下站2座、高架站8座,全线设横溪车辆段1座及象山南部新城停车场1座。采用目标速度为160千米/时的市域A型车。

【龙元建设继续发挥领头羊作用】 2022年,龙元建设集团实现建筑业总产值170亿元,占全县建筑业总产值的30%左右,实现入库税收1.49亿元,同比增长10.4%,其中PPP项目施工收入17.7亿元,回款金额33.4亿元,涉及项目44个;一年来建筑总承包板块新承接业务量83.11亿元,业务结构非民营业务占比达91%,业务类型主要集中于公建、市政、厂房、办公楼等项目,占比约90%,住宅类项目占比大幅度降低。项目区域上浙江地区的业务逆势增长。

【龙元建设在轻资产业务领域积极拓展市场】 龙元控股杭州城投在全过程咨询业务、造价咨询业务、投资咨询业务、监理类业务市场持续推进,全年承接业务1.47亿元。龙元天册聚焦绿色低碳产业园区运营管理,积极推动产业园区F+EPCO模式的实践,全年与合作伙伴累计中标项目金额达84.39亿元。龙元明兴运营中标了余姚大剧院项目的运营;以及中标惠州大亚湾淡澳河流域综合治理项目运营咨询服务,实现在咨询服务业务的突破。

【龙元建设探索新业务模式】 龙元建设与同程集团签署战略合作协议,拟采用EPCO模式拓展文旅项目;以"理想村"作为乡文旅产品,采用专项债申报+EPCO模式和乡伴文旅集团开展合作;采用投资人+EPCO模式,与蜗牛(北京)景区管理有限公司联合开发乡村振兴中的乡村旅游项目。另外公司积极探索与长租公寓运营商、投资方的合作模式,以杭州保障性住房项目为重点,研究当地的保障性住房政策及券商对保障性住房公募REITs发行的要求等,开拓公司在长租公寓业务领域的新方向。在财务投资领域,公司通过协议转让、询价转让等方式,实施杭州璨云英翼所持上市公司航宇科技18.95%股份的减持,回笼资金13.22亿元。

【龙元建设新增长点】 一年来,龙元建设在绿色建筑板块新承接业务量18亿元,营业收入14.99亿元。公司绿色建筑装配式板块初步形成了"以龙元明筑研发技术S体系拓展钢结构装配式建筑项目、大地钢构和信安幕墙专业生产经营助力产业发展、与天合能源合资赋能助推绿色能源建筑产品"的行业发展雏形,装配式建筑S体系研发正向《S-SYSTEM装配式钢结构绿色零碳建筑解决方案》发展,已着手外围护和屋面的分布式光伏系统研发,尤其在Ⅱ代外墙板光伏一体化方案在近期有望取得突破,成为光伏建筑一体化(BIPV)的绿色建筑产品。

【龙元建设捐助陕西高级中学】 4月23日,由龙元建设承建的陕西商州区高级中学举办120周年校庆捐赠仪式。龙元建设承建商州区高级中学PPP项目经理周全茂参加捐赠仪式,代表龙元建设向商州区高级中学捐款30万元。

此外,周全茂以个人名义与项目总指挥徐旭东共同出资捐款20万元,助力当地教育事业发展。

【龙元致力于投融资领域数字化转型】 北京明树数据科技有限公司(以下简称明树)作为龙元建设集团的子公司,成立于2017年,专注基础设施投融资领域,开创"数据+软件+咨询"的全新模式,自主研发的投融资数据中台和apaas低代码开发云平台,为政府部门、社会资本投资人和金融机构等提供基于大数据的项目全生命周期数字化管理、数据服务、风险管理、绩效管理和全过程咨询等服务。明树目前拥有中关村高新技术企业、国家高新技术企业、北京市"专精特新"企业、中关村望京科技园"腾飞企业"、华为优选级规划与咨询伙伴等多项资质和荣誉。

【龙元建设助力云南文山一中学子圆梦青春】 6月15日,龙元集团联合河北千千喜鹤公司开展元尚助学活动仪式,为云南文山市第一中10名品学兼优的困难学子送去了爱心资助金,助力他们完成学业,圆梦青春。

【龙元振元慈善基金】 在7月26日召开的象山县慈善大会暨县慈善总会第五次会员代表大会上,龙元集团再次与象山县慈善总会携手,继续设立为期10年的"龙元慈善济困"冠名基金,积极参与家乡的经济社会建设。早在2007年,龙元建设集团捐赠600万元,在象山慈善总会设立助困基金,用于家乡赈灾、助学、资助孤寡老人等。过去15年来,累计捐赠基金善款700万元,救助支出近625万元,救助困难群众超过1124人。此外,龙元振元慈善基金在2022年完成捐赠宁波大学龙元建筑金融研究院第二笔资金367万元,合计已成功捐赠967万元。

【宏润建设产业结构优化、业务稳中有升】 2022年,宏润建设集团股份有限公司完成企业施工总产值73亿元,新签合同额约57亿元(施工项目),实现销售80多亿元,净利润约3.6亿元。承接业务量中轨道交通28.6亿元(占比约51%)、市政25.3亿元(占比约45%)、房建1.9亿元(占比约3.3%),其中约70%的业务量集中在宁波地区,97%以上的业务集中在江浙沪地区。在轨道交通建设方面,拥有盾构机46台,盾构推进累计300千米,BIM中心为项目精细化管理助力,先后在30余个项目中发挥了重要作用。

【宏润建设参建的杭台高铁通车】 1月8日9时28分,宏润建设参建的杭台高铁于台州站首发列车,民营资本助力中国高铁投资建设实现"零的突破"。杭台高铁由八家民营企业联合体与中铁总公司(现国铁集团)、浙江省人民政府、绍兴市、台州市人民政府联合出资组建,宏润作为民营第二大股东,同时承建了HSTZQ-2标段前半段。杭台高铁全长269千米,总投资约449亿元,设计时速350千米,连接杭州、绍兴、台州三市,此次宏润参建杭台高铁,极大拓展了在交通领域特别是高铁领域的能力,提升了公司管理能力、创新能力和PPP市场竞争力。

【宏润建设承建的宁象市域铁路的起点站开工】 1月14日上午10时,宁波市域铁路象山线先行节点工程开工仪式在象山大目湾举行。宁波市域铁路象山线工程线路全长约61.45千米,此次开工的先行节点工程一共有3个,包括市域铁路象山线的起始站小洋江站和大目湾站,以及海上勘探工程。该市域铁路将象山踏入宁波主城区"30分钟"交通圈。宏润建设宁波公司承接的宁波市轨道交通7号线03标小洋江站,是宁象市域铁路的起点站,也是宁波市第一个三条线的换乘站(宁象市域线、4号线、7号线),工程中标价7.82亿元。

【宏润在轨道交通领域再创佳绩】 1. 金(金华)义(义乌)东(东阳)市域轨道交通金义段开通试运营。2. 杭州轨道交通3号线、4号线以及10号线同时开通运营。3. 合肥市轨道交通3号线南延线2标青年路站—云谷路站区间左线盾构顺利始发,标志着3号线南延线已全面进入盾构区间施工阶段。施工过程中中间风井基坑开挖最深处达37.6米,创造了轨道交通深基坑开挖深度新纪录。4. 宁波轨交3号线镇海大道站7号线西基坑开工。5. 杭州机场轨道快线开通运营。6. 杭州地铁7号线江北段和9号线南段两段线路同时开通。7. 湖州南浔隧道段工程盾构双线贯通。8. 苏州轨交6号线03标右线盾构顺利接收。9. 苏州轨道交通7号线06标盾构始发。10. 苏州轨道交通7号线园通路站主体结构封顶。11. 广州轨交7号线一期西延项目获业主发文通报表扬。

【宏润建设与杉杉股份战略合作框架签约】 1月13日下午,宏润建设与杉杉股份战略合作框架协议签订仪式在宏润大厦举行。此次协议是双方利用产业及资本的优势,通过"产业+资本"双轮驱动,促进股权和产业相结合,深化双方合作,建立战略合作关系,共同推动发展光伏新能源产业。杉杉股份聚焦锂电和光电业务,公司拟并购整合杉杉股份的光伏新能源资产及业务,并在此基础上成为公司战略股东。公司通过此次战略合作扩大其在光伏等新能源领域的布局,在光伏建筑一体化、光伏整县、绿电资产投资运营、能源管理、储能等业务上进行拓展。

【宏润建设承建的杭州文一西路及隧道相继通车】 6月30日上午10点30分,杭州文一西路隧道正式通车试运行,标志着文一西路(东西大道-荆长大道)提升改造工程全线通车。其中,创明路至海创路段由宏润建设杭州公司承建。2个月前,由宏润建设杭州公司承建的文一西路(东西大道—荆长大道)提升改造工程地面道路建成通车。这是余杭区未来科技城的"主轴线",也是一条景观大道。

【宏润建设承建的波市中心城区三大城建工程正式通车】 6月29日,由宏润宁波公司承建的宁波市中心城区三大城建工程——西洪大桥及接线工程（环镇北路—北环快速路）主桥、环城南路西延工程Ⅱ标段、鄞州大道—福庆路（东钱湖段）快速路一期Ⅲ标段，均于当日正式通车。

【宏润建设承建的宁波鄞州大道—福庆路综合管廊盾构机顺利始发】 6月29日下午，由宏润宁波公司承建的鄞州大道—福庆路综合管廊工程Ⅲ标段，正式开启第二台盾构掘进施工。

【浙江省红色工地建设现场交流会在宏润建设召开】 10月20日，由浙江省建筑业行业协会主办，宏润建设承办的全省“红色工地”建设现场交流会在宏润建设杭州公司承建的文一西路提升改造工程二标段项目部召开。全省优秀红色工地代表、红色工地创建企业代表等共40余人参加，宏润建设集团党委书记袁翔致辞并介绍了宏润的发展情况、党建工作实施以及取得的成绩。浙江省建筑业行业协会副会长兼秘书长蒋兆康充分肯定了宏润建设在“红色工地”创建中的特色做法和经验成效，以及广大会员单位所取得的成绩，对广大会员企业进一步推进红色工地建设提出了要求。

【华锦建设转型发展迈大步】 2022年，华锦建设坚持新发展理念，不断降低房建项目比例，房建工程从过去的90%下降到现在的50%左右，同时实施多元经营，加快业务转型升级，以开发公建项目作为重点，抢抓市场机遇，在水利工程、轨道交通工程、地下综合管廊等领域取得突破。

【华锦建设1号盾构机在宁波综合管廊工程始发】 5月26日，在华锦建设承建的鄞州大道至福庆路综合管廊土建施工Ⅰ标段工程现场，“华锦壹号”首台盾构机在天童南路与鄞州大道交叉口1号井顺利始发，朝东向4号接收井掘进，线路长约2.7千米，项目由此进入区间隧道施工阶段，标志华锦建设进入地下综合管廊区间隧道施工领域。

【华锦建设对派往各项目部实习生进行入职动员大会】 6月28日，华锦建设2022年度实习生入职动员大会在集团总部胜利召开，公司所属项目部、校方通过视频联线同步参与此次会议。此批实习生近20人，将分别委派至浙江、江西、河南等区域项目，开始为期一年的实习工作。为保障实习生们在实习期间的工作和生活安全，会上还开展了实习生安全教育培训。

【“华锦杯”宁波市职业技能竞赛工程测量比赛成功举办】 7月4日，由象山县人力资源和社会保障局、象山县总工会、象山县教育局主办，宁波建设工程学校、华锦建设承办的2022年宁波市职业技能竞赛“华锦杯”工程测量比赛活动在宁波建设工程学院举行。此次竞赛设置理论知识和技能操作两部分，共设一等奖1名、二等奖2名、三等奖3名。理论和技能双合格者核发工程测量员（三级）高级工职业技能等级证书；获前6名（理论和技能双合格者）选手核发工程测量员技师（二级）职业技能等级证书。县建筑企业及来自宁波市多家建筑企业以及部分院校师生共79名选手参赛。

【华锦建设博士后工作站王选博士开题评审会召开】 8月1日，华锦建设博士后工作站第二位入站博士——王选博士的开题评审会召开，评审会议由宁波市设联建设工程施工图审查中心总工程师、天津大学教授（视频连线参会），华锦建设总工程师方昀及来自市有关单位和企业六人组成专家小组。评审会认真听取了王选博士个人基本情况及科研课题《不确定性载荷工况下失效——安全结构可靠性设计》的开题报告。报告会上王选博士详细介绍了课题研究背景、选题意义，指出了研究的主要技术难点，提出了项目实施方案和计划进度安排及最终成果形成和产出效益。经专家组集体评议，一致认为选题科学，目标明确，紧贴企业和社会实际需求，具有较好的理论与实际工程应用价值，有望达到预期目的，一致同意开题。

【中和华丰建设入库税收成倍增长】 2022年，中和华丰建设进一步加大市场拓展力度，全年承接超亿元工程8项，实现施工产值57亿元，同比略有增长，完成入库税收2290万元，同比增长103%。

【西安建工实业集团控股中和华丰建设】 8月15日，西安建工实业集团与中和华丰建设举行混合所有制改革签约仪式。西建实业集团董事长、上海旌山总经理、中和华丰总经理出席仪式并签约。中和华丰建设是象山县特级房建资质企业，西安建工集团是西安一家实力雄厚的大型国有建设企业集团，是西北地区第一家拥有建筑施工总承包和市政公用工程施工总承包“双特级”资质的建设企业。中和华丰建设混合所有制改制后，西安建工实业集团有限公司股份占比将超过50%，实行对中和华丰建设的控股，中和华丰建设可依靠国企的实力拓展市场、加快转型、提升经营管理水平。

【中和华丰建设召开中、高级技术职称申报专题培训会】 1月13日下午，中和华丰建设举行题为《中、高级技术职称评审解析》的培训会，总工程师方美财从技术职称评定的重要性、评价条件、工程复杂程度划分、申报材料要求等六大方面作了详细解读。来自公司总部以及余姚、镇海、新昌等多个项目部的20余名人员参加了培训。

【良和建设参建的西洪大桥主线高架正式通车】 6月29日上午，良和建设承建的宁波西洪大桥及接线工程（环镇北路-北环快速路）主线高架正式通车。该工程位于宁波市江北区和海曙区之间，是省、市重点项目，全长约4.5千米，总投资35.2亿元，是宁波第一座双层通行机动车的跨江大桥。西洪大桥及接线工程三标段线路总长度1726米，采用“高架主线+地面辅道”的建设形式，主线高架采用城市快速路建设标准，双向六车道。

【良和建设承建的温州鹿城新官岭隧道全线建成通车】 8月5日，省重点交通工程330国道温州鹿城官岭隧道改建工程(PPP)全线建成并通车，比预期提前了2个月。该PPP项目由龙元集团与良和建设以联合体方式中标，良和建设负责施工，2019年10月开工建设，2022年8月交工验收。工程全长2.517千米，总投资3.1亿元，其中隧道部分长1.14千米，内设非机动车道，兼顾市政功能。项经部在施工工艺上运用监控量测方法，全过程精准把控施工进度，同时根据隧道围岩情况变化，不断优化爆破方案，最大限度保护好既有线路，降低涉铁路、涉公路施工段的影响。

【"良和杯"2022年鄞州大道快速路工程"质量月"活动暨防撞墙整体预制标准化施工比武观摩会成功举办】 9月26日至28日，由宁波市海员建设工会、宁波市市政行业协会等单位联合主办，良和建设承办的"良和杯"2022年鄞州大道快速路工程(鄞州段)"质量月"活动暨防撞墙整体预制标准化施工比武观摩会成功举办。据了解，防撞墙整体预制作为项目新型的预制构件新工艺，对提高工程质量、提升施工工效、降低施工安全风险有着特殊的作用和意义。开幕式结束后，8支参赛队伍迅速展开防撞墙施工比武作业。经过3天的激烈角逐和最终评判，此次比武共产生团体奖2名、单项奖3名、三星工匠3人、二星工匠3人、一星工匠3人，以及现场投票选出的人气奖1名。良和建设在此次比武中，荣获优胜队伍第3名，2名工人获得"一星工匠"称号。

（县建筑业管理中心）

生态环境保护

综　述

2022年是中共二十大召开之年，是向第二个百年奋斗目标进军和实施“十四五”规划关键之年，也是生态环境保护迈入新征程的重要时期。象山县坚持积极推进生态文明改革进程，加大污染防治力度，严厉打击违法排污企业，真抓实干，以持续打好蓝天、碧水、净土三大保卫战，着力解决人民群众反映强烈的突出生态环境问题为导向，高水平推进全县生态环境保护工作跃上新台阶，实现生态环境质量不断改善，公众生态满意度不断提升。2022年1—12月，象山环境空气监测有效天数364天，优良天数348天，优良率为95.6%，比考核目标值高0.8个百分点，保持全大市第一；细颗粒物PM2.5均值19微克/立方米，优于国家二级标准（35微克/立方米）；可吸入颗粒物PM10均值为31微克/立方米，比上年同期下降6.1%。象山县1个国控、6个市控、5个县控河流湖库断面，14个县级和农村千吨万人集中式饮用水水源地水质总体良好，全部达到Ⅲ类水环境功能区要求，达标率为100%。

2022年象山县环境质量保持平稳向好态势，环境空气质量保持全市第一，全省排名第17名。环境空气质量综合指数较2021年有所上升，可吸入颗粒物和二氧化氮指数均下降，臭氧仍为主要污染物；降雨量为1126毫米，全县降水pH年平均值为5.02，降雨pH上升，属于中酸雨区；地表水水质优良率和功能达标率总体不高，整体水质状况评价为轻度污染；饮用水水源地水质总体稳定，优良率有所提升，污染指数和富营养化程度整体呈现下降趋势；近岸海域富营养化程度总体较高，水质较差；城市区域声环境质量总体一般，交通噪声得到有效控制。

水环境保护

【概况】　2022年，象山县26个地表水监测断面中，Ⅰ－Ⅲ类、Ⅳ类、Ⅴ类和劣Ⅴ类断面比例分别为57.7%、30.8%、7.7%和3.8%，功能区达标断面比例为57.7%，与2021年相比持平。2022年共监测24个集中式饮用水水源地，水质达标率为100%，较2022年提升4.2个百分点，在所有监测项次中，共出现1次总磷超标现象，1次五日生化需氧量超标现象，均发生在东坑里水库，总体水质达标率为99.0%。较2022年提升1个百分点。2022年象山县21个参评饮用水水源地均为中营养状态，总体来说2022年饮用水水源地的水质有所改善。2022年，象山县近岸海域富营养化程度总体较高，水质较差。6个监控点位中，大目洋的爵溪站位为三类水质，大目洋站位为四类水质，石浦港和象山港的4个点位为劣四类水质，均不能满足近岸海域水环境功能要求，主要超标指标为无机氮和活性磷酸盐。

【地表水监测结果及评价】　2022年，象山县26个地表水监测断面中，功能达标断面比例为57.7%，与2021年相比持平。Ⅰ～Ⅲ类水质优、良水质断面15个，比例为57.7%；Ⅳ类轻度污染断面8个，比例为30.8%；Ⅴ类重度污染断面2个，比例为7.7%；劣Ⅴ类重度污染断面1个，比例为3.8%。市控及以上断面7个，水质优良率和功能区达标率相对较高，7个断面全部达到Ⅲ类水功能区要求，达标率为100%。2022年象山县地表水水质优良率和功能达标率总体不高，整体水质状况评价为轻度污染。县控及以上断面水质定性评价多为优良至轻度污染，地表水水质不能达标的主要原因是氨氮、总磷等指标浓度过高。污染指数高的监测站位主要集中在象山中心城区和爵溪街道（最主要的污染物为总磷和氨氮），南大河河网超标最为严重。

2022年象山县地表水水质评价结果一览表

表38

名　称	站位名称	等　级	目　标	2021年水质	2022年水质	趋势分析	达标结果
大塘港	浮礁渡	国　控	Ⅲ	Ⅲ（良好）	Ⅲ（良好）	无明显变化	达　标

续表38

名　称	站位名称	等　级	目　标	2021 年水质	2022 年水质	趋势分析	达标结果
南大河河网	岳头嘴	市　控	Ⅲ	Ⅲ(良好)	Ⅲ(良好)	无明显变化	达　标
下沈港	龙　翔	市　控	Ⅲ	Ⅱ(优)	Ⅱ(优)	无明显变化	达　标
泗洲头溪	后　王	市　控	Ⅱ	Ⅱ(优)	Ⅱ(优)	无明显变化	达　标
珠　溪	珠　溪	市　控	Ⅲ	Ⅱ(优)	Ⅱ(优)	无明显变化	达　标
鹤浦大河	蟹厂村	县　控	Ⅲ	Ⅳ(轻度污染)	Ⅳ(轻度污染)	无明显变化	未达标
金石引河	树桥头	县　控	Ⅲ	Ⅳ(轻度污染)	Ⅳ(轻度污染)	无明显变化	未达标
九龙江	九龙江村	县　控	Ⅲ	Ⅳ(轻度污染)	Ⅳ(轻度污染)	无明显变化	未达标
腾蛟河	巨鹰大酒店	县　控	Ⅲ	Ⅲ(良好)	Ⅲ(良好)	无明显变化	达　标
大塘河	中站村	县　控	Ⅲ	Ⅴ(中度污染)	Ⅳ(轻度污染)	有所好转	未达标
长塘河	渡头村	县　控	Ⅲ	Ⅲ(良好)	Ⅲ(良好)	无明显变化	达　标
旦仁河	旦义桥	县　控	Ⅲ	Ⅲ(良好)	Ⅱ(优)	有所好转	达　标
管　溪	平桥头	县　控	Ⅲ	Ⅱ(优)	Ⅱ(优)	无明显变化	达　标
横塘岗河	横塘桥头	县　控	Ⅲ	Ⅲ(良好)	Ⅲ(良好)	无明显变化	达　标
雅林溪	清风塘	县　控	Ⅲ	Ⅲ(良好)	Ⅲ(良好)	无明显变化	达　标
泊戈洋河	泊戈洋村	县　控	Ⅲ	Ⅲ(良好)	Ⅱ(优)	有所好转	达　标
关头塘河	永新桥	县　控	Ⅲ	Ⅲ(良好)	Ⅱ(优)	有所好转	达　标
东　溪	东溪村	县　控	Ⅲ	Ⅱ(优)	Ⅱ(优)	无明显变化	达　标
亭　溪	大溪蒋村	县　控	Ⅲ	Ⅱ(优)	Ⅱ(优)	无明显变化	达　标
乌岩港	乌岩头陈	县　控	Ⅲ	Ⅳ(轻度污染)	Ⅳ(轻度污染)	无明显变化	未达标
南大河河网	东大河	城区内河	Ⅲ	Ⅳ(轻度污染)	Ⅳ(轻度污染)	无明显变化	未达标
南大河河网	西大河	城区内河	Ⅲ	Ⅳ(轻度污染)	Ⅳ(轻度污染)	无明显变化	未达标
南大河河网	南大河	城区内河	Ⅲ	劣Ⅴ(重度污染)	Ⅴ(中度污染)	有所好转	未达标
南大河河网	新华河	城区内河	Ⅲ	劣Ⅴ(重度污染)	劣Ⅴ(重度污染)	无明显变化	未达标
南大河河网	横大河	城区内河	Ⅲ	Ⅳ(轻度污染)	Ⅳ(轻度污染)	无明显变化	未达标
燕山河	燕山河	城区内河	Ⅲ	劣Ⅴ(重度污染)	Ⅴ(中度污染)	有所好转	未达标
上　张	上张水库	市　控	Ⅱ	Ⅱ(优)	Ⅱ(优)	无明显变化	达　标
仓　岙	仓岙水库	市　控	Ⅱ	Ⅱ(优)	Ⅱ(优)	无明显变化	达　标

2022年象山县地表水污染指数结果一览表

表39

名称	站位名称	等级	2021年污染指数	2022年污染指数	主要污染物及超标倍数
大塘港	浮礁渡	国控	0.20	0.18	—
南大河河网	岳头嘴	市控	0.21	0.18	—
下沈港	龙翔	市控	0.11	0.10	—
泗洲头溪	后王	市控	0.08	0.09	—
珠溪	珠溪	市控	0.31	0.10	—
鹤浦大河	蟹厂村	县控	0.99	0.70	总磷(0.02)
金石引河	树桥头	县控	1.13	0.94	总磷(0.27)
九龙江	九龙江村	县控	0.96	1.18	高锰酸盐指数(0.20);总磷(0.40)
腾蛟河	巨鹰大酒店	县控	0.59	0.38	—
大塘河	中站村	县控	1.12	0.68	总磷(0.02)
长塘河	渡头村	县控	0.72	0.19	—
旦仁河	旦义桥	县控	0.38	0.31	—
管溪	平桥头	县控	0.26	0.09	—
横塘岗河	横塘桥头	县控	0.66	0.20	—
雅林溪	清风塘	县控	0.61	0.40	—
泊戈洋河	泊戈洋村	县控	0.41	0.25	—
关头塘河	永新桥	县控	0.61	0.28	—
东溪	东溪村	县控	0.24	0.10	—
亭溪	大溪蒋村	县控	0.20	0.10	—
乌岩港	乌岩头村	县控	0.97	1.10	总磷(0.16);氨氮(0.40)
南大河河网	东大河	城区内河	1.17	1.05	总磷(0.01);氨氮(0.35)
南大河河网	西大河	城区内河	1.09	1.02	总磷(0.07)
南大河河网	南大河	城区内河	1.63	1.46	总磷(0.61);氨氮(0.96)
南大河河网	新华河	城区内河	1.23	3.40	总磷(2.18);氨氮(5.19)

续表39

名　称	站位名称	等　级	2021 年污染指数	2022 年污染指数	主要污染物及超标倍数
南大河河网	横大河	城区内河	3.55	0.91	总磷(0.07)
燕山河	燕山河	城区内河	1.64	1.56	总磷(1.90);氨氮(0.97)
上　张	上张水库	市　控	0.10	0.090	—
仓　岙	仓岙水库	市　控	0.094	0.093	—

2022 年象山县 26 个地表水监测站位主要污染指标年均值一览表

表 40　　单位:毫克/升

指　　标	2021 年	2022 年	Ⅲ类标准评价	与 2021 年相比
总　磷	0.2	0.172	达　标	略降
氨　氮	0.887	0.807	达　标	略降
高锰酸盐指数	3.99	3.37	达　标	略降

【饮用水水源监测结果】 2022 年象山县 21 个参评饮用水水源地其中 21 个年均值达到Ⅲ类水质要求,达标率为 100%,与 2021 年相比提高 4.2%。其中 14 个千吨万人饮用水水源地均达到Ⅲ类水质要求,达标率为 100%。有 5 个水库水质由Ⅲ类提高至Ⅱ类,有 1 个水库水质由Ⅳ类提高至Ⅲ类,15 个水库无明显变化,龙角岩水库水质由Ⅱ类下降至Ⅲ类,营养状态均为中营养,总体来说,2022 年饮用水水源地的水质有所改善。在所有监测项次中,共出现 1 次总磷超标现象、1 次五日生化需氧量超标现象,均发生在东坑里水库,总体水质达标率为 99.0%。

2022 年象山县集中式饮用水水源地水质一览表

表 41

序号	水　源　地	等　　级	2021 年水质类别	2022 年			
				水质类别	水质达标率(%)	主要超标指标	超标次数(次)
1	溪口水库	县级	Ⅱ	Ⅱ	100	—	0
2	仓岙水库	县级	Ⅱ	Ⅱ	100	—	0
3	上张水库	县级	Ⅱ	Ⅱ	100	—	0
4	燕山水库	乡镇级千吨万人	Ⅱ	Ⅱ	100	—	0
5	樊岙水库	乡镇级千吨万人	Ⅱ	Ⅱ	100	—	0
6	平潭水库	乡镇级千吨万人	Ⅱ	Ⅱ	100	—	0
7	三家村水库	乡镇级千吨万人	Ⅱ	Ⅱ	100	—	0
8	九顷水库	乡镇级千吨万人	Ⅲ	Ⅲ	100	—	0

续表41

序号	水源地	等级	2021 年水质类别	2022 年			
				水质类别	水质达标率（%）	主要超标指标	超标次数（次）
9	思娘岙水库	乡镇级	Ⅲ	Ⅲ	100	—	0
10	东坑里水库	乡镇级	Ⅲ	Ⅲ	50	总磷、五日生化需氧量	1
11	小百丈水库	乡镇级	Ⅲ	Ⅱ	100	—	0
12	金架山水库	乡镇级	Ⅲ	Ⅱ	100	—	0
13	龙角岩水库	乡镇级	Ⅱ	Ⅲ	100	—	0
14	岩头陈水库	乡镇级千吨万人	Ⅲ	Ⅱ	100	—	0
15	利民水库	乡镇级	Ⅲ	Ⅲ	100	—	0
16	方家岙水库	乡镇级千吨万人	Ⅱ	Ⅱ	100	—	0
17	塘岙水库	乡镇级千吨万人	Ⅲ	Ⅲ	100	—	0
18	新民水库	乡镇级	Ⅲ	Ⅲ	100	—	0
19	珠溪水库	乡镇级千吨万人	Ⅲ	Ⅱ	100	—	0
20	隔溪张水库	乡镇级千吨万人	Ⅲ	Ⅱ	100	—	0
21	南盘水库	乡镇级千吨万人	Ⅲ	Ⅲ	100	—	0

根据湖泊（水库）营养状态评价，2022 年象山县 21 个参评饮用水水源地均为中营养状态。与 2021 年相比，九顷水库营养状态由轻度富营养降为中营养，东坑里水库、龙角岩水库营养状态指数略有上升，其余水库营养状态指数都有不同程度的下降或保持不变。

【近岸海域水质状况】 2022 年，象山县近岸海域富营养化程度总体较高，水质较差。6 个监控点位中，大目洋的爵溪站位为三类水质，大目洋站位为四类水质，石浦港和象山港的 4 个点位为劣四类水质，均不能满足近岸海域水环境功能要求，主要超标指标为无机氮和活性磷酸盐。

（一）大目洋二类区

监测结果表明：大目洋海域 pH、溶解氧、化学需氧量、石油类、铜、砷、镉、铅、汞和锌均符合第一类海水水质标准，爵溪站位活性磷酸盐符合第二类海水水质标准，无机氮符合第三类海水水质标准，评价结果为三类海水。大目洋站位活性磷酸盐和无机氮都符合第四类海水水质标准，评价结果为四类海水。

2022 年大目洋二类区（爵溪站位）海域水质监测和评价结果一览表

表 42

指标	类别	2021 年	2022 年	类别
pH	范围	8.00~8.05	8.05~8.06	一类
	均值	8.03	8.06	
化学需氧量（毫克/升）	范围	0.94~1.16	0.49~1.07	一类
	均值	1.03	0.783	

续表42

指　　标	类　别	2021年	2022年	类　　别
石油类(微克/升)	范围	13~22	14~16	一类
	均值	20	15	
溶解氧(毫克/升)	范围	7.50~8.10	7.21~7.88	一类
	均值	7.70	7.53	
汞(微克/升)	范围	0.019~0.022	0.019~0.027	一类
	均值	0.020	0.024	
铜(微克/升)	范围	1.51~2.28	1.44~1.85	一类
	均值	1.90	1.68	
铅(微克/升)	范围	0.108~0.341	0.119~0.476	一类
	均值	0.185	0.273	
镉(微克/升)	范围	0.042~0.064	0.039~0.072	一类
	均值	0.052	0.054	
砷(微克/升)	范围	1.02~1.16	1.00~1.25	一类
	均值	1.10	1.10	
锌(微克/升)	范围	7.59~10.8	6.54~13.1	一类
	均值	9.26	9.54	
无机氮(毫克/升)	范围	0.410~0.459	0.236~0.493	三类
	均值	0.433	0.391	
活性磷酸盐(毫克/升)	范围	0.029~0.038	0.021~0.045	二类
	均值	0.032	0.030	

2022年大目洋二类区(大目洋站位)海域水质监测和评价结果一览表

表43

指　　标	类　别	2021年	2022年	类　　别
pH	范围	8.02~8.04	8.04~8.07	一类
	均值	8.03	8.05	
化学需氧量(毫克/升)	范围	0.93~1.23	0.72~1.51	一类
	均值	1.11	1.26	
石油类(微克/升)	范围	7~12	20~25	一类
	均值	10	23	
溶解氧(毫克/升)	范围	6.89~7.54	7.97~8.11	一类
	均值	7.25	8.02	

续表43

指　　标	类　别	2021 年	2022 年	类　　别
汞（微克/升）	范围	0.021～0.023	0.020～0.025	一类
	均值	0.022	0.022	
铜（微克/升）	范围	1.39～2.45	1.29～2.17	一类
	均值	1.98	1.82	
铅（微克/升）	范围	0.107～0.194	0.148～0.401	一类
	均值	0.144	0.247	
镉（微克/升）	范围	0.043～0.067	0.044～0.095	一类
	均值	0.057	0.067	
砷（微克/升）	范围	1.02～1.50	0.956～1.23	一类
	均值	1.23	1.06	
锌（微克/升）	范围	6.60～13.0	7.66～17.0	一类
	均值	9.15	12.5	
无机氮（毫克/升）	范围	0.374～0.496	0.308～0.611	四类
	均值	0.442	0.484	
活性磷酸盐（毫克/升）	范围	0.019～0.036	0.031～0.042	四类
	均值	0.028	0.035	

（二）石浦港四类区

监测结果表明：石浦港海域 pH、溶解氧、化学需氧量、石油类、铜、砷、镉、铅、汞和锌符合第一类海水水质标准，活性磷酸盐符合第四类海水水质标准，无机氮超出第四类海水水质标准，评价结果为劣四类海水。

2022 年石浦港四类区海域水质监测和评价结果一览表

表 44

指　　标	类　别	2021 年	2022 年	类　　别
pH	范围	8.01～8.03	8.02～8.04	一类
	均值	8.02	8.03	
化学需氧量（毫克/升）	范围	1.07～1.60	0.71～1.27	一类
	均值	1.33	1.01	
石油类（微克/升）	范围	5～7	16～19	一类
	均值	6	18	
溶解氧（毫克/升）	范围	6.89～7.60	7.79～8.06	一类
	均值	7.22	7.88	
汞（微克/升）	范围	0.022～0.024	0.021～0.028	一类
	均值	0.023	0.026	
铜（微克/升）	范围	1.51～2.34	1.59～2.01	一类
	均值	1.90	1.86	

续表44

指　　标	类　别	2021 年	2022 年	类　　别
铅(微克/升)	范围	0.165~0.230	0.166~0.460	一类
	均值	0.204	0.263	
镉(微克/升)	范围	0.045~0.054	0.040~0.060	一类
	均值	0.050	0.050	
砷(微克/升)	范围	1.08~1.16	0.914~1.42	一类
	均值	1.11	1.12	
锌(微克/升)	范围	3.67~18.8	8.56~16.7	一类
	均值	9.92	12.2	
无机氮(毫克/升)	范围	0.446~0.726	0.461~0.568	劣四类
	均值	0.604	0.508	
活性磷酸盐(毫克/升)	范围	0.023~0.047	0.030~0.043	四类
	均值	0.035	0.035	

(三)象山港一类区

2022 年象山港一类区水质监测结果见表 45、表 46 和表 47。

监测结果表明:象山港海域 pH 值、溶解氧、化学需氧量、石油类、铜、砷、镉、铅、汞和锌均符合第一类海水水质标准,野龙山站位和黄避岙站位活性磷酸盐符合第四类海水水质标准,下三山站位活性磷酸盐则超出第四类海水水质标准,无机氮均超出第四类海水水质标准,评价结果为劣四类海水。

2022 年象山港一类区(野龙山站位)海域水质监测和评价结果一览表

表 45

指　　标	类　别	2021 年	2022 年	类　　别
pH	范围	8.04~8.07	8.05~8.11	一类
	均值	8.06	8.08	
化学需氧量(毫克/升)	范围	0.97~1.42	1.18~1.67	一类
	均值	1.21	1.48	
石油类(微克/升)	范围	11~19	4~14	一类
	均值	15	9	
溶解氧(毫克/升)	范围	6.60~7.47	7.48~8.18	一类
	均值	7.10	7.81	
汞(微克/升)	范围	0.020~0.027	0.019~0.026	一类
	均值	0.022	0.021	
铜(微克/升)	范围	1.51~2.90	1.37~1.88	一类
	均值	2.24	1.55	
铅(微克/升)	范围	0.189~0.504	0.115~0.492	一类
	均值	0.330	0.279	

续表45

指　　标	类　别	2021 年	2022 年	类　　别
镉(微克/升)	范围	0.037~0.044	0.042~0.111	一类
	均值	0.042	0.067	
砷(微克/升)	范围	0.936~1.15	0.939~1.03	一类
	均值	1.03	0.985	
锌(微克/升)	范围	4.75~9.23	6.60~8.93	一类
	均值	7.41	8.23	
无机氮(毫克/升)	范围	0.389~0.691	0.486~0.620	劣四类
	均值	0.553	0.570	
活性磷酸盐(毫克/升)	范围	0.013~0.029	0.023~0.047	四类
	均值	0.022	0.036	

2022 年象山港一类区(黄避岙站位)海域水质监测和评价结果一览表

表 46

指　　标	类　别	2021 年	2022 年	类　　别
pH	范围	8.02~8.10	7.98~8.05	一类
	均值	8.06	8.02	
化学需氧量(毫克/升)	范围	1.27~1.66	1.17~1.56	一类
	均值	1.44	1.28	
石油类(微克/升)	范围	12~27	11~19	一类
	均值	20	15	
溶解氧(毫克/升)	范围	6.83~7.71	7.34~7.79	一类
	均值	7.17	7.56	
汞(微克/升)	范围	0.017~0.020	0.022~0.027	一类
	均值	0.019	0.024	
铜(微克/升)	范围	1.44~3.05	1.31~2.18	一类
	均值	2.14	1.76	
铅(微克/升)	范围	0.181~0.289	0.134~0.403	一类
	均值	0.240	0.263	
镉(微克/升)	范围	0.035~0.050	0.043~0.121	一类
	均值	0.044	0.077	
砷(微克/升)	范围	0.899~1.07	0.981~1.09	一类
	均值	0.981	1.03	
锌(微克/升)	范围	5.59~7.69	6.52~11.8	一类
	均值	6.31	9.18	

续表46

指　标	类　别	2021 年	2022 年	类　别
无机氮(毫克/升)	范围	0.557~0.834	0.445~0.748	劣四类
	均值	0.676	0.629	
活性磷酸盐(毫克/升)	范围	0.017~0.031	0.027~0.060	四类
	均值	0.024	0.045	

2022 年象山港一类区(下三山站位)海域水质监测和评价结果一览表

表 47

指　标	类　别	2021 年	2022 年	类　别
pH	范围	8.04~8.08	7.93~8.00	一类
	均值	8.06	7.96	
化学需氧量(毫克/升)	范围	0.85~1.66	1.12~1.37	一类
	均值	1.23	1.25	
石油类(微克/升)	范围	16~19	10~18	一类
	均值	18	14	
溶解氧(毫克/升)	范围	6.80~7.90	7.17~7.39	一类
	均值	7.37	7.24	
汞(微克/升)	范围	0.021~0.027	0.017~0.025	一类
	均值	0.023	0.022	
铜(微克/升)	范围	1.69~2.66	1.24~2.07	一类
	均值	2.31	1.63	
铅(微克/升)	范围	0.222~0.390	0.115~0.270	一类
	均值	0.293	0.194	
镉(微克/升)	范围	0.040~0.050	0.038~0.116	一类
	均值	0.045	0.068	
砷(微克/升)	范围	0.917~1.14	0.993~1.08	一类
	均值	1.06	1.03	
锌(微克/升)	范围	4.85~8.49	8.10~18.2	一类
	均值	6.97	11.0	
无机氮(毫克/升)	范围	0.565~0.720	0.282~0.821	劣四类
	均值	0.642	0.602	
活性磷酸盐(毫克/升)	范围	0.015~0.027	0.016~0.069	劣四类
	均值	0.021	0.046	

(四)营养状况

象山近岸海域水质均属营养型。2022 年大目洋二类区爵溪站位富营养化指数 2.04、大目洋站位 4.74、石浦港四类区 3.99、象山港一类区野龙山站位 6.75、黄避岙站位 8.05、下三山站位

7.69。根据海域水体水质营养等级划分标准，大目洋二类区爵溪站位、大目洋站位和石浦港四类区均为中度富营养，象山港一类区野龙山、下三山和黄避岙站位均为重度富营养。与上年相比，大目洋二类区爵溪站位和石浦港四类区程度有所好转，其他点位均有不同程度上升。

2021年、2022年各站位营养指数评价结果一览表

表48

区　域	2021年营养指数	2021年评价	2022年营养指数	2022年评价
爵溪	3.17	中度富营养	2.04↓	中度富营养
大目洋	3.05	中度富营养	4.74↑	中度富营养
石浦港	6.25	重度富营养	3.99↓	中度富营养
野龙山	3.27	中度富营养	6.75↑	重度富营养
黄避岙	5.19	重度富营养	8.05↑	重度富营养
下三山	3.69	中度富营养	7.69↑	重度富营养

大气环境保护

【概况】 2022年，象山县环境空气质量总体较好，主要污染物浓度呈下降趋势。全年监测有效天数为364天，达标天数共348天，达标天数比例为95.6%。超标16天，超标天数比例为4.4%，均为轻度污染，无重度污染和严重污染情况。环境空气质量综合指数为2.53，在宁波市排名保持第一，全省排名第17名。对比主要污染物单项指数，可吸入颗粒物、二氧化氮单项指数均下降，2022年臭氧仍为主要污染物。

2021年、2022年象山县环境空气质量状况一览表

表49

项　目 时　间	级　别						达标天数比例
	Ⅰ	Ⅱ	Ⅲ	Ⅳ	Ⅴ	Ⅵ	
2021年	210	151	4	0	0	0	98.9%
2022年	187	161	16	0	0	0	95.6%

【中心城区空气质量】 2022年，象山县中心城区监测有效天数为353天，达标天数共332天，达标天数比例为94.1%。超标21天，超标天数比例为5.9%，均为轻度污染。2022年环境空气质量综合指数较2021年有所上升，而对比主要污染物单项指数，可吸入颗粒物、二氧化氮、一氧化碳单项指数均下降，细颗粒物、二氧化硫、臭氧单项指数均上升，2022年臭氧仍为主要污染物。

2021年、2022年象山中心城区环境空气质量状况一览表

表50

项　目 时　间	级　别						达标天数比例
	Ⅰ	Ⅱ	Ⅲ	Ⅳ	Ⅴ	Ⅵ	
2021年	198	151	6	0	0	0	98.3%
2022年	169	163	21	0	0	0	94.1%

（一）2022 年中心城区环境空气质量评价结果

按《环境空气质量评价技术规范（试行）》（HJ 663—2013）评价，2022 年中心城区环境空气质量综合指数为 2.58，年度首要污染物为臭氧，其单项指数为 0.85。

2021 年、2022 年象山中心城区环境空气各项污染物浓度及单项指数一览表

表 51

时间	指标	$PM_{2.5}$（微克/立方米）	PM_{10}（微克/立方米）	SO_2（微克/立方米）	NO_2（微克/立方米）	CO（毫克/立方米）	O_3（微克/立方米）	综合指数
2021 年	污染物浓度	18	33	7	18	0.8	130	—
2022 年		19	32	9	16	0.7	136	—
2021 年	环境空气质量指数	0.51	0.47	0.12	0.45	0.20	0.81	2.56
2022 年		0.54	0.46	0.15	0.40	0.18	0.85	2.58

注：CO 采用 24 小时平均第 95 百分位数浓度；O_3 采用日最大 8 小时滑动平均值第 90 百分位数浓度。

（二）主要污染物

细颗粒物（$PM_{2.5}$）：2022 年，中心城区细颗粒物浓度范围在 3~92 微克/立方米，年平均浓度为 19 微克/立方米，按年均值二级标准（35 微克/立方米）评价为达标。按日均值二级标准（75 微克/立方米）评价，超标 5 天，超标率 1.4%。细颗粒物为首要污染物的天数为 28 天，另有 1 天和可吸入颗粒物同为首要污染物。

可吸入颗粒物（PM_{10}）：2022 年，中心城区可吸入颗粒物浓度范围在 4~121 微克/立方米，年平均为 32 微克/立方米，按年均值二级标准（70 微克/立方米）评价为达标。按日均值二级标准（150 微克/立方米）评价，全年无超标天。可吸入颗粒物为首要污染物的天数为 12 天，另外有 1 天和细颗粒物同为首要污染物。

二氧化硫（SO_2）：2022 年，中心城区二氧化硫浓度范围在 4~16 微克/立方米之间，年平均为 9 微克/立方米，按年均值二级标准（60 微克/立方米）评价为达标。按日均值二级标准（150 微克/立方米）评价，全年无超标天。

二氧化氮（NO_2）：2022 年，中心城区二氧化氮浓度范围在 3~57 微克/立方米，年平均为 16 微克/立方米，按年均值二级标准（40 微克/立方米）评价为达标。按日均值二级标准（80 微克/立方米）评价为达标，全年无超标天。二氧化氮为首要污染物的天数为 1 天。

一氧化碳（CO）：2022 年，中心城区一氧化碳浓度范围在 0.1~1.0 毫克/立方米，年平均为 0.5 毫克/立方米，全年无超标天。一氧化碳 24 小时平均第 95 百分位数浓度为 0.7 毫克/立方米，年评价结果为达标。

臭氧（O_3）：臭氧按照日最大 8 小时滑动平均浓度标准限值 160 微克/立方米评价，2022 年象山中心城区臭氧超标共计 16 天，超标率为 4.4%。臭氧日最大 8 小时滑动平均值第 90 百分位数浓度为 136 微克/立方米，年评价结果为达标。臭氧为主要污染物的天数为 142 天。

2022 年象山中心城区主要污染物均值一览表

表 52

时间	$PM_{2.5}$（微克/立方米）	PM_{10}（微克/立方米）	SO_2（微克/立方米）	NO_2（微克/立方米）	CO（毫克/立方米）	O_3_8h（微克/立方米）
1 月	38	47	8	26	0.6	76
2 月	24	36	9	18	0.5	93
3 月	21	38	8	21	0.5	102
4 月	18	33	7	17	0.5	114
5 月	18	25	7	14	0.5	117
6 月	11	20	10	10	0.5	97
7 月	14	26	9	7	0.5	114

续表52

时间	$PM_{2.5}$（微克/立方米）	PM_{10}（微克/立方米）	SO_2（微克/立方米）	NO_2（微克/立方米）	CO（毫克/立方米）	$O_{3\_}8h$（微克/立方米）
8月	11	21	12	7	0.4	96
9月	13	25	9	11	0.5	116
10月	12	25	8	15	0.4	92
11月	17	29	9	21	0.5	77
12月	30	56	9	29	0.6	65
年平均	19	32	9	16	0.5	96

【石浦地区环境空气质量】 2022年，石浦地区监测有效天数为350天，达标天数共332天，达标天数比例为94.9%。超标18天，超标天数比例为5.1，其中轻度污染18天。2022年环境空气质量综合指数较2021年有所下降，而对比主要污染物单项指数，可吸入颗粒物、氮氧化物、一氧化碳单项指数均下降，二氧化硫、臭氧单项指数均上升，2022年臭氧仍为主要污染物。

2021年、2022年象山石浦地区环境空气质量状况一览表

表53

项目 时间	级别						达标天数比例(%)
	Ⅰ	Ⅱ	Ⅲ	Ⅳ	Ⅴ	Ⅵ	
2021年	212	147	3	0	0	0	99.2
2022年	190	142	18	0	0	0	94.9

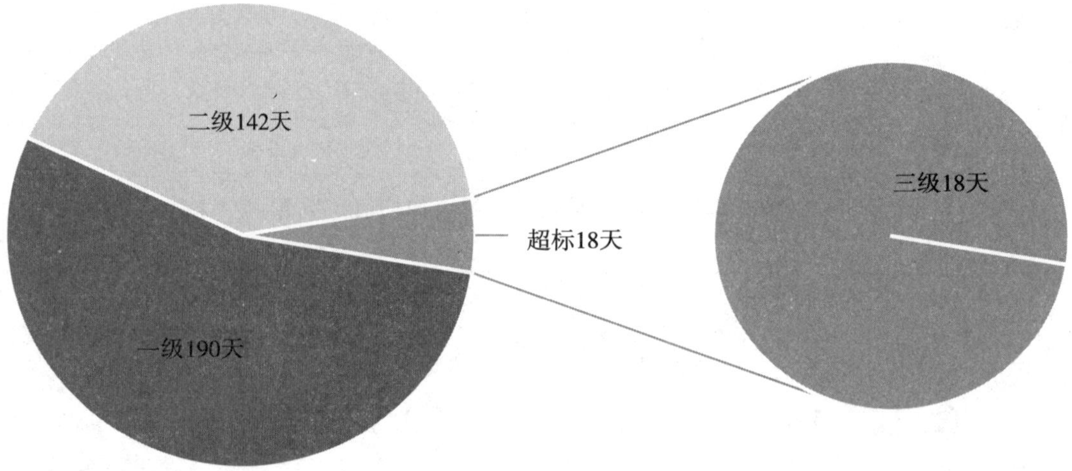

图1　2022年象山石浦地区空气质量指数类别统计

（一）2022年石浦地区环境空气质量评价结果

按《环境空气质量评价技术规范（试行）》（HJ 663—2013）评价，2022年石浦地区环境空气质量综合指数为2.53，年度首要污染物为臭氧，其单项指数为0.84。

2021 年、2022 年象山石浦地区环境空气各项污染物浓度及单项指数一览表

表 54

时间	指标	$PM_{2.5}$（微克/立方米）	PM_{10}（微克/立方米）	SO_2（微克/立方米）	NO_2（微克/立方米）	CO（毫克/立方米）	O_3（微克/立方米）	综合指数
2021 年	污染物浓度	19	34	7	18	0.9	120	—
2022 年		19	31	8	15	0.8	134	—
2021 年	环境空气质量指数	0.54	0.49	0.12	0.45	0.22	0.75	2.57
2022 年		0.54	0.44	0.13	0.38	0.20	0.84	2.53

注：CO 采用 24 小时平均第 95 百分位数浓度；O_3 采用日最大 8 小时滑动平均值第 90 百分位数浓度。

（二）主要污染物

细颗粒物（$PM_{2.5}$）：2022 年，石浦细颗粒物浓度范围在：2~88 微克/立方米之间，年平均浓度为 19 微克/立方米，按年均值二级标准（35 微克/立方米）评价为达标。按日均值二级标准（75 微克/立方米）评价，全年超标 5 天，超标率 1.4%。细颗粒物为首要污染物的天数为 25 天。

可吸入颗粒物（PM_{10}）：2022 年，石浦可吸入颗粒物浓度范围在 5~113 微克/立方米，年平均为 31 微克/立方米，按年均值二级标准（70 微克/立方米）评价达标。按日均值二级标准（150 微克/立方米）评价，全年无超标天。可吸入颗粒物为首要污染物的天数为 5 天。

二氧化硫（SO_2）：2022 年，石浦二氧化硫浓度范围在 3~14 微克/立方米，年平均为 8 微克/立方米，按年均值二级标准（60 微克/立方米）评价为达标。按日均值二级标准（150 微克/立方米）评价，全年无超标天。

二氧化氮（NO_2）：2022 年，石浦二氧化氮浓度范围在 2~39 微克/立方米，年平均为 15 微克/立方米，按年均值二级标准（40 微克/立方米）评价为达标。按日均值二级标准（80 微克/立方米）评价为达标。

一氧化碳（CO）：浓度范围在 0.2~1.0 毫克/立方米，年平均为 0.5 毫克/立方米，全年无超标天。一氧化碳 24 小时平均第 95 百分位数浓度为 0.8 毫克/立方米，年评价结果为达标。

臭氧（O_3）：按照日最大 8 小时滑动平均浓度标准限值 160 微克/立方米评价，2022 年象山石浦臭氧超标共计 13 天，超标率为 3.6%。臭氧日最大 8 小时滑动平均值第 90 百分位数浓度为 134 微克/立方米，年评价结果为达标。臭氧为首要污染物的天数为 130 天。

2022 年象山石浦主要污染物均值统计一览表

表 55

时间	$PM_{2.5}$（微克/立方米）	PM_{10}（微克/立方米）	SO_2（微克/立方米）	NO_2（微克/立方米）	CO（毫克/立方米）	O_3_8h（微克/立方米）
1 月	36	49	6	24	0.5	64
2 月	25	34	7	16	0.5	85
3 月	24	39	7	22	0.4	102
4 月	19	34	6	17	0.4	95
5 月	18	27	5	12	0.6	123
6 月	12	20	7	11	0.7	95
7 月	15	26	8	9	0.6	102
8 月	12	22	12	7	0.4	90
9 月	15	26	12	10	0.5	118
10 月	12	25	9	9	0.5	98
11 月	18	28	8	19	0.6	80
12 月	25	40	8	21	0.7	73
年平均	19	31	8	15	0.5	93

【西周地区环境空气质量】 2022年西周地区监测有效天数为361天，达标天数共355天，达标天数比例为98.3%。2022年环境空气质量综合指数较2021年有所上升，而对比主要污染物单项指数，可吸入颗粒物、二氧化硫、二氧化氮单项指数均下降，细颗粒物、一氧化碳、臭氧单项指数均上升。臭氧单项指数上升尤为明显，为2022年主要污染物。

2021年、2022年象山西周地区环境空气质量状况一览表

表56

项目 时间	级别						达标天数比例(%)
	Ⅰ	Ⅱ	Ⅲ	Ⅳ	Ⅴ	Ⅵ	
2021年	202	158	0	0	0	0	100
2022年	209	146	6	0	0	0	98.3

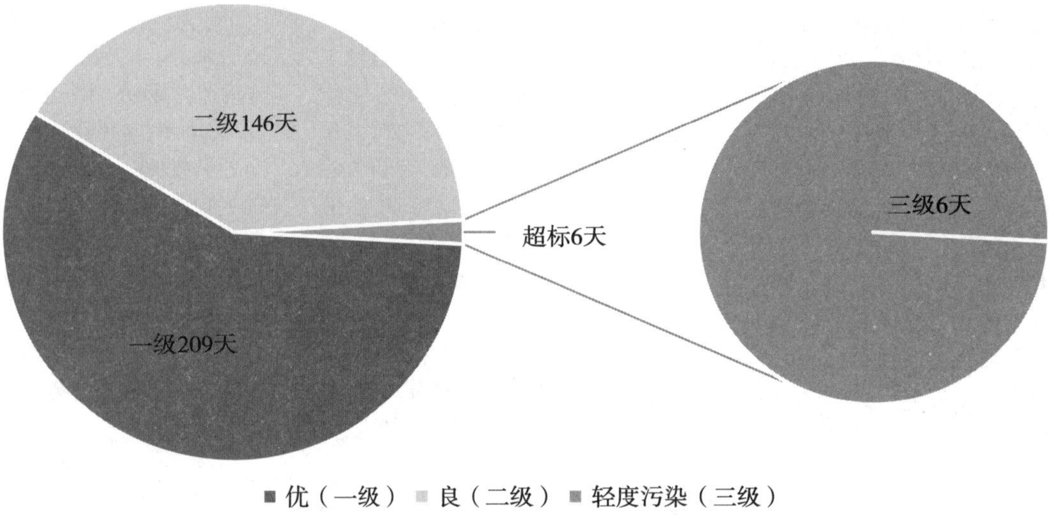

图2 2022年象山西周地区空气质量指数类别统计

（一）2021年西周地区环境空气质量评价结果

按《环境空气质量评价技术规范（试行）》（HJ 663—2013）评价，2021年西周地区环境空气质量综合指数为2.56，年度首要污染物为可吸入颗粒物，其单项指数为0.77。

2021年、2022年象山西周地区环境空气各项污染物浓度及单项指数一览表

表57

时间	指标	$PM_{2.5}$（微克/立方米）	PM_{10}（微克/立方米）	SO_2（微克/立方米）	NO_2（微克/立方米）	CO（毫克/立方米）	O_3（微克/立方米）	综合指数
2021年	污染物浓度	16	42	16	17	0.6	81	—
2022年		17	37	13	13	0.9	123	—
2021年	环境空气质量指数	0.46	0.60	0.27	0.43	0.15	0.51	2.42
2022年		0.48	0.53	0.22	0.33	0.23	0.77	2.56

注：CO采用24小时平均第95百分位数浓度；O_3采用日最大8小时滑动平均值第90百分位数浓度。

（二）主要污染物

细颗粒物（$PM_{2.5}$）：2022 年，西周细颗粒物浓度范围在 3～89 微克/立方米，年平均浓度为 17 微克/立方米，按年均值二级标准（35 微克/立方米）评价为达标。按日均值二级标准（75 微克/立方米）评价，全年超标 3 天。细颗粒物为首要污染物的天数为 7 天。

可吸入颗粒物（PM_{10}）：2022 年，西周可吸入颗粒物浓度范围在 8～131 微克/立方米之间，年平均为 37 微克/立方米，按年均值二级标准（70 微克/立方米）评价为达标。按日均值二级标准（150 微克/立方米）评价，全年无超标天数。可吸入颗粒物为首要污染物的天数为 38 天。

二氧化硫（SO_2）：2022 年，西周二氧化硫浓度范围在 8～43 微克/立方米，年平均为 13 微克/立方米，按年均值二级标准（60 微克/立方米）评价为达标。按日均值二级标准（150 微克/立方米）评价，全年无超标天。

二氧化氮（NO_2）：2022 年，西周二氧化氮浓度范围在 3～42 微克/立方米，年平均为 13 微克/立方米，按年均值二级标准（40 微克/立方米）评价为达标。按日均值二级标准（80 微克/立方米）评价为达标，全年无超标天。二氧化氮为首要污染物的天数为 2 天。

一氧化碳（CO）：2022 年，西周一氧化碳浓度范围在 0.2～1.0 毫克/立方米，年平均为 0.6 毫克/立方米，全年无超标天。一氧化碳 24 小时平均第 95 百分位数浓度为 0.9 毫克/立方米，年评价结果为达标。

臭氧（O_3）：2022 年，西周臭氧按照日最大 8 小时滑动平均浓度标准限值 160 微克/立方米评价，全年超标 3 天。臭氧日最大 8 小时滑动平均值第 90 百分位数浓度为 123 微克/立方米，年评价结果为达标。臭氧为首要污染物的天数为 105 天。

2022 年象山西周主要污染物均值统计一览表

表 58

时　间	$PM_{2.5}$（微克/立方米）	PM_{10}（微克/立方米）	SO_2（微克/立方米）	NO_2（微克/立方米）	CO（毫克/立方米）	O_3_8h（微克/立方米）
1 月	25	64	20	21	0.6	70
2 月	20	45	17	14	0.7	85
3 月	17	44	19	13	0.6	95
4 月	18	41	16	10	0.6	110
5 月	16	31	13	8	0.5	107
6 月	12	24	11	6	0.6	79
7 月	15	30	11	6	0.6	99
8 月	12	24	9	9	0.6	88
9 月	13	25	12	13	0.6	104
10 月	13	28	11	15	0.5	77
11 月	15	29	11	17	0.5	61
12 月	30	53	12	22	0.7	52
年平均	17	36	13	13	0.6	86

【酸雨现状】 象山县 2022 年降雨量为 1126 毫米，与上年相比降雨量下降 641 毫米，全年单次降水 pH 测值在 4.12～6.78 波动，全县降水 pH 年平均值为 5.02，降雨 pH 值上升，属于中酸雨区。全年共采集雨水样品 63 个，年酸雨率 84.5%，酸雨率与上年相比上升 3.2%。其中较强酸性样品 8 个，占总数的 13%，弱酸性样品 38 个，占总数 60%，中性样品 17 个，占总数的 27%。城区降水中各种离子浓度值波动较大，阴离子浓度由高到低的顺序是氯离子、硫酸根离子、硝酸根离子、氟离子；阳离子浓度由高到低的顺序是钙离子、钠离子、钾离子、铵根离子、镁离子。

2021年、2022年象山县降水状况一览表

表59

年　份	降水量（毫米）	pH值	样品数（个）	酸雨率（%）	较强酸性（个）	弱酸性（个）	中　性（个）
2021	1767	4.71	64	81.3	15	23	26
2022	1126	5.02	63	84.5	8	38	17

象山县2022年降尘量为40.8吨/平方米,全年月降尘测值在1.7～1.9平方米·30d之间波动,全县降尘均值为1.85吨/平方米·30d。

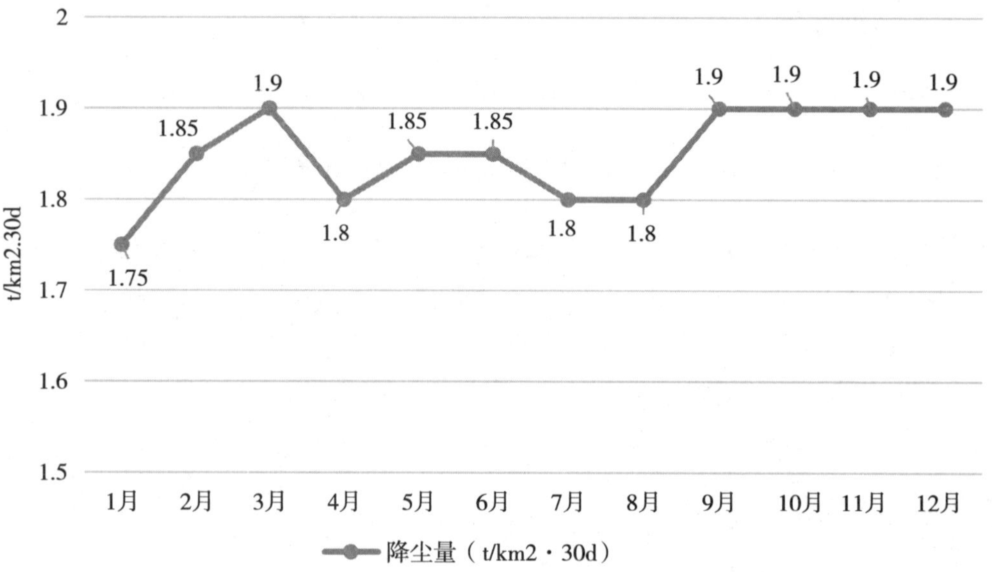

图3　2022年象山县降尘量月变化图

2022年象山县降水监测统计表

表60

时间	采雨总数(个)	降雨量(毫米)	酸雨率(%)	pH		电导率(微西门子/平方厘米)	降水化学成分(毫克/升)								
				范　围	均值		SO_4^{2-}	NO_3^-	F^-	Cl^-	NH_4^+	Ca^{2+}	Mg^{2+}	Na^+	K^+
1月	6	76.3	100	4.25～5.11	4.66	6.03	1.80	2.46	0.02	4.33	0.42	1.07	0.35	1.57	1.45
2月	7	85.7	100	4.47～4.89	4.71	2.10	1.74	1.90	0.05	2.56	0.23	0.90	0.18	0.74	1.14
3月	8	117.3	62.5	4.51～6.44	4.88	2.14	1.37	1.57	0.03	1.58	0.38	1.15	0.15	0.58	0.32
4月	5	82.8	100	4.12～5.15	4.60	1.02	0.88	1.26	0.03	0.59	0.18	0.58	0.06	0.11	0.34
5月	10	135.2	80	4.47～6.78	5.61	0.85	0.52	0.82	0.04	0.14	0.11	0.40	0.02	0.21	0.23
6月	7	116.4	100	4.41～5.17	4.94	0.80	0.48	0.58	0.02	0.44	0.12	0.37	0.02	0.21	0.25
7月	4	30.1	25	5.57～6.75	6.19	1.94	1.03	1.19	0.04	1.85	0.31	0.81	0.08	1.25	0.75
8月	3	16.4	100	5.03～5.15	5.10	0.77	6.89	3.97	0.10	4.69	0.52	4.13	0.27	5.67	1.80

续表60

时间	采雨总数(个)	降雨量(毫米)	酸雨率(%)	pH		电导率(微西门子/平方厘米)	降水化学成分(毫克/升)								
				范围	均值		SO_4^{2-}	NO_3^-	F^-	Cl^-	NH_4^+	Ca^{2+}	Mg^{2+}	Na^+	K^+
9月	7	409.4	71.4	4.94~6.10	5.62	0.71	0.73	0.35	0.02	1.22	0.11	0.62	0.04	0.32	0.41
10月	1	18.7	100	4.47~4.47	4.47	0.50	3.74	3.39	0.05	5.24	0.54	4.01	0.31	3.59	1.14
11月	1	14.6	100	4.81~4.81	4.81	4.90	0.30	0.46	0.02	0.28	0.11	0.42	0.02	0.20	0.13
12月	4	44.5	75	4.51~6.34	4.66	2.71	0.50	0.26	0.02	0.48	0.03	0.33	0.02	0.17	0.09
合计	63	1147.4	84.5	4.12~6.78	5.02	2.04	1.67	1.52	0.04	1.95	0.36	1.23	0.13	1.22	0.67

声环境保护

【概况】 2022年,象山县昼间区域环境噪声等效声级为55.4分贝,与上年相比下降0.6分贝,符合《声环境质量标准》(GB 3096—2008)2类区标准,城市声环境质量等级为一般;昼间道路交通噪声均值为64.8分贝,城市声环境质量等级为好,测点的达标率为100%;功能区噪声均达标。全县的整体噪声污染水平基本稳定,总体声环境质量较好。

【区域环境噪声】 象山县城区区域噪声按照400米×400米划分为127个网格,1类区域44个测点,2类区域19个测点,3类区域20个测点,4类区域44个测点。2022年5月进行昼间监测,取得有效数据127组,测得昼间区域环境噪声等效声级为55.4分贝。2022年昼间区域环境噪声按城市声环境质量等级划分为三级,属一般。

【道路交通噪声】 2022年4月对城区道路交通噪声14个监测路段28个测点进行监测,共取得有效数据28组,测点的昼间交通噪声均值为64.8dB,符合《声环境质量标准》4a类昼间标准,水平属于好,测点的达标率为100%,达标率与上年持平。

2022年象山县城区交通昼间噪声监测统计结果

表61

序号	路段名称	路段长(米)	路段宽(米)	测点	车流量(辆/小时)	Leq(分贝)	L10(分贝)	L50(分贝)	L90(分贝)
1	建设路	730	18	丹东街道劳动和社会保障综合服务中心	1116	66.3	67.5	62.7	58.2
		443		新光大宾馆	558	67.5	69.7	63.7	58.9
2	靖南路	626	24	大脚板浴场	810	63.1	65.0	59.9	54.2
		1359		春夏秋冬	552	64.9	67.0	60.6	57.2
3	丹峰路	1332	26	宝德汽车美容养护中心	705	61.8	64.7	60.3	56.8
		1031		丹峰西路189号	783	63.3	67.0	61.7	55.3
4	象山港路	1075	60	宏利集团	1320	60.2	63.7	56.5	49.9
		805		象山水利局	885	64.8	65.5	64.9	63.8
5	巨鹰路	287	60	东河花园二期	1377	65.3	67.9	61.4	55.3
		1524		山水人家	454	68.3	72.5	61.9	53.0

续表61

序号	路段名称	路段长(米)	路段宽(米)	测　　点	车流量(辆/小时)	Leq(分贝)	L10(分贝)	L50(分贝)	L90(分贝)
6	东谷湖路	826	38	文峰小区东门	1164	63.4	67.5	59.5	52.1
		421		汇东超市	1158	64.5	67.5	62.2	56.2
7	新华路	436	30	生态环境局	993	60.8	63.6	59.1	53.2
		574		大东海休闲城	582	61.9	64.6	59.5	53.1
8	育才路	1100	24	文峰小区西门	1026	66.5	68.2	63.0	58.3
9	天安路	450	40	春天百货	1107	63.5	67.3	58.1	52.4
		455		宝乐笛 KTV	1188	65.6	68.5	63.3	58.3
10	新丰路	423	40	供电局	969	62.5	62.9	62.5	62.2
		343		丹城第二中学	801	68.1	69.7	63.4	57.9
11	环城西路	380	26	环城西路 31 号	434	65.2	68.7	61.3	53.0
		400		城西小区	558	64.2	64.0	56.9	50.9
12	丹南路	514	24	华美达商务酒店	1218	67.3	70.8	64.0	57.3
		836		新客运中心	1380	64.5	64.8	64.4	64.1
13	丹阳路	485	32	水木华庭	624	63.3	66.0	60.4	55.0
		460		实验小学南门	648	64.8	67.4	60.8	53.5
14	丹河路	432	24	象山县海洋与渔业局	597	62.5	66.3	55.9	49.9

【功能区噪声】 2022 年对城区 4 类功能区噪声进行了 4 期 24 小时连续监测，具体见表 62。监测结果表明，居民区昼夜间噪声全部达标，达标率为 100%；混合区昼夜间噪声全部达标，达标率为 100%；工业区昼间噪声全部达标，夜间噪声丹西街道办事处在 5 月及 8 月分别超标 0.4 分贝和 0.8 分贝；交通干线两侧昼夜间噪声全部达标，达标率为 100%。

2022 年象山县城区功能区噪声监测统计结果监测结果

表 62　　　　单位：分贝

类别项目	一类标准区		二类标准区		三类标准区		四类标准区	
功能区	居民区		混合区		工业区		交通干线两侧	
测　点	东河花园	瀛洲小区	生态环境局	文峰学校	丹西街道办事处	丹河路	万象路	天安路
1月 L_d	50.1	48.1	49.9	56.8	60.9	58.3	55.1	57.4
1月 L_n	43.9	43.2	44.2	48.5	50.5	51.4	50.6	49.5
5月 L_d	52.6	50.1	52.4	58.0	60.3	59.0	56.8	60.4
5月 L_n	43.9	40.0	46.1	49.2	55.4	49.3	50.9	51.4
8月 L_d	49.8	51.0	54.1	57.6	61.9	58.1	57.5	60.0

续表62

类别项目	一类标准区		二类标准区		三类标准区		四类标准区	
功能区	居民区		混合区		工业区		交通干线两侧	
测　点	东河花园	瀛洲小区	生态环境局	文峰学校	丹西街道办事处	丹河路	万象路	天安路
8月 L_n	42.7	43.9	44.1	49.4	55.8	51.6	52.1	53.7
11月 L_d	49.2	49.8	52.1	55.2	60.3	58.0	57.1	58.5
11月 L_n	40.2	42.0	46.0	49.7	55.0	49.3	50.0	52.2

自然生态环境保护

【概况】 2022年,象山县积极推进生态文明改革进程,以持续打好蓝天、碧水、净土三大保卫战,着力解决人民群众反映强烈的突出生态环境问题为导向,高水平推进全县生态环境保护工作跃上新台阶,实现生态环境质量不断改善,公众生态满意度不断提升。环境空气优良率为95.6%,细颗粒物PM2.5均值19微克/立方米,环境空气质量保持全市第一,全省排名第17名。全县1个国控、6个市控、5个县控河流湖库断面,14个县级和农村千吨万人集中式饮用水水源地水质总体良好,全部达到Ⅲ类水环境功能区要求,达标率为100%。

【坚决打赢蓝天保卫战】 做好2022年细颗粒物和臭氧“双控双减”方案,打赢夏秋季臭氧污染防治阻击战。完成VOCs(挥发性有机物)污染整治企业25家,提前完成年度目标。开展机动车路检专项行动,重点查处“冒黑烟”车辆、机动车尾气超标排放等违法行为。完成水泥行业超低排放2家、砖瓦行业达标改造2家,完成率100%。

【持续打好治水提升战】 推进大塘港国控断面水质提优工程,确保断面稳定达标,治理经验在全市水环境治理工作现场推进会上作典型发言。丹东街道、丹西街道和石浦镇3个镇(街道)成功创建省级“污水零直排区”。持续抓好亚运会核心水域、重点水域和一般水域的监测、排查、整治及巡查力度,全力保障亚运会水环境和海洋环境质量。

【扎实推进治土清废持久战】 对涉镉等重金属污染物排放19家企业进行了全面排查。完成受污染耕地“源解析”工作,重点建设用地安全利用率100%。开展无废城市建设工作,建成小微产废企业危废收运体系和一般工业固废收运体系,已覆盖小微产废企业数量214家、一般工业固废产废企业数量2114家,分别完成考核任务的214%、115%。完成61家企业的无废细胞创建验收工作,象山亚帆中心入选省“十大无废亚运场馆”,新培育无废细胞61个,开展无废城市创建主题宣传活动70余次。医废管理提“智”增效,全力打造“数智医废”入选浙江全域无废案例。

【打造生物多样性保护新局面】 举办2022年国际生物多样性日宁波市主题宣传活动暨象山县海上生物多样性保护实践地建设启动仪式。花岙岛入选首批市级生物多样性体验地;完成“数字鸟岛”场景应用建设。象山海上生物多样性保护实践地建设同时被列入浙江省生物多样性保护重点举措清单和全省生态环境系统2022年度改革工作计划中,并入围市生态环境系统十大改革创新优秀案例。中华凤头燕鸥和抹香鲸保护的故事在联合国《生物多样性公约》缔约方大会第十五次会议(COP15)展播,并被新华社、浙江新闻等主流媒体报道。

【推动智慧赋能环保体系建设】 以“数字鸟岛”场景应用建设为切入点,打造以中华凤头燕鸥为核心的生物多样性保护管理场景,已进入运行阶段,2022年创下了全世界该鸟种一次观测93只的新纪录。运用“遥感+AI”技术,打造“数智巡滩”应用场景,高频次循环监测海岸线,滚动排查、滚动销号,“数智巡滩”应用被列为全市基层治理“一件事”样板案例。自2022年以来,开展湾滩长常态化巡查240次,发现问题89个,整改87个。

【压实环境监管主体责任】 持续开展“绿剑2022”、船舶行业整治、危险废物三年行动计划等各类生态环境执法专项行动。全年共出动执法人员1504人,检查企业752家次,完成行政处罚案件70件,移送公安行政拘留案件5件,处罚金额1091.3万元;共受理信访246件,同比下降33.0%。获评行政处罚案卷获评全市优秀案件1件、全县优秀案卷1件。

(宁波市生态环境局象山分局　钱程浩)

绿化造林

【概况】 中共二十大报告指出,要推进美丽中国建设，坚持山水林田湖草沙一体化保护和系统治理，提升生态系统多样性、稳定性、持续性。2022年，象山县以高质量建设森林象山为目标，以林长制为抓手，持续深入推进国土绿化美化，增强森林碳汇能力，为打造共同富裕样板县、建设社会主义现代化滨海花园城市提供林业支撑。全年完成新增百万亩国土绿化造林7434亩、森林抚育6120亩，市下达任务完成率分别为115%、102%，创建省级森林城镇1个、省级“一村万树”示范村3个、市级生态文化基地3个。象山县获评2022年省林长制考核优秀县，县林业局以及工作人员张全幸、蔡爽分获省关注森林活动15周年成绩突出集体和个人，县林业局郑梓元获全省湿地保护修复工作成绩突出个人。

【县四套班子领导赴凤跃山公园参加义务植树活动】 3月10日上午，包朝阳、李晓东、罗来兴、俞骏、应建勇等象山县四套班子领导与机关干部职工共赴凤跃山森林公园，参加“我为亚运种棵树”义务植树活动。活动共计种植浙江樟、浙江楠400余株，种植面积近20亩。

【举办“我为亚运种棵树”活动】 3月12日，县亚筹办、县自然资源和规划局、县环保局在宁波象山亚帆中心联合举办“我为亚运种棵树”活动。来自丹城第五小学的师生家长以及相关县级联系单位领导干部共约80名志愿者参加义务植树，该次活动共计种下200余株浙江香樟。

摄于象山亚帆基地，家长、学生正在进行义务植树

【古树名木综合保险项目在象山签约】 4月21日，全市首个古树名木综合保险项目在象山县自然资源和规划局正式签约，为全县在册且存活的335棵古树名木提供1675万元的风险保障。该保险项目中的第三者责任保险自4月14日起保生效。全县登记在册的古树共有341棵，至起保日仍存活的有335棵。在存活的古树中一级古树18株、二级古树41株、三级古树276株，其中位于东陈乡樟岙村的一棵樟树树龄高达1219年，有着“象山树王”之称。

【中国人保财险开出古树名木保险理赔第一单】 4月14日，位于象山县新桥镇高湾村一座寺庙内的百年樟树被大风吹断侧枝后，砸毁了寺庙围墙。4月28日，由中国人民财产保险股份有限公司象山支公司承担寺庙修缮费用，共计赔付19160元，系象山县首个古树名木“综合保险”理赔案例。该株樟树树龄315年，属二级古树，树高22米、树围4.9米、平均冠幅23米。

摄于新桥镇高湾村寺庙内，樟树侧枝断裂现场

【韭山列岛发现罕见红脚鲣鸟】 5月11日，在韭山列岛国家级自然保护区进行鸟类监测的象山县自然资源和规划局工作人员丁鹏发现并记录到红脚鲣鸟。据悉，红脚鲣鸟是一种典型的远洋鸟类，被列入《中国国家重点保护野生动物名录》(2021)二级，在中国主要分布于西沙群岛一带，为南海地区性常见种，极少在近岸海域出现，浙江省内仅有一次救助该鸟类的记录。工作人员分析，该次红脚鲣鸟“闯入”韭山列岛，可能受当时天气影响，导致其偏离正常的飞行路线和生活区域。

摄于韭山列岛附近海域，红脚鲣鸟正在迁徙

【韭山列岛燕鸥招引工作创2项世界纪录】 2022年，韭山列岛铁墩屿孵化中华凤头燕鸥幼鸟36只，落于招引保育场的中华凤头燕鸥成鸟实时观测数量峰值达93只(源于2022年5月27日当天观测数据)，两项数据均刷新了世界纪录。此前最高纪录为孵化数量22只、观测数量84只，系2021年在同一地点创下。中华凤头燕鸥人工招引项目初步阻止了这一极度濒危物种滑向灭绝。

【召开第一次县级总林长会议】 8月10日下午，象山县委书记、县总林长包朝阳在象山宾馆主持召开全县第一次县级总林长会议，县副总林长兼林区总警长卢小兵、县副总林长高岷、县林长制成员单位以及各镇乡(街道)主要负责人参会。象山县自然资源和规划局局长周峰就全县林长制工作有关情况进行汇报。会议强调要以更坚决的态度、更扎实的措施，高质量完成林长制各项工作任务，在“两个先行”新征程中精心绘好万象山海图，全域扮靓滨海花园城。

摄于象山宾馆，全县总林长会议现场

(县自然资源规划局)

交通·口岸·高速公路·城际铁路

交通基础设施建设

【概况】 2022年,全县拥有公路里程1554.622千米,其中,国家高速公路1条(G1523),49.599千米;国道公路1条(G527),6.503千米;省高速公路2条(S19、S23),17.194千米(其中S19与G1523为重复里程);普通省道公路3条(茅石线、盛宁线、象西线),129.199千米;县道公路18条,301.922千米;乡道公路39条,190.25千米;专用公路4条,13.827千米;村道公路810条,846.128千米。高速公路66.793千米,一级公路153.423千米,二级公路35.485千米,三级公路369.589千米,四级公路929.332千米,路网密度是109.88千米/百平方千米。现有公路桥梁474座,总计94391.11米。公路隧道共计75座,总计51845.2米。

【沿海南线海宁路至白云路段拓宽改建工程通过交工验收】 1月10日,象山县沿海南线海宁路至白云路段拓宽改建工程通过交工验收。该项目起点位于石浦海宁路交叉口,终点至金石运河桥,全长约3.14千米,采用一级公路设计标准,设计速度60千米/时,行车道由双向四车道增加至双向六车道,项目概算总投资约24242万元,于2020年3月11日动工建设,比计划工期提前2个月完工,实现与石浦高速同步通车。该项目是石浦镇东西走廊的重要枢纽,拓宽改建后将进一步完善公路路网系统,加强石浦城区与石浦高速对接,改善市民出行条件,对促进经济发展具有重要意义。

【宁波市域铁路象山线先行节点工程开工】 1月14日,宁波市域铁路象山线先行节点工程开工。宁波市域铁路象山线工程自轨道交通4号线、7号线换乘站小洋江站引出,经云龙、横溪、塘溪、咸祥后跨越象山港,后经贤庠、大徐进入象山县城设置人民广场站、南部新城站后至线路终点大目湾站,预留远期延伸至石浦条件。线路全长约61.45千米,全线设横溪车辆段1座及南部新城停车场1座,项目投资估算总额约252亿元,计划2027年上半年通车运营。此次开工的先行节点工程一共有3个,包括市域铁路象山线的起始站小洋江站和大目湾站,以及海上勘探工程。大目湾站位于象山县大目湾地区,来薰路以西,松兰大道以北,呈南北向布置。主要施工内容包括车站主体、附属(出入口)等土建结构工程和开山场平及边坡工程的施工(含设备安装配合、装修配合等)。

【桥梁标志牌换"新衣"】 2021年,象山公路与运输管理中心开展全县公路桥梁限载及信息牌设置工作,调整完善306座桥梁限载标志及信息公示牌。目前,所有桥梁都有属于自己的标志牌,记录着该桥坐落位置、建造日期、桥长、桥名、桩号、通航情况、管养单位、监管单位、服务举报电话等。此次桥梁标志牌更新最大的改变是增加了二维码,可以用手机扫一扫,有关桥梁的桥型构造、建造时间、技术状况等更加健全的信息一目了然,公路养护人员还能登录桥梁管理系统了解其全部身份档案信息。

【石浦港首个万吨码头启动海上施工】 1月20日,象山县石浦港首个万吨级码头——中国供销集团象山国际水产物流配套通用码头工程正式开始海上施工。该工程位于象山县鹤浦镇北面岸段,于2020年11月开工建设,工程包括1万吨级通用码头1座和500吨级3联浮码头1座,主要供象山近海捕捞渔船及远洋生产渔船停泊、卸货、补给等作业,设计年吞吐量约80万吨。该码头建成后,将与象山国际水产物流园基地有机结合,进一步扩大对台小额贸易、发展综合贸易和海洋经济项目平台,为打造国内一流水产冷链物流基地提供强力支撑。

【鹤浦镇双湾至大文沙公路工程完工】 1月13日,象山县鹤浦镇双湾至大文沙公路工程完工。该项目起于鹤浦镇双湾村委会门前交叉口,终点位于大文沙村,与大文沙村现状水泥路交叉,全线长4.593千米,按四级公路设计标准,设计速度20千米/时,路基宽6.5米,双向两车道,路面结构为沥青混凝土路面,总投资约5427万元,于2020年7月8日动工建设,建设期20个月,于2022年实现通车。

【71省道盛宁线东陈至茅洋段改建工程完成竣工验收】 1月6日,象山县71省道盛宁线东陈至茅洋段改建工程完成竣工验收。该项目起于东陈乡沿海南线与金开路交叉口,终于茅洋乡花墙村东侧现状盛宁线,路线全长10.6千米,采用一级公路设计标准,设计速度80千米/时,沥青混凝土路面,双向四车道,全线设置10座桥梁(其中3座中桥,7座小桥),49道涵洞,项目总投

资约40067万元。

【象山沿海南线滨海大道至金开路拓宽改建工程完成竣工验收】 1月5日，象山县沿海南线滨海大道至金开路拓宽改建工程完成竣工验收。本项目起于滨海大道交叉口，终于金开路交叉口，路线全长3.457千米，采用一级公路设计标准，设计速度80千米/小时，由原双向四车道向两侧拓宽至双向六车道，项目总投资约19316万元。

【启动“海上两山”最美风景道建设】 2月以来，象山出台《象山县“海上两山”最美风景道建设方案》，明确资金、土地等要素保障，全面启动“海上两山”最美风景道建设。该风景道环线全长246.7千米，联络线长197.8千米，2022年底前，重点创建沿东海岸风景道和环蟹钳港风景道2个示范段，2025年底前，完成环西沪港风景道和环石浦港风景道2个示范段创建，远期融合产业激活全域旅游产业，创建“趣海岸”游憩线、“观沧海”度假线、“悦渔港”民俗线、“品山水”游乐线等4个主题线路，实现与文化保护、美丽乡村、全域旅游、城镇建设、产业发展的融合，建设成为集交通、自驾、旅游、产业功能于一体的中国最美滨海风景道。

【丹大线产业区至大徐段改建工程竣工验收会议召开】 5月20日，象山丹大线产业区至大徐段改建工程竣工验收会议召开，县交通运输、交警等部门，设计、监理、施工等单位代表及特邀专家参加会议。竣工验收委员会通过听取汇报、现场查看、查阅资料，经评议认为：工程参建单位认真履行职责，建立健全质量、安全、环保保证体系，在质量、安全、环保等领域取得了明显成效，实现了工程建设目标。竣工验收委员会审议该建设项目综合评价等级为优良。丹大线产业区至大徐段改建工程全长4.4千米，按一级公路，双向四车道公路设计建设，沥青混凝土路面，全线设主线桥梁4座，改路桥梁1座。

【石浦港首个万吨级码头完成打桩作业】 5月31日，象山石浦港首个万吨级码头——中国供销集团象山国际水产物流配套通用码头工程全部完成打桩作业，标志着该工程进入码头平台建设阶段。该工程位于鹤浦镇北面岸段，于2020年11月开工建设，工程包括1万吨级通用码头一座和500吨级3联浮码头一座。其中，码头平台建设阶段主要包括1号通用码头平台及1座固定接岸引桥、2号通用浮码头平台及2座接岸引桥、配套变电所及水电等工程。

【G527石浦至长街段（岳井洋大桥及接线）象山段施工图设计评审会召开】 6月17日，G527石浦至长街段（岳井洋大桥及接线）象山段施工图设计评审会召开，市公路与运输管理中心、市交通工程管理中心、县交通运输局等单位代表和相关专家参加会议。会上，设计单位介绍了施工图设计情况，与会专家对施工图设计的合规性、安全性、可实施性和系统性等内容进行了逐项审查。经过讨论，专家组一致认为，组织开展的设计原则及施工图审核内容基本完整，深度基本符合施工图审核的相关规定和要求，原则同意施工图审核报告的结论意见，同时，对部分专业内容提出审查意见和优化建议。本项目起自沿海南线与白云路交叉口，至岳井洋大桥宁海段为终点，全长约11.56千米，其中新建8.32千米，改扩建约3.24千米，含大桥2座，中小桥9座，隧道1座，总投资约15亿元。

【S202省道沿海南线象山港路至滨海大道段改建工程初步设计通过评审】 6月14日，S202省道沿海南线象山港路至滨海大道段改建工程初步设计审查会议召开，发改、交通、财政等单位代表及特邀专家参加。与会代表及专家听取项目介绍，并认真审阅和讨论，围绕初步设计总体、地质勘查、路线方案、隧道、桥梁、路基、路面、路线交叉等设计内容和重难点工程进行详细评审，认为设计单位提交的初步勘察设计成果满足深度和要求，原则上同意通过评审。该项目为一级公路，北起象山港路，南至滨海大道，全长约5.427千米，总用地546亩，主要建设内容包括道路工程、桥梁工程、隧道工程、管线工程及附属工程等。

【象山港大中庄通用码头工程通过竣工验收】 7月6日，位于宁波舟山港象山港港区外干门作业区的大中庄通用码头工程顺利通过竣工验收。该码头是外干门作业区首个公共码头，工程建设包括新建通用码头1座，其中包含1个5000吨级大件运输泊位和1个5000吨级杂货泊位及与后方陆域相连的两座引桥，新建5000吨级船舶乘潮双向通航航道1条，利用岸线387米，设计年通过能力61.8万吨，工程总投资概算2.11亿元。

【象山入选浙江省交通与旅游融合发展试点单位】 象山县“海上两山”最美风景道入选省文化和旅游厅、省交通运输厅联合公布全省交通与旅游融合发展试点名单，系宁波市唯一上榜单位。“海上两山”最美风景道以风景道为纽带，激活象山全域旅游产业，创建“趣海岸”游憩线、“观沧海”度假线、“悦渔港”民俗线、“品山水”游乐线等4条主题线路。该风景道环线全长246.7千米，联络线长197.8千米。2022年底前，重点创建沿东海岸风景道和环蟹钳港风景道2个示范段；2025年底前，完成环西沪港风景道和环石浦港风景道2个示范段创建。

【市域铁路象山线启动海域勘察作业】 8月5日，宁波至象山市域（郊）铁路工程进入象山港跨海大桥海域勘察作业阶段。市域铁路象山线工程全线长约61.45千米，共设10座车站，连接宁波主城区与象山县，其中象山港跨海大桥长6.2千米，在已建成的象山港公路大桥东侧并线建造。此次海域勘察分初勘和详勘两阶段进行，共布置145个勘探孔位，投入施工船舶10余艘，其目的是在既有研究成果的基础上，根据已掌握的地质资料和地质情况，通过调查、钻探、原位测试、水文地质试验等手段，获取桥梁线位相关地质数据资料,以满足桥梁工程初步设计需要。

【202省道沿海南线象山港路至滨海大道段改建工程即将开工】 8月25日,202省道沿海南线象山港路至滨海大道段改建工程施工图设计获得批复,这标志着该项目正式进入开工倒计时。该项目北起象山县202象山港路段,沿现状沿海南线向南经丹南路、丹阳路、丹河路、象山河路、规划三路、丹霞路、丹山路、殷夫路和汇源路,终于滨海大道,接202省道沿海南线东陈段,路线全长5.42千米。全线按一级公路兼顾城市主干道功能标准建设,设计速度60千米/时,双向六车道,项目总投资4.9亿元,工期24个月。该项目已同步启动施工招投标工作。

【盛宁线茅洋至泗洲头段改建工程进入最后冲刺阶段】 8月以来,盛宁线茅洋至泗洲头段改建工程目前已完成总合同量的85.8%,其中路基工程、桥涵工程接近完工,现进入最后冲刺阶段。根据实际施工进展情况,指挥部倒排施工计划,创新工艺工法,集中攻坚筑路难题6项,促进工程提质增效,开展各类检查50余次,全力规避风险隐患。工程建设于2022年10月底基本完工,12月完成交工验收,提前4个月完成合同要求。

【G527石浦至长街段(岳井洋大桥及接线)象山段项目获批】 9月1日,G527石浦至长街段(岳井洋大桥及接线)象山段工程初步设计获市发改委批复,预计10月开工动建。该工程计划总投资17.89亿元,按照一级公路标准设计,路线全长11.44千米,分为改扩建段和新建段两部分,计划建设工期36个月。其中,改扩建段全长3.25千米,起点位于X511与沿海南线交叉口西侧,与规划S202对接,终点为规划跨石浦港通道与沿海南线的交点处。新建段全长8.19千米,起自改扩建段终点,与跨石浦港通道对接,经晓塘乡东、杨家西、定塘镇南,终点于王家西北与X507(大下线)平交。全线设计速度80千米/时,双向六车道。共设置桥梁8座,涵洞73道,分离式隧道1座。

【鹤浦镇5000吨级散货码头工程开工】 9月6日,鹤浦镇5000吨级散货码头工程海上施工阶段建设开工。该工程位于象山县南田湾水域水糊涂二期围涂工程附近。工程建设1个5000吨级散杂货泊位,泊位长度145米,设计年吞吐量173万吨,预计2023年7月投入使用。建成后,凭借该区域海洋运输的优越条件,将为当地海洋物流、后方机制砂加工及海产品等提供水路运输服务。

【盛宁线入选省级精品道路】 9月,浙江省"三改一拆"行动领导小组办公室公布2021年省级绿化美化精品道路及特色精品道路评选结果。其中,象山县S215盛宁线同时入选省级绿化美化精品道路、省级特色精品道路名单。S215盛宁线处于象山县对外道路的门户区域,外接象山港大桥,内联象山县城,是象山县境内一条主要省级公路,是象山连城通海的风景廊道,是展示象山风情风貌的绝佳窗口,是宁波市美丽经济交通走廊的重要组成部分。

【定影公路即将开建】 10月21日,定影公路工程项目施工中标结果正式发布。定影公路工程起于象山影视城,与已建影视大道相接,一路向南沿大塘港边进行布设,经后洋塘桥后向南穿过定塘镇,与G527石浦至长街段定塘连接线段相接。该项目路线全长约9.521千米,道路采用二级公路标准,估算总投资约1.448亿元;计划于2023年初正式开工建设,工期720天。

【巧用"桥下空间"打造亮丽风景】 象山交通执法队以"三改一拆"和"四边三化"为抓手,强力推动桥下空间治理及利用。自2021年开始,墙头镇凤泉村吊水岩大桥下共拆除违章建筑约300平方米,整治清理乱堆放面积约4000平方米。通过专业设计、科学规划,该村利用桥下"边角料"空间,打造出嵌入式桥下体育公园,功能包括篮球场、五人足球场、健身小公园和停车场等,成了附近村民、城郊居民健身休闲的运动乐园,也成了一张桥下空间改造利用的"金名片"。该桥下公园于2021年12月开始动建,投资200余万元,共占地约6000平方米,目前已全部竣工投入使用。

【盛宁线茅洋至泗州头段改建工程提前完工】 12月25日,盛宁线茅洋至泗州头段改建工程顺利完工,比预计建成时间提前3个月。该项目总投资2.75亿元,新增用地规模227亩,于2020年10月动建,起点位于茅洋乡花墙村,终点接泗洲头镇南岙村,全长3.52千米,整体式路基宽度25.5米,按双向四车道一级公路标准建设,设计速度为80千米/时,全线共设有大桥1座、小桥2座。

【茅石线拓宽改造工程通过竣工验收】 12月15日,茅石线(K17+118~K17+728段)拓宽改造工程顺利通过竣工验收。该工程起点位于茅石线主线桩号K17+118处,与石浦高速新桥连接线平面交叉,之后沿现状茅石线向南,终点位于茅石线主线桩号K17+728处,与影视城大道平面交叉,总投资3695万元,路线全长610米,采用一级公路标准建设,设计速度80千米/时,双向四车道。

(县交通运输局　吴晨霞)

交通运营管理

【概况】 截至2022年年底,客货运方面:全县客运企业4家,客运车辆220辆,班线49条;货运企业77家,货运车辆1317辆。全县驾校共3家,教练车302辆(含摩托车37辆),驾培教练人员294名;公共交通方面:全县城乡公交已有车辆运营369辆,停运84辆(其中新能源190辆),运营线路111条(主线33条、支线19条、区间线59条),运营线路总长度达1992.2千米;丹城城区公交车辆225辆(其中新能源165辆),运营线路35条(主线21条、支线

10条、夜班4条），运营线路总长度449.6千米；出租车方面：全县出租车企业3家，出租车199辆。维修方面：全县共有维修经营业户278家，其中一类维修12家，二类维修38家，三类维修228家。

【节日期间疫情防控和安全生产工作检查】 2022年1月1日，象山县委副书记、代县长李晓东赴车站检查节日期间疫情防控和安全生产等工作，副县长钮晶莹、县交通运输局局长谢东升等参加检查。李晓东来到县汽车客运中心，检查重点场所疫情防控和车站安检、运力保障、便民服务等情况。她指出，节日期间返乡人员增多，汽车客运中心是"外防输入"的重要防线，也是人员聚集场所，要推动关口前移，落实扫码、测温、戴口罩等防控措施，规范日常通风和消杀，在人流密集期间有序做好疏导工作，切实筑牢疫情防控、交通运输安全"双防线"，保障群众安全出行。

【岁末年初交通运输工作检查】 1月19日，象山县委常委周坚栋带队赴车站及物流公司检查春运、疫情防控和安全生产工作。县府办副主任蔡振年，县交通运输局、县交通集团相关负责人陪同检查。检查组先后来到县客运中心、县公交公司综合场站及远达物流公司，详细了解春运工作开展情况、疫情防控、应急运力保障、应急抢险准备等工作落实情况，重点检查出入口的安保与防疫工作，详细询问了客运中心车辆运营、车站消杀措施落实、乘车和进出站防控流程以及公交场站公交车消毒、应急疏散等情况，同时要求各运输企业强化主体责任，积极引导旅客做好个人防护，严格落实戴口罩、消毒等措施，落实落细各项防控措施，做到不留死角，给市民乘客营造安全、舒适、温馨、和谐、健康的出行环境。

【象山影视城至宁波开通直达班车】 1月22日上午，象山影视城至宁波南站站点开通试运行。象山影视城站点是在石浦至宁波客运班车基础上增设的"简易站"，承载了售票、安检、候车等功能，乘客上车后，便能直达宁波南站，运营时长约1小时20分钟。

【春运期间安全生产和疫情防控工作检查】 1月28日，县交通运输局检查春运期间交通运输领域安全生产和疫情防控工作。检查组先后来到县客运中心、县公交公司、八方危险品运输公司、象山港联机动车驾驶员培训公司、象山现代物流园区及东陈公路维修所，详细了解春运工作开展情况、疫情防控、应急运力保障、车辆动态监管、应急抢险准备等工作落实情况，重点检查各企业的日常安全管理制度、安全设施使用、驾驶员安全教育培训、应急管理等，督促企业完善安检、消防等安全设施设备，强化营运车辆动态监管，提高从业人员安全生产意识和专业技能，做好车辆安全例检和登记等工作。同时，实地检查各运输企业站场车辆消杀、旅客"两码联查"、司乘人员口罩佩戴等疫情防控工作落实情况，督促运输企业严格执行车辆及场所每日消毒通风、从业人员健康监测、乘客测温亮码等要求，及时排查并协助管控涉疫风险人员，进一步做好疫情防控各项应急处置工作。

【宁波市域铁路象山线建设誓师大会举行】 2月14日，宁波市域铁路象山线建设誓师大会在象山人民广场举行。该项目是宁波首个动建的市域（郊）铁路项目，是浙江省大都市区建设的重大基础设施项目，也是"轨道上的长三角"重要组成部分。项目起点宁波地铁4号线、7号线小洋江站，象山段近期终点站大目湾，远期延伸至石浦。全长61.45千米、设站10座，其中象山段30.3千米、设站5座。沿线主要经过鄞州区云龙镇、横溪镇、塘溪镇、咸祥镇、象山县贤庠镇、大徐镇、主城区，设计时速160千米，运行全程约30分钟，最大发车间隔不超过15分钟，初步匡算总投资约252亿元，计划于2027年通车运营。

【亚运会筹办工作检查】 2月14日，市委副书记、市长裘东耀到象山检查亚运会各项筹办工作。裘东耀先后考察浙江海洋运动中心（亚帆中心）、沙滩排球中心、宁波赛区亚运分村，并对"两路两侧'三化一平'"整治工作提出要求，加大整治美化和环境洁化力度，靓化沿路沿湾环境，全面展示现代化滨海大都市形象。同时，要抓好整治氛围营造，发动全社会共同参与，一起为亚运会添彩、为宁波增光。

【胡海达到象山调研交通工作】 2月17日，宁波市交通运输局党组书记、局长胡海达一行到象山调研交通工作并召开座谈会。象山县委副书记、县长李晓东，县委常委、副县长周坚栋及相关部门负责人参加调研或座谈。胡海达一行实地踏勘象山港东通道桥位及产业区比选线位，了解项目概况及前期工作进展情况，听取象山交通运输局局长谢东升汇报象山交通2021年工作亮点、"十四五"综合交通规划、2022年工作安排和存在问题及相关建议。周常委及相关部门负责人作了补充汇报，随后，各参会人员交流发言。

【开展"两路两侧'三化一平'"专项整治行动】 县交通运输部门重点排查县境内高速公路、普通国省道、"扬帆海湾"精品线等线路的用地红线范围内、红线外侧100米范围内以及1000米可视范围，以亚运赛事涉及的象西线、盛宁线、沿海南线、巨爵线为重中之重，对全线公路进行洁化绿化升级。执法队全面排查公路两侧乱堆放、违法搭建等问题，做好滴漏撒、超限治理和桥下空间治理工作，县公运中心加强日常巡查保洁力度，提高保洁质量和效率，做到路面干净、畅通，公路设施及标志标牌干净整洁，积极查漏补植沿线绿化，做好道路边坡、沿线空地复绿，提升互通区、出入口绿化景观，改善两路两侧环境质量。同时，及时整治路面坑洞、裂缝等病害，路面坑洞病害处置不超过24小时，确保道路路况平整。截至2月中旬，累计清扫路面14600千米，清理路面全线公路中间分隔带、两侧分隔带及林带、边坡垃圾730余吨，清洗隧道44座、钢护栏及机非隔离栏栅250千米，修补路面坑槽、车辙等病害680余平方米，补植沿海南线、象西线等路段苗木4068平方米。

【开展道路运输“跨省通办”宣传】 1月以来，县交通运输部门组织干部职工入企宣传道路运输“跨省通办”，在企业张贴海报，电子显示屏24小时滚动宣传标语，提供“跨省通办”“三检合一”业务办理咨询答疑服务，使驾驶员充分了解办理流程和互联网道路运输便民政务服务系统、“道路运政一网通办”微信小程序、“道运通”手机App、国家政务服务平台(全国一体化政务服务平台)等办理渠道。截至目前，累计张贴宣传海报20余处，发放宣传单200余份，进入30余家货物运输企业进行面对面宣传。

【象山开展维修行业“诚信护航”汽车免费体检优惠活动】 3月10—31日，象山县公路与运输管理中心组织19家机动车维修企业开展以“诚信护航”为主题的“3·15”便民优惠服务暨汽车免费体检、优惠维修活动。

【李晓东调研亚运场馆周边及沿线环境整治工作】 3月5日，象山县委副书记、县长李晓东带队调研亚运场馆周边及沿线环境整治工作，县领导周坚栋、钮晶莹等陪同调研。李晓东一行经象山港路、西溪路、亚帆中心、松兰山景区、松兰大道、旭日路，下沿海南线赴半边山景区，沿途了解路面整修及两侧环境提升情况，实地踏勘“两路一侧‘三化一平’”工作推进情况，并对下阶段亚运场馆周边及沿线“三清三美”环境整治工作进行研究部署。

【交通运输部门定制公交解决学生“回家难”】 3月18日，象山交通运输部门与教育部门多次协商，安排县城乡公交公司专门为象山二中学生开通“定制公交”。此次开通象山二中至象山客运中心、象山二中至象山客运东站2条定制公交线路，投放11辆公交车，遵循沿路只下不上原则，每逢周五放假、节假日定点定时、定车定线接送490余名学生回家。

【象山交通运输部门对共享单车运营商开出首张罚单】 4月29日，某品牌共享单车运营商因未按规定及时清理共享电动车辆，执法人员依据《宁波市非机动车管理条例》第三十七条的规定，认为该企业行为属未配置必要的管理维护人员负责车辆调度、停放秩序管理和损坏等，对该运营企业未及时清理违规停放车辆的行为，作出罚款五千元的行政处罚。这是象山交通运输部门对共享单车运营企业未及时清理违规停放车辆而开出的首张罚单。

【投用智轨电车助力全域旅游绿色出行】 5月19日，融合有轨电车和公交优势的智轨电车驶进象山松兰山游客服务中心的智轨停靠站，预计于7月景区试运营时正式投放。该制式车辆为三节编组，车长31.64米，宽2.65米，高3.34米，采用类似高铁的双车头设计，无须掉头即可实现双向行驶，融合轨道交通和地面公共交通的双重属性和优点，最大载客量307人。

【象山现代物流园区开展直播电商培训】 6月28日，宁波市象山现代物流园区联合象山现代物流研究所共同组织2022年直播电商系列培训专题讲座，吸引了全县短视频拍摄爱好者、网络直播爱好者，以及各类电商企业代表，共40余名学员参加。

【湖北保康县交通运输局到象山对标考察学习】 7月11日，湖北保康县交通运输局局长杨秋波带队，到象山考察学习“四好农村路”建设、城乡公共交通和快递物流发展等经验做法，县交通运输局局长谢东升及相关班子成员、科室单位负责人等陪同考察。考察组一行实地踏勘斑斓海岸线、“扬帆海湾”精品线，听取几条线路的发展规划、创建方案及建设成果等基本情况，全面了解“四好农村路”经验做法和“扬帆海湾”精品线路创建工作，同时双方就两地交通基本情况、城乡公共交通和快递物流发展、“四好农村路”建设经验、“十四五”立体综合交通规划及破解项目用地瓶颈等内容开展探讨交流。

【象山开通直达广东货运专线】 7月12日，象山首条跨省物流专线——象山直达广东货运专线正式开通运营。该专线每天发车至珠三角近三十个城市，全程快班36小时到达，普班48小时抵达，实施“一票到底、门到门服务”，覆盖象山及宁海市场。

【率先推出崇军公交主题示范线】 7月30日，县交通运输部门全市率先推出崇军公交主题示范线。该示范线共覆盖象山城区104路、110路、118路等3条线路、5辆公交车，将公交文化与军营文化有机结合，分别以陆军橄榄绿、海军浪花白、空军天空蓝等3种风格装扮，车厢内辅以装饰军备模型、国防知识科普、服务热线等拥军元素，展现强国强军风采。自8月1日起，现役军人、退役军人以及其他优抚对象，可凭借军人有效身份证、优待证、浙里办“老兵码”等，在全县范围享受免费乘坐公交服务。

【完成中心城区载客电瓶三轮车专项整治行动清零目标】 7月21日至7月30日，象山开展中心城区载客电瓶三轮车专项整治行动，累计签订退出市场协议914辆，圆满完成清零目标，整个过程平稳有序，目前中心城区已无载客电瓶三轮车运营，彻底解决该项历史遗留问题。

【交通执法队开展换装仪式暨培训开班】 8月17—19日，象山交通执法队开展换装仪式暨培训开班。培训采取专家授课、现场教学、研讨交流等方式紧贴一线执法实际，并开展队列训练和交通指挥手势训练，进一步增强全体交通执法人员的使命感、责任感，以建设人民满意交通为出发点和落脚点，自觉践行执法为民理念，努力提升交通执法能力和水平。通过这次培训，参训执法人员进一步树牢了为民执法的理念，增强了严格规范公正文明执法的意识，掌握了新形势下自觉运用法治思维系统解决问题的能力。

【象山邮政管理局揭牌成立】 8月23日，象山邮政管理局成立大会暨揭牌仪式举行。省邮政管理局党组成员、副局长吕为民，县委副书记、县长李晓东共同为象山邮政管理局揭牌，县委常委、副县长周坚栋主持仪式。

【易继勇督导检查象山汽车轮渡生产工作】 9月2日，交通运输部水运局副局长易继勇、港口处处长姚飞、国内航运处副处长张同戌等一行7人到象山，督导检查象山县汽车轮渡有限公司安全生产包保工作，省交通运输厅、省港航中心、市交通局、市海铁联运办、市港航中心相关负责人陪同，县委办、县港航中心、象山海事处、县交通集团相关负责人参加座谈。检查组通过实地检查、座谈问询、查阅资料等多种形式，详细了解公司水路运输安全生产工作落实、三年行动及强化实施年行动推进情况以及落实安全生产主体责任、推动风险分级管控及隐患排查整治、提高应急处置能力、加强疫情防控和危险品查堵等方面情况。

【完成铜瓦门大桥、三门口跨海大桥桥梁荷载试验】 9月9日，象山交通部门顺利完成铜瓦门大桥、三门口跨海大桥（北门桥、中门桥、南门桥）荷载试验。通过前期交通量调查，结合当地居民出行情况，8月26—29日夜间23:00至凌晨5:00，公路运输部门、交警、石浦镇、高塘岛乡及检测单位各方协调配合，顺利完成荷载试验。荷载试验测试结果表明，被测桥梁的承载能力、结构刚度等技术性能符合设计要求，桥梁结构安全处于良好状态。

【召开运输企业融资专项对接座谈会】 9月13日，象山县交通运输局、人民银行象山支行主办的交通物流融资专项对接座谈会召开，工商银行、建设银行等6家银行和17家运输企业参加座谈会，县交通运输局及人民银行象山支行相关负责人参加。会上，三方就运输企业在后疫情时代发展中遇到的挑战进行深入交流分析，在充分了解企业困难后，交通部门和各大银行根据实际情况，提出相关意见和建议。

【央视《振兴路上》节目组赴象山拍摄“乡村振兴看交通”节目】 9月17日、18日，央视专题片《振兴路上》节目组围绕“乡村振兴看交通”主题到象山取景拍摄。节目组先后前往亚帆配套道路、鹤浦镇大文沙村拍摄，围绕公路前后变化、对村庄及村民带来的变化、志愿者养护公路等内容，与村民沟通交流，详细了解乡村经济生产、文旅发展、人文现状等情况，全方位、多角度采访近年来“四好农村路”给大沙村带来的巨变。

【交通运输行业党委成立】 9月30日，象山县召开交通运输行业党委成立大会暨全县货车司机群体党建工作推进会。县委组织部、交通运输行业党委成员单位分管负责人，各镇乡（街道）组织委员，交通运输企业及党员货车司机代表出席会议。县委组织部副部长、县委“两新”工委书记张荣飞，县交通运输局党委书记、局长谢东升，为象山县交通运输行业党委揭牌。会上宣读了县交通运输行业党委成立文件，对各成员单位职责作了说明，县公安局交警大队、宁波运派供应链管理有限公司等两家单位作交流发言。

【中国物流与采购联合会到象山调研】 9月29日，中国物流与采购联合会农业产业供应链分会秘书长李大为带队象山现代物流园区开展招商洽谈，浙江清华长三角研究院宁波分院副院长王焰、中国农业大学教授吕建军、顺丰行业大客户部高级副总裁张鹏参加，象山现代物流园区相关负责人陪同交流。洽谈会上，象山现代物流园区相关负责人就园区的整体规划定位、产业优势、周边建设等方面进行详细介绍，可为投资企业提供优质的服务和良好的投资环境。

【菜鸟物流浙沪区域负责人带到象山开展合作洽谈】 10月14日，阿里巴巴集团旗下物流公司菜鸟裹配事业部浙沪区域负责人张熙伟带队到象山现代物流园区开展合作洽谈，园区管委会相关负责人人员陪同洽谈。园区管委会介绍园区（四期）的发展规划，拟规划建设电商大楼、城市会展中心、快递物流园、保税仓等功能，希望菜鸟聚焦象山特色农渔产品，打造特色产品供应链，将仓储配送做到有机结合，向消费者提供优质的物流服务体验，将园区建设成为功能互补、多元的综合性物流中心。

【朱敏志入选“浙江工匠”培养项目】 9月30日，象山县公路与运输管理中心职工朱敏志入选由省人力资源和社会保障厅、省总工会组织的新时代浙江工匠培育工程第三层次“浙江工匠”培养项目。

【泗洲头公交站完成升级改造】 11月底，象山县泗洲头公交站完成升级改造。此次升级改造，象山交通部门重点对室内环境、候车雨篷，以及候车椅等硬件设施加以改造，解决了站内设施老旧、公共服务不齐全等问题。同时设置了专门的候车通道，实行人车分流，有效解决了交通流线混乱、人车混行的局面，大大提高了乘车安全性和舒适感。

【新开通2条校园定制公交线路】 12月2日，象山县开通宁波建设工程学校、象山港高级技工学校至石浦东站的2条校园定制公交线路。此次为学校量身定制的2条公交线路，共投入公交车辆10辆次，按照“只下不上”原则，沿路覆盖上余村（东）、东塘村、大目湾管委会、大目湾学校、滨海工业园（海迎路）、南盘、松岙南、旦门、航天智慧科技城东、石浦科技园区、三角牌（昌国）等居民聚居点，最大限度满足学生出行需求。

（县交通运输局　吴晨霞）

交通建设投资

【概况】 2022年，县交通集团全面贯彻落实党对国有企业的全面领导，贯彻执行县委县政府“聚力一二五，走好共富路”战略部署，深刻把握交通“先行官”定位，紧紧围绕5532专项行动和重点工作责任清单，以深化国企改革为重点，坚持稳进提质，稳中求进的工作基调，结合“五问五破、五比五先”机关作风建设专项行动，全力打好疫情防控、除险保安和高质量发展攻坚战，推动各项工作高效落实落地。全年完成投资7.3亿元，增长率35.62%。实现营业收入14.3亿元，增长率超过41.02%。完成融资55.32亿元，融资成本5.11%。2022年，集团党委获评“市五星级基层党组织”，城乡、公交两个支部获评“市五星级基层党组织”，浙江海洋运动中心（亚帆中心）配套道路工程1标段荣获2022年度宁波市三江交通杯优质工程奖，盛宁线茅洋至泗洲头段改建工程、象山县亚帆东路延伸段改建工程在2022年度宁波市公路水运工程标准化工地建设考评获得优秀。集团获评“浙江省规范化数字档案室”，石浦客运中心获得宁波市无废工地等荣誉。

【沿海南线海宁路至白云路段全线通车】 1月10日，象山县沿海南线南宁路至白云路拓宽改建工程全线通车。该项目位于石浦镇与527国道干线公路相衔接，全线长3.141千米，于2020年3月11日正式开工动建，工期24个月，总投资2.42亿元。项目采用一级公路标准设计，改建后路基宽度加宽，行车道由双向四车道增加为双向六车道，设计速度60千米/时。该线是石浦镇东西走廊的公路“动脉”，有力促进路域经济发展。

【岳井洋大桥及接线象山段工程开工动建】 9月30日，G527石浦至长街段（岳井洋大桥及接线）象山段工程正式开工动建，该项目计划总投资17.89亿元，按照一级公路标准设计，建设工期36个月。项目全线11.44千米，改扩建段全长3.25千米，新建段全长8.19千米，全线设计速度80千米/时，双向六车道。共设置桥梁8座，涵洞73道，分离式隧道1座。项目建设后，进一步完善象山县交通路网，促进南部沿线地区经济发展。

【象山港路至滨海大道段开工动建】 11月11日，S202省道沿海南线象山港路至滨海大道段正式开工动建，该项目计划总投资4.9亿元，路线全长5.42千米，计划工期30个月。全线按一级公路兼顾城市主干道功能标准建设，设计速度60千米/时，双向六车道。项目改建完成后，沿线区域路网进一步完善，路段通行能力和景观形象全面提升。

【茅石线拓宽改造工程通过竣工验收】 12月15日，茅石线（K17+118～K17+728段）拓宽改造工程通过竣工验收。该项目总投资3695万元，路线全长610米，于2021年3月动建，建设工期14个月。全线采用一级公路标准建设，设计速度80千米/时，双向四车道。该项目建成后，打通了沿线乡镇的交通阻梗，带动区域旅游业、物流业等快速发展。

【盛宁线茅洋至泗州头段改建工程提前通车】 12月20日，盛宁线茅洋至泗州头段改建工程提前完工顺利通车。该项目总投资2.7484亿元，全长3.52千米，该项目于2020年10月动建，计划建设工期30个月，采用一级公路标准建设，设计速度为80千米/时，双向四车道。该项目建成后，有利于促进象山县与周边的互联互通，进一步推进环蟹钳港共富样板区建设。

【90辆新能源公交车辆投入运营】 2022年，县城乡公交公司陆续投运90辆新能源公交车辆。1月16日，投运17辆至303路、305路等4条石浦公交线路，投运8辆至234路、235路。3月10日，投运40辆至201路、209路、217路等13条线路。3月23日，投运16辆至228路、385路等6条线路。4月25日，投运6辆至232路、238路等6条线路。7月1日，投运3辆至214路。大批新能源车辆的投运，极大改善县域公共交通运输环境，为居民提供安全、低碳、舒适、环保的公共交通出行。

【新开通6条公交客运线路】 结合全县居民公共出行实际，3月18日，县城乡公交公司开通2条石浦二中学生定制公交线路（石浦二中—丹城客运中心）（石浦二中—客运东站）。9月1日，县公交公司开通大目湾临时定制公交线路（十里澜山—大目湾学校），途经十里澜山、十里春风、红星紫瑞湾、大目湾学校等区域，线路总长2.5千米，便利周边人民群众日常出行。10月22日，县城乡公交公司开通312路（石浦东站—石浦科技园区），途经五新、昌国、马盘、石浦科技园区等区域，线路总长9.8千米，为石浦科技园及周边群众出行提供便捷。12月2日，县城乡公交公司开通2条定制公交线路，宁波建设工程学校至石浦东站、象山港高级技工学校至石浦东站，为学生离校、返校提供便捷。

【县汽车轮渡公司兼并吸收金高椅渡运站】 4月1日，象山金高椅渡运有限公司（曾用名：象山县高塘岛乡金高椅渡运站）正式划转至象山县汽车轮渡有限公司管理。金高椅渡运站成立于2008年12月，2019年4月被高塘乡政府收购管理，2022年4月划转至县汽车轮渡公司。公司主营管理花岙岛航线1条（金高椅渡运站—香桩码头），通过整合进一步推动高花渡航线规范化管理，带动两岸乡村振兴，显著提升花岙岛文旅服务品质。

【交运资源公司竞拍得牛屁股山石料矿】 3月23日，交运资源公司在象山县产权电子交易平台以3718.11万元拍得牛屁股山石场112.67万吨石料。2022年，交运资源公司管理矿区3座（小海山矿区、象保矿区、牛屁股山矿区），全年销售石料448.67万吨，累计营收2.93亿元。

【宁波东方蔚蓝人力资源有限公司成立】 4月29日，宁波东方蔚蓝人力资源公司成立，该公司由象山交通集团与宁波东方人力资源服务有限公司合资成立，主营人力资源服务、劳务派遣服务。公司成立开拓和完善交通集团人力服务功能，规范象山县人力资源市场，优化就业创业营商环境。

【浙江陆港建设咨询有限公司成立】 7月15日，浙江陆港建设咨询有限公司成立。该公司由县人民政府主持，县改革办、国资管理中心等多部门参与的国企混合所有制改革企业。3月30日，县人民政府常务会议（第五次）审议通过《象山交通监理、检测公司混合所有制改革实施方案》。7月15日，宁波交科设计有限公司正式更名为浙江陆港建设咨询有限公司。9月23日，浙江陆港建设咨询有限公司完成对交通监理、交通检测的股权收购工作。

【大中庄通用码头正式营运】 7月6日，大中庄通用码头通过竣工验收，码头位于象山港外干门作业区，2018年3月开工建设，2022年7月正式竣工。码头新建通用码头1座，其中包含1个5000吨级大件运输泊位和1个5000吨级杂货泊位及与后方陆域相连的两座引桥，新建5000吨级船舶乘潮双向通航航道1条，利用岸线387米，设计年通过能力61.8万吨。

【交运特来电超额完成1000个充电桩建设任务】 2022年交运特来电公司聚焦公交车辆运营及社会车辆充电需求，新建公交车辆专用充电站10座，各镇乡（街道）公共充电站89座，布设社区、景区、驿站充电桩1146个，有效提升桩位覆盖率，构建便捷的充电网络。

【10亿元绿色债券获批】 12月7日，县交通集团获得国家发展改革委10亿元绿色债券发行批文，绿色债券将于12个月内发售，用于象山县绿色低碳公共交通建设项目及补充营运资金。此笔10亿元绿色债券为象山县首笔绿色企业债券，为后续交通基础设施建设提供了强大的资金保障。

【完成2022年春运运输任务】 1月17日至2月25日，全县公交客运共投入营运车辆669辆，累计发车16.58万班次，营运里程315.31万千米，运送乘客198.84万人次。汽车轮渡公司共计投入3艘渡轮、46个车位、295个客位，累计发船2651航次，营运里程约4400.66千米，运送乘客12.99万人次，摆渡车辆4.28万辆次，其间，未发生有责上报事故，完成公共交通春运任务。

（县交通开发建设集团有限公司）

交通安全管理

【概况】 2022年，象山县公安局交通警察大队设有政工监察室、综合室、事故中队、秩序中队、车管所、公路巡逻中队等6个综合管理机构和丹城中队、石浦中队、西周中队、大徐中队、贤中队庠、爵溪中队、东陈中队、定山中队、新桥中队、鹤浦中队等10个执法勤务机构。全大队共有106人，其中民警93人、职工13人，文化程度分别为本科59人，专科35人、高中及以下12人，民警数占全局警力总数的14.67%。

2022年，县公安局交通警察大队在县委县政府和县局党委的坚强领导下，认真贯彻落实习近平新时代中国特色社会主义思想，紧紧围绕中共二十大维稳安保主线，牢牢聚焦事故预防“减量控大”工作目标，扎实开展道路交通安全隐患治理、文明城市创建、禁酒驾、“三小车”及危化品运输车整治等系列专项行动，完成春运、两会、中共二十大、国庆、全国文明城市创建测评等重大安保任务，道路交通安全形势持续稳定。全年共有19人次获得市局嘉奖、县局嘉奖等各类个人先进，7个集体获得县局集体嘉奖，1人荣立三等功。全年全县共发生亡人交通事故35起、35人，亡人数同比下降28.6%，交通安全治理工作绩效居全市前列。

【全力加强隐患排查治理】 2022年，县公安局交警大队以专委会实体化运作为契机，进一步完善落实领导干部到场制、交通隐患挂牌治理机制等制度，推动道路交通领域安全生产工作形成合力，共编发隐患整改抄告单10期，完成市级挂牌治理2处、县级挂牌治理6处，35起亡人交通事故相关领导干部均到场。以隐患道口整改及农村公路生命防护工程建设为重点，组织开展道路安全隐患排查整治专项行动，共关闭隐患道口57个，改造内轮岔路口35个，优化路口右转弯待转区58个，安装隔离护栏45千米，施划标线11万平方米，更新交通标志标牌1700套，高标准完成盛宁线郭家山隧道至贤庠镇着衣亭村样板路建设目标。

【源头严管重点车辆及驾驶人】 2022年，县公安局交警大队以“两客一危一货”、校车、农村面包车等为重点，通过“点对点”联系、“面对面”上门等措施，扎实开展车辆检验、报废、违法及驾驶人审验、换证等源头隐患清零工作。继续实行重点车辆驾驶人定期培训制度，提升安全驾驶意识，杜绝不合资质的隐患车、隐患人上路。同时，完善“一企一警”动态管理机制，不定期组织人员上门检查客运企业、危险品运输企业等重点企业的营运资质、安全制度、动态监控等方面情况，随机抽查监控记录、违法记录，实现常态化、规范化、高效化监管，推动安全主体责任落实。突出重点企业及工程车专项严管，制定下发《象山县工程车行车规范》，并将全域1981辆工程车纳入工程车监管平台进行闭环监管，同时结合企业交通安全风险画像做好检查约谈、排查整改等工作，共约谈重点企业52家，发送整改抄告单6份。

【严格管控路面交通秩序】 2022年，县公安局交警大队坚持常态严管与专项整治并重，以农村穿镇穿村道路、城区主要道路等为重点，推动全警上路，扎实开展全县交通安全集中整治、工程运输车专项整治、文明一号交通整治等系列行动，全年全县共查处各类交通违法行为21.6万起，同比上升12.1%，其中“三小车”违法16.9万余起。年初针对鹤浦、高塘岛区域事故多发实际，联合乡镇力量及派出所警力开展为期

1个月的交通安全集中整治行动，整治期间交通事故同比下降13.5%，环比下降40.0%。

【从严打击重点车辆违法】 2022年，县公安局交警大队聚焦肇事肇祸重点车辆及重点违法，分类施策实行从严打击。聚焦学生交通违法突出现象，于3月1日起在全县范围开展学生（家长接送）非机动车违法专项整治工作，并发布整治通报3期，截至目前累计查处交通违法3100余起。针对城区载客电瓶车乱象，全面摸底排查914辆次，查处闯红灯、涉酒驾驶等交通违法200余起。用好重点车辆监管平台，落实1民警、5辅警专班运作，动态监管车辆违规违法情况，并对核查问题处理情况进行追溯、倒查、通报，形成监管闭环，全年共查处重点车辆违法4623起。通过分析研判酒驾违法行为高发、易发时间及地点，按照警力跟着警情走、重点区域重点管理的原则，加大酒驾醉驾整治力度，全面筑牢道路交通事故防护网，全年共查处涉酒驾驶1354起。

【全面推进文明城市创建】 2022年，县公安局交警大队聚焦文明停车重点，完善主干道停车设施，并夯实违停专管组力量开展视频巡查、定点治理，组建“交警+城管”联合执法队，进一步强化城区主干道路清违力度，线上线下相结合强化对不文明交通违法行为的查处力度，共现场查处违法停车5.7万余起，开辟停车位995个，清拖僵尸车531辆，开车接打手机9800起。定期会同相关部门开展非机动车道违停、货运车辆超载等违法整治，共联合查处重点车辆违法1498起，拖移占道停放非机动车500余辆。以全国文明城市创建为抓手，结对130家机关单位常态开展早晚高峰联合劝导，并分级设置重点勤务岗点130个，联合县局支援警力全力奋战测评迎检，提升工作实效。

【持续优化道路交通组织】 2022年，县公安局交警大队聚焦疏堵保畅工作任务，通过民意收集及大数据研判，进一步加强城区、景区交通组织研究，合理设置单行、限行、禁行的交通管理措施，充分运用绿波调控、可变车道等智慧交通手段，改善重点路段交通微循环，确保道路安畅。同时，主动参与城市交通规划、路街建设工作，推动交管工作从末端走向前端。全年共调整绿波路段13处，优化信号灯配时方案11个，新建信号灯路口4个，完成蓬莱菜场等7个区域交通组织调整。

【扎实推进“四进”安全宣传】 2022年，县公安局交警大队以“四进”宣传为抓手，继续推动文明交通宣讲志愿者团队进村入户开展宣传，并通过喷制交通安全主题墙绘、制作老年人安全文明出行主题宣传展板等方式，进一步浓厚宣传氛围，全年共开展主题宣传750次，电影下乡1200次。高度重视宣传阵地建设，全年建设宣传阵地800个，全县355个行政村、32个社区及11个辖区重点驾驶人微信群实现交警100%入驻。

【全力打造交警媒体矩阵】 2022年，县公安局交警大队全年共有8篇媒体报道被中央级媒体录用，328篇被省市级媒体录用，589条“双微”被上级转发，并且通过宁波象山公安微信曝光台，向社会公开违法举报渠道，借力前端设备定期对重点路段进行视频巡查，加大对乱停车、车窗抛物、开车打手机等不文明现象的线上查处曝光力度，全年共发布35期，曝光789起。

【着力服务保障中心工作】 2022年，县公安局交警大队不断延伸车驾管业务服务触角，新增银行抵押业务代办点3处，建设汽车销售企业机动车登记服务站2处，123项交管业务100%实现“一次办、一网办”。深入推进电动自行车综合治理集成改革，开辟“码牌合一”社会上牌点17处，全年累计核发数字化号牌58132块，提前淘汰备案非标车辆185332辆。继续推进交通警卫队伍专业化、实战化建设，完善警卫开道、安全护卫的车辆、装备、人员等各方面保障，完成省市主要领导到象山调研、亚运安保等警卫任务13批次。

【重点突出政治建警】 2022年，县公安局交警大队持续拓展“三能”主题教育成果，利用“周二夜学”、“学习强国”学习平台等平台，强化全警党史学习、理论学习，严明政治本色。加强党支部标准化、规范化建设，严明党的组织纪律，严格执行民主集中制，确保班子风清气正、团结干事。全年共组织开展讨论学习47次。

【牢牢把握从严治警】 2022年，县公安局交警大队继续深化队伍教育整顿成果，通过实行队伍纪律作风月度通报、季度分析制度，及时处置苗头性、倾向性问题，释放有责必问、问责必严强烈信号。同时通过正反典型宣传教育，弘扬正气，教育引导民警讲纪律、肯吃苦、守底线；严格落实民警重大事项报告等制度，建立常态化的监管机制，盯死看牢民警8小时外、经济纠纷等队伍风险点，预防职务违法犯罪，着力确保队伍不出问题。全年通过开展队伍教育整顿，逐人开展自查自纠并签订《拒绝酒驾承诺书》等，排查整改各类问题19个。

【始终坚持素质强警】 2022年，县公安局交警大队领导班子严格落实“一岗双责”制度，深入推进轮值轮训、技能提升等，以交通信息科技、事故处理、执勤执法、窗口服务等领域为重点，组织开展法律法规、案件办理相关流程学习，完善办案流程移交程序、卷宗管理等各项规范，并探索建立跟班培训制度，提升全警素养水平、服务水平，全年共开展专项学习28次，参训人数达1400余人次。

（县公安局）

港　口

【概况】 2022年，全年完成水路货运量4253.4431万吨，同比增长5.04%；完成水路运输货物周转量596.4931亿吨千米，同比增长10.92%。完成水路客运量119.0137万人，同比下降7.87%。水路旅客周转量425.7373万人千米，同比下降-1.24%。全年完成港口货物吞吐量1401.83万吨，同比下降-16.06%。水运固定资产投资1.6亿元；共完成船舶营运检验101艘次、51.53万总吨，分别减少2.6%、增加5%。

【吴爱图获评交通运输部十大年度人物】 2022年5月，交通运输部举行线上视频报告会，揭晓“2021年感动交通十大年度人物”和“2021年感动交通年度特别致敬人物”。浙江省宁波市象山县汽车轮渡有限公司农村渡运公交分公司船长吴爱图荣获交通运输部“最美港航人”和中华全国总工会和交通运输部联合授予的“2021年感动交通年度特别致敬人物”荣誉称号。

【吴爱图爱心基金成立】 2022年8月4日上午，宁波市首个以道德模范个人名义建立的慈善基金——吴爱图爱心基金成立仪式在象山石浦铜钱礁农渡船码头举行。宁波市慈善总会副秘书长郭天放向吴爱图发放捐赠证书，标志着吴爱图爱心基金正式成立。吴爱图35年如一日坚守的故事被广为传颂，她先后获评“中国好人”、“最美象山人”、浙江省道德模范、宁波市道德模范等荣誉。伴随着这些荣誉的还有11万元的奖金，为了让这笔奖金发挥更大的效用，吴爱图通过港航部门联系上宁波市慈善总会，用其中的9万元成立以个人名字命名的爱心基金。这笔基金将根据吴爱图的意愿，主要用于青少年的助学纾困。剩下的2万元吴爱图捐给了石浦需要帮助的人群。

【深耕港口岸线规划】 以《宁波-舟山港总体规划》修订工作为抓手，谋划打鼓峙岛万吨级码头建设和外干门5万吨级码头方案研究。牵头编制《象山县码头布点规划》工作，统筹交通、渔业、旅游、修造船等行业码头布点，实现全县码头“一张图”。

【推动码头迭代升级】 紧扣优质岸线资源由政府开发的思路，指导大中庄、白墩、西泽港务、西泽轮渡（象山-普陀航线）等国有码头改造升级，为象山物资运输和旅游发展提供有力支持。有序推进码头国有化收储工作，黄湾塘码头完成工程可行性研究，力争2023年完成项目前期。

【服务海洋经济发展】 有序推进全县涉海项目审批工作，推动象山1号风电二期、中船海装装备园配套码头（5000吨级）和中广核涂茨海上风电等项目审批。完成南田海事工作船码头施工图评审。

【提升港口基础设施】 完成象山港主航道提升工程项目建议书及大纲编制，开展雷公山公共货运码头工可编制，开展三门湾（金七门）10万吨级航道前期研究，鹤浦5000吨级码头开工建设，鹤浦供销集团1万吨级码头完成桩基工程。

【规范行政审批提升服务效能】 开展审批事项标准化，继续推进“最多跑一次”改革。全年全县港航共办结行政许可事项和其他行政权力事552件，同比减少29%，办结率达100%、网办率达100%。

【搭建银企平台破解企业难题】 搭建银企合作平台，维持信贷稳定。对接县金融办、人民银行加强对象山海运业的金融支持力度，解决银行对海运企业抽贷、压贷问题。创新金融扶持体系，实施贷款额度及利率与企业的资质和资信挂钩制度，降低企业融资成本。在农村信用社签订支持象山航运业发展战略合作协议基础上，加强与中国银行、农业银行等金融机构的合作，拓宽融资渠道，增强企业发展后劲。2022年以来累计各类银行合计授信6亿元，发放贷款3.52亿元。

【出台扶持政策优化营商环境】 对接财政、国资等部门落实《关于印发象山县稳链纾困助企若干措施的通知》相关政策，为统筹疫情防控与经济社会发展，着力稳定产业链供应链，有效纾解企业经营困难，强化企业三服务，加强政策上门宣传，狠抓政策落地，积极做好对符合市、县政策中关于航运企业落户、新增船舶运力、扩大运输生产，以及拓展国际海运业务等四类行为的相关企业资金奖励对接宣传力度。全年累计发放各类补助资金1944.259万元，帮助企业应对疫情和外部环境影响，推动象山港航产业稳进提质。

【严格把关水运资质核查】 组织开展国内水路运输年度核查工作。现场核查28家企业，共排查并整改问题46条，对3家企业作出预警警告。联合执法稽查科、石浦分中心开展港航行业安全生产专项行动工作，严厉打击“假光租”、“假自有”及船舶管理企业“代而不管”等情况。

【提升港口码头环保水平】 联合生态环境部门开展港口码头作业扬尘监督治理，落实砂石码头喷淋、占盖等抑尘措施，开展船舶污染物接收、转运工作，检查“两桶一牌”、污染物接收、转运设施配备情况，落实船舶生活垃圾分类设施设备配备工作。建立健全企业码头防污染相关制度和台账。督促港口企业建立完善了港口防污染规章制度和操作规程，同时实施船舶港口污染物接收、转运、处置联单制度，统一标准制定了污染物接收、转运台账。注册使用长江经济带船舶水污染物联合监管与服务信息系统（移动端为“船E行”），目前全县港口企业均已注册“船E行”系统平台。

【提升行业绿色发展】 一是推进船舶岸电改造。督促航运企业强化项目实施管理，定期通报船舶改造工作进度，掌握时间节点，协调船检机构加强检验配合，保障船舶受电设施按期建成。完成岸电改造船舶25艘，累计发放国家岸电补助金1099.7万元。二是加强港口防污染设施改造提升防污能力。联合生态环境部门开展港口码头作业扬尘监督治理，落实砂石码头喷淋、占盖等抑尘措施，开展船舶污染物接收、转运工作，检查“两桶一牌”、污染物接收、转运设施配备情况，落实船舶生活垃圾分类设施设备配备工作。

【推进全县水上交通安全整治】 深化水上“打非治违”行动，结合涉港“三改一拆”“一打三整治”等活动，不定期开展海上联合执法，落实客运航线的航路清障、非客渡船非法载客和超越经营范围及超载等行为、三无砂石船违法营运、非法使用港口岸线的行为；开展违法码头、冲滩作业点“回头看”，结合长江经济带生态环境问题大排查大整改工作，对新发现贤庠镇、象山港南岸后华山冲滩点设置监控设备，落实限高、宽等物防措施，及时消除隐患。督促有关镇乡街道建立“网格”机制，提高日常巡查频率，做好视频监控，防止违法行为“回潮”现象发生。联合渔政、公安、海事开展旅游旺季节假日海上联合巡查，现场制止非法客运以及超载现象。加强客渡运码头高峰期间的现场管理，保持客渡运秩序稳定。

【港口领域安全】 根据港航行业安全生产三年行动计划部署，全面推进港口企业安全生产风险管控工作，完成辖区25家港口企业风险评估工作，联合相关科室落实8家港口危货企业特殊作业是视屏管控或“双监火员”制，完成辖区压力管道到期检验工作，组织开展全县27座普货码头质量检测评估情况排查摸底工作，并确保符合要求。开展港口危货储罐专项整治，督促企业对11个储罐开展第三方定期检测。全领域开展月度安全隐患企业自查自纠，上报523家次，隐患391项，企业隐患自查纠、自报率、整改率达到100%。完成远东燃料码头和昌兴能源码头2项市级挂牌重大风险整改，严格按照整改要求，督促企业确定整改责任人、制定方案，落实整改期间管控措施，限期完成整改闭环。

【现场巡查监管打非治违】 出动检查295人次，累计巡查岸线7000余千米，对发现违规超能力靠泊作业的码头和航道内违规倾倒泥土砂石等违法行为，进行严格执法，全年办结行政执法案件4件，共处罚款12万元。纠正航道、航路违规养殖、停泊问题14起。

（象山县港航管理中心　史景佳）

海　关

【概况】 象山海关管辖范围为象山县行政区域，承担辖区内各项海关管理工作，业务类型覆盖海关统计、征税、稽核查、检验检疫等职能，具有食用水生动物、农产品、水产品等进出口特色业务，业务门类齐全，设石浦新港码头1个海关监管点。

2022年，象山海关以习近平新时代中国特色社会主义思想为指导，全面贯彻落实中共二十大精神，为加快建设社会主义现代化海关贡献力量。全年审核进出口报关单1937份，货值14.4亿元，征收税款4554.1万元；出具检验检疫证书418份；签发各类原产地证书5427份，金额4.1亿美元；办理加工贸易电子化手册备案60本；完成企业稽查13家。

【政治建设】 2022年，象山海关坚持以中共二十大精神凝聚共识，把学习贯彻中共二十大精神作为当前和今后的首要政治政务。明确12项工作部署，采取中共二十大标语上墙、电视滚屏播放等形式营造浓厚学习氛围；通过专题学习会、邀请关领导宣讲、主题党日等形式开展学习研讨30余次、宣讲20余次；党员干部人人撰写心得体会，发挥工、团、青、妇联学联促作用，组织拍摄“8090”宣讲视频2个。

【业务建设】 2022年，象山海关有注册企业1582家，同比（下同）增长11.9%；审核报关单1937票，同比下降4.5%；监管进出口货物7.6万吨、货值14.4亿元，分别增长7.3%、23.8%；税收入库4554.1万元，增长77.9%。

【综合保障】 2022年，象山海关开展节能减排及民生改善工作。更换漏水卫浴装置11套，安装草坪地埋式旋转喷头86个，对办公大楼玻璃幕墙进行防紫外线和隔热贴膜1157平方米，购置新能源汽车充电装置1套，加强生活垃圾强制分类工作，节约能源资源。改造升级餐厅，“拆一堵墙”“平一个顶”“开一扇窗”“挂一个屏”，提升用餐环境，丰富菜品供应，减少食品损耗。挑选优质商品，定期开展团购活动，满足干部职工个性化需求。强化安防保障，系统升级监控存储，科学布局监控点位，拆除原有布局不符合项，规范安装智能门岗系统，提高安全系数。

【队伍建设】 2022年，象山海关持续推进“三实”作风建设，强化思想淬炼，突出准军事化海关纪律部队政治素质培养，党委书记与全关干部“一对一”谈心谈话全覆盖。深化“强基提质工程”，规范健全组织生活制度，加强对各支部的工作指导，1篇主题党日活动案例获评宁波市直机关工委“红点案例”。开展党员发展梯队建设工作，全年发展入党积极分子3人，预备党员转正1人，监管一科监管二科联合党支部党建品牌“东海先锋”获动植检处结对指导。

【“枫桥经验”示范点创建】 2022年，象山海关围绕海关法治建设实践，全面创建“枫象标”品牌。通过打造问题清零机制，畅通企业诉求平台，解决危急事件，把矛盾化解在源头，帮助辖区企业解决急难愁盼问题50余个，开展政策宣传53次，解答企业业务咨询242次，解决口岸危急事件4起，转运各类需紧急下船就医船员9名，获得各企业赠送的锦旗3面和感谢信2封，打造海关矛盾调解新“枫”景。

【保通稳链助企纾困】 2022年，象山海关制定《象山海关2022年重点走访企业名录》，利用“提示单+督办单”实现问题清零，针对性解决企业急难愁盼问题；助力辖区发挥“人无我有”的外贸特色，支持特色业务如“红美人”柑橘、活鱼、帝王蟹等进出口产品发展；释放减税降费红利，推行“互联网+政务服务”模式，完成减免税审核确认43份，减免税款1796.8万元。全年，象山口岸贸易额14.4亿元，同比增长23.8%；象山县贸易额230.7亿元，同比增长18.1%。

【助力航运公司二手船舶出口】 2022年6月中旬，象山某企业出口二手船舶，因象山口岸新港码头受泊位水深限制无法停靠交付。象山海关特事特办，在船舶无法靠泊的客观条件下，允许其在码头附近停泊完成交付，并快速完成企业船舶报关手续。6月29日，企业通过光租形式出口的载重12105吨多用途船“吉航27/KCR1”轮实现本地交付并离港。

【跨省保税深加工结转船舶出口】 2022年8月11日，嵊泗县北鼎星船舶修造有限公司加工贸易手册项下成品1.2万吨散货船申报出口。该手册进口料件是2021年来自江苏省的半成品船，为宁波市首例船舶深加工跨省结转进口业务。象山海关在保税监管过程中，先后完成料件补税、外发加工、保函延期等各项业务环节。该船出口后，对应加工贸易手册在2022年9月2日完成结案。

【RCEP实施工作】 2022年，象山海关签发RCEP原产地证书1160份，货值约5亿元，出口货物享受进口国关税减让约500万元。培育符合条件的AEO高级认证企业，目前辖区2家企业获得RCEP项下经核准出口商资格。实施“智能审核”“自助打印”“邮寄签证”“RCEP绿色通道服务专窗”等措施，支持企业线上快速办理原产地业务。

【处置1起船员意外死亡事件】 2022年7月下旬，某远洋渔业有限公司所属远洋渔船报告有1名中国籍船员疑似心源性猝死。接报后，象山海关与梅山海关联合行动，制定登临检疫方案。该轮靠泊后，检疫人员对死亡船员尸体、棺柩进行检疫排查，初步排除传染病风险；对船上其余换班下船船员开展体温监测、医学巡查和采样送检等工作，并配合地方联防联控部门开展后续处置工作。

【救治撞船事故受伤船员】 2022年8月7日，象山海关接到象山县海港防疫领导小组办公室通报，7日凌晨象山海域“兴航489”中国籍船舶与外轮“海陆寅虎”号安提瓜和巴布达籍轮船发生碰撞沉没，“兴航489”号船上4人全部被外轮“海陆寅虎”救起，其中3名船员受伤。象山海关与梅山海关共同制定受伤船员紧急救治方案。8日凌晨2点半，梅山海关对船舶及船员进行相关检疫排查，3名受伤船员于8日凌晨由“120”转运医院救治。

【宁波口岸首批活帝王蟹进境】 2022年，象山海关优化进口鲜活类货物通关方案，在准入要求、备案管理、检疫审批、通关流程等方面对企业进行指导。利用“线上+线下”的方式，实现“随到随备”“即报即批”。设立绿色通道，采取提前验证、即到即查等措施确保鲜活产品“零等待”“零滞留”。7月28日，宁波首批活体帝王蟹在象山石浦进境，计16吨，货值411.74万元。

【浙江首个三文鱼卵指定隔离检疫场所建成】 2022年，象山海关协助企业建立三文鱼卵指定隔离检疫场所“重点建设清单”，解决问题14个。对标国际先进防疫、生产设施标准，指导企业科学建设隔离场所。对企业资质进行审核，开展检疫审批工作。2月23日，该指定隔离检疫场所通过宁波海关进出境动物指定隔离检疫场考核。全年该隔离检疫场隔离进口三文鱼卵4批次，总计140万粒。

【精准普法助推象山“红美人”柑橘出口】 2022年，象山海关深入学习贯彻习近平法治思想，持续加大海关法治宣传教育工作力度，结合“我为群众办实事”实践活动，聚焦辖区“红美人”柑橘出口瓶颈，依托“两张清单”“三段普法”，逐一消解企业堵点、难点问题，为企业发展提供法治保障，最终促成“红美人”柑橘远销海外，为实现宁波地区高质量发展，建设共同富裕先行市注入了新的活力，相关普法案例获评宁波海关十佳普法创新案例。

【自主查发快速办理案件】 2022年，象山海关稽查查发宁波某环保科技有限公司漏报相关海运费案。经被稽查人申请，并根据相关规定，后续由稽查部门按快速办理案件程序处理。该起案件是自《海关稽查部门办理自主查发的简易程序案件、快速办理案件操作办法》（署企发〔2021〕123号）发布后，象山海关第一起海关稽查部门自主查发的快速办理案件。

【捍卫“两个确立”、做到“两个维护”、强化政治机关建设专项教育活动】 2022年，象山海关将专项教育活动和“学习研讨、查摆问题、改进提高”专项工作统筹开展，成立领导小组，制定4个工作方案，包含6个活动步骤22项具体任务。党委委员带头讲授强化政治机关建设专题党课3次，依托“三会一课”、主题党日等组织专题学习50余次，举办“增强敏感性强化责任担当提高纪律意识”等专题大讨论3次，举办应知应会闭卷测试1次，累计梳理政治要求54项，查找问题12个，制定整改措施37条，完成整改100%，撰写专项教育活动相关案例1个、简报2篇，获宁波机关党建网站录用1篇。

（象山海关　钱铸锴、王明琪、林燕、闫玉宵、周成林、黄蔚、王岗、闫起瑞、华虎、倪文晓）

海　事

【概况】 2022年，象山海事处全年保障旅客运输102万人次，国内船舶进出港2.5万艘次，开展巡航1982艘次，同比增长127%，检查船舶5069艘次，安检285艘次，滞留31艘次，同比增长93.75%。查处行政违法案件558起，处罚金额1376万元。发生险情45起，成功救助 43 人,搜救成功率 97.73%。发生商渔碰撞事故 3 起,均为小事故,死亡失踪 1 人。

【通航格局转变】 深挖“VTS+海巡艇”执法潜能,建立“指挥中心—海事处—执法大队”三级信息运转机制,有效提升执法效能和精准性。创新锚泊待查工作机制,对不入轨和可疑商船实施叫停锚泊警示或检查,商船航路入轨率跃升至 98%,宁波籍商船入轨率达 100%。科学协调“海巡 22”等主力船艇值守,通过船岸联动、高效协同,险情事故处置时间缩短 30%。实施《航路巡航工作指南》《巡航一日工作法》等工作制度,细化巡航执法颗粒度,提升实效性。

【商渔共治强化】 联合地方渔业部门,针对航路内多次碍航捕捞、套用商船 AIS 和一船多码的渔船,畅通“联合执法+通报”的整治举措,形成商渔安全监管合力。抓住渔船集中回港“窗口期”,联合渔业部门对重点渔船登轮开展“释法明理”警示教育,实现“港海”执法教育无死角全覆盖。共计通报疑似套用商船 AIS 和九位码渔船 56 艘,累计教育渔船 85 艘次。

【客渡运安全监管】 深化落实客渡运“斑马线”、预警预控接收等机制,成功推动金高椅渡口旅客实名制,推动“象农渡 5”“红大 2 号”“渔光曲 2 号”3 条老旧客船淘汰,推动晓湾—鹤浦航线撤销。通过开展“船员素质提升月”“渡工夜校”等,显著提高客渡运公司安全管理水平和船员实操业务技能。

【两船整治】 通过错时检查、远距离蹲守等非常规工作法,有效打击“三无”船舶与非法涉海运输内河船。畅通港航、渔政“三无”船舶信息共享互通机制,通过联合巡航留滞“三无”渔业辅助船舶 10 艘,督促拆解 3 艘,纳归 7 艘,打造“三无”船整治示范区。瞄准东西屿山、南韭山、渔山等高发地高频次值守巡查,成功查处内河船 6 艘,立案 45 起,罚款 356 万余元,持续震慑内河船非法涉海运输。

【深化智慧海事建设】 全面集成深蓝智享、智控平台、CCTV 等感知信息网络,实现值班室“看得见、叫得通、调得动、控得住”。形成象山“一处全景”整体框架,海事数据服务进入全方位、深层次、精细化时代。协同宁波通信中心开展白礁水道、环石浦港水域 VHF、AIS 信号问题排查,织密船舶动态信息网。县海上搜救中心体系化运行,成功组织象山县海上搜救中心 2022 年度第一次成员单位会议,应急处置工作获得广泛认可。参与协调成功救助 4 名渔山外海坠海船员获时任交通部副部长赵冲久、时任浙江省副省长高兴夫的充分肯定。

【综合执法力度与规范性双提升】 升级“即时执法答疑”模式,制度化更新执法答疑清单,统一执法标准和尺度。通过说理式执法,开展轻微免罚、首违不罚 23 起。通过问题红黄码督办、自查小队等创新做法,扩展覆盖重点专项行动,累计检查执法音视频超 2 万条,实现队伍执行力和执法规范性“双提升”。创建“象上+”法制帮帮团,开展“海事普法行”专题普法服务,发布以案释法 6 篇,获得超过 2 万点击量。

【协同共治格局构建】 推进水上安全监管事业一体化融合发展,推动制定《象山县涉海涉渔安全整治行动方案》,构建“联防、联动、联管、共享”的海上安全监管共治新格局。深化宁波市执法扣押船舶规范化管理,船舶锚泊、冲滩程序得到优化。瞄准南韭山、渔山等习惯锚地,以及渔船进出港和商船航路交汇区等重点水域,高频次开展联合巡航执法。细化刑行衔接标准,向公安、海警等司法部门开展人员移送 15 人次。

【修造船舶片区协同管理】 落实订单式专项护航方案,保障包括中国最大浮运平台“天河长龙-南方号”等 18 艘次新建船舶(平台)交付离港。服务保障首艘 700 吨半潜式全回转起重船顺利下水,助推象山县水上特种船舶制造实现“零”的突破。

【保障重大水工建设】 构建重大水工项目全过程服务保障机制,从船、人、工等三方面完善施工安全标准,有力保障国电风电二期、涂茨海上风电等重大水工项目安全高效开工建设。通过船舶动态、人员动态、施工进度“三清单”,实现水工项目全程动态掌握,无证进场、配员不足等“带病”施工现象得到杜绝。创新实施《水工运维船运营安全管控工作指南》,有效填补海洋新业态产业管理制度空白。

【保障国际海鲜贸易安全畅通】 针对海鲜国际贸易运输需求,强化与海关、边检、浙台经贸合作区等沟通交流,加强国际海鲜运输进出港全程安全指导,优化进出港方案和疫情防控措施。通过现场保障和数字化管理方式,为船舶提供有效交通组织服务,确保船舶进出港作业安全。2022 年,海事部门共保障 46 艘次鲜活运输船舶进出口,吞吐量超 2 万吨,进出口贸易额超 3.4 亿元人民币。

【船籍港管理】 指导辖区航运企业扎实推进船舶安全管理“七项制度”建设,服务 4 家公司、10 艘船舶顺利取得安全管理体系资质。开展象山籍“外挂”船舶专项整治行动,11 艘象山籍“外挂”船回船籍港实施安全管理,回港率达 73%。把好“临期验证”关,强化不符合项过程跟踪,扎实做好问题整改的“后半篇文章”。

(象山海事处)

邮电·信息

邮 政

【概况】 2022年，象山县分公司坚持以习近平新时代中国特色社会主义思想为指导，贯彻落实集团公司、省市分公司决策部署，以高质量发展为主题，以模块模板化为路径，以创新变革为动力，以市场经营为龙头，夯实管理之基，着力构筑象山邮政发展“四梁”业务，取得了积极进展。实现业务总收入8208万元，同比增长9.36%，完成率高于全市平均。在全县18个乡镇共设有24个邮政普遍服务营业网点，覆盖率达100%、四项开办率100%；全县355个建制村100%实现通邮。县级党政机关《人民日报》当日见报率100%。实现机要通信无失密丢损。象山县邮政分公司普服团队被省邮政分公司评为2022年度普遍服务工作先进团队之一。

【《壬寅年》生肖虎票发行】 1月5日，《壬寅年》特种邮票正式开售。《壬寅年》特种邮票是中国生肖邮票第四轮中的第七套，由我国著名画家冯大中设计，其艺术作品以画虎闻名。该套邮票延续了第四轮生肖邮票的设计理念，面值2.40元，一套两枚，分别名为“国运昌隆”“虎蕴吉祥”，诠释“国”与“家”的概念。象山县邮政分公司在靖南邮政所举行《壬寅年》特种邮票首发活动，并新增线上直播寄售渠道。

【提供免费收寄服务】 为进一步助力乡村振兴，关心关爱儿童成长，象山县团委发起“青年与海·‘象’往的开学礼物”筑梦接力活动，为四川省凉山州彝族自治州雷波县西宁镇中心校56名困难学生送去衣服、文具等爱心物资。象山县邮政分公司积极响应，象山县邮政分公司团委收到来自象山县快递物流行业团委的信息后立即做出响应，8月19日，组织安排人员进行上门揽收，为此次爱心活动提供免费收寄服务。

【参观南京物流集散中心】 9月8—9日，象山县邮政分公司组织象山柑橘联盟会员一行22人，参观位于南京的中国邮政自营航空机场。

【西周营业所重装开业】 8月30日，西周营业所重装开业，县分公司葛蒋伟副总经理（主持工作）、徐鸣豪副总经理出席并为网点剪彩揭牌。

【安全生产检查】 9月27日，象山县邮政分公司分管安全副总经理徐鸣豪对石浦经营部进行国庆节前和中共二十大期间安全生产暨邮政生产作业场所安全检查，确保在国庆节和中共二十大期间网点生产作业平稳有序地进行。

【与县商贸集团达成战略合作意向】 10月26日，象山县邮政分公司副总经理葛蒋伟（主持工作）携市场营销部、寄递市场部负责人拜访县商贸集团，与县商贸集团董事长徐展群、罗浩波部长及象鲜供应链有限公司总经理王善成开展交流，并达成战略合作意向。

【参加县助农帮扶工作座谈会】 10月27日，为更好推进乡村振兴工作，象山县邮政分公司应邀参加象山县助农帮扶工作座谈会。县发改局、交通运输局、农业农村局、商务局、邮政公司、供销联社及相关乡镇负责人参加会议。会议就推进共同富裕样板县工作，整合助农帮扶中的产业链、运输链、资金链相关资源整合进行交流。

【南郊、建设路营业所重装开业】 11月8日，南郊营业所、建设路营业所重装开业，县分公司葛蒋伟副总经理（主持工作）、县分公司徐鸣豪副总经理分别出席并为网点剪彩揭牌。开业当天，厅堂内客户络绎不绝。

【开展“双十一”帮扶】 11月11日，象山县邮政分公司与邮储银行象山支行联合组织党员志愿者到处理中心参与“双十一”帮扶。处理场地快递堆积如山，出口件还在一车一车地运来，党员志愿者们动作麻利，分拣装卸、验视敲章，大家分工合作，极大分担了现场处理压力。寄递事业部副总经理胡纪德到现场指挥并参与分拣，与大家一起奋战一线。

【加快三级物流体系建设】 在偏远地区泗洲头镇、墙头镇、下山部队和4805工厂开展邮快合作，全年累计代投41.58万件。与县交通运输局和县邮管局就交邮合作、建设“共富驿站”等方面达成基本共识。

【绿色邮政建设有序推进】 全县24个邮政网点已全部推广使用1~6号新标准包装箱（轻装箱）、1~4号免胶带包装箱（易封箱）和45毫米窄胶带，免胶带包装箱比例达到10%的考核要求，营业网点全部使用一联电子面单。全县所有邮政营业网点、揽投部均设置了包装废弃物回收装置，营造“绿色用邮，人人有为"的良好氛围。

（县邮政局 谢佳纹）

电 信

【概况】 中国电信象山分公司成立于1998年9月1日，截至2022年底，全局拥有支局11家，13家自办营业厅，电信用户约14.2万户。

2022年象山分公司认真贯彻习近平新时代中国特色社会主义思想，深入学习宣传贯彻中共二十大精神，认真落实党建工作责任制，进一步加强组织建设。中国电信象山分公司积极响应县政府号召，做好亚运的各项筹备工作，全面助力象山县数字化改革，现代化滨海城市建设，积极配合未来乡村建设工作及灵雅舍村结对帮扶工作，在瞬息万变的大数据时代为县域经济健康发展、社会和谐稳定贡献力量。截至12月，分公司累计完成年度收入98%；不断扩大和完善5G网络覆盖，实现主城区和各乡镇机关单位、大型工业园区、主要道路、商场、居民区5G网络基本全覆盖；累计建成数字乡村平台60多个。对部分员工岗位进行调整使前端岗位占比达到81%，全口径客触岗在岗率为81.82%。

【网络双提升】 2022年共新建65个5G基站，12个4G基站，关停102个CDMA2G基站，完成TOP小区及楼宇室分整改54个，新开通室分12个，完成与联通4G共建共享基站63个；推进三千光网小区的改造和建设；对10个机房进行升级改造，更新旧设备，提升用户上网体验。

【完成新桥邮电所转型升级】 顺利完成联营站新桥邮电所的转型升级工作，成立新桥支局扩大服务辐射区域，提升农村支局的综合实力。

【定塘镇灵雅舍村数字化技术试点】 主动对接定塘镇灵雅舍村深入实地勘查，对村级通信线路进行全面整改，上门开展国庆电瓶车置换活动，建设村级监控，签订智慧平安乡村战略合作协议，搭建智慧党建、智慧产业、整体情况、平安监控4个场景。通过更大范围地整合资源，全面助力乡村治理数字化和村民生活智慧化，真正实现"千村千面、一村一品"的构想。

【刘小忠到象山调研指导】 5月26日至27日，省公司刘小忠副总经理携工会、云网运营部、人力资源部相关人员赴象山分公司调研指导，与象山分公司领导班子座谈交流，并深入石浦支局、定山支局调研指导，到象山亚帆中心参观指导、察看机房设备运行情况，详细了解通信保障工作。调研期间，刘小忠与象山县委书记包朝阳，双方就服务支撑政府数字化改革、数字化手段助力疫情防控、电信落实央企责任担当等方面进行了深入沟通交流。宁波分公司徐伟斌总经理、象山分公司李锦总经理等陪同调研。

【高层楼宇安全隐患排查】 9月19日召开总经理办公会议，成立专项工作小组和日常工作团队，对楼宇安全隐患工作进行专题部署，对各部门、管理站、支局的安全隐患点逐一排查，形成消防安全隐患排查表（一楼一表），结合国庆和中共二十大重要会议前夕综合检查、通信网络保障工作、高层建筑和重要楼宇消防隐患排查整治专项行动和网信安季度检查等工作，对建筑外立面的灭火救援窗、灭火救援破拆口、防火门改造、楼内吸烟及携带打火机等易燃物品、独立蓄电池室未采用防爆灯具、防火封堵不规范、发电机房、储油室、电力电池室通风设施不符合规定等进行整改，建立长效机制落实楼宇安全责任制，组织员工开展消防培训及应急疏散演练，熟练掌握灭火器的使用。

【重要会议保障值班】 中共二十大期间，按照省市公司"统一领导、分级负责、属地为主、协同联动"的工作原则，实现全程全网通信保障工作全覆盖。中共二十大召开期间成立专班保障小组，启动应急值班值守制度，执行7×24小时监控值守，为中共二十大通信保驾护航。

【中秋慰问老干部】 在中秋、国庆双节即将到来之际，象山分公司领导班子分批走访慰问了退休老领导，向退休老领导汇报公司发展情况，询问了解他们的生活、健康等情况，感谢他们为象山电信的发展做出的重要贡献。

【潘清艺到象山分公司调研指导】 11月2—3日，省公司党委委员、纪委书记潘清艺到宁波象山分公司调研，开展安全生产监督检查，同时参加宁波客户支撑中心党支部中共二十大精神学习交流会并讲授全面从严治党党课。宁波分公司党委委员、纪委书记陈斌同志陪同调研。

【收到定塘镇政府的感谢信】 2022年的结对帮扶工作已接近尾声，中国电信象山分公司持续发挥央企的社会责任担当，积极响应国家乡村振兴战略，充分发挥自身企业优势，开展防范通信诈骗宣讲、文明城市创建和垃圾分类知识培训赋能，以及"六一"国际儿童节、端午、中秋等节日专题活动。优化乡村网络覆盖，升级推进"美丽乡村2.0"，帮助灵雅舍村进行数字化平台建设。并持续关爱低收入农户，多次深入现场看望、慰问困难党员和群众，带去电信的温暖。

（电信象山分公司）

移动通信

【概况】 2022年是中共二十大召开之年，在象山县委、县政府和上级公司坚强领导下，中国移动象山分公司坚持以习近平新时代中国特色社会主义思想为指导，全面贯彻落实中共二十大精神，围绕"海洋强县、美丽富民，都市融入、变革驱动"战略，为象山县社会经济发展及公司加快数字化转型、创高水平"力量大厦"做出了一定的成绩。

【"助企开门红"调研服务座谈会】 2月10日上午，宁波市通信管理局至象山分公司组织召开"助企开门红"调研服务座谈会，浙江省通信管理局党组成员、宁波市通信管理局局长干萌出席。实地走访了象山分公司营业厅、机房等，了解了移动通信服务和安全工作。

【保障央视最美亚运场馆评选】 为做好最美亚运场馆评选工作，象山分公司在接到相关部门通知后，分公司第一时间组织现场点位确认，县市联动协同市公司完成方案确认及设备采购。为抢时间进度确保后续调试留出空间杭州设备自提，同时确定路由保证网络数据开通，集客和传输各司其职、加班加点完成设备安装调试及网络双路由保障。短短3天时间，在各方的努力下，分公司将保障工作于3月27日晚交付省公司。

【帮助高泥村数字化建设受到肯定】 4月28日，省级政府领导到宁波象山黄避岙乡高泥村调研，考察基层治理和美丽乡村建设。重点参观大黄鱼网箱养殖基地、居家养老服务站以及黄鱼馆。对高泥村的村容村貌提升，和由分公司承建的数字乡村平台建设情况给予肯定，也对高泥村乡村振兴、共同富裕蓝图做出规划。

【5G快直播】 为了让小朋友们更深入了解象山特产白鹅的成长故事，6月1日，象山分公司联合象山县农业农村局畜牧兽医总站在总站实验室安装高清摄像头，并基于5G网络携手宁波晚报开展直播，用"快信号""慢讲述"小鹅破壳而出的生命过程。短短一天的时间，直播间浏览量达16万人次。

【联合举办防范电信诈骗专题线上直播讲座】 6月17日，象山分公司联合象山县公安局、县科协举办"全民反诈，你我共防"——防范电信诈骗专题线上直播讲座，为广大网友上了一堂生动有趣的"反诈线上直播课"，全程"干货满满"。收获点赞超1.5万次。不少网友纷纷留言，通过学习反诈防诈知识，增强了电信诈骗鉴别和自我保护能力，同时也会将学到的知识传播给身边的亲朋好友，守好自己的"钱袋子"。

【公司综合大楼奠基仪式举行】 7月8日，中国移动象山分公司综合大楼奠基仪式举行，象山常务副县长高岷，公司总经理徐孟强，象山县政府、公司以及建设单位相关人员参加。

【移动通信智建"未来菜场"】 8月3日，象山分公司与县商贸集团签订"互联网+未来菜场"战略合作协议。依托基于5G网络、千兆宽带、双千兆基座的网络底座，赋能当地城东采场、中心菜场改造"未来菜场"建设，在打造信息化大屏、5G+AI智能监控的基础上，进一步打造智能化、云端化"未来菜场"，通过不断拓展网络直播、数据采集、未来支付、文化培育提升等应用场景化改造，逐步推动"数字菜场"向"未来菜场"的迭代升级，不仅实现客户通过手机App可以直接轻松订购，同时通过云上宣传，有效提升象山县农、渔、林各类副产品在三长角地区乃至全国各地的影响力。

【台风应急保障】 9月2日，象山县启动防台Ⅳ级应急响应，象山分公司严阵以待、积极备战，完成在建工程、分纤箱关门等隐患点巡检，做好基站房屋、门窗防水防漏、杆路扶正等隐患整治工作，落实应急物资储备和检查，全面做好防汛防台各项保障准备工作。3天内，象山分公司共出动抢修197人次、抢修车辆103辆次，累计发送应急预警短信5.3万条。

【开渔节开船仪式通信保障及线上直播】 9月16日，象山分公司按时间进程，将开渔节保障工作细化为多个阶段开展，依据前期信息的及时获取及坚实的网络基础，通过扩容、新建开通的方式，开通11个临时小区。同时与象山县供销合作社开展合作洽谈，通过浙江移动小程序对该活动进行全国范围的线上直播宣传，2小时累计观看5万人次。直播效果得到县开渔节组委会一致好评。

【网络帮扶助农直播带货】 11月2日下午，象山分公司协同县商贸集团开展"象爱先行　情传雷波"雷波农产品直播活动，助力对口协作地区的优质绿色农特产品销售。活动现场，工作人员纷纷化身爱心体验官，热情地为市民"种草"带货，此次活动以"产品+文化+品牌+体验+互联网"的精准帮销模式，助力协作地区农产品销售，直播活动引来了1.6万名观众的围观，为雷波县的乡村振兴注入了新元素、新机遇。

数字化改革

【概况】 县大数据中心在县委、县政府的正确领导下和兄弟部门的鼎力支持下，牢记数改苛求、领导要求、百姓需求、自己追求"四大情怀"，坚持需求、问题、效果、价值"四大导向"，克服财力、人力、实力、权力"四大压力"，实施追跑、跟跑、赛跑、领跑"四大方略"，努力实现实用、实战、实效、实力"四大目标"。在2022年半年度考核中，中心首次进入全省第一梯队，位列全省第14、全市第2；受县府办委托、中心主抓的数字政府位列全省第三、全市第一。

【"五个一"推进公共数据平台建设首进全省第一梯队】 2022年以来，围绕指标细化、应急治理、数据共享、特色应用和项目管理五大方面，有力推动公共数据平台建设。7月7日，全省2022年上半年市县一体化智能化公共数据平台综合评价结果公布，象山首次进入全省第一梯队，居全省第14位、全市第2位。一是"一盘棋"细化考核指标。聚焦项目统筹、项目绩效、资源共建共享、疫情精密指控等28项评价指标，坚持向上对接和查漏补缺并重。截至年底，28项评价指标均层层落实至科室和责任人，开展问题研判10余次。二是"一股劲"加强应急治理。截至年底，已开发防疫小程序9个、防汛应用12个。三是"一张网"实现数据共享。完善数据共享保障机制，建成县数据共享平台，提供数据实时便捷服务。截至年底，数据共享接口调用量达0.19亿条,向省、市平台申请批量数据目录360类6210万条。四是"一本账"丰富特色应用。统筹应用开发,复用组件模块,建成县应用平台,推进特色应用集约建设、互联互通、协同联动。打通县级渔业信息、智慧水利等应用平台145个。五是"一条心"统筹项目管理。引入浙江万象云大数据科技有限公司进行总集服务,形成评审、跟踪、支付、数据验收和绩效评价项目闭环管理。截至目前,评审通过项目15个,节约信息化财政资金5300余万元。循环利用机制。完善数据共享保障机制,相继出台《象山县政府信息化建设项目评审管理工作细则》《象山县公共数据管理办法》《象山县公共数据安全管理暂行管理》。

【"未来菜场"入选国家新型信息消费示范项目】 2022年7月29日,工业和信息化部公布2022年新型信息消费示范项目遴选结果,全国151个项目入选,象山"未来菜场综合管理平台"项目入选。2022年,新型信息消费示范项目聚焦"信息消费+乡村振兴""信息消费体验中心""新型信息消费产品与服务"3个方向9个领域,旨在通过示范引领,进一步释放信息消费潜力,推动信息消费扩大和升级。作为浙江省数字经济"新业态"优秀案例,象山"未来菜场"项目以中心菜市场为试点,通过5G无线交互、大数据分析、AI算法、智能秤数据采集、视频监控等技术,推动实现农贸商品交易向网络化、智能化、社区化发展,并探索农贸商品交易数据在政府职能履行、民生利益保障、经济发展助力等方面的应用。

【"数字孪生渔港"破解渔业安全监管难题】 自2022年以来,象山县立足海洋渔业特色,强化"应用+大脑"支撑,打造"数字孪生渔港",破解了传统手段下无法解决的"看不见""分不清""管不好"等难题。一是运用动态感知+数字孪生,预防"看不见"的风险。在沿海岸线区域安装了13个AIS基站,全面获取象山全域周边15海里的船只信息。创造性地提出运用"基础信息+海上动态"的数字孪生建模思路,以最小成本代价实现船只、洋面的三维模拟可视化,迭代升级水下障碍物数据库,完善船载设备智能预警应用,为打造无延时感知、高智能联动的海上船只驾驶安全辅助系统提供了全新的技术方向。截至年底,该应用日均监测船只1万余艘次,下线定位准确率达100%,累计监测发现20类1.3万个水下障碍物,发送避障预警500万次以上。二是借力算法识别+数据分析,破解"分不清"的难题。探索构建AIS信号分析算法,以最低成本打造一船多码库,多途径、互补式核查本地船只底数,有效杜绝船只异地挂靠行为。积极探索构建网位仪识别算法,通过对不明信号的轨迹数据、漂移时速等数据进行长期积累和分析,将网位仪信号与渔船AIS信号区分开来,显著提升商渔船碰撞预警可靠性。全面梳理影响渔船适航的11大指标和影响渔民适任的7大指标,在全国首创适航指数、适任指数两个算法模型,精准发现问题船和问题人,并实施三色分类管理机制。截至年底,筛选出优良船只2159艘,合格船只769艘,安全隐患发现率达55%以上;累计识别一船多码信号651条,识别周边海域存在的网位仪5257个,识别率达90%以上。三是着眼机制重塑+数智赋能,根除"管不好"的困境。出台《象山县渔船适航及船员适任指数管理办法》,根据渔船适航指数和船员适任指数动态变化情况,将渔业安全监管模式由"普查式"转为"聚焦式",变"船主被动申报"为"大脑主动研判",创新构建海上120应用,实现医院对海上伤员的远程救助指导,同时配备技校专家提供船上设备紧急排障服务,提高海上故障救助效率。着力打造渔船进出港报备系统,累计为2931艘渔船和31555名船员建立全周期档案,摸清进出港人、船底数,提升港口智能化、精细化管理水平。截至年底,已累计报告进出港渔船40余万次,报告率达98%;出海救助42次,救治船员38人。

【IRS特色专题库赋能黄鱼养殖发展】 自2022年以来,象山谋划未来渔村场景,通过IRS搜索查询与象山相关的海洋养殖产业数据,融合本地数据打造渔业产业专题库,通过数字化加速产业链和创新链融合发展、相互促进,利用新一代信息技术推动产业数字化转型由"平台赋能"逐步向"生态构建"跃升,实现资源要素的高效配置和经济社会的高效协同。回流省市数据10个大类372万条数据(含省海洋与渔业局用海预审意见、省海洋与渔业局水域滩涂养殖证、省海洋与渔业海洋工程建设项目环境影响报告、海洋渔业企业生产情况信息、渔业增加值信息、渔业增加值(季度)信息、海洋与渔业领域行政处罚信息查询、海洋功能区划信息、涉水产品处罚信息、涉水产品生产企业经营单位监测信息,同县级等多部门融合7类数据289个数据项113.9万条(含气象预警信号发布信息、潮位预报数据、地图资源信息、水质数据、水产品进出口额信息、水产苗种生产许可、鱼物价信息等),自有数据采集6类(含高泥村基本情况、养殖户信息、渔业部门养殖产业数据、村属加工企业信息、视频数据、历史产销数据等),打造县数据仓—乡镇数据仓,通过数据融合、挖掘、数据质量治理形成渔业产业专题库,通过数据清洗、比对、建模形成价格智能监测分析模型、病害智能预测分析模型、产量智能预估模型、网箱破损监测模型共4类分析模型,支撑未来渔村—象山大黄鱼产业平台应用。探索数智化养殖模式,助力象山黄鱼养殖产业发展。在初步探索的过程中取得如下成效:借助黄鱼病害云上问诊结合病害智能预测分析模型实现科技助农,预计网箱亩产效益提高20%以上,鱼苗存活率提高30%左右,病害处置效率提升80%以上。数字赋能,构建品牌价值,通过溯源赋能、电商增收、抱团经营等方式,明显提高了黄鱼品牌附加值,该村近三年黄鱼销量年均增长5%,养殖户人均收入达到11.8万元。通过遥感视频+数字孪生,建立海陆空一体化全覆盖监管体系,发挥"141"体系作用,有效统筹兼顾生态、安全和发展三者关系,渔业可持续发展能力得到了提升。

(县大数据中心)

科学技术

综述

县科技局认真对照县委县政府“聚力一二五、走好共富路”行动目标，持续提升企业创新能力、产业创新能力、协同创新能力，拉高标杆、争先进位，为增强科技创新对县域经济发展的引领支撑作用和夺得省“科技创新鼎”而不断奋进。2022年全县实现高新技术产业增加值100.9亿元，同比增长7.8%；实现高新技术产业投资额48.8亿元，同比增长61.3%。规上企业研发经费支出20.5亿元，同比增长16.9%。完成技术交易额13.5亿元，同比增长41.7%。推行《农业“五新”科技模式助力共同富裕样板县建设》获副省长卢山批示。

全年完成市科技型中小企业备案157家，认定县科技型小微企业72家、科技型“小巨人”培育企业24家，新增高新技术企业75家，总量达到246家，新增高企年度目标完成率124%，新增数量同比实现翻番。新认定省级企业研究院3家、省级高新技术企业研究开发中心12家，县级企业工程技术中心30家。截至12月31日，全县科技信贷余额1亿元，兑付科技金融专项资金共计169.1万元。2022年增投2家创新型初创企业1000万元，累计已投向10家创新型初创企业，投资总额3450万元，初步形成以财政投入为引导、企业投入为主体、社会资本为支撑、优惠政策作扶持的全社会科技投入体系，切实解决企业融资难、融资贵问题。

科技成果

【8个项目列入宁波市重大研发项目】 为协同攻关的方式开展研发创新，支撑和引领经济转型升级，经过企业自报、科技部门推荐、专家严格评审等环节，新能源汽车大型结构件压铸模具设计制造关键技术及产业化、半导体痕量气态分子污染物选择性净化关键技术及应用示范、高速高精智能伺服压力机关键技术开发及产业化等8个项目被列入宁波市重大研发项目。

【列入象山县重大与重点项目15项】 “疣梭子蟹高效绿色养殖新模式研究与示范”“大黄鱼重大疾病绿色防控技术集成与示范”“海水鱼类内陆盐碱水域养殖技术研究与示范”“象山县大塘港流域污染物溯源及治理技术研究”“高精密动车自动门滑筒导轨的设计及研发”等15个项目被列为象山县重大与重点项目。

【兑现科技政策】 根据《关于推进科技创新高质量发展加快建设高水平创新型县的若干意见》等有关规定，下达2022年度科技政策扶持资金六批1524万元，其中企事业单位承担的85个项目1035万元（包括后补助项目47项422万元）；县科技政策兑现2827.3万元（包括工业科技、技术交易、研发后补助、科技小巨人、科技金融一期二期等）；宁波工程学院象山研究院等创新载体平台经科技局拨付的县级财政经费计1228万余元（不含南方中心），合计4056.1万元。2022年科技项目立项89项。

【新认定高新技术企业75家】 加大科技型初创企业—科技型小微企业—科技型“小巨人”培育企业—高新技术企业“阶梯式”培育力度，推动科技型企业主体培育不断壮大。2022年新认定国家高新技术企业75家。

【完成宁波市科技型中小企业备案157家】 为调整和优化象山县产业结构，结合“大众创业、万众创新”新形势及当地实际，大力支持科技型中小企业发展，2022年完成宁波市科技型中小企业备案157家。

【新认定象山县各类科技型企业125家】 为认真贯彻落实国家和省、市支持科技型小微企业健康发展的各项政策，根据《象山县科技型小微企业认定管理办法》（象政办发〔2017〕141号），经初审、专家评审、公示等程序，认定宁波盛洋电子科技有限公司等72家企业为2022年度县科技型小微企业。科技型“小巨人”培育企业8家等。

【获2021年度省市科技奖10项】 《滨海软土地区深层地下空间开发中承压水分类控制技术》《岱衢族大黄鱼养殖产业提升关键技术创新与应用》《新能源汽车和高端汽车铝合金关重铸件及其模具关键技术与产业化》《海洋红藻龙须菜种质选育、栽培和高值化利用技术研发及产业化示范》等10项研究成果获2021年度省市科技奖。

象山县10项获2021年度省市科技奖一览表

表63

序号	项 目 名 称	主 要 完 成 单 位	获奖等级	文 号
1	滨海软土地区深层地下空间开发中承压水分类控制技术	宏润建设集团股份有限公司 宁波市轨道交通集团有限公司 宁波大学 浙江华展工程研究设计院有限公司 浙江科技学院	宁波市科技进步一等奖	甬政发〔2022〕10号
2	岱衢族大黄鱼养殖产业提升关键技术创新与应用	宁波市海洋与渔业研究院 宁波大学 象山港湾水产苗种有限公司(第三完成单位)中国海洋大学 浙江万里学院	市科技进步奖一等奖	甬政发〔2022〕10号
3	海洋红藻龙须菜种质选育、高效栽培及产业化利用与示范	宁波大学 中国海洋大学 中国科学院海洋研究所 象山旭文海藻开发有限公司(第四完成单位)	市科技进步奖三等奖	甬政发〔2022〕10号
4	高焓值可清洗全热交换芯新风系统	宁波威霖住宅设施有限公司	市科技进步奖三等奖	甬政发〔2022〕10号
5	科技创新特别奖	王一鸣(个人)-锦浪科技股份有限公司	特别奖	甬政发〔2022〕10号
6	新能源汽车和高端汽车铝合金关重铸件及其模具关键技术与产业化	宁波合力科技股份有限公司(第一完成单位),浙大宁波理工学院	省科技进步奖二等奖	浙政发〔2022〕16号、浙科发成〔2022〕27号
7	物联式精密智能闭式多点压力机关键技术及产业化	浙江易锻精密机械有限公司(第一完成单位),浙江万里学院	省科技进步奖三等奖	浙政发〔2022〕16号、浙科发成〔2022〕27号
8	软弱地基深大基坑支护关键技术及工程应用	浙江大学,宏润建设集团股份有限公司(第八完成单位)	省科技进步奖一等奖	浙政发〔2022〕16号、浙科发成〔2022〕27号
9	轻量化大型风电机组关键技术及应用	浙江运达风电股份有限公司,宁波日星铸业有限公司(第五完成单位)	省科技进步奖二等奖	浙政发〔2022〕16号、浙科发成〔2022〕27号
10	海洋红藻龙须菜种质选育、栽培和高值化利用技术研发及产业化示范	宁波大学,象山旭文海藻开发有限公司(第五完成单位)	省科技进步奖三等奖	浙政发〔2022〕16号、浙科发成〔2022〕27号

【获市级以上科技经费补助5492.7万元】 通过制定和完善科技创新政策,充分发挥政策杠杆作用,最大限度激发全社会的创新创业活力。针对科技资金碎片化和科技项目聚焦不够等问题,坚持科技项目经费后补助制度,调整优化科技项目过程管理,将创新资源与要素聚焦主导产业、聚焦主攻方向,实现科技资金绩效最大化。2022年全年争取到宁波市级科技经费5492.7万元(不包括机械研究总院南方中心6300万元)。

科技合作与交流

【技术市场活跃】 2022年市对县技术交易年度考核目标为12.9亿元,实际完成技术交易额13.54亿元,完成率105%,同比增长41.7%。

【强化平台创新集聚能力】 依托机械科学研究总院南方中心、浙江理工大学针织研究院、宁波工程学院象山研究院等产业技术研究院,构建"产业技术研究院+专业研究院+研究所"三级组织机构,集成技术研发、人才引育、项目孵化、成果转化等功能。2022年新引进7个研发团队265名研发人员,获批国家、省市级项目6项、奖项11个;建成国家级、省级博士后工作站各1个,纺织品 CNAS 检验检测中心动建；服务企业 600 多家次，解决企业技术难题 110 余项，促成项目合作金额超 1.8 亿元；南方中心累计获得各级各类专项经费 1.08 亿元，连续两年获得宁波市重点研发机构考核优秀，获批国家级机械工业滚动功能部件创新中心、省级新型研发机构。

【精准开展院企对接活动】 2022 年，依托科技大市场，做强专家与成果资源库，提升企业对接服务能力，发展会员 86 家，积极开展"百日百场"技术对接活动 5 场，累计 200 家次以上企业参加活动，通过线下精准走访和服务企业 168 家次，挖掘并发布技术难 104 项，科技成果 105 个，安排专家对接 62 项，解决难题 21 项，其中积极对接服务华翔电子牵头申报的"宁波市汽车零部件产业创新联合体"项目已获立项。此外还成功举办"第七届中国创新挑战赛象山赛区"对接活动与"第十一届中国创新创业大赛宁波象山区域赛"，参加企业 89 家，3 家企业入围创新创业大赛全国赛，企业参与数和入围数均创历史新高。县科技大市场连续 6 年获批市对县考核第一名。

【创新人才引育模式】 积极探索柔性引才，实施企业"科创飞地"与"研究生实践点"政策，在上海、杭州、成都、武汉等地建成企业科创飞地 10 家，与浙江大学、上海交大等高校院所在象山企业成立研究生企业实践点 16 家，新增研发人员 114 人，新开展研发项目 20 个；加大南方中心研究生联合培养力度，拟与清华大学、吉林大学、华中科技大学、大连理工大学、湖南大学等重点高校联合培养研究生，目前已与宁波大学联合培养研究生 20 人，积极拓展人才引育培养渠道；同时启动《科技人才与企业科创飞地暂行管理办法》制定工作，预计在年底前完成并实施。

【科技人才（外专）服务更具针对性】 截至 2022 年底，南方中心共组建了 11 个专项组和技术开发部，新成立异质增材事业部，形成了 129 人的创新队伍，其中特优人才 2 名，领军人才 2 名，博士 13 人，硕士 78 人，在站博士后 6 人，研究生及以上学历占比 71%，2 支团队入选甬江引才工程（"3315"计划）创新团队；组织建设了 3 个企业级实验室，获批浙江省工程研究中心等省市级平台 7 个；获批了国家重点研发计划等各级别科研项目 9 项；申请专利、标准、软著等科技成果 94 项，3 项科技成果通过成果评价，整体技术达到国际先进，其中 2 项部分技术国际领先，先后荣获中国机械工业科学技术奖特等奖等省部级奖项 9 项；累计服务企业超过 300 家，签订合同过 1 亿元。

（县科技局）

科学普及与推广

【概况】 2022 年，象山县科协在县委县政府的正确领导和上级科协的统一部署下，坚持以习近平新时代中国特色社会主义思想为指导，全面贯彻中共二十大、中共十九大精神，深入贯彻新发展理念，围绕县委、县政府"聚力一二五，走好共富路"总体要求，认真履行科协组织宗旨使命，强化"四服务"职责意识，广泛开展人才服务和科学普及等各项工作，较好地完成各项任务。

【探索虾蟹科技小院运行模式】 采用"科协领导、高校实施、老师指导、学生常驻、多方支持"模式开展技术培训和指导，探索全县对虾产业相关企业、大户和国内科研院校（所）以及象山县对虾产业协会等组织合作联动机制，并及时在全县范围内推广应用与辐射，促进全县对虾养殖产业可持续发展。全年共开展现场培训指导 10 次，服务虾蟹养殖户 400 人次。

【开展老年人智能手机技能普及工程】 会同县民政局、县公安局、县移动公司、民生银行、建设银行走进老年大学、社区、村及有关单位，开展老年人智能手机技能普及工程，共开展培训 163 场次，受训达 13186 人次。同时，加大对农村的送教服务，在 122 个村开展培训送教工作，切实帮助老年人跨越"数字鸿沟"，享受科技发展带来的便利。

【开展民生政策宣讲"进基层"活动】 结合宁波市科普"五个一百"科普宣传活动，开展民生政策宣讲"进基层"活动。组织以"节约能源资源、保护生态环境、保障安全健康、促进创新创造"为主题的科普"五进"为民惠民行动，在全县各地举办形式多样的科普报告（讲座）、义诊、科普宣传等多形式活动 41 场次，受惠达 18000 人次。

【开展防电信诈骗科普宣传活动】 联合公安、移动公司举办"全民反诈，你我共防"——防范电信诈骗专题线上直播讲座，共吸引万余人观看，收获点赞超 1.5 万次，帮助市民群众提升识骗、防骗能力。

【提升科技志愿服务能力】 依托象山县防溺水实践基地，走进全县各学校、社区，举办青少年防溺水讲座，现已开展培训 31 场次，受益 4700 多人。创新培训方式，通过岸上防溺水互动教育、水中沉浸式体验的模式，提升宣传效果。参与浙江安全水域防溺水直播活动，超 2000 万人观看，营造社会关注、人人共防的防溺水安全氛围。开展"光明行动"，指导科技志愿服务队走进学校、农村文化礼堂开展"光明行动"，其中进学校举办线上线下近视防控科普讲座 50 场，有近 1 万名学生和家长参与，在文峰学校、鹤浦小学建立"爱眼护眼科普小屋"。

【开展健康系列科普活动】 结合"健康中国 2030"规划纲要、防治慢性病中长期规划。自 2022 年 4 月起，县科协联合县中医药学会等单位，组织开展健康系列科普活动，活动对象重点面向中老年人，通过现场培训、现场互动咨询解答相结合形式，走进机关、社区、农村、企业等，全年开展 10 场次活动，参与活动500人次。

【组织开展全国科普日活动】 指导各基层科协、县级学会围绕2022年全国科普日活动主题——“喜迎二十大，科普向未来”，做好《全民科学素质行动规划纲要(2021—2035年)》的宣传解读。坚持以网络活动为主，共开展各类全国科普日活动11项，组织晓塘乡、石浦镇、涂茨镇等科协开展科普日活动，组织开展科普日进文峰社区、金秋社区等活动。

【健全完善科普阵地建设】 对各级各类科普教育基地进行业务指导，健全和完善基地科普设施；对全县70座科普画廊的日常维护，定期进行更换展板内容。

【开展清洁能源宣传】 2022年8月8日，象山清洁能源微科普馆开馆，该馆的布展思路以宣传多元化的清洁能源知识为主题，采用图文、视频和互动体验相结合的方式，内容包括能源的历史、清洁能源简要以及清洁能源产业历史。

【组织开展科协“群团助力‘双减’”工作】 落实省科协提出打造数字化科协平台建设，引导学生走进基地开展活动，组织专家走进校园，扩充资源、拓展阵地、充实力量，有效落实国家“双减”政策。全年组织影视城、石浦渔港古城等科普教育基地以及各学校累计参加各类活动24万人次。

【举办航天科普讲座】 2022年4月24日是中国第七个航天日，大目湾实验学校等开展了中国航天日青少年科普展览活动，向学生们展示了基本的航天知识以及中国最新的航天技术发展情况。6月17日，深圳航天工业技术研究院宁波分院走进林海学校举办航天科创之星公益科普讲座；6月20日下午，走进象山实验小学举办航天科创之星公益科普讲座。10月19日，科普讲师郭皓给实验小学等学校同学们举办航天知识专题讲座。

【ASTSpace暑期活动进基层】 2022年8月30日下午，宁波市科协联合象山县科协走进象山县泗洲头镇泗洲头村文化礼堂开展暑期科学实践活动。宁波科学探索中心的科技志愿者向学生们演示了各种小实验，讲解、演示科学原理。当地50余名小学生通过“身临其境”“动手实践”等活动场景，体验科学的无穷魅力。

【组织参省第二届中小学生科技创新作文大赛】 组织学生参浙江省首届中小学生科技创新作文大赛。获得省级奖项51项，其中省特等奖1项。

【组织参青少年科技创新大赛】 组织全县中小学生积极参加象山县、宁波市、浙江省青少年科技创新大赛，获省级奖项2项，宁波市级奖项43项，其中市一等奖7项。

科技创新

【概况】 2014年12月，宁波市编办批准设立象山县科技创新中心，挂宁波工程学院象山研究院牌子，为县政府直属正科(局)级事业单位。宁波工程学院象山研究院建院围绕“发挥研究院智库职能”“促进地方产业提升”两大核心工作，深入挖掘企业技术需求，紧密联系象山县科技局等其他政府职能部门，引入创新资源，发挥智库作用，并为象山产业发展提供支持与保障。2022年全年立项科技项目9个，具体涵盖4个公共与公益项目、5个科技预研项目，合计项目经费127万元。

【服务企业，解决技术难题】 深化科创助企活动，破除科研院所与企业间的“围墙”，对接西北工业大学宁波研究院、中科院宁波材料所、扬州大学、宁波工程学院等高校科研院所专家，在激光应用、视觉检测、智能组装、设备研发、产业应用、生态修复等方面开展技术指导、提供解决方案、申报合作项目、探讨新技术应用场景等。全年合计解决企业技术难题18项，深入服务企业235家，市重大重点暨揭榜挂帅项目等申报5项，市软科学研究计划“宁波科创板企业后备企业培育与对策研究”成功立项。

【转移转化科技成果】 自适应全向移动永磁爬壁机器人关键技术及装备。项目充分利用企业在电永磁吸盘的技术实力，研制出一款针对金属立柱表面除锈、喷漆等自适应全向移动的作业机器人，可实现灵活转向，多功能高效作业，降低工人劳动强度。通过本项目的实施，取得的科研成果可在各种应用场景实现批量化示范应用，带动当地上下游产业链的发展，可产生显著的经济和社会效益。高性能旋转锉的研发及制造。通过对传统硬质合金旋转锉成分的改进，确立新型旋转锉成分体系，制定硬质合金旋转锉新材料成分及烧结工艺，同时基于钎焊的合金头与刀柄焊接工艺，改善加工工艺，提高产品服役性能和使用寿命，降低制造成本，对标国外同类产品实现国产替代更新。

【助力部门需求】 深化部门联动、织密企服网络，加强与象山县科技局、经信局等企业服务关键部门的联系，主动提供技术支持。组织专家团队协助象山县科技局、经信局完成象山县“工业”“农业”“社科”“公益”项目，象山县科技计划(重大、重点)项目、工业企业“机器换人”、“重点产业链”、“战略型新兴产业”、“数字经济产业发展”相关的立项、验收和评审工作，合计共330余家次。完成研究生联合培养基地企业实践点的年度考评考核16家次。撰写象山创新型企业现状调研报告、象山海洋经济与工业经济发展分析等决策意见稿4项。

【搭建引智引才平台】 以县域重点产业发展方向为引领，充分整合并利用好技术服务与转移平台、产业技术研究院的人才、技术集聚和溢出效应，吸引更多优质人才与项目。2022年柔性招引各类研究研发人员39人，其中教授和高工24人，博士15人，为企业提供技术需求对接、项目申报、项目立项、数字化车间验收评审等服务。邀请专家协助企业完成技术人员培训430人次。引进乌克兰国家工程院院士团队2个，建成市级院士工作站2家，分别为宁波工程学院象山研究院院士工作站、宁波威霖住宅设施有限公司院士工作站，开展基于多壁碳纳米管聚合物复合材料在汽模配、功能材料、航天材料等领域的应用研究，以及吸音压电材料的研发与应用项目。

（宁波工程学院象山研究院）

教　育

综　述

2022年12月，全县有普高5所，职高3所，初中12所，小学12所，九年一贯制学校12所，外来务工子女学校0所，幼儿园55所(含民办30所)。培智学校1所，电大1所，镇乡成人学校(社区学院)7所。在校学生80760万人，在校普高学生7700人，职高学生5821人，初中生16857人，小学生34482人，特殊教育学生283人，在园幼儿15900人。

2022年，县高考总上线2186人，总上线率100%，高出全省总上线率10个百分点；一段上线人数为1654人，上线率75.59%，高出全省一段上线率15个百分点；特控线上线人数467人，上线率23.62%，高出全省特控线上线率3.6个百分点。中考仍然保持良好的势头，语文、社政、科学处全市第三名的领先位置，数学全大市第四名，英语全大市第五名。和往年相比各科成绩稳中有升，特别是初中科学和初中英语进步显著。

2022年，围绕教育高质量发展目标，实施“红色根脉强基工程”，推动学习宣传贯彻中共二十大精神走深走实，推进党建文化“一校一特色”和党建品牌“一校一品牌”创建，成功打造15个“五星”“十佳”党建品牌，新增1所省清廉示范校和2所市清廉示范校，教育局荣获省“学习强国”先进组织，“立三党建”获评县直机关党建优秀品牌。

统筹优化城区教育布局，完成丹城二中借址办学等丹西片教育资源整合调整，丹东片扩充丹城四小办学规模，组建丹城五小教育集团，城区优质教育资源供给更趋科学合理。完成规范民办教育工作，全县民办学校在校生比例降至1.27%，随迁子女义务段公办学校接纳率升至100%。

深化“双减”改革，课后服务扩展到学前段，学科类培训机构压减全部“清零”。推进数字赋能改革，打造象山“优．智”教育全链治理平台，智慧督导系统正式投用，“掌上校安”系统入选2022年省级教育领域数字化改革创新试点项目。

制定象山教育稳进提质三年行动方案，加快推进“三高”建设，出台“人才子女入学工作实施办法”为人才子女入学开辟“绿色通道”，低小散幼儿园整治和升“等”升“星”成效显著。聚焦“关口前移”和“梯队培育”，实施银龄讲学计划，定向委托培养45名教师，成立名师工作室17个，新增正高级教师2人。

强化留守儿童、在籍不在册学生、心理健康问题学生“一人一档”跟踪管理，建立教育系统疫情防控“七项机制”，成功应对本土疫情。创新构建“象山教育系统防范处置闭环机制”，“一校一清单”推进教育系统“除险保安”百日攻坚，有效化解多起群访事件和信访积案，为中共二十大胜利召开营造了良好的安全稳定环境。

学前教育

【概况】 2022年，全县幼儿园58所(68个园区)，其中公办幼儿园34所，民办幼儿园35所；省三级以上幼儿园58所，其中一级园7所，二级园29所，三级园21所，准办园1所。在园幼儿数15920人，其中在公办幼儿园入园幼儿12193人，占在园幼儿总数的76.59%；学前三年入园率99.3%，省等级园招生覆盖率99.4%，等级园比例是98.6%，省二级以上优质园招生覆盖率79.8%，普惠性幼儿园招生覆盖率为90.1%。

全县幼儿教职工1894人，事业编制教师438人，事业编制比例是23.1%；园长和专任教师1329人，事业编制470人，园长专任教师事业编制比例是35.4%；专任教师持有幼儿教师资格证1274人，持证率100%；园长专任教师有技术职称947人，占71.3%；专任教师学历合格率100%，其中大专以上学历95.5%。

【专家引领深入学习指南】 2022年3月7日，邀请华东师范大学周念丽教授举办关于《幼儿园保育教育质量评估指南》(以下简称《指南》)专题讲座，全县三级区以上幼儿园园长在石浦中心幼儿园现场聆听，通过专家领学指南，明确各幼儿园的保育教育工作方向和目标，推动学前教育各项工作协调发展。

【“象有优学”综合性教育督导工作】 2022年4月，根据“象有优学”综合性教育督导工作要求，督导组对贤庠、东陈、下沈等三所幼儿园进行蹲点督导。从校园文化建设、半日活动跟班听课、等级创评台账资料等方面，多维度对幼儿园进行全面诊断，形成一份详尽的督导报告，要求学校“一个月内调整发展规划上报，一年内根据反馈问题整改落实，一年后进行回头看”，以此实现“督导一所学校，提升一所学校”的目标。

【多所幼儿园通过等级复核和评估】 2022年5月，西周华翔幼儿园、山水幼儿园、下沈幼儿园、贤庠镇幼儿园分别通过了市评估院对一级（市六星）和二级（市四星）等级评估，幼儿园通过等级迎评，规范办园行为，强化教师队伍建设，不断提高非编教师待遇，加强幼儿园内涵建设，持续提高幼儿园保教质量，为幼儿健康快乐成长营造良好环境。

【民办园财务培训】 2022年6月底，完成11所三级民办园规范办园督评工作，根据市督评组反馈问题召开三级民办园园长会议，相关指标进行解读培训。7月底至8月初，组织为期1周的全县三级园财务管理培训；8月中旬，育事业高质量发展。

【民俗文化扎根园本课程】 2022年11月，墙头镇中心幼儿园开展“稻草人的艺术”手工课程，感受和传承农村传统。活动当天，孩子们在老师的指导下，运用剪、捆、扎、编、钉等工序，制作出了各种大小不一、形态各异的稻草人模型。接着又用废旧衣服、帽子、首饰、各色纸张等材料将稻草人精心打扮。最后，一个个栩栩如生的稻草人出现在种植园地中。该活动是墙头中心幼儿园长期开展的特色园本课程之一，利用根植乡村的农业资源和地理优势，与园本课程有机结合，形成独具特色的乡村文化新课程，孩子们在参与丰富多彩的课程内容的同时，还能深入农家民俗、感受传统文化。12月，石浦镇昌国幼儿园举行了一场别具特色的民俗运动会开幕式上，各班孩子轮番上演“跑马灯”“鱼灯舞”“抬阁”等各项民俗项目，这些石浦当地广为流传的民间活动，至今已有上百年历史。为弘扬传统文化、讲好家乡故事，2022年以来，石浦镇昌国幼儿园陆续开展了一系列民俗文化体验课程，通过寓教于赛、寓教于乐的方式让孩子们感受传统文化魅力。

【幼儿园分布】 2022年，全县幼儿园58所（68所园区），其中丹东街道18所，丹西街道14所，爵溪街道4所，石浦镇13所，西周镇4所，高塘岛乡2所，其他镇乡或2所，或1所。主要有县级机关幼儿园、春晖幼儿园、塔山幼儿园、丹东街道中心幼儿园、海韵幼儿园、丹西街道中心幼儿园、滨海幼儿园、爵溪街道中心幼儿园、石浦镇中心幼儿园、西周镇中心幼儿园；西周镇华翔幼儿园、鹤浦镇中心幼儿园、贤庠镇中心幼儿园、定塘镇中心幼儿园、墙头镇中心幼儿园、涂茨镇中心幼儿园、大徐镇中心幼儿园、新桥镇中心幼儿园、泗洲头镇中心幼儿园；东陈乡中心幼儿园、晓塘乡中心幼儿园、黄避乡中心幼儿园、茅洋乡中心幼儿园、高塘岛乡中心幼儿园、象山县浙师大幼教集团附属大目湾幼儿园。

2022年象山县具有招生资格的幼儿园一览表

表64

序号	名称	评级	性质
1	机关幼儿园	一级	公办
2	机关幼儿园·万象园		公办
3	机关幼儿园·山海园	预评二级	公办
4	海韵幼儿园	一级	普惠民办
5	海韵幼儿园·百合园		普惠民办
6	塔山幼儿园	一级	普惠民办
7	林海幼儿园	二级	公办
8	欢乐家园幼儿园	二级	公办
9	大目湾幼儿园	二级	普惠民办
10	天安幼儿园	二级	普惠民办
11	山水幼儿园	预评二级	普惠民办
12	兰园幼儿园	预评二级	普惠民办
13	振兴幼儿园	二级	普惠民办
14	丹东街道博雅艺术幼儿园	三级	普惠民办

续表64

序　号	名　　称	评　级	性　质
15	丹城镇东方幼儿园	三　级	普惠民办
16	丹东街道海星幼儿园	三　级	普惠民办
17	丹东街道欢欢幼儿园	三　级	普惠民办
18	嘉赫幼儿园	二　级	民　办
19	春晖幼儿园	一　级	公　办
20	春晖幼儿园·世纪园		公　办
21	滨海幼儿园	一　级	普惠民办
22	新南幼儿园	二　级	公　办
23	新丰幼儿园	预评二级	普惠民办
24	金港幼儿园	二　级	普惠民办
25	丹瀛幼儿园	二　级	普惠民办
26	丹西街道春芳幼儿园	三　级	普惠民办
27	丹西街道红枫幼儿园	三　级	民　办
28	丹西街道白石阳光幼儿园	三　级	民　办
29	丹西街道梧桐御府幼儿园	三　级	民　办
30	丹西街道象山港艺术幼儿园	三　级	民　办
31	丹西街道童谣艺术幼儿园	三　级	民　办
32	丹西街道蓬莱幼儿园	准办	民　办
33	爵溪街道中心幼儿园	二　级	公　办
34	爵溪街道巨鹰艺术幼儿园	三　级	普惠民办
35	爵溪街道羽彤幼儿园	三　级	普惠民办
36	爵溪街道春苗幼儿园	三　级	民　办
37	石浦镇中心幼儿园	一　级	公　办
38	石浦镇中心幼儿园·幸福苑分园	二　级	公　办
39	石浦镇中心幼儿园·新港早教园	二　级	公　办
40	石浦镇中心幼儿园·延昌分园	二　级	公　办
41	石浦镇中心幼儿园·金星分园	预评二级	公　办
42	石浦镇城里幼儿园	二　级	公　办
43	石浦镇昌国幼儿园	二　级	公　办
44	石浦镇新佳幼儿园	三　级	普惠民办
45	石浦镇创新幼儿园	三　级	民　办

续表64

序号	名称	评级	性质
46	石浦镇静河幼儿园	三级	民办
47	石浦镇珍英幼儿园	三级	民办
48	石浦镇春辉幼儿园	三级	民办
49	石浦镇邬家村幼儿园	三级	民办
50	西周镇华翔幼儿园	一级	公办
51	西周镇中心园幼儿园·树人园	二级	公办
52	下沈幼儿园	二级	公办
53	西周镇培育幼儿园	三级	普惠民办
54	定塘镇中心幼儿园	二级	公办
55	墙头镇中心幼儿园	二级	公办
56	新桥镇中心幼儿园	二级	公办
57	新桥镇中心幼儿园·东溪园		公办
58	泗洲头镇中心幼儿园	二级	公办
59	泗洲头镇中心幼儿园·灵南园		公办
60	大徐镇中心幼儿园	二级	公办
61	贤庠镇中心幼儿园	二级	公办
62	黄避岙乡中心幼儿园	二级	公办
63	茅洋乡中心幼儿园	二级	公办
64	东陈乡中心幼儿园	二级	公办
65	涂茨镇中心幼儿园	二级	公办
66	晓塘乡中心幼儿园	二级	公办
67	鹤浦镇中心幼儿园	二级	公办
68	高塘岛乡中心幼儿园	二级	公办
69	高塘岛乡凌雁幼儿园	三级	普惠民办

义务教育与普通教育

【概况】 象山县普通中小学毕业生人数：小学6128人、初中4956人、普通高中2240人。7月至8月，全县招生人数：小学5362人，初中5820人，普通高中2388人；小学、初中、普通高中招收的学生，分设为143个、138个、53个班。象山县有小学24所，其中公办23所、外来务工人员子女小学1所；在校生35649人，其中，女学生16594人。

初级中学10所、九年一贯制学校12所，完全中学初中部2个；在校生14790人，其中，女学生7100人。高级中学3所，完全中学高中部2个，全县高中注册学生6867人，其中，女学生3529人。

2022年，县高考总上线率达100%，高出全省10个百分点；“一段”“二段”上线率均有明显提升。中考总平均分处于全市中游，连续4年在南三县保持首位。中小学省市级艺术获奖量全市前列，初三学生艺术素养监测连续3年居宁波市前列，高中毕业生体质健康测试成绩连续5年全市第一。象山县中小学生社会实践基地等3家单位获评省市中小学生劳动实践教育或研学实践教育基地。

【丹城二中借址过渡办学】　为加快旧城改造,优化丹西片区教育布局,象山县丹城第二中学(以下简称丹城二中)、象山县春晖幼儿园列入整体拆迁计划。丹城二中原址于2022年9月停止办学,2022年秋季仍按原学区招生,2023年秋季停止招生。停招后将重新调整学区范围。2022年秋季丹城二中新初一学生和初二学生安排至象山县外国语学校就读,初三学生安排至象山县丹城实验初级中学就读。丹城二中在2022年8月至2025年7月存续期内,继续保留校名、独立法人及学生学籍,原有行政班级不变、任课教师相对稳定,单独享受优质示范高中分配名额。

【家校共育工作】　6月9日,印发《关于进一步推进家校共育工作的实施意见(象山县)》。

【召开"蓝色生态·象往未来"小学校长论坛】　2022年12月6日,象山教育局在宁波开放大学象山学院裙楼二楼报告厅举办"蓝色生态·象往未来"教育高质量发展小学校长论坛。宁波大学郑东辉教授,局党委副书记柴盛、副局长奚际曹等出席,全县小学(含九年一贯制学校)校长、小学教研员、教育局相关科室、教科研中心等相关负责人参加论坛。9位校长立足本校实际,介绍通过倡导项目化学习、开发线上平台等实现五育融合,激发师生内驱力,构建本校及教育集团内良好教育生态的实践经验。

【"'鲸'诚守护,共享蓝海"教育活动】激发少年儿童保护自然,与自然和谐共生的情感与理念,以4月19日鲸归大海事件为契机,开展"'鲸'诚守护,共享蓝海"教育活动。活动评选出"善待海洋　守护自然"优秀习作207篇,"善待海洋　守护生命"项目化学习优秀案例7篇。

【中小学(初中组)大课间评比活动】为贯彻《关于全面加强和改进新时代学校体育工作的意见》,落实《〈体育与健康〉教学改革指导纲要(试行)》精神,推动"双减"政策有效落地,确保学生每天体育锻炼1小时,2022年5月,县教育局组织开展全县中小学(初中组)大课间评比活动。抓好大课间活动,创新活动载体,丰富活动内容,激发学生参与热情,形成大课间活动长效机制,推动学校体育工作再上新台阶。

【中小学德育工作专题交流研讨活动】2022年11月,为落实学校德育"立德树人"根本任务,推进县教育健康有序发展,开展"蓝色生态·象往未来"中小学德育工作专题交流研讨活动。参加对象:各中小学分管德育副校长,教科研中心德育、心理健康教研员、家教所。活动分4批次进行:纯初中11月29日下午1:30在石浦中学举行;九年一贯制学校11月30日下午1:30在塔山中学举行;小学在12月上旬,高中在12月中下旬。交流研讨主题为双减下的学校德育规范(作息时间管理、学生管理、制度建设等);学生行为规范养成与矫正;家校合作(家长培训、家委会建设、教师家校沟通能力培养等);学生心理健康教育;研学活动的设计与实践;常态化法治教育实施等方面取得的成绩、思考感悟、存在问题等。

【智慧家长评选活动】　2022年11月25日,全县88所学校(幼儿园)参与智慧家长评选活动。总结家教经验、体验家教成功的平台,营造"依法带娃""智慧家教"的良好氛围。活动评选出县智慧家长258名,其中智慧父亲129名,智慧母亲129名。

【象山、文成举行跨地区教共体结对签约仪式】　2022年3月14日,象山文成跨地区教共体结对暨民生实事合作帮扶签约仪式在文成县教育局举行,象山、文成两地教育系统签订教共体协作框架协议书。象山县丹城中学、文成县南田中学等4对学校进行签约结对,共享优质教育资源,同走教育共富路。象山县与文成县2022年跨地区组建4对教共体,其中小学2对、初中2对,仪式签订后,两地将广泛开展师生互动,切实提升帮扶效果。

【教育局"双减"工作专班获评2021年度全县"好团队"】　2022年2月,县委、县政府联合发文公布2021年度全县"好班子、好班长、好团队、好干部"名单,县教育局"双减"工作专班获评2021年度全县"好团队"。县教育局"双减"工作专班不足10人,全面担负着统筹协调全县47所义务段学校和116家培训机构抓"双减"政策落实的重任。工作专班推行课后托管"一校一案"管理,建成涵盖920余门各类课程的"三位一体"课程体系,创新实施线上线下协同育人模式,赢得了减负增效和群众满意度"双提升"1个月内密集调研22次,3个月内团队成员平均加班超90小时,高强度工作中,交出了2个月内课后托管服务、"晚自习"及"晚餐"服务100%全覆盖的显著成绩。

【创建15所市级"无废学校"】　2022年4月14日,市美丽宁波建设工作领导小组办公室公布《2021年度宁波市"无废城市细胞"建设名单》,象山中学、丹城实验初中、丹城二中、墙头学校、丹城二小、丹城四小、丹城五小、丹城六小、大徐小学、机关幼儿园、滨海幼儿园、天安幼儿园、大目湾幼儿园、兰园幼儿园、大徐中心幼儿园等15所学校顺利通过评估验收,入选2021年度宁波市"无废城市细胞"建设单名,建设类型为"无废学校"。全县各校践行"绿色学校"教育理念,完善创建绿色学校工作网络,丰富和拓宽校园环境教育宣传途径和形式,增强了全校师生热爱生活、维护校园环境的意识和自觉行为,培养学生良好的卫生习惯和环保意识,全面推动绿色学校创建工作提档升级。

职业教育

【概况】　2022年,全县中等职业学校毕业生1487人;7—8月,招生1728人(少部分初中毕业生去县外职业学校就读)。10月,象山县有宁波建设工程学校（象山县职业高级中学）、象山港高级技工学校、宁波海洋职业技术学校［增挂象山港高级技工学校（石浦）校牌］3所，均独立“法人”。截至2022年12月，在校生5825人，其中，女学生2355人，分设48个专业171个班级。其中，中高职一体化班58个班级，2070人；高职班15个，451人。教职工432人，其中专任教师398人。近年来，全县职业教育深入开展教育改革，推进产教融合，根据《象山县职业教育高质量发展三年行动计划（2021—2023）》的文件精神，深化办学体制和育人机制改革，全面推行学徒制人才培养模式，提高人才培养的针对性和实效性。截至2022年，3所职业学校的29个专业，47.75%的学生参与试点。职业学校学生生均占地面积、建筑面积各为42.6平方米、22.5平方米。

2022年全县职业教育情况一览表

表65

学　　校	校　　址	班级个数（个）	注册学生人数（人）	教职工人数（人）	占地面积（平方米）	校舍面积（平方米）	时任校长
合计	—	171	5825	432	248128	130994	—
宁波建设工程学校	县教育园区南区	75	2906	194	160990	75476	陈贤伦 陈剑峰
象山港高级技工学校（其中四年级高职）	县教育园区北区	69	2165	176	55024	41843	潘永毅 （朱海燕）
		15	451	—	—	—	
宁波海洋职业技术学校［象山港高级技工学校（石浦）］	石浦镇后街74号	27	754	62	32114	13675	潘永毅 （潘孝益）

【宁波建设工程学校学生连续三年获得国家奖学金】 2022年1月，经严格选拔、评审，2020—2021学年度中等职业教育国家奖学金名单公布，宁波建设工程学校19施工1班朱王杰、俞罗利和19会计电商陈泓樨3位同学获奖。这是继2019年中职国家奖学金开设以来，宁波建设工程学校第三次有学生入选。

【宁波海洋职业技术学校教师礼仪操获市教师职业专业礼仪展示活动一等奖】 2022年1月7日，由宁波市教育局举办的宁波市中职学校教师职业专业礼仪展示活动落幕，宁波海洋职业技术学校［象山港高级技工学校（石浦）］选送的教师礼仪操作品《像山如海画青春》在展示评比中荣获一等奖。

【象山港高级技工学校举行技能大师工作室创新项目研讨会】 2022年1月13日，为进一步推动象山县科技局、象山县教育局联合举办的象山县首届职业学校学生科技创新大赛顺利进行，充分发挥象山港高级技工学校技能大师工作室攻关、传艺、研发、交流作用。象山港高级技工学校不断总结经验，明确工作思路，召开技能大师工作室导师技术研讨会。

【宁波电大象山学院获得宁波开放大学县级电大目标管理考核特等奖】 2022年1月14日，宁波电大象山学院参加宁波开放大学2021年度工作总结大会暨全市电大系统工作会议，宁波电大象山学院获得宁波开放大学县级电大目标管理考核特等奖，象山学院校长贺贤敏获个人贡献奖。

【宁波建设工程学校林芳荣获第七届黄炎培职业教育奖】 2022年2月16日，第七届黄炎培职业教育奖获奖名单在中华职业教育社官网公示，宁波建设工程学校林芳荣获“杰出教师奖”。

【2022年宁波市职业教育工作会议在象山召开】 2022年2月24日，全市职业教育工作会议在象山召开，会议围绕宁波职业教育高质量发展主题，总结交流2021年职业教育工作，部署做好2022年重点工作。市教育局专职副总督学何倩出席会议并讲话。各区县（市）教育局分管局长、科长，宁波市职业与成人教育学院正副院长参会。市教育局职教处处长钱文君主持会议。

【宁波建设工程学校“星火”班主任工作室获评首批市中职学校班主任成长工作室】 2022年2月28日，宁波建设工程学校“星火”班主任工作室与宁波市内另外10所学校的工作室一起通过认定，成为首批宁波市中职学校班主任成长工作室。

【宁波海洋职业技术学校获技能大赛多个大奖】 2022年3月10日，16届市技能大赛金牌选手吴伟山做客宁波电台《教育有声》直播间，向社会讲述一个中职生的华丽蜕变之路。在第十六届宁波市中等职业学校（技工学校）技能大赛中餐热菜项目（学生个人赛）比赛中，宁波海洋职业技术学校[象山港高级技工学校(石浦)]烹饪专业学生喜获1枚金牌、2枚银牌、1枚铜牌的佳绩。第十六届市技能大赛中，该校斩获3枚金牌、4枚银牌、14枚铜牌。

【推动职业教育贴合地方产业需求】 2022年3月16日，宁波市人力资源和社会保障局发布《关于公布宁波市高技能人才公共实训基地名单的通知》，经过主管部门推荐或单位自荐、实地考察评估、综合评审等环节，全市仅2家单位获评宁波市公共实训中心(基地)，其中象山港高级技工学校承办的宁波市高技能人才象山县公共性实训中心成功入选。

【宁波建设工程学校学生获特等奖】 2022年5月，2022年“君润资本象山励志奖学基金”获奖名单公布，宁波建设工程学校19造价贾婧雯和19会计1冯璐婷两名学生获此奖励，而贾婧雯更是成为获得特别奖的3名学生之一。

【象山县首届职业学校学生科技创新大赛】 2022年5月31日，由象山县科技局、象山县教育局、象山团县委联合举办的全县首届职业学校学生科技创新大赛在象山港高级技工学校圆满收官，现场以作品展示和汇报答辩相结合的方式，全面展示全县职业教育科技创新成果，为象山制造业高质量发展贡献智慧力量。副县长胡颖磊，县教育局局长胡海峥，县科技局副局长朱光明等出席活动。

【象山港高级技工学校校企师生同台竞技】 2022年7月，由象山县人力资源和社会保障局、象山县总工会、象山县教育局联合主办，象山港高级技工学校承办的2022年宁波市职业技能竞赛制图员赛项和物流运行与管理赛项在象山港高级技工学校举行。21名教师，260名企业员工，50名应届毕业生同台竞技、切磋技艺。

【“华锦杯”比赛在宁波建设工程学校举行】 2022年7月4日，由象山县人力资源和社会保障局、象山县总工会、象山县教育局主办，宁波建设工程学校、华锦建设集团股份有限公司联合承办的2022年宁波市职业技能竞赛“华锦杯”工程测量比赛活动在宁波建设工程学校举行。79名来自宁波市多家建筑企业员工以及部分院校师生参加了此次大赛。

【宁波建设工程学校建筑设备安装与调试(给排水)赛项团队获“国赛”二等奖】 2022年8月9—12日，2022年全国职业院校技能大赛中职组“建筑设备安装与调控”赛项在湖北省机械工业学校举行，全国70位选手同台竞技。宁波建设工程学校19造价班的杨海、马鹏程同学凭借着扎实的基本功，夺得第五名(二等奖第一名)。

【宁波建设工程学校入选宁波市中职“三全育人”典型学校建设单位】 2022年9月，宁波市中职学校“三全育人”典型学校及培育学校建设单位名单公布，全市共有5所入选典型学校建设单位，宁波建设工程学校成为典型学校建设单位之一。

【象山港高级技工学校迁建工程开工建设】 2022年9月，浙江省优质公共服务投资行动计划、宁波市重点工程项目象山港高级技工学校迁建工程开工活动在大目湾顺利举行，这是象山推进职业教育发展重大战略之举。

【雷波学子“进基地 看象山”研学活动】 2022年9月24日，为拓宽凉山雷波学子社会视野，了解象山文化，认识职业教育。象山港高级技工学校组织了雷波学子“进基地·看象山”研学活动。

【宁波建设工程学校建筑专业教师团队立项为市中职教育教师教学创新团队】 2022年10月，在宁波职成教网公布的《宁波市第二批中等职业教育教师教学创新团队拟立项名单公示》中，宁波建设工程学校建筑专业教师团队位列其中。这是宁波建设工程学校继2022年5月成功申报宁波市职业院校“双师型”教师培养培训校企共建基地后又一重大建设项目。

【宁波建设工程学校与华锦建设集团有限公司达成合作续约】 2022年10月10日，宁波建设工程学校校长陈剑峰、副校长陈仁郎等一行6人前往华锦建设集团有限公司走访交流。陈剑峰与华锦集团总经理屠勇代表校企双方签订了合作协议，达成新一轮合作意向。

【宁波建设工程学校获评宁波市首批学生成长指导示范培育学校】 2022年10月，宁波建设工程学校获评宁波市首批学生成长指导示范培育学校，是入选的宁波市四所职业高中之一。

【应建勇调研象山教育工作】 2022年11月1日，象山县委副书记应建勇一行至象山港高级技工学校调研专业建设情况。应建勇指出，一技成则天下行，职业教育要牢牢抓住大改革、大发展的历史机遇期，打破固有观念的隐形天花板，紧密对接产业链，提升人才培养质量，为县域经济发展提供强有力的人才支撑。

【象山港高级技工学校“创客”实验室复评考察】 2022年11月3日，浙江省技工院校创新创业示范工作室复评专家组对象山港高级技工学校“创客”实验室进行复评考察。实验室领办人学校副校长李善东从实验室概况、工作进展、工作特色、工作成效、工作重点等5个方面进行了整体汇报。汇报结束后，专家组通过实地考察、台账检查、反馈交流等方式全面了解学校“创客”实验室建设情况。

【象山港高级技工学校竞赛中获佳绩】 2022年11月10日，由浙江省职业技能教学研究所主办的2022年浙江省技工院校师生新能源汽车检测与维修虚拟仿真技能竞赛在舟山技师学院举行。象山港高级技工学校陈文敏荣获师组一等奖，黄科科获教师组二等奖。19

新能源班吴锦昊获学生组三等奖，21汽车运用班李冬豪获学生组优胜奖。

【宁波建设工程学校学生获奖】 2022年11月12日，宁波建设工程学校学生王晨在浙江省第五届院校智能建造与建筑工业化技能竞赛暨2022年全国第五届装配式建筑职业技能竞赛（学生组）选拔赛中一举夺得构件深化设计赛项总冠军第一名，并被杭州嗡嗡科技有限公司预签约。

【象山港高级技工学校与雷波师生共庆彝族年】 2022年11月19日，象山港高级技工学校为雷波学子举行彝族年联欢活动。此次活动在象山亚帆中心举行，得到了象山县教育领导和亚筹办的大力支持，象山县教育局副局长孙丽妮、职成教科科长陈红飞和学校近60名师生一起参加了此次活动。

【宁波建设工程学校刷新市技能大赛奖牌榜纪录】 2022年12月14日，第十七届宁波市中等职业学校（技工学校）技能大赛成绩公布。宁波建设工程学校师生在此次比赛中斩获9枚金牌、20枚银牌、22枚铜牌，金牌数位居全大市35所中职学校第7名。

高等教育

【概况】 2022年，象山县高等教育的办学形式主要如下：国家开放大学开放教育、奥鹏教育和西南大学远程教育。其中，国家开放大学教育在校生为3231人，奥鹏教育和西南大学远程教育在校生人数为547人。宁波广播电视大学象山学院在2022年8月18日更名为宁波开放大学象山学院（象山县社区学院），共有教职工67人，其中，专任教师51人，具有本科学历50人、硕士学历1人，硕士学位5人，有副高职称15人，中级职称35人。

【电大荣获目标管理考核特等奖】 2022年1月14日，象山学院再次从全市10所县区级电大中脱颖而出，名列全市第一。2021年象山学院以推进落实《国家开放大学综合改革方案》为契机，千方百计抓教学，一心一意保质量，创优提质精准施策，在招生办学、教学科研、老年教育、社会培训等方面都取得了优异成绩，开创了学校新局面。

【象山学院第二届教职工暨工会会员大会召开】 3月28日，宁波开放大学象山学院第二届教职工暨工会会员大会胜利召开，大会通过《象山学院工会委员会选举办法》，选举产生张银艳、练成、翁朝明、吴慧珍、钱瑶等5名为新一届工会委员，其中张银艳当选新一届工会主席，练成为工会副主席。

【象山县社区家庭教育指导中心在象山学院挂牌成立】 5月25日，象山县社区家庭教育指导中心在象山学院挂牌成立，县委副书记应建勇、县教育局局长胡海峥、县妇联主席杨雪娟为指导中心揭牌。同日还召开了象山县社区（村）家庭教育指导服务体系标准化建设试点县动员会，县级有关部门主要负责人、县妇联负责人、镇乡（街道）党委（党工委）书记及相关学校等40多人参加会议，应建勇、胡海峥出席会议并作了重要讲话。

【国开总部、宁波分部、象山学院三级联动部署2022秋季招生工作】 6月16日，国家开放大学召开（线上）招生会议，副校长李松、教务部部长古小华出席会议并作报告，教务部招生办公室鲍赟力主持会议。同日，宁波开放大学召开了系统招生会议，校长翁雪莲、副校长陈曙、各学院院长及各县级开放学院、教学点校长参加会议。随后，象山学院召开全体教职工大会暨22秋招生动员会议。

【象山学院在省职成教优秀科研成果中获2个“一等奖”】 在2022年浙江省职业教育与成人教育优秀教科研成果评选中，由象山学院范小娟和伊黄莹报送的科研成果《社区教育助力社区治理研究——以宁波广播电视大学象山学院实践为例》和《农村社区教育助推优良家风建设的实践研究》双双获得一等奖。

【擦亮建筑金名片　凝铸象山奋进力】 2022年是象山学院与建管局精诚合作的第十五年，学院招生采用面试入学措施，面对面访谈学员当前持有的建筑业相关资质、学习和业务进修计划、近几年的职业规划等内容。此次预报名79人，面试淘汰2人，最终报名77人，拥有二级建造师资格人数达到80%，其中土木工程本科56人，建设工程管理专科21人。

【把思政融入课程　把育人融入课堂】 2022年9月26—29日，国家开放大学组织开展了第一期课程思政系列专项培训，象山学院教育教学处组织参与开放教学的全体教师参加培训。

【丹东街道社区老年大学举行“迎国庆，庆重阳”戏曲联欢会】 9月30日下午，在中华人民共和国成立73周年和重阳节来临之际，丹东街道社区老年大学学员载歌载舞充分体现了学院师生一心向党、热爱祖国的美好心愿，他们用实际行动倡导着全社会敬老、爱老、养老的美好风尚。

【象山学院获得国家开放大学援助重点项目立项】 11月25日，国家开放大学公布了2022年发展援助项目立项名单，其中重点援助项目共5个，宁波开放大学象山学院位列榜首。这是象山学院自办学以来首次获得国家开放大学发展援助项目立项，是学院办学进程中的又一次辉煌。

【宁波开放大学对首批智慧学习中心创建学校象山学院进行实地评估】 12月13日上午，宁波开放大学信息技术中心对象山学院开展实地评估。评估专家组在查看台账资料和实地考察后反馈，象山学院作为宁波县级开大的模范生，智能学习中心创建的亮点突出、成效显著，具备一定的推广性和影响力。

特殊教育

【概况】 2022年,全县特教学校1所,共有学生153人,教学班15个,其中学前卫星班2个、义务段卫星班1个。全县学前段持证残疾幼儿32人,入学率为96.9%;义务教育段特殊学生257人,入学率为100%;高中段持证残疾学生96人,入学率为92.7%。至2022年为止,全县共有36所普通学校建有资源教室,其中示范性资源教室13个,合格性资源教室23个。2022年,有29名职业教育毕业的特殊学生进入工厂、饭店等上班,就业率达63%。

【培智学校班主任情境案例模拟培训】 4月下旬,县德育教研员周成敏老师到培智学校指导开展班主任情景案例模拟培训,班主任围绕培智学校班主任工作中常见的班级管理问题模拟表演,让全体班主任对情景案例模拟有了更深入的理解,明晰了案例的核心,更新了教育的理念,习得了教育智慧与艺术,总结了教育哲理和教育规律。

【象山—奉化培智学校教共体成立】 5月下旬,奉化培智学校到培智学校开展"海风佛山 教育共行"教共体首次线下交流活动,商议了教共体的具体工作计划,进一步加速了两地学校、教师和学生的全面发展,推动了特殊教育事业发展。

【第二个学前卫星班开班】 9月,培智学校第二个学前卫星班开班,地址位于新丰幼儿园内,通过"共性+特需"的"知动游戏"基础课程、"小组+个别"的"悦玩游戏"康复课程、"社会+家庭"的"回归主流"合作课程的教学模式,改善学习适应能力,满足了更多特殊幼儿的教育需求。

【宁波市特殊教育巡回指导工作会议在象山举行】 11月下旬,宁波市巡回指导工作专题培训在象山拉开帷幕。宁波市特殊教育指导中心副主任王韬为宁波市特殊教育巡回指导专家组的16名成员颁发聘书,各区县指导中心负责人开展工作汇报,还走进定塘小学,县培智学校开展实地调研学习,观摩课堂展示,共同探索融合教育新思路,开启了宁波特教事业组团式发展的新篇章。

【培智学校校歌创作完成】 11月下旬,由象山县音乐教研员单森权作曲、培智学校全体教师作词的校歌《向上吧,少年》创作完成。歌词中,"山岗、风车、浪花、扬帆"等半岛特色尽显,"绽放、向上、起航"等向尚元素穿插其中,朗朗上口、易于理解,迅速在培智学子中传唱开来。《向上吧,少年》折射出象山县培智学校师生积极的精神面貌,是属于特殊学生的动人乐章。

【培智学校2位家长获评"县智慧家长"】 李星霖、任小玲两位家长分别获评"智慧父亲""智慧母亲",特殊儿童家长的教育经验得到广泛宣传,并通过线上分享与其他特殊儿童家长交流了教育方法,引领了全校家长共同成长,强化了家庭与学校的协同共进。

【培智学校适应性体育项目广泛推广】 海宁市培智学校、仙居特校来校观摩知动操、参观"知动花园""知动小迷宫"等区角,了解知动游戏开展情况。杭州师范大学连福鑫教授赴定塘小学开展实地指导,进一步助推适应性体育项目在普通学校落地。

【浙江特殊教育职业学院到象山调研学前融合教育】 11月,浙江省特殊教育职业学院教师团到天安幼儿园调研特殊教育融合活动,象山卫星班和普教融合教育的实践探索获得高校的认可。

【县特殊教育通识培训顺利开展】 12月初,县特殊教育指导中心在培智学校组织开展象山县融合教育教师特殊教育通识培训,杭州师范大学连福鑫教授、赵静副教授为全县53名资源教师带来感觉统合训练方法、学困生特点及应对等专题内容,为教师参加象山县第二届资源教师基本功比赛以及宁波市资源教师基本功比赛做好了充分准备。

【培智学校校史室建成】 12月,培智学校校史室正式建成并开馆,由"发展沿革、荣誉陈列、校园文化、特色课程、向尚文化、融合教育"等板块组成,记载了象山县培智学校的建校发展历程,呈现出了十几年来象山特殊教育者践行育人使命的点滴付出和优异成绩,激发了广大教职员工的拼搏奋斗精神,铭记建校历史,鉴往知今、砥砺后人。

社会力量办学

【概况】 截至2022年12月,象山县有1所民办完全中学:宁波滨海学校。宁波滨海学校坚持"质量+特色+服务"的办学理念,确立了以"博学多能、修德立身"的办学思想,以"创建一流的校舍设备,建设一流的生活服务,争创一流的教育质量"为办学宗旨,广泛开展与国内外著名特色学校的合作,与北京朝阳外国语学校、德国盖恩斯海姆一级文理中学结为合作学校,是宁波大学外语学院实验学校、中国美院实践基地。2022年高考重点上线文化7人,体艺45人,一段本科以上上线190人,大学上线率100%。

2022 年象山县民办中小学一览表（宁波滨海学校）

表 66

校　　名	校　　址	班级个数（个）	注册学生数（人）	教职工人数（人）	占地面积（平方米）	建筑面积（平方米）	时任校长
宁波滨海学校	象山丹西街道丹阳路 425 号	41	1815	237	85820	46510	舒敏芳
其中：高中部	—	27	1294	106	—	—	—
初中部	—	14	521	51	—	—	—

【滨海学校师生观看“科学第一课”直播】 为有效落实“双减”，结合浙江省教育厅关于组织开展“百名科学家进中小学课堂”启动仪式暨“科学第一课”的文件通知，2 月 24 日下午，宁波滨海学校组织全体学生观看了西湖大学校长施一公的“科学第一课”网络直播，进一步激发同学们的学习热情，培育同学们的科学精神。

【滨海学校举行高考百日倒计时誓师大会】 2 月 27 日晚，宁波滨海学校在演示中心二楼举行了主题为“冲刺百日，再创辉煌”的 2022 届高考倒计时 100 天誓师大会，全体高三师生参加了此次大会。

【宁波滨海学校开展女教工“庆三八”系列活动】 为了进一步丰富滨海女教工的精神文化生活，提高审美情趣和艺术修养，弘扬新时代女性精神，宁波滨海学校工会围绕“三八”节，组织女教工开展了一系列主题活动。宁波滨海学校工会成立了“钩响”社团，倡导女教工传承钩织这门非遗艺术的同时，用一针一线钩织生活的美妙，感受艺术的畅意。至年底，社团已完成 3 次教学，初步教授“蛋篓”的基本钩法，各位学员兴致满满，跃跃欲试，收获颇丰。

【“一个中心　两个基本点”式科研工作推进质量提升】 教研组长是学校教学的“排头兵”，也是科研的实践者、引领者，如何及时转换角色，对自身角色进行定位，提升自己的专业素质及领衔能力，是眼下亟待解决的问题。基于此，3 月 23 日下午，宁波滨海学校教研室举行了一次系统的工作布置和切合校情的精准定位分析会议，会议由教研室主任骆海燕老师主持，学校相关行政领导、初高中全体教研组长参加了此次会议。

【薪火相传，以学促教】 为了进一步强化学校师德师风建设，促进学校教育教学工作规范开展，9 月 27 日晚，宁波滨海学校开展了周二夜学，全体教师参加了此次夜学，大家共同学习交流探讨教育教学最新精神，为新学年教育教学提质做好准备。夜学中，首先就 2022 学年在班主任管理、学科教学两个方面结对的师徒们举行了简短而又隆重的仪式。校党支部副书记、副校长余美珍和副校长蒋恋民分别向德育导师和学科导师颁发了聘书。随后，“徒弟们”依次上前为师傅们鞠躬献花，师傅们分别赠送礼物并握手寄语，师傅们纷纷表示，希望青年教师们能虚心请教，不仅在课堂上传授学生知识、教导学生成就良好品格，在课堂背后更要加强自我修炼、向前辈教师们取经请教，把教学之路走深走长，让学校的优良教育品质薪火相传。

【课堂展示拓视野，立足教学明方向】 为推进“双减”政策的落实，提高课堂教学的有效性，用“全员教研”助推教师的专业成长，达到“以教促研，以研促教，教研相长”的目的，宁波滨海学校力推定期教研、针对性教研、听评课教研活动。9—10 月是新教师亮相月，是新校本研修课题推行月，在一系列听课和学生活动开展后，于 10 月 18 日下午，宁波滨海学校初中段全体英语教师相聚一起，开展了一次全面、规范、隆重的听评课教研活动。

师资队伍建设

【概况】 2022 年，全县有专任教师 5642 人，其中幼儿教师 1280 人，学历合格率为 100%；小学教师 1932 人，学历合格率为 99.74%；初中教师 1365 人，学历合格率为 97.67%；普通高中教师 662 人，学历合格率为 100%；职业高中教师 398 人，学历合格率为 98.74%；特殊教育教师 36 人，学历合格率为 100%。

全县新招聘事业编制教师 145 名，其中学前教育 10 名、小学 36 名、培智 2 人、普通中学 87 名、职业高中 10 名。新聘任晋升副高级教师 95 人，中级教师 218 人。

【县级名优教师评选】 经个人申报、组织推荐，通过资格审查、专业测试、面试答辩、业绩考核、评审会讨论等流程，最终评定象山县天安幼儿园陈海丹等 3 名校（园）长为第七届名校（园）长、象山县大徐镇中心幼儿园何也莹等 3 名校（园）长为第四届骨干校（园）长；象山县荔港学校潘超群等 37 名教师为第九届名教师、象山县第二中学张琴等 5 名教师为第五届农村名教师；象山县实验初级中学柴建波等84名教师为第十届学科骨干教师、象山县高塘学校陈阳等32名教师为第六届农村学科骨干教师;象山县丹城中学周颖波等10名教师为第七届名班主任、象山县金星学校周琼珠等30名教师为第四届骨干班主任。

【推进领军人才培养】 为充分发挥名校长、名教师、名班主任的示范辐射作用,加快骨干教师队伍和后备干部队伍建设,提高教师队伍整体水平,促进教育优质均衡发展,创建象山县第一期名校长工作室5个、名师工作室11个、名班主任工作室3个。2022年市级名优教师评比中贺贤敏、戴蓉蓉两位同志获得宁波市第八批名校(园)长荣誉称号;张珊珊获得宁波市第二批骨干校(园)长荣誉称号;翁丹丹获得宁波市第二届名班主任荣誉称号;史蓓蓓等五位同志获得宁波市第二届骨干班主任荣誉称号;黄黎莲等13人获得宁波市第八批学科骨干教师荣誉称号。

【定向委培学科教师】 落实《浙江省教育厅办公室关于做好2022年中小学教师定向培养招生工作的通知》(浙教办函〔2022〕53号)、《2022年浙江省中小学教师定向培养招生计划》(浙教办函〔2022〕145号)文件精神,经普高应届生报名、面试等环节,2022年象山共计考录定向培养乡村小学全科教师20名、高中教师25名。进一步强化对乡村教师定向补充,对薄弱学科进行了予以倾斜。

【中小学教师职称评聘】 2022年,经教育局组织评审、学校自主评聘、援疆援川教师职称认定,95名教师具有高级教师、高级讲师职称(职务),218名教师具有一级教师、讲师、助理研究员、实验师职称(职务),207名教师具有二级教师、助理讲师职称(职务)。职称自主评聘试点范围进一步扩大,2022年新增象山县实验中学、象山县实验小学作为高级职称自主评聘试点。学校自主评聘体系更趋成熟,充分保障了学校用人自主权,有效发挥教师参评热情,成为学校推进教师队伍建设的重要抓手。

【教师录用调动情况】 2022年,“依法依规”招聘录用县财政全额拨款公益性事业编制教师145人,从县外调入7人,合计152人。其中,其中学前教育10名、小学38名、培智2人、普通中学90名、职业高中12名。公办教师到达国家法律、“部门规章”确定的退休年龄退休的95人。事业编制教师调象山县外系统5人,跨县调动25人,辞职33人。

【多层次培养教育人才】 2022年度,象山各级各类学校专任教师数为5756人,县内自主申报87个培训班,与外培训机构合作50个培训班,教师培训总学时数为545004.70,人均94.7,其中自主选课完成总学时数为359743.50,占总学时的66%,教师自主选课后参训率达到99.33%,教评学完成率100%,学评教满意率达97.69%,90学时及以上学时集中培训完成总人数为1808人,占总教师数的29.7%,匹配率达到93.2%。听取各方意见,诊断教育问题,完成象山县“蓝色生态·象往未来”教育体系,明确了未来三年教育发展的总目标与子项目。在研制《象山县教师专业发展“十四五”发展规划》的基础上,分项研制《新教师三年培养计划》《校园长分层培养三年行动计划》。组建“三名”工作室,培育学员拔尖人才,象山组建5个名校长工作室、3个名班主任工作室、12个学科名师工作室。2022年共有1项课题获得省教科规划课题成果二等奖,1项课题获市教科规划成果二等奖,2项目课题获宁波师训(教研)课题成果二等奖,2项获市师训课题三等奖。

【完成教师资格定期注册】 教师资格定期注册是对教师入职后从教资格的定期核查。定期注册不合格或逾期不注册的人员,不得从事教育教学工作。根据宁波市教育局有关文件和会议精神,共计214名符合条件的教师完成首次注册工作,2942名符合条件的教师完成第二轮定期注册。

【教师资格证和三十年从教证认定】 根据《教育部教师资格认定指导中心关于做好2022年教师资格制度实施工作的通知》和《浙江省教育厅教师资格认定指导中心关于做好2022年上半年中小学教师资格认定工作的通知》文件精神,2022年经现场确认、资格审查、体检等程序,户籍或常住人口中284人具备教师资格,其中幼儿园教师资格58人、小学教师资格160人、初中教师资格66人。2022年,为124名教师颁发浙江省任教三十年教师荣誉证书,表彰他们对教育事业的付出与贡献。

【374名教师荣获省市县先进荣誉】 根据省级文件精神,象山县第二中学朱宝林、象山县塔山中学张爱萍、象山荔港学校潘超群、象山县培智学校徐铮铮等4人获评2022年省春蚕奖。根据市级文件精神,象山中学何海卫等8人被评为宁波市第三十四届“王宽诚育才教师”。根据县教育文件精神,杨海敏等60人被评为象山县第十二届“园丁奖”,钱明明等151人为2021学年度优秀教师,陈可等151人为2021学年度优秀德育工作者。各级先进荣誉的评选进一步弘扬了教师爱岗敬业、为人师表、严谨笃学的优良品质,通过选树典型进一步发挥示范引领和先锋模范作用。

【第六期“中青班”开班】 为进一步加强教育系统校长队伍建设,培养和选拔一批能担负起21世纪教育现代化建设重任的领导人才,2022年象山县教育局举办第六期教育系统青年干部培训班。经选拔,确定赵叶宏等53人为象山县第六期教育系统中青班学员。本期“中青班”培训将历时8个月,通过专题讲座、异校跟岗、名校考察、教育论坛等方式开展300学时的校长任职资格培训,并完成相关必修课程考试。

校园安全

【概况】 全县118所学校(含三级及以下幼儿园)平安校园创建率为100%,其中47所学校获评宁波市5A级平安校园。县教育系统无发生较大社会影响的安全责任事故。

【安全工作责任体系及履责机制】 落实安全稳定工作责任制,安全生产纳入年度工作重点,100所学校签订安全责任书,听取各学校季度履职报告,推进县对校的周排查、月抽查、季巡查工作。实施考核、通报、约谈、挂牌督办、"一票否决"等措施推进安全工作责任落实,全年累计约谈9所学校、13名负责人,县级挂牌督办1所,通报88所。成立象山县教育卫生安全专业委员会,围绕校车安全、食堂管理、反恐防暴、疫情防控等季度工作重点,由专委会主任胡颖磊副县长带队,开展系统内多部门联合安全生产专项督查10场次。

【常规安全生产工作】 组织开展安全生产月、"5·12""10·13"、森林防灭火日、消防安全月等5场主题活动,召开工作部署、主题教育、总结交流等6次大会,开展安全生产、防灾减灾和应急救援等各类竞赛、演练,以及举办讲座共650余场次,发放宣传资料14万余份。整治校园燃气安全排查工作。全系统燃气具、燃气源头、燃气管道设施等隐患整改率均达100%,燃气报警器安装实现应装尽装。完成46所初高中学校实验室危险化学品专项整治检查。通过专人采购、专柜储存、"双人双锁"、接入入侵报警装置和专用监控等途径,实施对危险化学品日常管理、采购、运输、存储、使用、处置的全流程监管。

【交通安全管理】 平安护航160批次、6000名学生集体外出,联合县交通运输等职能部门对全县109辆校车安全运行情况进行专项执法检查,确保全县2800余名乘坐校车学生上下学安全。

【防溺水工作加强】 安排志愿者、退休人员、水务员等组成100余人的防溺水巡查队落实全天候巡查,排查整改水域隐患300多个,及时解除险情58起次,实现全年度溺水事件"零发生"。

【推进校园欺凌和反恐防暴工作】 对全县各校特殊学生和学校周边精神病史、犯罪前科、极端倾向等人员进行排查摸底,对216名学生建立"一人一档"并安排专人监管,对排摸汇总的30余名重点人员采取"实时紧盯、跟踪随访"。

【防范校园电信网络诈骗宣传教育】 提高师生识诈反诈意识和能力,通过监测、预警、约谈、线上线下联动宣传等机制严防死守,斩断网贷私贷、兼职刷单、游戏充值、冒充特定人群诈骗等伸向校园的电诈黑手,涉生网络诈骗案件比上年下降18.5%,受骗总金额下降60.4%。

【安全保障体系建设】 强化人防、物防、技防工作,全县学校共足额、足员配备专职校园安保人员494人,聘请57名民警为法治副校长,统一接入全县学校视频监控点位,实现全县中小学、幼儿园法治副校长全覆盖,校园安保人员持证率、上岗率、校园监控设备与治安监控联网均达100%。持续加强基层应急管理和能力建设,全县各校制定"一校一策"应急预案,委托第三方公司每月开展学校(含三级及个体民办园)安全轮回检查工作,探索多部门联合会商、处置机制,形成及时传递反馈及整改处置的闭环流转机制。推动安全生产领域数字化改革,开展"掌上校安"智能安防建设,实现安全业务掌上督查、掌上办理、掌上联系,其中安全数据上报统计、紧急事件上报、校园安全年度考核等7项业务功能全部实现"数据跑"。

【安全宣传教育与培训工作】 实施宣、防同步共进,提高学校德育水平,加大与公、检、法、司等部门的合作力度,联合推进法治教育、预防犯罪教育以及以案释法和实地观摩等活动,让学生知晓基本的法律边界和行为底线,帮助树立正确的人生观和价值观。加强学生心理健康、青春期健康教育,通过心理辅导课、心理咨询等手段,及时心理干预和行为引导。做实消防安全、食品安全、反恐防暴、防溺水、反诈骗等专项宣传工作,利用电子屏、黑板报、宣传橱窗、微信公众号等途径,促进宣传教育不停歇,大力普及校园安全生产相关知识,切实提高师生安全意识和自救互救能力。仅"平安三率"宣传一项,各校累计邀请法治副校长举办讲座80余场次,电子屏幕滚动播放安全标语2000余条次,张贴宣传画500多张,展出安全展板200张,发放告家长书8万多份、宣传册页1万多份,形成"人人知安全、人人守安全"的良好氛围。

【重点时段安保工作】 召开全县教育系统百日攻坚"除险保安"推进会,构建工作领导小组为核心、15个检查组为抓手、24个乡镇及部门为依托的"除险保安"专项行动工作网络,制定关于师德师风、校园及周边安全、信访等8个领域、15类问题的针对性预案,对辖区内所有中小学(幼儿园),进行三轮全覆盖、无死角的专项督查和隐患排查整改,累计下发工作提示单(函)30份,公示通报12份,排查整治各类安全隐患728处。

【反恐防暴应急处置演练】 提高全县教育系统反恐防暴应急处置能力,加强应急防范逃生避险知识学习,9月28日,象山县教育局联合县公安局在丹城五小政实校区举行"喜迎二十大　全力保平安"2022年象山县校园反恐防暴应急大演练,来自全县各校的200多名相关负责人在现场全程观摩。演练结束后,全县各级各类学校开展反恐防暴主题教育118场次,反恐防暴应急处置演练97场次。

【头盔佩戴检查月通报工作】 每月通过大数据平台视频监控抽查4所学校,

敦促学生头盔佩戴率提升至 90.7%、家长头盔佩戴率至 94.3%。

教育合作与科研

【概况】　教科研中心以全面提升全县教育质量为核心目标，坚持目标导向、问题导向、效果导向，发挥研究、指导、服务和管理职能，优化教研模式，落实月教研重点，做好“会诊式”集体跟踪调研工作。

【义务段学生家庭作业及课后托管专项网络调查】　集中调研学校 42 所，包括不同学段、不同地域、不同层次，针对农村薄弱学校和九年一贯制学校的集体调研，关注“双减”背景下的课堂教学效率及学生课业负担，对采集到的数据进行详细分析和反馈，提出整改建议。

【蹲点教研，夯实常态教学】　推行教研员蹲点学校制度，各学科教研员定期到相关蹲点学校进行指导调研，从课堂教学、校本教研、教学常规落实等方面着手，以教师为主体，以调研学情为突破口，帮助和指导教师不断改进教学行为，增强教师的主动反思能力，提升教师的执教能力。教研员走进蹲点学校全年人均 6 次，听课人均 16 节，在蹲点学校开设公开课或举办讲座人均 3 次。

【中、高考复习交流会】　做好备考研究与指导工作。教研员带领中高考学科指导组成员研读初高中学科指导意见、课程标准、考试说明，及时研究备考动态，研究试题、收集信息，并策划组织中高考专题复习研讨交流会，研讨问题、分享经验，促进了学校间信息交流。邀请市内外兄弟学校学科骨干教师、省市教研员对县初三、高三课堂教学把脉、问诊、解剖，提出切实可行的教学改进建议，为初三、高三教师准确把握中考、高考动向，进行有效的复习提供了有力的支持。5 月，组织县内学科指导组的成员为全县初三、高三学生开展中高考备考指导及举办应试策略专题讲座，提升了初三、高三复习备考的针对性和实效性，规范考生答题，确保中高考不失分，并尽可能多得分，使中高考备战“最后一公里”畅通无阻，助力考生高考圆梦。

【开展学生竞技活动】　创新体艺教育举措，各类体艺精品频出，在各级各类体艺比赛活动中捧回国家级获奖 8 人次，省级获奖 44 人。县内组织科技创新作文大赛、七巧板智力竞赛、中小学生三模赛、中小学生信息技术基本技能暨第三届创客比赛、小学生讲英语故事、数学日记、阅读达人、道德与法治小论文比赛、第四届中小学校园心理剧评选、首届中小学生“心理画”评比、全县中小学大课间评比等活动，展现了全县师生良好的精神风貌。

【教育部中小学教育质量综合评价监测工作】　5 月 25—26 日，举行教育部中小学教育质量综合评价监测，县 20 所样本学校共 600 名四年级和八年级学生参加了语文、英语、艺术学科的测评及相应的问卷调查。全县各项工作规范有序，县被评为浙江省 2021 年中小学教育质量综合评价监测组织奖。后续将更关注监测数据反馈，基于问题改进教育教学，促进教育均衡、高位发展。

【学业水平考试工作】　6 月 13 日至 15 日，学业水平考试的公共基础课、专业课和技能考核，教研人员全员出动，分头驻校巡考，从教师考前教育培训、试卷领取、考场组织和回卷、扫描等方面，严密组织监控，确保考试质量和考试公平。

【宁波市技能大赛第二阶段工作】　3 月上旬，宁波市技能大赛进入第二阶段。各校努力做好相关工作，确保选手发挥水平。之前，学校积极组织选手训练，从技能和后勤诸多方面保障选手的训练质量和效率，争取获得相应成绩。综合两个阶段，在宁波市技能大赛中学生组共获得 14 枚金牌、35 枚银牌、66 枚铜牌，教师组共获得 9 枚金牌、12 枚银牌、27 枚铜牌。省赛和国赛目前统计到的已经获得 35 枚和 4 枚奖牌，其中宁波建设工程学校的贾婧雯同学在第四届全国装配式建筑职业技能竞赛“装配式建筑施工员”赛项中夺得一等奖的第一名。

2022 年度浙江省教育科研优秀成果一览表

表 67

二等奖	S-PIES：大面积提高农村初中生英语语音能力的区域实践	象山县教育局教科研中心	张正菲、李新华(执笔)、王玲、郑贝贝、林碧成、俞宁芬
二等奖	老兵学·学老兵：老兵学堂构建的实践研究	象山县西周社区教育学院	周伟平(执笔)、倪永侃、翁朝明、陈丽娜
二等奖	深度玩耍：“童话小镇”游戏的设计与实施	象山县春晖幼儿园	吕晔、康海燕(执笔)、陈喜玲、郑科、王琼琼、任子昕

【发挥名优教师作用】　对名优教师师徒结对工作进行指导。根据带徒要求，导师与徒弟根据学科分布情况，联合开

展带徒课堂教学观摩活动并举办专题讲座，并向全县其他教师开放。此项活动与学科教研活动紧密结合，充分发挥名优教师在该学科领域的影响力，带动学科教研工作有效开展。本学期共有109节师徒结对县级公开课、36场名优教师专题讲座，无论是对师徒自身，还是其他教师，都起到了良好的促进作用。对名优教师进行年度考核，内容涵盖学习理论、指导课题研究、上示范课或举办专题讲座、课堂观摩等环节。

【心理健康教育】 抓好“危机干预”，做好心理服务工作。各学校严格做好心理筛查工作。每所学校制定了《校园心理三级预警制度》，对全体学生进行筛查，对分数异常的学生进一步开展心理评估并全面分析心理健康状况，一一面对面访谈，一人一册建档立案，有效做到明确掌握、精准干预。对筛查出的心理高危学生，采用动态关注、个别心理辅导、小团体辅导的方式进行帮助。涉及重大心理危机的个案做好及时转介。公布学校及各级心理热线号码，充分利用现代信息技术，开通线上辅导、解忧邮箱等，形成心理筛查和动态管理“链式服务”。常规开展“525”学生心理健康月活动，各校已经开展了心理画、心理游戏、小团体心理自助等活动30场次。开展家长、学生各类心理讲座进校园、“心理助考”个性定制服务进校园等工作。专职心理老师们赴荔港学校、东陈中学、外国语学校、延昌小学、象山海洋学校等开展面向家长、学生的青春期讲座、亲子沟通讲座等共计12场，“象心力”团队联合象山县心理协会、象山三院心理医生赴西周中学、象山中学、新桥学校、金星学校、定塘中学等7所学校开展了“心理助考”活动，为学校带去了心理讲座、心理团辅课、“一对一”心理咨询等定制服务，受到了师生的广泛欢迎。

【推进家校合作】 各校开展宣传落实《中华人民共和国家庭教育促进法》活动，各校普遍组织教师、家长等群体进行宣传学习活动。为方便各校学习，家教所提供了4个学习视频。将5500本《中华人民共和国家庭教育促进法》分发至全县各中小学、幼儿园，做到全县教师人手一册，让《中华人民共和国家庭教育促进法》真正走入教师心中，人人知法、守法、执法。做好顶层设计。对照法规，调查研究象山县实际，协助县教育局、妇联进制订、完善家庭教育顶层设计，分别出台了《关于进一步推进家校共育工作的实施意见》《象山县社区（村）家庭教育指导服务体系标准化建设试点工作实施方案》，依法推进家庭教育指导工作，推进家校合作向纵深发展。

【实施各级各类培训】 科学安排教师培训项目。上半年全县共有42个县级培训项目和24个县外机构面向象山的培训项目。其中自主选课项目7657个，其中长班21个，参训947人次；短班45个，参训6710人次。指令性培训项目6个，参训5619人次。下半年开出61个教师自主选课培训项目，参训人次5081；自主选课获得185040学分、校本培训获得145076学分，总学分330116，人均55学分。落实省市级指令性培训项目人选。推荐国家级园长培训1人（张雪琴），国家级中职学校历史学科骨干教师研修班1人，全国中小学德育骨干、班主任和心理健康教育教师网络培训各4人，浙派名师2人（沈珊珊、何海卫），长三角名校长1人（薛成海）。打造新教师培训。开展了面向新教师开展8天64学分的县级通识类集中培训以及借助“中小学智慧教育平台”网络远程在线学习活动。开展了《给教师的建议》《陶行知教育名篇》等教育名著的研读并撰写读书报告316篇；开展了“教育路上，我们都是追梦人”主题演讲征文活动并评出一等奖6名，二等奖8名，三等奖12名；开展了2次以上的县级学科类研讨活动和校级层面的“五个一”活动（一篇教材分析与设计、一份试卷设计、一份主题班会设计或一篇德育工作案例、一篇教学案例或一篇教学论文、一堂教学汇报课）；组织了480位三年内新教师开展课堂教学能力考核，同时参加相应学段及学科的业务考试，尤其对中职学校22位新教师15门专业课的专业考试和教学、专业技能考核。在此基础上，有164位新教师参加县课堂教学比赛并获一、二、三等奖；有100余人次在县级及以上各类专业及学科类竞赛活动中获得相关奖项。

【各类专项培训】 组织初中语文、初中英语、小学数学、小学语文、小学音乐、小学美术、幼教、综合类的90学时培训以及初中语文、数学、科学、英语、社政学科三江名师经典课展示活动。全县义务段学校教师开展了全员读书活动，全县5205位教师参加了安全教育培训。组织了219人参加普通话测试，10人参加幼儿教师资格证考前培训。面向外来务工子弟学校教师，开展包括语文教学、数学教学、班级管理两大模块的专题等。暑期还开展了面向全县中小学德育干部开展师德专项培训。

教育经费

【概况】 2022年，县教育经费总投入为230570万元，教育经费总支出为227585万元。教育部门办学生均教育经费小学为21546.80元，初中为28975.39元，普通高中为34774.75元，职业高中为31934.10元；生均日常公用经费小学为2003.59元，初中为2517.14元，普通高中为3088.97元，职业高中为4499.26元。县小学生生均占地面积与建筑面积分别达到16.77平方米和8.50平方米，初中生均占地面积与建筑面积分别达到50.79平方米和25.68平方米。

【基础设施建设】 推进爵溪中心幼儿园迁建、政实小学新建、黄避岙幼儿园新建、大目湾新城学校、茅洋学校体艺馆投入使用，新增学位幼儿园780个、小学1440个、九年一贯制学校2430个；象山中学综合提升改造工程和宁波建工学校学生发展中心改造、丹城实验初中扩班改建等32个经费预算安排项目和象山电大校史室及教工之家装修工程、石浦中学行政楼及教学楼改造工程、洋心学校校舍改造工程等12个经费自筹项目的维修工作；实验小学南校区体艺馆扩建、象山二中教学楼扩建和大目湾新积极抓紧象山港高级技工学校迁建工程、晓塘幼儿园改建稳步推进。

【重点工程债券资金筹集】 筹集象山港高级技工学校迁建工程和学前教育设施提升工程中央专项债券资金分别为19000万元和4000万元。

【教育系统国有房屋租金减免工作】 对文峰学校、丹城三小等9家单位30个承租户进行减免，共计减免租金54万余元。

（县教育局）

文化·传媒

群众文化

【概况】 完成象山县图书馆、象山县博物馆、全民健身中心概念性设计方案国际竞赛评选，青草巷文化驿站入选市“一人一艺新空间”，新桥山海汇等2家书吧入选市“天一书房”。新建“15分钟品质文化生活圈”90个、城市书房（乡镇书吧）3家、乡村博物馆1家、文化驿站1家、乡村周末文旅剧场4家。有序开展文化艺术节庆活动，举办县第六届群众文化艺术节、县第十六届陈汉章读书、“青年与海”亚运主题朗诵会、“渔光音乐节”等重大文化活动33场，开展“群星课堂”“艺+堂”等“一人一艺”全民艺术普及和“阅+堂”“月读”等全民阅读推广活动600余场，累计吸引线上线下群众参与达159万人次。推动文艺精品创作，“唱新闻”《这片红》喜获浙江省“群星奖”并入选全国“群星奖”复赛，器乐合奏《打钓佬》获宁波市音舞节金奖，《海岛旅游奔小康》等2幅农民画入选“大美民间—2022中国（南京）农民画优秀作品双年展”。

【溪里方村入选浙江省美育村（社区）】 1月18日，浙江省文旅厅发布《关于公布首批浙江省美育村（社区）的通知》（浙文旅艺〔2022〕1号），象山县墙头镇溪里方村成功入选首批浙江省美育村（社区）。

【农民画获得省级荣誉】 2月8日，浙江省文化和旅游厅办公室发文，公布“庆建党百年　享美好生活”浙江省“三团三社”示范交流系列活动获奖名单，象山县文化馆选送的4幅农民画作品《结网》《三月三螺子螺孙爬上滩》《捉蜗牛》《一曲高唱扶贫歌》被评选为视觉艺术类入选作品。

【《唱进洋　再起航》代表宁波市出演杭州亚运会展演活动】 2月21日，由象山县文化和广电旅游体育局选送的男声小组唱《唱进洋　再起航》赴杭州参加杭州亚运会倒计时200天群众体育文化展演活动，作品由钱建隆作词，徐坚强作曲，黄恩荣、陈耀威编导，代表亚运协办城市宁波出演，是宁波市唯一一支表演队伍。活动得到央视频现场直播，全国200多家媒体进行报道，点击率达1000多万人次。

【石浦文化馆重新开馆】 3月21日，象山县石浦文化馆在完成历时一年左右的整修工程后重新开馆。作为公益性群众文化事业单位、浙江省特级文化站，石浦文化馆下设综合室、艺术一部、艺术二部、培训部，室内面积2500平方米，室外面积4600平方米，场馆现有多功能厅、舞蹈排练厅、展厅、培训室、书画室、非遗展示厅、图书馆等功能空间，场馆服务功能全面提质升级。

【《这片红》获浙江省“群星奖”】 5月18日，浙江省文化和旅游厅发布《浙江省文化和旅游厅关于公布2022年浙江省“群星奖”获奖名单的通知》（浙文旅公共〔2022〕23号），象山县文化馆创作的“唱新闻”《这片红》获奖并入选全国赛。

【首家文化驿站建成运营】 5月22日，象山县首家文化驿站——青草巷文化驿站正式建成投用，驿站内设群星小舞台、小型展览馆、3个讲堂教室，邀请象山县十余位非遗传承人长期入驻，是一处集文化会演、文化交流、展示展览、培训体验于一体的文化活动场所。

【饶权到象山考察】 7月11日至12日，文化和旅游部党组成员、副部长饶权一行到象山县考察文化和旅游工作。省文化和旅游厅厅长褚子育，副市长朱欢，县委书记包朝阳，县委副书记、县长李晓东，县委常委、宣传部部长张微燕，副县长胡颖磊陪同考察或参加相关活动。

【中国农民丰收节系列活动暨第二十五届中国（象山）开渔节开幕】 9月16日，中国农民丰收节系列活动暨第二十五届中国（象山）开渔节开船仪式在全国六大中心渔港之一的象山石浦港举行。市人大常委会主任张平，农业农村部渔业渔政管理局二级巡视员董金和，省文化和旅游厅副厅长芮宏等领导出席开渔节开船仪式。

【省文化和旅游厅领导到象山调研】 11月10日，浙江省文化和旅游厅公共服务处处长李新芳、宁波市文化和广电旅游局副局长江武吉等到象山调研“城市书房·丹山馆”，县文化和广电旅游体育局党组书记、局长陈淑萍等陪同。

【宁波（象山）首届大地艺术节开幕】 12月3日上午，由中共宁波市委宣传部主办、象山县文化和广电旅游体育局等承办的2022年宁波(象山)首届大地艺术节在茅洋乡开幕。此次艺术节围绕“滨海时尚”“文化共富”“艺术跨界”“乡村振兴”等元素,集宋韵、音乐节、飞盘、文创非遗市集于一体,旨在展现象山文旅新理念、新模式,吸纳创新精英汇聚,推动“青年与海”双创品牌发展。开幕式上,举行文旅项目签约仪式、象山县文艺星火赋美项目授牌仪式,公布首批重点打造的18个文艺星火赋美示范点。

【象山县文化礼堂获省级表彰】 12月16日,浙江省文化和旅游厅公布公共文化场馆服务功能拓展先行先试验收结果,象山县泗洲头镇文化站、墙头镇溪里方村文化礼堂、东陈乡樟岙村文化礼堂获得浙江省公共文化场馆服务功能拓展先行先试工作优秀表彰。

文化市场

【概况】 推进浙江海洋运动中心建设,出台《象山县体育产业(海洋运动)发展(精准招商)规划》《关于加快发展海洋运动产业实施意见》等,亚帆中心被中国潜水打捞行业协会授牌“休闲潜水培训中心”,签约“渔光之城”等文旅项目。市遗“西周芳记”入选首批“宁波老字号”企业,石浦渔港古城景区入选市级夜间文旅消费集聚区,阿拉的海滑板冲浪获评2022年度省运动休闲旅游优秀项目,东海水舞秀等2个项目获市文化产业发展专项资金(数字文化)扶持资金40万元。争取文旅企业纾困资金918万元、酒店退税650万元,联合县商务局共同发放“热力暑期·象惠山海”等文体旅消费券960万元,核销864万元,核销率达90.1%,累计带动市民消费达1000余万元。联合多部门开展“扫黄打非”、KTV等娱乐场所集中整治、非法卫星电视接收设施整治、文物安全集中排查整治、疫情防控、文明城市创建等八大专项行动,全年共出动执法人员7641人次,检查2676家次,行政处罚立案调查36件,罚款58.5万元。梳理行政权力办理事项164项,办结行政许可案件222件、行政确认48件,所有审批事项“掌上办”、网上办、跑零次、“全省通办”网上受理率及群众满意度均达到100%。

【石浦渔港古城景区入选宁波市级夜间文旅消费集聚区】 1月14日,宁波市文化广电旅游局发布《宁波市文化广电旅游局关于公布第一批市级夜间文旅消费集聚区名单的通知》(甬文广旅发〔2022〕6号),象山县文化和广电旅游体育局申报的石浦渔港古城景区成功入选第一批宁波市级夜间文旅消费集聚区。

【西周芳记获评“宁波老字号”】 2月17日,首批“宁波老字号”授牌仪式在宁波市海曙区举行,象山县县级非物质文化遗产代表性项目西周芳记获首批“宁波老字号”称号,成为象山县第一家获此荣誉的企业。

【象山县召开传统糕点和点心品牌打造宣传推广座谈会】 8月15日,象山传统糕点和点心品牌打造宣传推广座谈会在象山传统糕点制作技艺(芳记糕点)的传承基地西周芳记食品有限公司举行。会议提出“非遗”糕点需要追崇传承与创新,通过跨界联名、时令限定、国潮设计等多种途径硬核市场需求。

【市文化广电旅游局到象山开展广电安全专项检查】 4月27日,宁波市文化广电旅游局副局长陈彩凤、广播电视处处长李仲祥等一行,前往象山县传媒中心开展广电安全专项检查工作,主要检查安全播出、非法地面卫星广播电视节目接收设施整治、影视城安全拍摄等方面内容。象山县文化和广电旅游体育局党组书记、局长陈淑萍等涉广电相关部门负责人等陪同。

【象山县对校外艺术类培训机构进行节前消防联合抽检】 9月28日,由象山县文化和广电旅游体育局牵头,联合象山县消防大队,象山县住建局,象山县综合行政执法局等工作人员组成检查小组,对全县校外艺术类培训机构进行节前消防联合抽检,进一步规范校外艺术类培训机构消防安全管理,严防火灾事故发生,切实保障学生人身安全。

【联动整治娱乐场所】 11月2日,象山县文化和广电旅游体育局、象山县卫健局、象山县公安局、象山县消防救援大队、象山县综合行政执法局、象山县市场监管局、象山县人社局等部门联合开展专项整治行动,聚焦KTV等娱乐场所疫情防控守“小门”不严格、防疫消杀不到位等问题,全面开展集中整治、消除安全生产监管盲区,督促实现场所复业核验率、场所入口扫码率、场所从业人员核酸检测率达到100%。

公共图书馆

【概况】 象山县图书馆融入社会力量参与机制,开通城区社保卡一卡通服务功能,新建图书流动站9家,共借还图书801886册次,接待读者381670人次,新增图书借阅卡2223张,开展图书流动143421册,完成购书金额1280748.96元,收集地方文献130种180册。举办线上线下讲座61期、展览108期、阅读推广活动232期,受众群体1225909人次。

【第十六届陈汉章读书节】 4月23日上午,象山县第十六届陈汉章读书节开幕式暨“青年与海”迎亚运诗歌朗诵会在直播象山平台播出,活动由中共象山县委宣传部、象山县文化和广电旅游体育局等主办,象山县图书馆、象山县文化馆承办。同时上线第三十三期“月读”,象山县委副书记、县长李晓东作为“月读”推广人推荐书籍《我心归处是敦煌》,当天线上点击量突破2万人次。

【举行陈汉章读书节图书捐赠仪式】 4月19日，象山县第十六届陈汉章读书节之“千里系书香，温情进雷波”图书捐赠仪式在象山县汉章小学举行。启动仪式上，象山县汉章小学全体师生每人捐赠一本书，定向捐赠给四川省雷波县谷堆乡中心校，象山县文化和广电旅游体育局副局长、雷波县谷堆乡党委副书记阿劣阿呷代表谷堆乡中心校接受捐赠。

【宁波图书馆到象山调研】 5月19日，宁波图书馆副馆长沈冠武一行前往象山县图书馆，调研公共图书馆知识资源细颗粒度建设工作进展情况，就新技术应用、馆务数据系统等问题进行研讨。

【城市书房荔港馆开馆】 8月1日，位于象山县石浦镇金山路123号的象山城市书房荔港馆正式开馆，项目为象山县2022年重点打造的民生项目之一，也是“图书分馆+智慧书房”模式的乡镇分馆升级版。荔港馆总面积207平方米，设有咖啡吧休闲活动区，室内Wi-Fi全覆盖，藏书共18000余册，配有自助借还机、歌德机等。

【李新芳、江武吉调研象山城市书房】 11月10日，浙江省文化和旅游厅公共服务处处长李新芳、宁波市文化和广电旅游局副局长江武吉等调研团一行在象山县调研“城市书房·丹山馆”，象山县文化和广电旅游体育局局长陈淑萍等陪同。

文物保护

【概况】 浙江特色传统文化重点提升工程“国家级海洋渔文化生态保护区非遗展示体验平台”入列浙江省督查激励事项，象山县被列为2021年度传承发展浙江优秀传统文化工作积极主动、成效明显的县。非遗保护指数2021年位列全省第12名、全市第二。开展第六批国家级非遗代表性传承人和省级非遗代表性项目申报，省级非遗代表性传承人张德和获评第八届中国工艺美术大师。举办“锦绣华章”2022长三角民间艺术文创大展、文化和自然遗产日、第二届非遗年味集市、“音浪分享会”“非遗半岛行”等线上线下活动400余场。“海洋渔文化”成功首批100项“浙江文化标识”培育项目和第二批省文化标识建设创新培育项目，并入选浙江省十大文化标识建设成果展。象山县文化基因解码成果获评全省“优秀”等次，“海山仙子国”等4个项目入选全省“优秀解码项目”，“草木染”等4个作荣获宁波文化基因解码微视频大赛优秀作品奖、获奖数量居全市第一。出台《关于进一步加强全县文物安全工作的实施意见的通知》，公布县级文物保护点6处，基本完成宁波市木结构文保单位线路改造试点工作。花岙兵营遗址之雉鸡山兵营遗址本体保护工程和市域铁路涉及塔山遗址建设控制地带工程获国家文物局批复。协同推进横湾沉船考古发掘和塔山考古遗址公园优化提升工作。完成大唐象山乌沙山电厂光伏项目建设考古前置。青草巷李宅等2处县级文保单位（点）获评市不可移动文物保护利用优秀案例。

【象山“海洋渔文化”入列浙江省首批文化标识培育项目】 1月4日，浙江省文化和旅游厅下发《关于公布首批100项“浙江文化标识”培育项目的通知》（浙文旅公共〔2022〕1号）《浙江省文化和旅游厅关于公布“文化基因解码工程”解码成果评审结果的通知》（浙文旅公共〔2022〕2号），象山县文化和广电旅游体育局申报的“海洋渔文化”列入浙江省首批文化标识培育项目，《象山县文化基因解码报告》获评全省“优秀”等次，《海山仙子国》《象山竹根雕》《中国开渔节》《象山影视城》获评省级“优秀解码项目”。

【宝丰县到象山考察学习】 3月9—11日，由河南宝丰县委副书记、县长王代强带队的平顶山说唱文化（宝丰）生态保护发展中心考察组一行到象山县考察学习生态区建设工作。象山县人民政府副县长胡颖磊、象山县政协副主席励茂平等陪同考察。

【杨建武到象山调研】 5月19日至20日，浙江省文化和旅游厅党组成员、省文物局局长杨建武到象山调研文物保护、考古和乡村博物馆工作。调研组先后前往花岙兵营遗址、中国海洋渔文化馆、横湾沉船考古发掘现场等地考察，宁波市文化广电旅游局党组成员、副局长周明力，副局长陈彩凤，象山县委书记包朝阳等参加调研。

【象山县非遗工坊入选省级名单】 6月6日，浙江省文化和旅游厅公示浙江省省级传统工艺工作站、非遗工坊创建名单，由县文化和广电旅游体育局报送的“象山竹根雕”省级非遗工坊、“象山竹编”省级非遗工坊入选省级非遗工坊（创建）名单。

【象山县“文化和自然遗产日”系列活动】 6月10日，2022年象山县“文化和自然遗产日”系列活动暨首届象山非遗购物节开幕式在青草巷特色街区举行，现场推出象山海洋渔文化之旅、海岛探秘之旅、行走茅洋之旅3条非遗特色旅游线路，为14家非遗传承基地授牌，聘任6位“象有非遗”推广大使。

【高塘岛乡开启岛居生活推广季】 7月2日，象山高塘岛乡开启“海岛微度假　自由慢时光”岛居生活推广季，海盐晒制非遗传承所正式开馆。传承所以古法制盐非遗文化为体验，打造一个集展示展演、互动体验、科普教育等结合的非遗宣传推广窗口，同时推出国家非遗晒盐技艺IP形象“花岙晒盐阿伯”。

【“行走茅洋”入选市级非遗主题旅游线路】 8月24日，宁波市文化旅游局发布《宁波市文化广电旅游局关于公布2022年宁波市级非遗传承教学基地等名单的通知》（甬文旅发〔2022〕106号），象山海韵幼儿园入选宁波市级非遗传承教学基地，行走茅洋——象山非遗之旅入选市级非遗主题旅游线路。

【“锦绣华章”2022 长三角民间艺术文创大展举行】 11 月 10 日至 20 日，“锦绣华章”2022 长三角民间艺术文创大展在青草巷举行。展览设主展厅、精工淬艺主题馆、象山主题馆、年画绘新主题馆四个展区、五个板块，共展出 250 件民间艺术文创产品。由文化和旅游部全国公共文化发展中心、浙江省文化和旅游厅、上海市文化和旅游局、江苏省文化和旅游厅、安徽省文化和旅游厅主办，浙江省文化馆、象山县文化和广电旅游体育局承办。

【《渔光之城》滨海场景演艺秀入选浙江省示范项目】 12 月 5 日，浙江省文化和旅游厅发布《关于公布首批文化基因解码成果转化利用示范项目的通知》（浙文旅公共〔2022〕46 号），象山县《渔光之城》滨海场景演艺秀成功入选。

【获浙江省传统工艺短视频大赛奖项】 12 月 12 日，浙江省非物质文化遗产保护中心（馆）公布“海宁杯”浙江省传统工艺短视频大赛赛果，象山获 1 个一等奖、3 个三等奖、1 个优秀奖，象山县非物质文化遗产保护中心获优秀组织奖。

2022 年象山县各级文物单位（点）一览表

表 68

	序号	乡镇（街道）	级　别	数　量	内　　容
国保	1	丹东街道	国　保	1	塔山遗址（含姚家山遗址）
	2	石浦镇	国　保	1	浙东沿海灯塔［北渔山灯塔、东门灯塔（含任氏二难墓）］
	3	高塘岛乡	国　保	1	花岙兵营遗址
	总计	—	—	3	—
省保	1	丹东街道	省　保	2	赤坎游仙寨遗址、淳熙井
	2	爵溪街道	省　保	2	街心戏亭、公屿烽堠（周家山防倭烽火台）
	3	石浦镇	省　保	3	石浦城隍庙、金鸡山炮台、东门天后宫
	4	鹤浦镇	省　保	1	大百丈岩画
	5	东陈乡	省　保	1	陈汉章故居和墓
	6	晓塘乡	省　保	1	“锺郝遗徽”石亭
	总计	—	—	10	—

续表68

	序号	乡镇(街道)	级 别	数 量	内 容
	1	丹东街道	县 保	3	丹城东寺、梅岙烽火台、障川碶
	2	丹西街道	县 保	7	丹城西寺、丹山井、王家谟烈士墓、石屋及摩崖石刻、王家谟烈士故居、姜毛庙正殿、青草巷李宅
	3	爵溪街道	县 保	1	爵溪抗倭城墙
	4	石浦镇	县 保	8	二湾摩崖石刻、金山书院、纪子庚先生墓、延昌宋皇宫、三湾路廊、石浦古井群、石浦巡检司旧址、东门城隍庙
	5	西周镇	县 保	3	车岭村庆丰桥、欧阳桥、何恭房祠堂
	6	鹤浦镇	县 保	1	白龙潭·蟹厂武圣庙民俗遗址
	7	贤庠镇	县 保	3	贺威圣烈士墓、沈家洋牌坊、贺威圣故居
	8	墙头镇	县 保	4	欧家祠堂、立三中学旧址、瑞安桥、西沙岭古驿道
	9	定塘镇	县 保	2	镇潮庙、保安桥
	10	大徐镇	县 保	2	殷夫烈士故居、吴乾养墓道石刻
	11	涂茨镇	县 保	1	汤岙周氏宗祠
	12	新桥镇	县 保	3	东溪励氏宗祠、关头源房、黄公岙山海楼
	13	泗洲头镇	县 保	1	复兴禅寺
	14	东陈乡	县 保	1	东陈鉴池公祠
	15	晓塘乡	县 保	2	三戒堂、励家坪康熙方井
	16	茅洋乡	县 保	2	茅洋“日寇华中矿业公司”遗址、茅洋庙山头遗址
	17	黄避岙乡	县 保	1	陈岙青瓷龙窑遗址
文保点	1	丹东街道	文保点	5	汤家大屋、后翁民宅、瑞龙寺、陆家陆氏宗祠、东塘山窑址
	2	丹西街道	文保点	4	联合救火会、杨家善智庙、西街平水庙、上吴吴氏宗祠
	3	爵溪街道	文保点	2	龙冲山岗烽火台、地厂烽火台
	4	石浦镇	文保点	22	潘金镖夫妇墓、百花洞岩画、蛟龙风水墙、许云荨夫妇墓、大金山碉堡、邵榜眼旧宅、渔山清代沉船遗址、瑶池冰雪坊、民丰弄许家上宅院、金山旅馆、大夫第、九井邵氏宗祠、东门王将军庙、江心寺后摩崖石刻、石浦所城城墙遗址、董梦蛟墓、象山县第一初级中学旧址、大皆春药铺旧址、东门渔村任氏故居、石浦卢宅、昌国卫大庙、水门桥
	5	西周镇	文保点	18	乌沙李家走马楼、石门岭关隘、长春桥、柴溪敬大房、万金山方氏祖坟、长庆桥、儒雅洋友二房、天寿寺、双汪岭路亭、柴溪陈氏宗祠、柴溪老大份宅院、牌头下屋新屋、关山信大房、勤丰奶奶坟、儒雅洋西碉楼、儒雅洋团练房、沙泉张氏宗祠、横山大寨屋

续表68

	序号	乡镇(街道)	级 别	数 量	内 容
文保点	6	鹤浦镇	文保点	4	吴德元烈士墓、前龙头灯塔、原南田县署监狱县署门厅、小百丈铸铁遗址
	7	贤庠镇	文保点	6	着衣亭吴家宅院、着衣亭何财房、贤庠小东房、青莱樊信房、山厂窑址、海墩贺氏中小房
	8	墙头镇	文保点	8	大雷山灯塔、溪里方仁三房、墙头孔家穿堂宅院、大溪蒋铜矿冶炼厂旧址、大雷禅寺、墙头西一三房、墙头基督教堂、孔氏宗祠
	9	定塘镇	文保点	4	中站耶稣堂、人民胜利碶、陈照华故居、奚家八角楼
	10	大徐镇	文保点	3	杉木洋徐公祠、安东庆丰庙、缸窑蒋窑址
	11	涂茨镇	文保点	4	中堡烽火台、后七埠沉船、白象头窑址、珠山法王寺
	12	新桥镇	文保点	5	洋坑吴氏宗祠、海台韩氏宗祠、紫荆花馆、黄吉岙林氏宗祠、怀荫草堂
	13	泗洲头镇	文保点	8	西洋大宅门、塘岸中保庙、后王祠堂、泗洲头新桥头、小石坑茅山桥·茅山庵、灵静庵、双连桥、盛城故居
	14	东陈乡	文保点	4	东陈怡经堂、西山行宫、武家山武氏墓、孔房大份宅院
	15	晓塘乡	文保点	5	黄埠三三堂、黄埠圆峰庙、黄埠孩儿塔、花湾炮楼、岩头角新楼屋
	16	茅洋乡	文保点	6	大地园陈家大份宅院、文山塘坝、蓬莱寺、南充永丰庙、溪口粮站、溪东石氏宗祠
	17	黄避岙乡	文保点	1	龙屿张家新屋
	总计	—	—	109	—

(县文广旅游体育局)

新闻传媒

【概况】 2022年,象山县传媒中心推出“聚力一二五　走好共富路”“奋力冲刺全国文明城市”“青年与海”等重大系列、主题报道1000余篇,刊发评论50余篇,在市级以上主流媒体刊播稿件1万余条。61件优秀作品获省市新闻奖,10件作品获省广电节目技术质量金鼎奖、金潮奖。因在县域融媒体内容传播等方面表现突出,人民日报新媒体中心授予象山“乡村振兴传播基地”,央媒“三农头条”授予“山海万象”App“融媒体之星”。获得全省广播电视新闻融合传播协作广播新闻协作、电视新闻协作二等奖,蓝莓联盟新媒体协作三等奖,全省有线广播电视运营服务质量省级优秀单位,象山县文明机关创建先进单位,象山慈善事业共建奖等集体荣誉。象山县传媒中心机关党委获得“中共宁波市委宣传部颁发的五星级基层党组织”称号。

【推出党的二十大主题报道】 一是全媒体矩阵宣传。统筹手机客户端、网站、微信公众号等新兴媒体以及广播、电视、报纸等传统媒体,加大外宣,累计推送各级主流媒体稿件150余篇、阅读量近50万次。策划《二十大精神在身边》特色栏目,推送稿件50余篇,累计点击量超20万人次,并推出“红十月”展播月活动,轮播40部红色革命经典影片,持续营造昂扬向上的舆论氛围。二是深层次专栏解读。开设《喜迎二十大》《二十大时光》《喜庆二十大》等专题专栏,动态更新党的二十大会议相关新闻报道,及时转载刊登中央主要媒体推出的系列评论言论和重点理论文章等各类稿件150余篇，全面阐释中共二十大报告的丰富内涵和历史性意义，推动党的二十大精神飞入寻常百姓家。三是多视角全面报道。组织骨干记者深入海岛渔区、象山影视城、亚帆中心等具有辨识度的特色领域开展调研访谈，用镜头捕捉记录全县广大干部群众踊跃收看中共二十大场景实况、社会各界对中共二十大报告的热烈反响、各地各部门党员干部的学习日常以及深入贯彻落实中共二十大精神的生动实践，累计推送相关稿件32篇、点击量超5万次。

【做好疫情防控宣传】 “4·3”“4·6”疫情防控宣传中，县传媒中心构建战时团队运行机制，“策、采、编、审、发”一体化运行，驻前方攻坚报道组与后方采编团队融合持续作战，广播、电视、新媒体界限打破，平台、部门、栏目壁垒打通，社会人士积极参与，海康威视推流摄像头、蓝云AI配音制作等数智化新技术提供保障，实现了全媒体“全程、全息、全员、全效”传播。推出象山防疫相关新闻资讯700余篇，新媒体500余条，诞生了1个75万余人次、30个10万余人次的爆款产品。为更好解决群众“急难愁盼”问题，升级“山海万象”App“服务”功能，设置“朋友圈”，为用户提供便民信息、实时资讯和延伸服务，“山海万象”App最高日阅读量突破100万人次。

【“象山救鲸行动”引海内外媒体“刷屏”关注】 人民日报、新华社、中央电视台以及省市各级主流媒体，新浪、百度等国内主要商业媒体纷纷以视频直播、图文信息等方式，通过微博、微信、客户端、抖音、B站、百度、今日头条等全媒体平台，对象山救鲸行动进行了多角度、全方位报道。从事发的4月19日至21日11时，全网视频流量18亿余人次（其中抖音全平台观看量超12亿人次），微博4亿余人次，直播观看超1亿人次。全网公共平台共监测到相关信息21932条，外媒报道100余篇。10余个话题登上抖音热榜、微博热搜榜。新华社以英、日、法、西、葡、俄、泰、土耳其、印度尼西亚等9种外文向世界播发了象山救鲸行动，法新社泰晤士报、欧洲时报等媒体也纷纷报道，各国大V、网友持续发帖评论，赞扬中国对搁浅抹香鲸的营救。外交部部长助理华春莹在Twitter社交平台上推出相关贴文Miracle at dawn!：“奇迹出现在黎明！经过20个小时的艰苦营救，今天上午，被困在浙江象山的抹香鲸安全返回水域。”

【“救鲸护鸟”亮相国际舞台】 县传媒中心协助摄制微纪录片《生死时速——象山人拯救抹香鲸的故事》和《离岛归客——守护中华风头燕鸥》，亮相2022年12月7—19日召开的联合国生物多样性大会，在国际舞台上讲述了象山保护海洋生物、保护海洋生态的生动案例。

【推出系列微纪录片《万象山海·飞越海岸线》】 《万象山海·飞越海岸线》栏目以镇乡街道为单位进行选题和分类，以影像视角全景展示象山滨海花园城市的魅力，艺术化解读“万象山海、千年渔乡、百里岸线、十分海鲜、一曲渔光”的动人魅力，捕捉象山在海洋经济、海洋文化、海洋生态发展和变迁中的独特场景。2022年11月8日推出第一季《路在脚下》《潮隐山海》《影动西岸》《色润斑斓》等四集，每集时长8分钟左右，全部在“学习强国”学习平台播出，并获得2022年全国县级融媒优秀作品冬赛三等奖。主创人员：金旭东、赵真珍、胡渊博、屠世丹、吴敏勇。

【推出广播专题节目《青年与海》】 为响应第25届中国（象山）开渔节“青年与海”人才主题活动，象山县传媒中心联合宁波财经学院象山影视学院，开办一档宣传北纬30°最美海岸线象山、推介象山人、象山事，广揽天下英才到象山的广播专题节目。节目时长15分钟，每周六周日在象山电台9时、18时播出，半月1期，重播1次。主创人员：李红、李秉原、靳树山、影视学院学生。

【推出电视专题节目《悦动最美海岸线》】 象山电视节目播出，播出时间：每周二19:35，次日中午重播，栏目围绕北纬30°最美海岸线，以一个人物或一个景点展开，节目穿插网红打卡，人物背后的故事，带动本地及外地游客吃喝玩乐游象山。主创人员：沈洁、蔡挺、张晓晓。

【推出新媒体节目《奔赴山海　向往新鲜》】 “象山发布”微信公众号、中国象山港网站、视频号、“山海万象”App、抖音等平台共同发布，每周一发，时长2分钟。栏目图文结合，突出“新鲜”二字，由记者深入象山旅游一线，通过探寻旅游目的地，挖掘象山北纬30度新玩法，第一时间寻找当季象山味道，体验个性民宿等方式，展现半岛象山最“仙”风光景色、最“鲜”海鲜美味以及最“先”旅游资讯。主创人员：董小滋、陈雨露。

【推出方言栏目《向往象山》】 为增强电视节目的新鲜味和可看性，方言节目《夜到讲白搭》新增《向往象山》子栏目。栏目以主持人体验、互动的形式，向观众展现象山的美食、美景、人文、趣事，通过电视+新媒体传播的手段，唤起县内外观众对象山这座滨海大花园的向往。栏目时长2~5分钟，播出时间：每周二18:15，主创人员：李延毅、石保青、张薇、陆玲玲、贺林汕。

【数智赋能防台报道】 防御第11号“轩岚诺”、第12号“梅花”台风期间，按台风应急预案要求将“数字城市”系统接入融媒体指挥中心，把涵盖海岛、码头、城乡、街道等25300多个视频点位的实时信息直接传送到本地编辑系统，比较完整地盘点了石浦港、铜瓦门大桥、象山高速口等多个象山标志性点位的实时情况，释放“新闻+政务+服务”合力。

【开展“哥哥同名鹅”直播活动】 抢抓“再就业男团”全程在象山取景拍摄的综艺节目《快乐回来啦》热播的热度，策划开展“哥哥同名鹅”活动，“山海万象”App从6个鹅蛋开始，开展“破壳计划”、“幼鹅园成长计划”全程直播，前后半个月时间，吸引全国各地100万人次的粉丝打卡收看直播，线上线下热烈互动。

【融媒矩阵更为完善】 坚持“移动优先”，全面推进资源要素优先向移动端倾斜，完善“山海万象”App为引领，报、网、台及其他新媒体平台为羽翼的融媒体矩阵。各新媒体平台明确定位，力求多声部奏响舆论引导最强音。“山海万象”App注册人员超13万，“象山发布”粉丝量19.8万人，“中国象山港网站”公众号粉丝量13.5万人。做新做活“象山发布”“中国象山港网站”两个视频号和“印象山海”抖音号。舆论引导指数排名从较落后位置持续上升，在全省91家单位中最好月度名次是23，下半年连续3个月进入前40。

【客户端迭代升级】 将做大做强“山海万象”客户端，作为媒体深度融合的重点。根据数字化改革要求，打造全县镇街、部门政务服务内容融合发布的跨场景应用“万象号”，增强县域宣传合力。增强“用户思维”，升级客户端服务和互动功能，开通App积分商城，相继推出“庆开渔·享数币”“惠享金秋，嗨购象山”数币红包抽取和“最美服务之星”“最美服务窗口”评选等活动，实现“周周有活动、月月有主题”，客户端注册安装用户成倍增长，利用日均活跃率也从1000人次上升至3000人次。

【广播系统改造】 原有广播系统于2007年建成运行，系统各设备使用寿命到期，多次出现播出中断，存在播出安全隐患，且无备播系统，满足不了新媒体广播的需求。2021年9月，党组决定对广播系统进行改造。2022年2月开始建设可视化广播系统，建设内容包含一套广播可视化直播间系统、一套广播播控系统、一套音频制播系统、可视化直播间的声学舞美装修以及灯光系统。该工程于2022年12月底完成，总投入210万元。

【牵头做好空中缆线专项整治】 成立工作小组，全面排查，按时间节点倒排工作任务。完成大旗头加油站、贤庠工业区盛宁线等亚运线路，文明城市创建线路，3个全国文明村（方家岙、溪东、高泥村）及新桥黄公岙村空中飞线整治工作，共梳理用户2.3万余户，梳理线路1200多千米，拆除废杆230余根、废钢绳60多千米。

【象山数字电视有限公司更名】 3月25日，为进一步做好实现国企融资降本增效，拓展业务，象山县传媒中心主管的国有企业象山数字电视有限公司更名为浙江象荣数字技术有限公司。

【“智慧停车”产业闯出新天地】 截至12月底，“智慧停车”项目已覆盖10个省22个城市，营业收入10006.52万元，利润619.31万元，实现税收200万元，带动杭州海康威视公司停车类设备生产销售13亿元。因表现突出，县传媒中心“智慧停车”项目拓展团队获县“2022年度好团队”称号。

【做好分公司营业厅“一站式”服务工作】 完成石浦、西周等14个分公司营业厅进驻乡镇社会治理中心（便民服务中心），实现群众办事只进一扇门、只到一个窗、就能办成多件事，助力基层公共服务社会治理水平。

（县传媒中心　杨增艳）

体 育

综 述

2022年，出台《象山县全民健身实施计划（2021—2025年）》，扎实推进浙江省体育现代化县创建，完成晓塘乡青山头村创建国家级体育现代化社区（村）标准化试点验收。实施城乡体育场馆设施提升工程，多次会同有关部门持续深化县体育场、县体育馆、县游泳馆、城区体育公园设计方案，完成县灯光球场改造。建成社区多功能运动场、百姓健身房等基层体育场馆设施26个（片），总量和完成进度均为全市第一。拆除健身路径器材2200件、更换981件，努力建设城市社区“10分钟健身圈”。成功举办全国高校首届沙滩足球教练员裁判员培训、浙江省基层帆船教练员公益培训班等重大赛事活动20余场，精心筹备全国健身名山登山大赛、浙江省大湾区自行车赛暨环象骑行赛、“最美海岸”哈雷骑士大会、海潮马拉松赛等赛事，广泛开展“迎亚运　推四进”“帆船进校园”“一人一技”线上线下全民健身公益培训和活动41场，累计吸引群众参与体育健身锻炼达44万人次。群众体育工作成效显著，荣获2018—2021年度全省群众体育工作成绩突出集体称号和2021年度浙江省体育民生实事建设突出贡献奖。坚持强基育苗计划，完成运动员省注册360人，向上级输送20名体育苗子。共取得市级以上计划内赛事金牌18枚，其中象山籍运动员汤欣怡获全国蹦床青少年锦标赛金牌。深化数字体育建设和社会力量办体育改革，坚持推动全民健身和全民健康深度融合，省“揭榜挂帅”“体医融合”数字化改革项目在县中医院试运行。

体育设施

【概况】 打造以重大项目建设为引领的多点支撑新格局，启动“一场两馆”建设工程，总投资7.8亿元。其中，体育场（奥体中心一期）计划投资3亿元、建筑面积2万平方米，已完成方案设计；游泳馆计划投资1.8亿元、建筑面积1.4万平方米，已完成土地征收并同步开展初步设计编制；体育馆（人民广场片区）计划投资3亿元、建筑面积3万平方米，通过举办国际竞赛面向全球征集概念性设计方案，现由斩获头名的日本隈研吾建筑都市设计事务所深化规划方案设计。结合年度省级基层体育场地任务和民生实事项目，科学谋划体育设施布局，新增1个村级全民健身广场、1个体育公园、1个镇乡本级全民健身中心、2片笼式足球场、7个社区多功能运动场、14个百姓健身房，提前超额完成2022年基层体育场地设施建设项目，完成率达112.82%，进一步解决群众“健身去哪儿”难题。加强全县全民健身器材配建管理工作，对县域2791个体育场地、6828件健身路径器材组织全面排摸3次，区域排摸20余次，更换安全隐患器材1000余件，切实保障场地设施使用效率和使用安全。截至2022年底，全县已实现公共体育场地设施100%全开放，人均体育场地面积提升至2.84平方米。

【象山县垂钓中心挂牌市垂钓基地】 5月10日，宁波市钓鱼协会向象山县垂钓中心授予“宁波市钓鱼协会休闲旅游垂钓基地”称号，属全市第一家获得该称号的垂钓中心。

【浙江省帆船协会落户宁波象山亚帆中心】 11月30日，浙江省帆船协会第七届会员代表大会第一次会议暨换届大会会议在宁波象山亚帆中心召开，浙江省水上运动管理中心主任赵伟军当选浙江省帆船协会主席、书记。同日上午，浙江省帆船协会落户宁波象山亚帆中心。

2022年象山县公共体育设施一览表

表69

单　　位	设施名称	服务项目	开放时间	地　　址	管理单位
象山县全民健身活动中心	跑道	跑步、健身走	6:00—22:00	象山县丹东街道建设路282号	象山县体育中心
	足球场	7人足球			
	门球场	门球			
	篮球场	篮球			
	乒乓球	乒乓球			
	健身区	拳剑舞操			
	健身路径	健身			
象山县游泳馆	游泳池	游泳	7:30—21:00	象山县丹东街道梅溪路67号	象山县体育中心
象山县灯光球场	篮球场	篮球	7:00—21:00	象山县丹西街道来薰路132号	象山县体育中心
象山县茅洋乡溪口村全民健身广场	篮球场	篮球	9:00—17:00	茅洋乡溪口村桥下空间	象山县茅洋乡文化站
	门球场	门球			
象山县墙头镇大溪蒋村体育公园	篮球场	篮球	9:00—17:00	墙头镇大溪蒋村桥下空间	象山县墙头镇文化站
	门球场	门球			
象山县丹东街道田洋里村体育公园	篮球场	篮球	9:00—17:00	丹东街道田洋里村水库旁	象山县丹东街道文化站
	门球场	门球			
象山县墙头镇吊水岩村体育公园	篮球场	篮球	9:00—17:00	墙头镇吊水岩村桥下空间	象山县墙头镇文化站
	足球场	足球			
象山县晓塘乡体育休闲广场	篮球场	篮球	9:00—17:00	晓塘乡美礁硋村晓城故事内	象山县晓塘乡文化站
	门球场	门球			
象山县爵溪街道瀛海社区笼式足球场	足球场	足球	9:00—17:00	爵溪街道文化站附近	象山县爵溪街道文化站
象山县新桥镇东溪村笼式足球场	足球场	足球	9:00—17:00	新桥镇东溪村村委会附近	象山县新桥镇东溪村文化站
象山县西周镇柴溪村社区多功能运动场	社区多功能运动场	篮球、门球、足球	9:00—17:00	西周镇柴溪村村委会附近	象山县西周镇文化站
象山县西周镇牌头村社区多功能运动场	社区多功能运动场	篮球、门球、足球	9:00—17:00	西周镇牌头村村委会附近	象山县西周镇文化站

续表69

单　　位	设施名称	服务项目	开放时间	地　　址	管理单位
象山县鹤浦镇樊岙村社区多功能运动场	社区多功能运动场	篮球、门球、足球	9:00—17:00	鹤浦镇樊岙村村委会附近	象山县鹤浦镇文化站
象山县丹东街道梅苑小区社区多功能运动场	社区多功能运动场	篮球、门球、足球	9:00—17:00	丹东街道梅苑小区村委会附近	象山县丹东街道文化站
象山县石浦镇平阳厂村社区多功能运动场	社区多功能运动场	篮球、门球、足球	9:00—17:00	石浦镇平阳厂村村委会附近	象山县石浦镇文化站
象山县大徐镇虎啸铺村社区多功能运动场	社区多功能运动场	篮球、门球、足球	9:00—17:00	大徐镇虎啸铺村村委会附近	象山县大徐镇文化站
象山县高塘岛乡江北村社区多功能运动场	社区多功能运动场	篮球、门球、足球	9:00—17:00	高塘岛乡江北村村委会附近	象山县高塘岛乡文化站
象山县鹤浦镇湾塘村社区多功能运动场	社区多功能运动场	篮球、门球、足球	9:00—17:00	鹤浦镇湾塘村村委会附近	象山县鹤浦镇文化站
象山县鹤浦镇政府社区多功能运动场	社区多功能运动场	篮球、门球、足球	9:00—17:00	鹤浦镇政府村委会附近	象山县鹤浦镇文化站
象山县石浦镇横峙村社区多功能运动场	社区多功能运动场	篮球、门球、足球	9:00—17:00	石浦镇横峙村村委会附近	象山县石浦镇文化站
象山县西周镇勤丰村社区多功能运动场	社区多功能运动场	篮球、门球、足球	9:00—17:00	西周镇勤丰村村委会附近	象山县西周镇文化站
象山县大徐镇林善岙村社区多功能运动场	社区多功能运动场	篮球、门球、足球	9:00—17:00	大徐镇林善岙村村委会附近	象山县大徐镇文化站
象山县新桥镇东溪村社区多功能运动场	社区多功能运动场	篮球、门球、足球	9:00—17:00	新桥镇东溪村村委会附近	象山县新桥镇文化站

主要赛事

【概况】 激发体育潜力，提升城市热度。成功举办全国高校首届沙滩足球教练员裁判员培训、浙江省基层帆船教练员公益培训班等重大赛事活动20余场，精心筹备全国健身名山登山大赛、浙江省大湾区自行车赛暨环象骑行赛、“最美海岸”哈雷骑士大会、海潮马拉松赛等赛事。

【浙江省基层帆船教练员公益培训班在象山举办】 5月13—15日，2022年浙江省基层帆船教练员公益培训班在中共象山县委党校、亚帆中心举办，共有34名学员参加。浙江省水上运动协会副秘书长蒋俊华、象山县文化和广电旅游体育局副局长奚斌辉等出席开班仪式。

【浙江省航海模型重点人才集训在象山举行】 8月10—16日，2022年浙江省航海模型重点人才集训暨浙江省青少年航海模型训练营和象山县航海模型公益培训在象山田洋里水库举行。活动由浙江省智力运动管理中心主办，象山县文化和广电旅游体育局承办，全省10个地市50余名优秀航海模型运动员参训。

【全国航海模型公开赛（浙江大徐站）举行】 11月5—6日，2022年全国航海模型公开赛（浙江大徐站）暨“奔赴山海向往新鲜”——2022年“军民塘杯”航海模型邀请赛在象山县大徐镇军民塘举行，赛事由国家体育总局航空无线电模型运动管理中心、中国航海模型运动协会主办，浙江省社会体育指导中心指导，象山县文化和广电旅游体育局、大徐镇政府承办，分团体、个人赛，包括帆船 F5-E 级、帆船 F5-400、帆船 F5-950、耐久(FSR-VX1)(V3.5CC+V7.5)等项目，全省 10 支代表队参赛。

【宁波市滨海体育嘉年华沙滩气排球比赛举行】 2022 年 11 月 5—6 日，2022 年宁波市滨海体育嘉年华沙滩气排球比赛在宁波半边山沙滩排球中心举行。比赛由宁波市体育局宁波市体育总会主办，宁波市全民健身指导中心，象山县文化和广电旅游体育局，宁波市排球协会承办。采用男女混合(三男两女)形式，分青年、中年两个组别，共有来自全市 14 支队伍、136 名运动员报名参加。

【宁波市青少年排球赛(男女甲组)在象山举行】 12 月 9—11 日，2022 年宁波市青少年排球(男女甲组)比赛在象山县塔山中学举行，此次比赛由宁波市体育局、宁波市教育局主办，象山县文化和广电旅游体育局承办。宁波市共有 6 支代表队 139 名运动员参赛，象山男子代表队和江北女子代表队分获各组别冠军。

【全国航海模型公开赛在象山举行】 12 月 10—18 日，2022 年全国航海模型公开赛(浙江站)暨 2022 航海模型浙江"象山杯"公开赛在宁波象山亚帆中心举行。赛事设 5 个项目，由国家体育总局航空无线电模型运动管理中心、中国航海模型运动协会主办，浙江省社会体育指导中心、象山县文化和广电旅游体育局承办。

群众体育

【概况】 锚定"全民健身"赛道，以"象山县社区运动会"品牌为圆心，以"体育进文化礼堂""帆船进校园"等为辐射半径，开展赛事活动 140 余场，形成象山县群众体育赛事活动地图。举办"全国航海模型公开赛-浙江站""宁波市滨海体育嘉年华沙滩气排球赛""宁波市社区运动会跳绳总决赛"等市级以上高品质群众性赛事活动 10 场，满足市民多元化体育需求。高效落实《关于全面推行基层体育委员工作机制的实施意见(试行)》工作要求，与县财政局联合出台《象山县推进基层体育委员工作实施方案》，绘制《象山县基层体育委员网格管理体系流程图》，制定《体育委员工作手则》《象山县基层体育委员考核评估细则》，科学谋划和分解基层体育委员工作职责。根据全县常住人口，以 5000 人设一片区的标准，设置 1 个县级基层体育委员工作总站、18 个镇乡(街道)工作分站、93 个社区(村)工作站点，全年配送活动 116 场，引导 1320 人参与体育技能指导，累计服务超 13 万人次，初步形成"政府主导、社会参与、全民健身"的基层体育治理格局。

【获 2021 年度省体育民生实事建设突出贡献奖】 1 月 14 日，2022 年浙江省体育局长会议在杭州召开，会上，浙江省体育局对在 2021 年度为浙江体育事业做出突出贡献的体育部门、训练单位等予以通报表扬。象山县文化和广电旅游体育局获 2021 年度浙江省体育民生实事建设突出贡献奖、2021 年度浙江省重大赛事优秀组织奖。

【"奔赴山海　跑向亚运"环象接力跑活动】 2 月 19—20 日，"奔赴山海　跑向亚运"环象接力跑活动在象山县举行。活动全程 269 千米，跑步预计用时 32 小时，由 2022 年第 19 届亚运会宁波分赛区象山筹办工作领导小组办公室、象山县文化和广电旅游体育局主办。

【"向海而生·我为泥狂"节开幕】 8 月 6 日，"向海而生·我为泥狂"长三角休闲运动季暨海鲜音乐生活节在茅洋滩涂赶海乐园开幕，现场举行数字文旅项目签约仪式、环蟹钳港项目开工仪式，浙江万里学院对茅洋乡村文旅运营实训基地授牌。蟹钳港滩涂运动会同日举行，共有来自全市 19 支队伍 200 名选手参加，包括"海马速滑接力""赶海渔家"等项目。

【宁波市社区运动会象山站桥牌总决赛举行】 9 月 6 日，2022 年宁波市社区运动会象山站桥牌总决赛在象山松兰山海景大酒店举行。此次比赛由象山县文化和广电旅游体育局主办，象山县桥牌协会承办。全县 6 支代表队 28 人参赛，丹东队、爵溪队、丹西队分获团体前三名。

【象山县中小学生田径锦标赛完赛】 11 月 2—4 日，2022 年象山县中小学生田径锦标赛在宁波工程学校举行。赛事由象山县文化和广电旅游体育局主办，全县 67 支代表队 806 人参赛，决出 19 个项目 108 块金牌，打破 16 项纪录；爵溪学校获小学组和初中组团体第一名，象山三中获高中组团体第一名。

【象山县中小学生游泳锦标赛举行】 11 月 5—6 日，象山县中小学生游泳锦标赛在一兆韦德游泳馆举行。赛事由象山县文化和广电旅游体育局、象山县教育局主办，全县中小学校 19 支队伍、180 余名运动员参赛，设置男女各 6 个组别，包括自由泳、仰泳、蛙泳、蝶泳等单人项目和团体奖项。塔山幼儿园、实验小学北校区、文峰学校分获幼儿组、小学组和初中组团体第一名。

【宁波市自由式轮滑交流赛在象山举行】 12 月 10 日，2022 年宁波市自由式轮滑交流赛暨"李达三杯"象山县第四届少儿轮滑挑战赛在象山县万达广场举行。此次比赛由宁波市体育总会主办，象山县体育总会承办，分中学组、小学甲乙丙组、幼儿甲乙组 6 个组别，双鱼速度过桩、正剪速度过桩、单脚速度过桩、花式技巧挑战赛、亲子趣味运桩 5 个项目。全市近 50 位运动员参加比赛，其中象山县共获 8 枚金牌、7 枚银牌、5 枚铜牌，团体总分位列第一。

体育产业和市场

【概况】 推进浙江海洋运动中心建

设，出台《象山县体育产业（海洋运动）发展（精准招商）规划》《关于加快发展海洋运动产业实施意见》等，亚帆中心被中国潜水打捞行业协会授牌“休闲潜水培训中心”。优化体育宣传阵地建设，做大做强象山“体育之城”品牌名片，阿拉的海滑板冲浪获评2022年度省运动休闲旅游优秀项目，在省级以上新闻媒体网站推介24次，有效扩大传播辐射圈，吸引更多人群参与全民健身。

【农业银行总冠名全国沙滩排球大满贯赛】 4月19日，农业银行宁波市分行与象山县亚运办举行冠名签约仪式，正式成为2022年全国沙滩排球大满贯赛总冠名商，此次农业银行宁波市分行总计出资100万元，将全力支持全国沙滩排球大满贯赛顺利举办。

【象山体育摄影作品展、体育（户外）用品展】 4月22—24日，“活力象山，扬帆亚运”象山体育摄影作品展、体育（户外）用品展在象山书城举行，活动由2022年第19届亚运会宁波象山赛区工作领导小组办公室、象山县文化和广电旅游体育局主办。

【阿拉的海获评浙江省运动休闲旅游优秀项目】 10月9日，浙江省体育局、浙江省文化和旅游厅发布《关于认定2022年度浙江省运动休闲旅游示范基地、精品线路和优秀项目的通知》，县文化和广电旅游体育局报送的阿拉的海水上乐园获评浙江省运动休闲旅游优秀项目。

（县文广旅游体育局）

亚运会筹备

【概况】 2022年，象山县深入贯彻落实习近平总书记关于体育工作和亚运会筹办的重要指示精神，全面对标“简约、安全、精彩”的办赛要求，妥善应对亚运延期风险挑战，科学调整任务计划，扎实有序推进各项筹办工作。亚帆中心、沙滩排球中心两大场馆均在全省首批通过技术代表确认验收，成功举办中国（象山）沙滩三人篮球挑战赛、宁波市滨海体育嘉年华沙滩气排球赛等赛事，亚帆中心港成为长三角首个开放式游艇港，中国旅游潜水培训中心、省帆船协会正式落户象山。

【裘东耀调研象山亚运筹办工作】 2月14日上午，市委副书记、市长裘东耀到象山检查亚运场馆和配套设施建设工作。他强调，要深入贯彻习近平总书记关于办好杭州亚运会的重要指示精神，全面落实省委、省政府的决策部署，按照市委的工作要求，精益求精，追求卓越，高标准抓好场馆测试和运行，高质量做好赛事组织和保障，确保交出筹办工作高分答卷。副市长许亚南，市政府秘书长朱金茂随同调研。县委书记包朝阳，县委副书记、县长李晓东，县委常委、石浦镇党委书记江建业，副县长钮晶莹陪同调研。

【“奔赴山海　跑向亚运”环象接力跑活动在全县各地激情开跑】 2月19—20日，“奔赴山海　跑向亚运”环象接力跑活动在全县各地激情开跑，各界跑步爱好者以运动健身的方式迎接杭州亚运会倒计时200天。活动视频登上央视新闻直播间，活动信息被新华社、《人民日报》、央广、《浙江日报》、亚组委官微（头条）、甬派等20余家中央省市级主流新媒体转发报道，总点击量超1百万人次。

【省第19届亚运会和第4届亚残运会工作领导小组副组长、综合办公室主任杨戌标调研象山亚运筹办工作】 2月24日，省第19届亚运会和第4届亚残运会工作领导小组副组长、综合办公室主任杨戌标到象山调研亚运会场馆建设及赛事筹备情况。杨戌标指出，宁波方面要深刻领会浙江承办杭州亚运会的初心，通过办好亚运会充分展示中国特色社会主义制度的优越性，彰显浙江建设“共同富裕示范区”的成果。市领导叶双猛，县领导俞骏、钮晶莹等参加调研。

【2022年杭州亚运会（宁波象山赛区）赛会志愿者面试选拔完成】 自2021年5月启动杭州亚运会赛会志愿者招募以来，市县两级亚筹办、团委等单位通过线上线下的动员宣传，宁波象山赛区超1.4万名志愿者积极响应参与亚运志愿者报名（其中宁波大学1954人、宁波财经学院2616人、宁波诺丁汉大学730人、社会渠道8859人报名）。经过首轮条件筛选后确定2299人进入面试，并经形象礼仪、外语口语水平、赛会志愿服务经验、心理素质以及个人综合能力等方面考核，最终预录取1167名志愿者。

【汤飞帆调研象山亚运筹办工作】 3月22日上午，市委副书记、代市长汤飞帆在象山调研亚运场馆和配套设施工作。市政府秘书长朱金茂随同。县委书记包朝阳，县委副书记、县长李晓东陪同，县领导周坚栋、江建业、钮晶莹参加相关活动。

【全县“全域美丽迎亚运、全民动员讲文明”专项行动部署会在象山县委党校召开】 3月23日上午，全县“全域美丽迎亚运、全民动员讲文明”专项行动部署会在象山县委党校召开。副市长朱欢，县委书记包朝阳出席并讲话，市政府副秘书长薛晓伟，县四套班子领导罗来兴、俞骏、应建勇等出席会议。

【王浩调研象山亚运筹办工作】 3月24日，浙江省委副书记、省长王浩考察了沙滩排球、帆船等亚运赛事场馆建设工作，要求做好全要素压力测试，细化赛事组织、饮食住宿、交通运输、疫情防控等各项方案，确保绝对安全、争取最佳效果。要超前制订“后亚运”规划，更好发挥亚运场馆赛后经济社会效益。

【亚帆中心、沙排中心接受杭州亚运会场馆技术代表验收】 3月15—16日，帆船项目技术代表授权人鲁启东对杭州亚运会帆船项目相关筹备工作进行了考察，并就比赛场馆的FOP区、运行流线、器材及功能用房技术要求等事项进行了实地检查，并就相关工作提出意见建议。2月23—25日，沙滩排球项目技术代表授权代表国家体育总局排球运动管理中心沙排部部长向前对杭州亚运会该项目相关筹备工作进行了考察，并就比赛场馆的FOP区、运行流线、器材及功能用房技术要求等事项进行了实地检查，并就相关工作提出意见建议。

【包朝阳专题调研亚运场馆运行工作】 4月14日，象山县委书记包朝阳专题调研亚运场馆运行工作。县委副书记、县长李晓东主持会议，市亚运办张松才、杨雄鹰、吴承军，县领导钮晶莹、徐小平、伊珍林、欧亚群参加。

【包朝阳召开第19届亚运会宁波象山赛区工作领导小组例会】 4月21日，象山县委书记包朝阳召开第19届亚运会宁波象山赛区工作领导小组例会。县委副书记、县长李晓东主持会议，县亚运工作领导小组、县亚运办相关成员参加。

【象山迎来首个全国性沙滩足球培训班】 8月14日上午，中国大学生体育协会首届沙滩足球教练员、裁判员培训班在半边山沙滩排球中心举行开班仪式，来自全国各地的近百名教练员、裁判员参加此次培训班。此次培训班由中国大学生体育协会、象山县人民政府主办。

【2022年"工行杯"象山县首届沙滩气排球暨象山县机关干部职工沙滩气排球大赛顺利闭幕】 8月26—27日，2022年"工行杯"象山县首届沙滩气排球暨象山县机关干部职工沙滩气排球大赛在宁波半边山沙滩排球中心顺利落下帷幕，来自全县机关单位、乡镇（街道）和企事业单位等24支代表队参加角逐。

【亚帆之夜·音乐篮球派对在宁波象山亚帆中心举办】 9月9—11日，为期三天的亚帆之夜篮球音乐派对在亚帆中心圆满落幕，此次活动是杭州亚运会倒计时一周年系列活动，也是2022年"青年与海"海潮运动会休闲类活动之一，现场分篮球比赛、音乐派对、野致市集、帆船展示、灯塔赏月等板块。活动现场，篮球、音乐、集市三大元素的奇妙组合，让现场观众感受到了数倍的惊喜和快乐。

【亚帆中心成功入选全省第一批"无废亚运场馆"】 9月29日，浙江省"无废亚运"推进活动举行，首批16个全省"无废亚运细胞"示范点获授牌，宁波象山亚帆中心获评"无废亚运场馆"。赛事期间，宁波地区15个分布式光伏电站将为它提供"全绿电"支持，助力零碳目标。

【宁波市滨海体育嘉年华沙滩气排球比赛在半边山沙滩排球中心举行】 11月5—6日，2022年宁波市滨海体育嘉年华沙滩气排球比赛在半边山沙滩排球中心举行，吸引了来自全市各县（市）区的7支中年混合组和7支青年混合组参赛。此次活动由市体育局、市体育总会主办，市全民健身指导中心、县文化和广电旅游体育局、市排球协会以及县亚运办承办。

【浙江省帆船协会落户象山亚帆中心】 11月30日上午，浙江省帆船协会第七届会员代表大会第一次会议暨换届大会会议在象山亚帆中心召开，浙江省水上运动管理中心主任赵伟军当选浙江省帆船协会主席、书记，浙江省帆船协会落户亚帆中心。浙江省帆船协会在象山正式落户，将充分发挥协会效能，为海洋体育运动提供赛事保障，促进融合海岛旅游资源和海洋运动理念，不断提升象山海洋运动城市知名度和影响力。

【亚运沙排团队荣获"亚运英语会话大比武"三等奖】 12月1日，宁波半边山沙滩排球中心团队在杭州亚组委举办的"热情不减　精彩可期"亚运英语学习活动之"英语会话大比武"（以下简称"大比武"）中荣获三等奖，并在本周例会上得到了杭州亚组委副秘书长、杭州市副市长陈卫强的特别表扬。值得一提的是，宁波沙排团队是唯一一支进入"大比武"的杭外比赛团队。

【2022年全国航海模型公开赛在宁波象山亚帆中心举行】 12月14—18日，2022年全国航海模型公开赛在宁波象山亚帆中心举行，来自全国各地的航海模型运动员及爱好者在5个项目中展开4天的角逐。此次赛事由国家体育总局航空无线电模型运动管理中心、中国航海模型运动协会主办。

（县亚运办　娄楠）

卫生健康

综述

2022年，象山县共有执业登记医疗卫生机构333家，其中医疗健康集团总院3家，基层分院（院区）20家，公共卫生单位6家，民营医院10家。全县共有床位3047张，其中县级医院1948张、基层医疗机构443张、民营医疗机构656张，每千人床位数为5.29张。系统内共有执业（助理）医师数和注册护士数分别为1589人和1509人。2021年县级公立医院医疗服务收入占比34.75%，同比增长1.97%；药占比28.5%，同比下降0.05%；百元医疗收入消耗卫生材料（不含药品收入）31.12元，同比增长27.12%。2022年，县卫生健康局严格按照全国、省市卫生健康工作会议精神以及县委县政府决策部署，全面强化“三线”思维（主线思维、底线思维、高线思维），持续深化三项改革（医共体改革、健共体改革、数字化改革），扎实推进健康促进、公共卫生、医政中医、基层卫生、人口发展、财资管理、党的建设等七方面工作，取得了积极成效。公立医院改革持续深化，综合评分位列全市第一位，县第一人民医院入选国家卫健委首批“千县工程”，台胞医院海上120急救体系建设获评“首批市级医疗服务品牌优秀案例”，中医医院中医药服务得到市政府分管领导肯定批示。“一老一小”服务成效显著，县中医医院医疗健康集团、红十字台胞医院医疗健康集团入选全市首批老年友善医疗机构，老年健康专项服务行动列入省级试点，得到省政府分管领导肯定批示；千人托位数列全市第一位，普惠托育服务列为宁波市政府督查激励项目，智慧妇幼工作得到市政府分管领导的肯定批示。

社区卫生

【概况】 推进基本公共卫生服务项目落实，为居民提供安全、有效、便捷、经济的基本公共卫生服务，提高人民群众健康水平，促进全县卫生健康事业发展。2022年，象山县原基本公共卫生服务项目经费人均补助标准为75元，已拨付项目资金4257.5万元，项目资金到位率达100%。

【家庭医生签约服务】 结合辖区人群结构和不同健康需求，制定1+10家庭医生系列服务包，通过开展出诊、家庭病床、慢性病长处方、儿童生长发育监测和评估、中医药“治未病”、远程健康监测等特色服务，满足居民多样化的健康服务需求，实行了不同人群的精细管理和精准服务。开展健康精准服务。家庭医生在签约年度内对签约居民提供定期体检服务，对签约对象开展健康评估，掌握主要健康需求，制定与实施个性化健康管理方案，做好“一人一评一方案”，提升签约有效服务率，让签约居民的个体化需求与家庭医生的服务供给形成更加精准的对接。通过家庭医生为签约居民配备穿戴式健康管理设备，建成“健康直通车”，实时了解居民健康信息，实行远程健康精准管理。提供便捷用药服务。统一县域内常用药品783种，满足签约居民看病就医需求；明确高血压、糖尿病等12类慢性病门诊病种，扩大了慢性病药品种类，签约居民在签约机构就诊可享受到70余种药品（以高血压、糖尿病为主）一次配药量放宽至3个月以内。鼓励药师参与家庭医生团队工作，满足签约居民合理用药需求。高血压患者和糖尿病患者在签率分别为86.64%、89.22%，逐渐把慢性病人留在基层。家庭医生重点人群签约率86.13%，常住人口签约续签率72%。

【基本公共卫生服务提质项目】 开展城乡居民健康体检专项治理工作，完善城乡免费健康体检方案（统一体检频次、优化体检项目和提升补助标准），建立“1+X”体检模式（“1”为基本项目，“X”为肿瘤指标筛查、糖化血红蛋白检查和部分生化指标检查等），完成12.7万同质同标的城乡居民健康体检工作（任务数8.8万）；制定《象山县老年健康服务专项行动实施方案（2022—2025年）》，开展老年人“光明”“口福”“安康”“营养改善”“失智老人关爱”和健康服务“智慧助老”六大行动，结合老年人健康体检和日常诊疗，围绕视力功能、口腔健康、营养状况、认知功能、心理健康等方面开展早期筛查和健康干预，推进老年疾病预防关口前移，老年健康服务专项行动工作进度位全省前列。

【省统建电子健康档案试点工作】 以“统一数据、统一服务、统一系统”为核心，以居民的电子健康档案为载体，串联居民的生命各阶段、健康和疾病问题、卫生服务活动（或干预措施）等，将居民医疗服务记录的相关信息有机地关联起来，为辖区居民建立动态、连续的电子健康档案。覆盖12类原基本公共卫生服务项目和部分其他公共卫生服务项目，其中自建内容为居民健康档案、老年人健康管理、高血压（糖尿病）患者健康管理、结核病患者健康管理、中医药健康管理、健康教育、健康体检、慢阻肺筛查、医养结合等业务，省市级层面汇聚孕产妇健康管理、儿童健康管理、严重精神障碍患者健康管理、预防接种、传染病及突发公卫事件报告和处理等业务数据，加强与区域体检、诊疗等系统及省全员人口库、死亡库等基础数据做好交互衔接，汇聚“全人群、全要素、全周期”个人健康数据。

【慢性病规范管理】 遵循“试点先行、分步实施、逐步推广”的原则，统筹星级化全科门诊布局推进慢性病一体化门诊建设，每家门诊配备免扩瞳眼底照相机、肺功能检测仪、糖尿病足筛查箱等医疗设备，打通信息交互协同通道，实现慢性病患者一站式规范化服务。完成石浦、西周、定塘、鹤浦等5家分院慢性病一体化门诊的建设。建设完成“AI慢性病智能助手系统”，智能采集电子健康档案、HIS、LIS、PACS等系统信息，推进慢性病患者路径化智能管理。2022年持续推进慢性病综合防控体系建设，完成第三轮“1+9+2”慢性病防治临床指导中心挂牌。2022年全县象山户籍报告发病率分别为：糖尿病540.21/10万、冠心病75.72/10万、脑卒中344.34/10万、肿瘤628.15/10万、慢阻肺335.83/10万。2022年，共报告5类慢性病发病病例10394例，较2021年上升了12.32%，其中糖尿病、冠心病、肿瘤和慢阻肺均较上年上升，分别上升了15.98%、7.63%、10.38%、27.75%；脑卒中较2021年下降了0.21%；登记高血压患者数67300人，管理55375人，规范管理率70.04%，血压控制率70.00%；登记糖尿病患者数为21473人，管理17679人，规范管理率70.29%，血糖控制率55.02%。在“重点人群结直肠癌筛查项目”中，重点人群结直肠癌筛查共完成筛查21182人，肠镜检查1050例，发现结直肠患者6例、高危及癌前病变患者291例；在“重点人群慢阻肺筛查项目”中，累计筛查重点人群25076人，共发现慢阻肺高危人员6659人、患者（含疑似）335人；开展医疗机构“上消化道癌机会性筛查项目”，全年累计开展内镜检查812人，发现上消化癌患者8例、癌前病变患者8例、高危人员62人。

【重性精神疾患者社区管理】 规范落实严重精神障碍患者排查、随访，严格信息交换制度做到“应管尽管”。加大治疗保障力度，贫困患者享受全额服药补助，2022年针对弱监护、服药依从性差、病情不稳定等存在危险因素的患者，实施长效针剂项目，做到“应治尽治”。在丹西街道、石浦镇、西周镇、大徐镇四地推行同伴支持项目，多形式、深层次促进精神障碍患者更好地回归社会，常态化开展家属联谊会35场，运行7家精神康复工疗站，收纳234位精神康复患者。2022年全县在册严重精神障碍患者2837人，检出率为5.00‰，规范管理率99.86%，稳定率99.96%。

卫生监督

【概况】 2022年全县共有医疗机构300家、公共场所1967家、学校57家、职业健康申报企业295家、集中式供水单位12家、二次供水单位10家、病媒生物预防控制服务单位9家、职业健康检查机构2家、餐饮具集中消毒单位1家。2022年，全县卫生监督工作聚焦卫生健康监督执法主责主业，推进“数智卫监”建设，全力以赴推动新冠疫情防控和卫生监督改革发展。

【数智卫监】 按照省数字化转型要求，因地制宜打造卫生执法应用场景，率先推进医疗废物智慧监管、住宿场所透明保洁智能监管、口腔诊疗机构监督在线、诊疗行为监督在线、集中消毒餐饮具企业智能监管等5项“省建县用”项目全方位应用，实现对风险管控项目的实时监测与风险预警。研发“象山县掌上医废助手”，助力卫生行政执法人员现场开展医疗废物处置执法“一键溯源”，可实现历史查询各医疗机构医疗废物处置信息，掌握医废走势，促进精准执法。积极应用智慧监管系统，应用智慧控烟系统共实施声光告警劝阻吸烟人员700余人次，捕捉违法线索340条，作出行政处罚51起，有效提升监管效能。

【开展“双随机、一公开”】 对照省卫生健康委下达的2022年卫生行政执法任务清单及执法效能监测指标要求，严抓卫生执法履职、发现、覆盖、处置、创新、法治六大能力建设，依托“双随机、一公开”监管，设置2022年省级“双随机”任务数36个（其中联合抽查任务数9个），涉及20个事项、494家单位，监督检查完结率、抽查事项覆盖率、应用信用规则率均为100%，跨部门联合执法率25%，案件查处率37.65%；处置风险预警事件30件，立案数12件，风险处置率100%。

【医疗服务市场监管】 对全县医疗机构疫情防控开展多轮全覆盖督查与回头看，重点检查“十大症状”患者就诊管理。医疗机构依法执业监督。结合常态化疫情防控，在医疗机构自查自纠多元化监管的基础上，通过医疗乱象整治、养老诈骗、口腔诊疗机构治理等专项行动，对全县医疗机构消毒卫生、医疗废物、人员资质、执业范围等进行检查，立案查处129件，罚没款22.35万元。打击非法行医。开展历史非法行医窝点回头看、非法医疗美容、打击游医黑医等无证行医，组织打非宣传讲座2期，立案16件，移送公安1起，作出行政处罚12件，罚没款68.15万元。

【传染病防控工作】 抗（抑）菌制剂经营单位专项整治，检查药店、母婴店、婴幼儿沐浴场所等抗（抑）菌制剂经营单位153家，抽查产品806件，抽检抗抑菌膏剂1批，检测结果合格；责令下架34家经营单位标签说明书不规范产品67件，立案查处1家；开展全县医疗机构、医学隔离点、学校医务室等场所的医疗废物处置督查，立案6起，共处理3起医疗废物智慧化监管风险预警；每季度开展集中餐饮具消毒单位监督检查和采样，指导其规范生产流程、完善各项台账等，全年共抽检样品160份，均符合国家卫生标准。

【职业与放射卫生监管】 组织开展2022年放射工作人员新训与复训，重点对53家医用放射诊疗单位的放射许可、人员资质、防护用品配备、警示标识等开展专项检查，立案2件。加强用人单位监督指导，共检查用人单位263家，发现职业禁忌证463例，疑似职业病1例，未收到职业病病人报告，处理疑似职业中毒事件2起、劳动者死亡纠纷1起、宁波市第一医院职业病诊断协查3起。推动职业卫生分类监督执法，委托第三方公司对辖区303家用人单位开展分类分级评定，完成分类企业278家。开展"职业病防治法宣传月"系列活动，组织线上线下普法讲座、企业交流、有奖竞答、现场咨询等16场次，入企指导108家次，宣传受众17000余人，评选出职业卫生管理优秀企业4家、优秀职业卫生管理员5名、健康达人10名。开展进口物品企业疫情防控指导服务，共指导相关企业75家，开展进口物品应急演练1次。

【公共场所卫生监管】 以重点风险领域专项治理为抓手，切实做好公共场所卫生保障。督查全县室内密闭公共场所、高校各项疫情防控措施落实情况，根据疫情防控形势，开展全县重点公共场所大排查，督促关停，并按频次落实从业人员全员核酸检测、场所码扫码核验工作等；完成城区13家洗浴场所和12家美容美发场所的疫情防控摄像头的安装。禁烟专项检查，结合文明城市创建、世界无烟日、亚运会保障，重点检查医院、商超、宾馆酒店、娱乐场所、网吧等禁烟场所，共检查250余家，立案79件。游泳场所夏季保健康行动，通过组织专题工作会议、签订承诺书、抽检公示泳池水质卫生等措施，对全县14家开放的游泳场所开展夏季保健康专项整治，共开展四轮监督检测，采集水样148份（合格率98.65%），立案处罚3家。节假日、亚运会卫生安全保障，开展中秋、国庆等各类节前及两会等期间卫生安全保障，检查大中型住宿场所、商场、电影院等500余家；派出4名卫生监督员入驻石浦半边山疗养院亚运分村、石浦沙滩排球馆和亚帆中心开展亚运会保障，参与制定疫情防控保障工作方案，指导二次供水卫生、游泳池规划建设等。公共场所卫生监督监测，顾客用品用具消毒效果抽检59家（合格率83.05%），空气质量抽检3家（合格率100%），集中空调通风系统抽检3家（合格率100%），游泳场所水质抽检13家（合格率92.31%）。

【学校卫生监管】 结合校园卫生安全保健康专项行动，做好中高考期间卫生安全保障，省级"双随机"抽查等，重点做好对全县56家中小学校、1家全日制高校的传染病常见病防控管理、教学和生活环境、饮用水等的监督检查。对发生传染病聚集性疫情的学校（托幼机构）开展监督指导35家次。抽取17家学校进行采光、照明、课桌椅设置等教学生活环境卫生监测，因教学环境不合格立案处罚8家，并抄告教育局，均已完成整改。

【生活饮用水卫生监管】 对全县12家集中式供水单位和10家二次供水单位的水源保护、设施设备运行、水质污染应急处置、涉水产品索证索票等进行每季度监督检查，做好台风过后集中式供水单位监督指导工作。开展出厂水、管网水和二次供水水质抽检和快速检测108份，合格率100%。开展涉水产品生产企业专项检查，全县仅1家。

【爱国卫生监管】 结合疫情防控、学校、创卫、"双随机"检查等工作对250余家经营单位开展病媒生物防控工作监督检查，同时做好对全县9家病媒生物防治单位的日常监管，督促2家单位因经营地址变更，重新备案登记。

【卫生行政执法】 2022年卫生健康行政执法效能考核全省并列第1名，全市卫生监督工作考核优秀。全年共立案755件，作出行政处罚745件（包括636件一般行政处罚案件和109件简易程序案件），强制执行8件，重大行政处罚案件37件，结案752件（包括11件首位免罚案件）。其中警告624户次，没收违法所得14户次，罚款526户次，共计罚没款222.11万元。积极处置民众投诉举报，共接信访舆情84件，其中信访转执法71件，警情联动6件，立案21件，信访转执法率、结案率、资料完整率、回复率均100%。

疾病预防

【概况】 2022年，全县共报告乙、丙类传染病病例13种18368例，发病率3252.56/10万，较上年上升84.34%，无甲类传染病报告。报告乙类传染病病例1160例，报告发病率为205.41/10万，比上年上升24.58%，报告发病数居前三位的镇乡（街道）依次为丹东街道（252例）、石浦镇（208例）和丹西街道（161例）。报告丙类传染病报17208例，报告发病率为3047.15/10万，比上年上升90.50%，丙类传染病报告发病数居前五位的镇乡（街道）依次为：丹东街道（5676例）、丹西街道（3160例）、石浦镇（2369例）、爵溪街道（1265例）和西周镇（818例）。

处置各类聚集性疫情和突发公共卫生相关事件56起。开展传染病预警报告，所有信息均及时进行调查核实，传染病自动预警信息系统运行正常。全县各网络直报单位三级卫生信息平台传染病网络直报运行正常。

【新冠疫情防控】 全面落实"外防输入、内防反弹"的总体防控策略。开展进口冷链食品、专业市场进口商品、快递物流、进口物品企业等新冠病原学监测，全年共采集各类样本70567份，处置涉疫水果、快递、进口物品、走私冻品等涉疫事件11起。

【重大传染病防控】 艾滋病防控工作有力推进。进一步扩大艾滋病检测，推进重点人群自我检测和综合干预，全年各类人群HIV检测15万余人次。加强 MSM 人群干预,发放安全套 2000 余个,检测 414 人次,发现阳性病例 3 例。全年新报告 HIV 阳性病例 42 例,外地报至本地病例 9 例。目前现存活病例数共计 369 人,已启动抗病毒治疗在治 338 人,在治疗比例 91.61%。全年新登记活动性结核病人 217 例,耐多药肺结核高危人群筛查率 94.74%(18/19)。对确诊的肺结核病人均统一使用标准的短程化疗方案,使用统一化疗方案率达 100%。结核患者满疗程成功治疗率 93.03%(187/201)。完成入学(园)新生结核病症状筛查和高中和寄宿制初中入学新生 PPD 筛查,发现 1 例肺结核患者,已在治疗。

【病媒生物及寄生虫病、地方病防控】 加强夏登革热等虫媒传染病防控。4 月开始,每月开展登革热白纹伊蚊幼蚊密度监测,将监测结果以通报的形式转发给县爱卫办和当地政府部门,并提出相应的防蚊灭蚊建议。强化全县病媒生物监测防制工作,开展"三热"病人监测,监测 404 人,未发现疟疾病人。开展布病监测。对养殖、贩运等重点人员进行布病主动排摸和监测,发现 1 例布鲁氏菌病隐性感染者。开展碘缺乏病监测,对 5 个镇乡 5 所学校的 8~10 周岁 210 名学生和 110 名孕妇开展碘营养调查,学生合格碘盐食用率 86.67%,孕妇合格碘盐食用率 98.18%。开展地方性氟中毒监测,14 个原地氟病自然村全部完成改水工程,14 份末梢水样品氟含量全部符合饮用水标准,调查 106 名 8~12 岁儿童,未发现氟斑牙患者。

【免疫规划】 依法依规做好免疫规划工作,加强全县预防接种和疫苗管理,确保疫苗与接种安全。全县免疫规划工作水平持续提升,全县常住儿童、流动儿童基础免疫接种共计 43166 剂次,免疫接种保持较高水平,单苗接种率均在 95%以上。加强业务指导和规范管理,利用医共体平台,充分发挥"两员一团队一中心"作用,常态化开展预防接种指导和督查,2022 年共组织开展专项督导检查 5 期。组织开展 2 期预防接种业务培训,进一步提高预防接种工作质量。持续推进免疫规划信息化建设,儿童常规免疫信息化系统与省 SaaS 系统成功切换,实现区域内免疫接种信息管理系统与省平台信息互联互通。

【职业健康】 深入实施职业健康保护行动,对 40 家工作场所开展职业病危害因素监测,6 家黑色金属铸造业用人单位开展职业病危害风险评估,掌握职业病危害对劳动者健康影响程度,进入企业开展职业病防治法宣传周活动,加强职业病防控。

【食品安全风险监测】 开展食品安全风险监测,全面了解和掌握全县食品中主要污染物及有害因素的污染水平和发现食品安全风险隐患,保障人民群众食品安全。1—12 月共采海产品、学校直饮水、酒类等食品 703 份,检测细菌总数、大肠菌群、副溶血性弧菌、铜绿假单胞菌以及重金属残留量、农药残留、甲醛、甲醇、甜蜜素等指标,完成全年任务数 122.47%(703/574),其中有 2 份样品超标,样品超标率为 0.28%(2/703)。开展食源性病例特定病原体监测,沙门氏菌、副溶血性弧菌等特定病原体阳性检出率 18.89%(41/217)。

【学校卫生】 通过开展儿童青少年近视调查、适龄儿童窝沟封闭、学生龋病与健康行为调查和儿童口腔局部涂氟等工作,保障儿童健康成长。2022 年全县调查幼儿 397 人,近视 27 人,近视率 6.80%,小学生 1214 人,近视 477 人,近视率为 39.29%,初中生 964 人,近视 773 人,近视率为 80.19%,高中生(含职高)294 人,近视 273 人,近视率为 92.86%。对 40 所学校开展窝沟封闭工作,封闭率 99.24%,封闭完好率 89.90%。在 5 个镇乡(街道)开展口腔局部涂氟试点工作,对 3000 名幼儿进行口腔局部涂氟。

妇幼保健

【概况】 2022 年,未发生孕产妇死亡,婴儿死亡率和 5 岁以下儿童死亡率分别为 0.52‰、4.66‰。建立完善促进婴幼儿照护服务发展的标准规范体系和服务供给体系,以多种形式开展婴幼儿照护服务,促进婴幼儿健康成长,全县所有镇乡(街道)都已建立家庭养育健康指导试点单位。

【孕产妇保健管理】 全年户籍地共 1890 例产妇分娩,活产数 1931 例。孕妇建卡人数 1876 例、早孕建卡率 99.26%;产后访视人数 1890 例、产后访视率 97.88%;孕产妇系统保健管理人数 1876 例、系统保健管理率 97.15%;实行住院分娩活产数 1931 例,住院分娩率 100%;孕产期发生高危 1521 例,高危孕妇发生率 80.48%。非户籍地孕产妇 761 例,活产数 770 例,早孕建卡率、系统管理率、住院分娩率分别达 96.32%、94.29% 和 100%。继续做好预防艾滋病、梅毒和乙肝母婴传播,对阳性病例均进行规范治疗。

【产科质量管理】 探索县域健共体妇幼健康管理工作机制,提高产科服务质量。全县三家助产技术服务单位共接生人数 2214 人,总分娩数同比下降 293 例。新生儿活产数 2238 例,剖宫产活产数 1094 例,助产单位的剖宫产率 48.88%,非医学指征剖宫产率 0.89%,剖宫产率同比略有下降。全县发生危重孕产妇 13 例,均及时治疗抢救,未发生孕产妇死亡情况。

【出生缺陷三级预防】 全年共有 2280 个新婚对象,其中 1941 个新人参加了免费婚前医学检查,婚检率达到 85.13%;1467 对待孕夫妇享受了免费婚孕前优生健康检查服务,免费孕前优生健康检查率 132.16%。提高产前筛查和产前诊断率,孕妇产前血清血筛查率为 99.47%、产前诊断率分别为 33.86%。全县新生儿疾病筛查率达 99.90%,串联质谱筛查率 100%,听力筛查率为 99.9%。

【儿童保健管理】 开展儿童早期发展示范基地和星级门诊创建工作,西周、鹤浦、爵溪卫生院分别创建新一轮孕产妇及儿童保健星级门诊。2021年全县推出了婴幼儿照护“1+3+18”服务模式,开展“百场婴幼儿照护小组活动进乡村活动”以及“县域内婴幼儿照护服务项目在妇幼健康应用中的实践研究”课题研究,探索县域闭环式的婴幼儿照护服务模式。截至2022年底,7岁以下户籍儿童总数21614人,接受儿童保健管理21030人,保健覆盖率97.30%,达到系统管理20666人,系统管理率95.61%;3岁以下户籍儿童总数6798人,接受儿童保健管6606人,保健覆盖率97.18%,达到系统管理6288人,系统管理率92.50%。继续推进儿童中医调养服务管理,2022年有5707例3岁以下儿童接受了儿童中医药健康指导,服务率为83.95%。发现贫血患儿461例,贫血发生率3.94%。

【惠民实事项目】 继续实施城乡妇女免费“两癌”检查,2022全年全县共完成免费宫颈癌检查12513人,乳腺癌检查12998人。深化医疗卫生服务领域“最多跑一次”改革事项,推广通过“浙里办”App办理“出生一件事”事项,举办“出生一件事”相关工作培训会,建立象山出生一件事钉钉群和医院业务办理微信群,提高服务质量。

医政管理

【概况】 2022年做好新冠疫情防控医疗救治工作。建立多层级人员和物资储备库。倍增扩容发热门诊(诊室),开设发热门诊(诊室)59间,日接诊能力达6500人次。全面提升重症救治能力,按照“五个打通”要求,腾空合并15个病区,扩充新冠专用床位675张,重症床位增至63张,可转化重症床位增至100张。加快“120”“硬件扩容、车辆扩容、人员扩容”,电话席位由4个增至8个,紧急购置救护车4辆(合计23辆,其中负压13辆),平均转运时间控制在15分钟,未发生因救治不及时引发的不良事件。

【医疗服务领域“数字化”改革】 迭代升级“互联网+护理”,依托“浙里护理”平台,按需制定个性化居家订单,新增服务项目13个,新增平台注册护士206名,服务量同比增长37.8%,连续3年全市领先。持续优化预约诊疗、刷脸支付、智慧结算等依托互联网技术的各项便民措施,门诊和病房智慧结算率、日间手术比例、病房智慧结算率、院前急救平均出车时间等指标均处于全市前列。依托县域医共体,打造分级诊疗平台,利用远程信息技术对各成员单位医疗系统进行数据互通,通过构建院前院内一体化体系,实现医共体内部号源池统一,解决基层百姓就医难题。打造后勤一体化智慧管理平台,整合安防、消防、能效、导航、运维五个模块,借助建筑信息化与物联网技术,实时监测医疗机构内部各项设施,做到平稳安全运行。

【公立医院综合改革】 组建县卫生健康局公立医院改革工作专班,建立月例会、月推进制度,负责县级公立医院综合改革指导、监督、考核工作。持续开展全县5家公立医院改革重点任务月通报制度,针对薄弱指标开展医院主要领导约谈制度,将公立医院改革重点任务指标纳入医共体考核、医疗卫生年度考核。持续开展“三合理”专项治理行动,加大“4+7”药品集采品种和数量占比。强化临床耗材使用监管,实施高值耗材“一物一码单品管理”,通过“实耗实销”、医用耗材二级库建设推动“零库存”模式。以公立医院绩效评价和等级医院评审为主要抓手,县域公立医院实行全员岗位管理,实行薪酬制度改革和降本增效,优化医疗收入结构,促进医院良性发展。2022年,全年医疗服务收入占比34.84%,同比提升2.09个百分点;百元医疗收入的医疗支出108.91元,同比增长0.58元;药占比25.41%,同比增长0.52个百分点;百元医疗收入消耗卫生材料(不含药品收入)21.64元,同比增长0.66元;检查检验收入占比27.38%,同比下降2.01个百分点。

【医疗质量提升】 加强医疗质控。用好全县31个质控分中心,常态化开展质控业务培训和飞行检查,完善质量管理区域规范。借助宁波市综合监管服务平台,以药学、检验、急诊、影像等为重点,实施医疗质量信息化监管,有效降低医疗事故和纠纷。重点加强对县域检验中心、病理中心、消毒供应中心,重点关注民营医疗机构、个体诊所(口腔)的复用器械消毒管理。县院感质控中心每月从专家团队中抽取一定数量的专业人员组成督查组,采取“四不两直”的方式,对各级医疗机构特别是定点医院和发热门诊(诊室)进行院感防控专项抽查。11月23—25日,统一组织急诊、病历、护理等12个质控小组开展2022年质控考核。

【中医药事业发展】 开展模块业务培训,重点做好中医医共体文章,组建中心框架,形成以集团总院为中心枢纽,各成员单位中医科为基础,辐射社区卫生服务站、村卫生室的中医诊疗中心架构体系,建成有县域特色、辐射带动和示范作用的名中医工作室3个,推广中医适宜技术6~8项。蹄疾步稳推进县中医医院医疗健康集团三级乙等中医院创建,骨伤、肛肠、针灸、儿科、妇科等学科中医传统优势彰显,形成品牌特色。2022年县中医医院门急诊人次、出院人次、手术例数、三四级手术例数分别为651404人次、9694人次、4062例、782例,分别较新院区搬迁前提升26.07%、95.92%、102.29%、102.59%。

【学科建设与科教】 推进以城市医联体带动县域医共体建设,持续深化与浙江大学医学院附属第一医院、温州医科大学、浙江中医药大学等院校合作,建成浙大一院甬南肿瘤中心、眼科分中心,新增市级重点学科(专科)4个、基层特色专科1个,160余名专家常态化驻象山坐诊、开展手术,完成恶性肿瘤深部化疗等新技术新项目42项。各集团功能定位进一步明确,调整病种结构,推广适宜手术、中医药适宜技术,推动综合医院内科治疗外科化、外科治疗微创化,微创手术比例同比增加1.4个百分点,三、四类手术占比达20.9%,牵头医院病种结构持续改善,平均住院床日小于7天,医疗服务收入占比同比提升2.09个百分点,县域就诊率达92.81%,基层就诊率达67.09%。

医疗科研与交流

【概况】 2022年,成功立项省医药卫生项目7项,市医学科技计划项目3项,其他省医学会2项,省医院协会项目1项,县科技计划项目17项,发表科研论文59篇,其中一级期刊2篇,教学论文6篇,SCI论文16篇,影响因子达近70分,获得实用新型专利证书40个,发明专利6项,软件著作权2个,成果转化1项。

【创伤弧菌荚膜合成基因Wzc及Wza的功能研究】 浙江省医药卫生科技计划项目,由象山县第一人民医院医疗健康集团总院练祥主持,研究起始时间2023年1月至2025年12月。此次研究本研究以前期工作积累和已有的技术平台为基础,展开以下研究工作:(1)创伤弧菌Wza、Wzc单/双基因缺失株构建及其特性研究—基于前期全基因组测序分析,分别通过基因重组和基因回补的方法获得Wza、Wzc单基因及双基因敲除株与基因回补株,并利用琼脂糖电泳和基因测序的技术对关键基因敲除株和回补株进行鉴定。并观察菌落形态、生长、生物膜形成、荚膜特性及抗氧化情况。(2)Wza、Wzc缺失株与野生株的致病性比对—首先通过血清杀菌实验评价Wza、Wzc缺失株与野生株抗血清杀伤作用的差异。进而进行血管内皮细胞感染实验,观察Wza、Wzc基因缺失创伤弧菌对内皮细胞黏附能力和入侵能力的影响。最后通过细胞吞噬试验评价Wza、Wzc缺失株与野生株对免疫细胞的影响。(3)Wza与Wzc相互作用研究—Wza、Wzc和Wza-Wzc原核表达,进而用化学交联剂DSP对阿拉伯糖诱导表达后的蛋白进行化学交联探究,确定Wza与Wzc的相互作用。以探究Wza和Wzc在创伤弧菌CPS合成中的作用并阐明Wza与Wzc相互作用的机制。

【2型糖尿病患者心理痛苦预测模型构建及验证】 浙江省医药卫生科技计划项目,由象山县第一人民医院医疗健康集团总院江培兰主持,研究起始时间2023年1月至2025年12月。项目采用便利抽样法,选取2023年5月至2023年12月我院内分泌科门诊就诊369名2型糖尿病患者作为研究对象,最终纳入246名患者资料作为建模集。采用问卷调查和现场观察方法获取患者资料,基于Logistic回归分析构建心理痛苦风险预测模型。使用Bootstrap自抽样法对该模型进行内部验证。选取123名患者作为验证集,对模型进行外部验证。利用受试者操作特征曲线(ROC)下面积评估模型预测能力,以灵敏度、特异度和正确率验证模型实际应用效能。本研究通过构建2型糖尿病患者心理痛苦风险预测模型,为临床医护人员对患者开展早筛查、早预防和早干预提供参考。同时,本研究基于该模型制作了列线图,将心理痛苦风险概率可视化,降低了临床医护人员使用该预测模型的门槛,极大地方便了临床医护人员,为未来的临床实践提供了新思路。

【基于机器学习的产后抑郁风险预测模型和风险干预模式的构建:社会—心理—生物风险干预模式】 浙江省医药卫生科技计划项目,由象山县第一人民医院医疗健康集团总院曹珊主持,研究起始时间2023年1月至2025年12月。该项目重点关注导致产后抑郁的风险因素,包括生物因素、社会因素和心理因素,采用机器学习技术构建社会生态学风险预测模型,接着在产后抑郁风险预测模型的指导下,通过专家访谈、文献检索等初步制定产后抑郁风险干预模式,最后,对产后抑郁风险干预模式的有效性进行验证,提供精准的干预措施以增加母亲心身健康的关键保护因子。主要研究内容:1. 产后抑郁风险因素识别的横断面调查;2. 基于事件相关电位(ERPs)和机器学习的产后抑郁诊断;3. 基于机器学习技术的产后抑郁社会生态学风险因素模型的构建;4. 基于产后抑郁社会生态学风险因素模型的风险干预模式的构建研究;5. 产后抑郁风险干预模式的初步效果验证研究。

【巨噬细胞来源的C型凝集素受体1在非酒精性脂肪肝中的作用研究】 浙江省医药卫生科技计划项目,由象山县第一人民医院医疗健康集团总院黄立江主持,研究起始时间2023年1月至2025年12月。该项目研究结直肠癌的发生发展机制,我们提出假说,miR-412通过靶向COX-2,下调PGE2,从而对YAP1和Hippo通路的活化进行下调,抑制了结直肠癌的发生发展。本研究旨在阐明结直肠癌发展调控的新靶点,为其预防和治疗提供新的理论基础和诊疗依据,对预防、诊断和治疗结直肠癌有至关重要的意义。研究方法:(1)研究miR-412在结直肠癌发展中的表达调控,取人结直肠癌细胞系、正常肠上皮细胞系和结直肠癌病人手术后切除的肿瘤组织和癌旁组织,检测miR-412的表达水平。(2)在细胞水平上进行体外实验研究miR-412对结直肠癌发展的调控作用。(3)在体内水平上研究miR-412对结直肠癌发展的调控作用。

【县级医院开展经口腔前庭入路的腔镜技术治疗甲状腺恶性肿瘤的探索与实践】 浙江省医药卫生科技计划项目;由象山县第一人民医院医疗健康集团总院曾熘海主持,研究起始时间2023年1月至2025年12月。该项目的研究内容是探究经口腔前庭腔镜入路治疗甲状腺癌(TOETVA)手术过程及手术特点,细分为以下五个方面:(1)探究经口腔前庭腔镜手术的手术难度、手术时间与经胸乳腔镜手术的手及与传统开放手术的手术差异。(2)探究经口腔镜腔镜手术在短期术后并发症方面包括与经胸乳腔镜手术的手术差异及传统开放手术的手术。(3)探究经口腔前庭腔镜手术在术后美容满意度、疼痛方面与传统开放手术及经胸乳入路手术的差距。(4)探究经口腔前庭腔镜手术在远期是否有额外并发症包括：口周麻木、口角畸形等，以及现今暂无无法预料的不良事件。(5)探讨经口腔前庭腔镜手术是否可以作为腔镜甲状腺手术的重要发展方向。

爱国卫生

【概况】 以巩固国家卫生县城和建设健康象山为目标，完善爱国卫生工作机制，提升爱国卫生工作水平，深化卫生城镇创建。开展健康细胞建设，新创健康促进学校铜牌单位1所、健康支持性环境41个。落实春秋季灭鼠、夏季灭蚊蝇蟑等除“四害”活动，病媒生物密度控制在国家C级水平。

【卫生创建】 象山城区顺利通过了国家卫生县城巩固情况市级暗访；15个乡镇国家卫生乡镇量化分级县级评审等级均在合格及以上，其中西周镇代表象山顺利通过了国卫镇量化分级省级暗访。全面推进乡村爱国卫生工作，省、市级卫生村分别达298个、52个。

【开展病媒生物防制工作】 落实春秋季以灭鼠为重点、夏季以灭蚊蝇蟑为重点的病媒生物防制工作，对全县四害密度进行监测。在丹东街道、丹西街道、西周镇、墙头镇和大徐镇开展病媒信息化试点，通过信息化技术加强病媒生物防制动态化管理。继续推进各镇乡(街道)四害消杀市场化运作，加强对消杀公司的监督管理。开展环境卫生整治和病媒滋生地的清理，2022年组织城乡环境卫生集中整治160余次，整治村庄305个，整治农贸市场22个，共清理卫生死角3400余处，清除乱堆放4000余处，清理脏乱道路3万余平方米，消灭病媒生物滋生地5000余处，清除垃圾4500余吨。

【健康教育】 组建“健康象山”讲师团，启动健康素养进农村文化礼堂活动，发挥农村文化礼堂的“用”“育”作用。2022年，全县各乡镇(街道)累计开展健康素养进农村文化礼堂健康讲座健康活动、健康服务、中医药进文化礼堂服务785场次，总受益36089人次，累计发放健康礼包34977个，覆盖354个农村文化礼堂，农村文化礼堂覆盖率为100%。结合世界无烟日、肿瘤宣传周、全国儿童预防接种日、世界肝炎日、全国爱牙日、全国高血压日、世界糖尿病日、世界艾滋病日等主题日开展各类大型主题宣传活动。对乡镇所辖社区(村)宣传栏进行了统一更新内容，推进村级健康主题公园的建设，保证了健康教育知识及时深入基层。

【爱国卫生月活动】 开展以“文明健康　绿色环保”为主题的第34个爱卫月活动。活动期间，开展环境卫生整洁行动，加强病媒生物消杀，全县共举行宣传活动150余场，张贴发放宣传材料3万余份，电视媒体报道2条，发布新媒体文章18篇，新媒体阅读量1万余人次，线上活动参与1.5万人次，参与实践活动1万余人次。

【公共场所控烟活动】 组织开展主题为“烟草威胁环境”的第35个世界无烟日控烟月活动，在丹城二小组织烟草危害科普讲座，由专业人员用生动形象的讲述，告诉孩子们烟草对环境、对健康的不良影响。讲座结束后，孩子们观看了无烟环境倡导主题展板和宣传视频，进一步巩固无烟知识，活动中小朋友纷纷在镜头前对着自己的家人，用稚嫩的童声，表达了对家人吸烟的担忧和戒烟的呼吁。对城区部分机关单位、医疗服务场所、教学活动场所、商场、超市、宾馆、影剧院、候车室等公共场所开展了控烟督查和执法，对违法吸烟者和控烟不力的经营者进行了处罚和曝光。邀请浙江大学附属邵逸夫医院专家录制了“吸烟与疾病”健康教育视频，借助周二夜学习平台，组织各机关/事业单位职工观看学习，提高认知、改变态度，发挥领导干部在无烟环境倡导工作中的先锋模范作用。据不完全统计，此次控烟月活动，共发放宣传资料8000余份，以“象山疾控”“健康象山”及各学校公众平台等自媒体以及电子屏幕等为载体发送烟草控制科普图文视频，受益5000余人。

【健康支持性环境建设】 开展健康细胞建设，2022年全县新建健康社区、健康主题公园、健康步道、健康单位、健康食堂等健康支持性环境41个，新培育健康家庭2386户，新创健康促进学校金牌学校1所、银牌学校2所、铜牌学校1所。

医疗保障

【概况】 2022年度，象山县共有基本医保参保人51.71万人，其中城镇职工医疗保险参保23.25万人、城乡居民医疗保险参保28.46万人，户籍人口参保率99.79%；定点医药机构202家，其中医疗机构73家、零售药店129家。医保基金总收入17.79亿元，总支出15.54亿元。

【医保政策变动】 1月11日起实施医保历年账户支付种植牙政策，调整口腔种植牙项目整体医保支付标准，建立医保历年账户可支付的种植牙品种目录，未纳入的品牌目录内产品，医保历年账户不予支付。目录内国产品牌种植牙收费标准为每颗3000元，进口品牌种植牙收费标准为每颗3500元。3月1日，为全面落实基本医疗保险市级统筹工作，调整职工医疗保险缴费和基金构成等有关医保政策。6月7日，为进一步规范医保种植牙收费行为，全面、准确执行种植牙医保限价支付政策，明确医保种植牙项目的费用内涵、医保种植牙项目的除外内容及落实相关要求。8月17日，贯彻落实“浙有善育”文件精神，扩大生育保险覆盖面，以在职职工身份参加宁波市职工基本医疗保险的无雇工的个体工商户、非全日制从业人员以及其他灵活就业人员(不含领取保险金期间的失业人员及到退休延缴人员)同步参加生育保险。灵活就业人员个人缴纳的医疗保险缴费费率为

10.5%(含生育保险费0.5%);统一生育保险医疗费用支付方式,参加职工基本医疗保险的灵活就业人员未就业配偶可享受生育医疗待遇,城乡居民基本医疗保险参保人员的生育医疗费用(含产前检查),按照城乡居民基本医疗保险规定的待遇标准享受;扩大支付范围,将分娩镇痛、早孕期胎儿结构超声筛查、胎儿系统彩色多普勒超声检查等诊疗项目纳入基本医疗保险支付范围;扩大特殊病种保障范围,将癫痫、儿童孤独症纳入门诊特殊病种管理。9月1日,扩大城乡居民参保范围,在本县居住的非宁波市户籍人员可持象山县有效居住证参保居民医保,其中0—6个月新生儿,其父母一方已参加宁波市职工医保累计缴费满1年,且当前职工医保待遇正常的,可由父母一方持户口本(出生医学证明)及父母一方的象山县有效居住证为其办理参保手续。调整筹资标准,成年居民档个人缴费780元,婴幼儿档个人缴费630元,中小学生档(含其他未成年人)个人缴费290元,大学生档个人缴费180元。10月,根据《宁波市深化长期护理保险制度试点实施办法(暂行)》的通知,明确象山长护险参保对象、基金筹集、基金管理、待遇保障等。11月,根据《宁波市长期护理保险护理服务管理办法(暂行)》的通知,明确为长护险待遇享受人员提供的护理服务内容、护理服务供给、护理服务质量管理规范、护理服务监督检查等内容。12月5日,根据《宁波市长期护理保险定点护理服务机构协议管理办法(暂行)》通知,规范象山长护保险定点护理服务机构管理,保障失能人员的基本护理需求。

【做实基本医保市级统筹】 围绕“制度政策统一、基金统收统支、管理服务一体”要求,执行全市统一的医保待遇制度,调整公务员补助金、机关事业单位缴费基数、职工医保退休补缴政策与全市接轨。做好基金统收统支,按月上缴基本医保保费累计17.47亿元。规范县级公立医疗机构医疗服务价格,下调16类手术费、治疗费及护理费上浮比例,与市级保持一致。落实中医药传承创新发展新政策,降低中药饮片加成,全年中药饮片支出降低近2900万元。

【完善门诊付费方式】 继续实行医共体按人头付费、其他医疗机构按总额付费,引导医生主动为参保人员提供全过程健康管理服务。增加年度预算总额,完成服务人群分配,提高人头门诊定额,在上年基础上增长10%,最高调整到4530元(人·年)。深入实施DRGs点数法付费,完成2021年度年终清算,明确清算分配方案,17家医院累计分享1437万元。落实优化DRG差异系数,同步调高精神类及长期住院床日标准,降低基本医疗保险基金人均支出,过度医疗现象得到有效遏制。

【长期护理保险试点】 完成参保人数50.55万人,组建111人的评估专家和评估员库。开展失能评估,完成全县60岁以上老人自理能力初筛,确定纳入专业评估10858人,最终评定重度失能人员1653人,其中重度I级614人、重度II级831人、重度III级208人。做好长护定点服务机构准入工作,已有定点服务机构27家,登记护理人员数量为828人,满足机构护理和居家护理需求。开展爵溪街道先行先试,于12月正式享受长护保险待遇,为全面铺开长护保险积累经验。

【商业补充医疗保险参保】 全面推进“天一甬宁保”参保工作,成立“天一甬宁保”推进工作专班,确定县级有关部门及各镇乡(街道)与保险机构结对分配方案。领导班子成员分组包干,落实督察督导,下沉乡镇调研指导30余次。组织开展“天一甬宁保”进学校、进企业宣讲50余次,鼓励每位学生带动一家人参保、各大小企业为员工集体参保。压实乡镇责任,下发指标,建立“日通报机制”,按日晾晒18个镇乡(街道)完成情况。2022年象山县天一甬宁保参保人数21.34万人,参保率达41.23%,居全市第三位。

【“互联网+医保”试点】 落实“互联网+医保”试点工作,开通定点医药机构线上诊疗和配药服务,方便百姓足不出户实现线上就医、线上购药、线上结算。推进“医保家付”服务,将PICC置管护理、导尿管护理、鼻胃管护理纳入医保支付范围,打通医保居家支付的“最后一公里”,实现“互联网+医疗护理”全闭环。目前已累计971人次享受“医保家付”服务,涉及费用203306.11元。

【推进医保数字化改革】 上线国家医保信息平台。“每日一报”抓进度,完成302名住院医保参保人员的转保清零及待遇核对工作;倒排时间节点,开展业务测试“攻坚冲刺”,保证系统经办流程准确,完成各类零报测试566条、转移数据1226条。指导编码贯标、接口改造。打通数据障碍,深入189家定点医药机构和药店,开展多轮现场测试、验收工作,确保两定机构结算交易正常,全面部署应用国家15套医保编码系统,实施数字管理、编码入库,启用国家疾病代码与手术操作2.0版,贯标完成率100%,确保新系统顺利上线。全面推广医保电子凭证应用,实现无卡结算,极大方便了患者,2022年全县激活医保电子凭证45.7万人,使用凭证结算医疗费用544.3万笔,结算率为42.69%。

【推进全国范围内“一网通办”】 深化医保领域“最多跑一次”改革,线上开通职工医保和城乡居民医保申报、参保凭证打印、家庭共济、网上备案等业务,引导群众通过“浙里办”App、浙江政务服务网办理,真正做到让数据多跑路,群众少跑腿,网办率达80%以上。拓展跨省转移接续办理范围,除北京市、港澳台地区外,全国其他省市均已与象山县实现“线上互通”。9月1日起,省内跨统筹区医保关系转移实行免申请,推动医保关系转移全流程线上高效便捷办理。

【异地就医直接结算覆盖面扩大】 深化基本医疗保险异地就医结算领域供给侧结构性改革,持续提升人民群众异地就医结算获得感。提高异地就医报销待遇，省内异地直接结算、省外就医灵活备案，2022年全县参保人员异地就医直接结算16.98万人次，总费用17197万元，医保基金支出11382万元。扩大县内异地就医定点医疗机构直接结算范围，已有46家医疗机构开通异地直接结算，占全县医保定点医疗机构的63%，超额完成市对县考核指标。参保群众异地就医结算更加便捷，异地参保人员在象山县就医直接结算10.48万人次，总费用1585万元，医保基金支出841.89万元。

【种植牙医保限价支付政策落实】 全县26家口腔类定点医疗机构完成医保种植牙项目协议书签订。落实"五项承诺"及实施承诺书，规范种植牙服务项目及医用耗材内涵，明确医保收费范围。开展医保种植牙限价支付政策执行情况专项检查工作，动态监督项目开展情况及收费明细。2022年累计开展医保种植牙1400余颗，"种植牙"均价从8000元/颗降至最低3000元/颗，平均降幅63%，为参保群众节约种植牙费用650余万元。

【建立健全防范因病致贫返贫长效机制】 资助困难群众参加基本医保，实现"应保尽保""应免尽免"，2022年，已完成困难人员资助参保16113人，医疗救助基金支出2874万元，大病保险支出7738.86万元，待遇享受45839人次。主动追溯困难群众医疗救助费用，确保因病致贫返贫人员追溯报销的及时性，精简医疗救助追溯业务申报材料，调整操作流程，自8月实施以来，已追溯报销38人，基金支付28万元。排摸上年度医疗费用个人承担大于5万元的困难人员，推送名单至民政、慈善、扶贫办等救助机构，共同化解高额医疗费用，有效避免因病致贫、返贫问题的发生。

【疫情防控服务保障】 落实疫情相关费用保障，继续做好"两个确保"等政策措施，打好新冠疫情防控战。贯彻稳链纾困助企政策，缓缴企业职工及中小微企业医疗保险费，享受职工医疗保险费缓缴企业合计12901户次，缓解企业现金流2875.62万元，对参保职工个人账户及医保待遇将实行双保障。

【药品耗材带量采购】 全面落实国家和省关于带量采购相关政策，按照药品和医用耗材集中带量采购常态化制度化开展的要求，规范平台采购行为，完善带量采购工作机制。累计跟进落实国家组织药品集采7批次、省级3批次，共涉及药品225种，涵盖高血压、糖尿病、肿瘤疾病、精神疾病、抗感染等多个治疗领域，平均价格降幅56%；扩大集采受众覆盖面，执行国家带量采购医用耗材3个品种、省级带量采购医用耗材5个品种，涉及冠脉支架、人工关节、脊柱等高值医用耗材，其中心脏支架均价从13000元降至700元左右。指导公立医疗机构做好药品、医用耗材数据维护、报量及落地执行相关工作，累计节约医保基金并减轻群众用药负担约5226万元。

【保持打击欺诈骗保高压态势】 围绕"织密基金监管网，共筑医保防护线"主题，开展医保基金集中宣传月活动。在县人民广场、风情商业街、南部商务区等地滚动播放宣传标语，张贴、发放宣传海报、宣传册等5万余份；在《今日象山》开设"医保之窗"每周刊登医保政策知识点；制作医保知识短视频，邀请象山网红，搭配象山方言，宣传接地气，政策入人心。持续实施定点医药机构视频监控项目，现有监控点位248个。组织全县定点医药机构签订医保信用承诺书，开展规范使用医保基金自查自纠，涉及违规金额146.73万元，审核扣回141.08万元，退回5.65万元。与县法院、县检察院、县公安局制订《关于建立医疗保障基金监管协作机制的实施意见》，进一步健全象山县医疗保障基金监管机制，强化诉源治理，维护医保基金安全。2022年，累计追回医保违规基金390余万元，行政处罚立案4起，作出行政处罚决定3起，暂停医疗机构服务2家，责令限期整改医疗机构13家，暂停参保人员医保联网结算2名。

【"智慧医保"系统启用】 2月28日晚起，浙江省"智慧医保"系统正式启用，暂停实时结算4天的全市定点医保机构和零售药店开始陆续恢复结算。至此，象山县彻底告别原有的医保信息系统，全面融入全国医保信息"一张网"。"智慧医保"系统依托统一的医保业务编码标准、医保数据规范、医保

8月30日，县医保局组织窗口工作人员开展"医保业务大练兵"活动

经办服务,实现医保数据的互联互通和医保业务的跨系统、跨层级、跨部门“一网通办”。接入国家医保信息平台后,象山县就医人员跨省医保数据交互将更加便捷,个人账户家庭共济将更加简单、生育待遇保障将更加全面,省外异地就医结算将更加方便。同时,医保基金的智能监管功能将更加强大,通过医保大数据严查各类欺诈骗保行为,切实管好用好人民群众的“保命钱”“救命钱”。为确保此次“智慧医保”系统平稳切换,1月底开始,县医保局成立“智慧医保”工作专班,倒排工期、抢抓进度,组织医保局内部人员、人社局工作人员及各镇乡(街道)医保业务经办人员开展业务培训12场次,并先后抽调4批业务骨干前往市医保中心集中办公,夜以继日开展业务测试、数据比对、分析等工作。其余专班成员自发舍弃春节假期,争分夺秒同步开展数据测试,完成各类零报测试566条、转移数据1226条,为“智慧医保”顺利上线打牢基础。其间,工作专班还深入189家定点医疗机构和药店,逐一指导编码贯标、接口改造等重点工作,开展多轮现场测试、验收工作,对购药流程、购药收费票据格式进行规范性检查,确保参保人员在暂停结算期间正常享受应急记账医保待遇。暂停结算期间,全县各大定点医疗机构门急诊挂号38433人次,应急记账率达72.56%;门急诊结算69865人次,应急记账率达71.92%。

【医保电子凭证全流程改造应用】 为进一步贯彻落实国家、浙江省医疗保障局关于医保电子凭证推广应用工作部署,进一步推动医保电子凭证在全市医保就医购药领域的应用工作,4月18日,由象山县医保局局长贺挺带队对象山区域所属三家医共体集团进行了走访调研。调研过程中,局长贺挺通报了各医共体集团医保电子凭证使用率情况,在了解各集团在推广应用医保电子凭证中存在的问题、难点后,提出了一些创造性的建议,并明确了各集团当前推广医保电子凭证的目标要求。要求定点医疗机构迅速行动起来,完成医保电子凭证全流程应用HIS系统改造,积极稳妥做好各种应用场景医保电子凭证改造工作,全面推广医保电子凭证在医院全流程应用。

【医保服务补充协议签订仪式】 为加快推进“互联网+医保”发展,充分发挥医保电子凭证方便快捷、应用丰富、安全可靠的优势,不断增强医保公共服务能力,切实提升群众就医满意度,5月7日下午,象山县医保局组织召开医保电子凭证结算情况通报会暨医保服务补充协议签订仪式,县各公立医疗机构医保分管院长、医保科及信息科科长参加会议。会上,象山县医保局工作人员通报了各公立医疗机构2022年来及4月医保电子凭证结算率情况,着重点出了排名前三位和后三位的医疗机构。随后就双方已签订的《象山县基本医疗保险定点医疗机构服务协议》未尽事宜进行补充协议签订。一是将医保电子凭证结算率与就医过程全流程使用率情况纳入医保年度考核内容,并与年底统算结果挂钩,根据指标完成情况对分享或分担比例予以上浮和下调。二是每月通报医保电子凭证结算率,对未达40%且连续两次排名后三名的医药机构将暂停拨付资金。

【丹东分院顺利接入省系统】 7月26日,象山一院医健集团丹东分院正式启用,为推进丹东分院顺利接入省系统,象山县医保局召开党组会议,成立由局班子领导、业务骨干、技术骨干等专班人员,从政策、业务、技术等方面着手,积极对接省“智慧医保”项目组,打破医保区域信息壁垒,缩小测试时间差距,协同卫健等相关部门,全力保障“智慧医保”系统顺利上线。

【“医保业务大练兵”活动】 8月30日,县医保局组织窗口工作人员开展“医保业务大练兵”活动,进一步推进作风建设,提高医保窗口服务水平。此次“医保业务大练兵”活动提前一个月准备,分为自主学习备战阶段及综合测试阶段。综合测试以出卷答题的形式开展,内容涵盖城镇职工医疗保险和城乡居民医疗保险相关近20个政策,涉及参保申报,中断补缴、个人账户管理、退休待遇核定及补缴、医保待遇、零星报销、医疗救助、生育待遇等多项医保业务知识。检测试题按科室分为A、B两卷,试题量大、题型新颖、政策串联性强,要求窗口工作人员突破业务板块之间的领域界限答题,全面考察综合运用医保法规政策为民服务解难题、办实事的能力。测试结束后,相继开展了测试点评解析和业务知识答疑,让政策更加深入人心,切实提高窗口工作人员的业务能力。

(象山县医疗保障局　许佳燕)

人力资源管理

就业培训

【概况】 2022年，持续推进"乐业象山"工程，从年初组织22个招工引才小分队，赴十一省二十三地开展跨省劳务协作，再到实施稳就业惠民生攻坚行动，迅速兑现"降、缓、返、补、扩"等政策，千方百计稳定存量、扩大增量、提升质量、力保全县就业稳中向好。城镇新增就业11315人，就业困难人员再就业1359人。全年累计举办线上线下招聘会65场，参会企业1508家次，提供岗位7055个；举办象山县招工引才小分队出征仪式，派出20支小分队在全市率先出征九省二十四地开展招工引才工作，与各级单位、乡镇签订劳务协作协议32份，与12家职技校建立政校企合作关系，在各省成功建立劳务协作站13个，达成就业意向3900余名，新招企业员工2700余人，服务返岗员工3500余人，有效缓解企业用工难。落实失业保险稳岗返还、技能提升补贴、扩大失业保险基金支出范围试点、阶段性缓缴社会保险费、失业保险保障扩围一次性扩岗补助等政策补助。

【为灵活就业人员增设雇主责任险】 1月初，从"用人主体+员工"变成"官方平台+员工"的新路径，和太保产险象山支公司签订协议，购买了雇主责任险，为灵活就业人员增设免费的保险服务。该保险保障了死亡伤残、医疗费、误工补贴，为临聘人员在工作期间及上下班途中发生的意外，提供了有力保障。象山县人社局采用政府"埋单""流动式"保险的创新方式，为所有在县零工劳务市场平台找到工作的务工人员，提供30万元以内的人身意外险，这样不仅解决了务工人员的后顾之忧，也降低了用人主体的用工风险，通过政府服务，为双方保驾护航。

【新春天天招聘会】 2月7日，象山县新春天天招聘会开幕仪式暨招工引才小分队出征仪式在县人力资源市场举行。出征仪式上，象山县人民政府常务副县长高岷参加出征仪式，为20支招工引才小分队的负责人授予出征红旗。县政府办公室副主任胡璐，县人力社保局党委书记、局长陈水明，以及相关部门和乡镇负责人参加活动。

【余缺调剂综合招聘会】 3月4日，象山县人力社保局在万达广场举办2022年迎"三八"国际妇女节余缺调剂综合招聘会，帮助有就业意愿群体精准对接用人单位。此次招聘会为象山县"春风行动——2022年新春千企引才月"活动中的首场线下招聘会。招聘会涉及合力、日星、戴维、绿城喜来登等96家企业，提供销售顾问、项目工程师、车床工、仓库保管员、导购员等岗位496个，需求员工达1500余人。最终达成初步就业意向288人。

【余缺调剂网络招聘会】 5月4日，象山县人力社保局举办"扬帆亚运、心'象'事成"余缺调剂网络招聘会。此次网络招聘会共计47家企业参加，提供岗位513个，累计访问11869人次，累计参与求职者3473人，投递简历数2883份，实现877次企业求职对接互动。

【线上开展余缺调剂招聘会暨渔工渔嫂就业洽谈会】 5月5日，象山县人力社保局在线上开展了"庆五一、迎伏休"余缺调剂招聘会暨渔工渔嫂就业洽谈会，有效推进"渔企"用工互补。其间共计43家企业参会，提供岗位372个，累计访问人数21029人次，累计参与求职者3405人，投递简历数1814份，实现987次企业求职对接互动。为了提高余缺调剂招聘会效率，象山县人社局对接石浦、鹤浦等乡镇职业中介机构，利用微信、横幅等方式积极宣传招聘会信息，广泛动员渔工渔嫂与企业开展求职对接，解决渔民在休渔期的就业问题，同时满足企业的用工需求。

【"稳就业 惠民生"大型余缺调剂招聘会】 7月20日在万达广场举办象山县2022年"稳就业 惠民生"大型余缺调剂招聘会暨高校毕业生供需洽谈会，通过县就业工作领导小组各成员单位的单位网站、微信公众号、单位工作群等渠道做好宣传工作，吸引县内外高校毕业生前来求职招贤纳士聚英才，共有118家企业参会，招聘岗位480余个，进场求职近600人，现场达成就业意向218人。

【象山零工市场人力资源招聘大会】 3月9日，象山县人力社保局在白石商业广场举办象山县零工市场人力资源招聘大会。此次招聘会充分借助白石商业广场的有利地势，以及县零工劳务市场的宣传效用，吸引周边外来务工人员前来咨询。共有日星铸业、合力模具等50家企业参加，提供普工、销售、营业员等岗位260个，达成初步就业意向85人。此外，为促进残疾人实现充分就业，此次招聘会还与县残联携手，为残疾人提供专项服务，设置30个爱心岗位。县残联充分发挥职能，积极联系残疾人前来求职，共有60位残疾人入场，达成就业意向28人。

【举行象山县起重工技能大赛】 7月3日，2022年象山县起重工技能大赛在宁波杭钢富春管业有限公司举行，来自全县40多名起重机操作能手参加比赛。此次大赛由象山县人力社保局、县总工会主办，贤庠镇总工会、涂茨镇总工会、大徐镇总工会、黄避岙乡总工会联合承办，宁波杭钢富春管业有限公司协办。大赛除了理论考试外，实操比赛强调安全防范与技能争优并重，选手们通过桥式行车空操、桥式行车地操两个项目，同台比拼赛技能，一决高下。经过一天的角逐，来自宁波杭钢富春管业有限公司的职工方丽丽、魏树香脱颖而出，分别获得桥式行车空操组和桥式行车地操组的第一名，被授予“象山县技术操作能手”称号。

【“华锦杯”工程测量比赛】 7月4日，由象山县人力资源和社会保障局、象山县总工会、象山县教育局主办，宁波建设工程学校、华锦建设集团股份有限公司承办的2022年宁波市职业技能竞赛“华锦杯”工程测量比赛活动在宁波建设工程学院举行，来自宁波市多家建筑企业以及部分院校师生共79名参赛选手进行技能角逐。此次竞赛设置理论知识和技能操作两部分。理论知识采用机考，考验的是对理论知识的掌握程度。技能操作采用全站仪用方向观测法测量水平角，将根据观测、记录、数据处理等操作规范性、完成速度、外业观测和计算成果质量等进行评分。经过一天的比赛，各参赛选手努力拼搏、奋勇争先，操作熟练规范，内业计算快速准确，赛出了水平、赛出了风格，展现了很高的测绘职业素养和技术水平，最终来自宁波建设工程学校的张万基选手夺得冠军。

【召开提升产业工人技能培训实效专题恳谈协商会】 10月25日，象山县政协召开提升产业工人技能培训实效专题恳谈协商会。县政协副主席陈爱武主持会议，象山县人力社保局党委书记、局长陈水明在会上介绍象山县产业工人技能培训情况，汇报提案答复承诺事项落实情况。

【民宿从业人员开展技能培训】 11月初，在象山县新桥镇，数十名民宿和餐饮从业人员从工作人员手里拿到了相应的职业技能等级证书。象山县海鲜餐饮、民宿行业“微改造、精提升、促发展、奔共富”三年行动计划迈开了第一步。首期从业人员培训于2022年6月在象山县新桥镇展开，之后在丹东街道、丹西街道等乡镇街道开展职业技能培训。此次培训共开设了民宿管家、中式烹饪、客房服务、餐厅服务、茶艺师等5门课程，共有600多名人员参与培训。历时4个月的培训，在象山县人社局的监督指导下，通过第三方认定机构的考核认证，有500多名参与培训的从业人员顺利通过考核，通过率近90%。通过此次民宿和餐饮从业工作人员的培训，培育壮大了象山海鲜餐饮和民宿服务行业，提升“象山海鲜”和“象山民宿”金字品牌向精品化、高质化发展，推动餐饮业提振和旅游强县更好发展，实现乡村振兴和共同富裕。

【湖南怀化学校跨省招聘】 12月16日上午，象山县招工引才小分队与怀化学院开展政、校、企三方合作交流洽谈，会上，三方围绕人才培养、实习实训、就业基地建设、校企合作模式创新等内容进行交流和探讨。怀化学院党委委员、副校长周小李介绍了学校的历史沿革、发展历程、建设成效和未来的发展规划，希望政校企合作坚持以学生、市场两个中心，提出2.5(在校学习)+0.5(单位见习、跟岗)+1(实习)的4年培养模式，同时明确服务、创新两个原则，围绕扎根本地人才需求、共商人才培养方案、共建校企育人机制、实现高质量就业这一主线，力争在产学研、专业共建、师资合作、人才培养等方面实现深度合作。会上，象山县就业管理服务中心主任陈峰介绍了象山的风土人情、发展前景、“双创氛围”以及人才政策。诚挚邀请学院领导到象山考察，也希望能参加学校组织的校招。同时指出，在三方协作再深化的前提下，象山县人力社保局会靠前服务、主动担当，全力搭建好“学校”与“企业”之间的合作平台，实现精准化、点对点、全流程的高效人才服务。

【湖南中方跨省招聘】 12月19日，象山县跨省招聘小分队结束与怀化学院的政、校、企三方协作座谈会后到湖南省中方县，与中方县人力社保局开展劳务协作洽谈。双方就劳务协作协议实施、两地企业用工的供需现状、企业招工情况和形式等问题展开具体讨论，并达成共识。座谈会上，中方县人力社保局党组成员、副局长杜朝晖详细介绍了县情、劳务输出及主要做法和成效等基本情况。象山与中方劳务协作渊源已久，2022年初已签订劳务协作协议。双方通过以点带面、以老带新的方式，做精做细招聘工作，让中方务工人员了解象山、选择象山。小分队负责人陈峰就本地区的基本情况、外来务工政策、就业用工情况作了讲解，小分队还就中方新员工入职后如何跟踪问效、服务管理以及员工薪资待遇、工作环境等问题，提出具体的可行实施方案。

【湖南溆浦跨省招聘】 12月20日，象山县赴湘招聘小分队离开中方县，前往最后一站——溆浦县，在前期线上联系的基础上，面对面交流互谈，谈出效果。作为“探亲”之行，象山增进了与劳务协作地的沟通交流，巩固了前期劳务协作成果，有2家企业提出认领怀化学院贫困学生，毕业后安排入职象山企业，将象山的“爱心”留在怀化土地上；作为“探路”之行，赴湘招聘小分队通过实地对接，对湖南怀化、中方、溆浦的劳务协作模式进行探索，在怀化市建立农民工绿色通道，做好“点对点”安全输送及全程跟踪服务。在全国经济稳中求进的重要主题下，象山县人社局积极响应国家号召，为象山县企业2023年

"开门红"打下坚实的基础。

人才开发

【概况】 2022年，实施新时代人才强县战略，着力构建引才聚才机制，为"聚力一二五，走好共富路"提供强有力的人力资源支撑。实施"凤栖山海·家燕归巢"半岛青年集聚行动和新时代半岛工匠培育专项行动。受疫情影响，5月开展"我选宁波·心象事成"云端政校对接中，在全市率先开启云端助企招才揽才，大学生招引工作保持良好势头，2022年全县新引进高校毕业生8122人，累计同比增长11.4%，全年新建博士后工作站5家；新招收博士后12名。完成宁波市甬江育才工程领军拔尖人才选拔推荐工作，成功选拔21人。共培训技能人数28453人，新增技能人才8977人，新增等级认定企业33家。在面对常态化疫情防控的新考验和人才形势的新变化，象山县委、县政府"一把手"接连"直播带岗"，分别连线3所高校宣传推介象山，创新推出"互联网+"的"直播带岗"服务新模式，云端招聘会共吸引3000余名学生观看，共收到简历655份，实现青年引才"不打烊"。出台实施《关于开展"凤栖山海·家燕归巢"半岛青年集聚行动的实施意见》。目标是力争到2026年，全县新招引青年人才6万名。

【开展节前专家慰问】 1月16—19日，对象山县504名高层次专家开展春节节前走访慰问，慰问专家服务基地专家142人，发放慰问金，寄送慰问礼品。

【组团参加浙大招聘会】 3月9日，象山县人力社保局组织锦浪科技股份有限公司、中机智能装备创新研究院（宁波）有限公司、宏润建设集团股份有限公司、龙元建设集团股份有限公司、宁波日星铸业有限公司、宁波乐惠国际工程装备股份有限公司6家优质企业赴浙江大学玉泉校区参加"浙江大学2022届毕业生春季综合招聘会"活动。

【开展云端专场招聘会】 5月7日下午，2022年"我选宁波，心'象'事成"浙江象山·太原工业学院云端引才合作交流暨专场招聘会召开。象山县委书记包朝阳、太原工业学院党委书记王亦农出席活动并致辞，县领导范焕平、高岷参加。太原工业学院是国家"十三五"应用型本科产教融合发展工程规划项目支持高校，学院工学特色明显，机械工程、自动化、计算机等优势专业，与象山县重点发展的临港装备、汽模配、功能材料等百亿产业链群高度契合。自2020年以来，学院多次到象山调研考察、交流对接，双方合作取得显著成效。

【胡海成荣登市十佳大学生创业新秀榜】 宁波市2021年度创业创新风云榜揭榜，象山县推荐的宁波铭达建设项目管理有限公司法人代表胡海成荣登市十佳大学生创业新秀榜，为宁波市青年大学生创业创新树立了又一标杆。此次评选活动受疫情影响，活动时间一再压缩，从推荐至现场路演仅有7天时间准备，在此期间相关工作人员多次利用休息时间指导参选人制定文案，反复打磨路演PPT，直至以最好状态来展现象山青年大学生创业创新风采。胡海成凭借2021年度创业带动就业人数和纳税总额的底气，网络投票的最高人气指数，以及路演现场爆发的创业激情，赢得评委青睐，获评宁波市十佳大学生创业新秀。

【举行首期应用型学生培养项目签约仪式暨项目启动会】 象山县宁波合力科技股份有限公司与浙江汉峘教育发展有限公司在合力科技会议室成功举行产教融合应用型学生培养项目签约仪式暨项目启动会。象山县人社局局长陈水明、副局长章霞丹、职业技能鉴定中心主任盛金军、合力科技董事长施良才和公司中高层管理人员及项目组成员、汉峘教育总经理李立新及项目顾问团队部分成员出席了此次项目签约仪式暨项目会。合力科技是汉峘教育第9家大学生实训基地，同时也是象山县第一家大学生实训基地。通过项目合作能引进新的教育模式和管理模式，借鉴德国和日本的匠人培养模式，从而提升整个象山县制造业的人才培养水平。

【考察宁海汉峘教育大学生实训基地】 5月18日，象山县人力社保局局长陈水明一行赴宁海汉峘教育兴利模具大学生实训基地和宁海产业人才学院参观考察，在宁波兴利汽车模具有限公司总经理邬荣武和浙江汉峘教育发展有限公司总经理李立新的陪同下，了解"三位一体、四方联动"产教融合育人模式，并就产业学院建设、产教融合育人模式及专业延伸等方面进行交流。参观考察期间，汉峘教育总经理李立新结合现场大学生实训管理看板介绍了大学生实训管理体系建设思路、实训规划、实训目标和实训过程三级管理、三维度评估和实训记录等情况。随后在兴利模具大学生实训基地会议室，陈水明一行召开了座谈会。陈水明高度评价"三位一体、四方联动"产教融合育人模式，并对汉峘教育产业学院的构思和顶层设计、战略发展规划及实训学生的综合素质给予特别肯定。陈水明一行还参观了宁海产业人才学院展厅、教室及学生宿舍，并就汉峘教育当前拥有的教学条件给予充分肯定，对产业学院筹建所需资源及配置有了深入的了解。

【发放创业担保贷款创业补贴】 象山县人力社保局挖掘青年创业人才，搭建创业高端平台，密集推进创业服务上云，营造"大众创业、万众创新"的良好氛围。发放创业担保贷款1220万元，服务企业46家，发放各项创业补贴159.2万元，惠及创业实体184家。

【"技能之星"职业技能竞赛】 6月26日，由象山县人力社保局、县总工会联合主办，象山精信职业技能培训学校、宁波赛德森减震系统有限公司共同承办的宁波市"技能之星"职业技能竞赛"赛德森"杯数控车工象山选拔赛比赛落幕。此次比赛数控车工有理论知识、技能实操两个项目组成，理论实操双合格的选手由县人力资源和社会保障局核发高级工职业技能等级证书，其中前三名的选手核发技师职业技能等级证书。

【"潮象山·巢"研学活动】 7月14—15日,象山县人力社保局组织了45名象山籍在外青年大学生在亚帆中心、半边山、大目湾等地,开展了"青年与海"象山籍大学生"潮象山·巢"研学活动。县委副书记、政法委书记应建勇出席活动,县人力社保局党委书记、局长陈水明参加活动。

【职称评审1085人】 2022年象山县职称评审1085人,副高以上284人(正高40人)。其中,教育、卫生自主评聘371人,副高以上119人(正高31人)。配合宁波市人力社保局和宁波市教育局对象山县内77家自主评聘学校开展职称复查复审工作,其中重点调研了象山中学、象山三中、丹城中学、西周小学、石浦中心幼儿园等5所学校。

【宁波机床院获批国家级博士后工作站】 11月15日,全国博士后管委会办公室公布了2022年度第一批博士后科研工作站新设站的认定名单。中国机械总院集团宁波智能机床研究院有限公司(简称宁波机床院)获批国家级博士后工作站,系象山县唯一的。

作为中国机械研究总院集团有限公司直管的全资子公司,宁波机床院以核心功能部件与高端数控机床装备为研究开发重点,开展数字化设计、关键工程材料、先进制造技术、高端数控机床等方向的科学研究与试验发展,研发先进制造技术与装备成果,培养高层次创新创业人才,助力长三角装备制造业转型升级和新兴产业战略布局。

【与雷波县开展技术人员扶贫工作】 与四川省雷波县开展扶贫工作互动,了解两地的技术人才需求,按对方需求重点对医疗、教育等相关部门单位开展协助和人才排摸。做好对口扶贫的需求对接和人员安排计划;全年牵头落实5人到雷波县参加对口支援工作,其中7个月2人,1个月3人。

劳动管理

【概况】 2022年,以构建和谐社会,发展和谐劳动关系为目标,以根治欠薪,提升"象山无欠薪"创建成果为抓手,以防范处置企业欠薪和劳动保障监察执法改革工作为重点。调处劳动争议案件42件,涉及劳动者365人,受理劳动纠纷举报投诉案件650件,涉及劳动者1682人,比上年同期实现"三减"。2022年创新推出建筑领域"一案双查"欠薪治理模式被省里引用进行全省推广,案件办理入选省级《拒不支付劳动报酬案保障农民工工资支付条例汇编及典型案例》,为宁波市唯一入选案例。在乡镇和重点部门开展用人单位劳动用工、农民工工资支付系列专项检查,包括"安薪护航迎亚运"排查整治欠薪隐患专项检查、重点行业企业劳动者工时和休息休假权益保护专项检查、清理整顿人力资源市场秩序专项行动根治欠薪行动等,累计检查用人单位746家次,检查在建项目257家次。

【根治欠薪集中接访活动】 春节前是欠薪易发高发期。1月11日,象山县根治欠薪工作领导小组办公室组织人社、公安、住建、总工会、信访、矛盾调解中心等部门负责人在县信访局开展根治欠薪集中接访活动,当日,共受理欠薪案件4件,涉及劳动者16人,欠薪金额18.3万元,均联系到用人单位当场处置完毕。对其他不属于欠薪类的投诉线索,均通过现场引导帮助来访者仲裁、司法等渠道解决。

【推行"两备案一公示"实现欠薪处置一线通】 为贯彻落实《保障农民工工资支付条例》,促进建设领域依法贯彻落实"六项制度",源头把控欠薪矛盾,畅通行业主管部门、建筑企业、农民工联系渠道,象山县实行在建项目欠薪纠纷处置负责人"双备案一公示"制度,共对全县174个在建项目进行备案,通过将欠薪纠纷处置负责人进行备案公示,实现欠薪处置一线通,农民工直接联系负责人进行纠纷自行处置43人次,行业主管部门联系负责人进行纠纷调处52人次。

"两备案一公示",即施工单位和在建项目欠薪处置负责人要向人社部门进行备案,并在项目工地公告栏进行公示。为切实加强对在建工程项目欠薪的有效治理,象山县人社局率先创新推行了在建项目欠薪纠纷处置负责人"双备案一公示"制度,便于第一时间联系到有效的欠薪处置负责人进行欠薪调处,在日常监管中,由县根欠办牵头,联合各行业主管部门,开展在建项目定期更新,指导督促各施工单位及项目工地及时进行信息公示。

【完成企业薪酬调查工作】 根据人力社保部和宁波市人力社保局的有关要求,2月共组织260余家企业参加了2021年度企业薪酬调查。此次薪酬调查对象包括物流业、制造业、服务业、建筑业、金融业等多个行业门类各种登记注册类型企业。调查的内容包括2021年度企业人工成本情况和企业从业人员工资报酬情况。

【汇总象山县在建项目农民工工资专户信息】 汇总全县在建项目农民工工资专户信息,合法保护专户专用。针对近几年多次发生农民工工资专用账户被违法查封、冻结或者划拨现象,象山县根欠办将全县69个在建工程项目开设的农民工工资换用账户名称及账号进行汇总,并函告至县人民法院等根治欠薪成员单位,在象山县进行规范化治理,切实根据《保障农民工工资支付条例》合法保护农民工工资专用账户。

【完成劳务派遣年审】 3月底,对全县范围内2020年12月31日前取得劳务派遣经营许可证的45家劳务派遣单位开展2019年度经营情况检查,3家注销许可证、9家企业因未提交年检资料,审核不通过、13家要求整改、20家合格。

【左薇被评为竞争性演讲业务能手】 6月30日,全省人社系统组织选手参加2022年度浙江省劳动保障监察业务技能大比武，经过3天角逐，象山选手左薇荣获本届比武业务能手称号，展示了象山县劳动保障监察执法队伍的风采。此次技能比武参赛选手来自全省11个地市，包括各市劳动保障监察机构负责人、部分区（县、市）劳动保障监察业务骨干，总计130余名选手参赛。此次比赛主要设置了案卷评查答辩、竞争性业务演讲、折返跑答题接力赛、党建+执法业务竞赛等项目内容，以演讲、答辩、笔试等形式进行，检验了每一位参赛选手的业务技能和实操水平，经过激烈的角逐比拼，象山人社选手左薇被评为竞争性演讲业务能手，与宁波市其他选手一起助宁波勇夺桂冠、团体第一。

【开展企业劳动用工体检】 开展“我为企业解难题”企业劳动用工体检活动，帮助企业查找自身在劳动用工方面存在的薄弱环节和制度漏洞，有的放矢进行整改和完善，从源头上规避用工风险，预防劳动争议发生。此次劳动用工“问诊把脉”活动，以企业自愿为基础，结合乡镇推荐、企业报名、线上随机抽取等方式确定服务对象，人社局劳动用工体检专家团分组分区域进行专人上门进行，已深入全县18个镇乡街道，为692家企业开展劳动用工体检，并出具具体检查评估报告692份，告知劳动用工风险5000个，评出劳动用工风险等级A级企业118家，B级企业439家，C级企业135家。

【行政许可案卷荣获2022年度县级“十佳行政执法案卷”】 根据象山县司法局组织开展的2022年行政执法案卷评查工作要求，象山县人力社保局对2021年7月1日至2022年6月30日办理的行政许可案卷进行了一次全面、细致的自查自评，并报送行政许可案卷在全县进行参评，通过全县14个行政执法单位互查互评以及特邀专家评审，象山县人力社保局的行政许可案卷在全县随机抽取的97件案卷评比中，荣获2022年度县级“十佳行政执法案卷”。

【推广电子劳动合同平台】 采取“线上+线下”同步宣传。线下宣传有力度，分乡镇、街道现场指导，演示纸质合同归档、新签合同等流程，并解答常见问题，在18个镇乡、街道开展23场培训会，参会企业500余家。同时，线上宣传全覆盖，专班工作人员制作了《电子劳动合同操作手册》，录制了“浙里签”平台操作视频，发布到各联络群中供企业学习，服务企业1500余家。2022年共完成总任务数的20%，位列全大市第二。

【调研共享法庭】 7月5日，象山县人力社保局局长陈水明陪同宁波市中级人民法院、象山县人民法院调研组人员在设立于县劳动人事争议仲裁院的共享法庭进行调研。该共享法庭于2021年12月正式设立，是数字化改革融入基层治理的重大探索。劳动争议特设“共享法庭”，以“一根网线、一块屏、一个终端”为标准配置，集“在线诉讼、调解指导、普法宣传、网上立案”等功能于一体，充分发挥了裁调对接、诉调对接、裁审对接的工作效能，为进一步妥善化解劳动人事争议纠纷，正确处理保障劳动者权益和促进企业发展的关系提供了重要保障。

【监察大队更名为监察执法服务中心】 5月5日，根据《浙江省人民政府关于各设区市“大综合一体化”行政执法改革方案的批复》相关文件的要求，象山县人力社保局按照宁波市人力资源和社会保障局将79项目执法事项全部或者部分划转给综合执法部门，保留欠薪类行政执法事项共18项，8月2日，象山县劳动保障监察大队更名为象山县劳动保障监察执法服务中心。

【开通农民工工资专用账户资金专户】 6月份制定并实施《象山县工程建设领域农民工工资专用账户资金管理四方协议》，在建项目在开工前需开通农民工工资专用账户，而账户相关协议需通过人社部门进行审批确认，象山县人力社保局已累计审批协议47份，其中5份协议因拨付内容不规范重新填写后予以审批并成功开通工资专户。10月，根据人社部文件规定，建设项目工资专户和保证金专户均由人社部门实施管理，我局进一步要求施工单位开立农民工工资专用账户必须同时按项目缴纳农民工工资保证金，象山在对开立工资专户进行监管过程中，已要求149个新建项目和在建项目按规定缴纳工资保证金，累计缴纳金额2800余万元。

【参加宁波市“和谐同行”劳动关系能力培训班】 11月29日，象山县劳动人事仲裁院参加宁波市人才培训中心举办的宁波市“和谐同行”劳动关系能力培训班，“模拟劳动仲裁庭”搬到课堂中，让学员们亲身体会劳动仲裁过程，帮助学员们更快更好掌握劳动仲裁的证据收集和整理、仲裁辩论等技巧。在培训现场，学员们根据案例材料进行讨论，撰写仲裁申请书、答辩材料，开展模拟仲裁庭实战训练。

【实现劳动仲裁网上办】 当事人通过网络平台、“浙里办”App或微信“掌上仲裁”小程序，可以申请劳动调解、仲裁、提交证据、参加视频调解，查看案件进度和法律文书等，实现劳动仲裁“零跑腿”。网络办案率47.7%。同时，加强对劳动者的法律援助力度，每周三邀请律师到仲裁院提供法律咨询服务，对符合援助条件的困难人员，积极落实免费法律援助，接受法律援助224人。对农民工、女职工和丧残病人等弱势群体，以及群体性重大集体争议案件，实行绿色通道。也可通过共享法庭向法院进行线上立案申请。

【企业信用管理】 2022年企业信用建设从线下转向线上，所有行政处罚案件均由浙江省人社工作一体化平台自动共享至信用中国（宁波）、浙江省政务服务网等平台进行公示，2022年已公示案件20件，同时，需要进行信用修复的企业也需要通过信用中国（宁波）网站进线上修复申请，2022年申请信用修复企业为0。因为拖欠农民工工资被局列入欠薪黑名单企业累计已有6

家，其中一家因履行完毕支付义务并已到期已被列出黑名单，其他五家尚在期限内。

人事管理

【概况】 2022年，以提高事业单位人事管理水平为中心，紧紧围绕事业单位公开招聘、事业人员交流、事业单位岗位设置、事业单位管理岗位职员制改革等重点工作完成全年任务。机关事业单位公开招聘编制外人员公告审核及发布等7主项12子项的事项线上运行工作。完成全县86家主管部门及其下属事业单位共有411位事业单位工作人员年度考核审批工作，共有410位事业单位工作人员、行政工人考核优秀。完成2021年事业单位招录43人事业人员，2022年高层次紧缺人才公开选聘7人录用工作。全年通过事业单位人事工资管理服务系统已办结事业单位管理审批业务2061件，建成人事考试库房，用于人事考试试卷的保管和监控。

【开展全县事业单位人事、工资年报统计工作】 1月13日，象山县人力社保局组织开展了全县事业单位工作人员人事、工资年报统计工作。本年年报统计工作变"面对面"为"键对键"，采取线上布置、在线咨询、单个辅导结合方式进行。通过协同网、浙政钉工作群，线上布置全县事业单位年报统计工作，上传事业单位年报统计辅导课件，要求各单位根据课件自行学习、有疑问线上咨询、有困难单个辅导，确保年报统计任务在规定时间内保质保量完成。

【启动全县机关事业单位健康体检工作】 2022年3月10日至10月31日，象山县人力社保局组织全县机关事业单位开展健康体检工作。

此次健康体检的对象主要是全县机关事业单位在编工作人员，包括在职和退休干部。离休干部、教育系统工作人员体检由主管部门另行组织。确定了县第一人民医院、县红十字台胞医院、县中医院、县第三人民医院和县老年医院等五家县级医疗机构为定点体检医院，并确定了全面的体检项目，包括一般检查、临床检查、物理检查、实验室检查。

做好机关事业单位工作人员健康体检工作，是政府关心关爱广大干部职工的具体体现，也是激励象山县干部职工"聚力一二五，走好共富路"的重要举措。

【首次事业单位公开选聘】 3月25日，象山县2022年首次事业单位公开选聘工作正式启动。此次选聘由县委办公室、涂茨镇人民政府等6家事业单位主管部门参加，共推出7个职位，选聘本县在编在岗事业人员8名。2021年1月，象山县制定印发《象山县事业单位工作人员交流办法（试行）》，明确规定了选聘原则、选聘方式以及选人标准，实行政策公开、程序公开、结果公开。为使《办法》更具可操作性，同年3月，制定印发《象山县事业单位工作人员交流选聘工作操作细则（试行）》，在操作层面明确了选聘程序、选聘时间以及评委组成等。

【首次事业单位公开选聘面试完成】 4月29日，象山县2022年第一次事业单位公开选聘面试工作完成。面试采用结构化面试方式，面试成绩满分100分，不足60分钟淘汰。主要测试语言表达能力、综合分析能力、解决实际问题能力、回答问题准确度、气质仪表等5个方面内容，主要考核事业单位人员综合素质，判断其能力素质与拟聘岗位是否相匹配。面试考场设5名评委，在每位面试者答题完毕后当场向考生宣布分数。共有7名事业单位人员通过了此次面试。

【新聘用事业人员岗前培训班完成】 象山县为期两周的新聘用事业人员岗前培训班在县委党校完成，全县36名新聘用事业人员参加培训。以"理论+实用性"为导向，开设15期"学员微课堂"，按照"1+6"学习模式，围绕中心工作、社会热点，每次由1名学员自选一个主题，畅谈工作、学习中的感悟。通过此次培训，让事业单位新聘用人员深入了解象山的经济社会发展状况，尽快熟悉岗位所需的基本知识和技能，增强服务意识、责任意识和敬业意识，完成角色转变，提高履职能力。

【提升事业人员人事档案管理水平】 为充分发挥事业人员人事档案在建设高素质专业化干部队伍中的重要作用，推动事业人员人事档案管理制度化、规范化、数字化，象山县统一部署、分类实施、部门协调、加强指导、优化举措、健全机制提升事业人员人事档案管理水平。全县事业人员人事档案已移交2000余本，已移交档案全部完成数字化扫描工作，数字化率达100%。历时3年，基本完成事业人员人事档案的移交入库工作。

（县人力社保局　王慈慈）

社会生活

综　述

2022年，在县委、县政府的正确领导下，自觉以习近平新时代中国特色社会主义思想为引领，贯彻落实中共二十大精神、省市县党代会和上级民政部门工作部署，聚力全市民政系统精准救助、幸福颐养、和谐自治、暖心服务、人人慈善“五个标杆区”建设，坚持以民生幸福为目标，以数字化改革为引擎，以争先进位创优为导向，以“城乡社区治理、社会救助、养老服务、社会组织及社会工作、专项社会服务”为重点，统筹做好疫情防控和发展民政事业，有力开创民政工作新局面。

（县民政局）

城乡居民生活

【概况】 据城乡一体化住户调查数据显示，2022年象山县全体居民人均可支配收入59160元，同比增长5.1%。分城乡来看，城镇居民人均可支配收入69478元，同比增长4.6%，农村居民人均可支配收入41578元，同比增长6.4%，增速分别高于宁波市平均水平0.8个和0.5个百分点。城乡收入倍差为1.67，比上年缩小0.03，差距进一步缩小。城乡居民人均生活消费支出为35624元，同比增长6.7%。分城乡看，城镇人均生活消费支出为40378元，同比增长6.7%，农村人均生活消费支出为27524元，同比增长6.8%。

2022年象山县城乡居民人均可支配收入分项统计表

表70

指　　标	城　　镇			农　　村		
	绝对数（元）	增长（%）	占比（%）	绝对数（元）	增长（%）	占比（%）
可支配收入	69478	4.6	100.0	41578	6.4	100.0
一、工资性收入	36657	2.0	52.8	15608	2.7	37.5
二、经营净收入	14258	3.2	20.5	16011	5.8	38.5
三、财产净收入	10720	16.0	15.4	1982	23.3	4.8
四、转移净收入	7843	5.7	11.3	7977	11.8	19.2

【城乡居民工资性收入】 小幅增长。城乡居民人均工资性收入28765元，占可支配收入比重为48.6%，同比增长2.1%，拉动可支配收入增长1.1个百分点，是居民收入的首要来源。分城乡看，城镇居民人均工资性收入36657元，增长2.0%；农村居民人均工资性收入15608元，增长2.7%。主要原因是政府积极落实助企纾困各项措施，援企稳岗力度突出，缓解企业经营压力，稳定就业规模，确保工资薪酬按时足额发放，全力实现“增岗增收”。

【城乡居民经营净收入】 平稳增长。城乡居民人均经营净收入15008元，占可支配收入比重为25.4%，同比增长4.4%，拉动可支配收入增长1.1个百分点。分城乡看，城镇居民人均经营净收入14258元，同比增长3.2%；农村居民人均经营净收入16011元，同比增长5.8%。主要原因是营商环境和政务服务不断优化，企业效益继续改善；同时，全年农业生产形势平稳向好，农民经营收入稳步恢复。

【城乡居民财产净收入】 高速增长。城乡居民人均财产净收入7386元，占可支配收入比重为12.5%，同比增长18.8%，拉动可支配收入增长2.1个百分点。分城乡看，城镇居民人均财产净收入10720元，同比增长16.0%；农村居民人均财产净收入1982元，同比增长23.3%。主要原因是居民存款增长较快，2022年末，金融机构住户存款余额517.5亿元，同比增长21.6%，带动利息收入增长；同时，村庄片区组团发展模式得到有效推广，村集体经济加速发展，拉动红利收入增长。

【城乡居民转移净收入】 持续增长。城乡居民人均转移净收入为8001元，占可支配收入比重为13.5%，同比增长6.1%，拉动可支配收入增长0.8个百分点。分城乡看，城镇居民人均转移净收入7843元，同比增长5.7%；农村居民人均财产净收入7977元，同比增长11.8%。主要原因是象山县积极出台并实施城乡居民、退休人员养老金基础标准调整、失业补助金发放、特殊群体困难补助等民生政策；同时农村地区部分农户积极响应"非粮化"政策，现金政策性惠农补贴拉动转移净收入大幅增长。

【后期需关注的问题】 一是局势多变，经济增长速度放缓。面对世界变局和新冠疫情的叠加冲击，象山县经济高质量发展阻力较大，从制造业PMI数据看，1—12月均值为47.3%，比上年同期下降4.5个百分点，表明制造业企业经营仍承受较大压力，提振经济难度较大，市场信心严重不足，不利于居民收入高质量增长。二是收入比缩小，绝对差距有所扩大。随着城市化、市场化的改革深入和城乡融合发展的不断加快，城乡居民收入相对差距持续缩小，但绝对差距有所扩大。2022年，象山县城乡居民收入比从1.70下降到1.67，但绝对差距从27348元扩大到27900元，城乡居民收入比实现下降仍存在一定压力。三是人口结构，抑制居民收入增长。一方面，老龄化进程加剧。第七次全国人口普查数据显示，象山县60岁及以上人口的比重为23.9%，较"六人普"上升7.7个百分点，65岁及以上人口的比重为16.6%，较"六人普"上升5.6个百分点，呈明显增长态势。另一方面，人口抚养比上升。"七人普"数据显示，象山县人口抚养比（0~14岁和65岁及以上人口数加总与15~64岁人口数之比）从2010年"六人普"的32.4%上升至42.0%（其中少儿抚养比18.4%，老年抚养比23.6%）。非劳动人口持续增长，提高居民人均可支配收入的阻力加大。

【城乡居民食品烟酒支出】 人均食品烟酒支出为10501元，同比增长17.4%，占八大类支出的比重高达29.5%，占比居八大类之首。分城乡看，城镇人均食品烟酒支出为11139元，同比增长11.2%，农村人居食品烟酒支出为9070元，同比增长25.8%。

【城乡居民衣着支出】 人均衣着支出为2278元，同比增长5.0%。分城乡看，城镇人均衣着支出为3078元，同比增长8.3%，农村人均衣着支出为1595元，同比增长4.1%。

【城乡居民居住支出】 人均居住支出为9306元，同比增长4.4%，占八大类支出比重达26.1%，仅次于食品烟酒支出。居住支出中，自有住房折算租金为6743元，同比增长1.8%。分城乡看，城镇人均居住支出为10855元，同比增长9.1%，农村人均居住支出为7786元，同比增长3.4%。

【城乡居民生活用品及服务支出】 人均生活用品及服务支出为1862元，同比增长2.3%。分城乡看，城镇人均生活用品及服务支出为2158元，同比增长3.6%，农村人均生活用品及服务支出为1117元，同比增长1.4%。

【城乡居民交通通信支出】 人均交通通信支出为4757元，同比增长4.5%，其中交通支出为3476元，同比增长2.3%，通信支出为1281元，同比增长10.9%。分城乡看，城镇人均交通通信支出为4857元，同比增长5.0%，其中交通支出为3440元，同比增长2.2%，通信支出为1417元，同比增长12.5%，农村人均交通通信支出为3445元，同比增长2.2%，其中交通支出为2366元，同比增长2.6%，通信支出为1079元，同比增长1.5%。

【城乡居民教育文化娱乐支出】 人均教育文化娱乐支出为3486元，同比增长8.3%，其中教育支出2591元，同比增长7.4%，文化娱乐支出为895元，同比增长11.2%。分城乡看，城镇人均教育文化娱乐支出为4527元，同比增长8.9%，其中教育支出为3252元，同比增长9.6%，文化娱乐支出为1275元，同比增长7.1%，农村人均教育文化娱乐支出为1913元，同比增长6.0%，其中教育支出1385元，同比增长3.3%，文化娱乐支出为528元，同比增长13.8%。

【城乡居民医疗保健支出】 人均医疗保健支出为2590元，同比减少9.1%，分城乡看，城镇人均医疗保健支出为2659元，同比减少8.8%，农村人均医疗保健支出为2227元，同比减少21.5%。

【城乡居民其他用品和服务支出】 人均其他用品和服务支出为844元，同比减少6.8%。分城乡看，城镇人均其他用品和服务支出为1105元，同比减少11.8%，农村人均其他用品和服务支出为371元，同比减少4.1%。

（县统计局）

社区建设

【概况】 2022年，在县委县政府和市局的支持领导下，以推进现代社区建设为主线，以实施城乡社区工作者队伍建设综合改革为主要抓手，大力推进城乡基层自治组织建设、城乡社区治理和服务创新、专职社区工作者队伍建设，不断提升城乡社区治理高质量发展，为建设共同富裕样板县夯实基层基础。

【健全社区治理体制】 完成城乡社区编码认定。为进一步推进城乡社区精细化治理，于7月启动全县城乡社区编码工作，经镇乡（街道）排摸测算，县农业农村、公安等8家职能单位联审核定盖章确认，及时完成389个城乡社区编码工作。调整优化城市社区规模。根据《关于新建社区和社区规模调整的指导意见》精神，指导特大融合型社区石浦镇海宁社区，按照便于管理、便于服务、便于居民自治的原则，通过方案申报、实地踏勘、部门联审、批复成立等程序，规范有序开展社区规模调整。强化城乡社区基本功能定位。根据城乡社区基本功能，制定象山县城乡社区工作事项清单指导目录，形成城乡社区工作事项清单，并予以公布。严格执行城乡社区工作事项准入机制，深入开展社区减负回头看，常态化开展听取汇报、实地检查、座谈交流等活动，进一步巩固减负效果，强化城乡社区服务功能。

【城乡社区总数达388个】 2022年，全县共有城市社区33个，其中一般城市社区5个，较大城市社区22个，特大城市社区6个，一般产业型社区1个；共有农村社区355个，其中一般农村社区319个、较大农村社区36个。原海宁社区完成拆分工作，成立新的海宁社区与番头社区。

2022年象山县城市社区情况一览表

表71

序号	社区名称	办公地址	电话	社区编码	常住户数（户）	常住人口数（人）
1	梅园社区	龙泽名园1号	65789578	33022500190001032	3012	8132
2	塔山社区	丹峰东路447号	65750208	33022500190011032	4569	11717
3	丹峰社区	丹峰小区95幢一楼	65730501	33022500190021032	3344	8543
4	文峰社区	育才路93号	65710563	33022500190031031	2192	5513
5	金秋社区	新华路140弄6号	65761107	33022500190041032	3849	7400
6	新华社区	宾阳路20号	65715329	33022500190051031	1852	4443
7	东风社区	建设路311号	65712609	33022500190061033	5070	10100
8	丹河社区	象山河路505号	65708167	33022500190071033	5018	13367
9	万象社区	巨鹰路388号	65719610	33022500190081032	3649	9852
10	欢乐社区	宝海路1062号	65735661	33022500190091012	3287	6496
11	海山社区	巨鹰路388号	65769069	33022500190101032	3167	8551
12	新建社区	新丰北路38号	65727560	33022500290281031	373	836
13	北路社区	桃园路4号	65730510	33022500290291031	924	1612
14	文昌社区	靖南大街251号	65726241	33022500290301032	1577	3698
15	蓬莱社区	新丰路165号	65658812	33022500290311032	3948	9893
16	丹瀛社区	新丰路218号3楼	65618067	33022500290321032	3579	8582
17	瑶琳社区	丰饶路37号	65730523	33022500290331032	2769	7495
18	丹桂社区	丰饶路226-2号	65719851	33022500290341033	6321	14326
19	汇丰社区	蓬莱路305号	65752871	33022500290351032	4495	10180
20	龙溪社区	镇前街13号	65603373	33022500390581042	2753	6289
21	玉泉社区	新瀛路17号	65605410	33022500390591043	4849	9815

续表71

序号	社区名称	办　公　地　址	电　　话	社　区　编　码	常住户数(户)	常住人口数(人)
22	瀛海社区	针织品市场一期 40 号	65605891	330225003906010042	3509	7586
23	海宁社区	曙光路 39 号	65957828	330225101906410032	4955	10306
24	凤凰社区	金山路凤凰新城东区二楼	65971079	330225101906510043	5158	11275
25	金屏社区	大庆路 71 号	65972527	330225101906610042	3277	5814
26	荔港社区	金山路 23 号	65957825	330225101906710042	2295	4800
27	文兰社区	人民路 46 号	65982650	330225101906910042	1526	2483
28	九市曲社区	人民路 46 号	65983864	330225101906810041	1061	2023
29	延昌社区	新塘岸路 67 号	65950544	330225101907010042	1886	3754
30	塘头港社区	新塘岸路 67 号	65950691	330225101907110032	3612	7692
31	番头社区	兴港路 557-8 号	暂无	330225101938810032	5115	10639
32	兰湾社区	大同路	65610098	330225001901110032	1895	4637
33	滨港社区	昌明路 80 号	65835002	330225102910810042	2876	3026

【专职社区工作者队伍】　立足象山县情,研究制定《关于全面加强城乡社区工作者队伍建设的实施意见》《城乡社区工作者队伍建设综合改革专项工作方案》《象山县城市社区专职工作者管理办法》等文件。同时,建立健全城乡社区岗位管理体系,科学核定员额,指导编制城市社区"五定"方案,不断夯实城乡社区专职工作者队伍建设基础;强化选聘招录。为进一步配齐配强城乡社区专职工作者队伍,2022 年全县累计开展 3 批共 260 名专职社区工作者招聘工作,至年底,全县专职社工数共计 441 名,每万社区常住人口拥有社工 18.2 名;加强培育锻炼。全县积极构建分层分级培训机制,新招录城乡社区工作者到岗后,首先由镇乡(街道)通过集中培训、新老帮带等形式,实现初任培训全覆盖。同时,依托宁波社会组织学院,组织 2022 年新招录的专职社区工作者开展为期 4 天的集中式业务培训,邀请县卫健局、县人社局、县退役军人事务局等 15 家涉及社区事务办理的部门业务骨干和省社区工作领军人才进行全方位的业务培训和经验分享,进一步提升城乡社区专职工作者工作能力和职业素养。积极推荐全县 5 名社区书记获评第三批市级社区工作领军人才,全县共有省级社区工作领军人才 1 名,市级社区工作领军人才 8 名。

【社区基础服务设施标准化】　按照标识统一、布局合理、功能集成、运行有序、辨识度高的要求,规范丹东街道海山社区和塔山社区综合服务设施建设,打造集政务办理、便民服务、文体休闲、智能体验等功能于一体的社区服务综合体。同时,完成丹东街道、丹西街道、爵溪街道、石浦镇、大目湾 5 个小区自治服务站建设。

【城乡社区基层民主建设】　健全社区服务管理居民参与体系建设,打造 2 个居民会客厅平台,发挥"社区共治理事会"作用,深化"居民说事"制度,推进"居民说事+网格化+互联网"模式,增强社区开展民主协商能力。扎实推进特色社区建设,开展第五批省级引领型农村社区创建,实现清廉社区全覆盖。全面推进村(居)民委员会公共卫生委员会建设,进一步健全新冠疫情社区防控体系,织密织牢人民群众健康防护网。

(县民政局)

社会组织管理

【概况】　2022 年,象山县共有登记的社会组织 895 个(社会团体 210 个、民办非企业单位 682 个、基金会 3 个),备案类社会组织 5031 个,社会组织会员近 15 万人次,是促进经济社会发展的重要力量。

【强化党建引领】　在全市率先成立实体化运作的社会组织综合党委,通过健全组织架构和议事制度、选优配强工作力量、组织开展锋领活动等综合措施，对既不适宜属地又不适宜属业管理的社会组织党组织进行兜底管理。党建兜底的组织网络、工作体系、管理制度全面形式。2022年，兜底管理党员125人，孵化成立党组织16个，新发展党员10名，确定入党积极分子21名，新增入党申请人10名；教育引领100余家社会组织在善行象山、基层治理、乡村振兴等方面发挥积极作用，各项工作指标处在全市前列。推行"五同步"工作机制，把党建工作融入社会组织管理工作中，深化落实党建工作和社会组织审批、年检、评估、"双随机"抽查、负责人选任"五同步"机制，强化政治把关。持续增强"红社领航　象益山海"党建品牌影响力，继续深入实施党建引领社会组织参与社区治理现代化行动，充分发挥党组织的领导核心作用，着力构建社会组织参与社会治理的新机制。

【实施"高位育才"行动】 推动社会工作专业人才数量增长，加大全国社会工作者职业水平考试组织力度，并在报名费等方面按标准报销，对新取得社会工作者职业资格证书的落实奖补。推进社会工作专业人才质量提升，实施"金雁引领"和"头羊成长"计划，开展社会工作领军人才、本土社会工作督导人才培养工作。实现社会工作继续教育广泛覆盖，依托宁波（象山）社会组织学院平台，对社会工作人才采取集训、轮训、短训等形式开展专业人才示范培训。

【实施"高标矩阵"行动】 完善基层服务平台，围绕镇乡街道"一站双中心"一体化建设，同步推进镇乡（街道）社会工作站于2022年实现全覆盖，全面构筑促进基层治理和共同富裕的综合型"以社育社"和"五社联动"服务平台。发展社工服务机构，完善社会工作服务机构培育扶持政策，鼓励具备资质、符合条件的社会力量创办社会工作服务机构，引导实务能力突出的社会工作专业人才举办社会工作服务机构。

【实施"高光扩面"行动】 创新社会工作数字赋能，以全国社会工作信息系统、浙江省社会工作信息系统为支撑，实行社会工作专业人才职业水平证书登记服务制度，加强社会工作人才、平台、机构的管理和服务，实现社会工作服务项目供需对接，社会工作服务效果评价等集成应用。开展社会工作指引制定，通过试点示范等方式，大力支持社会工作站、社会组织服务中心、社会工作服务机构、社工协会等在社会工作实践的基础上研究制定社会工作服务规范、服务指引、服务手册等，促进社会工作管理服务专业化、规范化。

【聚焦"五社联动"】 在全市率先启动党建引领社会组织参与社区治理现代化三年行动，以党建引领社区、社会组织、社会工作者、社会慈善资源"五社联动"为导向，以共商共建共治共享为目标，围绕菜单式、项目式、结对式"三张服务清单"，引导支持47家社会组织和党组织下沉全县30个社区提供公共服务、扩大居民参与、推进资源链接，重点在环境整治、矛盾调解、心理咨询、便民服务、社区矫正、临终关怀等方面为社区解难事、办实事、做好事。目前实施的"三张服务清单"中已惠及群众2万余人次，有关做法被《浙江日报》、浙江电视台、《宁波日报》等媒体宣传报道。

【聚焦培优赋能】 围绕"红色学府·党建氧吧"品牌定位，以"党建创优""教学创能""研究创新""服务创强""合作创强"为使命，宁波（象山）社会组织学院继续深耕"领航""花开""沃土"等三大教学课程，持续实施"红色经理人"素养提升工程。分级分类、突出重点为社区、社会组织、社会工作、社会志愿者、社会慈善资源等"五社"人员和党组织书记、党务工作者、党员等社会组织党组织"三支队伍"提供成长式教育培训服务。2022年累计培训12期近5000人次。创新打造"红社领航"会客厅和"象益山海"直播间实践实效载体，定期组织开展讲党务、讲党课、将党建好故事"三讲"活动，传播社会组织好故事和正能量，受益群众8000人次。

【聚焦监督管理】 开展社会组织规范行动，扎实推进社会组织年检年报、行业协会商会收费专项整治、非法社会组织打击整治、"僵尸型"社会组织清理、"双随机"抽查等工作，加强社会组织综合监管，防范化解社会组织领域风险，不断促进社会组织健康有序发展。

民政专项服务

【概况】 聚焦民生"关键小事"，不断优化婚姻收养登记，水库移民安置扶持，福利彩票管理，流浪乞讨人员救助等社会专项服务工作，实现民政事务服务能力提档升级。

【深化"最多跑一次"改革和政府数字化转型】 应用政务服务2.0，着力深化"互联网+政务服务"应用，推进行政审批效率进一步提高。2022年共办理各类行政审批事项244件。其中民办非企业单位名称预登记、成立、变更、注销登记78件；社会团体名称预登记、成立、变更、注册、注销41件；基金会名称预登记、成立、变更登记3件；慈善组织认定1件；新建住宅小区命名（预）6件；新建道路命名2件；编制路门牌6件；社会组织到期换证、遗失补证101件；养老机构备案1件；乡村公益性墓地设置5件。

【婚姻收养登记工作】 稳步推进婚俗文化改革，深化婚姻家庭辅导服务，积极推行结婚登记免费颁证，实现婚育户"一件事"联办和跨区域婚姻登记。2022年共办理结婚登记2380对，离婚登记967对，向新婚人员分发《象山县婚俗整治若干规定告知书》，《婚事简办树新风倡议书》宣传资料2000余份，举办集体颁证2次。全面完成集中补领婚姻登记证工作，补领结婚证12448对。开展收养评估，依法办理收养登记，收养登记3例。

【开展民政服务设施升级】 争取上级

资金1200万元，启动殡仪馆改扩建一期工程建设，其中设备用房动工建设。投入230万元完成婚姻登记中心AAAAA级升级改造，建成符合国家AAAAA级标准的婚姻登记机关，集婚姻登记、婚姻家庭辅导、婚姻文化展示于一体的综合性服务窗口。

【扎实做好水库移民后期扶持项目】 突出安排生产发展扶持项目，督促各地以发展特色产业为基础，大力扶持优势产业，将移民村后扶的重点由基础设施建设转移到生产经营增加集体经济收入项目上，生产经营项目资金安排率占总资金的56%。2022年共编制了水库移民后扶项目24个，安排项目资金787万元；其中大中型水库移民后扶项目17个，安排项目资金523万元；小型水库移民后扶项目7个，安排项目资金264万元；项目资金安排率达到100%。

【完善水库移民直补人口复核】 对全县大中型水库移民在2021年度已经死亡的、考入国家行政事业单位、犯罪服刑的人员进行复核，进过核查，2022年象山县共核减大中型水库直补移民人数51人，其中死亡40人，考入国家行政事业单位的有6人，服刑人员5人。截至2022年3月底，共发放大中型水库移民直补资金1次，发放人数5306人，共发放大中型水库移民直补资金318.36万元。

【福利彩票工作】 围绕塑品牌、强游戏、稳市场的方针，通过“增强疫情防控，确保稳定运行；落实配套政策，提升福彩销量；加快扩点增机，提升销售基础；突出公益宣传，传播品牌形象；加大隐患排查，防范安全事故”等方面加大工作力度，实现全年销售福利彩票8462.57万元，同比增长1101.79万元，增长15%。其中电脑票销售6114.71万元，同比增长203.25万元，增长3.44%；网点即开票销售2347.86万元，同比增长898.52万元，增幅高达62%，创下历史新高。共筹集国家公益金2578.9万元，返还县级公益金778.5万元。

（县民政局　董琪）

社会救助

【概况】 2022年象山县聚焦脱贫攻坚、聚焦特殊群体、聚焦群众关切，围绕民政事业高质量发展目标，坚持聚焦脱贫攻坚、聚焦特殊群体、聚焦群众关切，扎实履行脱贫攻坚政治责任，全力推进社会救助兜底保障，切实提高特殊困难群体保障服务水平。

【保障资金总支出超过亿元】 2015年，低保对象5011户7580人，全年支出保障资金3083万元；2016年，因全市低保扩面该县低保对象达到8233户11295人，全年支出保障资金3673万元。2017年，低保对象8452户11614人，全年支出保障资金6232.7329万元；2018年，低保对象8292户11399人，全年支出保障资金6910.5483万元；2019年，低保对象6700户9299人，全年支出保障资金7838.8603万元，2020年，低保对象6707户9574人，全年支出保障资金7841.2753万元，2021年，低保对象6733户9764人，全年支出保障资金10679.5808万元，2022年底，全县共有低保对象6551户9422人，全年支出保障资金10352.9084万元。

【低保标准提高】 贯彻执行低保标准调整机制，实施低保标准与居民人均生活消费支出相挂钩制度，不断提高提升象山低保标准，2022年7月起，县低保标准从1005元/月调整至1181元/月，年低保标准达到14172元。实施低保、低边家庭一年渐退期救助制度，加大对因病致贫对象的救助，将困难家庭重病患者、重度残疾人及成年三、四级精神智力残疾人以单人户形式纳入低保。

【特困人员供养】 贯彻执行特困供养人员基本生活标准与最低生活保障标准挂钩机制，按照最低生活保障标准的1.7倍执行，自2022年7月起，象山特困供养人员基本生活标准从1709元/月调整至2008元/月。及时提高特困人员护理补贴，2022年1月起，特困人员集中供养护理补贴分为207元、414元、828元、1656元，分散供养护理补贴分为104元、207元、414元、828元。不断优化供养形式，规范特困人员认定工作，全面提高救助水平，更好地保障特困人员基本生活和照料服务。2022年底，共有特困人员538人，其中：集中供养280人，散居供养258人。全年共计发放特困人员供养资金1536.6725万元。

【各类救助支出近3800万元】 2022年春节前为困难群众发放春节慰问金和一次性节日生活补助金，共对8225户困难家庭发放春节慰问金1222.304万元，一次性节日补助金1190.8023万元。落实困难群众基本生活价格补贴制度，2022年全年发放困难群众发放物价补贴资金106301人次1371.4427万元。

【孤儿和困境儿童保障】 按相关文件调整保障标准要求，对象山孤儿基本生活费标准进行调整。从2022年4月1日起，社会散居孤儿的养育标准为每人每月2419元；机构代养孤儿的标准为每人每月3024元。全年下拨5名社会散居孤儿资金16.7015万元，9名寄养在宁波恩美儿童福利院的机构代养孤儿资金28.7388元，合计下拨资金45.4403万元。根据市级文件2022年5月新增低边儿童纳入困境儿童范围，2022年年底，2022年底，共有困境儿童1087人（事实无人抚养儿童125名，低保儿童759人，低边儿童203人），社会散居孤儿5人，留守儿童96名，全年下拨困境儿童救助资金1462.327万元，共支出孤困儿童资金合计1507.7673万元。

【健全社会救助主动发现机制】 坚持“托底线、救急难、可持续”的原则，设立县、镇乡（街道）社会救助投诉咨询电话，成立社会救助主动发现志愿者队伍，帮助符合条件的家庭申请低保，做到“应保尽保、应补尽补”。开展网格员对重点对象申请救助实行全程代办模式，和主动发现机制做到无缝对接。2022 年全年，象山通过政策宣传、基层调查等方式，主动发现困难群众 1549 户，其中纳入低保 553 户，纳入低边 69 户，开展临时救助 927 户，完成低保、特困等困难对象全程代办业务 321 户。

【推进助联体建设】 依托省大救助信息系统、“浙里办”、浙江政务服务网等线上平台，结合益园场地，深入推进象山县县级“助联体”实体化运作。全面梳理完善各部门惠民救助政策和各社会组织开展的救助服务，形成政府救助政策和救助服务项目两张基本清单。通过“两张清单一张网”，打造形成线上与线下相兼容、基本生活救助服务与专业化救助服务相融合，政府主导与社会共同参与相衔接的“物质+服务”的救助阵地。通过横向联动救助职能部门、服务类社会力量，纵向搭建县（设在益园）、乡镇（墙头镇社工站）、村社（瑶琳社区）三级联动的救助服务站点，依托省大救助信息系统上下联动，为困难群众打造救助帮扶及服务的实体化运营平台。象山“助联体”上线发布有“小象书屋”困境儿童书房改造等 18 项救助服务，有专业服务团队 29 个，助联体建成以来，共对 1000 余名困难对象开展困境儿童书房改造、心理关爱、圆梦微心愿等救助服务，及时满足困难群众服务需求。

【困难群众探访关爱机制】 健全探访志愿服务队，依托村（社区）网格化管理，全县已建立以乡镇（街道）联村干部、村干部、网格员以及村社会组织志愿者组成的困难群众探访志愿服务队 18 支。细化探访服务内容，定期开展“问健康、送关爱，问需求、送服务”探访慰问服务，落实特殊困难群众定期探访报告制度。通过“线下”探访排摸和“线上”数据共享，切实加大困难群众主动发现和探访关爱力度。

【社会救助智慧化服务】 继续推进救助“一件事”联办改革，实现救助“一件事”惠民联办率达到 100%，提升困难群众社会救助便利性。落实落细困难群众探访关爱制度，加大对困难群众的上门探访频次，强化探访服务工作责任，2022 年全年，全县通过“浙里办”App 及浙江政务服务网，开展线上线下探访关爱 37597 人次，送达幸福清单 32238 人次。

【服刑人员子女关爱工作】 联动检察院、塔山志愿者协会开展服刑人员子女排查，共排查县 25 名服刑人员家庭有子女，“六一”国际儿童节前启动入户探访关爱工作，并针对服刑人员子女暑假期间普遍存在的亲情陪伴、素质提升、课余活动等方面需求开展关爱工作。

【儿童数据的动态管理】 将浙江省儿童信息管理系统和全国儿童系统进行数据更新。根据上级要求，已对浙江省儿童信息管理系统进行管理账号、权限等信息设置，对乡镇（街道）工作人员开展业务流程知识培训。2022 年年底，象山有县级未保中心 1 个、乡镇级未保站 18 个、村社级儿童之家 386 个，乡镇（街道）儿童督导员 36 名和村（社区）儿童主任 386 名。每月及时对系统中的孤儿和困境儿童数据进行更新，不符合困境儿童条件的对象及时退出，对新纳入的及时录入，严格实行数据精准化动态更新管理。

【开展关爱走访困难儿童工作】 联合办公室开展孤儿和事实无人抚养儿童结对慰问工作。以局机关科室为单位向全县 51 名孤儿和事实无人抚养儿童发放志愿服务联络卡、儿童保护政策宣传单，与儿童监护寄养家庭建立起了有效的结对关系；开展农村留守和困境儿童关爱保护工作。通过政府购买服务方式，投入资金 30 万元，引入第三方社会组织对全县农村留守和困境儿童开展信息排查、档案管理、法治宣传和政策宣讲、儿童定期随访等工作，提升基层留守儿童和困境儿童关爱保护能力；三是开展 N 项专项项目。动员引导专业性、公益性等社会组织，开展个性化关爱和学习专项帮扶，提供“专业化”“创投化”“菜单化”服务清单，为困境留守儿童、事实无人抚养儿童、外来民工子弟子女等群体开展生活学习环境改造、心理疏导、夏令营活动、假日学校、红色教育、国学涵养等服务，并举办防溺水讲座等，截至年底，已开展“小象书屋”困境儿童学习环境改造、“护苗成长”服刑人员子女关爱、“无忧花开”事实无人抚养儿童关爱等专项项目 20 余项，受益儿童累计已达 1 万余名。

【“两项补贴”工作】 县政府召开协调会，确定困难残疾人生活补贴和重度残疾人护理补贴“两项补贴”工作流程，明确每月 10 日前将资金发放到位。建立工作专班，设立 2022 年 1—6 月为交接过渡期，过渡期内由县民政局、县残联分管领导牵头，抽调熟悉业务的工作人员建立“两项补贴”移交工作专班，开展集中办公，及时处理移交中出现的问题，确保工作平稳过渡。“两项补贴”工作移交后，利用省大救助系统、县殡仪馆逝者人员名单、县养老服务享受对象名单和工伤补贴名单等相关数据对残联原有数据进行比对，并通过县残联集中办公，对残疾人“两项补贴”人员名单进行再次比对，将完整正确的数据导入系统，每月及时做好人员新增、变更及注销的动态管理审批工作。2022 年年底，困难残疾人生活补贴对象为 6973 人，重度残疾人护理补贴对象为 9570 人，全年发放“两项补贴”资金 4717.4648 万元。全面开展困难残疾人生活补贴老对象（无法录入省信息系统）规范工作，指导 18 个镇乡（街道）完成残疾人“两项补贴”规范停发告知书送达工作，共对 1896 名困难残疾人册外对象发放停发告知书，帮助 565 名册外对象申请低保、低边等社会救助，已纳入低保、低边对象的有 254 名，同时，根据省市文件相关要求，对残疾人“两项补贴”工作进行了梳理，动态开展残疾人“两项补贴”复核工作。

【流浪乞讨人员救助】 开展“夏季送清凉”“寒冬送温暖”“救助开放日”等专题活动，加强救助人员身份信息查询及寻亲工作，通过全国寻亲网推送、头条新闻推送、血样采集 DNA 比对、人脸识别比对等寻亲手段，全年新入站的8名精神疾病流浪乞讨人员全部查找到家属，并且送4名治疗好转的精神流浪人员返乡。2022年共救助流浪乞讨人员89人次（其中医疗救助20人次、护送救助4人次、街上主动救助33人），发放棉衣、棉被等衣物15件。

（县民政局　董琪　梁瑛）

社会养老

【概况】 2022年，象山县养老服务围绕新时代民政事业高质量发展要求，严格落实养老服务场所疫情防控措施，全力推进居家养老服务，积极规范机构养老管理，深入开展康养医养结合服务，不断提升养老服务品质。全县养老机构62家，居家养老服务中心20个，居家养老服务站点386个，社会养老床位共11191张，每千名老人拥有社会养老床位74张，位居全市前列。

【推进省市民生实事工程】 新增认知症照护专区床位86张，提升养老机构失智照护能力；新增持证养老护理员93人，提升养老机构护理人员专业技能；在象山县老年公寓建成智慧公办养老院1家，构建智慧服务、智慧照护、智慧交流、智慧管理、智慧安防等“五位一体”应用场景；在19个乡镇（街道）居家养老服务中心配备智能服务终端，构建智慧助餐、健康管理和无感监测场景；新建改建标准化老年食堂12个，累计建成标准化老年食堂22个。

【居家养老政府购买服务】 根据《象山县居家养老政府购买服务实施办法》，在18个镇乡（街道）全面开展居家养老政府购买服务，全年共服务老人12207人，服务资金支出1096万元，实现符合条件并提出申请的居家老年人政府购买居家养老服务全覆盖。同时，为保障此项服务规范化、政府资金安全化，采用象山县智慧养老服务平台动态监管与第三方测评单位实地满意度调查相结合的方式，对居家养老政府购买服务进行有效监管。

【推进居家养老适度普惠发展】 积极推进老年人意外伤害保险，全县80周岁以上老年人及60～80周岁低保老人、低保边缘老人、计划生育特殊家庭老人共计23301人参加老年人意外伤害保险，参保率100%。实施高龄老人生活津贴发放政策。按照“低标准、广覆盖、保基本、多层次、可持续”的总体要求，创新高龄老人福利制度模式，健全养老保障服务体系，推进补缺型老年福利向适度普惠型社会福利发展。2022年，为全县19316名老人发放高龄津贴共计1411.19万元。建立困难老年人家庭适老化改造适度普惠机制，实现有需求的困难老年人家庭适老化改造愿改尽改，2022年，开展困难老年人家庭实施适老化改造85户，投入资金102万元。

【强化养老机构安全】 组织开展“养老机构食品安全宣传周”“养老服务机构消防安全大排查大整治”等专项活动，加大宣传警示力度，并采取机构自查、第三方检查、民政督查相结合形式，加强隐患常态化排查和“回头看”指督导，落实闭环整改销号，切实提升养老机构的安全生产管理水平。强化养老机构安全生产和消防安全知识能力的培养，提升养老机构安全生产管理水平。引导组织全县养老机构举办一年两次的消防安全知识讲座，并进行实地演练，组织全县养老机构安全生产负责人和管理员共122人进行安全生产能力复训，提高养老机构消防安全管理能力。

【落实社会养老政策扶持到位】 根据《象山县社会养老服务体系建设县级专项资金使用管理办法》文件精神及时下拨社会养老服务体系建设专项补助资金，2022年下拨了象山县社会养老服务体系建设专项补助资金3446.5万元，其中，民办养老机构新增床位数补助54.6万元，养老服务机构政策性保险补助42.17万元，老年人意外险补助91.3万元，困难老人养老服务补贴29.67万元，民办养老机构日常运营补贴274.35万元。

【促进医养康养融合】 深入推进医养结合，实现医疗机构与养老服务机构签约率100%，提供契约式家庭医生服务，为养老机构老年人提供定期巡诊、常用药配发、健康检查评估等医疗服务，并通过设立“安宁小屋”“心灵驿站”等提供临终关怀和心理慰藉服务，实现在院老人一站式健康管理。提升机构失能失智照护能力，鼓励有条件的养老机构设立护理专区、护理型床位，建成认知症照护床位86张，实现护理型床位占比60.1%。积极创建康养联合体试点单位，按照“有设施、有器材、有队伍、有标准、有数据”五有要求，累计创建康养联合体9个。

【培养养老服务专业人才】 丰富养老服务专业人才供给，完善技能培训、等级认定和激励措施，落实养老护理员特殊岗位津贴、大中专入职奖补等政策，发放在职持证护理员岗位津贴71.86万元，发放入职养老机构的大中专毕业生入职奖补9.78万元。依托县养老护理培训学校、县老年公寓护理员培训基地开展养老服务技能人才培养及养老护理员职业技能认定，提升员工专业能力，目前全县持证养老护理员425名，每万名老人拥有持证养老护理员28名。组织开展养老护理员技能大赛，并选拔3名护理员代表象山参加市赛。

【提升老年公寓品牌效益】 以服务老人为重点，以服务优质化、管理制度化、设施齐全化、环境花园化为标准，不断提升老年公寓管理水平，与县老年医院合作开展医养康养融合服务，推进浙江省康养联合体建设，完成智慧养老院、标准化老年食堂、“幸福忆家”认智照护专区建设，同时依托护理学校，开展初级和中级养老护理员职业技能等级认定9次，取得合格证书1015人次，精建养老队伍。老年公寓被评为浙江省四星级养老机构、浙江省模范职工之家，并充分发挥老年公寓“九九红”党建品牌，获得“县好团队”称号。

（县民政局　董琪　梁瑛）

老龄事业

【概况】 全县60周岁及以上户籍老年人口150529人，占总人口的27.94%，与2021年同期增加7502人。70岁周及以上老年人口67068人、80周岁及以上的高龄老人20314人、90周岁及以上的长寿老人3178人。全县共有百岁老人38人，比上年同期增加7人。

【医养结合】 推进医疗机构与养老机构深度合作，创新“医养结合”模式，打造集医疗、康复、护理与养老相结合的一体化服务新模式。截至2021年底，全县共有医养结合机构3家，安宁疗护试点单位8家，已建有“颐养小屋”17家（其中2022年新增1家），累计开展医疗服务5.8万人次、健康管理服务7.17万人次、代配药5.5万人次、各类护理2.7万人次。推进医养融合，解决临终老人（患者）医疗照护难题，全县以省级安宁疗护试点建设为契机，按照“政府引导、多方参与、群众自愿、保障基本、统筹发展”的原则，打造社区居家安宁疗护、医养签约安宁疗护、医养结合安宁疗护、医疗机构安宁疗护四个类型的服务模式，2022年中医医院医疗健康集团总院已完成安宁疗护病房建设。全县共有44张床位，累计完成安宁疗护服务206例。建设老年友善医疗机构，切实提升老年人看病就医的便利性、获得感和满意度。象山县1家医疗机构为浙江省首批老年友善医疗机构（三级医疗机构），象山县2家医疗机构为宁波市首批老年友善医疗机构（二级医疗机构），象山县19家基层医疗机构单位为县级老年友善医疗机构。

【老年服务】 弘扬中华民族孝老爱亲传统美德，营造养老孝老敬老社会氛围，乐享智慧老年生活。7月25—31日是第四个全国“老年健康宣传周”。围绕“改善老年营养，促进老年健康”宣传主题，以增强老年人健康意识，提高老年人健康素养水平，部署三家医疗健康集团在2022年7月25—31日组织开展老年健康宣传周活动，共开展18场活动，其中县卫生健康局开展2场典型活动。共服务老人2210人，共发放宣传资料2899份。老年健康宣传周活动取得了显著成效。完成“敬老月”系列事项，在老年节前下发了《象山县老龄工作委员会关于开展2022年“敬老月”活动的通知》的文件，县老龄委组织开展形式多样、内容丰富的敬老爱老助老等系列活动，开展了给老人送温暖、送服务、送健康等，以“反诈防骗，敬老助老”为主题的活动，增强了广大老年人的获得感、成就感、幸福感。同时给全县老年朋友一份老年节慰问信，完成百岁老人慰问工作。开展老年人心理关爱及失智老人关爱工作，2022年度以丹东街道、丹西街道、石浦镇为重点区域，持续推进60周岁以上老年人失智筛查，前期已完成基层工作人员失智筛查项目培训，并组织专业人员前往市康宁医院参与失智症非药物干预音乐训练的培训，现已完成15970名老人筛查，在国际失智症宣传月期间，在3个试点乡镇举办“失智症的识别与干预”心理健康讲座，总计6场。11月底3家“健康忆站”整装完工。确定高塘岛乡江北村、林港村、乌岩头村为老年人心理关爱新增试点，加大海岛老人心理健康宣教力度，组建心理评估及干预队伍，参加市老年人心理健康评估培训，目前已完成900名老人心理健康评估，并对12名老人开展入户干预，建立个人档案，针对轻度或有意愿参加的老人开展心理健康讲座3场，团体辅导3场。创建实施第四届“敬老文明号”工作。完成老年电大招生宣传、教材发放工作，形成良好的老年文化氛围。改善老年人居住环境、方便老年人日常出行，提升为老服务质量，创建示范性老年友好型社区。黄避岙乡高泥村和涂茨旭拱岙村被评上市级示范性老年友好型社区，通过层层实地评估，黄避岙乡高泥村评为全国示范性老年友好型社区。

【打击养老服务诈骗专项行动】 部署全县各医疗卫生健康单位开展打击整治养老诈骗专项宣传活动。依法查处养老机构内设的无资质医疗机构、无行医资质的相关人员开展治疗活动等违法行为，监督所对全县56家养老机构与其他养老服务场所每周不定期排摸、巡查，2022年未发现养老诈骗案例。利用媒体、微信、公众号等形式多样、丰富多彩的方式广泛宣传防诈知识，举办防诈骗讲座、组织县卫健系统志愿者进社区、进养老机构、入户为老年人开展防诈骗宣传活动，发放防诈骗宣传册18000余份。各医疗单位在LED显示屏、宣传窗等明显位置张贴海报、悬挂防诈骗标语、摆放案例展板等355张（条、块），播放宣传视频23条，举办讲座23次，大力宣传防诈骗活动，提高防诈骗警惕心，营造“不敢骗、不能骗、骗不了”的浓厚氛围。

（县卫生健康局）

殡葬管理

【概况】 2022年，殡葬管理所在上级业务部门的精心指导下，在局党委的正确领导下，以建设文明殡葬、生态殡葬和规范殡葬管理工作为目标，勇于探索，开拓创新，努力提升殡葬管理和服务水平。

【落实清明节文明安全祭扫】 成立县清明疫情防控和安全保障工作领导小组，积极协同宣传、民政、公安、资规、卫健、交通、应急等部门，对清明节暂停祭扫、代为祭扫、网上祭扫、预约祭扫等各项工作进行全面部署落实。清明期间，全县共有近1000名工作人员参加清明疫情防控和安全保障工作，悬挂宣传横幅400余幅，印制2000余份公告，发送清明祭扫提醒短信84万条，累计劝导285户办丧家庭丧事简办，避免丧事活动造成人群聚集引发风险。

【强化殡葬改革宣传力度】 通过《象山新闻》《夜到讲白搭》《宁波晚报》《象山日报》等媒体宣传象山县各项殡葬改革、移风易俗工作。3月30日，《婚丧事简办，6年节约资金约43.9亿元！解读浙江象山婚丧改革样本》经《宁波晚报》刊发后，先后受到《人民日报》、中共中央宣传部"学习强国"学习平台、"文明宁波"等中央媒体和权威主流媒体的转发宣传，充分体现了权威媒体对象山县婚丧礼俗整治工作的认可和关注。

【加强违法违规殡葬行为打击】 为有效遏制违法违规墓葬行为的发生，不断加大殡葬管理执法力度。自年初以来，联合镇乡、街道对全县禁坟区和公墓区进行地毯式巡查，对发现问题及时采取措施。全年共查处1处非法制作棺木加工点，按规定将4具成品大棺木进行了销毁处理；联合县资规局对一个公墓未经审批私自扩建墓区行为进行了处罚。

【殡葬专项治理工作】 年初开始，县民政局成立工作专班，联合镇乡（街道）实地排查梳理县内"两路两侧"视野范围内坟墓情况，登记造册，督促整改。全年共下发整改通知书14份至相关镇乡、街道，20个需整治点位完成整治。同时，为有效解决殡葬领域存在的突出问题，保障人民群众合法殡葬权益和合理殡葬需求，自7月起开展问题整治规范工作，对1个未经审批擅自新建的公墓进行了处置，并联合市场监管局、公安局、综合行政执法局等单位检查丧葬用品商店61家，收缴、下架封建迷信丧葬用品70余件。

【推广节地生态安葬】 新建1处省级节地生态安葬示范区（鹤浦镇五利公墓），对墓区内整体绿化、管理用房、停车场、道路以及树葬区、花坛葬区等生态葬区域进行升级改造，建设树葬区约1500平方米，花坛葬区约400平方米，共提供骨灰存放位3200个，满足周边群众绿色殡葬需求。

【推动殡葬信息化建设】 为进一步落实省、市数字化改革工作任务要求，推进"最多跑一次""群众线下零跑腿"改革工作，设计开发公墓智能化管理系统，做好"移动时代的身后事服务"。系统重点围绕公墓管理人性化、智慧化及满足全县居民安葬需求，开发购墓服务、缴费服务、安葬服务、祭扫服务、管理服务五大场景以及20类子场景，设置公墓监管、代客祭扫、骨灰跟踪等特色场景，实现多部门协同、一站式服务、全景式监控、闭环式管理。年底系统已在"浙里办"App正式上架运行并在县级经营性公墓及部分乡镇中心公墓开展先行先试。累计访问量12800余次，为超过9000名群众提供线上看墓、购墓咨询等服务。

【规范开展民政执法工作】 根据县社会组织指导中心移交线索，对2个民办非企业未按规定接受年检行为开展调查处理，约谈法定代表人，依法进行行政警告处罚并规范制作案卷文书。2件执法案卷通过了市民政局的评审并被评为优秀案卷。

【深化落实惠民殡葬政策】 持续推进绿色文明的吊唁方式改革，严格落实《象山县惠民殡葬政策实施办法》，2022年免除惠民殡葬基本殡仪服务费5259929元。

（县民政局）

街道·镇乡

丹东街道

【概况】 丹东街道地处象山半岛偏东北部，地形北高南低，与丹西街道毗邻，南濒大目涂，陆域面积38平方千米。丹东街道下辖16个行政村、11个社区。全街道常住人口12.5万人，户籍人口7.1万人。丹东街道作为象山县中心城区所在，是一个工商居混合型区域，工业以机械、针织、电器、气动件、汽车模具等为支柱，近年来新兴数字产业有所发展；农业以蔬菜、橘苗、鱼苗、水稻、小海鲜为主品；三产以房地产、楼宇（写字、公寓楼）、餐饮、旅游、超市、中介、物流等为主业。全年实现财政总收入4.65亿元，一般公共财政预算补助收入9190万元、增长17.2%。2022年成功创建省级“污水零直排区”、五星级食安办，获评市级平安护航党的二十大成绩突出集体。

【工业经济】 坚持优服务稳主体，实体经济承压前行，全年完成规上工业总产值37亿元，与2021年基本持平；实现工业增加值7.19亿元，同比下降9%。全年完成外贸进出口总额36.3亿元，同比增长3.6%。“一站式”服务加速项目落地投产，全年完成工业投资1.8亿元，同比增长4.7%，其中制造业投资1.7亿元，同比增长218.3%。积极拓宽招商渠道，全力跟进洽谈项目6个，实现落户3个、投产1个、土地新开工2个。全年完成内资9.9亿元、浙商回归6.8亿元，分别完成年度任务数的104%、136%。产业升级加速转换。聚焦产业培育，不断增强科技创新动力，新增上规企业3家，新评国家及省级科技型中小企业32家，全年实现数字经济核心产业产值9.7亿元，同比增长22.1%；规上企业研发费用8291万元，同比增长9.5%。

【城市经济】 充分发挥区域优势，积极推进商贸经济、总部经济的发展，实现商贸服务业平稳复苏。全年限上批发业商品销售额41.07亿元，同比增长10.6%，限上零售业商品销售额6.41亿元，同比增长12.06%，限上住宿业营业额7566.5万元，同比增长32.21%，限上餐饮业营业额10633.4万元，同比增长12.85%。限上商品销售额4749亿元，同比增长10.8%，社会消费品零售总额7.85亿元，同比增长5.82%。

【农渔产业】 农业经济质效提升，积极落实惠农政策，稳产保供能力明显增强，完成水稻、蔬菜、果树种植4600余亩，推广水稻种植保险业务，参加保险1400亩。完善农产品信用体系建设，检测农产品520批次，回收废弃农膜1.3吨、农资废弃物包装物1.5吨并集中无害处理。推进产业化经营，建成数字农业示范基地青一家庭农场，培育省级示范性家庭农场南江鱼种场。完成“减船转产”8艘，消除老旧渔船重大安全隐患。

【重点工程】 集中推进7大类87个征迁目标，亚运配套游客服务中心及周边环境提升工程已完工并投入使用，滨海旅游度假区核心区改造提升一期完成政策处理，亚运线路整治完成21个点位整改，整改率100%。市政路网项目快速实施，巨鹰路、游仙寨环湖公路、梅岙农村公路完成竣工验收，环城绿道工程一期项目完成12.7千米，海山路全线开工，金镜路、兴勤路、兴洋路完成政策处理。大地景观塑造项目完成清表和农业附属设施及种植工作。全面完成市域铁路象山线沿线上余、东塘、桥头胡3个村征迁任务，有序推进沿线12个村47户9.7万平方米征地签字手续，成为全县第一个完成的乡镇（街道）。

【专项行动】 大力推进城中村综合整治，东门外等5个村全部完成验收。全面完成“污水零直排区”创建排查工作，累计发现问题5200余处，整改率100%。开展闲置地环境提升行动，排摸梳理18处944亩闲置地块，有效开发利用7处。凤跃山整治项目完成庄穆境村160亩土地流转，东门外、起春村完成测量评估工作。开展农房改建工作，完成原拆原建审批98户、新建审批21户。“三改一拆”专项整治行动累计拆除违法建筑10.8万平方米，拆后土地利用面积4.6万平方米，利用率98.3%，整治成效位居全县第一。

【社区建管】 丹东街道现有11个社区，共77个小区（在建5个）和11座商业大厦。2022年，新招录社工84名，实现每1万名城镇常住人口配备18名社工，社区基层治理队伍不断壮大。探索社区治理新模式，开展智治社区试点建设，推行居民诚信指数“三色管理”，在上城公馆等6个小区实行地面停车收费，新成立业委会3个、完成换届13个。培育发展塔山社区“王阿姨工作室”等一批社会组织及领头人，深化打造海山社区"童行同悦"家庭教育联盟等"一社区一特色一品牌"。

【乡村振兴】 全年村级项目入库44个,备案项目10个,累计投资约2500万元,推动数字化帮扶,成立脱贫攻坚专项工作领导小组,通过助工、扶产、保障等方式,全面消除年均人收入1万元以下户数;落实产业发展项目资金补助3.8万元,完成"浙里办"低收入农户注册激活131名;发展壮大村集体经济,完成陆家商业广场项目、南门夜市项目、后山商业街项目,集体造血功能有效加强。完成"象遂镇乡"结对任务,拨付丽水市遂昌县应村乡结对援建资金20万元。

【民生保障】 深化"最多跑一次"改革,成功创建公共就业基层服务标准化试点,办理"4555"灵活就业(经人社部门审核认定的女性年满45周岁、男性年满55周岁就业困难人员)134人,完成城镇新增就业人员2357人,开发城镇公益性岗位20个,发放补助金93.5万元。聚焦"一老一小"优质服务,新华社区AAA级居家养老服务中心年均投入资金36万元,年服务人群8040人次。丹东社区卫生服务中心于7月挂牌成立,进一步推动"健康丹东"品牌打造。教育事业持续发展,五小集团政实校区于9月招生开学。

【平安建设】 聚焦重点领域安全生产工作,累计排查企业、经营场所2984家,整改安全隐患4957处,建立微型消防站43处。围绕禁毒、反诈、法治等重点,开展阵地宣传80余次,受众达1.6万人次,成功劝阻电信诈骗6起、劝阻金额75.5万元。食品安全考核连续3年获得优秀,成功创建消费放心商圈1个、放心单位220家、可追溯经营主体9家、"阳光工厂"3家。推进信访规范化建设,建立"红、橙、黄"三级预警响应机制,全年办理信访件1515件,办结率99.9%。

【文化事业】 构建高品质公共文化服务体系,以村社文化礼堂为基础,完善行政村文化礼堂数据管理平台(礼堂家)、全民阅读在线维护工作,组织各村每月开展3次活动,有效提升活动效能。打造河东村百姓健身房,建设梅苑小区多功能运动场,优化基层体育设施,满足村社居民多元化健身需求。完善村社15分钟文化圈项目,完成村社文化圈的地图绘制和活动填报。甬礼堂共报送各类活动400余场。

【文明创建】 建立创城工作"红黄蓝绿"四色榜督查通报等机制,以查促干、以查促变,专项整治散居楼群、前街后厨、"一跨六乱"等重点区域110次。定期开展"四清"专项行动,累计清理大件垃圾825吨,补绿9080平方米,增划机动车位2349个、非机动车位3338米,表后线问题整改681户。营造浓厚创文氛围,制定入户调查工作方案,通过逐户上门、自媒体传播等形式加强宣传力度,更新宣传版面2230处,劝导不文明行为1.5万余次。

2022年丹东街道经济社会一览表

表72

项　　目	单　位	数　据	项　　目	单　位	数　据
一、基本情况	—	—	图书室(馆)、文化站	个	34
行政区域面积	公顷	3800	剧场、影剧院个数	个	4
居民委员会个数	个	12	体育健身场所	个	94
其中:通公共交通的村个数	个	16	医疗卫生机构个数	个	20
通宽带的村个数	个	16	医疗卫生机构床位数	张	938
通有线电视的村个数	个	16	执业(助理)医师数	人	1158
通自来水的村个数	个	16	兽医(防疫)技术人员	人	1
垃圾集中处理的村个数	个	16	六、社会保障	—	—
污水集中处理的村个数	个	16	提供住宿的社会工作机构	个	5
二、人口与就业	—	—	其中:本级政府创办的养老机构	个	1
户籍户数(派出所户籍数)	户	28446	提供住宿的社会工作机构床位	张	3298

续表72

项　　目	单　位	数　据	项　　目	单　位	数　据
户籍人口(派出所户籍数)	人	76223	城乡居民基本养老保险参保人数	人	2856
三、农业	—	—	城乡居民基本医疗保险参保人数	人	14371
耕地面积	公顷	280	城乡居民最低生活保障人数	人	406
耕地灌溉面积	公顷	198	七、公用事业	—	—
农业企业	个	34	自来水用水户数	户	54054
家庭农场	个	32	管道燃气用气户数	户	35790
农民专业合作社	个	6	金融机构网点数	个	82
农业专业合作社成员	户	75	公园及休闲健身广场个数	个	6
四、财政、经济、贸易	—	—	—	—	—
一般公共财政收入	万元	45527	—	—	—
一般公共财政支出	万元	9190.1	—	—	—
资产总额	万元	30340.5	—	—	—
债务总额	万元	12750	—	—	—
工业企业	个	286	—	—	—
其中规模以上企业	个	47	—	—	—
工业总产值	万元	498362	—	—	—
其中:规模以上工业	万元	370005	—	—	—
建筑业企业单位数	个	52	—	—	—
住宿餐饮业企业个数	个	53	—	—	—
商品交易市场	个	4	—	—	—
营业面积50平方米以上的综合商店或超市	个	263	—	—	—
五、教育、文化、科技、卫生	—	—	—	—	—
幼儿园、托儿所个数	个	17	—	—	—
小学校数	所	6	—	—	—
小学专任教师数	人	551	—	—	—
小学在校学生数	人	10230	—	—	—

2022年丹东街道各村经济情况统计表

表73

村	户籍户数（户）	户籍人口（人）	耕地（亩）	山林（亩）	集体总收入（万元）	集体经营收入（万元）	村支书（负责人）	村主任（负责人）
东门外	413	1093	20	498	382.45	314.16	郑永林	郑士康
起春	151	306	31	175	119.14	54.47	盛杏菊	—
城东	324	622	28.6	392	270.93	263.88	黄全根	林华继
上进	199	475	—	423	216.49	207.79	陆福根	陈孝培
庄穆境	390	1053	—	897	292.50	194.79	虞金武	—
南门	253	699	—	396	941.21	950.16	史久明	钱志明
羊行街	42	54	—	345	5.32	6.58	—	葛永新
姚家山	87	323	10	446	251.86	236.93	章善根	任成杰
梅溪	480	1438	50	1690	144.94	130.93	余引龙	邱小杰
后山	400	1393	40	840	192.83	116.63	马振利	倪学敏
袁家	91	332	30	36	98.20	70.65	鲍英迪	倪国勇
岙里	292	1132	95	1113	141.58	65.58	梁兴洪	周荣祥
赵岙	64	201	—	120	21.86	7.50	葛根法	李成浩
中家河	78	225	—	160	15.54	10.80	郑华海	杜财福
上半河	59	224	30	127	11.49	8.00	朱宏福	洪振云
下半河	366	1349	—	608.04	77.27	57.54	郑家雷	郑贤锋
田洋里	199	720	—	418	50.41	36.74	何坚	方惠芬
陆家	193	752	—	601	90.91	74.63	王世国	陆春土
高俞	84	264	—	260	73.37	67.43	屠金林	张兴南
夏家	69	196	117	360	96.33	46.34	夏忠常	徐久法
大碶头	416	1526	83	1334	97.59	85.03	钱家清	钱家清
邱家	86	288	54	137	27.22	18.43	钱兴国	邱财岳
河西	114	285	—	309	39.15	32.50	谢德勇	陈琪
河东	249	926	255	920	170.74	75.46	余明清	钮全表
后洋	340	1084	488	1920	199.89	84.60	吴阿刚	吴家如

续表73

村	户籍户数（户）	户籍人口（人）	耕地（亩）	山林（亩）	集体总收入（万元）	集体经营收入（万元）	村支书（负责人）	村主任（负责人）
桥头林	296	1009	588	1523	164.69	137.85	林培国	林世明
桥头胡	189	777	480	2580	405.45	30.11	胡小华	杜小国
蒋家	183	624	150	324	218.90	128.62	张家沛	朱岳定
西林	166	542	280	764	27.16	18.08	张世跃	吴建军
上余	350	1294	371	1883	94.24	28.83	张灵敏	—
李家	35	154	23	64	21.60	4.10	王根培	石友谊
下余	313	1010	785	2900	505.71	381.26	余宗珠	余忠林
东塘	16	64	—	35	22.81	1.36	俞炳常	石敏
门前涂	20	72	190	—	10.60	9.18	—	陈光
赤坎	183	673	—	962	59.55	30.89	朱小象	朱祥友
寨里	86	370	32	424	44.21	7.80	吴振国	钮耀辉
梅岙	70	246	—	469	301.63	253.17	余平	王杰
合计	7346	23795	4230.6	26453.04	5905.78	4248.79	—	—

（丹东街道）

丹西街道

【概况】 丹西街道地处中心城区，与丹东街道以天安路为界，总面积42平方千米，下辖9个社区和21个行政村，现共有户籍人口4.6万人，外来人口5.1万人。2022年丹西街道全面贯彻县委县政府“海洋强县、美丽富民、都市融入、变革驱动”战略部署，聚力“聚力一二五　走好共富路”总体目标，出台“151”工作体系，深耕“一条主线”提升城市品质，增强城市居民市民化水平；深推“经济发展、全国文明城市创建、老城更新六期、重点工程、平安建设”五大攻坚行动；深化党建有“一定创新”，实现财政总收入10.96亿元。2022年度，丹西街道荣获“党的二十大成绩突出集体”称号，成功创建“浙江省‘枫桥式’司法所”“标准型乡镇（街道）便民服务中心”。

【工业经济】 2022年，注重综合施策，全力稳定企业运行，促进产业多元发展，推动经济发展稳进提质。实现规上企业总产值43.8亿元，税收3.15亿元；规上工业增加值10.3亿元；工业投资4.23亿元，完成全年任务105%；固定资产投资39亿元；浙商回归资金5亿元，完成全年任务100%；实到内资18.11亿元，完成全年任务190.5%；外贸出口21.89亿元，同比增长2.3%；净增规模企业3家，工业经济发展总体平稳向好。在建工业项目20个，其中工业项目6个，房地产项目13个，商业项目1个。工业投资项目中，络通生物年度完成投资项目126万元，天韵扩建项目年度完成投资853万元，微龙科技年度完成投资829万元，海纳液压年度完成投资3872万元，全力机械年度完成投资1210万元，合力科技年度完成投资3401万元，德鑫智能年度完成投资7615万元，南方中心机械研究院（一期）年度完成投资703万元，南方中心机械研究院（二、三期）年度完成投资23689万元。

【园区建设】 以“平台招商、企业招商、乡贤招商”为着力点，抢抓中心城区产业转移机遇，充分利用村留地、闲置用地、闲置厂房等招引增量。2022年签约工业项目4个，总投资5亿元。按照“全面覆盖、结对帮扶、专项治理”工作要求，于2022年4月新设园中社区，是象山第一个工业社区，下设6个企业党支部，划分9个网格，9名综合事务员传达上级部门助企纾困政策、员工生活便利措施、企业税务福利等，帮助灵活劳动力对接企业实现再就业。街道工业示范园区内共有购地企业173家，工、商企业1293家，租赁企业1120家，其中工业企业953家，规上工业企业150家(含园区外企业),规下工业企业728家,主要涉及纺织服装、汽配模具、食品加工、通信设备等多个行业领域;成立工业社区(园中社区),现有社工10名。

【农业发展】 完成粮油作物生产面积266.3公顷,其中完成早稻面积18.3公顷,中晚稻面积123.3公顷,小麦种植面积0.07公顷,油菜种植面积14公顷,完成旱杂粮种植面积109.9公顷。粮食总产量146.75万千克,其中早稻10.95万千克,中晚稻102.5万千克,小麦0.35万千克,旱杂粮32.95万千克。完成市级高标准农田建设项目竣工验收;完成珠水溪、董何碶、上吴村市级梳理式改造村评估;完成路下林村新时代美丽乡村达标村建设;北面洋水库全面整治工程完成设计。开展"大棚房"问题"回头看"工作,未发现新增和反弹情况。村级田长与巡查员,每月、每周开展耕地巡查,遏制耕地"非农化""非粮化"现象,完成粮功区优化调整工作。组织丹港家庭农场参加宁波市西甜瓜比赛,获银奖。

【农户保障】 积极落实耕地保护补贴政策与种粮农民一次性补贴政策,共补助种粮农户耕地地力保护补贴资金面积238.1公顷,计38万元,补助种粮农民一次性补贴面积105.2公顷,计4.6万元。健全农业生产防灾减灾体系,300余户种粮农户参加政策性保险,涉及面积120余公顷。指导9家农业经营主体推进"浙农优品"应用工作。农资废弃包装物回收率98%,农膜回收处置率97%,共回收利用处置17.2吨。完成农产品快速检测任务1100批次,巡查21次,开展农产品质量安全宣传活动4次;开具食用农产品合格证1560张。保持农机手、农机专业合作社、维修网点、安全村安全生产责任承诺书签订率100%,纯农田拖拉机、联合收割机上牌率、检验率、持证率100%,未发生农机死亡事故。

【重点工程】 2022年街道承担县级重点工程21个,根据进度要求倒逼项目推进,按期完成九顷物流园区块、六升地块、城南区块、共富基建项目等土地征用、报批工作,为产业发展、城市建设奠定基础;保障宁象市域铁路、殷夫路、会源路、象山河路、丹山路、宝海路、兴勤路等道路无障碍施工,为完善城市基础功能设施保驾护航;做好丹樾府、景麟府、新兴花园、五村留地等房地产项目保障工作,促进中心城区扩容提质。老城更新六期项目共包含西后巷、桃园、外国语、老西门车站、西门水库东南侧共5个区块,涉及丹西街道北门村、方井头村、北路社区等共计815户,占比面积205亩,总建筑面积14.4万平方米。于2月16日启动入户调查及房屋征迁意愿征询,自3月1日起,开始入户测绘,5月24日起,全面开展评估工作,至7月24日完成全部815户测绘及评估工作,8月9日全面启动签约,截至8月13日17时,累计完成签约814户,签约率达99.88%,其中西后巷区块、桃园区块、外国语区块、老西门车站区块均实现100%签约,签约量、签约率、签约生效时限等多项指标均排名全县第一。截至8月20日晚9点25分,815户全部完成签约,签约率达到100%。

【基层治理】 2022年,街道以"乡村基层治理、街道矛盾化解、三级群众诉求高效办理"为主攻方向,以"五个心"为抓手,推进基层系统治理、依法治理、综合治理、源头治理,大力提升群众的获得感、幸福感、安全感,构建了共建共治共享的"平安丹西"。2022年7月8日,丹西街道社会治理中心建成使用,办公场所建筑面积4553平方米,设大厅12个服务窗口,街道综合信息指挥室、平安法治办、司法所、县综合行政执法中队、县中心城区自规所、丹西品牌调解室等入驻治理中心,形成综合信息指挥室统筹,基层站所(内设科室)支撑的联动执法体系,使"141"工作真正落地生根。自2022年以来,累计处理各类事项26978件,比2021年增长98%,其中,处理县网络民情会办中心帖子120件、"12345"热线投诉892件、平安宁波E通25975件,办结率均为100%。健全街道综合信息指挥室"141"平台牵头协调机制,综合信息指挥室牵头城管、市场监管、自规、卫生监督等部门联动执法148起,调解劳动争议纠纷、工程施工纠纷、损害赔偿纠纷等各类矛盾95起,其中非正常死亡案件14起。

【网格建设】 在村(社区)层面划分612个"微网格",发挥"前沿哨所"作用,由组长、楼道长兼任网格管理员,动态排查上报矛盾纠纷。协同联村干部、"村民说事"、网格员等队伍力量,上门听取民意小事,现场提供解决方案,在村(社区)层面化解矛盾纠纷。2022年排查各类矛盾问题672起,其中流转至街道社会治理中心5起,基层调解率为99%。网格队伍积极参与"出租房"整治、除险保安矛盾纠纷"大排查大化解"专项行动、电瓶三轮车整治、流动人口调查、防溺水教育和反电信诈骗等街道中心工作,建成以网格长为班底"平安三率"宣传团队8支、夜巡逻队15支,共发放平安建设宣传单3万余份,转发各类平安建设宣传信息2000余次。

【平安建设】 2022年全覆盖排查辖区企业安全生产隐患,发现隐患问题15000余条,完成整改率100%;联合县消防大队,对示范园区内严重影响消防安全71家违章建筑企业下发责令限期整改通知书,完成拆除整改55家,涉及面积12.6万平方米;深入开展"三合一"专项整治,累计排查沿街商铺3487家,排查3人以上住宿商铺163家,联合县消防大队完成丹河路"三合一"商铺整治工作;排查出租房7800余间,发现安全隐患12338处,完成全部未涉及房屋主体结构隐患整改工作,推进上吴村、南沙村试点出租房"保险+服务"创新机制,完成2个村4户群租房样板试点打造,迎检省市县平安建设暗访组20余次,完成1200余处安全隐患点督办单整改和图片上传。建设"3321"8家单位"丹西反诈联盟"工作机制。2022年发放宣传海报、宣传手册、三角牌、logo贴纸等宣传品6万余份,发送手机短信8批次共20余万人次,建立反诈骗微信宣传群221个，开展反诈骗专题培训65次，受教育群众7万余人次，“国家反诈中心”App安装32000人次，电信诈骗发案率下降4%、资金损失下降14%，有效遏制电信网络诈骗犯罪高发势头。组织人大、政协开展食品药品安全督查5次，上报食品药品安全隐患排查1703起，查实立案2起，下发整改通知617起；创建天安路化妆品示范街区，重点指导化妆品店落实进货查验义务，通过省级验收；联合丹西市场监管所在万达广场创建象山首家“阳光餐饮”街区万达广场，以“管理全方位、后厨全阳光、要素全集成、数据全应用、风险全闭环、信息全公示”工作模式，推进餐饮食品安全数字化协同治理，街区建设通过市级验收。在万达、白石村等人员密集场所开展线下反恐宣传活动12次；累计发放反恐公益宣传短信3万余条，播放浙江省反恐宣教片100余次，进企宣传30余家，涉及员工2800余人次，在6所学校进行反恐宣传教育，覆盖学生8000人次，发放反恐宣传册6000余份，张贴反恐怖宣传海报500余张，辖区群众对反恐怖工作知晓率、安全防范意识显著提高。

【法治教育】 着重机关干部、村干部“关键少数”群体，青少年、老年人等弱势群体，《中华人民共和国宪法》、《中华人民共和国民法典》、习近平法治思想等宣传教育，有序开展普法活动，提高群众对各法律法规的认识和理解，2022年组织召开法治政府建设推进会1次，组织班子成员学法4次，组织机关干部和村干部开展习近平法治思想学习2次，进实验初中、青草巷文化驿站、假日学校等开展青少年法治宣讲活动4次，开展《中华人民共和国宪法》《中华人民共和国民法典》、防疫法等宣传活动6次，共发放法治宣传资料和纪念品8000余份，接待群众法律咨询200余件；推进“村官说法”制度，建成丹西宪法主题公园，开展宪法宣誓活动，提升乡村治理法治化水平，成功创建西门村、秧田头村、南沙村、六升村、方井头村、新建社区、蓬莱社区、丹瀛社区等8个村（社区）为市级民主法治示范村（社区）。健全政务公开制度，处置依申请公开1件，公开各类信息62条。落实重大行政决策程序，建立健全政府性合同线上审查机制，行政行为更加规范。严格落实“三重一大”议事制度，对重大事项进行集体研究决策，召开专题党政班子会议25次，提交县级备案116件。

【优抚关怀】 街道退役军人服务站围绕“全心全意为退役军人服务”宗旨，做好“服务引领加法、服务效能减法、服务质量乘法、服务稳定除法”增强退役军人及其他优抚对象的获得感、荣誉感、幸福感。村内“兵支书”带头创建村级轮值示范站，建立退役军人党员“红色网络”，落实“兵党员”联系制度，开展就业帮扶、生活救助等结对帮扶行动60余次；举办“老兵学堂”，拓展退役军人知识技能，开展以“职业技能”“健康养生”“鱼塘养殖”“垃圾分类”“卫生健康讲座”为主要内容学堂培训20余次。成立丹西街道退役军人志愿者服务队，在应急救援、扶贫帮困、抢险救灾、社会维稳等事件中发挥突击队作用。2022年完成退役军人和其他优抚对象建档立卡和优待证申请，通过率和完成率100%；组织现役义务兵父母参加免费体检50余人，组织重点优抚对象参加短期疗休养30余人，排摸辖区生活困难退役军人家庭。积极落实“老兵说事”制度，2022年接待说事老兵20人，走访慰问困难退役军人、重点优抚对象、最美退役军人、1954年10月1日前入伍退役老兵等。

【文明创建】 2022年文明城市创建整改社区小区公益宣传版面淡化120余处，新增30余处，涉及面积2300余平方米，新增散居楼道公告栏1500余块，草地牌400余个，更换村（社区）“精神文明+健康教育”面板210余处，翻新公共区域破损淡化墙面7500余平方米，美化提升墙绘约4000平方米，闲置地块设置告示牌150余个。组建“街道党员干部志愿服务队”和“退役军人志愿服务队”开展“每日巡扫一小时”活动，对文昌街、三棱街、威尼斯酒店、田野乱搭建等开展集中整治，拆除乱搭建70余处，清理垃圾32吨。持续推进17处闲置地块环境卫生治理工作，完成整改12处，面积16.33公顷，有效赋能临时停车场6处，赋能环卫垃圾中转站1处。排摸公共区域、楼道等长年堆放、久存积灰僵尸车903辆，其中汽车18辆，摩托车28辆，电瓶车295辆，三轮车5辆，自行车532辆，黄包车25辆。补种公共区域绿化12400余平方米，开展城区公共绿化常态化病虫防治、除草、修枝修剪、施肥等日常养护管理工作，面积40360平方米。常态化开展“三不管”地段和散居楼群保洁提升服务，集中对背街小巷、主次干道、绿化带及村（社区）等易堆放易倾倒点位进行清理，清运卫生死角3300余处，清运垃圾、杂物1600余车，计6500余吨。清理城区墙体、桥体、箱体、路面等公共区域及设施非法张贴书写小广告，乱涂乱画等问题，清理刮除牛皮癣、小广告135000多处，大面积喷绘墙面粉刷修复5300余平方米。全年粉刷修补楼道629个，其中全楼层粉刷293个，半高度粉刷336个，粉刷丹河路外墙脱落，修补玻璃窗破损等问题11000平方米，更换破损玻璃窗130余扇，更换楼道灯和开关330余处。新增机动车停车位3300个，新划非机动车停车线2500米，设置停车位止停器231个，硬化通道33米，安装隔离带36米，指示标线56平方米。全年投入15万元，购买第三方外包服务，对文昌街、三棱街进行兜底管理，落实每日8人长效管理巡查机制，开展集中清理5次，张贴违章罚停单42单，劝导规范停车300余辆，拆除违章搭建37处，集中清理垃圾24余吨。维修、硬化散居楼群、背街小巷等公共区域绿化带，铺草坪砖等25000余平方米，更换窨井盖180个。

【城乡建设】 2022年“三改一拆”拆除违建面积4万平方米，严格落实农居民建房审批制度，杜绝非法一户多宅现象，审批原址重建56户，巡查管控300余次，处置各类矛盾纠纷60余起。投入约70万元落实街道36个村（含部分自然村、并居村）农村污水长效运维工作,通过省级“污水零直排”创建迎检。城乡安全巡查管控完成1户低收入农户房屋改建,全年巡查城镇房屋4000余次,处置危险问题50余处,巡查辖区6座桥梁17处公路50余次,处置问题15处,投资约300万元启动农村公路大修工程。投资约2000万元,完成九顷、小厅、杨家村城中村改造工程,投资约1000万元,完成瀛洲小区老小区改造工程,投资约1亿元,基本完成瑶琳社区未来社区一期建设工程。建立街道物业站、社区和业主委员会三级联动机制和联席会议制度,配强业委会班子力量,实现58个小区业委会班子全覆盖。

【民生实事】 精准实施稳就业政策,城镇失业率控制在3.5%以内。开展根治欠薪专项行动,妥善化解劳资纠纷3起。建立健全街道临时救助备用金制度,帮助困难群众申请临时救助,共救助48户94人,救助金额15.09万元。关心关爱村社困难群众,全年发放慈善救助金82.3万余元。稳步实施全民参保,本地户籍养老保险参保率达99.3%,医疗保险参保率达99.5%。完成各类癌症指标筛查共计8016人,流感疫苗3253人;创建珠水溪、九顷、西门三个健康村,培育健康家庭320户,开展健康素养活动45场次;继续打响“爱涌丹西·情暖失独”等丹西品牌,开展计生困难家庭生育关怀行动,惠及群众295人;与象山芯悦社会工作服务中心合作开展“30分钟志愿”项目,招募志愿者70余名。创建5A级居家养老服务中心,开发“智慧养老”“时间银行”“社会救助联合体”等应用场景。深度利用县旅游资源推进住宿消费增长,线上9家住宿业全年营业额达4881万元,增速10.1%,总量全县排位第三;积极打造“巧手工坊”“巧匠”等“微就业”品牌,开发公益性岗位和保洁、居家养老、治安巡逻等岗位,累计帮助168人实现“家门口”就业。

【党建提升】 以“五问五破,五比五先”作风建设专项行动为抓手,大力实施“五问五破大检视”“双随机一通报”“导师传帮带”等行动;梳理确定街道、村(社区)两级书记党建共性责任清单和基层党建重点项目32个,引导党员干部、青年干部勇挑重担,参与一线重点工作;定期举办村社“书记面对面”活动,用“现场汇报+提问+点评”方式对街道工作进行复盘,2022年以来已面对面落实重点工程、文明创建等工作17项。深入实施“三清践廉”工程,对辖区21个行政村进行“清廉指数”考评,创建北门村、瑶琳社区清廉阵地2处。驰而不息纠正“四风”,组织开展“正风肃纪”专项检查6次,处理问题线索52条,党纪立案34起,运用监督执纪第一种形态处置27人次。

【举行“五大攻坚”行动出征仪式】 2月15日,丹西街道举行“先锋聚力 攻坚有我——五大攻坚行动”出征仪式,吹响“老城更新六期、平安建设、全国文明城市创建、重点工程、经济发展”五场攻坚战集结号,动员街道全体党员干部争当攻坚先锋。县政协副主席陈爱武、县委宣传部副部长钱江,街道全体班子成员以及五大攻坚行动专班成员、机关干部、村(社区)主要干部、志愿者队伍等出席出征仪式。

【高标准农田建设项目竣工验收】 4月20日,宁波市农业农村局党组成员、二级巡视员郑余庆带领专家组对2020年丹西街道高标准农田建设项目进行竣工验收,县农业农村局党组成员鲍明道、丹西街道办事处副主任潘旭东陪同验收,通过现场查看,竣工资料查阅,现场答辩,顺利通过验收。

【推广保密文化样板建设】 5月13日,宁波市委机要保密局副局长麻会昌带领宁波市委机要保密局领导干部视察丹西街道保密工作,县保密局局长沈德志、丹西街道党工委副书记干永明等陪同考察。在参观完街道“保密文化进机关”主体活动开展情况后,麻副局长一行在街道501会议室进行座谈,丹西街道党工委副书记干永明汇报街道保密工作。座谈中,麻副局长高度赞扬丹西街道保密工作,认为活动“初步形成体系,形式灵活贴切,内容翔实全面,布局相得益彰,有形无形同进”。

【丹西街道社会治理中心正式运营】 7月8日,丹西街道社会治理中心举行揭牌仪式,丹西街道党工委书记史欣荣、象山县自然资源和规划局领导谢龙、象山县综合行政执法局领导何茂良、丹西街道党工委副书记干永明、党工委委员陈行祖等参加,丹西街道社会治理中心整合信访纠纷调处、社会事件处置、风险研判预警、应急管理处突、监

2022年7月8日,丹西街道社会治理中心揭牌仪式现场(丹西街道办事处 供图)

管执法检查等功能为一体，将实现“一体化办公”“联动会商”“统一执法”。

【老城更新六期项目签约全部完成】8月9日，老城更新六期签约工作启动。8月20日，成功攻克剩余1户五丰村杨雪青户签约任务，创造象山县十五日上规模征迁区块签约期内全面清零纪录。

图4　西门水库区块最后一户杨雪青户在纸上签约（丹西街道办事处　供图）

2022年丹西街道行政村经济情况一览表

表74

村　名	户籍户数（户）	户籍人口（人）	耕地面积（亩）	水产养殖（亩）	渔　船（艘）	村级资产（万元）	村集体收入（万元）	村集体支出（万元）	村书记	村主任
白石村	479	1553	54	—	—	3674.69	264.45	69.71	张贺荣	张贺荣
北门村	367	655	31	—	—	7519.34	2562.13	236.43	徐　峰	徐　峰
仇家山村	372	1433	678	30	—	2156.48	198.03	67.96	王世新	王世新
董何碶村	506	1745	463	—	—	2153.2	253.47	48.29	管永茂	管永茂
方井头村	423	1064	45	—	—	1774.73	1401.71	94.92	黄丹明	黄丹明
九顷村	788	2669	315	—	—	1043.99	162.25	40.09	史建丹	史建丹
六升村	272	992	245	—	—	1097.89	135.57	19.77	张　成	张　成
路下林村	214	732	—	—	—	4482.95	149.75	8.75	陈健健	陈健健
南沙村	204	767	436	—	—	1290.86	98.74	32.8	吴存朋	吴存朋
三岔路村	162	520	215	—	—	414.3	50.03	14.22	陈雪莲	陈雪莲
上街头村	214	738	—	—	—	2089.5	359.94	61.91	张国登	张国登

续表74

村　名	户籍户数（户）	户籍人口（人）	耕地面积（亩）	水产养殖（亩）	渔　船（艘）	村级资产（万元）	村集体收入（万元）	村集体支出（万元）	村书记	村主任
上吴村	238	802	—	—	—	4066.58	148.84	19.97	吴存乐	吴存乐
五丰村	380	871	—	—	—	1089.08	522.11	38.5	余海峰	余海峰
西港村	201	673	451	—	1	294.31	180.62	43.19	章才良	章才良
西门村	350	888	—	—	—	1890.8	202.77	31.55	蒋喜忠	蒋喜忠
小厅村	242	753	—	—	—	2844.47	208.38	16.02	张建平	张建平
新碶头村	153	554	450	—	—	1637.38	127.84	11.16	姜炳财	姜炳财
秧田头村	307	766	—	—	—	4186.46	61.09	22.87	李鸿文	李鸿文
杨家村	304	948	—	—	—	633.25	102.58	9.53	杨志东	杨志东
洋心村	455	1574	562	—	—	1696.49	79.04	26.46	胡良建	胡良建
珠水溪村	218	812	130	—	—	2218.58	200.84	110.23	胡耀之	胡耀之
韩家	97	348	330	—	—	781.55	52.51	10.37	韩建兵	韩建兵
横墙弄	168	604	16	—	—	910.03	23.9	2.98	张有春	张有春
横塘欧	72	264	—	—	—	496.94	87.44	1.21	蒋卫康	蒋卫康
菱河头	132	476	—	—	—	2184.58	62.5	7.61	柴利民	柴利民
小东洋	106	282	—	—	—	996.62	22.84	5.15	欧如斌	欧如斌
小河头	165	601	—	—	—	2221.55	186.43	7.31	韩晓飞	韩晓飞
樟树下	150	549	140	—	—	2097.91	164.64	10.07	屠伟金	屠伟金

（丹西街道　余骏迪）

爵溪街道

【概况】　爵溪街道位于浙江象山半岛中部偏北，三面环山，东南临大目洋、西接丹城、北与大徐镇接壤。由大陆和沿海116个岛礁组成，总面积31.8平方千米，其中内陆面积20.6平方千米，岛礁面积11.2千米，下辖3个行政村、5个股份经济合作社和3个社区，人口4.3万人，其中外来人口3万余人。爵溪素有“中国乡镇之星”“中国针织名城”之称，工业发达且产业集中，形成工业经济为主导，针织服装为特色，外贸出口为优势的经济格局。各类工业企业500余家。

【重点项目建设】　2022年爵溪街道深入推进招商项目落地转化攻坚，转化历年招商项目7个，完成工业投资3.1亿元，同比增长287.5%。县重点工程海润一业一期、冠权玩具、容升科技有序推进，桂语江南和喜来登酒店顺利竣工，天熙新材料、鑫驰众竣工投产。新签约项目3个，其中东润电器已办理迁址手续，上海众业通项目完成评审，投资3000万元的博蓝特项目完成注册供地。

【农业农村建设】　立足定位“小农业+大农旅”，建设城郊型特色农业，推进美丽田园建设，发展城郊休闲半日游。整合牛丈岙土地整理区块及公屿片、前岙片农田继续提升。加强农业品牌建设，推动新凉亭等区块柑橘规模化、产业化、数字化，推进“象山柑橘”等农产品区域公用品牌在爵溪的建设，培育果园林特科技示范户 3 户。完善农村土地“三权”分置，坚持农村土地集体所有，全面稳定二轮土地承包关系，引导土地经营权有序流转，促进适度规模经营。

【垃圾分类】 按照“激发村级主动性，提升公共参与度”的方式，紧紧围绕入户宣传、评分登记、红黑上榜、便民服务、环境共建“五位一体”的工作思路，2022 年开展垃圾分类宣传活动 8 次，出动人员 56 人次，发放入户宣传 800 余份。提出“1+1+N+N”的工作方法，每月公布一次红黑榜单，以点带面，逐步推动全区域垃圾分类工作有效开展。

【渔业管理】 做好“千名干部进渔家、平安护航二十大”专项行动，制定年度“一打三整治”实施方案，更新完善定人联船方案，完善渔船编组，完成养殖排筏检查登记，开展“异地挂靠”及租赁渔船排查摸底，渔船年检完成 100%，开展违规网具清理，打击“三无”船筏、偷捕行为。2022 年累计清除地笼网具 200 余顶，查扣拆解“三无”船舶 5 艘。完成二级渔港升级改造项目。

【乡村振兴】 围绕产业兴旺、生态宜居、乡风文明、治理有效、生活富裕五大要求，全力打造安居宜居美居农村环境。做好公屿村县级精品村创建工作，推进爵溪美丽乡村建设 2.0 版，提升完善牛丈岙-甸平山老村山林文化资源，挖掘白沙湾赵五娘古道遗迹、弥陀寺禅意资源。借势爵溪工业特色以织旅小镇主线，通过针织品创意中心平台，打造网红打卡串联线路，促进工业文化和农旅文化的碰撞与叠加效应。

【水利建设】 强化水利基础设施建设，2022 年完成 1.2 千米的北塘（大燕山）海塘提标改造工程招标开始施工，完成河道加固疏浚 5 千米，山塘加固 1 座。完善防洪预案，开展防汛演练 7 次，有效处理城区防台防汛内涝问题。做好公屿片、前岙片农业抗旱指导工作，全力减少农户损失。

【“五水共治”】 由“重建设，轻管理”的模式转化为“建设、管理”双管齐下，做好年度“污水零直排建设”回头看验收工作，打通全街道污水管网。联合城建等相关部门，开展定期执法工作，严控入河湖排污总量。建立燕山水库饮用水水源安全保障机制，采取环境治理、生态修复等综合措施，保障饮用水水源地水质要求。开展河长制工作标准体系建设，以标准规范推进治水，积极创建美丽河湖建设，切实让群众享受到治水“红利”。

【“三改一拆”】 2022 年完成违建拆除 5566 平方米，完成率 556.6%。拆出土地面积 890 平方米，拆后利用率 100%。完成 2022 年违建再排查点位 11 处，完成率 100%，已按照违建数据采集表要求完善，并做好违建照片和违建位置信息采集。

【市政养护】 完成街道区域内市政基础设施移交的前期调查及上级部门对接工作，2022 年完成路灯新建 18 盏，更换 152 盏。更换电缆 500 米，修补路面 12 次（沥青修补），重新浇筑路面混凝土 1000 余平方米。更换道路隔离带 350 余米，修补道路、停车位标线 3000 平方米。更换道路指示牌 35 块，增设隔离桩 500 根，新增停车位 145 个，绿化维护保养 25.6 万平方米。

【扶贫工作】 加强低收入农户扶持及东西部协作，继续推进低收入农户扶贫工作，完善帮扶机制，充分发挥教育、民政的兜底保障作用，实现应保尽保、应扶尽扶，坚持产业就业一起抓、输血造血一起抓、扶志扶智一起抓，目前街道共有低收入农户 105 户 134 人，特困 7 户 7 人，低边 1 户 1 人，已全部解决用水、用电、卫生厕所等问题，无危房户，全部实现健康扶贫，人均年收入总额已达 1 万元以上。

【法治建设】 认真执行重大事项与“两代表一委员”、居民议事员面对面协商制度，严格落实重大行政决策程序，持续深化法律顾问制度，2022 年共协助办理人大代表建议 6 件，政协委员提案 12 件，承办议事员意见建议 37 件，办复率 100%。

【亚运行动】 开展城乡风貌整治提升攻坚，2022 年共整改亚运线路督查点位 26 处，完成省级美丽城镇验收，完成象山港路（燕山隧道—西溪路）等 3 条道路改造提升，有序推进亚帆东路延伸段改造提升、大燕山（北塘）提标改造等工程。实施老城区微改造精提升，昌欣路西侧地块文泽苑项目和苏前街 1 号危房加固维修工程有序推进。完成公屿村省级美丽宜居示范村创建工作，公屿村县级精品村创建扎实推进，前岙村通过市级无疫村创建验收，白沙湾区域环境整治有力推进。

【群众文化艺术节】 2022 年 7 月 28 日，象山爵溪街道举办第三十六届文化艺术节开幕式。本届爵溪街道文化艺术节以“喜迎二十大、同心迎亚运”为主题，为期 4 个月，包含“歌颂新时代”线上红歌大赛、“青年与海 · 文创霓裳”大学生进爵溪等 10 余个系列活动。活动中，浙大宁波理工学院设计学院党委与爵溪街道党工委共同成立了“青年与海 · 时尚霓裳”党建联盟，合作项目，并为大学生社会实践基地揭牌。根据协议建立“五联”合作机制。

【平安工作】 开展“安康杯”先进单位、个人评奖和“安康杯”竞赛活动，开展安全生产月、安全生产回头看、随手拍活动。完善协调劳动关系，健全劳动关系监测报送机制，积极参与职工欠薪调解工作 48 起。推进安全生产“除险保安”大排查大整治行动，成立联合执法工作小组，严厉打击拒不整改、虚假整改等违法行为。依托数字平台，深化联企工作，严格落实安全隐患每周排查、次周复查制度，做到整治不留盲区、闭环到位。加强房屋安全管理，做好老旧房屋巡查。2022 年共参与职工欠薪调解工作 48 起，排摸企业 215 家，购买专业安全生产服务开展专项整治11次,发现并整改问题2638个,现场督促整改312个,完成减船转产9艘,完成了约4000户的自建房信息调查录用,将苏前街1号房屋、瀛海小区住宅楼1号及2号列入政府投资计划中。

2022年象山县爵溪街道行政村经济情况统计表

表75

村名	户数(户)	人口(人)	耕地面积(亩)	水产养殖(亩)	渔船(艘)	村级资产(万元)	村集体年收入(万元)	村集体年支出(万元)	书记	副主任
公屿村	631	1872	923	0	6	4509.83	460.14	34.36	孙敏见	鲍东波
前岙村	201	528	290	0	0	1319.28	135.12	46.29	周祖元	林　森
牛丈岙村	212	742	146	0	0	19371.6	164.64	19.16	练敏春	郑林祥

(爵溪街道)

石浦镇

【概况】 石浦镇位于象山半岛南端,镇域面积126平方千米,由镇本土和178个岛礁组成,下辖36个行政村、21个居民点、9个社区,是环三门湾地区重要的区域发展中心和象山南部中心,辐射周边5个镇乡10多万人口。全年实现地区生产总值101.1亿元,固定资产投资24.4亿元。

编制《石浦镇文旅融合提升三年行动计划》,全年接待游客239.2万人次、实现旅游综合收入39.8亿元。全市首单帝王蟹进口业务在新港码头完成,实现石浦口岸鲜活水产品进口贸易"零"的突破。推进数字化改革,整合水务、电力、燃气、数字电视和宽带网络五项公共服务资源,于5月16日在全县18个乡镇(街道)中率先开通"五窗合一"综合窗口,集成水电气数网业务70项,办理效率提升30%以上。9月15日晚,"山海石浦·青创渔港"中国新乡村音乐绿马青年计划独立音乐日活动,以户外独立音乐节现场的方式在石浦海峡广场开展。9月16日上午,中国农民丰收节系列活动暨第二十五届中国(象山)开渔节开船仪式在石浦港隆重举行。石浦镇被评为2021年度全市征兵工作成绩突出基层单位,获得宁波市人民政府、宁波军分区通报表彰;象山县行政服务中心石浦分中心被评为宁波市青年文明号。

【党的政治建设坚决加强】 鼎力扛起学习宣传贯彻中共二十大精神和省市县党代会精神的重大责任,高标准抓好党委理论学习中心组学习研讨等工作,引导党员干部完整、准确、全面领会中共二十大精神。围绕省市县党代会明确的总体目标、工作清单,全面开展"倍速领跑"行动,奋力在省委推进"两个先行"、打造"八个高地",市委推进"六大变革"、打造"六个之都",县委"聚力一二五,走好共富路"的新征程中当表率、做示范。

【上级决策部署坚决落实】 深入贯彻县委常委会专题研究石浦发展工作会议精神,加紧落实《关于加快推进石浦镇变革重塑打造新时代"渔光之城"的实施意见》,加快推动60条支持政策、80项"四个重大"清单落地见效。坚决打好"5532"攻坚硬仗,开展近海岸带污染整治,金石引河河道环保设备启动招标,科技园区建筑垃圾临时分拣中心建成投用。加强渔船本质安全,推进"减船转产",全年拆解老旧渔船307艘,建设示范渔船54艘。开展"平安护航二十大"除险保安专项行动,严格执行每月巡听制度,排查攻克亟需化解的风险隐患15个。

【工业强镇深入推进】 高质量推进制造业发展,完成规上工业总产值88.4亿元。编制《浙台(象山石浦)经贸合作区产业发展规划》,明确"一带引领、五片协同、多园支撑"产业布局,产业发展方向更加清晰。扎实做好企业培育,持续推进"小升规""规上亿",筛选出"种子型"企业11家,净增规上企业7家、亿元企业1家。坚持创新驱动、数字赋能,新增国家高新技术企业5家、国家科技型中小企业23家、专精特新"小巨人"企业3家。加强人才引育服务,开展高层次人才和高校毕业生需求情况排摸,累计组织企业外出招聘和线上招聘会20家次,推动"送好课进企业",累计组织电焊工培训9场次300人,海铂新材料获评县"半岛英才"B级项目。按照"应统尽统"原则,积极谋划新项目,以规上企业为重点,排摸立强机械、精力科技等企业新增投资意向,挖掘技改项目3个。

2022年石浦镇规模企业主要经济指标统计表

表76

单位：万元、人、吨标煤、万千瓦时、吨、亩、万元/亩

序号	企业名称	负责人	工业总产值	营业收入	利润总额	实缴税金	增加值	职工数	能源消耗	用电量	用水量	研发费用	土地面积	亩均税收	亩均增加值	研发费用占比
1	宁波申菱机电科技股份有限公司	卢国平	184519	190220	2543	1491	40480	931	1856.05	486.52	67604	6424	221.58	6.73	182.69	3.38%
2	宁波昌菱机电有限公司	卢　锋	5406	5532	-14	147	1186	51	176.63	61.02	2483	0	64.33	2.29	18.44	0.00%
3	宁波戴维医疗器械股份有限公司	陈再宏	31450	30897	5521	3455	12313	563	782.59	228.86	25571	3430	126.22	27.37	97.55	11.10%
4	若宇新能源科技（宁波）有限公司	郑　敏	8335	5765	-99	86	1646	14	112.83	39.72	3415	256	154	0.56	10.69	4.44%
5	宁波安驰汽车科技有限公司	高安康	8592	7824	-384	200	1972	118	10.51	3.7	2163	0	30	6.67	65.73	0.00%
6	宁波贝德尔电讯电机有限公司	林贵良	7482	6201	617	475	1626	183	122.18	37.1	4748	324	50	9.50	32.52	5.22%
7	宁波元浦机电有限公司	欧如东	4843	4828	15	162	698	70	151.52	27.04	2563	15	15.28	10.60	45.71	0.31%
8	宁波盛科机电有限公司	黄　勤	2223	1828	38	53	321	38	74.13	20.15	1103	87	5.36	9.89	59.81	4.76%
9	象山求新机械实业有限公司	郭冬永	2934	2889	93	160	547	74	133.48	46.99	2900	23	26.63	6.01	20.54	0.80%
10	象山昌升机械配件有限公司	潘安江	3595	3595	262	118	525	83	107.63	34.16	1864	0	12.4	9.52	42.32	0.00%
11	宁波赫欣农业设备有限公司	杨阁隆	3721	3349	-3	90	814	36	724.36	255	4135	0	10.84	8.30	75.13	0.00%
12	象山方正机械有限公司	马方亮	2449	2453	209	109	353	25	48.83	15.5	814	0	16.06	6.79	21.99	0.00%
13	宁波华然机电有限公司	黄敏江	4390	4215	127	130	1012	67	34.51	12.15	2628	1	17.94	7.25	56.41	0.02%
14	宁波恒翔机械有限公司	杜德飞	1682	1683	165	60	243	23	15.93	3.11	2766	1	6.17	9.72	39.32	0.06%

续表76

序号	企业名称	负责人	工业总产值	营业收入	利润总额	实缴税金	增加值	职工数	能源消耗	用电量	用水量	研发费用	土地面积	亩均税收	亩均增加值	研发费用占比
15	宁波同顺机械有限公司	陶永林	2627	2599	-17	59	472	55	14.49	5.1	686	0	8.92	6.61	52.93	0.00%
16	宁波均富机电有限公司	叶未君	4504	4269	163	182	1253	42	65.29	17.55	3439	52	16.18	11.25	77.41	1.22%
17	宁波博报门窗有限公司	蒋汉明	1284	1487	58	31	139	14	14.03	4.94	570	95	8.93	3.47	15.56	6.39%
18	宁波民泰人防设备有限公司	张玉东	2867	4605	377	312	1029	91	29.23	6.93	601	240	23	13.57	44.75	5.21%
19	象山创丰机械制造有限公司	卓孝雨	2798	2140	16	12	403	26	6.17	1.79	45	0	3.15	3.81	127.94	0.00%
20	宁波川井传动有限公司	李远飞	2446	2481	220	21	384	23	185.9	65	580	114	20	1.05	19.20	4.59%
21	宁波易捷环卫设备有限公司	潘陈海	2208	2679	80	143	723	49	46.5	16.26	600	214	5	28.60	144.60	7.99%
22	宁波华誉电机有限公司	林学荣	2038	2038	36	83	473	58	31.92	11.16	4800	—	15.8	5.25	29.94	0.00%
23	宁波盛洋电子有限公司	陈振盟	2333	2057	133	75	800	45	38.01	13.29	1163	217	26.77	2.80	29.88	10.55%
24	宁波宇川机械科技有限公司	俞　浩	2299	2265	13	31	119	12	72.93	25.5	560	—	3	10.33	39.67	0.00%
25	宁波惊鸿机电有限公司	卢　统	2893	2631	55	37	626	88	108.68	38	4500	—	12.15	3.05	51.52	0.00%
26	宁波飞日水产实业有限公司	谢定飞	30981	18558	683	443	3089	198	1372.34	374.1	435073	22	37.64	11.77	82.05	0.12%
27	宁波日恒食品有限公司	邬莹娜	8418	8854	269	145	804	62	59.03	20.37	160690	0	30	4.83	26.80	0.00%
28	宁波飞宏水产有限公司	谢光辉	6263	6158	206	85	574	87	341.17	22.1	54284	0	8	10.63	71.69	0.00%
29	象山石浦国龙水产有限公司	丁亚国	28935	24904	350	754	2763	108	1877.64	661	98811	18	95.21	7.92	29.02	0.07%
30	宁波兰洋水产食品有限公司	兰和祥	20286	17590	36	508	3413	111	1672.17	220.33	184932	1	33.67	15.09	101.36	0.01%
31	宁波超星海洋生物制品有限公司	叶再府	2031	2023	21	72	205	31	302.53	106.5	17982	22	27.15	2.65	7.55	1.09%

续表76

序号	企 业 名 称	负责人	工业总产值	营业收入	利润总额	实缴税金	增加值	职工数	能源消耗	用电量	用水量	研发费用	土地面积	亩均税收	亩均增加值	研发费用占比
32	象山超星水产饲料有限公司	叶再府	2598	2474	272	8	419	32	507.52	31.5	19824	20	22.5	0.36	18.62	0.81%
33	宁波乔兴食品有限公司	王　伟	6985	6871	-169	148	667	60	906.15	206.7	23798	313	7.5	19.73	88.95	4.56%
34	宁波新欣南方水产食品发展有限公司	李群柱	895	2468	40	52	86	20	265.78	79.9	109325	0	25	2.08	3.42	0.00%
35	宁波远大海洋生物科技有限公司	严根方	42688	46396	1016	145	3249	68	12756.11	646.37	88677	26	89.3	1.62	36.38	0.06%
36	宁波裕祥海洋生物科技有限公司	奚忠明	33084	35258	594	70	2518	56	8909.27	469.31	15317	9	49	1.43	51.38	0.03%
37	宁波锦海水产食品有限公司	魏荣良	13770	11540	-112	361	1315	126	877.23	308.82	254708	0	56.8	6.36	23.15	0.00%
38	宁波飞润海洋生物科技股份有限公司	谢光辉	18149	12284	259	210	2398	182	1441.68	369.2	89479	386	59.17	3.55	40.52	3.14%
39	宁波裕天海洋生物科技有限公司	包荣升	8978	7340	-778	85	1236	70	1915.78	283.16	29183	26	65.24	1.30	18.94	0.35%
40	宁波乾运食品有限公司	吴元民	12321	17177	203	654	2749	234	1320.97	210.56	91100	0	79.3	8.25	34.67	0.00%
41	象山宏海水产食品有限公司	葛海滨	6788	5004	263	184	648	72	578.96	196	87581	7	36.84	4.99	17.60	0.14%
42	宁波华龙水产食品有限公司	陈志辉	4266	4029	-602	149	407	65	965.37	280	62885	29	44.21	3.37	9.22	0.72%
43	象山兴海水产有限公司	杨永恩	3241	3241	8	52	310	37	390.01	137.3	6981	0	15.73	3.31	19.68	0.00%
44	宁波蓝豚水产有限公司	朱卫忠	2037	2026	-82	44	194	40	26.99	9.5	4150	0	4.2	10.48	46.31	0.00%
45	浙江强普生物科技有限公司	蒋宗普	7505	9276	779	16	571	40	1049.63	239.14	186	111	20.94	0.76	27.27	1.20%
46	宁波甬洋食品有限公司	奚忠明	9068	5125	64	150	866	77	579.3	162.92	91396	0	58.2	2.58	14.88	0.00%

续表76

序号	企业名称	负责人	工业总产值	营业收入	利润总额	实缴税金	增加值	职工数	能源消耗	用电量	用水量	研发费用	土地面积	亩均税收	亩均增加值	研发费用占比
47	象山利信水产有限公司	欧忠波	2210	2330	-281	12	0	23	614.9	215	128000	—	14.69	0.82	0.00	0.00%
48	宁波丰肽生物科技有限公司	李顺风	2357	2203	-425	20	213	26	265.98	93	51000	—	19.82	1.01	10.75	0.00%
49	宁波盛博水产有限公司	梅丽霞	4150	4150	242	43	343	11	2.86	1	30	—	2.5	17.20	137.20	0.00%
50	宁波富程机械有限公司	林小芬	4837	4837	101	144	1009	80	67.52	23.77	2495	11	6.24	23.08	161.73	0.23%
51	宁波明浩机械有限公司	罗仁苗	4255	4256	97	91	614	50	31.73	11.17	1280	0	4.16	21.88	147.50	0.00%
52	宁波星寰机械有限公司	王灵敏	2221	2221	113	31	320	29	25.08	8.83	1460	0	14.26	2.17	22.46	0.00%
53	宁波驰誉机电设备有限公司	金慧强	2207	2144	-52	27	460	19	47.5	16.72	400	0	3	9.00	153.22	0.00%
54	浙江神洲阳光重工有限公司	许增恩	44516	21203	-278	842	6125	148	1099.95	336	27765	235	39.57	21.28	154.80	1.11%
55	浙江金川船业有限公司	胡金川	41712	60529	130	800	4761	47	1935.36	517.83	55601	0	124.27	6.44	38.31	0.00%
56	宁波东和船舶修造有限公司	焦鹏祥	3751	3751	-40	294	1514	56	565.6	199.11	37691	5	136.13	2.16	11.12	0.13%
57	宁波万洋船业有限公司	朱建敏	34256	24913	712	652	7221	226	1460.98	340	19650	2	44	14.82	164.12	0.01%
58	宁波浩海船舶有限公司	胡敏刚	1571	3805	-11	84	155	4	35.51	12.5	1200	0	30	2.80	5.18	0.00%
59	浙江阳光神洲气体有限公司	章　武	2603	3155	235	60	30	25	218.91	11.2	16272	8	26.11	2.30	1.17	0.25%
60	宁波茋博爽石油化工有限公司	王孝麒	8775	4934	-1034	100	1300	81	2924.11	451	49296	21	165.53	0.60	7.85	0.43%
61	宁波威泰机械有限公司	陆安辉	1935	1573	-66	22	279	52	52.64	16.07	492	0	9.18	2.40	30.40	0.00%
62	象山光明输送机有限公司	叶再贤	8549	6814	184	256	1233	73	116.24	40.92	448	350	5.54	46.21	222.53	5.14%
63	象山港浦建材有限公司	林建亚	9805	10185	1290	982	1521	61	486.65	31.54	5479.6	0	20.98	46.81	72.49	0.00%

续表76

序号	企业名称	负责人	工业总产值	营业收入	利润总额	实缴税金	增加值	职工数	能源消耗	用电量	用水量	研发费用	土地面积	亩均税收	亩均增加值	研发费用占比
64	象山长余工具有限公司	林　萍	2233	2233	434	107	401	71	122.49	41.63	1525	216	10.5	10.19	38.18	9.67%
65	象山县第二自来水有限公司	曾长征	5090	5016	91	200	1051	94	1005.91	354.12	869738	0	62.44	3.20	16.84	0.00%
66	象山县恒日机械制造厂	柯寿国	2287	2277	-48	83	330	46	15	5.28	1387	—	9.14	9.08	36.07	0.00%
67	浙江东海德迦风力发电有限公司	杨红杰	2876	2877	1263	290	448	18	131.35	46.24	232.4	0	26.98	10.75	16.59	0.00%
68	宁波勤邦新材料科技有限公司	刘勤学	78154	72803	2328	889	17749	346	20705.17	7276.44	100286	3127	97.21	9.15	182.58	4.30%
69	象山激智新材料有限公司	唐海江	22890	19022	17	775	4919	86	2956.67	1040.86	17101	1136	29.1	26.63	169.04	5.97%
70	宁波立强机械有限公司	徐贤国	11612	11131	908	808	2165	282	1268.8	432.51	8969	480	81.99	9.85	26.40	4.31%
71	宁波市世纪防护设备厂	林　冰	2219	2139	133	261	797	77	47.24	15.69	1499	134	30.87	8.45	25.80	6.26%
72	浙江欧沃得电器有限公司	洪　梁	2910	2382	20	200	634	57	77.29	27.21	2114	138	13.43	14.89	47.23	5.79%
73	象山恒昌塑胶制品有限公司	林维群	7341	6212	282	18	1031	87	158.67	55.86	902	0	6	3.00	171.78	0.00%
74	斐德瑞通用设备制造（宁波）有限公司	王　涛	12059	11269	-217	1175	2640	299	1269.75	447	43958	538	141.96	8.28	18.59	4.77%
75	宁波海腾新材料有限公司	王中善	6006	6118	-226	105	773	41	86.6	26.31	1694	312	20	5.25	38.65	5.10%

【商贸旅游提档升级】 系统梳理文旅产业发展资源优势，编制《石浦镇文旅融合提升三年行动计划》，重构一轴四区空间布局，围绕中国最美“渔光之城”IP品牌目标，推出“东海渔光”文化、“石浦海鲜”美食、“青创渔港”社区的子品牌，重点打造七个“一”标志性工程，推动海洋与文化、旅游、休闲、餐饮、居住、度假等产业深度融合发展，获市委彭佳学书记批示肯定。加强半边山、县旅游集团、知名酒店民宿合作联动，新增省等级民宿3家，饮海三湾民宿获评市首家全国甲级民宿，完成限上住宿业营业额2.5亿元、增长7%。瞄准需求推出多元活动，休闲捕鱼一船难求，“青年与海”渔光音乐节完成首演，皮划艇等年轻态运动项目落户石浦，全年接待游客239.2万人次、实现旅游综合收入39.8亿元。优化提升市场品质，积极谋划渔需品综合农贸市场，协调推进延昌菜场、石浦菜场改造提升，实现限上商品销售总额21.1亿元、增长35.8%。

【农渔经济提质增效】 稳扎稳打抓好农渔产业，预计完成农渔业总产值57.8亿元，增长3.9%，其中渔业总产值55.6亿元，增长3.9%。发展特色现代农业，播种粮食面积1067公顷，建成高标准农田249公顷，完成非粮化整治面积94公顷，新增县级及以上农业龙头企业2家。推动渔业高质量发展，建成水产养殖服务网络，探索渔业“产供销”全产业链发展路径。完善渔港基础设施，动建国庆塘提升改造工程，中心渔港(铜钱礁)整治维护项目完成总工程量的75%。

【攻克政策处理难题】 历时16年的临海路征迁“硬骨头”合力啃下，搁置10余年的科技园区昌国村留地开发实现突破，成功回购5个村12.6公顷村留地指标，G527石浦至长街象山段工程政策处理基本完成，定皇公路土地征用有序推进。强化空间要素保障，划定空间规划三区三线，完成番西片区、水产城区域、科技园区等多个片区控规调整。有效保障项目资金，总规模30亿元的环石浦港EOD项目列入中央环保金融支持储备库，宁波东海渔都投资集团完成AA+主体信用评级。抢抓政策窗口期，全面完成专项包装，新增专项债券项目3个，获批资金18.5亿元。实施融资平台实体化运作，完成大宗商品贸易3.5亿元，提升国企营收能力。针对石浦镇国有资产管理薄弱环节，研究制定国有资产清查方案，对镇属国有资产进行一次彻底、全面的清查，全面应用石浦镇国有资产数字化管理系统，对所有资产进行地图定位，实现对国有资产的全方位、全天候动态管控。探索投融资体制创新，统筹开发利用存量资产资源，加大对土地资产、海岸线等有效资产资源的整合力度，2022年新增资产167亿元，其中土地43亿元、石矿16亿元、海岸线50亿元、墓地45亿元、停车位8亿元、码头水库5亿元。

【招商引资亮点纷呈】 依托电梯智造产业园和门前塘市级海洋生物专业园平台优势，重点招引绿色能源、智能制造、水产品精深加工等新兴产业，落实产业链精准招商，成功引进各类项目20个，全年完成实际内资11.2亿元、增长2%，实际外资217万美元、增长51.7%，其中亿元项目捷瀛新材料仅半年时间实现生产运营，总投资8000万元的湖礁湾海岛民宿群落项目样板区建成，石浦港帝王蟹集散中心项目签约落户，全市首单帝王蟹进口业务在新港码头完成，实现石浦口岸鲜活水产品进口贸易“零”的突破。

【项目建设成效明显】 坚持项目为王，大力推进项目进度，全年完成固定资产投资23亿元，增长16.7%，其中工业投资7.2亿元，增长9%。统筹推进项目前期，完成龙潭路等11个项目前期。加速推进项目建设，金山路延伸工程进度过半，番西ABC房建项目完成桩基工程量90%，科技园区入口景观节点提升工程等12个项目顺利完工，渔港北路改造工程等10个市政项目加快进度。加快项目建成投产，勤邦高端光学聚酯薄膜扩建、川井传动轴等项目竣工投产。

【文明创建持续深化】 建立创建工作网络，成立石浦镇文明城市创建工作领导小组，县委常委、镇党委书记亲自挂帅，统筹推进创建工作。设立文明城市工作专班，落实1名专职联络员。制定《石浦镇文明建设提升行动(2022—2023)实施方案》等4份指导性文件，对《全国文明城市测评体系操作手册》进行了任务分解和职责落实。坚持多元督查机制，建立专班督查、领导督查、评议督查、社会监督四项督查制度，聘请20余名县人大代表和热心人士为“文明督查员”，累计开展各类督查36次，下发工作提示单69件，督促整改问题2446个，整改率98.9%。完善严格考核机制，制定《石浦镇行政村(经济合作社)文明创建考核办法》，根据各村交叉检查、第三方服务机构测评情况，镇专班每月对村社文明城市创建工作进行综合排名并张榜通报。考评结果与村社年度评先评优、村主要干部专项考核挂钩。推进基础设施建设，提升渔港辨识度，谋划渔文化馆周边区块更新改造，精心设计城市家具、城市阳台和口袋公园，完成金山路、铜瓦门一路等重要道路改造提升，修复大庆路、渔港南路等6条主要道路路面破损。强化公共秩序管理，开展市容市貌、占道经营、店招雨棚、违章停车等专项整治，更换渔港路沿街店招150余个、破旧雨棚80余处，整治占道经营、流动摊贩、沿街晾挂等问题1700余起。疏堵结合治理交通乱象，新增停车位2000个、停车场3个，违法贴单6000余单，拖离处理僵尸车30余辆，数字停车系统正式启用。开展农贸市场整治，对石浦菜场、新港菜场摊位、公厕、垃圾收集点以及周边道路进行集中整治，取缔占道跨门经营，清理乱堆放、乱设摊、乱停车，规范了菜场周边环境秩序。对村级市场延昌菜场进行改造提升，取缔爱国路、大华路一带马路市场。

【城乡风貌整治提升】 高质量抓好全域美丽，编制《石浦镇城乡风貌整治提升规划方案》和《渔文化馆街区改造方案》，深化亚运风貌打造，亚运场馆周边立面改造及风貌提升工程基本完工，亚运道路沿线乱堆放、乱搭建完成清理，累计拆除违法建筑2.5万平方米，渔港古城邻里中心建成投用，东门游步道列入宁波市最美绿道，美丽城镇建设获评省级样板。明确老旧房屋“零星解危、片区改造”方案，完成危房解危6幢，对新调级的22幢危房落实“一房一策”，凤栖花苑、教师楼等2个老旧小区改造工程基本完工。

【生态环境不断向好】 加强日常工作指导，常态化开展企业检查和环保点位巡查，累计处理环保信访件10起，检查企业230余次，巡查各环保点位757家次，企业环保意识显著提升。高效落实督查整改，共完成问题整改7例，其中省市级环保督查问题成功销号3例，打鼓峙废旧金属露天堆放、门前塘西侧塘坝口垃圾倾倒、宁波富能污泥干化项目未批先建、打鼓峙船舶修造企业“一厂一策”环境整治等重点环保问题全面整改销号，鸡鸣、虎爪山等矿山完成修复。完善城镇污水管网，新增老城区、延昌等区块城镇污水管网26千米，通过省级“污水零直排区”创建验收。

【社会民生有效改善】 社会保障提标扩面。精准施策稳定就业，新增城镇就业人员1451人。开展根治欠薪专项行动，妥善化解企业欠薪等劳动纠纷93起。关心关爱困难群众，发放社会救助金1315万元、慈善救助金219万元，全省慈善会系统基层慈善网络建设现场会在石浦胜利召开。稳步实施全民参保，本地户籍养老保险参保率达99%，医疗保险参保率达99.8%。社会事业协调发展。加快教育事业提质，象二中教学综合楼工程加快建设，延昌幼儿园项目开工动建，石浦小学迁建项目完成选址。深化“健康石浦”建设，台胞医院医感楼建成投用，东部卫生院项目前期加快推进。持续做好人武工作，民兵整组有序开展，退役军人建档立卡和优待证申领制发加紧落实。全面推进民政工作，东部养老院完成项目验收，北郊公墓政策处理和福寿堂改造提升工程基本完成。加强海洋文化建设，协助办好第二十五届中国（象山）开渔节，成功创建“渔韵”县级宣讲名师工作室。

【基层治理】 健全社会治安防控体系，开展夏秋季治安巡逻，提高重点区块街面见警率、管事率，妥善处置较大突发事件41起，完成各项维稳安保任务，荣获市级平安护航党的二十大成绩突出集体称号。多措化解信访矛盾纠纷，扎实推进初信初访“一件事”闭环管理和限时办结，成功化解国家级、省级信访积案7件。落实防范化解重大风险各项举措，持续抓好涉海涉渔、交通、消防、旅游、群租房、反走私、防电信诈骗等重点领域整治，淘汰非标电动自行车2.2万辆，道路交通亡人事故连续两年大幅下降，较大及以上安全生产事故“零发生”。压实食品安全“两个责任”，省三星级食安办通过验收。渔业安全稳定向好，形成“10个坚持”“一三十”渔业安全管理体系，创新举办渔民说事会，开展渔船消防安全专项整治，严查无证切割、电焊等违规行为，治安拘留2人、罚款12万元，有效降低渔船起火发生频率。

【启动宁波市渔业组织化建设试点】 启动宁波市渔业组织化建设试点，创设渔业生产联盟，推进基层渔业组织星级规范化管理，创新渔船数字化编组、编组生产有效率达95%以上。先行先试商渔船联管新模式，统筹海事、渔业和石浦三方力量，成立石浦镇海上商渔船联管中心，有效化解商渔船碰撞风险，开捕以来未发生涉海涉渔安全事故。

【推进“五窗合一”等数字化改革】 整合水务、电力、燃气、数字电视和宽带网络五项公共服务资源，于5月16日在全县18个乡镇（街道）中率先开通“五窗合一”（整合水务、电力、燃气、数字电视和宽带网络联通五项公共服务资源，通过“一窗受理、数据共享、后台联动”的协同机制）综合窗口，集成水电气数网业务70项，办理效率提升30%以上，相关做法得到李晓东县长批示点赞。全面应用浙江省政务服务“一网通办”平台，收件率达85%，积极推动政务服务2.0向基层农村延伸工作，在完成东门渔村试点的基础上，新增上金鸡村为试点村重点打造，提升办事环境，完成35项高频民生事项的线上配置工作，建成村级便民服务站样板，实现足不出村“云办理”，打通政务服务“最后一公里”。对标乡镇（街道）便民服务中心建设标准，从规范场地建设，提升服务质量，加强队伍建设等多方面入手，升级监控、Wi-Fi等硬件设备，不断提升服务软环境，努力打造宁波市首批示范型乡镇便民服务中心。加快共同富裕示范建设，试点宅基地资格权权票制度，用足用好城乡建设用地增减挂钩政策，檀兴渔村海岛移民共富项目列入县级试点。

【政府管理全面加强】 “五问五破、五比五先”机关作风建设专项行动扎实开展。深化“周二夜学”“双对双排”“随机摇号+书记点题”等制度，开展“对标找差距，先行必有我”集中宣讲，浓厚营造争先创优工作氛围。抓牢机关干部队伍，创设前期办、征地办、拆迁办，实行“一线锻炼”和“项目压担”干部培养制度，石浦铁军在社区平安夜巡、码头岸线巡查、防汛防台等工作一线彰显坚韧力量，获评县级“好团队”1个、县级“好干部”2名。法治政府建设持续深化。依法接受人大监督、自觉接受政协民主监督，办理人大代表建议69件、政协提案8件。健全政务公开制度，处置依申请公开3件，公开各类信息230条。落实重大行政决策程序，建立机关合同管理工作制度，行政行为更加规范。廉政建设不断增强。严格财政资金绩效管理，压减非急需、非刚性支出，一般性支出降低11%。严格执行中央八项规定，持续开展正风肃纪专项行动，提醒、问责干部27人次，查办违纪案件13起。扎实推进基层清廉单元建设，微视频《清廉入画》荣获“象廉相依”微视频大赛一等奖，创成县级清廉示范村2个、清廉学校4所、清廉民企1家。

【沿海南线海宁路至白云路段获交工验收通过】 1月10日，象山县沿海南线海宁路至白云路段拓宽改建工程迎来交工验收。县交通运输局、石浦镇政府、县交警大队、县交通综合行政执法队、县公路与运输管理中心、县城乡公交公司、设计单位及项目施工和监理单位参加此次交工验收会议。经过与会专家一致评审,一致认为项目具备验收条件;交工会后,即开展现场验收工作,获顺利通过,并于即日起投入试运营!沿海南线海宁路至白云路段拓宽改建工程在县交通集团及全体建设参与者的共同努力下,比原定计划工期整整提前2个月,实现六车道双向通行,并圆满完成与“石浦高速”同步通车的目标任务。

象山县沿海南线海宁路至白云路段拓宽改建工程迎来交工验收

【裘东耀到石浦检查亚运场馆和配套设施建设】 2月14日上午,市委副书记、市长裘东耀来石检查亚运场馆和配套设施建设工作。他强调,要深入贯彻习近平总书记关于办好杭州亚运会的重要指示精神,全面落实省委、省政府的决策部署,按照市委的工作要求,精益求精,追求卓越,高标准抓好场馆测试和运行,高质量做好赛事组织和保障,确保交出筹办工作高分答卷。在半边山沙滩排球中心,裘东耀考察了开放式主场馆、观众席等功能区,详细了解设施功能、技术验收准备等情况。他要求围绕赛事圆满成功细化各类预案,准备好全国沙滩排球赛事测试,提升场馆管理运行、重大活动组织保障等能力,做好周边环境靓化和亚运氛围提升,充分展示宁波、象山的办赛水平和海洋运动特色。副市长许亚南,市政府秘书长朱金茂随同调研。县委书记包朝阳,县委副书记、县长李晓东,县委常委、石浦镇党委书记江建业,副县长钮晶莹陪同调研。

【王浩在石浦检查亚运沙排场馆建设工作】 3月24日,省长王浩到石浦检查亚运沙排场馆建设工作。他强调,要做好全要素压力测试,细化赛事组织、饮食住宿、交通运输、疫情防控等各项方案,确保绝对安全、争取最佳效果,要超前制订“后亚运”规划,更好发挥亚运场馆赛后经济社会效益。市委书记彭佳学、代市长汤飞帆、市委常委张文杰、副市长王顺大、市政协副主席叶双猛等市领导参加调研。县委书记包朝阳、县长李晓东等县领导参加相关活动。

【一抹香鲸在石浦搁浅后被成功救助放归】 4月19日8时许,浙江宁波象山县石浦镇铜瓦门大桥外,半边山海域附近,当地渔民发现有一头目测超过10米的鲸鱼搁浅,象山县海洋与渔业执法大队队员随即赶到现场开展救护工作。4月20日5时30分左右,在渔政船的牵引和护航下,在消防、渔业等部门和专家、志愿者的接力下,搁浅的抹香鲸历经20多个小时成功脱困,回归大海。浙江省森林资源监测中心、野生动植物与湿地监测保护工程师周佳俊称:“这应该是中国首例将搁浅的巨型抹香鲸成功救回海里的案例。”

【全省慈善会系统基层慈善网络建设现场会在石浦镇召开】 6月29—30日,全省慈善会系统基层慈善网络建设现场会在象山县召开。省慈善联合总会会长陈加元,省慈善联合总会副会长兼秘书长蔡国华,市慈善总会会长陈云金,县领导包朝阳、李晓东、应建勇、吴志辉等出席或参加相关活动。陈加元指出,全面推进慈善分会和慈善工作站建设有开辟慈善文化传播的新路径、拓展基层慈善救助的新功能、活跃道德建设的新阵地、丰富社会治理的新实践、担负共同富裕的新使命五个方面的重大意义。要争取领导支持,积极担当作为,形成工作合力,结合本地实际,制定可行措施,落实规范管理,确保健康运行,创新慈善服务,激发队伍活力,加强舆论宣传,营造良好氛围,全力推动各项工作取得更大的突破,进一步推进慈善事业向纵深发展。会上,杭州、宁波、舟山、台州四市慈善总会代表汇报“千万工程”推进情况,象山县慈善总会、石浦镇慈善分会、台州市温岭市慈善总会作经验交流。

【饶权到石浦考察】 7月12日,文化和旅游部党组成员、副部长饶权一行赴象山县石浦镇考察文化和旅游工作。省文化和旅游厅厅长褚子育,副市长朱欢,县委书记包朝阳,县委副书记、县长李晓东,县委常委、宣传部部长张微燕,副县长胡颖磊陪同考察或参加相关活动。在石浦镇中国海洋渔文化馆,饶权仔细听取海洋渔文化历史、渔民生产生活传统、海洋生态保护等介绍,查看海洋生物标本、海洋渔文化实物遗存,现场与竹根雕、鱼拓、鱼骨画、盘扣等非遗传承人交流互动。饶权对石浦镇倾力推进海洋渔文化发展、海洋生态保护和非遗保护传承工作给予肯定。他指出，象山海洋资源禀赋独具优势，海洋渔文化底蕴深厚，要加强阵地建设和理论研究，深入做好传统渔文化的挖掘、保护与传承，提升全社会对渔文化的认知。要用好国家级海洋渔文化生态保护区“金名片”，做好创新文章，培育现代渔业产业链，拓展转化通道，促进渔文化产业繁荣发展。要推动渔文化与象山旅游的融合发展，让非遗传承保护与旅游创新发展相得益彰，在吃、住、行、游、购、娱各环节植入形式多样的非遗展示、展演、体验活动，让游客在象山感受、体验和共享非遗活态魅力。

文化和旅游部副部长饶权到石浦考察

【临海路区块征迁项目实现签约“清零”】 临海路地块是石浦中心镇区建设“一体两翼”中“东翼”的优质地块，涉迁面积15818.13平方米，建筑面积14816.18平方米，涉及4个村共102户。自2006年征迁工作开展以来，经过几任工作组、镇村干部历时11年前赴后继的努力，到2017年底，陆续签下77户，还剩下25户未签约。2021年10月，新到任的石浦镇党委主要领导了解到这一情况，率队赴该地块实地调研走访，听取汇报、把脉问诊，下定决心依法依规强力推进这个被称为“石浦征迁史上最难的项目”，将久攻不下的临海路征迁作为重点项目列入阶段性“清零”任务表。随着发令枪的响起，一种共鸣、一种氛围、一种势能，迅速在全镇集聚形成。镇党委每周召开工作会议，听取工作进展汇报；党政班子会议多次专题研究临海路项目，研判分析、协调解决征迁工作中出现的困难，进一步明方向、找路径、想对策；配强工作组力量，由镇人大主席任组长，抽调征迁经验丰富的精兵强将，分片包户、倒排节点、挂图作战。接到任务后，征迁人员以“一天不耽搁、一刻不放松”的紧迫感，勇担当、善作为，坚决奋战“清零”一线。他们没有周末，每逢节日加倍忙碌，每天从早上7时工作到晚上12时，甚至到凌晨一两点；他们一次次上门走访，不厌其烦地讲政策、说道理，坚持不懈地做好思想工作。自7月中旬起，工作组放弃所有休息日和原定的疗休养安排，全身心地投入攻坚“清零”中。无论多晚都坚持日集中、日碰头、日会商，制定“一户一策”征迁策略，坚持“多把钥匙开一把锁”，发动涉迁群众亲朋好友协助讲政策、做工作。通过大量扎实细致的群众工作，“相互沟通无障碍、相互理解无隔阂、相互支持无阻力”的工作态势逐渐形成。2022年7月29日晚，随着最后一户征迁户在协议书上落笔捺印，临海路区块征迁项目实现签约“清零”。

【第二十五届中国（象山）开渔节盛大举行】 9月15日晚，“山海石浦·青创渔港”中国新乡村音乐绿马青年计划独立音乐日活动，以户外独立音乐节现场的方式在石浦海峡广场开展。9月16日上午，中国农民丰收节系列活动暨第二十五届中国（象山）开渔节开船仪式在石浦港隆重举行。省农业农村厅党组成员、副厅长杨大海出席仪式，宁波市人民政府副市长杨勇致词。经过24年精心打造，中国（象山）开渔节已成为国内极具影响力的海洋文化和滨海旅游节庆活动。2018年至今，象山开渔节已连续5届被纳入中国农民丰收节系列活动，真正成为一项全国性地方特色节庆活动。石浦港内鼓乐阵阵，旌旗猎猎。近2000艘大马力钢质渔轮整装待发，渔港堤岸上人山人海。开船的锣鼓敲起来，欢快的舞蹈跳起来，远航的汽笛响起来……十里渔港成了欢乐的海洋。现场，渔家汉子唱着豪迈的渔歌号子，合力拉纤绳，扬起“一帆风顺”的船帆。随后，老渔民带领渔姑、渔嫂，端起酒碗，给后生辈渔老大壮行：“后生人——！介多后方父老乡亲、介多领导为大家敬酒，祝大家扳鱼人红光满面、福星来临、鸿运高照、财源滚滚！”

【县委书记包朝阳主持召开县委常委会（扩大）会议专题研究石浦工作】 10月12日下午，县委书记包朝阳主持召开县委常委会（扩大）会议专题研究石浦工作。他强调，要以习近平新时代中国特色社会主义思想为指导，深入贯彻浙江建设国家经略海洋实践先行区、宁波建设现代化滨海大都市战略部署，认真落实县十五次党代会精神，奋起直追、勇于变革、直面矛盾、树立导向，奋力打造新时代“渔光之城”，加快推进石浦变革重塑、转型发展。这次会议传递了为石浦发展“树信心、明方向、送礼包”的清晰信号，希望石浦镇聚焦产业、城市、人才、文化、治理五大方面，抢抓机遇、大开大合，变革重塑、敢打硬仗，奋力推动石浦发展再上新台阶。包朝阳强调，要奋起直追，推动格局大提升。视野要更大，跳出石浦看石浦，在全省乃至全国城镇建设中争知名度、辨识度；目标要更高，拉高标杆、奋勇争先，在实干争先、跨越赶超中干出新作为、干出新地位；路径要更清，抢抓轨交、海洋、双碳、亚运机遇，利用好石浦渔港硬核资源、海洋渔文化软资源，做大做强港口贸易,推动港产城人文深度融合。要勇于变革,推动经济大发展。打造现代渔业的新渔港,坚持“捕养加”并举、“渔工贸”结合,做好“一鱼多吃”“一鱼新吃”文章;开辟海洋制造的新赛道,聚焦“才能兼备、余生有幸”八条产业赛道,加快推进石浦科技园区、打鼓峙岛等重点区块开发,全力把石浦打造成为海洋经济示范区的核心承载区;打造海洋文旅新标杆,用足用好石浦海鲜、海洋渔文化、海洋运动三大硬核资源,全面展现“海洋味、烟火气、年轻态”的时尚气质。要直面矛盾,推动难题大破解。转变观念、迎难而上,主动破解“重点区块开发”“城市风貌提升”“文明城市创建”“涉海涉渔安全”四大难题,以点上突破带动整体发展。会议审议通过了《关于加快推进石浦镇变革重塑打造新时代“渔光之城”的实施意见(送审稿)》,听取了关于石浦打造新时代“渔光之城”的思路汇报。

【石浦镇获评 2022 年度美丽城镇建设省级样板】 12 月 21 日,浙江省城乡环境整治工作领导小组发布全省美丽城镇建设 2022 年度评价结果的通报,石浦镇获评 2022 年度美丽城镇建设省级样板。石浦镇作为浙江省小城市培育试点,始终坚持在美丽城镇建设上真抓实干,先后获得全国文明镇、国家卫生镇、首批“两美”浙江特色体验地等荣誉。近年来,该镇以高质量打造“美丽+”为主线,加快推进产业、城镇、民生、文化、治理全方位变革、系统性重塑,全面发力创建县域副中心型省级样板美丽城镇。下步,石浦镇将突出“渔”“港”核心特色优势,全力打造“3个1”产业体系,深入探索海洋文化和人居环境融合发展、“文、旅、渔”融合发展模式,重点实施“1357”文旅行动计划,奋力打造海洋经济发达、渔乡风情独特、创新活力迸发、渔文化标识鲜明、人民生活富裕的新时代“渔光之城”。

2022年石浦镇村社会经济基本情况统计表

表77

	区域面积（公顷）	村民小组（个）	户籍数（户）	户籍人口（人）	拥有家用汽车的户数（户）	常住人口（人）	耕地（亩）	农民专业合作社（个）	营业面积50平方米以上的商店或超市（个）	健身场（个）	村集体收入（万元）	其中经营收入（万元）	居民人均从集体收益（元）	办公支出（万元）	干部人数（人）
海宁社区	270	35	961	3430	744	4996	280	20	11	2	478.7	455.3	0	52	14
延昌社区	60	1	208	513	115	625	0	5	0	1	356.9	353.6	6774	9.1	3
塘头港社区	243.3	20	937	3026	459	2453	81	15	0	5	456.2	391.5	0	44.9	15
东门渔村委会	180	10	1098	3496	350	3482	0	0	2	2	261.3	185.7	0	28.9	13
石北村委会	300	13	340	1121	232	894	800	10	0	3	79.8	30.1	800	10.8	9
永安村委会	310	15	402	1384	260	1406	972	23	0	1	88.3	30.1	0	16	19
檀兴渔村委会	510	5	950	3371	423	3326	0	5	0	0	190	146.5	0	21.9	12
横峙村委会	120	12	309	1095	175	1700	452	5	4	3	310	136.8	0	27.4	19
井马村委会	240	6	277	960	160	557	930	5	0	5	76.2	30	0	9.9	10
蒋上湾村委会	240	10	281	1038	110	916	490	0	0	2	183.9	65.1	0	13.1	10
对面山村委会	380	4	250	975	90	972	388.3	0	0	3	110.3	65.2	0	15	9
渔山渔村委会	200	1	100	348	40	438	0	0	0	0	201.5	195.4	3100	10	6
兰家村委会	160	8	349	1170	180	1090	120	0	2	3	284	256	1200	20.6	10
沙塘湾村委会	11	1	263	965	141	1014	0	0	0	0	50	34.7	0	9.7	10

续表77

	区域面积（公顷）	村民小组（个）	户籍数（户）	户籍人口（人）	拥有家用汽车的户数（户）	常住人口（人）	耕地（亩）	农民专业合作社（个）	营业面积50平方米以上的商店或超市（个）	健身场（个）	村集体收入（万元）	其中经营收入（万元）	居民人均从集体收益（元）	办公支出（万元）	干部人数（人）
凤上山村委会	60	8	201	729	125	1164	39	0	0	3	234.8	208	0	11.3	6
番头岙村委会	120	11	302	1077	147	1048	201	25	0	1	77.1	36.8	0	9.4	6
平阳厂村委会	240	11	445	1560	293	1352	850	12	0	1	325.3	285.7	0	18.9	11
上金鸡村委会	150	8	314	1097	221	1027	480.4	0	2	2	74.4	44.3	0	13.3	5
下洋墩村委会	270	13	520	1812	230	1592	1290	20	0	3	93.8	43.4	0	25.1	17
下金鸡村委会	180	8	378	1245	220	1165	419	15	0	4	83	68.3	0	18.5	7
南向村委会	185	4	251	821	110	781	715	55	0	3	219.2	137.2	0	15.4	7
树桥头村委会	160	5	191	715	180	651	448	0	0	1	50.5	40.7	0	9.6	6
晓湾村委会	110	6	275	982	160	963	492	0	0	2	50	35.7	0	3.8	7
星塘村委会	150	11	217	762	112	423	385	18	0	1	51.5	42.2	0	5	5
雷公山村委会	37.3	4	101	345	35	319	174.1	0	0	1	51.2	45.8	0	11.5	8
坦塘村委会	320	7	272	959	100	933	625	13	0	2	59.1	30.1	0	11.7	7
金丰村委会	136	9	310	1038	108	788	421.5	5	0	1	68.5	30.1	0	5.7	6
昌明村委会	210	6	280	916	185	918	745	0	0	1	105.5	67.3	0	10	5
昌桥村委会	220	15	375	1228	170	1225	867	10	1	1	114.3	93.3	0	7.5	6

续表77

	区域面积（公顷）	村民小组（个）	户籍数（户）	户籍人口（人）	拥有家用汽车的户数（户）	常住人口（人）	耕地（亩）	农民专业合作社（个）	营业面积50平方米以上的商店或超市（个）	健身场（个）	村集体收入（万元）	其中经营收入（万元）	居民人均从集体收益（元）	办公支出（万元）	干部人数（人）
九井村委会	160	10	277	896	96	816	381.6	0	0	1	50	33.2	0	7.7	6
东卫村委会	300	12	399	1294	196	876	343	15	0	1	77.6	57.9	0	6.3	7
大桥村委会	136	8	295	937	206	879	505.3	0	0	1	122.9	76.4	0	7.6	6
鸡鸣村委会	530	20	593	2040	300	1980	1866	15	1	2	107.6	40.5	0	9.8	10
金架山村委会	290	11	332	1121	185	1110	598.2	15	1	3	59.4	30.1	0	6.8	9
新鹤村委会	161.3	8	357	1284	266	1272	18	0	1	1	195	134.7	800	8.6	11
东丰村委会	40	8	256	859	85	402	0	0	0	2	60.3	34.3	0	6.4	7
五新村委会	613.3	24	702	2131	200	4200	70.7	24	13	4	71.8	30	0	3.1	8
南汇村委会	70	4	182	720	104	696	0	0	0	1	108.8	100.7	0	7.8	3
石浦渔村村委会	—	—	—	—	—	—	—	—	—	—	—	—	—	—	—

（石浦镇政府　胡英钊）

西周镇

【概况】 西周镇以始祖姓周且位于象山西部而得名，是象山半岛陆路出县之咽喉，西临宁海县，北濒象山港，与奉化区隔港相望，靠群山而向大海，坐平原而依长溪，山海农林分布有序、自然人文资源丰富，省一级公路象山连接线贯穿全境。总面积163平方千米，是象山陆域面积最大的乡镇，下辖36个行政村，1个社区，总人口5.1万人。素有“八山一水一分田”之称，拥有山林1.13万公顷，森林覆盖率达71%，淡海水养殖620余公顷，耕地0.17万公顷。改革开放以来，西周镇始终坚持“发展是硬道理”，从东南沿海一个不起眼的边陲小镇一跃成为屹立于象山港畔的一颗璀璨明珠。镇域综合实力跻身全国千强镇第43位，相继列入全国重点镇，省级小城市培育试点镇、中心镇，省小城镇综合改革试点镇；先后荣获中国乡镇综合竞争力百强镇、省级卫生镇、省级农机化示范镇和省级森林城镇等多项荣誉。2022年完成财政总收入6.14亿元、固定资产投资13.15亿元。

【工业经济】 坚持把发展经济的着力点放在实体经济上，奏响“年前留工、年中稳链、年底抢单”企业服务三部曲，推动三大标志性产业链转型升级、扩能增产，全年完成规上工业总产值229亿元、规上工业增加值49.4亿元，同比分别增长12.4%、11.3%，牢牢占据全县工业总额的1/3。有效投资规模激增，全年新招引亿元以上项目2个，完成实际利用外资348万美元、内资22.4亿元、浙商回归资金19.4亿元，三大招商指标绝对值均居全县乡镇首位。主体培育成绩斐然，上榜国家级专精特新“小巨人”1家、市级“专精特新”企业5家，获评县亩均效益“二十强”企业7家，新增规上企业6家，西瀛科创园成功创评市三星级小微企业园。科创实力稳步提高，认定省企业研究院2家、省高新技术企业研发中心1家、市级院士工作站1家，全年完成规上企业研发费用5.2亿元、高新技术产业投资额5亿元、技术交易额1.1亿元，持续激活创新“源动力”。助企纾困顶格落实，破解产权证办理难题11件，兑现惠企政策资金2.4亿元，致力市场主体专注前行。

【现代农业】 以最实的举措推动农业赋能发展，利用好耕地“两非”整治成果，全方位夯实粮食安全根基，努力走好“规模化、专业化、特色化”新型农业发展道路，全年粮食种植面积保持在1300公顷以上，生猪出栏量保持在1万头以上。农田设施提标改造，建成新一轮高标准农田，完成全县唯一的“万亩方”项目立项批复，顺利通过绿色农田建设项目市级评审。农事管理抱团发展，完成新一轮镇农合联换届选举工作，建成市级农事服务中心1家、市级示范社1家、县级示范社2家，引领合作联社实现水稻全程机械化生产。经营主体精心培育，推广“稻+N”生态种养模式，“硕跃”商标获评宁波十大好稻米金奖，联合市农科院打造土豆示范种植基地，试种土豆当年亩均产值超1.2万元，鼓励发展黄精、食用菌等林下经济作物，不断提升农副产品附加值。治水工程多点突破，推进下沈标准海塘维修加固、下沈港闸改建、关山塘河道改道等水利工程12个，完成全镇养殖尾水综合治理，成功创建省级污水零直排区标杆镇。

【第三产业】 深度挖掘人文历史故事和山海风貌特质，连片开发一批文旅商融合项目，实现“美丽资源”向“美丽经济”转化。非遗文旅成效初显，以“儒雅山水境”市级精品线创建为契机，打造集乡村美术馆、综合非遗馆、非遗传习中心等阵地于一体的非遗项目活态传承体验区，精心定制“非遗课堂”文化菜单，非遗传承人张德和名列中国工艺美术大师，儒雅洋村获评中国传统村落、市非遗旅游景区。商贸业态活力迸发，完成昌明路市级示范路复评，建成西瀛大街市级示范街，核心商业街区品牌商家入驻率明显提高。文娱活动日趋丰富，新建多功能运动场地、百姓健身房4处，建成“15分钟品质文化生活圈”5个，成立“嗣音”镇级舞蹈队，精品舞蹈《金色的希望》、歌曲《爷爷的老祖屋》分获县级金奖。

【城镇规划】 抓住高铁高速“双高时代”来临机遇，以“三区三线”为准绳推动全域空间治理，努力实现地缘之变、发展之变。城镇空间全面重构，调整建成区面积至5.75平方千米，推动北部新区建设规划落地，完成“北工、中城、南闲”城镇总体架构。农业空间全盘梳理，以“三塘”为核心、“三水系”为主轴的永久基本农田划入保护红线，进一步明确农业发展利用边界。生态空间加速腾挪，统筹算好“经济、生态、民生”三笔账，基本完成“生态移民”项目本底调查及可行性分析报告。

【城镇建管】 以全国文明城市创建为契机，着力改善城镇公共空间，培育弘扬群众文明风尚，塑造更具辨识度的现代化新城形象。交通路网骨架渐成，成功动建昌明路（昌平路至纬五路）、昌盛路（富源路至纬六路）、鸿运路（汇丰路—滨港路）等道路工程，北部新区路域环境实现新突破。镇区设施逐步完善，启动泗西线（嵩溪路段）综合提升改造工程建设，重塑昌明路、象西线（镇区段）夜景风貌，优化城镇绿地元素15个，新划机动车停车位600余个，累计拆除标牌、杆线1200余件。环卫体系规范运行，完成新一轮环卫服务招标，启用儒雅洋垃圾分类减量资源化处理站、工业固废分拣中心，全镇日垃圾处理量提升至70吨。城镇管理有机更新，坚决遏制占道经营、违规停车等市政乱象，成功创建市最佳实践中队。

【乡村振兴】 紧盯未来乡村新赛道，完成市级美丽乡镇示范镇验收，建立“中心村+特色村”的村庄培育先行机制，推动以美促富、以富带美、共富共美，获评省美丽乡村示范乡镇。村庄培育成效突出，建成柴溪村市级小集镇式中心村，完成农村综合改革试点项目A类1个、B类3个。农村公路加码建设，完成盛莲线至蚶岙海防公路、下莲线养护及赖岙桥改造、衣岩山废弃矿山绿化提升等工程建设，稳步推进柴溪至太平山公路、蒙顶山资源型公路、太平山登山步道等主体工程。人居环境持续优化，开展“三清三美”专项整治，完成农村公厕新一轮综合提质，累计整改象西线、泗西线、下莲线等主干道点位210余处。集体经济切实提振，完成西瀛科创园屋顶光伏发电项目，18个经济薄弱村每村年均经营性收入预计增加近10万元。

【教育医疗】 以教育、医疗领域为先导，着力打造人民满意的标志性成果，满足人民群众对美好生活的向往。教育事业再创佳绩，支持中小学、幼儿园实施特色化办学，打造一批“百竹园”“车创空间”等精品课程，西周小学小升初平均总成绩名列全县前八，华翔幼儿园获评省一级市六星级幼儿园，下沈幼儿园获评省二级市四星级幼儿园。牢固树立“优质教育就是营商环境”发展理念，不断优化义务教育招录举措，全面落实规上企业骨干人才子女入学优待政策。医疗卫生体系建强，打造“全周期”健康服务，首创居民“健康银行”管理体系，慢性病一体化门诊列入市级创建示范点，累计管理高血压、糖尿病患者5400余人，高标准通过国家卫生镇复评。

【社会保障】 完善多层次社会保障体系，满足弱势群体多样化服务需求。社会救助持续升温，累计发放各类救助慰问金1700余万元，惠及困难群众1500人次。养老体系得到有力保障，完成标准化老年食堂“堂食+爱心车轮”双运行模式建设，适老化改造家庭增至60户，基本建成西周镇养老院项目主体设施，养老床位数量位居全县乡镇第二。就业渠道不断拓宽，实体化运作“零工劳务市场”，与劳务输出大市达成“用工友好单位”合作意向，有效缓解企业用工“荒”。双拥工作服务提质，创建尚瀛村枫桥式退役军人服务站，完成退役军人建档立卡，办理退役军人优待证。

【社会治理】 坚持在发展中保障和改善民生，畅通和规范群众诉求表达、利益协调、权益保障通道，力争将群众纠纷化解在“第一公里”。矛调体系优化升级，推动社会治理中心阵地建设，精简优化专职网格员队伍，通过“141”体系收集流转处置各类事件约2.8万件。群众信访多元化解，健全社会治安一体化群防群治工作机制，完成村（社）级治保会建设全覆盖，打造共享法庭3处、品牌调解室3个，成功化解历史积案6起，调处各类矛盾纠纷500余起。完成北京冬奥会冬残奥会、全国两会、党的二十大等重要时期维稳安保任务。便民服务阵地重塑，高标准打造全县首个乡镇级便民服务中心，完成“社会保障区、商事基建区、社会民生区、公共服务区”四大办事区块建设，成功创建市级镇乡示范型便民服务中心，“一站式”基层服务枢纽作用更加凸显。社区管理配齐配强，建成滨港社区党群服务中心，全面完成3个小区业委会选举，社区运行更加规范。

【安全生产】 以“除险保安”专项行动为主轴，坚决打赢“遏重大、降较大、保安全”攻坚战。安全宣传多向发力，结合“安全生产宣传月”“防灾减灾宣传周”等主题活动，采用“线上+线下”多渠道宣传手段，组织开展大规模应急演练活动16场，获评市县两级消防宣传先进集体。“除险保安”常态化开展，构建问题动态排查、信息动态报送、风险指数“红黑榜”晾晒三大机制，累计排查工业企业361家，整改各类安全隐患3495个。“减船转产”依规落实，全县首批完成14艘老旧渔船淘汰更新。“一打三整治”高压出击，打击非法船舶修造点1个，完成“三无”排筏拆解3艘，清理违规网具1180顶。

【城镇防灾】 不遗余力完善城市运行重点领域防灾体系建设，竭力提升本质安全水平。房屋安全严守底线，深入推进自建房专项排查整治行动，完成自建房安全隐患排查约1.7万幢，以乌沙、下沈两村为试点，全镇累计整治出租房2300余间，自建房安全基础进一步增强。燃气安全专项整治，完成沿街商铺、单位食堂等重点区域装置安装142家，全面接入市级燃气智控平台，增强燃气源头监管水平。食品安全持续督改，建成西瀛大街食品安全示范街，打造省市级“阳光厨房”餐饮示范单位7家，成功获评市四星级食安办。水利安全运维优化，实行山塘水库设备清单化管理，确保全镇平安度汛。避灾安置阵地扩面，推进全责任体系建设，新增避灾安置场所4个，持续改善应急保障能力。

【静港村成为全县数字化“三资”全流程管理试点村】 1月1日，静港村成为象山县农村集体经济数字化管理系统“财务审批全流程”试点村，全面推行包括村级报账员报账、村干部、联村干部、片长审核在内的农村集体“三资”数字化运行。通过线上全流程审批、银联直付，对村级账目和资金实行全程信息化监控。

【耄耋老人赖大尧捐万元助力抗“疫”】 2月6日，西周镇尚瀛村上谢自然村87岁的赖大尧收到来自县慈善总会西周分会的捐赠证书，这笔捐赠的1万元善款将定向用于慰问象山中医医院医疗健康集团西周分院参与新冠疫情防控的医务人员。这是象山中医医院医疗健康集团西周分院收到的首笔定向捐款。

【西周芳记获首批“宁波老字号”称号】 2月17日，首批“宁波老字号”授牌仪式在海曙区举行，象山县西周芳记喜获首批“宁波老字号”称号，成为象山县第一家获得此荣誉的企业。“芳记”的诞生可以追溯到清光绪二十六年（1900年），那时“西周宏兴南货店”创立，老板陈吉顺不仅要照顾商行，家中还有田亩照看，于是找了个叫伊兰极的帮手，同时还聘请了糕点师傅阿清，经营着印糕、月饼等传统糕点。阿清师傅作为“芳记”这一脉糕点手艺的引领者，常将“人不欺糕饼，糕饼才不欺人”

挂在嘴边，将“货真价实”这一规矩代代相传。20世纪50年代，陈家礼的外公伊宗权离开象山到上海学习先进糕点的制作技艺，学成回来后，恰逢陈家礼的母亲出生，外公伊宗权欢欣之余专为女儿庆生做了一批苔菜饼，并在每个饼上印上“芳记”二字，免费分发给邻里好友和路人，没想到这批融合新技艺的苔菜饼广受好评，“芳记饼”从此名声大振。2018年，西周芳记入选第五批象山县级非物质文化遗产代表性项目名录，致力于传承企业老字号文化。

【《中国篆刻》《浙江诗人》创作基地落户儒雅洋】 2月28日，《中国篆刻》杂志与《浙江诗人》杂志创作基地在西周镇儒雅洋村落成。该创作基地借助历史文化名村特有的山水风景、文化底蕴，团结更多的篆刻爱好者和青年诗人来这里采风、创作。通过文旅相合，以促进乡村振兴，推动实现共同富裕。该基地主持人为《中国篆刻》杂志主编张球，其出生于儒雅洋村，并曾在儒雅洋中学求学。

【西周巾帼管理者联谊会爱心助学20年】 3月8日，西周小学、华翔幼儿园的孩子们向西周巾帼管理者联谊会“爱心妈妈”送上鲜花和祝福。2002年，由西周镇女企业家及企业“老板娘”组成的西周巾帼管理者联谊会成立，联谊会积极开展敬老爱幼、扶贫助困活动，“爱心妈妈”应运而生。“爱心妈妈”持续与镇里幼儿园、小学、中学结对，帮扶校(园)内留守、单亲、孤儿学生，为孩子们提供学习生活等方面的支持。20年来，“爱心妈妈”助学帮扶达1300余人次。

【西周“村民说事”入选全省法治化综合改革试点“最佳实践案例”】 3月9日，中共浙江省全面依法治省委员会公布17个2021年度乡镇(街道)法治化综合改革试点“最佳实践案例”，西周镇“村民说事”擘画法治乡村新画卷入列。“村民说事”发源于西周镇，2009年，正值西周大开发、大建设、大发展时期，因土地征用、村级财务、干部作风等引起的矛盾纠纷层出不穷。2009年4月，西周镇从“有事多商量”这一朴素真理出发，在莲花、下芭蕉、杰上、车岭等4个自然村试点“村民说事”，通过定期召开村级说事会，让老百姓有事敞开说，干部们也放下身段，主动与群众沟通，解决了一批村民关注的热点问题和矛盾纠纷。上述4个村试点并取得明显成效后，该项制度在西周各村推广，统计显示，2009年全镇信访量下降了53%。至此，大事小事“村民说事”成了治村理事的“西周样板”。西周镇不断完善“村民说事”“说、议、办、评”的全流程闭环运行机制，构建了自治为本、德治为基、法治为纲、智治为先的乡村治理制度体系。同时，形成了在党建引领下，集民意疏导、科学决策、合力干事和效果评估于一体的法治乡村建设创新。

【“稻+”种养模式让“一田多收”】 3月20日，西周明朗家庭农场负责人肖明朗在11.3公顷水田投放小龙虾，发展“稻+虾”轮作，4月15日左右开始上市销售，每天产量有四五十千克，50克左右的小龙虾每千克市场价能卖到70元，除去虾苗和饲料等成本，每亩仅此一项就能增加千元以上收入，实现“渔肥稻香、一水多用、一田多收”。

【西周镇第十九次妇女代表大会召开】 4月22日，西周镇第十九次妇女代表大会召开。来自全镇各条战线的76名妇女代表参加大会。象山县妇联党组书记、主席杨雪娟，镇党委书记郑祥华，人大主席张义和党委委员王海斌出席此次会议。象山县15个镇乡(街道)的妇联负责人到会观摩。西周镇妇联主席马玲娜代表镇妇联第十八届执委作题为“‘醉美’巾帼绽芳华　砥砺奋进共富路　为加快建设社会主义现代化智造港湾小城市贡献半边天力量”的工作报告。马玲娜、王三娣、汤爱喜、许玲爱、何宏女、沈晶晶、张秀丽、张敏姿、陈步平、邵巧迷、周碧琴、郑玲莉、胡秋红、翁海红、赖秀兰当选为西周镇妇联第十九届执行委员会委员，马玲娜当选为西周镇第十九届妇女联合会主席，陈步平、邵巧迷、许玲爱、王三娣当选为西周镇第十九届妇女联合会副主席。

【共青团西周镇第十九次代表大会召开】 4月28日，共青团西周镇第十九次代表大会胜利召开。来自西周镇各条战线的65名团员青年代表参加大会。西周镇团委书记(人选)史晓晔代表共青团西周镇第十八届委员会作题为《高举旗帜守初心　实干铸魂建新功　为加快建设社会主义现代化智造港湾小城市贡献青春力量》的工作报告，并提出未来五年西周镇团委工作的指导思想和奋斗目标。会上，史昊烨、史晓晔、李炜唯、陈光富、陈丽莎、周欣媛、周臻渊、胡家贝、夏威、黄小卉、赖江涛、赖栩颖、熊立峰当选为共青团西周镇第十九届委员会委员。史晓晔当选为西周镇第十九届团委书记，史昊烨、周臻渊、熊立峰当选为西周镇第十九届团委副书记。

【娄卫平获评全国优秀乡镇卫生院院长】 6月20日，中国农村卫生协会发布《关于2021—2022年度先进会员和先进单位表彰的决定》，西周镇中心卫生院院长娄卫平获评全国优秀乡镇卫生院院长。娄卫平是浙江省家庭医生联盟工作委员会常务委员、宁波市卫生基层协会家庭医生分会副会长，自2019年当选西周镇中心卫生院院长以来，围绕卫生院医疗服务能力提升建设要求，积极探索医防融合新型服务模式、想方设法改善就医条件、持续提升住院手术服务能力，卫生院实现“全科门诊、健康管理中心、中医药门诊、孕产妇保健门诊、儿童保健门诊、预防保健门诊”星级化全覆盖，达到首批“优质服务基层行”推荐标准，获评浙江省家庭医生签约服务示范点、宁波市基层特色专科(骨伤科)、五星级儿童保健门诊等荣誉。推行契约式家庭医生制服务期间，娄卫平带领团队深入企业开展家庭医生签约服务，制定个性化服务包，累计服务辖区企业60余家、签约数千人。在疫情防控期间，他又积极组建防控应急办公室，和卫生院一班人同舟共济，第一时间做好预检分诊点和发热哨点诊室规范化建设，统筹安排医务人员投身疫情防控、疫苗接种、核酸检测等任务，用实际行动践行着“守门人”的担当和使命，被评为“宁波市基层抗疫最美院长”。

【西周镇便民服务中心正式投入运营】 8月29日，西周镇便民服务中心正式投入运营，推出“一网通办”服务。西周镇便民服务中心内设政务公开区、自助服务区等多个功能分区。在“社会保障区、商事基建区、社会民生区”3个模块基础上，新增1个“公共服务区”，涉及镇级便民服务的200余个事项全部入驻，共有13个窗口面向群众开放，实行“无差异化办理”。便民服务中心持续优化服务设施，在大厅提供咨询、导办、帮代办等服务，设置办事指南专区、母婴室、无障碍通道和卫生间，配备了便民箱、医药箱，提供免费茶水、免费复印等10余项便民服务。同时，专门设立24小时不打烊专区，新增了一台24小时自助服务终端一体机，可提供24小时自助服务，还配备线上线下多向监督评价系统，其综合评价结果与窗口人员的月度、季度、年度绩效考核挂钩。

【宁波西瀛生态科创园获评宁波市三星级小微企业园】 9月5日，2022年度宁波市三星级小微企业园名单公布，宁波西瀛生态科创园榜上有名。宁波西瀛生态科创园是西周循环工业园的园中园，也是西周小微企业的孵化园，总用地面积16.4公顷，总建筑面积19万平方米，总投资5亿元，可容纳50余家科技含量高、经济效益好、成长性强的小微企业入驻孵化。该园区围绕西周汽车零配件、塑料模具、食品机械等产业开展产业链招商，于2021年4月正式投产，汇集了新华泰模塑电器、美久汽配、发华线缆、灵象电器、芳记食品等一批企业“成长之星”，成为西周工业经济发展的一个新增长点。

【西周镇养老院项目主体完工】 9月22日，总投资5000余万元的西周镇养老院项目主体完工，该项目占地1.2公顷。投运后，全镇的养老床位将增至889张，能够基本满足镇区群众当前的集中式养老服务需求。西周镇已有综合性敬老院1个、民营养老院2个，村级集中式老年公寓27个（其中农村颐养小院2个）、社区日间照料中心1个。总建设床位中，具备失能、半失能照护功能的养老床位200余张，占养老机构床位数的50%。

【西瀛生态科创园厂房屋顶光伏“消薄”项目通过验收】 12月8日，西周镇西瀛生态科创园厂房屋顶光伏“消薄”项目通过验收，并实现部分并网发电。该光伏“消薄”项目由象山县强村光伏能源有限公司投建。在县镇两级政策资金支持下，蒙溪、儒雅洋、尖岭头等18个地处偏远山区、经济相对薄弱的村庄，联合融资成立了象山县强村光伏能源有限公司。公司采用抱团入股形式，借助西瀛生态科创园的12幢企业厂房屋顶，投资1319.88万元，建设2.69兆瓦分布式光伏发电项目。2022年9月，项目开工建设。正式投运后，通过“自发自用、余电上网”运营模式，为村集体带来持续稳定的收益。12栋厂房屋顶上共安装了3万平方米的光伏板，发出的电全部由厂房所在的12家企业使用，每年发电总量约290万千瓦时，总收益约180万元。该光伏项目建成后能有效运营25年，扣除各类税费、运营管理费用及其他成本，每年每村可增加集体经济收入约10万元。

【西周镇东搬山土豆试验基地开挖上市】 12月10日，西周镇杰岙村的东搬山土豆试验基地，该镇与市农科院联合试种的新品种土豆正式开挖上市了。西周镇党委政府与宁波市农科院通过院地合作，开展优质旱粮绿色高效生产示范基地建设，试种1.3公顷“宁波1号”“中薯早35”“马尔科”“红土豆”“黑土豆”等5个土豆新品种，以提高山区耕地种植经济效益。基地试种的宁波1号土豆，抗性强、产量高、口感好，春季亩产可达1500~2000千克，秋季亩产750到1000千克；还有红土豆和黑土豆，富含花青素，具有美容养颜的功效。这次西周引种的“宁波1号”秋季亩产达800千克左右，每亩产值超过12000元，比常规土豆品种亩均增收约2000元。开挖当天，东搬山土豆试验基地被授予宁波市农业科学研究院科研示范基地，还有8名网红达人被授予“西周镇助农公益大使”，助力西周东搬山品牌及相关名优特色农产品走出象山、走向市场。

【西周镇获评浙江省美丽乡村示范乡镇】 12月11日，浙江省“千村示范、万村整治”工作协调小组办公室公布2022年度浙江省美丽乡村示范乡镇名单，西周镇成功入选。西周镇在完成镇域总体规划编制的基础上，对镇域范围内美丽乡村进行整体打造，以村村美丽为标准，着眼于“儒雅山水、韵味西周”的总体定位，以现代农业生产为基础，以山林湖海自然风光为依托，大力挖掘乡村生态资源和历史文脉积淀，相继实施儒雅洋村庄风貌提升、清溪党建公园、下沈港鱼鳞坝、爱国主义红色小院、黄泥桥驿站、西沙岭古道口和蒙顶山登山口景观节点等建设项目。全域建设以点串线，以线带面，力求打造美丽乡村升级版。一是以港南村、淡港村、儒雅洋村、土桥村、官山村和柴溪等村为试点，做精乡村爆款。二是重点打造“西望雅境”和“儒雅山水境”两条精品线路，串联线上优势资源、引导乡村特色风貌，激发乡村活力。三是协同推进城区、莲花、儒雅洋、下沈四大片区的基础设施建设和村庄环境综合整治提升，垃圾分类和“三有四无”规范化公厕全覆盖。

【柴溪村获评宁波市新时代美丽乡村小集镇式中心村】 12月12日，中共宁波市委农村工作领导小组办公室公布宁波市新时代美丽乡村小集镇式中心村名单，柴溪村成功入选。柴溪村由原柴溪、蒋家岙、万金山三个村融合而成，是西周第一人口大村，为象山县向西沟通的陆域门户，村域面积13.2平方千米，人口近3200人。柴溪村以环境综合整治提升及县“一事一议”项目为抓手，积极规划新区创建农房改建示范村，同时整体提升村内交通文体、供水供电、污水处理、垃圾分类等各项公共民生基础设施，村庄主入口、道路两侧等重要节点也实施了针对性打造，村庄整洁度、乡土味进一步增强，村民幸福感不断提升。2021 年开始，基于村庄现状和后续规划衔接，该村锚定“人口集中、产业集聚、要素集约、功能集成”目标，着眼品质生活、优美人居、产业兴村等内容，发力创建“小集镇式”中心村，陆续启动并实施柴溪-太平山道路、村主干道综合提升、村规划新区文体中心、村中心区域服务配套等项目建设，助力柴溪这座千年山海古村“改头换面”振兴发展、持续繁荣。

2022 年西周镇行政村(社区)经济情况一览表

表 78

序号	村(社区)名称	户数(户)	人口(人)	承包耕地(公顷)	水产养殖(公顷)	渔船(艘)	村级资产(万元)	村集体年收入(万元)	村集体年支出(万元)	书记	主任
1	车岭村	255	785	26.21	0.08	0	609.92	60.01	15.28	张金聪	张金聪
2	航头村	261	807	67.80	22.47	1	1028.12	251.3	34.96	陈云法	陈云法
3	儒雅洋村	564	1549	41.76	0.00	0	3605.8	603.94	74.98	陈松宝	陈松宝
4	文岙村	550	1726	118.67	10.00	1	1144.44	245.18	269.96	沈秀品	沈秀品
5	土桥村	348	1010	27.34	5.67	1	1991.9	193.84	18.92	沈飞龙	沈飞龙
6	东瀛村	402	1230	47.53	14.73	0	845.21	155.41	44.48	周益红	周益红
7	弘瀛村	458	1450	31.39	20.43	0	5007.98	281.62	27.89	周桂南	周桂南
8	尖岭头村	173	577	5.06	0.00	0	984.88	93.89	14	赖海军	赖海军
9	下沈村	804	2174	59.41	39.64	0	4184.28	521.27	130.24	欧如浩	欧如浩
10	东普村	333	739	32.49	13.33	0	1358.89	320.29	16.79	周云海	周云海
11	赖岙村	282	960	44.02	8.81	0	1435.39	116.56	17.49		
12	寒山村	222	733	24.47	0.00	0	438.49	105.83	5.62	张建福	张建福
13	淡港村	502	1527	68.87	7.33	0	1563.17	157.29	13.82	周新区	周新区
14	蒙北村	271	832	1.81	0.00	0	959.84	107.47	11.96	张松宝	张松宝
15	尚瀛村	401	1277	61.26	2.03	0	1415.61	120.66	39.79	欧世航	欧世航
16	瀛洲村	298	895	20.36	0.93	0	1740.17	1136.66	12.64	何南松	何南松
17	清溪村	334	997	8.28	0.00	0	2147.03	293.48	18.5	张方鸣	张方鸣
18	盛源村	259	829	47.77	0.00	0	823.41	121.27	14.62	郑剑峰	郑剑峰
19	乌沙村	206	609	35.80	4.00	10	774.21	166.16	12.5	夏财芬	夏财芬
20	港南村	581	1718	116.65	1.00	0	2210.48	180.78	35.5	翁康利	翁康利

续表78

序号	村(社区)名称	户数(户)	人口(人)	承包耕地(公顷)	水产养殖(公顷)	渔船(艘)	村级资产(万元)	村集体年收入(万元)	村集体年支出(万元)	书记	主任
21	横山村	144	453	13.33	0.00	0	515.77	83.7	17.41	赖海江	赖海江
22	蒙溪村	312	840	24.21	0.00	0	1002.22	89.92	14.69	林屹松	林屹松
23	柴溪村	1073	2935	147.91	0.00	0	5913	1908.48	135.49	陈荣华	陈荣华
24	蒙南村	320	896	13.21	0.00	0	994.37	125.91	12.6	胡明法	胡明法
25	琴诗山村	217	646	28.40	0.00	8	652.44	92.74	5.5	—	—
26	田岙村	238	658	21.42	0.00	0	1991.66	541.01	14.82	石浩天	石浩天
27	杰岙村	478	1451	31.75	26.51	0	1724.97	177.76	27.19	郑祖法	郑祖法
28	莲花村	100	220	2.05	0.00	1	1909.84	247.8	41.27	翁华为	翁华为
29	伊家山自然村	1025	2749	71.18	0.00	0	581.31	24.62	0.15	郑志荣	—
30	滨港社区	187	541	10.18	0.00	0	2686.09	209.6	36.6	伊联国	—
31	涧溪张村	304	733	11.91	0.00	0	2053.35	131.06	19.98	张九利	张九利
32	溪林村	226	707	22.19	4.13	0	722.38	98.45	21.58	俞京谱	俞京谱
33	勤丰村	622	1990	191.55	14.67	0	1075.66	318.74	54.91	杨俊伟	杨俊伟
34	牌头村	355	1023	8.32	0.20	4	1999.6	247.52	100.21	徐金山	徐金山
35	芭蕉村	615	1945	87.27	56.47	0	709.44	96.37	12.43	朱祥贵	朱祥贵
36	官山村	240	723	33.49	0.00	0	4360.7	608.39	66.53	朱照华	朱照华
37	蚶岙村	416	1121	31.03	25.47	0	741.13	106.12	12.8	尹兴祥	尹兴祥
38	静港村	418	1119	31.03	25.47	0	1327.52	212.5	15.58	朱卫江	朱卫江

（西周镇政府　宋旭）

贤庠镇

【概况】 贤庠是象山县北部临港重镇，地理位置独特，区位优势明显，地处北纬29°25′、东经121°150′，东邻涂茨镇，西接黄避岙乡，北邻象山港，南靠大徐镇，距宁波市区40千米，南距象山县城15千米，素有象山"北大门"之称。区域面积66.82平方千米，耕地面积2万余亩，山林4.6万亩，海岸线12千米，浅海滩涂2.5万亩，辖1个居民区、21个行政村。2022年，获评省农村文化礼堂建设示范乡镇、市第十届水利"大禹杯"优秀乡镇、市2021年度无违建达标乡镇、市2021年度治违控违示范乡镇、社会治理创新示范点、第一批公务员考核工作市级联系点等荣誉称号。全年社会生产总值74亿元，增长6%；财政一般预算收入1亿元；农渔民人均年收入38046元，同比增长7%。

【工业经济逆势求进】 全力稳定企业

发展,抓实“六联六促”服务行动,有效克服疫情、全球经济下行等不利因素影响,完成工业规上总产值57.8亿元,同比增长10.1%,新增规上企业6家。发挥龙头企业示范作用,灵峰机械、九龙创展等企业产值达2亿元以上,规上企业增加值13.8亿元,同比增长8.5%。激发企业创新活力,成功认定“330”企业2家,国家级专精特新“小巨人”企业1家,省级专精特新企业1家,新增高新技术企业7家。

【招商引资强力推进】 依托临港区位优势、资源优势和口岸开放红利,以商引商、延链招商,不断拓宽招商渠道,建立英诺维飞盘、豪迈机械等30余个优质项目储备库,成功签约金氏实业、易信汽车专用品、太一新材料等重点项目4个,预计投产后年产值达18亿元。全年完成实际外资101万美元,实际内资13亿元,完成年度任务的152.9%;浙商回归资金6.5亿元,完成年度任务的130%。

【项目建设加压奋进】 建立“一个项目、一套班子、一抓到底”的专班攻坚制,周会商、月调度、月通报,促进产业项目提速增效,解决企业融资、权证办理等问题20余个,完成固定资产投资8.6亿元,同比增长15%。清单化推进项目落地转化,逐项对账销号,樟和钢构、伊特科技、鑫丰怡润等一批项目加速推进,华智丰机械、雷之声科技、荣毅金属等一批项目建成投产。集中攻坚重点项目,下沉一线精准服务,日星风电园、临港装备园110千伏输变电工程线路等一批项目如期动工,完成工业投资7.6亿元,增长21%。

【城镇建设善谋善为】 主动对接宁波至象山市域(郊)铁路工程,谋划新一轮国土空间规划编制,完成村庄建设用地范围划定专项规划,实现全域“一张图”管控规划。消化闲置土地,建立清数建账数据库,收储盛宁线东侧、扬帆路北侧地块100亩,完成临埠路、港航路、港泽路等3条市政道路约30亩土地供地。

【基础设施提档升级】 巩固美丽城镇建设成效,建成镇敬老院、乡镇书吧、标准化老年食堂、乡村旅游集散中心等一批功能设施,城镇品质进一步夯实。提升农村公路,山厂、珠溪、蒲门通村公路项目立项,完成盛宁线碶头陈道口改造及西下山(汤鲁线)、杭钢段、岑塘公路段路灯工程,居民出行条件进一步改善。完善村庄服务配套设施,改造提升老旧公厕4座,新建公交、景区、公路服务站充电桩27个,城镇基础设施进一步升级。

【生态环境长治长效】 坚持生态优先绿色发展,加速推进废弃矿山环境整治,青莱小天山矿山边坡复绿工程顺利通过验收。全面推进违法建设治理,建立“一村一图一表”房屋现状信息库,“三改一拆”完成率位居全县前三。持续推进全国文明城市创建攻坚行动,实施文明指数县级试点3个村,开展文明啄木鸟、贤锋志愿等系列活动,镇容镇貌提升明显。深化“四边三化”,开展美丽城镇“五美”建设,拆除盛宁线及泰和路沿线标识标牌425块,改造立面1万余平方米,补种绿化树木800余株。

【现代农业规模发展】 加强耕地保护和质量提升,打造“五片一基地”水稻高产示范片,种植早稻1230亩、晚稻8500亩,收获油菜1400亩,遏制耕地“非农化”、防止“非粮化”。大力开展“百亩方”“千亩方”基本农田集中连片综合整治,实施着衣亭、珠溪等8个村5300亩标准农田提升工程,完成溪沿片区整治3380亩。深化“三品一标”建设,打造“花开贤庠”公用品牌,扶持“红美人”“罗氏沼虾”等特色农产品品牌,引进“南太湖3号”罗氏沼虾苗,不断提升特色产业市场竞争力。

【美丽乡村共建共享】 深入实施“千万工程”,稳步推进岑晁、珠溪、贤港等村梳理式改造建设,新增省新时代美丽乡村精品村和达标村6个、省级高标准农村生活分类示范村、市级梳理式改造村2个、县级美丽乡村梳理式改造村3个,首次圆满承办县委农村工作现场会暨乡村振兴大会。扎实开展“五水共治”碧水行动,完成西泽水闸拆建、岑晁流域治理一期工程等项目5个,动建下庄水库、木瓜河道等项目2个,顺利通过“污水零直排”回头看督导验收,防洪排涝体系逐步完善。

【共富工程焕发活力】 抓住微度假热度,建设象山最北营露营基地,引进碶头陈花园餐厅,打造花开贤庠大地景观、星球漫步灯光秀等一批具有标识度的都市新消费场景,接连承办象山短视频联盟“金象”奖颁奖典礼、“青年与海·象海而声”青年宣讲活动等市县各类活动10余场次,累计接待游客12万人次,旅游经济收入1400万元。实施村集体经济“消薄攻坚”工程,提升“强村共富公司”运行实效,光伏发电项目11月落地投产,预计7个村每年村集体经济可增收10万元,收益期为20年。扶持壮大新型经营主体,高标准开展农民专业合作社质量提升整县推进试点工作,培育提升示范主体2家,创建省农事服务中心1家、市农作物秸秆标准化收储中心1家。

【社会治理走深走实】 构建“大信访”工作格局,发挥“老娘舅工作室”品牌影响力,创新开设“娘舅姆工作室”“睦邻调解室”,打造“一站式”矛盾纠纷多元预防调处化解模式,一年来化解矛盾纠纷213件,办结群众信访件170件,新创省级善治村1个、善治示范村6个。深化“平安贤庠”建设,全面推进“大综合一体化”行政执法改革,做优“141”治理体系,累计排查安全隐患5552起,接警处置1233起,查处治安案件48起,破获刑事案件21起。

【社会事业善作善成】 建立完善“平战转换”机制,常态化落实核酸检测、场所扫码、疫苗接种等工作,专班化推进区域协查,精密智控指数全县排名始终靠前,发放健康防疫包11000余份,有力构筑联防联控、群防群控的坚强堡垒。积极发展卫生健康事业,完成贤庠中心卫生院改扩建工程并投入使用,投入财政资金275万元，采购CT机1台，服务周边居民就近就医，新增健康村2个、健康步道1条，开展健康素养进文化礼堂活动78场次。贯彻落实“双减”政策，贤庠学校获评县4A级平安校园，中心幼儿园通过省二星级复评和市四星级幼儿园创建，成人学校开展共同富裕、“七一”党建、垃圾分类等专题培训，进一步扩宽教育覆盖面。共青团、妇联、商会等作用切实发挥，武装、民族宗教、慈善、残联、老龄、关工委等工作得到加强。

【社会保障提标扩面】 严格落实社会保障和救助救济制度，实行低收入人群分类帮扶、动态管理，新增“残疾人之家”，完成7户困难残疾人家庭无障碍改造，全年累计发放各类津贴、补贴、慰问金620余万元，扩大医保、社保“两保”征缴覆盖面，新增养老参保人数383人，户籍养老保险参保率超99%，医保参保率超99.5%。加强双拥共建和退役军人权益保障，为退役军人建档立卡，优待证申领率达100%。

【为民实事唯实唯先】 在广泛征求群众意见的基础上，重点办好6件民生实事。完成“西山和居”人才租赁公寓项目农转用审批工作；建成建筑面积80余平方米，总藏书4000余册，电子书3000余册的贤庠乡镇书吧并投入使用；完成建设面积约5363亩，涉及珠溪、着衣亭等8个行政村的高标准农田建设项目；完成塘岙水库、西泽水闸的维修加固，完成涉及蒲门、溪沿、海墩、山厂、小蔚庄、乌屿山等行政村河道的美丽河湖项目；完成路基工程建设2700米，农村公路提升改造4100米；完成新安装路灯200盏，提升改造路灯50盏。

【作风建设常抓不懈】 对标“两个先行”，开展“五问五破五比五先”专项行动，全面纠治机关作风突出问题，推动全镇机关干部党性意识、精神状态、能力素质、作风形象实现整体性变革，开展正风肃纪检查10次，下发监督提醒书22份、函告书5份，批评教育5人。闭环循环考核体系，将考核结果与选拔任用、轮岗交流、评先选优等相结合，提拔任用干部6名，岗位调整干部13名，对3名不胜任现职岗位的中层正职干部予以免职，考核工作入选全县首个首批公务员考核工作市级联系点单位。

【法治建设紧抓不松】 坚持依法行政，提升重点领域信息公开质量，突出企业群众视角，提升政务公开服务水平，强化对行政权力的监督与制约，让权力在阳光下运行。健全行政决策机制，严格落实“三重一大”集体决策、政府法律顾问等制度，扎实做好重大行政执法审查备案、行政复议等工作。自觉接受各方监督，主动邀请“两代表一委员”监督中心工作，认真执行重大事项人大报告制度，累计办理镇十九届人大二次会议代表建议26件，其中满意件25件，基本满意件1件，满意率96.15%。

【廉政建设严抓不怠】 对标新时代新要求，认真履行党风廉政建设“一岗双责”，严格执行中央八项规定和党风廉政建设责任制，坚持政府过“紧日子”，群众过“好日子”。深化“清廉贤庠”建设，以片区互查、专项检查等方式对各村开展小微权力督查，全面规范使用省公权力全程审批应用平台，健全农村“小微权力”规范运行机制，开展集中廉政教育27期，建立廉洁文化教育阵地2处，全镇基层党风廉政建设和反腐败工作成效明显。

【召开贤庠镇班子党史学习教育专题民主生活会】 1月27日，召开贤庠镇班子党史学习教育专题民主生活会。县党史学习教育第三巡回指导组组长边少卿，县纪委、县监委正局级纪检监察员江华，县委组织部“两新”党建科科长王小永出席。

【贤庠镇召开“双争双攻双比”动员会暨农村工作会议】 3月11日上午，贤庠镇召开“双争双攻双比”动员会暨农村工作会议，表彰各类先进，号召全镇广大党员干部以时不我待、只争朝夕的精神，在推动贤庠高质量发展中实现争先进位，以优异成绩迎接党的二十大胜利召开。机关全体行政事业干部、村社主要干部参加会议。镇党委书记赖东海作动员讲话。

【包朝阳到贤庠镇调研工作】 3月30日下午，象山县委书记包朝阳一行赴贤庠镇西山下村、碶头陈村，调研疫情防控、乡村振兴、基层社会治理等工作。

【王道到贤庠镇考察工作】 4月28日上午，县委常委、县纪委书记、县监委主任王道考察青莱滨海都市新消费场景打造情况，并督导检查珠溪中心河，调研九龙创展紧固件。7月19日上午，到贤庠镇宣讲省党代会精神，暨半年度工作调研，纪委副书记（监委副主任）黄晟贤、监委委员张存陪同。

【李晓东到贤庠镇调研】 5月10日，县长李晓东一行赴贤庠镇调研。走访宁波天翼装备技术有限公司开展助企纾困调研，实地调研西泽塘工业区块开发建设情况，听取贤庠镇重点工作汇报。

【贤庠社工站“花样少年”志愿服务队成立】 5月28日上午，贤庠社工站“青春活力，有我添彩”——“花样少年”志愿服务队成立。“花样少年”志愿服务队由贤庠社工站组建，成员包括困境儿童、青少年志愿者等20余人，旨在增强困境儿童的社会融入感，形成良好的社会品格，成为真正的花样少年，以青少年志愿者+困境儿童的组队模式开展多样化的社会实践活动，增强困境儿童对社会的认识，提升他们的社交能力。

【胡颖磊到贤庠镇调研】 6月22日下午，胡颖磊副县长调研枫康旅游项目，镇长林广、党委委员朱益波陪同。

【黄振国到贤庠镇调研】 7月29日，温州龙港市黄振国副市长一行来贤庠镇青莱村，实地考察宅基地盘活工作。

【召开市域铁路象山线(贤庠段)工程征迁项目动员会】 9月9日下午,贤庠镇召开市域铁路象山线(贤庠段)工程征迁项目动员会。小蔚庄、海墩、东风、贤庠、西山下、贤南6个村的村党组织书记、村委会副主任、联村领导、联村干部及专班小组成员参会。

【举行投资项目集中签约仪式】 9月28日,贤庠镇投资项目集中签约仪式举行。太一新材料产业园项目、金氏年产2000万套建筑电气产品制造项目、易信年产300万套车种专用部件经济项目、弘博年产500万件智能家居零部件制造项目在贤庠镇完成投资签约,投资总额达9.3亿元。

【“文艺大咖面对面”走进碶头陈村】 9月28日下午,喜迎二十大·文艺志愿红——宁波市文联“文艺大咖面对面”公益讲座在贤庠镇碶头陈村文化礼堂举行。特邀中国民间文艺家协会会员、中国民俗学学会研究员、余姚市民间文艺家协会主席、浙江省非遗虞舜传说项目传承人杨鹏飞为该镇40余名文艺志愿者带来了题为《民间传奇里的法制社会》的廉洁文化主题宣讲。

【包朝阳到贤庠镇调研】 10月11日下午,县委书记包朝阳一行赴贤庠镇调研,在东风村调研基层网格治理、市域铁路征拆情况,在高盛模具制造有限公司调研企业发展情况,随后在镇政府召开汇报会。县委办、县发改局、县经信局、县自然资源规划局、县农业农村局、县铁办、县委县政府督查室有关领导参加,镇全体党政班子成员参会。

【举办青年与海·青贤联盟成立仪式】 10月28日,贤庠镇团委、镇发展服务办在象山最北营露营基地举办了青年与海·青贤联盟成立仪式,进一步加强新生代企业家人才队伍建设,搭建政企交流平台,为产业发展培养后备力量。

【完成市域铁路征迁签约工作】 11月17日,当天仅用时7小时,完成市域铁路36户以及1宗厂房的征迁签约,房屋征收签约率达100%。

【举办象山统一战线“同心共助·帮富兴村”活动暨“新乡贤助力共同富裕示范带”发布仪式】 11月24日,在青莱村最北营基地,协助举办象山统一战线“同心共助·帮富兴村”活动暨“新乡贤助力共同富裕示范带”发布仪式。市委常委、统战部部长卞吉安,县委书记包朝阳出席活动并致辞,县领导陈善杰、莫俶茜、钮晶莹、励茂平、杨盛昂、徐小平参加仪式。

【召开中共二十大精神宣讲报告会暨贤庠镇党委理论学习中心组学习巡听会】 11月30日上午,在镇1号楼三楼会议室召开中共二十大精神宣讲报告会暨贤庠镇党委理论学习中心组学习巡听会,县委常委、纪委书记、监委主任王道,县监委委员张存,县委宣传部部务会议成员陈金裕,以及镇全体班子成员参会,会议由赖东海书记主持。

【召开象山东片四乡镇政企座谈会】 12月7日下午,在贤庠镇召开象山东片四乡镇政企座谈会,会议由象山县工业副县长史建立召集,县经信、科技等9个部门负责人、东乡四乡镇工业副镇长、日星、灵峰、九龙等12家重点企业负责人参加座谈,贤庠镇党委副书记、镇长林广陪同。

【探索文旅融合新路径】 2022年以来,为进一步打响非遗品牌,贤庠镇创新探索“非遗+露营”模式,将传统非遗与当下最火热的露营相结合,吸引游客们在非遗传承人的指导下,亲身体验非遗制作技艺。目前,该镇已在最北营露营基地(诺曼象山最北营)开展非遗盘扣制作课堂、风筝制作课堂、走书表演等各类非遗活动10余场次。

2022年贤庠镇行政村经济情况一览表

表79

村名	户数(户)	人口(人)	耕地(万亩)	园地(万亩)	林地(万亩)	村集体年收入(万元)	村集体年支出(万元)	书记(主任)
岑晁村	704	2036	0.1389	0.0126	0.0359	294.012705	73.498420	陆海燕
常乐村	297	934	0.0672	0	0.277	193.725436	30.572737	叶大平
大石门社区	111	279	0.007	0	0	204.824868	4.824288	周建设
东风村	445	1065	0.097	0	0.108	151.613928	66.614567	张庸宝
官司塘村	248	787	0.0615	0	0.0757	85.19434	29.000313	朱定胜(第一书记)

续表79

村　名	户　数（户）	人　口（人）	耕　地（万亩）	园　地（万亩）	林　地（万亩）	村集体年收入（万元）	村集体年支出（万元）	书　记（主任）
海墩村	1171	3614	0.3235	0	0.1437	277.100004	47.403918	蔡亦海
贤港村	475	1305	0.1182	0.0244	0.1925	301.421248	47.555414	陈良恩
木瓜村	235	708	0.0641	0	0.1365	54.37907	8.810524	贺云云
蒲门村	490	1635	0.1629	0	0.3733	1323.796765	40.890914	张玉林
碶头陈村	292	865	0.0986	0.0107	0.0385	239.711973	54.616355	白源延
青莱村	241	743	0.0708	0	0.0654	685.481758	20.999451	樊开英
山厂村	193	602	0.0509	0	0.2473	127.19984	21.367691	徐沛法
贤南村	285	791	0.0609	0	0.2657	244.056718	78.588714	章志福
着衣亭村	680	2035	0.1649	0	0.6405	121.240044	36.092638	陈德照
乌屿山村	480	1362	0.0685	0	0.0526	746.652052	42.787368	屠康海
西山下村	301	1024	0.0893	0.0108	0.2088	94.550152	18.154769	胡庆虎
溪沿村	887	2597	0.2649	0	0.5612	369.464875	148.784033	黄位春
下庄村	392	1075	0.1088	0	0.2914	60.703871	10.600023	黄惠东
贤庠村	887	2597	0.1144	0.142	0.0169	222.754474	63.855011	张献文
小蔚庄村	134	417	0.0355	0.0039	0.1027	50.508764	10.236157	陈财利
盐厂村	522	1626	0.1066	0.0221	0.1338	70.68497	26.331244	周晖闳（第一书记）
珠溪村	1062	3081	0.2356	0.0171	0.9304	347.786284	76.704009	许彩芳

（贤庠镇政府）

鹤浦镇

【概况】 鹤浦镇位于象山县最南端，由宁波市的第一大岛——南田岛及周围40个岛礁组成，辖区面积约102平方千米，海岛资源丰富，2.2万亩耕地，山林8.5万亩，浅海19.5万亩，滩涂2万亩。户籍人口3.35万人，外来人口约0.9万人，登记人口4.27万人。下辖27个行政村，4个居民区。隋唐时已有人居住，曾立南田县，素有“南天十六福地”之称。

【工业经济】 2022年，鹤浦镇有效应对经济下行的影响，强化驻企联企服务，全力发挥“及时雨”作用助企纾困，全年完成规上工业产值32.7亿元，同比增长41%，规上工业增加值6.5亿元，出口总额9498万元。船舶、中船、国电三大支柱产业引领作用进一步增强，船舶企业实现工业产值12亿元。商贸服务业高质量发展，全年完成限上零售业销售额3313万元，同比增长17%；限上社会消费品零售总额4913万元，同比增长18%。

【农渔经济】 2022年全年渔业捕捞总产量7.51万吨。全面贯彻粮食安全战略，加快农田基础设施建设，完成高标准农田提升3600亩、千亩方永久基本农田集中连片整治4712亩。加强农技推广服务，因地制宜推进“稻虾共生”试点130余亩，试验推广海岛柑橘“爱媛46号”“爱媛50号”种植，新建优质枇杷示范园3个，提升改造“美丽牧场”7家。鹤浦红、白枇杷获评浙江农业之最枇杷擂台赛一、二等奖，全年水果产业总产值超1.3亿元。加强农民专业合作社管理，创建县级规范农民合作社3家，成立水果联合社1家。夯实水产养殖基础，养殖总面积达2.2万余亩，亩产效益超万元，推广“浙东1号”坛紫菜面积超8000亩。

【旅游经济】 做深“三权”分置改革文章，流转改造下湾村闲置农房38幢，借力“途家 · 斯维登”品牌招商，双下湾渔村特色初显。以项目助推旅游发展，完成大沙露营基地等7个微改造项目建设，成功落户文旅企业2家。推动民宿高质量发展，新建民宿11家，创建银宿1家，培育规上住宿业1家。抓好文旅共富新场景建设，大沙村成功创建市首批乡村旅游共同富裕示范村，小百丈村获评县乡村旅游共同富裕培育村，顺利通过省级海岛公园项目验收。紧抓流量转化，全年接待游客突破35万人次，旅游总收入达1.6亿元，同比分别增长25%、20%。

【村镇建设】 加快重大交通项目推进，完成大沙至风门口公路工程立项，推动开展石鹤海底隧道工程、乌岩港大桥等前期工程的方案设计。深化“海韵南田”美丽城镇建设，成功入选美丽城镇建设市级样板。完善基础设施建设，南金线至樊岙水库公路建成通车，石三线至黄金坦公路有效建管养运，谷桶至马小坦公路、万全路西延景观亮化及大河江栈道工程按计划推进。坚持以市级新时代美丽乡村示范乡镇创建为抓手，攻坚打造美丽海岛样板2.0。持续深化“慢韵南田”乡村振兴示范带建设，开展大百丈旅游特色村培育、推进港湾“精品秀美新渔村”建设，完成龙头村梳理式村庄精修改造等项目，提档打造“潮月海湾”精品风景线，谋划推进“慢韵南田”延伸段建设。小网巾流水岩成功创建农房改建示范村，小百丈村获评省级美丽宜居示范村，引导完成农村公厕改造9座，建成中式民居15幢，完成“三改一拆”总面积5235平方米，村庄人居环境进一步提升。

【重大项目】 围绕县委“5532”计划，完成水湖涂村拆迁签约和基本完成重大项目安置地块征用。同时，紧盯重点项目工程进度，国电海上风电场一期项目竣工投产，累计发电5.8亿度、产值达2.4亿元；国电二期项目顺利开工，中船海装产业园完成一期厂房主体工程，象山国际水产冷链物流基地建成500吨级码头2个，鹤浦海塘工程正式开工，吉港海塘提升改造及渔港建设完成进度65%，5000吨级散货码头、日风逆变器等项目有序推进。

【生态建设】 扎实推进海岛文明城市创建，以“任务—整改—监督”闭环机制引领城乡环境卫生专项整治。落实农村污水运维“建管并重”，实施鹤浦污水处理厂提标改造工程，全镇污水管网接户率超95%。强势推进近海岸带整治专项行动，完成船舶行业环保规范整治，整改船舶企业8家，船舶基地污水纳管工程基本完成。开展矿山及地质灾害隐患点专项治理，完成仙人坑矿山治理工程和虎头岩生态治理工程。打好“森林保卫战”，松材线虫病防治工作通过验收。

【民生保障】 精准开展结对帮扶，促进低收入农户自主就业，完成大百丈屋顶光伏市级项目申报，补助资金近40万元惠及166户。妥善处理欠薪问题，全年共处理欠薪事件60起涉及金额1200余万元。强化食品安全监管，落实食品安全包保工作机制，共有84名镇村干部包保629家食品主体。推进自建房安全“百日攻坚”专项排查整治，完成排查11379户，完成率100%。推进镇区“一户一表”改造，全镇年底自来水漏损率控制在20%左右。

【社会事业】 海岛卫生服务质量持续提升，鹤浦镇中心卫生院新建CT室和辅助用房，完成高标准CT和5G远程B超配备，总投入700余万元。教育教学质量显著提高，新增县教坛新秀、县名优教师、骨干教师合计18人，鹤浦中学9名学生被象山中学录取，鹤浦小学小升初考试位列全县第9名，为历史最好成绩。深化退役军人服务，创建五利村省级枫桥式退役军人服务站。不断推进文化事业，新建百姓健身房、多功能运动场各1个，南田健康步道10千米，提质升级农家书屋11家，开展群众文化活动百余场。

【社会治理】 加强海上安全生产监管，全面完成减船转产任务，培育示范引领渔船26艘，渔业安全生产整体稳定。严守安全生产底线，深入开展“除险保安”专项行动。聚焦防汛防台等重点领域，全面开展隐患排摸。围绕“平安鹤浦”建设，改善提升全岛治安视频监控体系，新增主干道摄像头。扎实开展“养老诈”“反电诈”等平安宣传重点工作，辖区接警量、交通事故发案数、电信诈骗损失分别同比下降18%、33.6%、55.3%，社会治安持续向好。

【政府管理】 2022年，鹤浦镇发挥人大联络站作用，广泛听取社会各界意见建议，办复人大代表建议17件。落实全面从严治党“五张责任清单”，紧盯疫情防控等重点强化政治监督，创新开展“四问四治”，注重惩、治、防一体贯通，共党纪处理党员14人，分别给予严重警告5人、警告9人，恢复党员权利1人，运用第一种形态处理28人次。深化“五问五破争先进、五比五先创一流”机关作风建设，以周二下村、摇号汇报两项制度为抓手，切实提升干部能力。自2022年以来，镇党委获评省级忠实践行“八八战略”、奋力打造“重要窗口”立功竞赛先进集体，2021年县级好团队，2名干部荣获县级季度好干部称号。

【象山县石浦港首个万吨码头启动海上施工】 1月20日，象山县石浦港首个万吨级码头——中国供销集团象山国际水产物流配套通用码头工程正式开始海上施工。该工程位于象山县鹤浦镇北面岸段，于2020年11月开工建设，工程包括1万吨级通用码头1座和500吨级3联浮码头一座，主要供象山近海捕捞渔船及远洋生产渔船停泊、卸货、补给等作业，设计年吞吐量约80万吨。

【小百丈村打造美丽庭院特色带】 近年来，鹤浦镇小百丈村全面实施美丽庭院创建行动，以美丽小庭院促进乡村大花园建设为目标，以净化、绿化、美化、文化为着力点，以规范化提升、品牌化打造、机制化融合为举措，打造了一条文旅百丈美丽庭院特色带。该特色带全长约500米，共有美丽庭院21户，位于进村的主干道"花溪步道"两侧。当下，正是春暖花开的季节，村庄迎来了一年中最美的时光。漫步在花溪步道，闻得花香阵阵，听得流水潺潺。沿途的橘园中，掩映着特色石头房，步道旁还有一列精美的波浪形墙面，这是村民自发设计改造的。村里发挥11名村妇联执委的模范带头作用，每名妇联执委认领2户农户，手把手指导物品收纳、庭院绿化美化，形成"主席带执委、执委带四邻、示范带全面"的工作局面。定期开展美丽庭院、垃圾分类等评比活动，设立"点赞台""曝光台"，形成"比学做"的良好氛围。在示范户的引领带动下，村民们根据自己的喜好积极规划自家庭院，摒弃生活陋习，改善居家面貌，做到庭院内外处处整洁，一院一景，各具特色。

【鹤浦镇打造"无废海岛"】 固体废弃物越来越多，如何高效处理、变废为宝？鹤浦镇坚持按照"源头管理精细化、贮存转运规范化、过程监控信息化、设施布局科学化、利用处置无害化"的要求，积极推动固体废弃物向规范化、精细化、专业化、规模化方向发展。鹤浦镇设有建筑垃圾堆放场，但由于群众、企业不定时乱倾倒、偷倒其他垃圾，导致堆放点利用率低，也造成了资源浪费。为有效解决问题，鹤浦镇联合第三方企业，对整个堆场进行了全方位改造。堆场实行24小时值班制，安排专人监管入场车辆倾倒垃圾，对可回收的垃圾分类堆放、定时处理，同时杜绝工业垃圾进入场区，有效延长建筑垃圾堆放点的使用年限。鹤浦镇综合执法中队工作人员还对全镇废品回收人员进行排摸、约谈，防止建筑垃圾堆场规范后，出现镇区周边偷倒工业垃圾现象。针对农资废弃物，要求农业大户第一时间先将垃圾回收至家中，以免药物残留影响土地质量，并实行统一回收机制。通过一段时间的努力，该运行模式初见成效，经济效益和社会效益得到提升。鹤浦镇将进一步探索、规划，使鹤浦垃圾分类工作向更高台阶迈进，努力打造"无废海岛"。

【推进"美丽城镇"建设】 2022年以来，鹤浦镇强势推进"三改一拆""三化一平"和"美丽城镇"创建工作，截至目前累计拆除违法建筑2059平方米，完成绿化3500平方米。按照"即拆即清、宜耕则耕、宜绿则绿、宜建则建"原则，结合城中村、旧厂区改造，把拆后土地优先用于园林绿化和公共配套设施建设点，全力做好违法建筑拆后利用工作。目前，已完成农村拆后复垦土地850平方米，拓宽通村公路4条，美化乡道约1.2千米。以"三改一拆"和"三化一平"工作为重点，统筹"美丽城镇"创建、农村"一户多宅"清理、农村整治提升、道路及河道两侧违建拆除等各项工作。坚持"回头看"自查机制，完善群众举报、村委监督、镇督导组巡查相结合的监控机制。全镇建立27个村级自查落实分管网格和16个镇区责任包干网格，以"回头看"促进整改落实到位。目前共开展"回头看"3次，发现问题9处，整改9处，取得良好效果。

【万吨轮下水】 5月19日上午，在位于鹤浦镇的浙江东红船业有限公司码头上，由该公司制造的2070标箱集装箱船"弘泰639"缓缓向前，顺利入水。该船总长182.30米，型宽30.00米，型深14.20米，总吨22718吨，净吨12722吨。2022年以来，国内疫情多点散发，给造船生产组织带来了较大影响。象山县相关部门及属地政府及时组织服务队深入造船企业，精准施策帮助企业解难纾困，保障生产供应链和消费产业链的平稳畅通，推动造船产业乘风破浪、行稳致远。在抓好疫情防控工作的基础上，造船企业铆足干劲，着力推进生产建造，力保订单交付。连日来，东红船业顺利完成58000吨集装箱船、8700吨散货船等多艘船舶的关键生产节点。"今年是我们建厂以来接单量最多、在建船舶吨位最大的一年，在手订单16艘，载重吨约50万吨，排产到了2023年底。"东红船业相关负责人说。

【海韵南田迎亚运离岛慢城讲文明】 鹤浦镇组织开展"海韵南田迎亚运，离岛慢城讲文明"专项行动，对全镇城乡环境卫生进行大整治。由镇领导带队组织全体机关干部、村干部、党员、知联会等志愿者700余人，对镇区道路绿化带、小区、村庄庭院、村道、电线杆小广告等进行专项整治，累计清理垃圾70余吨。文明城市创建督查工作小组不定期开展"回头看"工作，形成问题清单，随时通报整改。鹤浦镇对小微创业园附近多发的包装垃圾、工业物料等随意堆放现象进行持续治理，累计清理垃圾30余吨；并以简易程序发放责令限改决定书20余家，简易程序罚款7起，一般程序立案4起。以点带面、举一反三消除顽疾。对农贸市场周边环境进行整治，依法加强对市场周边流动摊贩、跨门营业、占道经营、道路停车的整治。为有效避免镇区运输车辆"滴漏洒"，鹤浦镇城管中队开展专项整治行动，累计检查运输车辆120余辆，发现问题口头教育20余起，PDA简易处罚7起，立案行政处罚9起。通过设置文明行为提示牌、在辖区主干道或路口增挂公益广告等方式，引导居民不断提高文明意识，发动村干部、网格长、党员志愿者等进村入户发放创城宣传资料，号召市民自觉摒弃不讲卫生、随地吐痰、乱扔杂物的不良习惯和不文明行为，以实际行动参与到创城活动中。下一步，鹤浦镇将继续拧紧责任链条，强化部门协同，确保创建无死角。将针对乱停车、乱拉线等现象进行集中整治，确保问题及时"清零"。进一步加大宣传力度,积极发动志愿者、知联会、新乡贤等社会各界力量参与文明城市创建,凝聚创建合力,努力打造文明、整洁、有序的城市环境。

【打造美丽庭院　共建和美海岛】 6月7日,在鹤浦镇小网巾村,开展了一场“美丽庭院”评比活动。活动前期,巾帼志愿者以入户宣传等形式向村民介绍“美丽庭院”评选的基本要求,引导村民保持庭前屋后整洁、美化,自觉实施垃圾分类,树立良好家风家训,并使评选内容、标准和具体做法家喻户晓,提高广大村民的知晓率和参与率。最终,由镇妇联、环卫、联村干部、村主要干部组成评审团,在全村范围内评选出18户美丽庭院,并根据分数高低进行张榜公布。

【攻坚美丽海岛样板2.0版】 致力攻坚美丽海岛样板2.0版,推动宁波市新时代美丽乡村示范乡镇创建,沿汽渡码头—盘基公路—黄金坦—蟹厂—小百丈—大沙—港湾—小网巾等环线及沿线村庄,实施长约12.9千米车行道串联的一系列节点整治改造,突出“潮月海湾”精品风景线提档建设。已完成精品线工程的地质测绘、方案设计、概算编制及批复、审核。该工程概算1024.27万元,其中建筑安装工程造价880.95万元,建设总面积为4571.66平方米,其中绿化总面积为1500.4平方米,铺装总面积为3071.26平方米,包含了13个主要节点。稳步推进宁波市“慢韵南田”乡村振兴示范带建设,目前已完成地形测绘、方案设计和报送、评审。该工程计划投资600万元,自吉港蜊门港大桥起,沿石三线公路鹤浦段至蟹厂村止,提升打造沿线沿村景观景点,包含9个主要节点。开启大百丈旅游特色村培育,立足于村庄景区化建设,推动村内主道环线景观综合整治,实施村口节点及进村道路沿线提升,以及自然村环境整治等,实现整村嬗变,引领乡村提质,拉动美丽经济,计划投资120万元,目前已在落实方案设计。以改绿、整治、拆旧、通路为重点,指导龙头村梳理式村庄精修改造,计划投资15万元,该项目目前已启动。根据实际需求,调整大沙特色村投资计划,完成露营基地、停车场、休闲地块整治等建设。力推厕所革命,推进螺蛳礁、小百丈、樊岙、大南田4个村9座公厕改造提升。立足港湾村美丽乡村建设项目,用心绘制“精品秀美新渔村”。深挖依山傍海、静谧港湾、渔村民居、海水池塘等独特元素,通过整村精造,彰显渔村韵味,着手“双湾风情”观光环线提升、“隐海峙湾”静谧自然村落精造及峙湾自然村居家养老服务站点新建等,计划投资270万元,工程有序实施中。续力2021年度新农村项目,2022年已完成鹤栖村农村公益事业财政奖补验收,建成南田墩活动中心2层约400平方米。关注流水岩美丽乡村建设,目前正在建设新区“三通一平”及居家养老服务中心。

【水利事业】 截至8月3日,吉港海塘提升改造及渔港建设完成总进度的31%,高标准农田建设完成总进度的80%,马屁股节制闸已完成改造。高坎头水库除险加固已进场施工,一级渔港海堤维修加固完成方案设计。“五水共治”不断深化。对镇区范围内5座水库、66条在册河流的河湖长制责任人名单、公示牌进行更新。镇、村两级河湖长巡河1562次,“五水共治”入户宣传210次。完成对27个村44个污水终端及污水管网的检查及维护,完成污水零直排建设区资料填报,完成镇区污水管网入户调查。全镇污水管网接户率已达95%。紧抓防汛防台工作。在主汛期到来前,已完成山塘水库防汛隐患排查。共排查出小百丈山塘渗漏、大百丈寺基里山塘渗漏等5处安全隐患,均已一一修复。共储备麻袋12300只、救生圈71只、救生衣265件、铁锹196把、防护头盔50顶、手电70个。更新在建工程度汛方案3个,调整镇级防汛预案1个、村级防汛预案27个、山塘水库防汛预案18个,签订山塘水库安全管理协议书、责任书56份。

【“非粮化”整治】 对接测绘单位,顺利完成耕地“非粮化”整治和恢复耕地功能后的第一阶段行动扫尾工作,合计验收耕地面积4324亩,其中水田3667亩,超目标任务120%。接着,鹤浦镇全力做好“非粮化”整治的后半篇文章。利用好非粮化整治补助款,督促和协调相关整治村,落实土地平整、恢复田埂、机耕路修复、新建水渠等基础性工作,基本满足耕种需求。同时,发挥政府项目建设的工程整体提升作用,稳步推进3600亩高标准农田项目;规划千亩方永久基本农田集中连片整治项目2个,涉及2个片区10个村,合计整治面积4712亩,完成实施方案编制;重点支持连片恢复耕地的土地流转,已流转至种粮大户约85%以上,规范大百丈、小百丈2村的整村委托流转,招标价格高于该镇上年农田租赁的平均价,村民从中获益;加强农技推广服务,助力农民增收和粮食保供双赢,因地制宜推进“稻虾共生”试点2户共130多亩;推广粮油、粮经、稻麦三熟等农业轮作模式,提高土地利用效率;抓好种粮大户种地意向的规划和指导,当年种植早稻920亩、小麦3900亩、晚稻9000多亩,确保粮食作物产量;压实耕地保护责任、建立管护联动机制,编制和张贴《关于耕地非粮化整治致农户的一封信》,提高农户知晓率和参与率;推动“田长制”落实落地,65名村级田长和巡查员全面到岗到位;配合国土部门处理农田返种现象2起。夯实产业技术支撑。柑橘、枇杷等水果是鹤浦传统优势农产品,在推进海岛农民共同富裕中具有重要作用,该镇将水果产业提升作为推进乡镇走好共富路的重要抓手,列为当年度镇级重点工作。挖掘技术储备,为产业结构调整做好布局,建立柑橘新品种“爱媛46号”示范园、枇杷优质高产促早示范园各5亩,建立300亩衰老翠冠梨复壮示范园,试验30亩杨梅大棚设施化栽培和大棚授粉新技术;强化林技服务,针对2022年气候推广枇杷早熟技术,上半年编发果树栽培资料500份,开展林技培训60人次;创新产业发展模式,结合海岛未来乡村建设,设计小程序,通过扫二维码把海岛的农业产业、旅游线路、精品民宿打包展示,目前准备把枇杷、柑橘、海水养殖、紫菜等4个万亩基地放进农旅融合平台。

【抗旱】 6月以来，鹤浦镇少雨，旱情加剧，水库蓄水量较往年大幅缩减。近日，鹤浦镇打出抗旱"组合拳"，通过科学调配，全力以赴保供水，把干旱给群众生产生活带来的影响降到最低。鹤浦镇在积极开展抗旱节水行动的同时，加强与气象、农业、水利等部门的沟通联系，强化雨情、水情、旱情的信息采集和会商研判，及时采取四条措施，做到早预警、早决策、少损失。一是强化用水管理，采用企业限量供水、居民限时供水等方式科学调配水量。二是启用备用水源，修缮废弃水井，规划南田大口井建设等项目，拓宽供水渠道。三是加强水库巡查，突出水源地保护，杜绝休闲垂钓等污染水源的现象，保障后备水源水质。四是加快推进节水型社会建设，加大节水宣传力度。

【建设"海洋牧场"】 抢抓机遇，建设碳中和示范区，引进海上风电产业链项目，重点招引落户机电产业，建成省级最大海上风电装备制造、施工、安装、运行维护等全生命周期工程服务基地，持续推动海上风电开发。着力在调结构、转方式、延链条、增效益上下功夫，补强技术、设施、营销等短板，完善利益联结机制，牵引传统产业改造提升，新兴产业加快集聚，系统推进强链补链，充分激活临港产业发展潜能。中船海上风电产业园位于鹤浦镇船舶工业区，规划用地750亩，总投资约102亿元，分两期建设，建设内容主要包括：海上风电机组设备、叶片生产、叶片检测、运维公司、机舱罩生产、塔筒生产、工程安装、海上风电变频器生产，共八大基地。其中，总投资43亿元的国电象山1#海上风电项目一期工程于2021年12月23日全容量并网发电，2022年一季度开展了风机试运行。国电象山1#海上风电场（一期）工程项目作为宁波市第一个海上风电项目，开辟了全市海上风电事业发展的先河。鹤浦镇在"振兴发展"上下功夫，重点关注规上企业产值、增加值、投资等指标，高质量推动科技人才双突破。全年力争创建国家级科技型小微企业3家、省小微企业7家。继续推进减船转产工作，全力做好渔船安全隐患排查整治，示范改造"引领船"30艘。深化海岛旅游"一核四区"新格局，依托大沙"爱琴丽旎"酒店、双下湾民宿项目，借力小百丈乡村数字化系统建设，加快"旅游+"品牌打造。国电象山1#海上风电二期工程项目目前正在做前期准备工作，计划年底开工。以项目招引提升发展能级，发挥以企引企优势，依托中船海装风电产业园、象山国际水产冷链物流园等平台优势，鼓励辖区船舶企业、小微企业创业园转型升级，逐步构建产业集群。全面梳理镇域产业群链现状，围绕船舶制造、临港装备、海洋生物等支柱产业做好强链补链延链。推进"碳达峰""碳中和"工作，结合国电（二期）项目，实施由浅海向深海延伸的风资源开发利用，加快创建浙江省低碳试点乡镇，纵深推进"海洋牧场"建设。

【樊岙村各项事业发展】 樊岙村为鹤浦镇第一大村，有7个自然村，28个村民小组，村民众多且居住分散。1996年以来，村"两委"建立健全调解机制，积极化解矛盾纠纷，取得了明显成效。26年来，调处各类矛盾纠纷千余件，无一件上交镇政府，多次被省市县评为优秀人民调解委员会，村党总支书记周正贵被评为浙江省调解能手，真正做到了"小事不出组，大事不出村，矛盾不上交"，形成"樊岙经验"。2010年，"樊岙经验"入选中央综治委《社会治安综合治理基层基础建设经验汇编》，印发全国综治干部学习参考。樊岙村"两委"班子充分发挥"樊岙经验"优势，坚持"难事书记带头、大事党员示范、好事群众优先"，在促进生产发展、带动村民共同富裕方面持续发力。该村鼓励"大户带小户，先富带后富"，动员村民划片包网抱团发展，26年来，枇杷种植面积从600亩增至2800亩。村里每年邀请农技员开展技术指导，帮助果农提质增产，并积极参加各类评选活动，"樊岙枇杷"被评为省市级绿色农产品，成为宁波市"十大名果"。同时，加大营销力度，积极引进枇杷经纪人开展营销推介。"樊岙枇杷"知名度越来越高，年产值从1995年的130万元增至2021年的3100万元，产量从420吨增至2100吨，户均年收入约7万元。

【新乡贤助力土地征收】 鹤浦镇推进万全塘地块土地征收工作，新乡贤宁波博大船业有限公司董事长江财国、宁波康鑫船务有限公司董事长莫康苗等，为征地推进工作提供全方位服务。莫康苗办公室成为镇征地政策处理服务的一个驻点，工作组在此约谈农户，莫康苗亲身参与了20多次。江财国积极联系动员自己的亲戚，全力支持征地签约。带动10多户配合签约的农户。万全塘征地涉及的农户签约率达100%，总体工作平稳有序推进。

【"海岛医疗服务队"连续4年送医上岛】 农工党宁波市委会通过市、县两级联动，共同组建"海岛医疗服务队"送义诊服务下基层，进一步提升了服务水平。高坎头村是宁波市社科院（市社科联）的结对帮扶村，自2019年起，农工党宁波市卫生职业技术学院支部团队引入高坎头村，双方合作共建"健康服务基地"，每年定期为村民开展义务诊疗服务。2022年，来自宁波市卫生职业技术学院、宁波市康复医院、明州医院、象山县人民医院等医疗机构的15名专家，为村民提供眼科和牙科检查、针灸和康复推拿及相关用医用药咨询，受到了村民们的热烈欢迎和广泛好评。当天共有近200名村民闻讯前来就诊。57岁的村民郑清康已经连续四年来进行就诊了，年轻时因为采摘枇杷不小心拉伤了腰部韧带，当时由于缺乏健康意识和相关知识，一直没有得到及时治疗。宁波康复医院的戴医生为其制定了详细的诊疗方案，并给他现场做了康复推拿和针灸治疗。他表示，疼痛感明显已有好转，并会严格遵照医嘱，及时认真就医。农工党宁波市委会秘书长、一级调研员吴肖明表示，"海岛医疗服务队"是农工党市委会助力高质量发展建设共同富裕示范区的重要举措，针对偏远海岛看病难的问题，市委会将党内医疗资源与海岛群众需求精准对接，助力打通海岛民生服务“最后一公里”。今后农工党市委会还将组织省级专家为高坎头村及鹤浦镇开展相关义诊和科普服务，并协助高坎头村建好养老服务机构。

2022年鹤浦镇行政村基本情况统计表

表80

村 名	户 数（户）	人 口（人）	承包耕地（亩）	水产养殖面积（亩）	渔船数（艘）	村级资产（万元）	村集体年收入（万元）	村集体年支出（万元）
黄金坦村	300	879	421	0	23	953.27	58.16	29.38
蟹厂村	496	1477	800	0	29	949.65	106.86	24.10
鹤鸿村	379	904	75	0	4	1152.24	90.86	15.58
鹤翔村	350	1037	465	0	28	1379.91	53.13	14.21
鹤进村	433	1290	690	0	25	1436.36	161.37	13.02
鹤南村	623	1963	1742	0	17	919.37	821.77	63.97
湾塘村	252	828	502	0	21	916.01	62.04	24.02
龙头村	341	1097	514	118	47	1047.84	126.60	19.40
吉港村	376	1099	822	216	27	1211.61	93.01	37.73
小网巾村	327	1105	346	0	31	2151.54	229.25	24.80
港湾村	304	1009	527	990	55	2966.16	239.47	28.18
大百丈村	369	1118	812	0	17	1601.98	437.15	12.33
小百丈村	426	1288	1104	0	11	2460.43	741.04	13.19
大沙村	218	752	407	0	25	3194.25	480.90	55.07
文山前村	277	835	689	0	6	960.10	426.44	13.71
五利村	679	2146	1819	84	11	1165.11	463.13	50.61
螺蛳礁村	431	1268	1230	41	1	1443.88	252.33	38.74
樊岙村	937	2895	1626	50	17	1048.29	250.34	72.04
高坎头村	269	891	677	1320	3	1158.36	175.47	52.17
马谷村	302	955	668	0	9	981.48	179.01	31.11
鹤栖村	244	751	512	0	11	1000.27	148.76	21.18
大南田村	439	1488	844	1801	5	1332.08	407.89	49.46

续表80

村　名	户　数（户）	人　口（人）	承包耕地（亩）	水产养殖面积（亩）	渔船数（艘）	村级资产（万元）	村集体年收入（万元）	村集体年支出（万元）
小南田村	354	1153	653	0	46	882.81	188.66	19.55
牧童岙村	244	840	468	45	6	554.96	126.44	8.09
水湖涂村	224	851	391	0	6	507.37	72.44	6.72
杨柳坑村	210	792	0	0	44	487.66	100.24	8.98
金七门村	180	761	0	0	30	356.87	91.25	15.95

（鹤浦镇政府）

定　塘　镇

【概况】 定塘镇地处象山中南部，属典型的农业乡镇，由原定塘、中娄、大塘3个乡撤并而成，行政区域面积60.66平方千米，现辖25个行政村，户籍人口3.5万人。全镇山地面积约3.15万亩，水域面积约1.25万亩，耕地面积近4.6万亩，基本呈现"三山二水五分田"格局，号称"下八万"（"上八万"为中心城区的南庄平原），是象山著名的"粮仓"。2022年，全镇经济社会实现平稳健康发展，完成美丽城镇省级样板镇复评，获评市级城乡风貌样板区、市治违控违示范乡镇、市"五水共治"示范乡镇等荣誉。

【政府建设】 开展中共十九届六中全会暨推动共同富裕主题轮训9次、中共二十大精神专题学习6次，推动干部思想理念革新、专业能力提升。坚持实干为先，大力实施"五问五破争先进、五比五先创一流"作风建设专项行动，开展年轻干部"走亲连心助共富"服务活动1200余次，选派一批机关干部到定影公路、527国道等重大项目现场、信访工作一线历练，严格"双对双排"考核，深化"双随机一通报"制度。全面落实"书记账本"制度，举办村级争先创优擂台活动3次，村干部干事创业积极性不断提高。开展镇村合同规范化建设，完善重大事务决策报备制度。规范重大项目管理和招投标行为，强化政府采购、国有资产、工程建设等重点领域监管，严格落实村级"三资"管理监督和小微权力清单，廉政风险防范机制不断健全。

【工业经济】 定塘镇实现规上工业产值7.5亿，同比增长12.61%，完成本年计划的88.23%。实现规上增加值1.43亿元，同比增长7.52%。完成工业投资6000万元，完成本年计划100%。完成高新技术产业增加值7400万元；高新技术产业投资2000万元，完成本年目标的100%；完成省科小入库5家，国科小入库7家，高新培育库企业1家，高新技术企业1家，县科技型小微企业3家。预计完成实际内资1.8亿元，完成目标任务100%，实际外资50万美元，完成目标33.33%；在谈项目4个，其中石墨制品、绿晟照明、锂想电池已完成"七评一看"进入项目签约阶段。完成固定资产投资1.5亿元，完成本年计划的100%。限上住宿营业额1300万元，同比下降15%；限上批发销售额1.7亿元，同比下降10%；限上零售销售额9000万元，同比增长20%，限上餐饮营业额650万元，同比增长17%；限上服务业增加值5亿元（海运业为主），同比下降9%；其他营利性服务业1.3亿元，同比增长3%。

【农业发展】 投入2000万元动建大塘港未来农业示范园区及"田园港畔"乡村振兴示范带，建成粮食农机综合服务中心，启动未来农业展示馆项目。农产品稳产保供工作有力有序，流转"非粮化"整治后土地4800亩，早稻、晚稻、小麦等粮食种植面积突破1.5万亩。加强农业基础性工作，投入2500万元推进农田水利项目建设，完成长塘河水系综合治理、大塘港库岸水闸建设工程。提高农业服务质量，动建农业秸秆资源化利用中心，全面创建省级农机服务中心、市级精品绿色农产品基地，完成农民培训，落实禽流感、口蹄疫、猪瘟等常态化疫苗免疫工作，新增绿色食品生产基地、县级家庭农场、示范性美丽牧场各1家。完成县下达粮食生产任务，种植早稻4084亩，晚稻7000亩，小麦3030亩，油菜1033亩，做好非粮化后土地的耕种。建成大塘港沿岸定塘段生态渠道3824.5米，生态沟5448.5米，建设集水井139口，拦水堰21座、生态湿地14060平方米，项目通过县级验收。

【城乡建设】 完成定塘镇国土空间规划三区三线划定，开展25个行政村村庄建设边线划定专项规划的调研，完成定塘镇土地征收成片开发方案的编制、小微工业园区的土地征收报批程序、4户新建户建房的农转用报批、叶口山砖瓦厂建设用地复垦的省级验收、农建房审批51户。"三改一拆"工作完成

1.2233万平方米,完成率87.4%,折后利用0.44万平方米,完成率46.9%。大塘港绿道提升工程、兴定路至大湾山里塘公路工程等5个项目进入竣工结算审计,完成方青公路、许家公路等3条公路的二审决算。茅石线至田洋湖公路工程、兴定路改造提升工程和田中线改造提升工程完工。新建农村公路马漕线至横湾公路提升工程、下营公路工程台洞塘至下灶公路提升工程完成招投标。新呑上灵公路已经完成地质勘探和红线测量放样等前期工作。完成临水临涯方前上营村、后洋塘、茅石线洋呑村、葫芦门村的钢护栏安装400余米,完成损坏护栏、减速带及软桩更换23处。全面实施污水运维第三方机制,定塘污水站提标改造、宁波站村及周呑村污水设施改造工程基本完成。花港、漕港、礁横村污水管网改造工程持续推进。应急抢修问题管道和终端问题22处,协调处理因污水问题引发的各类事件13起。完成公共空间标牌线杆专项整治,拆除各类标牌384块。完成国有土地上违法建设和违法违规审批排查396宗,涉及房屋418幢,建筑面积17.5540万平方米。自建房排查整治工程高效完成,共排查自建房12722户。

【社会事务】 全面落实"四个最严"要求,确保人民群众"舌尖上的安全"。进一步推进食药安全领域治理体系和治理能力现代化建设,结合文明城市创建,进一步推进餐饮店示范工程打造,开展餐饮店"回头看"专项检查15次,整改安全隐患250余条。全面推进健康定塘行动,动建卫生院住院楼,建成基层医疗卫生机构慢性病一体化门诊1家,落实病媒生物防制,开展新冠疫苗接种、慢性病防治等主题宣讲25场,受益人群3000余人次,落实结直肠癌筛查365人、城乡妇女"两癌"筛查950人、65周岁以上老年人健康体检1500余人次。积极营造生育友好型社会氛围,开展优化生育政策宣传活动8场、婴幼儿照护服务活动5场。做好婚丧礼俗整治工作,倡导红白事简办46起。积极配合开展横湾古沉船挖掘、保护和再开发工作,举办非遗半岛行活动40场次,送戏进文化礼堂12场次,完成镇老文化站修缮、橘光书吧基础设施提升,创建四星级文化礼堂1家。

【社会治理】 激发"网格+"作用。积极探索推行"网格+"模式,结合社会治理事项,开展政策宣传、代办服务等,有效激活基层治理"神经末梢"。1—10月,各网格累计排查上报各类事件11050件,其中三级事件1249件,办结率99%。推进社会治理创新。探索建立"2N1"(即镇村2级调解组织+N个品牌调解室+个人调解室)调解体系建设。在定山村"乡里乡亲"共治驿站试点建设的基础上,联合定山法庭在辖区10个村成立了"乡里乡亲"共治驿站,不断加强镇村二级调解组织实体化、规范化建设,形成以镇人民调解委员会为核心,村人民调解委员会为基础,品牌调解室为触角的多层次、宽领域、规范化的人民调解组织网络。创建省级民主法治村1个,市级民主法治村6个,宪法主题公园1个。加大治安整治力度。联合派出所组织警力对辖区内治安复杂场所开展滚动式清查整治,发现并整改社会面安全隐患8处。1—10月,辖区总接警量857起,其中刑事类警情69起,治安类警情241起。共立刑事案件42起,行政受案67起,电诈案件16起。进行反骗码及App的推广注册宣传,"国家反诈中心"App注册及反骗码注册人均占比分别为50.55%与63.33%,辖区电诈发案数、损失数分别同比下降48.4%、4.8%。

【平安建设】 加强各类特殊人群管理。定塘镇有矫正对象20人,解矫6人,根据矫正对象具体情况实行对应矫正措施,全力做好归正人员的安置帮教工作,最大限度预防和减少"二次"犯罪。加强反恐、反走私、反电诈防范。坚守反恐防恐"五条底线",落实反恐检查常态化,联合多部门开展镇区公交场站、快递公司、煤气站、加油站、烟花爆竹店等重点场所巡查,发现问题及时整改。全面开展码头(风险点)反走私隐患排查工作,按照"七到位"管理要求,在花港码头、英山码头、台宁头码头等码头和装卸点安装限高限宽、视频监控系统等加强管控,严防走私货物上岸。

【文旅产业】 全镇共接待游客35万人次,旅游综合收入3800万元,基本与2021年持平。下半年全镇旅游业全面复苏,定塘旅游办积极辅助,将复业消息全达给全镇109家民宿、两家景区及生态基地,观察、排摸经营异常单位或个体,积极与民宿业主、景区做好沟通辅导,助力引导各旅游业态在暑期以及国庆期间的"超常发挥"运营。台洞纳湖荷花塘顺利运营,花期内赏花超2000人次,甬象二期将于2023年元旦营业,橘中游庭桃林露营基地建成投用。橘生山海精品线定塘段完成规划。开展安全隐患排查逾25次,检查涉旅单位及个体120余家。

【生态治理】 2022年,定塘镇持续增加投入,提升大塘港水质,整体推进大塘港周边环境综合提升,对镇域内河网108条198千米河道,以定塘镇本级作为负责单位,通过"外包养护+村务保洁",进行支流河道治理。常态化做好河道保洁,尤其是水葫芦及浮萍的集中。进一步巩固长塘河美丽河湖治水成果,选取派出所至保安桥段2千米的河道,采取水质净化工程和水生态环境工程双轮驱动,河边300平方米生态池与河中的曝气装置、喷泉一体化净水装置一起对水体进行自活水循环净化,深度去除水体的COD(化学需氧量)、总磷、氨氮等污染物;河道里还种植了铜钱草、美人蕉等水生植物,净化水体;并加强日常保洁,确保河道干净整洁。

【定影公路建设】 定影公路起点位于象山影视城,与已建影视大道相接,向南沿大塘港边布设,经后洋塘桥后向南穿过定塘镇,与G527和沈海高速定塘高速连接线相交,全长9.4千米,路基宽度12~15米,总用地320亩,涉及渡头、后洋塘、定山、台洞塘、中垅等村。建设内容包括道路、桥梁、交通设施等附属工程，建设期限2年。道路采用二级公路标准，设计速度60千米/小时，双向两车道，沥青混凝土路面。2月21日下午，定塘镇召开定影公路建设征迁启动仪式，吹响定影公路建设征迁号角。

2023年2月21日，定影公路建设征迁启动仪式（章铭书 摄）

【田洋湖村举办“二月二”民俗文化节】 3月4日上午，受疫情影响睽违了两年的定塘镇田洋湖村“二月二”民俗文化节再次回归，当地村民们汇聚庆祝、共同祈福。随着茶山老龙从黄猫洞岗“腾云”而下，“二月二”民俗文化节拉开序幕，现场还有“摸龙须”“捣年糕”“牛耕地”“剃喜头”等一系列特色的民俗活动。

2023年3月4日，“二月二”民俗文化节的茶山老龙（章铭书 摄）

【全省首批“农电宝”产品落户定塘花港村】 4月27日，国网象山县供电公司在定塘推出全省首批“农电宝”产品，通过对全镇花港村的部分农用线路进行智慧用电改造，实现农业生产用电智能化、精准化管理。

【民盟省委会、市委会到象山开展社会服务】 5月9—11日，民盟宁波市委会专职副主任郭强，民盟浙江省委会一级调研员郑霞意，民盟宁波市委会秘书长华汉芬与盟员专家们在民盟助力乡村振兴实践基地——定塘镇叶口山村开展社会服务活动。

2023年9月15日，专家团队走访枸骨生产基地（章铭书 摄）

【“五月廿七”大塘红庙庙会】 6月24日至25日，定塘镇开展一年一度的大塘红庙庙会，精彩纷呈的非遗活动在象山县青草巷特色街区、象山县定塘镇中站红庙街两大会场先后举行。

2023年6月24日晚，大塘红庙庙会及市集在青草巷惊艳亮相（吴敏勇 摄）

【沙地村被评为首批宁波市民宿产业集聚区】 8月3日，沙地村被评为首批宁波市民宿产业集聚区。近年来，沙地村民宿业快速发展，农家客栈经营规模持续扩大，逐渐形成“吃农家饭、品农家菜、住农家院、干农家活、娱农家乐、购农家品”的综合性乡村旅游场景。目前，沙地村已有农家客栈经营户53家，房间652间，床位1500余张，全村98%的家庭从事旅游相关产业。

【抗击台风】 9月13日，梅花台风来袭，全体干部群众齐上阵，共同抗击台风，结合基层疫情防控工作实际，做好工程设施、危房、地质灾害隐患点、低洼易涝点等的隐患排查，及时转移危险区域人员到安全区域。

【象山枸骨产业座谈】 9月15日，浙江理工大学的吴锋民书记带队到定塘镇开展枸骨产业发展调研指导，调研团队实地走访了枸骨生产基地、盛平山物流冷链基地，并召开枸骨产业座谈会。

【国庆假期定塘旅游市场热度攀升】 据统计，国庆长假7天，定塘镇共接待游客5.2万人次，较上年同期提升70.37%，营收突破500万元，较上年增长近一倍。

【青年与海·稻橘青年集】 10月23日，青年与海·稻橘青年集活动在定塘镇甬象生态基地举行。

【象山北纬30°柑橘文化节暨定塘镇柑橘采摘仪式成功举办】 11月16日，第六届象山北纬30°柑橘文化节暨定塘镇柑橘采摘仪式在定塘镇橘中游庭景区举行，现场成立了中共定塘镇柑橘产业共富功能性支部委员会、象山县颂橘柑橘专业合作社和定塘镇橘农帮扶共富行动队，柑橘产业助推乡村共富。

2022年定塘镇行政村基本情况统计表

表81

村名	户数（户）	人口（人）	耕地面积（亩）	山林面积（亩）	村级经营性收入（万元）	上级补助收入（万元）
渡头	647	1552	1411	1882	38.8	42.8
后洋塘	563	1786	1815	1315	33.9	231.5
大湾山	293	1037	1043	4435	2.2	65.4
下营	529	1708	2058	3481	45.7	55.1
方前	286	900	677	4216	6.8	75.9
沙地	445	1425	1009	7876	16.0	51.6
洋岙	360	1135	1395	4170	28.3	30.9
定山	262	839	839	1656	76.6	93.2
灵雅舍	362	1076	1375	1846	26.2	286.4
台洞塘	270	941	1047	791	16.8	29.9
中垠	990	3393	3053	2512	8.2	170.9
新岙	434	1457	1270	2973	7.8	63.9
镜架岙	258	802	677	965	26.3	20.4
岙底	328	1083	961	3916	25.4	52.0
田洋湖	608	1990	1379	5031	42.7	77.4
盛平山	390	1142	1200	2488	8.2	27.1
叶口山	418	1429	1176	1077	29.6	20.5
宁波站	427	1482	1438	556	3.0	88.0
花港	609	1943	1586	586	20.4	80.8
漕港	398	1257	1186	561	0.56	79.6
英山	256	803	909.06	561	14.7	1.9
白墩	415	1319	1065	120	7.1	71.1

续表81

村　名	户　数（户）	人　口（人）	耕地面积（亩）	山林面积（亩）	村级经营性收入（万元）	上级补助收入（万元）
金牛港	260	882	630	105	21.2	50.7
礁　横	346	1137	1318.5	175	24.8	33.2
中　站	295	844	916	138	17.8	17.8

（定塘镇政府　林明益）

墙　头　镇

【概况】　墙头古名“樯头”，意为看得见船桅的地方。墙头镇位于象山县城西郊，东接丹西街道，西连西周镇，南与茅洋乡相邻，北濒西沪港，镇域面积87平方千米，拥有耕地面积1066.67公顷，山林3600公顷，森林覆盖率65.23%林木覆盖率65.76%。全镇下辖行政村16个、居委会1个，人口2.1万人。S19甬台温高速复线、戴港至城区快速通道和311省道穿境而过。全镇北面呈“U”字形环抱西沪港，海岸线长25千米，可养殖海涂面积2266.66公顷。近年来相继荣获国家级生态镇、国家级卫生镇省美丽乡村示范镇省AAAA级景区镇、省综治先进集体、省文明镇、省卫生镇、市最美宜居小城镇、省爱国拥军模范镇、市“军警民共建”先进集体等县级以上综合荣誉70余项。

【工业经济】　招商主阵地作用不断突显，累计完成实际利用内资4.7亿元、浙商回归1.7亿元，其中内资完成年度任务的260%、排名全县第三。项目招引形势喜人，全年新招引项目7个、再创历史新高，其中亿元以上项目4个、占比超过50%，盛亚机械等一批重大项目实现2个月迅速突破、成功签约。制造业扩量提质，新增5000万元以上企业2家、亿元以上企业2家，预计实现制造业投资3亿元，完成率排名全县第一，实体经济的底盘更加稳固。营商环境持续优化。落实项目“全生命周期”管理、企业服务“零跑腿”保障等机制，成功申报高新技术企业3家，三安制阀获评国家重点专精特新“小巨人”企业、国家知识产权优势企业。“亩均论英雄”改革成效明显，全年整治高耗低效企业6家，亩均税收增长10%。项目动能加快积蓄，落地转化历年招商项目5个、超额完成年度目标。抓紧抓实重大项目开工，投资2亿元的雷阳科技项目实现当年签约当年投产，全年新开工、新竣工项目累计达到7个。全年实现主要经济指标规上工业总产值20.5亿元、规上工业增加值4.5亿元，同比增长13.8%、31.2%，其中重点争优指标规上工业增加值增速排名预计全县第4、B类乡镇第一，外贸出口额突破18亿元。

【农业经济】　保障重要农产品稳产保供能力，将5亩以上非粮化连片整治后地块进行系统性编号，落实编号地块责任监管对象，划定编号41个，落实田长制巡查员48人，优化调整粮食生产功能区36.67公顷，坚决遏制耕地“非农化”、防止耕地“非粮化”。不断提升农业含金量，柑橘、草莓、樱桃等特色产业规模化、品质化发展，微采农产品基地、“象往生活”等一批农业综合体开门迎客，首批试种高架草莓、盆栽蓝莓0.67公顷。全力推动农业链条式发展，紧盯精深加工、综合利用方向，重点打造草莓宝宝IP形象，实现草莓销售、文创开发、旅游活动同步发力，亩均收入预计提高30%以上，全面提升农特产品市场竞争力。多点位实施水利基础设施优化建设，完工验收方家岙水库灌区渠道改造工程，完工赖家庵、无头坑、大坟坑山塘整治工程、东溪坑吊水岩段、七里亭段溪坑整治工程等5个整治工程，修复了塔岭牛头、叶垅坑、溪里方牛游塘、洋北等10余个启闭机，清理维修1.5千米镇内渠道，增设一处溪里方放水闸门，提前布局谋划2023年水利建设项目6座山塘维修工程，尽可能降低旱情影响。

【商贸旅游】　高标准谋划全域旅游布局，全年接待游客65万人次、完成旅游综合收入7800万元，同比增长8%，成功创建市乡村全域旅游示范区。积极克服疫情冲击，大力做优度假产业，精心打磨西沪滨海度假村、大溪蒋舌尖夜市等旅游综合体，全力打造海山屿精致露营基地、大雷溪自然营地等新晋网红打卡点，创建“户外风尚”“都市桃源”等沉浸式文旅消费新场景，实现青年游客占比提升40%。积极承办“浙江省摄影之乡”创建启动仪式、西沪滨海营地音乐节，举办第二届西沪港冬渔节，进一步提升墙头文旅品牌的知名度和影响力。

【村镇建设】　全面优化镇域空间布局，建成开放文史馆、乡镇书吧等文化地标，修缮优化欧家宗祠、立三路、墙头街等新老街区。持续深化全国文明城镇创建，常态长效开展古建筑修复和飞线治理，环镇路等“畅行”工程建成通车,以优异的成绩入列省美丽城镇创建样板镇。以美丽乡村精品村、示范村、特色村创建为基础,以“省新时代美丽乡村共同富裕示范带”建设为纽带,立项实施新农村建设项目17个,方家岙村成为省未来乡村、凤泉村获评省美丽宜居示范村。持续推进闲置农房盘活、“飞地抱团”项目建设,屋顶光伏发电、滨海“微旅游”等一批项目实现集体增产、农户增收“双赢”。启动实施新一轮农村人居环境整治提升行动,健全落实垃圾收运、污水管理、绿化养护、违建管控“四位一体”长效制度,全县环境卫生考评4个季度稳居全县前二。深入开展“三清三美”专项行动,持续美化“山水林田路房”六度空间,盘活点亮桥下空间2600平方米,精心打造亚运沿线观光休闲花海,处处呈现各美其美、美美与共的崭新形象。

【民生保障】 不断加强就业和社会保障,建立健全常态化援企稳岗帮扶机制,突出抓好高校毕业生、农村转移劳动力、城镇困难人员和退役人员等重点群体的就业帮扶,不断增强乡村旅游等行业就业吸附能力,全年新增城镇就业200人以上。建立健全村级经济增收机制,低保、低边人员占比下降22%,村集体经济经营性收入均超过30万元。不断深化健康墙头建设,建成全县首个健康民宿联盟,溪里方村获市除“四害”试点村,超额完成妇女“两癌”筛查、老年人流感疫苗接种等省市县民生实事项目。教育质量不断优化,墙头中考优生率连续3年位居县农村学校前列,中心幼儿园通过省二级复评。食品安全治理效能不断提升,成功创建省四星级食安办。科学化布局文体基础设施,建成公共文化场馆(空间)49处,实现文体设施“通街达巷”,服务群众“步行可及”。

【基层治理】 迭代升级“141”体系,以“县乡一体、条抓块统”和数字化改革为牵引,推动镇矛调中心向社会治理中心转变,将“基层治理四平台”迭代升级为“党建统领、经济生态、平安法治、公共服务”,推动工作集成联动。推进“大综合一体化”行政执法改革落地见效,实现230项权力事项和65名执法人员“双下沉”,执法检查对象受检频次下降和执法效能提高均达60%以上。织密做实“一张网”,按照“1+3+N”力量配比要求,组建微网格体系,实行“网格化管理、组团式服务”,在27个村级网格基础上,以50~100户为标准划设微网格83个,推动378名党员干部、村民代表、下沉力量、志愿者纳入微网格团队,在疫情防控、防汛防台中第一时间启动唤醒机制,发挥最小单元作战效能。

【法治政府】 全面依托镇村法律顾问一体化机制,制定《中共墙头镇委员会墙头镇人民政府关于推进合法性审查工作的实施办法》,切实推进合法性审查工作全覆盖。2022年以来,共审核行政机关合同89件,集中“会诊”政务公开案件、重大合同纠纷4次。全面推行政务公开。2022年,墙头镇着力抓好政务公开栏、政务信息网站的建设,及时更新政务公开栏目信息,累计发布政务信息242条。加强公共法律服务资源供给,成立由58名成员组成的“12348”法律服务队,制定每周三、五上午,“两个半”坐班制度,精准构建“半小时”公共法律服务圈,2022年累计提供法律服务53次。同时,16个行政村均建立公共法律服务点,重点在方家岙村社会服务中心打造“互联网+法治”服务窗口,配备公共法律服务触摸屏、远程视频终端,打造“指尖上”的公共法律服务。

【双拥工作】 开展“平安军港”建设,投入70万元完成蚶下线(下山部队段)公路修复工程。退役服务工作保障有力,枫桥式退役军人服务站创建实现全域覆盖,镇本级、墙头村服务站均已成功通过考核验收。积极开展帮扶援助,先后走访慰问重点优抚对象、困难退伍军人,发放慰问金及慰问品合计价值约78000元。加强就业培训引导,积极组织退役军人参加招聘会、培训会,帮助引荐退役军人解决求职需求。

【人才工作】 成立“招工引才小分队”,与河南省信阳市开展劳务协作,探索建立劳务输入基地,“内外”结合为企业成功招工引才10余人。建设“招聘站”,发布招聘及咨询信息,举办“家门口”招聘会,达成就业意向20余人。坚持“即报即核”,落实留工优工补贴及就业创业政策,完成留工优工网上申报企业24家412人,合计申报补贴金额157700元。办理灵活就业社保补贴256人次、灵活就业登记28人次、农村公益性岗位3个。“点对点”宣传创业担保贷款及贴息等优惠政策,完成创业担保贷款及贴息企业5家共100万元。开展企业留工用工情况调查摸底,规范企业劳动用工专项行动3次,劳动用工书面审查50家,劳动监察日常巡查105家,完成各类专项检查65家,及时有效处置企业劳动纠纷4起。组织22家企业劳动用工体检,排摸上报6批次21家“薪资保”白名单企业,推荐劳动关系和谐企业(三安制阀)、金牌劳动关系协调员(周双)、2022年度省级合作创业村及市级高质量就业村(方家岙村)。

【全面从严治党】 实施基层基础提标行动。深化“强基固本”三年行动,推进“两新”党建“三年创优、整体跃升”,多项基层党建特色工作入选县“示范党支部”典型案例。坚持资源共享、优势互补,创新建立“蔷薇花开”“村村善治”“沪海帆樯”党建联建组织,逐步形成共荣共富共赢的良好发展态势。实施党员干部提能行动。严格落实书记账本制度,推行“晒清单、比业绩”书记赛马会,获评“金银雁”名师1名。新创成“甬爱e家”服务站点3个,流动党员管理走在全县前列。树立选人用人正确导向,精准运用“双对双排”和“季度之星”评选,推选“季度之星”干部、团队16个,提拔转任干部8名。实施正风肃纪提效行动。落实全面从严治党“五张责任清单”,紧盯疫情防控等重点强化政治监督,处置问题线索37个,党纪处分9个。持续开展漠视侵害群众利益问题专项治理,涉纪信访下降58.3%。持续深化“清廉墙头”建设，方家岙、黄溪村获评县级清廉示范村，三安制阀有限公司成功创建县级清廉民企示范单位，“清溪方廉”廉政精品线打造初具雏形。

【召开党史学习教育总结大会】 1月27日，墙头镇召开党史学习教育总结大会，全面总结我镇学习教育的做法和成效，对持续推进学习教育常态化长效化进行了部署，进一步激励全镇上下坚守初心使命、传承红色基因，奋力在“十四五”征程上再创新业、再立新功。镇党委书记鲍明华作总结讲话，镇全体机关干部、行政村书记、第一书记等参加会议。

【召开全镇干部大会】 2月25日上午，墙头镇组织召开全镇干部大会，安排部署全年工作任务，动员全镇上下奋勇前行，扛旗争先，全面完成上级及镇党委、政府确定的各项目标任务，勇当墙头高质量发展实现跨越赶超生力军。全体机关干部、各行政村书记等参加会议。

【象山县乡村文艺之家在墙头镇揭牌】 3月3日，象山乡村戏剧沙龙暨象山县乡村艺术之家、象山县非物质文化遗产体验基地揭牌仪式在墙头镇溪里方村两棵树民宿举行。来自县内各地的戏曲骨干相聚一堂，唱响越剧经典选段。浙江省非遗中心曲艺专委会副主任施莉萌、国家一级演员董柯娣、国家一级演员张小君等三位艺术名家与县内戏曲骨干以戏剧沙龙的形式，围绕“戏曲如何赋能乡村振兴”课题，展开面对面交流、访谈，并共同为“象山县乡村文艺之家”“象山县非物质文化遗产体验基地”现场揭牌。

【陈善杰赴墙头开展“六联六促”大走访大调研】 4月14日上午，县委常委、统战部部长陈善杰赴墙头镇开展“六联六促”大走访大调研及宗教领域防疫检查，县委统战部副部长罗军雷、镇党委书记鲍明华等陪同调研。

【袁家军到墙头镇调研】 4月27日，浙江省委书记袁家军赴象山县墙头镇社会治理中心，考察镇综合行政执法队指挥室，了解“141”体系建设和“大综合一体化”行政执法改革工作推进情况。随后，袁家军一行赴墙头镇溪里方村、方家岙村，考察基层治理和美丽乡村建设情况。

【象山县镇乡（街道）社会治理中心成立授牌暨墙头镇社会治理中心揭牌仪式在墙头镇举行】 5月5日上午，象山县镇乡（街道）社会治理中心成立授牌暨墙头镇社会治理中心揭牌仪式在墙头镇举行。县委书记包朝阳出席仪式并讲话，他强调，要加快“最强大脑”和“最小单元”的迭代融合，推进数字化改革“1612”体系架构与“141”基层治理体系贯通衔接，努力为全省高水平推进省域治理现代化、全市智慧善治之都建设提供更多象山样本。县委副书记、政法委书记应建勇，副县长卢小兵参加。

【召开“强党建、促共富”推进会暨农村工作会议】 7月3日，墙头镇召开“强党建、促共富”推进会暨农村工作会议。墙头镇紧紧围绕省第十五次党代会报告提出的“两个先行”奋斗目标和“八个高地”具体目标，以“守护红色根脉”为根本，不断探索创新党建引领兴村共富联盟建设的新范式，组织各级党组织多形式开展组团研学、乡村论坛、先进表彰等党建联盟结对共建活动，持续拓宽共富共美红色路径，形成全域覆盖、携手奔跑的带富创富新局面。

【方家岙村文化礼堂创建2021年度五星级农村文化礼堂】 墙头镇紧扣文化礼堂“文化地标、精神家园”的定位，结合新时代文明实践站、文明示范线和乡村文旅中心，深入挖掘文化“足迹”，凸显“一村一品、一堂一韵”特色，全镇16个行政村农村文化礼堂覆盖率达到100%，墙头镇方家岙村文化礼堂创建2021年度五星级农村文化礼堂。

【第十九届人民代表大会第二次会议胜利召开】 8月19日，墙头镇第十九届人民代表大会第二次会议胜利召开，来自全镇各战线、各行业的57名人大代表以高度的政治责任感参加此次大会，牢记神圣使命，依法履职尽责，充分展现了新时代人大代表的新担当、新作为、新风貌，顺利完成了大会各项议程。

【召开“乡贤话共富·喜迎二十大”乡贤座谈会】 10月1日下午，墙头镇召开“乡贤话共富·喜迎二十大”乡贤座谈会，镇党委书记鲍明华，新乡贤参事会顾问、乡贤代表和各行政村书记参加会议，会议由镇党委副书记、镇长林晶晶主持。

【溪里方村获评省级美丽庭院特色村】 近日，省妇联、省农业农村厅联合印发《关于公布省美丽庭院特色村名单的通知》，墙头镇溪里方村获评省级美丽庭院特色村，系全县唯一入选村庄。

【“观海轩”书吧揭牌开馆】 11月24日，墙头乡镇书吧“观海轩”揭牌开馆。该书吧位于墙头镇主街道，与象山最早的藏书楼（观海楼）隔街相映，总面积125平方米，被划分成读书借阅区、综合服务区、休闲交流区等三大板块。同时，根据不同年龄、不同人群的多元化需求，将5000余册藏书按照少儿趣阅、成人悦享、文化交流、休闲便民等不同功能进行阅读区块细分，为不同需求人群提供便捷服务。

【华伟到墙头镇宣讲中共二十大精神】 11月25日，宁波市委常委、常务副市长华伟赴基层联系点墙头镇，宣讲党的二十大精神。县委书记包朝阳主持宣讲会，县领导陈善杰、吴志辉参加。

【方家岙村成功创建浙江省未来乡村】 12月14日，省农业农村厅、省财政厅和省风貌办联合公布2022年浙江省未来乡村创建成效评价结果，墙头镇方家岙村成功入选。

【举办象山味道·西沪港"冬渔火锅"活动】 12月17日，象山味道·西沪港"冬渔火锅"在下沙村和西沪滨海营地举行。现场不仅再现了古老的围塘捕鱼技艺，更是将传统与流行相结合，用围炉火锅的方式涮冬渔、享美食。

【墙头镇获评美丽城镇建设省级样板镇】 12月21日，省城乡环境整治工作领导小组公布全省美丽城镇建设2022年度评价结果，墙头镇成功获评2022年度美丽城镇建设省级样板镇。

2022年墙头镇行政村基本情况统计表

表82

村　名	户　籍（户）	人　口（人）	耕地面积（公顷）	林地面积（公顷）	村级经营性收入（万元）	上级补助收入（万元）
蔡家岙村	327	877	47.42	282.89	32.6	63.86
大溪蒋村	419	1143	49.8	142.56	64.2	190.6
方家岙村	614	1787	86.94	354.27	83.68	155.52
舫前村	475	1464	68.82	330.2	29.46	54.3
凤泉村	382	1146	41.89	116.57	51.33	254.38
黄溪村	601	1619	71.72	51.18	49.72	163.62
雷港村	313	844	56.46	74.58	27.45	65.89
岭下村	247	724	39.12	141.07	30	90.85
七里亭村	244	710	31.36	77.89	28.71	178.17
墙头村	1155	3237	182.4	211.28	186.31	89.88
上沙村	278	811	40.1	42.66	18.93	75.79
塔岭村	234	694	23.05	78.27	25.51	19.11
亭岙村	223	690	29.53	146.89	28.68	42.42
溪里方村	216	636	29.42	23.33	56.8	45.87
下沙村	450	1233	64.29	186.4	45.37	128.93
洋北村	806	2279	79.33	442.5	79.76	325.21

（墙头镇政府　张玮秦）

泗洲头镇

【概况】 泗洲头镇地处象山西南部,东濒茅洋乡,南临宁海县长街镇,西南连宁海胡陈乡,西北接西周镇,地形南北舒展,间有山海镶嵌。镇域面积84平方千米,耕地面积1733公顷,山林面积4965公顷,下辖17个行政村,人口1.8万人。镇内生态资源得天独厚,森林覆盖率达70%,坐拥“灵岩山”“白仙山”象山两大名山和省级海洋生态湿地保护区蟹钳港,生态湿地浅海小海鲜资源十分丰富,青山绿水碧野,是发展休闲养生、旅游度假之胜地。先后获得全国环境优美镇、国家卫生镇、省级文明镇、省AAAA级景区镇、省级生态镇、省级森林城镇、省市级美丽乡村示范乡镇、县级乡村振兴先进乡镇等一批国字号和省市县级荣誉。2022年,全镇实现社会生产总值11.2亿元,财政一般预算收入2535.6万元,实现固定资产投资2.9亿元。

【工业经济】 2022年,全年实现规上工业总产值13.4亿元,实现规上工业增加值2.6亿元,实现制造业投资1.2亿元。全年实现外资“零”的突破,到资103万美元,实际内资3.3亿元,浙商回归3.3亿元。新落户飞创医药设备、汉诺新能源、凯歌斯啤酒罐、德克蓝智能装备、汉利博智能锁等工业企业6家,其中总投资亿元以上项目1个。全年排摸解决留抵退税、纾困贷款、政策争取等各类难题36件,13家规上企业共收到各类助企纾困补助183.3万元。全年新增“小升规”企业1家,亿元以上企业2家,新增县级技术中心企业2家,知一汽车、瑞德能源入选县“330”企业培育库;实现规上工业科技研发经费支出4800万元,乐丰新能源、海润制衣、博骏环保、艾文特汽车成功获评国家级高新技术企业。

【农业发展】 2022年,坚持农业基础地位不动摇,有效遏制耕地“非粮化”,全年粮功区“非粮化”调整及土地整治1700余亩,粮功区面积保有量6500亩以上。激活特色农业“增长极”,发展杨梅产业“三品工程”建设,制定大棚杨梅专项补助政策,注册“泗洲头灵梅”商标,1.5亩灵梅大棚栽种试点成功;泗洲头土豆成功创建市级绿色农产品示范基地,试点推广100余亩大棚土豆种植。推动农业政策性保险全覆盖,完成杨梅、柑橘、梭子蟹等门类保险近2万亩。全年完成县级、市级示范性农民专业合作社创建各1家,县级、市级示范性家庭农场各1家,创建市级种植业六园1家,农产品质量安全放心基地1家。

【商贸旅游】 2022年,旅游业态项目推进顺利,总投资1亿元的灵岩山滨海森林运动智谷项目完成投资超9000万元;肖胡花海“花与星山野露营地”项目基本建成;成功举办第六届象山(马岙)杨梅节、龙溪峡谷漂流开漂节、“乡聚泗洲头 共富蟹钳港”文旅论坛等文旅节庆活动。上马岙知青公社民宿建成运营,墩岙民宿集聚村入选全县唯一的省级金AAA景区村创建单位。成立“山海未来”共富联盟。墩岙村与慈溪市鸣山社区村社联动“共富直通车”完成首发,吸引社区游客3批次前来游玩。全年累计接待游客超15万人次,实现旅游综合收入4000余万元,成功入选为宁波市乡村全域旅游示范区。

【村镇建设】 2022年,坚持全域景区化、乡村景点化、项目景致化,高标准、全域化创成文旅特色型美丽城镇市级样板,以“五美”为目标,累计统筹安排项目22个,总投资超1.8亿元,建成15分钟品质文化生活圈4个。加快促进城镇有机更新,围绕拆、改、建、整四大抓手,通过微改造、精提升方式,全年累计拆除违法建筑超2.1万平方米。建成镇级体育运动公园、灵峰路滨水廊道、骑行绿道等一批邻里品质生活示范空间。完成盛宁线茅洋至泗洲头段改建工程、灵岩山道路改扩建工程、塘岸农村公路改造工程等项目。成功创建上马岙村省级美丽乡村特色精品村。完成宁波市第二批村庄设计落地试点村创建。完成杨大场村梳理式改造工程,顺利推进何金石村农村综合改革。围绕“三化九场景”,成功创建墩岙村省级“未来乡村”,稻梦空间等节点项目。完成“潮隐西海岸”“儒雅山水境”2条市级精特亮精品线泗洲头段建设,花海心境、田园画境等节点项目出彩见效。全面清理整治河道、蟹钳港畔沿线垃圾及养殖问题隐患,完成灵南片8个村5000余亩海水养殖塘尾水处理工程。完成下山头地质灾害治理工程、下马岙水库整治工程,“杨家桥”旱改水项目加速推进,苏岙村建设用地、大理村对岙王建设用地等一批面上土地复垦工程完成立项。

【社会事业】 2022年,优化公益性文化服务设施,创成市级农家书屋5家,建成百姓健身房2家。深度涵养文明家风,成功评选最美家庭、文明家庭等特色家庭9户。强化健康惠民服务,完成家庭医生契约式签约服务3000余人,60周岁以上老年人体检2400余人,成功创建苏岙村、横埕村2个健康村。巩固教育“双减”成果,充分加强义务段学科类校外培训监督。全面落实食品安全“包保责任制”,精准包抓全镇7家C级和203家D级食品经营主体,顺利推广1.2万元“食责险”。持续开展“文明攻坚”专项行动,围绕城镇环境优化、秩序维护、设施整治三大领域,聚焦“七个周边”“一跨六乱”“七类设施”,累计整改问题800余处。全力打造农村文化礼堂重点品牌活动项目,文化礼堂“礼堂家”数字化管理平台建设排名全省前列,泗洲头村文化礼堂入选市级特色文化礼堂。推进社会保险深度提标,全年办理城乡居民医疗保险1.3万人,推广“甬宁保”2100余人。全面调查摸底规上工业企业和限上服务企业留工用工情况,推动政策奖补落实落地,全年累计申报补贴金额18.8万元。全年累计办理灵活就业社保补贴57人次,共计8.7万元,新增农村公益性岗位7个。加强低保、特困、残疾人员等弱势群体的生活保障力度,发放五保、低保救助金590万元,残疾人“两项补贴”14.5万元,政府购买居家养老服务93万元,全年募集慈善捐款58.6万元,救助人数4000余人,救助金额79.4万元。

【基层治理】 2022年,迭代升级“基层治理四平台”,加快推进“1612”“141”双体系全面衔接贯通运行,全年流转并处理事件992件。充分优化网格治理“一盘棋”机制,配强“1+3+N”网格队伍414人,累计走访4.5万余次,上报事件1.6万余起。着力提升矛盾纠纷化解效能,完善社会矛盾纠纷“访调诉裁”一体化解机制,全年累计接待群众136批241人次,排查调处并按期办结各类矛盾纠纷154起。

【平安建设】 2022年,全面提升防灾减灾能力,充分激活治安巡逻、公共卫生、森林防火、环境保护等6支共计300余人的应急救援队伍。全力推进应急管理全覆盖责任体系建设,常态化组织开展各类应急演练,及时并妥善处置警情95起。

【党风廉政】 2022年,扎实开展“五问五破争先进、五比五先创一流”作风建设专项行动,坚决纠治“四风”。严格落实政府系统全面从严治党主体责任和党风廉政建设“一岗双责”,完成主要领导经济责任履行情况审计。严格执行中央八项规定精神,坚决落实县委巡查反馈意见整改,全面完成信访领域专项巡查。结合基层公权力平台推广应用,抓好乡村清廉指数评价工作,积极培育创建“清廉示范村”3个。全面落实“乡财县管”“乡债县管”,有效规范政府采购、工程招投标和政府投资行为。强化民主集中制原则,坚决执行“三重一大”集体决策机制,全年累计规范报备“三重一大”事项100余项。主动接受人大、政协和社会各界监督,高质量办理人大代表议案建议22件。依法推进政府信息公开,公开各类政务信息135条。持续深化普法教育工作,创建市级民主法治示范村4个。

【数字赋能 推动文化礼堂运行蝶变】 2022年,泗洲头镇17个村文化礼堂依托“礼堂家”平台,通过“基础因子”板块建设文化礼堂的“数字文化阵地”,对文化礼堂从硬件到软件、从内容到功能、从管理到运行的统筹规划,让村民通过智能手机屏幕即可了解到文化礼堂的基本概况及丰富内涵,形成“全局一屏掌控”的数字化协同场景。充分发挥“礼堂大脑”的大数据“配对”作用,将群众的“需”与政府的“送”实现精准匹配,更好地实现农村文化礼堂建起来、用起来、活起来。

【开展庆祝建团百年——“挥毫泼墨送春联 墨香飘逸暖人心”活动】 1月14日上午,泗洲头镇团委联合总工会、妇联邀请象山县文联书法家协会前主席林栩、象山书法名家周明慧进企业,开展庆祝建团百年——“挥毫泼墨送春联 墨香飘逸暖人心”活动。活动现场,一幅幅大气磅礴、遒劲有力的春联跃然纸上,大家边欣赏书法创作,边品评春联寓意,现场围观的青年员工更是兴趣盎然。这次活动在弘扬中华民族文化的同时,还丰富员工文化生活,展示员工多才多艺、热爱生活、蓬勃向上的精神面貌,提升员工的幸福感和归属感,营造浓浓的节日氛围。

【自主研发农业黑科技】 1月15日,位于泗洲头镇的宁波农邦农业机械有限公司近期研发而成的新能源纯电动自走履带式旋耕机在象山食为先农业有限公司橘园大棚进行试验,取得良好效果,该新能源旋耕机也是宁波市首次研发的中小型新能源农机。这台机器重量约300千克,长1.9米、宽0.8~1.2米,高0.8米,主要针对象山县乃至大多数丘陵地貌,适宜在各种大棚、果园、苗圃、茶园等狭窄地域作业。一次充电4~6小时,可以作业8~10小时,1亩地只需要1千瓦时电的成本。与传统旋耕机相比,新能源旋耕机克服传统农机易损坏、维修成本高、使用寿命短等弊端,采用电力传输替代传统机械传动,使得农户作业成本大幅下降,车身轻量化节钢减碳,避免传动中的电量和机械零部件损耗,延长锂电池的续航时间,还可根据需要改装,进行开沟、施肥、播种等作业。

【扬帆亚运队到达镇交接点】 2月19日11时21分,扬帆亚运队到达交接点泗洲头镇象山国民村镇银行。跑团人员通过泗洲头街到达交接处,由泗洲头镇“非遗”灵南狮舞迎接吉祥物,迎接吉祥物后,灵南狮舞吐出横幅,同时大家一起高喊:“奔赴山与海,象往亚运来,乡韵泗洲头,灵狮献吉祥”。此次活动代表着泗洲头镇正式迎接亚运。

【成立泗洲头镇灵南调解工作室】 2月22日,泗洲头镇挂牌成立全县首个以村干部、退休干部以及新乡贤代表为主体的人民调解团队——灵南调解工作室,并向灵南片区村干部颁发首批人民调解员聘书。泗洲头镇创新基层调解方式,积极鼓励村干部、退休干部以及新乡贤代表参与到矛盾纠纷的调解工作中。灵南调解工作室还将进一步整合镇职能科室、镇派出所以及镇司法所等资源,提高村干部、新乡贤调解员的业务素质,落实日常管理、值班、培训、要情报告和办结等工作制度,确保矛盾纠纷调解各个环节的契合。

【开展“我为亚运种棵树”义务植树活动】 3月9日下午,县政务办、县教育局、县直机关工委、县卫生健康局、县供销联社以及泗洲头镇全镇干部、职工、志愿者,在杨大场村开展“我为亚运种棵树”义务植树活动,迎接全国第44个植树节。通过此次植树活动,传播低碳生活理念,增强保护生态环境的责任感,引导更多群众牢固树立生态文明观,践行环保责任意识。

【“我们的村运”在西洋村开赛】 4月19日,2022年“我们的村运”乒乓球比赛在泗洲头镇西洋村鸣锣开赛。此次活动是2022年“我们的村运”宁波市农村文化礼堂运动会首批分会场之一,由中共象山县委宣传部、象山县文化和广电旅游体育局、泗洲头镇人民政府共同主办。此次大赛的目的在于激发乡村群众参与体育赛事的热情，为全体村民“喜迎亚运”营造良好氛围。

【举办第六届象山（泗洲头）杨梅节暨旅游产品推介会】 6月18日，泗洲头镇联合县供销社举办“乡聚蟹钳港 梅好泗洲头”——第六届象山（泗洲头）杨梅节暨旅游产品推介会在马岙开幕，梅农、客商和游客相聚蟹钳港畔，以“梅”为媒，共铺共富共美路。开幕式上，灵南片区“山海未来”共富联盟成立，现场举行了泗洲头灵梅电商销售示范基地、中华优秀传统文化泗洲头研修基地、泗洲头镇农文旅品牌推广大使等受聘仪式。举办“乡聚泗洲头 共富蟹钳港”主题沙龙活动，专家学者、新乡贤追梦人共话“山海谐动 齐美共富”乡村振兴示范镇和蟹钳港共同富裕样板区打造。泗洲头镇推介知青公社民宿、龙溪峡谷漂流、灵岩山滨海森林运动智谷等旅游产品，旅游达人分享在泗洲头制作的短视频，场景化宣传泗洲头杨梅。通过活动，进一步扩大马岙杨梅品牌影响力，提升农产品附加值，促进旅游迭代升级。

【“文化走亲”进礼堂 助推美丽城镇“人文美”】 6月22日，镇海区45名区、街道、村三级文化礼堂负责人和管理员到泗洲头镇参观交流。这是镇海区与象山县合力开展的一次“文化走亲”活动，在文化礼堂的文化活动开展、数字化效能建设、移风易俗推进等方面开展深入交流。作为全市文化礼堂数字化效能建设的先进乡镇，象山县泗洲头镇在文化礼堂活动开展、平台活动信息报送等方面已积累了一些经验。镇公共事务综合服务中心副主任张根苗根据自己多年的工作经验，针对如何联动为文化礼堂“送文化”、如何提升文化礼堂功能、如何培养文化礼堂人才队伍建设等内容，与镇海区的文化礼堂负责人、各文化礼堂管理员作了详细的分享与交流。培训会后，张根苗还带领镇海区各文化礼堂管理员参观了泗洲头镇泗洲头村文化礼堂、何婆岭村文化礼堂、上马岙村文化礼堂，进行“礼堂家”平台上报实操指导。

【“国民银行杯”羽毛球比赛热情开拍】 7月22日，“国民银行杯”宁波市社区运动会象山泗洲头镇站羽毛球比赛在丹东街道梅溪村梅溪羽毛球馆举行，50多名运动员共组成8支队伍参赛，现场人影跃动，银羽翻飞，充满了竞技热血和夏日激情。经过激烈角逐，泗洲头镇机关队获得第一名、泗洲头镇卫生院队获得第二名、泗洲头镇企业联队获得第三名。此次比赛以“体育赋彩乡村生活”为主题，以线下比赛+线上云转播的形式开展，运动员们比赛热情高涨的同时，泗洲头镇也将在全镇17个村文化礼堂云展播羽毛球赛，力争让村民们无论是线上还是线下皆参与到这股全民健身的热潮中来。

【邵逸夫慈善文化促进会到镇举办“名医下乡义诊”活动】 7月30日，邵逸夫慈善文化促进会成立专家义诊医疗队，到象山泗洲头镇帮扶社区村开展专家义诊活动。8位专家现场针对常见病、疑难杂症病的特点，以妇女、老年人、慢性病以及贫困居民为服务重点，开展诊疗、心理健康咨询，共接待村民50余人，对村民提出的问题耐心进行解答。

【马岙知青公社民宿开业】 8月1日，泗洲头镇马岙知青公社民宿开业。民宿位于上马岙村，三面环山，东临蟹钳港，北依灵岩山，由闲置的下乡知青宿舍和马岙小学改造而成。民宿以知青文化为基底进行设计和装修，努力打造质朴纯真、自然简单的乡村度假生活。占地面积2000平方米，由接待中心、客房区域、庭院三部分组成。

【包朝阳实地调研蟹钳港共同富裕样板区建设】 9月8日下午，县委书记包朝阳实地走访泗洲头镇墩岙村花鲜塘，认真查看“非粮化”整治后单季稻长势状况，并向种粮大户详细了解种粮收益情况。在上马岙村踏看了知青公社，了解村庄整体风貌布局，对该村错落有致的空间脉络给予赞赏，并对该村党支部提出要求，希望该村按照未来乡村“三化九场景”设计，迭代更新村庄风貌肌理，推进农旅、文旅充分融合。走访了灵岩山滨海运动智谷项目，了解项目建设工程进度，协调交办存在问题，要求加强项目风貌管控，统筹落实用地指标，高质量把好工程质量安全关，打造成为环蟹钳港共同富裕样板区

2022年8月1日，以知青文化为特色的马岙知青公社民宿开业迎客，图为马岙知青公社民宿

的又一标志性文旅项目。县委书记包朝阳强调泗洲头镇要主动顺应发展新趋势，抢抓发展新机遇，立足山海资源和产业特色，扬优势补短板、塑变革勇争先，为环蟹钳港共同富裕样板区建设提供泗洲头精彩拼图。

【“泗卫灵峰”党支部走进泗洲头镇敬老院】 9月25日，县中医医院医健集团泗洲头分院“泗卫灵峰”党支部走进泗洲头镇敬老院，帮老人快速有序完成抽血、床旁B超、心电图等健康检查，并对有需求的老人开展流感疫苗接种、核酸检测等服务，切实解决了老年人行动不便等问题。“五问五破、五比五先”专项行动开展期间，“泗卫灵峰”党支部主动转变服务理念，改“等群众上门”为“自己去跑腿”，积极开展连心夕阳红、服务一条龙系列活动，用送检下村、接种上门等方式，让老年群体不出门就能享受健康保障。

【引领移风易俗新风尚】 12月9日，泗洲头镇依托新时代文明实践站所等平台，积极开展多种宣传方式推动移风易俗丧事简办工作，引导广大党员群众革除陈规陋习，倡导文明新风，让移风易俗、文明健康的新风尚落地生根。全镇通过找准对象，多点发力的方式，找准党员干部“发力点”，坚持强化党员引领，充分发挥“党员头雁”作用，要求全镇广大党员干部冲在先、走在前、带头干，带头执行移风易俗，带头宣传引导，签订承诺书，从自身做起并管好身边人，争当文明新风的倡导者、传播者、执行者。找准“五老”志愿“着力点”，组织“五老”志愿队伍深入各个村民小组，重点针对拒绝丧事大操大办、相互攀比等旧俗陋习开展政策宣讲，以发放倡议书、群众现场交流等方式，引导群众树立良好家风、淳朴民风等新风尚，为推动移风易俗工作营造了良好的社会氛围。找准典型示范“动力点”，坚持常态化开展“文明家庭”“身边好人”典型申报创建活动，将移风易俗丧事简办纳入文明家庭申报标准之一。通过道德讲堂广泛宣传，组织典型表彰，典型讲身边故事等活动，从内心深处激发广大群众的道德自律和文化自觉，不断推动移风易俗，提高群众自觉行为。通过推动移风易俗，全年共简办丧事100起，在全镇营造了从俭办酒、抵制不良风气的浓厚氛围。

【泗洲头溪入选省级“美丽河湖”名单】 12月16日，2022年度浙江省“美丽河湖”名单出炉，镇泗洲头溪入选上榜。泗洲头溪全长6.2千米，承担着泗洲头镇北部区域的防洪排涝、农业生产等多项功能，流经何婆岭、金家岙、肖胡、横埕、张岙、后王、塘岸、泗洲头8个村庄。泗洲头溪美丽河道建设按照“高品质、生态化、现代化、特色化”四有标准，共整治河道5682米，主要建设内容包括河道护岸、堰坝8座、桥梁8座、景观节点（亲水平台）3处、慢行道、沿线落埠、跌坎、机耕路修复等。以恢复河道生态系统多样性为目标，将生态、防洪、景观功能融为一体，通过生态手法改造河道的结构形式，增加河道浅水区范围以利于河道水生物繁衍生息。随着生态综合性修复、景观特色化建设、文化深层次挖掘、养护高标准开展等系列措施的落实，泗洲头溪水安全、水环境、水景观和水文化上新台阶，年平均水质长期稳定在Ⅰ、Ⅱ类。

【盛宁线茅洋至泗洲头段改建工程提前完工】 12月25日，盛宁线茅洋至泗洲头段改建工程顺利完工，比预计建成时间提前3个月。盛宁线串联鄞州、象山、宁海，是贯穿象山东西全境的一条主干线。其中，盛宁线茅洋至泗洲头段改建工程总投资2.75亿元，新增用地规模227亩。该项目起点位于茅洋乡花墙村，终点接泗洲头镇南岙自然村，全长3.52千米，整体式路基宽度25.5米，按双向四车道一级公路标准建设，设计速度为80千米/时。全线共设有大桥1座、小桥2座。项目建成后，将有利于促进象山和宁海的互联互通，同时进一步完善象山县国省道及区域干线公路网络，带动沿线旅游产业发展，进一步推进环蟹钳港共富样板区建设。

2022年泗洲头镇行政村基本情况统计表

表83

村　名	户　数（户）	人　口（人）	耕　地（公顷）	林　地（公顷）	村级资产（万元）	村集体年收入（万元）	村集体年支出（万元）
泗洲头村	506	1383	79.2	351.66	4117.88	209.5	60.55
塘后村	394	1206	57.07	137.8	1878.26	193.7	74.62
何金石村	260	768	42.66	327.8	2052.55	177.9	36.05
峙后村	390	1272	83	591.73	1551.08	154.7	15.26

续表83

村　名	户　数（户）	人　口（人）	耕　地（公顷）	林　地（公顷）	村级资产（万元）	村集体年收入（万元）	村集体年支出（万元）
东联村	390	1165	57.53	478.06	812.76	53.6	11.27
西洋村	257	776	60.4	199.6	1292.93	123.5	10.93
肖胡村	278	859	38.26	221.2	1255.98	64	19.92
横埕村	311	987	54.8	259.53	925.72	72.7	51.96
杨大场村	229	714	40.73	144.33	1022.07	51.5	12.16
张呑村	250	766	30	348.06	1006.64	56.2	13.33
峙前村	175	611	42.6	394.2	1285.29	102.9	10.34
下马呑村	239	867	72.13	215.46	1463.08	238.7	18.88
上马呑村	339	1133	47.2	354.66	1691.26	170.9	29.33
墩呑村	319	1132	69.93	178.13	2676.78	389	38.60
苏呑村	264	901	127.6	248.46	1819.94	231.9	16.92
泗联村	381	1179	52.2	327.66	1152.91	62.1	56.70
大理村	377	1285	118.8	186.73	2140.02	184.6	36.97
合计	5359	17004	1074.11	4965.07	28145.17	2537.4	513.79

（泗洲头镇政府　汪伊）

涂茨镇

【概况】　涂茨镇位于象山县东北部，地处象山港口，东濒大目洋，与舟山群岛隔海相望，环港公路贯穿全镇，交通便捷。涂茨镇镇域面积62平方千米，下辖20个行政村，人口2.2万人，沿海岸线38千米，海涂面积833公顷，耕地836.6公顷，山林2572公顷，大小岛礁98个。境内有乱礁洋、外干门港、饭桶山、珠山等自然景观，山海人文资源完美融合成“东海仙子湾”，是发展滨海休闲旅游度假之胜地。近年来，涂茨镇坚持构建“核心带动、两翼驱动、山海联动、多片互动”发展新格局，城东工业园、临港装备工业园、国家级海洋经济示范区主体区等平台逐渐成熟，各类资源叠加优势不断凸显，成为一方投资开发热土。2022年，全镇经济社会各项事业呈现稳中有进的向好态势，全镇实现社会生产总值53.96亿元，同比增长6.6%；财政一般预算收入4286万元；农渔民人均纯收入增长7%。

【工业经济】　新乐造船、恒冠机械等4家企业产值同比增长显著，造船、光伏、汽车配件等行业订单超预期，实现规上工业总产值35.5亿元、规上工业增加值5.7亿元，三诚压铸、山岳金属总产值突破亿元大关。积极做好助企纾困，协调解决波威重工运输船防疫、甬坚建材燃气价格、劳伦斯税费等问题22个，中广核陆上升压站项目从政策处理到完成报批用时仅6个月，创县土地报批最快纪录。招商引资势头强劲，实到内资13.2亿元，浙商回归资金18.4亿元，目标完成率分别居全县第二和第一，外资实现“零”的突破。5个项目通过“七评一看”总投资6亿元，新力三、鑫诺、元森等3个项目成功落户，招商项目数居全县前列。坚持抓项目扩投资，久倍、新腾等项目建成投产，腾华、博森特等一大批项目加速推进，完成工业投资26.39亿元,同比增长超12倍,中广核陆上升压站完成带电投运,海上风电场首台风机完成并网发电。科技创新走深走实,完成规上工业研发费用5148万元,同比增长近一倍,高新技术产业增加值1.67亿元,同比增长46.7%,高新技术产业投资2.6亿元,2家企业获评象山县"330"企业,新增国家高新技术企业4家。推选省优秀青年工匠1名、"半岛英才"2名,申报国家级引才工程、甬江引才项目各1个,恒冠机械完成宁波股权交易中心挂牌。

【农业发展】 现代农业稳步发展,日本葡萄、小番茄、蓝莓等特色农业产业深入发展,全镇红美人等特色优质柑橘种植达到550余亩预计产值超3000万元,前山姚龙石果园、泊戈洋蓝莓基地收益同比增长明显,谷斯鹅业等现代禽养业持续健康发展,完成浙东白鹅智控选留系统建设,获评国家级遗传资源保种场1个。农业基础设施不断完善,建成高标准农田2400亩、"旱改水"75亩,泊戈洋溪坑整治、桐岭坑水库挡墙修复等一批面上水利工程按期完成,建成黄沙村美丽河湖项目。粮食种植实现全程机械化,完成"减船转产"25艘,联合象北渔业公司建立"乡镇+基层管理组织"综合管理模式,渔业管理进一步规范。

【第三产业】 沿珠山、环海岸线两大山海旅游轴逐渐成熟,新文旅消费场景建设成效显著,饭桶山、东门外等文旅IP成功打响,注册统一文旅商标"漫涂",全年接待游客约21.5万人次、旅游综合收入同比增长近9%。大力推进"微改造、精提升",一批文旅项目基础设施有效提升。做活"春华秋实"主题活动,成功举办第四届音乐稻香节,象山直播基地建成开播,饭桶山入选滨海都市新消费场景。宅基地改革不断深入,盘活闲置农房800平方米,黄沙碧海晴沙(三期)建成营业。

【城乡建设】 持续完善镇域基础设施,镇南新区功能区启动建设,完成长沙未来社区工可方案编制、邻里中心宕渣填筑,涂茨卫生院迁建项目正式启动,公共服务主体逐渐向新区集聚,成功创建省级美丽城镇。汤鲁线至外干门公路、前中线至前山姚公路等农村公路3条2.5千米按期动建,建成庵后大岩头至村口公路等3条2.8千米。美丽乡村"多点开花",旭拱岙未来乡村、中堡市级美丽乡村示范村创建持续推进,前山姚村县级特色村动工建设,珠山、黄沙、毛湾等村农村公益事业奖补项目全面完成,一大批示范村、特色村、精品村有了新改观,"以点串线、以线促面"的美丽乡村建设新格局基本形成,黄沙村成功创建县美丽庭院精品村,旭拱岙村获评象山县最美乡村,成功创建市级美丽乡村示范乡镇。

【人居环境】 开展"迎亚运、美家园、创文明"环境卫生整治专项行动,持续整改环境问题600余处,大坦村获评省级高标准农村生活垃圾分类示范村。完成"三改一拆"2500平方米,拆后利用率达93%。压紧压实"河湖长"制,大力推进近海岸带污染整治,全域水质明显改善,方兴牧业完成污水网管改造,大中庄至产业区管网铺设项目基本建成,成功创建省级森林城镇、县级"无废城市"乡镇。

【文明创建】 以全国文明城市创建为契机,持续打响"海山仙子"巾帼志愿服务、花漾汤岙志愿服务品牌,中堡"崇军惠民"双拥志愿服务获评市级退役军人服务大赛优秀奖。迭代升级新时代文明实践站(所),整改文明创建"啄木鸟"和省级文明村曝光问题132个。推动公共文化服务优化,"漫涂"书吧揭牌启用,文化礼堂"建管用育"水平切实提升,汤岙村获评特色文化礼堂,建成15分钟品质文化生活圈5个,举办"山海音乐会""我们的节日"等文化活动30余场次。持续推进婚丧礼俗整治,依托"四会说四风"培育核心价值观,不断提升城乡文明水平。

【社会事业】 巩固教育"双减"成果,奖教基金成功设立,"致善毓德""亲自然"等教育品牌逐渐打响,涂茨小学多功能综合楼完成立项。开展校园安全隐患集中排查、防溺水知识讲座、消防演练等各类活动20余次。推进"健康涂茨"建设,开展健康义诊、健康讲座等活动60余场次,有序推进毛湾、泊戈洋等4个村家庭医生驻村服务,家庭医生在签4365人,完成流感疫苗接种、"两癌"筛查等3930人次,旭拱岙博爱家园通过验收,村级计生协换届全部完成。

【社会保障】 全力以赴做好疫情防控,落实落细"七大机制""五快循环",圆满完成3次大规模全员核酸检测,完成核酸检测40余万人次、疫苗接种38100针次,众志成城打赢疫情防控遭遇战。扎实做好食品药品安全监管,引进食品安全"智慧协管"服务。退役军人服务保障体系进一步健全,中堡村获评市级"双拥"示范点。慈善工作成效显著,发放社会救助金、慈善救助金200余人次40余万元,黄沙村高质量承办全省慈善会系统基层慈善网络建设现场会参观任务。

【社会治理】 以"七张问题清单"为导向,迭代升级"141"治理体系,成立品牌矛调工作室"爱馨港""邻里话"。"诚信指数""清廉指数"、信访说事、信访代办等制度不断深化,"党建引领+四治融合"新模式逐渐形成。常态化开展扫黑除恶斗争、防范电信网络诈骗、防范码头走私等工作,防灾减灾能力切实提升,有效应对"梅花""轩岚诺"连续台风等极端天气。

【行政效能】 实施"争创变革型组织、争做变革型干部"三年行动,推进基层"大部制"机构改革,全面完成镇内设机构和下属事业单位改革,权属职责进一步厘清。扎实开展基层治理大联村,推进现代城乡社区建设,完善镇村干部目标管理量化考核办法。主动服务国之大者,顺利完成长沙村整村迁建项目,"21051"、大中庄至产业区管网铺设等重点项目顺利推进。创建区域党建联建3个,开办"强雁学堂"推进基层干部培训,2名干部获评县级担当作为好干部。

【政府管理】 推进依法行政与经济发展有机结合，开展依法行政宣传培训、规范性文件备案审查、行政监督，依法行政能力得到有效提高，主动公开各类信息119篇，受理回应网上舆情会办咨询12起。认真执行重大事项向人大报告制度，自觉接受人大依法监督、政协民主监督和社会监督，全年办理镇人大建议21件、政协提案1件。融合"县乡一体、条抓块统"改革，整体推进"大综合一体化"行政执法改革，行政行为更加规范透明。

【廉政建设】 实施"五问五破争先进、五比五先创一流"机关作风建设专项行动，持续深化"双对双排"，认真履行全面从严治党主体责任，廉政风险防控机制不断健全，完成"七张问题清单"整改31件次，全力推进帮扶领域、疫情防控、优化营商环境等专项监督检查，第一种形态处置58人次。全面推行"乡财县管"，严格执行财政预决算执行管理，从严压缩一般性支出，"三公"经费支出下降10%，创建县级清廉村居示范村2个，旭拱岙村成功复评市级清廉村居示范教育基地，《"村民说事"说出清廉发展》案例作为宁波唯一获评省"清廉单元建设十大创新经验"。

【黄沙村为慈善网络现场会唯一村级参观点】 6月29日、30日，全省慈善会系统基层慈善网络建设现场会在象山县召开。浙江省慈善联合总会会长陈加元，省慈善联合总会副会长兼秘书长蔡国华，市慈善总会会长陈云金，象山县领导包朝阳、李晓东、应建勇、吴志辉，涂茨镇党委书记金鑫等出席或参加相关活动。在涂茨镇黄沙村，陈加元一行先后观摩了村容村貌、文化长廊、慈善工作站、老年活动中心等设施。陈加元鼓励村镇两级党员干部进一步发扬敬老爱幼、守望相助的传统美德，以"乡情"为纽带，以乡贤为引领，带动更多村民了解慈善、关心慈善、参与慈善，构建和美村庄走好共富路。据了解，黄沙村于2009年始先后建立慈善工作站、村慈善基金、慈善义工队伍，搭建起了农村善款募集、困难人群救助、慈善文化传播"三位一体"的工作平台。

【包朝阳赴涂茨镇调研】 8月19日，象山县委书记包朝阳一行赴涂茨镇开展全镇经济情况发展调研，实地走访了浙江波威重工有限公司、宁波直播中心（象山基地）等地、黄沙村等地。随后在涂茨镇政府召开座谈会上，包朝阳书记对全镇美丽经济发展表示肯定，强调要立足全局谋一域，干好一域谋全局，为"万象山海"贡献高标准高水平高颜值"涂茨拼图"。

【"渔光音乐节"滨海民谣走进饭桶山】 9月10日晚，"渔光音乐节"滨海民谣走进北纬30°最美海岸线之饭桶山在网红打卡点饭桶山露营基地举行，此次活动分山（翠微）、海（沧溟）、风（扶摇）、月（婵娟）4个主题，每一个主题的开场通过沉浸式的情感叙事朗诵与国风舞蹈作为引子，每一个主题通过乐队民谣形式来演唱贴切主题的歌曲，通过沉浸式、互动式、一体化的独特表演方式，形象地体现了青年与海的渔光之情。此次活动由象山县文化和广电旅游体育局、涂茨镇人民政府主办，象山县文化馆、涂茨镇文化站承办。

【涂茨镇五彩志愿服务队成立】 11月16日，涂茨镇"一站双中心"联合象山县芯悦社会工作发展中心，正式实施"五彩志愿，多彩共富"志愿团队打造项目。该项目下设乡村产业振兴、乡村人才振兴、乡村文化振兴、乡村生态振兴等五彩志愿者队伍，旨在通过志愿者的力量助推乡村振兴，奋力在社会工作领域打造乡村振兴涂茨模式。

【花漾汤岙·音乐稻香季暨第四届开镰节在汤岙村举行】 10月15日，花漾汤岙·音乐稻香季暨第四届开镰节在涂茨镇汤岙村举行，此次活动通过"开镰节"这个载体，既能充分调动各方资源和力量，为丰饶的农副产品搭建线上线下销售平台，让"好粮景"变成"好钱景"；又能以活动为媒，为新时代农民提供更多的公共文化服务、更丰富的精神文化生活，汇聚起血脉深处对土地的情感寄托。

【乡镇书吧—涂茨馆成立】 12月，乡镇书吧—涂茨馆（"漫涂"书吧）揭牌成立正式对外开放，书吧选址涂茨中心幼儿园西侧，占地110平方米，建筑面积约200平方米，总投资70万元。其中一楼为书吧，分成人阅读区、少儿阅读区和活动展示区，馆藏图书6000余册、少儿绘本1000余册、各类报刊20种，实行全年无休24小时开放，为广大读者提供自助借还服务、通借通还服务、阅览服务、自习服务和阅读推广服务，有效促进了农村公共文化服务均衡化，推进"书香涂茨"建设。

【大岭后、汤岙、前山姚3个村入选浙江省善治示范村】 2021年度"浙江省善治村""浙江省善治示范村"认定名单出炉，象山县48个村入选，数量居全省前列，涂茨镇大岭后村、汤岙村、前山姚村入选。

【旭拱岙村获评全国法治民主示范村】司法部、民政部公布第九批"全国民主法治示范村（社区）"名单，象山县涂茨镇旭拱岙村榜上有名。至此，象山县共有3个村获评全国民主法治示范村。据了解，旭拱岙村坚持党建引领、产业联动，不断推动美丽环境向美丽经济转变，不断深入实践与探索乡村治理，先后提出"三公六心"结合"村民说事""村官说法"工作理念，"村民诚信指数""农村学法用法示范户"考评体系，搭建"乡村治理学院"平台等一系列举措，积极推进民主法治村助力乡村振兴。同时，旭拱岙村将民主法治建设融入乡村振兴战略，把群众法治意识、思想道德的"里子"和村容村貌、群众福祉的"面子"同步推进，实现物质精神"双丰收"。

【建成"15分钟品质文化生活圈"5个】涂茨村、黄沙村、旭拱岙村、汤岙村、钱仓村等村依托农村文化礼堂、村文化活动中心、百姓健身房、文化广场、健身公园等设施，成立15分钟品质文化生活圈，村民只要使用“15分钟品质文化生活圈”微信小程序，点点手机，即可解锁附近所有文化设施及服务项目，并根据个人意愿报名参与圈内的文艺团队、文化志愿者服务以及海量的网络艺术课堂活动。

【涂茨镇获评省级森林城镇】 杭州市余杭区五常街道等49个城镇被认定为2022年度“浙江省森林城镇”，象山县涂茨镇位列其中。据了解，涂茨镇通过组建“1+1+X”“创森”领导小组，强化创建宣传氛围营造，编制科学的城镇绿化方案，抓好森林防火、森林病虫害防治、乡土植物推广应用、古树名木保护等工作，成功创建了浙江省森林城镇。

【旭拱岙村通过省级美丽宜居示范村验收】 9月，浙江省住房和城乡建设厅公布2021年度美丽宜居示范村创建验收结果，象山县涂茨镇旭拱岙村通过创建考核验收。省级美丽宜居示范村创建主要围绕“规划设计一流、质量安全一流、风貌特色一流、生态环境一流、社区管理一流”等五个方面的创建要求，实施“拆违、拆危、拆旧”和“绿化、洁化、美化”等项目，旨在通过创建形成一批发挥示范带动作用的村庄。

【浙江波威重工综合智慧能源项目成功签约】 6月29日，浙江波威重工综合智慧能源项目成功签约，是宁波市首个多能融合低碳智慧综合能源项目，并于11月获得项目发改核准。项目总投资约1.1亿元，拟通过建设2台5兆瓦风机，1.7兆瓦/3.4兆瓦时电化学储能电站、充电桩及智慧化管理平台，打造产储充一体化项目，提升企业绿电占比，并已被列入2023年象山县重点工程项目。

【开展义务植树活动】 3月9日上午，在第44个植树节来临之际，涂茨镇在珠山村开展义务植树活动，为省级森林城镇创建贡献力量。县人大、县公安局、县审计局、县残联、县社会矛盾纠纷调解化解中心、县烟草局、农业银行象山县支行、恒丰银行象山支行等涂茨镇联系部门的同志参加此次活动。

【黄沙塘渔光互补光伏发电二期项目建成投用】 9月，黄沙塘12兆瓦渔光互补光伏发电项目建成并网发电，该项目为黄沙塘渔光互补光伏发电二期项目，由国家电投集团宁波公司投资4800万元建设，占地144000.72平方米，总装机容量12兆瓦，预计年发电量1239万千瓦时，全年较同等发电量的燃煤电厂可节约标煤3780吨，减少二氧化碳排放10345吨、二氧化硫排放79吨。

【旭拱岙村“村民说事”典型案例入选“清廉单元建设（浙江）十大创新经验”】 第三届“基层清廉建设（浙江）十大创新经验”发布活动在浙江日报报业集团举行。涂茨镇旭拱岙村《“村民说事”说出清廉发展》荣获“清廉单元建设(浙江)十大创新经验”创新奖。“村民说事”说出清廉发展系统介绍了涂茨镇旭拱岙村把“村民说事”的“说、办、评、议”有机融入清廉村居建设，实现村务管理、决策、治理在“阳光”下运行，推动干部清正、村事清爽、民心清朗、乡风清朴、干群和睦的创新实践，生动展现推进清廉单元建设的创新之举，对清廉村居建设具有重要借鉴意义。此次评选活动由浙江日报报业集团、浙江大学主办，《反腐败导刊》杂志社、浙大廉政研究中心承办，经过层层筛选和慎重评审，最终10个经验入选“清廉单元建设（浙江）十大创新经验”、10个经验入选“基层清廉建设（浙江）十大创新经验”。活动还同时评选出20个创新提名经验以及32个优秀经验。

【召开党史学习教育总结大会】 1月27日下午，涂茨镇召开党史学习教育总结大会，会议由镇党委副书记董华主持，镇党委书记金鑫作总结讲话，会议全面总结我镇党史学习教育情况，巩固拓展党史学习教育成果，推动党史学习教育常态化长效化。此外召开涂茨镇“减船转产”工作部署会议，开展疫情防控“六大机制”应急能力提升培训，召开“141”治理体系对接疫情防控“六大机制”培训会

【召开工业经济座谈会】 2月20日下午，涂茨镇召开2022年工业经济座谈会，镇属规上企业、重点项目及“小升规”培育企业负责人、镇党政班子成员、镇发展服务办全体干部参加会议，此外特别邀请了县经信局、科技局、县应急管理局、市环保局象山分局和基层站所等的相关负责人来参加此次会议。

【钟关华赴涂茨镇调研】 8月14日，宁波市委副书记、政法委书记钟关华一行赴涂茨镇开展乡村治理工作考察，实地走访调研了黄沙村等地，就全镇乡村治理工作提出指导性意见。镇党委书记金鑫等陪同。

【俞骏赴涂茨镇调研】 8月30日，象山县政协主席俞骏一行赴涂茨镇开展乡村经济发展调研，实地走访调研了饭桶山露营基地、汤岙村等地，对全镇旅游经济、直播经济发展表示肯定，对下一步发展提出了意见建议。镇党委书记金鑫等陪同。

【何慧刚赴涂茨镇调研】 11月17日，宁波市委组织部副部长、市“两新”工委书记何慧刚一行赴涂茨镇开展调研，实地走访旭拱岙村“村民说事”长廊、文化礼堂和乡村治理学院等场所，现场对涂茨镇基层党建工作提出了意见建议。随后，在座谈会上，涂茨镇党委书记金鑫就党建引领乡村振兴、制度治村、村集体经济发展等工作进行了具体汇报。象山县委常委、组织部部长张微燕陪同。

【刘伟波赴涂茨镇调研】 12月22日，湖北省襄阳市保康县副县长刘伟波一行赴涂茨镇开展调研，实地走访了波威重工、新乐船厂等地，现场听取了企业负责人对当前企业运行、疫情防控、项目开工等工作的具体汇报。镇党委书记金鑫等陪同。

2022年涂茨镇行政村经济情况一览表

表84

序号	村名	户数（户）	人口（人）	承包耕地（公顷）	水产养殖（公顷）	渔船（艘）	农村经济总收入（万元）	村级资产（万元）	村集体年收入（万元）	村集体年支出（万元）	书记	主任
1	庵后村	224	681	13.47	0	0	391.37	1091.12	32.10	13.59	徐德宁	徐星海
2	大岭后村	212	587	19.53	38	12	73.63	1160.71	30.62	10.06	夏苏敏	何忠林
3	大坦村	220	698	11.27	25	21	161.78	975.77	42.50	10.08	陈忠国	洪凤展
4	东港村	508	1414	81.87	0	0	247.42	1545.02	98.79	21.15	陈锐铭	郑永定
5	黄沙村	310	948	56.20	35	1	623.66	1984.96	55.26	24.68	朱恩位	黄夏方
6	里庵村	231	630	41.60	0	0	51.70	639.80	30.06	7.44	陈敬森	徐　贤
7	毛湾村	470	1458	14.73	35	26	496.14	1331.67	56.86	20.68	陈龙灵	陈利敏
8	泊戈洋村	518	1586	71.73	0	0	210.88	1298.54	91.67	31.20	史悠波	虞秀伦
9	前山姚村	247	642	20.47	0	0	114.69	982.61	32.63	15.16	蔡明增	姚永来
10	钱仓村	673	2047	109.13	93	18	792.28	3556.31	88.63	45.71	张才云	陈亚武
11	汤岙村	389	1282	90.93	0	1	393.44	1955.27	140.20	26.03	仲立东	朱平安
12	涂茨村	674	2105	85.00	0	6	815.19	2521.74	36.44	18.84	陈　斌	袁争光
13	下盆岙村	199	630	26.40	0	0	64.78	765.66	31.70	9.51	黄彩英	冯德驰
14	旭拱岙村	335	1091	33.87	32	5	302.26	2713.10	30.58	35.54	葛聪敏	黄　平
15	永联村	264	843	27.60	0	7	772.30	2922.53	59.60	18.20	陈光明	殷立葵
16	屿岙村	285	870	15.33	47	2	161.08	1606.20	37.12	12.52	周秀成	叶成军
17	玉泉村	266	810	36.47	0	0	59.00	668.46	30.23	11.98	聂其云	周　岳
18	长沙渔村	79	264	1.93	30	12	55.95	737.00	36.46	7.20	李忠伦	李海挺
19	中堡村	243	768	24.47	0	0	221.40	1585.48	30.07	15.50	钟真理	郑萍红
20	珠山村	313	916	28.53	0	0	255.52	1841.59	44.84	17.10	刘林光	周吉余

（涂茨镇政府　鲍林）

大徐镇

【概况】　大徐镇位于象山县东北部，距县城5千米，71省道盛宁线、汤鲁线、丹大线和亭船线纵横分布，大徐溪和雅林溪贯穿全境，为元曲大家汤式故里、革命诗人殷夫故乡。镇域总面积56.6平方千米，辖18个行政村、1个居委会，总人口2.02万人。2022年全镇实现社会总产值71.46亿元，财政收入达1.6亿元，实现固定资产投资4.9亿元。近年来，大徐镇按照“工业强镇、农旅兴镇、生态美镇、和谐惠镇”思路，着力打造“一心、两轴、三片”的镇域空间结构，全镇经济社会各项事业取得稳步有序发展。先后荣获国家级卫生镇、省级美丽城镇达标乡镇、省AAA级景区镇、省平安浙江创建先进集体、省森林城镇、省“五水共治”工作考核优秀乡镇、档案工作服务农村基层社会治理省级试点等荣誉称号。

【工业经济】 经济盘面牢牢稳住。贯彻落实国家和省市县稳经济一揽子政策,精准开展助企纾困专项服务,工业经济稳中有进,预计36家规模企业实现产值23亿元,规上企业增加值5亿元,同比分别增长19.5%、25%;全年可新增规模企业9家、亿元企业2家。大招商、招大商深入人心,新引进福帕斯液压、晶鑫电子等项目9个,弘博塑胶件、科翔玻璃幕墙等9个项目实现落地转化投产,实际利用市外内资、浙商回归资金5.1亿元,分别完成指标的145%、195%,各项数据均居历史之最。科技创新加力提速,预计实现R&D科技研发投入9000万元,同比增长26.2%。备案国家级科技型中小企业25家、省科技型中小企业10家、县级工程技术中心3家,创建县科技型小微企业8家,申请高新技术企业8家。

【农业经济】 现代农业持续做优。严格控制耕地"非粮化""非农化"现象,整治开垦荒地300余亩。林善岙、望海岭等11个村3400余亩高标准农田完成竣工验收,全年粮食种植面积较2021年增加500余亩。龙角岩水库改造提升、延寿岙军民山塘上坝道路建设、林善岙和里考坑水库大坝监测等一批水利项目开工动建。大壮农场成功打造县级数字化农业示范园区和县级农合联现代服务中心,徐妈妈水产贸易有限公司成功创建县级农业龙头企业,本丰家庭农场成功创建县级示范性家庭农场。

【旅游经济】 充分挖掘殷夫红色资源,积极争取到了中央及配套资金300万元,精心打造大徐村中国红村项目。深挖军民塘山水禀赋,主动对接江南体育并签订投资意向书,谋划打造宁波人周末微旅游的向往之地,并成功举办全国航海模型公开赛。依托里考坑百年老村、相思岭古道等天然优势,积极对接中国建筑集团等大型企业,谋划推进文体旅综合项目。投资5000万元的雅林花溪精品民宿一期基本完成前期工作,年内实现动工。民宿经济持续火热,全年接待游客超过36000人次,其中民宿过夜游客近9000人,旅游经营总收入近400万元。

【专项行动】 一是搬大山。坚持实事求是,灵活审慎,全力攻坚制约大徐发展的三大历史遗留问题。牛岙自然村历史问题正式破题,多方沟通、积极对接,纳入镇级层面整村征迁项目,征迁过程坚持"一竿子插到底,一个标准立到底,一把尺子量到底",高质高效推进征迁工作,首日签约率98.2%,三日内实现100%签约,签约户数57户1.35万平方米。黄家山地块历史问题得到实质性推进,审时度势,转换思路,明确国有平台进行收储,全面完成债权申报、债务清理、法律主体明晰,正式解除与原引进企业的合作关系。虎啸铺农房"两改"历史问题稳步解题,主动作为,勇于担当,持续完善债务清偿方案,基本完成工程项目二次审计。二是建铁路。集中攻坚市域铁路沿线政策处理工作,房屋征收工作全面完成,征收农户34户46处8700平方米,国有房屋3处5900平方米,土地征用按计划加快推进。同步推进安置地块建设,迁建地块完成放样测绘,土地征用、安置方案设计紧张落实。积极谋划镇区定位布局,紧紧抓住市域铁路过境设站契机,高起点谋划镇区新定位、新布局。三是促共富。立足实际,创业创新,卖水资源、建新能源、造公寓楼成为各村壮大村级集体经济的有效途径。积极探索共富路径,"共同富裕视域下壮大村级集体经济的对策建议"调研文章得到市委彭佳学书记的批示肯定,"关于村级集体经济发展存在困难亟待解决"的问题入选省级问题清单。

【城镇品质】 以"全域美丽迎亚运、全民动员讲文明"为牵引,集中开展迎亚运美丽风景线整治提升、镇区"一跨六乱"专项治理,整改各类问题点位近1000个、违法用地16起,立面改造3.1万平方米,绿化美化1500平方米,拆除废旧标牌160处,新增停车位115个,实施"三线梳理"3千米,累计拆除违建7000平方米,获评省"三改一拆"争先创优乡镇。城镇空间布局得到优化,新一轮国土空间控制规划正式确定,"三区三线"尤其是集镇区发展空间合理划定,"一站一湖"联动发展格局基本成形,村庄规划修编调整正式启动。基础设施精细化管养得到加强,盛宁线、新芝路道路改造竣工交付,下院至法王寺(二期)道路工程开工建设,亭船线改造提升完成方案编制,巡查公路桥梁80余次,累计修复市政道路、农村公路2000平方米,枫溪公园成功创建市级"席地而坐"城市客厅。

【美丽乡村】 聚力聚焦各类示范创建工作,持续放大资源效应,市级乡村振兴示范带全面竣工等待验收,市级美丽乡村示范乡镇进入扫尾阶段,环西沪港省级共同富裕示范带加快收尾工作,军湖村省级美丽宜居示范村、林善岙村县级精品村、望海岭村县级特色村等一批点上创建项目加快集中攻坚。安居宜居工程深入实施,健全完善农房监管机制,完成农村房屋自然灾害综合风险普查,危旧房屋做到即时发现即时解危,全年新批农村建房45起、解除危旧房屋19幢。坚持"两山"理论,全力打好蓝天碧水净土保卫战,沙地岗环境综合整治攻坚战取得阶段性胜利,下岙废弃矿山生态修复基本完工,森林抚育530余亩,新建改造农村公厕3座,成功创建美丽庭院示范村12个、美丽庭院精品村2个。农村生活垃圾分类工作成绩位列全县前列,累计发动干部群众、党员志愿者开展环境卫生等各类义务劳动1500余人次,清理建筑、农资废弃、漂浮等各类垃圾120余吨。

【社会保障】 提升公共服务能力,天一甬宁保、企业职工基本养老保险参保工作积极开展,城乡居民医疗保险、养老保险参保率巩固在99%以上,新增城镇就业、农村电商带动就业、失业人员再就业等各类人员166人、扶持大学生创业实体5家,成功调处企业欠薪纠纷10起。增强为民办事实效,稳步推进家庭医生签约工作，高血压、糖尿病等重点人群签约率保持在80%以上，计生特殊家庭实现家庭联系人、家庭医生免费签约、就医优先便利三项制度全覆盖，老年人流感疫苗接种、妇女“两癌”筛查、直肠癌筛查、应急救护培训等一批民生实事项目持续关怀实施。筑牢疫情防控屏障，认真贯彻落实中央和省市县关于疫情防控各项决策部署，高效运转应急响应体系，落实落细“七大机制”“五快循环”，成功应对多轮疫情防控遭遇战。切实加强武装工作，组织民兵训练，办理发放退役军人优待证，输送优秀新兵。

【社会事业】 坚持文化振兴，文化礼堂作用持续发挥，婚丧礼俗整治不断加强，“青风徐来”志愿服务品牌逐渐打响，军民塘迎新健康跑、飞针走线迎中秋刺绣等20余场次新时代文明实践系列活动成功举行。提升教育质量，殷夫中学完成象山中学切块指标13人，大徐小学学生艺术类竞赛获奖量位居全县前列，大徐幼儿园幼儿自主能力提升课题获市级立项。深化健康建设，虎啸铺村、林善岙村成功创建县级健康村，相思古道获评市级最美步道，林善岙村成功创建省级无蝇村。强化食品安全管理，集贸市场成功创建省级“五化市场”，夏雨岙“糖老鸭”食品小作坊点作为省食品小作坊“五化”工作暨卤肉食品安全“一件事”集成改革现场会的示范点，得到与会领导高度肯定。

【平安建设】 狠抓道路交通、企业生产、出租房等领域安全生产整治，更新淘汰非标电动自行车3670辆，关闭主干道路道口5处、安装红绿灯2处，安全事故率、死亡人数同比分别下降10%、60%；下发出租房安全隐患限期整改通知书28份、整治问题256个，工矿企业安全生产排查实现全覆盖，禁毒、反走私、电信及养老诈骗宣传覆盖面100%。加强矛盾纠纷源头治理，拓宽矛盾纠纷收集渠道，全面整合代表联络平台，镇基层治理系统实现可视化、动态化监管，镇级社会治理中心正式启用。积极提升防灾减灾能力，有效应对连续台风“轩岚诺”“梅花”等极端天气。

【依法行政】 坚持优化政府职能配置，健全权力运行制约和监督机制，严格按照法定权限和程序行使权力、履行职责。牢固树立“执政为民”理念，突出民生导向，健全为民服务长效机制，自觉接受人大依法监督，认真办理人大建议提案27件。夯实基层法治建设根基，主动接受司法监督和社会公众监督，探索推进合法性审查工作向村级综合治理赋能，行政执法工作体系不断健全，全年共开展合法性审查工作370余次，累计提出各类涉法意见50余件，成功创建省级民主法治村1个、市级民主法治村4个。健全完善“岗位对责、绩效对账”考评体系及奖惩制度，树立正确的用人导向和培养选拔机制。创新开展“点题面对面　破题一对一”片区座谈会，一批实事难题得到破解。深入实施“五问五破争先进、五比五先创一流”作风建设专项行动、“好干部好团队”评选活动、重点工作每月亮灯制度等，镇村干部执行力和政府公信力进一步加强。积极推进基层“大部制”改革、大综合执法一体化改革，政府行政效率进一步提高。

【廉政建设】 坚决把好宣传警示教育、廉政风险防控、管理制度规范、执纪问责监督、责任追究落实等环节关口，推动党风廉政建设工作全面落实，全年共开展疫情防控、小微权力、婚丧礼俗、工作纪律等监督检查20余次。抓好基层公权力平台应用工作，及时处理预警信息和咨询投诉，推动与“浙农经管”应用贯通，不断规范农村小微权力运行。牢固树立过紧日子思想，严格预算管理，推进“两增一统”“乡财县管”，严控“三公”经费，持续压缩一般性开支，规范政府采购，政府债务得到有效控制。

【军民塘绿地健步跑活动】 为进一步展现大徐镇小康建设成果，搭建一个强健体魄、互相交流的平台，引领全民健身，倡导健康生活新风尚，1月1日，“和美大徐、滨水绿道”暨全民环军民塘健康欢乐跑活动隆重举行。此次活动由大徐镇党委政府主办，县委常委、副县长张微燕、县文化和广电旅游体育局局长陈淑萍、团县委书记钱愉璐等部门领导、长跑协会、大徐镇干部职工、行政村书记、副主任、企业员工以及全县运动爱好者参加活动，共计100余人。

2022年1月1日，“和美大徐、滨水绿道”暨全民环军民塘健康欢乐跑活动

【全县“强国新生代”十九届六中全会精神青年宣讲沙龙】 为引导全县团员青年从党百年奋斗中汲取智慧与力量，把贯彻中共十九届六中全会精神转化为奋进的动力和服务中心大局的具体行动，以昂扬风貌和优异成绩迎接建团百年、中共二十大胜利召开。1月19日上午，全县“强国新生代”十九届六中全会精神青年宣讲沙龙在大徐镇殷夫故居内举办。此次活动由共青团象山县委、大徐镇党委政府主办，大徐镇团委承办。参加此次活动的有各镇乡（街道）团（工）委书记、大徐镇青年代表等。共青团象山县委副书记卢璐，大徐镇宣传委员周冬敏，大徐镇农业副镇长、团委书记陈实等领导出席当天活动。

【学雷锋街头公益活动】 3月2日，大徐镇组织志愿者开展“摆摊设点送服务　志愿集市暖人心”学雷锋街头公益活动。该活动为群众普及垃圾分类、食品药品、“五水共治”等知识，提供免费理发、爱心义诊等服务。据统计，该活动累计发放宣传资料600份、纪念品300份，服务200余人。

【殷夫故居获评省第二批青少年红色基因传承基地】 3月初，全省第二批青少年红色基因传承基地命名仪式顺利举行。活动中，大徐镇殷夫故居被授牌为浙江省青少年红色基因传承基地。为更好地传承殷夫精神，发扬红色革命文化，大徐镇团委组建殷夫故居青年讲解团，并取名为“青”风徐来志愿宣讲队，为广大参观者提供专业的殷夫精神讲解服务。目前该支讲解团15名成员已轮流为全市各大单位的党日、团日活动进行现场讲解600余场次，有力传播了大徐青年之声和红色文化。

【东乡片团委开展红色团建主题活动】 为了以昂扬的精神状态和奋斗姿态迎接中共二十大胜利召开，丰富东乡片广大共青团员的业余文化生活，全面推进县镇农村和谐健康发展，5月26日，贤庠镇团委、涂茨镇团委、大徐镇团委和黄避岙乡团委联合举办了“喜迎二十大、永远跟党走、奋进新征程”2022年东乡片红色团建主题活动，东乡片40余名共青团员积极参与其中，通过参观先辈故居、重温入团宣誓、素质拓展等形式，加深对团的认识，坚定信念。

【“点题面对面，破题一对一”片区座谈会】 为从严从实打造党建统领新格局，进一步加强基层队伍建设，在夯实基层党建上下真功、在助推基层治理上求实效、在保障治理效能上动脑筋，推动基层工作高质量发展。6月17日，在“擂台赛马”的基础上，创新开展“点题面对面，破题一对一”片区座谈会，着力构建“各村主动点题、主职干部领题、镇村联动破题”的问题解决闭环机制。目前，已实现村干部片区座谈会全覆盖，累计制定破题项目136个。

2022年6月17日，“点题面对面，破题一对一”片区座谈会召开

2022年10月3日，大徐镇牛岙村整村拆迁项目签约现场

【“飞针走线绘中秋”活动】 9月7日，大徐镇妇联开展“飞针走线绘中秋”主题活动，邀请了市非遗民间刺绣代表性传承人徐嫦月教授制作桂花香包，20余名巾帼志愿者参与。

【竹艺诗书画联展】 9月30日，“喜迎二十大，艺心永向党”竹艺、诗、书、画联展在大徐镇下院村春荣竹刻艺术馆举行。该活动由大徐镇人民政府主办，春荣竹刻艺术馆承办，县文化和广电旅游体育局、县经济和信息化局为指导单位，宁波市工艺美术行业协会、宁波社会艺术机构联盟为支持单位。此次联展作品包括竹刻（竹根雕）、书画、诗词等作品，共展出120多件，其中竹刻（竹根雕）作品60多件，书画诗词等作品60多件。作品主要从象山本土艺术家中征集。

【牛岙自然村整村改造项目】 象山首个乡镇整村征迁项目和首个以农村宅基地管理形式的国有划拨迁建安置方式征迁地块，牛岙整村改造项目涉及农户57户、土地面积123亩、建筑面积1.31万平方米。自2006年启动牛岙自然村征迁工作以来，由于其中22户农户始终未签署征迁协议，直接导致整村改造项目搁浅。2022年4月，大徐镇重启牛岙自然村征迁工作，着力破解该村历史遗留问题跨度时间长、农房建筑类型复杂、群众个人诉求繁多等难题，先后多次修订征迁方案及实施细则，主动作为、勇于担当、精准施策、高质高效推进征迁工作。10月3日，牛岙自然村整村改造项目全面启动签约工作，首日即完成签约56户，签约率达98.2%，三日内实现100%签约，打赢了历时16年的牛岙自然村征迁硬仗。

【全国航海模型公开赛（大徐站）开赛】 11月5—6日，2022年全国航海模型公开赛（浙江大徐站）——奔赴山海　向往新鲜-2022年“军民塘杯”航海模型邀请赛于军民塘热烈举行，此次比赛由国家体育总局航空无线电模型运动管理中心、中国航海模型运动协会主办，象山县文化和广电旅游体育局、象山县大徐镇人民政府承办。来自杭州、宁波、丽水、台州等地的10支参赛队伍同台竞技。

【军湖村入选2022年度省级美丽宜居示范村】 2022年度省级美丽宜居示范村创建名单公布，大徐镇军湖村上榜。军湖村位于象山北侧，依山傍水，村域总面积348.13公顷，资源丰富，环境优美。近年来，该村紧抓省级美丽城镇建设、全国文明城市创建契机，因地制宜发挥本村山水资源优势，围绕军民塘沿线进行节点打造、立面提升，建成军民塘滨水绿道、游客集散中心、文化公园、休闲广场等基础设施，开发和培育骑行、乐园、露营、房车自驾等一批文化娱乐、体育旅游项目。发挥海米木木亲子庄园金宿级民宿带头示范作用，全面打通“吃住行游购娱”六要素服务边界，提升发展层次和承载力。目前共有民宿3家，年游客量达3.5万人次，年均旅游收入达150万元。先后获评省AAA级景区村、省善治示范村、市新时代美丽乡村梳理式改造村、市千村绿化工程示范村等荣誉。

【大徐镇“四级三色”代表督事平台获评全省基层单元建设最佳实践案例】 2022年以来，镇人大以基层单元建设为契机，迭代升级代表联络站，紧扣基层单元“联、商、督、促、智”功能，依托基层“一中心四平台”，联通选民、网格、代表和镇联络站点四级民意事项来源，创设基层单元“四级三色”代表督事线上平台，推行督事事项“三色”管理，已解决的事项为绿色，疑难复杂的为黄色，重点督办的为红色，为生动践行全过程人民民主、提升基层社会治理能力提供了一个鲜活样本。

2022年11月5—6日，全国航海模型公开赛（浙江大徐站）“军民塘杯”航海模型邀请赛举行

【殷夫故居入选市级红色旅游教育基地】 12月，市文广旅游局公布《2022年宁波市红色旅游教育基地评定结果》，大徐镇殷夫故居成功入选。殷夫故居位于大徐镇大徐村，占地面积约1200平方米，20世纪90年代被列为省级文物保护单位，是省级党史教育基地以及市级爱国主义教育基地和党员教育示范基地。近年来，大徐镇在保持殷夫故居原有建筑风格基础上，累计投入数百万元对故居本体建构、后花园及纪念亭进行修缮，并通过组建殷夫故居宣讲团，探索数字化讲解模式，着力打造新时代红色宣传教育基地。2021年累计讲解500余场次，接待游客1.7万人次，获评第五届“最美浙江文物守望者”。

2022年大徐镇行政村基本情况统计表

表85

村　名	户　数（户）	人　口（人）	耕地面积（亩）	水产养殖（亩）	村级资产（万元）	村集体年收入（万元）	村集体年支出（万元）
陈山村	365	1135	1205.0	1205.00	1549.61	121.164687	36.40
大徐村	441	1621	435.0	435.00	2291.16	399.088981	200.38
虎啸铺村	149	386	162.0	162.00	1727.88	77.692358	7.37
甲田弄村	243	732	373.0	373	704.89	50.706261	12.61
军湖村	412	1237	1053.0	1053	2379.85	124.311846	19.18
里雨村	409	126	287.0	287	1257.85	76.819518	30.66
林善岙村	263	91	421.0	421.00	2600.18	226.11476	47.42

续表85

村 名	户 数（户）	人 口（人）	耕地面积（亩）	水产养殖（亩）	村级资产（万元）	村集体年收入（万元）	村集体年支出（万元）
三角地村	251	76	544.0	544	1096.61	80.046236	18.54
杉木洋村	318	1009	650.0	650	1842.12	54.657244	24.65
塔幢村	420	1188	675.0	675	1215.58	67.69985	18.76
汤家店村	314	982	523.0	507	1359.89	98.183334	13.57
铁拾村	314	911	487.0	489.00	1781.71	140.301866	25.19
望海岭村	323	1041	674.0	674.00	2206.54	166.20073	28.60
下院村	232	748	429.0	429.00	1760.08	56.177446	47.33
相思岭村	283	954	644.0	644.04	1893.25	100.987847	32.93
雅林溪村	204	614	360.2	360	932.01	59.684106	25.50
延寿岙村	562	1892	1114.4	1112.40	1746.58	158.688535	30.88
章家弄村	253	638	415.0	415.00	1165.11	60.048541	24.69

（大徐镇政府）

新桥镇

【概况】 新桥镇地处象山半岛中部，北与茅洋乡接壤，东北连接东陈乡、东濒大目洋，南与石浦镇、定塘镇相邻，西临蟹钳港、马岙门，与宁海县、泗洲头镇隔港相望。辖23个行政村、1个居民委员会（新桥），常住户数6706户2.2万人。总面积126.28平方千米，林地3869.2公顷，耕地1597.4公顷，水田1560公顷，旱地297.53公顷，浅海滩涂38.28平方千米。2022年，疫情防控形势多变，外部环境严峻复杂，狠抓重点工作推进，各项事业取得新成效，全镇呈现出经济发展回暖向好、综合实力稳步提升、各项事业蓬勃发展的局面。2022年全镇实现全口径税收4254万元，完成全社会固定资产投资11.4亿元、同比增长14%。

【工业经济跑赢大盘】 主要经济指标高速增长，全年实现规上工业产值17.6亿元、增加值3.34亿元、销售产值16.7亿元，分别同比增长34.40%、26.52%、37.34%。招商引资超额完成，实现实际内资8.45亿元、浙商回归资金2.68亿元，分别完成年度计划的241.49%、103.08%，建成宁波象保区商业火箭总装测试厂房及配套工程，动建金沐阳光伏、巨虹高端数控、铠士环保集成智能装备等6个项目，签约宁波安亚整套圆盘模板系统、宁波星羽帆新材料新能源艇等20个项目。创新驱动走深走实，全年实现规上企业科研经费支出4592万元、同比增长34.15%，技术成果转化交易额5700万元、完成全年目标的126.67%。

【企业培育成效明显】 全年净增规上企业4家，钰烯获国家级专精特新重点“小巨人”企业认定，中化膜、凯元电器等8家企业获评国家高新技术企业，继望获市级技术中心认定，多成、峻源获县工程中心认定，全年通过科技中小企业认定国家级14家、省级10家。镇领导班子带头组建企服小分队17个，闭环化、清单化解决企业发展问题62件，深化政校企合作模式与引才工作，与宁波材料所、华中科技大学等4家科研院所达成战略合作，累计组织企业参加招聘10次，持续优化经济发展环境，增强高质量发展动力。

2022年新桥镇工业规模以上企业基本情况统计表

表86　　单位:万元

序号	单位名称	工业总产值	营业收入	营业成本	利润总额	实缴税金	研发费用
1	宁波森根服饰有限公司	2133.2	2081.2	1924.1	-37.2	59.5	0
2	象山兴田针织有限公司	2691.6	2691.6	2605.8	9.3	43.7	0
3	象山华益制衣有限公司	6768	6521.1	5643.1	179.2	284.8	0
4	宁波龙育机械设备有限公司	6304.8	3332.7	2420.6	36.5	66.7	173
5	宁波搏莱电子有限公司	5886.8	4807.5	3855.9	170.4	135.4	358.9
6	象山禾润针织有限公司	4196.1	4199.6	3751.7	131.6	138.2	0
7	宁波赛洛新风动工具有限公司	2109.7	1703.5	1681	-226.2	45.2	56.8
8	宁波三耀照明电器有限公司	2173.4	2173.4	1725.1	218.9	89.3	129.8
9	宁波伟益服饰有限公司	5952.1	5846.3	5324.1	117.1	46.1	0
10	宁波金沐阳新能源科技有限公司	31074.1	31074.1	30505.5	-385.4	52	146.6
11	象山伟桥针织有限公司	5889	5069.2	4826.1	99.8	116.9	0
12	中化(浙江)膜产业发展有限公司	10813	9558.6	8107.8	-1507.6	217.9	1786
13	宁波华昱化学材料有限公司	2913.6	3097.1	2664.4	133.7	70	88.5
14	宁波托森机械实业有限公司	4263	4263.2	3489	262.5	17.9	0
15	宁波鸿润针织有限公司	1645.8	1771.7	1335.7	188.3	87.8	0
16	浙江钰烯腐蚀控制股份有限公司	45967.4	41688.2	29315.5	8518.9	1358.1	1678.4
17	象山享林服饰有限公司	3035.8	3035.8	2737.9	86.6	101.3	0
18	宁波利德自动化设备制造有限公司	2265.9	2013.3	1350.9	140.3	72.7	168.1
19	宁波崇锦纺织科技有限公司	5694.9	5749.7	5481.1	38.2	63.9	0
20	宁波吉烨方德汽车技术有限公司	11751.7	11983.3	9543.3	924.2	374.4	544.6
21	海伦钢琴(宁波)有限公司	5864.2	8485.8	7411.6	-207.6	128.1	0
22	浙江继望锻造科技有限公司	7982.1	8896.6	6773.4	661.5	122	498

续表86

序号	单 位 名 称	工业总产值	营业收入	营业成本	利润总额	实缴税金	研发费用
23	宁波森根服饰有限公司	2133.2	2081.2	1924.1	-37.2	33.1	0
24	象山兴田针织有限公司	2691.6	2691.6	259	53.1	2	0
25	中化(宁波)润沃膜科技有限公司	3498	4554.4	4254.52	-1155	-1232.5	1491.73
总 计		185699	179370.7	148911.22	8413.9	2494.5	7120.43

【农业基础稳进提质】 农产品供应整体稳定，小麦、旱杂粮、早稻、晚稻等作物种植17712亩，落实水稻良种基地1090亩，出栏生猪1.2万头、禽类8.82万羽，产出南美白对虾1838吨，销售枇杷、草莓、红茄等精品果蔬3800余吨，农林牧渔业总产值超2亿元。扎实推进农业经营主体培育，新组建农合联枇杷产业分会，开展农民实用技术培训16期1700余人次，推进实施枇杷精准施肥增效关键技术研究与示范项目，开展篮子鱼混养防青苔、循环式对虾养殖和马口鱼池塘养殖试验，创建省级农药定额制示范区1个、高品质绿色科技示范基地1家，建成省级全程机械化示范基地1家。

【旅游品质明显提升】 深入贯彻“全域景区化”理念，打造西海岸共同富裕示范带，完成一期项目建设试运营，签约旅游项目6个，引进业态11个，带动就业40余人，吸引开展主题研学等2000余人次；推进镇区“一心一街”改造提升，签约入驻品牌餐饮2家，打造韩升共富e站、外江东花间咖、镇区集装箱文创集市等都市消费新场景。旅游综合服务能力不断提升，游客服务中心功能持续完善，成功创建首批省二级旅游驿站，黄公岙、上盘、灵岙获评市级民宿聚集区，顺利通过宁波市乡村全域旅游示范区复核验收。配套民宿产业不断规范，联合县市场监管局、县文广旅游局等8个部门组织开展海鲜餐饮、民宿行业三年行动计划首期培训，累计惠及600余人次。

【城镇建设稳步推进】 交通环境持续优化，完成站前路至经六路农村公路改造工程招标，完成新梅路、永盛路等6条道路路面修复及茅石线至洋坑、东旦线至东溪等2处水毁应急修复。镇区面貌持续改善，完成宁丰路两侧破损店招维修、新桥卫生院北侧道路路面硬化及护栏安装、菜场停车场路面硬化等基础设施改造，更换垃圾分类设施60套，修补路面等设施215处，清理各类背街小巷、卫生死角40余处。亚运环线整治有序推进，完成点位整治58处，自查自纠整改456处，拆除主干道标牌线杆123根，完成鱼得水公司外立面提升、盐文化博物馆烂尾楼围挡、水泥缸筒厂区域环境整治。推进落实“三改一拆”“无违建”创建，累计拆违2.6万平方米，有效处置苗头性违建行为23起。

【乡村示范成效显著】 美丽乡村走深走实，成功创建宁波市小集镇式中心村1个、县级共同富裕示范村2个、县级美丽乡村特色村1个，有序推进省级美丽宜居示范村、县级美丽乡村精品村、县级农村综合改革公益事业项目等创建工作。艺术赋能不断深化，与人民大学小裤脚教授团队共同推进黄公岙艺术振兴乡村项目，打造完成音乐剧场、水形物语等节点17个。文化底蕴不断增强，东溪村获评第六批中国传统村落，山海汇入选宁波市首批“天一书房”名单，获评县级公共文化示范户4户、乡村文化能人9人，申报创建省级非遗工坊、省级公共文化场馆服务功能拓展先行先试案例。

【环蟹钳港县域风貌样板区创建】 环蟹钳港县域风貌样板区创建顺利推进，开展绿道、场地、设施提升56处、山体修复11处、村庄建筑风貌整治提升3处，西海岸沿线风貌得到有效提升。

【生态建设】 林业发展取得实效，积极防治松材线虫病，清理松疫木8000余株，创成省级“一村万树”示范村1个。“五水共治”持续深化，有序开展丁家塘水库维修加固前期工作，完成新桥关头塘水系综合治理项目初步设计，动建岩头陈水库提升改造工程，建成东溪县控断面水质监测点，治理病险山塘5个、小流域3处。近海岸带污染整治有力推进，完成狮子山中心河生态拦截沟工程建设和海水养殖、育苗场等企业问题整改，实施海水养殖塘尾水治理工程10个。垃圾分类不断深化，新桥镇再生资源处理中心获评省五星级农村生活垃圾资源化处理站点。

【社会保障持续完善】 各项惠企利民政策落地见效，发放创业担保贷款120万元，完成新增就业221人次、重点群体帮扶援助265人次，落实计生奖扶、特扶政策620人，组织妇女“两癌”、直肠癌、慢阻肺等疾病筛查2676人次，动员65周岁以上农民体检4618人次。国家级卫生乡镇创建成果持续巩固，创建健康村3个，新增健康家庭150户、示范户30户。新型家庭医生服务持续深化，创建全县首家海岛家庭医生巡回服务点，全年老年人家庭签约5748人。社保扩面提标持续推进，本地户籍医疗保险参保率99.8%、困难群众参保率

100%，“天一甬宁保”参保8916人，医保事项“网上办”“掌上办”办结率100%。养老服务体系持续完善，购买第三方居家养老服务760人次，“一站双中心”项目建设通过验收，综合型“以社育社”服务平台全面构筑。慈善、民政救助兜底深入开展，新桥分会募集善款70.04万元，其中“村村慈善帮扶基金”工程募集资金43.32万元，共救助617人，积极开展民政临时救助工作，全年救助157人、总金额23.18万元。

【安全监管持续发力】 安全生产主体责任层层压实，实现重点行业企业安全生产责任书签订全覆盖，积极督促生产企业开展自查自纠，累计整改问题隐患178处。安全生产检查大力开展，组织企业、沿街商铺、民宿宾馆等经营性场所常规性检查复查451家次，自建房排查7508幢225.5万平方米，食品安全督查行动10次，“你点我检”活动5次。安全基础设施进一步加强，建成村级消防站2个，完成村级避灾安置点规范化建设2个。安全生产意识不断筑牢，组织安全生产业务培训、镇企联合消防演练等活动6次、参与400余人次，62名干部与632家食品主体建立包保关系。

【乡风文明持续培育】 坚持教育优先，教学质量稳定向好，教师获得各类县级以上奖项110余人、学生获得各类县级以上奖项100余人。以亚运会为依托，开展各类迎亚运群众性活动7次，举办全民健身活动及社区运动会等赛事活动7次，培训社会体育指导员30人，创建体育队伍8支。文化阵地运行有效，创建市级文明村1个、宁波市农家书屋示范点2个、县首批文艺星火赋美项目示范点1个，新增省级五星级文化礼堂、四星级文化礼堂各1个、县级三星级文化礼堂2个、县示范型乡村少年宫1个、县新时代文明实践示范站2个。成功举办第十六届象山（新桥）枇杷文化节暨第二届村游节，常态化开展“我们的节日”系列主题活动、周末剧场、“15分钟品质生活圈”、礼堂点单等各类文化活动50余场次，荣获县全民戏曲大赛金奖、县农村文化礼堂广场舞大赛银奖。尊法守法氛围不断浓厚，成功创建省级民主法治村1个、市级民主法治（示范）村8个。

【山海楼教育基地】 山海楼教育基地宣教作用进一步发挥，接待县内外访客80余批4600余人次。

【基层治理】 防汛防台守土有责，邀请县级部门、镇村有关干部参加防汛防台工作会商会，压实压紧防汛责任，有效保障“梅花”“轩岚诺”期间群众生命财产安全。基层治理落细落实，挂牌运行新桥镇社会治理中心，充分发挥“141”基层治理平台作用，推动矛盾纠纷“一站式”处理，累计收集、流转、督办各类事件2201件。矛盾纠纷排查化解成效显著，“初转重”积案化解率全县第一，初信初访受理186件，同比下降13.9%，办结率100%。完成北京冬奥会、全国两会、中共二十大维稳安保工作，获评“全市平安护航二十大成绩突出集体”。“反走私”联防联控深入推进，累计开展夜巡查800余人次，实现码头堤岸走私“零发生”。反诈行动高效推进，组建郭克亮反诈工作室，深入开展防诈骗宣传活动43次，精准劝阻宣防141人，挽回金额76万余元。充分发挥新桥派出所、交警中队合署优势，抓获各类违法犯罪嫌疑人20名，破获本地侵财案件4起，抓获6人，挽回损失10万余元，新桥派出所荣获市级“枫桥式公安派出所”“全市基层所队执法示范单位”“全市示范公安派出所”称号。

【完成文明创建任务】 突出专班化推进，抽调精干力量组建工作专班，招募46名“文明啄木鸟”志愿者，建立创建点位“三色图”预警推进机制，累计下发工作提示单27份。突出清单化落实，细化考评内容，划片包干定责，发放调查问卷5300余份、倡议书8000余份，每日通报晾晒整改情况，累计整改问题点位1400余处。突出精细化提升，大力推进“一跨六乱”集中整治，着力解决集市日交通拥堵、占道经营等问题，累计开展各类整治行动65次，劝导占道经营、流动摊贩等730余起，查处各类违法案件17起。通过全镇干部、160个创建点位相关负责同志和群众的积极参与，完成了全国文明城市创建阶段性任务，迎检工作获县专班高度肯定。与此同时，深入推进“精特亮”工程，顺利通过市县专家组验收并获高度肯定；打好土地征用攻坚硬仗，顺利推进影视城游客集散中心及商业配套项目、经二路及配套绿化建设地块项目政策处理。

【政府效能切实提升】 政治建设全面强化，深入贯彻学习中共二十大精神和习近平总书记重要讲话精神，坚定捍卫“两个确立”、坚决做到“两个维护”。依法行政深入推进，主动自觉接受法律监督、民主监督、社会监督和舆论监督，认真办理人大建议44件，建议答复满意度100%。法治政府不断强化，打造完成品牌调解工作室2个、基层公共法律服务示范点1个，完成“三重一大”事项备案23次397项。廉政建设贯穿始终，制定新桥镇内审制度，组建内审工作小组，定期开展工程项目等内部审计；驰而不息纠治“四风”问题，从严控制行政成本，行政经费同比下降5.5%，“三公”经费同比下降16.8%。

【召开党史学习教育专题民主生活会】 1月27日，新桥镇召开党史学习教育专题民主生活会，县委常委、统战部部长陈善杰，县党史学习教育第七巡回指导组领导巡听指导。

【“强基固本　争先进位”四大行动部署会】 3月4日，新桥镇召开全镇干部大会暨“强基固本　争先进位”四大行动部署会，会议由镇党委副书记、镇长俞奇主持，会上表彰了一批2021年度乡村振兴战线上的先进集体和个人，史悠磊、邵兴吉、林永奖、陶锡建、陈灵娜进行表态发言，各村党支部书记签署党建工作目标责任书和党风廉政建设责任书，镇党委副书记胡益就2022年“强基固本　争先进位”四大行动方案进行解读，镇党委书记宋松提出三点工作意见，要求全镇干部打响“开局就是决战、起步就要冲刺”的发令枪，迅速跑起来、冲起来，所有工作往前赶、往前提，实现首季“开门红”、奋力夺取“全年红”，以优异成绩迎接中共二十大胜利召开。

【象山（新桥）第十六届枇杷文化节暨第二届村游节】 5月14日上午9时，象山新桥第十六届枇杷文化节暨第二届村游节在象山县新桥镇高湾村正式拉开帷幕，主会场开摘仪式后举行“共富新乡村，一起向未来”沙龙会，农文旅专家、行业达人与新桥枇杷园农场主交流农文旅融合经验，探讨新消费场景打造经验。此次文化节以“影动新桥，枇杷游礼”为主题，通过象山白枇杷种植示范基地授牌、枇杷节启动仪式、文艺汇演、枇杷采摘等环节，进一步提高新桥枇杷知名度，新桥镇党委、政府引导农民转变思路进行线上销售，联系县供销社、县团委、县新联会等部门架起产销对接桥，发动新桥镇新乡贤宣传推销助农，为枇杷销售助力。

【包朝阳调研新桥镇工作】 6月9日上午，象山县委书记包朝阳在新桥镇调研时强调，要立足资源禀赋和区位优势，突出平台带动、影视特色、扬长补短、党建引领，在彰显特色中提升发展辨识度，在放大优势中跑出发展加速度。县委常委、组织部部长张微燕及县政协副主席陈建瑜等一行领导共同参与调研。

【“聚乡贤新力量　绘共富同心圆”第二届乡贤参事会暨星光共富同行先锋队成立会议】 6月24日，于新桥镇高塘村举行“聚乡贤新力量　绘共富同心圆”第二届乡贤参事会暨星光共富同行先锋队成立会议，副镇长钱琪、宁波市影视文化产业区管委会副主任陈朝晖及其他村班子成员、部分乡贤参会，海台村、兴海村、吉里村、下七里、海丰村、西海村等6个村成立西海岸共富党建联盟，计划打造首个影视产业共富联盟。

【作风建设专项行动部署会】 8月26日，新桥镇组织“五问五破争先进、五比五先创一流”作风建设专项行动部署会，会议上镇党委副书记镇长俞奇对文件进行解读，各分管领导分别就安全生产、文明城市创建、信访、疫情防控进行工作布置，职能科室长对各自工作作表态发言，镇党委书记宋松安排部署镇重大事项，并就专项行动开展提出三点意见：一是五问自身、查摆问题，二是提高标准、改进作风，三是破难攻坚、争先创优，全体机关干部职工参加会议。

【“对标找差距、先行必有我”主题大讨论】 8月30日，新桥镇组织“对标找差距、先行必有我”主题大讨论，结合自身岗位检视剖析自身问题，党政领导带领全体机关干部职工按照科室分五组进行会议讨论。

【参加烈士纪念活动】 9月30日，新桥镇组织中层以上干部参加烈士纪念活动，党委副书记、镇长俞奇代表镇党委政府深切缅怀了革命先烈们，并号召全体干部继承遗志，继往开来，为高质量建设“三好三美”的中国影视文旅名镇添砖加瓦。活动上还进行了敬献花圈、集体默哀，并对新桥革命先烈的丰功伟绩进行了介绍回顾。

【青年干部主题演讲比赛】 10月11日，新桥镇举办青年干部“五问五破争先进，五比五先创一流”主题演讲比赛，15名青年干部激情演讲，5名县管领导担任评委并为优胜选手颁奖，赛后镇党委副书记、镇长俞奇为青年干部作总结寄语。

【周坚栋调研蟹钳港风貌样板区建设】 10月19日，县委常委、副县长周坚栋带队调研蟹钳港风貌样板区建设，踏勘新桥镇韩升自驾营地，在新桥镇韩升自驾营地数字馆会议室内召开蟹钳港风貌样板区、海上两山之路座谈会，听取县交通运输局汇报“海上两山”最美风景道建设工作推进情况、存在问题及下步措施。

2022年新桥镇行政村基本情况表

表87

村名	户数（户）	人口（人）	耕地面积（亩）	渔船（艘）	村级资产（万元）	村集体年收入（万元）	村集体年支出（万元）
板岭村	273	837	556.4	0	2499.09	57.78	66.93
东溪村	1040	3503	1872.19	0	5439.36	125.07	137.72
高塘村	299	981	740	0	1549.73	44.03	33.13
高湾村	607	2062	1284.5	0	2956.16	32.63	115.47
关头村	780	2603	1026.51	0	3491.76	257.84	82.96
海丰村	203	734	490	0	1030.26	30.25	29.44
海台村	430	1394	881	0	2484.81	97.56	104.43
黄公岙村	629	2226	1580	0	2534.33	107.29	122.29
吉里村	337	1209	878	0	3338.74	58.47	199.70
井头村	306	1027	464	0	3823.36	81.64	34.87
灵岙村	189	662	622	0	1446.64	30.04	52.34
庙前杨村	209	690	470	0	733.5	30.34	63.97
七林湾村	233	850	410	0	1801.8	30.10	19.14
山根村	359	1215	549	0	1379.74	105.66	53.41
山头王村	217	687	600	0	1021.28	30.16	9.50
上盘村	237	794	598	0	2204.89	49.75	193.30
石柱岙村	413	1501	614	0	2958.92	31.00	107.64
五兴村	245	824	560	0	1230.61	64.90	64.28
西海村	166	644	701	0	1245.62	33.77	49.89
下七里村	391	1277	1170	0	3141.44	53.25	125.04
新桥村	345	1114	631	0	2286.42	91.05	99.80
兴海村	190	595	277.67	1	1386.17	41.39	73.97
洋坑村	244	710	685	0	1470.6	64.83	71.11

（新桥镇政府）

东陈乡

【概况】 东陈乡位于象山半岛中部，城区南郊，东濒大目湾，南接新桥镇，西邻茅洋乡，北连中心城区。辖区总面积56平方千米，海岸线长32千米，拥有海岛15个，有耕地面积565.4公顷，山林面积2622.3公顷，全乡共有6563户、22400人，下辖16个行政村，乡政府驻地沙岗村。2022年，全乡财政总收入10450万元，税收收入7904万元，工业总产值84亿元，固定资产投资15.3亿元。先后获评2022年度浙江省三星级食安办、宁波市新时代美丽乡村示范乡镇、宁波市乡村全域旅游示范区。

【制造业发展】 2022年，东陈乡新增规模以上企业6家、共计46家，实现规上工业产值84.5亿元、规上工业增加值15.5亿元，分别同比增长52.3%、38.9%，总量位居全县第三。实现外贸自营进出口41.5亿元、同比增长49.7%，完成境外投资备案1000万美元、跨境电商出口额5.5亿美元。完成工业投资6.4亿元、制造业投资5亿元，实际外资321万美元、实际内资9.7亿元、浙商回归6.6亿元，盘活闲置厂房1.5万平方米。蝉联工业先进镇乡(街道)A类第一名。

【现代农渔业】 深化农业“双强”行动，完成水稻种植面积8313亩，粮功区非粮化整治320亩，成功举办全县春备耕农机推广现场会。加强农业市场主体培育，新建市级示范性家庭农场1家、县级示范性农民专业合作社2家。做强象山白鹅地标产品，先后完成象山白鹅核心示范基地、浙东白鹅品种资源发掘和新品系培育等市县级重点项目建设。打好减船转产攻坚硬仗，累计淘汰老旧渔船16艘，完成渔船卫星宽带终端安装21艘、小北斗安装18艘，提高渔船精密智控能力。

【汽车商贸】 汽车城配套功能日臻完善，车辆定损理赔中心完成室内装修，二手车交易市场项目于2022年9月动工建设，驾校一期项目主体于2022年12月建设完工。开展促消费系列活动，配合做好汽车展销、消费券发放等活动，2022年完成限上商品零售总额18.2亿元，新增象山慈鑫众越新能源汽车销售有限公司、象山慈鑫盛景新能源汽车销售服务有限公司、象山明通汽车销售服务有限公司、象山伟恒汽车销售有限公司等限上企业6家。

【旅游业】 积极发展滨海乡村旅游业态，东旦时尚运动海滩获评国家AAA级旅游景区，“海上两山”风景道成为省级交通与旅游融合发展试点，三生石驿站获评宁波市“微改造、精提升”示范项目，全年接待游客42.6万人次、旅游综合收入9217.4万元，同比分别增长25.9%、25.6%。住宿业提档升级，2022年新增民宿10家、精品民宿占有率提高至12.2%，东旦村获评首批宁波市民宿产业集聚区、宁波市乡村旅游共同富裕示范村。

【重点项目】 开展招商项目落地转化攻坚行动，成功转化一汽大众、万昌包装、巨航轴业、百易东和、新骏自动化等项目5个。开展重大项目攻坚推进行动，环红岩山道路工程完成招投标，美德路(环城西路—兴园路)断头路工程进场动工，上周旋潭农村公路、金开路至后陈塘公路主体工程完工；马岗村大岩山脚土地开发项目有序推进，丹石引水工程无障碍施工；岙肚里水库除险加固、松岙后溪坑整治、金沙湾锚地加固等水利工程全面完工；王家兰至东旦段边坡治理、樟岙村道路白改黑等23个新农村项目完成建设。

【乡村振兴】 市级新时代美丽乡村示范乡镇、乡村振兴示范带项目通过验收，樟岙村获评第五批浙江省引领型农村社区，红岩村获评浙江省新时代美丽乡村精品村，岳头村、西庄村获评浙江省新时代美丽乡村达标村，大塔村、上周村通过市级梳理式改造村验收，东湾自然村获评2022年第一批农房改建示范村“优秀”标杆，成功创建安居示范村7个(分别为大塔村、上周村、红岩村、升岙自然村、北山下自然村、洋里自然村、金井头自然村)。

【医疗卫生事业】 因时因势优化调整防控措施，统筹做好精密智控、核酸检测、疫苗接种、高速执勤等工作，累计完成“五有一网格”人员纳管2916人，60周岁以上人群全程免疫达95%以上。扎实做好公共卫生和健康教育工作，累计完成结直肠癌筛查119人、妇女“两癌”筛查735人，家庭医生契约式服务4804人，创建省级卫生村3个、市级卫

三生石驿站

生村7个，岳头村婴幼儿照护服务点获推省级现场会观摩点，东陈抗癌协会获评2022年度抗癌康复工作特等奖。

【文明城市创建】 深入开展文明攻坚红五月、红九月行动，全年累计整改点位2758处、清理垃圾1500吨，新增车位600个、垃圾分类设备150组，拆除沿线违建3500余平方米、立面改造提升9000余平方米。2022年9月20日，沙岗集镇区迎接全国文明城市创建省级测评。

【东旦时尚运动海滩景区获评国家AAA级旅游景区】 2022年1月28日，据《宁波市旅游景区质量等级评定委员会关于确定宁波慈溪徐福红木博物馆等3家景区为国家3A级旅游景区的公告》（甬旅质评〔2022〕2号）文件公布，确定宁波象山东旦时尚运动海滩景区为国家AAA级旅游景区。该景区由天海风（宁波）体育文化发展有限公司于2019年4月开发建设，总投资2200万元，采用"体育+旅游"的新模式，融合国内外滨海新潮游乐项目，打造成以时尚运动为主题的特色海滩。

【第十届象山白鹅节】 2022年6月18日，以"源远流长，风起象鹅"为主题的第十届象山白鹅节在东旦时尚运动海滩开幕，活动现场邀请了浙江电视台著名新闻评论员舒中胜和5位嘉宾分享"鹅文化"，以及象山"鹅王"陈文杰、网红鹅农"胖小海"夫妻等一群追逐梦想的象山大白鹅产业人，用种业共富、文化共富的方式共庆白鹅节。

【车管所入驻东陈汽车城】 2022年6月27日，象山县公安局交通警察大队车辆管理所新址正式进行车驾管业务办理，新址位于象山县经济开发区城南高新创业园（东陈乡）滨海大道5号（象山县汽车广场商务中心一楼、二楼）。

【东海湾"专精特新"产业园开园】 2022年7月22日上午，在东陈乡仁义涂区块举行东海湾"专精特新"产业园开园暨象山县三季度重大项目集中开工仪式，21个企业项目代表上台受领入园钥匙。东海湾"专精特新"产业园，规划面积3.3平方千米，重点引进智能装备、高端装备等产业，作为为承接高成长型腰部企业量身定制的专业园区，着力打造长三角智能制造基地。

【第二届东旦海滩帆船嘉年华】 2022年8月5日，"乘风破浪的哥哥姐姐"第二届帆船嘉年华在东旦时尚运动海滩正式启幕，此次嘉年华以帆船、帆板为主打，全方位开展各类"帆船+旅游"滨海游乐项目，助推新都市消费场景提档升级。

【锦浪科技市值突破1000亿元】 2022年8月18日，创业板新能源个股——锦浪科技股价出现飙升，总市值首次超过1000亿元。由此，宁波制造业A股最大市值企业在象山东陈诞生。锦浪科技作为一家专业从事光伏发电系统核心设备组串式逆变器研发、生产、销售和服务的高新技术企业，是首家以组串式逆变器为最大主营业务的A股上市企业，也是全球第一家获得第三方权威机构PVEL的可靠性测试报告的逆变器企业。2022年，锦浪科技实现产值59.5亿元、同比增长79.8%。

【"喜迎二十大 银辉助共富"】 2022年9月20日，"喜迎二十大 银辉助共富"——甬耀银辉2022走进象山现场志愿服务暨全市老干部书画摄影诗词作品联展启动仪式在象山县东陈乡樟岙村才华剪纸艺术馆举行。活动现场开展了大型义诊、爱心理发、书画赠送、免费摄影、农技指导、便民服务、法律咨询、科普宣传等志愿活动，现场服务群众300余人次。

【陈汉章故居入选第四批"浙江省华侨国际文化交流基地"】 2022年12月2日，省侨联公布第四批"浙江省华侨国际文化交流基地"名单，东陈乡陈汉章故居为象山县唯一入选基地。陈汉章先生海外后裔亲属主要分布美国、澳大利亚、新西兰等十几个国家及地区，为更广泛团结汉章先生海内外后裔，以侨为桥，在陈汉章故居设立"汉章侨贤馆"，以弘扬汉章"缀学精神"，助力中华优秀文化走向世界。

陈汉章故居的侨贤馆

2022年东陈乡行政村基本情况统计表

表88

村　名	户数	人口	耕地（亩）	园地（亩）	林地（亩）	养殖水面（亩）	村级集体经济总收入（万元）	村级集体经济总支出（万元）	村级集体经济经营性收入（万元）	村级集体资产总额（万元）
北山下	187	611	132	0	51	8	96.3	13.09	41.95	1738.75

续表88

村　　名	户　数	人　口	耕　地（亩）	园　地（亩）	林　地（亩）	养殖水面（亩）	村级集体经济总收入（万元）	村级集体经济总支出（万元）	村级集体经济经营性收入（万元）	村级集体资产总额（万元）
岳　头	630	2236	1395	120	2711	22	160.46	26.61	62.4	2605.94
东　陈	270	917	450	302	1114	6	69.09	15.91	39.28	1672.48
大　塔	216	796	610	103	1470	62	132.39	15.78	59.73	1718.83
西　庄	250	790	80	70	368	21	126.88	13.21	30.87	1900.84
马　岗	240	794	98	170	723	35	99.4	33.34	30.63	1284.65
沙　岗	608	2292	750	480	2326	9	236.69	54.81	94.47	3879.27
金　武	156	545	172	23	237	23	57.69	15.79	45.58	1204.87
南　盘	106	387	179	20	1188	6	56.62	2.66	30.4	2679.46
樟　岙	850	2877	1401	690	5793	65	364.4	86.99	51.2	4885.43
南　堡	605	1865	1135	350	2718	51	148.7	31.04	32.57	2053.46
松　岙	648	2182	605	230	5315	19	208.53	48.93	34.47	4107.45
旦　门	933	3063	730	310	4963	35	1373.59	77.25	155.43	8544.51
上　周	205	697	289	320	4248	6	210.64	13.64	30.32	1285.68
东　旦	192	642	34	120	1050	8	255.27	12.56	127.8	1996.01
红　岩	467	1706	421	210	5060	43	222.24	43.88	30.91	3083.41
合　计	6563	22400	8481	3518	39335	419	3818.89	505.49	898.01	44641.04

（东陈乡政府　陈怡）

晓塘乡

【概况】 晓塘乡地处象山半岛南部，东接石浦港，西临南湾新区，甬台温高速石浦连接线、527国道（在建）贯穿其中，行政区域面积45.5平方千米，辖设19个行政村（行政村规模优化调整后为16个），人口1.9万人，耕地面积1.9万亩，山林面积1.9万亩，森林覆盖率达62%，是国内“红美人”柑橘的发源地、县农业“万元美金田”改革示范地，曾获评全国环境优美乡镇、全国生态乡、省小城镇综合治理样板乡镇、县首批特色小镇等称号，素有“钟灵毓秀”生态农业之乡的称号。2022年，全乡实现社会生产总值25.8亿元，农村居民人均可支配收入4.6万元，分别同比增长7.1%、6.9%；实现财政总收入5629.1万元；实现固定资产投资3.1亿元，完成年度指标的124%。

【农业经济】 深入推进农业“双强”行

动，深化数字农业改革。加大林下养鹅、“稻渔”综合种养、“红美人”认养等模式推广应用，稳步推进大塘港未来农业示范园区建设，成功创建省级林业强镇。2022年，全乡实现农业生产总值4.2亿元，同比增长7.7%。乡农合联获评省首批示范性乡镇农合联，圆满承办第五届海峡两岸乡村振兴论坛、“甬镇兴”宁波市大学生乡村振兴创业大赛及红美人营销策划大赛，7人入选首届象山县“新农匠”。积极打造“稻香橘美·都市田园”共富场景，围绕做精“一颗橘”，完成鑫果农业智能选果中心建设、乡柑橘综合服务中心周边设施改造提升，建成市级种植业“六园”示范基地2家，全年“红美人”精品柑橘产量5000吨、产值1.6亿元。甬红果蔬“红美人”柑橘获第15届义乌国际森林产品博览会金奖。围绕种好“一株稻”，打造稻田艺术景观154.4亩，完成种植早稻3646亩、晚稻5588亩，面积较上年分别提高12倍、3倍，分别完成县级任务的130.2%和124.2%，中实农业粮食生产基地入选市级高效粮食基地。深入推进“肥药两制”改革，深化大塘港农业面源污染治理，建成肥药定额施用示范区1个，培育示范经营主体42家、农资店10家，建成市级精品绿色农产品(柑橘)基地。

【工业经济】 2022年，全乡实现规上工业产值8.8亿元、规上工业增加值1.8亿元。宁波和信制药设备有限公司主营业务收入增长15%，新增规上企业—宁波致上智能科技有限公司主营业务收入超6000万元。平台能级持续提升，任徐实业、旭鹰机械、新路智能二期、艾里迅机电厂房主体工程全面完工，孜升钣金、蜂区工贸主体工程建设稳步推进，完成工业投资2.2亿元。科技创新持续发力，新增高新技术企业6家、科技型小微企业2家、县级工程技术中心3家。围绕“人才强县”战略，组织“线上+线下”招聘4次、“青年与海”系列活动2次，新增青年大学生250名。

【乡村旅游】 抓住疫情催生的消费升级机遇，以乡村集成改革为突破口，推动消费新场景“移步”乡村。先后举办“四月八”民宿文化节、葡萄节、柑橘开摘节、民族邻里节等活动。推进全域旅游“微改造、精提升”，制定推出海之湾景区“星空营地”、青山营地等新消费场景项目，进一步丰富亲子研学、休闲度假、电音狂欢、光影夜游等多元业态，助力打响“周末嗨象山”品牌。2022年，全乡共接待游客34.1万人次，实现旅游经济收入2440.7万元，新增精品民宿2家。拓宽“觅原晓塘”共富商城、“晓橘嫂”电商等线上销售渠道，售卖农特产品超200万元。

【城镇建设】 高质量推进全域国土空间规划，完成“三区三线”划定，土地卫片执法图斑复垦整治6处。加快推进路域环境、商业店铺等公共空间微治理精提升，乡镇级全民健身中心建成投用，盐三线精品线提升工程有序推进。交通基础设施不断完善，增设九龙江旅游公共停车场，做布厂、新厂等港湾式候车厅6个。深入推进文明城市创建行动，整治镇村房前屋后、背街小巷等区域乱堆乱放136处、清理主干道两侧田园白色垃圾60吨。

【乡村建设】 高标准打好城乡风貌整治提升攻坚战，全域铺开“晓城先锋靓家园”活动。深入开展“三清三美”“两线两村”行动，推进厕所、垃圾、污水“三大革命”，持续深化“橘生山海”精品线打造。完成村庄“一事一议”项目2个，新增省级美丽宜居示范村1个、市县级最美庭院9户，黄埠村上榜“中国传统村落”。坚持村村共富发展方向，完善“一村一策”规划，推进8个村光伏消薄项目建设，实现行政村经营性收入30万元以上全覆盖。持续改善城乡基础设施，全面完成大塘港流域晓塘片区农村生活污水终端提标改造，修复农村公路2.5千米，新改建公厕2座。

【专项工作】 打好“三改一拆”组合拳，完成拆违0.43万平方米，土地拆后利用率100%。坚持绿色生态底色，完成松材线虫病疫树砍伐清理1652株，推进清淤疏浚7.1万立方米，美丽河湖示范片区完成工作量的八成。完成企业安全生产隐患整改，开展5583幢房屋排查及回头看工作，新增市级农房“安居示范村”3个、村级避灾安置点1个，15个行政村配置微型消防站设施。完成黄埠塘江流域工程、大塘港生态拦截沟系统建设试点工程建设，科学部署防汛抗旱救灾各项工作。全力保障G527项目施工，基本完成土地征用协议签订工作，有序推进中岙庄嘴头公墓、晓塘上岙山公墓和月楼外岙山公墓建设。

【科教文卫】 改善教育教学质量，成立乡教育发展基金，稳步推进乡中心幼儿园教学楼改建，中心小学增设儿童图书走廊，基层教育条件不断改善。文化惠民更亲民，全年举办地方特色活动及社区体育运动会6场，开展各类惠民演出30余场。中岙村艺术项目入选第59届威尼斯双年展，创建新时代文明实践点民族工作阵地3个，“晓橘情—民族特色展馆”、青山头村市级农家书屋建成投用。扎实做好人口计生、公共卫生和健康教育工作，完成结直肠癌筛查114人、妇女“两癌”筛查500人，家庭医生签约4250人，建成省级卫生村6个、市级卫生村3个。筑牢基层防疫防线，全面铺开新冠疫苗接种，完成“无疫村”创建，18周岁以上人群加强针9396剂次，60周岁以上老年人加强针接种率达九成。

【社会保障】 切实做好低保、残保和社会临时救助等工作，维护残疾人、妇女、儿童等弱势群体合法权益。建成美礁碶村市级标准型儿童之家、青山头村妇女儿童驿站、做布厂村“小象书屋”，发放各类救助资金593.2万元，实现低收入农户收入增长11.2%。“金秋助学”困难职工子女5人，和信制药建成省五星级“残疾人之家”，“晓橘嫂”农创联盟共富项目获2022宁波市巾帼共富创新项目大赛一等奖。推动养老服务体系建设，完成养老保险扩面率99.3%，实现乡居家养老服务中心配备无感服务智能终端。实施敬老院托管模式,推进失能特困人员“医疗护理+生活照护”一体化。持续加大保就业、稳就业、扩增收工作力度,新增办理就业登记50人,申报创业类补贴2家。提高双拥共建水平,完成基干民兵点验及两季征兵工作。创新开展“在希望的田野上”退役军人帮扶项目,建成省级“枫桥式”退役军人服务站、民兵连部规范化“示范村”各2个。

【基层治理】 围绕“和谐晓塘”建设目标,坚持把“除险保安”作为贯穿全年安全工作的主抓手,完成护航二十大等维稳安保任务。加快推进数字化改革“1612”体系、基层治理“141”体系贯通运行,开展“大综合一体化”执法监管。迭代升级乡基层治理中心,优化完善乡综合信息指挥室功能,全年受理信访件94件。实现全乡国重件、省重件全部清零,新增市级民主法治村3个。把牢意识形态主导权,常态化推进扫黑除恶斗争、基层治理大联村行动,统一全乡“村民说事”日,全年收集矛盾诉求314件,解决问题99.4%。

【潘多到晓塘乡调研】 1月12日下午,县领导潘多到晓塘乡调研指导工作。充分肯定晓塘乡近年来所取得的成绩,并指出我乡要发挥农业特色,扬优势、补短板,同时提出三点建议:抓好农业发展,增加农产品附加值,延长产业链,做好品牌效应;抓好企业发展,提升企业服务效能,抓牢招商引资与企业提升;抓好社会稳定,掌握民情民意动态,及时准确解决群众反映的问题。

【陈柳松走访慰问困难群众】 1月17日下午,县人大常委会副主任陈柳松赴晓塘村和胡家峙村走访慰问困难群众,乡党委书记孔侠、相关联村干部、村主要干部陪同慰问。

【张微燕走访慰问宁波市道德模范茶光菊】 1月18日上午,县委常委、宣传部部长张微燕带队赴晓塘乡走访慰问宁波市道德模范茶光菊,为她送去党和政府的温暖。

【张文杰到晓塘乡开展春节走访慰问活动】 1月26日上午,宁波市副市长张文杰赴晓塘乡开展春节走访慰问活动,象山县副县长吴志辉、县民政局局长干文熙、晓塘乡党委书记孔侠等陪同慰问。首先到晓塘乡敬老院,询问敬老院的基本情况,查看基础设施以及疫情防控落实情况,同时向居住在这里的老人送去了慰问品。随后,张文杰副市长一行赴青山头村走访了2户困难家庭。

【陈柳松到晓塘乡开展“三服务”工作】 2月8日,象山县人大常委会副主任陈柳松赴晓塘乡开展“三服务”工作,走访调研龙泰电讯电机、时空智能等企业,助力企业“开门红”,晓塘乡党委书记孔侠陪同。陈柳松向有关负责人表达了新春的慰问,了解了企业2021年的发展形势,询问了企业的复工复产时间和当前发展存在的问题,陈柳松指出,要认真谋划年度安排,围绕科技创新、招贤纳士等方面做好大文章,力争实现首季“开门红”。

【包朝阳到晓塘调研】 3月2日上午,县委书记包朝阳率队在晓塘乡调研。包朝阳一行实地查看了黄埠村文化遗迹、传统村落、历史建筑等基本情况和保护现状。随后,包朝阳来到中呑村调研旱改水地块整治情况,对该村“种精品、种风景”的做法表示肯定。在青山头村,听取相关负责人关于乡村旅游、柑橘产业、民宿经济和体育产业发展等工作汇报。在随后召开的座谈会上,晓塘乡党委书记孔侠从实现“产业美+共富美”、争创“首季红+全年红”、抓好“两提升+两强化”等三个方面,汇报了晓塘乡争当现代农业示范标杆、打造共同富裕先行乡镇的工作方法和下步工作思路。

【俞泉云调研晓橘嫂创业基地】 4月20日上午,宁波市妇联主席俞泉云一行来到晓塘乡实地调研晓橘嫂创业基地,听取晓橘嫂农创联盟工作汇报,走访柑橘展厅。

【迎亚运、讲文明活动】 4月28日,晓塘乡举行“‘橘灯’闪耀迎亚运　晓城先锋靓家园”活动,动员全乡党员发挥先锋模范作用,以义务工、志愿者的身份为身边百姓、为家乡晓塘志愿服务,营造人人参与亚运、党员模范先行、美化家园的浓厚氛围。

【“四月八”家风日民俗活动】 5月1日,晓塘乡开展“四月八”民俗活动,举行了弘扬文明签名、传承孝道儿童敬茶、果树认领、捣麻糍及麻糍分享会、犒劳耕牛仪式等系列活动,全方位展示宜居、和谐、文明乡村新图景。

【共青团乡第十九次代表大会胜利召开】 5月5日,共青团晓塘乡第十九次代表大会召开,乡党委副书记陈兆季、团县委副书记卢璐、乡宣统委员范黎斌以及来自全乡各行各业的43名团代表参加了会议。根据会议选举办法有关规定,范黎斌同志当选为共青团象山县晓塘乡第十九届委员会书记,牟岚、张燕、黄棋侦3人当选为共青团象山县晓塘乡第十九届委员会副书记。

【应伟刚到晓塘调研】 5月6日,县人大常委会副主任应伟刚到晓塘乡调研,实地走访黄埠村、海之湾景区,了解古村修缮保护、美丽乡村建设、农旅融合发展等工作情况。

【县委第一巡察组巡察晓塘乡党委及所属村级党组织工作动员会召开】 5月13日下午,县委第一巡察组巡察晓塘乡党委及所属村级党组织工作动员会召开,县委巡察工作领导小组成员、县委巡察办主任林峰,县委第一巡察组组长史冬宝,县委第一巡察组副组长陈萍萍,县委第一巡察组其他人员,晓塘乡领导班子成员、全体机关干部,各行政村书记、副主任,基层站所负责人,部分“两代表一委员”参加会议。

【王道到晓塘调研】 7月19日,县委常委、纪委书记王道一行前往柑橘综合服务中心、青山头村调研甬红基地及乡村旅游、新农村建设项目,乡党委书记孔侠、纪委书记方婉瑜陪同调研。在座谈会上，乡党委书记孔侠汇报纪检监察工作情况，王道在讲话中强调，要树牢底线思维，强化责任意识，切实增强做好新时代信访工作的责任感和紧迫感，坚决维护政治安全，提早排查化解矛盾，有效防范化解各类风险，及时解决群众合理合法诉求。要扎实做好安全生产工作，拧紧安全生产责任链条，突出抓好重点行业领域安全生产大检查，坚决防止重特大事故发生。

【第17届西边塘葡萄节】 7月30日，“青年与海”—2022象山晓塘第17届西边塘葡萄节暨北纬30度葡萄产业共富之旅在晓塘海之湾户外大本营启动，副县长潘多、县人大常委会副主任陈柳松等一行参与开幕仪式。开幕式上发布了青创人才招募计划，打响“青年与海”双创品牌；揭牌成立晓塘乡教育发展基金、觅原晓塘共富商城“助学励志基金”。

【乡第十九届人民代表大会第二次会议召开】 晓塘乡第十九届人民代表大会第二次会议召开，来自全乡各条战线、各行各业的50名乡人大代表以及乡班子成员、部门负责人、行政村主要负责人列席了会议。会议听取并审议了半年度政府工作报告、上年度环境状况和环境保护目标完成情况报告和2022年本级财政预算执行情况报告、预算调整方案。

【县委第一巡察组巡察晓塘乡党委及所属村级党组织情况反馈会议】 8月30日，根据县委统一部署，晓塘乡召开县委第一巡察组巡察晓塘乡党委及所属村级党组织情况反馈会议。参加会议的对象有晓塘乡全体在职在编干部、所属16个行政村的村书记和副主任、基层站所负责人、部分县“两代表一委员”。会议有三项议程：县委第一巡察组组长史冬宝反馈巡察意见；县委巡察工作领导小组成员、县纪委常委、县委巡察办主任林峰讲话；乡党委书记孔侠代表乡党委作表态发言。

【市政协界别组张淑琴带队到晓塘乡开展活动】 9月1日，宁波市政协界别组张淑琴带队赴晓塘乡开展“浙里石榴红，同心微协商”活动，界别组一行参观了大塘港旅游驿站、象山柑橘文化展厅、晓塘乡情馆，了解当地历史沿革、特色经济和少数民族同胞生产生活情况。随后，委员们与县民宗局、晓塘乡主要负责人及少数民族创业代表茶光菊、牟友顺、崔海萍、罗艳娥等开展座谈交流，详细了解当地少数民族同胞的创业经历、主要困难和意见建议。

【第五届海峡两岸乡村振兴论坛】 11月10日，以“深化两岸融合，共促乡村振兴”为主题的第五届海峡两岸乡村振兴论坛——“柑橘产业助推乡村共富”专场活动在我乡举行。海峡两岸40余位柑橘种植户、柑橘产业从业人员齐聚一堂，走访调研，共话地方文化和柑橘产业的融合和发展。参访团一行参观了“中国第一颗红美人”果树基地、晓塘乡柑橘产业服务中心、晓塘乡旅游驿站和柑橘主题展厅等，随后进行座谈。

【“中国第一棵红美人”开摘】 11月16日，2022象山北纬30°柑橘文化节“中国第一棵红美人”开摘仪式暨第十六届民族和睦邻里节在晓塘乡柑橘服务中心举行。在各界嘉宾的见证下，现场举办了“中国第一棵红美人”开摘仪式，晓塘乡农产品整合与推广战略合作，供应链级共富链合作项目签约，艺术家联名作品赠予及特色产品展示，宁波市大学生“红美人”营销策划大赛、青年与海·柑橘产业论坛等系列活动。

【叶剑鸣走进象山“半岛·农技”省政协委员会客厅】 12月7日上午，市政协副主席叶剑鸣走进象山“半岛·农技”省政协委员会客厅，向市县两级政协委员宣讲党的二十大精神，交流学习体会和感悟。县政协主席俞骏，秘书长胡金文参加活动。会前，叶剑鸣一行考察象山甬红果蔬有限公司。

【青年与海·围炉共话“二十大”民族共融共富之旅活动】 12月7日，由象山县民族团结进步促进会主办的青年与海·围炉共话“二十大”民族共融共富之旅活动在晓塘乡举行。来自6个不同民族的10余名民族同胞同晓塘乡“晓青橘”青年宣讲团围坐一堂、围炉共话。大家畅所欲言，结合中共二十大精神交流分享了工作心得，同民族同胞们探讨了共富路径，一同感受时代的脉动，凝聚奋进的力量。

【潘多到晓塘乡宣讲中共二十大精神】 12月9日，潘多副县长到晓塘乡宣讲中共二十大精神，强调要把学习宣传贯彻中共二十大精神作为当前和今后一个时期的首要政治任务，把精神讲清楚、讲明白，让老百姓听得懂、能领会、可落实，使中共二十大精神家喻户晓、深入人心。

【“一站双中心”志愿者表彰大会】 12月15日，晓塘乡“一站双中心”在晓塘乡社会工作站会议室开展志愿者表彰大会。此次活动由浙江省芯悦发展中心沈思光老师主持，“一站双中心”2名专职社工和20名志愿者齐聚一堂。对2022年度志愿工作进行了总结和回顾，肯定了志愿者们对项目做出的巨大贡献，并向志愿者们表示真挚的感谢和崇高的敬意。

2022年晓塘乡行政村经济情况统计表

表89

村名	户数（户）	人口（人）	耕地面积（亩）	水产养殖（亩）	村级资产（万元）	村集体年收入（万元）	村集体年支出（万元）	书记 副主任
岭头村	88	297	650	0	439.5	53.2	4.2	洪文明、洪爱方
东浦村	264	889	582	0	1130.5	181.1	20.4	潘满昌、练开通
黄埠村	483	1632	685	0	3667.2	668.3	113.5	张学武、章哲明
鹤岭村	215	710	759	221	1297.1	290.2	26.8	潘阿生、林永财
美礁碶村	308	1053	702	0	2108.5	645.4	28.3	潘兆宗、
月楼村	419	1399	1501	0	3047.5	269.8	51.7	黄和振、王小友
做布厂村	205	686	630	0	1063.8	557.3	21.3	周来根、黄驰实
中岙村	382	1235	1502	5	2657.3	745.9	65	陈兆播、叶国营
中里村	354	1192	1567	12	1689.5	697	101.9	麻万清、邱家忠
新厂村	387	1380	1544	0	3649.7	546.7	29.3	干则亿、刘云卓
胡家峙村	447	1502	1782	0	3356.1	531	68.1	徐君品
晓塘村	424	1423	870	236	2724.8	210.2	95	杨志刚
励家坪村	388	1281	1097	145	2190.3	548.8	45.8	黄修成、黄林威
青山头村	321	1144	1193	423	1936.6	1319.8	160.4	蒋秋军、舒亮明
双连峙村	238	802	1011	58	1972.5	280.2	46.2	土学光、朱光辉
西边塘村	470	1777	1798	0	5352.8	973.2	88.8	干中才、张国营

（晓塘乡政府）

黄避岙乡

【概况】 黄避岙乡因"南宋康王避金南渡至此得救"传说，故得名"王（黄）避岙"，是象山的北部门户乡镇，三面环海，南依西沪港与墙头、西周毗邻，北靠象山港与奉化、鄞州隔港相望，象山港大桥穿乡而过。全乡陆域面积43.6平方千米，海岸长28.6千米，辖13个行政村，人口1.37万人。2022年实现财政总收入1.62亿元，固定资产投资6.05亿元，其中固定资产投资同比增长60.28%；荣获市平安护航"党的二十大"成绩突出集体、市"水美乡镇"、县信访工作优秀集体等称号，工业跻身县A类乡镇，成功创建"农业特色型"美丽城镇市级样板镇，完成全市首例"乡债县管"改革。

【工业经济】 2022年实现规上工业产值56亿元，增加值14.69亿元，工业投资超5亿元，同比分别增长8.7%、7.7%、92.2%。坚持把招商引资作为持续发展的重要源泉，加快项目攻坚转化，智能园基础配套、谢家西沙湾地块整治加速推进，中甬工具、荣辉模具、易锻二期等项目全面投产，日星四期等5个项目有序开展，引进欣昊模具等亿元以上项目5个，总投资约6.5亿元。坚持把科技自强作为提质发展的重要引擎，壮大科技型企业队伍，新增高新技术企业4家，易锻精机获国家重点小巨人企业、国家知识产权优势企业，与日星铸业、旭文海藻共获省科技进步大奖，甬菲特获浙江制造“品字标”企业。

【农业经济】 把“三农”高质量发展放在突出位置，整合资源、守正创新，努力走好“规模化、专业化、特色化”新型农业发展道路。全年实现农业总产值3.3亿元，同比增长6.5%。压实渔业安全责任，超额完成减船转产任务。夯实农田水利建设，投资1800万元完成万丈涂海塘等5个水利工程建设，高效完成4000余亩养殖尾水整治，为农服务水平显著提升。坚持把农业增收作为均衡发展的重要支柱，抓好粮油稳产保供，整治“非粮化”苗木面积1100亩，完成粮供区整治优化工作。农田设施提标改造，提前完成高标准农田建设1500亩，全年粮油种植面积超8200亩、产量超2200吨。渔业发展提质增效，黄鱼产业形成“育苗-养殖-加工-销售”于一体的产业链条。打通“海上两山”转化通道，大大缩短传统网箱改造年限。

【旅游发展】 深度挖掘山海风貌特质，连点成线谋划一批农文旅融合项目，全年旅游综合收入实现稳步提升，同比增长9.3%。精准布点旅游业态，全面完成滩涂乐园、七彩晒场建设，稳步推进里海荷塘艺术田园综合体、海洋科普馆等项目。提升旅游基础配套，宁波南铂、元生心宿等星级酒店开业运营，旅游标志标牌、景观节点打造全新升级，“一线一核多点”的全域旅游格局持续巩固。设计稻田观光、休闲康养、生态采摘等旅游业态，打造里海荷塘田园综合体。加大旅游宣传推广力度，发挥竹艺、走书等非遗文化特色，举办主题节庆、文化运动等活动，举办斑斓海岸音乐运动嘉年华等活动，多元深化斑斓海岸IP形象，乡村旅游呈现“主题化、精品化、立体化”的特点。

【城乡品质】 深入实施以人为核心的新型城镇化战略，锚定“农业特色型”美丽城镇样板乡镇建设方向，完成邻里中心、乡镇特色书吧等项目建设，立体靓化城乡形象。推进龙屿商贸综合体项目，新增一批公园长廊、停车场、游客中心等基础设施，城镇生活品质进一步改善。农村路网持续完善，完成梅龙线、相塔线大中修工程，推进西周线路面改造、兵西线亮化等项目。农村风貌多点提升，加码落实“三改一拆”和农村危房整治，拆除建筑面积2960平方米。加强农房建设管理，分类打造、积极推进浙派民居建设，城乡整体风貌进一步提升。执法机制不断健全，依托“大综合一体化”行政执法改革，开展“一跨六乱”等专项整治400余次，处置案件79起，城镇管理水平显著提升。

【美村富民】 借势借力推进集镇建设和村庄创建协调融合发展，出台相关奖励政策，专项投入1200万元用于新农村建设，获评省级未来乡村、省级美丽宜居示范村、省级气候康养村各1个，创建县级美丽乡村特色村1个，点上示范、线上精品、面上风景的美丽乡村格局持续巩固。西沪港共同富裕示范带项目基本完成，筑牢“乡村共富路”良好开端。因地制宜推进村集体经济增收，辖区民宿、农家乐、专业合作社等经营主体数量实现稳步增长，新增专业合作社、家庭农场3家。

【社会事业】 抓牢常态化疫情防控，落实疫苗接种、流调排查等防控举措，科学精准、动态调整防控政策。健全卫生体系，落实县级医院专家坐诊、契约式家庭医生服务，卫生院迁建工程正式启动。加强食品监管，成功创建省四星级食安办，完成省卤肉食品安全监管“一件事”集成改革现场会点位观摩任务。发展教育事业，公办幼儿园建成投用，小学“斑斓童年”教育体系逐步建立，教学资源优化升级。深化文化惠民，开展非遗半岛行、社区运动会等活动50余场次，建成乡镇书吧1个、健身房2个、健康步道1条，推进形成乡镇“15分钟品质文化生活圈”。乡风文明建设持续深化，发挥文化礼堂、新时代文明实践站点等阵地作用，推进移风易俗专项行动，展现乡村文明新气象。

【社会保障】 稳步实施全民参保，实现本地户籍养老保险、医疗保险参保率99.5%，“甬宁保”参保率保持在全县前列。统筹抓好助残、救孤、济困、扶贫等工作，低保、五保、退役军人、残疾人等权益得到保障，发放社会救助金507.2万元、慈善救助金66.2万元，兵营村获评市级慈善村。强化劳资纠纷调处，化解企业欠薪案件8起。“一老一小”工作走在前列，成功创建全国示范性老年友好型社区1个。重视人民武装工作，完成全年征兵参训任务，基层武装建设加倍规范。

【基层治理】 迭代深化“141”体系建设，发挥微网格力量，化解矛盾纠纷108起，实现国省重件化解率100%，获评“县信访工作优秀集体”。高标准完成非标电动自行车淘汰置换工作，保障人民群众出行安全。推进“雪亮工程”建设，实现行政村监控全覆盖。加强法治乡村建设，成功创建市级民主法治示范村2个。常态化开展反走私、扫黑除恶等专项行动，高效处置“5·24”“11·15”两起冻品走私事件，刑事立案数、违法人数显著下降。

【政治引领】 借助甬习云课堂、丹山干部讲堂等契机，组织中共二十大等学习培训30余次，筑牢党员干部理想信念根基。推进基层党组织标准化规范化建设，健全流动党员管理制度，深化党建工作品牌建设，促成共建“科技促共富·党建联建”，“斑斓海岸”党建联建入选市示范性项目，“海岸浒苔”共富工坊入选市优秀案例，“耕海牧渔”工作室获评市名师工作室。深化“渔排说事”“联建说事”等特色自治模式，落实党员包网入户、设岗定责制度，提升基层治理效能。

【廉政建设】 牵头整改重大督查问题38件。开展干部作风建设常态化检查。推进基层智慧监督，全面推行“三公”领域公权力大数据监督平台和基层公权力全程在线审批应用，一以贯之规范乡、村两级各项资金支出。规范开展“清廉指数”评价，助推清廉村居建设，获评市级清廉建设典型基层单位1个。

【黄避岙乡"'岙'里辞旧岁,'云'上迎新年"活动】 "岙"里辞旧岁,"云"上迎新年。1月19日,黄避岙乡已备好"留岗大红包"——推出面向辖区企业外来务工人员发放电话充值卡、景区门票、食用油等措施,并将组织开展锦鲤大抽奖、有奖知识竞答、"共建书香企业"图书交换、电影进企业、写春联和写福字等活动,用山海风景、贴心服务邀请外来务工人员留象山过年。

【裘东耀到黄避岙乡调研】 2月9日,宁波市委副书记、市长裘东耀赴黄避岙乡调研。副市长朱欢,市政府秘书长朱金茂随同调研。县领导包朝阳、李晓东、应建勇、史建立等陪同调研。裘东耀一行先来到黄避岙乡高泥村,考察特色民居和居家养老服务站,详细了解村产业、集体经济、人均收入等情况。在浙江易锻精密机械有限公司,裘东耀深入车间和实验室,察看物联网冲床远程监控系统,了解企业生产经营中的困难,对企业强化数字赋能、自主设计开发程序表示肯定。

【省级美丽宜居示范村督查验收】 3月3日,省督查组组长马骁等一行对黄避岙乡鲁家岙村进行省级美丽宜居示范村督查验收。宁波市城乡建设发展研究中心副书记敖宇峰,县住建局党委委员沈裕建,乡党委副书记、乡长郑波波等陪同迎接检查。9月,省住房和城乡建设厅公布2021年度美丽宜居示范村创建验收结果,鲁家岙村通过创建考核验收。

【袁家军到泥村调研】 4月28日,省委书记袁家军赴黄避岙乡高泥村,考察居家养老服务站,了解特色产业发展带动村民共富和未来渔村建设情况。他高度肯定黄避岙乡村庄科技养殖模式和养老机制,要求下一步活化村庄资源,更好服务乡村"一老一小"。

【共青团黄避岙乡第二十次代表大会召开】 5月11日,共青团黄避岙乡第二十次代表大会胜利召开,来自全乡各条战线的38名团员青年代表参加大会。大会回顾总结了共青团黄避岙乡第二十次代表大会以来的成绩和经验,提出了未来五年的工作思路、奋斗目标与主要任务,选举产生共青团黄避岙乡第二十届委员会。

【包朝阳到黄避岙乡调研】 5月24日,县委书记包朝阳赴黄避岙乡黄泥坎自然村、东塔自然村、心灵谷等调研"三区三线"划定工作,了解村民生产生活状况、空心村整村开发相关工作,调研旅游产业项目用地等情况。乡党委书记吴立、乡党委副书记、乡长郑波波等陪同调研。

【乡第十九次妇女代表大会召开】 5月27日,黄避岙乡第十九次妇女代表大会胜利召开,来自全乡各条战线的43名妇女代表出席会议,经过代表们的充分酝酿和大会的审议,选举产生了新一届委员会委员。

【李晓东到黄避岙乡调研】 6月7日,县委副书记、县长李晓东赴黄避岙乡高泥村调研宁波里海农业公司"水稻+"综合种养高效基地及共同富裕示范带建设、耕海牧渔新场景打造情况。黄避岙乡领导吴立、郑波波等陪同调研。

【入选全国示范性老年友好型社区】 6月7日,杭州市卫生健康委老龄处处长欧阳泉一行赴黄避岙乡高泥村,以《全国示范性老年友好型社区评分细则(试行)》为依据,通过查阅资料、实地察看、现场体验等形式,考察村庄环境、居家养老服务站、智慧养老体系以及老年人家中的适老化改造、老年人参与村庄管理等内容,对村庄全国示范性老年友好型社区建设工作进行复核。10月,国家卫生健康委、全国老龄办公布全国示范性老年友好型社区名单,黄避岙乡高泥村名列其中,是2022年全县唯一一个入选村。

【开展结对共建签约仪式】 6月30日,浙江省农业科学院水生生物研究所、县科技局与黄避岙乡高泥村开展结对共建签约仪式,省农业科学院水生生物研究所所长楼宝、县科技局副局长朱光明参加签约仪式。

【全省食品小作坊"五化"及卤肉食品安全"一件事"集成改革现场会】 8月10日,全省食品小作坊"五化"及卤肉食品安全"一件事"集成改革现场会在黄避岙乡召开,来自全省不同地区的各级领导对黄避岙乡李菊英熟食小作坊、佳迪糕点小作坊、渔家风情地产食品展示馆等地点进行现场考察。

【金珊到黄避岙乡调研】 8月10日,宁波市副市长金珊实地走访黄避岙乡高泥村、兵营村、沪港村及浙江易锻精密机械有限公司,调研乡村振兴、乡村建设等相关工作,县委副书记、县长李晓东,乡领导吴立、郑波波等陪同调研。

【乡第十九届人民代表大会第二次会议召开】 8月11日,黄避岙乡第十九届人民代表大会第二次会议胜利召开,来自全乡各行各业的47名人大代表,以及各条战线列席代表出席会议。会议听取并审议了2022年黄避岙乡人民政府半年度工作报告、2022年民生实事项目上半年进展情况报告、2021年度环境状况和环境保护目标完成情况的报告,会议通过完成各项决议。

【斑澜海岸音乐运动嘉年华启动】 9月25日,斑澜海岸音乐运动嘉年华在黄避岙乡启动,数十对亲子家庭和热爱海洋渔文化的年轻群体一起,尽情享受山境海韵、体验海洋研学之旅,在一个全新的海洋运动消费场景中解锁趣味新玩法。市对外文化交流协会会长张爱琴、副县长钮晶莹等领导出席参加。

【村社党组织书记擂台赛暨"耕耘者振兴计划研学基地"揭牌仪式召开】 9月29日,村社党组织书记擂台赛暨"耕耘者振兴计划研学基地"揭牌仪式在黄避岙乡沪港村举行,围绕党建统领网格智治、联盟共建赋能乡村振兴,晒经验、亮成绩、比发展,进一步激发改革创新、干事创业新动能。市委组织部副部长、"两新"工委书记何慧刚、县委书记包朝阳出席。县领导张微燕、江建业、陈善杰、莫俶茜、陈建瑜参加。

【虞汉胤到黄避岙乡调研】 11月25日，省委宣传部副部长虞汉胤一行赴黄避岙乡调研，通过实地查看、座谈交流、听取汇报等方式，详细了解乡村旅游、特色农业、基层治理、未来乡村建设等情况。省委宣传部文化发展改革处处长董富全，市委副书记、市委社建委主任钟关华，县委书记包朝阳，乡党委书记吴立等陪同。

2022年黄避岙乡行政村经济情况统计表

表90

村名	户数（户）	人口（人）	耕地（亩）	渔船（艘）	村级资产（万元）	村集体年收入（万元）	村集体年支出（万元）	书记	副主任
白屿村	342	1119	464	1	1573.13	222.07	185.56	—	徐振标
兵营村	321	963	741	5	1738.94	84.13	39.04	陈先定	胡文斌
大林村	459	1421	724	0	1827	239.03	70.66	林宜定	林国民
湖头新村	305	1006	829	0	1626.38	430.91	59.69	谢贤华	竺家表
高泥村	282	927	654	2	2998.07	968.60	165.09	朱中华	钱德所
横里村	223	760	293	1	1389.01	130.77	25.06	沈贤松	沈贤敏
横塘村	274	757	597	0	960.14	65.26	19.70	陈春根	陈　旭
黄避岙村	597	1709	728	0	1972.77	204.31	28.42	林　达	竺有武
龙屿村	692	1976	1802	1	5669.97	149.74	26.76	邱争先	张永光
鲁家岙村	195	545	378	2	1731.57	68.23	28.25	谢国生	陈贺彪
沪港村	482	1679	717	0	3632.43	451.74	91.83	周斌权	张林法
谢家村	285	773	599	6	1196.04	111.49	8.39	谢秀杰	谢宝能
驿角岙村	233	758	371	2	1986	195.94	20.90	李达震	夏自立

（黄避岙乡政府）

茅洋乡

【概况】 茅洋乡行政区域总面积47平方千米，下辖13个行政村，人口1.5万，拥有耕地面积562公顷，山林3101公顷，滩涂53公顷。2022年，完成社会生产总值34.53亿元，实现财政总收入5167万元。获评宁波市首批乡村旅游共同富裕示范区、宁波市全域旅游示范区建设优秀单位。

【工业经济】 全年实现规上工业产值21亿元、规模企业增加值3.9亿元、主营业务收入16亿元。完成全社会固定资产投资2.85亿元，目标完成率达142%并位居全县第一。推进产业链精准招商，聚焦针织、铸造等主导产业，招引亿元以上项目1个、千万元以上项目5个，子夏精密机械、志望金属制品生产线等项目正式投产，累计完成实际内资2.1亿元，同比增长5.6%。突出扶强扶优、科技创新导向，累计研发投入6022万元，完成技术交易额5500万元，新增规上企业3家、“330”企业1家、专精特新企业1家。

【农村经济】 农业经济总产值实现2.4亿元，柑橘、对虾、杨梅、火龙果等农业产业累计收入超过1.3亿元。着力抓好粮食种植生产，共交售粮食订单254吨、种植任务6200亩，完成种植业保险4500亩。重视畜牧疫病防控工作，推进四季动物防疫、动物疫苗免疫接种和补针工作。基础设施全面改善，推进2座山塘水库治理维修、50亩旱改水等重点基础项目。

【全域旅游】 累计接待游客113.5万人次，实现旅游收入1.4亿元，获评宁波市首批乡村旅游共同富裕示范区、宁波市全域旅游示范区建设优秀单位。建成运营环蟹钳港青创共富农场、洋岙山夕阳收集装置项目，落户开放象山里农文旅综合体验园、粮仓农文旅体验中心，打造“潮隐西海岸”市级精品线。蟹钳港旅游公司新增管理县内外景区单位5家，实现直接收益300万元，获评全市唯一五星级乡村旅游运营团队。举办“向海而行 · 我为泥狂”长三角休闲运动季暨环蟹钳港海鲜音乐节、宁波（象山）首届大地艺术节，共建青年与海 · 乡村文旅共富学院、物流电商结对人才基地、乡村旅游运营实践基地，建成市级红色教育基地1个、市级非遗路线1条，开发完善茅洋乡文旅智慧地图等数字产品。成立象山县民宿经济促进会茅洋办事处，招引落户市民宿教育培训基地和浙江万里学院乡村旅游运营实践基地。

【村镇建设】 盛宁线茅洋至泗洲头段改建工程提前完工，建成投用街区景观提升、平桥头至山下叶路灯安装等民生实事项目，验收完成盛宁线白岩下路口红绿灯增设、环库路部分路段边坡整治、茅洋乡文山至新71省道公路等道路工程，累计完成道路安保工程2千米、路灯亮化工程2.5千米，新建改建口袋公园1个、充电桩10个。美丽创建点面并行。白岩下、花墙分别获评市、县级共同富裕示范村，杨家岙县级特色村、屠家园新时代美丽乡村达标村通过验收，溪口、文洋农村综合改革项目全面启动。累计新建改建农村公厕2座、移动公厕1座，提升改造污水终端6个，改造完成村庄污水管网1个。大力开展“美丽茅洋 · 清洁先行”志愿服务活动，有序推进“三清三美”、环蟹钳港环境整治等专项行动。

【民生事业】 落实教育优先发展战略，2022年累计被象山中学录取2人、象山三中录取5人。扎实推进健康茅洋建设，完成茅洋乡中心卫生院迁建规划，推动全专融合门诊服务，契约式家庭医生签约达3072人，高血压、糖尿病等重点人群签约率超80%。畅通为民服务“最后一公里”，组织实施“两癌”检查、婚孕前优生健康检查、食品药品安全监督等民生实事项目。累计发放救灾、扶贫、济困、助残、救孤、助医、养老等补助资金530万元，新增参保人数231人，新增就业人口268人。文体工作取得历史性突破，汤欣怡获全国蹦床青少年锦标赛女子蹦床冠军。启动茅洋乡环蟹钳港社会治理示范区创建，深入推进市委城乡现代化社区建设、象山县基层治理大联村行动，并在全市作典型发言。

【平安建设】 构建基层治理防线，常态化推进涉海涉渔、打击非法入境、反电诈、反恐、食品药品、宗教活动场所、矛盾纠纷排查化解等专项整治行动，平安茅洋建设再上新台阶。

【政府管理】 以数字政府建设为载体，大力营造智能服务的工作氛围，互联网+政务服务网上受理率达100%，互联网+监管掌上执法率达100%。进一步完善基本支出定额标准，不断盘活乡域资源资产，融资综合成本同比下降0.6%，直接节省利息开支380余万元。贯彻落实乡、村两级《茅洋乡争创变革型组织争做变革型干部十项制度》。接受乡人大监督，高质量办理人大建议31件。行政执法证测试通过率超75%。加强重大行政决策制度建设，政府行政决策合法性审查率、审查发现问题处理率、集体讨论研究率均达100%。履行党风廉政建设主体责任和“一岗双责”，巩固落实县委巡察反馈成果17项，完成“七张问题清单”闭环整改34条。进一步强化财政、审计监督职能，执行“三公”经费红黄灯预警制度，消除无效预警73条。全域推进清廉村居和廉情监测站建设，加强村级工程和“三资”管理等重点领域和重点环节的监管，2022年累计开展党纪政务处分9人次、第一种形态谈话26人次。

【成立宁波市首个慈善文化驿站】 1月11日上午，宁波市首个慈善和文化元素紧密结合的基层慈善组织——茅洋乡慈善文化驿站成立揭幕。该驿站以“善美茅洋　情满人间”为主题，将慈善文化与民间文化艺术相结合，以茅洋乡五狮民乐团为基础，集民间文艺编演、慈善文化宣传、公益服务活动于一体组建的基层慈善组织，现有志愿者18人。市慈善总会会长陈云金、县慈善总会会长吴安定、乡党委书记齐海燕出席仪式并揭幕。

【村主要干部述职述廉】 1月17日下午，茅洋乡召开村主要干部述职述廉会议。各行政村分别围绕2021年书记账本、重点工作、廉政守纪开展情况及2022年工作思路作相关汇报；乡组织委员侯永波就制定2022年书记账本、开展民主生活会和民主评议党员工作、优化“村民说事”制度等工作进行相关部署；乡人大主席钱钧就人大代表履职和“宁波人大代表通”应用推进情况进行部署；乡党委副书记、乡长韩天山对后续工作进行相关部署；最后，乡党委书记齐海燕作总结讲话，强调村主要领导要加强落实主体责任，自觉增强党性修养，不折不扣抓落实，攻坚克难求实效。各行政村书记、副书记、副主任和全体联村干部参加会议。

【银洋村举行旅游众筹项目分红仪式】 1月26日上午，茅洋乡银洋村举行旅游众筹项目分红仪式。该项目由村民集资，以8000元一股，每户最多6股，共计423万元众筹投资建设，于2020年8月15日开始对外试运营，2021年累计接待游客18万人次，实现收入365万元。2022年将116万余元进行第二次分红，并抽取部分收入帮扶村民，助力村民实现共同富裕。

【张春毓为现役军人戴凯及家属送喜报】 2月11日上午，象山县退役军人事务局副局长张春毓、茅洋乡退役军人服务站常务副站长余豪、象山县人武部政工科干事兴卫军等一行人到茅洋乡白岩下村为荣立三等功的现役军人戴凯及家属送去立功喜报和慰问金。

【开展亚运吉祥物茅洋乡交接活动】 2月19日10时27分，扬帆亚运队到达交接点茅洋乡乌石岭村。龙狮舞队在乌石岭红绿灯路口迎接，舞龙队在路口摆好阵型，舞狮队往前迎接，舞狮吐出“喜迎亚运　趣玩茅洋”欢迎词。交接成功后，茅洋乡全体党政领导，沿线联村干部、村干部，部分乡贤代表及企业家代表一路接力，传递亚运吉祥物，经茅洋乡政府、蟹钳港景区至茅洋海塘路口红绿灯。

【“潮隐西海岸、共富样板区”攻坚行动动员大会】 2月24日，茅洋乡召开建设“潮隐西海岸、共富样板区”攻坚行动动员大会，回顾盘点2021年工作成绩。溪口村、蛎港兴村、花墙村作表态发言。溪东村、溪口村、花墙村、白岩下村递交难题攻坚军令状。

【位列创建乡村全域旅游示范区名单】 经市文化广电旅游局经过前期全面复核验收，3月2日，在宁波市19家乡村全域旅游示范区中，奉化大堰、象山茅洋、宁海前童、镇海九龙湖、北仑春晓等5家单位为优秀；江北慈城、海曙龙观、余姚鹿亭等14家单位合格。

【召开主席团扩大会议】 3月29日，茅洋乡召开主席团扩大会议，听取乡十九届人大一次会议代表意见、建议办理以及民生实事项目进展情况，审议通过2022年茅洋乡人大工作要点。乡人大主席团全体成员、乡党委和政府各分管领导参加会议。

【召开共青团茅洋乡第十九次代表大会】 4月28日，茅洋乡召开共青团茅洋乡第十九次代表大会，乡党委书记齐海燕、团县委副书记石海挺、乡党委副书记黄维辉、乡工会主席李伟、乡团委书记鲍赟赟出席会议，全乡共青团代表参加会议。

【召开第十九次妇女代表大会】 6月10日，茅洋乡召开第十九次妇女代表大会，县妇联主席杨雪娟、乡党委书记齐海燕、乡党委副书记黄维辉、组织委员侯永波、团委书记鲍赟赟、乡妇女代表参加会议。

【召开象山县民宿经济促进会茅洋办事处成立大会暨一届一次会员大会】 6月30日，茅洋乡召开象山县民宿经济促进会茅洋办事处成立大会暨一届一次会员大会。乡党委书记齐海燕、县旅游发展中心副主任张建军、宁波市照明电器行业协会会长朱国珍、宁波市民宿经济促进会秘书长兼副会长朱建国、乡党委副书记黄维辉、象山县民宿经济促进会会长聂文华出席会议。

【象山县知联会赴蛎港兴村调研及与宁波大学知联会开展校地合作活动】 7月8日，象山县知联会赴茅洋乡蛎港兴村调研及与宁波大学知联会开展校地合作活动。活动中宁波大学知联会与象山县知联会围绕蛎港兴村存在的问题提出建议，并对其他可以合作的项目进行协商讨论。

【承办“向海而生·我为泥狂”长三角休闲运动季暨环蟹钳港海鲜音乐生活节】 8月6日，茅洋乡承办“向海而生·我为泥狂”长三角休闲运动季暨环蟹钳港海鲜音乐生活节。乡党委书记齐海燕致欢迎辞，象山县委常委、宣传部部长张微燕致辞，并开展数字文旅项目签约仪式与乡村文旅运营实训基地授牌仪式，之后宁波市文化广电旅游局党组成员、副局长邱金岳宣布仪式启动。

【召开乡第十九届人民代表大会第二次会议】 8月9日上午，茅洋乡召开乡第十九届人民代表大会第二次会议，45名乡人大代表出席会议。乡党委副书记、乡长韩天山作2022半年度乡人民政府工作报告。乡党委书记齐海燕作总结讲话，强调要始终把人大代表为人民的理念牢记在心、时刻不忘，为加快打造“潮隐西海岸·共富样板区”“海天一色·美丽港湾”旅游目的地示范区而不懈奋斗，以昂扬姿态、优异成绩迎接中共二十大胜利召开。会议听取审议2022半年度乡民生实事项目进展情况报告和财政预算执行情况、下半年财政工作计划报告和工业副乡长的述职报告，乡人大主席钱钧通报第十九届人民代表大会第一次会议建议办理情况说明并开展代表履职及数字化应用培训。

【主任宋炳林一行到茅洋乡考察】 8月17日，宁波市委政研室副主任宋炳林一行莅临茅洋乡调研，考察银洋村田乐园景区、茅洋乡游客服务中心、民宿集聚村花墙村、象山里火龙果基地。象山县委改革办常务副主任周元能等陪同。

【召开防汛防台、除险保安暨全国文明城市创建工作会议】 9月12日，茅洋乡召开防汛防台、除险保安暨全国文明城市创建工作会议。会议讨论针对轩岚诺、梅花台风的相关部署工作。会议由乡党委副书记、乡长韩天山主持，乡党委副书记黄维辉部署相关工作，乡党委书记齐海燕作总结讲话。乡全体机关干部，各行政村书记、副主任以及有关单位代表参加会议。

【召开“请你来协商·民生议事堂”会议】 9月29日，茅洋乡召开“请你来协商·民生议事堂”会议。会议聚焦花墙如何从民宿集聚村变身共富样板村，讨论花墙村共同富裕示范村建设路径。乡党委副书记黄维辉主持会议，乡党委副书记、乡长韩天山，县政协联系领导，县自然资源和规划局、县住建局、县农业农村局等部门领导，政协茅洋乡联委会全体成员，花墙村联村干部，象山县蟹钳港旅游发展公司总经理负责人，茅洋乡民宿协会部分成员参加会议。

【落实溪东村花露山自然村征地政策处理工作】 9月，茅洋乡推进溪东村花露山自然村土地政策处理工作。通过复盘研究、上门走访、思想疏导、政策解读，于9月8日、9月20日分别完成17户农户签约、青苗款拨付。

【大地艺术节与共富学院揭牌】 12月3日，茅洋乡召开2022年宁波象山首届大地艺术节开幕式暨青年与海·乡村旅游共富学院揭牌仪式。乡党委书记齐海燕致颁发象山环蟹钳港共同富裕样板区乡村艺术造梦师证书，公布首批18个“文艺星火赋美”示范点，浙江万里学院党委书记蒋建军、中共象山县委常委宣传部部长沙罕洪为“青年与海·乡村文旅共富学院”的成立揭牌。最后，浙江万里学院党委书记蒋建军、中共象山县委宣传部部长沙罕洪、象山县人民政府副县长胡颖磊、宁波市文化广电旅游局资源开发处处长鲁敏、象山县文化和广电旅游体育局局长陈淑萍、宁波市影视文化产业区管委会主任邵震洋、象山县茅洋乡党委书记齐海燕、共青团象山县委书记钱愉璐共同为大地艺术节启幕。

1月11日，宁波市首个慈善文化驿站茅洋慈善文化驿站在茅洋乡成立揭幕

2022年茅洋乡行政村经济情况统计表

表91

村名	户数（户）	人口（人）	耕地（公顷）	林地（公顷）	村级资产（万元）	村集体年收入（万元）	村集体年支出（万元）	书记、主任
南充村	569	1864	42.6	580.27	2096.87	61.37	25.58	郑忠明
屠家园村	345	1138	35.8	316.6	1307.88	73.60	60.51	屠雪芬
溪东村	279	892	48.87	211.13	3461.08	127.47	34.72	—
杨家岙村	215	701	28.73	128.67	1698.89	388.60	29.15	应德伟
蓬溪村	532	1707	60.87	242.13	3695.78	302.39	49.06	郑敏建
小白岩村	365	1159	63.73	248.47	1775.24	244.91	156.60	周鹏飞
溪口村	505	1622	43.67	132.2	3443.89	120.59	57.14	邓海勇
银洋村	180	649	30.53	83.27	1793.72	81.15	13.05	丁道理
茅洋村	546	1607	72.4	196.27	4003.42	216.65	35.78	陈宝国

续表91

村　名	户　数（户）	人　口（人）	耕　地（公顷）	林　地（公顷）	村级资产（万元）	村集体年收入（万元）	村集体年支出（万元）	书记、主任
蚶港兴村	385	1202	44.13	157.47	2546.96	200.50	93.54	陈兆根
花墙村	105	305	16.67	85.27	1035.50	61.03	54.64	朱仁利
文洋村	385	1291	36.87	254.67	2168.60	194.79	49.12	石中于
白岩下村	352	1129	37.34	157.8	1703.75	217.76	71.08	胡　凯

（茅洋乡政府）

高塘岛乡

【概况】　高塘岛乡位于象山县境最南端，东接鹤浦镇、南濒猫头洋，西临三门湾，北连石浦港，辖区陆域面积58.8平方千米、海域面积38.2平方千米，由高塘、花岙两个主岛和52个大小岛礁组成，其中，高塘本岛面积39.1平方千米，是宁波市第二大岛。全乡拥有港口岸线总长80.6千米，浅海滩涂面积2066.7公顷、耕地733.3公顷、林地2533.3公顷，下辖行政村18个，户籍人口2.4万人，常住人口1.5万人，其中党员875人，曾获省梭子蟹之乡、省柑橘之乡等称号。2022年，实现地区生产总值31.2亿元，增长7.9%；乡财政总收入7376万元，增长14.4%。

【工业经济】　完成规上工业总产值6.7亿元，同比增长29.2%；规上工业增加值1.4亿元，完成年度目标的103%，限上商品销售总额11.3亿元，同比增长170%；实现内资3亿元，完成年度目标的176%；固定资产投资6.4亿元，完成年度目标的128%，其中工业投资4亿元，完成年度目标的133.3%；制造业投资2.8亿元，完成年度目标的141%。在建项目4个，北欧（中国）鲑鱼RAS陆基养殖项目完成繁殖厂房建设，引进鱼卵105万颗，孵化率达99%以上；凤泰塑料年产3000吨塑料制品生产线项目（二期）、广天重工厂房扩建及地铁管片生产线新增项目等加快推进。新签约项目3个，一芯新能源项目实现当年签约、当年动建；惠世制药、博斯德环保除尘设备制造等项目已落实土地选址。新增高新技术企业1家，国家科技型中小企业6家，省市县科技型中小企业5家。完成高新技术企业投资4542万元，完成年度目标的189.3%；完成规上企业研发费用1300万元，同比增长23.8%。

2022年高塘岛乡规模工业企业经济情况统计表

表92

企　业　名　称	工业总产值			主营业务收入			营业成本			利润总额		
	本年累计（万元）	上年同期（万元）	同比增长（%）	本年累计（万元）	上年同期（万元）	同比增长（%）	本年累计（万元）	上年同期（万元）	同比增长（%）	本年累计（万元）	上年同期（万元）	同比增长（%）
宁波启航船业有限公司	5454	5133	6.25	86	173	-50.29	68	133	48.87	4	27	-85.19
宁波威顺恒业钣金件有限公司	2138	2171	-1.52	137	160	-14.38	118	135	-12.59	-2	-23	-91.30
象山南田岛新能源有限公司	2420	2586	-6.42	1732	1212	42.90	60	181	-66.85	1651	930	77.53

续表92

企业名称	工业总产值			主营业务收入			营业成本			利润总额		
	本年累计（万元）	上年同期（万元）	同比增长（%）	本年累计（万元）	上年同期（万元）	同比增长（%）	本年累计（万元）	上年同期（万元）	同比增长（%）	本年累计（万元）	上年同期（万元）	同比增长（%）
宁波艾可迩汽配科技有限公司	3018	4584	-34.16	0	322	-100.00	0	317	-100.00	0	-60	-100.00
宁波凤泰塑料电器有限公司	4901	4227	15.95	223	378	-41.01	159	119	33.61	-30	1	-3100.00
浙江广天重工设备有限公司	10588	7668	38.08	1101	604	82.28	765	427	79.16	123	-36	-441.67
象山花岙大佛山风力发电有限公司	1787	1673	6.81	407	104	291.35	118	176	-32.95	280	-83	-437.35
象山大唐新能源有限公司	17870	6764	164.19	2407	269	794.80	1346	311	332.80	754	-101	-846.53
浙江林氏汽车零部件有限公司	2892	2509	15.27	290	237	22.36	300	154	94.81	-182	16	-1237.50
宁波憬谐环保科技有限公司	7805	5929	31.64	316	327	-3.36	242	189	28.04	9	2	350.00
宁波启恒机械实业有限公司	2239	2140	4.63	8	2011	-99.60	0	1956	-100.00	-4	49	-108.16
宁波建业船业有限公司	5440	6105	-10.89	2524	2193	15.09	2453	1907	28.63	14	208	-93.27

【农渔经济】 坚决筑牢粮食安全，严格落实耕地“非粮化”“非农化”整治管护，谋划推进群英塘、渔丰塘区块“旱改水”项目，实现种植早稻101公顷、油菜189.2公顷、蔬菜217.7公顷，均超额完成上级下达种植任务。特色产业提质增效，实现全乡农渔业总产值12.6亿元。其中“红美人”柑橘种植面积433.3公顷，亩均产值4.2万元；西瓜种植面积53.3公顷，亩均产值4.3万元，完成创建农产品质量安全放心示范基地1家。水产养殖规模壮大，全乡养殖总面积1533.3公顷，其中梭子蟹、小白虾混养573.3公顷，亩均产值1.8万元。

【旅游经济】 坚持把项目建设作为旅游突破的引擎后劲，高涂岙七彩芸苔田园综合体项目成功解决用地问题，启动露营基地建设；直落岙“语自在”精品民宿完成主体建设，配套建成潮汐发电站艺术馆、渔旅码头，有望打造高塘首座“白金宿”。同时，石林景区经营权回收工作加快推进，花岙海岛公园被评为省十大海岛公园建设三年行动计划落实优秀项目。创新实施“海岛微度假”新消费场景改革，排摸招商资源16处，建成海盐晒制非遗传承所、金高椅海风广场，推动旅游集散中心动建，谋划林港村滨河公园改造提升。扶持发展民宿产业，新增民宿5家。打造海岛精品旅游路线3条，开发旅游数据驾驶舱，举办“海岛微度假　自由慢时光”岛居生活、“橘生山海，共富未来”红美人采摘等宣传推广活动3场，海岛旅游影响力大幅跃升，累计游客量破10万人，同比增长15%。

【城乡建管】 完成国土三调、三区三线划定，加快编制村庄规划，未来15年国土用地布点更加清晰。渔港建设彰显成效，投资2300万元完成林门二级渔港建设，接续推进一级渔港提升改造；投资2148万元完成黄沙岙海堤提升改造；投资1048万元完成群英塘新闸建设。交通基础不断优化，投资7000万元谋划新建金高椅至珠门道路；投资1500万元完成石三线高塘至林港段沥青公路大中修；投资1155万元动建金港线至旅游大道公路，预计2023年7月完工；投资120万元打造“最美回乡路”，石三线道路景观得到提升。城乡建管更加精细，严格落实“三改一拆”和卫片整改，开展危房排查整治9500余处，拆除违建1.5万平方，拆后利用率100%，完成农房改建示范村建设，三五、乌岩头、余江、金高椅、中江、珠益等村被评为市级安居示范村，圆满创建美丽城镇示范乡镇。

【乡村建设】 成功创建市级新时代美丽乡村示范乡镇，美丽图景更加鲜明，投资1500万元完成金高椅海风广场、余江荧光步道、珠益西瓜广场、林港、乌岩头、三五、龙珠、孝贤湾、杏八等村口标牌建设，江北村文化宫南面广场综合整治、乌岩头村全村路灯改造如期完工。金高椅、珠益被评为市级新时代美丽乡村梳理式改造村。多元探索共富路径，建立新农村项目储备库，编制村集体经济发展“一村一策”，金高椅县级共同富裕培育村顺利创建，乌岩头村屋顶光伏项目投产使用，林港村屋顶光伏建设加快推进，全乡18个行政村经营性收入同比增长24%。环境卫生持续改善，紧抓文明城市创建工作，全面推进“三清三美”专项整治行动，做好农村垃圾污水厕所“三大革命”，整改问题点位923个，清理建筑、农资、海漂等各类垃圾100余吨，绿化美化1500余平方米，高塘岛乡被评为市级垃圾分类示范乡镇，江南、孝贤湾、金高椅被评为省级垃圾分类示范村。

【生态治理】 2022年下半年环境空气质量检测居全县第一。科学落实“双碳”要求，严控高耗能行业规模，被评为省级零碳示范乡镇。严守海岛生态红线，花岙岛被评为宁波市生物多样性体验地。精准推进近海岸带污染整治，投资3000万元实施污水处理站提标扩容改造；投资300万元完成杏八、渔丰塘等河道清淤整修；投资120万元完成海淡水养殖塘尾水治理，完成七张问题清单“群英塘水环境整治”省级问题销号，成功争取环石浦港EOD项目专项资金1.3亿元，计划在“十四五”期间实施乡域生态修复。

【公共事业】 投入80万元完成高塘学校学生公寓楼外立面维修、教室多媒体设备提升。探索建设特色课程，高塘学校获宁波市体育传统项目拳击比赛“双金”；高塘岛乡中心幼儿园“我的运动”课程被人民日报宣传报道。医疗卫生事业更加完善，投入200万元完成高塘岛乡卫生院CT设备购置，建成海岛急救站点。精神文明建设谱写新篇，完成江北村树七片多功能运动场、林港村小型篮球场等项目建设，对18个行政村健身器材添置更新54处。江北、乌岩头文化礼堂被列入县“15分钟品质文化生活圈示范点”，三五村成功创建市级文明村，“阿娥姐”志愿队被评为市级新时代公民道德建设案例。

【民生保障】 认真贯彻党中央关于疫情防控各项决策部署，高效运转应急响应体系，成功打赢疫情防控遭遇战。全面推进疫苗接种工作。纵深推进健康象山建设，主动做好妇女“两癌”筛查、老年人流感疫苗接种，组织开展无偿献血志愿服务活动2次，献血量总量达34000毫升，家庭医生签约6000余人次。联合市中医院开展健康义诊服务、中医药进文化礼堂等活动32场次，倡导“甬宁保”健康守底，专属码扫描量、户籍参保率实现全县“双第一”。全面做好食品安全“两个责任”包保履职，强化食品药品安全监管，开展食品药品专项执法检查28次，发放宣传资料3300余份。

【平安建设】 始终把安全作为头等大事，累计投入100万元，高要求落实“除险保安”，完成护航二十大等维稳安保任务，被评为市级平安护航党的二十大成绩突出集体。迭代升级基层治理体系，贯通运用“一中心四平台全科网格”，办结事项4800余件。深入推进“平安高塘”建设，打好“千名干部进渔家‘扼重大、保平安’”“春雷行动”专项整治组合拳，排查渔船1028艘次，整改隐患1240处，处理违法违规案件28起，大力推进渔船“精密智控”设备配置，完成安装175艘。全程做好“减船转产”，削减老旧渔船87艘。狠抓道路交通等领域安全生产整治，消除道路交通隐患40余处，新建交管站投入使用，淘汰非标电动自行车1800余辆，完成率居全县第一。常态化开展扫黑除恶斗争，全面防范“反电诈、反走私”，严打各种违法犯罪行为，累计接警664起，较近三年平均数下降10%，全省反邪教业务网上答题完成率居全县第一。江南村被评为省级民主法治示范村，花岙岛、杏八、珠益、中江、罗元被评为市级民主法治示范村。同时，防灾减灾应急能力持续提升，有效应对“梅花”“轩岚诺”等极端天气灾害。

【政府建设】 始终把坚持党的全面领导贯穿政府工作全过程，把依法行政要求贯穿于工作的各方面、全过程。严格落实“三重一大”集体决策，深化发展“人大代表督事”，主动邀请“两代表一委员”监督中心工作，广泛听取社会各界热心人士意见建议，办理代表建议9件。着力做好规范性文件、重大行政决策合法性审查和行政执法监督。及时做好政务信息公开，规范便民服务管理，提高服务办事效率。大力开展“大综合一体化”行政执法改革，政府公信力和执行力明显增强。认真履行全面从严治党主体责任，坚决落实县委巡察反馈意见整改，严格执行乡财县管和“七张问题清单”整改机制，扎实推进基层清廉单元建设，三五、上江被评为清廉村居示范村。全面实施“五问五破争先进、五比五先创一流”机关作风建设专项行动，收集问题自查清单67份。深化“双对双排”，建立健全考核机制，常态运用监督执纪“四种形态”，做到抓早抓小，防微杜渐。

【北欧(中国)鲑鱼 RAS 陆基养殖项目鱼卵孵化取得成效】 北欧(中国)鲑鱼 RAS 陆基养殖场由挪威诺帝克(宁波)水产有限公司投资，总投资 8000 万欧元，计划分 3 期建设，打造全集成商业化大规模的大西洋鲑鱼养殖场，一期年产能 4000 多吨，3 期最高产能可达两万吨，是象山发展海洋生物产业的标志性项目。自 2022 年 3 月起，北欧(中国)鲑鱼 RAS 陆基养殖场分三批完成 105 万颗鲑鱼鱼卵引进，并于孵化室投放孵化，孵化率 99% 以上。其中首批 35 万颗鲑鱼鱼卵已于 3 月 3 日完成投放，预计经过 24 个月长到 5 千克大小，即可上市。通过该项目建设，象山县首次实现室内封闭规模化养殖，对促进传统养殖渔业转型提升，推动象山海洋经济纵深发展、促进区域共富具有重要意义。

【县委巡察工作启动】 5 月 12 日，高塘岛乡召开县委第三巡察组巡察高塘岛乡党委及所属村级党组织工作动员会。县纪委副书记黄晟贤、县委第三巡察组组长胡阿潮及成员、高塘岛乡全体班子成员、各行政村支部书记等参加会议。会议由高塘岛乡党委书记项跃波主持。会上，胡阿潮围绕“三个聚焦”通报巡察发现高塘岛乡党委三方面 11 个大类 33 项问题，并就后期整改等工作进行了任务部署，黄晟贤针对高质量落实县委巡察发现问题整改提出了具体意见，项跃波代表乡党委作了表态发言，一是要统一思想、提高认识，增强全力支持县委巡察工作的思想自觉；二是要统筹兼顾、全力配合，做到高效推进县委巡察工作的行动自觉；三是要聚焦问题、立行立改，加快转化县委巡察整改成果的运用自觉。

【包朝阳调研高塘岛乡】 6 月 7 日，象山县委书记包朝阳在高塘岛乡调研经济社会发展，先后走访三五村、北欧(中国)鲑鱼 RAS 陆基养殖项目以及花岙岛等地，指出要全力奏响共富曲，不断提升医疗、教育、养老等公共服务水平，加快“141”体系与基层治理体系融会贯通，夯实最小作战单元力量，推动海岛治理不断走深走实。

【红美人采摘季暨二十大精神宣讲活动启动】 11 月 16 日，“橘生山海，共富未来”2022 宁波象山高塘岛乡红美人采摘季暨二十大精神宣讲活动在高塘岛金高椅村海风广场启幕。来自岛内外游客与当地橘农一同拉开采摘大幕。高塘岛乡党委书记项跃波在活动上致辞，同时现场诚邀各位朋友共当高塘岛乡“海风里的红美人”品牌推广人。全乡红美人柑橘面积超过 6000 亩，亩均效益最高达 8 万元。

【花岙岛获评宁波市首批生物多样性体验地】 11 月 4 日，由宁波市美丽宁波建设工作办公室主办，宁波市生物多样性体验月启动暨第一批市级生物多样性体验地授牌仪式在宁波市野生动物园举办，花岙岛被评为市级首批生物多样性体验地。花岙岛拥有国家非遗文化代表性项目保护和传承单位——花岙盐场，具备良好的环境资源、自然景观和人文优势，被誉为“海山仙子国、人间瀛洲城”。2016 年，为推进海洋生态文明建设，投资 1.76 亿元，启动花岙岛生态岛礁建设工程项目，通过岛体整治与修复、生态旅游和文化保护建设、珍稀濒危和特有物种及生境保护、海洋监视监测站点建设、生态环境本底调查五大项工程建设，完善了海岛基础设施建设，改善了海岛生态环境质量，提升了海岛景观价值。花岙岛物种多样性丰富，目前共记录到鸟类 16 目 46 科 96 属 157 种，列入各类保护名录鸟类 14 目 30 科 65 属 104 种，国家Ⅱ级保护鸟类 12 种；哺乳动物 6 目 6 科 7 种；维管束植物 139 科 437 属 684 种，分别占全省的 59.7%、29.9%、14.0%；另外，海洋生物资源丰富，有鱼类 440 种、虾类 121 种、蟹类 240 种、头足类 81 种、贝类 75 种、藻类 275 种。

【高塘岛乡片区调解工作室成立】 11 月 11 日，高塘岛乡片区调解工作室正式成立，高塘岛乡党委副书记王潇、组织委员姚海波、纪委书记陈爱珠分别任杏港、高塘、珠门三大片区调解工作室主任，各片区内行政村支部书记任副主任。片区调解工作室由高塘岛乡人民调解委员会统一领导，旨在建立健全信息互通、资源共享、跨区域协作的联调机制，明确职责，规范流程，统分结合，有机衔接，实现基层联调联动关口前移，为进一步加强和创新社会管理，推进大调解工作体系前移，更加有效地促进社会和谐稳定提供了机制保障。

2022 年高塘岛乡各村经济情况统计表

表 93

村	户籍户数	户籍人口	耕地（亩）	山林（亩）	集体总收入（万元）	集体经营收入（万元）	村支书（负责人）	村主任（负责人）
花岙岛村	322	1080	1180	4846	154.19	42.15	杨法增	杨法增
江北村	614	1981	885	0	643.54	565.16	张贵宝	张贵宝

续表93

村	户籍户数	户籍人口	耕地（亩）	山林（亩）	集体总收入（万元）	集体经营收入（万元）	村支书（负责人）	村主任（负责人）
江南村	515	1592	751	0	148.58	127.84	项国兴	项国兴
金高椅村	169	530	0	105	567.95	30.46	张建军	张建军
林港村	603	2002	5258	1956	114.35	30.09	陈前钢	陈前钢
龙珠村	280	952	543	564	98.97	68.14	王阿德	王阿德
罗元村	212	748	2010	643	50.38	39.86	林兴涛	林兴涛
三五村	409	1344	2287	0	141.45	44.22	史久松	史久松
纱帽绿村	225	825	695	1529	75.07	63.47	泮克富	泮克富
上江村	231	816	2395	971	87.30	59.40	牟爱勤	牟爱勤
乌岩头村	527	1708	1785	2963	146.56	30.49	郑国根	郑国根
孝贤湾村	341	1223	3272	777	56.40	48.73	项官法	项官法
杏八村	328	1164	1695	1163	68.72	30.13	黄信富	黄信富
余江村	255	899	885	7	131.40	42.91	洪伟国	洪伟国
渔潭村	276	904	556	1647	50.15	35.50	李建友	李建友
中江村	230	771	986	1097	62.36	30.56	张礼广	张礼广
珠门村	289	977	2982	1559	109.76	37.60	任传博	任传博
珠益村	474	1583	1426	387	216.54	30.10	徐明月	徐明月

（高塘岛乡政府　张冬定）